ESV

Standort Deutschland

Grundsatzfragen und aktuelle Perspektiven für die Besteuerung, die Prüfung und das Controlling

Anton Heigl zum 65. Geburtstag

Mit Beiträgen von

Peter Bömelburg – Günter Büschges – Gabriele Burmester
Eberhard Freiherr von dem Bussche Hünnefeld – Hermann Clemm
Josef Dechant – Paul Ernst – Rudolf Federmann – Peter Gerd Fischer
Lutz Fischer – Gerd Uwe Hegenloh – Norbert Herzig – Karen Hoffmann
Rolf Hofmann – Markus Horneber – Roland John – Bernd Keller
Joachim Klaus – Peter Küffner – Brij N. Kumar – Klaus Langer
Bertram Layer – Benno Lutz – Dieter Mehnert – Adolf Moxter
Volker H. Peemöller – Werner Pfeiffer – Gisela Pickert – Rainer Polster
Krystyna Poznańska – Bodo Reinecke – Thomas Richter
Alexander Ritzer – Bernd Rödl – Manfred Sarx – Reinhold Schmid
Heinz Sebiger – Gerhard Sußbauer – Peter Uecker – Enno Weiß
Albrecht Woltmann – Martin Ziener

Herausgegeben von
Volker H: Peemöller und Peter Uecker

ERICH SCHMIDT VERLAG

Die Deutsche Bibliothek – CIP-Einheitsaufnahme

Standort Deutschland : Grundsatzfragen und aktuelle Perspektiven für die Besteuerung, die Prüfung und das Controlling ; Anton Heigl zum 65. Geburtstag / mit Beitr. von Peter Bömelburg . . . Hrsg. von Volker H. Peemöller und Peter Uecker. – Berlin : Erich Schmidt, 1995
ISBN 3-503-03816-7
NE: Bömelburg, Peter; Peemöller, Volker H. [Hrsg.]; Heigl, Anton: Festschrift

ISBN 3 503 03816 7

Dieses Buch ist auf säurefreiem Papier gedruckt
und entspricht den Frankfurter Forderungen
zur Verwendung alterungsbeständiger Papiere für die Buchherstellung.

Satz: multitext, Berlin
Druck: Regensberg, Münster

Vorwort

Nur wenige, die Heigl kennen, ihm – auch noch vor kurzem – begegnet sind, werden es für möglich halten, daß er am 3. Mai 1995 schon das 65. Lebensjahr vollendet; denn noch immer erscheint Heigl jung, voller Spannkraft, irgendwie alterslos. Und so kann man es sich auch kaum denken, daß er nach dem Sommersemester 1995 emeritiert werden wird.

Anton Heigl wurde in München geboren. Und dies ist lebenslang seine Stadt geblieben. Nur schwer kann er es sich selbst vorstellen, woanders wirklich zufrieden oder glücklich, eben zu Hause zu sein. Diese Stadt hat Heigl geprägt. Natürlich nicht in dem Sinne, wie sich Nicht-Bayern das manchmal klischeehaft, vorurteilsfreudig vorstellen, also als engstirnig, weltunerfahren, grantelnd und wenig tolerant. Heigl widerlegt in Auftreten, Sprache und Verhalten alle diese Charakterisierungen.

Gerade das Kennzeichen Toleranz wird wohl den meisten, die mit ihm zusammenarbeiteten, spontan und als besonders wichtig einfallen, wenn sie sich an Heigl erinnern. Es ist dies eine durchaus bayerisch-typische Toleranz, eben die libertas bavariae, die unaufdringlich jedem seinen Freiraum läßt, keine uniformen Prägungen erstrebt, sie eigentlich deutlich verabscheut. Es ist dies eine sehr duldsame Freiheitseinräumung, die dann allerdings Grenzen aufrichtet, wenn Grundwerte des Zusammenlebens verletzt sind. Es ist dies ein Freiheits- und Toleranzverständnis, das eine besonders glückliche Grundlage für wissenschaftliches Arbeiten bietet.

Nur selten spricht Heigl über seine Herkunft; er zählt dies zum Bereich der individuellen Privatheit, die in seinem Verständnis also auch nicht öffentlich gemacht weden sollte. Soviel also nur: Heigl stammt aus einer seit mehreren Generationen in München – aber im altbayerischen Teil, wie Heigl betont – ansässigen Familie. Familie als vertrauenvoller Verbund ist ihm sehr wichtig; seine drei Kinder dürfen es erleben.

In Deutschland 1930 geboren zu werden, seine Kindheit, Jugend und Schulzeit in der schlimmen Zeit des Nationalsozialismus und des Weltkrieges zu verbringen, hat Spuren hinterlassen. Uns scheint, daß diese Zeit des Bösen und der Not Ursachen für Heigls Becheidenheit und Toleranz sind. Gewiß hat das Zu-Hause-Fühlen im katholischen Glauben auch dazu beigetragen.

Heigl hat den ganzen Schrecken des Krieges in Bayern erlebt. Kinderlandverschickungen konnten ihn eine Zeitlang ein wenig verdrängen, der Einsatz als Luftwaffenhelfer war aber dennoch nicht vermeidbar. Dankbar ist Heigl dafür, daß die dort erlittene Verletzung ihn später nur unwesentlich beeinträchtigte.

Nach den Wirren des Kriegsendes schlug sich Heigl wieder nach München zu seiner Familie durch. Der formale Abschluß mit Abitur wurde 1950 erzielt. Die unmittelbare Aufnahme des Studiums war möglich; pessimistisch-realistische Überlegungen des Familienrates mündeten dann jedoch im Entschluß, vorher eine

Lehre zu absolvieren. Dies geschah für zwei Jahre. Daß die Lehre in einer alten bayerisch-münchnerischen Brauerei stattfand, leuchtet auch aus heutiger Sicht unter dem Aspekt der Heiglschen Bodenständigkeit ein. Daß die Lehre allgemein und die der Brauereien aus Heigls eigener auch noch heutiger Sicht ungemein positiv bewertet wird, hören die Studenten in seinen Lehrveranstaltungen, denn Beispiele aus dem Brauereibereich finden sich durchaus häufig.

Das anschließende Studium wurde mit großer neugieriger Offenheit für viele Themen und Wissenschaftsbereiche (VWL, Wirtschaftspädagogik und Jura neben BWL, dem Kernfach), aber doch energisch, konsequent in beeindruckend kurzer Zeit abgeschlossen. Der Student war aufgefallen, die Anfrage, als Assistent an den Lehrstuhl für Allgemeine Betriebswirtschaftslehre, insbesondere Bank, Revision und Treuhandwesen zu Prof. Dr. Hintner zu gehen, schließlich angenommen. Die Breite des Angebots dieses Lehrstuhls faszinierte Heigl. Dieser wurde noch dadurch attraktiver, daß auch Steuerfragen aufgeworfen wurden. Hintner vertrat das gesamte breite Spektrum, das im Berufsbild des Wirtschaftsprüfers angelegt ist, also Prüfungswesen wie es aus der Berufsbezeichnung unmittelbar hervorgeht, daneben aber eben auch Steuern und Fragen der Unternehmensberatung. Zudem war der Münchener Lehrstuhl deutlich anwendungsorientiert angelegt. Heigl lernte also in seiner Zeit als Assistent, dann Akademischer Rat neben der universitären Lehr- und Forschungsseite in beeindruckendem und ihn prägenden Umfang durch Hintners Gutachtentätigkeit auch die Praxis kennen. Dies hat natürlich auch Spuren für den weiteren Lebensweg und Heigls Verständnis von Lehre und Forschung auf dem Gebiet der Wirtschaftswissenschaften hinterlassen. Nicht im Sinne von eigener späterer breiter Gutachtertätigkeit – hier hat er immer zwischen Lernanspruch der Studenten und eigenen Interessen abgewogen und sich zu Gunsten der Studenten entschieden –, sondern im inhaltlichen Lehransatz. Heigl ist ein dezidierter Vertreter der Angewandten Betriebswirtschaftslehre; sein dominantes Interesse liegt z. B. auf dem Gebiet der Steuerplanung, weniger auf dem Gebiet der Steuertheorie. Wer Heigls Veröffentlichungen verfolgt, wer Vorträge von ihm gehört hat, weiß, daß dies nicht mit Theorielosigkeit verwechselt werden darf. Ganz im Gegenteil: Nach Heigls Überzeugung gibt es keine begründbare Rede, keine erfolgreiche Praxis ohne Theorie. Was hier gemeint ist: Heigls Forschung und Lehre endet nicht in der Theorie, sie ist ihm Basis für seine Standpunktbeziehung und präskriptiven Aussagen.

Neben Hintner müssen Bühler und Scherpf genannt werden, wenn man Heigls weiteren wissenschaftlichen Weg verstehen will, der schließlich in einer deutlichen Hinwendung zur Betriebswirtschaftlichen Steuerlehre mündete. Sowohl Dissertation (Typisierung im Steuerrecht, München 1958) wie auch Habilitation (Finanzstruktur und Besitzsteuerbelastung, München 1966) stammen aus diesem Bereich.

Mit der Untersuchung zur Steuerplanung betrat Heigl Neuland, ja, er muß wohl hier als einer der Pioniere, wenn nicht der Pionier bezeichnet werden. Diese Untersuchung liegt jetzt mehr als ein Vierteljahrhundert zurück; viele auf ihr aufbauende, weiterführende Untersuchungen verdecken z. T. diese Erstleistung, haben sie oder wollen sie vergessen.

Die Originalität dieser Habilitationsschrift, die Breite des akademischen Erfahrungshintergrundes in Lehre und Forschung mit Bank, Revision und Steuern, die Anwendungsorientiertheit (Heigl hatte in der Zwischenzeit auch noch die Steuerberaterprüfung abgelegt) machten Heigl für mehrere Universitäten interessant. 1967 ging er schließlich an die junge Ruhr-Universität nach Bochum. Das war eine Zeit von Lust und Frust: Ihn faszinierte der neue Ansatz des Querschnittdenkens in Bochum in der Kombination von VWL und BWL zur Angewandten bzw. Theoretischen Wirtschaftslehre; er lernte neue Kollegen kennen und schätzen – der früh verstorbene Volkswirt Prof. Dr. Schilcher gehört insbesondere hierzu –; der erste eigene Lehrstuhl ermöglichte selbstbestimmte und selbstverantwortete eigene Gestaltung, es entstanden in verhältnismäßig enger Folge wesentliche Veröffentlichungen aus den drei Kernbereichen, die er in Bochum zu vertreten hatte, nämlich Steuern, Prüfungswesen, Rechnungswesen. Auf die positive Seite der Bochumer Tätigkeit gehört gewiß auch der im Auftrag der Fakultät wahrgenommene Lehrauftrag an der Universität Kabul, Afghanistan, und die Seminarvorträge in Indien. Auf der anderen Seite war es eine Heigl frustrierende Zeit durch ihm endlos erscheinende Diskussionen zu Fragen der Universitäts- und Fakultätsverwaltung, zu Studien- und Prüfungsordnungen, wie sie nun einmal in Neugründungen üblich sind. Was ihn aber vor allem beeinträchtigte: Er empfand Bochum und die Ruhr-Region als im Vergleich zu seinem München kalt, kulturlos, er war nicht zu Hause.

So war es nicht nur wissenschaftlich ehrenvoll, sondern auch sonst hoch erwünscht, als ihn Rufe aus Linz und Nürnberg erreichten, Städten, die ihm seinen Kulturkreis näherbrachten, in denen er sich vertraut fühlen konnte. Daß er dann Nürnberg annahm, ist bekannt. Er blieb auch dieser Universität Erlangen-Nürnberg treu, als er hätte nach München an die Universität der Bundeswehr gehen können. Nach quälendem Abwägen – empfand er es doch auch als eine Entscheidung gegen seine Stadt – lehnte er den Ruf ab. Er hat die Gründe nie im einzelnen offen dargetan. Wir gehen aber gewiß nicht fehl mit der Vermutung, daß ihn Atmosphäre der Fakultät und die sachlichen Arbeitsbedingungen in Nürnberg gehalten haben. Stets hat er betont, daß eben keine andere wirtschaftswissenschaftliche Fakultät über so günstige Arbeitsbedingungen verfügt wie Nürnberg. In dieser Fakultät finden sich für jeden der Heigl bechäftigenden und berührenden Bereiche eigene Lehrstühle (Betriebliche Steuerlehre, Steuerrecht, Prüfungswesen, Rechnungswesen, Privatrecht, Öffentliches Recht) mit angesehenen, engagierten und angenehmen Kollegen.

Heigl hat die Bitte, mit Ablauf des Sommersemesters 1995 emeritiert zu werden, gegenüber dem Wissenschaftsminister mit der Begründung versehen, daß er aus dem Hochschuldienst ausscheiden wolle, weil die Zustände an deutschen (auch bayerischen!) Hochschulen, insbesondere auf Grund der Überlast mit unerträglich großen Studentenzahlen, ihm eine verantwortungsvolle Arbeit nicht mehr gestatte. Zu diesem Urteil ist er nach quälenden Jahren gekommen. Heigl hat sich als Hochschullehrer immer auch als Forscher verstanden. Und eigentlich entsprach es seinem Berufsverständnis, daß Veröffentlichungen Pflichtergebnisse einer akademischen Tätigkeit sein müssen. Dieser Vorstellung auf Grund der hohen Lehr- und Prüfungsverpflichtung nicht im gewünschten Umfang nachkommen zu können, hat Heigl immer als unerträglichen Zustand seiner Tätigkeit empfunden. Das 1993 erschienene Lehrbuch zur „Unternehmensbesteuerung" war von ihm seit langem geplant; die Belastung der Hochschulroutine hatte bei normalem Arbeitspensum keinen hinreichenden kreativen Freiraum gelassen. Studenten sind froh, daß Heigls zusammenfassende Überlegungen zu einem wichtigen Teil der betriebswirtschaftlichen Steuerlehre jetzt in Buchform vorliegen; eine Neuauflage ist in Vorbereitung.

Heigl blickt jetzt auf 28 Jahre Tätigkeit als Universitätsprofessor zurück. Viele Studenten, Doktoranden und akademischen Mitarbeiter erinnern sich an ihn als einen Lehrer und Chef, der auf Grund der Breite seiner Kenntnisse stets anregend war und ist, als einen Lehrer, der Selbständigkeit verlangte und nicht das blinde Nachlaufen in vorgezeichneten Bahnen, der Vertrauen gab und dessen ruhiger, fürsorglicher Hinwendung man sicher sein kann.

Sie erinnern sich, selbst wenn sie ihn nur als Professor kennenlernten, aber auch eines Mannes, der eine ausgeprägte private Leidenschaft kannte, also nicht nur Steuer-, Prüfungswesen- oder Rechnungswesenfachmann war und ist, und der – so nüchtern er sonst erscheint – von dieser Leidenschaft dann so gefangen ist, daß er von ihr erzählt und sie in seine Lehre einbindet. Generationen von Studenten werden sich an Heigls Seminare jeweils in der letzten Woche vor Weihnachten erinnern. Bei ihnen hießen sie „die Reiterseminare". Mehrere Tage wurde für einen Kreis von ca. 25 Studenten – Diplomanden meist – das Lernen aus der Universität hinaus in einen Reiterhof verlegt. Kam man zurück, redete man durchaus nicht nur vom Reiten, sondern berichtete von anregenden, lebhaften, teilweise auch anstrengenden Diskussionen, von der dankbar aufgenommen Möglichkeit, aus dem universitären Trott und der Anonymität der Hochschule herauszukommen, hatte man einen Heigl kennnengelernt, wie man ihn sich vorher nicht vorstellen konnte. Er beeindruckte wisssenschaftlich durch die fachliche Breite, auch durch die Erfahrung aus vielen wissenschaftlichen Auslandaufenthalten zu Lern- (USA), Lehr- (Afghanistan, Polen, Indien) und Forschungszwecken (USA, Japan, Polen), der Verbundenheit zur Praxis (IHK, Wirtschaftsprüfungsgesellschaften, Vorträge und Gutachten). Auch wenn sein Lehrstuhl in den letzten 6 Jahren nur noch im engeren Bereich der betrieblichen Steuerlehre angesiedelt war – das Fach Prüfungswesen wurde in Nürnberg in einer eigenen C4-Professur verselbständigt – blieb er dem Revisionswesen weiterhin fest verbunden; dies wird u. a. durch seine Vorstandstätigkeit im Institut für Interne Revision, als Mitglied des Beirats einer namhaften Wirtschaftsprüfungsgesellschaft, als Mitglied des Prüfungsausschusses für das Wirtschaftsprüfer-Examen beim Bayerischen Ministerium für Wirtschaft deutlich.

Was wird bleiben, und was erhoffen wir uns? Es bleibt eine beeindruckende Breite eines Lehrer- und Forscherlebens – von Steuerlehre über Prüfungs- und Rechnungswesen, Controlling bis zum Umweltschutz –, zum Glück wenigstens teilweise in Veröffentlichungen dokumentiert; es bleibt für seine ehemaligen Mitarbeiter Dankbarkeit für Zuwendung, das berühmte offene Ohr; es erinnern sich viele an zielgerichtete, auf den Kern zusteuernde Diskussionen; es erhoffen alle, daß das 65. Lebensjahr nur beachtliche Zwischenstation, nicht aber Endstation des Wissenschaftlerlebens ist, wenn sie seiner Frau und der Familie selbstverständlich für die Zukunft auch mehr Zeit des Nicht-Wissenschaftlers Heigl gönnen.

Diese Festschrift ist somit auch nicht als Zusammenfassung und Endstation eines Lebensweges und Lebenswerkes zu verstehen. Kollegen, Freunde, ehemalige Mitarbeiter und Doktoranden, Praktiker, die mit Prof. Dr. Heigl zu tun haben und hatten, würdigen den bisherigen wissenschaftlichen Lebensabschnitt und entbieten dem Jubiliar nach guter akademischer Tradition ihren anerkennenden wissenschaftlichen Gruß.

Sie tun dies unter einem Generalthema von besonders aktuellem Interesse. Heigl haben Standortfragen stets beschäftigt, sei es unter dem Aspekt der Allgemeinen Betriebswirtschaftslehre und des Controlling, aber eben und gerade auch aus dem Blickwinkel seiner beiden speziellen Lehr- und Forschungsgebiete, der Betrieblichen Steuerlehre und dem Prüfungswesen. Für die Herausgeber war es also nicht schwer, Autoren zu finden, die sowohl Heigl verbunden sind als auch aus den Begegnungen mit ihm zu dem Thema etwas zu sagen haben.

Wir bedauern außerordentlich, daß der fest eingeplante Beitrag zum „Vergleich der Internen Revision in Deutschland und Japan“ von Herrn Prof. Dr. Y. Kato, Kobe, in dieser Festschrift nicht enthalten ist. Das schreckliche Erdbeben hat es verhindert. Eine gewisse Zeit – als wir keinen Kontakt nach Kobe herstellen konnten – waren wir in großer Sorge auch um das persönliche Wohlergehen von Herrn Kato. Mit Erleichterung erfuhren wir schließlich, daß er wohlauf ist. Der Verlust des Festschriftbeitrages ist ein vergleichsweise geringes Unglück. Der Text konnte nicht mehr vor Redaktionsschluß rekonstruiert werden. Der Beitrag wird als wissenschaftlicher Geburtstagsgruß jetzt in einem anderen Medium erscheinen.

Jeder, der ein wenig von Universität, Veröffentlichungen usw. weiß, kann sich vorstellen, daß ein Buch wie das vorliegende ohne die Hilfe und den kräftigen Einsatz einer Hintergrundmannschaft nicht entstehen kann. Wir danken insbesondere Herrn Dipl.-Kfm. Bernd Keller, wissenschaftlicher Mitarbeiter, für gewissenhaftestes, geduldigstes Lektorat und verwaltungstechnische Abwicklung sowie Frau Inge Molkenthin für die ermüdungsfreie Übernahme vielfältiger Schreibarbeiten neben ihrer sonstigen Routinetätigkeit am Lehrstuhl (beide am Lehrstuhl für Prüfungswesen, Prof. Dr. V. H. Peemöller).

Nürnberg, im März 1995

Volker H. Peemöller
Peter Uecker

Inhaltsverzeichnis

Teil II:
Einfluß der Besteuerung auf den Standort

Teil III: Prüfung und Standort – Beeinflussung und Abhängigkeiten

Teil IV: Anforderungen an die Unternehmensführung und das Controlling unter den Standortbedingungen

Abkürzungsverzeichnis

a. a., a. A.	andere(r) Auffassung, andere(r) Ansicht
a. F.	alte Fassung
ABI.	Amtsblatt
ABl.EG	Amtsblatt der Europäischen Gemeinschaften
ABM	Arbeitsbeschaffungsmaßnahmen
ACCA	The Chartered Association of Certified Accountants
ACZ	Advance Corporation Tax
ADS	Adler, Düring, Schmaltz
AfA	Absetzung für Abnutzung
AG	Aktiengesellschaft
AICPA	American Institute of Certified Public Accountants
AktG	Aktiengesetz
AO	Abgabenordnung
AOP	Audit Objectives and Procedures
AStG	Gesetz über die Besteuerung bei Auslandsbeziehungen (Außensteuergesetz)
BAK	Bundesaufsichtsamt für das Kreditwesen
BankV	Bankverordnung
BauGB	Baugesetzbuch
BB	Der Betriebs-Berater (Zeitschrift)
BBI.	Betriebswirtschaftliche Blätter (Zeitschrift)
BBK	Buchführung, Bilanz, Kostenrechnung (Zeitschrift, Loseblattsammlung)
BDSG	Bundesdatenschutzgesetz
Best.	Bestimmung
BewG	Bewertungsgesetz
BFA	Bankenfachausschuß des Instituts der Wirtschaftsprüfer in Deutschland e. V.
BFH	Bundesfinanzhof
BFuP	Betriebswirtschaftliche Forschung und Praxis (Zeitschrift)
BGA	Betriebs- und Geschäftsausstattung
BGB	Bürgerliches Gesetzbuch
BGBl.	Bundesgesetzblatt
BGH	Bundesgerichtshof
BilKomm	Bilanzkommentar
BMF	Bundesministerium der Finanzen
BMFT	Bundesministerium für Forschung und Technologie
BMWi	Bundesministerium für Wirtschaft
BR-Ds	Bundesrats-Drucksache
BStBl.	Bundessteuerblatt

BT-Ds., BT-Drs.	Bundestags-Drucksache
BuW	Betrieb und Wirtschaft (Zeitschrift)
BverfG	Bundesverfassungsgericht
BVerfGE	Entscheidungen des Bundesverfassungsgerichts
BVerwGE	Entscheidungen des Bundesverwaltungsgerichts
CAD	Computer Aided Design
CAPM	Capital-Asset-Pricing-Model
CFE	Confédération Fiscale Européenne
CICA	Canadian Institute of Chartered Accountants
CIM	Computer Integrated Manufacturing
CIP	Continous Improvement Programs
CNCC	Companie Nationale des Commissares aux Comptes
COB	Commission des Opérations de Bourse
DB	Der Betrieb (Zeitschrift)
DBA	Doppelbesteuerungsabkommen
DBW	Die Betriebswirtschaft (Zeitschrift)
DIN	Deutsches Institut für Normung e. V.
Diss.	Dissertation
DIW	Deutsches Institut für Wirtschaftsforschung
DöV	Die öffentliche Verwaltung (Zeitschrift)
DStJG	Deutsche steuerjuristische Gesellschaft
DStR	Deutsches Steuerrecht (Zeitschrift)
DStV	Deutscher Steuerberaterverband
DStZ	Deutsche Steuerzeitung (Zeitschrift)
DSWR	Datenverarbeitung, Steuer, Wirtschaft und Recht (Zeitschrift)
DV	Datenverarbeitung
DVBl.	Deutsches Verwaltungsblatt (Zeitschrift)
ECU	European Currency Unit
EDV	Elektronische Datenverarbeitung
EFG	Entscheidungen der Finanzgerichte (Zeitschrift)
EG	Europäische Gemeinschaft
EinigV	Einigungsvertrag
EK	Eigenkapital
EKD	Evangelische Kirche in Deutschland
Enth.	Enthaltung(en)
EntwLStG	Gesetz über steuerliche Maßnahmen zur Förderung von privaten Kapitalanlagen in Entwicklungsländern (Entwicklungsländer – Steuergesetz)
EStG	Einkommensteuergesetz
EStR	Einkommensteuer-Richtlinien

EU	Europäische Union
EWB	Einzelwertberichtigung
EWG	Europäische Wirtschaftsgemeinschaft
EWGV	Vertrag zur Gründung der Europäischen Wirtschaftsgemeinschaft
EWR	Europäischer Wirtschaftsraum
F+E, FuE, F&E	Forschung und Entwicklung
FAMA	Fachausschuß für moderne Abrechnungssysteme des Instituts der Wirtschaftsprüfer in Deutschland e. V.
FAZ	Frankfurter Allgemeine Zeitung
FEE	Fédération des Experts Comtables Européens
FG	Fachgutachten, Finanzgericht
FGO	Finanzgerichtsordnung
FH	Fachhochschule
FID	Foreign Income Dividends
FKP-Gesetz	Gesetz zur Umsetzung des Föderalen Konsolidierungsprogramms
FN	Fachnachrichten, Fußnote
FördGebG	Fördergebietsgesetz
FR	Finanz-Rundschau (Zeitschrift)
FS	Festschrift
GAAP	General Accepted Accounting Principles
GATT	General Agreement on Tarifs and Trade
GdbR	Gesellschaft des bürgerlichen Rechts
GdR	Grundsätze der Rechnungslegung
GenG	Genossenschaftsgesetz
GewErtrSt	Gewerbeertragsteuer
GewKapSt	Gewerbekapitalsteuer
GewStG	Gewerbesteuergesetz
GG	Grundgesetz
GmbH	Gesellschaft mit beschränkter Haftung
GmbHG	Gesetz betreffend die Gesellschaften mit beschränkter Haftung
GmbHR	GmbH-Rundschau (Zeitschrift)
GoB	Grundsätze ordnungsmäßiger Buchführung
GOSKOM-STAT	Staatliches Institut für Statistik
GuV	Gewinn- und Verlustrechnung
GüW	Gesetz über Wirtschaftsprüfungsgesellschaften
GVR	Gewinn- und Verlustrechnung
GwG	Geldwäschegesetz
HB	Handelsbilanz, Handelsblatt (Zeitung)
HdR	Handbuch der Rechnungslegung

HFA	Hauptfachausschuß des Instituts der Wirtschaftsprüfer in Deutschland e. V.
HGB	Handelsgesetzbuch
Hrsg.	Herausgeber
hrsg.	herausgegeben
HWB	Handwörterbuch der Betriebswirtschaft
HWF	Handwörterbuch des Bank- und Finanzwesens
HWR	Handwörterbuch des Rechnungswesens
i.d.F.	in der Fassung
IAPC	International Auditing Practices Committee
IAS	International Accounting Standard
IASC	International Auditing Standards Committee
IDW	Institut der Wirtschaftsprüfer in Deutschland e. V.
IFAC	International Federation of Accountants
IFSC	International Financial Services Center
IHC	International Headquarter Company
ILOR	Imposta locale sui redditi
INF	Die Information über Steuer und Wirtschaft (Zeitschrift)
InvZulG	Investitionszulagengesetz
IRPEG	Imposta sul reddito delle persone guiridiche
ISO	International Standards Organization
IStR	Internationales Steuerrecht (Zeitschrift)
IWB	Internationale Wirtschafts-Briefe (Zeitschrift)
JAGSV	Verordnung über die Anlage zum Jahresabschluß von Kreditinstituten, die eingetragene Genossenschaften oder Sparkassen sind
JbFSt	Jahrbuch der Fachanwälte für Steuerrecht
JIT	Just-In-Time
KFF	Kommission für Fachfragen und Forschung
KG	Kommanditgesellschaft
KGaA	Kommanditgesellschaft auf Aktien
KStG	Körperschaftsteuergesetz
KStZ	Kommunale Steuer-Zeitschrift
KWG	Kreditwesengesetz
Lifo	Last in – first out
LP	Lineare Programmierung
m.w.N.	mit weiteren Nachweisen
MABl.	Ministerialamtsblatt
MdB	Mitglied des Bundestags
Mitt.	Mitteilung

MOE	Mittel- und osteuropäisch(e Staaten)
n. F.	neue Fassung
NJW	Neue Juristische Wochenschrift (Zeitschrift)
NWB	Neue Wirtschafts-Briefe (Zeitschrift, Loseblattsammlung)
o.J.	ohne Jahr
o.O.	ohne Ortsangabe
o.V.	ohne Verfasser
OECD	Organisation for Economic Cooperation and Development
OFD	Oberfinanzdirektion
OHG	Offene Handelsgesellschaft
OLG	Oberlandesgericht
OVG	Oberverwaltungsgericht
PIMS	Profit Impact of Market Strategies
PrüfbV	Prüfungsberichtsverordnung
PuK	Planungs- und Kontrollrechnung
RA	Rechtsanwalt
RAO	Reichsabgabenordnung
Rdnr.	Randnummer
RechKredV	Verordnung über die Rechnungslegung der Kreditinstitute
RF	Russische Föderation
RFH	Reichsfinanzhof
RIW	Recht der Internationalen Wirtschaft (Zeitschrift)
Rn.	Randnummer
RStBl.	Reichssteuerblatt
SAbl.	Sammelblatt für Rechtsvorschriften des Bundes und der Länder
ScheckG	Scheckgesetz
Schr.	Schreiben
SJZ	Süddeutsche Juristenzeitung
SolZ	Solidaritätszuschlag
SOPARFI	Societé de Participation Financiére
SRA	System of Resource Accounts
SRS	Slowenische Rechnungswesenstandards
StÄndG	Steueränderungsgesetz
StandOG	Standortsicherungsgesetz
StB	Steuerberater
Stbg	Die Steuerberatung (Zeitschrift)
StbJb	Steuerberater-Jahrbuch
StbKRep	Steuerberaterkongreß-Report
StEK	Steuererlasse in Karteiform (Steuererlaßkartei)

SteuerStud	Steuer und Studium (Zeitschrift)
StMdF	Staatsministerium der Finanzen
StuW	Steuer und Wirtschaft (Zeitschrift)
SZ	Süddeutsche Zeitung
TDM	Tausend Deutsche Mark
TRC	Technical Research Committee
TZ., Tz.	Teilziffer
u. v. a. m.	und viele(s) andere mehr
UEC	Union Européenne des Experts Comptables Economiques et Financiers
UmwStG	Umwandlungssteuergesetz
UN	United Nations
ung.	ungarisch(e,r,s)
Urt.	Urteil
US	United States
USA	United States of America
USG	Umweltgutachter- und Standortregistrierungsgesetz
USt	Umsatzsteuer
UStR	Umsatzsteuer-Rundschau (Zeitschrift)
UWF	Umwelt-Wirtschafts-Forum (Zeitschrift)
VBI	Verband Beratender Ingenieure
Vfg.	Verfügung
vgl.	vergleiche
VGR	Volkswirtschaftliche Gesamtrechnung
VO	Verordnung
Vol.	Volume
VSt	Vermögensteuer
VwV	Verwaltungsvorschrift
WechselG	Wechselgesetz
WIST	Wirtschaftswissenschaftliches Studium (Zeitschrift)
WISU	Das Wirtschaftsstudium (Zeitschrift)
WP	Wirtschaftsprüfer
WPg	Die Wirtschaftsprüfung (Zeitschrift)
WPK	Wirtschaftsprüferkammer
WPO	Wirtschaftsprüferordnung
XPS	Expertensysteme

ZfB	Zeitschrift für Betriebswirtschaft
ZfbF	Zeitschrift für betriebswirtschaftliche Forschung
ZfgK	Zeitschrift für das gesamte Kreditwesen
ZfhF	Zeitschrift für handelswissenschaftliche Forschung
ZIP	Zeitschrift für Wirtschaftsrecht
ZKA	Zentraler Kreditausschuß
ZollG	Zollgesetz

TEIL I

Grundsatzfragen

Einleitung der Herausgeber

Die folgenden Beiträge heben auf zentrale grundsätzliche Fragen der Standortproblematik ab, wie sie den Jubiliar während seiner ganzen wissenschaftlichen Tätigkeit beschäftigt haben. Es sind Fragen, die über den engen Aspekt der Aktualität hinausgehen, es sind Probleme, die sich nicht unmittelbar einem Betrachter aufdrängen, der an kurzfristiger Ergebnisoptimierung orientiert ist, es sind dies Fragen, die deutlich den Blickwinkel Dienstleistung einnehmen, so wie es Heigl vor allem getan hat. Und: Sie münden nicht vorbehaltlos in ein grundsätzlich negatives Urteil und Klagelied zum Standort Deutschland ein.

Bereits der erste Beitrag ist ein Beispiel für ein derartig abwägendes Analysieren und Würdigen. *Moxter* (Zur Überlegenheit des deutschen Rechnungslegungsrechts) verdeutlicht, daß Rechnungslegung nicht allein aus der Informationsfunktion, sondern sehr wesentlich gerade auch aus ihrer Ausschüttungsbemessungsfunktion verstanden werden muß. Er weist mit großem Nachdruck auf die Bedeutung von Selbst-(Innen-)Finanzierung hin und arbeitet die Bedrohung heraus, die aus einer zu kurzfristig denkenden, primär aktionärs-orientierten Rechnungslegung resultierten. (Heigl hatte sich 1970 aus prüferischer Sicht der Normdiskussion angenommen, DB 1970, S. 1037 ff.) Moxters hier vorgetragene Überlegungen werden gewiß bei Praxis, Rechtsprechung und Gesetzgebung Beachtung finden im Streit um eine teilweise geforderte Neuorientierung der deutschen Rechnungslegung in Richtung auf deutlicher US-geprägte International Accounting Principles. Mit dieser Klarheit ist bisher Rechnungswesen noch nicht als Standortfaktor verstanden worden.

Heigl betont stets mit Nachdruck und stolzer Genugtuung, daß er noch zu den Hochschullehrern gehöre, die Wirtschaftswissenschaften (Plural!) studiert haben. Volkswirtschaftliche Fragestellungen nahmen bei Heigl stets einen wichtigen Platz ein. Dies haben Kandidaten im mündlichen Teil des Wirtschaftsprüfer-Examens in Bayern erfahren, hatten sie doch häufig mit der engeren allein betriebswirtschaftlichen, gar noch technokratischen oder rein definitorischen Betrachtungsweise gerechnet.

Die Überzeugung, daß mikro- und makroökonomische Probleme durch eine starke Interdependenz gekennzeichnet seien, hat Heigl stets vertreten. Der Erfolg des einzelnen Unternehmens hängt danach in erheblichem Maße von allgemeinen gesamtwirtschaftlichen Rahenbedingungen ab. *Clemms* folgende Überlegungen (Bemerkungen zum Beschäftigungstandort Deutschland) belegen dies eindrucksvoll und zeigen damit Basis und Notwendigkeit für Querschnittsüberlegungen gerade bei der Diskussion der Standortproblematik.

Bei der breiten Orientierung des Jubilars kommt es nicht von ungefähr, daß Heigl schon vor 20 Jahren Fragen des Umweltschutzes in seiner Forschung nachging (Konzepte betrieblicher Umweltrechnungslegung, DB 1974, S. 2265 ff.) und Umweltschutz-Investitionen eine Monographie (München 1975) widmete. Der folgende Beitrag von *Klaus* (Umweltszenarien als Einflußfaktoren der Standortentscheidung) führt diese Diskussion fort und aktualisiert sie. Hier wird ohne Zweifel ein Problem angesprochen, daß – ursprünglich stark volkswirtschaftlich angestoßen und orientiert – heute für viele Branchen zu einem der Kernkriterien bei Standortentscheidungen gehört.

Fragen der universitären Ausbildung hat Heigl durch praktisches Tun (Lehre und jahrelange Vertretung seiner Fakultät in Senat und Hochschulplanungskommision) beantwortet. Allein theoretisierende Diskussionen sind ihm generell unsymphatisch, für diesen Bereich gilt das besonders. Interesse und Neugier konnten aber alle wahrnehmen, die sich mit ihm nach seiner Rückkehr von Lehr- und Forschungsaufenthalten im Ausland (insbes. Afghanistan, Japan, Polen, USA) unterhielten. Verstärkt sind Nachdenklichkeit und Sorgen über die Ausprägung des deutschen Hochschulsystems erkennbar. *Uecker* geht mit seinem Beitrag (Standort Deutschland: Herausforderung für die Lehre) einem sog. weichen Standortfaktor nach, der gewiß schwer meßbar, kurzfristig nur begrenzt beeinflußbar, langfristig aber von hoher (indirekter) Wirkung ist und das Gesamtsystem Wirtschaft vermutlich erheblich beeinflußt.

Büschges (Steuerberater und Wirtschaftsprüfer als Freie Berufe in Deutschland und Europa) geht auf einen Aspekt ein, der bisher in Deutschland ein wenig stiefmütterlich behandelt wird. Mit der Harmonisierung, die offenbar zu einer Modifikation des Paradigmas des Freien Berufes führt, gelangt dieser Dienstleistungsbereich in den Blickpunkt, der sich in zunehmendem Maße selbst gewissen Standortfragen ausgesetzt sieht wie durch sein Leistungsangebot – mit starker Ausweitung auf betriebswirtschaftliche Beratung – in erheblichem Maße in Standortentscheidungen deutscher Industrie- und Handelsbetriebe involviert ist. Heigls Würdigung und Kritik zu Berufsauffassung (ZfbF 1979, S. 263ff.) und akademischer Ausbildung (ZIR 1980, S. 66ff.) erfährt hier eine wesentliche aktualisierende Fortführung.

Daß Heigl Steuerfragen sein besonderes Interesse gewidmet hat, macht natürlich schon die Tatsache deutlich, daß sie stets (seit 1967) der zentrale Inhalt des Lehr- und Forschungsauftrages der Lehrstühle waren, die er innehatte. Dabei deutet die Bezeichnung seines jetzigen Lehrstuhls in Nürnberg (Lehrstuhl für Betriebswirtschaftslehre, insbesondere betriebliche Steuerlehre) die mikroökonomische Akzentuierung an. Heigl hat aber stets Fragen des Steuerrechts sein besonderes Augenmerk gewidmet. Für ihn bildet das Steuerrecht die wichtige Infrastruktur betrieblicher Steuerlehre. Heigl führte das Fach Steuerlehre in Nürnberg im Grundstudium und als Teil des Vordiploms ein. Dabei legte er inhaltlich in dieser ersten Phase des Lernens besonderes Gewicht auf steuerrechtliches Basisverständnis, um, auf ihm aufbauend, dann im Hauptstudium betriebswirtschaftliche steuerliche Fragen nach Funktionen und Institutionen vorzutragen und zu diskutieren. Internationales Steuerrecht war dabei ein wesentlicher Kontextfaktor, Standortfragen wurden von Heigl relativ früh thematisiert (La Fiscalità Industriale; Bologna 1980; Standortwirkungen von Steueranreizen, Neapel 1980; Betriebswirtschaftliche Wirkungen von steuerlichen und Subventionsinstrumenten der regionalen Wirtschaftsförderung (Süditalien), Saarbrücken/Fort Lauderdale 1981).

Ernst/Fischer/Richter (Standortwahl und Standortverlagerung in der Europäischen Union) greifen sehr konkret diese Standortproblematik auf, wobei sie neben den steuerlichen Einflußfaktoren auch weitere wesentliche allgemeine Kriterien, wie z. B. Arbeitskosten, Arbeitszeit, Abgabenquote, in die Betrachtung mit einbeziehen. Der Beitrag von *Burmester* (Internationale Wertungskonflikte und internationales Steuergefälle als Standortfaktoren) diskutiert wesentliche Aspekte interntionalen Steuerrechts, die Anreize für Standortverlagerungen bieten; zugleich verdeutlichen diese Ausführungen aber auch die Problematik der Planung bei umstrittenen steuerrechtlichen Rahmendaten.

Standort Deutschland: Zur Überlegenheit des deutschen Rechnungslegungsrechts

Univ.-Prof. Dr. Dr. h.c. Dr. h.c. Adolf Moxter,
Johann Wolfgang Goethe-Universität, Frankfurt am Main

A. Einführung

Der „Standort Deutschland" zeichnet sich auch aus – was oft verkannt wird – durch ein sehr sinnvolles Recht der Rechnungslegung von Kapitalgesellschaften. Rechnungslegung dieser Art umfaßt zwei grundlegende Aufgabenbereiche: Ausschüttungsregelung und Informationsvermittlung. Ausschüttungsregelung bedeutet im wesentlichen Jahresüberschuß-Ermittlung und wird durch Ansatz- und Bewertungsvorschriften bestimmt; der Schwerpunkt der Informationsvermittlung liegt nach deutschem Recht im wesentlichen in den Gliederungs- und Anhangsvorschriften. Ansatz- und Bewertungsvorschriften zielen mit Rücksicht auf die sich aus der Haftungsbeschränkung ergebende besondere Gläubigergefährdung auf einen entziehbaren Betrag; sie sind durch Objektivierungs- und Vorsichtsprinzipien geprägt. Die sich hierdurch ergebende Verzerrung des Jahresüberschusses als Indikator der wirtschaftlichen Unternehmensentwicklung wird durch die erwähnten Informationsnormen geheilt.[1]

1 Anton Heigl hat am Beispiel des Umweltschutzes die sich ergebenden Rechnungslegungsprobleme exemplarisch dargestellt. Vgl. Heigl (Umweltschutz) Sp. 1960ff. Zur gerade skizzierten Grundkonzeption des für Kapitalgesellschaften geltenden deutschen Rechnungslegungsrechts vgl. insbes. Schildbach (Generalklausel) S. 1ff.

Man sollte meinen, die gerade skizzierte Grundkonzeption sei so selbstverständlich, daß sie niemand anzugreifen wage. Doch weit gefehlt: Ihr steht die Grundkonzeption der Angelsachsen gegenüber, die ebenso hartnäckige wie wohl nicht immer ganz uneigennützige Verfechter hat. Die Angelsachsen kennen die erwähnte Abkopplung von Ausschüttungsbemessungs- und Informationsfunktion nicht; schon weil bei ihnen tendenziell Gläubigerschutzerwägungen zugunsten einer Orientierung am Anteilseignerschutz zurücktreten, sehen sie keinen Gegensatz zwischen Jahresüberschuß-Ermittlung und Informationsübertragung. In der Sprache der alten Betriebswirtschaftslehre ausgedrückt: Jahresüberschuß ist für die Angelsachsen nicht der „verteilbare", sondern der „erzielte" Gewinn; die dynamische Bilanzlehre lebt hier fort, wenn auch nicht in allen Differenzierungen, die ihr Schmalenbach gegeben hat.[2]

B. Die Vorzüge des für Kapitalgesellschaften geltenden deutschen Rechnungslegungsrechts

I. Ausschüttungsorientierte Jahresüberschuß-Ermittlung

1. Vorsichts- und Objektivierungsdominanz

§ 264 Abs. 2 Satz 1 HGB bestimmt, daß der Jahresabschluß einer Kapitalgesellschaft „unter Beachtung der Grundsätze ordnungsmäßiger Buchführung ein den tatsächlichen Verhältnissen entsprechendes Bild der Vermögens-, Finanz- und Ertragslage der Kapitalgesellschaft zu vermitteln hat". „Unter Beachtung der Grundsätze ordnungsmäßiger Buchführung" besagt hier vor allem „unter Beachtung der für alle Kaufleute geltenden Gewinnermittlungsvorschriften", soweit das Recht der Kapitalgesellschaften insoweit keine Einschränkungen enthält. Entscheidend sind jene für alle Kaufleute geltenden Gewinnermittlungsvorschriften, die sich gläubigerschutzbedingt an Vorsichts- und Objektivierungsprinzipien orientieren; diese erfahren keine Einschränkungen.[3]

Greift man beispielhaft die Aktivseite heraus, so sind unter den Ansatznormen zu nennen die enge Definition des Vermögensgegenstandes und der (aktiven) Rechnungsabgrenzungsposten, die Aktivierungsrestriktion des entgeltlichen Erwerbs und nicht zuletzt die strengen, den Ansatz von Forderungen aus Lieferungen und Leistungen eng begrenzenden Gewinnrealisierungsvorschriften. Die Bewertung ist durch das gerade angeführte Realisationsprinzip nach oben durch die Anschaffungs- oder Herstellungskosten beschränkt; das gleiche Realisationsprinzip sieht für abnutzbare Anlagegegenstände zwingend planmäßige Abschreibungen vor sowie außerplanmäßige Abschreibungen bei dauerhaften Wertminderun-

---

2 Vgl. zu den angelsächsischen Rechnungslegungskonzeptionen insbes. Ballwieser (Entwicklung) S. 107ff; Haller (Grundlagen). Zur dynamischen Trennung zwischen erzieltem und vergleichbarem Gewinn vgl. insbes. Schmalenbach (Grundlagen) S. 1ff. und S. 65ff., insbes. S. 6.

3 Vgl. zu Einzelheiten Beisse (Gläubigerschutz) S. 77ff. Dies wird jedoch nicht allgemein so gesehen, vgl. etwa Selchert (§ 252 HGB) Anm. 89; Großfeld (Handwörterbuch) S. 192ff.

gen. Das Imparitätsprinzip erzwingt die Antizipation von sich künftig realisierenden Aufwendungen, soweit sich diese bereits am Abschlußstichtag durch Wertminderungen abzeichnen. Ein Gesetz, das in seiner Grundstruktur in der gerade skizzierten Weise klar die vorsichtige Gewinnermittlung betont, muß auch in seinen (vielen) unbestimmten Rechtsbegriffen dieser Grundintention entsprechend ausgelegt werden.[4] So ist z.B. die Nutzungsdauer von Anlagen im Zweifel kürzer zu bemessen; Wertminderungen von Beteiligungen u.ä. sind tendenziell am unteren Ende der Bandbreite (von Werten mit beachtlicher Wahrscheinlichkeit) auszurichten. Das gleiche gilt für den Objektivierungsgedanken. So hat die höchstrichterliche Rechtsprechung z.B. zutreffend den entgeltlichen Erwerb eng ausgelegt, ähnlich die aktiven Rechnungsabgrenzungsposten etc.[5]

2. Orientierung am entziehbaren Gewinn

Niemand wird ernsthaft behaupten wollen, ein in der gerade skizzierten Weise an Vorsichts- und Objektivierungsprinzipien orientierter Jahresüberschuß sei tauglicher Maßstab zur Beurteilung der Ertragslage oder ein dermaßen konzipiertes Bilanzvermögen gebe einen sinnvollen Einblick in die Vermögenslage. Dies hatten, wie schon erwähnt, die Dynamiker längst erkannt: Um den Jahresüberschuß als Indikator der wirtschaftlichen Unternehmensentwicklung zu retten, sind sie entschieden für eine weniger ausgeprägte Vorsicht und eine weniger ausgeprägte Objektivierung eingetreten: Vorsicht sei bei der Gewinnausschüttung angebracht, nicht bereits bei der Gewinnermittlung, und Objektivierung dürfe jedenfalls dort zurücktreten, wo es primär um die Selbstinformation des Kaufmanns geht.[6]

Der im gerade erwähnten Sinne vorsichtig ermittelte Gewinn hat für die Informationsfunktion bekanntlich fatale Eigenschaften: Bei günstiger wirtschaftlicher Entwicklung des Unternehmens wie bei ungünstiger wirtschaftlicher Entwicklung wird das jeweilige Bild der tatsächlichen Entwicklung mindestens abgeschwächt wiedergegeben. Im ersten Fall werden stille Reserven gebildet und im zweiten Fall stille Reserven aufgelöst; insbesondere diese stille Auflösung stiller Reserven wurde in ihren Auswirkungen in konkreten Fällen von Unternehmensniedergängen oft übersehen und hat wiederholt zu Aktienrechtsreformen Anlaß gegeben.[7]

Aber nicht nur die vorsichtige, auch die objektivierte Gewinnberechnung verzerrt die Aussagefähigkeit dieses Gewinns hinsichtlich der Beurteilung der Vermögens-, Finanz- und Ertragslage. Wenn nur Vermögensgegenstände und im Falle der immateriellen Anlagewerte sogar nur entgeltlich erworbene Vermögensgegenstände aktiviert werden, so bleibt ein Großteil der Investitionen in der Bilanz unsichtbar, was nicht nur den Einblick in die Vermögenslage verzerrt, son-

4 Vgl. insbes. Beisse (Gläubigerschutz) S. 83.

5 Vgl. insbes. Eibelshäuser (Anlagewerte).

6 Vgl. die oben Fn. 2 genannten Quellen. Walb nannte das Greifbarkeitsprinzip eine „unerträgliche Beschränkung“. Walb (Erfolgsrechnung) S. 385.

7 Vgl. zur Rechtsentwicklung insbes. Döllerer (Zweck) S. 1281 ff. und Kropff (Aktiengesetz) S. 237 ff.

dern auch, weil solche Investitionen im allgemeinen im Zeitablauf stark ungleichmäßig anfallen, den Einblick in die Ertragslage. Das gleiche gilt für die Passivseite, wo die grundsätzliche Begrenzung auf Außenverpflichtungen einen erheblichen Teil der wirtschaftlichen Lasten von der Passivierung ausschließt. Zwar ist Objektivierung auch ein wichtiges Element der Informationsfunktion, aber die im Gewinnermittlungsbereich geltende Objektivierung zielt unverkennbar nicht auf die objektive Information: Wenn man hiervon ausgehen wollte, müßten die Informationsinstrumente ganz anders aussehen, nämlich ungleich differenzierter.

Wenn das für Kapitalgesellschaften geltende Gewinnermittlungsrecht nicht primär an der Informationsfunktion orientiert ist, kommt nur die bereits erwähnte Bestimmung eines entziehbaren Gewinns als Primäraufgabe in Betracht.[8] De lege lata gesehen bedeutet dies, daß man im Konfliktfalle bei der Auslegung der Gewinnermittlungsvorschriften diesen Sinn und Zweck berücksichtigen muß. Wird etwa in einem konkreten Falle über die Höhe des Rückstellungsansatzes gestritten, so muß aus der nach objektiven Anhaltspunkten gegebenen Bandbreite wahrscheinlicher (nicht bloß „möglicher") Ausgaben die am oberen Bandbreitenende liegende (höhere) Ausgabe maßgeblich sein. Bei einer Gewinnermittlung, die sich ausschließlich an der Informationsfunktion orientierte, würde man einen weniger vorsichtigen Rückstellungsansatz wählen, um Informationsverzerrungen durch die (wahrscheinliche) Bildung stiller Reserven und deren spätere Auflösung zu minimieren.

Das Gesetz sieht freilich bereits in dem für alle Kaufleute geltenden Recht vor, Rückstellungen seien „nur in Höhe des Betrags anzusetzen, der nach vernünftiger kaufmännischer Beurteilung notwendig ist" (§ 253 Abs. 1 Satz 2 HGB): In Anbetracht der den Rückstellungen anhaftenden Unsicherheit soll es für deren Ansatz darauf ankommen, wie ein ordentlicher, sachverständiger Kaufmann das entsprechende Risiko einschätzt; die Vorschrift will mit anderen Worten den Rückstellungsansatz – in diesen Grenzen – objektivieren. Damit soll – ein Ausdruck des Verbots fiktiver Passiven – gewiß auch eine hinsichtlich des Gläubigerschutzes unnötige Vorsicht ausgeschlossen werden; an eine Zurückdrängung des allgemeinen Vorsichtsprinzips etwa im Sinne des Ansatzes von sogenannten Erwartungswerten kann indessen nicht gedacht sein; eine derart punktuelle Zurückdrängung des Gläubigerschutzgedankens wäre ohne Sinn.

Es gibt im für Kapitalgesellschaften geltenden Ergänzungsrecht indes eine Reihe von Vorschriften, die auf eine Begrenzung stiller Reserven gerichtet sind: Einschränkungen von Abwertungswahlrechten und Beibehaltungswahlrechten, §§ 279, 280 HGB. Man könnte meinen, daß diese Vorschriften die Ausschüttungsorientierung in eine Orientierung an der Informationsfunktion transformieren. Doch gilt auch insoweit, daß die Bedeutung der Vorschriften viel zu gering

8 Die herrschende Lehre sieht die handelsrechtlichen Gewinnermittlungsvorschriften generell durch den entziehbaren Gewinn geprägt. Vgl. insbes. Beisse (Verhältnis) S. 2; Blümich/Schreiber (EStG) § 5 Anm. 212; Döllerer (Grundsätze) S. 1219; Groh (Bilanztheorie) S. 129; Schmidt (EStG) § 5 Anm. 14c; Schmidt/Weber-Grellet (EStG) § 5 Anm. 14c.

ist, um nennenswert zur Ermittlung eines die Ertragslage verläßlich anzeigenden Jahresüberschusses beizutragen. Ihre Aufgabe besteht darin, im Anteilseignerinteresse unnötige Ausschüttungsbegrenzungen abzubauen.

II. An den Informationsinteressen orientierte Informationsvermittlung

1. Informationsinteressen

Der Laie pflegt den bilanzrechtlichen Jahresüberschuß, sofern dieser nicht durch Bildung und Auflösung stiller Reserven beeinflußt ist, mit dem tatsächlichen Reinvermögenszuwachs gleichzusetzen. Das erklärt zum guten Teil die Verbissenheit, mit der gegen Wahlrechte und gegen stille Reserven schlechthin gestritten wird: Man überschätzt die durch Ausschaltung stiller Reserven erreichbaren Informationsverbesserungen; es wird verkannt, daß man den (originären) Geschäfts- oder Firmenwert und dessen jeweilige Veränderungen auf diese Weise nicht erfassen kann.

Die Qualität von Jahresabschlußinformationen ist danach zu beurteilen, in welchem Maße sie die Entscheidungen von Jahresabschlußadressaten zu verbessern vermögen, also dem Jahresabschlußadressaten zu interessengerechteren Entscheidungen verhelfen. Diese Interessen können sehr vielfältig sein; beschränkt man sich auf die finanziellen Interessen, so lassen sich diese formal für alle Adressaten in dem zwischen Unternehmen und Adressat fließenden Zahlungsstrom (unter Einschluß geldwerter Vorteile) abbilden. Beschränkt man sich weiter auf die Anteilseigner, dann ist das der Nettoausschüttungsstrom (Ausschüttungsstrom abzüglich Einlagen) und zusätzlich der Wiederveräußerungserlös (aus dem Verkauf der Anteile); der Wiederveräußerungserlös hängt zwar von dem (nach der Wiederveräußerung fließenden) Nettoausschüttungsstrom ab, aber nicht allein: Auch der zum Wiederveräußerungszeitpunkt geltende Preis solcher Nettoausschüttungsströme (Zins) beeinflußt den Wiederveräußerungserlös. Der am jeweiligen Wiederveräußerungszeitpunkt maßgebliche Preis des Nettoausschüttungsstroms bildet indes grundsätzlich keinen Rechnungslegungsbestandteil (jedenfalls nicht im Sinne einer Rechenschaft); deshalb können die folgenden Überlegungen auf den Nettoausschüttungsstrom begrenzt werden.

Bei den vom Anteilseigner zu treffenden Entscheidungen, vom Kauf bzw. Verkauf von Anteilen bis zur Wiederbestellung bzw. Ablösung von Geschäftsführern, interessiert der Nettoausschüttungsstrom in doppelter Hinsicht: Einmal als absolute und zum anderen als relative Größe; als relative Größe ergibt er sich aus dem Vergleich mit anderen Nettoausschüttungsströmen, insbesondere mit zu einem früheren Zeitpunkt gegebenen („Zeitvergleich"), mit bei anderen Unternehmen gegebenen („Betriebsvergleich") oder mit einem wie auch immer bestimmten Soll-Nettoausschüttungsstrom („Soll-Ist-Vergleich"). Ein unmittelbarer Vergleich solcher Nettoausschüttungsströme setzt jedoch voraus, daß sie risikoäquivalent und (zeitlich) uniform sind. Fehlt es hieran im konkreten Fall, so muß man die Ströme entsprechend umformen; neben dem uniformen Strom kommt hierbei auch die (ökonomisch sinnvolle) Diskontierung in Frage, jeweils jedoch bei Herstellung der Risikoäquivalenz.

Nettoausschüttungsströme interessieren nicht nur als absolute und als relative Größen, sondern auch zukunfts- und vergangenheitsorientiert: Geht es etwa um den Erwerb bzw. die Veräußerung von Anteilen, so ist zu fragen, welcher künftige Nettoausschüttungsstrom erwartet werden darf; die in der Vergangenheit realisierten Nettoausschüttungen dienen hier nur als Anhaltspunkte zur Beurteilung des für die Entscheidung maßgeblichen künftigen Stroms. Soll dagegen ein Geschäftsführer beurteilt werden und dieser deshalb über seine im abgelaufenen Geschäftsjahr geleistete Arbeit Rechenschaft geben, so interessiert, wie (und warum) sich der am Geschäftsjahresende erwartete Nettoausschüttungsstrom gegenüber dem zu Geschäftsjahresbeginn erwarteten Nettoausschüttungsstrom verändert hat; hier verbinden sich mithin Zukunfts- und Vergangenheitsorientierung.

Als Erwartungsgrößen sind Nettoausschüttungsströme unsicher; sie können daher nicht (angemessen) einwertig abgebildet werden und auch nicht ohne Angaben über die Wahrscheinlichkeiten, mit denen die unterschiedlichen Ströme erwartet werden. Letzteres schließt Informationen darüber ein, bei welchen möglichen künftigen Konstellationen das Unternehmen etwa von Zahlungsunfähigkeit bzw. Überschuldung bedroht ist.[9]

2. Informationsansprüche

Von den gerade skizzierten Informationsinteressen der Jahresabschlußadressaten sind deren Informationsansprüche zu unterscheiden: Diese meinen die durch Gesetz oder Satzung durchsetzbaren Informationsinteressen. Schon die angedeutete Komplexität der Informationsinteressen spricht dafür, daß Informationsinteressen und Informationsansprüche nicht gleichgesetzt werden dürfen. Die gesetzlichen Informationsinstrumente müssen vergleichsweise einfacher Natur und die Informationsinhalte wenigstens hinsichtlich ihrer Plausibilität prüfbar sein; zudem sind die wohlverstandenen Interessen der Adressaten zu berücksichtigen, die wegen der Rechnungslegungspublizität entscheidende Informationsbegrenzungen gebieten.

So ausgeprägt sich indes Informationsinteressen und Informationsansprüche unterscheiden müssen, so wenig darf man doch davon ausgehen, daß sich die gesetzlich gewollten Informationsinhalte überhaupt nicht an den Informationsinteressen orientieren: Man kann dem Gesetz nicht ohne weiteres belanglose Informationsinhalte unterstellen. Der gesetzlich geforderte Einblick in die Vermögens-, Finanz- und Ertragslage muß wenigstens rudimentär seiner Schutzfunktion gerecht werden.

Wollte man unbesehen die Maßgeblichkeit der Informationsinteressen unterstellen, so wäre „Vermögenslage“ als potentieller Preis des mehrfach erwähnten Nettoausschüttungsstroms zu verstehen, mit anderen Worten als das vom Unter-

9 Vgl. hierzu BGH (ZR 269/91) S. 1382.

nehmen verkörperte Effektivvermögen. „Finanzlage" hätte man in diesem Falle zu interpretieren als den durch mögliche Zahlungsunfähigkeit bzw. Überschuldung gegebenen Gefährdungsgrad und „Ertragslage" als absoluten und relativen Nettoausschüttungsstrom im dargestellten Sinne. Das Gesetz meint sehr viel weniger, nämlich im wesentlichen eine an Aufgliederung und Erläuterung von Bilanz- und GVR-Posten orientierte Information. Aber – und das ist entscheidend – diese Aufgliederung und Erläuterung muß zielgerichtet, d.h. an den gerade angeführten Informationsinhalten orientiert sein.

Wie gezeigt, verweisen die Gesetzesbegriffe Vermögenslage, Finanzlage und Ertragslage allesamt letztlich auf den Nettoausschüttungsstrom; dieser hat deshalb als grundlegender Orientierungspunkt zu gelten. Das bedeutet zunächst, daß über alle verfügbaren Anhaltspunkte zur Extrapolationsfähigkeit des ermittelten Jahresüberschusses informiert werden muß, was Anhaltspunkte über die Risikostruktur dieses Jahresüberschusses einschließt. So ist insbesondere die Forderung des Gesetzes zu verstehen, wonach „außerordentliche" Erträge und Aufwendungen sowie „Erträge und Aufwendungen, die einem anderen Geschäftsjahr zuzurechnen sind", auszuweisen und im Anhang zu erläutern sind (§ 277 Abs. 4 HGB). Das gleiche gilt für die Interpretation der Vorschrift, daß die „Bilanzierungs- und Bewertungsmethoden" sowie „Abweichungen" von solchen Methoden anzugeben sind (§ 284 Abs. 2 Nr. 1 – 3 HGB), für die „Aufgliederung der Umsatzerlöse nach Tätigkeitsbereichen sowie nach geographisch bestimmten Märkten" (§ 285 Nr. 4 HGB) etc.

In § 264 Abs. 2 Satz 2 HGB wird angeführt, daß „besondere Umstände" dazu zwingen können, „im Anhang zusätzliche Angaben zu machen". „Besondere Umstände" in diesem Sinne liegen vor, wenn trotz einer an den gerade skizzierten Kriterien orientierten Anwendung der Einzelvorschriften des Gesetzes ein falscher Gesamteindruck über den nach objektiven Anhaltspunkten („vernünftiger kaufmännischer Beurteilung") zu erwartenden Nettoausschüttungsstrom bzw. dessen Veränderung zu befürchten ist. Man mag beklagen, daß dies dem Rechnungslegenden einen gewissen Ermessensspielraum läßt, doch darf man diesen Ermessensspielraum nicht überschätzen: Auch der Rechnungslegende verfügt nicht über sichere Erwartungen; es geht nur darum, das Informationsgefälle zwischen Jahresabschlußadressaten soweit auszugleichen, wie es konkrete Determinanten des Nettoausschüttungsstroms betrifft. Man denke etwa an Ereignisse, die erst nach dem Abschlußstichtag eingetreten sind und sich deshalb nicht mehr auf den Jahresüberschuß des abgelaufenen Geschäftsjahres ausgewirkt haben.[10]

---

10 Vgl. zur zentralen Bedeutung der Information über die Ertragslage auch Rückle (Einblick) S. 317ff. Zu den Informationsinteressen und Informationsansprüchen der Jahresabschlußadressaten vgl. Lange (Jahresabschlußinformationen) S. 95ff.; Wölk (Generalnorm) S. 139ff.

C. Die angelsächsische Rechnungslegungsphilosophie als Alternative?

Hier ist nicht der Ort, auf die zahlreichen Einzelangaben einzugehen, die nach US-amerikanischem Recht im Rahmen einer periodischen Rechnungslegung erforderlich sind;[11] ihre Würdigung wird bestimmt durch ihre Eignung, den gerade skizzierten zentralen Informationsinteressen gerecht zu werden. Hier geht es allein um die Grundsatzfrage, ob die überkommene deutsche Jahresüberschußkonzeption, durch Vorsichts- und Objektivierungsprinzipien geprägt, zugunsten angelsächsischer Vorstellungen aufzugeben ist.

Die Diskussion um die Vor- und Nachteile der angelsächsischen Rechnungslegungsphilosophie wird zu einem erheblichen Teil durch unmittelbare Geschäftsinteressen getragen; diese reichen von dem Bedürfnis, in massiver Weise stille Reserven auflösen zu müssen bis hin zum Bestreben angelsächsischer Wirtschaftsprüfungsgesellschaften, sich bestimmte Märkte zu sichern. Als sachliche Argumente lassen sich nur zwei anführen: Einmal die These, eine Zurückdrängung von Vorsichts- und Objektivierungsprinzipien führe zu einem hinsichtlich der wirtschaftlichen Unternehmensbeurteilung aussagefähigeren Jahresüberschuß, verbessere also die Informationsvermittlung, zum anderen die Auffassung, die Ausschüttungsregelung sei weniger am Gläubigerschutz im Sinne einer Ausschüttungssperre, stärker an den (ausgeprägten) Ausschüttungsinteressen der Anteilseigner auszurichten.

Die gerade angeführte erste These wurde oben (II. 2.) zu widerlegen versucht: Die Zurückdrängung von Vorsichts- und Objektivierungsprinzipien mag partiell in bestimmten Fällen zu einem Jahresüberschuß führen, der den Einblick in die Vermögens-, Finanz- und Ertragslage verbessert, doch ist die Gefahr viel zu groß, sich dann mit einem solchen Einblick zufriedenzugeben. Der Jahresüberschuß kann den skizzierten Informationsansprüchen nicht gerecht werden; die Informationen, die er umfaßt, sind viel zu undifferenziert und zudem oft genug, auch und zum Teil gerade wegen einer Zurückdrängung von Vorsichts- und Objektivierungsprinzipien, falsch, was seit Riegers Attacken gegen Schmalenbach[12] eigentlich allgemein bekannt sein müßte. Warum also sollte man die Regeln zur Ermittlung des Jahresüberschusses an einer Aufgabe orientieren, der andere Instrumente weit besser entsprechen, sofern man den Jahresüberschuß dadurch für Zwecke, die ihm adäquat sind (Ausschüttungsregelung), entwertet?

Kaum schwerer wiegt das Argument, die Ausschüttungsregelung sei stärker an den Anteilseignerinteressen statt an Gläubigerinteressen auszurichten; deshalb habe man bei der Jahresüberschußermittlung von vornherein auf den erzielten statt auf den entziehbaren Überschuß abzustellen und daher Vorsichts- und Objektivierungsprinzipien zurückzudrängen: Zum Beispiel sei als Aktivierungskriterium allein der künftige wirtschaftliche Nutzen („future economic benefit") maß-

11 Vgl. Haller (Grundlagen) S. 231 ff.

12 Vgl. Rieger (Einführung) S. 207 ff.; Rieger (Bilanz).

geblich, die Gewinnrealisierungsgrundsätze seien weniger streng zu fassen (z. B. die „Percentage of completion"-Methode vorzuschreiben), man habe die deutschen Rückstellungsgrundsätze aufzugeben etc.[13] Höhere Gewinnausschüttungen seien gesamtwirtschaftlich erwünscht, führten sie doch zu einer intensiveren Kontrolle der Unternehmensleitungen durch den Kapitalmarkt, zudem müsse als fraglich gelten, ob sich die Konzeption einer gläubigerschützenden Ausschüttungssperre bewährt habe.[14]

Man muß die Frage der Zurückdrängung des Vorsichtsprinzips trennen von dem Problem der sogenannten stillen Reserven: Ob stille Reserven – im Sinne einer über den entziehbaren Gewinn hinausgehenden Reservenbildung – mehr Vor- oder Nachteile haben, ist keineswegs ausgemacht und muß hier dahingestellt bleiben; denn man kann die Frage nicht unabhängig von den gesamten rechtlichen, wirtschaftlichen und sozialen Rahmenbedingungen entscheiden. Hier geht es allein darum, ob der (im Sinne des geltenden deutschen Rechts verstandene) „entziehbare Gewinn" oder der sich bei Zurückdrängung der für das geltende deutsche Recht charakteristischen Vorsichts- und Objektivierungsprinzipien ergebende „erzielte Gewinn" die Bemessungsgrundlage für die Ausschüttungen bilden soll. Auch mag die Frage dahingestellt bleiben, welche Auswirkungen eine im Handelsrecht erfolgende Abkehr vom entziehbaren Gewinn für das Steuerrecht hätte; es wäre freilich naiv anzunehmen, daß das Steuerrecht etwa auf dem entziehbaren Gewinn beharrte.[15]

Seit dem Bilanzrichtlinien-Gesetz ist klargestellt, daß die Konzeption des Gewinns als entziehbarem Betrag nicht nur für Kapitalgesellschaften gilt, sondern im Handelsrecht für alle Kaufleute und darüber hinaus im Steuerrecht. Hierin drückt sich letztlich eine Wirtschaftsgesinnung aus, deren Bedeutung weit über das Problem des Gläubigerschutzes hinausreicht.[16]

Bevor Mittel, insbesondere für Konsumzwecke, als entnehmbar gelten können, muß die Mittelquelle gesichert sein; der Schutz des Unternehmens und damit aller von ihm abhängigen Personen hat Vorrang vor Konsumwünschen. Gerade weil eine solche Wertung nicht jedermanns Sache ist, hat der Gesetzgeber allen Anlaß, sie durchzusetzen.

D. Zusammenfassung

1. Das für Kapitalgesellschaften geltende deutsche Rechnungslegungsrecht scheint in Bedrängnis geraten zu sein; es wird massiv für die Übernahme angelsächsischer Grundpositionen geworben.
2. Das angelsächsische Rechnungslegungsrecht ist in seiner Grundkonzeption ge-

13 Vgl. insbes. Wagenhofer/de Pauli (Accounting) S. 231 ff.

14 Vgl. zur angelsächsischen Rechnungslegungsmentalität insbes. Biener (Rechnungslegungsempfehlungen) S. 345 ff.; Havermann (Entwicklungen) S. 655 ff.; Krumnow (Rechnungslegung) S. 679 ff.; Schildbach (Rechnungslegungsstandards) S. 699 ff.

15 Vgl. etwa Weber-Grellet (Maßgeblichkeitsschutz) S. 288 ff.

16 Vgl. insbes. Beisse (Gläubigerschutz) S. 87.

kennzeichnet durch einen Jahresüberschuß, der als zentraler Informationsträger statt als entziehbarer Betrag gilt; das bilanzrechtliche Vorsichtsprinzip sowie das das Vorsichtsprinzip sichernde Objektivierungsprinzip treten daher im angelsächsischen Rechnungslegungsrecht deutlich zurück.

3. Im deutschen Recht wird der Jahresüberschuß statt dessen als entziehbarer Betrag verstanden und dieser am Leitprinzip des Gläubigerschutzes orientiert; die reinen Informationsaufgaben werden von der Jahresüberschußermittlung abgekoppelt.
4. Das deutsche Recht hat den großen Vorzug, durch die Trennung von Ausschüttungs- und Informationsregelung beiden Rechnungslegungsaufgaben optimal gerecht werden zu können; freilich entspricht die gegenwärtig praktizierte Informationsvermittlung noch nicht generell den gesetzlichen Anforderungen.
5. Dem deutschen Recht liegt eine sehr konservative Wirtschaftsmentalität zugrunde: So irreführend die Konzeption vom „Unternehmen an sich" in vieler Hinsicht sein mag, so trifft sie doch den Kern dieser Wirtschaftsmentalität in dem Sinne, daß Partikularinteressen gegenüber dem Bestandsschutz des Unternehmens zurücktreten müssen.

Literaturverzeichnis

Ballwieser, W. (Entwicklung): Die Entwicklung der Theorie der Rechnungslegung in den USA, in: Zfbf 1993, Sonderheft 32, S. 107–138 (mit umfangreichen Literaturanalysen)

Beisse, H. (Verhältnis): Zum Verhältnis von Bilanzrecht und Betriebswirtschaftslehre, in: StuW 1984, S. 1–14

Beisse, H. (Gläubigerschutz): Gläubigerschutz – Grundprinzip des deutschen Bilanzrechts, in: Festschrift Beusch, hrsg. von Heinrich Beisse u. a., Berlin u. a. 1993, S. 77–97

BGH (ZR 269/91): Urteil vom 13. Juli 1992 II ZR 269/91, in: ZIP 1992, S. 1382

Biener, H. (Rechnungslegungsempfehlungen): Die Rechnungslegungsempfehlungen des IASC und deren Auswirkungen auf die Rechnungslegung in Deutschland, in: BFuP 1993, S. 345–356

Blümich, W./Schreiber, o.V. (EStG): Einkommensteuergesetz, 14. Aufl., Berlin o.J.

Döllerer, G. (Zweck): Zweck der aktienrechtlichen Publizität, in: BB 1958, S. 1281–1284

Döllerer, G. (Grundsätze): Grundsätze ordnungsmäßiger Bilanzierung, in: BB 1959, S. 1217–1221

Eibelshäuser, M. (Anlagewerte): Immaterielle Anlagewerte in der höchstrichterlichen Finanzrechtsprechung, Wiesbaden 1983

Groh, M. (Bilanztheorie): Zur Bilanztheorie des BFH, in: StbJb 1979/80, S. 121–139

Großfeld, B. (Handwörterbuch): Generalnorm, in: Handwörterbuch unbestimmter Rechtsbegriffe im Bilanzrecht des HGB, hrsg. von Ulrich Leffson u. a., Köln 1986, S. 192–204

Haller, A. (Grundlagen): Die Grundlagen der externen Rechnungslegung in den USA, 4. Aufl., Stuttgart 1994

Havermann, H. (Entwicklungen): Internationale Entwicklungen in der Rechnungslegung, in: Festschrift Moxter, hrsg. von Wolfgang Ballwieser u. a., Düsseldorf 1994, S. 655–677

Heigl, A. (Umweltschutz): Umweltschutz, in: HWR, 3. Aufl., Sp. 1960–1963

Kropff, B. (Aktiengesetz): Aktiengesetz, Düsseldorf 1965

Krumnow, J. (Rechnungslegung): Die deutsche Rechnungslegung auf dem Weg ins Abseits?, in: Festschrift Moxter, hrsg. von Wolfgang Ballwieser u. a., S. 679–698

Lange, Ch. (Jahresabschlußinformationen): Jahresabschlußinformationen und Unternehmensbeurteilung, Stuttgart 1989

Rieger, W. (Bilanz): Schmalenbachs Dynamische Bilanz, Stuttgart 1936, 2. Aufl., Stuttgart u. a. 1954

Rieger, W. (Einführung): Einführung in die Privatwirtschaftslehre, Nürnberg 1928, 2. Aufl., Erlangen 1959

Rückle, D. (Einblick): Der Einblick in die Erfolgslage nach neuem Rechnungslegungsrecht, in: Wirtschaftsrechtliche Blätter 1987, S. 317–321

Schildbach, T. (Generalklausel): Die neue Generalklausel für den Jahresabschluß von Kapitalgesellschaften, in: BFuP 1987, S. 1–15

Schildbach, T. (Rechnungslegungsstandard): Internationale Rechnungslegungsstandards auch für deutsche Einzelabschlüsse? in: Festschrift Moxter, hrsg. von Wolfgang Ballwieser u. a., S. 699–721

Schmalenbach, E. (Grundlagen): Grundlagen dynamischer Bilanzlehre, in: ZfhF 1919, S. 1–60 und S. 65–101

Schmidt, L. (EStG): Einkommensteuergesetz, 12. Aufl., München 1993

Schmidt, L./Weber-Grellet, H. (EStG): Einkommensteuergesetz, 13. Aufl., München 1994

Selchert, F. (§ 252 HGB): § 252 HGB, in: Küting/Weber, Handbuch der Rechnungslegung, 3. Aufl., Stuttgart 1990

Wagenhofer, A./ de Pauli, Ch. (Accounting): International Accounting Standards: Unterschiede zur österreichischen Rechtslage, in: SWI 1994, S. 231–238

Walb, E. (Erfolgsrechnung): Die Erfolgsrechnung privater und öffentlicher Betriebe, Berlin u. a. 1926

Weber-Grellet, H. (Maßgeblichkeitsschutz): Maßgeblichkeitsschutz und eigenständige Zielsetzung der Steuerbilanz, in: DB 1994, S. 288–291

Wölk, A. (Generalnorm): Die Generalnorm für den Einzelabschluß von Kapitalgesellschaften, Frankfurt am Main u. a. 1992

Bemerkungen zum Beschäftigungsstandort Deutschland

Dr. Hermann Clemm, WP, StB, RA,
in Sozietät Fiedler & Forster, München

A. Vorbemerkung (Thema und Jubilar)

Standortfragen sind Hauptthemen dieser Festschrift für Anton Heigl, der sich als Universitätslehrer und Wissenschaftler im Rahmen seiner vielfältigen, kompetenten Äußerungen und Publikationen insbesondere auf den Gebieten der unternehmerischen Rechnungslegung und des Steuerrechts auch gelegentlich zu Standortfragen geäußert hat.[1] Mein Thema, das sich mit der Beschäftigungs- oder auch Arbeitslosigkeits-Frage in Deutschland befaßt, scheint dagegen etwas außerhalb der bisherigen wissenschaftlichen Tätigkeit des Jubilars zu liegen, so daß ich ihn in meinem ohnehin ziemlich unwissenschaftlich verfaßten Beitrag leider nicht durch Zitate gebührend ehren kann; ich widme ihm jedoch die nachfolgenden Betrachtungen zu diesem Querschnittsthema mit dankbarer Anerkennung für seine Arbeit und mit herzlichem Dank für manchen anregenden und stets erfreulichen Meinungsaustausch.

B. Einleitung und Überblick (Analyse)

I. Die Beschäftigungsfrage – ein „Querschnittsthema" mit hoher sozialer Brisanz

a) Allgemeines

Die Beschäftigungs- bzw. Arbeitslosigkeitsfrage ist m. E. eine der elementarsten Herausforderungen an unsere Gesellschaft; angesichts der zunehmenden, alarmierenden Zahlen von offener und verdeckter Arbeitslosigkeit weltweit, aber auch in Deutschland, ist sie eine soziale Frage allerersten Ranges (– vielleicht könnte man sogar von einem Wiederaufleben der Sozialen Frage in neuem Gewande sprechen –), die höchst brisant werden dürfte, falls nicht rechtzeitig angemessene Lösungen gefunden werden. Sie zu suchen sollten wir uns gemeinsam und mit Vordringlichkeit bemühen, sowohl aus humanitären Gründen als auch zur Vermeidung von sonst drohenden sozialen Revolutionen und ideologischen Radikallösungs-Versuchen.

Das Thema menschliche Arbeit und Arbeitslosigkeit, sowohl ganz allgemein als auch speziell mit Blickrichtung auf unseren Standort Deutschland betrachtet, ist natürlich ein Querschnittsthema, das nahezu alle Bereiche des menschlichen individuellen und sozialen Lebens in Theorie und Praxis – Politik, Staat, Wirtschaft, Familien etc. – betrifft. Zu seiner Erörterung sollten daher auch die entsprechenden Experten der unterschiedlichsten Disziplinen und Bereiche mit aufgerufen werden, nicht zuletzt auch Psychologen, Philosophen und Theologen. Mein Beitrag als der eines auch theoretisch interessierten Praktikers auf den Gebieten der Prüfung und Beratung von Wirtschaftsunternehmen will und kann allenfalls etwas zur Ursachenanalyse beisteuern und Lösungsansätze aufzeigen, aber keine Patentrezepte bieten. Allerdings geht es offenbar auch allen Experten aus Politik und Wissenschaft einstweilen noch kaum anders. M. E. fehlt bisher sogar noch die

1 Z. B. Heigl/Uecker (Standortsicherungsgesetz) S. 335 ff.

sorgfältige und klare, eindeutige Analyse der m. E. höchst komplexen Ursachen, die ja allen Lösungsversuchen vorangehen sollte, auch wenn häufig die aktuelle Situation zunächst kurzfristige Aktionen erfordert, wie dies z. B. bei der Lösung akuter Arbeitslosigkeitsprobleme der Fall ist.

b) Begrenzung der Betrachtungen auf den Bereich der Wirtschaft – pars pro toto

Die Beschäftigungsthematik trifft keineswegs nur die Wirtschaft, sondern wohl alle Bereiche unserer Gesellschaft. Notwendige „Schlankheitskuren", auf die ich noch eingehen werde und bei denen regelmäßig zahlreiche bisher beschäftigte Personen „freigesetzt" und zumindest zunächst einmal in die Arbeitslosigkeit entlassen werden, gibt es ja längst nicht mehr nur in der Wirtschaft, sondern „quer Beet", den propagierten schlanken Staat und die schlanken Behörden und fast alle anderen Institutionen eingeschlossen. Als „Wirtschaftler" beschränke ich meine Betrachtungen dennoch – pars pro toto – vorwiegend auf die mit der Wirtschaft zusammenhängenden Beschäftigungsfragen. Als Rechtfertigung für diese Einschränkung berufe ich mich gerne auf einen m. E. zutreffenden Ausspruch von Walter Rathenau:

Die Wirtschaft ist unser Schicksal
– die Wirtschaft ist zwar nicht alles, aber ohne Wirtschaft ist fast alles nichts –

Nebenbei bemerkt könnte man den letzten Satz, an die Adresse von uns Wirtschaftlern gerichtet, gelegentlich auch „umdrehen", um den Beitrag der Wirtschaft für das individuelle und das Gemein-Wohl der Menschen relativierend zu verdeutlichen:

Ohne Wirtschaft ist zwar fast alles nichts, aber die Wirtschaft ist (durchaus) nicht alles.

II. Deutschland als Wirtschafts- und Beschäftigungsstandort in der Krise – ein Zwei-Fronten-Krieg

a) Wirtschaftskrise und Beschäftigungskrise – komplexe Zusammenhänge, Wechselwirkungen und Gegensätze

Spätestens seit Beginn der letzten, noch nicht ausreichend überwundenen Rezession – der stärksten seit Jahrzehnten – diskutiert man bei uns über den Wirtschaftsstandort Deutschland (oder auch Europa). Wir suchen nach den Ursachen unserer Wirtschaftskrise und nach Lösungen für deren Überwindung. Dabei stellen wir fest, daß Deutschland, das sich nach dem Ende des zweiten Weltkriegs zu einer der drei führenden Wirtschaftsmächte (neben USA und Japan) entwickelt hatte („Wirtschaftswunder"), dabei oder zumindest in der Gefahr ist, eine Führungsrolle auf dem Weltmarkt einzubüßen und auf einen Rang im zweiten oder dritten Glied abzurutschen. Offensichtlich sind die deutschen Produkte nicht mehr so attraktiv, daß sie auf dem Weltmarkt gewinnbringend abgesetzt werden, d. h. zu Preisen verkauft werden können, die die Gestehungskosten übersteigen. Unternehmen anderer Länder, insbesondere in Ostasien, haben technisch aufgeholt oder uns gar überholt. Obendrein produziert man dort billiger; dies gilt mittlerweile auch für die USA. Sehr zu Recht sucht man daher in deutschen Unternehmen, unterstützt von der deutschen Wirtschaftspolitik, nach Wegen zur Wiedererlangung der Konkurrenzfähigkeit auf dem nationalen, internationalen und globalen Markt. Es geht dabei vor allem um den weiteren technischen Fortschritt, um technische Innovationen auf den verschiedensten Gebieten (Stichworte: High Tech, insbesondere auf den Gebieten der Mikroelektronik, der Telekommunikation, aber auch des Automobil- und Flugzeugbaus und last not least der Gentechnologie und der Kernenergie, deren Weiterentwicklung bei uns obendrein von manchen Bevölkerungsgruppen bzw. Parteien aus sehr grundsätzlichen, ideologischen, moralischen oder auch moralistischen Gründen und Ängsten behindert wird). Außerdem müssen die deutschen Produkte billiger (kostengünstiger) hergestellt werden, damit beim Verkauf zu den auf den Märkten erzielbaren Preisen Gewinne und nicht Verluste erzielt werden. Damit sind Kostensenkungen angesagt, und zwar nicht nur, aber vor allem Personalkostensenkungen. Deutschland ist derzeit das Land mit den höchsten Löhnen bzw. Lohnstückkosten. Eine Reduzierung kann oder könnte nur auf zwei Wegen erreicht werden, nämlich durch Senkung der Löhne und/oder durch den Abbau des teueren Personals, letzteres ermöglicht durch verbesserte Arbeitsmethoden und -organisationen sowie durch den vermehrten Einsatz von immer weiter verbesserten Maschinen und Robotern, unter Verwendung der Mikroelektronik und der gesamten Rationalisierungspalette. Angesichts der geringen Möglichkeiten wesentlicher Senkungen der Löhne wird bei uns seit Jahren zunehmend die zweite Alternative praktiziert: Durch „Schlankheitskuren" (lean production, lean management etc.) durch „Restrukturierungen" (business reengeneering, total quality-management), d. h. durch tiefgreifenden organisatorischen Umbau einschließlich Abbau von Hierarchien wird eine Erhöhung der betrieblichen Leistungsfähigkeit bei gleichzeitigem, z. T. erheblichem Personalabbau erreicht. Unter betriebswirtschaftlichen, ökonomischen Gesichtspunkten werden hiermit positive Fortschritte – übrigens häufig auch in bezug auf die Motivation der (verbleibenden) Mitarbeiter – erzielt. Die Unternehmen verbessern damit zugleich ihre Wettbewerbsfähigkeit, nicht nur auf dem nationalen sondern insbesondere auf dem internationalen Markt, was für viele deutsche Unternehmen – und generell für die deutsche Wirtschaft (angesichts der deutschen Rohstoffknappheit) – von existentieller Notwendigkeit ist.

Eine Konsequenz für das Thema Beschäftigung und sozusagen die Kehrseite der Medaille ist allerdings die u. U. massive „Freisetzung" bisheriger Mitarbeiter der „restrukturierten" Unternehmen, die zunächst einmal – auch auf Kosten der Allgemeinheit – arbeitslos werden, bis sie – hoffentlich – eine anderweitige angemessene und entsprechend honorierte Beschäftigung finden, soweit sie nicht vorzeitig und endgültig in den Ruhestand geschickt werden. Festzustellen bleibt daher zunächst, daß die personellen Maßnahmen zur Erhaltung oder Wiedererlangung der Wettbewerbsfähigkeit der Unternehmen zugleich eine der wesentlichen Ursachen für die – zumindest vorläufige – Erhöhung der Arbeitslosigkeit ist. Solche Umstrukturierungen mit erheblichen Personalfreisetzungen finden inzwischen keineswegs nur bei bereits sanierungsbedürftigen Unternehmen statt, sondern ebenso bei vielen „ersten Adressen" in fast allen Branchen; selbst Banken und Versicherungen in einstweilen hervorragender Ertragslage haben entsprechende Umstrukturierungen mit erheblichen Personalreduzierungen für die nähere Zukunft angekündigt, um den Herausforderungen des Wettbewerbs auch künftig gewachsen zu sein. Nach einer Umfrage eines wissenschaftlichen Instituts der Ludwig Maximilians-Universität München sollen sich derzeit ca. 70 % aller größeren deutschen Unternehmen mit entsprechenden Restrukturierungsprogrammen befassen.[2]

Damit wird zunächst wohl deutlich, daß wir es hinsichtlich der Krise des Wirtschafts- und Beschäftigungsstandorts Deutschland mit einer Art „Zwickmühlen-Situation" oder einem Zweifrontenkrieg zu tun haben. Obendrein gibt es höchst komplexe Wechsel- und Gegenwirkungen. Angedeutet sei dies mit dem Hinweis, daß das Unterlassen von personalkostensparenden Rationalisierungs- und Restrukturierungs-Maßnahmen manche Unternehmen, Konzerne oder sogar Branchen in Verluste oder gar Konkurse treiben kann, was noch weit mehr Arbeitsplätze vernichten und damit eine noch höhere Arbeitslosigkeit herbeiführen würde als die „Schlankheitskuren". Das Dilemma wird damit wohl offenkundig.

b) Gleichrang oder Vorrang wirtschaftlicher oder sozialer Fragen?

Die Wettbewerbskrise der deutschen Wirtschaftsunternehmen und die Beschäftigungs- bzw. Arbeitslosigkeitsfrage sind sowohl miteinander verflochten als auch als Einzelthemen von großer Bedeutung. Welches Thema im Zweifel Vorrang hätte, darüber läßt sich gewiß streiten. Die „Wirtschaftsleute" sehen die Gefährdung und Überlebensfähigkeit ihrer Unternehmen vermutlich und verständlicherweise als vorrangig an. Aus der Perspektive der „betroffenen Bevölkerung" dürfte dagegen das Beschäftigungs- und Arbeitslosigkeitsthema im Vordergrund stehen. Dabei nimmt der Anteil der „betroffenen Bevölkerung" leider laufend zu. Betroffen sind dabei nicht nur die (arbeitswilligen) Arbeitslosen und ihre Angehörigen und Freunde, sondern auch alle Menschen, die den Verlust ihrer oder ihrer Angehörigen Arbeitsplätze befürchten müssen; ebenso zahlreiche junge Menschen, die nach Beendigung ihrer – z. T. hochqualifizierten – Ausbildung keine Arbeitsplätze finden.

Neben den politischen Parteien haben sich neuerdings auch die beiden großen Kirchen, nämlich die Evangelische Kirche in Deutschland (EKD) und die Katholische Deutsche Bischofskonferenz gemeinsam mit der Gesamtthematik befaßt. In einem Ende November 1994 veröffentlichten, gemeinsam erarbeiteten Text „Zur wirtschaftlichen und sozialen Lage in Deutschland", das als „Diskussionsgrundlage für den Konsultationsprozeß über ein gemeinsames Wort der Kirchen" bezeichnet wird, wird die Gesamtsituation zu skizzieren versucht; zugleich wird zur

---

2 So Prof. Arnold Picot in einem Vortrag „Restrukturierung von Unternehmen und Beschäftigungsperspektiven" am 12. 07. 1994 vor dem Rotary-Club München.

allgemeinen Diskussion und speziell auch zu Äußerungen zu diesem Diskussionspapier aufgerufen.[3]

Drei Optionen sind dabei als Leitmotiv herausgestellt, nämlich Optionen „für die Schwachen“, „für eine soziale Friedensordnung“ und „für eine soziale Gestaltung der Zukunft in der einen Welt“. In dem mehr als 50 Druckseiten umfassenden Text, der nicht nur die soziale sondern auch die wirtschaftliche Lage in Deutschland behandelt, stehen verständlicherweise die sozialen, menschlichen Fragen noch stärker im Mittelpunkt der Betrachtungen als die Schwierigkeiten, in denen sich die deutsche Wirtschaft derzeit befindet. Immerhin werden auch hierzu relativ ausgiebige und vielfältige Überlegungen angestellt, Anregungen gegeben und Forderungen erhoben. Das spricht dafür, daß offenbar auch einige Wirtschaftsfachleute bei der Erarbeitung des Papiers mitgewirkt haben. Die entsprechenden Äußerungen zur wirtschaftliche Krise und ihrer Überwindung bedürfen m. E. aber noch ausgiebiger Diskussionen speziell auch mit weiteren kompetenten Wirtschaftsfachleuten, sowohl hochkarätigen Theoretikern wie insbesondere auch kompetenten und einflußreichen Unternehmern und Unternehmensleitern samt ihren Beratern; aber zu solchen Diskussionen rufen die Kirchen ja auch gerade auf, hoffentlich mit entsprechender Resonanz.

Verständlicherweise und ihrer Sendung gemäß plädieren die Kirchen in ihrem Aufruf vor allem für die „Überwindung der Selbstbezogenheit und Ich-Bezogenheit des Menschen, der die Not seiner Mitmenschen nicht sieht, und der Gruppenegoismen“.[4] Im Zusammenhang mit der „besonders besorgniserregenden, anhaltend hohen Arbeitslosigkeit, die eine ernsthafte Bedrohung der Humanität in unserer modernen Industriegesellschaft darstellt“, wird auch eine Feststellung getroffen, wie man sie einstweilen häufiger aus den Reihen der „linken“ als denen der konservativen und liberalen deutschen Parteien hört: „Die Spaltung der Gesellschaft in solche, denen es gut und immer besser geht, und andere, die arm und benachteiligt sind, ist eine Anfrage an die solidarischen Beziehungen zwischen allen Bürgern wie auch an die gegenwärtige Praxis der Sozialen Marktwirtschaft“.[5] Mag man diese Feststellung auch für partiell überzogen halten, so scheint mir doch jedenfalls unbestreitbar zu sein, daß die Arbeitslosigkeit eine Anfrage an die solidarischen Beziehungen zwischen allen Bürgern wie auch an die gegenwärtige Praxis der Sozialen Marktwirtschaft ist“ – ob uns das nun paßt oder auch nicht. Im übrigen räumen die Kirchen unumwunden ein, daß die Ursachen für die bestehende Arbeitslosigkeit „vielfältig und in ihrem unterschiedlichen Gewicht im

---

3 Bei dieser Verfahrensweise orientierte man sich offenbar u. a. an der Erarbeitung eines Hirtenbriefes der US-amerikanischen Bischöfe, der nach einem jahrelangen Konsultationsprozeß Mitte der 80er Jahre unter dem Titel „Justice in economy“ – Gerechtigkeit für alle – veröffentlicht, 1987 ins Deutsche übersetzt und unter dem Titel „Gegen Unmenschlichkeit in der Wirtschaft“ aus deutscher Sicht von Professor Friedhelm Hengsbach SJ kommentiert wurde. Vgl. Hengsbach (Unmenschlichkeit).

4 EKD (Lage) Tz 10, S. 12

5 EKD (Lage) Tz 33, S. 20

einzelnen umstritten und nicht eindeutig bestimmbar“ seienEKD ;[6] ebenso, daß es „für die Überwindung der Arbeitslosigkeit keinen Königsweg oder gar Patentrezepte“ gebe.[7] Ein ausführlicheres Eingehen auf dieses Kirchenpapier würde den Rahmen dieser Betrachtungen sprengen; die wenigen Zitate und Kommentare mögen als Anreiz für den Leser dienen, sich selbst mit diesem m. E. ebenso lesenswie diskussionswürdigen Papier auseinanderzusetzen.

Bei der Betrachtung der sozialen Lage in Deutschland steht – auch nach dem Text des Kirchenpapiers – selbstverständlich auch „Deutschland als Sozialstaat“ auf dem Prüfstand. Dabei ist nicht nur zu untersuchen, ob das soziale Netz für die wirklich Schwachen und Armen evtl. noch ausbaubedürftig ist, sondern umgekehrt auch, inwieweit manche „sozialen Besitzstände“ inzwischen fragwürdig und umbaubedürftig geworden sind und inwieweit die Segnungen unseres Sozialstaates, der ja zugleich unser Arbeitsrechts-, Fiskal- und Steuerrechtsstaat ist, unberechtigterweise in Anspruch genommen, mißbraucht und mißachtet werden. Zu überdenken ist z. B. die m. E. unvernünftige Nivellierung der Einkommen von Arbeitenden und Nichtarbeitenden (– unter denen es eben nicht nur arbeitswillige Arbeitslose sondern auch viele „Nichtarbeitswillige“ gibt, mit oder ohne Ambitionen zu Nebenverdiensten durch Schwarzarbeit –). Zu den Mißbräuchen zählt z. B. der Subventionsbetrug jeder Art wie generell jeder Betrug gegenüber dem Staat (= der Gemeinschaft/Solidargemeinschaft), sei es durch unberechtigte Inanspruchnahme von Sozialmieten, durch das „Krankfeiern“ – zu Lasten der Allgemeinheit, der Arbeitgeber und der Kollegen –, der Subventionsbetrug im Unternehmensbereich wie auch die Steuerhinterziehung und -flucht u. v. a. m.; alles dies sind Erscheinungsformen besonders egoistischen Verhaltens zu Lasten anderer bzw. der Solidargemeinschaft (Staat etc.).

Für meine weiteren Betrachtungen gehe ich von einem (fast) ebenso hohen Rang der wirtschaftlichen wie der sozialen Fragen aus. Es gilt, beide Ziele nebeneinander und gleichzeitig zu verfolgen, nämlich

1. unsere deutschen Unternehmen müssen – regional wie global – konkurrenzfähig bleiben bzw. wieder konkurrenzfähig (möglichst führend) werden und außerdem
2. wir brauchen möglichst sinnvolle (nützliche) Arbeit (Beschäftigung) für möglichst viele (arbeitsfähige) Menschen.

c) Die technisch zivilisatorischen Fortschritte – zugleich ein Segen für die Menschheit wie eine der Hauptursachen für die derzeitige Strukturkrise (auch) auf dem Beschäftigungssektor.

Vor der Betrachtung einiger Einzelaspekte sei auf einen Umstand etwas näher eingegangen, der in der allgemeinen Diskussion über die derzeitige akute Beschäftigungskrise m. E. bisher etwas zu kurz kommt. Es geht um die ambivalenten,

6 EKD (Lage) Tz 40, S. 22
7 EKD (Lage) Tz 41, S. 23

m. E. insgesamt vorwiegend sehr positiven Auswirkungen des naturwissenschaftlich-technischen Fortschritts, der sich insbesondere in der „aufgeklärten" westlichen Welt vollzogen und sodann weltweit ausgebreitet hat. Schon alleine die Betrachtung der Entwicklung während der letzten 100 Jahre und speziell während der letzten Jahrzehnte kann uns dies verdeutlichen: Betrachtet man die Produkte und die Produktivität auf den verschiedensten Gebieten, so ist festzustellen, daß einerseits die Produktion quantitativ und qualitativ zugenommen, die Beschäftigtenzahl dagegen nicht entsprechend gewachsen ist, sondern häufig, z. T. radikal, abgenommen hat. Anders ausgedrückt bedeutet dies, daß die Produktivität pro Kopf „um Quantensprünge" zugenommen hat. Man vergleiche etwa die Situation in der Landwirtschaft von heute mit der vor ca. 100 Jahren. Während seinerzeit noch die Mehrheit der Bevölkerung in der Landwirtschaft beschäftigt war, ist davon nur noch ein kleiner Bruchteil übrig gebleiben. Diese wenigen Menschen erzeugen aber mit moderner Technik und Chemie mehr und großenteils sogar höherwertige Produkte als ihre viel zahlreicheren Vorgänger vor 100 Jahren – und obendrein (vorwiegend) unter besseren Arbeitsplatzbedingungen.[8] Ähnliche Befunde ergeben sich bei der Betrachtung der Montanindustrie (Kohle und Stahl), national wie international, wie letztlich wohl für nahezu alle Branchen.

Was es dabei zunächst einmal festzustellen und deutlich herauszustellen gilt ist der – zumindest zunächst – vorwiegend sehr positive Charakter dieser Entwicklung. Wir erzeugen immer mehr und obendrein qualitativ immer bessere Güter mit weniger menschlicher Arbeitskraft und vor allem auch unter humaneren Arbeitsbedingungen als früher. Zugleich ist eine erhebliche Reduzierung der – in früheren Zeiten als große Belastung empfundenen – langen Arbeitszeiten zugunsten der Freizeit festzustellen.

Dies alles führte zur Steigerung der Lebensqualität für die überwiegende Mehrzahl der Menschen, jedenfalls in den sogenannten „entwickelten" oder Industrieländern. Wohl noch niemals zuvor in der Geschichte ist es insbesondere der Mehrzahl der „einfachen Leute" in bezug auf materiellen Wohlstand, Freizeit, Freiheit, Freizügigkeit und Gesundheit so gut gegangen wie innerhalb der letzten Jahrzehnte.

In diesem Zusammenhang ist auch daran zu erinnern, daß im Rahmen der technischen Entwicklung, zu der neuerdings die Einbeziehung der Mikroelektronik gehört, vorwiegend „inhumane Arbeiten" wegrationalisiert und durch Maschinen und Roboter ersetzt wurden. Waren es bereits in früheren Stadien der technischen Entwicklung z. B. die Rudersklaven, die durch Schiffsmotoren ersetzt wurden, so war gerade in den letzten Jahren zu beobachten, wie weitere höchst ungesunde Schwerstarbeit nunmehr durch Maschinen und Roboter verrichtet wird; ich denke dabei z. B. an vormals besonders ungesunde Arbeitsplätze in der Automobilindu-

8 Die teilweise fragwürdigen Nebenwirkungen der modernen Produktionsverfahren – Stichworte: Ökologie, Massentierhaltung – sind gewiß diskussions- und teilweise änderungsbedürftig; am positiven Gesamtergebnis würde sich jedoch auch bei maßvolleren „naturgemäßeren" Methoden wenig ändern.

strie wie z. B. die Arbeit von Spritzlackierern und Karosserieschweißern am Fließband; aber auch aus anderen Branchen ließen sich gewiß ungezählte ähnliche Beispiele nennen.

Dies alles sind doch zunächst einmal sehr positive Befunde. Dabei ist nochmals besonders hervorzuheben, daß die nunmehr von weniger beschäftigen Menschen erzeugte Güter- und Dienstleistungs-Menge, also das „Brutto-Sozialprodukt", weiter zu- und nicht abnimmt, so daß, aufs Ganze betrachtet, die Völker nicht ärmer werden dürften. Dieses Phänomen sollten wir m. E. stets im Kopf behalten, wenn wir nach Auswegen aus unserem „Beschäftigungs-Dilemma" suchen; es droht letztlich – wenn man einmal die Zusatzproblematik der Situation in der Dritten Welt ausklammert – in den Industrieländern keine „Volksverarmung durch sinkende Brutto-Sozialprodukte", sondern es geht „nur" um soziale Spannungen bei der Suche nach sinnvoller, „nützlicher" Beschäftigung (Arbeit) für die Menschen, die – trotz Steigerung der „Gesamtproduktion" – bei der Güter- und Dienstleistungsproduktion bisherigen Zuschnitts nicht mehr benötigt und daher – einstweilen – „freigesetzt", d. h. in die Arbeitslosigkeit entlassen werden.

Ähnliche Situationen hat die Menschheit gewiß schon mehrfach im Rahmen des zivilisatorischen und technischen Fortschritts erlebt. So elementare Erfindungen wie die des Pfluges oder spätere, wie die der Dampfmaschine und der Elektro- und Verbrennungsmotoren etc. machten zunächst einmal viele „Muskelarbeit" überflüssig. Damals – und bei anderen Fortschritten – fand man offensichtlich, jedenfalls nach einiger Zeit, für die „freigesetzten" Menschen, deren bisherige Tätigkeiten nun nicht mehr benötigt wurden, andere sinnvolle und nützliche Arbeiten, und zwar nicht nur in denselben Branchen sondern u. U. in ganz anderen Bereichen des menschlichen Lebens. Vermutlich sind erst auf dieser Grundlage viele zivilisatorische und kulturelle Fortschritte möglich geworden, einschließlich der Entwicklung der Geisteswissenschaften, der Medizin, der Erziehung und Allgemeinbildung, des Auf- und Ausbaus des modernen Rechts- und Sozialstaates mit allen seinen Facetten, die „Unterhaltungs- und Freizeitkultur" (oder -zivilisation) nicht zu vergessen wie auch manche „Luxus-Branchen", die zur Lebensfreude vieler Menschen beitragen, wenn auch verbunden mit manchen Gefährdungen und negativen Auswirkungen.

Ich meine, bei der Erörterung der Gesamtthematik mit allen ihren „Unübersichtlichkeiten" und tatsächlichen oder vermeintlichen Bedrohlichkeiten sollten diese letztlich positiven geschichtlichen Erfahrungen nicht übersehen werden. Wie auch in früheren ähnlichen Situationen geht es nicht um die Gefahr der Verarmung durch einen Rückgang der Gesamtproduktion von Gütern und Dienstleistungen, sondern insoweit „nur" um den Umbau der Gesellschaft in Anpassung an die so erheblich gestiegene Produktivität pro Kopf. Dabei kann es nach den Gesetzen der Logik wohl prinzipiell nur zwei Konsequenzen geben, nämlich entweder neue, sinnvolle und für die Gesellschaft nützliche (produktive) Arbeiten zu finden oder aber die Arbeitszeiten noch weiter zu kürzen – oder vermutlich auch beides nebeneinander oder kombiniert.

Einstweilen scheinen klare Konzepte für die Lösung dieses Kern- und Struktur-

Problems allerdings noch nicht zu existieren. Die meisten „freigesetzten" Menschen sehen derzeit noch nicht, wie sie sich anderweitig sinnvoll und als nützliche Glieder der Gesellschaft betätigen können. Auch die Führungseliten haben offenbar noch keine Lösungsrezepte, ja sie scheinen dieses Kernproblem (– und seine positiven Begleiterscheinungen der Produktionssteigerungen –) noch kaum klar erkannt und in die „strategische Mittel- und Langfristplanung" einbezogen zu haben.

Insgesamt betrachtet scheint mir dieses Kernproblem aber nicht als unlösbar. Für Pessimismus wegen einer etwa ausweglosen Situation ist angesichts der aufgezeigten „Grunddaten" keine Veranlassung. Vielmehr gilt es mit Phantasie nach Lösungen zu suchen. Vielleicht sollten wir alle einmal „Visionen" zu entwickeln versuchen, womit sich die einstweilen freizusetzenden, im bisherigen Produktionsprozeß nicht mehr benötigten Menschen in 5, 10 oder 20 Jahren insbesondere bei uns in Deutschland und Europa sinnvoll, nützlich und entsprechend honoriert (– honoriert in beiderseitigem Sinne des Wortes gemeint, nämlich bezahlt und geachtet –) betätigen könnten. Daß es neben dieser „Mittel- und Langfrist-Problematik" auch kurzfristig zu lösende Probleme gibt, um besondere soziale Härten auszugleichen und erkennbare Einzelfehler unseres Systems zu korrigieren, darf natürlich nicht übersehen werden.

C. Bemerkungen zu einigen Einzelfragen

1. Zum Stellenwert der Arbeit im menschlichen Leben

Bei der Betrachtung von Arbeit bzw. Beschäftigung als „Querschnittsthema" scheint es mir auch geboten, wieder einmal grundsätzlich über deren Stellenwert im menschlichen (Individual- und Gemeinschafts-) Leben nachzudenken. Als Fachleute sind hierfür natürlich vor allem Psychologen, Politologen, Philosophen und last not least Theologen zuständig; außerdem wären gewiß historische Betrachtungen interessant, z. B. über die Verhältnisse in der Antike – in der die „produktive Arbeit" vorwiegend durch Sklaven erledigt wurde – bis hin zur Ideologisierung und Überbewertung der Arbeit (und des „Arbeiters") in der jüngsten Vergangenheit, nämlich im internationalen Sozialismus wie auch im Nationalsozialismus – jeweils unter Mißachtung der vormals im christlichen Abendland besonders hoch geachteten Bereiche von „Muße und Kult", kompletativem Leben etc.[9]

Soweit für mich als theologischen Laien ersichtlich, ist die Arbeit in biblischer Sicht für den Menschen offenbar ebenso eine schwere Last wie auch ein Segen. Allgemein scheint mir Arbeit vor allem zwei Funktionen zu erfüllen

a) Arbeit wird geleistet zur Bestreitung des Lebensunterhalts und zum Vermögenserwerb („entgeltliche Arbeit" – honoriert entsprechend ihrem jeweiligen „Marktwert")
b) Arbeit ist aber zugleich ein wesentliches Moment des Lebensinhalts und auch bestimmend für die soziale Rolle des Menschen, vor allem als „nützli-

9 Vgl. hierzu Pieper (Lesebuch) S. 155 – 163.

ches"/anerkanntes Mitglied der Gesellschaft/Gemeinschaft („Selbstverwirklichung im Alltag").

Damit wird m. E. klar, daß es nicht ausreichen würde, einen „freigesetzten" arbeitsfähigen und arbeitswilligen Menschen materiell, durch Renten etc., bis zu seinem Lebensende zu versorgen. Eine solche materiell-ökonomistische Lösung ist m. E. letztlich inhuman und verletzt das Selbstwertgefühl und die Würde des gegen seinen Willen zum Renten- und Almosenempfänger degradierten Menschen.[10]

(Die Frage, ob und inwieweit ein solcher „Frührentner" sich durch ehrenamtliche, unentgeltliche Tätigkeiten nützlich machen und dabei auch für sich selbst – zumindest partiell – einen neuen Lebensinhalt finden könnte, sei nur ohne weitere Erörterung angetippt – ebenso wie das bedeutende Thema der unbezahlten Tätigkeiten in Familie und Haushalt.)

2. Zur besonderen Eskalation der Arbeitslosigkeit in den Neuen Bundesländern

Der grundlegende Umbau der ehemaligen DDR-Planwirtschafts-Unternehmen in rentable, wettbewerbsfähige Unternehmen in den Neuen Bundesländern erforderte – leider – besonders hohe Freisetzungen. Hauptursache hierfür war der Zustand dieser Unternehmen bzw. Unternehmensteile im Zeitpunkt des Zusammenbruchs des DDR-Regimes. Kaum eines der Unternehmen und insbesondere der größeren Kombinate verfügte über eine marktgerechte, attraktive Produktpalette; außerdem waren die Produktionsanlagen veraltet und die Produktionsmethoden und die betrieblichen Organisationen uneffektiv; die Produktivität pro Kopf lag erheblich unter dem Niveau in den alten Bundesländern. So waren grundlegende Umbau- und Sanierungsmaßnahmen unausweichlich, die zu besonders hohen Freisetzungen – oftmals erheblich mehr als 50 % der bisherigen Belegschaften – führten. Ob und inwieweit bei diesen Privatisierungs- und Sanierungsmaßnahmen mehr oder minder große Fehler gemacht wurden und unnötige Rücksichtslosigkeiten vorge-

---

10 In diesem Zusammenhang ist auch auf eine m. E. absurde Entwicklung hinzuweisen: Während die fortschrittliche Medizin nicht nur das absolute Lebensalter sondern auch die Dauer der Arbeitsfähigkeit der meisten Menschen laufend erhöht, wird die „Lebensarbeitszeit" zunehmend verkürzt; die Schul- Hochschul- und sonstige Ausbildungszeit wurde laufend verlängert und das Pensionsalter laufend herabgesetzt, während die medizinischen Fortschritte eher eine Erhöhung des Pensionsalters nahegelegt hätten. Speziell im Rahmen der derzeitigen „Restrukturierungs"- und Schlankheitskuren kommt es zu weiteren Vorverlagerungen des Pensionierungszeitpunktes insbes. unter den Stichworten „Frühpensionierung" bzw. „Vorruhestand", von denen mittlerweile schon ca. 50-jährige Menschen betroffen sind, die dann – laut Statistik – meist noch ein 20-30-jähriges Rentnerdasein vor sich hätten. Diese Frühpensionierungen belasten zudem den „Generationenvertrag", da die Zahl der „nicht arbeitenden Rentner", die – angeblich – nun von der jungen Generation miternährt werden müssen, rapide ansteigt; in Wahrheit handelt es sich bei den meisten dieser Frührentner um „arbeitswillige Arbeitslose", die lieber selber durch nützliche Arbeit ihren Lebensunterhalt verdienen würden als sich – per Rente – angeblich von der jüngeren Generation aushalten zu lassen. Auch dies ist m. E. ein Problem, das im Rahmen der Gesamtdiskussion mit erörtert werden muß.

kommen sind, stehe dahin. Jedenfalls waren die meisten Freisetzungen wohl unvermeidlich, um wenigstens einen Teil der Unternehmen nicht nur kurzfristig zu sanieren sondern längerfristig überlebens- und wenn möglich wettbewerbsfähig zu machen. Die Arbeitslosigkeit entwickelte sich dort demgemäß noch wesentlich dramatischer als in den westlichen Bundesländern, wenn sie auch einstweilen durch ABM- und Umschulungsmaßnahmen noch verdeckt wurde und wird.

Wenn auch die Ursache für diese besorgniserregende Entwicklung das Erbe 45-jähriger Plan- und Mißwirtschaft ist und nicht auf einem Verschulden der ehemaligen Bundesrepublik und ihrer Bürger beruht, so sind wir doch alle solidarisch zur Abhilfe dieses besonderen Notstandes aufgerufen. Damit sind – als Soforthilfe-Programm – weitere erhebliche Subventionen zur Förderung von Investitionen zur Schaffung neuer, rentabler Arbeitsplätze sowohl in der modernen Großindustrie als in Mittelstandsunternehmen und Handwerksbetrieben erforderlich; außerdem sind wohl auch weitere ABM-Maßnahmen und ähnliche „soziale Abfederungen" unumgänglich.

3. Internationale Konkurrenz auf dem Arbeitsmarkt

Weitere Erschwernisse für den deutschen Arbeitsmarkt ergeben sich durch das Auftauchen neuer „Billiglohnländer" innerhalb Europas, speziell in Gestalt der Länder des ehemals kommunistischen Ostblocks, wie z. B. Tschechien, Polen, Ungarn etc. Zur Erhaltung der Konkurrenzfähigkeit durch weitere Personalkosten-Ersparnisse sahen und sehen sich deutsche Unternehmen zur Verlagerung von Produktionsstätten – und damit von Arbeitsplätzen – von Deutschland in jene „Billiglohnländer" veranlaßt. Zudem wird deutschen Unternehmen und ihren deutschen Arbeitern auch im Inland zunehmend Konkurrenz durch Arbeiter aus jenen Billiglohnländern – in Gestalt von mehr oder minder legaler Arbeit – gemacht.

4. Besonders hohe Steuer- und Abgabenbelastung in Deutschland

Der Wirtschaftsstandort Deutschland ist nicht nur wegen der hohen Arbeitskosten sondern auch wegen vergleichsweise sehr hoher Steuern und Abgaben besonders teuer und dementsprechend „unattraktiv", auch für ausländische Investoren. In die Gesamtbetrachtungen muß daher auch das deutsche Steuer- und Abgabenrecht, speziell die Besteuerung der deutschen Unternehmen, einbezogen werden (Stichwort: Unternehmensteuer-Reform mit dem Ziel einer steuerlichen Entlastung der Unternehmen und ihres Produktivvermögens).

D. Bemerkungen zu Lösungsmöglichkeiten und -ansätzen

Dem vorangegangenen Versuch einer Darstellung der komplexen Problematik seien einige Bemerkungen zu Lösungsmöglichkeiten und -ansätzen angefügt. Auch sie können nicht mehr sein als Anregungen und Beiträge zur Gesamtdiskussion.

1. Vorfrage: Wer ist für die Beschäftigung von „Arbeitnehmern" verantwortlich? Recht auf Arbeit?

Schon die Frage, wer eigentlich für die Beschäftigung möglichst vieler Menschen verantwortlich ist, ist nachdenkenswert. Sind etwa die Unternehmen bzw. ihre Eigentümer und Funktionäre zur Erhaltung der bestehenden und zur Schaffung weiterer Arbeitsplätze verpflichtet? Eine entsprechende gesetzliche Verpflichtung gibt es bei uns nicht und kann es in unserem System der Markt- und Wettbewerbswirtschaft wohl auch generell nicht geben. Unser Arbeitsrecht sieht lediglich die Erschwernisse von Kündigungsmöglichkeiten sowie die Zahlung von Abfindungen bei Entlassungen vor (Sozialpläne etc.). Eine Erhaltung von Arbeitsplätzen mit der Gefahr von großen Unternehmensverlusten oder sogar – zusammenbrüchen wird – vernünftigerweise – nicht gefordert. Schwieriger zu entscheiden und überlegenswert ist dagegen, ob, ggf. inwieweit und unter welchen Umständen es eine moralische Verpflichtung von Unternehmen zur (Weiter-) Beschäftigung von Mitarbeitern aus sozialen bzw. humanitären Gründen gibt. Regelmäßig führt eine solche Beschäftigung „unrentabler Arbeitnehmer" zur Minderung der Unternehmenserfolge (= Gewinnminderung bzw. Verlusterhöhung) und damit zu einer Beeinträchtigung der Vermögen einschließlich der Gewinnbezugsrechte der Unternehmenseigentümer (Gesellschafter, Aktionäre); sie widerspricht dem Ziel einer Gewinnmaximierung. Daraus ergeben sich mehrere Fragen, nämlich einmal, ob und ggf. in welchem Umfange es entsprechende moralische, oder sogar aus Art. 14 Abs. 2 GG (Sozialverpflichtung des Eigentums) ableitbare Verpflichtungen der Unternehmen bzw. Unternehmenseigentümer gibt; und weiter, ob und ggf. in welchem Umfang die „angestellten Manager" (z. B. Vorstände ohne entsprechende Kapitalbeteiligung an den Unternehmen) zu einem solchen „sozialen Führungsverhalten zu Lasten der Unternehmensergebnisse" befugt sind. Nach meinen Beobachtungen gab und gibt es nicht selten solche (Weiter-) Beschäftigung unter vorwiegend sozialen Aspekten, ohne daß darüber ausführlich diskutiert wurde, vor allem in traditionell geführten Familienunternehmen mit starken, auch sozialen, Bindungen der Unternehmerfamilien gegenüber „ihren" Mitarbeitern, aber auch in Publikumsaktiengesellschaften, bislang meist ohne große Diskussionen mit den Aktionären.

Ein allgemeines „Recht auf Arbeit" aller arbeitswilligen Menschen kann es weder gegenüber „der Wirtschaft" noch generell und jedenfalls solange nicht geben, als es nicht auch entsprechende Adressaten mit entsprechender Beschäftigungs-Verpflichtung gibt; letztlich könnte es ein solches allgemeines Recht auf Arbeit wohl nur geben, wenn die öffentliche Hand (Staat und/oder Kommunen etc.) alleiniger Arbeitgeber wäre – was wohl kaum erstrebenswert wäre.

Es verbleibt allerdings eine „Forderung an uns alle" bzw. an die von uns demokratisch gewählten Politiker („Staatsfunktionäre"), sich um Rahmenbedingungen zu bemühen, die eine „Vollbeschäftigung" aller arbeitsfähigen und -willigen Menschen soweit wie irgend möglich herbeiführen oder zulassen; aufgerufen sind allerdings auch die einzelnen Bürger, entsprechende private Initiativen zu entwikkeln und nicht auf einen bevormundenden Versorgungsstaat zu bauen.

Trotz aller Relativierung des „Rechts auf Arbeit“ darf keinesfalls die besondere Dringlichkeit der Arbeitslosigkeits- und Beschäftigungsfrage übersehen werden. Vermieden werden muß, daß im Rahmen zunehmender Arbeitslosigkeit eine hochbrisante Mischung von massenhaft frustrierten und aggressiven Menschen – gerade auch jungen Menschen – entsteht, die keinen vernünftigen Lebensinhalt mehr sehen und daher ein „gefundenes Fressen“ für Ideologen und Demagogen werden könnten; außerdem wäre eine Zunahme der Kriminalität zu befürchten, die auch das Leben der „Arbeits- und Vermögensbesitzer“ erheblich beeinträchtigen könnte. Beispiele für solche drohenden Fehlentwicklungen liefern bekanntlich nicht nur manche südamerikanische Staaten; selbst in den – in mancher Hinsicht vorbildlichen – USA gibt es in etlichen Großstädten und Ballungsräumen einerseits schlimme Elendsviertel und andererseits schwer bewachte Wohnviertel („Ghettos“) der „Reichen“ (– ein Zeichen dafür, daß die sozialen Fragen einschließlich der Arbeitslosigkeitsfrage auch in anderen Ländern dringend lösungsbedürftig sind.)

2. Orientierung an den Ursachen und an Vordringlichkeiten

Die Lösungsversuche sollten sich an den Ursachen der Beschäftigungskrise (incl. Kernproblem), aber auch unter Berücksichtigung einer Prioritätenliste im Sinne der kurzfristigen Beseitigung besonders brisanter sozialer Probleme (Härten) orientieren.

a) Langfriststrategie zur Lösung der Strukturkrise – Verbindung mit der Weltanschauungs- und Orientierungskrise („Wertewandel“)

Wie bereits oben dargelegt,[11] darf das Kern- und Strukturproblem (– die Beschäftigungskrise als Folge der Produktivitätssteigerung pro Kopf in fast allen bisherigen Produktions- und Dienstleistungsbereichen –) nicht aus den Augen verloren werden, auch wenn zunächst kurzfristige Detail-Lösungen im Vordergrund stehen müssen. Die Lösung dieses Kernproblems erfordert einen erheblichen Umbau vermutlich nicht nur der Wirtschaft sondern der gesamten menschlichen Gesellschaft einschließlich Staat, Bildungswesen, Gesundheitswesen etc. Dabei geht es um den Aufbau neuer, sinnvoller und nützlicher Betätigungsfelder für die Menschen, die infolge des – grundsätzlich positiv zu wertenden – technischen Fortschritts im Produktions- und Dienstleistungsbereich bisherigen Zuschnitts nicht mehr gebraucht werden; dies wird vermutlich zu gravierenden Änderungen sowohl im Berufsleben als auch im Privatleben (Familien etc.) und im „sozialen Leben“ führen. Denkbar wäre vielleicht u. a. ein sogar noch weiterer Ausbau des Bildungswesens („Allgemeinbildung“) und der Aufbau einer wirklichen „Freizeit-Kultur“, z. T. neben oder anstelle vieler derzeitiger Freizeitbeschäftigungen. Bei

11 Abschn. B, 2 c

alledem handelt es sich natürlich um Mittel- und Langfristprogramme, um die Entwicklung entsprechender „Visionen“ ebenso wie um die Suche nach Wegen zu ihrer Umsetzung. Wenn auch klare Ziele und Konzepte noch nicht vorliegen, so scheint mir doch eine – wenn auch menschlich – unvollkommene – Lösung in absehbarer Zeit möglich zu sein. Der notwendige Umbau ist im übrigen auch im Zusammenhang zu sehen mit der nahezu „globalen“ Weltanschauungs- und Orientierungskrise („Wertewandel“), die seit vielen Jahren z. B. von großen Mahnern wie Ortega y Gasset, Romano Guardini, Hans Jonas, C. F. v. Weizsäcker, Oswald von Nell-Breuning, u. v. a. m., diagnostiziert und diskutiert wird. Bei alledem geht es um die Notwendigkeit des Nachdenkens, u. U. auch des Umdenkens in bezug auf viele liebgewordene Denk- und Lebensgewohnheiten, Besitzstände etc.; wichtig ist m. E. insbesondere auch die Begrenzung der Individual- und Gruppeninteressen (Egoismen) zugunsten des Gemeinwohls – eines alten abendländischen Begriffes, den es vermutlich neu zu definieren bzw. aktualisieren gilt. Ein Kernproblem dabei ist die Verantwortung des Menschen gegenüber anderen wie auch sich selbst gegenüber (Eigenverantwortung); für den religiösen Menschen geht es dabei natürlich auch und in erster Linie um die Verantwortung vor Gott. Dies gilt es, sowohl den einzelnen Menschen als auch generell stärker bewußt zu machen („Bewußtseinswandel“).

b) Kurzfristige Schaffung neuer Arbeitsplätze

Vordringlich gilt es, möglichst kurzfristig neue Arbeitsplätze zu schaffen bzw. bestehende zu erhalten, vorwiegend in der Wirtschaft. Hierzu beschränke ich mich auf einige stichwortartige Bemerkungen:

- Technische Innovationen und Weiterentwicklungen sind die Voraussetzung für die Herstellung neuer, attraktiver, marktgerechter Produkte. Da entsprechende Forschungen und Entwicklungen in manchen „sensiblen“ Bereichen (z. B. Gen-Technologie und Kernenergie) in Deutschland durch mangelnde öffentliche Akzeptanz behindert werden, gilt es m. E. vordringlich, diese Akzeptanzkrise zu überwinden zu versuchen. Erforderlich sind hierfür vor allem Dialog-Versuche mit Meinungsbildnern – Medien, Erzieher in Elternhaus und Schule, last not least die Kirchen etc. Sofern die Akzeptanzkrise nicht überwunden wird, ist eine Abwanderung entsprechender „zukunftsträchtiger“ Arbeitsplätze und entsprechender technischer/wissenschaftlicher Eliten in andere Länder sowohl im Westen einschließlich USA als auch in Ostasien zu befürchten. Neben der Überwindung der Akzeptanzkrise gilt es, die Forschung und Entwicklung auf diesen Gebieten besonders zu fördern, auch durch – zeitlich begrenzte – Subventionen, während andererseits die Dauersubvention unrentabler Produktionen z. B. im Bereich von Kohle und Stahl reduziert und eingestellt werden sollte.
- Neue rentable Arbeitsplätze gilt es vor allem innerhalb, aber auch außerhalb der Wirtschaft zu schaffen. Innerhalb der Wirtschaft kann dies sein
  - im selben Unternehmen mit neuen Produkten, z. B. Funktelefone bei deut-

schen Großunternehmen, wie bereits geschehen, dto. Neu- und Weiterentwicklung im Wachstumsbereich der Telekommunikation, dto. Gentechnik-Produkte in Pharma-Unternehmen etc.

- in anderen Unternehmen und Branchen; vor allem scheint ein weiterer Ausbau des Dienstleistungssektors möglich und sinnvoll zu sein, z. B. im Verkehrswesen, im Fremdenverkehr, im Freizeitsektor (Verbesserung der Freizeitkultur) sowie auch im Zusammenhang mit dem Ausbau der Telekommunikation; Umweltschutz könnte größeres Betätigungsfeld werden, jedoch ist die Finanzierung für manche Maßnahmen noch unklar (vgl. auch unten Ziff. 5).
- Klein- und Mittelstandsunternehmen haben sich bisher in Deutschland durch besondere unternehmerische Initiativen und Flexibilitäten ausgezeichnet und gehörten daher zu den wesentlichsten Stützen unseres erfolgreichen Wirtschaftssystems; dementsprechend gilt es, solche Unternehmen – bereits bestehende wie neu zu gründende – besonders zu fördern; angesichts vieler Bedürfnisse sowohl im Privatsektor, speziell auch mit Blick auf notwendige Reparaturen und Infrastrukturverbesserungen in den Neuen Bundesländern, sollten auch Handwerksbetriebe weiter auf- und ausbaufähig sein.
- Nachdenken sollte man m. E. auch darüber, ob nicht im Zuge der Rationalisierung zu viele Arbeitsplätze für Nicht-Hochbegabte beseitigt wurden, die man „irgendwie“ wieder einzurichten versuchen sollte. Zu denken ist m. E. insbesondere an den Dienstleistungsbereich, an Dienstpersonal aller Art, Trambahnschaffner, Hausangestellte, Straßenkehrer u. v. a. m. Nachzudenken wäre über die angemessene Honorierung und evtl. Subventionierung etc. (vgl. unten Ziff. 5); insoweit wäre auch eine Änderung des Steuerrechts dahingehend zu erwägen, daß Löhne und Sozialabgaben für Arbeitnehmer im Privatbereich (z. B. Haushalt) beim Arbeitgeber (als „Betriebsausgaben“ o. ä.) steuerlich absetzbar würden.

3. Vorschläge zur Verminderung der Arbeitskosten

a) Mäßigung bei Tarifverhandlungen

Entsprechende Verhandlungen mit ersten positiven Anzeichen sind bereits zu registrieren.

b) Investivlöhne

Zunehmend diskutiert wird auch die Einführung von Investivlöhnen anstelle von Lohnerhöhungen.[12] Mir erscheint es allerdings einstweilen als zweifelhaft, ob dieser Weg zu dem erhofften Erfolg führen würde. Investivlöhne sind m. E. ebenso wie jede andere Art der Beteiligung von Mitarbeitern am arbeitgebenden Unternehmen bzw. am Produktivvermögen zwar als Instrument zur Förderung der

12 Vgl. z. B. Spilker (Lohnpolitik) mit Beiträgen kompetenter Experten aus verschiedenen lagern incl. Gewerkschaften.

Vermögensbildung in Arbeitnehmerhand durchaus diskutabel. Daß sie aber zur Schaffung neuer, rentabler Arbeitsplätze führen würden, erscheint mir als eher unwahrscheinlich. Direkte Erfolgsbeteiligungen der Arbeitnehmer mögen durchaus leistungsfördernd wirken; Gewinnbeteiligungen via Kapitalbeteiligungen vermutlich ebenfalls. Aber mit jeder Kapitalbeteiligung gibt es zusätzliche Probleme auch hinsichtlich der Mitbestimmung im Unternehmen, die nunmehr auch über die Kapitalbeteiligung erfolgt, sofern nicht eine Art „stimmrechtsloser Kapitalbeteiligung" vereinbart würde; letzteres dürfte aus Arbeitnehmersicht wenig attraktiv sein, zumal jede Kapitalbeteiligung auch eine Risiko-Beteiligung ist. Außerdem würde das Zwangssparen durch Investivlohn, d. h. die Kürzung der Barvergütung zugunsten der Kapitalbildung, wohl nur für solche Arbeitnehmer infrage kommen, bei denen der verbleibende Barlohn zur Deckung der privaten Bedürfnisse und Verpflichtungen ausreicht. Vor allem ist für mich nicht erkennbar, inwiefern, aufs Ganze gesehen, eine wirkliche Verminderung der Personalkosten stattfinden soll, wenn der Arbeitnehmer anstelle einer Lohnerhöhung letztlich eine entsprechend hohe Gewinnbeteiligung erhalten soll.

Trotz dieser skeptischen Bemerkungen halte ich solche Vorschläge für weiter diskussionswürdig, unter Beachtung möglichst aller positiven und negativen Konsequenzen. Dabei sollten die vielfältigen Erfahrungen mit Belegschaftsaktien und anderen Mitarbeiter-Beteiligungen – wie auch mit der Umsetzung der Genossenschaftsidee innerhalb der letzten Jahrzehnte – berücksichtigt werden.

c) *Grundlegender Umbau des Steuersystems (Öko-, Energie- u. a. Steuern; Bürgergeld etc.)*

Sehr interessant, aber zumindest ebenso weiter diskussionsbedürftig erscheinen Vorschläge zu einem grundsätzlichen Umbau des Steuersystems, vor allem in Gestalt der Einführung von Öko- bzw. Energie-Steuern sowie eines Systems von „Negativ-Steuern" („Bürgergeld"). Eine ausführliche Erörterung ist hier leider nicht möglich, jedoch sei wiederum einige Skepsis angemeldet: Ob die Belastung des Energieverbrauchs – oder gar eine Art von „Maschinensteuer" – zugunsten einer Entlastung von Sozialabgaben bzw. Lohnnebenkosten zu dem gewünschten Erfolg, nämlich der Schaffung weiterer Arbeitsplätze führen würde, erscheint mir als wenig wahrscheinlich. Letztlich würde hiermit ja wohl der Ersatz von maschineller Arbeit durch menschliche Arbeit erhofft, was mir zwar vielleicht auf manchen Teilgebieten (– einfachen Dienstleistungen, vgl. oben –), aber kaum generell als sinnvoll und möglich erscheint. Die technische Entwicklung läßt sich m. E. nicht zurückdrehen. Die Behinderung/Belastung von möglichen Rationalisierungs-Investitionen im Bereich technischer Anlagen und deren Nutzung unter entsprechendem Energieverbrauch würde zumindest dann, wenn sie auf Deutschland beschränkt bliebe, wohl eher eine weitere Abwanderung der Unternehmen in andere Länder bewirken, in denen es neben billigeren Arbeitskräften dann auch noch geringere Kosten der Maschinennutzung gäbe. Offenbar sind die – z. T. prominenten – Befürworter solcher neuer Steuern ganz anderer Meinung; eine ausgiebige, möglichst sachliche und ideologiefreie Diskussion ist m. E. weiter erforderlich.

Inwieweit die Einführung einer „Negativsteuer" sinnvoll wäre, ist m. E. ebenfalls noch nicht ausreichend geklärt.

Bei der Erörterung aller dieser Vorschläge zu grundlegenden Änderungen sollte man auch die zunehmende Kritik an unserer derzeitigen Steuerrechtsordnung wegen ihrer Unübersichtlichkeit und Kompliziertheit beachten[13]. Bisher ging der Ruf nach Reformen vor allem in Richtung einer wesentlichen Vereinfachung des Steuerrechts, wenn auch möglichst kombiniert mit einer Verbesserung der Steuergerechtigkeit; daß beide Forderungen allerdings bisher noch nicht erfüllt wurden, weiß natürlich jeder Fachmann, der die Entwicklung während der letzten Jahrzehnte verfolgte. Bei jeder neuen, grundsätzlichen Änderung des Steuersystems sollte aber jedenfalls beachtet werden, daß hierdurch nicht weitere Komplikationen, Unübersichtlichkeiten und Widersprüche entstehen, die es dem Bürger noch weiter erschweren, das Steuerrecht als „vernünftig und gerecht" zu akzeptieren (Stichwort: Steuermoral).

4. Arbeitszeitverkürzung/Teilung von Arbeitsplätzen/Schwarzarbeit

Diskutiert und teilweise schon praktiziert (z. B. bei VW) wird auch eine Arbeitszeitverkürzung einschließlich einer Teilung von Arbeitsplätzen. Ob dieses, auf den ersten Blick plausibel erscheinende, Modell wirklich tragfähig ist, muß sich wohl erst zeigen. Mindestens zwei Aspekte erscheinen dabei als besonders beobachtungs- und diskussionsbedürftig: Zunächst kann und wird sich ein Arbeitnehmer auf entsprechende Lohnkürzungen wohl nur einlassen, wenn der verbleibende Lohn zur Deckung seiner Bedürfnisse ausreicht – oder aber, wenn er künftig seine Lohneinbußen durch Nebenverdienste, insbesondere durch Schwarzarbeit, ausgleichen kann. Inwieweit die erste Bedingung bei VW – angesichts offenbar besonders hoher Löhne als Ausgangsposition – erfüllt wurde, vermag ich nicht zu beurteilen. Einem Bericht in der Wirtschaftswoche vom 01. 12. 1994 zufolge soll jedenfalls eine der Konsequenzen der Arbeitszeitverkürzung eine entsprechend rapide Zunahme der Schwarzarbeit durch VW-Arbeiter gewesen sein, mit deutlicher Beeinträchtigung des legalen Handwerks und Handels.

Damit ist zugleich ein sehr wesentliches Nebenthema im Rahmen der Beschäftigungsproblematik angeschnitten, nämlich die Schwarzarbeit oder Schattenwirtschaft; auch dies ist ein facettenreiches Thema, alleine schon wenn man an die fließenden Übergänge von lobenswerter Arbeit im und am eigenen Haus und Heim über die freundschaftliche, gegenseitige Nachbarschaftshilfe bis zur eindeutigen, gesetzwidrigen „Schwarzarbeit gegen Nettoentgelt" denkt. Jedenfalls gehört die Bekämpfung der Schwarzarbeit bzw. die Wiedereingliederung der Schwarzarbeiter in die legale Wettbewerbswirtschaft zu den Aufgaben, die bei der Lösung der Beschäftigungskrise mit zu erledigen sind.

---

13 Das Schlagwort vom „Steuerchaos" ist bekanntlich immer häufiger auch auf Fachkongressen zu hören.

5. Subvention der Beschäftigung von – sonst – Arbeitslosen (2. Arbeitsmarkt)

Besonders diskussionswürdig und -bedürftig scheint mir die Frage zu sein, ob, inwieweit und unter welchen Voraussetzungen man die Wiederbeschäftigung von Arbeitslosen subventionieren sollte. Eine der Hauptfragen in diesem Zusammenhang ist, ob die Zahlung von Sozialleistungen (Arbeitslosenunterstützung, Sozialhilfen etc.) an „untätige" (– arbeitswillige und nicht schwarzarbeitende –) Arbeitslose wirklich unter marktwirtschaftlichen Aspekten sinnvoller ist als die Subventionierung von normalerweise niedrig entlohnten Arbeiten solcher Personen. Anstelle weiterer eigener Darlegungen zu dieser komplexen Thematik zitiere ich das bereits erwähnte Diskussionspapier der Kirchen,[14] das an einer Stelle[15] kurz und bündig ausführt: „Bei hoher und andauernder Arbeitslosigkeit ist es ökonomisch sinnvoll, Arbeit zu finanzieren statt Arbeitslosigkeit. Daher sollten mit Hilfe des Instrumentariums des Arbeitsförderungsgesetzes durch die Bundesanstalt für Arbeit verstärkt gemeinwirtschaftliche Arbeiten gefördert werden, die wegen fehlender privatwirtschaftlicher Rentabilität eher zu den Aufgaben der öffentlichen Hand gehören, wie z. B. Arbeiten in den Bereichen Umweltschutz, Sanierungsarbeiten in der Stadt, Jugendarbeit und soziale Dienste (wie z. B. Förderung, Erhaltung und Wiederherstellung der Gesundheit sowie Alten- und Krankenpflege). Dabei erscheint es jedoch geboten, die Förderungsbedingungen so zu definieren, daß die geförderten, d. h. subventionierten Arbeitsmärkte nicht die Funktionsfähigkeit der primären, d. h. förderungsfreien Arbeitsmärkte beeinträchtigen." Dem möchte ich nur hinzufügen, daß bei der Erörterung dieser Thesen auch die vermutlichen Auswirkungen auf den Schwarzarbeitsmarkt, auf dem sich ja bisher auch zahlreiche „vollsubventionierte Arbeitslose" betätigen, betrachtet werden müssen.

E. Schlußbetrachtungen

Meinen aphoristischen, fragmentarischen Betrachtungen zur Beschäftigungsfrage füge ich als Schluß vor allem ein Plädoyer für die Aufrechterhaltung unseres Systems der Sozialen Marktwirtschaft an. Dieses System hat sich bisher sowohl in wirtschaftlicher als auch in menschlicher Hinsicht hervorragend bewährt; es wird nunmehr allerdings auf eine neue, harte Bewährungsprobe gestellt, die zum Nachdenken über erforderliche Weiterentwicklungen herausfordert. Zwei Versuchungen gilt es m. E. zu widerstehen, nämlich einerseits der Unterbewertung der „Sozial"-Komponente (– die ja nicht nur Almosen oder karitative Handlungen für die Schwächeren erfordert sondern „soziale Gerechtigkeit" –), und andererseits der Unterbewertung der Komponente „Marktwirtschaft". Angesichts der durch die Arbeitslosigkeit entstandenen und wohl zunächst noch zunehmenden sozialen Probleme ist die zweite Versuchung besonders groß, nämlich die Marktwirtschaft zunehmend wieder durch Planwirtschaft zu ersetzen. Wie bereits bei Walter Euk-

14 Vgl. oben S. 6.

15 EKD (Lage) Tz 44, S. 24.

ken, einem der Väter des Systems der Sozialen Marktwirtschaft, nachzulesen ist,[16] läßt sich Arbeitslosigkeit durch Planwirtschaft tatsächlich grundsätzlich beseitigen – allerdings zum Preise von Unfreiheit, Unproduktivität und Unterversorgung vor allem im Konsumbereich. Die Beispiele sowohl des Nationalsozialismus als insbesondere des erst kürzlich zusammengebrochenen kommunistischen „Unfreiheits-Planwirtschafts-Systems" sollten uns vor einem solchen Rückfall in die Planwirtschaft warnen. Es gilt also, die schwierigen Grundsatz- und Detailfragen unter Aufrechterhaltung und Weiterentwicklung des Prinzips der Sozialen Marktwirtschaft zu lösen zu versuchen. Dabei mit Verantwortungsbewußtsein engagiert mitzuwirken, sind m. E. nicht nur die Politiker sondern „wir alle" entsprechend unseren Fähigkeiten und Erfahrungen aufgerufen. Angesichts vieler Interessen-, Meinungs- und Weltanschauungs-Gegensätze werden Spannungen und Konfrontationen wohl nicht ausbleiben; die Kooperationen und Gemeinsamkeiten sollten jedoch überwiegen, verbunden mit einer Wiederbelebung einer sehr alten abendländischen Überzeugung, wonach das Gemeinwohl gegenüber dem Individualwohl (Eigennutz) nicht nur Gleich- sondern Vorrang hat; in den letzten Jahrzehnten war diese alte Weisheit zugunsten der Betonung von Individual- (und Gruppen-) Interessen vernachlässigt worden – vielleicht auch als verständliche Reaktion auf den Mißbrauch des Gemeinwohl- und Gemeinschaftsgedankens durch die Nationalsozialisten.[17]

Daß die Gesamtsituation nicht ausweglos ist sondern daß – menschlich unvollkommene – Lösungen möglich sind, ist meine Überzeugung. Dies zu verdeutlichen war ein Hauptanliegen dieses Beitrags. Trotz aller Schwierigkeiten sollten wir uns mit Zuversicht den aktuellen Herausforderungen insbesondere auch durch die Beschäftigungskrise stellen.

Literaturverzeichnis

EKD – Evangelische Kirche in Deutschland; Katholische Deutsche Bischofskonferenz (Lage): Zur wirtschaftlichen und sozialen Lage in Deutschland, o. O. 1994

Eucken, Walter (Grundsätze): Grundsätze der Wirtschaftspolitik, Bern u. a. 1952

Heigl, Anton; Uecker, Peter (Standortsicherungsgesetz): Standortsicherungsgesetz = Sicherung des Standorts?, in: Federmann, R. (Hrsg.): Betriebswirtschaftslehre, Unternehmenspolitik und Unternehmenssteuerung, Festschrift für Gerhard Mann zum 65. Geburtstag, Berlin 1993, S. 335–356

Hengsbach, Friedhelm (Unmenschlichkeit): Gegen Unmenschlichkeit in der Wirtschaft, Freiburg u. a. 1987

Pieper, Josef (Lesebuch): Lesebuch, 3. Aufl., München 1990

Spilker, Martin (Hrsg.) (Lohnpolitik): Investive Lohnpolitik – Vision für Aufbau und Beschäftigung, Gütersloh 1994

---

16 Z. B. Eucken (Grundsätze)

17 Daß übertriebener Egoismus nicht nur schädlich für die Mitmenschen sondern auch für den Egoisten selbst ist, gehört wohl ebenfalls zu den wieder zu entdeckenden und zu verbreitenden Weisheiten der christlich-abendländischen Tradition; Ausführungen hierüber seien aber den Fachleuten, insbesondere den Theologen, Philosophen und Psychologen überlassen.

Umweltszenarien als Einflußfaktoren der Standortentscheidung[1]

Univ-Prof. Dr. Joachim Klaus, Friedrich-Alexander-Universität Erlangen-Nürnberg, Nürnberg

---

1 Herr Diplom-Volkswirt Bernd Waldmüller hat an dem vorliegenden Beitrag hilfreich und mit großem Engagement mitgewirkt. Ihm sei hierfür herzlich gedankt.

A. Umweltwirkungsfelder und Umweltinformationsbedarf der Unternehmung

Die zunehmende Beanspruchung der Umwelt für Produktion, Konsum und Lebensraum hat zu drastischen Rückwirkungen auf viele Bereiche der menschlichen Existenz geführt.[2] Als Folge dieser Entwicklung entstanden während des letzten Jahrzehnts in vielen Staaten Systeme einer umweltökonomischen Berichterstattung, in denen die Umweltnutzung und ihre Konsequenzen auf nationaler Ebene dokumentiert werden. Waren diese Systeme in den Anfängen zunächst auf die Funktion der Umwelt als Lieferant von Ressourcen für die Produktion ausgerichtet, berücksichtigen sie in neueren Varianten eine Vielfalt unterschiedlicher Beziehungen zwischen Umwelt und Wirtschaft, sowie in wachsendem Maße zirkuläre Gesamtzusammenhänge.[3]

Die Umwelt gewinnt jedoch nicht nur in gesamtwirtschaftlicher Betrachtungsweise an Bedeutung, sondern auch aus Sicht der Unternehmen, die erkannt haben, daß auch einzelwirtschaftliche Aspekte für den Erhalt einer hohen Umweltqualität sprechen. Besonders Standortüberlegungen werden zunehmend durch die entsprechenden Nutzungsmöglichkeiten der Umwelt mitbeeinflußt. Dies legt die detailliertere Frage nahe, auf welche Tatbestände das besondere Interesse eines über seinen Standort entscheidenden Unternehmens in Sachen Umwelt gerichtet ist bzw. sein sollte.

Noch vor wenigen Jahren wurde die Standortwahl hauptsächlich von sogenannten harten Standortfaktoren wie z. B. Lohnkosten, Verfügbarkeit von Infrastruktureinrichtungen (Verkehrswege, Telekommunikation etc.) und Zugang zu Beschaffungs- und Absatzmärkten dominiert. In den letzten Jahren gewinnen jedoch andere Einflußgrößen, die vielfach unter dem Begriff weiche Standortfaktoren subsumiert werden, für Investitionsentscheidungen zunehmend an Bedeutung.[4]

In dieser Sichtweise wurde bisher die Umweltqualität den weichen Standortfaktoren zugeordnet. Es läßt sich jedoch zeigen, daß Umweltqualität für die Unternehmen in vielerlei Hinsicht durchaus (auch) einen harten Standortfaktor darstellt, so daß die konventionelle Einordnung relativiert wird. Die untenstehende Abbildung zeigt die Zusammenhänge auf, die ein Unternehmen unter diesem Gesichtspunkt berücksichtigen muß, wenn die Ansiedlung bzw. das Verbleiben an einem bestimmten Ort zur Diskussion steht.

---

2 vgl. Heigl (Konzepte), S. 2265
3 vgl. Klaus (Berichterstattung)
4 vgl. Prätorius (Umweltschutz), S. 154; Sprenger (Umweltschutz), S. 11

Die Umwelt liefert den Unternehmen Ressourcen und stellt ihnen Aufnahmeleistungen für Abfallprodukte (Assimilationskapazitäten) zur Verfügung. Die natürlichen Reinigungsmechanismen können durch künstliche Assimilationshilfen wie z. B. Kläranlagen oder Luftfilter erweitert werden, was aber Defensivausgaben erfordert (Reparaturkosten, Vermeidungskosten und Kompensationszahlungen) bzw. zu physischen Umweltschäden führt, falls diese nicht aufgewandt werden. In diesem gedanklichen Rahmen sind in dem vorliegenden Beitrag zunächst zukunftsbedeutsame Komponenten des Umweltszenarios der Unternehmen näher erläutert. Anschließend ist aufzuzeigen, welche unternehmensrelevanten Elemente in wichtigen Systemen der umweltökonomischen Berichterstattung enthalten sind. Den Abschluß bilden noch einige besondere Aspekte einer regional differenzierten Informationsaufbereitung.

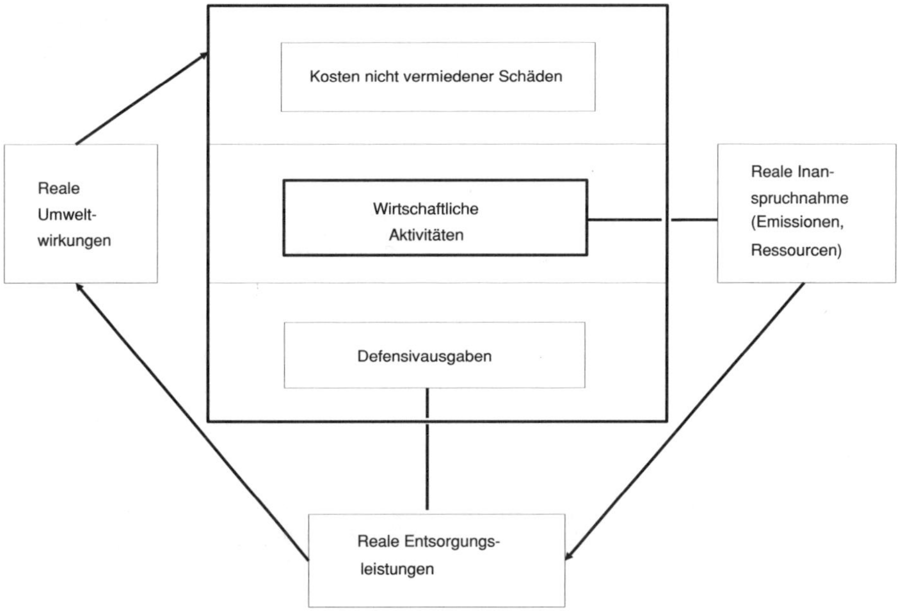

Abbildung 1: Unternehmensrelevante Elemente einer umweltökonomischen Berichterstattung

B. Umwelt als Produktions-, Restriktions- und Wettbewerbsfaktor

I. Der Produktionsfaktor Umwelt

1. Die Umwelt als Lieferant von Ressourcen

Die Umwelt läßt sich in einzelne Medien, etwa Boden, Luft und Wasser untergliedern. Diese Medien nehmen jeweils verschiedene Funktionen wahr. So lassen sich eine Regelungsfunktion, eine Lebensraumfunktion und eine Produktionsfunktion unterscheiden.[5] Vor allem die Produktionsfunktion der Umwelt ist für die Unternehmen von Interesse. Die Umwelt liefert den Unternehmen zunächst Ressourcen (= Rohstoffe), die direkt in die Produkte eingehen. Viele Unternehmen sind auf eine hohe Qualität dieser Rohstoffe angewiesen. So ist etwa für die Landwirtschaft oder auch für holzverarbeitende Betriebe eine hohe Umweltqualität von großer Bedeutung. Eine unkontrollierte Emission von Schadstoffen in die Umwelt würde dazu führen, daß sich die Qualität der Produktionsinputs in Zukunft verschlechtert. Hier wird deutlich, daß es sich bei der Beziehung Mensch-Umwelt um ein geschlossenes System handelt, in dem positive wie negative Rückkopplungen auftreten können. Aber nicht nur für die Landwirtschaft und das Produzierende Gewerbe, sondern auch für Dienstleistungssektoren wie etwa den Fremdenverkehr stellt die Umwelt einen bedeutenden Produktionsfaktor dar. Für Regionen, die in hohem Maße vom Fremdenverkehr abhängig sind, ist eine hohe Umweltqualität letztlich sogar eine Frage der Existenz. Darüber hinaus ist eine hohe Qualität der Umweltmedien für den Produktionsprozeß selbst notwendig. So erfordert z. B. die Produktion von Halbleitern einen hohen Luftreinheitsgrad, um Qualitätseinbußen möglichst zu vermeiden.

2. Die Absorptionsfähigkeit der Umweltmedien

Die Produktion und der Konsum von Gütern und Dienstleistungen führen zur Emission von Schadstoffen, die als Immissionen die Umweltmedien belasten. Deren Aufnahmeleistung stellt zunächst einzelwirtschaftlich ebenfalls einen Produktionsfaktor dar. In gesamtwirtschaftlicher Sicht ist demgegenüber die produktive Leistung auf die natürliche Absorptionsfähigkeit (Assimilationsfähigkeit), das heißt die Fähigkeit zur Selbstreinigung, beschränkt.[6] So können in Gewässer eingeleitete organische Schadstoffe durch Bakterien im Laufe der Zeit zumindest teilweise abgebaut werden. Die Absorptionsfähigkeit der Umweltmedien ist allerdings in der Regel von einer Vielzahl von Faktoren abhängig. Bei Gewässern wird sie u. a. vom Volumen, der Temperatur und der Fließgeschwindigkeit bestimmt.[7]

II. Der Restriktionsfaktor Umwelt

1. Die Gutseigenschaften der Umwelt und daraus resultierende Effekte

Um eine nachhaltige Nutzung (sustainability) der Umwelt als Ressourcenlieferant und eine Aufrechterhaltung der Umweltqualität sicherzustellen, sind Beschränkungen der Umweltnutzung erforderlich, was durch die Eigenschaften des Gutes Umwelt bedingt ist. Die Umwelt weist in hohem Maße den Charakter eines öffentlichen Guts auf.[8] Das öffentliche Gut unterscheidet sich vom privaten Gut in

---

5 vgl. Fürst et al. (Umwelt-Raum-Politik), S. 25 ff.
6 vgl. Wicke (Umweltökonomie), S. 29
7 vgl. Klaus (Ansatzstellen), S. 484 f.
8 vgl. Endres (Umwelt), S. 13

zweierlei Hinsicht, nämlich in der Nichtrivalität im Konsum und der Nichtanwendbarkeit des Ausschlußprinzips. Dies bedeutet, daß mehrere Individuen gleichzeitig von einem Gut Gebrauch machen können und daß von einer Fernhaltung einzelner Gruppen von der Nutzung des Gutes aus technischen, ökonomischen oder sozialen Gründen abgesehen werden muß bzw. kann.

Diese Eigenschaften führen in der Regel zu einer Übernutzung des entsprechenden Guts. Bei der Umwelt äußert sich dies in Form von Qualitätsminderungen bis hin zu irreversiblen Schädigungen. Solche Umweltschädigungen werden in der volkswirtschaftlichen Theorie als negative externe Effekte bezeichnet, d. h. negative Wirkungen, die auf Dritte ausgehen, ohne daß diese für die dadurch erlittenen Nutzeneinbußen entschädigt werden. Diese sozialen Kosten der Umweltschädigung müssen von der ganzen Gesellschaft getragen werden, falls es nicht gelingt sie zu internalisieren, sie also verursachungsgerecht zuzurechnen.

2. Entnahmeregelungen bei erneuerbaren und erschöpfbaren Ressourcen

Übersteigt die Entnahme aus einer erneuerbaren Ressource auf Dauer deren Regenerationsrate, führt dies auf längere Sicht zu ihrer Qualitätsminderung oder Zerstörung. Eine nachhaltige Ressourcennutzung erfordert daher die Einhaltung ihrer Begrenzung durch die Regenerationsrate. Befindet sich eine erneuerbare Ressource (z. B. Atemluft) in Gemeinbesitz, ist eine Übernutzung sehr wahrscheinlich, da für kein Individuum ein Anreiz besteht, auf die Ressourcennutzung zu verzichten, zumal die Kosten einer durch sie bedingten Umweltverschlechterung von der ganzen Gesellschaft getragen werden müssen.

Bei erschöpfbaren Ressourcen, wie z. B. den fossilen Brennstoffen, ist eine Übernutzung weniger wahrscheinlich, da sich solche Ressourcen zumeist in Privateigentum befinden und der Eigentümer von sich aus eine optimale Nutzung anstrebt.[9]

In der Diskussion um die Nachhaltigkeit wird manchmal auch ein Erhalt der erschöpfbaren Ressourcen gefordert. Eine Entnahmebeschränkung zum Erhalt dieser Ressourcen für zukünftige Generationen erscheint jedoch als nicht sinnvoll. Dies würde auf alle künftigen Generationen anzuwenden sein, so daß diese Ressourcen nie ausgebeutet werden dürften und keiner Generation Nutzen stiften würden. Nichtsdestoweniger sind Regeln entwickelt worden, deren Einhaltung die Sicherung einer entsprechenden Leistung einer substitutiven regenerierbaren Ressource gewährleistet.[10]

3. Die begrenzte Absorptionsfähigkeit der Umwelt

Die an die Umwelt abgegebenen Schadstoffe können entweder in veränderter, konzentrierter Form (z. B. über Kläranlagen) oder möglichst weiträumig verteilt

9 Optimal in dem Sinne, daß der Eigentümer versucht, den Kapitalwert der Ressource zu maximieren.

10 vgl. Barbier (Economics), S. 36

werden („Politik der hohen Schornsteine"), um die Absorptionskapazitäten der Umwelt so weit als möglich auszunutzen. Der Nachfrage nach Umweltleistungen steht jedoch sowohl auf globaler als auch auf regionaler und lokaler Ebene nur ein begrenztes Angebot gegenüber. Falls die Schadstoffemissionen nicht begrenzt werden, ist es daher möglich, daß die Absorptionskapazitäten zumindest für eine gewisse Zeit zerstört werden. Ein Ersatz bzw. eine Unterstützung dieses natürlichen „Kapitalstocks" durch anthropogenes Kapital ist nur bedingt möglich und zudem mit sehr hohen Kosten verbunden.

Da der Marktmechanismus in diesem Fall Angebot und Nachfrage nach Umweltleistungen nicht selbsttätig zu einem Gleichgewicht bringen kann, bei dem die Umweltqualität aufrecht erhalten wird, müssen andere Steuerungsmechanismen angewandt werden. Hierbei läßt sich zwischen dirigistischen Lösungen, wie z. B. Auflagen einerseits, und Marktlösungen, wie z. B. Verhandlungslösungen, Zertifikatshandel oder Steuerlösungen andererseits unterscheiden.[11] Besonders ein Umbau des derzeitigen Steuersystems zu einem ökologischen Steuersystem ist gegenwärtig wieder Gegenstand kontroverser Diskussionen.[12]

Eine Aufrechterhaltung einer hohen Umweltqualität führt sowohl in einzelwirtschaftlicher als auch in gesamtwirtschaftlicher Betrachtung zu Wettbewerbsvorteilen. Die wichtigsten Vorteile sollen im folgenden Abschnitt näher erläutert werden.

III. Umwelt als einzelwirtschaftlicher Wettbewerbsfaktor

1. Kostenvorteile durch integrierte Technologien

Um die als unerwünschte Nebenprodukte auftretenden Schadstoffemissionen zu vermindern oder ganz zu vermeiden, stehen den Unternehmen grundsätzlich zwei Möglichkeiten zur Auswahl. Sie können zum einen Reinigungsanlagen am Ende des Produktionsprozesses „nachschalten", wie dies z. B. bei der betrieblichen Abwasserreinigung geschieht. Dies wird als end-of-pipe-Strategie bezeichnet.[13] Die Alternative hierzu besteht in der Verwendung sogenannter integrierter Technologien. Hierbei wird versucht, die Produktionsvorgänge so zu gestalten, daß möglichst wenig Emissionen anfallen und eine Reinigung am Ende des Produktionsprozesses nicht mehr notwendig ist. Bei Wirtschaftlichkeitsvergleichen erweisen sich die integrierten Technologien als weit überlegen. Dies liegt darin begründet, daß integrierte Technologien neue Produktionsverfahren darstellen, die Kostenvorteile mit sich bringen, während bei der end-of-pipe-Strategie die alte Technologie beibehalten wird. Die größten Einsparungen lassen sich vielfach bei den Materialkosten erzielen, da entweder weniger Rohstoffe eingesetzt werden müssen oder teure Rohstoffe durch billigere substituiert werden können.[14] Auch in der

11 Für eine umfassende Darstellung dieser Instrumente vgl. Weimann (Umweltökonomik)

12 Zur generellen Problematik von Ökosteuern vgl. Heigl (Ökosteuern)

13 vgl. Wicke (Betriebliche Umweltökonomie), S. 170ff.

14 Zum Beispiel durch Übergang zu Recycling-Papier; vgl. hierzu Stahlmann (Öko-Controlling), S.63

Verringerung des Energieverbrauchs liegen noch große Einsparungspotentiale (z. B. Nutzung von Abwärme).

2. Verfügbarkeit von qualifizierten Arbeitskräften

Das wachsende Einkommen der privaten Haushalte und die zunehmende Freizeit, die aus Arbeitszeitverkürzungen resultierte, haben zu höheren Ansprüchen bezüglich des Wohn-, Bildungs-, Kultur- und Freizeitangebots geführt. Dies deckt sich auch mit den Annahmen der Theorie, die diese Güter als superiore Güter bezeichnet, d. h., daß die Nachfrage nach diesen Gütern mit steigendem Einkommen überproportional zunimmt. Um hochqualifizierte Arbeitskräfte, die ein entsprechend hohes Einkommen beziehen, dazu zu bringen, sich an einem bestimmten Standort anzusiedeln, muß auch ein adäquates Angebot im Kultur- und Freizeitbereich geschaffen werden. Durch empirische Untersuchungen läßt sich dieser Zusammenhang eindeutig nachweisen.[15] Auch zwischen der Umweltqualität und der Verfügbarkeit an qualifizierten Arbeitskräften besteht ein positiver Zusammenhang.[16] Dies zeigt sich besonders darin, daß die Unternehmen große Probleme bei der Anwerbung von Führungskräften haben, wenn die Produktion im Betrieb oder im näheren Umgebungsbereich hohe Umweltbelastungen mit sich bringt.[17]

3. Erscheinungsbild in der Öffentlichkeit

Viele Unternehmen führen von sich aus eine Umweltberichterstattung durch, in der die Nutzung der Umwelt durch das jeweilige Unternehmen dokumentiert wird. Damit wird zugleich ein Beitrag zur Erreichung der spezifischen Unternehmensziele angestrebt. Die Aufgaben einer solchen Umweltberichterstattung lassen sich in unternehmensinterne und unternehmensexterne Aufgaben untergliedern.[18] Die internen Aufgaben bestehen in der Information der Geschäftsführung und der Mitarbeiter, der Unterstützung bei der Steuerung des Unternehmens (z. B. Beschaffung umweltfreundlicher Materialien,[19] materialsparende Produktionsverfahren) und der Motivation von Arbeitnehmern. Die unternehmensexternen Aufgaben erstrecken sich auf die vorherige Anpassung und Ausrichtung der Unternehmen auf mögliche Verschärfungen des Umweltrechts (Präventionsfunktion), die Dokumentation der bestehenden Umweltbeziehungen und vor allem auf die unternehmenszielkonforme Beeinflussung der Öffentlichkeit, der Lieferanten, Kunden und Gläubiger. Aus diesem Grund veröffentlichen die Unternehmen neben den gesetzlich vorgeschriebenen Pflichtbestandteilen des Jahresabschlusses (Bilanz, GuV) freiwillig zusätzliche Informationen über die Umweltnutzung, so z. B. auch sorgfältig ausgearbeitete Ökobilanzen. Die Unternehmen erstellen Ökobilanzen jedoch auch aus wirtschaftlichen Gründen. In derartigen Rechenwerken

15 vgl. Diller (Standortfaktoren), S. 9ff.
16 vgl. Feess-Dörr et al. (Standortentscheidungen)
17 vgl. Heigl (Umweltaufgaben), S. 34
18 vgl. Jaeckel (Umweltberichterstattung), S. 112ff.
19 Dies ist im Rahmen eines umweltorientierten Controllings von Bedeutung; vgl. hierzu Peemöller (Controlling)

werden Menge und Art von stofflichen Einsatzfaktoren (Input) sowie ihre unternehmensinduzierten Umwelteinwirkungen (Output) einander gegenübergestellt.[20] Das Ziel der Ökobilanzen besteht darin, eine dauerhafte Reduzierung von Umweltbelastungen durch operative und strategische Entscheidungen im Rahmen eines organisierten Lernprozesses aller Mitarbeiter und eines kontinuierlichen Öko-Controlling zu erreichen zu helfen.[21] Sie müssen zumindest vier Teilbereiche umfassen. Im einzelnen sind dies die Betriebsbilanz, die Prozeßbilanz, die Produktlinienbilanz und die Standortbilanz. Um alle Unternehmen zur Erstellung von Ökobilanzen zu bewegen, sollte man diese zu einem verpflichtenden Teil des Jahresabschlusses machen und eine Prüfungspflicht im Rahmen der Abschlußprüfung einführen.

Eine Dokumentation der Umweltnutzung führt zudem auch zu direkten Vorteilen für die Unternehmen. So haben empirische Untersuchungen über die Wirkung einer Umweltberichterstattung in der Chemischen Industrie ergeben, daß die Öffentlichkeit positiv im Sinne der Unternehmen beeinflußt wird.[22]

IV. Umweltbezogene Veränderungen gesamtwirtschaftlicher Rahmendaten

1. Die Erschließung neuer Märkte durch die Umweltschutzgüterindustrien

Die freiwilligen und unfreiwilligen Bemühungen der Unternehmen, zunehmende Belastungen der Umweltmedien zu lindern, führte auch zur Entstehung eines neuen Industriezweigs, der umwelttechnischen Industrie. Darunter versteht man

- die Gesamtheit aller Betriebe, die Güter (Waren oder Dienstleistungen) regelmäßig gegen spezielles Entgelt erbringen,
- soweit diese Güter der Erfassung, Vorbeugung, Vermeidung, Verminderung von Umweltbelastungen dienen oder zur Schonung der natürlichen Ressourcen beitragen.[23]

Die Nachfrage nach Entsorgungsleistungen ist seit Jahren zunehmend, und auch für die nächsten Jahre erwartet die Branche hohe Wachstumsraten. Schon heute ist dies ein Markt von erheblicher Bedeutung. Im Jahr 1993 betrug das Marktvolumen in der Bundesrepublik bereits 55,5 Milliarden DM.[24] Auch die Beschäftigungswirkungen des Umweltschutzes sind nicht unerheblich. So waren im Jahre 1990 bereits 680.000 Arbeitsplätze vom Umweltschutz abhängig, und bei Fortsetzung des bisherigen Trends werden es im Jahr 2000 ca. 1,1 Millionen Arbeitsplätze sein.[25] In der Umweltschutzindustrie selbst waren 1993 in Deutschland 171.500 Personen beschäftigt.[26]

20 vgl. Stahlmann (Öko-Controlling), S. 184
21 vgl. Stahlmann (Öko-Controlling), S. 187
22 vgl. Jaeckel (Umweltberichterstattung), S. 114
23 vgl. Halstrick-Schwenk, Horbach et al. (umwelttechnische Industrie), S. 22
24 vgl. ebd. S.67
25 vgl. Umweltbundesamt (Wirtschaftsfaktor), S. 41
26 vgl. Halstrick-Schwenk, Horbach et al. (umwelttechnische Industrie), S. 103

Jüngste Untersuchungen beziehen sich in sehr detaillierter Form auf die Struktur der umwelttechnischen Industrie unter vielfältigen Aspekten, wobei starker Akzent auf Verflechtungsstrukturen einerseits, Standortbedingungen und Wettbewerbsposition andererseits gelegt wird. So zeigt sich, daß etwa ein Viertel aller Umwelttechniklieferungen auf öffentliche Abnehmer entfällt und diese Lieferungen zu ungefähr 40 % aus dem Maschinenbau stammen.[27]

Schwierig zu quantifizieren ist der Aspekt, daß der Umweltschutz oftmals einen Ausgangspunkt für Forschung und Entwicklung darstellt, woraus Innovationen in unterschiedlichen Bereichen resultieren.[28] Da der Wettbewerb auf allen Märkten auf Grund zunehmender Handelsverflechtungen ständig zunimmt, bietet sich hier eine Möglichkeit, neue Märkte zu erschließen und entsprechende Gewinne zu erzielen.

Da die Nachfrage nach Umweltschutzgütern mit Sicherheit weiter zunehmen wird,[29] kann in diesem Sektor das im internationalen Vergleich relativ hohe Lohnniveau bei gleichzeitig hohem Beschäftigungsgrad auch in Zukunft mit großer Sicherheit beibehalten werden.

2. Kostenreduzierung in anderen Bereichen

In dem Maße wie Umweltschäden vermieden werden können, lassen sich defensive Ausgaben wie Reparaturkosten, Vermeidungskosten oder Kompensationszahlungen in anderen Bereichen stark reduzieren. Würde man alle Umweltschäden, die innerhalb eines Jahres in der Bundesrepublik verursacht werden, beseitigen, müßte man hierfür nach (allerdings nicht unkritisch aufgenommenen) Schätzungen Beträge von weit über 100 Mrd. DM aufwenden, was ungefähr 6 % des Bruttosozialprodukts der Bundesrepublik entspricht.[30]

Im Konzept der Volkswirtschaftlichen Gesamtrechnung werden diese defensiven und restaurierenden Ausgaben aber sogar noch als sozialprodukterhöhend anstatt -mindernd gewertet, obwohl diese Ausgaben lediglich dazu dienen, einen schadensfreien Zustand wiederherzustellen. Eine exakte Höhe dieser Ausgaben läßt sich wegen methodischer Probleme bei der Bewertung von Naturvermögen nicht angeben. Die Zahlen sollen lediglich einen Eindruck über die vorliegenden Größenordnungen vermitteln.

3. Veränderung internationaler Umweltbelastungsstrukturen

Der Standort Deutschland wird von zahlreichen Unternehmen als nicht sonderlich attraktiv angesehen.[31] Zwar werden das hohe Qualifikationsniveau der Arbeitskräfte, die Nähe zum Kunden und die Infrastruktureinrichtungen im interna-

27 vgl. ebd. S. 91
28 vgl. Umweltbundesamt (Industriestandort), S. 105; Meißner et al. (Umweltpolitik), S. 142
29 vgl. Blümle (competitivness), S. 53
30 vgl. Wicke (Umweltschutz), S. 71
31 vgl. IW (Standort)

tionalen Vergleich als überdurchschnittlich eingeschätzt.[32] Diese Vorteile werden jedoch vor allem durch die hohen Löhne und Lohnnebenkosten sowie die Steuerbelastung geschmälert. Daneben tragen auch die vermeintlich zu hohen Umweltschutzanforderungen dazu bei, die internationale Wettbewerbsfähigkeit der deutschen Unternehmen massiv zu beeinträchtigen. In kurzfristiger Betrachtung ist diese Sichtweise verständlich, da kurzfristig in der Tat die von vielen gefürchtete Gefahr besteht, daß umweltbelastende Produktionen bei ansonsten annähernd gleichen Standortbedingungen ins Ausland verlegt werden.

Empirische Untersuchungen haben jedoch ergeben, daß eine Standortverlagerung aus Gründen der Umweltbestimmungen bei längerfristiger Planung von den meisten Unternehmen kaum in Erwägung gezogen wird, da damit zu rechnen ist, daß über kurz oder lang auch das Ausland eine restriktivere Umweltpolitik betreiben wird. Ein „Umwelt-Dumping", also der Verzicht auf die Internalisierung der sozialen Kosten einer Umweltschädigung, wird sich allenfalls kurzfristig als erfolgreich erweisen.[33] Ein eventueller kurzfristiger Vorteil wird durch später notwendige Sanierungsmaßnahmen zunichte gemacht, wie sich auch am Beispiel der notwendigen Altlastensanierung in den neuen Bundesländern deutlich zeigt. Auch in anderen Industriestaaten wie z. B. in Japan oder den USA werden strengere Umweltvorschriften nicht als Wettbewerbsnachteil angesehen. So ist in Japan bereits seit den siebziger Jahren die Beweislast umgekehrt, d. h. daß der Beschuldigte den Nachweis erbringen muß, daß er eine festgestellte Umweltbelastung nicht verursacht hat. Dieser Nachweis wird in der Bundesrepublik Deutschland erst seit 1991 durch das Umwelthaftungsgesetz verlangt.

Daß die Unternehmen das Argument des Wettbewerbsnachteils in der Öffentlichkeit propagieren, dürfte darauf zurückzuführen sein, daß sie selbst bzw. die einschlägigen Unternehmensverbände Einfluß auf die Ausgestaltung der Umweltpolitik gewinnen möchten.[34] Von den Unternehmen wird meist auch weniger die Strenge der Umweltvorschriften kritisiert, als vielmehr die praktische Ausgestaltung der Umweltpolitik, innerhalb derer die dirigistischen Maßnahmen dominieren. Diese sind oftmals ökonomisch ineffizient,[35] da eine kostenminimale Umsetzung der Vorschriften nicht möglich ist. Zudem können Investitionen vielfach erst verspätet vorgenommen werden, da die Genehmigungsverfahren im Gegensatz zu anderen Ländern vergleichsweise langwierig sind.[36]

Eine unzureichende Berücksichtigung der Umweltgegebenheiten bei der Standortwahl dürfte zum Teil auch darauf zurückzuführen sein, daß den Unternehmen nur unzureichende Informationen über die Umweltbedingungen in der betreffenden Region zur Verfügung stehen. So sind zum Beispiel für manche Gebiete nicht einmal Altlastenkataster vorhanden, ganz zu schweigen von einer umfassenden

32 vgl. Halstrick-Schwenk, Horbach et al. (umwelttechnische Industrie), S. 156 f.
33 vgl. Umweltbundesamt (Wirtschaftsfaktor), S. 33
34 vgl. Knödgen (Umweltschutz)
35 vgl. Wicke (Umweltökonomie), S. 202 ff.
36 vgl. Dickertmann (Kostenbelastung), S. 3

ökologischen Datenbasis[37] in Form einer für den ganzen Ansiedlungsraum hinreichend genauen Umweltberichterstattung. Für die Unternehmen wichtige Informationsbereiche im Rahmen derartiger Systeme sind Gegenstand des folgenden Abschnitts.

C. Unternehmensrelevante Systemelemente einer umweltökonomischen Berichterstattung

I. Grundlegender Informationsbedarf

Ein Unternehmen, das seinen Standort unter dem Aspekt der Umweltqualität bestimmen will, hat Antworten auf eine Reihe analytischer Fragen zu suchen:

Zunächst muß der Knappheitsgrad der Umwelt bezüglich der Ressourcenverfügbarkeit und der natürlichen Assimilationskapazität, die beide für ein Unternehmen von zentraler Bedeutung sein können, in Relation zu den anderen Räumen untersucht werden. Falls Kapazitäten dieser Art in ausreichender Menge und Qualität vorhanden sind, ist in einem nächsten Schritt die derzeitige Nutzung der Ressourcen aufgrund der dort bestehenden wirtschaftlichen Aktivitäten und die entsprechende Menge der in die Umwelt emittierten Schadstoffe zu ermitteln, so daß sich ein Bild über den gegenwärtigen Belastungszustand der Umwelt gewinnen läßt. Die natürliche Absorptionsfähigkeit der Medien kann auch durch technische Hilfen (z. B. Kläranlagen oder Luftfilter) unterstützt werden, was den Gebietskörperschaften, den Unternehmen und den privaten Haushalten erhebliche finanzielle Aufwendungen abverlangt. Daneben ist auch die Entwicklung in der Umweltgesetzgebung des jeweiligen Staates und die Durchsetzung der entsprechenden Vorschriften zu beobachten.

II. Typen von Informationsinstrumenten

Um die Nutzung der Umwelt zu dokumentieren, wurden in vielen Staaten nationale Berichtssysteme aufgebaut, die zum einen Teil zu dem herkömmlichen System der Volkswirtschaftlichen Gesamtrechnung kompatibel sind, zu einem anderen Teil jedoch einer stark unterschiedlichen Systematik folgen. Die einzelnen Systeme einer nationalen Umweltberichterstattung sind bezüglich der Erfassung spezieller Fragestellungen strukturiert. So kann zwischen ökonomisch und ökologisch orientierten Systemen unterschieden werden. In engem Zusammenhang damit steht die Entscheidung, ob nur monetäre Größen (z. B. Umweltschutzausgaben des Staates) oder/und auch physische Größen (z. B. Größe eines Waldgebiets und dessen Struktur) erfaßt werden sollen.

Im Folgenden werden exemplarisch Systemelemente umweltökonomischer Berichterstattung einander gegenübergestellt, die in typischer Weise für großräumige standortbezogene Entscheidungen der Unternehmen relevant sind. Dazu gehören zunächst das norwegische 'System of Resource Accounts' sowie das Indikatoren-

37 vgl. Prätorius (Umweltschutz), S. 161

system der OECD; darüber hinaus bietet die umweltökonomische Gesamtrechnung in der Bundesrepublik Deutschland eine Vielzahl von Informationsfeldern, zu dem auch der wichtige Bereich der monetären Erfassung von Umweltschutzaktivitäten gehört.

III. Reale Umweltbelastungen: Ressourcenverzehr, Emissionen und Umweltstatus

1. Das norwegische System of Resource Accounts (SRA)[38]

Eine besonders typische und für Unternehmen wichtige Variante entstand bereits frühzeitig in Norwegen, einem der ersten Länder, die das klassische gesamtwirtschaftliche Berichts-und Planungsinstrumentarium um relevante umweltbezogene Daten zu erweitern suchten. Das System war von anfang an explizit auf die nationalen Anforderungen und Fragestellungen der Umwelt- und Ressourcenpolitik ausgerichtet. Für Unternehmen ist jedoch eine Vielzahl von Informationen über die betreffenden Versorgungssituationen erhältlich.

Im Mittelpunkt stand zunächst eine Ressourcenbestands- und -verwendungsrechnung; zusätzlich sollten in diesem integrierten Berichtssystem auch externe Effekte der Produktion, wie Emissionen und Umweltwirkungen, Berücksichtigung finden. Ausgewiesen werden die physischen und monetären Ströme bei der Nutzung von Rohstoffen im ökonomischen Prozeß. Rohstoffe werden zunächst abgebaut und verarbeitet, dann entweder konsumiert (z. B. Nahrungsmittel), investiert (z. B. Verwendung in der Investitionsgüterindustrie), auf Lager genommen, exportiert oder als Vorleistung an andere Sektoren geliefert.

In einem Gesamtkonto werden Bestände, Veränderungen und Umbewertungen für jede erfaßte Materialressource in physischen Einheiten dargestellt. Im ersten Schritt werden Veränderungen der 'Ressourcenbasis' und der 'Reserven' erfaßt. In einem zweiten Schritt werden Stromgrößen für Rohstoffabbau, Außenhandel usw. beschrieben, um als Ergebnis die letztlich für den Binnenmarkt verfügbaren Ressourcen zu erhalten. In einem letzten Schritt wird die Nutzung der Ressourcen in den einzelnen ökonomischen Sektoren für Vorleistungen und Endverbrauch beschrieben. Dabei werden die Sektoren z. T. sehr tief untergliedert. Diese Darstellungsweise macht es möglich, den Materialverbrauch eines jeden einzelnen Sektors zu bestimmen.

Der wesentliche Vorteil des SRA besteht darin, daß es das traditionelle System der gesamtwirtschaftlichen Rechnungslegung unverändert beibehält und es um relevante Daten erweitert. Der Verzicht auf eine monetäre Bestandsbewertung bedingt eine unkomplizierte Rechnungslegung.

Die Erstellung von Energie-Konten stellt die erfolgreichste Anwendung des SRA dar. Im Rahmen von Energie-Nachfrage-Prognose-Modellen spielen die 'Resource Accounts' eine wesentliche Rolle. Zudem lassen sich über Emissions-Pro-

38 vgl. Klaus (Berichterstattung), S. 155 ff.

gnose-Modelle Aussagen über die zu erwartende Luftverschmutzung auf der Basis des gewählten Input-Mix treffen.

2. Das Indikatorensystem der OECD[39]

Das Indikatorensystem der OECD beruht auf dem kanadischen Stress-Response-Ansatz und verwendet drei Arten von Indikatoren. Dies sind Indikatoren der Umweltbelastungen, der resultierenden Umweltzustände und der Reaktionen der Gesellschaft. Durch Produktion und Konsum wird „Druck“ auf die Umweltmedien ausgeübt, was deren Zustand beeinflußt und bei den Wirtschaftssubjekten und beim Staat zu Anpassungsreaktionen führt.

Erfaßt werden sowohl die Ressourcen Wasser, Wälder, Fisch und der Bodenzustand, als auch Umweltbedingungen wie z. B. Klimaveränderungen, Ozonabbau, Eutrophierung oder Artenvielfalt. Die jeweiligen Indikatoren werden in kurz-, mittel- und langfristige Indikatoren untergliedert. Zur Ermittlung der kurzfristigen Indikatoren stehen ausreichend Daten zur Verfügung, für den mittel- und langfristigen Zeitraum jedoch nicht.

Das System hat inzwischen einen hohen Reifegrad erreicht und bietet Ansätze für flächendeckende Umweltinformation auf einem vergleichsweise hohen regionalen Aggregationsniveau. Interessierte Unternehmen finden auf diese Weise erste Hinweise auf die jeweils für sie interessante Standortqualität unter den hier gebotenen Berichtsaspekten.

IV. Integratives Berichtsystem: Umweltökonomische Gesamtrechnung

1. Der analytische Gesamtrahmen

Der Rahmen, in dem sich die Bemühungen um eine umweltökonomische Berichterstattung in Deutschland bewegen, ist recht umfassend. Die Schwerpunkte (in unterschiedlicher Weise standortrelevant) liegen im wesentlichen in fünf Erfassungsfeldern; im Vordergrund stehen dabei[40]

- umweltbezogene ökonomische Aktivitäten, bei denen aktuelle Kosten des Umweltschutzes anfallen,
- Nutzung von natürlichen abiotischen und biotischen Rohstoffen und Elementargütern,
- Emissionen und deren Entstehung sowie deren Verbleib,
- räumliche Nutzung der Umwelt
- Ermittlung des qualitativen Zustands der Umwelt und seiner Veränderungen.

Die Gegenüberstellung von Kosten und Nutzen des Umweltschutzes bietet ein zusätzliches Feld für spezifisch ausgerichtete Analysen.

39 vgl. OECD (Indikatoren)
40 vgl. Klaus (Ansätze), S.208

2. Monetäre Umweltschadenskosten

Umweltschadenskosten in der Bundesrepublik sind in insgesamt zehn Forschungsvorhaben unter verschiedenen Blickwinkeln untersucht worden:[41]

- medienspezifisch (Luft, Wasser, Boden, Lärm),
- aggregatspezifisch (private Haushalte, Unternehmen, Staat),
- branchenspezifisch (Land- und Forstwirtschaft, Fischerei, Fremdenverkehrs-, Bau-, Wohnungs-, sowie Wasserversorgungswirtschaft),
- schadensspezifisch (Gesundheits- und Materialschäden, Schäden im Bereich Fauna und Flora, immaterielle Schäden).

Dabei wurde insbesondere auch nach Anhaltspunkten für eine Kalkulation verursachergerechter Preise sowie den Nutzen-Kosten-Relationen des Mitteleinsatzes gesucht.[42]

3. Umweltschutzausgaben als Teil der Maßnahmen im Umweltschutz

Einen zentralen Themenbereich der umweltökonomischen Gesamtrechnung bildet die Erfassung von Maßnahmen, die von Privaten oder dem Staat für den Umweltschutz ergriffen werden. Dabei handelt es sich vorrangig um die Erfassung monetärer Ströme in den Wirtschaftsbereichen des Produzierenden Gewerbes, der Dienstleistungen sowie des Staates. Sektorale Ergebnisse dieser Art bilden die Voraussetzung für genauere Kenntnis der Zusammenhänge zwischen Wirtschaft und Umwelt im Rahmen eines Satellitensystems zu den Volkswirtschaftlichen Gesamtrechnungen (VGR).[43] Ein solches Satellitensystem wird seit Mitte der achtziger Jahre nach Art einer Umweltvermögens- und Betriebskostenrechnung im Rahmen der VGR erstellt.[44] Dabei werden für die Kernbereiche Abfallbeseitigung, Gewässerschutz, Lärmbekämpfung und Luftreinhaltung die jährlichen Investitionen, die laufenden Ausgaben, die Abschreibungen sowie der Stand des Anlagevermögens für das Produzierende Gewerbe und den Staat berechnet.

Angaben der hier geschilderten Art bieten zusammen mit den realbezogenen Informationselementen eine erste Orientierungsgrundlage für standortinteressierte Unternehmen, die allerdings durch wesentlich detailliertere regionalbezogene Informationen ergänzt werden muß. Hierfür gibt es in dem Bereich der umweltökonomischen Gesamtrechnung erste Ansätze.[45]

41 vgl. Klaus (Berichterstattung), S. 212 ff.
42 vgl. Endres et al. (Umweltschutz), S. 10 ff.
43 Vgl. Reidenbach (Umweltschutzausgaben), S. 8
44 vgl. Ryll; Schäfer (Satellitensystem), S. 129 ff.
45 vgl. Reidenbach (Umweltschutzausgaben), S. 54

D. Standortwahl und Probleme einer regional differenzierten Umweltberichterstattung

I. Der spezifische regionale Informationsbedarf des Unternehmens

Für endgültige lokale Standortentscheidungen der Unternehmen sind neben den Gegebenheiten der nationalen Umweltpolitik und Umweltsituation naturgemäß die Gegebenheiten vor Ort von starkem Gewicht. Hierfür sind spezifische, auf die kleinräumlichen Verhältnisse (auch methodisch) genau zugeschnittene Einzelinformationen erforderlich. Die grundlegende Berichtstruktur muß hierbei analog zu nationalen Berichtsystemen gestaltet sein. Es stellen sich jedoch wesentliche Probleme auf Grund der Tatsache, daß die Gewinnung der hier erforderlichen Informationen einerseits nur sehr schwer oder überhaupt nicht durch eine Disaggregation von Informationen der höheren Ebene erfolgen kann, andererseits jedoch eine detaillierte Vor-Ort-Erfassung und für Unternehmensbelange zugeschnittene Auswertung von Basisinformationen auf große Schwierigkeiten stößt.

II. Methodisch bedingte Einschränkungen

1. Begrenzte Verwendbarkeit von Belastungsindikatoren

Die Verwendung von Emissions- und Immissionsindikatoren der Umweltbelastung ist ebenfalls im kleinräumlichen Zusammenhang aus verschiedenen Gründen problematisch.[46] Ein generelles Problem stellt sich auch hier im Hinblick auf die Aggregation der Einzelwerte zu einem Gesamtindikator. Bei einer additiven Verknüpfung könnte ein schlechter Wert bezüglich eines Schadstoffs durch einen anderen guten Wert bezüglich eines anderen kompensiert werden. Eine derartige Substitutionsmöglichkeit ist in aller Regel jedoch nicht gegeben.

Ein weiterer Kritikpunkt richtet sich im Fall von spezifischen Belastungsindikatoren auf die Festlegung der zulässigen Grenzwerte für die einzelnen Schadstoffe. Diese erfolgt mangels Kenntnis ökologischer Zusammenhänge unter erheblicher Unsicherheit. Selbst wenn jedoch die Belastungsgrenze bezüglich eines Schadstoffs bekannt ist, besteht weiterhin das Problem, daß Wechselwirkungen mit anderen Substanzen nur unzureichend berücksichtigt werden können, so daß komplexere ökologische Systeme erfaßt werden müßten. Außerdem besteht die Gefahr, daß bei der Festlegung von Emissionswerten die Langzeitwirkungen von Schadstoffen, die sich in einem Umweltmedium anreichern können (z. B. Schwermetalle), nur unzureichend berücksichtigt werden.

2. Inkongruenz regionaler Untergliederungen

Eine problemadäquate regionale Untergliederung für die Umweltberichterstattung zu finden, trifft in der Praxis auf große Schwierigkeiten. Eine durch das administrative Prinzip definierte Region, z. B. eine Gebietskörperschaft, ist selten mit einer „Umweltregion" identisch, da Umweltbelastungen auch in andere Ge-

---

46 vgl. Klemmer; Karl (Umweltindikatoren), S. 48f.

biete „exportiert“ werden (z. B. saure Niederschläge). Deshalb müßte für die hier vorliegende Fragestellung eine Untergliederung nach dem funktionalen Prinzip erfolgen.[47] Die Definition derartiger Umweltregionen erweist sich jedoch auf Grund der hohen Komplexität der ökologischen Zusammenhänge als äußerst problematisch. Zusätzlich wird dies noch dadurch erschwert, daß bezüglich der unterschiedlichen Umweltmedien jeweils spezifische Abgrenzungen (=verschiedene funktionale Gliederungen) vorgenommen werden müßten.[48]

Abgesehen von der Tatsache, daß die Immissionen an anderer Stelle als am Ort ihrer Entstehung wirksam werden, stellen wenig belastete Regionen anderen Regionen unentgeltlich Reinigungsleistungen zur Verfügung.[49]

III. Spezifische Ansätze zur Entwicklung eines Systems einer regionalen/lokalen Berichterstattung

Auf übergeordneter regionaler Ebene sind in den letzten Jahren bereits vielfältige spezifisch ausgerichtete Untersuchungen und zusammenfassende Darstellungen entstanden. Allein die Berichte von Behörden und Gremien des Bundes und der Länder erreichten nach einer Zusammenstellung des Umweltbundesamts im Zeitraum 1992/93 die stattliche Größenordnung von ca. 250 Publikationen.[50] Standortinteressierte Unternehmer finden in den „Daten zur Umwelt“ regionalisierte Auflistungen umweltbezogener Daten sowie vielfach flächendeckend medienbezogene Emissions- und Immissionskartierungen.[51]

Im Hinblick auf das unmittelbare lokale Standortinteresse sind die Unternehmen auf die Kenntnis der umweltrelevanten Tatbestände vor Ort angewiesen. In vielen Kommunen werden bereits die Umweltbelastungen durch Abgase, Abwässer und Lärm relativ detailliert verzeichnet. Auch eine Emittentenstruktur ist vielfach zumindest in Ansätzen vorhanden.

Welche Ausgangspunkte, praktische Möglichkeiten und weiterführende Ansätze sich für die Entwicklung einer systematischen regionalen bzw. lokalen Umweltberichterstattung gegenwärtig bieten, wird an dem Beispiel Berlin deutlich. Umfassende differenzierte Emissionskataster und Immissionskartierungen sind hier für

- Luftverschmutzung (Luftgüte-Meßnetze)
- Verkehrslärm (Meßergebnisse an Hauptstraßen)
- Gewässerqualität (Gütemessungen an Flüssen und Seen)

---

47 Für andere Bereiche wurde ein derartiges Vorgehen bereits angewendet. So etwa für die Pendlerbeziehungen im Arbeitsmarkt durch die Bildung der sogenannten Klemmer-Regionen.

48 vgl. Klaus (Ansatzstellen), S. 476

49 Eine Verrechnung nach dem Verursacherprinzip wird hierdurch erheblich erschwert.

50 vgl. Umweltbundesamt (Daten)

51 Zur Belastung mit SO_2-Immissionen vgl. z. B. Umweltbundesamt (Daten), S. 276ff.

- Flächennutzungen und Naturhaushalt (Biotopverzeichnisse und Artenschutzprogramm)

erstellt worden bzw. im Aufbau.[52]

Welcher Umfang und welcher Grad an Differenzierung in Zukunft auch in anderen regionalen bzw. lokalen Bereichen realisierbar sein wird, ist naturgemäß in starkem Maße von den jeweiligen personellen und finanziellen Möglichkeiten abhängig. Eine Verstärkung der Ressourcenausstattung in dieser Hinsicht liegt auch im Interesse des Standorts Deutschland.

Literaturverzeichnis

Barbier, Edward (Economics): Economics, natural resource scarcity and development, London 1989

Blümle, Gerold (competitiveness): The importance of environmental policy for international competitiveness; in: Matsugi, T.; Oberhauser, A. (Hrsg.): Interactions between economy and ecology, Berlin 1994, S. 35–57

Dickertmann, Dietrich (Kostenbelastung): Umweltschutzinduzierte Kostenbelastung im Handwerk, Trier 1994

Diller, Christian (Standortfaktoren): Weiche Standortfaktoren (Zur Entwicklung eines kommunalen Handlungsfeldes. Das Beispiel Nürnberg), Berlin 1991

Endres, Alfred (Umwelt): Umwelt- und Ressourcenökonomie, Darmstadt 1985

Endres, Alfred; Jarre, J.; Klemmer, P.; Zimmermann, K. (Umweltschutz): Der Nutzen des Umweltschutzes, Synthese der Ergebnisse des Forschungsschwerpunktes „Kosten der Umweltverschmutzung/Nutzen des Umweltschutzes“ des Bundesministers für Umwelt, Naturschutz und Reaktorsicherheit, Bonn 1991

Feess-Dörr, Eberhard; Prätorius, Gerhard; Steger, Ulrich (Standortentscheidungen): Der Einfluß von Umwelt-und Wohnqualitätsfaktoren auf industrielle Standortentscheidungen; Nr. 5 der Arbeitspapiere des Instituts für Ökologie und Unternehmensführung, Oestrich-Winkel 1988

Fürst, Dietrich; Nijkamp, Peter; Zimmermann, Klaus (Umwelt-Raum-Politik): Umwelt-Raum-Politik: Ansätze einer Integration von Umweltschutz, Raumplanung und regionaler Entwicklungspolitik, Berlin 1986

Görgens, Egon; Tuchtfeldt, Egon (Hrsg.): Die Zukunft der wirtschaftlichen Entwicklung-Perspektiven und Probleme, Bern 1992

Halstrick-Schwenk, Marianne; Horbach, Jens et al. (umwelttechnische Industrie): Die umwelttechnische Industrie in Deutschland, Institut für Wirtschaftsforschung Halle, 1994

Heigl, Anton (Konzepte): Konzepte betrieblicher Umweltrechnungslegung, in: Der Betrieb 1974, S. 2265–2270

Heigl, Anton (Ökosteuern): Ökosteuern; in: Datenverarbeitung, Steuer, Wirtschaft und Recht (DSWR) 1990, S. 97–101

Heigl, Anton (Umweltaufgaben): Umweltaufgaben im Unternehmen (1994), in: Klaus, Joachim (Hrsg.): Neuorientierungen in der Umweltökonomie (Beiträge wirtschafts- und sozialwissenschaftlicher Disziplinen), Dettelbach 1994, S. 27–48

52 vgl. Umweltbundesamt (Daten), S. 668ff.

IW Köln (Standort): Standort Deutschland: Das Urteil des Auslands; Ausgabe Nr. 2, Januar 1993, S. 4–5

Jaeckel, Ulf (Umweltberichterstattung): Umweltökonomische Berichterstattung; in: WIST, Heft 3, März 1994, S. 112–116

Klaus, Joachim (Ansatzstellen): Ansatzstellen und Schwerpunkte regionaler Umweltpolitik in der Marktwirtschaft, in: Görgens, Egon; Tuchtfeldt, Egon (Hrsg.): Die Zukunft der wirtschaftlichen Entwicklung- Perspektiven und Probleme, Bern 1992, S. 475–495

Klaus, Joachim et al. (Berichterstattung): Umweltökonomische Berichterstattung: Ziele, Probleme und praktische Ansätze; Band 5 der Schriftenreihe Spektrum Bundesstatistik, Wiesbaden 1994 a

Klaus, Joachim (Ansätze): Ansätze und Entwicklungslinien einer umweltökonomischen Berichterstattung, in: Zeitschrift für angewandte Umweltforschung, Jahrgang 7, 1994 b, Heft 2, S. 197–210

Klaus, Joachim (Hrsg.): Neuorientierungen in der Umweltökonomie (Beiträge wirtschafts- und sozialwissenschaftlicher Disziplinen), Dettelbach 1994 c

Klemmer, Paul; Karl, Helmut (Umweltindikatoren): Einbeziehung von Umweltindikatoren in die Regionalpolitik; Schriftenreihe des Rheinisch-Westfälischen Instituts für Wirtschaftsforschung, Berlin 1990

Knödgen, Gabriele (Umweltschutz): Umweltschutz und industrielle Standortentscheidung, Frankfurt/Main, New York 1982

Matsugi, Takashi; Oberhauser, Alois: Interactions between economy and ecology, Berlin 1994

Meißner, Werner; Gräber-Seißinger, Ute (Umweltpolitik): Umweltpolitik und internationale Wettbewerbsfähigkeit, in: Steger, U. (Hrsg.): Handbuch des Umweltmanagements, 1992, S. 131–144

OECD (Indikatoren): Environmental Indicators (Indicateurs d'Environnement), Paris 1994

Peemöller, Volker H. (Controlling): Aufgaben eines umweltorientierten Controlling in der strategischen Materialbeschaffung unter besonderer Berücksichtigung der Koordinationsinstrumente, in: Klaus, Joachim (Hrsg.): Neuorientierungen in der Umweltökonomie (Beiträge wirtschafts- und sozialwissenschaftlicher Disziplinen), Dettelbach 1994 c, S. 237–258

Prätorius, Gerhard (Umweltschutz): Umweltschutz als Standortfaktor, in: Steger, U. (Hrsg.): Handbuch des Umweltmanagements, 1992, S. 145–163

Reidenbach, Michael (Umweltschutzausgaben): Öffentliche Umweltschutzausgaben als Teil der Maßnahmen im Umweltschutz, Band 6 der Schriftenreihe Spektrum Bundesstatistik, Wiesbaden 1994

Ryll, Andreas; Schäfer, Dieter (Satellitensystem): Satellitensystem „Umwelt", in: Reich, U.-P.; Stahmer, C. (Hrsg.): Satellitensysteme zu den Volkswirtschaftlichen Gesamtrechnungen, Forum der Bundesstatistik, Band 6, Wiesbaden 1988, S. 129–165

Sprenger, Rolf-Ulrich (Umweltschutz): Umweltschutz als Standortfaktor; Forschungsinstitut der Friedrich-Ebert-Stiftung (Reihe „Wirtschaftspolitische Diskurse" Nr. 36), Bonn 1992

Stahlmann, Volker (Öko-Controlling): Fundierung und Entwicklung einer umweltverantwortlichen Unternehmensführung durch umfassende und systematische ökologische Bilanzierung mit anschließendem Öko-Controlling; Manuskript Nürnberg 1993

Stahmer, Carsten; Reich, Utz-Peter (Hrsg.): Satellitensysteme zu den Volkswirtschaftlichen Gesamtrechnungen, Schriftenreihe Forum der Bundesstatistik, Band 6, hrsg. vom Statistischen Bundesamt, 1988

Steger, Ulrich (Hrsg.): Handbuch des Umweltmanagements, 1992

Umweltbundesamt (Industriestandort): Umweltschutz und Industriestandort, Berichte 1/93, Berlin 1993 a

Umweltbundesamt (Wirtschaftsfaktor): Umweltschutz- ein Wirtschaftsfaktor. (Sieben Argumente gegen eine Vorreiterrolle im Umweltschutz... und was wir davon halten); Berlin 1993 b

Umweltbundesamt (Daten): Daten zur Umwelt, Berlin 1994

Wicke, Lutz (Umweltökonomie): Umweltökonomie (4. Auflage), München 1993

Wicke, Lutz; Haasis, Hans-Dietrich; Schafhausen, Franzjosef; Schulz, Werner (Betriebliche Umweltökonomie): Betriebliche Umweltökonomie, München 1992

Wicke, Lutz (Umweltschutz): Umweltschutz – Moralisch ethische und ökonomische Notwendigkeit, in: Klaus, Joachim (Hrsg.): Neuorientierungen in der Umweltökonomie (Beiträge wirtschafts- und sozialwissenschaftlicher Disziplinen), Dettelbach 1994 c, S. 69–128

Weimann, Joachim (Umweltökonomik): Umweltökonomik (2. Auflage), Berlin 1991

Standort Deutschland: Die Internationalisierung als Herausforderung für die Lehre

Prof. Dr. Peter Uecker, Hochschule für Technik, Wirtschaft und Kultur Leipzig (FH)

A. Notwendigkeit der Überprüfung von Lehrinhalten und -formen

Eine Standortdiskussion wurde schon immer geführt, sie ist also dem Grunde nach nichts Neues. In der jüngsten Zeit ist sie jedoch heftiger geworden. Angestoßen wurde sie in den Industrienationen durch die weltweite Rezession. In Deutschland wurde sie teilweise ergänzt und überlagert durch die Besonderheiten, die sich aus der deutschen Vereinigung ergeben haben. Eine erhöhte Aufmerksamkeit erfuhr sie, als immer mehr deutsche Unternehmen sich entschieden, die Öffnung des sog. Ostblocks zu Verlagerungen zu nutzen.

Die jüngste Diskussion wurde vor allem von Vertretern der Wirtschaft initiiert, hatte also mikroökonomische Ursprünge, artikulierte sich aber in erster Linie mit makroökonomisch gerichteten Forderungen an die Politik für bessere Rahmenbedingungen. Diese Forderungen lagen in erster Linie auf steuerlichem oder sozialpolitischem Gebiet, griffen damit Größen auf, die entweder zu einer unternehmerisch unmittelbar ablesbaren Reduzierung von Kosten resp. Aufwand führten (Stichwort: Personalnebenkosten) bzw. ein erzieltes Ergebnis vor Steuerzugriff bewahren wollten.

Nicht – mindestens weniger – diskutiert wird der weiche Standortfaktor Ausbildung. Allenfalls geschieht dies unter der Überschrift „Die Ausbildungszeit ist in Deutschland zu lang"; inhaltliche Forderungen treten demgegenüber stark in den Hintergrund. Der sekundäre Bildungssektor wird mit gewisser eigener Beruhigung und Selbtgenügsamkeit gelobt und als vorbildlich für die Welt charakterisiert. Der Hochschulbereich taucht in den Vorstellungen der Wirtschaftspraxis i.d.R. nur mit dem Verdikt der Forschungsschwäche auf. Eigener Familiennachwuchs wird von Managern an ausländische Hochschulen geschickt. Eine direkte, offene hochschulpolitische Diskussion wird von der Wirtschaftspraxis kaum geführt. Aus den Unterstützungen für die Gründung von Privaten Hochschulen

(Witten-Herdecke, Koblenz, Oestrich-Winkel, wohl in Zukunft auch Leipzig usw.) kann man aber wohl eine indirekte Stellungnahme zur deutschen Hochschulausbildung entnehmen.

Diese Neugründungen zeichnen sich – neben kleineren Studentenzahlen mit individuellerer Betreuungsmöglichkeit – insbesondere durch eine deutliche Internationalisierung ihres Lehrangebots und der Lehrorte aus. Uns scheint dies die entscheidende Antwort auf die veränderte Umwelt, in der sich Wirtschaften abspielt und noch stärker in der Zukunft abspielen wird. Nicht Lean Management, Kaizen und Outsourcing kennzeichnen die neuen Fragen und Herausforderungen, sondern Global Player; denn es wird mittel- und langfristig keine nationale Optimierung wirtschaftlichen Handelns geben können. Wenn auch Einigkeit über die Annahme dieser Entwicklung in der Praxis zu herrschen scheint, ist sie – wie gesagt – aber noch wenig offensiv, die daraus resultierenden Konsequenzen für die Lehre einzufordern.

Es ist gleichzeitig festzustellen, daß auch aus den Hochschulen nur wenige Diskussionsbeiträge zur Bedeutung von Lehre und Forschung als Standortfaktor vorliegen, jedenfalls gilt das für die Wirtschafts- und Sozialwissenschaften.

Dieser bisherige Befund des Schweigens überrascht. Aus ihm darf aber, wie grob angedeutet, gewiß nicht der Schluß gezogen werden, daß die Situation umfassend als positiv eingeschätzt wird bzw. werden darf.

Schweigen der Unternehmenspraxis bedeutet in diesem Falle gewiß nicht zwangsläufig Zustimmung, sondern ist entweder Ausdruck der Tatsache, daß man die deutschen Hochschulen für nicht renovierungsfähig hält oder daß andere Fragen als drängender angesehen werden, sich u. U. auch politisch leichter „verkaufen" lassen. Zudem wird kurzfristig Beeinflußbares von Praktikern politisch eher thematisiert als nur langfristig Veränderbares; Ausbildung, Lehre, Forschung betreffen zudem ja Bereiche, deren Egebnisse von den jetzigen Betroffenen und Entscheidern nicht mehr, jedensfalls nicht in vollem Umfange, verantwortet werden müssen.

Schweigen der Hochschulen drückt genausowenig zwangsläufig Zufriedenheit mit dem Gegenwärtigen und seine Festschreibung für die Zukunft aus. Es scheint, daß die deutschen Hochschulen zu sehr mit den Themen Finanzierung befaßt sind im ständigen Kampf mit den Finanzministern und/oder der Diskussion zur Abgrenzung von Fachhochschule und Universität. Jedenfalls gilt dies für die Makroebene der Hochschulen, insbes. der Universitäten, d. h. die Hochschulleitung und die Senate.

Mit anderer Begründung aber dem gleichen unbefriedigenden Ergebnis ist Sprachlosigkeit und Schweigen auf der Mikroebene, den Lehrstühlen, zu konstatieren. Hier liegt es wohl in erster Linie am deutschen Besetzungssystem von Lebenszeit-Lehrstühlen. Zwangsläufig fördert dies quasi systembedingt nicht gerade die Diskussion und hält kaum zu Veränderungen an, die mindestens teilweise eigene negative Betroffenheiten auslösen können.

Besonderes Gewicht hat in diesem Zusammenhang die noch spürbare Nachkriegswirkung, daß nämlich gegenwärtig häufig noch Personen Lehrstühle innehaben, die zwangsläufig auf Grund ihres Alters, ihrer eigenen Ausbildung (Schule in den 40er oder Anfang 50er Jahre, Studium noch unter engen ökonomischen Bedingungen) kaum oder nur selten selbsterlebte Auslandskontakte während der eigenen Prägungszeit erlebten und anschließend diese Kontakte im eigenen Berufsfeld auch nicht zwingend erforderlich waren und erlebt wurden. (Die so geringe Anwesenheitsquote deutscher Hochschullehrer auf den jährlichen Tagungen der European Accountig Association erklärt sich m. E. – neben finanzieller Enge im Titel Reise- und Kongreßkosten – hieraus.)

Die größere Offenheit der Fachhochschulen für Auslandskontakte überrascht nur auf den ersten Blick. Hier liegt offenbar ein systembedingter Vorteil der Fachhochschulen vor, der darin besteht, daß FH-Professoren zu einem Gutteil aus der Praxis berufen wurden, und so zwingend in ihrem vorakademischen Leben die Notwendigkeit der Beachtung aktueller Einflüsse aus der Unternehmenswirklichkeit und -umwelt auf die Lehre erlebten. Früher als Universitäten setzten Fachhochschulen daher systematisch auf die Integration der Auslandsbezüge deutscher Wirtschaftswirklichkeit in die Lehre. Früher als Universitäten richteten sie eigenständige Studienfächer „Internationale Wirtschaft" o. ä. ein. Früher als Universitäten suchten sie systematisch Lehrallianzen mit ausländischen Partnern. Früher und systematischer als Universitäten sahen Fachhochschulen in größerem Umfang Studentenaustausch, Professorenaustausch, gegenseitige Anerkennung von erbrachten Studien- und Prüfungsleistungen bis zur Doppeldiplomierung durch inländische Hochschule und ausländische Partnerhochschule vor.

Es überrascht also keineswegs, wenn in einer der jüngsten Umfrage zum Ranking deutschsprachiger wirtschaftswissenschaftlicher Fakultäten die FH Reutlingen die Spitzenposition einnahm und diese aus Sicht der befragten Personalchefs gerade mit dieser Internationalisierung begründet wurde. Universitäten erreichten ebenfalls nur Spitzenplätze, wenn sie den Auslandsaspekten in Lehre und Forschung besondere Aufmerksamkeit widmeten. (Daß dies die sog. jungen Universitäten waren, bestätigt die o. g. Erklärung der Ausbildungs- und Erfahrungssicht des Lehrkörpers, widerspricht der Hypothese jedenfalls nicht. Daß der Erfolg im Ranking nicht monokausal erklärt werden kann, wird dabei nicht verkannt; gewiß spielen auch Größe der Hochschule, Betreuungsrelation Studenten/Hochschullehrer, Finanzausstattung etc. eine Rolle.)

Natürlich ist zu fragen, ob die hier – bisher implizit – eingenommene Position nach größerer Berücksichtigung der Auslandsaspekte in Lehre und Forschung sich auch wissenschaftlich überzeugend begründen läßt.

Wissenschaftliche Fragestellungen, wissenschaftliche Untersuchungsgegenstände – sowohl für Forschung wie Lehre – sind ohne Zweifel raum-, zeitabhängig, d. h. sowohl jede Region auf diesem Globus wie auch jede Zeit hat ihre eigenen Fragestellungen. Europa bewegen andere Fragen als Asien und Afrika, die 90er Jahre des 20. Jahrhunderts kennen andere Herausforderungen und damit auch andere wissenschaftliche Fragestellungen als die 90er Jahre des 19. Jahrhunderts.

Begreift man – wie es hier geschieht und wie es der Jubilar wohl auch immer sah – die Betriebswirtschaftslehre als eine angewandte Wissenschaft, haben Lehre und Forschung nach zeit- und sachadäquaten Erklärungsansätzen und Problemlösungen zu suchen.

Ohne Zweifel hat der Untersuchungsgegenstand der Betriebswirtschaftslehre, eben marktwirtschaftlich-orientierte Wirtschaftseinheiten, gerade in der jüngsten Vergangenheit erhebliche Veränderungen erfahren. Die wesentlichsten sind: a) zunehmendes Größenwachstum, b) steigende Konzentration i. S. der Konzernbildung und -einbindung, c) zunehmende Kapitalintensität, d) straffere Organisation. Insgesamt ist eine in früheren Jahren kaum in diesem Maße bekannte Dynamik eingetreten. Und alle o.g. Veränderungen haben eine besondere neue Qualität dadurch erhalten, daß sie in aller Regel von einer Internationalisierungstendenz begleitet werden.

So ist sehr häufig zum internen nationalen Wachstum der Unternehmen ein externes internationales Wachstum hinzugetreten, ja z. T. war es unvermeidbar, wenn neue Märkte erschlossen werden sollten und dies ohne Joint Ventures nicht erreichbar war. Meist verlief dies Hand in Hand mit internationalen Konzernbildungen. Für Deutschland kam mit der Wiedervereinigung und der politischen Änderung im mitteleuropäischen Raum ein Sondereinfluß hinzu. Auf der einen Seite wurde bei der Neustrukturierung der ehemaligen DDR-Betriebe zu marktwirtschaftlich-orientierten Unternehmen eine stark kapitalintensive Strategie eingeschlagen, auf der anderen Seite behielt der Aspekt der vergleichsweise personalintensiven Leistungserstellung mit Teilverlagerungen in die angrenzenden Staaten des ehemaligen COMECON Bedeutung. Nur unter Beachtung der internationalen Einflüsse konnte und kann in der Zukunft das richtige Unternehmensführungsmix gefunden werden. Besondere Bedeutung erlangt die Harmonisierung der Europäischen Union. Dies gilt für alle Unternehmen, nicht etwa nur für solche, die auch aktiv international tätig sind. Marktöffnung für Produkte und Dienstleistungen, freier Waren-, Kapital- und Personalverkehr, europäische Gesetzgebung und Rechtsprechung beeinflussen auch allein national orientierte Unternehmen.

Dieser Entwicklung können Unternehmen passiv reagierend oder aktiv agierend begegnen. Da die Dynamik auch in zeitlicher Hinsicht stark zugenommen hat, scheint nur die zweite Verhaltensweise die adäquate Strategie darzustellen.

Dies verlangt aber ein besonderes Managementwissen und eine besondere Managementfähigkeit. Versteht man Hochschulen als Institutionen, die in ihrem Lehrteil aktuelles und zukunftsweisendes Wissen vermitteln und so die Grundlage für eine zeit- und raumadäquate Managementfähigkeit legen, müssen sich die o.g. Entwicklungen in den Lehrinhalten wiederfinden.

B. Neue Anforderungen an die Lehre

Aus dem obigen Befund ergeben sich drei zentrale Anforderungen:

1. Lehrinhalte müssen angepaßt und ständig aktualisiert werden.
2. Lehr-/Lernformen sind deutlich auf aktives „multikulturelles Lernen“ auszurichten.
3. Lehr-/Lernorte sind zu internationalisieren.

Es ist zuzugeben, daß diese Forderungen nicht gänzlich neu sind, z.T. an manchen Hochschulen und Lehrstühlen schon ausgeprägte Berücksichtigung finden, aber eben nur an manchen. Es wird hier die These vertreten, daß diese Forderungen auf breitester Basis umgesetzt werden müssen, soll der Standort Deutschland nicht Schaden nehmen.

Das besondere Augenmerk wird im folgenden auf die 3. Forderung gerichtet. Zieht man, wie es hier geschieht, aus der oben beschriebenen bisherigen dynamischen Entwicklung den Schluß, daß dieser Verlauf noch nicht seinen Höhepunkt erlangt hat, weiter fortschreitet, jedenfalls nicht rückläufig sein wird, ist eine Unternehmensführung im allein nationalen Kontext in der Zukunft nicht mehr möglich. Dies hat zur Folge, daß Unternehmen ständig und dauerhaft internationale Einflüsse antizipierend zu beachten haben, wollen sie aktive Unternehmensführung betreiben. Einflüsse bleiben aber solange ein Abstraktum, wie sie nicht durch Menschen in Entscheidungen integriert werden. (Auch Expertensyteme bedürfen eben zu ihrer Entwicklung des sachkundigen menschlichen Experten.) Hieraus folgt für die Lehre die Forderung nach Integration der internationalen Aspekte. Für andere Länder stellt diese Überlegung keine Besonderheit dar, wurde dort vielmehr in deutlich größerem Umfange als in Deutschland praktiziert. Das hat u. a. historische Gründe und hängt z. B. von der Größe eines Landes, der Verbreitetheit seiner Sprache, der Tatsache ob Kolonialerfahrung in der Bevölkerung und bei Politikern vorhanden ist oder nicht ab. Natürlich spielen daneben – aber in hohem Maße mit den ersten Erklärungen interdependent verwoben – ökonomische Gründe eine Rolle; so zwingt ein hoher Außenhandelsanteil zu stärkere Beachtung internationaler Kontextfaktoren als eine dominant oder ausschließlich nationale Wirtschaftstätigkeit.

Richtig ist, daß Deutschland traditionell eine hohe internationale ökonomische Verflechtung kennt. Das Neue der Entwicklung der letzten Jahre ist, daß in immer höherem Umfang die Exporte zu Gunsten einer Vor-Ort-Produktion abnehmen. Der Begriff Global Player hat sich vom visionären Schlagwort zu einer schon die heutige Realität wirtschaftlichen Handelns kennzeichnenden Unternehmensführung entwickelt. Unternehmen sind in verschiedenen Staaten, auf verschiedenen Kontinenten tätig, wobei keine lokalen stand-alone-Lösungen gesucht werden, sondern eine internationale Verflechtung der Leistungserstellung angestrebt wird.

Unternehmen sind damit aber auch in verschiedenen sozio-kulturellen Umwelten tätig. Den Einfluß dieser unerschiedlichen Umwelten zu erkennen, zu berücksichtigen und zu beherrschen, stellt in zunehmendem Maße einen der wichtigsten weichen Erfolgsfaktoren dar.

Das Problem für die Lehre heißt damit nicht mehr, ob derartige Aspekte aufgenommen werden sollen, sondern wie dies geschehen kann oder sollte. Neben der Anreicherung bestehender lokaler Lehr- und Studienangebote bietet sich die Auslagerung von Lehrangeboten in das Ausland an, natürlich unter Beachtung der Integration in die jeweilige deutsche inländische Studien- und Prüfungsordnung. Hierbei verbringen die Studenten einen Teil ihres Studium an ausländischen Hochschulen (Auslagerung), wobei sichergestellt wird, daß die dort erbrachten Leistungen auf die von der inländischen Heimathochschule geforderten Leistungen angerechnet werden. Das Spektrum dieser Internationalisierung des Studiums kann dabei reichen von der Anerkennung von Teilleistungen i.S. von Semesterklausuren oder Hausarbeiten, über die ersatzweise Anerkennung von einzelnen Fächern i.S. des Abschlußexamens bis zu einer zweiten oder dritten Diplomierung durch die ausländischen Hochschulen, neben dem deutschen Diplomabschluß.

So wichtig diese Fragen der Gestaltung von Studien-und Prüfungsordnungen auch sind – ein beliebtes Gebiet deutscher Rechtsperfektionierung, das materielle Lösungen häufig scheitern läßt oder mindestens verzögert –, wichtiger ist die grundsätzliche Bereitschaft, der grundsätzliche Entschluß, derartige Ansätze überhaupt aufzugreifen. Ziel muß es aber letzten Endes sein, daß Studenten einen Teil ihres Studiums im Ausland verbringen.

Der eminente Vorteil eines Auslandsstudiums gegenüber einem nur nationalen Studium der Fächer Auslandskunde oder Internationale Wirtschaft ist das Eingebundensein des Studenten in die und das Ausgeliefertsein an die andere, eigentlich doch fremde sozio-kulturelle Umwelt. Es ist aber diese Umwelt, in der er sich nach seinem Studium häufig bewegen wird oder deren Einflüssen er bzw. das Unternehmen, in dem er tätig ist, sich – selbst bei nationaler Tätigkeit – immer weniger entziehen können wird.

Eine besondere Frage wird in dem Zusammenhang die Länder- und Hochschulauswahl aufwerfen, mit denen kooperiet werden soll. Bisherige Modelle sind deutlich auf Westeuropa und USA orientiert, erste Anfangsversuche der wenigen privaten Hochschulen greifen darüber hinaus, z. B. auf China (Oestrich-Winkel).

Mit der Wiedervereinigung und der politischen Öffnung und Tendenz der Demokratisierung in Osteuropa rückt diese Region in das Blickfeld. Osteuropa drängt sich förmlich auf. Die Investitionen und Produktionsverlagerungen der deutschen Wirtschaft in diesen Standort belegen dies von der Nachfrageseite her. Teilt man ein positives Szenario für eine stabile politische Entwicklung mit der Aufnahme in die Europäische Union wird der Markt sowohl für Absatz wie Produktion noch deutlicher an Attraktivität gewinnen.

Auf Grund der politischen und kulturellen Vergangenheit gibt es zu Deutschland relativ starke Verbindungen; nicht zuletzt ist die deutsche Sprache dort immer noch – zwar zunehmend durch das Englische bedrängt – die wichtige Verkehrssprache der Wirtschaftspraxis. Bedingt durch die geschichtliche Entwicklung der vergangenen 50 Jahre existieren in den Neuen Bundesländern aus der Zeit der DDR – zwar etwas verschüttete, aber reaktivierbare – Kontakte zu osteuropäischen Hochschulen, liegt eine gewisse Sprachkompetenz bei einem Teil der gegenwärtigen Hochschullehrer und Studenten vor. Aus kurzfristig-praktischen wie auch langfristig-strategischen Gründen liegt es nahe, daß sich die Hochschulen der Neuen Bundesländer auf diese Region konzentrieren. Gewiß sind hier Widerstände zu überwinden; nicht zuletzt sind Kontakte und Reisen „in den Westen" noch immer für die meisten attraktiver als „in den Osten". Auch wird es nicht immer einfach sein, Partnerhochschulen zu gewinnen, die in Niveau, Ausrichtung, Ausstattung Akzeptables anzubieten haben. Anfangs mag ein gewisses Maß an „Entwicklungshilfe" erforderlich sein, etwa in Form von im Ostblock zu übernehmenden Lehraufträgen.

Wissenschaft, sowohl in Lehre wie auch in Forschung, darf jedoch nicht auf kurze Sicht angelegt sein.

C. Institutionelle Voraussetzungen für die Hochschulen und in den Hochschulen

Strebt man, wie hier vertreten, eine höhere Verankerung internationaler Fragestellungen in den Wirtschaftswissenschaften an, muß ein Mechanismus sichergestellt sein, der überhaupt eine problemgerechte, d. h. sach-, zeit-, fragegerechte Fokussierung durch den Forscher und Lehrer ermöglicht. Dies kann kaum, streng genommen gar nicht, ohne direkte Problemkonfrontation „vor Ort" erreicht werden.

Für volkswirtschaftliche, makroökonomische Fragestellungen ist dieser „vor Ort" in eingeschränktem Maße in Deutschland in Institutionen wie der Deutschen Bundesbank, IFO-Institut, volkswirtschaftlichen Abteilungen großer Geschäftsbanken und industrieller Großunternehmen, Ministerien denkbar; häufig wird aber auch hier eine Auslandsergänzung am Sitz Internationaler Institute usw. notwendig sein.

Für mikroökonomische, betriebswirtschaftliche Fragestellungen ist schon ein Problemerkennen und eine Problemanalyse ohne ein Erfahrungsammeln und ohne eine unmittelbare Konfrontation mit der Problematik in der Praxis immer weniger vorstellbar.

Das gilt m.E. selbst für rechtliche Fragestellungen, seien sie zivil-, gesellschafts-, steuerrechtlich, öffentlichrechtlich. Recht ist eben kein am Reißbrett, zeit- und raumunabhängig entwerfbares und entworfenes Normensystem; Recht spiegelt in hohem Maße die allgemeinen kulturellen Wertvorstellungen einer Gesellschaft, einer Region wieder; Recht reflektiert in gewissem Maße Geschichte einer Gesellschaft, Recht widerspiegelt auch Macht, ökonomischen Reichtum oder wirtschaftliche Armut. Deutsche Rechtsvorstellungen können also nicht (ohne weiteres) auf andere Gesellschaften übertragen werden, finden sich nicht einmal unmittelbar bei den nächsten Nachbarn.

Jede Nation hat spezifische sozio-kulturelle Eigenheiten, die sich selbstverständlich auch in den verschiedenen Grundmustern der Unternehmenskulturen wiederfinden und selbst bei noch so ausgeprägten Vereinheitlichungsbemühungen in multinationalen Unternehmen nicht unterdrückt werden können und verloren gehen. Es ist dies ein Phänomen vergleichbar der informellen Organisationsstruktur, wie es aus der Organisationsforschung bekannt ist.

So wie erfolgreiche Unternehmensführung auf die Beachtung und Einbindung der informellen Struktur bemüht sein muß, hat dies ebenso für die Eigenheiten zu geschehen. Dies kann aber nur erreicht werden, wenn die Entscheidungsträger hinreichendes Problembewußtsein besitzen. Dieses wiederum erwächst nicht aus theoretischer Analyse von außen, sondern aus praktischer Erfahrung von innen. Will man Führungsnachwuchs heranbilden, kann dies folglich nicht ohne Vertrautsein des Lehrenden und Vertrautwerden des Lernenden geschehen.

Für die Lehrenden ist also zu fordern, daß sie über eigene aktive Kenntnisse aus international und/oder multinational tätigen Unternehmen verfügen, vorzugsweise auch im Ausland erworben. Diese Forderung ist für die Lehrenden an Fachhochschulen mit besonderem Nachdruck zu fordern, für Lehrende an Universitäten sollte es ein Auswahlkriterium mit hohem Gewicht sein.

Es liegt auf der Hand, daß diese Vorstellungen nicht von heute auf morgen eingelöst werden können, sie sollten jedoch in der Scientific Community stärker als bisher beachtet, vereinbart und durchgesetzt werden. Bei einem Kooptationssystem, wie dem in Deutschland für Hochschulen üblichen, kommt den Hochschulen selbst erhebliches Gewicht zu. Eigentlich genauer und konkreter: den jetzigen Hochschullehrern, denn diese bestimmen auch über die (= ihre) zukünftigen Kollegen. Hier liegt gewiß eine Schwachstelle im gegenwärtigen Berufungssystem.

Das deutsche Hochschulsystem kennt traditionell das sog. Freisemester, das dem Hochschullehrer ermöglichen soll, frei von Leseverpflichtungen, d.h. ohne den zeitlichen Druck und die Präsenzpflicht, zusammenhängend seiner gleichbedeutsamen Verpflichtung nachzukommen, nämlich zu forschen. Dabei versteht sich Forschung genauso traditionell als sehr stark theoriegeleitete Aktivität, deren Ergebnisse – jedenfalls was den Bereich der Wirtschafts- und Sozialwissenschaften angeht – ihren Niederschlag in Form von Aufsatz- oder besser, da noch achtsamer Buchveröffentlichungen finden.

Die unabdingbare Forderung an die für die Hochschulen zuständigen Ministerien muß für die Zukunft lauten: Freisemester dürfen nicht nur, sondern sollten auch für Praxisaufenthalte in Industriebetrieben, Banken, Wirtschaftsprüfungsgesellschaften usw. verwendet werden.

Deutschland hat keine besonders ausgeprägte Tradition in der Durchlässigkeit zwischen Hochschule und Praxis; die Vereinigten Staaten werden in dieser Hinsicht zu recht beneidet. In die Praxis zu gehen, scheint nicht ohne weiteres mit dem deutschen akademischen Selbstverständnis vereinbar zu sein.

Dies ist in hohem Maße bedenklich, da so die Kluft zwischen Theorie und Praxis nicht abgebaut wird, sondern sich eher vertieft. Und dies ist um so bedenklicher als in den letzten Jahren in der Praxis Entwicklungen ablaufen, die ohne Unterstützung, ja teilweise Verständnis der Hochschulen angestoßen wurden. Das gilt nicht nur für F+E im klassischen, technischen Sinne der Produktentwicklung, sondern ebenso für Organisationsprozesse (Lean Management, Out-Sorcing), Rechnungswesenmodule (Prozeßkostenrechnung), Planungsscenarien und -instrumente, internationale Steuerfragen usw. Zwar ist die Diskussion in der deutschen Hochschullandschaft auch zu diesen Fragen lebhaft, angestoßen wurde diese Diskussion aber kaum mehr aus Hochschulen selbst, sondern eben der Praxis. Hatte die Diskussion ihren Ausgang in Hochschulen, muß man häufig neidvoll auf solche in den USA verweisen.

Der Wissenstransfer zu den Studenten kann auf zwei verschiedenen Wegen geschehen, erstens durch Veranstaltungen herkömmlichen Typs in den deutschen Hochschulen selbst, zweitens durch Veranstaltungen im Ausland. Mir scheint es unabdingbar, Studentenaustausch und Auslandssemester zu intensivieren. Nur so (= „von innen") kann die oben beschriebene Kompetenz erlangt werden.

Hochschulen müssen sich dem Wettbewerb stellen. Auch für diesen Dienstleistungsbereich werden die Öffnungen der Grenzen, die Annäherung in Europa Auswirkungen haben. Besonders leistungsbewußte Studenten drängen schon jetzt aus Deutschland heraus, bisher meist nur in die Schweiz oder die USA. Deutsche Hochschulen laufen Gefahr, nicht mehr als erste Adressen angesehen zu werden. Man entgegne nicht, diese Behauptung sei in den vergangenen 20 Jahren schon häufig erhoben worden, und es sei doch nicht so schlimm gekommen. Die früheren Stimmen artikulierten Bedenken für den universitären Forschungsstandort, jetzt geht es daneben aber um den universitären Lehrstandort. Und der Pull aus dem Ausland in das Ausland ergreift also deutlich mehr Personen. Es sind dies, wie gesagt, die Leistungsbereiten, Lernwilligen, Neugierigen, Einsatzfreudigen, Wagemutigen. Und dies sind genau die Kennzeichen, die wir gemeinhin als unternehmerische Eigenschaften qualifizieren.

Es ist dabei durchaus nicht sichergestellt, daß diese Personen, gut ausgebildet, hoch motiviert nach dem Studium nach Deutschland zurückkommen. Es erscheint keine abwegige Vermutung, daß ein Großteil von ihnen im Ausland verbleibt.

Hochschulen müssen diese Internationalisierungsfragen zu ihren wesentlichen Strategischen Fragen zählen. Das setzt natürlich voraus, daß Hochschulen überhaupt über ihr Produkt, ihre Erfolgspotentiale strategisch nachdenken. Es sollte ein Strategiebeauftragter bestellt werden, der ständiges aktives und passives Informationsrecht und Mitsprachemöglichkeit hat. (Umweltschutzbeauftragte und Frauenbeauftragte haben es vorgemacht, wie und daß man etwas beeinflussen kann.) Es dürfen keine Entscheidungen zu Studien- und Prüfungsordnungen ohne seine Einbindung getroffen werden. Zugegeben, dies berührt ein wenig den Grundsatz von Freiheit von Forschung und Lehre. Er ist m.E. aber nicht gefährdet oder ernsthaft beeinträchtigt, geht es doch nur um eine Abstimmung in grundsätzlichen Fragen.

Die strategische Antwort kann also nur sein, daß deutsche Hochschulen ein Angebots- und Leistungsprofil entwickeln, das den zukünftigen Herausforderungen gerecht wird.

Hier wir nicht behauptet, daß es das und dann nur das eine Profil gebe. Eine zentrale inhaltliche Vorgabe wäre gewiß verhängnisvoll. Aber eine Vorgabe scheint unabdingbar: Hochschulen haben laufend ihre Strategie zu überdenken, zu dokumentieren und zu rechtfertigen. Hochschulen müssen sich an ein Controlling gewöhnen, ja es selbst verlangen. Unternehmen haben das Controlling entwickelt, von der Unternehmensleitung wurde es nachgefragt, es wurde ihr nicht aufgedrängt. Sie suchte mit dem Controlling Hilfestellung in einer Zeit größer gewordener Dynamik und Komplexität. Das Controlling hat ich dabei als ein sehr brauchbares Instrument erwiesen.

Die Dynamik der Umwelt hat auch Auswirkungen auf die Hochschulen. Es ist an der Zeit ensthaft zu prüfen, wie sich das von Heigl maßgeblich in Deutschland primär für Industrie- und Handelsunternehmen in die Diskussion eingeführte Instrument Controlling für das Dienstleistungsunternehmen Hochschule fruchtbar machen läßt. Es geht m. E. nicht mehr um das Ob, sondern um das Wie. Sicherlich kann es nicht unmittelbar übersetzt werden, das scheitert schon an der für diesen Bereich deutlich anderen, nicht-monetären, sondern wohl nur in Nutzengrößen ausdrückbaren Zielfunktion. Aber es wäre gewiß schon ein wesentlicher Fortschritt erzielt, wenn die Philosophie, d. h. der grundsätzliche Denkansatz von Steuerung und Kontrolle mit seinen Teilinstumenten Strategischer Planung, Organisation und Erfolgsrechnung, Eingang in die Hochschulen fände.

Hochschulen werden sich stärker bewußt werden müssen, daß sie Dienstleistungen anbieten. Die Öffnung Europas, das Kleinerwerden der Welt wird sie erkennen lassen, daß auch für sie ein Markt existiert, auf dem Wettbewerb herrscht. Endgültig wird dann der Markt über den Erfolg der einzelnen Hochschulen entscheiden.

Steuerberater und Wirtschaftsprüfer als Freie Berufe in Deutschland und Europa

Univ.-Prof. Dr. Günter Büschges,
Friedrich-Alexander-Universität Erlangen-Nürnberg

A. Fragestellung und Zielsetzung

„Der geläufige Begriff des „freien Berufes" ist ... nur eine überlieferte Sprachgewöhnung, mit der man in concreto nicht viel anfangen kann. Man weiß so ungefähr, welcherlei Kategorien darunter verstanden werden dürfen: Arzt, Rechtsanwalt, Schriftsteller, der bildende Künstler, der Schauspieler, der Musiker – aber jedes dieser Worte öffnet eine soziale Atmosphäre, die mehr oder weniger abgeschieden ist: Nicht nur in der gesonderten Art der Berufsausübung, vor allem auch in ihrem rechtlichen Verhältnis zum Staat, zur übrigen Volksgemeinschaft bilden diese Gruppen höchstmanigfaltige und nur gelegentlich vergleichbare ökonomische Typen."[1] Mit diesen Sätzen leitete Theodor HEUSS vor 80 Jahren seine Betrachtungen über „Organisationsprobleme der Freien Berufe" in der Festschrift für den renommierten Nationalökonomen Lujo BRENTANO ein. Diese Sätze gelten heute noch, obwohl – oder gerade weil – sich in den vergangenen Jahrzehnten im Bereich der Freien Berufe erhebliche Wandlungen vollzogen haben, und zwar in allen modernen Gesellschaften:

- Neue Berufe sind entstanden; die Steuerberater und Wirtschaftsprüfer sind ein Beleg dafür.

1 Heuss (Organisationsprobleme) S. 237

- Bestehende Freie Berufe haben sich ausdifferenziert; hierfür sind die Steuerberater und Wirtschaftsprüfer ebenfalls ein gutes Beispiel, deren Kanzleien und Büros sich „mehr und mehr zur Kommunikations-Drehscheibe“[2] wandelten.
- Neue Organisations- und Kooperationsformen wurden entwickelt, wofür die Steuerberater mit der von ihnen geschaffenen DATEV e. V., der größten Dienstleistungsgenossenschaft für die wirtschafts- und steuerberatenden Freien Berufe, wiederum ein vorzügliches Beispiel sind.
- Der Nachwuchsdruck ist stark angestiegen, wenngleich bei den Wirtschaftsprüfern und Steuerberatern durch die deutsche Vereinigung und den Aufbau freiberuflicher Tätigkeitsfelder in den neuen Bundesländern eine Entlastung eingetreten ist.
- Rechtliche und ökonomische Rahmenbedingungen wurden verändert,[3] was sich nicht zuletzt in den Kanzleien der Steuerberater und Wirtschaftsprüfer in vermehrten und veränderten Anforderungen der Mandanten an die Beratungsleistung niederschlug bis hin zur Frage nach dem „Controlling durch den Steuerberater“.[4]

Dem Generalthema dieser Festschrift folgend und den Arbeitsgebieten des Jubilars Rechnung tragend, werde ich folgende Problemkreise aufgreifen und hierzu, in unterschiedlicher Ausführlichkeit und unter besonderer Berücksichtigung der Steuerberater und Wirtschaftsprüfer, einige Informationen beisteuern:
- Rolle der Freien Berufe in der modernen Gesellschaft,
- Situation der Freien Berufe in Europa,
- Kulturspezifität freiberuflicher Leistungen,
- Niederlassungsfreiheit und Harmonisierung freiberuflicher Dienstleistungen im europäischen Binnenmarkt.

B. Rolle der Freien Berufe in der modernen Gesellschaft

Fragt man nach der Rolle der Freien Berufe in der modernen Gesellschaft und deren Leistungen für die Bürger, erhält man sehr unterschiedliche, zum Teil recht kontroverse Antworten. Während die einen sie „in ihrem Freiheit stiftenden und Freiheit ermöglichenden Rang hochschätzen“,[5] entwerfen andere aufgrund der breiten Publizität festgestellter oder vermeintlicher berufsrechtlicher Verfehlungen ein eher negatives Bild. Während die einen die Leistungen der Freiberufler anerkennen, werden sie von anderen teils mehr, teils weniger kritisiert. Während die einen von der „Nachrangigkeit erwerbswirtschaftlicher Motive“[6] ausgehen, sehen andere im Freiberufler eher einen „erfolgsorientierten Geschäftsmann“.[7] Während die einen in den Freien Berufen jene Elite am Werke sehen, die beauf-

2 Sebiger (Interview) S. 6
3 Wasilewski (sozio-ökonomischer Wandel)
4 Haberstock (Controlling)
5 Fromme (Gemeinwohl) S. 31
6 Maier (Leistung) S. 38
7 Paul (Anwaltsberuf) S. 300

tragt ist, die sogenannte „Massengesellschaft“ der Moderne zu überwinden, machen andere keinen prinzipiellen Unterschied zwischen Berufsorientierung und Berufshandeln von Handwerkern, Gewerbetreibenden, Unternehmern und Freiberuflern.[8] Diese teils ambivalente, teils kontroverse, auf einem Mangel an zureichenden Informationen über die freiberufliche Tätigkeit beruhenden Einschätzungen zeigen sich auch in Umfragen über das Bild der Freien Berufe in der Öffentlichkeit.[9] Berichte in den Medien und generalisierte Altagserfahrungen bestimmen mangels anderer Informationsquellen häufig die Vorstellung von der Rolle der Freien Berufe.

Diese für Öffentlichkeitsarbeit wie Berufspolitik keineswegs günstige Situation ist mit darauf zurückzuführen, daß es weder in der Bundesrepublik Deutschland noch in anderen europäischen Ländern eine eindeutige Definition der Freien Berufe und eine klare Abgrenzung freiberuflicher Tätigkeiten von der selbständigen Ausübung eines Gewerbes gibt.[10] Zurückzuführen ist dies auf die Vielfalt freiberuflicher Tätigkeitsfelder, auf die kulturell und national geprägte Schneidung freiberuflicher Berufsbilder sowie auf die Vielgestaltigkeit freiberuflich zu lösender Aufgabenstellungen und Probleme mit soziokultureller und sozioökonomischer Differenzierung. Erschwert wird die Situation noch dadurch, daß in verschiedenen rechtlichen und berufpolitischen Handlungsfeldern jene Kritierien unterschiedlich definiert werden, die für die Beurteilung heranzuziehen sind, ob und in welchem Umfange eine Tätigkeit als freiberuflich einzustufen ist oder nicht. Dieses Schicksal teilt der Begriff „Freier Beruf“ mit dem Begriff „Beruf“, der ebenfalls vieldeutig und wertgeladen ist.[11]

Verdichtet man den derzeitigen Diskussionsstand systematisch und trägt dabei zugleich den neuesten empirischen Erkenntnissen Rechnung, welche die Studie des Instituts für Freie Berufe an der Friedrich – Alexander – Universität zur Lage und Struktur der Freien Berufe in der Europäischen Gemeinschaft, in Österreich und in der Schweiz ergeben hat, die in den Jahren 1991 und 1992 im Rahmen eines Forschungsauftrages des Bundesministeriums für Wirtschaft durchgeführt wurde, so lassen sich „Freie Berufe“ wie folgt definieren und von anderen Berufen abgrenzen. Für die Freien Berufe ist charakteristisch, daß ihre Angehörigen

- in persönlicher Verantwortung und weisungsunabhängig
- in einem auf freier Entscheidung vom Patienten, Klienten oder Mandanten beruhenden
- besonderen Vertrauensverhältnis,
- zumeist in wirtschaftlicher Selbständigkeit,
- vornehmlich geistige Leistungen erbringen,
- die besonderen Sachverstand und hohe berufliche Qualifikation erfordern und

8 Büschges (Freie Berufe) S. 33 f., 38
9 Haupt (Meinungsumfragen)
10 Vgl. hierzu und zum Folgenden: Institut für Freie Berufe (Datenhandbuch)
11 Siehe hierzu: Büschges (Berufswahl) S. 17–23

– überwiegend korporativ durch Experten kontrollierten Leistungsstandards zu entsprechen haben.

Diese Definition enthält auch den besonders wichtigen Aspekt freiberuflicher Tätigkeit, nämlich den „der persönlichen Leistung“.[12] Sie dürfte zur Typenbildung ausreichen, weil sie sich an jenen Kriterien orientiert, die für die klassischen Freien Berufe gelten, den Arzt, den Anwalt, den Architekten in freier Praxis, Kanzlei und Büro, und die für manche neuentstandenen Freien Berufe, die nicht in gleichem Maße einer Regelung durch Berufsordnungen unterliegen, ebenso zutreffend sind.[13] Sie macht zugleich verständlich, warum den Freien Berufen in der ehemaligen DDR wie in allen Ländern des „real-existierenden Sozialismus“ jedes Existenzrecht abgesprochen wurde.[14]

„Frei“ bedeutet für die „Freien Berufe“ im Zusammenhang mit „Beruf“ jedoch keineswegs, daß Beschränkungen des Berufshandelns durch institutionelle Regelungen fehlen. „Frei“ verweist vielmehr auf Herkunft und Spezifika dieser Berufskategorie und geht zurück auf den mittelalterlichen Begriff der „artes liberales“. [15] Für die klassischen Freien Berufe sind Beschränkung und Regelung von Berufszugang und Berufsausübung durch Berufsordnungen geradezu konstitutiv. Auch ist die Entscheidungsfreiheit der Klienten, Mandanten oder Patienten nicht unbeschränkt.[16] Bei den verkammerten Freien Berufen gab es schon immer Berufsordnungen und Kontrollinstanzen selbstverwalteter Körperschaften, welche nicht nur die Berufszulassung, sondern auch die Berufsausübung bestimmten Beschränkungen unterwarfen und dadurch die Freiheit in der Berufsgestaltung und die freie Verfügung über die eigene Arbeitskraft einschränkten. Dies wurde u. a. damit gerechtfertigt, daß Gemeinwohlorientierung und optimale Versorgung der Allgemeinheit mit freiberuflichen Leistungen nur zu gewährleisten seien, wenn das an einem professionellen Berufsethos ausgerichtete Handeln durch solche Ordnungen abgestützt würde und es nicht nur den individuellen Berufsmotivationen an-

12 Sahner (Situation) S. 7

13 Vgl. hierzu auch Oberlander (Markt) S. 21 –29

14 So ging z. B. die Anzahl der in Freien Berufen tätigen Personen in der ehenaligen DDR von über 60 000 im Jahre 1952 auf etwa 10 000 im Jahre 1978 zurück. Von etwa 16 000 im Oktober 1990 stieg die Anzahl freiberuflich Tätiger bis 1993 wieder auf über 70 000 an, zurückzuführen in erster Linie auf die Niederlassung von Ärzten, Zahnärzten und Tierärzten, aber auch von Anwälten sowie Steuerberatern und Wirtschaftsprüfern. Vgl. Fell/ Müller (Freie Berufe), Fell/ Oberlander (Wachstum), Oberlander (Markt) S. 32–36.

15 Maier (Leistung) S. 43

16 Für die freipraktizierenden Ärzte hat die ehemalige Präsidentin von SEPLIS (der europäischen Vereinigung der Freiberufler), Frau Dr. Thiemann, in der Monographie zum „Kassenarztrecht im Wandel“ (1983) insbesondere im 2. Hauptteil nachdrücklich darauf aufmerksam gemacht und eingehend dargelegt, in welchem Umfange Zulassungsregelungen, Behandlungspflicht, Diziplinargewalt der Kassenärztlichen Vereinigungen, Sachleistungssystem, Wirtschaftlichkeitsgebot und einnahmeorientierte Vergütungsregelungen sowohl im Behandlungs- als auch im Vergütungsbereich die freiberuflichen Elemente stark zurückgedrängt und zu einer erheblichen Einschränkung freiberuflicher Eigenverantwortung und Unabhängigkeit in der Berufsausübung freiprakzizierender Ärzte geführt haben.

vertraut bliebe, zumal primär ökonomisch orientiertes, den Interessen der Mandanten, Klienten oder Patienten nur bedingt Rechnung tragendes Erwerbsstreben bei Freiberuflern – bei Steuerberatern und Wirtschaftsprüfern ebenso wie bei Ärzten, Anwälten, und Architekten – nicht grundsätzlich auszuschließen sei. Diese Gründe waren in Deutschland mit dafür bestimmend, für Steuerberater und Wirtschaftsprüfer wie bei den Anwälten berufsordnende Kammern einzuführen.

Dahinter steht und stand die zutreffende Einsicht, daß auch mit Bezug auf das Berufshandeln von Freiberuflern Moral nicht nur eine Sache der Persönlichkeit ist. Moralisches Handeln bedarf, wenn man die Menschen so nimmt, wie sie nun einmal sind, der Stützung durch institutionelle Regelungen als Anreizstrukturen und Steuerungsmittel. Die den Freiberuflern gerne aufgetragene oder zugeschriebene Orientierung am „Gemeinwohl" ist als individuelle Handlungsmaxime solange eine äußerst problematische Handlungsempfehlung, wie es an institutionellen Regeln fehlt, die als Sitten, Brauchtum, Verhaltenskodizes, Verträge oder Rechtsregeln das Selbstinteresse entsprechend kanalisieren und in diese Richtung lenken, weil sie berufsethisches Handeln belohnen, abweichendes Verhalten hingegen bestrafen.[17]

Die generell gegebene Schwierigkeit, den Begriff „Freier Beruf" eindeutig zu definieren, sollte nicht Anlaß sein, auf diesen Begriff zu verzichten, denn damit würde man zugleich auf jene soziologisch relevanten Aspekte verzichten, die in der Vieldeutigkeit, mangelnden Präzision und Wertgeladenheit dieses Berufsbegriffs zum Ausdruck kommen. Die Schwierigkeiten sind in der Natur der Sache begründet. Sie lassen sich darauf zurückführen, daß sich die einzelnen Freien Berufe im Zuge fortschreitender gesellschaftlicher Arbeitsteilung herausbildeten, an jeweils historisch bestimmbaren Punkten gesellschaftlicher Entwicklung und sozialen Wandels konstitutiert wurden und diese Herkunft noch mit sich tragen, auch wenn die sozio-ökonomische Entwicklung inzwischen weitergegangen ist. Ein gutes Beispiel hierfür sind die Steuerberater, die Wirtschaftsprüfer und die vereidigten Buchprüfer. Ein gutes Beispiel liefert aber derzeit auch die Entwicklung der Freien Berufe in den fünf neuen Bundesländern sowie in anderen Ländern des ehemaligen Ostblocks.[18]

Die Freien Berufe sind, das sollte man nicht vergessen, Resultat wirtschaftlicher, kultureller, gesellschaftlicher, wissenschaftlicher, technischer und auch politischer Entwicklung.[19] In den einzelnen Freien Berufen verdichtete sich, und zwar auf je verschiedene Weise, eine im Verlauf gesellschaftlicher Entwicklung und sozialen Wandels gefundene Antwort auf besondere Problemlagen des menschlichen Alltag. An den Berufen des Steuerberaters und des Wirtschaftsprüfers, ihrer Enste-

17 Büschges (Qualitätssicherung) S. 196f., (Moral) S. 220f. sowie allgemein zu dieser Problematik aus soziologischer Sicht Büschges, Abraham, Funk (Soziologie), 4. Kapitel, S. 83–102

18 Siehe hierzu Wasilewski u. a. (neue Bundesländer)

19 Als Beleg hierfür sei verwiesen auf die Probleme der Rationalisierung und Spezialisierung in den Freien Berufen; s. Büschges (Rationalisierung)

hung und Entwicklung wird dies sehr gut deutlich. Sie sind u. a. Resultat sozialer Differenzierung, des Wandels nationaler wie internationaler Arbeitsteilung und wirtschaftlicher Verflechtung, zunehmender Ausformung und Verkomplizierung sowie wachsender wirtschaftlicher Bedeutung des Steuer- und Wirtschaftsrechts.

In den Freien Berufen wurden vermittels spezialisierter Berufsbildung besonderer Sachverstand und besondere Fähigkeiten als Qualifikationsmuster in Berufsform gebündelt, über geordnete Ausbildungswege vermittelt, der Kollegenkontrolle und standesrechtlichen Regelungen unterworfen, an Personen als Experten gebunden und diesen durch entsprechende Zulassungsverfahren zugleich eine wirtschaftlich selbständige Existenz gesichert. In den Freien Berufen wurden so Problemlösungen institutionell gefaßt und auf Dauer gestellt, die angesichts der zunehmenden Komplexität der Lebenswelt vom einzelnen Bürger – allein oder in Kooperation mit anderen – nicht länger hinreichend sachgerecht und kompetent erfaßt, definiert, bewältigt und gestaltet werden konnten.[20]

Deswegen kommt es nicht von ungefähr, daß Berufsbild und Berufspraxis freiberuflicher Tätigkeiten von der Entwicklung in Staat, Gesellschaft und Wirtschaft abhängig sind, wie unsere Studien zur Lage der Freien Berufe in den europäischen Staaten immer wieder gezeigt haben.[21] Die Freien Berufe sind eingebunden in die jeweiligen kulturellen Traditionen, die sie ihrerseits wiederum mitprägen. Gerade in den Freien Berufen, ihrer Entstehung, ihrer Entwicklung und Wandlung spiegeln sich wichtige, zukunftswirksame Prozesse sozialen Wandels nebst deren wirtschaftlichen, rechtlichen, technischen, kulturellen und sozialen Ursachen und Folgen. In den Freien Berufen, ihrer Konstitution, ihrer rechtlichen Ordnung und Gestaltung wie in ihrer Entwicklung finden wir alle Prozesse, aber auch alle Probleme wirtschaftlichen, kulturellen, technischen, sozialen und politischen Wandelns wieder, die unsere geschichtlich-gesellschaftliche Wirklichkeit charakterisieren und gestalten. So sind die Freien Berufe wichtige Indikatoren gesellschaftlichen Wandels, den Wandel kultureller Muster sowie ethischer Werte und Normen eingeschlossen; dies bestätigen unsere Studien immer wieder und dies macht die Entwicklung in den Ländern der ehemaligen DDR sowie in den übrigen Staaten des früheren Ostblocks deutlich.

C. Situation Freier Berufe in Europa

Seit Mitte der 70er Jahre führt das Institut für Freie Berufe regelmäßig empirische Studien zur Lage und Entwicklung der Freien Berufe in der Bundesrepublik Deutschland sowie in den europäischen Ländern durch. Die letzte Studie über die Freien Berufe in Europa wurde im Auftrag des Bundesministers für Wirtschaft im

20 Büschges (Berufe, freie) S. 62 f.

21 Sie hierzu: Büschges (Europa), (Forschung), (Berufe), Institut für Freie Berufe (Datenhandbuch), Wasileski u. a. (Binnenmarkt)

Jahre 1991 begonnen und 1993 abgeschlossen.[22] Sie enthält Material insbesondere zu folgenden Themenkreisen:

- Berufsbezeichnug, Berufsstuktur und zahlenmäßige Bedeutung der Freien Berufe in den einzelnen Ländern;
- Ausbildungssituation und Ausbildungsvoraussetzungen als Zulassungsbedingungen zur freiberuflichen Tätigkeit;
- Niederlassungsbedingungen als Voraussetzung für den Zugang zu freiberuflicher Tätigkeit;
- Art und Umfang der berufsständischen Organisation der Freien Berufe in den verschiedenen Ländern;
- Bedeutung der Freien Berufe als Arbeitgeber und Ausbilder;
- Altersversorgung der Freien Berufe;
- steuerliche Behandlung freiberuflicher Leistungen bei den verschiedenen Freien Berufen in den einzelnen Ländern.[23]

I. Zur Abgrenzung der Freien Berufe von den selbständigen Gewerbetreibenden

In keinem der einbezogenen Länder gibt es eine eindeutige Definition der Freien Berufe und eine klare Abgrenzung freiberuflicher Tätigkeiten von der selbständigen Ausübung eines Gewerbes. Allerdings scheint inzwischen insoweit Einmütigkeit zu bestehen, daß für die Freien Berufe durchweg als typisch angesehen werden: ein hoher Ausbildungsstand, strenge berufsethische Normen und sittliche Anforderungen sowie eine im Rahmen der Dienstleistungserbringung erfolgende besondere Betonung der personalen Beziehungen zwischen Freiberuflern und ihren Klienten.[24]

II. Berufsstruktur und zahlenmäßige Bedeutung der Freien Berufe

Die Gesamtzahl selbständig freiberuflich Tätiger betrug in den Ländern der Europäischen Gemeinschaft, der Schweiz und Österreich Anfang der neunziger Jah-

22 Die Sichtung des im Institut bereits seit Jahren systematisch gesammelten Materials ergab, daß über jene Freien Berufe, die in der Bundesrepublik Deutschland „verkammert", d. h. in öffentlich-rechtlichen Berufsorganisationen zusammengeschlossen sind, umfangreiches Material zur Verfügung stand. Bei den übrigen Berufen mußten entsprechende Informationsquellen erst erschlossen werden. Auch stellte sich heraus, daß viele Berufsvertretungen bundesdeutscher Freiberufler nur wenig Informationsmaterial über ihre Berufskollegen in den europäischen Ländern besaßen. Bei manchen Dachorganisationen der Freien Berufen sah es nicht viel anders aus. So war es notwendig, die Verbände, Kammern und Vereinigungen der einzelnen Freien Berufe in den verschiedenen Ländern direkt anzugehen, die jedoch längst nicht alle antworteten. Die Antwortbereitschaft war bei den Verbänden der klassischen Freien Berufe durchwegs sehr viel höher als bei den vielen anderen Verbänden, insbesondere kleineren. In Vollständigkeit wie Lückenhaftigkeit spiegelt dieser Beitrag somit den derzeitigen Informationsstand über die Lage der Freien Berufe in den europäischen Ländern wider.

23 Siehe Institut für Freie Berufe (Datenhandbuch)

24 Wasilewski u. a. (Binnemarkt), S. 15

re etwa 1,7 Mio. Sie waren vornehmlich in den klassischen Freien Berufen, insbesondere den freien Heilberufen[25] sowie den rechts-, wirtschafts- und steuerberatenden Freien Berufen[26] tätig. In allen Ländern hat die Anzahl freiberuflich Tätiger in den letzten Jahrzehnten beträchtlich zugenommen, haben sich die vorhandenen Freien Berufe weiter spezialisiert und ausdifferenziert und sind eine Vielzahl neuer freiberuflicher Tätigkeitsfelder hinzugekommen. Dies gilt für die freien Heilberufe ebenso wie für die rechts-, wirtschafts- und steuerberatenden Freien Berufe, die technischen und naturwissenschaftlichen Freien Berufe und auch die pädagogischen, künstlerischen und publizistischen Freien Berufe. Besonders ins Auge springend ist und viel diskutiert wird die erhebliche Zunahme der freiberuflich Tätigen in den klassischen Freien Berufen, bei den Ärzten, Anwälten und Architekten.

Beispiele für die dynamische Entwicklung auf dem Felde freiberuflicher Tätigkeiten liefern die Berufe der Wirtschaftsprüfer und der Steuerberater. Als „historisch gewachsene und gesetzlich etablierte Aufspaltung ... in einen Prüfer – und einen Beraterberuf, denen sich noch eine berufliche Zwischenform zugesellte," gibt es diese beiden Freien Berufe nur in Deutschland und Österreich.[27] In den meisten europäischen Ländern kennt man eine solche Trennung nicht. Obwohl das Steuerrecht in allen Ländern durch zunehmende Komplexität gekennzeichnet ist, gibt es lediglich in Deutschland für die ca. 40000 selbständigen Steuerberater und Steuerbevollmächtigten, in Österreich für die ca. 3000 selbständigen beeidigten Buchprüfer und Steuerberater und, mit gewissen Einschränkungen, in Frankreich für die ca. 2000 Avocat (spécialiste du droit fiscal) gesetzliche Regelungen für den Zugang zum Beruf des Steuerberaters sowie für die Ausübung dieser Berufstätigkeit.[28] In den meisten Ländern ist „ein weitgefächertes Spektrum an Berufen bzw. Berufsgruppen zur steuerlichen Beratung befugt",[29] die hinsichtlich ihrer beruflichen Qualifikation stark divergieren. Allerdings ist ein zunehmender Trend zur Verbesserung des Qualifikationsniveaus und damit verbundener beruflicher Spezialisierung in manchen Ländern zu verzeichnen. Dieser Trend dürfte durch die Berufsordnung noch verstärkt werden, welche die Confédération Fiscale Européenne (CFE) mit Wirkung vom 1. 1. 1992 erlassen hat. In Form einer Mindestregelung formuliert sie grundlegende Anforderungen an den Berufsstand, die für die Ausübung der Steuerberatung in Europa verlangt werden. Diese Regelung zielt darauf ab, den Steuerbürger vor unqualifizierter Beratung zu bewahren, die Interessen der Steuerzahler zu schützen, die Beziehungen des Berufsstandes zu den Finanzbehörden zu verbessern und vor allem das fachliche Niveau in jenen Staaten

25 z. B. Ärzte 400 Tsd., Zahnärzte 140 Tsd., Tierärzte 46 Tsd., Apotheker 120 Tsd.; (Datenhandbuch) S. 27

26 Z. B. Rechtsanwälte 340 Tsd., Notare 30 Tsd., Wirtschaftsprüfer / Buchprüfer 106 Tsd., Steuerberater / Steuerbevollmächtigte 68 Tsd.

27 (Datenhandbuch) S. 257

28 (Datenhandbuch) S. 244f.

29 (Datenhandbuch), S. 243

zu verbessern, in denen „die Beratung in Steuerangelegenheiten nicht als Vorbehaltsaufgabe für hinreichend qualifizierte Berufsträger" reserviert wurde.[30]

Bei den Wirtschaftsprüfern und den ihnen hinsichtlich ihrer beruflichen Aufgaben und Zuständigkeiten in den anderen Ländern entsprechenden professionalisierten Berufen, wo die Situation zunächst etwa ähnlich war wie bei den Steuerberatern, ist die Entwicklung schon wesentlich weiter gediehen; stark gefördert wurde sie durch den aus der Rechtsangleichung im Gesellschaftsrecht der EG resultierenden Handlungsdruck. Hier hatten die für die Zulassung zu den gesetzlichen Pflichtprüfungen zu treffenden Regelungen zur Folge, daß in Verbindung mit der damit verknüpften Neuordnung der Berufsausbildung und des Berufszuganges sowie der Kontrolle sachgerechter Berufsausübung im Interesse des Klientenschutzes ein oder mehrere neue Freie Berufe durch eine neue Kombination und Organisation bereits vorhandener Berufsmuster entstehen.

Ein anderes Beispiel für die dynamische Entwicklung auf dem Felde freiberuflicher Tätigkeiten ist der Wandel in der ehemaligen DDR. Auch hier zeigt sich, welche Bedeutung Rechtsfragen, insbesondere des Berufsrechts, institutionelle Restriktionen, materielle Gegebenheiten sowie das Vorhandensein individueller und personeller Voraussetzungen für die Entwicklung auf den freiberuflichen Tätigkeitsfeldern haben.[31] Die Entscheidung für eine selbständige freiberufliche Tätigkeit erweist sich auch hier als ein komplexes Produkt aus kulturellen Rahmenbedingungen, institutionellen Regelungen, situativen Gegebenheiten und persönlichkeitsspezifischen Bedingungen.[32]

III. Ausbildungssituation und Ausbildungsvoraussetzungen

Nach herrschender Auffassung ist eine besonders qualifizierte Berufsausbildung für freiberufliche Tätigkeiten charakteristisch. Diese Vorstellung müßte ihren Niederschlag in entsprechenden Regelungen der Ausbildung und der Ausbildungsvoraussetzungen finden. Auch sollten diese länderübergreifend bei vergleichbaren oder gleichen Berufen auch vergleichbare oder gar gleiche Inhalte aufweisen. Beides ist jedoch keineswegs der Fall, und zwar nicht nur bei den neuentstandenen Freien Berufen, sondern auch bei jenen, die zu den klassischen Freien Berufen gerechnet werden. So bestehen z. B. trotz EG-einheitlicher Regelungen immer noch beträchtliche Unterschiede in der Länge der theoretischen und der praktischen Aus- und Weiterbildung beim Medizinstudium. Noch gravierender sind die Unterschiede bei den Architekten und zwar sowohl mit Bezug auf die theoretische Ausbildung und deren Dauer als auch auf die Dauer der praktischen Tätigkeit. Bei den Steuerberatern und Wirtschaftsprüfern zeigten ebenso wie bei den übrigen Freien Berufe ebenfalls große Unterschiede in der Ordnung der theoretischen und praktischen Ausbildung sowie in den Ausbildungsvoraussetzungen.[33]

30 (Datenhandbuch) S. 251

31 siehe Fell/Oberlander (Wachstum)

32 Siehe hierzu: Wasilewski u. a. (Struktur)

33 Vgl. hierzu und zum Folgenden: (Datenhandbuch)

Angesichts der grundlegenden Verschiedenheiten, die für das materielle Recht, aber auch für das Verfahrensrecht in den einzelnen europäischen Ländern festzustellen sind, nimmt es nicht Wunder, daß die Ausbildung zum Rechtsanwalt erhebliche Unterschiede aufweist, und zwar sowohl was die Dauer der theoretischen und praktischen Ausbildungsphasen betrifft als auch wie es um ihre Kombination oder Abfolge bestellt ist. Ob diese Unterschiede ausschließlich auf die einzelnen Rechtsordnungen und die dort bestehenden Unterschiede zurückzuführen sind, konnte im Rahmen der Studien bislang nicht geklärt werden. Die Erhebungen zur Besteuerung der Freien Berufe enthalten jedoch Indizien, daß dies nicht der Fall zu sein scheint.

IV. Niederlassungsvoraussetzung und Berufsorganisation

Wie die Ausbildungsgänge, -abschlüsse und -voraussetzungen weisen die Niederlassungsvoraussetzungen und die Formen der Berufssorganisation bei den verschiedenen Freien Berufen beträchtliche Unterschiede innerhalb wie zwischen den einzelnen Ländern auf. So kennen z. B. manche Länder für manche Freien Berufe eine den bundesrepublikanischen Länderkammern vergleichbare öffentlich-rechtliche Regelung der Berufsorganisation, für andere wiederum nicht. In einigen Ländern gibt es für einige Berufe an Stelle öffentlich-rechtlicher berufsständischer Organisationen mit Zwangsmitgliedschaft Organisationen mit freiwilliger Mitgliedschaft, die deren Funktionen für ihre Mitglieder wahrnehmen. Berufsständische Verhaltensregeln sind somit nicht nur in jenen Ländern zu finden, die eine Kammerorganisation kennen, sondern auch in jenen ohne eine solche Organisation, sofern entsprechende freiwillige Vereinigungen existieren. Bemerkenswert ist in diesem Zusammenhang, daß privatrechtliche Vereinigungen zum Teil sehr viel strengere Maßstäbe hinsichtlich der Qualifikationskriterien anwenden als öffentlich-rechtliche Kammerorganisationen.

Für die Steuerberatung gibt es nur in Deutschland und Österreich gesetzliche Regelungen des Berufszugangs und der Niederlassung sowie Berufskammern mit Zwangsmitgliedschaft als Ordnungsinstitution. In Frankreich besteht eine gesetzliche Regelung des Berufszugangs. In den übrigen Ländern existieren entsprechende Regelungen nicht, lediglich in Belgien für den Bereich der Bilanzerstellung und Buchführung sowie in Luxemburg für Beratung und Vertretung vor Behörden.[34]

Die durch die sog. Bilanzrichtlinie 1978 in den EG- Mitgliedstaaten harmonisierte gesetzlich vorgeschriebene Abschlußprüfung für Gesellschaften bestimmter Rechtsformen hat für den Berufsstand der Wirtschaftsprüfer dadurch zu einer gewissen Vereinheitlichung geführt, daß diese Prüfungen Vorbehaltsaufgaben solcher Personen sind, die eine einschlägige abgeschlossene Hochschulausbildung, mehrjährige praktische Berufsvorbereitung und ein staatlich bzw. korporativ durchgeführtes Berufsexamen nachweisen und dazu in den meisten Ländern noch in Pflichtkorporationen eingebunden sind.

---

34 Dann (Leistungsspektrum)

V. Berufs- und Honorarordnungen sowie Besteuerung

Bei den Berufs- und Honorarordnungen bestehen hinsichtlich des Vorhandenseins, des Regelungsinhalts, der Verbindlichkeit sowie der praktischen Berücksichtigung im beruflichen Handeln von Freiberuflern und deren Patienten, Mandanten oder Klienten ebenfalls beträchtliche Unterschiede innerhalb der verschiedenen Länder für die verschiedenen Freien Berufe sowie zwischen den Ländern im Hinblick auf die gleichen Freien Berufe. Auch hinsichtlich der Besteuerung erfahren die Freien Berufe in den verschiedenen Ländern eine sehr unterschiedliche Behandlung. Dies ist zum einen darauf zurückzuführen, daß die Vorstellungen von dem, was als Freier Beruf zu gelten hat, und erst recht von der Art und Weise, in der ihrer besonderen beruflichen Stellung im Rahmen der steuerrechtlichen Behandlung Rechnung getragen werden muß, innerhalb Europas sehr stark variieren. Die unterschiedliche Behandlung reicht von der völligen Gleichstellung der freiberuflich Tätigen mit gewerblich Tätigen (z. B. in Großbritannien und den Niederlanden) bis hin zu einer sehr weitgehenden Sonderstellung. Die Frage, in welcher Rechtsform freiberufliche Tätigkeit ausgeübt werden kann oder wird, ist zwar in erster Linie eine solche des jeweiligen Gesellschaftsrechts und des Standesrechts, doch sind auch hier die steuerlichen Folgen der für die Berufsausübung gewählten Rechtsform sehr unterschiedlich.

In diesem Zusammenhang seien noch die Konsequenzen des Binnenmarktes für die Rechtsform kooperativer Berufsausübung angesprochen. Sie werden in Zukunft schon allein deswegen an Bedeutung gewinnen, weil „die kleinen und mittleren Unternehmen ..., die in erster Linie zu den Mandanten des steuerberatenden Berufes gehören“, in dem Maße, in dem sie sich im Binnenmarkt engagieren, „Beratungsleistungen erwarten, die nicht an den Grenzen der Bundesrepublik Deutschland und ihren nationalen Regelungen Halt machen, sondern sich auch auf den Bereich der übrigen EG-Staaten erstrecken.... Von dieser Entwicklung werden vor allem die Steuerberatungsgesellschaften profitieren, die bereits heute entweder über eigne Niederlassungen im EG-Bereich verfügen bzw. mit dortigen Partnern eng zusammenarbeiten“.[35] Da den Steuerberatern wie den Wirtschaftsprüfern bereits heute eine Vielfalt von Rechtsformen – von den handelsrechtlichen Gesellschaftsformen bis hin zur BGB-Gesellschaft – für die berufliche Kooperation zur Verfügung stehen, dürfte ein eigens auf die Besonderheiten der Freien Berufe abgestelltes Partnerschaftsgesetz nicht berufsnotwendig sein. Eine solche Kooperationsform könnte allerdings den freiberuflichen Charakter steuerberatender Tätigkeit deutlicher zum Ausdruck bringen.

D. Kulturspezifität freiberuflicher Dienstleistungen

Berufsbild und Berufspraxis freiberuflicher Tätigkeit sind eingebunden in die jeweiligen kulturellen Traditionen. In ihrer Entstehung, Entwicklung und Wandlung spiegeln sich wichtige, zukunftswirksame Prozesse sozialen und kulturellen

35 Wasilewski u. a. (Binnenmarkt), S. 298

Wandels. In ihrer Konstitution, ihrer Struktur, ihrer rechtlichen Behandlung und ihrer Entwicklung hat sich gesellschaftlicher Wandel einschließlich des Wandels kultureller Muster, ethischer Werte und Normen sowie des Wissens und der Technik institutionell verfestigt. Die Heterogenität der Berufsentwicklung ist somit Produkt geschichtlich-gesellschaftlicher Entwicklung.

Entstehung und Entwicklung der DATEV e. V. sind ein Beleg hierfür. Ihre „Gründungsidee ist aus der Not geboren", nämlich aus dem Mangel an Buchhaltungsfachkräften. Ihre Entwicklung verdankt sie der Erfahrung, „daß berufsfremde Rechenzentren keine Buchhaltung bieten konnten, die den spezifischen Anforderungen der steuerberatenden Berufe entsprach".[36] Ihr enormes Wachstum wiederum ist Indikator für das Gewicht, das die Steuergesetzgebung – zumal angesichts der „Hektik" und der mangelnden Reife vorgelegter Gesetze – in einer modernen Wirtschaftsgesellschaft besitzt. Die Steuerberater und Wirtschaftsprüfer und die DATEV werden dadurch zu einer ständigen Neuordnung ihrer Ressourcen gezwungen.

Trägt man der Kulturspezifität Rechnung und berücksichtigt man die Heterogenität der Ordnung und Gestaltung freiberuflicher Tätigkeiten in den europäischen Ländern, so ist es problematisch, der Durchsetzung von Niederlassungsfreiheit und Freizügigkeit über Ländergrenzen hinweg erste Priorität einzuräumen. Der Preis wäre die Beeinträchtigung nationaler Eigenständigkeit und die Zerstörung nationaler wie kultureller Eigenarten. Die Liberalisierung freiberuflicher Dienstleistungen darf m. E. nicht dazu führen, historisch gewachsene und in ihrer spezifischen Ausprägung bedeutsame institutionelle Formen des Niederlassungs- und Dienstleistungsrechts aufzugeben. Was für Gütermärkte im Rahmen unserer Wirtschaftsordnung gilt und einen „gemeinsamen Markt" ermöglicht und sichert, gilt nicht in gleicher Weise für die Surrogatmärkte freiberuflicher Leistungen. Dies hat die Studie über die Qualitätssicherung freiberuflicher Leistungen bestätigt.[37]

Gütermärkte zeichnen sich durch ein großes Maß an Gewißheit über Preis, Quantität und Qualität aus. Sie können in unserer Wirtschaftsordnung darüberhinaus durch Eigentumsrechte hinreichend zuverlässig gesteuert werden. Auch ist über Kontraktrechte sowie die freie Verfügbarkeit die Äquivalenz von Leistung und Gegenleistung tendenziell herzustellen. Dies alles ist bei den Surrogatmärkten freiberuflicher Dienstleistungen in der Regel nicht der Fall. Wegen der starken personalen Bindung solcher Leistungen liegt durchweg keine freie Verfügbarkeit vor; man denke nur an die Vertraulichkeit jener Informationen, die ein Steuerberater oder Wirtschaftsprüfer für eine sach- und persongerechte Beratungstätigkeit benötigt. Auch ist die Substituierbarkeit nur bedingt gegeben, zumal oft nur in einem geringen Umfang eine Wahl zwischen Alternativen möglich ist. Freiberufliche Dienstleistungen enthalten für den Freiberufler wie für seinen Mandanten, Kunden oder Patienten selbst ein hinsichtlich des erwartbaren Erfolges nicht eindeutig kalkulierbares Risiko und sind mit einem hohen Maß an Ungewißheit ver-

36 Sebiger (Interview) S. 6

37 siehe Wasilewski, Reith (Quialitätssicherung), insbesondere Kapitel 2 und 5

bunden. Deswegen beruht die Inanspruchnahme von Leistungen solcherart meist auf „Vertrauen". Es resultiert aus Erfahrungen, die in der Vergangenheit gewonnenen wurden, beruht auf der Mitteilung von Vertrauenspersonen, die für die zu lösende Aufgabe geeignete Freiberufler kennen und mit diesen positive Erfahrungen gemacht haben, oder geht darauf zurück, daß man die Wirksamkeit berufs- und standesrechtlicher Regelungen und daran orientierter Kontrollen des Berufshandelns voraussetzt.

Diese Form des „Marktzuganges" begünstigt jene Freiberufler, die sich bereits seit längerem im Berufsfeld befinden und deswegen entsprechende Bewertungschancen haben. Sie erschwert auf der anderen Seite den Berufseintritt nachwachsender Freiberufler, sofern sie sich nicht mit bereits eingeführten Freiberuflern zusammentun oder sich diesen anschließen. Darüber hinaus läßt diese Form des „Marktzugangs" jene Freiberufler besondere Zugangschancen erwarten, die im Interesse einer Gewinnung sonst nicht zu erwartender Erwerbschancen den Versuch unternehmen, durch Mißachtung wesentlicher Bestimmungen des Berufs- und Standesrechts und durch Verstoß gegen die anerkannten berufsethischen Verhaltensnormen eine günstigere „Markteintrittschance" zu gewinnen. Diese Aspekte dürften im Rahmen der Liberalisierung freiberuflicher Dienstleistungen sowie angesichts der zunehmenden Zahl der Absolventen entsprechender Berufsausbildungsgänge ein zunehmendes größeres Gewicht in allen europäischen Ländern erlangen.

Prekär ist, daß wir derzeit weder in einem Lande noch international über hinreichende geeignete Ordnungsinstrumente verfügen, um bei einem ausreichend großen Maß an Entscheidungsfreiheit auf der Angebots- wie auf der Nachfrageseite einen Mißbrauch zu Lasten der Nachfragenden sowie der „korrekten" Berufsangehörigen zu verhindern oder wenigstens einzudämmen. Das derzeitige Berufs- und Standesrecht ist durchweg nicht dazu angetan, solchen Entwicklungen zu begegnen. Manchenorts dürfte die derzeitige Situation eher eine Entwicklung begünstigen, welche zur Benachteiligung jener Berufsangehörigen führt, die sich an die Standesregeln halten, und jenen besondere Erwerbschancen bietet, die nicht an Standesregeln gebunden sind oder solche gar mißachten. Da das Berufs- und Standesrecht historisch gewachsen ist und beträchtlichen Wandlungen unterworfen war, käme es nun darauf an, dies entsprechend zu verändern.

Voraussetzung für eine sachgerechte, kulturellen Traditionen und nationalen Eigenarten Rechnung tragende Neuordnung des Berufs- und Standesrechts Freier Berufe ist allerdings eine wesentliche Verbesserung der Information über Struktur, Funktion und Wandel freiberuflicher Tätigkeit in verschiedenen europäischen Ländern. Auch müßten vergleichende Studien über die Effektivität freiberuflicher Dienstleistungen unter Berücksichtigung des jeweils geltenden Berufs- und Standesrechts und seiner Auswirkungen im Interesse einer angemessenen Urteilsbasis durchgeführt werden. Solche Daten sind nicht nur von wissenschaftlichem, sondern auch von berufpolitischem Interesse, nicht zuletzt für eine sachgerechte Entscheidung über die zukünftige Gestaltung in den neuen Bundesländern. Solche Daten aber fehlen derzeit weithin. Erst mit Hilfe solcher Daten dürfte es möglich sein, eine Antwort auf die Frage zu geben, vermittels welcher institutionellen Regelungen qualifizierter Sachverstand, Eigenverantwort und Unabhängigkeit, die als Charakteristikum freiberuflicher Dienstleistungen gelten, auch die Gewähr für preiswerte und zugleich qualitativ hochwertige freiberufliche Leistungen auf der Grundlage freier Berufspraxis und einer Mobilität zwischen den Ländern des europäischen Binnenmarktes zu bieten vermögen.

E. Niederlassungsfreiheit und Harmonisierung

Seit den Urteilen des Europäischen Gerichtshofs von 1974 hat jeder Bürger mit Ablauf der Übergangszeit ein individuelles und von den Verträgen garantiertes Recht, sich in jedem Mitgliedsstaat niederzulassen und dort selbständig tätig zu werden, sofern nicht bestimmte, von der Europäischen Gemeinschaft verabschiedete Regelungen gewisse Beschränkungen vorsehen. Hinsichtlich der Freien Berufe ergab sich dabei als Kernproblem, auf welche Weise sich die heterogenen nationalstaatlichen Regelungen für die Ausübung freiberuflicher Tätigkeiten im Interesse der Sicherung der Niederlassungsfreiheit vereinheitlichen ließen. Zwei, prinzipiell entgegengesetze Lösungen dieses Problems standen zur Disposition:

- Zum einen konnte man danach streben, zu einer möglichst weitgehenden Harmonisierung der Berufsvorschriften und der berufs- wie standesrechtlichen Regelungen zu gelangen, und darauf abzielen, in allen Ländern einheitliches Recht anzuwenden.
- Zum anderen konnte man sich auf ein Minimum an Regelungen beschränken und es weithin der zukünftigen Entwicklung sowie einer vertrauesvollen Zusammenarbeit zwischen den Partnerländern überlassen, wie sich die Niederlassungsfreiheit entwickeln würde.

Der zunächst unternommene Versuch einer europaweiten Vereinheitlichung berufs- und standesrechtlicher Regelungen erwies sich schließlich als kaum durchführbar. Angesichts der zu verzeichnenden Heterogenität des Berufs- und Standesrechts sowie der von Land zu Land sehr verschiedenen kulturellen und sozioökonomischen Gegebenheiten, bot er keine realistische Chance für eine allgemeine Regelung des Problems der Freizügigkeit auf den Gebieten freiberuflicher Leistungen. Dies zeigte sich besonders deutlich an den Bemühungen um eine Harmonisierung der Architektenausbildung. Eine solche Vereinheitlichung wäre dazu mit dem Nachteil verbunden gewesen, kulturelle und nationale Besonderheiten zu verwischen und den historisch wie kulturell bedingten Unterschieden nicht angemessen Rechnung tragen zu können. Auch hätte sie angesichts der Heterogenität der Berufsschneidung in den einzelnen Ländern zu einer sehr weitgehenden Reglementierung auf dem Gebiet der Berufsausbildung wie der Berufsaussübung geführt. Schließlich hätte sie auch zu einer Beschränkung des Wettbewerbs und des Berufszugangs mißbraucht werden können.

So beschritt man schließlich mit der Verabschiedung der EG-Hochschuldiplom-Richtlinie einen Weg, der die Regelung auf ein Minimum beschränkte und ein hinreichendes Maß flexibler Anpassung bei den verschiedenen Ländern in den einzelnen Freien Berufen gewährleistete. Ein Beispiel hierfür ist die Änderung der Wirtschaftsprüferordnung, die für gesetzliche Abschlußprüfer, welche ihre berufliche Qualifikation in einem anderen EG-Mitgliedstaat erworben haben, die Niederlassung und Bestellung in der Bundesrepublik mit allen Rechten und Pflichten ermöglicht, wenn sie im Rahmen einer Eignungsprüfung, die schriftlich und mündlich und in deutscher Sprache abzulegen ist, nachweisen, daß sie sich im deutschen Wirtschafts- und Steuerrecht auskennen. Andererseits besteht auch für deutsche Wirtschaftsprüfer und vereidigte Buchprüfer die Möglichkeit, in anderen EG-Staaten tätig zu werden und dort eine Niederlassung einzurichten.

Wie schwierig es ist, im Rahmen der EG zu Regelungen zu gelangen, die dem Subsidiaritätssprinzip entsprechen, das m. E. allein geeignet ist, der Heterogenität der Wirtschafts-, Rechts- und Sozialordnungen sowie der kulturellen Traditionen gerecht zu werden, zeigt der Disput um den Kommissionsvorschlag zur Dienstleistungshaftungsrichtlinie. Die Kommission hatte versucht, diese Richtlinie in Analogie zur Produkthaftung abzufassen. Dies bedeutete eine den vorherrschenden Normen des Privatrechts widersprechende Umkehr der Beweislast und hätte einen Eingriff in die gewachsenen Zivilrechtsstrukturen der Mitgliedsstaaten zur Folge gehabt. Wegen der Eigenart ihrer beruflichen Tätigkeit wären die Freien Berufe davon besonders betroffen gewesen. Nachdem der Wirtschafts- und Sozialausschuß der Beratenden Versammlung im Juli 1991 diesen Vorschlag mehrheitlich (67 : 62, 2 Enth.) abgelehnt hat und die Vertreter der Verbraucherinteressen ein Minderheitsvotum zu Protokoll gegeben haben, soll für die Freien Berufe ein Ausnahmetatbestand geschaffen werden, sodaß sich eine auf deren besondere Probleme abgestellte Spezialrichtlinie zu erübrigen scheint.

Wie sich zukünftig die Situation auf dem Markte freiberuflicher Dienstleistungen entwickeln wird, und dies gilt auch für die Dienstleistungen der Steuerberater und Wirtschaftsprüfer, dürfte nicht zuletzt abhängig sein,

- von einer dem jeweiligen Stand des Wissens und der Technik entsprechenden fachlichen Qualifikation der Freiberufler und ihrer Weiterentwicklung gemäß dem wissenschaftlichen und technischen Fortschritt durch sachgemäße Fort- und Weiterbildung;
- von der Qualifikation und Motivation des unter Anleitung des Freiberufler für ihn tätigen Fach- und Hilfspersonals;
- von der Bereitschaft des Freiberuflers, sein fachliches Können, sein Personal und seine technischen Apparaturen im wohlverstandenen Interesse seines Klienten, Mandanten, Patienten oder Kunden unter Berücksichtigung eines angemessenen Verhältnisses von Kosten und Nutzen einzusetzen;
- von der Bedeutung eines fortentwickelten Berufs- und Standesrecht als Anreizstruktur für den Einsatz sowie die Weiterentwicklung der dem jeweiligen Stand des Wissens und der Technik entsprechenden Qualifikation, aber auch als Instrument zur Kontrolle der beruflichen Leistungen und ihres Qualifikationsniveaus;
- von Honorarordnungen, insbesondere davon, ob sie eine dem jeweiligen Stand des Wissens und der Technik angemessene Problemlösung auch honorieren und

so ausgestaltet sind, daß die hierdurch entstehenden Kosten nicht in einem Mißverhältnis zu dem zu erwarteten Nutzen stehen;
- von der Wirkung der für die Freiberufler geltenden Wettbewerbsregeln oder Wettbewerbsverbote gegenüber Konkurrenzberufen, die nicht gleich wirksamen standesrechtlichen und berufsethischen Normen unterliegen;
- von der Bereitschaft der Patienten, Klienten, Mandanten und Kunden durch angemessenes Verhalten dahingehend mitzuwirken, daß der Erfolg der freiberuflichen Dienstleistungen auch gewährleistet ist und erhalten wird;
- schließlich von der Bedeutung und dem Einfluß der Berufsverbände und Kammern und der Ausbildungsinstitutionen auf die persönliche Qualifikation der Freiberufler, ihre berufsethische Orientierung und ihre institutionelle Einbindung.

Mißt man das Europa des gemeinsamen Marktes, von dem bereits wiederholt die Rede war, am Leitbild eines Europas „mündiger Bürger", so sollte man im Zuge der Liberalisierung freiberuflicher Dienstleistungen lediglich ein Minimum an Vorschriften zum Zwecke der Harmonisierung vorsehen und all jene Vorschriften ausschließen, die auch dazu verwandt werden können, den Berufszugang zu beschränken, den Beruf zu schließen und lästige Konkurrenten vom Wettbewerb abzuhalten. Tendenzen in dieser Richtung bestehen zwar überall, doch lehrt die Erfahrung der Zünfte im ausgehenden Mittelalter, daß solche Regelungen auf die Dauer nicht halten und keineswegs dazu angetan sind, die Vielfalt einer beruflichen Wirklichkeit zu gewährleisten und längerfristig unabhängige Existenzen zusichern.

Literaturverzeichnis

Büschges, Günter (Berufswahl): Beruf, Berufswahl und Berufsberatung, in: Lange, Elmar; Büschges, G. (Hrsg.), Aspekte der Berufswahl in der modernen Gesellschaft, Frankfurt/M. 1975, S. 13–73.

Büschges, Günter (Freie Berufe): Freie Berufe – Das Salz der Erde in der Massengesellschaft pluralistisch-demokratischer Prägung, in: Flieger, Heinz; Ronneberger, F. (Hrsg.): Public Relations für Architekten, Wiesbaden 1984, S. 31–39.

Büschges, Günter (Rationalisierung): Rationalisierung und Spezialisierung als Herausforderung freiberuflicher Eigenverantwortung und Unabhängigkeit, in: Institut für Freie Berufe (Hrsg.): Forschung über Freie Berufe, Jahrbuch 1983/84, Nürnberg 1985, S. 90–98.

Büschges, Günter (Qualitätssicherung): Voraussetzungen, Möglichkeiten und Grenzen der Qualitätssicherung in den Freien Berufen, in: Institut für Freie Berufe (Hrsg.): Forschung über Freie Berufe, Jahrbuch 1983/84, Nürnberg 1985, S. 192–197.

Büschges, Günter (Europa): Die Freien Berufe in Europa, in: Mitteilungen der Deutschen Patentanwälte (77. Jg.) 1986, S. 121 ff.

Büschges, Günter (Forschung): Die Freien Berufe in Europa – Ergebnisse eines Forschungsvorhabens, in: BRAK-Mitteilungen (18. Jg.) 1987, S. 16 ff.

Büschges, Günter (Moral): Ökonomie und Moral: Aspekte ethischen Handelns in Gesellschaft und Wirtschaft, in: Sociologia Internationalis (26. Jg.) 1988, S. 209–222.

Büschges, Günter (Berufe): Berufe, freie, in: Endruweit, Günter; Trommsdorff, G. (Hrsg.): Wörterbuch der Soziologie, Stuttgart 1989, S. 61–65.

Büschges, Günter (Architekten): Architekten und Europa. Der freie europäische Dienstleistungsverkehr nach 1992, in: Deutsches Architektenblatt (21. Jg.) 1989, H. 1, S. HS 7–10.

Büschges, Günter (Nachwuchsdruck): Nachwuchsdruck in den Freien Berufen: Berufs- und ordnungspolitisches Problem, in: Freie Berufe, Verlagsbeilage der FAZ, Nr. 68, 1989, S. B5.

Büschges, Günter; Abraham, Martin; Funk, Walter (Soziologie): Grundzüge der Soziologie, München 1995.

Dann, Wilfried (Leistungsspektrum): Das Leistungsspektrum des Steuerberaters in Europa und seine berufsrechtlichen Grundlagen, in: IStR 1/93.

Europäische Gemeinschaften, Wirtschafts- und Sozialausschuß, Pressemitteilung v. 4. 7. 1991, PK 45/91.

Fell, Uli; Müller, Natalie (Freie Berufe): Freie Berufe in den neuen Bundesländern. Neue Materialien zu Entwicklung und Situation, Nürnberg: Institut für Freie Berufe 1992.

Fell, Uli; Oberlander, Willi (Wachstum): Wachstum und Konsolidierung. Fortsetzung der Berichterstattung des Instituts für Freie Berufe Nürnberg zur Entwicklung der Freien Berufe in den neuen Bundesländern, Nürnberg: Institut für Freie Berufe 1992.

Fromme, Friedrich Karl (Gemeinwohl): Dienst am Gemeinwohl, aber nicht Diener des Staates, in: BFB (Hrsg.): Jahrbuch: Der Freie Beruf 1985/86 Bonn 1986, S. 23–34.

Haberstock, Lothar (Controlling): Controlling durch den Steuerberater, in: 14. Steuerberatertag 1991, Protokoll, Bonn 1992

Haupt, Klaus (Meinungsumfragen): Die Freien Berufe in Meinungsumfragen, in: BFB (Hrsg.): Jahrbuch: Der Freie Beruf 1985/86, Bonn 1986, S. 50–56.

Heuss, Theodor (Organisationsprobleme): Organisationsprobleme der „freien Berufe", in: Festschrift für Lujo Brentano zum 70. Geburtstag, München und Leipzig 1916

Jansen, Walter (Steuerberatung): Die Steuerberatung in den fünf neuen Bundesländern, in: FAZ, Blick durch die Wirtschaft v. 7. 8. 91

Maier, Hans (Leistung): Leistung, Freiheit, Selbstverantwortung – die Freien Berufe in der verwalteten Welt, in: Institut für Freie Berufe (Hrsg.): Festschrift 1964–1984, Nürnberg 1984 sowie BFB (Hrsg.): Jahrbuch: Der Freie Beruf 1985/86, Bonn 1986, S. 35–49.

Oberlander, Willi (Markt): Zwischen Markt und Staat. Eine sozialstrukturelle und berufssoziologische Betrachtung der Freien Berufe in den neuen Bundesländern, Diss. Erlangen 1995

Paul, Wolf (Anwaltsberuf): Anwaltsberuf im Wandel – Rechtspflegeorgan oder Dienstleistungsgewerbe? in: Institut für Freie Berufe (Hrsg.): Froschung über Freie Berufe. Jahrbuch 1983/84, Nürnberg 1985, S. 299–325.

Sahner, Heinz (Situation): Zur Situation der Freien Berufe, in: Sahner, Heinz u. a. (Hrsg.): Zur Lage der Freien Berufe 1989, Lüneburg 1989, S. 5–16.

Sebiger, Heinz (Interview): Das aktuelle Interview, in: Der Freie Beruf, Heft 1, 1990.

Tiemann, Burkhard; Tiemann, Susanne (Kassenarztrecht): Kassenarztrecht im Wandel, Berlin u. a. 1983.

Verband Beratender Ingenieure VBI (Haftungsrichtlinie): Dienstleistungshaftungsrichtlinie, Anlage zum Rundschreiben 9/91.

Wasilewski, Rainer (sozio-ökonomischer Wandel): Die Freien Berufe im sozio-ökonomischen Wandel, in: BRAK-Mitteilungen (14 Jg.) 1983.

Wasilewski, Rainer; Reith, Manuela (Qualitätssicherung): Qualitätssicherung in Freien Berufe, Köln 1988

Wasilewski, Rainer; Oberlander, Willi; Reith, Manuela (Binnenmarkt): Notwendige Vorbereitungsmaßnahmen für den Binnenmarkt im Bereich der Freien Berufe, Projektbericht, Nürnberg: Institut für Freie Berufe 1990

Wasilewski, Rainer; Oberlander, Will; Fell, Uli; Müller, Natalie (Struktur): Struktur und Entwicklung der Freien Berufe in den neuen Bundesländern, In: BFB (Hrsg.): Jahrbuch 1994, Bonn 1994; S .27–46.

o. V.: Zu „hektische“ Steuergesetzgebung, in: Nürnberger Nachrichten v. 27./28. 6. 1992

o. V.: Steuerberater leisten ihren Beitrag zur Entlastung des Arbeitsmarktes, in: Der Steuerberater 12/1991

Standortwahl und Standortverlagerung in der Europäischen Union – insbesondere Darstellung der steuerlichen Rahmenbedingungen –

Dr. Paul Ernst, WP, StB, Dipl.-Kfm., Peter Gerd Fischer, WP, StB
und Dipl.-Kfm. Thomas Richter, Kanzlei Fischer & Partner, Fürth

A. Einführung am Beispiel der Bundesrepublik Deutschland

Die Vollendung des europäischen Binnenmarktes zum 1. Januar 1993 hat die Standortdiskussion von neuem belebt. Das Netz der internationalen Wirtschaftsverflechtungen wird durch den Abbau der Grenzen, die damit einhergehende Liberalisierung des Wettbewerbs sowie durch die Globalisierung der Märkte immer enger. Moderne Informations- und Kommunikationstechnologien lassen Waren, Dienstleistungen, Kapital, Know-how und Informationen rund um den Globus und rund um die Uhr immer schneller fließen.[1] Der Markt wird nicht mehr durch

1 Vgl. Schlecht (Wachstumsdynamik) S. 53.

	Durchschnittslohn in Mark	Sozialabgaben in % vom Durchschnittslohn	Aufwendungen für Urlaubs- und Feiertage in % vom Durchschnittslohn	Arbeitskosten insgesamt in Mark
Bulgarien	112	40,0	14,4	173
Polen	218	49,0	19,2	367
Rumänien	125	35,0	15,6	188
Rußland	58	43,6	19,8	95
ehem. Tschechoslowakei	254	38,0	19,8	401
Ungarn	403	44,0	20,4	663
Westdeutschland	3575	58,0	26,0	6578

Quelle: Institut der deutschen Wirtschaft

Abbildung 1: Arbeitskosten in Osteuropa (monatliche Aufwendungen für einen Industriearbeiter im ersten Halbjahr 1992)

nationale Grenzen bestimmt, sondern durch das Produkt.[2] In diesem aus Sicht der Einzelstaaten und ihrer Unternehmen gemeinsamen Markt entscheiden nicht mehr staatliche Schutzzäune über wirtschaftlichen Erfolg oder Mißerfolg, sondern allein die Fähigkeit, sich im härter werdenden Wettbewerb zu behaupten.[3] Dabei lassen sich insbesondere aufgrund der Mobilität des Faktors Kapital Standortvorteile ausschöpfen. Die Stärke einer Volkswirtschaft hängt damit nicht nur von der Tüchtigkeit ihrer Unternehmen ab, sondern auch und insbesondere von der Qualität des Standortes, der die wirtschaftlichen Rahmendaten vorgibt. Dies bedeutet einen zunehmenden Standortwettbewerb. Die Unternehmen als Wirtschaftssubjekte werden sich in Standortfragen für den Standort mit den größten komparativen Vorteilen entscheiden.

Der Standort Bundesrepublik Deutschland hat sicherlich positive Standortfaktoren: Hohe Management- und Arbeitsqualifikation, gut ausgebaute Infrastruktur[4] sowie moderne Technologie durch intensive Forschung und Entwicklung.

Dem aber stehen gewichtige negative Faktoren gegenüber: Hohe Lohn- und Lohnzusatzkosten,[5] geringe Wochen- und Jahresarbeitszeit, geringe Maschinenlaufzeiten und hohe Steuerbelastung.[6] Diese Standortnachteile erlangen gerade in

2 Vgl. Lévy (Unternehmensstandort) S. 865.

3 Vgl. Ritter (Rahmenbedingungen) S. 297.

4 Diese hat gerade angesichts des Binnenmarktes einen hohen Stellenwert. Vgl. o. V. (Klima) S. 29.

5 Durch die Öffnung der Grenzen im Osten und das niedrige Lohnkostenniveau der östlichen Nachbarstaaten wird der Wettbewerbsdruck für den Standort Deutschland noch verstärkt. Vgl. Handschuch (Standort) S. 14–19. Hinzu kommen längere Maschinenlaufzeiten, Wochenendarbeit und die Nähe zur deutschen Grenze, die trotz anderer Schwierigkeiten insbesondere mittelständische deutsche Unternehmen zu Investitionen beispielsweise in Polen veranlaßt haben. Vgl. Schmidla (Polen).

6 Andere wichtige Industriestaaten haben in den vergangenen Jahren die steuerlichen Rahmenbedingungen verbessert, wodurch in diesem Bereich die relative Wettbewerbsposition Deutschlands verschlechtert wurde. Vgl. Heigl/Uecker (Standort) S. 336; Pinne (Steuerchaos) S. 441.

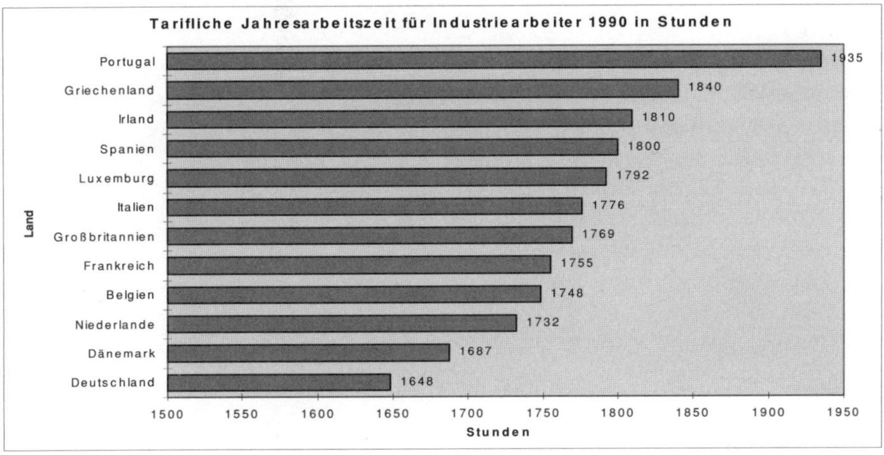

Quelle: Globus

Abbildung 2: Tarifliche Jahresarbeitszeit für Industriearbeiter 1990 in Stunden

konjunkturell schwachen Phasen zunehmende Bedeutung. Hinzu kommen Bürokratie, komplizierte Verwaltungsverfahren und überlange Genehmigungsfristen, die die Ansiedlung moderner Industrien erschweren.

Es gilt daher für jeden Staat, die bestehenden positiven Standortfaktoren aus- und die negativen abzubauen. Hierfür muß der Staat die erforderlichen günstigen Rahmenbedingungen schaffen. Die Wirtschaft eines Landes kann sich am Markt der Zukunft nur dann behaupten, wenn sie durch Innovationskraft, also durch Forschung und Entwicklung, mit immer neuen Produkten, immer neuen Technologien und immer neuen Problemlösungen aufwarten kann. Dazu aber bedarf es Investitionen,[7] die – gerade in diesem Bereich – in hohem Maße mit Risiken behaftet sind. Diese Risiken fließen notwendigerweise in Renditeüberlegungen ein, die ein potentieller Investor anstellt. Für die Investitionsentscheidung sind viele Faktoren bestimmend. Sie münden aber letztlich alle in Renditeüberlegungen. Renditeunterschiede zum Ausland spielen daher unweigerlich eine Rolle[8] und beeinflussen die Standortwahl. Als Indiz für die Qualität eines Standortes – hier am Beispiel Deutschland – kann ein Vergleich deutscher Direktinvestitionen im Aus-

7 Der Investitionsbedarf in Deutschland wird verstärkt durch spezifische ostdeutsche Standortnachteile wegen fehlender Wettbewerbsfähigkeit der Produkte, veralteter Produktionskapazitäten, ökologischer Altlasten und mangelhafter Infrastruktur. Durch Investitionen in Arbeitsplätze, innovative Produkte und Infrastruktur einschließlich der städtebaulichen Substanz, durch Verbesserung des Bildungs- und Ausbildungswesens, durch Stärkung von Forschung und Entwicklung muß auch dort ein moderner Standort aufgebaut werden. Vgl. BMWi (Zukunftssicherung) S. 53.

8 Vgl. Esser (Unternehmensbesteuerung) S. 158.

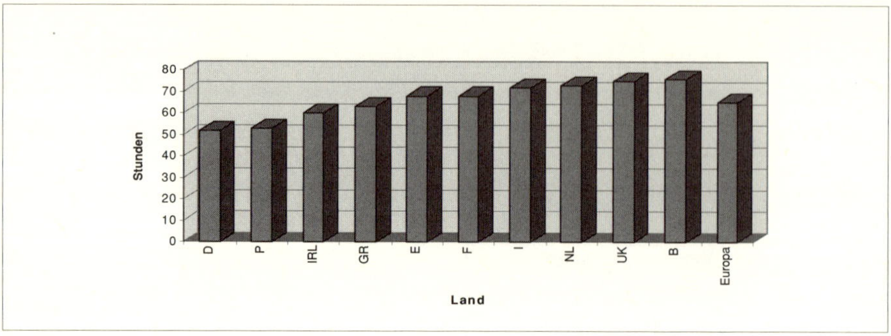

Quelle: Ad-hoc-Arbeitsmarktumfrage der EG 1989

Abbildung 3: Durchschnittliche wöchentliche Betriebszeiten der Anlagen in der Industrie

land und ausländischer Direktinvestitionen im Inland herangezogen werden[9] (vgl. Abb. 4 und 5).

Die Statistik zeigt, daß sowohl die Bestände an deutschen Direktinvestitionen im Ausland als auch die Bestände an ausländischen Direktinvestitionen im Inland kontinuierlich gestiegen sind. Allerdings sind die Bestände an ausländischen Direktinvestitionen im Inland nicht so dynamisch gewachsen wie die deutschen Direktinvestitionen im Ausland. Hinsichtlich der regionalen Verteilung der Investitionsbestände fällt auf, daß sich jeweils Verlagerungen zugunsten der EG-Länder und zu Lasten Nordamerikas, insbesondere der USA, ergeben haben.[10]

9 Hinzuweisen ist darauf, daß die Direktinvestitionen in Deutschland in drei verschiedenen Statistiken erfaßt werden: der Zahlungsbilanzstatistik, der Transferstatistik und der Bestandsstatistik, wobei ein Vergleich der Statistiken aufgrund der unterschiedlichen Erfassungs- und Erhebungsmethoden nur begrenzt möglich ist. Hier soll die Bestandsstatistik herangezogen werden, da sie langfristigere Analysen erlaubt. Erfaßt werden dabei Tochtergesellschaften, Zweigniederlassungen und Betriebsstätten mit einer Bilanzsumme von über 500.000 DM, sofern die Beteiligung 20 % des Kapitals oder der Stimmrechte übersteigt.

10 Vgl. BMWi (Direktinvestitionen) S. 15–17.

	Bestand am Jahresende in Mrd. DM						
	1984	1985	1986	1987	1988	1989	1990
Alle Länder	125,9	130,5	135,8	141,0	167,2	185,3	210,9
westl. Industrieländer	104,8	112,2	118,7	124,5	148,9	167,9	193,5
EG-Länder	39,6	43,9	53,9	56,6	66,2	79,7	102,5
andere europ. Länder	18,6	19,8	16,9	17,6	19,5	20,1	23,1
USA	35,8	38,8	38,2	39,9	50,1	54,8	53,9
Japan	1,8	1,9	2,2	2,9	3,5	3,5	3,7
Kanada	5,6	5,0	4,7	4,5	5,4	5,7	6,5
Frankreich	9,5	10,9	11,5	12,1	13,2	15,1	15,9
Großbritannien	5,1	6,4	6,6	7,7	9,5	12,1	19,4
Italien	4,7	4,9	5,2	5,3	6,6	7,7	9,1

Abbildung 4: Unmittelbare deutsche Direktinvestitionen im Ausland[11]

Ein weiteres Indiz für die Standortqualität ist aber auch die Investitionsquote bezogen auf das Bruttoinlandsprodukt (vgl. Abb. 6). Sie besagt, wieviel von dem, was im Lande erwirtschaftet wurde, als Investition innerhalb der Landesgrenzen verbleibt.

Eine Unternehmensflucht[13] läßt sich in Deutschland zwar nicht konstatieren,

	Bestand am Jahresende in Mrd. DM						
	1984	1985	1986	1987	1988	1989	1990
Alle Länder	84,8	90,9	95,6	102,3	109,5	127,1	139,6
westl. Industrieländer	80,8	86,5	91,6	98,1	104,9	121,2	132,8
EG-Länder	25,7	29,1	30,8	34,2	38,4	44,9	49,1
andere europ. Länder	16,0	16,9	17,9	20,4	21,6	23,9	29,8
USA	33,8	34,2	35,4	35,9	35,5	41,4	41,9
Japan	4,3	5,3	6,2	6,4	8,0	9,2	10,4
Kanada	0,8	0,9	1,0	0,9	1,0	1,3	1,2
Frankreich	5,5	5,5	5,9	6,2	6,9	7,9	9,2
Großbritannien	8,1	8,1	8,9	10,0	11,4	10,9	11,5
Italien	1,0	1,3	1,7	1,8	2,3	3,3	4,2

Abbildung 5: Unmittelbare ausländische Direktinvestition in Deutschland[12]

11 Vgl. BMWi (Direktinvestitionen) S..14.
12 Vgl. BMWi (Direktinvestitionen) S. 15.
13 So noch Scherpf (Steuerpolitik) Spalte 5176.

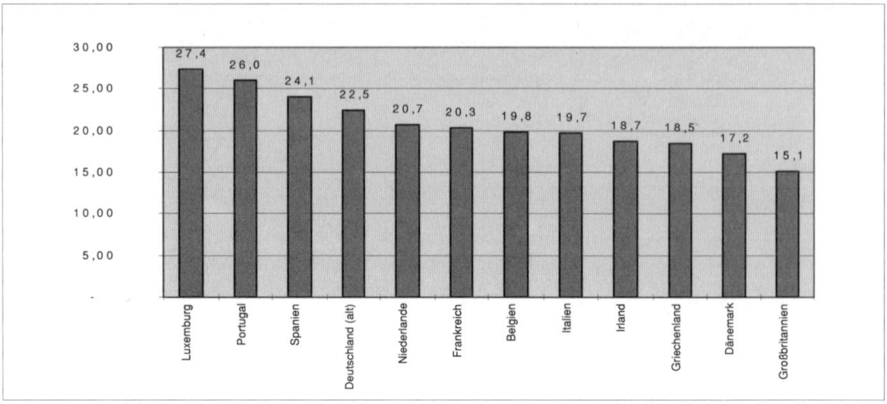

Abbildung 6: Bruttoanlageinvestitionen 1992 in Prozent des Bruttoinlandprodukts

aber es finden sich genügend Beispiele dafür, daß Erweiterungsinvestitionen vorzugsweise im Ausland getätigt werden.[14] So hat erst vor kurzem BMW ein neues Werk im Raum Spartanburg in South Carolina in den USA eröffnet, weil der Standort Deutschland zu den teuersten der Welt gehört.[15] Und auch Daimler-Benz wird das neue Swatch-Auto mit geplanten Investitionen in Höhe von 750 Millionen Mark und 1900 neuen Arbeitsplätzen im Ausland bauen: Aus 70 möglichen Standorten wurde das lothringische Hambach-Saargemünd wegen seiner günstigen Lohn- und Lohnnebenkosten bei gleichen Qualitätsmaßstäben und verkehrs- und transportkostengünstiger Lage ausgewählt – Vorteile, die bereits rund 130 deutsche Unternehmen in dieser Region nutzen.[16]

B. Standortwahl und Standortverlagerung

I. Standortwahl und Standortverlagerung als betriebswirtschaftliches Entscheidungsproblem

Die Frage der Standortwahl bedeutet für die Betriebswirtschaft das Problem der optimalen räumlichen Einordnung in die Gesamtwirtschaft.[17] Gleiches gilt für die Frage der Standortverlagerung als Sonderfall der Standortwahl. Der grundsätzliche Unterschied besteht darin, daß sich die Frage der Standortwahl einem zu gründenden Unternehmen, die der Standortverlagerung einem bereits bestehenden Unternehmen stellt. Gemein ist aber beiden Fragestellungen die Suche nach den optimalen Standortbedingungen.

14 Vgl. Krumrey (Blüte) S. 19.
15 So Bernd Pischetsrieder, Vorstandsvorsitzender der BMW AG, im Interview mit der ADAC-Motorwelt in Heft 12/94, S. 63.
16 Vgl. Baentsch (Europa) S. 6; Horrmann (Swatch-Auto) S. 1.
17 Vgl. Hintner (Standortwahl) Spalte 5053.

Betriebswirtschaftliches Formalziel der Standortwahl ist die Maximierung des Nettogewinns über den gesamten Planungshorizont, also die Maximierung der Differenz zwischen standortbedingten Erträgen und Aufwendungen nach Steuern.[18] Als Planungshorizont wird i.d.R. das Unternehmensleben anzunehmen sein, da es sich bei der Standortwahl um eine strategische Entscheidung mit regelmäßig langfristiger Auswirkung handelt, die oftmals gar nicht oder nur mit erheblichem finanziellen und organisatorischen Aufwand korrigiert werden kann.[19] Bei einer dennoch geplanten Standortverlagerung sind die Kosten der Verlagerungsaktivitäten den zu erwartenden Einsparungen am neuen Standort unter Berücksichtigung möglicher Änderungen am bisherigen Standort gegenüberzustellen. Sonderprobleme der Standortverlagerung, wie z.B. Sozialplan für entlassene Mitarbeiter oder Reservenrealisierung bei der Veräußerung von Betriebsvermögen, seien an dieser Stelle stichwortartig erwähnt, werden jedoch im folgenden nicht mehr verfolgt.[20]

Allgemein gilt, daß die für die Standortentscheidung relevanten Daten nicht isoliert betrachtet werden dürfen. Entscheidungserheblich ist daher in aller Regel ein ganzes Bündel von rationalen und irrationalen Faktoren,[21] wobei aufgrund der Langfristigkeit der Entscheidung auch zukünftige Entwicklungen miteinzubeziehen sind.[22] Die Annahme absolut rational handelnder, vollständig informierter und gewinnmaximierender Unternehmungen geht allerdings an der Realität eher vorbei. Dies liegt bereits im Entscheidungsprozeß[23] begründet. Insbesondere in Großunternehmen ist daran häufig eine Personenmehrheit mit unterschiedlicher Sensibilität und Einsichtsfähigkeit hinsichtlich der Entscheidungsparameter beteiligt. Bei Klein- und Mittelbetrieben erscheint bereits fraglich, ob überhaupt ein aufwendiges Standortwahlverfahren durchgeführt wird und ob die Standortentscheidung nicht entweder intuitiv getroffen oder durch die Markterfordernisse[24] vorgegeben ist.

Ein weiteres Problem ist die bei vielen Standortfaktoren mangelnde Quantifizierbarkeit. Daher erhalten Nutzwerttableaus[25] in der Realität häufig den Vorzug vor investitionsrechnerischen Modellen, weil sie zum einen eine sehr systematische und vollständige Erfassung der entscheidungserheblichen Daten ermöglichen

---

18 Vgl. Kudert (Standortwahl) S. 511; Schneider (Unternehmenssteuerbelastung), S. 534; Wöhe (Betriebswirtschaftslehre) S. 469ff.

19 Vgl. Heigl/Uecker (Standort) S. 340; Kudert (Standortwahl) S. 511.

20 Im folgenden werden daher nur noch allgemeine, die Standortwahl betreffende Probleme angesprochen.

21 Vgl. Hintner (Standortwahl) Spalte 5053.

22 Vgl. Staks (Konzernentscheidungen) S. 191.

23 Nach Liebmann läßt sich der Entscheidungsprozess gedanklich in die Stufen Problemdarlegung, Informationsbeschaffung, Aufstellung einer Präferenzordnung, Problemanalyse, Planauswahl, Plandurchführung und Plankontrolle gliedern. Vgl. Heigl (Standortanreize) S. 367.

24 Vgl. Heigl/Uecker (Standort) S. 342; Strunk (Standortwahl) S. 54.

25 Vgl. z.B. Hahn (Finanzwirtschaft) S. 88.

und zum anderen auch dimensionslose, qualitative Entscheidungsmomente quantifizierbar machen.

Die letztendliche Entscheidung basiert auf einer – meist subjektiven – Abwägung der unterschiedlich gewichteten[26] Einzelvor- und -nachteile, so daß die Entscheidung für einen Standort aufgrund seiner komparativen Vorteile auch immer gleichzeitig die Entscheidung gegen einen anderen Standort ist.[27]

Grundvoraussetzungen für die Wahl zwischen alternativen Standorten sind aber gesetzlich garantierte Freizügigkeit eines Standortes und positive Standortelastizität der Unternehmung.[28]

Die Freizügigkeit ist u.a. der Gradmesser dafür, inwieweit an einem Standort Niederlassungs- oder Wegzugsmöglichkeiten bestehen. Innerhalb der Bundesrepublik Deutschland ist diese Freizügigkeit durch Art. 11 und 12 GG garantiert. Für deutsche Investoren, die das internationale Steuergefälle auszunutzen versuchen, sei jedoch an dieser Stelle auf die „Gefahren" aus der Hinzurechnungsbesteuerung nach dem Außensteuergesetz für sog. Zwischengesellschaften hingewiesen.[29] Auf detaillierte Ausführungen zum deutschen Außensteuergesetz und Regelungen in anderen EG-Staaten wird allerdings infolge des Umfangs dieser Problematik verzichtet.

Eine positive Standortelastizität liegt vor, wenn das Unternehmen auf unterschiedliche Standortparameter anspricht und darauf reagieren kann. So ist beispielsweise ein Rohstoffgewinnungsbetrieb bei der Wahl des Standortes an die örtlichen Rohstoffvorkommen gebunden. Aber auch bestehende Unternehmen können ihren Standort häufig deshalb nicht verlagern, weil sie z.B. infolge hoher Anlagenintensität unbeweglich geworden sind.

II. Faktoren der Standortwahl

Standortentscheidungen lassen sich niemals monokausal erklären. Aufgrund der langfristigen Konsequenzen besitzt eine Vielzahl von untereinander in Konkurrenz stehenden Faktoren Entscheidungsrelevanz. Hinzu kommen die unterschiedlichen Motive für eine Standortentscheidung, die wiederum die Gewichtung der Einzelfaktoren beeinflussen. Standorte können beispielsweise gewählt werden als Sitz für eine Einkaufsgesellschaft, eine Produktionsgesellschaft, eine Vertriebsgesellschaft, eine Patentverwertungsgesellschaft oder eine Holdinggesellschaft.[30]

Als Einflußfaktoren können daher grundsätzlich genannt werden:

- Arbeitsmarkt (Löhne, Lohnnebenkosten, Arbeits- und Maschinenlaufzeiten, Arbeitskräfteangebot, Arbeitsämter, Qualifikation, Gewerkschaften, Streiks)

---

26 Vgl. Strunk (Standortwahl) S. 53.

27 Vgl. Heigl/Uecker (Standort) S. 340.

28 Vgl. Wöhe (Steuerlehre) S. 298f.

29 Vgl. hierzu aus dem umfangreichen Schrifttum beispielsweise ausführlich Flick/Wassermeyer/Becker (Außensteuergesetz).

30 Vgl. Wöhe (Standortwahl) S. 968.

- Absatz- und Beschaffungsmarkt (Chancen, Kosten, Marktnähe, Grenzverkehr, Zölle, Handelsbeschränkungen, Rohstoffverfügbarkeit)
- Kapitalmarkt (Freiheit des Kapitalverkehrs, Währungskonvertibilität, Inflation, Zinsniveau)
- Grundstücksmarkt (Verfügbarkeit, Gewerbeflächen, Preise, Mieten, Wasser- und Energieversorgung)
- Infrastruktur (Verkehrsdichte, Verkehrsanbindungen, öffentliche Verkehrsmittel, Transportkosten, Kommunikationstechnologie)
- Rechtliche Rahmenbedingungen (Rechtssystem, Stabilität, staatliche Regulierungen, Umweltauflagen, Handels-, Gesellschafts- und Wirtschaftsrecht, Publizitätspflicht, Wettbewerbsrecht, Ladenschlußgesetz, Handwerksordnung, Arbeits- und Betriebsverfassungsrecht)
- Politische Rahmenbedingungen (System, Stabilität, Bildungspolitik, Forschungs- und Entwicklungspolitik, Zukunftstechnologien)
- Steuer- und Abgabenlast (Steuer- und Abgabenquote, Steuersystem, Doppelbesteuerungsabkommen, Vergünstigungen und Subventionen, Sozialabgaben, Stabilität, Reformbereitschaft)
- Öffentliche Verwaltung (Dauer und Kosten von Genehmigungsverfahren, Bürokratie, Servicefreundlichkeit, Verläßlichkeit, Planungssicherheit)

III. Standortfaktor Unternehmensbesteuerung

Eine nicht zu unterschätzende Rolle bei Standortentscheidungen spielt die Unternehmensbesteuerung. Ihr kommt im Hinblick auf die internationale Wettbewerbsfähigkeit von Unternehmen eine besondere unternehmenspolitische Rolle zu, da der nach Steuern im Unternehmen verbleibende Gewinn den Spielraum zur Bedienung des Eigenkapitals und zur Selbstfinanzierung wachstumssichernder innovativer und risikoreicher Investitionen widerspiegelt. So erklärten in einer vom Ruding-Ausschuß[31] in 17 europäischen Ländern (einschließlich aller 12 EG-Mitgliedsstaaten) durchgeführten Unternehmensbefragung 48 % der befragten Unternehmen, daß die Besteuerung bei der Wahl des Produktionsstandortes eine entscheidende Rolle spielt. Bei der Wahl von Vertriebsstellen lag der Anteil bei 38 %, von Forschungs- und Entwicklungszentren bei 41 %, von Koordinationszentren bei 57 % und von Finanzierungszentren sogar bei 78 %.[32]

Begründen läßt sich dieses Ergebnis insbesondere durch die fortschreitende Integration der nationalen Märkte innerhalb der EG, durch die bisher noch bestehende Unterschiede zwischen den einzelnen EG-Staaten eingeebnet werden.[33] Im

31 Beim Ruding-Ausschuß handelte es sich um ein von der zuständigen EG-Kommissarin Christiane Scrivener beauftragtes unabhängiges Gremium anerkannter internationaler Wirtschafts- und Steuerexperten unter Leitung des ehemaligen niederländischen Finanzministers Onno Ruding, welches Maßnahmen im Bereich der Unternehmenssteuern nach Vollendung des Binnenmarktes erarbeiten sollte.

32 Vgl. Ruding-Ausschuß (Schlußfolgerungen) S. 4.

33 Vgl. Esser (Unternehmensbesteuerung) S. 160.

Bereich der Unternehmensbesteuerung hingegen ist die EG-Harmonisierung vom Subsidiaritätsprinzip geprägt, d.h., den nationalen Steuersystemen wird Vorrang eingeräumt. Besteuerungsunterschiede bei den direkten Steuern werden daher grundsätzlich hingenommen.[34] Ausnahmen bilden hier die Fusionsrichtlinie und die Konzernrichtlinie, die eine Diskriminierung grenzüberschreitender wirtschaftlicher Tätigkeiten innerhalb der EG vermeiden sollen.[35] Die Fusionsrichtlinie[36] betrifft grenzüberschreitende Umstrukturierungen in Form von Fusionen, Spaltungen, Einbringung von Unternehmensteilen und Austausch von Anteilen und ermöglicht, daß diese ohne Realisierung stiller Reserven durchgeführt werden können. Die Konzernrichtlinie[37] soll eine Doppelbesteuerung von Gewinnausschüttungen zwischen Mutter- und Tochtergesellschaften unterschiedlicher Mitgliedsstaaten vermeiden und erreicht dies durch Abschaffung der Quellensteuer im Staat der Tochtergesellschaft, wenn die Muttergesellschaft am Kapital der Tochtergesellschaft zu mindestens 25 % beteiligt ist.

Im folgenden soll nunmehr aus dem Bündel möglicher Standortfaktoren ausschließlich die Unternehmensbesteuerung ausgewählt und betrachtet werden. Die Unternehmensbesteuerung ist nicht nur für die Unternehmen selbst, sondern auch für deren Anteilseigner von Bedeutung. Eine Problematik, die sich insbesondere für die Anteilseigner stellt, aber im folgenden nicht weiter untersucht wird, ist die

---

34 Vgl. Herzig (Resümee) S. 89; Riegler/Salomon (Entlastung) S. 1600. Eine ausdrückliche Rechtsgrundlage, wie sie Art. 99 des EWG-Vertrages für die Harmonisierung der indirekten Steuern darstellt, gibt es für die direkten Steuern nicht. Gemäß Art. 100 EWGV erfolgt eine Rechtsangleichung nur insofern, als sie sich unmittelbar auf die Errichtung oder das Funktionieren des Gemeinsamen Marktes auswirkt. Hierzu ist darüberhinaus Einstimmigkeit erforderlich. Vgl. hierzu auch Förster (Grundkonzepte) S. 11; Grotherr (Plädoyer) S. 1388; Krebs (Harmonisierung) S. 1945; Mann (Ansätze) S. 1735; Stobbe (Harmonisierung) S. 227.

35 Zur Umsetzung der beiden Richtlinien in einigen EG-Staaten vgl. Narraina/Wassermeyer/Viegener/Mayr/Steichen/Doek/Leitner/Wingert (Umsetzung) S. 903–924. Für Nicht-Mitgliedstaaten, wie beispielsweise die ehemals als Holdingstandort gern gewählte Schweiz, bedeuten diese Richtlinien eine Schwächung ihrer Konkurrenzfähigkeit, da – wieder am Beispiel Schweiz – bei grenzüberschreitenden Beteiligungsumstrukturierungen stille Reserven besteuert werden und an schweizerische Holdinggesellschaften fließende Beteiligungserträge mit der in den Doppelbesteuerungsabkommen vorgesehenen Quellensteuer belastet bleiben. Vgl. hierzu Aeberli (Fesseln); Spori (Holdingstandorte) S. 285 ff.

36 Richtlinie (EWG) Nr. 90/434 über das gemeinsame Steuersystem für Fusionenen, Spaltungen, die Einbringung von Unternehmensteilen und den Austausch von Anteilen, die Gesellschaften verschiedener Mitgliedstaaten betreffen. Vom 23. Juli 1990. ABl. EG Nr. L 225 S. 1. Die Umsetzung in nationales deutsches Recht erfolgte durch § 20 Abs. 6 UmwStG.

37 Auch Mutter-Tochter-Richtlinie genannt. Richtlinie (EWG) Nr. 90/435 über das gemeinsame Steuersystem der Mutter- und Tochtergesellschaften verschiedener Mitgliedstaaten. Vom 23. Juli 1990. Abl. EG Nr. L 225 S. 6. Die Umsetzung in nationales deutsches Recht erfolgte durch § 44 d EStG. Die Bundesrepublik hat dabei als Übergangsregelung bis 30. 6. 1996 das Recht, als Ausgleich einen Steuerabzug von 5 % an der Quelle zu erheben.

Frage der Finanzierung der Gesellschaft. Es steht den Anteilseignern grundsätzlich frei, der Gesellschaft die z.B. für Investitionen erforderlichen Mittel in Form von Eigenkapital (Beteiligungsfinanzierung) oder als Darlehen (Fremdfinanzierung) zur Verfügung zu stellen. So läßt sich tendenziell behaupten, daß es günstiger ist, Eigenkapital in den Ländern einzusetzen, die eine möglichst geringe Steuerbelastung haben, und umgekehrt Fremdkapital dort einzusetzen, wo eine hohe Steuerbelastung besteht. Dies gilt zumindest für eine Muttergesellschaft, die aufgrund eines Schachtelprivilegs Gewinne einer EU-Tochtergesellschaft steuerfrei vereinnahmen kann.[38] In diesem Zusammenhang sind jedoch in Deutschland § 8a KStG und in anderen Staaten vergleichbare „thin capitalization rules" zu beachten.[39]

Grundsätzliche Problemkreise hinsichtlich der Unternehmensbesteuerung als internationaler Standortfaktor sind insbesondere 1.) ein internationales Steuergefälle und 2.) steuerpolitische Förderungsmaßnahmen.[40]

Da die Standortentscheidung immer einzelfallabhängig ist und somit keine allgemeingültigen Handlungsempfehlungen ausgesprochen werden können, beschränken sich die Ausführungen auf eine vergleichende Darstellung wesentlicher Parameter der unterschiedlichen Steuersysteme der EG-Staaten.

1. Internationales Steuergefälle

Grundsätzliche Voraussetzung dafür, daß die Unternehmensbesteuerung als Standortfaktor zum Tragen kommt, ist, daß ein internationales Steuergefälle besteht. Entscheidendes Kriterium hierbei ist die Netto-Rendite, die ceteris paribus beeinflußt wird durch Unterschiede bei a) den Steuerarten, Steuersätzen sowie Anrechnungsmöglichkeiten und b) den Steuerbemessungsgrundlagen.

Weitere Entscheidungsdaten können die Steuererhebungstechnik, die Steuerartenstruktur, die Steuerquote des Staates sowie Rechts- und Planungssicherheit sein. Im Rahmen der Steuererhebungstechnik ist beispielsweise zu fragen, wie effizient die Finanzverwaltung ist. Dies äußert sich einerseits darin, ob die Steuern durch Veranlagung oder Steuerabzug erhoben werden, andererseits in der Betriebsprüfungspraxis. So differieren die Betriebsprüfungssysteme in Europa zwischen den Extrempunkten Frankreich mit Betriebsprüfungen auch bei nicht buchführungspflichtigen Steuerpflichtigen, in denen die Steuerpflichtigen allerdings umfangreiche und effektive Kontroll- und Widerspruchsmöglichkeiten haben, und Großbritannien, welches das Rechtsinstitut der Betriebsprüfung nicht kennt, jedoch bei bestimmten Verdachtsmomenten Prüfungen ohne besondere Rechte für die Steuerpflichtigen vornimmt.[41] Mit der Steuerartenstruktur ist die Vertei-

38 Vgl. Bader (Harmonisierung) S. 824.

39 Zu dieser Problematik wird auf die umfangreiche Spezialliteratur verwiesen. Vgl. z.B. Frotscher (Gesellschafter-Fremdfinanzierung) S. 201–211; Herzig (§ 8a KStG) S. 110–115, 168–177.

40 Vgl. Wöhe (Steuerlehre) S. 296; Wöhe/Bieg (Steuerlehre) S. 152f.

41 Vgl. hierzu und zu weiteren Ergebnissen seines internationalen Betriebsprüfungsvergleichs Strunk (Betriebsprüfung) S. 859–867.

	Steuern					Steuern und Sozialabgaben				
	1980	1985	1988	1989	1990	1980	1985	1988	1989	1990
Deutschland[42]	25,8	25,1	24,3	24,9	23,7	42,6	42,5	41,7	42,0	40,6
Belgien	31,2	32,6	30,8	29,4	29,6	46,6	50,5	48,7	46,8	47,2
Dänemark	45,5	49,0	51,9	50,7	48,6	47,4	52,0	54,5	53,3	51,5
Frankreich	22,9	24,3	23,5	23,3	23,1	42,4	45,5	44,3	44,3	44,3
Griechenland	18,3	21,0	22,4	20,4	22,8	27,0	32,5	32,9	30,6	32,7
Großbritannien/Nordirland	29,5	30,8	30,4	30,4	29,1	36,8	39,1	38,7	38,4	36,9
Irland	29,5	35,4	37,9	35,0	-	36,8	43,8	46,3	43,0	-
Italien	18,2	22,1	23,5	24,9	25,4	31,0	35,8	37,3	39,1	40,1
Luxemburg	26,2	25,7	-	-	-	38,9	35,8	-	-	-
Niederlande	27,1	23,5	26,2	25,1	26,7	46,4	45,0	47,9	45,0	44,6
Portugal	21,2	25,5	25,0	25,3	-	30,7	36,1	36,7	36,6	-
Spanien	-	18,2	21,0	22,6	-	-	31,3	33,7	35,5	-

Quelle: National Accounts - Detailed Tables, Volume 2, OECD, Paris[43]

Abbildung 7: Steuer- und Abgabenquoten in den Mitgliedsländern der EG – in % des Bruttosozialprodukts –

lung des Steueraufkommens auf die Gebietskörperschaften gemeint. So ist z.B. die Bereitschaft einer unteren Gebietskörperschaft, eine Ansiedlung zu akzeptieren, davon abhängig, wie stark die Gemeinden und wie stark höhere Gebietskörperschaften am Steueraufkommen beteiligt sind. Auch die Steuerquote eines Staates liefert Anhaltspunkte für die steuerliche Belastung (vgl. Abb. 7).

Die Steuerquote darf allerdings nicht losgelöst von anderen Faktoren, wie beispielsweise der Infrastruktur eines Staates betrachtet werden. Ein nicht zu unterschätzender Einfluß geht auch von der Rechts- und Planungssicherheit in einem Staat aus. Ein Unternehmen wird ceteris paribus den Staat bevorzugen, der in der Vergangenheit keine überraschenden negativen Steueränderungen vorgenommen hat, in dem die vorhandene Rechtssicherheit also eine Planbarkeit steuerlicher Behandlungen ermöglicht und ein möglichst weitgehender Schutz vor Willkürmaßnahmen der Finanzverwaltung besteht.[44]

a) *Steuerarten, Steuersätze und Anrechnungsmöglichkeiten*

Zu unterscheiden sind die Steuern auf den laufenden Unternehmensertrag und die Substanzsteuern, die unabhängig von erwirtschafteten Erträgen auf die Vermögensbestände erhoben werden.

42 Altes Bundesgebiet.

43 Veröffentlicht im Statistischen Jahrbuch 1993 für das Ausland, S..139.

44 Vgl. Strunk (Standortwahl) S. 56; ders. (Betriebsprüfung) S. 860.

aa) Ertragsteuern - insbesondere Körperschaftsteuer

Im Bereich der Unternehmensbesteuerung besonders wichtig ist die Körperschaftsteuer. Dies liegt zum einen darin begründet, daß die Kapitalgesellschaften in Europa eine rechtlich relativ einheitliche Ausgestaltung haben, wodurch eine gute Vergleichbarkeit gewährleistet ist; zum anderen nimmt die Rechtsform der Kapitalgesellschaft in den meisten EU-Staaten ohnehin eine dominierende Stellung ein, so daß der eigentliche Wettbewerb der Steuersysteme im Körperschaftsteuerrecht stattfindet.[45] Zudem werden in einigen Ländern, wie z. B. Belgien[46] und Frankreich[47], auch bestimmte Personengesellschaften der Körperschaftsteuer unterworfen.

Eine Gewerbeertragsteuer gibt es derzeit außer in Deutschland[48] nur noch in Luxemburg.[49] In Österreich wurde sie im Rahmen der Unternehmensteuerreform ab 1994 abgeschafft.[50] Die Ermittlung des luxemburgischen Gewerbeertrags ist der Ermittlung des deutschen Gewerbeertrags verwandt, allerdings erfolgt keine Hinzurechnung von Dauerschuldentgelten.[51] Diese wurde im Zuge der Steuerreform 1991 abgeschafft.[52]

Eine italienische Besonderheit ist die ILOR (Imposta locale sui redditi), eine objektbezogene lokale Ertragsteuer, die sowohl von Einzelunternehmen als auch von Gesellschaften selbst mit einem proportionalen Steuersatz von 16,2 % auf den Gewinn erhoben wird.[53] Die ILOR kann seit 1992 nicht mehr von der Bemessungsgrundlage der italienischen Körperschaftsteuer abgezogen werden.[54] Zu einer Doppelbelastung von Beteiligungserträgen kommt es jedoch nicht, da diese

45 Vgl. Lang (Besteuerung) S. 301 und 305. Aber auch in Deutschland, wo nach einer Statistik des BMF (vgl. BMF, Standortsicherungsgesetz, S. 11) 85,7 % der Unternehmen als Einzelunternehmen und Personengesellschaften, 1,7 % als sonstige Unternehmen und nur 12,6 % als GmbH und Aktiengesellschaften geführt werden, besitzen die Kapitalgesellschaften wegen ihrer Größe und der von ihnen getätigten Investitionen im internationalen Vergleich großes Gewicht. Vgl. Esser (Unternehmensbesteuerung) S. 163.

46 Vgl. Vanistendael (Belgien) S. 51.

47 Vgl. Baconnier (Frankreich) S. 79; Lutz/App (Frankreich) S. 250.

48 In Deutschland wurden thesaurierte Gewinne einer Kapitalgesellschaft bis 1993 mit einem integrierten Ertragsteuersatz aus Körperschaftsteuer und Gewerbeertragsteuer (angenommener Hebesatz 400 %) von 58,33 % belastet. Durch die Senkung des Körperschaftsteuertarifs ab 1994 auf 45 % reduziert sich die Ertragsteuerbelastung 1994 auf 54,17 % und steigt ab 1995 durch die Wiedereinführung des 7,5 %igen Solidaritätszuschlags wieder auf 56,98 %.

49 Der Steuermeßbetrag nach dem Gewerbeertrag beträgt 4 % des bei Kapitalgesellschaften um einen Freibetrag von 700.000 LF gekürzten Gewerbeertrags, die Hebesätze sind gemeindeabhängig und betragen im Durchschnitt ca. 250 %. Vgl. Borggreve (Luxemburg) S. 61; Meyer (Luxemburg) S. 40–42; Willmes (Holding) S. 105.

50 Vgl. Funk (Unternehmensteuerreform) S. 464.

51 Vgl. Willmes (Holding) S. 105.

52 Vgl. Friedrich (Luxemburg) S. 97.

53 Vgl. Fantozzi (Italien) S. 164, 187.

54 Vgl. Lobis (Neuerungen) S. 113; Mayr (Neuerungen) S. 342.

bei natürlichen und juristischen Personen als Anteilseigner nicht der ILOR unterliegen.[55]

Hinsichtlich der Körperschaftsteuer sind vier verschiedenartige Körperschaftsteuersysteme zu unterscheiden: Das klassische System, das System der Vollanrechnung, das System der Teilanrechnung und das Abzugssystem. Einen ersten Überblick über die Besteuerung der Körperschaften in den EG-Staaten[56] bietet die Übersicht auf Seite 125.

(1) Klassisches System
– Belgien, Dänemark, Griechenland, Luxemburg, Niederlande, Österreich, Schweden –

Beim klassischen System, das derzeit in Europa vorherrschend ist, erfolgt bei Weiterleitung der Gewinne keine Anrechnung, so daß grundsätzlich eine Doppelbelastung des ausgeschütteten Gewinns durch Einkommensteuer und Körperschaftsteuer besteht.[57] Ein Vorzug des Systems ist aber neben seiner Einfachheit die Gleichbehandlung in- und ausländischer Anteilseigner.[58]

Dies könnte unter anderem ein Grund dafür sein, daß die *Niederlande* nach wie vor am klassischen Körperschaftsteuersystem festhalten, denn die Anteile einiger sehr großer niederländischer multinationaler Konzerne (Akzo, Philips, Shell, Unilever) befinden sich zu einem wesentlichen Teil in Händen von Einwohnern solcher Staaten, mit denen die Niederlande kein Doppelbesteuerungsabkommen geschlossen haben, so daß die Einführung eines Anrechnungssystems für diese Aktionäre einen Rückgang der Netto-Dividende bedeuten würde.[59] Der Tarif ist in den Niederlanden ausnahmsweise degressiv gestaltet. Er beträgt bis zu einem Gewinn von 250.000 Hfl 40 %, darüber 35 %.[60] Für Ausschüttungen von in- und ausländischen Tochtergessellschaften gilt bei Beteiligungen ab 5 % ein nationales bzw. internationales Schachtelprivileg.[61] Auch in den beiden anderen Beneluxstaaten gilt das klassische Körperschaftsteuersystem.

In *Belgien* wird bei der Ausschüttung an natürliche Personen zusätzlich zur Körperschaftsteuer von grundsätzlich 39 % eine Kapitalertragsteuer von 25 % auf die ausgeschüttete Dividende im Quellenabzugsverfahren als Definitivsteuer erho-

---

55 Vgl. Mennel (Italien) S. 32.
56 Ab dem 1. 1. 1995 gehören auch Finnland, Österreich und Schweden zur EG. Norwegen hingegen hat einen EG-Beitritt abgelehnt.
57 Vgl. Tipke/Lang (Steuerrecht) S. 391.
58 Vgl. Grotherr (Plädoyer) S. 1389f.
59 Vgl. van Raad (Niederlande) S. 18.
60 Vgl. van Raad (Niederlande) S. 17.
61 Vgl. Müssener (Niederlande) S. 31. Voraussetzung für das internationale Schachtelprivileg ist, daß die Gewinne im Ausland der Besteuerung unterliegen und, daß die Beteiligung im Verhältnis zu Nicht-EG-Staaten nicht als passive Vermögensanlage gehalten wird. Im Verhältnis zu EG-Staaten wird bei passiver Vermögensanlage eine Mindestbeteiligung von 25 % gefordert. Vgl. Hundt (Standortsicherungsgesetz) S. 2050.

Land	Körperschaftsteuer-Tarif	Körperschaftsteuer-System
Belgien	39%[62]	klassisches System
Dänemark	38%; seit Gesetzesänderung vom 29.4.92 34%[63]	klassisches System
Deutschland	50% bzw. 36%; ab 1.1.94 45% bzw. 30%	Vollanrechnung
Finnland	30%; ab 1.1.93 25%	Vollanrechnung
Frankreich	34% bzw. 42%; ab 1.1.93 33,33 %	Teilanrechnung, ab 1.1.93 Vollanrechnung
Griechenland	46% bzw. 0%; ab 1.1.92 35%[64]	Abzugssystem, ab 1.1.92 klassisches System
Großbritannien	33%[65]	Teilanrechnung
Irland	40% (manufacturing industry: 10%)	Teilanrechnung
Italien	36%	Vollanrechnung[66]
Luxemburg	33% + Zuschlag = 33,33%	klassisches System[67]
Niederlande	35%[68]	klassisches System
Österreich	30%; ab 1.1.94 34%	klassisches System
Portugal	36%	Teilanrechnung
Schweden	30%; ab 1.1.94 28%	klassisches System
Spanien	35%	Teilanrechnung

Abbildung 8: KSt-Tarife und KSt-Systeme der EG-Staaten im Überblick[69]

62 Der Körperschaftsteuertarif entwickelt sich progressiv; ab einem steuerpflichtigen Einkommen über 650.000.DM wird jedoch ein einheitlicher Steuersatz verwendet:

steuerpflichtiges Einkommen		Steuersatz
DM	0 – 50000	28 %
DM	50000 – 180000	36 %
DM	180000 – 650000	41 %
über DM	650000	39 %

Ab 1994 soll der Satz von 39 % auf 38 % gesenkt werden. Vgl. Mennel (Steueränderungen) S. 179.

63 Voraussetzung ist, daß die Steuer auf das voraussichtliche Einkommen des Jahres ermittelt und im Laufe des Einkommensjahres entrichtet wird. Vgl. Winther-Sørensen (Dänemark) S. 149.

64 Aufgrund des griechischen Gesetzes Nr. 2065/92 vom 20. 6. 1992 gilt allerdings ab dem 1. 1. 1992 ein einheitlicher Steuersatz von 35 % auf ausgeschüttete und nicht ausgeschüttete Gewinne. Gewinnausschüttungen sind danach keinem Steuerabzug mehr unterworfen. Vgl. BStBl. I 1994, S. 3.

65 Der Tarif ist grds. dreigeteilt. Bis zu einem zu versteuernden Einkommen von 300.000 engl. Pfund gilt ein Satz von 25 %, bis 1,8 Mio engl. Pfund ein Satz von 35 % und darüber der Satz von 33 %. Vgl. Müssener (Großbritannien) S. 28.

66 Vgl. Korn/Debatin (Doppelbesteuerung) Italien S. 199; Mayr (Italien) S. 135. Zu berücksichtigen ist jedoch der Sachatteneffekt der Nichtabzugfähigkeit der ILOR.

67 Vgl. Lang (Besteuerung) S. 312.

68 Bis zu einem Gewinn von 250.000 Hfl gilt ein Steuersatz von 40 %.

69 Vgl. Bader (Harmonisierung) S. 824; Krawitz (Steuerharmonisierung) S. 100; Ritter (Rahmenbedingungen) S. 298; Saß (Steuerharmonisierung) S. 115.

ben.[70] Diese Kapitalertragsteuer wird in den meisten Doppelbesteuerungsabkommen[71] auf 15 % reduziert. Bei der Ausschüttung an körperschaftsteuerpflichtige Gesellschafter wird unabhängig davon, ob die Dividende von belgischen oder ausländischen Gesellschaften stammt, eine Doppelbelastung der Dividende mit Körperschaftsteuer zu 95 % durch Freistellung von der belgischen Körperschaftsteuer vermieden.[72] Die belgische Quellensteuer ist beim belgischen körperschaftsteuerpflichtigen Empfänger mit dessen Körperschaftsteuer verrechenbar, so daß hier keine Definitivbelastung entsteht.[73] Die Kapitalertragsteuer entfällt sogar, wenn belgische Kapitalgesellschaften Dividenden an in- oder ausländische Muttergesellschaften ausschütten, sofern diese eine Beteiligung von mindestens 25 % während des gesamten Geschäftsjahres halten.[74]

In *Luxemburg* beträgt der Normaltarif für Einkommen über 1.312.000 lfr 33 %. Niedrigere Einkommen unterliegen einem ermäßigten, progressiv gestalteten Tarif. Auf die Körperschaftsteuer wird noch ein besonderer Solidarzuschlag von 1 % erhoben, so daß sich eine Gesamtbelastung von 33,33 % ergibt.[75] Für Beteiligungen an unbeschränkt steuerpflichtigen inländischen oder zu einer entsprechenden Steuer herangezogenen ausländischen Tochtergesellschaften mit mindestens 10 % wird sowohl ein nationales als auch ein internationales Schachtelprivileg gewährt, so daß Ausschüttungen an die luxemburgische Muttergesellschaft nicht der Körperschaftsteuer unterliegen.[76]

Holdinggesellschaften, die unter das Holdingsteuergesetz vom 31. 7. 1929 fallen (sog. 1929er Holding), sind von der Körperschaftsteuer, aber auch von der Gewerbesteuer und der Vermögensteuer befreit. Sie unterliegen lediglich einer Kapitalabgabe von 1 % des gezeichneten Kapitals bei Eintragung der Gesellschaft sowie bei jeder Kapitalerhöhung und einer jährlichen Steuer von 0,2 % des Werts der ausgegebenen Anteile, mindestens aber 2000 lfr (sog. taxe d'abonnement).[77] Ein gewichtiger Nachteil aus deutscher Sicht ist, daß diese Holdinggesellschaften gem. Nr. 1 des Schlußprotokolls zu Art. 1 des DBA-Luxemburg vom 23. 8. 1958

---

70 Die Dividende unterliegt allerdings bei der empfangenden natürlichen Person nicht mehr der Einkommensteuer. Die Gesamtbelastung beträgt somit 39 % + (25 % × 61 %) = 54,25 %. Vgl. Vanistendael (Belgien) S. 63.

71 Im deutsch-belgischen Doppelbesteuerungsabkommen z. B. in Art. 10 Abs. 2.

72 Vgl. Mennel (Belgien) S. 42; Vanistendael (Belgien) S. 64. Voraussetzung ist eine Beteiligung von mindestens 5 % oder 50 Mio bfr. Ausländische Gesellschaften dürfen keine Holding- oder Finanzierungsgesellschaften und nicht in Niedrigsteuerländern ansässig sein.

73 Ein eventueller Quellensteuerüberhang wird erstattet. Vgl. Vanistendael (Belgien) S. 64 f.

74 Vgl. Mennel (Belgien) S. 42.

75 Vgl. Friedrich (Luxemburg) S. 96; Meyer (Luxemburg) S. 28–31.

76 Vgl. Borggreve (Luxemburg) S. 58; Hundt (Standortsicherungsgesetz) S. 2051. Das Schachtelprivileg gilt auch für Erträge aus Beteiligungsveräußerungen, wenn die Beteiligung mind. 25 % betrug.

77 Vgl. zur klassischen Holdinggesellschaft und den Besonderheiten der Varianten Finanzholding und Milliardärholding Hundt (Standortsicherungsgesetz) S. 2051; Willmes (Holding) S. 104.

keinen Abkommensschutz genießen und ihre Einkünfte so entweder der normalen deutschen Besteuerung oder der Hinzurechnungsbesteuerung unterliegen. Außerdem sind sie von der Quellensteuerreduzierung nach der EG-Mutter-/Tochterrichtlinie ausgeschlossen.[78]

Eine neue Holdingform, die sog. Société de participation financière (SOPARFI), besitzt diese Nachteile nicht, da sie in Luxemburg der normalen Besteuerung unterliegt. Sie profitiert insbesondere vom luxemburgischen Schachtelprivileg. Wird sie jedoch als zwischengeschaltete Holding einer deutschen Konzernmutter eingesetzt, sind die Gefahren der Hinzurechnungsbesteuerung gem. § 10 Abs. 6 AStG zu beachten.[79]

Sowohl in Belgien als auch in Luxemburg werden sog. Coordination Centres steuerliche Vergünstigungen gewährt.[80] Sie unterliegen zwar dem normalen Körperschaftsteuersatz, die Bemessungsgrundlage wird jedoch nach der sog. cost-plus-Methode als Gewinnaufschlag auf die Kosten ermittelt.

In *Dänemark* wird die Doppelbelastung des klassischen Systems durch eine Begünstigung auf Ebene der Gesellschafter gemindert.[81] Handelt es sich um eine Ausschüttung zwischen Mutter- und Tochtergesellschaft, und ist die Muttergesellschaft seit zwei Jahren ununterbrochen zu mehr als 25 % am Grundkapital der Tochtergesellschaft beteiligt, so wird die Ausschüttung bei der Muttergesellschaft grundsätzlich nicht besteuert. Bei einem Anteil von weniger als 25 % oder kürzerer Beteiligungsdauer werden nur 66 % des Ausschüttungsbetrags der Besteuerung unterworfen. Bei einer Ausschüttung an natürliche Personen wird unabhängig von der Beteiligungshöhe danach unterschieden, wo die Gesellschaft ihren Sitz hat. Bei Sitz in Dänemark wird der ausgeschüttete Gewinn bis zu DKK 26.200 mit 30 %, darüber mit 45 % besteuert. Bei Sitz im Ausland wird der ausgeschüttete Gewinn dem allgemeinen Einkommen zugerechnet und mit diesem versteuert.

Schweden hat sein klassisches Körperschaftsteuersystem reformiert. Nachdem der Körperschaftsteuersatz bereits 1990 von 52 % auf 40 % und 1991 weiter auf 30 % gesenkt wurde,[82] gilt ab 1. 1. 1994 ein Körperschaftsteuersatz von 28 %.[83] Die Doppelbelastung wird dadurch vermieden, daß Dividenden auf Ebene des

78 Vgl. Hundt (Standortsicherungsgesetz) S. 2051.

79 Vgl. Willmes (Holding) S. 105f. Für schweizerische Konzerne jedoch z.B. kann Luxemburg durch die SOPARFI zu einem interessanten Standort für eine Zwischenholding werden. Vgl. Zogg (Euroholding) S. 798–802.

80 Vgl. zu den belgischen Koordinationsgesellschaften ausführlich Borstell (Belgien) S. 169 ff. Die Voraussetzungen in Luxemburg und einen Vergleich zu den belgischen Koordinationsgesellschaften liefert Friedrich (Koordinationsgesellschaften) S. 83-88. Allerdings wird in beiden Fällen ggf. die Hinzurechnungsbesteuerung des § 10 Abs. 6 AStG zu beachten sein. Vgl. Gundel (Finanzierungsgestaltungen I) S. 2216f.

81 Vgl. Winther-Srensen (Dänemark) S. 144f.

82 Vgl. Peagitsch-Strömberg (Steuerreform) S. 158f.

83 Vgl. Riksdag & Departement 1993, S. 14; o.V. (Steuerentlastung) S. 5; Viherkenttä (Steuerreformen) S. 416.

Anteilseigners ebenfalls ab 1. 1. 1994 von der Besteuerung ausgenommen werden.[84] Gleichzeitig wird auch der sog. Annell-Abzug[85] abgeschafft.[86] Ausländische Anteilseigner werden nach nationalem schwedischem Recht nicht freigestellt; Ausnahmen können sich jedoch aus Doppelbesteuerungsabkommen ergeben.[87]

In *Griechenland* gilt das klassische Körperschaftsteuersystem mit einem einheitlichen Steuersatz von 35 % erst seit 1992. Eine Doppelbelastung mit Körperschaft- und Einkommensteuer entsteht allerdings nicht, da auf die Ausschüttung keine Kapitalertragsteuer erhoben wird. Auch bei verflochtenen Gesellschaften entsteht keine Doppelbelastung, da die Bemessungsgrundlage u.a. um Beteiligungserträge gekürzt wird.[88] Bei der Ausschüttung an deutsche Anteilseigner entsteht grundsätzlich eine Doppelbesteuerung. Dies gilt allerdings nicht, wenn eine deutsche Kapitalgesellschaft unter den Voraussetzungen des § 26 Abs. 2 KStG an einer griechischen Tochtergesellschaft beteiligt ist, da dann nach § 26 Abs. 3 KStG die deutsche Körperschaftsteuer im Ergebnis nicht erhoben wird.[89]

In *Österreich* wird die Doppelbelastung dadurch gemindert, daß Dividenden ab dem 1. 1. 1994 wie Zinsen[90] nur einer Einkommensteuerbelastung von 22 % unterliegen.[91] Neben der Einführung einer Mindestkörperschaftsteuer von 15.000 öS und einer Verbreiterung der Bemessungsgrundlage wurde der seit der ersten Stufe der grundlegenden Unternehmensteuerreform vom 1. 1. 1989 geltende Körperschaftsteuertarif von 30 %[92] zur Finanzierung der zweiten Stufe ab dem 1. 1. 1994 auf 34 % erhöht.[93] Für Gewinnanteile aus der Beteiligung an ausländischen Kapi-

84 Vgl. Viherkenttä (Steuerreformen) S. 416.

85 Nach dem sog. Annell-Gesetz waren bei Neugründungen und Kapitalerhöhungen die Ausschüttungen unter bestimmten Voraussetzungen bis zu 10 % des zugeführten Kapitals innerhalb von 20 Jahren vom Gewinn absetzbar. Vgl. Peagitsch-Strömberg (Schweden) S. 20.

86 Vgl. Viherkenttä (Steuerreformen) S. 416.

87 Vgl. Viherkenttä (Steuerreformen) S. 416. So darf beispielweise nach dem neuen deutsch-schwedischen Doppelbesteuerungsabkommen bei Ausschüttungen schwedischer Tochter- an deutsche Muttergesellschaften keine Kapitalertragsteuer mehr erhoben werden. Vgl. Förster (Länderbericht) S. 1.

88 Vgl. Groos (Griechenland) S. 28–31.

89 Vgl. BStBl. I 1994, S. 3. Griechenland gehört zu den Entwicklungsländern i.S.d. § 6 EntwLStG.

90 Zinsen unterliegen in Österreich seit dem 1. 1. 1993 einer Abgeltungssteuer von 22 %. Vgl. Carl/Klos (Österreich) S. 611.

91 Vgl. Domann (Steuerreform) S. 1694 f.; Funk (Unternehmensteuerreform) S. 467.

92 Vgl. Wundsam/Zöchling (Steuerreform) S. 231.

93 Vgl. Funk (Unternehmensteuerreform) S. 464. Bei der Beurteilung dieser steuerverschärfend wirkenden Maßnahmen dürfen jedoch nicht die deutlichen Entlastungswirkungen der Reform durch Abschaffung von Vermögensteuer, Erbschaftsteueräquivalent und Gewerbeertragsteuer übersehen werden. Vgl. Carl/Klos (Österreich) S. 611; Funk (Unternehmensteuerreform) S. 464. Das Erbschaftsteueräquivalent war ein Ausgleich für das Fehlen einer erbschaftsteuerlichen Belastung der juristischen Personen und betrug 0,5 % des steuerpflichtigen Vermögens. Vgl. Helbich/Kotrnoch (Österreich) S. 178.

talgesellschaften gewährt Österreich unter bestimmten Voraussetzungen ein internationales Schachtelprivileg.[94]

(2) System der Vollanrechnung
– Deutschland, Finnland, Frankreich, Italien –

Das System der Vollanrechnung, wie es z.B. in Deutschland besteht, beseitigt die dem klassischen System immanente Doppelbelastung und orientiert sich ausschließlich an der Leistungsfähigkeit der beteiligten natürlichen Person. Die Gewinnausschüttungen werden zwar formal der Körperschaftsteuer unterworfen, jedoch wird die auf den ausgeschütteten Gewinnen lastende Körperschaftsteuer auf die individuelle Steuerschuld des Anteilseigners angerechnet.[95]

Deutschland ist innerhalb der EG das einzige Land mit einem gespaltenen Körperschaftsteuertarif für ausgeschüttete und nicht ausgeschüttete Gewinne. Die Thesaurierungsbelastung ist in erster Linie für die Unternehmen selbst von Interesse, die Ausschüttungsbelastung sowie die Anrechnungsmöglichkeiten für die Anteilseigner. In diesem Zusammenhang sei auf die Regelung des § 8b Abs. 1 KStG hingewiesen, der zwar für den Endaktionär keinen Vorteil bedeutet, aber die Weiterausschüttung von Gesellschaft zu Gesellschaft erleichtert und unter Umständen zu einer Steuerstundung mit erheblichen Liquiditätsvorteilen führen kann.[96]

Finnland hat mit Blick auf den EU-Beitritt sein Steuerrecht reformiert und bereits 1990 das Vollanrechnungssystem eingeführt. Mit Wirkung vom 1. 1. 1993 wurde der einheitliche Körperschaftsteuersatz von 30 % auf 25 % gesenkt.[97] Dieser entspricht dem proportionalen Steuersatz für Kapitaleinkommen, so daß Anteilseigner wirtschaftlich betrachtet keine Steuer auf die Dividenden zu zahlen haben. Ausländische Anteilseigner jedoch kommen nach nationalem finnischem Recht vorbehaltlich abweichender Vereinbarungen in Doppelbesteuerungsabkommen nicht in den Genuß des Anrechnungsanspruchs.[98]

In *Frankreich* wird das System der Vollanrechnung mit einem einheitlichen Steuersatz für ausgeschüttete und nicht ausgeschüttete Gewinne von 33$^1/_3$ % seit dem 1. 1. 1993 praktiziert. Allerdings wird selbst in Verlustfällen eine vom Umsatz abhängige progressive Mindestkörperschaftsteuer in Höhe von mindestens 5000 Francs und maximal 100.000 Francs ab einem Umsatz von 500 Millionen Francs erhoben.[99] Im Fall der Dividendenausschüttung entsteht eine Steuergut-

94 Vgl. Hundt (Standortsicherungsgesetz) S. 2051 f.
95 Vgl. Knobbe-Keuk (Steuerrecht) S. 516.
96 Vgl. zu dieser Regelung z.B. ausführlich Hundt (Standortsicherungsgesetz) S. 2048–2053, 2098–2102.
97 Allerdings wurde zur Finanzierung der Reform die Bemessungsgrundlage u.a. durch die Besteuerung von Veräußerungsgewinnen und Einschränkungen bei der Rückstellungs- und Rücklagenbildung verbreitert. Vgl. Streit (Überblick) S. 49f.; Viherkenttä (Steuerreformen) S. 417.
98 Vgl. Streit (Überblick) S. 45ff.; Viherkenttä (Steuerreformen) S. 414ff.
99 Vgl. Baconnier (Frankreich) S. 89; Tillmanns (Steueränderungen) S. 949.

schrift (avoir fiscal) in Höhe der Hälfte des Ausschüttungsbetrags, die wie in Deutschland dem steuerpflichtigen Einkommen hinzugerechnet wird und auf die geschuldete Einkommensteuer angerechnet werden kann.[100] Dividendenausschüttungen an Personen mit Wohnsitz außerhalb Frankreichs unterliegen einem Steuerabzug von 25 % der Bruttodividende, der durch Doppelbesteuerungsabkommen modifiziert sein kann. In diesem Fall entfällt die Steuergutschrift grundsätzlich, wird aber in den Doppelbesteuerungsabkommen auf die im Abkommenspartnerland ansässigen Aktionäre ausgedehnt.[101]

Die Körperschaftsteuer in *Italien* (imposta sul reddito delle persone guiridiche – IRPEG) beträgt einheitlich 36 %. Die körperschaftsteuerpflichtigen Einkünfte der Kapitalgesellschaften mit Sitz in Italien unterliegen darüberhinaus der lokalen Ertragsteuer ILOR, so daß sich eine Gesamtsteuerbelastung des Gewinns von 52,2 % ergibt.[102] Bei Gewinnausschüttungen hat die Gesellschaft Kapitalertragsteuer einzubehalten und abzuführen. Diese beträgt bei inländischen Anteilseignern 10 % und hat Vorauszahlungscharakter,[103] bei ausländischen Anteilseignern entsteht hingegen grds. eine Definitivbelastung von 32,4 %.[104] Die meisten von Italien abgeschlossenen Doppelbesteuerungsabkommen sehen jedoch eine Reduzierung der Kapitalertragsteuer vor, so z.B. das deutsch-italienische Doppelbesteuerungsabkommen auf 10 % bei Schachtelbeteiligungen bzw. 15 % in allen anderen Fällen.[105]

(3) System der Teilanrechnung
– Großbritannien, Irland, Portugal, Spanien –

Im System der Teilanrechnung kann die auf den Ausschüttungen lastende Körperschaftsteuer nur anteilig angerechnet werden, so daß die Doppelbelastung auch nur teilweise vermieden wird.

In *Großbritannien* beträgt der für ausgeschüttete und nicht-ausgeschüttete Gewinne einheitliche Körperschaftsteuer-Normalsatz 33 %. Im Fall der Gewinnausschüttung – auch soweit diese aus vorangegangenen Wirtschaftsjahren stammt[106] –

---

100 Vgl. DIW (Vergleich) S. 37. Durch den gesenkten Körperschaftsteuertarif wird so eine Vollanrechnung bewirkt.

101 Vgl. Korn/Debatin (Doppelbesteuerung) Frankreich S. 157. Zum dt.-frz. DBA vgl. Viegener (Vollanrechnung) S. 936. Vgl. auch Vfg. OFD Frankfurt v. 29. 4. 1994 – S 2293 A – 72 – St II 2 a/25.

102 36 % KSt + 16,2 % ILOR = 52,2 %. Vgl. Mennel (Italien) S. 31.

103 Sie unterliegt bei inländischen Anteilseignern zusammen mit der Dividende und der Körperschaftsteuergutschrift der Einkommen- bzw. Körperschaftsteuer.

104 Vgl. Korn/Debatin (Doppelbesteuerung) Italien S. 196; Mayr (Italien) S. 293; ders. (Umsetzung) S. 347.

105 Art. 10 Abs. 2 u. 3 DBA-Italien. Durch die Umsetzung der Mutter-Tochter-Richtlinie in Italien ergibt sich nunmehr für EG-Muttergesellschaften eine völlige Freistellung von der italienischen Kapitalertragsteuer; umgekehrt werden Dividenden von EG-Tochtergesellschaften bei der italienischen Muttergesellschaft jedoch einer Besteuerung von 5 % unterworfen. Vgl. Mayr (Umsetzung) S. 350 f.; Mennel (Italien) S. 32 f.

106 Vgl. Müssener (Grundzüge) S. 283.

ist eine Vorauszahlung auf die Körperschaftsteuer, die sog. advance corporation tax (ACT) zu leisten. Sie beträgt im Steuerjahr 1994/95 $^{20}/_{80}$ = 25 % der tatsächlich ausgeschütteten Dividende (Bardividende).[107] Die Höhe der ACT wird jeweils an den Eingangstarif der Einkommensteuer einer natürlichen Person angepaßt. Die ACT ist Bestandteil der Bemessungsgrundlage für die persönliche Einkommensteuer und wird auf diese angerechnet.[108] Für Anteilseigner im Geltungsbereich dieser basic rate von 20 % im Steuerjahr 1994/95 stellt das britische Körperschaftsteuersystem daher ein Vollanrechnungssystem dar, für Anteilseigner mit höherem Einkommen hingegen nur ein Teilanrechnungssystem.[109]

Folgendes Beispiel soll der Verdeutlichung dienen:

Gewinn	100,00	
KSt	– 33,00	– 33,00
Dividende	67,00	
ACT $^{20}/_{80}$ von 67		16,75
Abschlußzahlung KSt		16,25
ACT-Gutschrift	+ 16,75	
Bemessungsgrundlage ESt	83,75	
Eingangstarif ESt 20 %	16,75	
abzgl. ACT-Gutschrift	– 16,75	
Abschlußzahlung ESt	0,00	

Die ACT wirkt bei der ausschüttenden Kapitalgesellschaft wie eine Vorauszahlung. Sie kann jedoch nicht erstattet werden. Ist also die ACT höher als die Körperschaftsteuerschuld, so entsteht in dem betreffenden Veranlagungszeitraum eine definitive Körperschaftsteuer-Zusatzbelastung, sog. surplus-ACT.[110] Zu diesem Ergebnis kommt es insbesondere dann, wenn ausländische Einkünfte ausgeschüttet werden, da in diesem Fall die ausländische Körperschaftsteuer auf die britische angerechnet wird.[111]

107 Vgl. Kessler (Standortvorteile) S. 531; Müssener (Großbritannien) S. 29.

108 Vgl. Saß (Steuerharmonisierung) S. 116.

109 Vgl. Marflow (Großbritannien) S. 110f.; Müssener (Grundzüge) S. 283.

110 Dieser Überschuß konnte allerdings 6 Jahre zurück- und unbegrenzte Zeit vorgetragen werden. Vgl. Müssener (Großbritannien) S. 29; Saß (Steuerharmonisierung) S. 116.

111 Die ACT kann nur dann vollständig mit der Körperschaftsteuerschuld verrechnet werden, wenn die ausländische Körperschaftsteuer maximal 16,25 % beträgt. Vgl. Kessler (Standortvorteile) S. 531. Vor diesem Hintergrund sind die beiden folgenden mit Wirkung zum 1. 7. 1994 eingeführten Maßnahmen zu verstehen. Zum einen wurde für Dividendenausschüttungen, die aus Auslandserträgen finanziert werden, unter bestimmten Voraussetzungen für alle Kapitalgesellschaften ein Wahlrecht eingeführt, diese als sog. foreign income dividends (FID) zu behandeln, mit der Folge, daß die surplus-ACT verrechnet werden kann. Darüberhinaus wurden solche Kapitalgesellschaften, die die Voraussetzungen einer International Headquarter Company (IHC) erfüllen, von der Einbehaltung einer ACT befreit. Vgl. hierzu ausführlich Kessler (Standortvorteile) S. 530–537; Saß (Entwicklungen) S. 1595.

Das irische Körperschaftsteuersystem ist dem britischen traditionell ähnlich.[112] Der Körperschaftsteuernormaltarif beträgt in *Irland* 40 %.[113] Im Fall der Gewinnaussschüttung hat die irische Kapitalgesellschaft eine ACT in Höhe der dem Anteilseigner zu gewährenden Steuergutschrift[114] abzuführen. Dividende und Steuergutschrift unterliegen beim Anteilseigner der Einkommensteuer, auf welche wiederum die Steuergutschrift angerechnet wird.[115]

Ein besonderer Körperschaftsteuertarif von nur 10 % gilt für die in Irland produzierenden Kapitalgesellschaften (manufacturing companies), bestimmte Schifffahrts- und Exportunternehmen sowie für die im ehemaligen Hafengebiet (Custom House Docks Area) von Dublin im sog. International Financial Services Center (IFSC)[116] ansässigen Kapitalgesellschaften. Diese Vergünstigung ist von der irischen Regierung unter Abstimmung mit der EG-Kommission bis zum 31. 12. 2000 garantiert.[117] Aufgrund zahlreicher Doppelbesteuerungsabkommen der Republik Irland kann der Steuervorteil auch bei Ausschüttung an ausländische Muttergesellschaften weitergegeben werden. So gewährt beispielsweise das deutsch-irische Doppelbesteuerungsabkommen einer deutschen Kapitalgesellschaft bei einer Beteiligung von mindestens 25 % das internationale Schachtelprivileg.[118] Allerdings hat sich der deutsche Gesetzgeber eines sog. „treaty-overriding" bedient und durch die im Rahmen des StÄndG 1992 eingeführte Regelung des § 10 Abs. 6 AStG das Schachtelprivileg des deutsch-irischen Doppelbesteuerungsabkommens bei Vorliegen sog. Zwischeneinkünfte mit Kapitalanlagecharakter einseitig mit der Folge außer Kraft gesetzt, daß die Dividenden nunmehr der deutschen Körperschaftsteuer unterliegen.[119]

In *Portugal*[120] beträgt der allgemeine Steuertarif 36 %. Inländische Anteilseigner dürfen 50 % der auf die Ausschüttung entfallenden Körperschaftsteuer auf ihren Steuerbetrag anrechnen. Bei einer Beteiligung von mindestens 25 % über einen

---

112 Vgl. Saß (Steuerharmonisierung) S. 116.

113 Vgl. Groos (Irland) S. 19.

114 Diese berechnet sich als Ausschüttungsbetrag × ESt-Standardsatz/(100 – ESt-Standardsatz). Vgl. Grotherr (Irland) S. 44 f.

115 Ausländische – genauer nichtansässige – Anteilseigner sind grds. vom Anrechnungsverfahren ausgeschlossen. Vgl. Grotherr (Irland) S. 44.

116 Zu den Voraussetzungen für die Inanspruchnahme des ermäßigten Steuersatzes im IFSC und den sonstigen Vorteilen vgl. ausführlich Grotherr (Steueranreize) S. 51–56; Tulloch (StÄndG) S. 1446–1449, Gundel (Finanzierungsgestaltungen I) S. 217.

117 Vgl. Grotherr (Steueranreize) S. 51, Saß (Entwicklungen) S. 1595. Die Förderung im IFSC soll nunmehr sogar bis Ende des Jahres 2005 gelten. Vgl. Gundel (Finanzierungsgestaltungen I) S. 217; Tulloch (StÄndG) S. 1447.

118 Art. 22 Abs. 2 a) aa) S. 3 u. 4 DBA-Irland.

119 Vgl. Flick/Wassermeyer/Becker (Außensteuergesetz) HinzurechnungsBest. Anm. 9; Saß (Entwicklungen) S. 1595 f.; Schwarz/Fischer-Zernin (Treaty-Overriding) S. 49–53.Vgl. auch Gundel (Finanzierungsgestaltungen I) S. 217 f., der die Steuerbelastung der Einkünfte von Finanzierungsgesellschaften in Deutschland, Belgien, Irland und den Niederlanden unter Berücksichtigung der deutschen Hinzurechnungsbesteuerung vergleicht.

120 Vgl. Malpricht (Portugal) S. 25–28.

Zeitraum von zwei Jahren gilt allerdings ein Schachtelprivileg, wonach nur 5 % der Dividenden der Körperschaftsteuer unterliegen. Ausländische Beteiligungserträge werden, abgesehen von abweichenden Regelungen in Doppelbesteuerungsabkommen, bei einer Mindestbeteiligung von 20 % mit einem Steuersatz von nur 10 % besteuert.

In *Spanien*[121] beträgt der allgemeine Körperschaftsteuertarif 35 %. Unbeschränkt steuerpflichtige natürliche Personen erhalten für Ausschüttungen aus einer Beteiligung an einer spanischen Kapitalgesellschaft eine Steuergutschrift von 10 % der entrichteten Körperschaftsteuer. Erfolgt die Ausschüttung an unbeschränkt körperschaftsteuerpflichtige juristische Personen, so beträgt der Steuerabzug grundsätzlich 50 %, bei einer mehr als 25 %igen Beteiligung sogar 100 %. Bei Dividenden aus einer Beteiligung an einer ausländischen Gesellschaft, die mindestens 25 % beträgt und ununterbrochen sowohl im Jahr der Ausschüttung als auch im Vorjahr bestanden hat, kann vorbehaltlich abweichender Regelungen in Doppelbesteuerungsabkommen die ausländische Körperschaftsteuer bis zur Höhe des Steuerbetrags, der dafür in Spanien abzuführen gewesen wäre, auf die spanische Steuer angerechnet werden.

(4) Abzugssystem

Beim Abzugssystem, das bis vor kurzem in Griechenland als einzigem EG-Land galt, wurde der ausgeschüttete Gewinn bei der Gesellschaft von der Bemessungsgrundlage abgezogen[122] und ausschließlich der Einkommen- bzw. Körperschaftsteuer der Anteilseigner unterworfen. Hierdurch wurde – wie im System der Vollanrechnung – die Doppelbelastung vollständig vermieden, die Beseitigung der Doppelbelastung aber bereits auf Unternehmensebene vorgenommen.

bb) Substanzsteuern

Die ertragsunabhängigen Substanzsteuern stellen eine keinesfalls zu vernachlässigende Einflußgröße für Investitions- und Standortentscheidungen dar. Sie erlangen insbesondere in Zeiten schlechter Gewinnsituation zunehmende Bedeutung und können sogar zu einem realen Substanzverzehr führen. Die Risikobereitschaft eines potentiellen Investors wird ceteris paribus umso höher sein, je niedriger die ertragsunabhängigen Steuern sind.[123]

---

121 Vgl. Selling (Unternehmensbesteuerung) S. 215–219, 240–242; ders. (Spanien) S. 24–30. Eine Besonderheit ist die Durchgriffsbesteuerung, bei der unter bestimmten Voraussetzungen die Gewinne nicht bei der Gesellschaft, sondern bei den Anteilseignern der Besteuerung unterworfen werden.

122 Vgl. Finokaliotis (Griechenland) S. 272.

123 Vgl. Esser (Unternehmensbesteuerung) S. 160ff.; Schneider (Unternehmenssteuerbelastung) S. 539.

Land	Vermögensteuer		Gewerbekapitalsteuer	Grundsteuer
	nat. Person	jur. Person		
Belgien	-	-	-	-
Dänemark	1%	-	-	1%
Deutschland	0,5% od. 1%	0,6%	0,2%	0,35%
Finnland	0,8-1,7%	-	-	-
Frankreich	0-1,5%	-	„taxe professionnelle"	ortsabhängig
Griechenland	-	-	-	-
Großbritannien	-	-	-	sog. „rates"
Irland	-	-	Lohnsummensteuer	sog. „rates"
Italien	0,75%	0,75%	-	0,4-0,7%
Luxemburg	0,5%	0,5%	0,2%	0,7-1%
Niederlande	0,8%	-	-	ortsabhängig
Österreich	-	-	Kommunalsteuer	0,2%; ggf. Bodenwertabgabe
Portugal	-	-	-	1,1-1,3%
Schweden	1,5%	0,15%	-	0,7-1% für best. Einheiten
Spanien	0,2-2,5%	-	tätigkeitsabhängig	0,4-1,7%; ggf. Neubausteuer

Abbildung 9: Überblick über die Substanzbesteuerung in den EG-Staaten

Eine Vermögensteuer für juristische Personen wie in Deutschland gibt es innerhalb der EG nur in Luxemburg. Die Belastungswirkung wird in diesen beiden Ländern einerseits gesteigert durch die gleichzeitige Erhebung von Gewerbekapitalsteuer, andererseits durch die Nichtabzugsfähigkeit bei den Ertragsteuern.[124] Hinzukommt, daß auch der inländische Anteilseigner mit seinem Anteilsbesitz der Vermögensteuer unterliegt. Allerdings sind in beiden Ländern inländische Schachtelbeteiligungen vermögensteuerfrei. In Italien wurde nur für die Veranlagungsjahre 1992–1994 eine Reinvermögensteuer in Höhe von 0,75 % auf das Betriebsvermögen von Einzelunternehmen und Gesellschaften erhoben.[125] Der schwedischen Vermögensteuer unterliegen mit dem Reinvermögen nach Abzug der Schulden nur bestimmte juristische Personen bzw. Vereinigungen, nicht aber Aktiengesellschaften oder Genossenschaften.[126]

Eine Gewerbekapitalsteuer auf den Einheitswert des Betriebsvermögens, wie sie in Deutschland existiert, besteht innerhalb der EG ebenfalls nur in Luxemburg.[127] In Frankreich wird die sog. „taxe professionnelle" erhoben, eine ebenfalls gewinnunabhängige Steuer für gewerbliche Betriebe natürlicher und juristischer Personen, die auf 3,5 % des von dem betreffenden Unternehmen geschaffenen Mehrwerts beschränkt ist. Bemessungsgrundlage ist jedoch nicht das Gewerbekapital,

124 Vgl. für Luxemburg: Meyer (Luxemburg) S. 33–36.

125 Vgl. Mennel (Italien) S. 33.

126 Vgl. Peagitsch-Strömberg (Schweden) S. 22.

127 Das Gewerbekapital nach Hinzurechnungen und Kürzungen sowie Abzug eines Freibetrags unterliegt wie in Deutschland einer Steuermeßzahl von 0,2 %. Vgl. Meyer (Luxemburg) S. 40–42. In Österreich ist die Gewerbekapitalsteuer bereits ab dem Kalenderjahr 1986 entfallen. Vgl. Wundsam/Zöchling (Investitionen) S. 211.

sondern der Mietwert des Sachanlagevermögens und ein Prozentsatz der Lohnsumme.[128] Irland erhebt nur bei bestimmten Industrieunternehmen eine Steuer von 1 % bzw. 1,25 % auf die Summe der gezahlten Löhne und Gehälter, wobei hiervon bei Durchführung staatlich genehmigter Ausbildungsprogramme wieder bis zu 90 % erstattet werden.[129] In Österreich wurde die eigentliche Gewerbekapitalsteuer bereits 1986 abgeschafft.[130] Es bestand jedoch bis zum 1. 1. 1994 eine gleichfalls gewinnunabhängige Lohnsummensteuer in Höhe von 2 %, die ab dem 1. 1. 1994 durch die sog. Kommunalsteuer abgelöst wurde. Die Kommunalsteuer beträgt nunmehr 3 % und bezieht sich auf sämtliche in einem Kalendermonat an die Arbeitnehmer eines jeden inländischen Unternehmens gezahlten Arbeitslöhne.[131] In Spanien unterliegt jede gewerbliche Tätigkeit einer von Art, Ort und Umfang der Tätigkeit abhängigen Gewerbesteuer, die sich aus einem festen Grundbetrag und lageabhängigen Hebesätzen der Kreise und Gemeinden zusammensetzt.[132] Die übrigen EG-Mitgliedsstaaten kennen keine vergleichbaren Steuern.

Grundsteuern oder vergleichbare Abgaben, wie beispielsweise die österreichische Bodenwertabgabe oder die britischen und irischen „rates“, werden hingegen in beinahe allen EG-Staaten in unterschiedlicher Höhe und auf unterschiedliche Bemessungsgrundlagen erhoben.[133]

cc) Grenzsteuerbelastung

An dieser Stelle soll und muß darauf hingewiesen werden, daß reine Rechtsvergleiche nur nominale Belastungsunterschiede hinsichtlich der Einzelsteuerarten aufzeigen können. Allerdings – und das darf auch nicht übersehen werden – hat die Höhe der Nominalsteuersätze immer eine besondere Signalwirkung. Genauere Ergebnisse liefert bereits die Berechnung der integrierten Gesamtsteuersätze auf Ertrag und Substanz, wie sie z.B. vom Institut der deutschen Wirtschaft im September 1993 durchgeführt wurde.[134] Dabei wurden die nominalen Grenzsteuersätze auf thesaurierte Gewinne von Kapitalgesellschaften unter Berücksichtigung von

128 Vgl. Baconnier (Frankreich) S. 80; Joa (Frankreich) S. 47f.; Tillmanns (Steueränderungen) S. 945f.; ders. (Frankreich) S. 988f.

129 Vgl. Groos (Irland) S. 25.

130 Vgl. Wundsam/Zöchling (Investitionen) S. 211.

131 Vgl. Domann (Steuerreform) S. 1696; Zöchling (Auswirkungen) S. 297.

132 Vgl. Selling (Spanien) S. 40; ders. (Unternehmensbesteuerung) S. 212.

133 Auf die Einzelheiten kann und soll an dieser Stelle nicht eingegangen werden. Vgl. zu Dänemark: Hauser (Dänemark) S. 99; Muuss (Dänemark) S. 38; zu Frankreich: Joa (Frankreich) S. 51f.; zu Großbritannien: Marflow (Großbritannien) S. 117; Müssener (Großbritannien) S. 39f.; zu Irland: Groos (Irland) S. 25; zu Italien: Mennel (Italien) S. 37; zu Luxemburg: Meyer (Luxemburg) S. 43f.; zu Niederlande: Müssener (Niederlande) S. 39; zu Österreich: Domann (Österreich) S. 48–52; zu Portugal: Malpricht (Portugal) S. 31; zu Schweden: Peagitsch-Strömberg (Schweden) S. 28; zu Spanien: Selling (Spanien) S. 41f., ders. (Unternehmensbesteuerung) S. 212f.

134 Vgl. Institut der deutschen Wirtschaft (Unternehmensteuervergleich) S. 66–68. Unterstellt wurden ein Gewerbesteuerhebesatz von 400 % und ein Gewinn-Kapital-Verhältnis von 1:10.

Körperschaftsteuer, Vermögensteuer, Gewerbeertragsteuer und Gewerbekapitalsteuer und deren gegenseitiger Abzugsfähigkeit berechnet. Für die EG-Staaten ergab sich danach folgendes Bild:

Land	**%**	**Land**	**%**
Deutschland	62,3	Niederlande	35,0
Frankreich	52,2	Spanien	35,0
Österreich	49,3	Griechenland	35,0
Italien	47,8	Dänemark	34,0
Portugal	40,2	Großbritannien	33,0
Irland	40,0	Schweden	30,0
Belgien	39,0		

Betriebswirtschaftlich aussagekräftigere Zahlen kann hingegen erst ein Vergleich der effektiven Grenzsteuerbelastung für das einzelne Investitions- und Finanzierungsvorhaben an den alternativen Standorten liefern, in welchen neben den Steuertarifen auch sämtliche Bemessungsgrundlagen inklusive Freibeträge, Verlustverrechnungsmöglichkeiten und Subventionen miteinbezogen werden.[135] Die Einbeziehung der Bemessungsgrundlagen ist deshalb von besonderer Wichtigkeit, weil ein nominal geringerer Steuersatz durch eine breitere Bemessungsgrundlage mehr oder weniger stark kompensiert wird. Darüberhinaus ist der zeitlich unterschiedliche Anfall von Steuerzahlungen zu berücksichtigen. Die Ergebnisse eines Steuerbelastungsvergleichs unter Berücksichtigung der Abschreibungsmöglichkeiten werden kurz im folgenden Abschnitt b) dargestellt. Neben den Unterschieden bei der Ermittlung der Bemessungsgrundlagen beeinflußt allerdings auch die Art der Finanzierung die Höhe der effektiven Steuerbelastung.[136] Da Vergleiche effektiver Steuerbelastungen in der Regel von vereinfachenden Annahmen ausgehen und zudem mit nicht berücksichtigten Unsicherheitswirkungen behaftet sind, können sie nur beispielhaft und nicht mit Allgemeingültigkeitsanspruch steuerbedingte Wettbewerbsverzerrungen aufzeigen.[137]

b) Steuerbemessungsgrundlagen

Im Rahmen der Bemessungsgrundlage von besonderer Bedeutung sind die Abschreibungsmöglichkeiten, die Verlustverrechnungsmöglichkeiten und die Möglichkeiten zur Bildung von Pensionsrückstellungen und anderen – vor allem lang-

135 Vgl. Schneider (Unternehmenssteuerbelastung) S. 534–539; Esser (Unternehmensbesteuerung) S. 168f.

136 Vgl. Jacobs (Steuerbelastung) S. 260f.

137 Vgl. zu den Problemen von Steuerbelastungsvergleichen Jacobs (Steuerbelastung) S. 257f.; Schneider (Hochsteuerland) S. 328–338. Zu unterschiedlichen Berechnungsmethoden vgl. Fischer (Steuerbelastung) S. 131–155.

fristigen – Rückstellungen sowie steuerfreien Rücklagen, da hierdurch der Umfang der Innenfinanzierung bestimmt wird.

So gibt es neben Deutschland nur wenige Länder, die die Bildung von Pensionsrückstellungen erlauben, nämlich Italien, die Niederlande und Österreich. Diese Länder gewähren auch darüberhinaus vergleichsweise umfangreiche Rücklagen- und Rückstellungsmöglichkeiten. Die Niederlande erlauben beispielsweise Rückstellungen für Vorruhestandsregelungen, eine Ausgleichsrücklage für zeitlich ungleichmäßig verteilte Kosten sowie eine Ersatzbeschaffungsrücklage.[138] In Italien können Rückstellungen für gewisse und ungewisse Verbindlichkeiten gebildet werden, wie z. B. für Entschädigungen aus der Beendigung von Arbeitsverhältnissen, Forderungs- und Fremdwährungsrisiken sowie Betriebssteuern.[139] Österreich hat zwar zur Finanzierung seiner Steuerreform die steuerliche Bemessungsgrundlage durch die Abschaffung der Investitionsrücklage, Senkung des Investitionsfreibetrags[140] von 30 % auf 15 %, Verbot der Bildung von Jubiläumsrückstellungen und sämtlichen Pauschalrückstellungen sowie pauschalen Forderungswertberichtigungen verbreitert, jedoch werden Rückstellungen für Abfindungen, drohende Verluste und ungewisse Verbindlichkeiten neben den Pensionsrückstellungen weiterhin anerkannt.[141] Belgien hingegen ist äußerst restriktiv und erlaubt weder die Bildung freier Rücklagen, noch die Bildung von Rückstellungen für drohende Verluste oder Pensionszusagen.[142] Allerdings ist die Bildung einer Ersatzbeschaffungsrücklage gestattet.[143] Eine solche steuerfreie Rücklage für in Folgejahren vorzunehmende Investitionen gewähren neben Deutschland sowie den bereits genannten Niederlanden und Belgien auch Griechenland,[144] Großbritannien[145] und Spanien.[146] In Dänemark wird zur Anerkennung von Rückstellungen gefordert, daß der Aufwand mit an Sicherheit grenzender Wahrscheinlichkeit auch tatsächlich eintritt.[147] Schweden und Finnland haben zur Finanzierung der Körperschaftsteuersenkung die Rückstellungs- und Rücklagenbildung stark eingeschränkt.[148] In Finnland wurden Garantierückstellungen und Pauschalwertberichtigungen auf Forderungen abgeschafft, Wiederbeschaffungsrücklagen dürfen nur noch für Bürogebäude gebildet werden.[149] In Großbritannien werden Drohver-

138 Vgl. van Raad (Niederlande) S. 29 f.

139 Vgl. Fantozzi (Italien) S. 175; Mayr (Italien) S. 310.

140 Der Investitonsfreibetrag bewirkt, daß Sachanlageinvestitionen über die Nutzungsdauer zu mehr als 100 % abgeschrieben werden können.

141 Vgl. Domann (Steuerreform) S. 1693; Funk (Unternehmensteuerreform) S. 464–466; Zöchling (Auswirkungen) S. 294 f.

142 Vgl. Vanistendael (Belgien) S. 56 f.

143 Vgl. Vanistendael (Belgien) S. 58 f.

144 Vgl. Finokaliotis (Griechenland) S. 266.

145 Vgl. Marflow (Großbritannien) S. 106.

146 Vgl. Selling (Unternehmensbesteuerung) S. 219.

147 Vgl. Winther-Srensen (Dänemark) S. 136.

148 Vgl. Viherkenttä (Steuerreformen) S. 414.

149 Vgl. Streit (Überblick) S. 49.

lust- und Aufwandsrückstellungen nur genehmigt, wenn sie hinreichend konkretisiert sind.[150] Gleiches gilt für Frankreich. Hier sind außerdem Rücklagen für Auslandsinvestitionen sowie Preissteigerungen und Rohstoffpreisschwankungen vorgesehen.[151] In Spanien dürfen Rückstellungen nur noch im Falle von wahrscheinlichen Zahlungen aus Rechtsstreitigkeiten gebildet werden.[152] In Portugal dürfen Rückstellungen darüberhinaus noch für Ausfälle aus Forderungen gegen bereits gerichtlich verklagte oder insolvente Schuldner sowie für Wertverluste des Vorratsvermögens angesetzt werden.[153]

Hinsichtlich der Absetzungen für Abnutzung ist ein Vergleich der reinen Abschreibungssätze nicht besonders aussagekräftig, da hier Steuertarif, Zinssätze, Inflationsraten und der zeitlich unterschiedliche Anfall von Steuerzahlungen unberücksichtigt bleiben. So führt die Möglichkeit anfänglich höherer Abschreibungen zu Kompensationen in Folgeperioden und somit nicht unbedingt zu dauerhaften Belastungsunterschieden, sondern nur zu temporären Verschiebungen. Informativer ist daher ein mehrperiodiger Vergleich von Abschreibungsbarwerten,[154] wie ihn 1993 das Institut der deutschen Wirtschaft aufgestellt hat.[155] Dabei wurde gleichzeitig auch die effektive Grenzsteuerbelastung in den EG-Staaten ermittelt und in Relation zur deutschen gesetzt. Die Ergebnisse nach Einführung des Standortsicherungsgesetzes zeigt nachstehende Tabelle:

150 Vgl. Marflow (Großbritannien) S. 115.
151 Vgl. Baconnier (Frankreich) S. 83; Tillmanns (Steuerrecht) S. 895.
152 Vgl. Selling (Unternehmensbesteuerung) S. 224.
153 Vgl. Stieb (Portugal) S. 57.
154 Vgl. Schneider (Unternehmenssteuerbelastung) S. 536.
155 Vgl. Institut der deutschen Wirtschaft (Unternehmensteuervergleich) S. 61–68.

	Maschine mit 10jähriger Nutzungszeit		**Betriebsgebäude**	
	AfA-Barwert	eff. Grenzsteuersatz	AfA-Barwert	eff. Grenzsteuersatz
Deutschland	100,0	100,0	100,0	100,0
Italien	99,9	60,8	137,2	41,0
Großbritannien	97,6	39,1	100,0	42,2
Frankreich	97,7	79,1	110,5	69,6
Belgien	95,0	55,9	100,3	51,9
Irland	108,1	23,8	164,9	10,7
Irland (manuf.ind.)	108,1	4,1	164,9	1,9
Niederlande	94,5	48,7	85,5	52,1
Dänemark	99,9	35,9	109,3	39,4
Spanien	79,0	78,5	85,5	52,1
Portugal	89,8	70,8	64,8	71,4
Griechenland	89,8	58,2	122,8	34,0
Österreich	89,8	96,6	110,5	64,0
Schweden	100,0	30,1	116,2	30,7

Abbildung 10: Abschreibungsbarwerte und effektive Grenzsteuersätze im Vergleich[156]

Der Vergleich zeigt, daß Deutschland bei den Maschinenabschreibungen aufgrund der Möglichkeit der degressiven Abschreibung, die mit 30 % angesetzt wurde, hinter Irland an zweiter Stelle liegt. Anders sieht es bei den Abschreibungen auf Betriebsgebäude aus. Hierfür ist insbesondere der Wegfall der degressiven Abschreibung verantwortlich. Bei der effektiven Grenzsteuerbelastung zeigt sich in beiden Fällen deutlich, daß Deutschland die höchsten Unternehmenssteuern hat. Eine hohe Grenzsteuerbelastung verringert jedoch die Bereitschaft zur Übernahme unternehmerischer Risiken in Form von Innovationen, Investitionen und Schaffung von Arbeitsplätzen.[157]

Insbesondere in den ersten Jahren nach einer Neuinvestition sind wegen möglicher Anlaufverluste auch die Verlustabzugsmöglichkeiten von Bedeutung. Es gilt wieder: Je größer die Möglichkeiten der Verlustverrechnung sind, desto höher ist auch die Bereitschaft zur Risikoübernahme. Für die EG-Staaten sind die Verlustabzugsmöglichkeiten in folgender Übersicht zusammengefaßt:

156 Es wurde ein Diskontierungsfaktor von 5 % zugrundegelegt. Deutschland wurde = 100 gesetzt. Ein Wert über 100 bedeutet daher, daß die Abschreibungsbedingungen günstiger bzw. die effektiven Grenzsteuersätze höher sind als in Deutschland.

157 Vgl. Pinne (Steuerchaos) S. 441.

Land	Verlustrücktrag	Verlustvortrag
Belgien[158]	-	zeitlich unbegrenzt; 1 Mio/Jahr verrechenbar, bei Gewinn > 2 Mio davon 50%
Dänemark[159]	-	5 Jahre
Deutschland	2 Jahre; max. 10 Mio	unbegrenzt
Finnland[160]	-	10 Jahre
Frankreich[161]	KSt-pflichtige Gesellschaften unter best. Voraussetzungen 3 Jahre	5 Jahre
Griechenland[162]	-	5 Jahre
Großbritannien[163]	unter best. Voraussetzungen 3 Jahre	unbegrenzt
Irland[164]	KSt-pflichtige Gesellschaften 3 Jahre	unbegrenzt
Italien[165]	-	5 Jahre
Luxemburg[166]	-	unbegrenzt
Niederlande[167]	3 Jahre	8 Jahre
Österreich[168]	-	7 Jahre
Portugal[169]	-	5 Jahre
Schweden[170]	-	10 Jahre
Spanien[171]	-	5 Jahre

Abbildung 11: Verlustabzugsmöglichkeiten im Vergleich

Es zeigt sich, daß die Mehrzahl der EG-Staaten keinen Verlustrücktrag erlaubt. Der Verlustvortrag ist meistens zeitlich und in Belgien der Höhe nach begrenzt. Deutschland bietet vergleichsweise großzügige Verlustabzugsmöglichkeiten.

2. Steuerpolitische Förderungsmaßnahmen

Steuerpolitische Förderungsmaßnahmen gibt es in den einzelnen EG-Staaten in unterschiedlichster Form. Im Vordergrund steht dabei häufig die Förderung strukturschwacher Gebiete, wie z.B. in Deutschland die Förderung der neuen

158 Vgl. Vanistendael (Belgien) S..57.
159 Vgl. Winther-Sørensen (Dänemark) S. 129, 138. Dänemark weist die Besonderheit der grenzüberschreitenden Organschaft auf, d.h., durch die Zusammenveranlagung von dänischer Mutter- und ausländischer Tochtergesellschaft ist ein sofortiger Verlustausgleich möglich.
160 Vgl. Streit (Überblick) S. 49. Veräußerungsverluste können nur 3 Jahre vorgetragen werden.
161 Vgl. Baconnier (Frankreich) S. 84.
162 Vgl. Finokaliotis (Griechenland) S. 252; Groos (Griechenland) S. 20.
163 Vgl. Marflow (Großbritannien) S. 104; Müssener (Großbritannien) S. 19, 27.
164 Vgl. Groos (Irland) S. 13, 19; Grotherr (Irland) S. 38.
165 Vgl. Fantozzi (Italien) S. 183; Mennel (Italien) S. 30f. Der Verlustvortrag gilt nicht für die ILOR.
166 Vgl. Friedrich (Luxemburg) S. 97.
167 Vgl. Müssener (Niederlande) S. 16, 29; van Raad (Niederlande) S. 14. Anlaufverluste aus den ersten 6 Jahren nach Unternehmensgründung sind unbegrenzt vortragbar.
168 Vgl. Domann (Österreich) S. 22; Wundsam/Zöchling (Österreich) S. 241, 243f.; Zöchling (Österreich) S. 259.
169 Vgl. Malpricht (Portugal) S. 19; Stieb (Steuerrecht) S. 53.
170 Vgl. Peagitsch-Strömberg (Steueränderungen) S. 152.
171 Vgl. von Schiller/Löber (Steuerrecht) S. 119; Selling (Spanien) S. 216.

Bundesländer durch das Fördergebietsgesetz oder das Investitionszulagengesetz.[172] Italien fördert Investitionen und Unternehmensgründungen im Gebiet des Mezzogiorno durch Befreiung von der ILOR bzw. IRPEG[173] In Frankreich können Unternehmen, die neue Industrieeinrichtungen schaffen, in bestimmten Regionen bis zu fünf Jahre von der taxe professionnelle befreit werden.[174] Portugal gewährt bei Investitionen in bestimmten Regionen und Wirtschaftszweigen in den Jahren 1993 bis 1995 Abzüge vom Steuerbetrag in Höhe von 10 % in 1993, 8 % in 1994 und 6 % in 1995. Spanien gestattet für die kanarischen Inseln eine steuerbegünstigte Investitionsrücklage und für die afrikanischen Gebiete Ceuta und Melilla einen Steuerabzug von 50 %.[175] Und auch in Dänemark sollen Unternehmen durch Verdopplung der Abschreibungssätze in bestimmten Gebieten zu Investitionen angeregt werden.[176] Großbritannien hat hingegen beschlossen, keine neuen Steuerbegünstigungen für entwicklungsbedürftige Industriezonen zu beschließen und die bestehenden auslaufen zu lassen.[177] Ein weiterer Grund für steuerliche Fördermaßnahmen ist die Schaffung von Arbeitsplätzen, so z.B. in Spanien.[178] Insbesondere vor diesem Hintergrund sind auch die Einrichtung des IFSC in Dublin[179] oder die Begünstigungen für Coordination Centres in Belgien[180] zu verstehen. Unternehmensneugründungen werden in Frankreich zwei Jahre gar nicht und weitere drei Jahre nur ermäßigt zur Einkommen- bzw. Körperschaftsteuer herangezogen.[181] Kleinunternehmen, die in Deutschland z.B. durch die Ansparabschreibung des § 7g EStG gefördert werden, erhalten in den Niederlanden einen Investitionsabzug.[182] Hinsichtlich der Standortwahl für Forschungszentren seien abschließend noch die Begünstigungen für Forschungsaufwendungen in Belgien, Dänemark, Frankreich und Spanien erwähnt.[183]

172 Früher z.B. Berlinförderungsgesetz, Zonenrandförderungsgesetz, aber auch Gesetze zur Förderung von Investitionen an ausländischen Standorten, wie Auslandsinvestitionsgesetz und Entwicklungsländersteuergesetz.

173 Vgl. Fantozzi (Italien) S. 190f. Solche Gewinnsteuerbefreiungen soll beispielsweise auch Rumänien eingeführt haben. Danach sind Handelsgesellschaften mit einer ausländischen Beteiligung von über 50 Mio US-$, die mindestens 50 % ihrer Jahresproduktion exportieren, für 5 Jahre ab dem ersten Gewinnjahr, höchstens aber für 7 Jahre ab Produktionsbeginn steuerbefreit. Vgl. International Bureau of Fiscal Documentation v. 16. 8. 1994 in: Steuer-Telex 1994, S. 314.

174 Vgl. Joa (Frankreich) S. 47.

175 Vgl. Selling (Unternehmensbesteuerung) S. 215–217.

176 Vgl. Winther-Srensen (Dänemark) S. 147.

177 Vgl. Marflow (Großbritannien) S. 116.

178 Vgl. Selling (Unternehmensbesteuerung) S. 218.

179 Vgl. Grotherr (Steueranreize) S. 51ff.; Tulloch (StÄndG) S. 1446.

180 Vgl. Borstell (Belgien) S. 169.

181 Vgl. Baconnier (Frankreich) S. 87.

182 Vgl. van Raad (Niederlande) S. 32.

183 Vgl. Vanistendael (Belgien) S. 68; Winther-Srensen (Dänemark) S. 147; Baconnier (Frankreich) S. 86; Selling (Unternehmensbesteuerung) S. 218.

C. Fazit

Dieser Beitrag hat neben der vergleichenden Darstellung unterschiedlicher Besteuerungsmerkmale versucht, auf die Probleme von Unternehmenssteuervergleichen aufmerksam zu machen. Es ist dabei ergänzend festzuhalten, daß Vergleiche effektiver Steuerbelastungen nur beispielhaft sein können und aufgrund unterschiedlicher Rechtsformen, Vertragsgestaltungen und Branchen, diverser Kombinationsmöglichkeiten von Investition und Finanzierung sowie differierender Unsicherheitserwartungen international zum Teil erhebliche Spannweiten bestehen, die sich durchweg überlappen. Aufgrund dieser Tatsachen zog auch Schneider[184] den Schluß, daß die Behauptung von einem „Hochsteuerland Deutschland" zwar für die Substanzbesteuerung treffend, jedoch in puncto Grenzsteuerbelastung für Investitionsgewinne nur im Durchschnitt richtig ist, und auch Rädler[185] attestiert dem Standort Deutschland angesichts vergleichsweise großzügig ermittelter Bemessungsgrundlagen eine international recht gute Position.

Ziel dieser Ausführungen konnte infolge der Komplexität einer Standortentscheidung nicht sein, allgemeingültige Handlungsempfehlungen zu präsentieren. Vielmehr werden in Anbetracht der ständig zunehmenden Internationalisierung die in- und ausländischen Berater gefragt sein, in Kooperation mit dem jeweiligen Unternehmen diese Individuallösungen durch kasuistische Veranlagungssimulationen zu erarbeiten.

Literaturverzeichnis

Aeberli, Urs (Fesseln): Goldene Fesseln für Unternehmen, in: Handelszeitung

Baconnier, Robert (Frankreich): Unternehmensbesteuerung in Frankreich, in: Lang, Joachim (Hrsg.), Unternehmensbesteuerung in EU-Staaten, Deutsche Steuerjuristische Gesellschaft, Band 16, Köln 1994, S. 73–92

Bader, Axel (Harmonisierung): Harmonisierung der Unternehmensbesteuerunug in der Europäischen Union, in: NWB Nr. 11 vom 14. 3. 1994, S. 819–824

Baentsch, Wolfram (Europa): Made in Europe, in: Die Welt vom 21. 12. 1994, S. 6

BMF (Standortsicherungsgesetz): Das Standortsicherungsgesetz, Broschüre des Bundesministeriums der Finanzen, Referat Öffentlichkeitsarbeit, Bonn 1993

BMWi (Direktinvestitionen): Neuere Entwicklungen und Perspektiven für Direktinvestitonen, Dokumentation Nr. 325 des Bundesministeriums für Wirtschaft, Referat Öffentlichkeitsarbeit, Bonn 1992

BMWi (Zukunftssicherung): Zukunftssicherung des Standortes Deutschland, Broschüre des Bundesministeriums für Wirtschaft, Referat Öffentlichkeitsarbeit, Bonn 1993

Borggreve, Carlo H. (Luxemburg): Steuern in Luxemburg, in: IWB, Fach 5 Luxemburg, Gruppe 2, S. 45–70

Borstell, Thomas (Belgien): Coordination Centres in Belgien, in: IWB, Fach 5 Belgien, Gruppe 2, S. 169–176

Carl, Dieter; Klos, Joachim (Österreich): Kapitalanlagestandort Österreich – Teil I, in: Inf 1994, S. 609–612

DIW (Vergleich): Deutsches Institut für Wirtschaftsforschung, Beiträge zur Strukturfor-

184 Vgl. Schneider (Unternehmenssteuerbelastung) S. 538.

185 Vgl. Rädler (Überlegungen) S. 283.

schung, Heft 111/1989, Die Besteuerung der Unternehmensgewinne – Sieben Industrieländer im Vergleich, bearbeitet von Bernhard Seidel, Fritz Franzmeyer, Joachim Volz und Dieter Teichmann, Berlin 1989

Domann, Rita (Österreich): Österreich, in: Mennel, Annemarie (Hrsg.), Steuern in Europa, USA, Kanada und Japan, Herne/Berlin, Loseblatt, 27. Erg.lief. 1994

Domann, Rita (Steuerreform): Die zweite Stufe der Steuerreform in Österreich, in: DB 1994, S. 1692–1696

Esser, Klaus (Unternehmensbesteuerung): Standortfaktor Unternehmensbesteuerung, in: ZfbF 1990, S. 157–192

Fantozzi, Augusto (Italien): Unternehmensbesteuerung in Italien, in: Lang, Joachim (Hrsg.), Unternehmensbesteuerung in EU-Staaten, Deutsche Steuerjuristische Gesellschaft, Band 16, Köln 1994, S. 153–194

Finokaliotis, Konstantinos (Griechenland): Unternehmensbesteuerung in Griechenland, in: Lang, Joachim (Hrsg.), Unternehmensbesteuerung in EU-Staaten, Deutsche Steuerjuristische Gesellschaft, Band 16, Köln 1994, S. 243–276

Fischer, Lutz (Steuerbelastung): Die effektive Steuerbelastung von Unternehmen, in: John, Gerd (Hrsg.), Besteuerung und Unternehmenspolitik, Festschrift für Günter Wöhe, München 1989

Flick, Hans; Wassermeyer, Franz; Becker, Helmut (Außensteuergesetz): Kommentar zum Außensteuergesetz, 5. Aufl., Loseblatt, 34. Erg.lief. Stand März 1994

Förster, Jutta (Grundkonzepte): Grundkonzepte zu einer Unternehmensbesteuerung in der EG, in: SteuerStud 1993, S. 11–15

Förster, Jutta (Länderbericht): IStR-Länderbericht – Europäische und internationale Rechtsentwicklungen im Überblick, in: IStR Beihefter 11/1994, S. 1–4

Friedrich, Dieter (Koordinationsgesellschaften): Koordinationsgesellschaften in Luxemburg, in: IWB, Fach 5 Luxemburg, Gruppe 2, S. 83–88

Friedrich, Dieter (Luxemburg): Die Steuerreform 1991 in Luxemburg, in: IWB, Fach 5 Luxemburg, Gruppe 2, S. 89–98

Frotscher, Gerrit (Gesellschafter-Fremdfinanzierung): Gesellschafter-Fremdfinanzierung durch nicht anrechnungsberechtigte Anteilseigner, in: IStR 1994, S. 201–211

Funk, Joachim (Unternehmensteuerreform): Das österreichische Beispiel einer Unternehmensteuerreform, in: ZfbF 1994, S. 463–469

Groos, Hartmut (Griechenland): Griechenland, in: Mennel, Annemarie (Hrsg.), Steuern in Europa, USA, Kanada und Japan, Herne/Berlin, Loseblatt, 27. Erg.lief. 1994

Groos, Hartmut (Irland): Irland, in: Mennel, Annemarie (Hrsg.), Steuern in Europa, USA, Kanada und Japan, Herne/Berlin, Loseblatt, 27. Erg.lief. 1994

Grotherr, Siegfried (Irland): Unternehmensbesteuerung in der Republik Irland, in: IWB, Fach 5 Irland, Gruppe 2, S. 33–50

Grotherr, Siegfried (Steueranreize): Steueranreize für das Internationale Finanzdienstleistungszentrum in Dublin, in: IWB, Fach 5 Irland, Gruppe 2, S. 51–56

Grotherr, Siegfried (Plädoyer): Plädoyer für einen Richtlinienvorschlag zur Harmonisierung der Körperschaftsteuersysteme im Europäischen Binnenmarkt, in: DStR 1992, S. 1388–1393

Gundel, Günter (Finanzierungsgestaltungen I): Finanzierungsgestaltungen über das Ausland (Teil I), in: IStR 1994, S. 211–218

Hahn, Oswald (Finanzwirtschaft): Finanzwirtschaft, 2. Aufl., Landsberg/Lech 1983

Handschuch, Konrad (Standort): Standort Deutschland – In der Armutsfalle, in: Wirtschaftswoche Nr. 35 vom 27. 8. 1993, S. 14–19

Hauser, W. (Dänemark): Das Steuerrecht Dänemarks, in: IWB, Fach 5 Dänemark, Gruppe 2, S. 91–100

Heigl, Anton (Standortanreize): Betriebwirtschaftliche Bedingungen für fiskalische Standortanreize bei grenzüberschreitender Unternehmenstätigkeit, in: Fischer, L. (Hrsg.), Unternehmung und Steuer, Festschrift für Peter Scherpf, Wiesbaden 1983, S. 363–374

Heigl, Anton; Uecker, Peter (Standort): Standortsicherungsgesetz = Sicherung des Standorts? in: Federmann, R. (Hrsg.), Betriebswirtschaftslehre, Unternehmenspolitik und Unternehmensbesteuerung, Festschrift für Gerhard Mann zum 65. Geburtstag, Berlin 1993, S. 335–356

Helbich, Franz; Kotrnoch, Herbert (Österreich): Das Steuerrecht Österreichs, in: IWB, Fach 5 Österreich, Gruppe 2, S. 161–190

Herzig, Norbert (Resümee): Resümee der Beiträge und der Diskussion, in: Herzig, Norbert (Hrsg.), Steuerthemen im Brennpunkt, Harmonisierung der Körperschaftsteuersysteme in den EU-Staaten, Köln 1994

Herzig, Norbert (§ 8 a KStG): Standortsicherungsgesetz: Gesetzliche Regelung der Gesellschafter-Fremdfinanzierung in § 8 a KStG, in: DB 1994, S. 110–115, 168–177

Hintner, Otto (Standortwahl): Standortwahl, in: Handwörterbuch der Betriebswirtschaft, begründet von Heinrich Nicklisch, Band III, Spalte 5053–5058, 3. Aufl., Stuttgart 1960

Horrmann, Heinz (Swatch-Auto): Swatch-Auto wird in Lothringen gebaut, in: Die Welt vom 21. 12. 1994, S. 1

Hundt, Florenz (Standortsicherungsgesetz): Standortsicherungsgesetz: Außensteuerliche Änderungen – Einfügung von § 8 b KStG sowie Änderungen des § 26 KStG, des UmwStG und des AStG (Teil I und II), in: DB 1993, S. 2048–2053, 2098–2104

Institut der deutschen Wirtschaft (Unternehmensteuervergleich): Internationaler Unternehmensteuervergleich nach Verabschiedung des Standortsicherungsgesetzes, von Winfried Fuest und Rolf Kroker, in: iw-trends, Heft 3/1993, S. 61–68

Jacobs, Otto H. (Steuerbelastung): Die Steuerbelastung deutscher Kapitalgesellschaften im Vergleich zur Steuerbelastung nach US-amerikanischem Recht – Eine EDV-gestützte Steuerbelastungsanalyse, in: DStR 1991, S. 257–262

Joa, Heike-Dagmar (Frankreich): Frankreich, in: Mennel, Annemarie (Hrsg.), Steuern in Europa, USA, Kanada und Japan, Herne/Berlin, Loseblatt, 27. Erg.lief. 1994

Kessler, Wolfgang (Standortvorteile): Standortvorteile britischer Holdinggesellschaften bei der Weiterausschüttung „steuerfreier“ Auslandserträge nach dem neuen FID-Scheme, in: IStR 1994, S. 530–537

Knobbe-Keuk, Brigitte (Steuerrecht): Bilanz- und Unternehmenssteuerrecht, 8. Aufl., Köln 1991

Korn/Debatin (Doppelbesteuerung): Doppelbesteuerung, Kommentar von H. Debatin und R. Korn, München, Loseblatt, 63. Erg.lief. Stand Dez. 1993

Krawitz, Norbert (Steuerharmonisierung): Stand der EG-Steuerharmonisierung, in: SteuerStud 1993, S. 93–101

Krebs, Hans-Joachim (Harmonisierung): Die Harmonisierung der direkten Steuern für Unternehmen in der EG, in: BB 1990, S. 1945–1951

Krumrey, Henning (Blüte): Blüte auf Pump, in: Wirtschaftswoche Nr. 1/2 vom 3. 1. 1992, S. 18–22

Kudert, Stephan (Standortwahl): Der Einfluß von Unternehmenssteuern auf die Standortwahl, in: WISU 1991, S. 511–517

Lang, Joachim (Besteuerung): Besteuerung der Unternehmen in Staaten der Europäischen Union – Resümee, in: Lang, Joachim (Hrsg.), Unternehmensbesteuerung in EU-Staaten, Deutsche Steuerjuristische Gesellschaft, Band 16, Köln 1994, S. 295–317

Lévy, Philippe (Unternehmensstandort): Die neuen Bundesländer als Unternehmensstandort, in: Der Schweizer Treuhänder 10/1994, S. 865–868

Lobis, Eduard (Neuerungen): Neuerungen im italienischen Steuerrecht zum 1. 1. 1994, in: IStR 1994, S. 112–116

Lutz, Dieter; App, Michael (Frankreich): Unternehmensformen und Unternehmensbesteuerung in Frankreich, in: BB 1992, S. 248–250

Malpricht, Christine (Portugal): Portugal, in: Mennel, Annemarie (Hrsg.), Steuern in Europa, USA, Kanada und Japan, Herne/Berlin, Loseblatt, 27. Erg.lief. 1994

Mann, Siegfried (Ansätze): Ansätze und Stand der Bestrebungen zur Harmonisierung der direkten und indirekten Steuern in der EG, in: DB 1990, S. 1735–1737

Marflow, Andrew (Großbritannien): Unternehmensbesteuerung in Großbritannien, in: Lang, Joachim (Hrsg.), Unternehmensbesteuerung in EU-Staaten, Deutsche Steuerjuristische Gesellschaft, Band 16, Köln 1994, S. 93–119

Mayr, Siegfried (Italien): Die direkten Steuern in Italien, in: IWB, Fach 5 Italien, Gruppe 2, S. 283–324

Mayr, Siegfried (Neuerungen): Neuerungen im italienischen Steuerrecht, in: IWB, Fach 5 Italien, Gruppe 2, S. 339–342

Mayr, Siegfried (Umsetzung): Umsetzung der Mutter-/Tochter-Richtlinie in Italien, in: IWB, Fach 5 Italien, Gruppe 2, S. 347–352

Mennel, Annemarie (Steueränderungen): Steueränderungen 1992/93 in Belgien, in: IWB, Fach 5 Belgien, Gruppe 2, S. 179–180

Mennel, Annemarie (Belgien): Belgien, in: Mennel, Annemarie (Hrsg.), Steuern in Europa, USA, Kanada und Japan, Herne/Berlin, Loseblatt, 27. Erg.lief. 1994

Mennel, Annemarie (Italien): Italien, in: Mennel, Annemarie (Hrsg.), Steuern in Europa, USA, Kanada und Japan, Herne/Berlin, Loseblatt, 27. Erg.lief. 1994

Meyer, Hans (Luxemburg): Luxemburg, in: Mennel, Annemarie (Hrsg.), Steuern in Europa, USA, Kanada und Japan, Herne/Berlin, Loseblatt, 27. Erg.lief. 1994

Müssener, Ingo (Großbritannien): Großbritannien, in: Mennel, Annemarie (Hrsg.), Steuern in Europa, USA, Kanada und Japan, Herne/Berlin, Loseblatt, 27. Erg.lief. 1994

Müssener, Ingo (Niederlande): Niederlande, in: Mennel, Annemarie (Hrsg.), Steuern in Europa, USA, Kanada und Japan, Herne/Berlin, Loseblatt, 27. Erg.lief. 1994

Müssener, Ingo (Grundzüge): Grundzüge des britischen Steuersystems, in: IWB, Fach 5 Großbritannien, Gruppe 2, S. 275–286

Muuss, Harro (Dänemark): Dänemark, in: Mennel, Annemarie (Hrsg.), Steuern in Europa, USA, Kanada und Japan, Herne/Berlin, Loseblatt, 27. Erg.lief. 1994

Narraina/Wassermeyer/Viegener/Mayr/Steichen/Doek/Leitner/Wingert (Umsetzung): Vergleichende Darstellung der Umsetzung der Mutter-Tochter- und Fusionsrichtlinie in den EG-Mitgliedstaaten und vergleichbarer Regelungen in Nicht-EG-Staaten, in: IWB, Fach 10, Gruppe 2, S. 903–924

o. V. (Klima): Das Klima muß stimmen, in: Der Unternehmer, Heft 11/1989, S. 29–30

o. V. (Steuerentlastung): Steuerentlastung für Kapitalgesellschaften, in: Handelsblatt vom 29. 3. 1994, S. 5, zitiert in: Steuer-Telex International 1994, S. 122

Peagitsch-Strömberg, Dorothea (Steueränderungen): Steueränderungen in Schweden, in: IWB, Fach 5 Schweden, Gruppe 2, S. 149–152

Peagitsch-Strömberg, Dorothea (Steuerreform): Steuerreform in Schweden, in: IWB, Fach 5 Schweden, Gruppe 2, S. 153–162

Peagitsch-Strömberg, Dorothea (Schweden): Schweden, in: Mennel, Annemarie (Hrsg.), Steuern in Europa, USA, Kanada und Japan, Herne/Berlin, Loseblatt, 27. Erg.lief. 1994

Pinne, Jürgen (Steuerchaos): Wege aus dem Steuerchaos, Vortrag anläßlich des Verbandstages 1994 des Verbandes der steuerberatenden und prüfenden Berufe e. V. Düsseldorf am 31. August 1994 in Neuss, in: Stbg 1994, S. 439–442

Rädler, Albert J. (Überlegungen): Überlegungen zur Harmonisierung der Unternehmensbesteuerung in der Europäischen Gemeinschaft, in: Lang, Joachim (Hrsg.), Unternehmensbesteuerung in EU-Staaten, Deutsche Steuerjuristische Gesellschaft, Band 16, Köln 1994, S. 277–293

Riegler, Bernhard; Salomon, Klaus (Entlastung): Entlastung von Abzugsteuern auf Dividenden und Zinsen durch die Doppelbesteuerungsabkommen und das Steueränderungsgesetz 1992, in: DB 1992, S. 1595–1600

Riksdag & Departement 1993, S. 14, zitiert in: Steuer-Telex International 1993, S. 361

Ritter, Wolfgang (Rahmenbedingungen): Steuerrechtliche Rahmenbedingungen für den Wirtschaftsstandort Deutschland, in: BB 1993, S. 297–304

Ruding-Ausschuß (Schlußfolgerungen): Die Schlußfolgerungen und Empfehlungen des Ruding-Ausschusses, in: DB Beilage Nr. 5/92 zu Heft Nr. 16 vom 17. 4. 1992, S. 1–15

Saß, Gerd (Steuerharmonisierung): Steuerharmonisierung in der EG – Perspektiven für eine Harmonisierung der Körperschaftsteuer und der Gewinnermittlung, in: DB 1993, S. 113–124

Saß, Gerd (Entwicklungen): Neuere Entwicklungen bei Mutter-/Tochter-Beziehungen in der EG, in: DB 1994, S. 1589–1596

Scherpf, Peter (Steuerpolitik): Steuerpolitik, betriebswirtschaftliche, in: Handwörterbuch der Betriebswirtschaft, begründet von Heinrich Nicklisch, Band III, 3. Aufl., Stuttgart 1960, Sp. 5173–5185

Schlecht, Otto (Wachstumsdynamik): Weniger Fett, mehr Muskeln – Otto Schlecht über Konjunkturrisiken und Wachstumsdynamik, in: Wirtschaftswoche Nr. 47 vom 17. 11. 1994, S. 53–55

Schmidla, Ulrich (Polen): In Polen lockt die schnelle Mark, in: Die Welt vom 23. 12. 1994

Schneider, Dieter (Hochsteuerland): Hochsteuerland Bundesrepublik Deutschland: Die Spannweite effektiver Grenzsteuerbelastungen für Investitionen, in: Wpg 1988, S. 328–338

Schneider, Dieter (Unternehmenssteuerbelastung): Die Messung der Unternehmenssteuerbelastung: Methoden und Ergebnisse, in: BB 1990, S. 534–539

Schwarz, Hubertus; Fischer-Zernin, Justus (Treaty-Overriding): Deutsches „Treaty-Overriding" im Entwurf zum Steueränderungsgesetz 1992, in: RIW 1992, S. 49–53

Selling, Heinz-Jürgen (Unternehmensbesteuerung): Unternehmensbesteuerung in Spanien, in: Lang, Joachim (Hrsg.), Unternehmensbesteuerung in EU-Staaten, Deutsche Steuerjuristische Gesellschaft, Band 16, Köln 1994, S. 195–242

Selling, Heinz-Jürgen (Spanien): Spanien, in: Mennel, Annemarie (Hrsg.), Steuern in Europa, USA, Kanada und Japan, Herne/Berlin, Loseblatt, 27. Erg.lief. 1994

Spori, Peter (Holdingstandorte): Holdingstandorte im Vergleich, in: Der Schweizer Treuhänder 5/1992, S. 285–291

Staks, Hansjoachim (Konzernentscheidungen): Einfluß der internationalen Besteuerung auf Konzernentscheidungen, in: ZfbF Sonderheft 17/1984, S. 191–204

Stieb, Stephan (Steuerrecht): Das portugiesische Steuerrecht, in: IWB, Fach 5 Portugal, Gruppe 2, S. 49–66

Stobbe, Ludwig (Harmonisierung): Die Harmonisierung des Steuerrechts der Europäischen Gemeinschaft und ihre Auswirkungen auf die deutsche Besteuerung, in: DStZ 1992, S. 225–231

Streit, Joachim (Überblick): Überblick über das Steuerrecht Finnlands, in: IWB, Fach 5 Finnland, Gruppe 2, S. 45–50

Strunk, Günther (Betriebsprüfung): Die deutsche Betriebsprüfung im internationalen Vergleich, in: RIW 1994, S. 859–867

Strunk, Günther (Standortwahl): Einfluß der Besteuerung auf die internationale Standortwahl, in: SteuerStud 1993, S. 53–58

Tillmanns, Wolfhard (Steuerrecht): Das Steuerrecht Frankreichs, in: IWB, Fach 5 Frankreich, Gruppe 2, S. 881–932

Tillmanns, Wolfhard (Steueränderungen): Steueränderungen in Frankreich 1992/1993, in: IWB, Fach 5 Frankreich, Gruppe 2, S. 937–954

Tillmanns, Wolfhard (Frankreich): Steueränderungen in Frankreich 1993/1994, in: IWB, Fach 5 Frankreich, Gruppe 2, S. 983–992

Tipke, Klaus; Lang, Joachim (Steuerrecht): Steuerrecht, 12. Aufl., Köln 1989

Tulloch, Anthony (StÄndG): StÄndG 1992: Die neue Hinzurechnungsbesteuerung im AStG als Instrument der Mißbrauchsbekämpfung, in: DB 1992, S. 1444–1449

van Raad, Kees (Niederlande): Unternehmensbesteuerung in den Niederlanden, in: Lang, Joachim (Hrsg.), Unternehmensbesteuerung in EU-Staaten, Deutsche Steuerjuristische Gesellschaft, Band 16, Köln 1994, S. 5–36

Vanistendael, Frans (Belgien): Unternehmensbesteuerung in Belgien, in: Lang, Joachim (Hrsg.), Unternehmensbesteuerung in EU-Staaten, Deutsche Steuerjuristische Gesellschaft, Band 16, Köln 1994, S. 37–71

Viegener, Johannes (Vollanrechnung): Vollanrechnung und Schachtelprivileg in Frankreich, in: IWB, Fach 5 Frankreich, Gruppe 2, S. 933–936

Viherkenttä, Timo (Steuerreformen): Die Steuerreformen in den nordischen Staaten – ein neuer Ansatz der Einkommenbesteuerung, in: IStR 1994, S. 414–419

von Schiller, Manfred; Löber, B. (Steuerrecht): Das Steuerrecht Spaniens, in: IWB, Fach 5 Spanien, Gruppe 2, S. 111–126

Willmes, Ruth (Holding): Steuerliche Vorteile durch Gründung einer Holding in Luxemburg, in: IWB, Fach 5 Luxemburg, Gruppe 2, S. 103–106

Winther-Srensen, Niels (Dänemark): Unternehmensbesteuerung in Dänemark, in: Lang, Joachim (Hrsg.), Unternehmensbesteuerung in EU-Staaten, Deutsche Steuerjuristische Gesellschaft, Band 16, Köln 1994, S. 121–151

Wöhe, Günter (Betriebswirtschaftslehre): Einführung in die Allgemeine Betriebswirtschaftslehre, 17. Aufl., München 1990

Wöhe, Günter (Standortwahl): Standortwahl und Besteuerung, in: Handwörterbuch des Steuerrechts, herausgegeben von Wilhelm Hartz, Georg Strickrodt, Günter Wöhe, Günther Felix und Heinz Sebiger, Band 2, München 1972

Wöhe, Günter (Steuerlehre): Betriebswirtschaftliche Steuerlehre, Band II, 2. Halbband, 3. Aufl., München 1982

Wöhe, Günter; Bieg, Hartmut (Steuerlehre): Grundzüge der Betriebswirtschaftlichen Steuerlehre, 3. Aufl., München 1991

Wundsam, Walter; Zöchling, Hans (Investitionen): Besteuerung der Investitonen in Österreich, in: IWB, Fach 5 Österreich, Gruppe 2, S. 201–214

Wundsam, Walter; Zöchling, Hans (Steuerreform): Die Grundzüge der Steuerreform 1988 in Österreich, in: IWB, Fach 5 Österreich, Gruppe 2, S. 231–238

Wundsam, Walter; Zöchling, Hans (Österreich): Das Steuerrecht Österreichs, in: IWB, Fach 5 Österreich, Gruppe 2, S. 239–256

Zöchling, Hans (Österreich): Österreich als Domizil für Holdinggesellschaften, in: IWB, Fach 5 Österreich, Gruppe 2, S. 257–264

Zöchling, Hans (Auswirkungen): Auswirkungen der österreichischen Steuerreform 1994 auf deutsche Investitionen, in: IWB, Fach 5 Österreich, Gruppe 2, S. 291–298

Zogg, Martin (Euroholding): Luxemburg als Euroholding-Standort für schweizerische Konzerne, in: Der Schweizer Treuhänder 1993, S. 798–802

Internationale Wertungskonflikte und internationales Steuergefälle als Standortfaktoren

Univ.-Prof. Dr. Gabriele Burmester, Universität Trier

A. Recht als Standortfaktor

Unternehmen arbeiten nicht unter ideal- oder realtypischen Verhältnissen. Sie unterliegen zum einen den konkreten wirtschaftlichen und politischen Bedingungen ihres Wirkungsbereiches, zum anderen aber auch den allgemein-rechtlichen und spezifisch steuerrechtlichen Ordnungsvorgaben der jeweils regelungsbefugten Staaten. Während die allgemein-rechtlichen Rahmenbedingungen im wesentlichen vom Zivil-, Arbeits- und Gesellschaftsrecht sowie vom Wettbewerbsrecht und sonstigen öffentlichen Recht bestimmt werden, sind aus steuerrechtlicher Sicht[1] für das Unternehmen insbesondere die kumulativ eingreifenden Steuerarten, die jeweiligen Steuerbemessungsgrundlagen und Steuersätze sowie die systembedingten oder subventiven Steuervergünstigungen formeller und materieller Art von Bedeutung.[2]

Im innerstaatlichen Bereich können diese Rechtsvorgaben je nach Rechtsform und Tätigkeitsart, Größe und Ort des Unternehmens zu unterschiedlichen Wettbewerbsbedingungen führen und so faktisch Lenkungswirkungen entfalten.[3] Bei internationaler Unternehmenstätigkeit verstärken sich die Möglichkeiten rechtsbedingter Wettbewerbsverzerrung. Die Staaten geben sich kraft eigener Rechtssouveränität autonome, voneinander abweichende Rechtsordnungen, sodaß über die individuell-unternehmensbedingten Rechtsdivergenzen hinaus regelmäßig ein zwischenstaatlich-souveränitätsbedingtes Rechtsgefälle mit der Folge unterschiedlicher internationaler Wettbewerbsbedingungen entsteht.[4]

Ein Segment dieser internationalen Rechtsdivergenzen besteht in zwischenstaatlichen Abweichungen der nationalen und internationalen Steuerrechtsordnungen, insbesondere in international-steuerrechtlichen Wertungskonflikten und im internationalen Steuergefälle. Der Ansässigkeitsort eines Unternehmens bzw. Unternehmers ist dabei nicht nur wirtschaftliche, sondern zugleich rechtliche Einflußgröße; das nationale und internationale Steuerrecht eines Staates und sein Verhältnis zu den fremdstaatlichen Steuerrechtsordnungen sind unternehmerisch relevante Wettbewerbsbedingungen; internationale Steuerrechtskonflikte und internationales Steuerbelastungsgefälle sind ordnungsfundierte Standortfaktoren.[5]

I. Internationale Qualifikationsunterschiede

Steuerrechtliche Divergenzen zwischen den Staaten kommen auf unterschiedliche Weise zustande. So können die nationalen Zivil- bzw. Steuerrechtsordnungen bestimmte Rechts- und Handlungsformen zulassen oder ausschließen, Mischformen und Ersatzgestaltungen vorsehen oder Regelungslücken belassen, die handelnden Personen als eigenständig oder als unselbständig einstufen, deren Tätigkeiten und Ergebnisse dieser oder jener Gegenstandsart zuordnen, die Gegenstände der einen oder anderen Person zurechnen, den Wert dieser Gegenstände betragsmäßig höher oder geringer festsetzen, diese Gegenstände dem einen oder anderen Zeitraum zuordnen und Auslegungen nach dieser oder jener Zweckausrichtung anordnen. Über diese und andere Regelungsalternativen entscheiden die Staaten souverän

1 Heigl/Uecker (Standortsicherungsgesetz), S. 350f
2 Tipke/Lang (Steuerrecht), S. 612ff; für den Bereich der Europäischen Union vgl. Lang (EU-Staaten)
3 Heigl (Unternehmensbesteuerung), S. 2ff, 537ff; Tipke/Lang (Steuerrecht), S. 612, 617ff
4 Heigl (Unternehmensbesteuerung), S. 17ff; Kluge (Steuerrecht), S. 16ff
5 Jacobs (Unternehmensbesteuerung), S. 593ff

und völkerrechtlich nur an die Gebote einer staatlichen Mindestverknüpfung bzw. Nichteinmischung gebunden.[6]

Aus dieser staatlichen Regelungssouveränität entstehen neben international übereinstimmenden Steuernormierungen auch international konfligierende Steuerrechtsregelungen.[7]

Diese internationalen Steuerrechtskonflikte lassen sich entsprechend den Sachverhaltsalternativen steuerrechtlich grob unterteilen und systematisieren in zwischenstaatliche Konflikte über die Subjektqualifikation, die Objektqualifikation, die Zurechnung, die Quantifizierung und die Periodisierung. Steuerliche Folge internationaler Wertungskonflikte kann gleichermaßen eine internationale Mehrbesteuerung wie auch eine internationale Minderbesteuerung sein. Das eine wie das andere beeinflußt das unternehmerische Ergebnis und damit die Entscheidungen des Unternehmers.

II. Internationale Quantifizierungsunterschiede

Zu steuerrechtlich begründeten Wettbewerbsverzerrungen kann neben den internationalen Wertungskonflikten auch das Bestehen eines internationalen Steuergefälles führen. Die staatliche Steuersouveränität bedeutet auch Freiheit bei der Festlegung der nationalen Steuersätze bzw. der unternehmerischen Gesamtsteuerbelastung entsprechend den Vorgaben des öffentlichen Mittelbedarfs, den Grenzen der staatlichen Verfassungen und den steuer- bzw. sozialpolitischen Zielen eines Staates.

Aus dem unterschiedlichen Haushaltsbedarf und abweichenden Sach- bzw. Rechtsabwägungen resultieren notwendigerweise internationale Belastungsunterschiede; es besteht ein international-steuerrechtliches Normalgefälle. Darüber hinaus kommt es zu einem steuerrechtlichen Extremgefälle, wenn einzelne Staaten aus subventiven Gründen eine Null- bzw. eine Niedrigbesteuerung vorsehen und diese Staaten einem Hochsteuerland gegenüber stehen.[8]

In beiden Fällen werden auf unternehmerische Investitionsentscheidungen in erheblichem Umfang Lenkungswirkungen ausgeübt und internationale Wettbewerbsverschiebungen verursacht.

B. Internationale Qualifikationskonflikte und internationales Steuergefälle

I. Minderbesteuerung durch Nutzung nationaler Wertungsunterschiede

Da die gesellschaftlichen, wirtschaftlichen und rechtlichen Rahmenbedingungen in den einzelnen Staaten große Unterschiede aufweisen und die Staaten ihre Steuerrechtsordnungen souverän gestalten, bilden internationale Steuerüberschneidungen wie auch internationale Steuerlücken eine kaum vermeidbare Folge.

6 Weber-Fas (Steuerhoheit), S. 585 ff

7 Debatin (Doppelbesteuerung), Systematik III, RZ 147 ff

8 Kluge (Steuerrecht), S. 131 ff

1. Subjektiver Qualifikationskonflikt

a) Steuerrechtlicher Typenvergleich

Im Zentrum der zwischenstaatlichen Wertungskonflikte steht die Subjektqualifikation.[9]

Diese zielt darauf ab, daß ein ausländisches Wirtschaftsgebilde nach nationalem Steuerrecht und Abkommensrecht eingeordnet wird und dieser Qualifikation entsprechend eine Besteuerung als Personen- oder Kapitalgesellschaft erfolgt. Ansatzpunkt für die steuerrechtliche Qualifikation ausländischer Wirtschaftsgebilde ist die zivilrechtliche Einstufung im Ausland. Während jedoch nach dem internationalen Privatrecht die zivilrechtliche Subjektfähigkeit im Ausland auch eine Anerkennung als Rechtspersönlichkeit im Inland nach sich zieht, ist die ausländische Zivilrechtsqualifikation für die steuerrechtliche Wertung nicht bindend.[10]

Unabhängig von der Vergleichbarkeit des ausländischen Rechtsgebildes mit den inländischen Privatrechtsformen und den international-privatrechtlichen Regeln ist für Zwecke der Steuerrechtsqualifikation entscheidend auf die Wertungen des inländischen Steuerrechts abzustellen. Eine steuerrechtliche Subjektqualifikation hat die rechtliche und wirtschaftliche Struktur des ausländischen Rechtsgebildes zu untersuchen, diese Struktur mit den wesentlichen Inhalten der inländischen Steuerrechtstypen zu vergleichen und eine Einstufung des ausländischen Rechtsgebildes als Körperschaft, Mitunternehmerschaft oder Einzelunternehmung im Sinne des inländischen Steuerrechts vorzunehmen.[11]

Zu Qualifikationsproblemen kann es insbesondere kommen, wenn ein ausländisches Rechtssubjekt im inländischen Zivilrecht keine entsprechende Organisationsform hat und eine steuerrechtliche Neuqualifikation erforderlich ist oder wenn abweichende Rechtswertungen im In- und Ausland zur Annahme unterschiedlicher Rechtsformen führen und eine steuerrechtliche Umqualifikation ansteht. Der steuerrechtliche Typenvergleich führt hier häufig zu subjektiven Qualifikationskonflikten, bei denen in der Regel der ausländische Sitzstaat das Wirtschaftsgebilde als Körperschaft einstuft, während der inländische Anwenderstaat eine Personengesellschaft annimmt.[12]

b) Steuerliche Folgen subjektiver Qualifikationskonflikte

Nach nationalem ausländischen Steuerrecht ist die Gesellschaft mit ihrem thesaurierten Gewinn unbeschränkt körperschaftsteuerpflichtig. Im Inland hingegen unterliegt der einzelne Gesellschafter mit seinem Gewinnanteil der unbeschränkten Einkommensteuerpflicht; er kann auf seine inländische Einkommensteuer jedoch die anteilige ausländische Körperschaftsteuer anrechnen, da aus inländischer Sicht das gleiche Steuersubjekt belastet wird.[13]

---

9 Jacobs (Unternehmensbesteuerung), S. 303 ff, 416 ff
10 Debatin (Subjektfähigkeit), S. 1155 ff
11 Schlütter (Qualifikationsfragen), S. 221 ff
12 Jacobs (Unternehmensbesteuerung), S. 420 f
13 Debatin (Qualifikationsprobleme), S. 494 ff; § 34 c I EStG

Im Ausschüttungsfall wird der Gesellschafter zusätzlich von der beschränkten Einkommensteuerpflicht im Ausland erfaßt; eine Anrechnung der ausländischen Quellensteuer ist trotz auseinanderfallendem Feststellungs- und Ausschüttungszeitraum möglich, da die Quellensteuer eine Besteuerung des Gewinnanteils darstellt.[14]

Besteht ein Doppelbesteuerungsabkommen und entspricht dieses dem OECD-Musterabkommen 1977, so verbleibt es im Falle der Gewinnthesaurierung bei der ausländischen Körperschaftsteuer. Nach den abkommensrechtlichen Vorschriften über Unternehmensgewinne steht das Besteuerungsrecht dem ausländischen Betriebsstättenstaat zu, während der inländische Gesellschafterstaat die Gewinne unter Progressionsvorbehalt befreit.[15] Aus dem Gedanken einer Qualifikationsverknüpfung mit dem Sitzstaat läßt sich mit vergleichbaren Ergebnissen auch der Dividendenartikel des Doppelbesteuerungsabkommens heranziehen, der eine Besteuerung thesaurierter Gewinne im Gesellschafterstaat nicht zuläßt.[16]

Im Falle einer Gewinnausschüttung wird zu Lasten des inländischen Gesellschafters im Ausland Quellensteuer einbehalten; diese ist nach der abkommensrechtlichen Dividendenregelung zu reduzieren.[17] Eine Qualifikationsverkettung beider Staaten führt zur einheitlichen Anwendung des Dividendenartikels im ausländischen Quellen- wie im inländischen Wohnsitzstaat, so daß die Besteuerungskompetenz im Inland mit Pflicht zur Anrechnung der Auslandssteuer aus abkommensrechtlicher Sicht aufrechterhalten bleibt. Diese Besteuerungskompetenz kann jedoch nicht verwirklicht werden, da aus inländischer Sicht Gewinnentnahmen im Rahmen einer Mitunternehmerschaft vorliegen und diese nach inländischem Steuerrecht nicht besteuert werden.[18] Auch im Falle eines bestehenden Abkommens ergeben sich demgemäß keine konfliktbedingten Mehr- oder Minderbesteuerungen; als steuerliche Gesamtbelastung verbleiben die ausländische Körperschaftsteuer und die reduzierte ausländische Quellensteuer. Bei entsprechender Begrenzung der ausländischen Ausschüttungs- bzw. Quellensteuerbelastung kommt dieses Ergebnis einer internationalen Einmalbesteuerung der Unternehmensgewinne nahe.

2. Objektiver Qualifikationskonflikt

a) Zusammenhang von subjektiver und objektiver Qualifikation

Der subjektive Qualifikationskonflikt wird zu einer spürbaren und einplanbaren Wettbewerbsgröße erst im Falle einer Überlassung oder sonstigen Leistung des inländischen Gesellschafters an seine ausländische Personengesellschaft gegen ent-

14 Manke (Personengesellschaften), S. 444f

15 Piltz (Personengesellschaften), S. 179; Art. 7 I, 23 A OECD-MA 1977

16 Piltz (Personengesellschaften), S. 179; Art. 7 I, 23 A OECD-MA 1977

17 Art. 10 I, II OECD-MA 1977

18 Greif (Personengesellschaften), S. 418f; Knobbe-Keuk (Qualifikationskonflikte), S. 309ff; Debatin (Mitunternehmerschaft), S. 671; Jacobs (Unternehmensbesteuerung), S. 466

sprechendes Entgelt. Hierher zählen insbesondere Sondervergütungen der Gesellschaft an ihren Gesellschafter in Form von Zinsen, Lizenzgebühren, Mieten und Tätigkeitsentgelten für die Überlassung von Kapital, Wissen, Wirtschaftsgütern und Arbeitskraft.[19] Da die subjektive Qualifikation des Wirtschaftsgebildes als Kapitalgesellschaft oder Personengesellschaft auch Einfluß auf die Einstufung der Gesellschaftereinkünfte als Dividenden, Zinsen, Lizenzgebühren und Arbeitsentgelte oder aber als gewerbliche Einkünfte hat, entstehen systembedingt aus einem subjektiven Qualifikationskonflikt zugleich objektive Qualifikationskonflikte.[20]

Neben diesen subjektabhängigen Konflikten bei der Steuerobjektqualifikation kommt es im Falle der Gesellschafter-Sondervergütungen regelmäßig zu eigenständigen Konflikten bei der Qualifikation des Steuerobjektes. Dies beruht darauf, daß die meisten Staaten auch bei Anwendung des Personengesellschaftskonzepts schuldrechtliche Vereinbarungen zwischen Gesellschaft und Gesellschafter steuerlich in vollem Umfang als Fremdgeschäfte behandeln.[21] Im Bereich der Leistungsvergütungen wird damit das Trennungsprinzip des Kapitalgesellschaftskonzepts inhaltsgleich auf das Personengesellschaftskonzept übertragen. Folge davon ist ein gewinnmindernder Betriebsausgabenabzug der Zinsen, Lizenzgebühren, Arbeitsentgelte und anderer Gesellschaftervergütungen bei der ausländischen Gesellschaft. Demgegenüber stellen nach inländischer Wertung diese Sonderbetriebseinnahmen des Gesellschafters einen Teil des Gesellschaftsgewinns und demgemäß gewerbliche Einkünfte dar; entsprechendes gilt für die Sonderbetriebsausgaben als negative Komponente des Gesellschaftsergebnisses.[22]

b) Steuerliche Folgen objektiver Qualifikationskonflikte

Während bei abkommenslosem Zustand die auf den Gesellschaftsvergütungen lastende ausländische Quellensteuer auf die inländische Einkommensteuer des Gesellschafters kraft isolierender Betrachtungsweise anzurechnen ist[23] und dadurch Steuermehr- oder -minderbelastungen entfallen, führen Doppelbesteuerungsabkommen zu einer grundlegenden Veränderung der Situation.

Im Abkommensfall behandelt der ausländische Quellenstaat seiner eigenen Qualifikation entsprechend die Vergütungen an den inländischen Gesellschafter nach den speziellen Abkommensartikeln.[24] Er erhebt zulasten des beschränkt steuerpflichtigen Gesellschafters auf die speziellen Dividenden-, Zins- oder Lizenzvergütungen eine Quellensteuer, die zumeist abgesenkt oder aufgehoben ist.

Nach inländischer Wertung findet hingegen grundsätzlich der Abkommensartikel über Unternehmens- bzw. Betriebsstättengewinne Anwendung, da die Son-

---

19 Piltz (Qualifikationskonflikte), S. 40ff; Jacobs (Unternehmensbesteuerung), S. 431f

20 Jacobs (Unternehmensbesteuerung), S. 441f, 445f

21 Storck/Selent (Mitunternehmerschaften), S. 332ff; Küspert (Sondervergütungen), S. 461ff

22 Jacobs (Unternehmensbesteuerung), S. 431f

23 Debatin (Rechtsträger), S. 3; § 34c I EStG

24 Knobbe-Keuk (Qualifikationskonflikte), S. 306ff; Art. 6, 10–12, 15 OECD-MA 1977

dervergütungen des Gesellschafters ebenso wie sein Gewinnanteil einheitlich zum Gesellschaftsgewinn zählen und nicht als spezielle Betriebsausgaben der Gesellschaft betrachtet werden.[25]

Der objektive Qualifikationskonflikt zwischen ausländischem Quellenstaat und inländischem Wohnsitzstaat führt ohne abkommensrechtliche Sonderregelungen mithin dazu, daß die Gesellschaftervergütungen im Ausland gewinnmindernde Betriebsausgaben sind und entweder keiner oder einer nur geringen Quellensteuer unterliegen; zugleich sind sie im Inland steuerbefreiter Unternehmensgewinn des Gesellschafters.[26] Es tritt deshalb eine internationale Nullbesteuerung oder zumindest eine internationale Minderbesteuerung ein.

c) Vermeidung internationaler Besteuerungslücken

Angesichts der erheblichen Steuervorteile, die sich aus dieser Gestaltung für internationale Unternehmensinvestitionen ergeben, lag eine Ausweitung der Sonderleistungen von Gesellschaftern zulasten ihrer Einlagen nahe. Die konfligierenden Staaten suchten Lösungen im Hinblick auf ihre öffentlichen Einnahmenausfälle; Drittstaaten wollten internationalen Wettbewerbsverzerrungen vorbeugen. In einigen Doppelbesteuerungsabkommen wird der grundsätzlich freistellende Wohnsitzstaat wieder steuerberechtigt, wenn ansonsten infolge eines Qualifikationskonfliktes eine doppelte Steuerermäßigung im Quellen- und Wohnsitzstaat eintreten würde; der Wohnsitzstaat wechselt mithin von der Befreiungs- zur Anrechnungsmethode.[27] Für diese Abkommensstaaten ist damit der Konflikt weitgehend gelöst.

Die Rechtsprechung und Praxis hat versucht, aus diesen ausdrücklichen abkommensrechtlichen Konfliktlösungen und durch Abkommensauslegung eine Qualifikationsverkettung auch für abkommensrechtlich nicht geregelte Fälle herzuleiten.[28] Die speziellen Abkommensregelungen zur Vermeidung internationaler Minderbesteuerung eignen sich jedoch kaum als verallgemeinerungsfähige Lösungen.[29] Internationale Besteuerungslücken werden darüberhinaus vermieden, wenn die Einkünftequalifikation des Quellenstaates für beide Vertragsstaaten verbindlich ist und eine objektive Qualifikationsverkettung vorliegt. Dies ist anzunehmen, wenn im konkreten Abkommen der Quellenstaat die Sondervergütung einer speziellen Einkunftskategorie zuordnet und der Wohnsitzstaat im Rahmen seiner

25 Greif (Personengesellschaften), S. 432 ff; Schlütter (Qualifikationsfragen), S. 229 ff; Debatin (Personengesellschaften), S. 1181 ff; a. A.: BFH-Urteil vom 27. 2. 1991, BStBl II 1991, S. 444 ff (für das DBA-USA 1954/65)

26 Greif (Personengesellschaften), S. 428 ff; Debatin (Personengesellschaften), S. 1181 ff; Knobbe-Keuk (Qualifikationskonflikte), S. 306 ff; Jacobs (Untenehmensbesteuerung), S. 434 ff; a. A: BFH-Urteil vom 27. 2. 1991, BStBl II 1991, S. 444 ff

27 Piltz (Qualifikationskonflikte), S. 37

28 BFH-Urteil vom 27. 2. 1991, BStBl II 1991, S. 444 ff; BMF-Erlaß vom 3. 1. 1988, RIW 1988, S. 497; FG Rheinland-Pfalz Urteil vom 11. 4. 1989, RIW 1990, S. 419 ff

29 Piltz (Qualifikationskonflikte), S. 36 f; Jacobs (Unternehmensbesteuerung), S. 434 ff; Greif (Personengesellschaften), S. 428 ff

ausgleichenden Anrechnungsmaßnahmen auf diese bestimmte Einkunftskategorie und deren Begriffsdefinition ausdrücklich Bezug nimmt.[30] Diese Voraussetzungen erfüllen derzeit einzelne Abkommen im Bereich der Dividenden- bzw. Zinseinkünfte. Eine generelle Übernahme der Quellenstaatsqualifikation ohne hinreichende Qualifikationsverkettung ist hingegen wegen fehlender Rechtsgrundlage nicht anzuerkennen.

d) Sonderfälle objektiver Qualifikationskonflikte

In vielen Staaten sind gegenwärtig konfliktbedingte Minderbesteuerungen im Zusammenhang mit Sonderbetriebseinnahmen nicht ausgeschlossen, sie stellen vielmehr eine wirtschaftliche Planungsgröße und einen steuerlichen Standortfaktor dar. Neben den nichtbesteuerten weißen bzw. den geringbesteuerten grauen Einkünften aus Gesellschafter-Sondervergütungen bestehen in der Praxis auch Gestaltungen mit atypischen bzw. typischen stillen Gesellschaften, mit KG und GmbH & Co KG und anderen Mischformen, die im Ausland häufig unbekannt sind und durch ersatzweise Zuordnung zu anderen ausländischen Handlungsformen in entsprechende subjektive bzw. objektive Qualifikationskonflikte mit dem inländischen Steuerrecht geraten.[31] Auch in diesen Fällen kommt es zu steuerplanerisch entscheidungserheblichen Besteuerungslücken, die ihrer Begründung wie auch ihrer Vermeidung nach weitgehend ungeklärt sind.

In vergleichbarer Weise führt der objektive Qualifikationskonflikt im umgekehrten Fall der Sonderbetriebsausgaben zu internationaler Minderbesteuerung. Aufwendungen eines gewerbetreibenden ausländischen Gesellschafters in Zusammenhang mit seiner inländischen Personengesellschaftsbeteiligung ziehen eine doppelte Aufwandsverrechnung nach sich, sofern der ausländische Staat die Aufwendungen als abzugsfähige Betriebsausgaben im Unternehmen des Gesellschafters anerkennt und im Inland Sonderbetriebsausgaben des Gesellschafters im Rahmen der Mitunternehmerschaft angenommen werden.[32]

Als Spezialfall des objektiven Qualifikationskonfliktes läßt sich schließlich die unterschiedliche Wertung von Kapitalüberlassungen des Gesellschafters an seine Kapitalgesellschaft verstehen. Hier tritt eine internationale Minderbesteuerung ein, wenn der ausländische Staat das hingegebene Kapital als darlehensweise Gesellschafterfremdfinanzierung einstuft und die Zinszahlungen als abzugsfähige Betriebsausgaben der ausländischen Kapitalgesellschaft anerkennt, während aus inländischer Sicht andere Relationen für die Angemessenheit der Eigen- und Fremdkapitalausstattung bei Kapitalgesellschaften bestehen und die Kapitalüberlassung als verdeckte Einlage qualifiziert wird mit der Folge steuerbefreiter Schachteldividenden beim inländischen Gesellschafter. Ein zwischenstaatlicher

30 Debatin (Personengesellschaften), S. 1181 ff; Knobbe-Keuk (Qualifikationskonflikte), S. 306 ff; Jacobs (Unternehmensbesteuerung), S. 434 ff

31 Paulick/Blaurock (Handbuch), S. 34 ff; Strobl/Schäfer (Auslandsverluste), S. 210 ff; Lang (EU-Staaten)

32 Jacobs (Unternehmensbesteuerung), S. 699

Konflikt über die Anerkennung des Verhältnisses von Gesellschafterfremdfinanzierung und Gesellschaftereigenfinanzierung bei Kapitalgesellschaften kann hier oder in anderen Fällen einer hybriden Unternehmensfinanzierung zu konfliktbedingter Minderbesteuerung führen.[33]

3. Konflikte bei der personalen, zeitlichen und umfänglichen Zuordnung

Neben den Konflikten bei der Subjektqualifikation und der Objektqualifikation sind im Rahmen der internationalen Minderbesteuerung auch zwischenstaatliche Konflikte bei der Zuordnung von Einkünften bzw. Wirtschaftsgütern von Bedeutung.

a) Personale Zuordnung

Zu Konflikten bei der personalen Zuordnung kommt es, wenn die inländischen Zurechnungsvorschriften mit den ausländischen nicht übereinstimmen und dasselbe Steuergut verschiedenen Steuersubjekten zugerechnet wird.[34] Zwischenstaatliche Abweichungen sind insbesondere in den alternativen Zurechnungskriterien des rechtlichen und des wirtschaftlichen Eigentums begründet.

Überläßt ein ausländischer Leasinggeber sein rechtliches Eigentum an einen inländischen Leasingnehmer, der nach inländischer Wertung wirtschaftlicher Eigentümer ist, so rechnen die ausländischen Staaten das Leasinggut vielfach dem Leasinggeber zu, im Inland hingegen erfolgt bei entsprechender Vertragsgestaltung eine Zurechnung beim Leasingnehmer. Dadurch können Abschreibungen in beiden Staaten vorgenommen und etwaige Subventionen zweifach beantragt werden; die Leasingrate kann im Inland in Höhe des Zinsanteils abgezogen werden, sodaß zumindest ein Steuerstundungseffekt verbleibt. Durch Leasingvergabe über mehrere Staaten hinweg entsteht die Möglichkeit mehrfacher Aufwandsverrechnung bzw. Subventionsgewährung.

Zu ähnlichen Zurechnungskonflikten können Treuhandgeschäfte, Nießbrauchsbestellungen und andere Gestaltungen führen, bei denen neben die ursprüngliche Eigentümerposition eine weitere Berechtigtenstellung tritt und die Staaten unterschiedlichen Personen die Einkünfte in einer Weise zurechnen, daß Besteuerungslücken entstehen.

b) Zeitliche Zuordnung

Als zeitliche Zuordnungskonflikte lassen sich zwischenstaatliche Abweichungen in der Periodisierung von Aufwendungen und Erträgen bezeichnen. Diese treten v. a. bei unterschiedlichen nationalen Einkünfteermittlungsmethoden auf, bei einer Gewinnermittlungsmethode nach dynamischem Zu- und Abflußprinzip in

---

33 Frotscher (Fremfinanzierung), S. 203 ff; Jacobs (Unternehmensbesteuerung), S. 638 ff, 705

34 Schaumburg (Steuerrecht), S. 583 f; Jacobs (Unternehmensbesteuerung), S. 702 ff; Hannes (Qualifikationskonflikte), S. 103 ff

dem einen Staat und einem statischen Bestandsvergleich in dem anderen Staat. Da die verschiedenen Methoden der Einkünfteermittlung über die Totalperiode des Unternehmens hinweg das gleiche Gesamtergebnis hervorbringen sollen, führen Periodisierungskonflikte zu Steuerstundungseffekten bzw. Zinsvorteilen und nicht zu unmittelbarer endgültiger Steuerersparnis.[35]

Sind nach dem Grundsatz der wirtschaftlichen Zugehörigkeit Einnahmen einer inländischen Tochtergesellschaft erst in künftigen Veranlagungszeiträumen gewinnerhöhend zu erfassen, während die korrespondierenden Ausgaben der ausländischen Muttergesellschaft nach dem Überschußprinzip bereits im Abflußzeitpunkt gewinnmindernd wirken, so ergeben sich aus der zeitlich divergierenden Erfassung von Ertrag und Aufwand im einheitlichen Unternehmensverbund stundungsbedingte Zinsvorteile. Ähnliche Wirkung zeitigt die grenzüberschreitende Verlagerung von Wirtschaftsgütern von einem inländischen Konzernteil mit längerfristigem Abschreibungszeitraum auf einen ausländischen Konzernteil mit kurzfristiger Abschreibungsregelung oder ein sofortiger Ansatz von konzerninternen Schulden im Inland bei einem erst späteren Ausweis der realisierten Forderung im ausländischen Konzernteil. Aus der periodenverschiedenen, zeitlich vorverlagerten Berücksichtigung des Abschreibungsaufwandes bzw. der zeitlich nachgelagerten Berücksichtigung des Unternehmensertrages können sich Stundungs- bzw. Zinsvorteile ergeben.

c) Umfängliche Zuordnung

Einen weiteren Unterfall abweichender Wertung bilden zwischenstaatliche Konflikte bei der umfänglichen Abgrenzung der Bemessungsgrundlage zwischen den einzelnen Unternehmenseinheiten. Divergenzen bei der innerbetrieblichen bzw. innerkonzernlichen Ergebnisabgrenzung können bei der Zuordnung von Erfolgen dem Grunde und der Höhe nach eintreten. Gegenständliche Schwerpunkte in diesem Bereich bilden die Erfolgsabgrenzungen zwischen Stammhaus und Betriebsstätte im internationalen Einheitsunternehmen und zwischen den Einzelteilen im internationalen Konzernverbund.[36]

aa) Internationales Einheitsunternehmen

Abgrenzungsprobleme im internationalen Einheitsunternehmen ergeben sich weniger bei Außengeschäften der beiden Unternehmensteile als bei Innengeschäften zwischen Stammhaus und Betriebsstätte als Teile eines einheitlichen Unternehmens und bei der Wahl einer sachgerechten Ergebnisaufteilung durch direkte Zuordnung der Einzelerfolge oder durch indirekte Aufschlüsselung des Gesamterfolges.

---

35 Jacobs (Unternehmensbesteuerung), S. 696f; Hannes (Qualifikationskonflikte), S. 107f

36 Schaumburg (Steuerrecht), S. 644ff, 656ff; Schröder (Betriebsstätten), S. 187ff; Baumhoff (Einkunftsabgrenzung), S. 262ff

Im Rahmen der unternehmensinternen Erfolgsabgrenzung kann es zu konfliktbedingter internationaler Minderbesteuerung kommen, wenn beide Vertragsstaaten die direkte Zuordnungsmethode anwenden und in lückenbegründender Weise einzelne Unternehmenserfolge dem Stammhaus bzw. der Betriebsstätte zurechnen. Derartige Zuordnungskonflikte im internationalen Einheitsunternehmen beruhen regelmäßig auf einer divergierenden Auffassung über die wirtschaftlich-funktionale Zugehörigkeit von Geschäftsvorfällen im Einzelfall oder auf einer grundsätzlichen Nichtanerkennung von bestimmten Innengeschäften aus dem Gesichtspunkt der rechtlichen und wirtschaftlichen Einheitlichkeit des Gesamtunternehmens heraus.[37] Weisen sich der ausländische Betriebsstättenstaat und der inländische Stammhausstaat wechselseitig Geschäftserfolge zu, so fehlt es jedem der beiden Staaten nach eigener Wertung und unabhängig von der abkommensrechtlichen Lage an besteuerbarem Gewinn. Es entstehen weiße Einkünfte. Sonderfälle der unternehmensinternen Abgrenzungskonflikte ergeben sich, wenn einzelne Staaten spezielle Vorschriften und Angemessenheitskriterien für das Verhältnis von Stammhaus und Betriebsstätte normieren, insbesondere im Bereich der Kapitalausstattung und der Gewinnaufschläge, und dadurch zwischenstaatliche Divergenzen entstehen.[38]

Zu ähnlichen Ergebnissen können unterschiedliche nationale Gewinnermittlungsvorschriften als Grundlage der unternehmensinternen Aufteilung oder abweichende Aufteilungsschlüssel der Staaten bei Anwendung der indirekten Zurechnungsmethode führen.[39] Hier liegen bereits unterschiedliche nationale Bemessungsgrundlagen für das Gesamtunternehmen mit unterschiedlichen Zuordnungsfolgen vor oder es werden trotz einer übereinstimmenden Ermittlung des Gesamterfolges abweichende Aufteilungskriterien für wirtschaftlich sachgerecht erachtet. Wesentlicher Gesichtspunkt ist hier nicht ein Konflikt über die Zuordnung von Einzelerfolgen dem Grunde nach, sondern eine divergierende Abgrenzung des Ergebnisses der Höhe nach.

bb) Internationaler Konzern

Parallel zur Abgrenzungsproblematik im internationalen Einheitsunternehmen verlaufen die zwischenstaatlichen Konflikte bei der Erfolgsabgrenzung im internationalen Konzern. Durch die rechtliche Eigenständigkeit der einzelnen Konzernkapitalgesellschaften und das damit einhergehende steuerliche Trennungsprinzip bedingt, unterliegt der Besteuerung nicht ein konsolidiertes Gesamtkonzernergebnis, sondern es erfolgt von Anfang an eine Ermittlung des Einzelerfolges jeder Konzerngesellschaft.

Da sich der Konzernverbund jedoch aus einander nahestehenden, wirtschaftlich einheitlich beherrschten Gesellschaften zusammensetzt, ist bei innerkonzernlichen

37 Jacobs (Unternehmensbesteuerung), S. 271 ff, 700

38 Jacobs (Unternehmensbesteuerung), S. 273 ff, 277 ff

39 Jacobs (Unternehmensbesteuerung), S. 263 ff, 700

Vorgängen eine angemessene Gestaltung der Vergütungen und sonstigen Konditionen zugrunde zu legen.[40] Es sind dabei gesellschaftsrechtliche Einflüsse auszuklammern und die konzerninternen Beziehungen einem Fremdvergleich unter Anwendung der Regelungen der verdeckten Gewinnausschüttung bzw. der verdeckten Einlage sowie der Erfolgsberichtigung nach dem Außensteuergesetz bzw. den Doppelbesteuerungsabkommen zu unterziehen.

Diese Differenzierung zwischen gesellschaftsrechtlichem und betrieblichem Leistungsaustausch dem Grunde und der Höhe nach führt im internationalen Konzern zu Abgrenzungskonflikten, da die verschiedenen Sitzstaaten der Konzerngesellschaften zum einen abweichende Gewinnermittlungsvorschriften und Gewinnabgrenzungskriterien verwenden, und zum anderen eine korrespondierende Gewinnberichtigung weder durch die nationalen Steuerrechtsordnungen noch durch internationale Steuerregeln gewährleistet wird.[41]

Diese Lage kann zu Mehrfachbelastungen, aber auch zu internationaler Minderbesteuerung führen, wenn eine innerkonzernliche Leistungsbeziehung im Sitzstaat der Zahlungsschuldnerin zu einer betrieblich veranlaßten Ausgabe führt, während der Sitzstaat der Zahlungsgläubigerin eine gesellschaftsrechtlich bedingte Einnahme annimmt. Folge ist eine gewinnmindernde Betriebsausgabe im einen Staat und eine gewinneutrale verdeckte Einlage im anderen Staat, aus Sicht des Gesamtkonzerns eine Minderbesteuerung.[42] Vergleichbare Steuervorteile entstehen im umgekehrten Fall, sofern ein Staat einen Betriebsausgabenabzug zuläßt und der andere Staat eine verdeckte Gewinnausschüttung mit abkommensrechtlicher oder nationaler Schachtelbefreiung annimmt.[43]

In beiden Fällen besteht die Möglichkeit, daß der innerkonzernliche Leistungsaustausch schon dem Grunde nach nicht anerkannt wird und eine vollständige Gewinnberichtigung erfolgt, oder es wird nur eine Unangemessenheit der Konzernverrechnungspreise bzw. -umlagen ihrer Höhe nach angenommen und eine Teilberichtigung durchgeführt.

II. Minderbesteuerung durch Nutzung nationaler Belastungsunterschiede

Neben den zwischenstaatlichen Wertungsunterschieden kommt aus steuerplanerischer Sicht dem internationalen Steuergefälle als zwischenstaatlicher Belastungsunterschied besondere Bedeutung zu. Hierher zählen zum einen normalbesteuernde Staaten mit durchschnittlichen Unterschieden im Steuerniveau, und zum anderen niedrigbesteuernde Staaten mit erheblichen Abweichungen gegenüber der Durchschnittsbesteuerung der anderen Staaten.

40 Schaumburg (Steuerrecht), S. 796ff; Jacobs (Unternehmensbesteuerung), S. 374ff
41 Kluge (Steuerrecht), S. 119f, 237
42 Jacobs (Unternehmensbesteuerung), S. 706f
43 Piltz (Qualifikationskonflikte), S. 29f

1. International-steuerliches Normalgefälle

Besteht zwischenstaatlich ein steuerliches Normalgefälle, so ergeben sich Steuervorteile für Einheitsunternehmen durch die Begründung von Betriebsstätten oder die Verlagerung von Gewinn auf Betriebsstätten in geringer besteuernden Gebieten, da nach dem abkommensrechtlichen Betriebsstättenprinzip regelmäßig der Betriebsstättenstaat das alleinige Besteuerungsrecht hat.[44] Derartige Ergebnisverlagerungen unter Nutzung des internationalen Steuergefälles resultieren aus einer Verlagerung gewinnbringender Geschäfte bzw. einer Erbringung verbilligter Leistungen zugunsten des geringer besteuerten Unternehmensteiles oder auf der Wahl erfolgsverlagernder Aufteilungsschlüssel. Die Grenze bildet die abkommensrechtliche Selbständigkeits- bzw. Fremdvergleichsprüfung. Da bei Anwendung dieser Maßstäbe jedoch Beurteilungsspielräume bestehen, können sowohl durch eine individuelle als auch durch eine zwischenstaatliche Gewinnaufteilung Steuerermäßigungen eintreten.

Parallel hierzu ergeben sich Steuervorteile durch Ergebnisverlagerungen innerhalb eines Konzerns. Diese erfolgen insbesondere durch die Gestaltung von Konzernverrechnungspreisen und -umlagen;[45] gewinnbringende Geschäfte werden auf geringer besteuerte Konzerneinheiten verlagert, die Bemessung innerkonzernlicher Entgelte erfolgt im Rahmen der Angemessenheitsregeln in entsprechender Weise zugunsten der geringer und zulasten der höher besteuerten Konzernteile.

2. International-steuerliches Extremgefälle

Ein Sonderfall tritt ein im Falle erheblicher zwischenstaatlicher Belastungsunterschiede, bei Bestehen eines steuerlichen Extremgefälles. Neben den allgemeinen Möglichkeiten der Nutzung eines geringeren Steuerniveaus durch Gewinnverlagerungen auf Betriebsstätten oder Konzerngesellschaften ergeben sich im Zusammenhang mit Steueroasenländern spezielle Gestaltungsformen für die internationale Steuerplanung. Durch die rechtliche Eigenständigkeit der Kapitalgesellschaften und das daraus hergeleitete steuerliche Prinzip der Trennung zwischen Gesellschaft und Gesellschafter sind Kapitalgesellschaften in Steueroasen dem Zugriff hochbesteuernder Gesellschafterstaaten im Falle der Gewinnthesaurierung entzogen.[46] Die thesaurierten Gewinne der Oasengesellschaft unterliegen aufgrund der Abschirmwirkung der Kapitalgesellschaft nur der Null- oder Niedrigsteuer im Sitzstaat; die Normalsteuer des Gesellschafterstaates fällt grundsätzlich erst im Zeitpunkt der Gewinnausschüttung an, so daß der thesaurierte Gesellschaftsgewinn nahezu unbesteuert für Reinvestitionen oder Rücklagen verwendbar ist.

---

44 Debatin (Doppelbesteuerung), Systemtik IV, RZ 82 ff; Debatin (Betriebsstättenprinzip), S. 1692 ff

45 Debatin (Doppelbesteuerung), Systematik II, RZ 113 ff; IV, RZ 164 ff; Baumhoff (Einkunftsabgrenzung), S. 258 ff, 309 ff; Jacobs (Unternehmensbesteuerung), S. 595 ff, 630, 647 ff, 664 ff

46 Kluge (Steuerrecht), S. 131 ff; Henkel (Kapitalgesellschaften), S. 529 ff; Jacobs (Unternehmensbesteuerung), S. 311 ff

Als Abwehrmaßnahmen gegen derartige Steuergestaltungen kommt einerseits eine Nichtanerkennung der niedrigbesteuerten ausländischen Oasengesellschaft nach allgemeinen abgabenordnungsrechtlichen Vorschriften in Betracht mit der Folge eines zurechnenden Durchgriffes auf den hochbesteuerten inländischen Gesellschafter;[47] andererseits kann unter Anerkennung der ausländischen Oasengesellschaft nach den speziellen außensteuergesetzlichen Bestimmungen ein Zugriff auf die thesaurierten Gesellschaftsgewinne mit Hinzurechnung beim inländischen Gesellschafter erfolgen.[48] Auf abkommensrechtlicher Ebene werden verschiedentlich bestimmten Oasengesellschaften die Abkommensvergünstigungen versagt.[49]

Das steuerplanerische Interesse ist auf die Vermeidung der Durchgriffsbesteuerung wie auch der Hinzurechnungsbesteuerung gerichtet. Der Einwand des Rechtsmißbrauchs gegen die Einschaltung ausländischer Basisgesellschaften ist der wesentliche Durchgriffsgrund; er entfällt jedoch, wenn der inländische Beteiligte für die Errichtung der ausländischen Basisgesellschaft wirtschaftliche oder sonstige beachtliche Gründe nichtsteuerlicher Art hat und diese unter Teilnahme am allgemeinen wirtschaftlichen Verkehr verwirklicht.[50] Derartige betriebs- oder volkswirtschaftliche, organisatorische oder rechtliche Gründe werden neben steuerlichen Gesichtspunkten in den meisten Gestaltungen vorhanden sein, sodaß nur in Ausnahmefällen eine mißbrauchsbedingte Steuerumgehung entstehen wird.

Demgegenüber unterbleibt eine Hinzurechnungsbesteuerung wenn Steuerinländer an der ausländischen Gesellschaft anteils- oder stimmrechtsmäßig nicht zu mehr als der Hälfte unmittelbar oder mittelbar beteiligt sind, wenn die ausländische Ertragsteuer der Gesellschaft mindestens 30% beträgt oder wenn nach dem Tätigkeitsbereich der Gesellschaft einschließlich Art und Umfang der Tätigkeit ein aktiver Erwerb anzunehmen ist.[51] Eine Vermeidung der Hinzurechnungsbesteuerung trotz Vorliegens aller außensteuergesetzlichen Voraussetzungen durch die Anwendung abkommensrechtlicher Vorschriften, insbesondere durch ein Schachtelprivileg zwischengeschalteter Drittstaatsgesellschaften oder eine Freistellung zwischengeschalteter Auslandsbetriebstätten wird durch Sonderbestimmungen des Außensteuergesetzes bzw. der Abkommen unterbunden.[52]

III. Minderbesteuerung durch Nutzung von Abkommensunterschieden

Zu den zwischenstaatlichen Unterschieden bei der rechtlichen Wertung und der betragsmäßigen Belastung treten Unterschiede in den Ausgleichsmaßnahmen der Doppelbesteuerungsabkommen.

Die steuerplanerisch erheblichen Abweichungen in den Abkommen gründen sich zum einen auf die unterschiedliche Verwendung von Steueranrechnungs- und

47 Henkel (Kapitalgesellschaften), S. 533 ff; §§ 39, 41, 42 AO
48 Henkel (Kapitalgesellschaften), S. 552 ff; §§ 7 ff AStG
49 Jacobs (Unternehmensbesteuerung), S. 324 ff, 628
50 Kluge (Steuerrecht), S. 140 ff; Jacobs (Unternehmensbesteuerung), S. 314 ff
51 Jacobs (Unternehmensbesteuerung), S. 311 ff, 628 f
52 §§ 14 IV, 10 V, 10 III AStG; DBA-Aktivitätsklauseln

Steuerbefreiungsmethode im Wohnsitzstaat und die daraus folgende Maßgeblichkeit des Steuerniveaus von Wohnsitz- oder Quellenstaat. Im Mittelpunkt steht hierbei jedoch das internationale Steuergefälle.[53]

Zum anderen bestehen Divergenzen bei den Begrenzungen der Steuern im Quellenstaat. Die unterschiedliche Reduzierung der Quellensteuern in den einzelnen Abkommen eröffnet die Möglichkeit, in Geschäftsbeziehungen eine weitere Rechtsperson eines anderen Abkommensstaates zwischenzuschalten und durch Umleitung der Zahlungen zusätzliche Steuervorteile aus einem Doppelbesteuerungsabkommen zu ziehen. Bei diesen zwischengeschalteten Rechtspersonen handelt es sich in der Regel um Durchlauf- bzw. Thesaurierungsgesellschaften, um Lizenz-, Patent- oder Grundstücksverwertungsgesellschaften oder um Holdinggesellschaften.[54]

Bezieht eine Person grenzüberschreitend Einkünfte und besteht zwischen dem Quellenstaat und dem Wohnsitzstaat dieser Person kein Abkommen oder ein Abkommen mit nur geringer Quellensteuerreduzierung, so kann die Zwischenschaltung einer Drittstaatsgesellschaft zur Einsparung von Quellensteuern führen. Voraussetzung hierfür ist, daß der Drittstaat mit dem Quellenstaat und dem Wohnsitzstaat Doppelbesteuerungsabkommen abgeschlossen hat, die eine stärkere Quellensteuerreduzierung vorsehen. Aus der dreigliedrigen Konstruktion resultiert gegenüber einer zweigliedrigen Geschäftsgestaltung insgesamt eine Verminderung der Quellensteuer.[55]

Ähnliche Wirkungen können sich durch eine Zwischenschaltung von Konzerngesellschaften in Drittstaaten ergeben, wenn der Drittstaat mit dem Staat der ausschüttenden Tochtergesellschaft als Quellenstaat und dem Staat der beziehenden Muttergesellschaft als Sitzstaat Doppelbesteuerungsabkommen abgeschlossen hat, die den Dividendenempfängern Schachtelprivilegien gewähren und eine weitgehende Quellensteuerreduzierung vorsehen. Abweichend von einer Direktkonstruktion ohne entsprechende Schachtel- und Quellensteuervergünstigungen lassen sich hieraus Steuervorteile erzielen.

Liegen bei derartigen Gestaltungen keine wirtschaftlichen Gründe für die Zwischenschaltung der Drittstaatsgesellschaft vor, so kann ein Abkommensmißbrauch zur steuerlichen Nichtanerkennung der eingeschobenen Gesellschaft führen.[56]

Da häufig eine Anreicherung der Gesellschaft mit wirtschaftlichen Aktivitäten, wie z. B. Finanzierung, Werbung, Konzernkoordination, Planung und Marktforschung erfolgt und sich daraus eine unklare Rechtslage ergibt, finden sich zunehmend abkommensrechtliche Bestimmungen, die eine Gewährung der Abkom-

53 Jacobs (Unternehmensbesteuerung), S. 24 ff

54 Schaumburg (Steuerrecht), S. 593 ff; Debatin (Rechtsmißbrauch), S. 181 ff, 229 ff; Höppner (Verfahrensprobleme), S. 11 ff; Becker (Abkommensberechtigung), S. 171 ff

55 Piltz (Steuerumgehung), S. 1 ff; Jacobs (Unternehmensbesteuerung), S. 617 ff

56 Schaumburg (Steuerrecht), S. 597 ff; §§ 42 AO

mensbegünstigungen von der wirtschaftlichen Nutzungsberechtigung oder einer Aktivtätigkeit abhängig machen.[57]

C. Zusammenfassung

Zwischenstaatliche Unterschiede in den rechtlichen bzw. steuerrechtlichen Wertungen, in der betragsmäßigen Steuerbelastung und in den Ausgleichsmaßnahmen der Doppelbesteuerungsabkommen sind angesichts der Steuersouveränität der Staaten kaum vermeidbar. Sie sind aus unternehmerischer Sicht Gegenstand der internationalen Steuerplanung und bieten in zahlreichen Gestaltungsalternativen die Möglichkeit zur Reduzierung der Gesamtsteuerbelastung. Der Gesichtspunkt einer internationalen Minderbesteuerung ist wie andere steuerliche und nichtsteuerliche Einflußgrößen für den Unternehmer ein Standortfaktor, sofern die entsprechenden Steuervorteile spezifisch mit dem konkreten Rechts- bzw. Steuersystem eines bestimmten Investitionslandes verbunden sind. Derartige Standortvorteile können angesichts der Zweischneidigkeit des internationalen Steuerrechts jedoch kehrseitig zu Standortnachteilen werden, wenn internationale Steuergestaltungen in gegenläufiger Richtung angewandt werden und aus der internationalen Minderbesteuerung eine internationale Doppelbesteuerung bzw. Doppelbelastung wird.[58] Insofern sind konfliktbedingte internationale Minderbesteuerungen planungsabhängig und planungsrelevant; sie stellen gleichermaßen Standort- und Planungsgrößen dar, jedoch abhängig von der konkreten Ausgestaltung der unternehmerischen Investition und der jeweiligen Steuerrechtslage der beteiligten Staaten.

Literaturverzeichnis

Baumhoff, Hubertus (Einkunftsabgrenzung): Einkunftsabgrenzung bei international verbundenen Unternehmen, in: J. Mössner (Hrsg.), Steuerrecht international tätiger Unternehmen, Köln 1992, S. 258 ff

Becker, Helmut (Abkommensberechtigung): Erschleichung der Abkommensberechtigung durch Zwischenpersonen, in: K. Vogel (Hrsg.), Grundfragen des Internationalen Steuerrechts, DStJG 8, Köln 1985, S. 171 ff

Debatin, Helmut (Doppelbesteuerung), in: R. Korn/H. Debatin, Doppelbesteuerung, Loseblatt, 8. Auflage, München 1988

Debatin, Helmut (Rechtsträger): Außensteuerrechtliche und international-rechtliche Behandlung von Rechtsträgern und daran bestehenden Beteiligungen, in: DB 1977, Beilage 13

Debatin, Helmut (Betriebstättenprinzip): Das Betriebstättenprinzip der deutschen Doppelbesteuerungsabkommen, in: DB 1989, S. 1692 ff, 1739 ff

Debatin, Helmut (Mitunternehmerschaften): Inländische Beteiligungen an Mitunternehmerschaften im Ausland, in: BB 1978, S. 669 ff

Debatin, Helmut (Qualifikationsprobleme): Qualifikationsprobleme im Doppelbesteuerungsrecht, in: FR 1979, S. 493 ff

57 Schaumburg (Steuerrecht), S. 597 ff; Vogel (Steuerumgehung), S. 88 ff

58 Piltz (Qualifikationskonflikte), S. 23 f

Debatin, Helmut (Rechtsmißbrauch): Rechtsmißbrauch im internationalen Steuerrecht im Lichte deutscher Rechtsprechung, in: DB 1979, S. 181 ff, 229 ff

Debatin, Helmut (Subjektfähigkeit): Subjektfähigkeit ausländischer Wirtschaftsgebilde im deutschen Steuerrecht, in: BB 1988, S. 1155 ff

Debatin, Helmut (Personengesellschaften): Zur Behandlung von Beteiligungen an Personengesellschaften unter den Doppelbesteuerungsabkommen im Lichte der neueren Rechtsprechung des Bundesfinanzhofs, in: BB 1992, S. 1181 ff

Frotscher, Gerrit (Fremdfinanzierung): Gesellschafter-Fremdfinanzierung durch nicht anrechnungsberechtigte Anteilseigner, in: IStR 1994, S. 201 ff

Gandenberger, Otto (Internationale Wirtschaftströme): Der Einfluß der Einkommen- und Körperschaftsteuer auf die internationalen Wirtschaftströme, in: K. Vogel (Hrsg.), Grundlagen des Internationalen Steuerrechts, DStJG 8, Köln 1985, S. 33 ff

Greif, Martin (Personengesellschaften): Beteiligung an ausländischen Personengesellschaften, in: J. Mössner (Hrsg.), Steuerrecht international tätiger Unternehmen, Köln 1992, S. 412 ff

Hannes, Berthold (Qualifikationskonflikte): Qualifikationskonflikte im Internationalen Steuerrecht, Hamburg 1992

Heigl, Anton (Unternehmensbesteuerung): Unternehmensbesteuerung, München 1993

Heigl, Anton/Uecker, Peter (Standortsicherungsgesetz): Standortsicherungsgesetz = Sicherung des Standorts?, in: R. Federmann (Hrsg.), Betriebswirtschaftslehre, Unternehmenspolitik und Unternehmensbesteuerung, Festschrift für Gerhard Mann, Berlin 1993, S. 335 ff

Henkel, Udo (Kapitalgesellschaften): Beteiligung an ausländischen Kapitalgesellschaften, in: J. Mössner (Hrsg.), Steuerrecht international tätiger Unternehmen, Köln 1992, S. 454 ff

Höppner, Horst-Dieter (Verfahrensprobleme): Verfahrensprobleme bei beschränkter Steuerpflicht aus Sicht des Bundesamtes für Finanzen, in: W. Haarmann (Hrsg.), Die beschränkte Steuerpflicht, Forum der Internationalen Besteuerung 2, Köln 1993, S. 1 ff

Jacobs, Otto (Unternehmensbesteuerung): Internationale Unternehmensbesteuerung, 2. Auflage, München 1991

Kluge, Volker (Steuerrecht): Das deutsche Internationale Steuerrecht, 3. Auflage, München 1992

Knobbe-Keuk, Brigitte (Qualifikationskonflikte): „Qualifikationskonflikte" im internationalen Steuerrecht der Personengesellschaft, in: RIW 1991, S. 306 ff

Küspert, Klaus (Sondervergütungen): Sondervergütungen inländischer Personengesellschaften nach dem DBA-USA, in: RIW 1988, S. 461 ff

Lang, Joachim (Hrsg.) (EU-Staaten): Unternehmensbesteuerung in EU-Staaten, DStJG 16, Köln 1994

Manke, Klaus (Personengesellschaften): Personengesellschaften im internationalen Steuerrecht, JbFSt 1978/79, S. 333 ff

Paulick, Heinz/Blaurock, Uwe (Handbuch): Handbuch der stillen Gesellschaft, 4. Auflage, Köln 1988

Piltz, Detlev (Personengesellschaften): Die Personengesellschaften im Internationalen Steuerrecht der Bundesrepublik Deutschland, Heidelberg 1981

Piltz, Detlev (Steuerumgehung): Doppelbesteuerungsabkommen und Steuerumgehung unter besonderer Berücksichtigung des treaty-shopping, in: BB 1987, Beilage 14

Piltz, Detlev (Qualifikationskonflikte): Qualifikationskonflikte im internationalen Steuerrecht unter besonderer Berücksichtigung von Personengesellschaften, in: L. Fischer

(Hrsg.), Besteuerung internationaler Konzerne, Forum der Internationalen Besteuerung 3, Köln 1993, S. 21ff

Schaumburg, Harald (Steuerrecht): Internationales Steuerrecht, Köln 1993

Schlütter, Egon (Qualifikationsfragen): Personengesellschaften oder Körperschaften? – Aktuelle Qualifikationsfragen, in: K. Vogel (Hrsg.), Grundlagen des Internationalen Steuerrechts, DStJG 8, Köln 1985, S. 215ff

Schröder, Siegfried (Betriebstätten): Gewinnermittlung bei Betriebstätten, in: J. Mössner (Hrsg.), Steuerrecht international tätiger Unternehmen, Köln 1992, S. 181ff

Storck, Alfred/Selent, Alexander (Mitunternehmerschaften): Die Besteuerung inländischer Beteiligungen an ausländischen Mitunternehmerschaften im Ertragsteuerrecht, in: RIW 1980, S. 332ff

Strobl, Elisabeth/Schäfer, Karl (Auslandsverluste): Berücksichtigung von Auslandsverlusten bei atypisch stiller Gesellschaft, in: IStR 1993, S. 206ff

Tipke, Klaus/Lang, Joachim (Steuerrecht): Steuerrecht, 13. Auflage, Köln 1991

Vogel, Klaus (Steuerumgehung): Steuerumgehung bei Doppelbesteuerungsabkommen, in: W. Haarmann (Hrsg.), Grenzen der Gestaltung im Internationalen Steuerrecht, Forum der Internationalen Besteuerung 4, Köln 1994, S. 79ff

Weber-Fas, Rudolf (Steuerhoheit): Völkerrecht und Steuerhoheit, in: RIW 1979, S. 585ff

TEIL II

Einfluß der Besteuerung auf den Standort

Einleitung der Herausgeber

Im Rahmen funktionaler steuerlicher Überlegungen nehmen Standortfragen einen immer bedeutsameren Platz ein. Diese Entwicklung fand auch in Heigls Lehrveranstaltungen ihren Niederschlag. Beschränkten sich die Ausführungen am Anfang im wesentlichen auf nationales Steuerrecht und den deutschen Standort und wurden Standortfragen als ein Unterkapitel der Steuerlehre nach Funktionen behandelt, wurden sie später in einer gemeinsamen Betrachtung unter dem Blickwinkel der Steuerbilanzpolitik angeboten. Schließlich verselbständigte Heigl die Standortproblematik in eine eigene Veranstaltung unter gleichzeitigem deutlichen Eingehen auf internationale Standortüberlegungen.

1982 hatte Heigl seine damaligen Überlegungen in seinem Beitrag „Betriebswirtschaftliche Bedingungen für fiskalische Standortanreize bei grenzüberschreitender Unternehmenstätigkeit“ zusammengefaßt, Überlegungen, die auch heute noch gültig sind, eher noch an Bedeutung gewonnen haben. Sie verdeutlichen den Heiglschen Ansatz betrieblicher Steuerlehre, der im Kern als Steuerplanungsansatz verstanden werden kann.

Die Steuerplanung stellt wohl Heigls bedeutsamsten wissenschaftlichen Beitrag dar. Heigl war einer der allerersten, die die Bedeutung der Steuerplanung erkannten. Er forderte jedoch nicht nur diesen betriebswirtschaftlich geprägten Betrachtungswinkel, sondern legte mit seiner Forschung die ersten wesentlichen Grundlagen (insbes. Bedingungen der unternehmerischen Steuerplanung, Steuer und Wirtschaft 1971, S. 127ff.; Betriebliche Steuerpolitik (mit Melcher), Köln 1974).

Steuerplanung zielt letzten Endes auf Optimierung des unternehmerischen Oberziels unter Berücksichtigung steuerlicher Einflüsse, d. h. durch Nutzung von Gestaltungsmöglichkeiten ab. Auf Grund des deutschen Ermittlungsansatzes über den Bilanzgewinn erweist sich Steuerplanung in soweit als Bilanzpolitik. Die Steuerplanung erfährt Notwendigkeit und Möglichkeit also um so mehr, je größer die steuerlichen Manövriermassen sind. Da sich diese Manövriermassen systembedingt im Handels- und Steuerrecht finden, kommt man zu dem Ergebnis: „Je vielfältiger, unübersichtlicher das Bilanzrecht, um so notwendiger die Steuerplanung.“ Zusätzlich gilt natürlich: „Je höher die Steuersätze, um so notwendiger die Steuerplanung.“ Gegenwärtig scheinen Vielfalt der Rechtsnormen und Höhe der Steuersätze allerdings ein Maß erreicht zu haben, die den deutschen Standort gefährden. Die folgenden Beiträge beleuchten wesentliche Aspekte, die diese Befürchtung nicht abwegig erscheinen lassen, zeigen aber auch Ansätze zu Handlungsmöglichkeiten.

Fischer (Steuerchaos und betriebliche Standortwahl – unter besonderer Berücksichtigung der steuerlichen Fördermaßnahmen für die neuen Bundesländer) verdeutlicht einleitend die Gefahr, die aus unsystematischer Gesetzgebung resultiert und letzten Endes zu einer Schädigung des Standortes Deutschland führt, wenn Investoren nicht nur mit übermäßigen Steuerforderungen konfrontiert werden, sondern schon die rechtlichen Grundlagen sowohl inkonsistent als auch oft kaum mehr nachvollziehbar sind.

Anschauliche Beispiele finden sich bei *Herzig* (§ 8a KStG) mit dem schon lange diskutierten Problemkreis der Gesellschafterfremdfinanzierung, der jetzt zwar zu einer gesetzlichen Konkretisierung geführt hat. Allerdings erscheint die Regelung aus der Sicht der Forschung betriebswirtschaftlich nicht stringent begründet und führt aus dem Blickwinkel der Praxis zu nicht immer erwünschten Ergebnissen, die Verlagerungen wichtiger Aktivitäten in andere Länder verständlich machen. *Pickert* (§ 15a EStG) belegt eine ähnliche Gefahr für ausgesprochen mittelständische Unternehmen. Wie weit die Steuern heute greifen und zu welchen zweifelhaften Ergebnissen dies führen kann, zeigt der Beitrag von *Woltmann* (Die Landabgabe der Land- und Forstwirte auf Grund Maßnahmegesetzgebung zum Baugesetzbuch).

Federmann führt Heigls Steuerplanungsüberlegungen fort und stellt Simulationsmodelle vor, um die Fülle der Manövriermassen praktisch planerisch beherrschbar zu machen und nachvollziehbare, schnell zur Verfügung stehende Entscheidungshilfen zu bieten.

Ein Beispiel, wie ein System schon über das Verfahrensrecht in kaum noch beherrschbare Schwierigkeiten führt, wenn es einer immer höheren Gerechtigkeit und Einzelfallregelung auf der einen Seite und politischen Zielen auf der anderen Seite genügen will, zeigen *Küffner/Ritzer* für das Umsatzsteuerrecht. Hiermit wird ein Beispiel gegeben, wie durch Verfahrensregeln Standorthemmnisse aufgebaut werden.

Die beiden folgenden Beiträge befassen sich mit sehr aktuellen Fragen für den Bereich des internationalen Steuerrechts. Die Universität Erlangen-Nürnberg und damit der Steuerlehre-Lehrstuhl Heigl befindet sich in einer Region, die besonders durch mittelständische Unternehmen geprägt ist, die durch die Veränderung des politischen Systems und die Öffnung der angrenzenden ost-mitteleuropäischen Länder betroffen sind. *Hegenloh/Layer* zeigen die Verlustverwertungsmöglichkeiten aus Auslandsaktivitäten deutscher Unternehmen, hier in Ungarn, und beschreiben damit ein Phänomen aus Bedrohung und Chance, wie es nicht untypisch für steuerliche Planungen bei internationalen Standorten ist. *Poznanska* verdeutlicht die neuen Rahmenbedingungen für den Standort Polen.

Unternehmen an einem Standort, der in erheblichem Maße durch Steuervielfalt, Unübersichtlichkeit im materiellen Recht, fast konfiskatorischen Steuersatzhöhen und Verfahrenskomplikationen geprägt ist, bedürfen in besonders hohem Maße steuerlicher Beratung. *Sebiger/Dechant* zeigen eindrucksvoll Last und Leistung dieses Dienstleistungszweiges, der aus der deutschen Wirtschaftslandschaft nicht mehr wegzudenken ist und mit seinem Beitrag einen positiven eigenen Standortfaktor darstellt und ein Gegengewicht gegen die anderen vorbehandelten negativen Faktoren bildet.

Steuerchaos und betriebliche Standortwahl – unter besonderer Berücksichtigung der steuerlichen Fördermaßnahmen in den neuen Bundesländern –

Univ.-Prof. Dr. Lutz Fischer, Universität Hamburg

A. Problemstellung[1]

Die steuerliche Diskussion der letzten Zeit ist in der Bundesrepublik Deutschland von den zwei folgenden Themenkomplexen geprägt:

1. Die besorgniserregende Unübersichtlichkeit des Steuersystems. Die deutschen Regelungen zur Besteuerung haben einen solch undurchschaubaren Zustand erreicht, daß immer weniger von einem Steuersystem – definiert als eine Ord-

1 Dieser Beitrag ist in Zusammenarbeit mit meinem Assistenten Herrn Dipl.-Kfm. Bert Kaminski entstanden. Ihm sei an dieser Stelle herzlich gedankt.

nung, nach der die Besteuerung organisiert und durchgeführt wird – gesprochen werden kann. Vielmehr hat sich der Begriff des Steuerchaos eingebürgert.Hierbei handelt es sich nicht nur um eine Modeerscheinung. Dies zeigen – neben zahlreichen Veröffentlichungen im Fachschrifttum – die drei Expertenanhörungen, die der Finanzausschuß des Deutschen Bundestages zur derzeitigen Lage des Steuerrechts am 22. September 1993, am 9. März und am 23. Juni 1994 durchgeführt hat. Lang hält das Steuerchaos für die Ursache der derzeitigen Politikverdrossenheit und folgert, daß die Fähigkeit zur „Entchaotisierung des Steuerrechts zur Existenzfrage für Demokratie und Rechtsstaat" werde, vgl. Lang (Wege) S. 12f.

2. Die Diskussion um den Wirtschaftsstandort Deutschland. Nachdem viele Unternehmen ihre Produktion – und häufig nicht nur diese – in das Ausland verlagern und die Bundesrepublik Anfang der neunziger Jahre in eine schwere Rezession geraten ist, stellt sich die Frage nach der Wettbewerbsfähigkeit der deutschen Wirtschaft und nach der Attraktivität der Bundesrepublik Deutschland für ausländische Investoren im internationalen Vergleich. Besondere Besorgnis erregt dabei, daß die Differenz zwischen den deutschen Direktinvestitionen im Ausland und denen von Ausländern in der Bundesrepublik immer größer wird.[2] Ergebnis dieser Diskussion ist unter anderem das sog. Standortsicherungsgesetz.[3]

Bisher wurden beide Diskussionen weitgehend isoliert voneinander geführt. M.E. ist diese Trennung jedoch nicht sinnvoll, da beide Aspekte interdependent sind. Die Entscheidung über den betrieblichen Standort hängt i.d.R. von vielen Faktoren ab. Es gilt, den Standort zu wählen, an dem die Differenz zwischen standortabhängigen Erträgen und standortabhängigen Aufwendungen am größten ist. Dabei wird ein Anforderungsprofil an den optimalen Standort auf der Grundlage von Standortfaktoren entwickelt, die dann mit den Ist-Bedingungen der in Frage kommenden Standorte verglichen werden.[4] Für die Wahl des Standorts als Langfristentscheidung[5] ist dabei eine größtmögliche Konstanz der Standortfaktoren oder doch zumindest keine Verschlechterung wichtig.

In der betriebswirtschaftlichen Literatur ist eine Vielzahl von Katalogen mit Standortfaktoren entwickelt worden.[6] Auch wenn nur im Einzelfall entschieden

2 Vgl. Statistisches Jahrbuch 1994, S. 724f.

3 BGBl. I S. 1569. Ziel des Gesetzes war es u.a., die Attraktivität Deutschlands als Wirtschaftsstandort für ausländische Unternehmen zu sichern, vgl. den Entwurf des StandOG der Bundesregierung, BR-DS 1/93, S. 25.

4 Vgl. zum Ablauf des Standortentscheidungsprozesses auch Heigl (Bedingungen) S. 366f.

5 Vgl. hierzu bereits Fischer (Standortwahl). Heigl/Uecker (Standortsicherungsgesetz, S. 340), sprechen von einer strategischen Entscheidung.

6 Vgl. z. B. Domschke/Drexl (Standorte) S. 7ff.

werden kann, welche Faktoren bedeutsam und wie diese zu gewichten sind, sollen hier die wichtigsten genannt werden:[7]

- Beschaffungsorienterte Standortfaktoren (z. B. Grundstücke, Roh-, Hilfs- und Betriebsstoffe, Arbeitskräfte, Energie und Verkehr),
- Fertigungsorientierte Standortfaktoren (z. B. natürliche und technische Gegebenheiten),
- Absatzorientierte Standortfaktoren (z. B. Absatzpotential, Verkehr, Absatzkontakte),[8]
- Staatlich festgelegte Standortfaktoren (z. B. nationale Steuern, DBA-Netz, Zölle, Umweltschutzmaßnahmen, staatliche Hilfen).

Schon diese Enumeration zeigt, daß es sich bei der Standortwahl um eine außerordentlich komplexe, langfristige Entscheidung handelt, die durch die Besteuerung nur bedingt beeinflußt werden kann.[9] Selbst eine im internationalen Vergleich geringere Steuerbelastung kann durch andere Nachteile kompensiert werden et vice versa.[10] Allerdings ist der Staat in der Lage, die steuerlichen Faktoren kurzfristig zu beeinflussen, während die übrigen Determinanten i. d. R. nicht, oder nur sehr schwer, beeinflußt werden können. Daraus ergibt sich die besondere Bedeutung, die die Besteuerung für die Standortwahl hat.[11]

Außerdem darf nicht übersehen werden, daß auch subjektiven Präferenzen eine besondere Bedeutung zukommen kann.[12] So können z. B. hohe Steuersätze eine negative psychologische Wirkung auf den Investor haben, obwohl die Steuerbelastung (z. B. aufgrund von „engeren" Steuerbemessungsgrundlagen) im internationalen Vergleich vielleicht nicht höher sein muß, als in anderen Ländern.[13]

Vorausgesetzt wird allerdings immer, daß das Unternehmen über Standortelastizität verfügt. Eine Beeinflussung der Standortwahl ist grundsätzlich nicht möglich, wenn der Unternehmensstandort z. B. aufgrund von benötigten Produktionsbedingungen oder der erforderlichen Nähe zum Absatzmarkt vorbestimmt ist.[14]

---

7 Vgl. Bea (Entscheidungen) S. 352 f.

8 Gerade Absatzüberlegungen machen den Standort Deutschland für viele ausländische Investoren interessant, obwohl auch eine Belieferung über ausländische Betriebsstätten erfolgen kann, vgl. Heigl/Uecker (Standortsicherungsgesetz) S. 346 u. Heigl (Bedingungen) S. 365, m. w. N.

9 Dabei hängt die Gewichtung der einzelnen Faktoren auch davon ab, aus welchem Funktionsbereich der Unternehmung der Entscheidungsträger stammt, vgl. Heigl (Bedingungen) S. 365 f.

10 Vgl. Heigl/Uecker (Standortsicherungsgesetz) S. 340.

11 Schon Franz Findeisen hat 1923 sein Buch „Unternehmung und Steuer (Steuerbetriebslehre)", das als das erste Buch zur Betriebswirtschaftlichen Steuerlehre angesehen werden kann, mit Ausführungen zur Standortwahl begonnen.

12 Diese können auch aufgrund von nichtquantifizierbaren Standortfaktoren (wie z. B. politischer Stabilität, Arbeitsmentalität) entstehen, vgl. Heigl (Wirkungen) S. 220.

13 Vgl. Fischer (Methode und Aussagefähigkeit).

14 Vgl. Fischer (Standortwahl) Sp. 3973.

Im Folgenden werden zunächst die wichtigsten Gründe für das Steuerchaos in der Bundesrepublik Deutschland dargestellt. Um seine Auswirkungen auf die Standortwahl deutlich zu machen, wird sodann von folgender Überlegung ausgegangen: Die geschichtliche Entwicklung der Bundesrepublik Deutschland hat es mit sich gebracht, daß bestimmte Regionen wirtschaftlich besonders benachteiligt waren. Dies waren zunächst das Zonenrandgebiet und die Stadt West-Berlin. Nach Vollendung der staatlichen Einheit Deutschlands sind dies insbesondere die neuen Bundesländer. Dem Gebot des Grundgesetzes, gleiche Lebensverhältnisse in ganz Deutschland zu schaffen, folgend, haben alle Bundesregierungen seit 1948 durch umfangreiche Fördermaßnahmen versucht, benachteiligten Gebieten zu helfen. Erinnert sei in diesem Zusammenhang z. B. an das Zonenrandförderungsgesetz, das Berlinförderungsgesetz, das (alte) Investitionszulagengesetz und das Gesetz über die Gemeinschaftsaufgabe „Verbesserung der regionalen Wirtschaftsstruktur".[15]

Anschließend sollen daher die Investitionsfördermaßnahmen untersucht werden, mit denen derzeit versucht wird, die Standortwahl zugunsten der neuen Länder zu beeinflussen. Sie stellen momentan wohl das markanteste Beispiel steuerlicher Standortvergünstigungen dar. Da die an den verschiedenen Standorten vorzufindenden Bedingungen nur für einen begrenzten Zeitraum hinreichend sicher vorhergesagt werden können, kommt neben der Frage, wie sich die Fördermaßnahmen auf die Vorteilhaftigkeit einer Investition auswirken, der Berechenbarkeit und Zweckmäßigkeit dieser Förderung besondere Bedeutung zu. Der erstgenannte Aspekt ist inzwischen hinreichend diskutiert;[16] in diesem Zusammenhang soll deshalb überwiegend auf die Frage eingegangen werden, mit welcher Unsicherheit diese Fördermaßnahmen aus der Sicht des Investors verbunden und inwieweit diese Maßnahmen sinnvoll sind. Abschließend sollen Handlungskonsequenzen zur Überwindung des Steuerchaos als Standortnachteil für die Bundesrepublik Deutschland aufgezeigt werden.

B. Der Status-quo der deutschen Besteuerung

I. Zur Diskussion um das Steuerchaos

Die Diskussion um grundsätzliche Verbesserungsmöglichkeiten des deutschen Steuerrechts ist nicht neu. Vielmehr gibt es schon seit vielen Jahren Vorschläge und Ansätze zur umfassenden Reform der Besteuerung. Ohne Anspruch auf Vollständigkeit seien hier nur einige wenige Arbeiten genannt:[17]

– Saemisch/Lewald/Busch: Gutachten der Verwaltungsabbaukommission über

15 Vom 6. Oktober 1969, BGBl. I S. 1861 zuletzt geändert durch Gesetz vom 24. Juni 1991, BGBl. I, S. 1322, 1336.

16 Vgl. z. B. Kroker/Fuest (Investitionsförderung), Schneider (Sinn), u. ders. (Investitionen) S. 341 ff., Paus (Steuerliche Fördermaßnahmen), Kaligin (Steuerlich optimale Gestaltungen) und Baumhoff/Rödder (Steuerliche Förderung).

17 Diese Aufzählung beinhaltet keine Wertung.

die Vereinfachung der Gesetzgebung und Verwaltung auf dem Gebiet der direkten Steuern, 1924;
- H. Troeger (Hrsg.): Denkschrift zur Verbesserung der Einkommensbesteuerung – Diskussionsbeiträge des Arbeitsausschusses für eine große Steuerreform, Stuttgart 1957;
- Gutachten zur Reform der direkten Steuern in der Bundesrepublik Deutschland des Wissenschaftlichen Beirats beim Bundesministerium der Finanzen (BMF-Schriftenreihe Heft 9, Bonn 1967);
- Bericht der Steuerreformkommission zum Außensteuerrecht (BMF-Schriftenreihe Heft 16, Bonn 1970);
- Gutachten der Steuerreformkommission (BMF-Schriftenreihe Heft 17, Bonn 1971);
- J. W. Gaddum: Einkommensteuerreform – Einfach und gerecht, Landsberg 1986;
- Gutachten des Wissenschaftlichen Beirats zur Reform der Unternehmensbesteuerung (Heft 43 der BMF-Schriftenreihe, Bonn 1990);
- Gutachten der Kommission zur Verbesserung der steuerlichen Bedingungen für Investitionen und Arbeitsplätze (Heft 46 der BMF-Schriftenreihe, Bonn 1991) und
- J. Lang: Entwurf eines Steuergesetzbuchs (Heft 49 der BMF-Schriftenreihe, Bonn 1993).

Im praktischen Ergebnis haben die Steuerreformgesetze der letzten Jahre aber, von wenigen Ausnahmen abgesehen,[18] dazu geführt, daß das Steuerrecht hinterher meist wesentlich komplizierter war als vorher. Jüngstes Beispiel ist das Mißbrauchsbekämpfungs- und Steuerbereinigungsgesetz,[19] das mit seiner Absicht, Schlupflöcher zu stopfen, eine kaum mehr beherrschbare Komplexität des Steuerrechts mit sich gebracht hat.

Dabei ist neu, daß sich auch aus den Reihen der Finanzverwaltung inzwischen unüberhörbarer Widerstand gegen die geltenden Regelungen zur Besteuerung regt. So haben alle 21 Präsidenten der Oberfinanzdirektionen gefordert, daß das Steuerrecht radikal vereinfacht werden müsse.[20] Eine Steuervereinfachung in nur einzelnen Bereichen könne keine Abhilfe schaffen. Erforderlich sei eine durchgreifende, alle Steuerarten umfassende Entrümpelung und Systematisierung.

„Krönender“ Abschluß der Flut von Gesetzesänderungen ist die hektische Aktivität des Gesetzgebers der jüngsten Zeit. Neben dem o. g. StandOG mußten die

---

18 Hier sind insbesondere die Abschaffung einzelner Steuern wie der Börsenumsatzsteuer, der Gesellschaftsteuer, der Wechselsteuer, der Leuchtmittelsteuer, der Salzsteuer, der Zuckersteuer und der Teesteuer zu nennen. Außerdem wurden die Steuern auf so bedeutende Dinge wie Schmierstoffe, Zigarettenpapier sowie Kau- und Schnupftabak aufgehoben. Als wirklich gelungen kann auch die Reform der Grunderwerbsteuer aus dem Jahre 1982 angesehen werden.

19 BGBl. 1993 I, S. 2310.

20 Vgl. HB vom 2. Juni 1993, S. 8.

Steuerpflichtigen und ihre Berater das StÄndG 1991,[21] das StÄndG 1992,[22] das Zinsabschlaggesetz,[23] das Umsatzsteuer-Binnenmarktgesetz,[24] das Verbrauchsteuer-Binnenmarktgesetz,[25] das FKP-Gesetz,[26] das Mißbrauchsbekämpfungs- und Steuerbereinigungsgesetz,[27] das Grenzpendlergesetz[28] und jüngst das Gesetz zur Änderung des Umwandlungssteuerrechts[29] über sich ergehen lassen. Alle diese Gesetze brachten umfangreiche Neuerungen und i.d.R. eine erhebliche Komplizierung des Steuerrechts mit sich. Z. T. wurden die gesetzlichen Regelungen schon wieder durch ein neues Gesetz geändert, noch bevor sie überhaupt in Kraft traten.[30] Geradezu exemplarisch ist, daß es im Bereich des EStG fast monatliche Änderungen gibt. Diese (11) befanden sich 1994 in folgenden Gesetzen:

- Sechstes Gesetz zur Änderung des Parteiengesetzes und anderer Gesetze,
- Gesetz zur sozialen Absicherung des Risikos der Pflegebedürftigkeit,
- Gesetz zur Förderung des Wohnungsbaues,
- Zehntes Gesetz zur Änderung des Häftlingshilfegesetzes und anderer Gesetze,
- Zweites Gesetz zur Bereinigung von SED-Unrecht,
- Gesetz zur einkommensteuerlichen Entlastung von Grenzpendlern und anderen steuerpflichtigen natürlichen Personen und zur Änderung anderer gesetzlicher Vorschriften,
- Drittes Gesetz zur Durchführung versicherungsrechtlicher Richtlinien des Rates der Europäischen Gemeinschaften,
- Gesetz über den Wertpapierhandel und zur Änderung börsenrechtlicher und wertpapierrechtlicher Vorschriften,
- Gesetz zur Reform der agrarsozialen Sicherung,
- Gesetz zur Änderung des Umwandlungssteuerrechts,

---

21 BGBl. 1991 I, S. 1322.
22 BGBl. 1992 I, S. 297.
23 BGBl. 1992 I, S. 1853.
24 BGBl. 1992 I, S. 1548.
25 BGBl. 1992 I, S. 2150, ber. 1993 I, S. 169.
26 BGBl. 1993 I, S. 944.
27 Vgl. Fn. 19.
28 BGBl. 1994 I, S. 1395.
29 BGBl. 1994 I, S. 3267.
30 Um hier nur zwei unrühmliche Beispiele zu nennen: Der durch das StandOG vom 13. September 1993 neu eingeführte § 8b KStG wurde – noch bevor er, wie ursprünglich vorgesehen, zum 1. 1. 1994 in Kraft trat – durch das Mißbrauchsbekämpfungs- und Steuerbereinigungsgesetz wieder in wesentlichen Teilen geändert. Ein ähnliches Beispiel stellt die Umgliederung von Altbeständen im Rahmen der Kontoführung des verwendbaren Eigenkapitals dar, vgl. § 54 Abs. 11 KStG i.d.F. des StandOG und i.d.F. des StMBG. Diese Liste der „Sündenfälle" des Gesetzgebers ließe sich erheblich erweitern – ein Indiz dafür, mit welcher „Sorgfalt" Gesetze und Verordnungen erarbeitet werden und inwieweit es gelingt, den steuerlichen Sachverstand außerhalb der ministeriellen Bürokratie in die Gesetz- und Richtliniengebung einzubeziehen.

- Gesetz über die Entschädigung nach dem Gesetz zur Regelung offener Vermögensfragen und über staatliche Ausgleichsleistungen für Enteignungen auf besatzungsrechtlicher oder besatzungshoheitlicher Grundlage.[31]

Inzwischen hat auch das Bundesfinanzministerium „Einsicht gezeigt" und einen „20-Punkte-Plan" zur Steuervereinfachung vorgelegt.[32] Neben umfangreichen Erleichterungen für die Besteuerung von Arbeitnehmern ist darin u. a. vorgesehen:

- eine vereinfachte Gewinnermittlung für Gewerbetreibende und Freiberufler durch Pauschalierung der Betriebsausgaben,
- der Ersatz der körperschaftsteuerlichen Kontoführung des verwendbaren Eigenkapitals durch das sog. Guthabenmodell und
- die Zusammenfassung der monatlichen zu künftig vierteljährlichen Umsatzsteuer-Voranmeldungen.

Allerdings handelt es sich hierbei „nur" um einen nicht mit den Bundesländern abgestimmten Diskussionsentwurf, der noch der weiteren, intensiven Beratung bedarf.

II. Gründe für das Steuerchaos

1. Fehlende Rechtsbeständigkeit

Aufgrund der Flut von Gesetzen in der letzten Zeit ist das Erreichen der Ziele Rechtssicherheit und -beständigkeit in immer weitere Ferne gerückt. Hinzu kommt eine oft unklare und unverständliche Formulierung von Gesetzen. Dort wo Gesetze nicht eindeutig sind, gibt es häufig Streit zwischen Steuerpflichtigen und Finanzverwaltung, der nicht selten vor den Finanzgerichten endet.[33] Dieses Problem wird auch nicht dadurch beseitigt, daß sich der BFH umfangreicher Theoriegebilde bedient, die sich häufig nicht oder nur schwer auf die Verhältnisse der Praxis übertragen lassen, und die dann neu interpretiert werden oder schlicht – weil nicht mehr haltbar – aufgegeben werden müssen.

Gesetz- und Richtliniengeber haben es sich außerdem zur „lieben" Gewohnheit werden lassen, Gesetze und Verordnungen kurzfristigst in Kraft zu setzen. Dadurch entstehen für die Steuerpflichten nur schwer kalkulierbare Risiken. Insbesondere kann in der gegenwärtigen Situation nicht davon ausgegangen werden, daß ein im Bundestag diskutierter Entwurf – zumindest in seinen wesentlichen Teilen – in dieser Form verabschiedet wird. Die Gesetzesanwender sind praktisch gezwungen zu warten, bis der endgültige Gesetzeswortlaut veröffentlicht wird.

---

31 Vgl. „Steuertip" vom 31. 12. 1994, S. 1.

32 Vgl. Pressemitteilung des BMF Nr. 131/94 vom 1. September 1994.

33 Daß sich die Bundesregierung 1975 veranlaßt sah, ein Gesetz zur Entlastung des BFH zu erlassen und sie auch 1992 wesentliche Änderungen in AO und FGO vornahm, die eine Entlastung der Gerichte bewirken sollen, sagt weit mehr aus, als jede Statistik über die Anzahl der derzeit anhängigen Finanzgerichtsverfahren. Diese „Entlastungsmaßnahmen" gingen im wesentlichen zu Lasten der Steuerpflichtigen, deren gerichtlicher Rechtschutz immer weiter eingeschränkt wurde.

Allerdings sind es dann häufig nur noch wenige Tage, bis die Neuregelung angewendet werden muß. Wie dies planungs- und arbeitsmäßig von den Steuerpflichtigen und ihren Beratern bewältigt werden soll, scheint denen, die diese Normen erlassen, oft gleichgültig zu sein. „Wie schlampig und undurchdacht Vorschriften geändert werden, belegte eindrucksvoll die Streichung der degressiven Abschreibung nach § 7 Abs. 5 EStG für Gebäude des Privatvermögens. Zur Erinnerung: Am 21. 12. 1993 wurde durch das Mißbrauchsbekämpfungs- und Steuerbereinigungsgesetz die Gewährung der AfA-Vergünstigung davon abhängig gemacht, daß bis zum 31. 12. 1993 der Bauantrag gestellt bzw. der Kaufvertrag abgeschlossen sein mußte. Verkündet wurde das Gesetz am 29. 12. und trat einen Tag später bereits in Kraft. Besonders die Initiatoren geschlossener Immobilienfonds liefen hiergegen Sturm. Mit Schreiben vom 8. 3. 1994 gab die Finanzverwaltung teilweise nach. Im Falle des Erwerbs sollte es genügen, wenn der Kaufvertrag spätestens am 31. 12. 1994 abgeschlossen wird. Der Bauantrag mußte aber weiterhin bis zum 31. 12. 1993 gestellt worden sein. Höhepunkt dieses Dramas: Durch das Grenzpendlergesetz (!) vom 24. 6. 1994 wurde sowohl für den Bauantrag als auch für den Kaufvertrag die Frist bis zum 31. 12. 1994 verlängert."[34]

Ganz offensichtlich ist in Vergessenheit geraten, daß Rechtssicherheit in der Bundesrepublik Deutschland ein Gut mit Verfassungsrang ist[35] und conditio sine qua non für die betriebliche Steuerplanung darstellt. Nur so kann die hohe Steuerbelastung im Rahmen des Möglichen beeinflußt werden. Gerade steuerliche Vergünstigungen und Fördermaßnahmen unterliegen aber – nicht zuletzt aufgrund der Haushaltslage des Staates – einem extrem hohen Änderungsrisiko. Dies relativiert ihre Bedeutung für die Standortwahl eines Unternehmens stark.

2. Mängel der Gesetzgebung

Die mangelnde Deutlichkeit vieler Steuergesetze ist als weiteres Problem zu nennen. So ist der Gesetzgeber dazu übergegangen, vermehrt unbestimmte Rechtsbegriffe zu verwenden, wie überwiegend, fast ausschließlich, nahestehende Person, geringfügige private Mitbenutzung, etc. Dies ist eine unnötige Verwässerung der Gesetze. Warum wird nicht der in § 15 AO definierte Begriff des Angehörigen anstelle des der nahestehenden Personen verwendet? Warum nicht die geringfügige private Mitbenutzung durch eine quantitative Angabe ersetzt?[36] Schmitz[37] stellt fest, daß ein Vergleich der Einkommensteuergesetze von 1950 und 1977 gezeigt habe, daß nicht nur die Zahl der Sätze, sondern auch die Länge der Sätze und Satzgefüge sowie die Wortzahl tendenziell zugenommen hätten. Gravierender ist, daß sich die Verständlichkeit der Gesetze immer weiter verschlechtert. Hieran

34 Vgl. den hier sehr instruktiven „Steuertip" vom 31. 12. 1994, S. 1.

35 Vgl. BVerfGE 2, 403.

36 Das es auch anders geht, zeigt z. B. die Regelung des § 2 Nr. 3 FörderGebG: Danach ist eine private Nutzung von weniger als 10 % Voraussetzung für die Inanspruchnahme von Sonderabschreibungen.

37 Vgl. Schmitz (Wege) S. 106.

sind stark ineinander verschachtelte Sätze Schuld. Hinzu kommen Vorschriften mit doppelten und dreifachen Verneinungen, in denen komplizierte Ausnahmeregelungen normiert werden. Was nützen Steuererleichterungen und -vergünstigungen, wenn die Begünstigten nicht in der Lage sind, sie zu verstehen? Was ist der Sinn, wenn die Steuerpflichtigen Rat suchen, diese Beratung aber mehr kostet, als die Steuervergünstigung einbringt? Anstatt Steuerberatungskosten als Sonderausgaben anzuerkennen,[38] sollte ein einfaches und verständliches Steuersystem geschaffen werden!

Dies setzt voraus, daß Gesetze künftig intensiver beraten werden. Aufgrund der unterschiedlichen Mehrheitsverhältnisse in Bundestag und Bundesrat werden Gesetzesvorlagen häufig im Vermittlungsausschuß entscheidend verändert. Allerdings werden dort die Entscheidungen nicht aufgrund von fachlichen, sondern von politischen Überlegungen getroffen.[39] Die gefundenen „Lösungen“ müssen dann von den Bonner Ministerialbeamten i. d. R. in kürzester Zeit in Gesetzestexte gefaßt werden. Daß sich dabei leicht Fehler einschleichen können, die später durch ein neues Gesetz beseitigt werden müssen, ist verständlich. Außerdem handelt es sich bei den getroffenen Kompromissen gelegentlich um Formulierungen, die Details bewußt im Unklaren lassen, damit jeder „Kontrahent“ sein Gesicht wahren kann. Die Praktikabilität solcher Vereinbarungen ist häufig gering, so daß innerhalb kurzer Zeit Nachbesserungen erforderlich werden oder Zweifelsfragen in einer Verwaltungsanweisung behandelt werden müssen.

Bei Anhörungen des Deutschen Bundestags besteht zudem die Gefahr, daß einzelne Interessenverbände Probleme, die mit einem Vorhaben verbunden sind, nicht ansprechen, um den Gesamterfolg des Projekts nicht zu gefährden. So berichtet z. B. Raupach, daß die Wirtschaftsverbände sich im Rahmen der Beratungen zum Körperschaftsteuerreformgesetz 1977 scheuten, die Interessengegensätze zwischen inländischer Industrie und ausländischen Mutterunternehmen inländischer Töchter zu artikulieren, um den Gewerkschaften keine Argumente gegen die Einführung des Anrechnungsverfahrens zu liefern.[40] Ist dann das Gesetz verabschiedet, verlangen die Verbände bei Gelegenheit Nachbesserungen. Auch dadurch kommt es zu der Vielzahl von Steueränderungen.

3. Mißbrauch des Steuersystems für außersteuerliche Zwecke

Die Entwicklung im Bereich der Besteuerung ist dadurch gekennzeichnet, daß immer mehr außersteuerliche Zwecke durch steuerliche Anreiz- und Bestrafungssysteme durchgesetzt werden sollen. Durch die Anfügung des letzten Halbsatzes in die Steuerdefinition des § 3 Abs. 1 AO („die Erzielung von Einnahmen kann Nebenzweck sein.“[41]) wurde 1976 ausdrücklich festgelegt, daß andere Zwecke als die Erzielung von Einnahmen bei der Erhebung von Steuern im Vordergrund stehen

38 Vgl. § 10 Abs. 1 Nr. 6 EStG.
39 Vgl. Raupach (Niedergang) S. 41.
40 Vgl. Raupach (Niedergang) S. 46.
41 § 3 Abs. 1 S. 1 lz. Hs. AO i. d. F. vom 16. 3. 1976.

können. Dies scheint von den politisch Verantwortlichen dahingehend (miß-) verstanden worden zu sein, daß fast jede Sonderregelung – ohne Rücksicht auf die Auswirkungen für die Gesamtheit der Vorschriften zur Besteuerung und die ohnehin schon überlastete Finanzverwaltung – in Rahmen der Steuergesetzgebung verwirklicht werden kann. Jüngstes Beispiel hierfür ist die Erhebung einer besonderen Steuer auf Einwegverpackungen durch die Stadt Kassel, deren Aufkommen so gering ist, daß wohl kaum noch von der Erzielung von Einnahmen als Zweck gesprochen werden kann. Manch anderer Vorschlag aus dem Bereich der „Öko-Steuern" läßt ebenfalls Schlimmes befürchten. Es ist bereits an anderer Stelle darauf hingewiesen worden, daß ein deutscher Alleingang in dieser Frage Schäden für die Wettbewerbsfähigkeit des Standorts Deutschland zur Folge hätte.[42]

So wundert es nicht, daß viele Interessenverbände versuchen, Einfluß auf die Gesetzgebung zu nehmen. Dabei wird häufig nach dem Motto verfahren, daß alles als positiv angesehen wird, was die steuerliche Belastung der eigenen Klientel senkt. Die negativen Konsequenzen für den Gesamtzusammenhang werden nicht beachtet oder bewußt in Kauf genommen. Wenn einige Stimmen heute das Steuerchaos in der Bundesrepublik Deutschland beklagen, ist dies oft unglaubwürdig. Wöhe hat schon 1971 nachdrücklich davor gewarnt, daß die Steuergesetze einem um so schnelleren Wandel unterworfen seien, in je größerem Umfang sie sich von ihrem ursprünglichen Ziel, der Erzielung von Einnahmen, entfernen.[43] Wer eine wirkliche Reform der Besteuerung anstrebt, muß nicht zuletzt hier ansetzen und Vorsorge dafür treffen, daß nicht ein von den Einzelinteressen durchsetztes Steuerrecht entsteht.[44]

4. Fehlende Gesamtkonzepte

Der Steuerpolitik fehlen tragfähige Gesamtkonzepte. Statt dessen wird eine Fülle von Einzelmaßnahmen erlassen, die nebeneinander stehen und sich zum Teil widersprechen. So wurde z. B. durch das StÄndG 1991 für ostdeutsche Personengesellschaften und Einzelunternehmer ein Staffeltarif bei der GewErtrSt eingeführt,[45] der sich letztlich wie ein zusätzlicher Freibetrag in Höhe von 24.000,— DM auswirkte, wenn der Gewerbeertrag über 48.000,— DM[46] lag. Durch Art. 10 des StÄndG 1992 wurde diese Regelung unter gleichzeitiger Verdopplung der einzelnen Tarifstufen auf die alten Länder übertragen. Dies bewirkt praktisch einen zusätzlichen Freibetrag i. H. v. 48.000,— DM, wenn der Gewerbeertrag über 96.000,— DM liegt. Hat sich die Förderungsnotwendigkeit binnen eines Jahres verdoppelt? War die Lage westdeutscher Einzelunternehmer und Personengesellschaften 1992 doppelt so schlecht, wie es die der ostdeutschen 1991 war? Hinzu kommt, daß die Regelung des Staffeltarifs außerordentlich kompliziert ist. Eine

42 Vgl. Fischer (Anmerkungen).
43 Vgl. Wöhe (Möglichkeiten) S. 199.
44 Ähnlich auch Herzog (Rechtsetzung) S. 32 f.
45 Vgl. § 11 GewStG i. d. F. des StÄndG 1991.
46 Nach Abzug des Freibetrags gem. § 11 Abs. 1 Nr. 1 GewStG.

schlichte Erhöhung des Freibetrags (§ 11 Abs. 1 GewStG) wäre wesentlich einfacher und für die Steuerpflichtigen verständlicher gewesen.

Ein anderes Beispiel: Nachdem die Pläne der Bundesregierung zur Abschaffung der Gewerbesteuer am Widerstand des Bundesrats gescheitert sind, wurde in § 32c EStG eine Tarifermäßigung für gewerbliche Einkünfte eingeführt. Sie bewirkt, daß der Spitzensteuersatz für gewerbliche Einkünfte auf maximal 47 % steigt. Damit wird eine der wesentlichen Grundlagen des Einkommensteuerrechts, der gemeinsame Tarif unabhängig von der Einkunftsart, aufgegeben. Das eigentliche Problem, die doppelte Besteuerung von gewerblichen Einkünften mit Gewerbesteuer einerseits und Einkommen- bzw. Körperschaftsteuer andererseits, bleibt jedoch unverändert bestehen. Es wird lediglich an den Symptomen kuriert, anstatt die Ursachen zu beseitigen. Wenn der Gesetzgeber schon die gewerbesteuerliche Belastung verringern wollte und eine Abschaffung der Gewerbesteuer politisch nicht durchsetzbar war, wäre die Einführung eines gewerbeertragsteuerlichen Freibetrages für alle Steuerpflichtigen der methodisch richtigere Weg. Er hätte neben der steuerlichen Entlastung der Unternehmen auch den Vorteil, die Erhebung wesentlich zu vereinfachen, indem viele Klein- und Mittelbetriebe, die unterhalb dieses Freibetrages bleiben, völlig von der Gewerbesteuer befreit wären. Außerdem wäre dadurch der Kreis der geförderten Unternehmen wesentlich größer, denn die Tarifvergünstigung des § 32c EStG erhalten seltsamer Weise nur die Steuerpflichtigen, deren gewerbliche Einkünfte einem Steuersatz von mehr als 47 % unterliegen, also größer als 100.278,— DM (bzw. 200.556,— DM bei Zusammenveranlagten) sind.[47]

Durch das StandOG wurde der körperschaftsteuerliche Thesaurierungssatz von 50 auf 45 v.H. und die Ausschüttungsbelastung von 36 auf 30 v.H. gesenkt. Nur wenige Monate vorher war durch das FKP-Gesetz die Wiedereinführung des „Solidaritätszuschlags" ab 1995 beschlossen worden. Werden beide Maßnahmen zusammen betrachtet, so ist die verbleibende Steuersenkung[48] gering. Diese Kompensationswirkung des SolZ ergibt sich auch bei der Tarifermäßigung für gewerbliche Einkünfte durch § 32c EStG. Insgesamt ist es mehr als zweifelhaft, ob durch diese Gesetzeskombination der Standort Deutschland spürbar an Attraktivität gewinnt.

Obwohl der Gesetzgeber mit dem StandOG das erklärte Ziel verfolgte, die Wettbewerbsfähigkeit des Standortes Deutschland zu verbessern, hat er gleichzeitig mit § 8a KStG eine neue Vorschrift erlassen, die ausländisches Kapital abschreckt. Damit wird das erklärte Ziel des „Gesetzes zur Verbesserung der steuerlichen Bedingungen zur Sicherung des Wirtschaftsstandorts Deutschland im Europäischen Binnenmarkt" konterkariert. Inzwischen ist selbst von Vertretern des Bundesfinanzministeriums eingeräumt worden, daß die angestrebten Steuer-

---

47 Damit werden durch diese Regelung nur solche Unternehmen begünstigt, für die der Standort Deutschland sich ohnehin schon als besonders profitabel erweist, vgl. Heigl/Uecker (Standortsicherungsgesetz) S. 346.

48 Vgl. hierzu auch die Berechnungen von Schneider (Hochsteuerland) S. 546 ff.

Übersicht Anwendermatrix Begünstigte / Förderprogramme	Investitionszulage	Sonderabschreibung	GA-Förderung	Eigenkapitalhilfe	ERP-Kredite	KfW-Kredite	DtA-Existenzgründungsprogramm	Bürgschaften	Marketing-Beratungen	Qualitätssicherung	Textilprogramm	Inlandsmesseförderung	Auslandsmesseförderung	Hermes-Deckungen	Marketingunterstützung mit AHK'n	Präferenzen bei öffentlichen Aufträgen
I. Art und Größe des Unternehmens																
1. Großunternehmen	+	+	+[1]	–	–	O	–	+	–	–	–	–	+	+	–	+
2. Kleine und mittlere Unternehmen	+	+	+[1]	+	+	+	+	+	+	+	+	O	+	+	+	+
3. Treuhandunternehmen	+	+	O[1]	O	O	+	O	–	+	+	+	–	+	+	+	+
II. Wirtschaftsbereiche																
A. Gewerbliche Wirtschaft																
1. Handwerk	+	+	O[1]	+	+	+	+	+	+	O	–	–	O	–	–	+
2. Handel	+	+	O[1]	+	+	+	+	+	–	–	+	–	O	O	–	+
3. Industrie	+	+	+[1]	+[4]	O	O	O	+	+	+	+	–	+	+	+	–
4. Verkehrsgewerbe	+	+	–	+	+	+	+	+	–	–	–	–	–	–	–	–
5. Fremdenverkehr	+	+	+[1]	+	+	+	+	+	–	–	–	–	–	–	–	–
B. Freie Berufe																
1. Allgemein	O	O	–	+	+	+	+	+	O	–	+	–	–	–	–	–
2. Heilberufe	O	O	–	+	–	+	+	+	–	–	–	–	–	–	–	+
III. Öffentliche Haushalte	–	–	+	–	–	–	–	–	–	–	–	–	–	–	–	–
IV. Verwendungszweck																
1. Existenzgründungen	+	+	O	+	+	+	+	+	–	–	O	–	–	–	–	–
2. Errichtungs-/Erweiterungsinvestitionen	+	+	+	+	+	+	+[3]	+	–	–	O	–	–	–	–	–
3. Umweltschutzinvestitionen	+	+	O	O	+	+	–	+	–	–	–	–	–	–	–	–
4. Schulung/Beratung	–	–	–	–	–	–	–	–	+	+	+	–	–	–	+	–
V. Sonstige																
1. Handwerkskammern	O	O	–	–	–	–	–	–	–	–	–	–	–	–	–	–
2. IHK'n	O	O	–	–	–	–	–	–	–	–	–	–	–	–	–	–
3. Verbände	O	O	–	–	–	–	–	–	–	–	O	–	–	–	–	–
4. Mieter	–	–	–	–	–	–	–	–	–	–	–	–	–	–	–	–
5. Vermieter	–	–	–	–	–	–	–	–	–	–	–	–	–	–	–	–

\+ = grundsätzlich möglich
O = nur bei Vorliegen best. Voraussetzungen
– = nicht möglich

[1] Länder bestimmen die Schwerpunkte der Förderu
[2] Bei Existenzgründungen im genannten Bereich
[3] Bis zu 8 Jahren nach Existenzgründung
[4] In bestimmten Größenordnungen

Umweltprogramme	Unternehmensberatung für KMU	Informations- und Schulungsveranstaltungen	Senior-Experten-Programm	Darlehensprogramm berufliche Fortbildung	Beratung/Weiterbildung durch RKW	Förderung betrieblicher Einrichtungen	Unternehmensführungslehrgänge	Berufliche Qualifizierung	Innovationsförderung, Förderung Forschungspotential in KMU (BMWi)	Fachprogramme (BMFT-Förderung)	KMU-Maßnahmen (BMFT-Förderung)	Arbeitsmarktpolitische Hilfen	Kapitalanlagegarantien	Kommunalkreditprogramm	KfW-Wohnungsmodernisierungsprogramm	Modernisierung im Rahmen von Länderprogrammen	Förderung sozialer Wohnungsbau	Vor Ort-Beratung an Wohngebäuden	Sanierung der Fernwärmeversorgung	Darlehen/Bürgschaften EiB	Darlehen EGKS
O	–	–	–	–	–	–	–	–	–	+	–	+	+	–	–	–	–	–	O	+	O
+	+	+	+	–	+	–	–	–	+	+	+	+	+	–	–	–	–	+[6]	–	+	O
O	O	O	O	–	–	–	–	–	O	+	+	+	+	–	–	–	–	–	–	+	O
+	+	+	+	–	–	–	–	+	O	+	+	+	+	–	–	–	–	–	–	–	O
+	+	+	+	–	–	–	+	–	–	+	–	+	+	–	–	–	–	–	–	–	O
+	+	+	O	–	–	–	–	–	+	+	+	+	+	–	–	–	–	–	–	+	O
+	+	+	O	–	–	–	–	–	–	+	–	+	+	–	–	–	–	–	–	–	O
+	+	+	O	–	–	–	–	–	–	–	–	+	O	–	–	–	–	–	–	–	O
+[8]	O	+	O	–	–	–	–	–	–	–	–	+	O	–	–	–	–	+	–	–	–
+[8]	–	+	O	–	–	–	–	–	–	–	–	+	–	–	–	–	–	–	–	–	–
–	–	–	–	–	–	–	–	–	–	O	–	–	–	+	+	+[5]	O	–	+	+	–
–	+	+	+	–	–	O	+	+	O	–	–	+	+	–	–	–	–	–	–	–	–
–	–	–	–	–	–	–	–	–	–	–	–	+	–	–	–	–	–	–	–	O	–
+	+	–	–	–	–	–	–	–	–	–	–	–	–	O[7]	O	O	–	–	+	+	–
–	+	+	+	+	+	+	+	+	–	–	–	O	–	–	–	–	–	–	–	–	–
–	–	–	–	–	–	+	–	+	–	+	–	–	–	–	–	–	–	–	–	–	–
–	–	–	–	–	–	+	+	+	–	+	–	–	–	–	–	–	–	–	–	–	–
–	–	–	–	–	–	+	–	+	–	+	–	–	–	–	–	–	–	–	–	–	–
–	–	–	–	–	–	–	–	–	–	–	–	–	–	–	–	–	–	+	–	–	–
–	–	–	–	–	–	–	–	–	–	–	–	–	–	–	–	+[5]	+	+	–	–	–

[5] Mittel aus dem KfW-Programm können nicht kumulativ eingesetzt werden
[6] Nur als Eigentümer von Wohngebäuden
[7] Kommunale Umweltschutzmaßnahmen
[8] ausgenommen ERP-Umweltprogramme

mehreinnahmen durch die Regelungen zum „Mißbrauch“ der Gesellschafterfremdfinanzierung nicht erreicht werden können.[49] Ein ministerielles „Einführungsschreiben“ von mehr als 60 Schreibmaschinenseiten Umfang zu diesem fast zwei Seiten umfassenden Paragraphen, dessen endgültige Fassung erst ein Jahr nach seinem Inkrafttreten verabschiedet wurde,[50] läßt erkennen, daß es sich um eine gesetzgeberische Fehlmaßnahme mit zudem kontraproduktiven Wirkungen für den Standort Deutschland handelt.[51]

Besonders bemerkbar macht sich das fehlende Gesamtkonzept im Bereich der Fördermaßnahmen für die neuen Bundesländer. Dort gibt es ca. 700 (in Worten: siebenhundert!) mehr oder weniger verschiedene Fördermaßnahmen und 40 (in Worten: vierzig!) begünstigende Instrumente.[52] Ferner können einige Förderungen – im Rahmen bestimmter Höchstgrenzen – parallel zueinander in Anspruch genommen werden. Einen groben Überblick über die Einzelmaßnahmen gibt die Übersicht auf den Seiten 182, 183.[53] Die große Anzahl der Fördermaßnahmen wirft die Frage auf, ob jede dieser Hilfen überhaupt eine positive Wirkung auf die Standortentscheidung hat. Jedes Instrument muß für seine Wirksamkeit eine „Fühlbarkeitsschwelle“ überschreiten. Anderenfalls werden nur Mitnahmeeffekte produziert. Die simple Devise des „Klotzen statt Kleckern“ gilt auch für die staatliche Standortförderung.

III. Zwischenergebnis

Das Steuerchaos bzw. die Flut von Steuergesetzesänderungen haben dazu geführt, daß Planungssicherheit im Bereich der Besteuerung nicht mehr gegeben ist. Aufgrund der Langfristigkeit der Standortentscheidung ist es daher i.d.R. auch nicht möglich, der damit verbundenen Unsicherheit dadurch Rechnung zu tragen, daß alternative Szenarien durchgerechnet werden. Dies würde voraussetzen, daß der Entscheidungsträger zumindest ungefähre Vorstellungen davon hätte, wie hoch die Besteuerung bei den verschiedenen Alternativen in den kommenden Jahrzehnten wird. Auch wenn eine Standortentscheidung praktisch wie eine Investitionsentscheidung behandelt werden kann, ist die Unsicherheitsproblematik bezüglich des Steuerrechts hier von besonderer Bedeutung, weil ein Investor i. d.R. über alternative Standorte in verschiedenen Ländern verfügt und so dem Land ein Vorteil zukommt, dessen Steuerrecht in seinen Augen als besonders änderungsresistent gilt. Das Steuerchaos wird dadurch zum Wettbewerbsnachteil für den Standort Deutschland insgesamt.[54]

---

49 Vgl. Dötsch (Maßnahmen) S. 2.

50 BStBl. I 1995, S. 25 ff. Wie die Ausführungen von Bellstedt (Einführungschreiben) zeigen, sind damit aber bei weitem noch nicht alle Zweifelsfragen geklärt.

51 Vgl. Fischer (Methode und Aussagefähigkeit).

52 Vgl. Kroker/Feust (Investitionsförderung) S. A-2 f.

53 Quelle: BMWi (Hrsg.): Wirtschaftliche Förderung in den neuen Bundesländern, Bonn April 1994, S. 8–10.

54 Ähnlich äußerte sich auch die Bundessteuerberaterkammer (Statement) S. 152.

Durch umfangreiche Investitionsfördermaßnahmen für die neuen Bundesländer wird derzeit versucht, deren Attraktivität als Unternehmensstandort zu verbessern. Neben der großen Zahl von nebeneinanderstehenden Maßnahmen erweist sich deren Unbeständigkeit als besonderes Problem. Im folgenden soll deshalb vorwiegend die Frage untersucht werden, inwieweit diese Unbeständigkeit das Ziel dieser Maßnahmen vereiteln, bzw. inwieweit ihnen ein sinnvolles Gesamtkonzept fehlt. Dabei erfolgt aus Platzgründen eine Beschränkung auf die wichtigsten steuerlichen Instrumente: die Investitionszulagen, die Investitionszuschüsse, die Sonderabschreibungen und die Nichterhebung von VSt und GewKapSt.

C. Auswirkungen des Steuerchaos auf die Standortwahl

I. Die steuerlichen Fördermaßnahmen als Standortfaktoren

1. Investitionszulagen

Durch Investitionszulagen wird die Anschaffung oder Herstellung von neuen, abnutzbaren und beweglichen Wirtschaftsgütern begünstigt,[55] die mindestens drei Jahre nach der Anschaffung oder Herstellung zum Anlagevermögen eines Betriebs oder einer Betriebsstätte in den neuen Bundesländern gehören und nicht mehr als 10 % jährlich privat genutzt werden.[56] Die Förderungshöhe richtet sich nach dem Zeitpunkt der Anschaffung oder Herstellung. Die Investitionszulagen sind bei der Unternehmung steuerfrei.[57] Sie sind weder steuerpflichtige Betriebseinnahme, noch vermindern sie die Bemessungsgrundlage für die Abschreibungen des Investitionsobjektes.[58]

Ziel der Investitionszulagen ist es, die Liquidität der Ost-Unternehmen kurzfristig zu verbessern. Die Zulagen werden nach Ablauf des Wirtschaftsjahres festgesetzt, indem die Investition erfolgte und sollen drei Monate nach Bekanntgabe des Bescheids ausgezahlt werden.[59] Da sich die Finanzverwaltung in Ostdeutschland noch im Aufbau befindet, können viele Monate vergehen, bis ein Bescheid ergeht und eine Zahlung erfolgt. Dadurch wird die angestrebte kurzfristige Liquiditätsverbesserung nicht erreicht.[60] Außerdem wird der Finanzverwaltung in Ostdeutschland über Jahre hinweg eine zusätzliche Belastung auferlegt, indem sie zu prüfen hat, ob die Voraussetzungen für die Zulagengewährung auch eingehalten werden. Wie der Bundesrechnungshof festgestellt hat,[61] sind die Finanzämter in

55 Zu den nicht begünstigten Wirtschaftsgütern vgl. § 2 S. 2 InvZulG.

56 Vgl. § 2 S. 1 InvZulG.

57 Allerdings geht diese Steuerfreiheit verloren, wenn eine Kapitalgesellschaft eine der Investitionszulage entsprechende Ausschüttung an die Anteilseigner vornimmt, während bei Personengesellschaften die Steuerfreiheit erhalten bleibt. Damit kommt es zu einer unterschiedlichen Behandlung der „durchgeschütteten" Investitionszulagen bei Personen- und Kapitalgesellschaften, die einen Verstoß gegen den Grundsatz der Rechtsformneutralität der Besteuerung darstellt.

58 So ausdrücklich § 10 InvZulG.

59 Vgl. § 7 Abs. 2 InvZulG.

60 Vgl. auch Schneider (Sinn) S. 1084.

61 Vgl. Bundesrechnungshof (Bemerkungen) S. 139ff.

vielen Fällen nicht in der Lage zu kontrollieren, ob die gesetzlichen Voraussetzungen für die Investitionszulagengewährung vorlagen. Nach seinen Schätzungen werden durchschnittlich 15 v. H. der Investitionszulagen zu unrecht festgesetzt.[62]

Aus der Sicht des Investors besteht daher insbesondere die Gefahr, daß sein begründeter Anspruch auf Zulagengewährung zu spät anerkannt wird. Die Regelungen des Investitionszulagengesetz erweisen sich daher als wenig sinnvoll. Offenbar ist vom Gesetzgeber zu wenig beachtet worden, daß die von ihm erlassenen Vorschriften von einer noch im Aufbau befindlichen Verwaltung umgesetzt werden müssen und die erwünschten Liquiditätswirkungen zu spät eintreten.

Aber nicht nur die praktische Handhabung macht Probleme: das Investitionszulagengesetz ist seit seinem Inkrafttreten 1991 insgesamt viermal geändert worden. Dies macht deutlich, mit welchen Änderungsrisiken Investitionszulagen behaftet sind. Die gravierendsten Modifikationen sind die durch Art. 13 des Verbrauchsteuer-Binnenmarktgesetz und Art. 3 des Grenzpendlergesetzes. Durch das erstgenannte Gesetz wurde eine sog. erhöhte Investitionszulage i. H. v. 20 %[63] für Unternehmen eingeführt, die sich überwiegend in der Hand natürlicher Personen mit Hauptwohnsitz am 9. 11. 1989 in der ehemaligen DDR befinden. Damit wurde der bis dahin bestehende Grundsatz aufgegeben, daß die Höhe der Investitionszulagen um so höher sind, je früher die Investition erfolgt. Nach Auffassung der EG-Kommission verstieß § 5 Abs. 2 InvZulG 1993 i. d. F. des Verbrauchsteuer-Binnenmarktgesetzes gegen Art. 52 des EGV.[64] Deshalb mußte die Bundesregierung sie wieder beseitigen. Durch das Grenzpendlergesetz wurde eine Ersatzregelung geschaffen. Gem. Art. 93 Abs. 3 EGV stehen nationale Beihilfen unter dem Genehmigungsvorbehalt der EG-Kommission. Hätte der Gesetzgeber, bevor er die Regelungen des Art. 13 des Verbrauchsteuer-Binnenmarktgesetzes verabschiedet hat, bei der Kommission „vorgefühlt", wie er es bei der späteren Regelung durch das Grenzpendlergesetz getan hat, wäre dieses Hin und Her und die damit verbundene Verunsicherung von potentiellen Investoren vermeidbar gewesen. Es ist übrigens erstaunlich, welch unterschiedliche Regelungen der Gesetzgeber zu einem Gesetzespaket zusammenschnürt: Änderungen des Investitionszulagengesetzes im Verbrauchsteuer-Binnenmarkt- und Grenzpendlergesetz vorzunehmen, ist nicht gerade ein Beitrag zur Verbesserung der Übersichtlichkeit des Steuerrechts.

Ursprünglich galten die Regelungen des Investitionszulagengesetzes uneingeschränkt auch für West-Berlin.[65] Aufgrund von Vorbehalten der EG-Kommission[66] mußte die Bundesregierung auch hier nachbessern. Durch das StandOG wurde entsprechend der Intervention der EG eine Sonderregelung fixiert, nach

62 Dabei stelle dies schon eine Verbesserung gegenüber den Vorjahren dar, vgl. Bundesrechnungshof (Bemerkungen) S. 142.

63 Max. konnte eine Bemessungsgrundlage i. H. v. 1 Mio. DM je Wirtschaftsjahr geltend gemacht werden, vgl. § 5 Abs. 2 S. 1 InvZulG.

64 Vgl. BT-Ds. 12/7427, S. 34.

65 Vgl. § 1 Abs. 2 InvZulG i. d. F. des StÄndG 1991.

66 Vgl. BT-Ds. 12/3432, S. 69, 99.

der das Investitionszulagengesetz nur noch für Investitionen bzw. Teilinvestitionen galt, die definitiv bis zum 31. 12. 1994 abgeschlosen wurden. Danach lief das Investitionszulagengesetz für Berlin (West) aus.[67] Die Verunsicherung von Berliner Investoren als Folge der Intervention der EG-Kommission war der Attraktivität des Standorts Berlin bestimmt nicht zuträglich. Dies zeigt nicht nur, wie änderungsanfällig die Regelungen des InvZulG sind, sondern auch, wie ein unkoordiniertes Vorgehen potentielle Investoren abschrecken kann.

Trotz dieser praktischen Probleme ist die Investitionszulage aus theoretischer Sicht das am besten geeignete Standortförderungsinstrument. Sie kann steuerfrei vereinnahmt werden und verringert nicht die Bemessungsgrundlage für die Abschreibungen. Wenn es gelingt, eine investitionsnahe Auszahlung zu erreichen, kann die Liquidität kurzfristig erheblich verbessert werden, was für Unternehmen in den neuen Bundesländern von besonderer Bedeutung ist.[68] Wie anhand von Vergleichsrechnungen leicht nachgewiesen werden kann, ist die Rentabilitätswirkung von Investitionszulagen wesentlich höher, als bei den anderen, derzeit praktizierten Fördermaßnahmen.[69] Darum sind sie die Maßnahme, die auch zukünftig zur Förderung der Wirtschaft in den neuen Ländern genutzt werden sollte. Die mit ihnen verbundenen praktischen Probleme erscheinen durch eine grundlegende Vereinfachung der Anspruchsvoraussetzungen (s. u.) lösbar.

2. Investitionszuschüsse

Neben einer Vielzahl regionaler und anderer kleiner Zuschußprogramme können für Investitionen in den neuen Bundesländern Zuschüsse nach dem Gesetz über die Gemeinschaftsaufgabe „Verbesserung der regionalen Wirtschaftsstruktur" gewährt werden.[70] Das Gesetz wird durch einen jährlich zu prüfenden und an die Entwicklung anzupassenden Rahmenplan[71] konkretisiert, indem insbesondere die Abgrenzung des Fördergebiets, die Regelung der einzelnen Fördermaßnahmen erfolgt, sowie die Fördervoraussetzungen und die Mittelausstattung festgelegt werden.[72] Durch die Zuschüsse sollen volkswirtschaftlich besonders förderungswürdige Investitionsmaßnahmen unterstützt werden[73] die zusätzliche Beschäftigungseffekte für strukturschwache Gebiete schaffen. Als besonders strukturschwach gilt

67 Vgl. Kaligin (Steuerlich optimale Gestaltungen) Tz. 18.
68 Die Auszahlungsmodalitäten des § 7 InvZulG sind insoweit wenig hilfreich.
69 So z. B. auch Schneider (Sinn) S. 1084 u. ders. (Investitionen) S. 348 und Kroker/Fuest (Investitionsförderung) S. A-9.
70 Eine Förderung aus GA-Mitteln können auch Unternehmen aus anderen Regionen des Bundesgebiets in Anspruch nehmen; es handelt sich um eine allgemeine, regionalpolitische Fördermaßnahme und nicht ausschließlich um ein Programm für die neuen Bundesländer.
71 Vgl. § 4 Abs. 2 Gesetz über die Gemeinschaftsaufgabe „Verbesserung der regionalen Wirtschaftsstruktur".
72 Derzeit gilt der 23. Rahmenplan, abgedruckt auf: BT-Ds. 12/7175.
73 Vgl. Tz. 1.1 des 23. Rahmenplans.

– zunächst bis zum 31. 12. 1996 – das gesamte Gebiet der fünf neuen Bundesländer.[74]

Durch die jährlich erfolgende Überprüfung sind die Investitionszuschüsse extrem änderungsanfällig. Hinzu kommt, daß die Länder die Möglichkeit haben, räumliche Förderschwerpunkte zu schaffen. Dies hat nicht zuletzt aufgrund der hohen Nachfrage nach GA-Mitteln zu einer ständig zunehmenden Regionalisierung der Investitionszuschußgewährung geführt.[75] Für einen Investor, der nach einem Unternehmensstandort sucht, hat dies zur Folge, daß die Fördermaßnahmen kaum noch zu überblicken sind. Insbesondere mittelständische Unternehmen, die nicht über eine entsprechend qualifizierte Steuerabteilung verfügen, werden kaum in der Lage sein, dieses Dickicht zu durchschauen. Außerdem führen die aufwendigen Vergleiche zwischen alternativen Standorten zu hohen Suchkosten.

Bei der Förderungshöhe wird unterschieden zwischen Errichtungs-, Erweiterungs- und Umstellungs- bzw. grundlegenden Rationalisierungsinvestitionen. Je nach Investitionsart liegt die maximal mögliche Förderung zwischen 23 und 15 %.[76] Diese Differenzierung verursacht nicht nur erhebliche Abgrenzungsprobleme, die für den Investor zusätzliche Unsicherheitsmomente bezüglich seiner Förderung schaffen, sondern sie ist auch aus betriebswirtschaftlicher Sicht zweifelhaft. Die Bevorzugung von neugegründeten Unternehmen gegenüber bestehenden, die Rationalisierungsinvestitionen vornehmen, ist nicht einsichtig. Sie kann dazu führen, daß sanierungsbedüftige Betriebe aufgegeben und anschließend neu gegründet werden, um ebenfalls die höhere Förderung zu erhalten.[77] Gerade aufgrund des Nachholbedarfs an Rationalisierungsmaßnahmen bei vielen Unternehmen in den neuen Bundesländern wäre eine gleichmäßige Förderung angebracht.[78]

Bei dem im Rahmenplan genannten Fördersätzen handelt es sich um die maximal mögliche Förderung. Inwieweit dieser Satz tatsächlich gewährt wird, hängt neben dem Ermessen der bewilligenden Behörde auch von den zur Verfügung stehenden Haushaltsmitteln ab. Damit ist diese Förderung aus Sicht des Investors besonders problematisch. Er muß die Verhältnisse an jedem potentiellen Standort genau prüfen, soweit es überhaupt möglich ist, bestimmte Faktoren (z. B. den Bestand an noch vorhandenen Fördermitteln) in Erfahrung zu bringen. Außerdem wird vor Gewährung der Investitionszuschüsse geprüft, ob das geplante Investitionsvorhaben mit dem Flächennutzungsplan und mit den Bebauungsplänen übereinstimmt und ob das Investitionsvorhaben umweltverträglich ist. Dies alles, obwohl der Behördenapparat in den neuen Ländern sich immer noch im Aufbau befindet. Die Konsequenz ist nicht nur eine Überfrachtung der Förderregelungen,

74 Vgl. Tz. 2.1 des 23. Rahmenplans.
75 Vgl. Baumhoff/Rödder (Steuerliche Förderung) S. 63.
76 Vgl. Tz. 9.1.2 des 23. Rahmenplans.
77 Vgl. Kroker/Fuest (Investitionsförderung) S. A-16.
78 So auch Schneider (Sinn) S. 1083.

was wesentlich zu ihrer Unübersichtlichkeit beiträgt, sondern auch eine weitere Verlängerung der Genehmigungsfristen. Die Investitonszuschüsse sollen zeitnah zum Investitionsbeginn ausgezahlt werden, deshalb hat hier eine Beantragung der Fördermittel vor Beginn der Investition zu erfolgen. In der Praxis kommt es aber offenbar zu erheblichen Auszahlungsverzögerungen,[79] was der Grundidee der Förderung durch Zuschüsse zuwider läuft. Offensichtlich müssen Investoren einen nicht unerheblichen Verwaltungsaufwand auf sich nehmen, bevor sie die Hilfen erhalten.[80] Dem Gedanken einer investitionszeitpunktnahen Förderung wird dadurch widersprochen.

Steuerlich hat der Anspruchsberechtigte bezüglich der Behandlung von Investitionszuschüssen ein Wahlrecht:[81] Entweder behandelt er sie als Betriebseinnahmen, die den steuerpflichtigen Gewinn erhöhen, oder er vermindert die Anschaffungs- bzw. Herstellungskosten des begünstigten Wirtschaftsgutes und damit die Abschreibungsbemessungsgrundlage. Dadurch kommt es in den folgenden Perioden aufgrund von geringeren Abschreibungen zu einer „Nachversteuerung" der Zuschüsse. Im Fall der erfolgswirksamen Vereinnahmung der Zuschüsse durch eine vollthesaurierende Kapitalgesellschaft führt dies zu einer Verringerung der Zuschüsse um rd. 54 % bzw. rd. 57 % unter Berücksichtigung des Solidaritätszuschlags.[82] Offenbar wird hier mit einer Hand gegeben und mit der anderen wieder genommen.[83]

3. Sonderabschreibungen

§ 4 des Fördergebietsgesetz sieht für Investitionen die Möglichkeit von Sonderabschreibungen i.H.v. 50 % der Anschaffungs- oder Herstellungskosten in einem Begünstigungszeitraum von fünf Jahren vor.[84] Neben der Sonderabschreibung ist zwingend linear abzuschreiben.

---

79 Vgl. Baumhoff/Rödder (Steuerliche Förderung) S. 16.

80 Nicht nur die einzelnen Förderungen sind regional sehr verschieden, sondern auch die Zuständigkeiten für die Bearbeitung der Anträge sind in den Bundesländern unterschiedlich geregelt. Vgl. Tz. 1 der Erläuterungen zum Antragsformular auf Gewährung öffentlicher Finanzierungshilfen an die gewerbliche Wirtschaft im Rahmen der regionalen Wirtschaftsförderung.

81 Vgl. BFH-Urteil vom 22. 1. 1992, X R 23/89, BStBl. II S. 488 sowie R. 34 Abs. 2 EStR.

82 Wenn sich der Gewinn der Kapitalgesellschaft aufgrund der Zuschüsse um 100 erhöht, so hat dies eine Erhöhung der Gewerbeertragsteuer von 16,67 (Hebesatz von 400 %) zur Folge. Der verbleibende Betrag i. H. v. 83,33 unterliegt der KSt-Belastung von 45 %, also 37,4985. Damit addiert sich die Grenzsteuerbelastung zu 54,1685 DM, d.h. dem Betrieb stehen nur noch 45,8315 der Investitionszuschüsse zur Verfügung. Wird der SolZ berücksichtigt, so beträgt dieser 7,5 % der festgesetzten KSt, hier also 7,5 % von 37,4985, also rd. 2,81. Daraus ergibt sich ein kombinierter Ertragsteuersatz in Höhe von 56,9785. Von 100 DM Investitionszuschuß bleiben nur noch 43,0215. Der gleiche Effekt ergibt sich auch, wenn sich der Steuerpflichtige für eine Verringerung der Anschaffungs- bzw. Herstellungskosten entscheidet. Durch die in den folgenden Jahren geringeren Abschreibungen kommt es zu höheren Gewinnen, die letztlich wieder zu einer höheren Steuerbelastung führen.

83 Ähnlich Baumhoff/Rödder (Steuerliche Förderung) S. 16.

84 Vgl. § 1 FörderGebG.

Die Wirkungen von Sonderabschreibungen auf die Rendite einer Investition sind gering, weil sie zu einer Vorverlagung von Aufwand und damit i.d.R. lediglich zu Zinseffekten führen. In späteren Perioden fallen entsprechend geringere Abschreibungen an. Letztlich hängen die Wirkungen der Sonderabschreibungen vom Ertragsteuersatz ab. Steigt er in späteren Jahren, kann es sogar zu einer Zunahme der Gesamtsteuerbelastung kommen. Da gem. § 7 Abs. 2 EStG jährlich 30 % abgeschrieben werden können, ist der Unterschied zur geometrisch-degressiven Regelabschreibung nicht besonders groß. Außerdem haben Sonderabschreibungen nur dann eine positive Rendite- oder Liquiditätswirkung, wenn das begünstigte Unternehmen Gewinne erzielt.[85]

Ein anderer Aspekt ist bisher noch nicht berücksichtigt worden: In den letzten Jahren ist eine große Anzahl von „Abschreibungsgesellschaften" in den neuen Ländern entstanden. Sie nehmen Investitionen in den neuen Ländern vor (insbesondere im Immobilienbereich) und beteiligen ihre Gesellschafter als Mitunternehmer i.S.d. § 15 Abs. 1 Nr. 2 EStG. Durch die vorgenommenen Sonderabschreibungen, die den Gesellschaftern als Aufwandsanteile zugerechnet werden, kommen diese Investitionen rechnerisch auf beachtliche Nachsteuerrenditen. Nutznießer dieser Fördermaßnahmen sind damit bei wirtschaftlichem Erfolg der Investition in erster Linie Kapitalanleger. Hieraus resultieren nicht erwünschte Vermögensumschichtungen zugunsten von westdeutschen Kapitalgebern. Bei vielen leerstehenden Einkaufszentren und Bürogebäuden im Osten Deutschlands wird daher Kapital fehlgeleitet bzw. vernichtet. In diesen Fällen hat der drastische, temporäre Steuersenkungseffekt der Sonderabschreibungen den Blick für die notwendigen Rahmenbedingungen einer längerfristig erfolgreichen Investition vernebelt.

Allerdings muß eingeräumt werden, daß Sonderabschreibungen in ihrer Handhabung relativ einfach sind. Außerdem sind die Sonderabschreibungen das Förderinstrument, das bisher die größte Änderungsbeständigkeit aufgewiesen hat, abgesehen von ihrer Verlängerung um zwei Jahre (bis zum 31. 12. 1996) durch das StandOG.[86]

4. Nichterhebung der VSt und GewKapSt

Natürliche Personen und Körperschaften, die am 3. 12. 1990 im Beitrittsgebiet ansässig waren, sind persönlich mit ihrem gesamten Vermögen von der Vermögensteuer befreit. Diese Steuerbefreiung wurde durch das StandOG auf das Kalenderjahr 1995 ausgedehnt.[87] Außerdem gibt es gem. § 136 BewG in den neuen Bundesländern sachliche Steuerbefreiungen von der Vermögensteuer.[88] Gem. § 37

85 Vgl. Schneider (Sinn) S. 1083 f. und ders. (Investitionen) S. 346 ff.
86 Allerdings wurden auch hier besondere Kapriolen für West-Berlin geschlagen.
87 Vgl. § 24 c VStG.
88 Diese Steuerbefreiungen gelten nicht für West-Berlin.

GewStG werden Gewerbebetriebe, die am 1. 1. 1991 und zu Beginn des jeweiligen Erhebungszeitraums ihre Geschäftsleitung im Beitrittsgebiet hatten, für die Erhebungszeiträume 1991 bis 1995 von der Gewerbekapitalsteuer freigestellt.

Die Aussetzung der Vermögensteuer im Beitrittsgebiet kann für manche Steuerpflichtige nachteilig sein.[89] Durch die Vermögensteuerbefreiung bleiben nicht nur positive Vermögensteile, sondern auch damit zusammenhängende Schulden unberücksichtigt, und zwar auch dann, wenn die Schulden die positiven Vermögensteile übersteigen. Dies hat zur Konsequenz, daß ein Überhang der Schulden über die Einheitswerte[90] im Beitrittsgebiet nicht mit positiven Vermögensteilen desselben Steuerpflichtigen in anderen Gebieten verrechnet werden kann.

Mit der Nichterhebung der Substanzsteuern hat der Gesetzgeber endlich eine schon seit vielen Jahren von Vertretern der Betriebswirtschaftlichen Steuerlehre erhobene Forderung erfüllt.[91] Allerdings muß kritisch angemerkt werden, daß erhebliche Unsicherheit besteht, wie lange diese Befreiung noch gelten wird. Der Gesetzgeber hätte sich in einem mutigen Schritt dazu entschließen sollen, die Aussetzung rechtzeitig für einen längeren Zeitraum (z. B. 10 Jahre) zu regeln. Dies hätte für Investoren größere Planungssicherheit geschaffen und eine wesentlich bessere Wirkung gehabt. Da die ostdeutsche Finanzverwaltung schon mit ihren bisherigen Aufgaben große Probleme hat, ist abzusehen, daß sie auch ab 1996 nicht in der Lage sein wird, diese Steuern zu erheben.

Als Investitionsfördermaßnahme ist die Wirkung der Aussetzung dieser Substanzsteuern allerdings zu gering, als daß dadurch die Attraktivität von Standorten in den neuen Länder spürbar verbessert werden kann. Aufgrund der Übernahme der Steuerbilanzwerte in die Vermögensaufstellung und die Regelung des § 117a BewG i.d. Fassung des StÄndG 1992 hat sich die substanzsteuerliche Belastung von Unternehmen ohnehin verringert. Lediglich wenn Verluste erzielt werden, stellen die Substanzsteuern noch eine erhebliche Belastung dar, denn sie müssen dann aus der Substanz des Unternehmens bezahlt werden.

5. Kumulation der Förderinstrumente

Die Bundesregierung hat in Verhandlungen mit der EG erreicht, daß für die neuen Bundesländer eine Maximalförderung von bis zu 35 % möglich ist. Die oben dargestellten Förderinstrumente können folglich nicht nur isoliert, sondern parallel angewendet werden. Dadurch kumulieren sich die Unsicherheiten und Unwägbarkeiten bei einer konkreten Investition. Dies zeigt deutlich, daß ein Gesamtkonzept für die Förderung von Investitionen in den neuen Ländern nötig ist. Für Investoren entstehen so zusätzliche Kosten, um sich über die für sie in Frage kommenden Fördermaßnahmen zu informieren. Die Förderung wird insoweit nur mit

89 Vgl. Baumhoff/Rödder (Steuerliche Förderung) S. 135f.

90 Baumhoff/Rödder (Steuerliche Förderung) sprechen von „negativen Einheitswerten“.

91 Vgl. z. B. Rose (Ärgernis) und Fischer (Ertragsunabhängige Besteuerung).

dem Teil wirksam, der die Beratungskosten übersteigt. Der Rest dient zur Finanzierung eines „Beschäftigungsprogramms“ für Unternehmensberater.

Erschwerend kommt hinzu, daß den Anträgen für die Gewährung der verschiedenen Fördermaßnahmen unterschiedliche Unterlagen beigefügt werden müssen. Dies bedeutet für den Antragsteller einen – unter Umständen erheblichen – Aufwand, um die Belege für alle in Frage kommenden Förderungen einzureichen. Aus der Sicht der Exekutive verursacht die Überwachung der verschiedenen Anspruchsvoraussetzungen und die mehrfache Beurteilung der gleichen Unterlagen zusätzliche Kosten, die das Gesamtfördervolumen verringern und damit kontraproduktiv sind.

II. Gesamtbeurteilung der steuerlichen Fördermaßnahmen unter Standortgesichtspunkten

Auch wenn es hier – aus Platzgründen – nicht möglich war, alle Probleme der Investitionsfördermaßnahmen für die neuen Länder anzusprechen, so ist doch folgendes deutlich geworden: Investitionszulagen und -zuschüsse sind in ihrer praktischen Handhabung zeitlich schlecht adjustiert und zu kompliziert. Sie basieren auf detaillierten Regelungen, die sich in der Praxis – wie nicht zuletzt der Bericht des Bundesrechnungshof zeigt[92] – nicht umsetzen lassen, zumal sich die Finanzverwaltung in Ostdeutschland immer noch im Aufbau befindet. Hingegen sind die Sonderabschreibungen wesentlich einfacher zu handhaben. Die Nichterhebung von VSt und GewKapSt ist ebenfalls aus Praktikabilitätsgründen zu begrüßen.

Diese Beurteilung unter dem Gesichtspunkt der Praktikabilität steht im deutlichen Gegensatz zur wirtschaftlichen Beurteilung dieser Instrumente: Danach werden Investitionszulagen als am geeignetsten angesehen. Da aus theoretischer Sicht die Investitionszulagen allen anderen Förderinstrumenten überlegen sind, sollte dieses Instrument ausgebaut werden. Die mit ihnen verbundenen, praktischen Probleme resultieren im wesentlichen aus unzweckmäßigen Anspruchsvoraussetzungen. Durch ihre nachhaltige Vereinfachung und bessere zeitliche Anpassung müßte sich eine bessere Handhabung erreichen lassen. Dies könnte geschehen, indem – wie Schneider vorschlägt[93] – die Investitionszulage mit Einkommen- bzw. Körperschaftsteuerschulden bzw. in Verlustfällen mit der Umsatzsteuer verrechnet werden kann, verbunden mit verstärkten Betriebsprüfungsaktivitäten, um Mißbräuche zu unterbinden. Alternativ könnte § 7 Abs. 2 InvZulG dahingehend geändert werden, daß eine Zulagenbeantragung bereits vor Beginn der Investition möglich ist. Verbunden mit einer personellen Verstärkung der Finanzverwaltung in den neuen Ländern wäre damit eine Auszahlung nahe dem Investitionsbeginn möglich.

---

92 Vgl. Bundesrechnungshof (Bemerkungen) S. 139ff.

93 Vgl. Schneider (Sinn) S. 1084.

Da die anderen Förderinstrumente wenig geeignet sind, sollten die für sie bereitgestellten Haushaltsmittel zur Finanzierung einer nachhaltig erhöhten Investitionszulage genutzt werden. Aufgrund der erheblichen technischen Schwierigkeiten bei der Erhebung von Substanzsteuern in den neuen Ländern und dem geringen, zu erwartenden Aufkommen sollte die Aussetzung dieser Steuern allerdings bis zur Abschaffung dieser Abgaben im gesamten Bundesgebiet verlängert werden.

Zu Beginn der Ausführungen wurde bereits darauf hingewiesen, daß die Fördermaßnahmen nur ein Kriterium für die Standortentscheidung darstellen. Wenn ein Investor betrachtet wird, der einen Standort für eine Produktionsstätte sucht, die nicht an ein bestimmtes Land gebunden ist, so hat dieser eine Vielzahl von möglichen Standorten miteinander zu vergleichen. Dabei sind nicht nur die einzelnen Vergünstigungen zu berücksichtigen, sondern es spielen auch die übrigen – steuerlichen – Bedingungen eine Rolle. Deshalb ist die dreifache Belastung von Unternehmen mit Gewerbesteuer, Einkommen- bzw. Körperschaftsteuer und Solidaritätszuschlag ein erheblicher Standortnachteil. Ein Ertragsteuersatz, der immer noch deutlich über der 50 %-Marke liegt,[94] hat für Investoren heutzutage eine abschreckende Wirkung. Diese psychologischen Wirkungen wurden bisher nicht hinreichend berücksichtigt.[95] Der zum Teil vorgebrachte Einwand, in der Bundesrepublik Deutschland seien zwar die Tarife höher, dafür aber die Bemessungsgrundlagen schmaler, ist nicht durchgehend richtig,[96] zumal die Möglichkeiten zur Bildung von stillen Reserven weiter eingeschränkt werden sollen.[97]

D. Handlungskonsequenzen

Aus den Ausführungen ergeben sich folgende Forderungen an den Gesetzgeber:

1. Zweck der Besteuerung ist die Erzielung von Einnahmen. Darauf muß sich der Gesetzgeber wieder besinnen und die Steuergesetze zumindest von unwichtigeren, nichtsteuerlichen Zielen befreien! Dabei würde eine für die Bürger verständlichere Besteuerung zugleich Steuerwiderständen und Steuerhinterziehungen sowie der Fülle von Finanzgerichtsprozessen entgegenwirken. Investoren wären in der Lage, das Steuersystem zu verstehen und in ihren Planungen zu berücksichtigen.

---

94 Vgl. die Steuersatzberechnungen in Fn. 82.

95 Vgl. Fischer (Methode und Aussagefähigkeit).

96 Vgl. hierzu die Untersuchung von Esser, der auf der Grundlage einer anstehenden Investitionsentscheidung der Mannesmann AG einen Vorteilhaftigkeitsvergleich für Standorte in den USA, in Großbritannien, den Niederlanden und der Bundesrepublik durchgeführt hat und zu dem Ergebnis gelangt, daß unter Berücksichtigung von Steuersätzen und Bemessungsgrundlagen die Steuerbelastung in Deutschland im internationalen Vergleich hoch ist, vgl. Esser (Standortfaktor).

97 Erinnert sei hier an die Änderungen des § 7 Abs. 5 EStG und die Verlängerung der betriebsgewöhnlichen Nutzungsdauer für Pkw. Die Diskussion um eine Herabsetzung der maximal möglichen degressiven Abschreibung auf 25 v. H. p. a. hat ebenfalls negative Wirkungen.

2. Wenn man schon der Auffassung ist, daß steuerliche Regelungen der geeignete Ort sind, um außersteuerliche Ziele zu verfolgen, müssen sie so angelegt werden, daß für den Investor Rechtssicherheit geschaffen wird. Er muß die Fördermaßnahmen vor Beginn der Investition in seine Planungen einbeziehen können, denn nur dann können sie wirksam sein.

3. Die Standortförderung für die neuen Bundesländer, die hier im Mittelpunkt der Betrachtung stand, sollte im wesentlichen auf ein Instrument, nämlich die Investitionszulagen, konzentriert werden. Die Mittel aus den übrigen Förderprogrammen wie z. B. den Investitionszuschüssen und den Sonderabschreibungen, sollten auf dieses Instrument umgeschichtet werden. Die Anspruchsvoraussetzungen sollten vereinfacht und die Ausschüttungen der Zulagen – wie besprochen – beschleunigt werden.

4. Die Diskussion um die Investitionsförderung in den neuen Ländern darf nicht dazu führen, das Wesentliche aus den Augen zu verlieren: Die Ertragsteuersätze in der Bundesrepublik Deutschland sind – auch bei seriösen Steuerbelastungsvergleichen[98] – im internationalen Vergleich zu hoch.

5. Veränderungen am geltenden Recht sind so vorzunehmen, daß sich die Steuerpflichtigen und ihre Berater rechtzeitig auf die neue Rechtslage einstellen können. Hier ist ein Vorlauf von mindestens einem halben Jahr erforderlich und zwar einschließlich evtll. „Einführungsschreiben". Um ständige Gesetzesänderungen zu vermeiden, müssen die Steuergesetze zukünftig sorgfältiger beraten werden. Es sollte überlegt werden, ob nicht – wie dies auch Lang für sein „Steuergesetzbuch" vorgeschlagen hat[99] – Steuergesetze künftig vor ihrer Verabschiedung durch das Bundesverfassungsgericht auf ihre Verfassungsmäßigkeit überprüft werden. Das Ergebnis müßte dann für die spätere Rechtsprechung des Gerichts bindend sein. Auch wenn es dadurch zu einer Reihe von Folgeproblemen käme, wie der nachhaltigen Stärkung des BVerfG gegenüber dem Parlament, könnte durch diese Überprüfung ein so wesentlicher Beitrag zur Wiederherstellung der Rechts- und Planungssicherheit geleistet werden, daß ein solch unkonventioneller Vorschlag durchaus diskussionswürdig erscheint.

6. Praktikabel erscheint auch der Voschlag von Rose, einen Vertrauensschutz für den Steuerpflichtigen zu schaffen.[100] Danach soll der Steuerpflichtige bei Steuerfestsetzungen, gesonderten Feststellungen und bei der Festsetzung von Steuermeßbeträgen beantragen können, daß das in seinem Dispositionszeitpunkt geltende Steuerrecht angewendet wird. So bestünde die Möglichkeit, kurzfristig Rechtssicherheit und -beständigkeit zu erhöhen. Eine sorgfältige Prüfung dieses Vorschlages durch den Gesetzgeber wird nachdrücklich empfohlen.

---

98 Vgl. Fischer (Effektive Steuerbelastung) und ders. (Methode und Aussagefähigkeit).

99 Vgl. Lang (Entwurf) Tz. 55.

100 Vgl. Rose (Steuerliche Absicherung) insbesondere S. 381 ff., m. w. N.

7. Da eine grundlegende Reform des Steuerrechts nur nach umfangreichen Vorarbeiten erfolgen kann, sollte eine Kommission eingesetzt werden, die ein neues Steuersystem entwickelt. Bis zum Inkrafttreten dieser Neuregelung sollte sich der Gesetzgeber im steuerlichen Bereich äußerste Zurückhaltung auflegen und seine Aktivitäten auf die dringendsten Problemfelder beschränken.

Abschließend sei nicht verschwiegen, daß in der Bundesrepublik Deutschland zur Zeit nur geringe Chancen für eine durchgreifende Reform des Steuerrechts gegeben sind. Dies liegt nicht am Fehlen geeigneter Vorschläge. Bei nüchterner Betrachtung der langjährigen Steuerreformdiskussion und der erzielten Ergebnisse in Form vollzogener Steuerrechtsänderungen erkennt man jedoch unschwer, daß die politischen Entscheidungsprozesse in der Bundesrepublik eine umfassende Reform nicht erlauben. Die empfindliche Machtbalance in der Bundesrepublik Deutschland, gestützt auf eine föderalistische Staatsstruktur, kombiniert mit einem Verhältniswahlrecht, verhindert auch auf steuerlichem Gebiet durchgreifende Reformen und produziert mehr oder weniger zwangsläufig Reformschritte, die in ihrer zunehmenden Komplexität und Zaghaftigkeit die mühsame Kompromißsuche des politischen Prozesses widerspiegeln. Es gibt kaum andere plausible Gründe, warum viele Länder in den zurückliegenden Jahren zu kraftvollen Steuerreformen mit eindeutig standortverbessernder Wirkung fähig waren, Deutschland aber nicht. Eine grundlegende Reform des deutschen Steuerrechts ist daher wohl nur nach einer Reform des politischen Willensbildungsprozesses möglich.

Literaturverzeichnis

Baumhoff, Hubertus/Rödder, Thomas (Steuerliche Förderung): Steuerliche Förderung von Investitionen in den neuen Bundesländern, 2. Aufl., Frankfurt 1993

Bea, Franz Xaver (Entscheidungen): Entscheidungen des Unternehmens, in: Allgemeine Betriebswirtschaftslehre, Bd. 1: Grundfragen, hrsg. v. F. X. Bea, E. Dichtl u. M. Schweitzer, 6. Aufl., Stuttgart 1992, S. 309–424

Bellstedt, Christoph (Einführungsschreiben): Das Einführungsschreiben zu § 8 a KStG, in: DB 1995, Heft 1, S. 8 –14

Steuerreform-Kommission: Bericht zum Außensteuerrecht (BMF-Schriftenreihe Heft 16, Bonn 1970)

BMF: Pressemitteilung Nr. 131/94 vom 1 September 1994

BMWi (Hrsg.): Wirtschaftliche Förderung in den neuen Bundesländern, Bonn 1994

Bundesrechnungshof (Bemerkungen): Bemerkungen des Bundesrechnungshofes 1994 zur Haushalts- und Wirtschaftsführung (einschließlich der Feststellungen zur Jahresrechnung des Bundes 1992), abgedruckt auf BT-Ds. 12/8490

Bundessteuerberaterkammer (Statement): Statement zu der Anhörung im Finanzausschuß am 9. März 1994, in: Stbg 1994, S. 151–152

Domschke, Wolfgang/Drexl, Andreas (Standorte): Logistik: Standorte, 3. Aufl., München et al. 1990

Dötsch, Ewald (Maßnahmen): Maßnahmen zur steuerlichen Einschränkung des Dividenden-Stripping durch das Standortsicherungsgesetz, Heft 95 der Schriften des Instituts für Ausländisches und Internationales Finanz- und Steuerwesen der Universität Hamburg, Hamburg 1993

Esser, Klaus (Standortfaktor): Standortfaktor Unternehmensbesteuerung - Notwendigkeit und Möglichkeiten einer Verbesserung, in: zfbf 1990, S. 157–192

Findeisen, Franz: Unternehmung und Steuer (Steuerbetriebslehre), Stuttgart 1923

Fischer, Lutz (Anmerkungen): Einige Anmerkungen zu Klimaschutzabgaben, insbesondere zum Energie-/CO_2-Steuervorschlag der Europäischen Gemeinschaft, Heft 86 der Schriften des Instituts für Ausländisches und Internationales Finanz- und Steuerwesen der Universität Hamburg, Hamburg 1993

Fischer, Lutz (Effektive Steuerbelastung): Die effektive Steuerbelastung von Unternehmen, in: Besteuerung und Unternehmenspolitik, Festschrift für G. Wöhe, hrsg. v. G. John, München 1989, S. 131–155

Fischer, Lutz (Ertragsunabhängige Besteuerung): Die ertragsunabhängige Besteuerung der Unternehmen – Eine Spezialität des deutschen Steuersystems?, in: DB 1989, S. 389–396

Fischer, Lutz (Methode und Aussagefähigkeit): Zur Methode und Aussagefähigkeit von internationalen Steuerbelastungsvergleichen als Grundlage für steuerrechtliche Gestaltungsüberlegungen des Gesetzgebers, in: Steuerrecht und Methodenlehre, hrsg. v. Cagianut u. Vallender, erscheint Juni 1995

Fischer, Lutz (Standortwahl): Standortwahl und Steuern, in: Grochla, E. (Hrsg.): Handwörterbuch der Betriebswirtschaft, 5. Aufl., Stuttgart 1993, Sp. 3973–3986

Gaddum, Johann Wilhelm: Einkommensteuerreform – Einfach und gerecht, Landsberg 1986

Gutachten der Kommission zur Verbesserung der steuerlichen Bedingungen für Investitionen und Arbeitsplätze (Heft 46 der BMF-Schriftenreihe, Bonn 1991)

Gutachten des Wissenschaftlichen Beirats zur Reform der Unternehmensbesteuerung (Heft 43 der BMF-Schriftenreihe, Bonn 1990)

Heigl, Anton (Bedingungen): Betriebswirtschaftliche Bedingungen für fiskalische Standortanreize bei grenzüberschreitender Unternehmenstätigkeit, in: L. Fischer (Hrsg.): Unternehmung und Steuer, Festschrift für P. Scherpf, Wiesbaden 1982, S. 363–374

Heigl, Anton (Wirkungen): Betriebswirtschaftliche Wirkungen von steuerlichen und Subventionsinstrumenten der regionalen Wirtschaftsförderung, in: A. Amatucci, H.-R. Hemmer (Hrsg.): Wirtschaftliche Entwicklung und Investitionspolitik in Süditalien, Saarbrücken, Fort Lauderdale 1981, S. 219–226

Heigl, Anton/Uecker, Peter (Standortsicherungsgesetz): Standortsicherungsgesetz = Sicherung des Standorts?, in: Betriebswirtschaftslehre, Unternehmenspolitik und Unternehmensbesteuerung, Festschrift für G. Mann, hrsg. v. R. Federmann, Berlin 1993, S. 335–356

Herzog, Roman (Rechtsetzung): Rechtsetzung durch Rechtsprechung ? – Ein Problem der Gewaltenteilung –, in: StbKRep 1994, S. 23–33

Kaligin, Thomas (Steuerlich optimale Gestaltungen): Steuerlich optimale Gestaltungen bei Investitionen in den neuen Bundesländern, Heidelberg 1994

Kroker, Rolf/Fuest, Winfried (Investitionsförderung): Investitionsförderung in den neuen Bundesländern – Eine betriebswirtschaftliche Effizienzanalyse, in: iw-Trends 1/1991, S. A-1–A-17

Lang, Joachim (Entwurf): Entwurf eines Steuergesetzbuchs (Heft 49 der BMF-Schriftenreihe, Bonn 1993)

Lang, Joachim (Wege): Wege aus dem Steuerchaos, in: Stbg 1994, S. 10–23

O.V.: Die Oberfinanzpräsidenten wollen Notbremse ziehen, in: HB vom 2. Juni 1993, S. 8

O.V.: Steuerzahler sollen 1996 15,7 Mrd. DM weniger zahlen, in: HB Nr. 238 vom 9./10. Dezember 1994, S. 8

Paus, Bernhard (Steuerliche Förderung): Steuerliche Fördermaßnahmen in den neuen Bundesländern, 2. Aufl., Herne/Berlin 1994

Raupach, Arndt (Niedergang): Der Niedergang des deutschen Einkommensteuerrechts – Möglichkeiten der Neubestimmung, in: Niedergang oder Neuordnung des deutschen Einkommensteuerrechts, hrsg. v. A. Raupach, K. Tipke u. A. Uelner, Köln 1985, S. 15–132

Rose, Gerd (Ärgernis): Ärgernis Substanzbesteuerung, Betriebswirtschaftliche Untersuchungen zur Belastung gewerblicher Betriebe mit periodischen Substanzsteuern ab 1975, in: FR 1975, S. 77–82

Rose, Gerd (Steuerliche Absicherung): Steuerliche Absicherung langfristiger Dispositionen – ein Gesetzgebungsvorschlag, in: StbJb 1987/88, S. 361–389

Saemisch/Lewald/Busch: Gutachten der Verwaltungsabbaukommission über die Vereinfachung der Gesetzgebung und Verwaltung auf dem Gebiet der direkten Steuern, 1924, zitiert bei: O.V.: Gutachten der Verwaltungsabbaukommission über die Vereinfachung der Gesetzgebung und Verwaltung auf dem Gebiet der direkten Steuern, in: DStZ 1993, S. 489–490

Schmitz, Helmut (Wege): Wege aus dem Steuerchaos, in: Stbg 1994, S. 104–108

Schneider, Dieter (Hochsteuerland): Hochsteuerland Deutschland 1994/95, in: DB 1994, S. 541–549

Schneider, Dieter (Investition): Investition, Finanzierung und Besteuerung, 7. Aufl., Wiesbaden 1992

Schneider, Dieter (Sinn): Sinn und Widersinn der steuerlichen Investitionsförderung für die neuen Bundesländer und des Solidaritätszuschlags, in: DB 1991, S. 1081–1087

Statistisches Bundesamt (Hrsg.): Statistisches Jahrbuch für die Bundesrepublik Deutschland 1994, Stuttgart 1994

Steuerreformkommission: Gutachten 1971, BMF-Schriftenreihe Heft 17, Bonn 1971

Troeger, H. (Hrsg.): Denkschrift zur Verbesserung der Einkommensbesteuerung – Diskussionsbeiträge des Arbeitsausschusses für eine große Steuerreform, Stuttgart 1957

Wöhe, Günter (Möglichkeiten): Möglichkeiten und Grenzen einer großen Steuerreform, in: DStR 1971, S. 199–205

Gesetzliche Regelung der Gesellschafter-Fremdfinanzierung (§ 8a KStG) – Zweifelsfragen und Auswirkungen auf die Unternehmenspolitik –

Univ-Prof. Dr. Norbert Herzig, WP, StB, Universität zu Köln

I. Einführung

Nach schwierigen Geburtswehen ist das deutsche Steuerrecht im Standortsicherungsgesetz um eine gesetzlich Regelung der Gesellschafter-Fremdfinanzierung bereichert worden, die seit dem 1. 1. 1994 gilt (§ 8a KStG).[1] Die Neuregelung wirkt sich auf die Höhe der Finanzierungskosten insbesondere in auslandsbeherrschten deutschen Konzernen aus. In der Praxis ist die Anpassung an die neue Regelung im vollen Gange; der Holding-Boom, den man nahezu täglich der Wirt-

1 Zur Genesis der gegenwärtigen Regelung: Herzig (Gesellschafter-Fremdfinanzierung) S. 237 ff.; zu früheren Reformentwürfen siehe: Schneeloch (Nennkapital) S. 458 ff.; Siegel (Entwürfe) S. 340 ff.

schaftspresse entnehmen kann, ist zu einem nicht unerheblichen Teil durch die gesetzliche Neuregelung der Gesellschafter-Fremdfinanzierung induziert.

Dieser Beitrag beschäftigt sich mit ausgewählten Zweifelsfragen und ersten Gestaltungsüberlegungen.

II. Ausgewählte Zweifelsfragen

Da der deutsche Gesetzgeber mit dieser die Finanzierungsfreiheit einschränkenden Regelung Neuland betritt, ist es nicht verwunderlich, daß sich vielfältige Zweifelsfragen ergeben. Einige aus systematischer Sicht besonders wichtige Aspekte werden im folgenden erörtert.

1. Rechtsfolgen von § 8a KStG

Die gesetzliche Regelung der Gesellschafter-Fremdfinanzierung in § 8a konzentriert sich insbesondere auf die Abgrenzung des Anwendungsbereichs der Vorschrift und die Einbeziehung möglicher Umgehungsfälle. Dagegen sind die Aussagen zu den Rechtsfolgen eher sparsam. Sie beschränken sich auf die Feststellung, daß die Vergütungen unter bestimmten Voraussetzungen als verdeckte Gewinnausschüttungen gelten. Diese Umqualifizierung wird ausdrücklich nur für den Bereich der Einkommensermittlung angeordnet, in diesem Teil des KStG ist die Neuregelung auch plaziert. Korrespondierende Vorschriften fehlen im Anrechnungsteil des KStG ebenso wie im Einkommensteuergesetz hinsichtlich der Kapitalertragsteuer.

Aus dieser Beschränkung der 8a-Regelung auf die Einkommensermittlung wird man jedoch nicht folgern können, die Rechtsfolgen seien auf den Bereich der Einkommensermittlung begrenzt und Konsequenzen im Anrechnungsbereich würden sich ebenso wenig ergeben wie bei der Kapitalertragsteuer[2]. Unter Berücksichtigung der Entstehungsgeschichte und des Sinn und Zwecks der Regelung erscheint mir vielmehr die Auffassung zutreffend, daß sich der Gesetzgeber bewußt einer bekannten Rechtsfigur – nämlich der verdeckten Gewinnausschüttung – bedient hat, deren Rechtsfolgen durch langjährige Rechtsprechung und Verwaltungspraxis mehr oder weniger transparent sind. An diese Rechtsfolgen will die gesetzliche Regelung anknüpfen, weshalb der Gesetzgeber in § 8a auf umfangreiche Aussagen zu den Rechtsfolgen verzichten konnte. Dieses Ergebnis entspricht auch der Zielsetzung des Gesetzgebers, bei übermäßiger Gesellschafter-Fremdfinanzierung die Vergütungen wie Gewinnausschüttungen zu behandeln. Dieses Ergebnis steht auch nicht im Widerspruch zur Neudefinition der verdeckten Gewinnausschüttung durch den I. Senat des Bundesfinanzhofs[3]. Denn trotz der strengen Differenzierung zwischen den Bereichen Einkommensermittlung, Herstellung der Ausschüttungsbelastung und Behandlung beim Gesellschafter liegt dieser Rechtsprechung im Kern ein einheitlicher Begriff der verdeckten Gewinn-

2 Hierzu: Herzig (Standortsicherungsgesetz) S. 110f.

3 BFH (I R 87/83) S. 75 (77)

ausschüttung zugrunde, der jedoch in jedem der angesprochenen drei Bereiche spezifische Ausprägungen besitzt.[4]

Folgt man dieser Auffassung, die im Grundsatz auch von der Finanzverwaltung vertreten wird, so ergibt sich zwangsläufig, daß auch in den 8a-Fällen eine Ausschüttungsbelastung herzustellen ist und grundsätzlich auch Kapitalertragsteuer anfällt. Es folgt daraus aber auch, daß die Rechtsprechung zur Vorteilsgewährung an nahestehende Personen ebenso einschlägig ist wie die Aussagen des Großen Senats in seinem Beschluß zur Vorteilsgewährung zwischen Schwestergesellschaften.[5]

Die letztgenannten Erkenntnisse der Rechtsprechung sind insbesondere von Bedeutung, wenn die Fremdfinanzierung über nahestehende Personen erfolgt oder über Dritte abgewickelt wird, die ein Rückgriffsrecht im Sinne von § 8a Abs. 1 KStG haben.

Nach gefestigter Rechtsprechung steht außer Frage, daß eine Gewinnausschüttung stets nur dem Gesellschafter zugerechnet werden kann[6] und nicht etwa der nahestehenden Person oder einem Dritten. Allerdings kann die Betrachtung wohl nicht beim Gesellschafter enden, sondern muß konsequent zu Ende geführt werden. Im Konzern kann dies bedeuten, daß auch eine verdeckte Gewinnausschüttung nach § 8a KStG über mehrere Konzernstufen hinweg zu verfolgen ist, bis schließlich die kreditgewährende Einheit erreicht ist. Soweit die Finanzverwaltung die verdeckte Gewinnausschüttung auf der Grundlage von § 8a Abs. 3 unmittelbar der nahestehenden Person zurechnen will, kann dieser Auffassung nicht gefolgt werden. Denn der angesprochene Absatz 3 dient ausschließlich dem Zweck, ein Tatbestandsmerkmal der gesetzlichen Regelung – nämlich die wesentliche Beteiligung – zu präzisieren. Eine Aussage zu den Rechtsfolgen ist dieser Vorschrift dagegen nicht zu entnehmen. Auch § 8a Abs. 5 KStG kann nicht als Begründung für eine abweichende Auffassung herangezogen werden, da es sich hier um eine Sonderregelung handelt, die Umgehungsfälle vermeiden soll.

2. Dritte mit Rückgriffsmöglichkeit

Als Kreditgeber werden von § 8a Abs. 1 KStG drei unterschiedliche Personengruppen erfaßt, nämlich neben den nichtanrechnungsberechtigten Anteilseignern und den dem Anteilseigner nahestehenden Personen, die ebenfalls nicht anrechnungsberechtigt sein müssen, die Dritten, die auf den Anteilseigner oder die nahestehende Person zurückgreifen können. Dabei ist es nach dem Gesetzeswortlaut unstreitig, daß als Dritte auch anrechnungsberechtigte Personen in Betracht kommen, also beispielsweise inländische Banken.[7] Die Einbeziehung der Dritten soll

---

4 Knobbe-Keuk (Unternehmenssteuerrecht) S. 668f.

5 Vgl. BFH (GrS 2/86) S. 348ff.

6 Vgl. Wassermeyer (Körperschaftsteuerrecht) Kap. G Rdnr. 497. Diese Aussage wird bekräftigt durch die gesetzliche Neuregelung in § 20 Abs. 2a EStG.

7 Herzig (Standortsicherungsgesetz) S. 115

der Vermeidung von Mißbräuchen dienen, allerdings wirft diese Regelung einige schwerwiegende Probleme auf.

a) Abgrenzung der Rückgriffsmöglichkeit

Zunächst stellt sich die Frage, wie das Tatbestandsmerkmal „zurückgreifen kann“ auszulegen ist. Nach Auffassung der Finanzverwaltung soll es nicht auf einen rechtlich durchsetzbaren Anspruch ankommen, als ausreichend wird vielmehr das faktische Einstehen für die Erfüllung der Schuld angesehen. In Konzernfällen, die das normale Anwendungsfeld von § 8a KStG bilden, geht die Verwaltung sogar einen Schritt weiter, hier wird ein faktisches Einstehen vermutet. Wörtlich heißt es in dem Erlaß-Entwurf:

> „In Konzernfällen ist regelmäßig dann anzugeben, daß die Muttergesellschaft für die Verbindlichkeiten der Tochtergesellschaft einstehen muß, es sei denn, die Muttergesellschaft widerlegt diese Vermutung.“[8]

Diese Auffassung – wäre sie zutreffend – würde den Anwendungsbereich von § 8a KStG gravierend ausweiten; jeder Bankkredit an eine inländischen Konzerngesellschaft würde damit zu einem potentiellen Anwendungsfall von § 8a KStG, wenn eine nichtanrechnungsberechtigte Konzernobergesellschaft besteht. Es erscheint jedoch außerordentlich fraglich, ob diese weite Auffassung eine Stütze im Gesetz findet. Bedenken bestehen zumindest in zweifacher Hinsicht:

(1) Die Rückgriffsvermutung in Konzernfällen widerspricht klassischen Beweislastregeln. Wenn sich die Finanzverwaltung auf das Vorliegen eines Rückgriffs beruft, wird sie diesen Sachverhalt beweisen müssen. Eine Vermutung reicht dagegen nicht aus, da sie gerade das Gegenteil eines Beweises ist und nur dann zulässig sein dürfte, wenn sie im Gesetz ausdrücklich verankert ist.

(2) Bedenken bestehen auch gegen die Auffassung, wonach ein faktisches Einstehen ausreichen soll, um den Rückgriff zu begründen. Diese Auffassung ist weder mit dem Sinn und Zweck des § 8a Abs. 1 Satz 2 KStG zu vereinbaren noch mit dem Wortlaut in Übereinstimmung zu bringen. Die Worte „zurückgreifen kann“ sollen gerade verdeutlichen, daß es sich um ein rechtliches Können im Sinne eines rechtlichen Anspruchs handeln muß. Die Wortwahl ist bewußt dem Wertpapierrecht entlehnt (vgl. § 40 ScheckG, Art. 43 WechselG). Auch in diesem Bereich muß demjenigen, der bestimmte andere Personen in Rückgriff nehmen will, das Recht zum Rückgriff im Sinne eines Anspruchs zustehen. Dem rechtlichen „können“ des Gläubigers muß eine rechtliche Verpflichtung des Schuldners gegenüberstehen. Bei den Beratungen zum Gesetzgebungsverfahren bestand über diese Auffassung auch Einigkeit.[9] Ein bloßes faktisches Einstehen wäre auch praktisch kaum handhabbar, weil es auf die bloße Vermutung ankommen würde, ob der Anteilseigner die Schuld der Kapitalgesellschaft wirklich ausgleicht. Eine sol-

8 BMF-Schreiben (IV – B7 – S 2742 a – 63/94) Rdnr. 22

9 Vgl. BT-Drucks. (12/5016) unter 6.

che Auslegung findet in § 8a Abs. 1 Satz 2 KStG keine Stütze. Mit dem Gesetz vereinbar ist nach meinem Dafürhalten nur ein Verständnis des Zurückgreifens im Sinne eines rechtlichen Anspruchs.[10] Danach fallen z. B. weiche Patronatserklärungen nicht unter diese Regelung.

b) Notwendigkeit einer teleologischen Reduktion

Eine besondere schwierige Problematik stellt sich, wenn der Dritte eine Rückgriffsmöglichkeit hat und die gezahlten Vergütungen bei ihm – also beispielsweise einer inländischen Bank – ungemildert der deutschen Besteuerung unterliegen. Bei dieser Konstellation kann sich eine Mehrfachbelastung mit inländischen Steuern einstellen, die deutlich über das mit § 8a KStG verfolgte Ziel hinausgeht. Denn Ziel dieser Regelung ist es, die Einmalbelastung im Inland sicherzustellen,[11] nicht angestrebt wird dagegen eine Mehrfachbelastung im Inland, wie sie sich im vorliegenden Fall ergeben kann. Denn neben die Belastung der umqualifizierten Vergütungen bei der inländischen Kapitalgesellschaft tritt die Belastung der erhaltenen Fremdkapitalzinsen bei der inländischen Bank.

Diese nicht zu rechtfertigende Überbelastung tritt speziell in Bürgschaftsfällen besonders deutlich in Erscheinung. Denn den Zinserträgen der inländischen Bank stehen keine Zinsaufwendungen gegenüber, die aus Zinszahlungen an den ausländischen Anteilseigner resultieren, wie es bei den bekannten back-to-back Finanzierungen der Fall ist. Da dieses neutralisierende Element gerade bei Bürgschaften fehlt, stellt sich eine über den Gesetzeswortlaut hinausgehende Mehrfachbelastung ein, die ein Nachdenken über eine teleologische Reduktion[12] wohl unvermeidlich macht. Allerdings sind dem Erlaß der Finanzverwaltung noch keine Überlegungen in dieser Richtung zu entnehmen.

3. Reihenfolge der Darlehen

Gewährt der nichtanrechnungsberechtigte Gesellschafter oder die nahestehende Person mehrere Darlehen, die in ihrer Summe den Schutz des safe haven übersteigen, so stellt sich die Frage, in welcher Reihenfolge diese Darlehen mit dem safe haven zu verrechnen sind. Diese Problematik wird insbesondere im Zusammenhang mit zinslosen Gesellschafter-Darlehen akut, die möglicherweise kostbaren safe haven verbrauchen und damit die Vergütungen von verzinslichen Darlehen der Gefahr einer Umqualifizierung aussetzen.

Der Verwaltungserlaß sieht zunächst eine gesonderte Betrachtung der einzelnen Darlehen vor und will bei der Zuordnung dieser Darlehen zum safe haven auf die zeitliche Reihenfolge abstellen, mit der Konsequenz, daß auch ein zinsloses Darlehen zu einem safe haven Verbrauch führt und ein zeitlich später gewährtes verzinsliches Darlehen der Gefahr einer Umqualifizierung aussetzt.

---

10 Herzig (Gesellschafter-Fremdfinanzierung) S. 247

11 BT-Drucks. (12/4158) S. 34/35

12 Zu deren Voraussetzungen: Tipke/Kruse (Abgabenordnung) § 4 AO Tz 133

Dem Grundsatz der Einzelbetrachtung mit Blick auf die verschiedene Darlehensverhältnisse kann ausdrücklich zugestimmt werden. Bedenken bestehen jedoch gegen die Heranziehung der zeitlichen Reihenfolge. Das Gesetz äußert sich zur Reihenfolgeproblematik nicht. Da es an einer gesetzlichen Regelung fehlt, wird man der Kapitalgesellschaft ein Wahlrecht bei der Zuordnung der einzelnen Darlehen zum safe haven kaum verwehren können. Ein solches Wahlrecht eröffnet die Möglichkeit, einen safe haven Verbrauch durch unverzinsliche Darlehen zu vermeiden. Dieses Ergebnis entspricht auch der Zwecksetzung der gesetzlichen Regelung,[13] die darauf abzielt, dem Absaugen von Gewinnen über Fremdkapitalvergütungen entgegenzuwirken. Ein solches Absaugen findet aber gerade durch unverzinsliche Darlehen nicht statt, weshalb es gerechtfertigt ist, diese Darlehen in der Reihenfolge als nachrangig anzusehen. Für das Wahlrecht spricht auch die Praktikabilität, da sich bei einer zeitlichen Reihenfolge stets die Frage nach der Prolongation einzelner Kreditverhältnisse stellen würde, die kaum zu lösen sein dürfte.

4. Akquisitions- und Gründungsjahr

Probleme im Zusammenhang mit § 8a KStG können sich insbesondere in Jahren einstellen, die durch einen sprunghaften Anstieg des Kapitalbedarfs gekennzeichnet sind, weil z. B. eine größere Akquisition vorgenommen werden soll. Aus Praktibilitätsgründen stellt die safe haven-Regelung in § 8a Abs. 2 KStG auf das Eigenkapital zum Ende des Vorjahres ab. Wird in dem betreffenden Jahr zur Finanzierung der Investition in beträchtlichem Umfang Gesellschafter-Eigen- und -Fremdkapital zugeführt, so reicht der safe haven-Schutz für das betreffende Jahr regelmäßig nicht aus, um das zugeführte Fremdkapital abzusichern, das keine unangemessene Fremdfinanzierung darstellt, wenn parallel entsprechendes Eigenkapital zugeführt wird. Denn dieses Eigenkapital erhöht erst den safe haven des Folgejahres, während das zeitgleich zugeführte Gesellschafter-Fremdkapital mit dem Eigenkapital zu Beginn des Jahres konfrontiert wird.

Dieser Fall verdeutlicht, daß wegen der notwendigen Typisierung in § 8a KStG – abstellen auf das Eigenkapital ausschließlich zu Beginn des betreffenden Wirtschaftsjahres – von der Regelung auch Sachverhalte erfaßt werden, in denen keine übermäßige Gesellschafter-Fremdfinanzierung vorliegt. Von der Regelung werden damit Fälle getroffen, die nach der Intention des Gesetzgebers nicht erfaßt werden sollten. In diesem Zusammenhang kann sich aus § 8a KStG ein Akquisitionshindernis[14] ergeben. Natürlich kann dieser Gefahr durch gezielte Gestaltungen begegnet werden. So ist es beispielsweise möglich, daß Gesellschafter-Fremdkapital für

---

13 Das Gesetz will ein Ausweichen vor der Dividendenbesteuerung verhindern und erfaßt nur die Vergütungsseite. Vgl. BT-Drucks. (12/4487) S. 36.

14 Grundsätzlich sind Maßnahmen, die eine Finanzierungsneutralität der Besteuerung intendieren zu befürworten. Vgl. dazu: Fischer (Finanzierungsneutralität) S. 313ff. Hier wird aber der Finanzierungsvorteil des Fremdkapitals abgebaut. Vgl. dazu: Wöhe/Bieg (Grundzüge) S. 387ff.

das betreffende Jahr unverzinslich zu überlassen oder eine Umstellung des Wirtschaftsjahres anzustreben, damit das zugeführte Eigenkapital möglichst umgehend einen safe haven-Schutz entfalten kann. Es stellt sich aber die Frage, ob die Steuerpflichtigen wirklich auf diesen Weg verwiesen werden müssen, oder ob nicht die Möglichkeit besteht, eine sachgerechte Lösung anzustreben. Zur Erreichung dieses Ziels ist nach meinem Dafürhalten nicht einmal eine Gesetzesänderung erforderlich. Eine Lösung, die ausschließlich für dieses eine Jahr erforderlich ist, könnte beispielsweise darin bestehen, daß der Drittvergleich stets als erfüllt angesehen wird, soweit im Folgejahr ein ausreichender safe haven existiert. Denn es erscheint geradezu widersinnig, Vergütungen für Gesellschafter-Fremdkapital in dem betreffenden Jahr umzuqualifizieren, wenn im Folgejahr der Schutz des safe haven im vollen Umfang eingreift.

Diese Lösung könnte auch für das Gründungsjahr einer Kapitalgesellschaft nutzbar gemacht werden. Für diese Periode sieht der Erlaß ein Abstellen auf das Eigenkapital der Eröffnungsbilanz vor. Allerdings erfolgt in der Realität die entscheidende Kapitalzufuhr häufig erst, wenn die Gesellschaft ihre Tätigkeit aufnimmt, während zur Gründung häufig lediglich das Mindestnennkapital aufgebracht wird. Die hier vorgetragenen Überlegungen könnten auch für diesen Fall hilfreich sein.

III. Gestaltungsüberlegungen

1. Analyse des Ist-Zustandes

Den Gestaltungsüberlegungen vorangehen sollte stets eine Analyse des Ist-Zustandes, wobei bestehende Finanzierungsbeziehungen mit Blick auf § 8 a KStG zu analysieren sind.

a) Notwendigkeit einer Kreditinventur

Um feststellen zu können, ob die bestehenden Kreditbeziehungen durch den vorhandenen safe haven gegen Umqualifizierungen geschützt sind, ist zunächst eine Kreditinventur[15] vorzunehmen.[16] In diese Inventur sind nicht nur die Kreditbeziehungen zwischen der Kapitalgesellschaft und dem wesentlich beteiligten nichtanrechnungsberechtigten Gesellschafter aufzunehmen, sondern vielmehr auch die Kreditbeziehungen zu nichtanrechnungsberechtigten nahestehenden Personen und Dritten, die über ein Rückgriffsrecht verfügen. Insbesondere eine sorgfältige Analyse der Kreditbeziehungen zu Dritten ist erforderlich, um feststellen zu können, ob diese Engagements wegen der Rückgriffsmöglichkeit – z.B. in Form einer Bürgschaft – unter § 8a KStG von Relevanz sind. Daher ist entsprechend der Systematik von – 8a KStG eine gesellschafterbezogene Betrachtungsweise erforderlich, ein Abstellen auf die Kapitalgesellschaft insgesamt ist nicht ausreichend.

Ergibt sich nach Abschluß der Kreditinventur ein Überschreiten des safe haven,

15 Allgemein zur Inventur von Verbindlichkeiten: Heigl/Uecker (Prüfung) S. 28 f.

16 Herzig (Standortsicherungsgesetz) S. 176

so wird über Anpassungsmaßnahmen nachzudenken sein, soweit diese Möglichkeit besteht. Die Anpassungsmaßnahmen können in der Rückführung des Kreditengagements ebenso bestehen wie in dem Verzicht auf eine Verzinslichkeit mit Blick auf die Zukunft sowie in einer Umstellung der Vergütung von bisher umsatz- und gewinnabhängigen Vergütungen auf umsatz- und gewinnunabhängigen Vergütungen um den safe haven-Verbrauch zu reduzieren.

Reichen diese Maßnahmen nicht aus, um in vollem Umfang unter den Schutz des safe haven zu gelangen, so erscheint es empfehlenswert, in einer Dokumentation alle Informationen zusammenzutragen, die es im Rahmen einer späteren Betriebsprüfung ermöglichen, den Drittvergleich zu führen. Eine solche Dokumentation sollte auch vor dem Hintergrund gesehen werden, daß die Kapitalgesellschaft beweispflichtig ist und es für die Beweisführung wohl auf die Verhältnisse im Zeitpunkt der Kreditvereinbarung beziehungsweise der späteren Kreditprolongation ankommt.

b) *Auswirkungen auf anrechnungsberechtigte Anteilseigner*

Obgleich die Regelung in § 8a KStG unmittelbar nur auf den nichtanrechnungsberechtigten Anteilseigner abstellt, können mittelbare Konsequenzen bei ebenfalls beteiligten anrechnungsberechtigten Anteilseigner nicht negiert werden. Denn die gesetzlich vorgesehene Umqualifizierung von Vergütungen in verdeckte Gewinnausschüttungen auf der Gesellschaftsebene führt bei der Kapitalgesellschaft zu einer Erhöhung des Steueraufwands und damit zu einer Einschränkung des Ausschüttungsvolumens, das zur Bedienung aller Gesellschafter zur Verfügung steht. Damit besteht die Gefahr, daß auch die anrechnungsberechtigten Anteilseigner in ihrer Vermögensposition durch die Tatsache beeinträchtigt werden, daß ein Kreditengagement des nichtanrechnungsberechtigten Anteilseigners zusätzliche Steuerlasten auslöst. Soll eine solche Beeinträchtigung der Vermögensposition vermieden werden, so ist es notwendig, vertragliche Ausgleichsansprüche zwischen anrechnungs- und nichtanrechnungsberechtigten Anteilseignern vorzusehen, da gesetzliche Ausgleichsansprüche nicht bestehen dürften. Diese Problematik[17] ist im Zusammenhang mit verdeckten Gewinnausschüttungen nicht neu, sie darf aber auch im Kontext von § 8a KStG nicht vernachlässigt werden.

2. Gestaltungsaspekte

Zur Vermeidung der Rechtsfolgen von § 8a KStG kann es angezeigt sein, das Gesellschafter-Fremdkapital zurückzuführen und durch Eigenkapital zu substituieren oder das Gesellschafter-Fremdkapital zumindest zinslos zur Verfügung zu stellen. Im Rahmen einer offensiven Strategie kann jedoch auch der Versuch unternommen werden, für ein gegebenes Volumen an Gesellschafter-Fremdkapital zu angemessenen Konditionen entweder

---

17 Hierdurch entsteht eine fremdbestimmte Steuerwirkung für die anderen Gesellschafter. Vgl. dazu: Heigl (Unternehmensbesteuerung) S. 275 f. Die Realisation von sog. „Klientel-Effekten" wird dadurch erschwert. Vgl. Franke/Hax (Finanzwirtschaft) S. 544.

- den safe haven Schutz zu gewährleisten oder
- die Anwendung von § 8a KStG zu vermeiden.

Beide Aspekte sollen in den nachfolgenden Überlegungen erörtert werden, wobei zur Verbesserung des safe haven-Schutzes zwei unterschiedliche Anknüpfungspunkte zu beachten sind, nämlich
- die Erhöhung des anteiligen Eigenkapitals,
- eine Verbesserung in der safe haven-Hierarchie.

a) Erhöhung des anteiligen Eigenkapitals

Der Dreh- und Angelpunkt für den Umfang des safe haven-Schutzes ist nach der Systematik von § 8a KStG das anteilige Eigenkapital eines Gesellschafters zum Ende des vorangegangenen Wirtschaftsjahres. Dabei ist nach der ausdrücklichen gesetzlichen Regelung auf das handelsbilanzielle Eigenkapital abzustellen. Diese Anknüpfung an das anteilige Eigenkapital zum Ende des vorangegangenen Wirtschaftsjahres eröffnet einerseits vielfältige Einflußmöglichkeiten, wie Abbildung 1 zu entnehmen ist. Andererseits werden die entsprechenden Teilpolitiken mit einer weiteren Aufgabenstellung konfrontiert, woraus sich zusätzliche Zielkonflikte ergeben können, was sich insbesondere am Beispiel der Bilanzpolitik sehr schön zeigen läßt.

(1) Bilanzpolitik

Wird die Bilanzpolitik ausschließlich unter der Zielsetzung gesehen, den safe haven-Schutz zu verbessern, so ist der Ausweis eines möglichst hohen anteiligen Ei-

	Maßnahmen	Bemerkungen
Erhöhung anteiliges Eigenkapital	1. Bilanzpolitik	Nutzung von Wahlrechten und Mobilisierung stiller Reserven (§ 8b Abs. 2 KStG), Zielkonflikte Ausweispolitik, Nutzung SoPo (§ 281 HGB) Einschub von Rumpfwirtschaftsjahren
	2. Gewinnverwendung	Gewinnthesaurierung Schütt-aus-Hol-zurück-Politik
	3. Einlagenpolitik	zeitl. Steuerung von Kap. Erhöhungen (Vorteil verdeckter Einlagen) rechtzeitige Einlage nach Verlusten
Verbesserung in safe haven-Hierarchie	1. 1 : 3 statt 1 : 0,5	Vermeidung umsatz- und gewinnabhängiger Vergütungen
	2. 1 : 9 statt 1 : 3	Verwirklichung der Holdingvoraussetzungen
	3. Mehrfach 1 : 9	Aufteilung des Inlandkonzerns

Abbildung 1: Maßnahmen zur Verbesserung des safe haven-Schutzes

genkapitals zieladäquat. Zur Erreichung dieser Zielsetzung trägt bei konstanten Steuersätzen die Ausschöpfung der Bilanzierungs- und Bewertungswahlrechte sowie der Schätz- und Spielräume im Sinne einer maximalen Aufwandsnachverlagerung sowie einer maximalen Ertragsvorverlagerung bei. Eine solche Bilanzpolitik steht jedoch in einem eklatanten Widerspruch zu den bisherigen Gepflogenheiten im Rahmen einer steuerorientierten Bilanzpolitik.[18] Wird die Bilanzpolitik ausschließlich unter der Zielsetzung einer relativen Steuerbarwertminimierung[19] gesehen, so ist zumindest bei Kapitalgesellschaften, die sich durch konstante Steuersätze auszeichnen, eine genau gegenteilige Vorgehensweise empfehlenswert; nämlich weitestgehende Aufwandsvorverlagerung und weitestgehende Ertragsnachverlagerung. Eine solche Politik war schon bisher wegen der eigenständigen handelsbilanziellen Zielsetzungen häufig nicht uneingeschränkt durchsetzbar[20]. Unter dem Aspekt von § 8a KStG ist eine solche Vorgehensweise auch steuerlich zu überdenken. Denn eine maximale Aufwandsvorverlagerung zum Beispiel durch Ausschöpfung von Bewertungs- und Abschreibungswahlrechten führt zu einer bilanziellen Vernichtung von Eigenkapital und damit zu einer Absenkung des safe haven-Schutzes.

Dieser Aspekt verdeutlicht, daß es in Zukunft notwendig sein wird, die beiden widerstreitenden Aspekte gegeneinander abzuwägen. Im Rahmen dieser Gewichtung ist es von erheblicher Bedeutung, daß die zeitliche Verlagerung im Rahmen der normalen Bilanzpolitik primär Zinseffekte begründet, während im Rahmen von § 8a KStG gegebenenfalls endgültige Mehrsteuern vermieden werden können, soweit der Drittvergleich nicht geführt werden kann.

Auch mit Hilfe von Sachverhaltsgestaltungen[21] können gezielt stille Reserven mobilisiert werden, die zu einer Erhöhung des bilanziellen Eigenkapitals und damit zu einer Vergrößerung des safe haven beitragen. Dieser Effekt ist insbesondere dann besonders wirkungsvoll, wenn die Mobilisierung der stillen Reserven keine zusätzliche Ertragsteuerbelastung auslöst. In diesem Zusammenhang ist insbesondere die Veräußerung von Beteiligungen im Inlandskonzern von Interesse. Sind beispielsweise in einer Beteiligung erhebliche stille Reserven enthalten, so kann die Veräußerung dieser Beteiligung einen erheblichen Zuwachs an Eigenkapital begründen. Erfolgt eine solche Veräußerung zum Jahresende, so ist es unter dem Aspekt von § 8a KStG von besonderem Interesse, die vertragliche Gestaltung so zu wählen, daß die Gewinnrealisierung dem alten Jahr zuzuordnen ist und damit der Eigenkapitalzuwachs in der Stichtagsbilanz in Erscheinung tritt, um den safe haven für das folgende Jahr zu erhöhen.

Ein grundsätzliches Problem dieser Mobilisierung von stillen Reserven liegt in

18 Auf den Unterschied zwischen einer firmenorientierten- und einer gesellschafterorientierten Steuerpolitik wird im folgenden nicht eingegangen. Vgl. dazu: Wagner/Dirrigl (Steuerplanung) S. 296 ff.

19 Schult (Steuerlehre) S. 256 ff.; Siegel (Steuerwirkung) S. 182 ff.; zur abweichenden „Nettokapitalwertmaximierung“: Heigl/Melcher (Steuerpolitik) S. 101 ff.

20 Zu möglichen Zielkonflikten: Bitz/Schneeloch/Wittsock (Jahresabschluß) S. 460 ff.

21 Ausführlich: Hinz (Sachverhaltsgestaltungen) S. 67 ff.

der damit verbundenen Steuerbelastung begründet. Eine solche Konsequenz kann vermieden werden, wenn es sich um Auslandsbeteiligungen handelt, deren Veräußerung unter § 8b Abs. 2 KStG fällt, da durch diese Ausweitung des internationalen Schachtelprivilegs auf Veräußerungsgewinne eine Besteuerung dieser mobilisierten stillen Reserven vermieden wird. Diese Maßnahme ist damit besonders geeignet, das bilanzielle Eigenkapital zu erhöhen und damit zu einer Vergrößerung des safe haven-Schutzes beizutragen.[22]

Eine besondere Problematik stellt sich im Zusammenhang mit steuerlichen Sonderabschreibungen, deren Geltendmachung auch in der Handelsbilanz zu einer Vernichtung von bilanziellem Eigenkapital führt und damit den safe haven reduziert. Die von § 8a KStG betroffenen Gesellschaften würden damit grundsätzlich in einen Zielkonflikt gestürzt, da die regelmäßig vorteilhafte Inanspruchnahme von Sonderabschreibungen sich unter dem Aspekt von § 8a KStG als kontraproduktiv erweisen könnte. Dieser Zielkonflikt kann jedoch vermieden werden, wenn die steuerlichen Sonderabschreibungen im Rahmen der Ausweispolitik über den Sonderposten mit Rücklageanteil (§ 281 HGB) abgewickelt werden. Denn nach der ausdrücklichen gesetzlichen Regelung in § 8a Abs. 2 wird die Hälfte des Sonderpostens bei der Ermittlung des relevanten Eigenkapitals berücksichtigt. Wird die Steuerersparnis aufgrund einer Sonderabschreibung idealtypisch mit 50 % angenommen, so bewirkt die angesprochene Hinzurechnung von 50 % des Sonderpostens, daß durch die steuerliche Sonderabschreibung keine Verminderung des safe haven bewirkt wird.[23]

Auch der Einschub von Rumpfwirtschaftsjahren kann außerordentlich hilfreich sein, um speziell bei geballt auftretendem Finanzierungsbedarf die zugeführten Eigenkapitalteile möglichst umgehend in safe haven-Schutz zu transformieren. Eine solche Maßnahme kann sich insbesondere im Gründungsstadium oder im Zusammenhang mit Akquisitionen empfehlen, wobei möglicherweise mehrere Rumpfwirtschaftsjahre aufeinander folgen.

(2) Gewinnverwendung

Auch die Entscheidung über die Gewinnverwendung ist in Zukunft mit Blick auf § 8a KStG von Bedeutung. Eine Thesaurierung der ausgewiesenen Gewinne erhöht das anteilige Eigenkapital und damit den safe haven-Schutz, während die Ausschüttung genau die gegenteilige Wirkung entfaltet. Als Instrument bietet sich hier möglicherweise ein Einsatz der Schütt-aus-hol-zurück-Politik[24] an, da mit diesem Instrument ein Herabschleusen des Thesaurierungs- auf den Ausschüttungssteuersatz erreicht werden kann, ohne das anteilige Eigenkapital zu reduzieren. Von Interesse ist dabei insbesondere die Frage, in welcher Form die Rückführung

---

22 Herzig (Standortsicherungsgesetz) S. 168 (177)

23 So: Steuerfachausschuß des IDW (Stellungnahme) S. 470 (472); ablehnend: Korn (Reichweite) S. 737 (740)

24 Hierzu nur: Rose (Steuerlehre) S. 251 f.

des Ausschüttungspotentials erfolgt.[25] Wird das Kapital beispielsweise mit Hilfe einer verdeckten Einlage zugunsten der Kapitalrücklage zurückgeführt,[26] so ist sichergestellt, daß die Einlage bereits das Eigenkapital zum Ende des betreffenden Wirtschaftsjahres erhöht. Wird dagegen eine ordentliche Kapitalerhöhung angestrebt, so kommt es nach herrschender Auffassung auf die Eintragung im Handelsregister an, die bis zur Bilanzaufstellung erfolgt sein muß, wenn die entsprechende Position als Eigenkapital ausgewiesen werden soll.

(3) Einlagenpolitik

Diese zeitliche Steuerung der Kapitalzuführungen leitet bereits über zur Einlagenpolitik, die zeitlich und betragsmäßig gezielt genutzt werden kann, um den erwünschten safe haven bereitzustellen. Mit einer verdeckten Einlage zugunsten der Kapitalrücklage kann der safe haven zeitlich gezielt beeinflußt werden, während bei ordentlichen Kapitalerhöhungen eine Abhängigkeit vom Zeitpunkt der Eintragung in das Handelsregister gegeben ist.

Die zeitliche Steuerung von Einlagen ist auch im Zusammenhang mit vorangegangenen Verlusten von Bedeutung. Denn vorübergehende Verluste sollen den safe haven nicht verringern, wenn ein Ausgleich innerhalb von drei Jahren nach Eintritt des Verlustes stattfindet. Erfolgt innerhalb der drei Jahre kein Ausgleich durch thesaurierte Gewinne, so ist die rechtzeitige Einlage entscheidend, um dem vorangegangenen Verlust die eigenkapitalmindernde Wirkung mit Blick auf § 8a Abs. 2 KStG zu nehmen.

b) Verbesserung in safe haven-Hierarchie

(1) Umstellung der Vergütungen

Neben der Veränderung des anteiligen Eigenkapitals ist insbesondere eine Verbesserung innerhalb der safe haven-Hierarchie eine geeignete Maßnahme, um den safe haven-Schutz zu verbessern. Da Gesellschafter-Fremdkapital mit umsatz- und gewinnabhängigen Vergütungen durch einen hohen safe haven-Verbrauch gekennzeichnet ist, bietet sich eine Prüfung der Frage an, ob nicht eine Umstellung auf umsatz- und gewinnunabhängige Vergütungen in Betracht kommen kann. Die Wirkung einer solchen Umstellung ist erheblich, der safe haven-Schutz wird versechsfacht, da an die Stelle von 1:0,5 die Relation von 1:3 tritt. Wegen des hohen safe haven-Verbrauchs durch gewinn- und umsatzabhängige Vergütungen sollten solche Vereinbarungen nur vorgesehen werden, wenn dafür durchschlagende außersteuerliche Gründe gegeben sind, die den Nachteil im Rahmen des § 8a KStG überkompensieren. Dabei ist allerdings zu beachten, daß die Regelung zu den gewinn- und umsatzabhängigen Vergütungen als Auffangtatbestand verstanden wird, der stets zur Anwendung kommt, wenn ein gewinnabhängiges Element in der Vergütungsvereinbarung enthalten ist.

25 Zu den unterschiedlichen Formen: Schneeloch (Besteuerung) S. 192ff.

26 Statt aller: Sarx § 272 HGB Anm 67

(2) Faktisches Wahlrecht bei verbundenen Unternehmen

Von zentraler Bedeutung ist unter Gestaltungsaspekten die Frage, ob die Holdinglösung mit dem großen safe haven von 1:9 angestrebt werden soll. Zwar besteht kein ausdrückliches Wahlrecht zwischen der Holdinglösung und dem Normalfall, der durch die Kürzung um den Beteiligungsbuchwert gekennzeichnet ist. Faktisch kann ein solches Wahlrecht aber über eine entsprechende Sachverhaltsgestaltung erreicht werden. Dabei ist die Holdinglösung jedoch keinesfalls stets der bessere Weg, der einen größeren safe haven gewährleistet, da sich auch im Normalfall über den Kaskadeneffekt auf der untersten Beteiligungsebene eines Konzerns ein beträchtlicher Fremdfinanzierungsspielraum einstellen kann. Der zentrale Unterschied zwischen der Holdinglösung und dem Normalfall besteht nach meinem Dafürhalten darin, daß sich der Finanzierungsspielraum im Normalfall auf der untersten Konzernebene einstellt, während die Holdinglösung eine Finanzierung über die Holdinggesellschaft und damit die inländische Konzernspitze erfordert. Wie Abbildung 2 zu entnehmen ist, bietet sich die Holdinglösung an, wenn eine solche Top-down-Finanzierung verwirklicht werden soll. Im Normalfall konzentrieren sich die Finanzierungsströme zwischen dem nichtanrechnungsberechtigten Anteilseigner und dem Inlandskonzern dagegen auf die unterste Beteiligungsebene (Bottom-up-Finanzierung).[27]

Jede Kapitalgesellschaft kann im Grundsatz durch Sachverhaltsgestaltung in den Genuß des großen safe haven für Holdinggesellschaften gelangen. Voraussetzung dafür ist, daß zumindest eines der beiden nachfolgenden Kriterien erfüllt wird:

- Die Haupttätigkeit besteht darin, Beteiligungen an Kapitalgesellschaften zu halten oder diese Beteiligungen zu finanzieren oder
- das Vermögen muß zu mehr als 75% der Bilanzsumme aus Beteiligungen an Kapitalgesellschaften bestehen.

Die gängigsten Wege zur Verwirklichung der Holdinglösung bestehen darin, das operative Geschäft aus der inländischen Obergesellschaft auszugliedern in Untergesellschaften, damit die Obergesellschaft die Holdingkriterien erfüllt. Das gleiche Ergebnis kann jedoch auch erzielt werden durch Einschaltung einer Holdinggesellschaft zwischen den nichtanrechnungsberechtigten Anteilseigner und seine operativ tätige Kapitalgesellschaft. Allerdings ist in diesen Fällen zu bedenken, daß die Verwirklichung der Holdinglösung nach inzwischen wohl herrschender Auffassung das Halten von mindestens zwei Beteiligungen erfordert. Wird die Holdinglösung verwirklicht, so ist besonderer Wert auf die Stabilität dieser Lösung zu legen. In diesem Zusammenhang ist von Bedeutung, das jede bilanzwirksame Maßnahme (z. B. Teilwertabschreibung oder Beteiligungsveräußerung) dazu führen kann, die Holdingvoraussetzungen zu verletzen. Ein solcher Wegfall der Holdingvoraussetzung könnte bei bestehenden Finanzierungsströmen zu verheerenden Konsequenzen führen und sollte damit unter allen Umständen vermieden werden.

---

27 Zur dezentralen Konzernfinanzierung: Theisen (Konzern) S. 331ff.

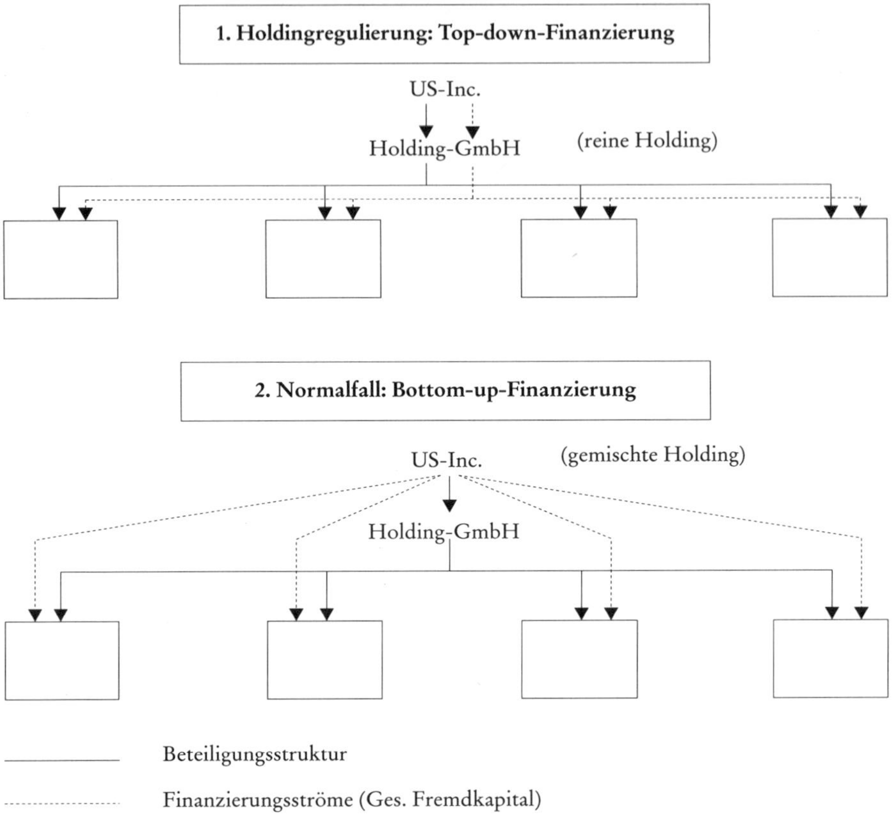

Abbildung 2: Varianten der Konzernfinanzierung

Wird die Holdinglösung verwirklicht, so ergeben sich aus § 8 a KStG tiefgreifende Konsequenzen für die einzelnen Teilpolitiken im Inlandskonzern. Für den Finanzierungsbereich ergibt sich, daß Inlandsbeteiligungen stets entlang der Beteiligungskette über den inländischen Brückenkopf zu finanzieren sind, während unmittelbare Gesellschafter-Fremdfinanzierungen der inländischen Untergesellschaften unterbleiben sollten, da insoweit kein safe haven-Schutz besteht. Dagegen empfiehlt es sich, ausländische Tochtergesellschaften der inländischen Mutter unmittelbar durch den nichtanrechnungsberechtigten Anteilseigner mit Gesellschafter-Fremdkapital ausstatten zu lassen, um dieses Fremdkapital nicht auf den safe haven anrechnen zu müssen. Für die Bilanz- und Ausschüttungspolitik ergibt sich bei isolierter Orientierung an § 8 a KStG die Notwendigkeit, bei allen Gesellschaften maximale Gewinne auszuweisen und diese an die inländische Muttergesellschaft auszukehren, um dort einen möglichst hohen safe haven aufzubauen. Um die Absenkung der Steuerbelastung auf den niedrigen Ausschüttungssteuersatz zu gewährleisten, kann die inländische Muttergesellschaft gegebenenfalls von dem Schütt-aus-hol-zurück-Verfahren Gebrauch machen.

Im Rahmen der Kreditsicherungs- und Bürgschaftspolitik sollte bei der Gewährung von Fremdkapital durch Dritte (z. B. inländische Bank) sichergestellt werden, daß der Dritte keinen Rückgriff auf den nichtanrechnungsberechtigten Gesellschafter oder eine diesem nahestehende Person nehmen kann. Denn mit der Vermeidung des Rückgriffs wird ein Anwendungsfall von § 8a KStG vermieden. Allerdings soll nicht verkannt werden, daß es häufig nicht einfach sein dürfte, den Wunsch der Bank nach Kreditsicherung auf das Inlandsvermögen zu begrenzen. Möglicherweise kann es hier hilfreich sein, in erhöhtem Umfang ausstehende Einlagen des nichtanrechnungsberechtigten Anteilseigners vorzusehen, die ebenfalls eine indirekte Absicherung der Bank gewährleisten würden.

Auch Strukturänderungen im Inlandskonzern (z. B. Verschmelzungen) können gegebenenfalls dazu beitragen, die safe haven-Position zu verbessern.

(3) Aufteilung des Inlandskonzerns

Eine weitere Gestaltungsvariante kann darin bestehen, den Inlandskonzern aufzuteilen um mehrfach in den Genuß des großen safe haven von 1:9 zu gelangen. Die bisherige Inlandsholding wird beispielsweise in zwei neu gegründete Kapitalgesellschaften aufgespalten, die jeweils mit den darunter befindlichen Tochtergesellschaften verschmolzen werden. Erfüllen diese neuen Brückenköpfe auch die Holdingvoraussetzung, so kann sich ein deutlich höherer safe haven als in der Ausgangslage ergeben. Allerdings ist dieses Ergebnis von den individuellen Gegebenheiten abhängig, insbesondere von dem anteiligen Eigenkapital der beiden neuen Obergesellschaften. Ein höherer safe haven-Schutz wird nur erreicht, wenn das handelsbilanzielle Eigenkapital der beiden neuen Obergesellschaften größer ist als das handelsbilanzielle Eigenkapital der ursprünglichen Obergesellschaft.

c) Maßnahmen zur Vermeidung von § 8a KStG

Während die bisher erörterten Maßnahmen darauf abzielten, den safe haven-Schutz zu verbessern, sollen in diesem Abschnitt Gestaltungsmöglichkeiten vorgestellt werden, die zur Vermeidung von § 8a KStG führen. Die wichtigsten Maßnahmen in diesem Zusammenhang sind in Abbildung 3 zusammengestellt.

(1) Sachkapital statt Geldkapital

Da § 8a KStG in seiner Grundkonzeption darauf abstellt, daß der nichtanrechnungsberechtigte Anteilseigner seiner Kapitalgesellschaft Geldkapital zur Verfügung stellt, kann die Anwendung dieser Regelung vermieden werden, wenn Sachkapital[28] überlassen wird. Damit erlangen Instrumente wie grenzüberschreitende

28 Grundlegend zu dieser Finanzierungsform: Franke/Hax (Finanzwirtschaft) S. 500ff.

Maßnahmen		Bemerkungen
1.	Sachkapital statt Geldkapital	grenzüberschreitende Miete, Pacht, Leasing, Factoring
2.	doppelt ansässige Kapitalgesellschaftten	BFH: keine unbeschränkt steuerpflichtigen Kapitalgesellschaften BMF: trotzdem Anwendungsfall von § 8 a KStG
3.	Einschaltung inl. Personengesellschaften u. Betriebsstätten	Gesellschafter-Fremdfinanzierung von Personengesellschaften kein Anwendungsfall von § 8 a KStG Ausnahme: § 8 a Abs. 5 KStG
4.	Vermeidung wesentlicher Beteiligungen	Quartett-Situation
5.	Vermeidung Rückgriff auf Gesellschafter bei Drittkrediten	Absicherung von Drittkrediten durch Inlandsvermögen Ausweg: ausstehende Einlagen

Abbildung 3: Maßnahmen zur Vermeidung von § 8 a KStG

Miete, Pacht, Leasing und Factoring eine besondere Bedeutung, um § 8 a KStG zu vermeiden.[29] Dabei besteht die Problematik nicht darin, das gesamte Geldkapital durch Sachkapital zu substituieren, vielmehr reicht es aus, den über den safe haven hinausgehenden Bedarf an Gesellschafter-Fremdkapital durch Sachkapital zu dekken, um der Gefahr einer Umqualifizierung der Vergütungen zu begegnen. Zur Überlassung von Sachkapital kann beispielsweise auch eine inländische Leasinggesellschaft eingesetzt werden, die auf den nichtanrechnungsberechtigten Anteilseigner zurückgreifen kann. Zu beachten ist bei diesen Gestaltungen stets, daß die inländische Kapitalgesellschaft nicht wirtschaftliche Eigentümerin der überlassenen Vermögensgegenstände wird, da ansonsten wieder § 8a KStG zur Anwendung kommen könnte.[30]

(2) Doppelt ansässige Kapitalgesellschaften

Engagiert sich ein nichtanrechnungsberechtigter Anteilseigner über eine ausländische Kapitalgesellschaft im Inland und hat diese ausländische Kapitalgesellschaft ihre Geschäftsleitung ebenfalls im Inland, so ist dieses Gebilde nach neuester Rechtsprechung nicht als unbeschränkt steuerpflichtige Kapitalgesellschaft gemäß § 1 Abs. 1 Nr. 1 KStG zu qualifizieren.[31] Die Rechtsprechung des IX. Senats geht vielmehr von einer unbeschränkten Steuerpflicht nach § 1 Abs. 1 Nr. 5 KStG aus und verneint damit für diese dual resident companies das Vorliegen einer Kapital-

29 Hey (Gesellschafterfremdfinanzierung) S. 837; Köster (Zweifelsfragen) S. 314
30 Prinz (Gestaltungsmöglichkeiten) S. 627
31 BFH (I R 72/91) S. 263 ff.

gesellschaft.[32] Da § 8a KStG aber gerade an Kapitalgesellschaften anknüpft, dürften diese doppelt ansässigen Gesellschaften von dieser Regelung nicht unmittelbar erfaßt werden. Ob eine analoge Anwendung von § 8a KStG in Betracht kommen kann, erscheint außerordentlich fraglich, da es sich insoweit um eine steuerverschärfende Analogie[33] handeln würde. Allerdings sieht die Finanzverwaltung in ihrem Erlaß eine Anwendung von § 8a KStG auch auf diese Gesellschaften vor.

(3) Einschaltung inländischer Personengesellschaften und Betriebsstätten

Durch die Einschaltung und Fremdfinanzierung einer inländischen Personengesellschaft kann die Anwendung von § 8a KStG vermieden werden, da diese Regelung ausschließlich für die Fremdfinanzierung von Kapitalgesellschaften konzipiert worden ist, nicht aber auf die Fremdfinanzierung von Personengesellschaften Anwendung finden kann. Auch die Sonderregelungen in § 8a Abs. 5 stehen einer solchen Gestaltung nicht entgegen, die insbesondere in zwei Varianten erfolgen kann.

- Einmal ist es möglich, an die Spitze des inländischen Konzerns eine Personengesellschaft zu stellen, die von dem nichtanrechnungsberechtigten Anteilseigner fremdfinanziert wird und dieses Fremdkapital als Eigenkapital an die nachgeschalteten Kapitalgesellschaften weitergibt.[34]
- Daneben besteht auch die Möglichkeit, unterhalb der inländischen Kapitalgesellschaften eine Personengesellschaft (z. B. GmbH & Co. KG) anzusiedeln, die unmittelbar vom nichtanrechnungsberechtigten Anteilseigner fremdfinanziert wird. In beiden Fällen kommt § 8a KStG nicht zur Anwendung, da eine Fremdfinanzierung von Personengesellschaften vorliegt, die nicht unter diese Regelung fällt.

(4) Quartettsituation

Da § 8a KStG an eine wesentliche Beteiligung anknüpft, kann die Anwendung dieser Regelung vermieden werden, wenn die Wesentlichkeit der Beteiligung des nichtanrechnungsberechtigten Gesellschafters fehlt. Allerdings ist hier zu beachten, daß § 8a KStG hier nicht ausschließlich auf die wesentliche Beteiligung abstellt, sondern auch einige Umgehungssachverhalte umfaßt.

(5) Vermeidung des Rückgriffs

Um eine Verwirklichung von § 8a KStG über die Herstellung eines Rückgriffs zu vermeiden, bietet es sich an, zur Absicherung von Drittkrediten stets nur das Inlandsvermögen einzusetzen, um auf diese Weise die Verknüpfung zum nichtan-

32 BFH (IX R 182/87) S. 972f.

33 Zum Meinungsspektrum der Zulässigkeit: Tipke/Lang (Steuerrecht) S. 105ff., Tipke (Steuerrechtsordnung) S. 202ff.

34 Herzig (Diskussionsbeitrag) S. 275

rechnungsberechtigten Anteilseigner zu vermeiden. Zum Gelingen dieser Strategie kann es beitragen, auf ausstehende Einlagen als indirektes Sicherungsmittel für Kreditgeber auszuweichen.

IV. Zusammenfassung und Ausblick

Die vorstehenden Ausführungen haben gezeigt, daß § 8a KStG eine Vielzahl von Auslegungsfragen aufwirft, deren Klärung vermutlich nur mit Hilfe des Bundesfinanzhofs zu erreichen sein wird. Daneben erfordert die gesetzliche Regelung umfassende Anpassungsmaßnahmen insbesondere im Finanzierungsbereich, wo gegebenenfalls eine Neuordnung der Finanzierungsströme vorzunehmen ist. Die Wirkungen der Neuregelung greifen jedoch für den engen Finanzierungsbereich hinaus und wirken auf andere Felder der Unternehmenspolitik ein, wie beispielsweise die Bilanzpolitik und die rechtliche Gestaltung der Unternehmensstruktur.

Literaturverzeichnis

BFH (I R 87/83): I R 87/83, Urteil vom 20. 08. 1986, in: Bundessteuerblatt 1987 Teil II, S. 75–77

BFH (GrS 2/86): GrS 2/86, Beschluß vom 26. 10. 1987, in: Bundessteuerblatt, 1988 Teil II, S. 348–357

BFH (I R 72/91): I R 72/91, Urteil vom 12. 11. 1991, in: Bundessteuerblatt 1992 Teil II, S. 263–264

BFH (IX R 182/87): IX R 182/87, Urteil vom 23. 6. 1992, in: Bundessteuerblatt 1992 Teil II, S. 972–975

Bitz, Michael; Schneeloch, Dieter; Wittstock, Wilfried (Jahresabschluß): Der Jahresabschluß, 2. Aufl. München 1995

BMF (IV B7 – S 2742 a – 63/94): IV B 7 – S 2742 a – 63/94, Schreiben vom 17. 11. 1994, in: Bundessteuerblatt 1995 Teil I, S. 25-39

BT-Drucks. (12/4158): Bundestags-Drucksache 12/4158 vom 20. 01. 1993, Entwurf eines Gesetzes zur Verbesserung der steuerlichen Bedingungen zur Sicherung des Wirschaftsstandorts Deutschland im Euopäischen Binnenmarkt (Standortsicherungsgesetz – StandOG)

BT-Drucks. (12/4487): Bundestags-Drucksache 12/4487 vom 05. 03. 1993 Entwurf eines Geestzes zur Verbesserung der steuerlichen Bedingungen zur Sicherung des Wirtschaftsstandorts Deutschland im Europäischen Binnenmark (Standortsicherungsgesetz – StandOG)

BT-Drucks. (12/5016): Bundestags-Drucksache 12/5016 vom 25. 05. 1993 Beschlußempfehlung und Bericht des Finanzausschusses zum Gesetzesentwurf der Bundesregierung – Drucksache 12/4487 –

Fischer, Lutz (Finanzierungsneutralität): Die Finanzierungsneutralität der Besteuerung als Forderung der Betriebswirtschaftslehre, in : ZfB 1970, S. 313–328

Franke, Günter; Hax, Herbert (Finanzwirtschaft): Finanzwirtschaft des Unternehmens und Kapitalmarkt, 3. Aufl., Heidelberg New York u. a. 1994

Heigl, Anton (Unternehmensbesteuerung): Unternehmensbesteuerung, Grundriß, München Wien 1994

Heigl, Anton; Melcher, Günther-Herbert (Steuerpolitik): Betriebliche Steuerpolitik, Ertragsteuerplanung, Köln 1974

Heigl, Anton; Uecker, Peter (Prüfung): Die aktienrechtliche Prüfung, Stuttgart 1970

Herzig, Norbert (Gesellschafter-Fremdfinanzierung): Gesellschafter-Fremdfinanzierung von Kapitalgesellschafter – Bericht der Arbeitsgruppe, in: Steuer und Wirtschaft 1993, S. 237–248

Herzig, Norbert (Diskussionsbeitrag): Diskussionsbeitrag zu: Kraushaar, Rolf, Gesellschafter-Fremdfinanzierung, in: Steuergestaltung bei verbundenen Unternehmen in Europa, Bericht über die Steuerfachtagung '93 Düsseldorf 14./15. September 1993 in Neuss, Düsseldorf 1994, S. 275

Herzig, Norbert (Standortsicherungsgesetz): Standortsicherungsgesetz: Gesetzliche Regelung der Gesellschafter-Fremdfinanzierung in § 8a KStG (Teil I und II), in: Der Betrieb 1994, S. 110–115 und S. 168–177

Hey, Friedrich E. F. (Gesellschafterfrendfinanzierung): Gesellschafterfremdfinanzierung. Einige Gedanken zum neuen § 8a KStG, in: RIW 1993, S. 833–839

Hinz, Michael (Sachverhaltsgestaltungen): Sachverhaltsgestaltungen im Rahmen der Jahresabschlußpolitik, Düsseldorf 1994

Knobbe-Keuk, Brigitte (Unternehmenssteuerrecht): Bilanz- und Unternehmenssteuerrecht, 9. Aufl., Köln 1993

Korn, Klaus (Reichweite): Kapitalgesellschafter-Fremdfinanzierung – Reichweite des § 8a KStG und Beratungserwägungen, in: Deutsche Steuer-Zeitung 1993, S. 737–742

Köster, Beate-Katrin (Zweifelsfragen): Zweifelsfragen und Gestaltungsalternativen bei der Gesellschafterfremdfinanzierung, in: Recht der Internationalen Wirtschaft 1994, S. 310–317

Prinz, Ulrich (Gestaltungsmöglichkeiten): Gestaltungsmöglichkeiten und -grenzen bei § 8a KStG, in: FR 1994, S. 622–635

Rose, Gerd (Steuerlehre): Betriebswirtschaftliche Steuerlehre, 3. Aufl., Wiesbaden 1992

Sarx, Manfred: in: Budde, Wolgang Dieter; Clemm, Hermann; Pankow, Max; Sarx, Manfred: Beck'scher Bilanz-Kommentar, 2. Aufl., München 1990

Schneeloch, Dieter (Nennkapital): Verdecktes Nennkapital, in: Deutsches Steuerrecht 1987, S. 458–463

Schneeloch, Dieter (Besteuerung): Besteuerung und betriebliche Steuerpolitik, Band 2: Betriebliche Steuerpolitik, München 1994

Schult, Eberhard (Steuerlehre): Betriebswirtschaftliche Steuerlehre, München 1994

Siegel, Theodor (Steuerwirkung): Die Steuerwirkung und Steuerplanung in der Unternehmung, Würzburg Wien 1982

Siegel, Theodor (Entwürfe): Gesellschafter-Fremdfinanzierung , Entwürfe des § 8a KStG und steuersystematische Lösung, in: Steuer und Wirtschaft 1989, S. 340–349

Steuerfachausschuß der IDW (Stellungnahme): Stellungnahme der Arbeitsgruppe „Gesellschafterfremdfinanzierung (§ 8a KStG)" zum Entwurf eines Einführungsschreibens zu § 8a KStG, in: Die Wirtschaftsprüfung 1994, S. 470–475

Theisen, Manuel Rene (Konzern): Der Konzern. Betriebswirtschaftliche und rechtliche Grundlagen der Konzernunternehmung, Stuttgart 1991

Tipke, Klaus (Steuerrechtsordnung): Die Steuerrechtsordnung, Band 1, Köln 1993

Tipke, Klaus; Kruse, Heinrich Wilhelm (Abgabenordnung): Abgabenordnung und Finanzgerichtsordnung, 15. Aufl., Köln 1994

Tipke, Klaus, Lang, Joachim (Steuerrecht): Steuerecht, 14. Aufl., Köln 1994
Wagner, Franz W.; Dirrigl, Hans (Steuerplanung): Die Steuerplanung der Unternehmung, Stuttgart New York 1980
Wassermeyer, Franz (Körperschaftsteuerrecht): Körperschaftsteuerrecht, in: IDW (Hrsg.): WP-Handbuch der Unternehmensbesteuerung, 2. Aufl., Düsseldorf 1994, Kap. G
Wöhe, Günter; Bieg, Hartmut (Grundzüge): Grundzüge der Betriebswirtschaftlichen Steuerlehre, 3. Aufl., München 1991

§ 15a EStG – Sein Einfluß auf den Erhalt mittelständischer Unternehmen sowie Möglichkeiten zur Vermeidung bzw. Abschwächung negativer Wirkungen

Dr. Gisela Pickert, StB, Nürnberg

A. Einleitung

Mittelständische Unternehmen gelten – da überschaubar – als anpassungsfähig; ferner werden sie als kreativ angesehen, denn sie sind nicht mit starren Strukturen belastet wie Großunternehmen. Gerade in der sich mit zunehmender Geschwindigkeit ändernden wirtschaftlichen Umwelt erlangen derartige Eigenschaften an Bedeutung. Die Förderung der Existenz mittelständischer Unternehmen muß deshalb ein Anliegen der Wirtschafts- und Steuerpolitik sein.

Mittelständische Unternehmen treten als personalistische Unternehmen häufig in der Rechtsform der Kommanditgesellschaft (KG) oder der GmbH & Co. KG auf. Auf diese Weise soll sichergestellt werden, daß die mit dem unternehmerischen Engagement verbundenen Risiken nicht unbegrenzt auf die Unternehmensträger und deren Familien durchschlagen. Derartige Rechtsformen unterliegen jedoch im Verlustfall dem § 15a EStG.[1] Die Anwendung dieser Vorschrift kann dazu führen, daß sich unternehmerische Verluste nicht bereits im Verlustentstehungsjahr, sondern erst in späteren Gewinnjahren steuerlich auswirken. Hieraus können negative Wirkungen auf die Existenz dieser Unternehmen resultieren.

Die Anwendung des § 15a EStG auf die mittelständische KG ist in der Literatur vielfach kritisiert worden.[2] § 15a EStG wird jedoch bislang sowohl von der Rechtsprechung als auch von der Finanzverwaltung unterschiedslos für alle KGs, also auch für die mittelständische KG als einschlägig angesehen. Im folgenden soll deshalb untersucht werden, welche Wirkung diese Vorschrift auf die Existenzerhaltung mittelständischer Unternehmen hat. Ferner werden Möglichkeiten aufgezeigt und bewertet, um die negativen Wirkungen von § 15a EStG abzumildern oder zu vermeiden.[3] Den Ausführungen vorangestellt wird ein Überblick über die Regelung des § 15a EStG.

B. Regelungsinhalt des § 15a EStG

Kommanditisten können die ihnen – nach Gesellschaftsvertrag – aus der Personengesellschaft zuzurechnenden Verluste nur insoweit mit anderen Einkünften ausgleichen und gemäß § 10d EStG in andere Perioden rück- und/oder vortragen, soweit durch die Verluste kein negatives Kapitalkonto entsteht oder sich erhöht. Verluste, die zu einem negativen Kapitalkonto führen oder es erhöhen, sogenannte verrechenbare Verluste, gehen jedoch nicht verloren, sondern werden in die Zukunft vorgetragen und mit künftigen Gewinnen aus der Beteiligung an der Perso-

---

1 § 15a EStG greift auch bei anderen Rechtsformen und Gestaltungen, die zu einer Haftungsbegrenzung führen, die der des Kommanditisten vergleichbar ist, wie z. B. der gewerblich tätigen GdbR mit Haftungsbegrenzung oder der atypischen stillen Gesellschaft, vgl. § 15a Abs. 5 EStG.

2 Vgl. hierzu im einzelnen Jakob (Verfassungsmäßigkeit), S. 887ff.; Heudörfer (Kommanditgesellschaften), S. 377ff.

3 Bei der Formulierung von Gestaltungsmaßnahmen ist die steuerliche Anerkennung ein wesentliches Moment. Die Ausführungen zu steuerlichen Empfehlungen bauen deshalb auf den von Finanzverwaltung und Rechtsprechung vertretenen Auffassungen auf.

nengesellschaft verrechnet, wobei dieser innerbetriebliche Verlustvortrag zeitlich und betragsmäßig unbegrenzt ist.

Folgender Regelungsgedanke liegt § 15a EStG zugrunde: Verluste, die über die Einlage hinausgehen, belasten einen Gesellschafter im Jahr der Verlustentstehung im Regelfall weder rechtlich noch wirtschaftlich;[4] infolgedessen darf der Gesellschafter derartige Verluste im Verlustjahr steuerlich noch nicht geltend machen. Erst wenn aus der Beteiligung später Gewinne anfallen, entsteht für den Gesellschafter eine Belastung, da er diese Gewinne so lange nicht entnehmen darf, bis seine durch Verluste geminderte Einlage wieder aufgefüllt ist (vgl. § 169 Abs. 1 HGB).

Die Anwendung von § 15a EStG verlangt zunächst eine Trennung der Verluste einer KG in sofort ausgleichfähige Verluste einerseits und in verrechenbare, sich erst in der Zukunft auswirkende Verluste anderseits (Schritt 1). Hierbei ist zu klären, welche Verluste einer Kommanditgesellschaft von § 15a EStG betroffen sind und welche Faktoren die Höhe der sofort ausgleichsfähigen Verluste bestimmen. Nach der Trennung in die Verlustarten ist die weitere Behandlung der beiden Verlustkategorien zu untersuchen (Schritt 2).

I. Schritt 1: Trennung in ausgleichsfähige und verrechenbare Verluste

Von der Regelung des § 15a EStG sind ausschließlich die Verluste aus der steuerlichen Gesamthandsbilanz (Steuerbilanz) einer KG, gegebenenfalls korrigiert um das Ergebnis aus einer Ergänzungsbilanz, betroffen. Für die Verluste aus der Sonderbilanz gilt hingegen keine Ausgleichsbeschränkung, denn diese Verluste muß der betreffende Gesellschafter alleine tragen.[5] Dabei ist es nicht mehr zulässig, Verluste aus der Gesamthand vorab mit Gewinnen aus der Sonderbilanz zu verrechnen und nur die verbleibenden Verluste der Regelung des § 15a EStG zu unterwerfen.[6]

Die Maßgröße für die Höhe der in einem Veranlagungszeitraum mit anderen Einkünften ausgleichsfähigen Verluste ist das Kapitalkonto in der Steuerbilanz der Personengesellschaft, korrigiert um das Kapital aus einer eventuell vorhandenen Ergänzungsbilanz.[7] Das Kapitalkonto in der Steuerbilanz besteht in der Regel aus dem Festkapital in Höhe der Pflichteinlage und einem oder mehreren variablen Kapitalkonten, über die die Gewinne und Verluste sowie die Entnahmen und Einlagen verbucht werden. Die Pflichteinlage ist die im Innenverhältnis zu leistende

4 Vgl. BT-Drs. 8/3648, S. 16.

5 Vgl. Wassermeyer (Herausforderung), S. 2635.

6 Vgl. BMF v. 15. 12. 1993, S. 976. Für eine Verrechnung weiterhin sind: Prinz/Thiel (Sonderbetriebsvermögen), S. 345f.; Schmidt, EStG § 15a, Anm. 33; Schützeberg (Kapitalkonto), S. 652f.

7 Vgl. BFH v. 30. 3. 1993, S. 706ff.

Einlage. Unterschreitet die tatsächlich geleistete Einlage die Pflichteinlage, so ist die geleistete Einlage für die Höhe des Verlustausgleichsvolumens entscheidend.[8]

Das Kapitalkonto der Sonderbilanz hat nach der neuen Rechtsprechung des Bundesfinanzhofs keinen Einfluß mehr auf das Verlustausgleichsvolumen.[9] Damit entstehen Abgrenzungsprobleme: Wann gehört ein Konto, auf dem Gewinne, Einlagen und Entnahmen verbucht werden, zum gesamthänderisch gebundenen Eigenkapital, und wann gehört ein derartiges Konto zum Sonderbetriebsvermögen eines Gesellschafters und stellt damit aus der Sicht der KG Fremdkapital dar? Ausschlaggebend für die Zuordnung als Beteiligungs- oder Darlehenskonto ist die Rechtsnatur eines Kontos, wobei die gesellschaftsvertraglichen Regelungen über Kapitalkonten die Grundlage bilden:[10]

- Vermag der Gesellschafter über ein Konto nicht uneingeschränkt zu verfügen, weil auch Verluste der Gesamthand auf dem Konto erfaßt werden und er im Konkursfall kein Gläubigerrecht hinsichtlich dieses Kontos ausüben kann, so gehört das Konto zum Eigenkapital und erhöht demnach das Verlustausgleichsvolumen.
- Lassen die stehengelassenen Gewinne ein eigenes Forderungsrecht des Gesellschafters entstehen, das ihm nicht mehr genommen werden kann – die Verluste werden nicht über das betrachtete Konto verbucht –, und hat er hinsichtlich des Kontos im Konkursfall eine Gläubigerstellung, dann ist das Konto dem Sonderbetriebsvermögen zuzurechnen. Es hat keinen Einfluß auf die Höhe der ausgleichsfähigen Verluste.

Im Ausnahmefall kann die Höhe des Verlustausgleichs die geleistete Einlage übersteigen. Dies ist der Fall der sogenannten „überschießenden Außenhaftung" nach § 15a Abs. 1 S. 2 und 3 EStG. Übersteigt die Hafteinlage – dies ist die Einlage, mit der ein Kommanditist nach Handelsregister den Gläubigern haftet – die vom Gesellschafter bisher geleistete Einlage, so erhöht sich das Ausgleichsvolumen, soweit das Bestehen der Haftung nachgewiesen ist und eine Vermögensminderung aufgrund der Haftung nicht durch Vertrag oder nach Art und Weise des Geschäftsbetriebs ausgeschlossen ist.[11]

Da die Höhe des Kapitalkontos der Steuerbilanz für das Verlustausgleichsvolumen bestimmend ist, kann durch Einlagen der Umfang der sofort ausgleichsfähigen Verluste vergrößert werden. Damit besteht die Möglichkeit, vorübergehend

8 Vgl. BFH v. 19. 5. 1987, S. 10.

9 Vgl. BFH v. 14. 5. 1991, S. 167ff. und ihm folgend BMF v. 20. 2. 1992, S. 123f.

10 Vgl. im einzelnen BFH v. 3. 2. 1988, S. 551ff. und BMF v. 24. 11. 1993, S. 934f.

11 Vgl. BFH v. 14. 5. 1991, S. 164 und BMF v. 20. 2. 1992, S. 123f. Ist gesellschaftsvertraglich vereinbart, daß die im Handelsregister eingetragene Haftsumme zum Teil als Bareinlage und zum Teil als Darlehen zu leisten ist (sog. gesplittete Einlage), vgl. z. B. BGH v. 17. 5. 1982, S. 2253ff., so erhöht ein derartiges Darlehen das Kapitalkonto i.S. des § 15a Abs. 1 EStG entweder wegen überschießender Außenhaftung nach § 15a Abs. 1 S. 2 und 3 EStG, sofern das Darlehen als Fremdkapital zu werten ist, oder wegen Erhöhung des Kapitalkontos in der Steuerbilanz, weil das Darlehen Eigenkapital ist; vgl. Schmidt, EStG § 15a, Anm. 25d ee); Haas (Finanzierungsmodalitäten), S. 659f.

Einlagen zum Stichtag zu leisten, die im neuen Jahr wieder rückgängig gemacht werden. Diesem Vorgehen steht § 15 a Abs. 3 EStG entgegen: Soweit durch Entnahmen ein negatives Kapitalkonto entsteht oder sich erhöht und keine höhere Hafteinlage im Handelsregister eingetragen ist, kommt es zu einer Zurechnung fiktiver Gewinne. Der in den Vorjahren unberechtigt geltend gemachte Verlustabzug wird rückgängig gemacht.[12] Die wegen der Einlagenrückgewähr als fiktiver Gewinn berücksichtigten Beträge werden zusätzlich als verrechenbare Verluste behandelt und mindern wiederum die tatsächlichen Gewinne aus der Beteiligung. Im Ergebnis werden Verluste so behandelt, als wenn von Anfang an das Kapitalkonto niedriger gewesen wäre.[13]

Auch durch eine vorübergehende Erhöhung der Hafteinlage läßt sich das Verlustausgleichsvolumen vermehren. Hier führt § 15a Abs. 3 EStG – wie bei der Einlagenrückgewähr – ebenfalls zur Gewinnzurechnung und zur Transformation ausgleichsfähiger Verluste in verrechenbare Verluste.[14]

II. Schritt 2: Behandlung der Verlustarten

Nachdem die Verluste aus der Gesamthandsbilanz eines Wirtschaftsjahres, ergänzt um das Ergebnis aus einer Ergänzungsbilanz, in ausgleichsfähige und in verrechenbare Verluste getrennt wurden (Schritt 1), ist deren weitere Behandlung zu klären (Schritt 2).

Ausgleichsfähige Verluste sind steuerlich mit anderen positiven Ergebnissen aufrechenbar. Wird in der Sonderbilanz ein Gewinn erzielt, so mindert sich dieser durch den ausgleichsfähigen Verlust aus der Gesamthandsbilanz. Fällt in der Sonderbilanz ein Verlust an, so erhöht sich der Gesamtbetrag der in einem Veranlagungszeitraum steuerlich geltend zu machenden Verluste aus der KG.[15]

Ein Gesamtverlust aus der KG ist mit anderen positiven Einkünften des Gesellschafters ausgleichbar und vermindert die steuerliche Bemessungsgrundlage eines Jahres oder führt zu Verlusten, die nach § 10d EStG in Vorjahre zurückgetragen und/oder in Folgejahre vorgetragen werden können.

Die verrechenbaren Verluste können in künftigen Perioden mit laufenden Gewinnen aus der Gesamthandsbilanz der KG und mit Gewinnen aus einer Veräußerung der Beteiligung bzw. aus der Liquidation der KG verrechnet werden. Die Verrechnung muß dabei so früh wie möglich erfolgen; ein Wahlrecht dergestalt, daß der Zeitraum, in dem die Verlustverrechnung erfolgen soll, vom Kommanditisten bestimmt werden kann, besteht nicht.[16]

---

12 Dabei findet jedoch eine zeitliche Begrenzung der Gewinnzurechnung statt (§ 15a Abs. 3 S. 2 EStG).

13 Vgl. Schmidt, EStG § 15a, Anm. 50.

14 Auch hier ist die zeitliche Begrenzung der Gewinnzurechnung zu beachten (§ 15a Abs. 3 S. 3 EStG).

15 Vgl. BMF v. 15. 12. 1993, S. 976.

16 Vgl. Schmidt, EStG § 15a, Anm. 32.

Umstritten ist die Frage, ob eine Saldierung der verrechenbaren Verluste mit künftigen Gewinnen aus der Sonderbilanz zulässig ist. Das Schreiben des BMF v. 15. 12. 1993[17] läßt die Deutung zu, daß dies nicht möglich sei. Mit Sonderbetriebsgewinnen der Folgejahre wären dann nur ausgleichsfähige Verluste der Gesamthand verrechenbar. Die überwiegende Literatur hält jedoch eine Saldierung für möglich.[18]

Geht man davon aus, daß eine Verrechnung mit Sonderbetriebsgewinnen der gleichen Periode nicht mehr möglich ist, so wäre es inkonsequent,[19] eine Verrechnung in der Zukunft zuzulassen. Es käme im Extremfall nur zu einer Verzögerung der Saldierung um ein Jahr. Die Einheitlichkeit der Behandlung verhindert eine Aufrechnung künftiger Sonderbetriebsgewinne mit verrechenbaren Verlusten. Im Ergebnis führt dies dazu, daß sowohl das Sonderbetriebsvermögen selbst als auch das mit seiner Hilfe erzielte Ergebnis bei der Anwendung von § 15a EStG nicht mehr zu berücksichtigen sind.[20]

C. Einfluß des § 15a EStG auf die Existenzerhaltung mittelständischer Unternehmen

Im folgenden soll untersucht werden, welche Wirkungen § 15a EStG auf die Fähigkeit eines mittelständischen Unternehmens hat, Krisen- und damit Verlustsituationen zu überstehen. Hierzu gilt es zunächst, den Begriff des „mittelständischen Unternehmens“ zu charakterisieren. Dabei erfolgt eine qualitative Bestimmung mittelständischer Unternehmen, da aus ihr Merkmale gewonnen werden können, die für die Wirkungsanalyse des § 15a EStG von Bedeutung sind.

Mittelständische Unternehmen sind dadurch gekennzeichnet, daß eine Einheit zwischen Eigenkapitalgebern und Unternehmensleitung besteht. Die Zahl der Gesellschafter und damit auch die Möglichkeiten zur Eigenkapitalaufbringung sind beschränkt. Demzufolge gewinnt die Selbstfinanzierung an Bedeutung. Der Zugang zum Kapitalmarkt ist in der Regel verschlossen. Die Möglichkeiten zur Fremdfinanzierung sind ebenfalls begrenzt.[21]

---

17 BMF v. 15. 12. 1993, S. 976. So sehen es auch Schmidt, EStG § 15a, Anm. 30a und Korn (Kapitalkonto), S. 9912.

18 So Schmidt, EStG § 15a, Anm. 30b); Söffing (Rechtsprechung), S. 1542; Grögler (Anwendung) S. 681; Schützeberg (Kapitalkonto) S. 652ff.

19 Der BFH v. 14. 5. 1991, S. 171, spricht von einer Verknüpfung inkongruenter Größen, würde man das Kapitalkonto der Sonderbilanz bei der Ermittlung des Verlustausgleichsvolumens mit berücksichtigen.

20 Nach dem Wortlaut des § 15a Abs. 2 EStG erfolgt eine Verrechnung mit künftigen Gewinnen aus der Beteiligung an der KG. Nach herrschender Meinung umfaßt der Begriff „Gewinne aus der Beteiligung“ auch die Gewinne einer Sonderbilanz, vgl. Schmidt, EStG § 15a, Anm. 30. Hält man jedoch eine Saldierung verrechenbarer Verluste mit künftigen Sonderbetriebsgewinnen für möglich, so ist nicht einzusehen, warum im Verlustentstehungsjahr eine Saldierung nicht möglich sein soll.

21 Vgl. zu einer Charakterisierung mittelständischer Unternehmen Heigl (Mittelbetrieb), S. 55ff.

Die Gesellschafter sind häufig familiär miteinander verbunden. Der Lebensunterhalt der Gesellschafter und ihrer Familien wird zum großen Teil durch Liquiditätsentzug aus dem Unternehmen finanziert, sei es in Form von Tätigkeitsvergütungen, Darlehnszinsen, Pacht- oder Mietzahlungen oder nur durch einfache Entnahmen.

Die Anwendung von § 15a EStG setzt das Entstehen oder das Erhöhen negativer Kapitalkonten voraus. Anlaufverluste in der Gründungsphase eines Unternehmens oder spätere Verluste aus der Vornahme risikoreicher Investitionen, z. B. für Forschung und Entwicklung, bzw. wegen eines Konjunkturrückgangs können zu einer derartigen Situation führen. Die Beschaffung von Fremdkapital wird erschwert, wenn nicht gar unmöglich. Weitere Finanzmittel können dann nur noch durch Kapitalzufuhren der Gesellschafter selbst erlangt werden. Gelingt es nicht, dem Unternehmen entsprechende Geldmittel zuzuführen, so können schließlich Zahlungsprobleme und damit die Konkurseröffnung wegen Zahlungsunfähigkeit die Folge sein.[22]

Um die Wirkung von § 15a EStG auf das Überleben eines Unternehmens in der Verlustphase zu beschreiben, wird im folgenden danach unterschieden, ob neben dem Unternehmen weitere Einkunftsquellen vorhanden sind oder nicht. Es wird also auf die Gesamteinkünfte eines Gesellschafters abgestellt.

I. Es existieren keine weiteren Einkunftsquellen

Bestehen keine weiteren Einkunftsquellen, so müssen die Gelder zur Bestreitung des Lebensunterhalts eines Gesellschafters und seiner Familie ausschließlich durch Liquiditätsentzug aus der KG gedeckt werden.[23] In diesem Falle muß die Ausstattung des Unternehmens mit Liquidität so beschaffen sein, daß diese Abflüsse in Form von Entnahmen, Geschäftsführergehältern, Darlehen etc. finanziert werden können und zusätzlich genügend Kapital vorhanden bleibt, um die anfängliche oder die spätere Verlustphase zu überstehen, ohne in Zahlungsschwierigkeiten zu geraten.

Zunächst wird davon ausgegangen, daß keine Einkünfte im Sonderbetriebsbereich von Gesellschaftern erzielt werden.

Wird ein Unternehmen neu gegründet, so besteht regelmäßig die Möglichkeit, einen Verlustrücktrag nach § 10d EStG vorzunehmen, denn es ist davon auszugehen, daß die Gesellschafter vor der Unternehmensgründung eine andere Tätigkeit, wie z. B. Geschäftsführung einer GmbH, ausgeübt und daraus Einkünfte erzielt

22 Bei der GmbH & Co. KG stellt auch die Überschuldung einen Konkursgrund dar. Auf die Frage, wann ein Unternehmen als überschuldet anzusehen ist, hat § 15a EStG keinen Einfluß. Er regelt ausschließlich die steuerliche Geltendmachung bereits entstandener Verluste.

23 Es wird unterstellt, daß früher gesparte Geldmittel vollständig im Rahmen des Gründungsvorgangs im Unternehmen investiert wurden bzw. daß früher in der KG erwirtschaftete Gewinne, soweit nicht für den Lebensunterhalt benötigt, im Unternehmen angelegt wurden.

haben. In Abhängigkeit von der Höhe dieser Einkünfte erfolgt eine Rückzahlung von Einkommen- und Kirchensteuer und damit ein sofortiger Liquiditätszufluß durch Steuerrückerstattungen, der für Einlagen verwendet werden kann. Da keine anderen Erwerbsquellen bestehen, ist ein Ausgleich mit anderen positiven Einkünften der gleichen Periode oder mit anderen positiven Einkünften in künftigen Perioden, in denen die KG noch Verluste erzielt, nicht möglich. Die Verluste wirken sich steuerlich erst dann aus, wenn die KG in der Zukunft Gewinne erwirtschaftet.

Existiert ein Unternehmen bereits länger und wurden in den beiden Vorperioden Gewinne erzielt, so ergibt sich ein entsprechendes Rücktragsvolumen nach § 10d EStG. Ausgleichsmöglichkeiten in der Verlustperiode selbst und in künftigen Verlustperioden der KG sind – wie bei der Neugründung – nicht gegeben.

Wird durch § 15a EStG der Umfang der ausgleichsfähigen Verluste eingeschränkt, da die Verluste ein negatives Kapitalkonto entstehen lassen oder es erhöhen, so werden die rücktragsfähigen Verluste geschmälert und damit die sofortigen Geldzuflüsse durch Steuerrückerstattungen verringert. Infolgedessen wird die Fähigkeit beeinträchtigt, Einlagen in Form von Steuerrückerstattung in das Unternehmen zu tätigen. Im Jahr der Verlustentstehung und in den künftigen Verlustjahren ergibt sich keine Änderung gegenüber dem Zustand ohne § 15a EStG: Die ausgleichsfähigen Verluste aus der KG sind zunächst ohne Wirkung. Es werden Verluste innerhalb der KG (verrechenbare Verluste) und außerhalb der KG (nach § 10d EStG) in die Zukunft vorgetragen. Während die Verluste nach § 10d EStG in Zukunft mit allen positiven Einkünften verrechnet werden können, dürfen verrechenbare Verluste nur mit Gewinnen aus der Beteiligung an der KG verrechnet werden. Besteht auch in Zukunft nur die KG als Einkommensquelle, so können sich die nach § 10d EStG vortragsfähigen Verluste erst bei Gewinnen der KG auswirken, die in ihrer Höhe die verrechenbaren Verluste übersteigen. Die Trennung in sofort ausgleichsfähige und verrechenbare Verluste wäre dann letztlich überflüssig.

Zudem ist zu bedenken, daß durch die Notwendigkeit laufender Entnahmen zur Finanzierung des Lebensunterhalts der Gesellschafter und ihrer Familien sich die Kapitalkonten der Gesellschafter zusätzlich verringern und damit die Höhe der ausgleichsfähigen Verluste weiter geschmälert wird. Die Entnahmen können sogar zu einer Nachversteuerung wegen Einlagenminderung führen und damit zu Steuerzahlungen in Verlustperioden. Die bereits angespannte Liquiditätslage wird weiter verschlechtert.

Werden Sondervergütungen an Gesellschafter gezahlt, so ergeben sich folgende Konsequenzen: Lassen Sondervergütungen, wie z. B. Mietzahlungen für vom Gesellschafter der KG überlassene Gebäude oder Zinsen für Gesellschafterdarlehen, einen Gewinn im Sonderbetriebsbereich entstehen, so ist eine Verrechnung dieser Beträge, die im Gesamthandsbereich der KG zugleich Aufwand darstellen und damit zu einer Erhöhung des steuerlichen Verlustes aus der Gesamthand führen, nur mit ausgleichsfähigen Verlusten aus der Steuerbilanz möglich. Die auf schuldrechtlicher Basis gezahlten Vergütungen sind vom Gesellschafter zu versteuern, insoweit sie bei der KG verrechenbare Verluste entstehen lassen.

Verluste aus der Sonderbilanz erhöhen einen ausgleichsfähigen Verlust aus der Steuerbilanz der KG und wirken sich in Form eines Verlustrücktrags aus oder im Falle künftiger Gewinne in der KG, die die verrechenbaren Verluste übersteigen.

II. Es existieren weitere Einkunftsquellen

Bestehen neben dem Unternehmen weitere Einkunftsquellen, aus denen Gewinne oder Überschüsse erwirtschaftet werden, so kann der Lebensunterhalt des Gesellschafters und seiner Familie auch aus diesen bestritten werden. In Abhängigkeit von der Höhe der aus diesen alternativen Quellen fließenden Geldmittel ist ein Verzicht auf Entnahmen möglich, gegebenenfalls erfolgen sogar Einlagen in die KG. Werden allerdings auch in den anderen Tätigkeitsbereichen Verluste erzielt, kann dem Unternehmen keine Liquidität zugeführt werden.

Ein Ausgleich mit anderen positiven Einkünften der gleichen Periode ist möglich, wenn die KG Verluste erwirtschaftet. Es kommt zur Reduktion der Liquiditätsabflüsse durch Steuern im betreffenden Veranlagungszeitraum. Das Verlustrücktragsvolumen nach § 10d EStG ist größer als bei der Konstellation „Fehlende weitere Einkunftsquellen“, falls auch in der Vergangenheit mehrere Einkunftsquellen mit Überschüssen vorhanden waren. Damit werden die Liquiditätszuflüsse durch Rückerstattungen regelmäßig höher sein als im Falle, daß die Unternehmung die einzige Erwerbsgrundlage bildet. Ferner ergibt sich ein größeres Vortragsvolumen in den Folgejahren, wenn in der KG noch Verluste erzielt werden. Dies gilt sowohl im Falle der Neugründung als auch eines bereits länger am Markt tätigen Unternehmens.

Wird durch § 15 a EStG die Höhe der sofort ausgleichfähigen Verluste eingeschränkt, so vermindern sich die Möglichkeiten zur Steuersenkung im Verlustentstehungsjahr. Falls trotz § 15 a EStG die ausgleichsfähigen Verluste aus der KG immer noch die anderen positiven Einkünfte übersteigen, werden die Rückflüsse durch Steuerrückerstattungen und/oder die Steuerminderungen durch Verlustausgleich in künftigen Perioden kleiner. Die Liquiditätssituation des Gesellschafters und, da sich der Umfang einlegbarer Geldmittel verkleinert, seiner Unternehmung verschlechtert sich auch im Falle mehrerer Erwerbsquellen.

Sind andere positive Einkünfte in ausreichendem Maße vorhanden, so ist der Bedarf an Entnahmen und Sondervergütungen entsprechend gering. Werden sie dennoch getätigt, kann hinsichtlich ihrer Wirkungen auf die unter Gliederungspunkt C. I. gemachten Ausführungen verwiesen werden. Bezieht der Gesellschafter aus anderen Einkunftsquellen einen so hohen Überschuß, daß damit Einlagen finanziert werden können, dann erhöht sich das Volumen der ausgleichsfähigen Verluste. Dabei ist zu beachten, daß die Zuführung von Kapital vor dem Stichtag erfolgen muß, soll sie auf die Höhe der ausgleichsfähigen Verluste im Einlagejahr Einfluß haben.

Werden auch in den anderen Einkunftsquellen keine positiven Einkünfte erwirtschaftet, so ergeben sich Wirkungen, wie unter Gliederungspumkt C.I. dargelegt;[24] es wird lediglich die Höhe der ausgleichsfähigen vor- und/oder rücktragbaren Verluste erhöht.

III. Gesamtwirkung

Die Vorschrift des § 15a EStG führt zu einer Verminderung des Umfangs von Steuererstattungen durch Verlustrücktrag und damit zu einer Verringerung sofortiger Liquiditätszuflüsse in einer Phase, in der ein Unternehmen bereits unter Geldmangel leidet. Zudem wird durch § 15a EStG in einem höheren Umfang als ohne diese Vorschrift ein innerperiodischer Verlustausgleich sowie ein Verlustvortrag eingeschränkt. Damit mindern sich die bei den Gesellschaftern verbleibenden Geldmittel, aus denen Einlagen finanziert werden können. Die Einführung des Solidaritätszuschlags ab 1995 führt zu einer weiteren Verschlechterung der Situation; denn je höher die Einkommensteuerzahlungen in einem Veranlagungszeitraum sind, desto höher wird auch der Zahlungsabfluß durch den Solidaritätszuschlag ausfallen.

Handelt es sich bei den Verlusten um Buchverluste, z. B. aufgrund von Sonderabschreibungen, dann entsteht keine unmittelbare Gefährdung der Liquidität der KG. Würde man das Unternehmensergebnis nur um eine normalisierte Abschreibung korrigieren, so verbliebe noch ein Überschuß. Es kommt letztlich zu einer Verschiebung des Gewinns in die Zukunft dadurch, daß Aufwand in Form von Abschreibungen in die Gegenwart vorgezogen wird. Lassen sich die Verluste dagegen als erwirtschaftete Verluste charakterisieren, liegt eine Situation vor, in der auch bei normalisierter Abschreibung die aufwandswirksamen Abflüsse aus dem Unternehmen die ertragswirksamen Zuflüsse übersteigen.[25] In diesem Falle können weitere Anspannungen der Liquidität des Unternehmens zur Zahlungsunfähigkeit und damit zur Konkurseröffnung führen.

Bisher wurde nur der Liquiditätsaspekt betrachtet. § 15a EStG kann aber auch als Mittel zum Steuerplanung eingesetzt werden. So ist z. B. eine Verlagerung der Verluste als verrechenbare Verluste in spätere Perioden sinnvoll, falls dann insgesamt höhere Einkünfte und damit ein höherer Steuersatz anfallen würde als in der Verlustentstehungsperiode.[26] Zudem können durch die Verlustverlagerung in die Zukunft der Abzug von Sonderausgaben und außergewöhnlicher Belastungen erreicht und Freibeträge – Kinder- und Grundfreibetrag – in Anspruch genommen werden. Die Steuerung kann z. B. durch rechtzeitige Entnahmen erfolgen. Sie ma-

---

24 Es wird davon ausgegangen, daß für die Einkünfte aus den anderen Quellen (z. B. inländische Vermietungs- und Verpachtungstätigkeit) keine Verlustausgleichsbeschränkungen bestehen.

25 Vgl. zu den Verlustarten auch Hellwig (Verlust), S. 287ff.

26 Die spätere Steuerersparnis müßte aber so groß sein, daß sie den Zinsnachteil aus der späteren Steuerminderung kompensieren könnte.

chen Verluste zu nur verrechenbaren Verlusten, soweit sie zu negativen Kapitalkonten führen oder diese erhöhen.[27]

Steuerplanerische Gestaltungsmaßnahmen setzen jedoch den Fortbestand des Unternehmens voraus. Es müssen in naher Zukunft Gewinne aus der KG zu erwarten sein. Kämpft ein Unternehmen indessen um das Überleben, so ist bei Gestaltungsüberlegungen dem Liquiditätsaspekt der Vorrang einzuräumen.

D. Gestaltungsempfehlungen zur Vermeidung bzw. Abschwächung der negativen Wirkungen des § 15a EStG und ihre Beurteilung

Aus liquiditätsmäßiger Sicht führt § 15a EStG zu negativen Wirkungen bei einem sich in einer Verlustphase befindlichen Unternehmen. Im folgenden sollen Gestaltungen vorgestellt werden, die diese Wirkungen abschwächen oder gar vermeiden. Dabei müssen alle Maßnahmen vor dem Stichtag vollzogen werden, denn eine nachträgliche Erhöhung des Verlustausgleichsvolumens ist nicht möglich. Auf die Maßnahme, bereits durch eine entsprechende Ausnutzung von Bilanzierungswahlrechten eine Verlustentstehung zu vermeiden, wird hingewiesen.

Es ist jedoch zu beachten, daß jede Art der Erhöhung des Verlustausgleichsvolumens rechtliche und wirtschaftliche „Nebenwirkungen" mit sich bringt, die gegen den steuerlichen Vorteil abzuwägen sind. Auf diese Wirkungen wird bei den einzelnen Gestaltungsmaßnahmen kurz eingegangen. Es kann jedoch bereits an dieser Stelle angemerkt werden, daß alle Gestaltungen nur dann sinnvoll sind, wenn mit hoher Wahrscheinlichkeit von einem Fortbestehen des Unternehmens ausgegangen werden kann. Ansonsten kommt es zum Verlust derjenigen Vermögenswerte, die zur Schaffung zusätzlichen Verlustausgleichspotentials eingesetzt werden bzw. zur Inanspruchnahme wegen erhöhter Haftungsübernahme.

Die Gestaltungsmaßnahmen lassen sich in drei Gruppen unterteilen:

I: Gestaltungen, um die Entstehung eines Verlusts zu vermeiden
II. Gestaltungen, um entstandene Verluste steuergünstig zuzurechnen
III. Gestaltungen, um entstandene und zugerechnete Verluste hinsichtlich ihrer Abzugsfähigkeit zu beeinflussen

Dabei wird gesehen, daß nicht immer eine eindeutige Zuordnung der Gestaltungsmaßnahmen zu den einzelnen Gruppen möglich ist: So ist z. B. die Überführung von an die KG verpachteten Grundstücken aus dem Sonderbetriebsvermögen in das Gesamthandsvermögen der KG ein Vorgang, der sich zugleich unter die Kategorien I. und III. einordnen läßt. „Pachtzahlungen" an den Gesellschafter führen nur noch zu Gewinnvorab und beeinflussen das Jahresergebnis nicht mehr (Gruppe I). Durch die Einlage des Grundstücks in die Gesamthand erhöht sich das Kapitalkonto und damit die Höhe der ausgleichsfähigen Verluste (Gruppe III).

27 Vgl. auch Gerbig/Rautenberg (Gestaltungsfreiräume) S. 1961; Holzschuh (Gestaltungsmöglichkeiten), S. 668.

Damit die im folgenden dargestellten Maßnahmen ohne Einfluß auf die Anteils- und somit Stimm- und Machtverhältnisse in der KG bleiben, müssen sämtliche Gesellschafter in Relation zu ihrer bisherigen Beteiligungshöhe an ihnen teilnehmen. Allerdings ist die Erfüllung dieser Bedingung nicht immer realisierbar bzw. auch nicht immer gewünscht.[28] Um die Gesellschafter, die einseitig Lasten auf sich nehmen oder auf Vorteile verzichten, zu entschädigen, sind Ausgleichszahlungen nötig. Werden sie nicht geleistet, so werden die Gestaltungen wohl unterbleiben. Als Beispiel ist zu nennen: Dem Gesellschafter, der einseitig auf Mietzahlungen verzichtet, wird im Falle künftiger Gewinne oder im Falle der Liquidation ein Vorabgewinn zugewiesen.[29]

Für die Frage der Realisierbarkeit von Gestaltungsmaßnahmen und der Notwendigkeit von Ausgleichsleistungen können Kommanditgesellschaften in drei Gruppen unterteilt werden:

- KG mit Interessengegensätzen (z. B. fremde Dritte oder eine Familien-KG mit volljährigen Beteiligten): Ein einheitliches Verhalten ist nur schwer zu erreichen. Ein Gesellschafter wird ausschließlich gegen entsprechende Entschädigung auf Vorteile verzichten oder einseitig Belastungen übernehmen.
- KG mit gleichgerichteten Interessen (z. B. Familiengesellschaft mit minderjährigen Kindern): Ein einheitliches Verhalten ist leichter realisierbar, da letztlich die Eltern entscheiden. Wird auf ein einheitliches Verhalten verzichtet, so bereitet das Aushandeln von Ausgleichsleistungen keine Probleme.
- Einmanngesellschaft in Form der GmbH & Co. KG: Es bestehen keine Probleme mit einer einheitlichen Handhabung oder mit einseitigen Maßnahmen, da im Unternehmensverbund nur eine Person existiert.

Je leichter eine Gleichrichtung der Interessen durchsetzbar ist, desto strenger werden die Anforderungen an Klarheit, Angemessenheit und vertragsgemäße Durchführung einer Gestaltung, da ansonsten die Gefahr besteht, daß die Finanzverwaltung Maßnahmen als mißbräuchlich i. S. des § 42 AO ansieht.[30]

I. Gestaltungen, um eine Verlustentstehung zu vermeiden

1. Unterlassung von Investitionen

In gewissem Umfang besteht die Möglichkeit, Investitionen auf Gewinnperioden zu verschieben, um damit Abschreibungen und als Folge davon Verluste zu vermeiden.

Ein Verzicht auf sofortige Investitionen läßt sich indes nur bei Neuinvestitionen vertreten und auch hier nur zeitlich begrenzt, da ansonsten die Gefahr besteht,

28 Als Beispiele seien genannt: Ein Gesellschafter verfügt nicht über ausreichendes Kapital, um eine entsprechende Einlage zu tätigen (Fall 1). Nicht alle Gesellschafter wollen ihre Hafteinlage erhöhen (Fall 2).

29 Vgl. auch Bitz (Gestaltungshinweise), S. 286 f.

30 Vgl. auch Herrmann/Heuer/Raupach, § 15 a EStG, Anm. 79.; Rautenberg/Gerbig (Ergebnisverlagerung), S. 344.

den Anschluß an den technischen Fortschritt zu verpassen. Bei Ersatzinvestitionen besteht kaum ein Spielraum, soll der reibungslose Unternehmensablauf gesichert bleiben.[31]

2. Zusammenfassung von Unternehmen

Durch das Zusammenfassen von verlust- und gewinnträchtigen Unternehmen kann von vornherein ein interner Verlustausgleich erlangt werden.[32]

Diese Gestaltung erweist sich jedoch dann als problematisch, wenn durch eine langdauernde Verlustphase auch das gesunde Unternehmen in Mitleidenschaft gezogen wird. Es wird die Trennung der Unternehmen, die zugleich auch Risikotrennung bedeutet, beseitigt.

3. Umstrukturierung durch Betriebsaufspaltung

Die Gesellschafter einer KG gründen eine GdbR, die in Zukunft die Investitionen tätigt, das neue Anlagevermögen hält und es an die KG verpachtet. Es liegt dann eine mitunternehmerische Betriebsaufspaltung vor. Die (Sonder-)Abschreibungen der verpachteten Wirtschaftsgüter nimmt die GdbR in Anspruch, die KG übernimmt weiter die Vertriebstätigkeit.[33] Die Finanzierung der GdbR erfolgt durch Darlehen der KG oder durch Drittdarlehen. Die durch die Abschreibungen verursachten Verluste können in der GdbR unbegrenzt steuerlich verwertet werden. Auch kann durch eine entsprechende Bemessung der Pachtzahlungen – wenn auch in begrenztem Umfang – die Entstehung von Verlusten in der KG vermieden werden.

Die Gesellschafter der GdbR haften für die Gesellschaftsschulden jedoch persönlich und unbegrenzt.[34] Ferner können Angemessenheitsprobleme hinsichtlich der Pachtzinsbemessung auftreten. Beteiligen sich nicht alle KG-Gesellschafter im Verhältnis ihrer KG-Beteiligung an der GdbR, so ist zu beachten, daß diejenigen Gesellschafter, die ihre Beteiligungsquote nicht halten können, am künftigen Anlagenzugang geringer beteiligt sind, als wenn die Investitionen in der KG unmittelbar vorgenommen werden.

4. Verlagerung von Erträgen aus dem Sonderbetriebsbereich in die Gesamthand und von Aufwand aus der Gesamthand in den Sonderbetriebsbereich

Künftig werden Leistungen, wie z. B. Geschäftsführungstätigkeiten, aufgrund gesellschaftsrechtlicher statt aufgrund schuldrechtlicher Abreden erbracht:[35] Der Wegfall von Aufwand in der KG vermindert den Verlust in der Gesamthand,

---

31 Vgl. auch Heigl (Steuerpolitik), S. 23.

32 Vgl. Herrmann/Heuer/Raupach, EStG § 15 a, Anm. 77.

33 Vgl. Wallenhorst (Beitrag), S. 550.

34 Ist die KG der Gläubiger, so ist, sofern nicht auch die KG durch fremde Darlehensgeber unter Druck gesetzt wird, eher mit Konzessionen bei Zahlungsproblemem zu rechnen, als wenn ein Drittgläubiger existiert.

35 Vgl. Prinz/Thiel (Sonderbetriebsvermögen), S. 346.

ohne daß zugleich im Sonderbetriebsbereich Erträge zu versteuern sind. Der Gesellschafter erhält die Tätigkeitsvergütung in Zukunft als Gewinnvorab.

Zu einer Verminderung der KG-Verluste und zugleich der Gewinne im Sonderbetriebsbereich führt eine Verringerung der Bezüge, die aufgrund schuldrechtlicher Verträge gezahlt werden. Schließlich kann durch bedingte Entgeltsvereinbarungen oder durch einen Verzicht mit Besserungsabreden eine Verkleinerung der Verluste in der KG und spiegelbildlich von Erträgen im Sonderbetriebsbereich erzielt werden.[36] Ändern sich die Kostenverhältnisse im Sonderbetriebsbereich nicht, so können derartige Gestaltungen zu Verlusten führen, die, da aus dem Sonderbetriebsvermögen stammend, voll abzugsfähig sind.[37]

Aus den beschriebenen Gestaltungen kann jedoch ein Wiederaufleben der Haftung durch die Vergütungen auf gesellschaftsrechtlicher Basis, deren Abfluß jetzt als Entnahmen zu werten ist, resultieren. Lassen diese Entnahmen ein Kapitalkonto unter die bedungene Einlage fallen, so haftet der Gesellschafter wieder nach § 171 Abs. 1 und 4 HGB unbeschränkt und persönlich in Höhe der ausstehenden Einlage.

Schließlich sind die Wirkungen auf die Ergebnisverteilung zu berücksichtigen: Kommt es nur zur Wandlung in gesellschaftsvertragliche Vergütungen, so hat der begünstigte Gesellschafter in gleicher Höhe wie bisher einen Zahlungszufluß aus der Gesellschaft. Die Zahlung erfolgt lediglich auf einer anderen Rechtsgrundlage. Sein Kapitalkonto und sein Gesamtanteil am Ergebnis der KG werden nicht verändert. Gewinne im Sonderbetriebsbereich hat er nicht mehr zu versteuern.

Eine Entgeltsminderung oder ein Verzicht trifft dagegen nur einen Gesellschafter – der zudem eventuelle Wertminderungen seines Sonderbetriebsvermögens selbst zu tragen hat[38] –, bevorteilt aber alle anderen Gesellschafter. Hier muß ein Ausgleich zwischen den Gesellschaftern stattfinden.[39]

In die Richtung „Verlagerung von Aufwandsbestandteilen in den Sonderbetriebsbereich" zielt auch die Vornahme von neuen Investitionen bzw. die Aufnahme neuen Fremdkapitals im Sonderbetriebsvermögensbereich eines oder mehrerer Gesellschafter(s).[40] So besteht die Möglichkeit, daß ein Gesellschafter im Sonderbetriebsvermögen erworbene Wirtschaftsgüter der KG pachtweise überläßt. Die entsprechenden Kapitalien werden von der KG[41] oder von Dritten zur Verfügung gestellt.

36 Vgl. Prinz/Thiel (Sonderbetriebsvermögen), S. 346; v. Lishaut (Ausgliederung), S. 279. Zu möglichen schenkungsteuerlichen Problemen vgl. v. Lishaut (Ausgliederung), S. 281 und Korn (Kapitalkonto), S. 9917.

37 Vgl. Gerbig/Rautenberg (Gestaltungsfreiräume), S. 1961.

38 Vgl. Wassermeyer (Herausforderung), S. 2635.

39 In diesem Falle nimmt der verzichtende Gesellschafter an der Verringerung des Verlusts nur anteilig teil.

40 Vgl. Rautenberg/Gerbig (Ergebnisverlagerung), S. 343, Wallenhorst (Beitrag), S. 550.

41 Sofern für diese Darlehen Bedingungen wie unter fremden Dritten vereinbart werden, führen sie nicht zu Entnahmen; vgl. Gliederungspunkt D III.3.

In Zukunft hat jedoch der Gesellschafter allein die Risiken aus dem Wirtschaftsgut zu tragen; zudem haftet nur er für die Verbindlichkeiten.[42] Die Problematik der Angemessenheit der Pachtzahlungen besteht auch hier. Darüber hinaus gehört das neue Wirtschaftsgut allein dem investierenden Gesellschafter; die anderen KG-Gesellschafter nehmen am Vermögenszuwachs der Investition nicht teil.

II. Gestaltungen, um entstandene Verluste steueroptimal einem Gesellschafter zuzurechnen

Durch Änderung des Gesellschaftsvertrags wird vereinbart, daß künftig entstehende Verluste entweder dem Komplementär oder denjenigen Kommanditisten zugerechnet werden, die noch ein positives Kapitalkonto i. S. des § 15a Abs. 1 EStG haben, sofern beim betreffenden Gesellschafter ein negatives Kapitalkonto entsteht oder sich erhöht.[43] § 15a Abs. 1 EStG steht dieser Handhabung nicht im Wege: Diese Vorschrift behandelt vielmehr die steuerliche Geltendmachung bereits zugerechneter Verluste.

Die anderen Gesellschafter werden nur gegen entsprechende Ausgleichsleistungen zu einer erhöhten Verlustübernahme bereit sein. Sie erhalten zwar die Steuervorteile aus den Verlusten, sie haben die Verluste jedoch auch wirtschaftlich zu tragen.[44]

III. Gestaltungen, um entstandene und einem Gesellschafter zugerechnete Verluste ausgleichsfähig zu machen

1. Übertragung positiver Wirtschaftsgüter in die Gesamthand bzw. von Schulden in das Sonderbetriebsvermögen

Die Übertragung von z. B. Grundstücken aus dem Sonderbetriebsvermögen in die Gesamthand oder die Übernahme von Gesellschaftsschulden durch einen Gesellschafter in dessen Sonderbetriebsvermögen führen jeweils zu einem Anstieg des Kapitalkontos des betreffenden Gesellschafters in der Gesamthand und damit zu einer Erhöhung des Verlustausgleichsvolumens. Durch diese Vorgehensweise gelangen auch die mit den Wirtschaftsgütern zusammenhängenden Ertragsbestandteile in die Gesamthand bzw. die Aufwandsbestandteile in den Sonderbetriebsbereich.

Zu beachten ist allerdings, daß bei einer Einlage von Wirtschaftsgütern in die Gesamthand der Gesellschafter das Eigentum und damit die alleinige Herrschaft über die Wirtschaftsgüter verliert; in Zukunft kann er nur noch zusammen mit den anderen Gesellschaftern über die eingelegten Gegenstände verfügen. Diese werden ferner Teil der Haftungsmasse der KG. Werden Schulden in das Sonder-

42 Ist die KG Gläubiger, so gelten die Ausführungen unter Gliederungspunkt D.I.3.

43 Vgl. Haas (Finanzierungsmodalitäten), S. 658; Uelner/Dankmeyer (Verrechnung), S. 15; Korn (Kapitalkonto), S. 9917.

44 Vgl. Herrmann/Heuer/Raupach, EStG § 15a, Anm. 211; John/Theisen (Verlustverrechnung), S. 135.

betriebsvermögen übernommen,[45] so hat der betreffende Gesellschafter diese in Zukunft allein zu verzinsen und zu tilgen.

Da nicht alle Gesellschafter derartige Vermögenstransfers entsprechend ihrem Gesellschaftsanteil vornehmen können oder wollen, sind wiederum Gegenleistungen zum Ausgleich der einseitigen Begünstigung der inaktiven Gesellschafter nötig. Werden Sacheinlagen getätigt, können zudem Meinungsunterschiede wegen der Bemessung des Werts der Einlagen auftreten.

2. Ausgestaltung variabler Kapitalkonten als Eigenkapital

Durch eine Änderung des Gesellschaftsvertrags kann erreicht werden, daß alle Kapitalkonten dem gesamthänderisch gebundenen Eigenkapital zuzurechnen sind. Hierzu bedarf es der Vereinbarung, daß variable Konten, auf denen Gewinne verbucht wurden, die nur kurzfristig in der KG belassen werden sollten, künftig zur Deckung von Verlusten herangezogen werden. Ein Kapitalkonto, das einem Gesellschafter ein unentziehbares Forderungsrecht einräumt, weil über dieses Konto keine Verluste verbucht werden dürfen, rechnet hingegen zum Sonderbetriebsvermögen und hat keinen Einfluß auf die Höhe des Verlustausgleichsvolumens. Zur Verdeutlichung dient folgendes Beispiel:[46]

- Kapitalkonto I: Es enthält die Haft- oder Pflichteinlage, die nicht entnommen werden darf. Das Konto rechnet zum Eigenkapital.
- Kapitalkonto II: Es enthält Kapitalrücklagen (zusätzlich zur Pflichteinlage geleistete Kapitalzuführungen) oder Gewinnrücklagen (nach Gesellschaftsvertrag in der KG zu belassende Gewinne). Diese Rücklagen rechnen zum Eigenkapital. Die Tatsache, daß die Kapital- oder Gewinnrücklagen nur vorübergehend der KG zur Verfügung stehen, steht ihrer Zuordnung zum Kapitalkonto i. S. des § 15a Abs. 1 S. 1 EStG nicht entgegen.
- Kapitalkonto III: Über das Konto werden die Entnahmen und Einlagen sowie die entnahmefähigen Gewinne verbucht. Da auf diesem Konto keine Verluste verrechnet werden dürfen, liegt hier ein Forderungsrecht des Gesellschafters gegenüber der Gesellschaft vor. Sobald er seine bedungene Einlage geleistet hat, kann er ihm zugewiesene Gewinne, die er der KG vorübergehend belassen hat und die auf dem Kapitalkonto III verbucht sind, jederzeit entnehmen.
- Sonderverlustkonto: Auf diesem Konto werden Verluste erfaßt. Die Verlustverrechnung erfolgt ausschließlich mit späteren Gewinnen. Bereits früher entstandene Gewinne, die dem Kapitalkonto III gutgeschrieben worden waren, werden nicht tangiert. Dieses Sonderverlustkonto vermindert das Kapitalkonto i. S. des § 15a Abs. 1 S. 1 EStG.

Im vorliegenden Beispiel würden die Kapitalkonten I, II und das Sonderverlust-

---

45 Dies ist nur möglich, wenn der Gläubiger zustimmt (vgl. §§ 414ff. BGB).

46 Vgl. BMF v. 24. 11. 1993, S. 934ff.; BFH Urt. v. 3. 2. 1988, S. 551ff. Vgl. zu einem Indizienkatalog auch Ley (Schwerpunkte), S. 9155.

konto zusammen das Kapitalkonto i.S. des § 15a Abs. 1 S. 1 EStG ergeben. Käme es zu einer Zusammenfassung des Kapitalkontos III mit dem Sonderverlustkonto, so würde das sich daraus ergebende Konto zum gesamthänderisch gebundenen Eigenkapital gehören.[47] Eine Verzinsung der Gesellschafterkonten spricht weder für noch gegen die Annahme individualisierter Gesellschafterforderungen; sieht der Gesellschaftsvertrag jedoch eine Ermäßigung der Verzinsung entsprechend der Regelung des § 121 Abs. 1 S. 2 HGB vor – bei zu geringen Gewinnen wird der Zins für die Kapitalkontenverzinsung gemindert –, so liegt gesamthänderisch gebundenes Kapital vor.

Einer Verwirklichung dieses Gestaltungsvorschlags steht jedoch die Frage gegenüber, ob alle[48] Gesellschafter willens sind, den Gesellschaftsvertrag entsprechend zu ändern. Schließlich wird durch die Maßnahme angestrebt, ein bislang unentziehbares Forderungsrecht des Gesellschafters in Eigenkapital umzuwandeln.

3. Einlagen in Form von Geld oder Sachmitteln

Durch die Geldkapital, Zuführung vonZuführung von Geld- oder Sachkapital aus Quellen außerhalb der KG in das Gesellschaftsvermögen erhöht sich das Kapitalkonto eines Gesellschafters und damit der Umfang ausgleichsfähiger Verluste. Die gleiche Wirkung läßt sich auch durch die Wiedereinlage von an den Gesellschafter bereits ausbezahlten Sondervergütungen erzielen. Dabei ist zu beachten, daß die KG am Stichtag über das Kapital verfügen können muß, soll das Verlustausgleichsvolumen des Einlagejahrs erhöht werden.[49]

Einen Sonderfall der Einlage stellt die Rückzahlung von Darlehen der Gesellschaft an die Gesellschafter dar. Hat die KG mit einem Gesellschafter einen Darlehensvertrag zu Bedingungen wie unter Dritten üblich abgeschlossen, so führt dies zu keiner Entnahme und damit zu keiner Verminderung des Kapitalkontos i. S. des § 15a EStG. Als Beispiel läßt sich die Finanzierung von Wirtschaftsgütern des Sonderbetriebsvermögens des Gesellschafters durch ein Gesellschaftsdarlehen mit marktadäquaten Konditionen anführen. Da diese Leistungsbeziehung nicht in § 15 Abs. 1 Nr. 2 EStG genannt ist, wird sie steuerlich anerkannt. Sie führt zu einer Darlehensforderung bei der Gesellschaft und zu einer Schuld des Gesellschafters in seinem Sonderbetriebsvermögen.

Ist die Darlehensgewährung indessen privat veranlaßt – dies wird nach Ansicht der Finanzverwaltung[50] dann angenommen, wenn die Darlehenskonditionen hinsichtlich Zins, Tilgung und Sicherheiten nicht dem Drittvergleich standhalten und kein besonderes betriebliches Interesse an der Kreditvergabe besteht –, so führt die

47 Zum Ausnahmefall, daß trotz Verlustverrechnung auf dem Kapitalkonto III dieses Konto als Fremdkapital zu werten wäre, vgl. BFH v. 3. 2. 1988, S. 551.

48 Da es zu einer Änderung der Gewinn- und Entnahmeregelungen des Gesellschaftsvertrags kommt, ist die Zustimmung aller Gesellschafter erforderlich (§ 116 Abs. 2 HGB).

49 Vgl. BFH v. 11. 12. 1990, S. 232ff.

50 Vgl. OFD Münster v. 18. 2. 1994, S. 582.

Darlehensgewährung (mangels einer abweichenden besonderen Vereinbarung) zu einer Entnahme und damit einer Minderung der Kapitalkonten i. S. des § 15a EStG aller Gesellschafter.[51] Tilgt der Gesellschafter derartige Privatverbindlichkeiten gegenüber der KG, so erhöhen sich die Kapitalkonten und damit die Verlustausgleichsvolumina wieder.

Die Erhöhung des Kapitalkontos durch Einlagen setzt das Vorhandensein von Geld- oder Sachkapital außerhalb der KG voraus. Werden Sondervergütungen wieder eingelegt, muß der Lebensunterhalt des Gesellschafters aus anderen Quellen finanzierbar sein. Liegt ein Darlehen an einen Gesellschafter für private Zwecke vor, ist zu vermuten, daß die Geldbeträge zum Teil für konsumptive Zwecke verwendet wurden und damit für eine Rückzahlung nicht sofort in voller Höhe zur Verfügung stehen.

Zu beachten ist ferner die Tatsache, daß die zugeführten Kapitalien erst dann wieder steuerunschädlich entnommen werden können, wenn die Kapitalkonten durch Gewinne wieder aufgefüllt sind; ansonsten kommt es zu einer Nachversteuerung nach § 15a Abs. 3 EStG, sofern nicht eine Haftung nach § 15a Abs. 1 S. 2 EStG besteht. Einseitige Vermögenszuführungen werden wie bei den unter Gliederungspunkt D.III.1. genannten Vorgängen zu Ausgleichsleistungen führen. Bei einer Einlage von Sachkapital besteht wie dort das Problem der Bewertung der Einlage.

4. Umwandlung von Gesellschafterdarlehen bzw. von Nutzungsüberlassungen des Gesellschafters in Eigenkapital

Für die Analyse der Frage, ob durch die Umwandlung von Gesellschafterdarlehen bzw. von Nutzungsüberlassungen in Eigenkapital das Verlustausgleichsvolmen i. S. des § 15a EStG erhöht werden kann, ist danach zu unterscheiden, ob in einer KG natürliche Personen als persönlich haftende Gesellschafter existieren oder ob nur juristische Personen diese Funktion übernehmen.

- KG mit natürlichen Personen als persönlich haftenden Gesellschaftern

Bei einer KG, in der natürliche Personen persönlich haften, kann durch die Umwandlungsvorgänge das Kapitalkonto i. S. § 15a EStG erhöht werden. Letztlich liegen Vorgänge vor, die unter Punkt D.III.1. besprochen wurden: Ein Wirtschaftsgut des Sonderbetriebsvermögens, eine Forderung bzw. ein Gegenstand, wird in die Gesamthand eingelegt.

- KG ohne natürliche Personen als persönlich haftenden Gesellschaftern

Liegt eine GmbH & Co. KG vor, in der keine natürliche Person persönlich haftet, wird im weiteren danach differenziert, ob das Gesellschafterdarlehen bzw. die Nutzungsüberlassung eigenkapitalersetzende Funktion haben oder nicht.

---

51 Vgl. Korn (Kapitalkonto), S. 9911; v. Lishaut (Ausgliederung), S. 279. Nach Schützeberg (Kapitalkonto), S. 651, sind alle Darlehen der Gesellschaft an den Gesellschafter ohne Bedeutung für das Kapitalkonto.

Bei einer GmbH & Co. KG ohne natürliche Person als persönlich haftenden Gesellschafter werden Kommanditistendarlehen im Konkursfall als haftendes Eigenkapital behandelt, wenn die KG bei der Darlehenshingabe zwar weder überschuldet war noch die GmbH ihr Stammkapital eingebüßt hatte, aber von dritter Seite kein Kredit zu marktüblichen Bedingungen mehr erlangt worden wäre und der Gesellschafter gleichwohl zur Gewährung des Darlehens bereit war.[52] Auch wenn der Gesellschaft auf einem variablen Kapitalkonto[53] Gewinne belassen und diese Darlehen bei Verschlechterung der Lage der Gesellschaft nicht abgezogen wurden, liegen nach der zivilrechtlichen Rechtsprechung eigenkapitalersetzende Darlehen vor.[54]

Nach Ansicht des BMF[55] sind bei der Ermittlung des Kapitalkontos i. S. des § 15 a Abs. 1 S. 1 EStG eigenkapitalersetzende Darlehen außer Ansatz zu lassen. Sie gehören zum Fremdkapital. Hierbei wird auf das Urteil des BFH vom 5. 2. 1992[56] verwiesen, wonach eigenkapitalersetzende Darlehen – wenn auch getrennt von anderen Verbindlichkeiten – in der Handelsbilanz grundsätzlich als Fremdkapital zu bilanzieren sind. Diese Einordnung ist wegen des Maßgeblichkeitsprinzips auch für die Steuerbilanz ausschlaggebend. Gesellschafterdarlehen rechnen somit zum Sonderbetriebsvermögen des Gesellschafters und sind nach der Rechtsprechung des BFH[57] bei der Kapitalkontenermittlung außer acht zu lassen. Eine Berücksichtigung nach § 15 a Abs. 1 S. 2 und 3 EStG im Rahmen der überschießenden Außenhaftung ist ebenfalls nicht möglich, da diese Haftungserweiterung nicht im Handelsregister eingetragen ist. An diesem Ergebnis ändert auch eine Rangrücktrittserklärung[58] nichts.

In der Literatur werden eigenkapitalersetzende Darlehen[59] überwiegend[60] als Eigenkapital i. S. des § 15 a EStG eingestuft. Da der Gesellschafter mit diesen Beträgen im Konkursfall wie mit Eigenkapital voll hafte, seien derartige Darlehen als Bestandteil des Kapitalkontos i. S. des § 15 a Abs. 1 S. 1 EStG zu behandeln. Nur so könne das Ziel des § 15 a EStG, daß die Verlustausgleichsmöglichkeit dem Umfang der Haftung entsprechen soll,[61] erreicht werden. Dieser Auffassung schließt

---

52 Vgl. BGH v. 24. 3. 1980, S. 326 ff. Es greift bei den Kommanditisten einer GmbH & Co. KG der Gedanke der §§ 32 a, 32 b GmbHG nach § 172 a HGB.

53 Vgl. Gliederungspunkt D.III.2 Kapitalkonto III.

54 Vgl. BGH v. 26. 11. 1979, S. 28 ff.

55 BMF v. 24. 11. 1993, S. 935.

56 BFH v. 5. 2. 1992, S. 532 ff.

57 Vgl. BFH v. 14. 5. 1991, S. 167 ff.

58 Vgl. BFH v. 30. 3. 1993, S. 502 ff.; Schmidt, EStG § 15 a, Anm. 25 d dd).

59 Vgl. so Schmidt, EStG § 15 a, Anm. 25 d; Kolbeck (Begriff), S. 2058; Prinz/ Thiel (Sonderbetriebsvermögen), S. 344 f.; Bordewin (Verlustausgleich), S. 676; Herrmann/Heuer/Raupach, EStG § 15 a, Anm. 207; Jakob (Verlustausgleichspotential), S. 1435.

60 Nicht zum Kapitalkonto rechnen sie Schützeberg (Kapitalkonto), S. 652 und Haas (Finanzierungsmodalitäten), S. 661.

61 Vgl. auch Heigl (Unternehmensbesteuerung), S. 206.

sich die Verfasserin an.[62] Eine höchstrichterliche Entscheidung zu diesem Problem steht noch aus. Strebt man eine Erhöhung des Verlustausgleichsvolumens an, so sollten unter dem Aspekt „Sicherheit einer Gestaltung“ eigenkapitalersetzende Gesellschafterdarlehen in Eigenkapital umgewandelt werden.[63] Zu den Wirkungen dieser Gestaltungsmaßnahme kann auf die Ausführungen zu Gliederungspunkt D.III.1. verwiesen werden. Zu beachten ist, daß der Gesellschafter im Falle der Gesundung der KG nicht mehr alleine über das Kapital verfügen kann, wie dies bei einem Darlehen der Fall wäre.

Eine ähnliche Problematik ergibt sich bei der eigenkapitalersetzenden Nutzungsüberlassung. Sie ist dann gegeben, wenn der Gesellschafter der KG ein Wirtschaftsgut zu einem Zeitpunkt überläßt, zu dem die KG nicht in der Lage gewesen wäre, sich dieses Wirtschaftsgut auf Kredit zu kaufen oder es anzumieten.[64] Auch hier liegt handelsrechtlich kein Eigenkapital der Gesellschaft vor. Eigentümer des Wirtschaftsguts bleibt der Gesellschafter.[65] Anders als beim eigenkapitalersetzenden Darlehen wird das überlassene Wirtschaftsgut aber kein Teil der Haftungsmasse im Krisenfall. Der Gesellschafter muß lediglich die weitere Nutzung gestatten und darf während der Krise das vereinbarte Nutzungsentgelt nicht verlangen.[66] Da eine derartige Nutzungsüberlassung nicht zu einer Haftungserweiterung führt, hat sie auch keinen Einfluß auf die Höhe des Verlustausgleichsvolumens. Zur Sicherstellung eines erhöhten Verlustausgleichs ist deshalb das bislang an die KG verpachtete Wirtschaftsgut in die KG selbst einzulegen. Zu gegebenenfalls daraus resultierenden Folgen und ihrer Beurteilung wird auf Punkt D.III.1 verwiesen.[67]

Haben die Gesellschafterdarlehen bzw. die Nutzungsüberlassung keine eigenkapitalersetzende Funktion, so kann gleichsfalls durch eine Umwandlung der Darlehen in Eigenkapital bzw. durch die Einlage des überlassenen Gegenstands in die KG das Verlustausgleichsvolumen erhöht werden. Zu den Wirkungen wird auf die Ausführungen in D.III.1. verwiesen.

5. Eintragung einer höheren Hafteinlage

Durch die Erhöhung der Hafteinlage – ohne entsprechende Einlageneinzahlung –

---

62 Bei dieser Lösung entsteht jedoch das Problem, daß mit dem Wegfall der Eigenkapitalfunktion ein derartiges Darlehen aus der Sicht des § 15 a Abs. 3 EStG entnommen wird und dann eine Nachversteuerung wegen Einlagenminderung stattfinden kann. Vgl. auch Schmidt, EStG § 15 a, Anm. 25 d cc).

63 Vgl. so auch Prinz/Thiel (Sonderbetriebsvermögen), S. 345. Dabei ist das Problem der Werthaltigkeit derartiger Darlehen zu beachten. Im Krisenfall kann es sein, daß der Wert des Darlehens nicht mehr dem Nennwert entspricht und damit nur eine Einlage unter dem Nennwert des Darlehens möglich ist. Vgl. hierzu v. Lishaut (Ausgliederung), S. 281 f. und Mundry (Kommanditistendarlehen), S. 1744 ff.

64 Vgl. BGH v. 16. 10. 1989, S. 2350.

65 Vgl. Haas (Finanzierungsmodalitäten), S. 661.

66 Vgl. Goette (Rechtsfolgen), S. 1658 ff. Vgl. BGH v. 11. 7. 1994, S. 1355 und BGH v. 11. 7. 1994, S. 1358.

67 Die Wirkung entspräche der einer Sacheinlage.

wird gemäß § 15 a Abs. 1 S. 2 und 3 EStG ebenfalls das Verlustausgleichsvolumen erhöht; es kommt die sog. „Überschießende Außenhaftung“ zum Tragen. Dabei ist es nötig, daß am Bilanzstichtag der Kommanditist namentlich mit der Höhe seiner Hafteinlage im Handelsregister eingetragen ist. Die notarielle Beurkundung des Gesellschafterbeschlusses über eine Haftungserhöhung sowie seine Anmeldung beim Handelsregister reichen nicht aus.[68] Folglich muß diese Gestaltungsmaßnahme bereits einige Zeit vor dem Bilanzstichtag vorgenommen werden.

Andere Haftungstatbestände, sowohl interner als auch externer Art, können das Verlustausgleichsvolumen nicht beeinflussen.[69] Einen internen Haftungsgrund stellt die Vereinbarung einer die Hafteinlage übersteigenden Verlusttragungspflicht dar, ferner die Regelung zu einer die Hafteinlage übersteigenden Pflichteinlage. Als externe Haftungsgründe sind zu nennen: eine Bürgschaft oder ein Schuldbeitritt eines Kommanditisten, eine Haftung für Schulden der Gesellschaft vor Eintragung der Kommanditistenstellung bei Gründung oder Neueintritt (§ 176 HGB) und schließlich eine Haftung aufgrund einer nicht im Handelsregister eingetragenen Einlageerhöhung, wenn diese in handelsüblicher Weise kundgemacht worden ist (§ 172 Abs. 2 HGB).[70] Ausschlaggebend für die Nichtanerkennung dieser Haftungsgründe sind allein die Tatsache der fehlenden Handelsregistereintragung und daraus resultierende Nachweisprobleme.[71]

Erhöht der Gesellschafter nur für Zwecke des Verlustausgleichs seine Hafteinlage, so muß er im Ernstfall auch für den erhöhten Betrag einstehen. Der Gesellschafter beseitigt gerade im Verlustfall zum Teil den Mechanismus, der einen Durchgriff auf ihn vermeiden soll. Hierzu wird er, sofern nicht alle Gesellschafter in Relation zu ihrer Festeinlage ihre Haftung erhöhen, nur gegen entsprechende Ausgleichsleistungen bereit sein. Darüber hinaus ist zu bedenken, daß bei einer Besserung der Unternehmenslage eine Senkung der Hafteinlage zu einer Nachversteuerung nach § 15 a Abs. 3 EStG führen kann.[72]

6. Übernahme unbeschränkter Haftung

Wandelt ein Kommanditist seine Stellung in die eines Komplementärs um, oder erfolgt ein Wechsel in eine Rechtsform mit unbeschränkter Haftung, so sind alle künftigen Verluste sofort ausgleichs- und abzugsfähig.[73] Die Behandlung der bislang angefallenen verrechenbaren Verluste ist umstritten. Während ein Teil der Literatur für die volle Abzugsfähigkeit im Zeitpunkt des Wechsels zum Vollhafter

68 Vgl. Wassermeyer (Herausforderung), S. 2636 f. Vgl. auch BFH v. 19. 5. 1987, S. 10, der die Eintragung in das Handelsregister als Basis für die erweiterte Haftung sieht.

69 Vgl. Schmidt, EStG § 15 a, Anm. 19 und Anm. 42 b); Jakob (Verlustausgleichspotential), S. 1437; Knobbe-Keuk (Regelung), S. 2559; Söffing/Wrede (Gesetz), S. 372.

70 Vgl. BFH v. 28. 5. 1993, S. 665 ff.

71 Vgl. BT-Drs. 8/3648 v. 8. 2. 1980, S. 17 und BT-Drs. 8/4157 v. 10. 6. 1980, S. 2 und S. 5.

72 Abschließend ist anzumerken, daß der Kommanditist auch nach erfolgter Herabsetzung des Haftkapitals gemäß § 174 HGB gegenüber den Gläubigern unverändert haftet bis die Haftungsminderung im Handelsregister eingetragen ist.

73 Als Ausnahme wäre § 15 a Abs. 5 EStG zu nennen.

eintritt,[74] befürworten andere Autoren die Auflösung der verrechenbaren Verluste unter Geltung des § 15 a EStG.[75] Da nachträgliche Änderungen an Haftung und Einlagenhöhe verrechenbare Verluste nicht in ausgleichsfähige Verluste umwandeln, ist m. E. auch mit einer Änderung der Haftungsposition zum Vollhafter keine Umwandlung verrechenbarer Verluste in ausgleichsfähige Verluste verbunden. Die Vollhafterstellung läßt sich letztlich mit einer Erhöhung der Handelsregistereinlage in unbegrenzter Höhe vergleichen. Erst ab Eintragung sind die künftig entstehenden Verluste in der entsprechenden Höhe abzugsfähig. An der Verlustbehandlung in den vergangenen Perioden ändert der Wechsel in die Vollhafterstellung nichts.

Mit Eintritt in die Vollhafterstellung muß der Gesellschafter auch unbeschränkt im Ernstfall haften. Der Schutzmechanismus gegen unbegrenzte Vermögensverluste wird gerade im Verlustfall beseitigt. Ein Gesellschafter allein wird nur gegen entsprechende Zugeständnisse anderer Gesellschafter zu diesem Schritt bereit sein.

E. Ergebnis

§ 15 a EStG beeinträchtigt die Liquidität eines mittelständischen Unternehmens in einer Phase, in der bereits Geldknappheit besteht und die Gefahr eines Konkurses wegen Zahlungsunfähigkeit droht. Es gibt zwar eine Vielzahl von Möglichkeiten, um die negativen Wirkungen von § 15 a EstG zu vermeiden oder abzuschwächen, sie führen aber oftmals zu erheblichen rechtlichen und wirtschaftlichen Nachteilen. Es darf also nicht nur der Steueraspekt betrachtet werden, sollen Gestaltungen zur Erhöhung des Verlustausgleichs ergriffen werden. Letztlich sind die vorgestellten Maßnahmen nur dann sinnvoll, wenn mit einem Überwinden der Unternehmenskrise zu rechnen ist.

Die negativen Effekte aus der eingeschränkten Verlustberücksichtigung ließen sich durch eine Streichung des § 15 a EStG beseitigen. Ein Mißbrauch der unbegrenzten Verlustverrechnung durch Verlustzuweisungsgesellschaften – wie früher – ist nicht zu befürchten, da nach der neuen Rechtsprechung des Bundesfinanzhofs Unternehmen, die nur nach Verlustzuweisungen streben, die Gewinnerzielungsabsicht abgesprochen wird. Als „Liebhaberei-Betriebe" finden die Ergebnisse derartiger Unternehmen keine steuerliche Berücksichtigung mehr.[76]

Literaturverzeichnis

BFH Beschluß v. 28. 5. 1993 VIII B 11/92, in: BStBl 1993 II, S. 665–666.
BFH Urteil v. 30. 3. 1993 VIII R 63/91, in: BStBl 1993 II, S. 706–709.
BFH Urteil v. 30. 3. 1993 IV R 57/91, in: BStBl 1993 II, S. 502–504.
BFH Urteil v. 5. 2. 1992 I R 127/90, in: BStBl 1992 II, S. 532–537.
BFH Urteil v. 10. 9. 1991 VIII R 39/86, in: BStBl 1992 II, S. 328–330.

74 Vgl. Wassermeyer (Herausforderung), S. 2639; Söffing/Wrede (Gesetz), S. 373.
75 Vgl. Stuhrmann, EStG § 15 a, Anm. 89; Herrmann/Heuer/Raupach, EStG § 15 a, Anm. 202; Schmidt, EStG § 15 a, Anm. 61; Holzschuh (Gestaltungsmöglichkeiten), S. 668.
76 Vgl. BFH v. 10. 9. 1991, S. 328 ff.; BFH v. 21. 8. 1990, S. 564 ff.

BFH Urteil v. 14. 5. 1991 VIII R 31/88, in: BStBl 1992 II, S. 167–172.
BFH Urteil v. 14.5.1991 VIII R 111/86, in: BStBl 1992 II, S. 164–167.
BFH Urteil v. 11. 12. 1990 VIII R 8/87, in: BStBl 1992 II, S. 232–234.
BFH Urteil v. 21. 8. 1990 VIII R 25/86, in: BStBl 1992 II, S. 564–566.
BFH Urteil v. 3. 2. 1988 I R 394/83, in: BStBl 1988 II, S. 551–554.
BFH Beschluß v. 19. 5. 1987 VIII B 104/85, in: BStBl 1988 II, S. 5–10.
BGH Urteil v. 11. 7. 1994 II ZR 162/92, in: DStR 1994, S. 1357–1359.
BGH Urteil v. 11. 7. 1994 II ZR 146/92, in: DStR 1994, S. 1354–1356.
BGH Urteil v. 16. 10. 1989 II ZR 307/88, in: BB 1989, S. 2350–2353.
BGH Urteil v. 17. 5. 1982 II ZR 16/81, in: NJW 1982, S. 2253–2255.
BGH Urteil v. 24. 3. 1980 II ZR 213/73, in: BGHZ 76 S. 326–338.
BGH Urteil v. 26. 11. 1979 II ZR 104/77, in: GmbHR 1980, S. 28–30.
Bitz, Horst (Gestaltungshinweise): Gestaltungshinweise für Kommanditisten in bezug auf die BFH-Rechtsprechung zum Begriff des Kapitalkontos i. S. des § 15 a Abs. 1 EStG, in: GmbHR 1992, S. 285–287.
BMF v. 15. 12. 1993 IV B2 S 2241 a – 57/93, in: BStBl 1993 I, S. 976 (Betr. Zweifelsfragen zu § 15 a EStG; hier: Saldierung von Gewinnen und Verlusten aus dem Gesellschaftsvermögen mit Gewinnen und Verlusten aus dem Sonderbetriebsvermögen).
BMF v. 24. 11. 1993 IV B2 – S 2241 a – 51/93, in: BStBl 1993 I, S. 934 f. (Betr.: § 15 a EStG; hier: Umfang des Kapitalkontos i. S. des § 15 a EStG Abs. 1 Satz 1 EStG).
BMF v. 20. 2. 1992 IV B2 – S 2241 a – 8/92, in: BStBl 1992 I, S. 123 f. (Betr.: Begriff des Kapitalkontos i. S. des § 15 a EStG und Begriff der nicht unwahrscheinlichen Vermögensminderung i. S. des § 15 a EStG; hier: Anwendung der BFH Urteile vom 14. Mai 1991 – VIII R 31/88 – und – VIII R 111/86 –).
Bordewin, Arno (Verlustausgleich): Verlustausgleich und Verlustabzug bei Personengesellschaften – insbesondere nach neuester Rechtsprechung des Bundesfinanzhofs, in: DStR 1994, S. 673–679.
BT-Drs. 8/4157 v. 10. 6. 1980: Entwurf eines Gesetzes zur Änderung des Einkommensteuergesetzes, des Körperschaftsteuergesetzes und anderer Gesetze – Drucksachen 8/3648, 8/4141.
BT-Drs. 8/3648 v. 8. 2. 1980: Entwurf eines Gesetzes zur Änderung des Einkommensteuergesetzes, des Körperschaftsteuergesetzes und anderer Gesetze.
Gerbig Rolf I.; Rautenberg, Hans Günter (Gestaltungsfreiräume): Gestaltungsfreiräume des § 15 a EStG – Möglichkeiten und Gefahren des Gesetzes zur Einschränkung der Verlustzuweisung bei beschränkt haftenden Gesellschaftern –, in: DB 1980, S. 1959–1962.
Goette, Wulf (Rechtsfolgen): Die Rechtsfolgen eigenkapitalersetzender Nutzungsüberlassung, in: DStR 1994, S. 1658–1662.
Grögler, Herbert (Anwendung): Zur Anwendung von § 15 a Abs. 2 EStG, in: DStR 1994, S. 679–682.
Haas, Franz Josef (Finanzierungsmodalitäten): Finanzierungsmodalitäten durch Kommanditisten und § 15 a Abs. 1 EStG, in: DStZ 1992, S. 655–663.
Heigl, Anton (Mittelbetrieb): Interne Revision im Mittelbetrieb, in: krp 1984, S. 55 - 59.
Heigl, Anton (Unternehmensbesteuerung): Unternehmensbesteuerung: Grundriß, München und Wien 1994.
Heigl, Anton; Melcher Günther-Herbert (Steuerpolitik): Betriebliche Steuerpolitik. Ertragsteuerplanung, Köln 1974.
Hellwig, Peter (Verlust): Der Verlust im Steuerrecht – Ein Dauerbrenner mit neuem Zündstoff –, in: DStR 1984, S. 287–330.
Herrmann, Carl; Heuer, Gerhard; Raupach, Arndt: Einkommensteuer- und Körperschaftsteuergesetz, Kommentar, 20. Aufl., Köln, Stand Mai 1994.

Heudörfer, Hansjörg (Kommanditgesellschaften): Ist bei mittelständischen Kommanditgesellschaften eine einschränkende Auslegung des § 15a EStG geboten? in: WPg 1994, S. 377–381.

Holzschuh, Robert (Gestaltungsmöglichkeiten): Gestaltungsmöglichkeiten zur Minimierung der Einkommensteuerbelastung von beschränkt haftenden Gesellschaftern nach § 15a EStG, in: DStR 1982, S. 667–671.

Jacob, Wolfgang (Verlustausgleichspotential): Das Verlustausgleichspotential eines Kommanditisten gemäß § 15a EStG, in: BB 1988, S. 1429–1440

Jakob, Wolfgang (Verfassungsmäßigkeit): § 15a – Zu seiner Verfassungsmäßigkeit, insbesondere zur Anwendbarkeit auf Kommanditisten von „Nicht-Verlustzuweisungsgesellschaften", in: BB 1988, S. 887–896.

John, Gerd; Theisen, Manuel (Verlustverrechnung): Verlustverrechnung in Personengesellschaften, Heidelberg 1981.

Knobbe-Keuk, Brigitte (Regelung): Die gesetzliche Regelung des negativen Kapitalkontos des Kommanditisten – eine Mißgeburt, in: NJW 1980, S. 2557–2561.

Kolbeck, Johannes (Begriff): Der Begriff des Kapitalkontos i. S. des § 15a EStG, in: DB 1992, S. 2056–2060.

Korn, Klaus (Kapitalkonto): „Kapitalkonto" und Anteil „am Verlust der Kommanditgesellschaft" nach § 15a EStG – Beratungshinweise zur veränderten Rechtslage, in: KÖSDI 1994, S. 9907–9919.

Ley, Ursula (Schwerpunkte): Schwerpunkte und Streitfragen aus dem Bilanzsteuerrecht, in: KÖSDI 1992, S. 9152–9161.

Mundry, Thomas (Kommanditistendarlehen): Kommanditistendarlehen mit Eigenkapitalcharakter als Teil des Kapitalkontos i. S. des § 15a EStG? in: DB 1993, S. 1741–1745.

OFD Münster, Verfügung v. 18. 2. 1994 – S 2241-79-St11-31, in: DStR 1994, S. 582–583.

Prinz, Ulrich; Thiel Uwe (Sonderbetriebsvermögen): § 15a EStG und Sonderbetriebsvermögen, in: DStR 1994, S. 341–346.

Rautenberg, Hans Günter; Gerbig, Rolf I. (Ergebnisverlagerung): Ergebnisverlagerung ins Sonderbetriebsvermögen, in: BB 1982, S. 342–345.

Schmidt, Ludwig: Einkommensteuergesetz, Kommentar, 13. Aufl., München 1994.

Schützeberg, Klaus (Kapitalkonto): Kapitalkonto und Verlustverrechnung mit Tätigkeitsvergütungen und anderen Gewinnen des Sonderbetriebsvermögens, in: WPg 1992, S. 649–654

Söffing, Günter; Wrede, Friedrich (Gesetz): Das Gesetz zur Änderung des EStG, des KStG und anderer Gesetze, in: FR 1980, S. 365–404.

Söffing; Günter (Rechtsprechung): Die neue Rechtsprechung des BFH zu § 15a EStG, in: DStR 1993, S. 1541–1547

Stuhrmann, Gerd in: Blümich, EStG – KStG – GewStG, Kommentar, hrsg. v. Klaus Ebling und Wolfgang Freericks, 14. Aufl., München, Stand 1994.

Uelner, Adalbert; Dankmeyer, Udo (Verrechnung): Die Verrechnung von Verlusten mit anderen Einkünften nach dem Änderungsgesetz vom 20. August 1980 (sog. § 15a-Gesetz), in: DStZ 1981, S. 12–24.

van Lishaut, Ingo (Ausgliederung): § 15a EStG nach der Ausgliederung des Sonderbetriebsvermögens, in: FR 1994, S. 273–284.

Wallenhorst, Rolf (Beitrag): § 15a des Einkommensteuergesetzes: Ein Beitrag zur leistungsbezogenen Einkommensbesteuerung und das Ende der Verlustzuweisung? in: BB 1981, S. 546–550.

Wassermeyer , Franz (Herausforderung): § 15a EStG: Eine Herausforderung für den steuerlichen Berater – Gestaltungshinweise für das Nutzbarmachen steuerlicher Verluste, in: DB 1985, S. 2634–2540.

Die Landabgabe der Land- und Forstwirte auf Grund Maßnahmegesetzgebung zum Baugesetzbuch im Spannungsfeld des Ertragsteuerrechts

Prof. Dr. Albrecht Woltmann, WP, StB, RA, Erlangen

A. Thematik: Landabgabeunwilligkeit wegen hoher Steuerbelastung bei Geldentschädigung

Der große Handlungsbedarf der Städtebauentwicklung heute hat zwar durch die sogenannte Maßnahmen-Gesetzgebung zum Bundesbaugesetz[1] ein starkes baulandpolitisches Instrumentarium erhalten, das eine erleichterte Enteignung zur Errichtung von Wohnungen und Arbeitsstätten und den damit verbundenen Gemeinbedarfs- und Folgeeinrichtungen erlaubt.[2] Nichtsdestoweniger hat sich mit diesen neuen Möglichkeiten die Baulandmobilisierung nicht so entwickelt, wie man erwartet hat.[3] Insbesondere haben die Kommunen bisher so gut wie nicht von ihrem scharfen Schwert der Enteignung Gebrauch gemacht.[4] Der Grund des zögerlichen Verhaltens wird zu einem wesentlichen Teil in der hohen Besteuerung der Veräußerungsgewinne der weichenden Land- und Forstwirte und der daraus resultierenden Unwilligkeit zur Veräußerung gesehen.[5] So kommt es, daß die Kommunen nur dort Initiative ergreifen, wo langwierige Enteignungsprozesse nicht zu fürchten sind, die sonst Entwicklungsvorhaben verzögern und mögliches Bauinteresse zur Abwanderung in andere Regionen bewegen.

Den Gegebenheiten der Ertragsbesteuerung bei Zwangsentäußerung auf den Grund zu gehen, hat in einer Zeit, die bemüht ist, die deutsche Wettbewerbsfähigkeit am neuen, größeren Markt der Europäischen Union zu erhalten, erhebliche Aktualität. Denn auch diese Bodenumschichtung ist als Teil jener Standortsicherung zu verstehen, dem gegenwärtig durch Verbesserung der steuerlichen Bedingungen die Aufmerksamkeit zugewandt wird. Zu dem Interesse trägt bei, daß der Maßnahmenkatalog des Baugesetzbuch-Maßnahme-Gesetzes vom 19. 05. 1990 zwischenzeitlich in das Dauerrecht des Baugesetzbuches überführt und damit zu einem integralen Bestandteil unserer Bauordnung geworden ist.[6]

In diesem Zusammenhang nicht zuletzt erscheint auch aktuell, inwieweit die Enteignung von Betriebsvermögen in den Partner-Staaten der EU besteuert wird; schließlich ist die Harmonisierung der Ertragsbesteuerung zur Herstellung der Wettbewerbsneutralität ebenso Aufgabe der Römischen Verträge wie die Ausbildung der Freizügigkeit.[7]

---

1 Vgl. Maßnahmengesetz zum Baugesetzbuch v. 17. 05. 1990 (BGBl. I 926) Wohnungsbauerleichterungsgesetz v. 17. 05. 1990 (BGBl. I 926); weiterhin Investitionserleichterungs- und Wohnbaulandgesetz vom 22. 04. 1993 (BGBl. I 466).

2 Lemmen (Bauland) S. 2

3 SZ v. 05. 12. 1991: „Gemeinden sollen mehr Bauland ausweisen", Nr. 28c

4 SZ v. 05. 12. 1991: „Ein Schwert, das in der Scheide bleibt"

5 Lemmen (Bauland) S. 197

6 Durch Art. 1 des Investitionserleichterungs- und Wohnbaulandgesetzes v. 22. 4. 93 (§§ 165 bis 1712 BauGB); vgl. Krautzberger/Runkel, DVBl.1993, S. 453 ff.

7 Sielaff (Steuerharmonisierung) S. 581

B. Gegenwärtige Gesetzeslage

Ins Zentrum des Erörterungsinteresses stellt sich zunächst der gegenwärtige Gesetzesstand. Völlig anders als es die Entwicklungsgeschichte des Einkommensteuergesetzes 1925 belegt,[8] erachtet man in der Besteuerungspraxis dabei bis heute die Enteignung von Betriebsvermögen als steuerpflichtige Veräußerung, insbesondere die Landabgaben im land- und forstwirtschaftlichen Bereich.[9]

Einzig Grundstückstransaktionen, die auf Flurbereinigungs- oder Umlegungsverfahren zurückzuführen sind, bleiben von einer Gewinnrealisierung verschont; der hier stattfindende Grundstückstausch berührt die wirtschaftliche Identität der ausgewechselten Gegenstände für den Betrieb nicht.[10]

Diesen Standpunkt nimmt man auch ein, wenn es infolge Enteignung oder zur Vermeidung solcher behördlicher Eingriffe zu einer freiwilligen Veräußerung des land- und forstwirtschaftlichen Besitzes kommt und der Betroffene mit der Abfindung sich Ersatz beschafft.[11] Hier setzt sich nach der gewohnheitsrechtlichen Gesetzesauslegung, die in Abschn. 35 EStR ihren Niederschlag gefunden hat, im Ersatzgut ebenfalls die wirtschaftliche Identität des aufgegebenen Besitzes fort.[12]

Eine sonstige Freistellung der land- und forstwirtschaftlichen Veräußerungsgewinne, die durch Enteignung oder bei freiwilligem Verkauf zur Vermeidung der drohenden Enteignung entstehen, kommt nach gegenwärtiger Auffassung der Finanzbehörden im Hinblick auf die Entscheidung des Bundesverfassungsgerichts vom 11. 05. 1970[13] aus Gründen des verfassungsrechtlichen Gleichbehandlungsgebots nicht in Betracht. Aufgrund jenes Urteils hat der Gesetzgeber seinerzeit die Veräußerung von Grund und Boden, insbesondere des land- und forstwirtschaftlichen Grundbesitzes, für einkommensteuerpflichtig erklärt.[14]

Es kann jedoch seit 1964 der Land- und Forstwirt, der die Enteignungsentschädigung zu Investitionen in einem (neuen) Gewerbebetrieb oder im freiberuflichen Bereich verwendet, die Besteuerung des entstandenen Buchgewinns durch Bildung und Übertragung einer Rücklage bis zum Ausscheiden dieser Investitionen aus dem Betriebsvermögen vermeiden.[15]

Lex specialis gegenüber den Vorschriften der §§ 6b, 6c EStG ist allerdings die Regelung nach Abschn. 35 EStR, wenn der Betroffene die Geldabfindung wieder im land- und forstwirtschaftlichen Bereich anlegt, wie oben schon dargetan. Sie ist

---

8 Auffassung Staatssekretär Popitz, zitiert v. Georg Strutz, (EStG) Bd. II S. 715

9 Abschn. 41a Abs. 6 S. 3 EStR; siehe auch Abschn. 86 EStR 1939 und RStBl. 1940, 84. BFH BStBl. 1973 II 840

10 BFH BStBl. 1986 II 711

11 Abschn. 35 EStR

12 RFH RStBl. 1944, 619, BFH BStBl. 191 III 566

13 BStBl. 1970 III 579

14 2. Steueränderungsgesetz 1971 vom 10. 08. 1971 (BGBl. I 1266)

15 Begünstigt sind Verkaufserlöse des land- und forstwirtschaftlichen Betriebes aus Veräußerung von Grund und Boden, Gebäude, Aufwuchs oder Anlagen im Boden, z. B. Hopfeneinrichtungen und Inventar, soweit es gewerbliches abnutzbares Anlagevermögen ist.

vorteilhafter. So z. B. deswegen, weil bei einer späteren Veräußerung des land- und forstwirtschaftlichen Ersatzwirtschaftsgutes nicht dessen Erwerbszeitpunkt nach § 6b Abs. 4 Nr. 2 EStG maßgeblich ist, sondern der Tag der Anschaffung des seinerzeit durch Zwangsveräußerung ausgeschiedenen Erstgutes.[16] Aber auch deswegen, weil die Anwendung der Vorschriften der §§ 6b, 6c EStG einen Zinsaufschlag von jährlich 6 v.H. in Höhe des aufgelösten Rücklagenbetrages auslöst (§ 6b Abs. 7 EStG), den die Auflösung der Rücklage für Ersatzbeschaffung nicht kennt. Im übrigen entsprechen die Reinvestitionsfristen bei der Rücklage für Ersatzbeschaffung im Einzelfall etwa der Fristenregelung des § 6b EStG.[17]

Ein Wahlrecht zwischen der Regelung der §§ 6b, 6c EStG und der Rücklage für Ersatzbeschaffung - wie gelegentlich diskutiert[18] – besteht jedenfalls nicht.[19]

Die Rechtsprechung des Bundesfinanzhofes gibt für eine solche Annahme ebenfalls keinen Anhalt.[20] Der BFH hat nur fallweise neben der Anwendung des § 6b EStG die Frage der Zulässigkeit einer Rücklage für Ersatzbeschaffung geprüft. Dazu hätte es bei Annahme eines Bewertungswahlrechts der Bilanzierung ohnedies nicht kommen können, weil in diesem Fall die eine Bilanzierung die andere ausschließt, solange jedenfalls ein Gesellschafterbeschluß die andere Bilanzierung maßgeblich macht.

Außerdem ist mit der Neufassung des § 6b EStG im Haushaltstrukturgesetz vom 29. 12. 1981[21] eine Wandlung in Gang gekommen, deren Ende noch nicht abzusehen ist. Darauf hat man schon bei dessen Inkrafttreten hingewiesen und zur Rückbesinnung auf die Rücklage für Ersatzbeschaffung geraten.[22] Es unterscheidet nämlich nunmehr die Rechtsprechung des BFH zwischen „hoheitlichen und sonstigen behördlichen Eingriffen" und verweist Veräußerungen und Investitionen infolge letzterer in die ausschließliche Zuständigkeit des § 6b EStG, womit sich naturgemäß der Anwendungsbereich der Rücklage für Ersatzbeschaffung verengt.[23]

Insgesamt gilt festzuhalten: Abschn. 35 EStR ebenso wie die Vorschriften der §§ 6b, 6c EStG erlauben vom Ansatz her nur Steuerstundung, keine Steuerfreistellung der Geldentschädigung. Wird die Enteignungsentschädigung nicht wieder in Betriebsvermögen angelegt, gewährt das kodifizierte Recht Präferenzen nur in kleinerem Umfang.

---

16 Herrmann/Heuer/Raupach (EStG) § 6b EStG, Anm. 300

17 Wobei darauf hinzuweisen ist, daß die zwischen dem Ausscheiden und der Ersatzbeschaffung verstrichene Zeit nicht mitgerechnet werden darf (Herrmann/Heuer/Raupach (EStG) und ferner die Rücklage erst gebildet werden muß, sobald die Entschädigung unstrittig ist (Herrmann/Heuer/Raupach (EStG) Anm. 68 H zu § 4 EStG). Über die EStR hinaus sind im Einzelfall Reinvestitionsfristen von 7 Jahren bekannt geworden (BFH BStBl. 1956 III 332)

18 Herrmann/Heuer/Raupach (EStG) § 6b EStG Anm. 80

19 Zum Zweck des § 6b EStG, Uelner (Neuer § 6b EStG) S. 667ff.

20 Vgl. BFH BStBl. 1973 II 840, Anm. v. Wallis DStZ A 1973 468

21 BGBl. 1981 I 1497ff.

22 Zeitler (Haushaltsstrukturgesetz)

23 BStBl. 1991 II 222

§ 14 a EStG gestattet eine Steuerfreistellung der Veräußerungsgewinne von land- und forstwirtschaftlichen Grundstücken zur Abfindung weichender Erben bis zu 120.000,— DM bzw. eine Steuerfreistellung von Veräußerungsgewinnen zur Schuldendeckung bis zu 90.000,— DM, vorausgesetzt, es beträgt im letzteren Fall das Einkommen nicht mehr als 27.000,— DM bzw. 54.000,— DM bei Verheirateten und die landwirtschaftlichen Schulden selbst rühren aus der Zeit vor dem 01. 07. 1985. Ansonsten werden bei Gewinnermittlung nach Durchschnittssätzen Grundstücksveräußerungsgewinne frei gelassen, soweit sie im Jahr zusammen mit anderen besonderen Einkünften des Landwirts 3.000,— DM nicht übersteigen.[24]

Allerdings räumt das Gesetz bei der Veräußerung ganzer oder selbständiger Teil-Betriebe, wie bei den anderen Einkunftsarten auch, Freibeträge, Freigrenzen und Tarifvergünstigungen zum halben Steuersatz ein, falls ausreichend Aufzeichnungen geführt werden,[25] ohne daß im übrigen ein Unterschied zwischen der Veräußerung aufgrund freien Willensentschlusses und der Zwangsveräußerung gemacht wird.

C. Billigkeitsmaßnahmen

Diese Rechtslage wird – wie eingangs bereits dargelegt – seit langem als unbefriedigend und verbesserungsbedürftig kritisiert.[26] Tatsächlich auch galt die Verwirklichung eines Gewinns durch obrigkeitlichen Zwang dem Einkommensteuerrecht früherer Zeit als Härte, seine Regelbesteuerung aber als Unbilligkeit.[27]

I. Härteausgleich nach § 227 AO

Darauf auch hebt für das Zivilrecht das Grundsatzurteil des BGH vom 13. 11. 1975[28] ab, das zwar eine Entschädigung der Einkommensteuer auf Enteignungsgewinne als sonstigen Vermögensnachteil nach § 96 BauGB ausschloß, jedoch betonte, daß es Aufgabe des Steuerrechts sei, steuerliche Nachteile, die sich aus der Struktur des gegenwärtigen Einkommensteuerrechts ergäben, wenn solche mit Art. 14 Abs. 3 S. 3 GG nicht im Einklang stünden, zu vermeiden, wozu es – wie Abschn. 35 EStR zeige – nicht unbedingt das Tätigwerden des Gesetzgebers bedürfe; besondere Härten könnten durch Anwendung des § 131 AO (heute § 227 AO) gemildert oder beseitigt werden.

Dieser Appell ist indessen bis heute so gut wie ins Leere gegangen. Vornehmlich hat das zur Aktivität aufgerufene Steuerrecht keinen Lösungsansatz in dieser

---

24 § 13 a Abs. 8 EStG

25 §§ 14 i.V.m. § 16 Abs. 4 EStG; §§ 13 Abs. 3 und § 14 a Abs. 1 bis 3 EstG; § 32 a Abs. 6 und 34 Abs. 2 Nr. 1 EStG; § 24 a EStG

26 Vgl. Truckenbrodt (Besteuerung S. 527; Ehlers (Enteignungsentschädigung) S. 504; Bublitz (Fragen) S. 1869 ff.; wobei letzterer dafür plädiert, daß immer dann, wenn die Entschädigung um die (reguläre) Ertragsteuer gekürzt wird, letztere als Sonderopfer gem. § 96 BauGB zu entschädigen.

27 Vgl. RFH RStBl. 1930, 313; 1934, 432; 1938, 915; 1944, 610.

28 NJW 1976, 236

Richtung entwickelt.[29] Das befremdet um so mehr, als ganz offensichtlich der Bundesgerichtshof mit seinem Aufruf an das oben erwähnte Urteil des Bundesverfassungsgerichts vom 11. 05. 1970[30] anknüpfte, das in seinen Leitlinien ausdrücklich offen ließ: „ob weitere als die bisherigen Reinvestitionsmöglichkeiten zur Vermeidung zu weitgehender Besteuerung der ab jetzt besteuerten Veräußerungsgewinne geschaffen werden oder ob ... für Veräußerungen eine Tarifvergünstigung über § 34 EStG hinaus eingeführt werde".[31]

Andererseits liegt die Härte der gesetzmäßigen Besteuerung auf der Hand, indem die Einkommensteuer nach bestehendem Tarifrecht bei fehlender Wiederanlagemöglichkeit im Betriebsvermögen die Geldentschädigung so empfindlich kürzt – bei Einzelabgaben von Grundstücken bis zu 53 v.H. – bei Betriebsabgaben bis zu 26,5 v.H., daß eine ersatzweise gleichwertige Wiederanlage im Privatvermögen fragwürdig, wenn nicht gar unmöglich wird.

Angesichts solcher Pressionen macht sich die tatbestandlose Rechtsnorm der Billigkeit geltend[32], die als Korrektiv über dem kodifiziertem Recht steht und sich zur Herstellung adäquater Gesetzesanwendung vergegenständlicht.[33]

Die Vorschrift des § 227 AO im Umfeld von Zwangsveräußerungen,[34] insbesondere Betriebsveräußerungen,[35] Rücklagen für Ersatzbeschaffung[36] und den Vorschriften von §§ 6b, 6c EStG[37] ist jedenfalls hinreichend bekannt.

Ihrer Art nach handelt es sich im gegebenen Fall freilich weniger um ein Instrument zur Vermeidung sachlicher als persönlicher Härte. Eine sachliche Unbilligkeit, die einen Vollerlaß der Besteuerung nach sich zieht, kommt nur in Frage, wenn der Gesetzgeber die aus dem Gesetz alle Steuerpflichtigen gleichmäßig treffende Härten übersehen hat.[38] Dies ist vorliegend nicht anzunehmen. Es kann im Einzelfall jedoch die Besteuerung eine persönliche, wirtschaftliche Härte annehmen, daß sie die wirtschaftliche Leistungsfähigkeit beeinträchtigt.[39] Nach ihrem Wesen nämlich sind die Steuergesetze – wie schon Enno Becker sagte –[40] nur dazu da, „aus der Leistung zu schöpfen, aber nicht, die Wirtschaft erschöpfen zu wollen". Insofern auch wird bei Annahme persönlicher Härte nur ein Teilerlaß der Regelbesteuerung ausgesprochen.[41]

29 Vgl. Schmidt-Assmann in Ernst/Zinkahn/Bielenberg (BBG), § 96 BBG Rdnr. 93
30 BStBl. 1970 III 579
31 BStBl. 1970 III 579
32 Tipke/Kruse (AO) § 227 Tz. 7
33 Gast (ABC-Kommentar) „Bodenreform"
34 Herrmann/Heuer/Raupach (EStG) § 16 EStG, Amn. 49
35 OFD Düsseldorf, BB 1962, 1317
36 Schmidt (EStG) § 6b EStG Anm. 13
37 Vgl. BFH BStBl. 1973 II 271; 1985 II 489; 1991 II 541
38 Vgl. FG Hamburg EFG 1962, 218
39 Becker (RAO) S. 41
40 Becker (RAO) S. 41
41 Gast (ABC-Kommentar) Teilerlaß" S. 165

II. Beispielsfälle von Billigkeitsregelungen bei Zwangsverkäufen

Die Steuergeschichte selbst kennt nicht wenige solcher Teilerlasse. Anliegen der öffentlichen Hand, für Großprojekte Land in Anspruch zu nehmen und die Besteuerung in diesen Fällen unter den Regelsätzen zu halten, sind nämlich in Intervallen immer wieder aufgetreten.

Die erste Hochzeit solcher einkommensteuerlichen Billigkeitsmaßnahmen tritt in der zweiten Hälfte der dreißiger Jahre auf, beruht allerdings auf Ermächtigungsgrundlagen, die mit Änderung der Reichsabgabenordnung zum 01. 11. 1953 in Wegfall kamen[42]. Begonnen hatte die Praxis der Steuermilderungsverfahren nach § 131 RAO, dem Vorgänger von § 227 AO, mit dem seinerzeitigen Runderlaß des Reichsfinanzministers vom 23. 07. 1938,[43] der die (Zwangs-)Veräußerung von land- und forstwirtschaftlichen Grundstücken zum Bau von Autobahnen, Flugplätzen und dergleichen beförderte; die hierbei aufgedecken Buchgewinne des Betriebsvermögens wurden einheitlich mit 10 v.H. bzw. bei Ledigen mit 12 v.H. besteuert.

Der nächsten Großaktion lag das Anliegen einer planvollen Gestaltung des Stadtbildes einiger großer Städte zugrunde, das die Enteignung bzw. zur Vermeidung dieser den freihändigen Verkauf von Grundstücken im großen Umfang verlangte. Auch in diesem Fall ermäßigte ein Runderlaß vom 24. 06. 1939[44] den Steuersatz auf Veräußerungsgewinn nach § 131 RAO auf 10 v.H. Diese Regelung überdauerte sogar den Krieg und beschäftigte die Finanzverwaltung noch bei der Städteplanung im Rahmen des Wiederaufbaus nach 1945.[45]

Eine weitere Welle folgte dann anläßlich der Bodenreform der Landwirtschaft im Jahre 1947. Die Erlasse der Länder, die einheitlich im Zusammenwirken mit dem Bund ergingen, versteuerten die Veräußerungsgewinne aus Billigkeitsgründen ebenfalls nicht in voller Höhe, sondern legten einen Mindeststeuersatz von 10 v.H. zugrunde.[46] Jener Niedrigsteuersatz galt, gleich viel, ob es sich um eine Betriebsveräußerung oder die Einzelveräußerung von Wirtschaftsgütern handelte,

42 Der frühere § 13 RAO erlaubte dem Reichsminister der Finanzen, abweichend vom Reichsrecht, Befreiung oder Milderung von Reichssteuern u. ä. Es handelte sich insoweit allerdings um materielle Rechtsnormen, Flume (Billigkeitsmaßnahmen) S. 103
Das AO-Änderungsgesetz vom 11. 07. 1953 (BGBl. I S. 511) beseitigte diese Ermächtigung und änderte zugleich die seitherige Fassung des § 131 AO, der nunmehr in seinen Absätzen 2 und 3 der obersten Landesbehörde, die die Steuer verwaltete, die Aufstellung Billigkeitsrichtlinien (Verwaltungsvorschriften) für bestimmte Gruppen von gleichgelagerten Fäller erlaubte.

43 RStBl. 1938, S. 721

44 RStBl. 1939 S. 769

45 Vgl. OFD Frankfurt, DB 1953, S. 477, die den Runderlaß (wegen des enorm gestiegenen Einkommensteuersatzes) nicht mehr anwenden wollte.

46 Vgl. Erlaß Nordrhein-Westfalen BStBl. 1952 II 124; Baden-Württemberg BStBl. 1952 II 131; Hessen BStBl. 1953 II 141; Rheinland Pfalz BStBl. 1953 II 11. Andere Länder wie z. B. Bayern haben den Erlaß nur in ihren Ministerialamtsblättern veröffentlicht, Bayern z. B. MABl. 1952, 124.

gleichgültig aber auch, ob der Betroffene auf Grund Enteignung oder zur Vermeidung dieser freiwillig veräußerte.

Nach dem Muster der Bodenreformbesteuerung wurden dann auch die Zwangsabgaben land- und forstwirtschaftlichen Grundes bei Eigentumsentziehungen zum Bau von Talsperren[47] oder die Inanspruchnahme land- und forstwirtschaftlichen Areals im Zuge der Vermehrung alliierter Truppen in Deutschland behandelt.[48]

III. Der Härtefall bei Enteignung im städtebaulichen Entwicklungsvorhaben

Mit den städtebaulichen Entwicklungsvorhaben neuen Rechts stehen nach Jahrzehnten wiederum Landabgaben großen Stils an, für deren Entschädigungen es bis heute zu Billigkeitsaktionen bei der Besteuerung – soweit bekannt – noch nicht gekommen ist.

Dabei geht der Entschädigungsmaßstab des BauGB weit über den Opferausgleich früherer Rechtslage hinaus. § 100 BauGB geht nämlich nicht von einer Geldentschädigungspflicht aus, sondern von einem Ersatzlandanspruch, wenn der Eigentümer zur Sicherung seiner Berufstätigkeit, seiner Erwerbstätigkeit oder zur Erfüllung ihm wesensgemäßer Aufgaben auf Ersatzland angewiesen ist. Dieser Anspruch auf Naturalentschädigung wird nur obsolet, falls der Betroffene oder die Kommune solches Ersatzland nicht beschaffen kann.[49] Da dies zumeist aber die Realität ist, wird aus dem gesetzlich vorgegebenen Regelfall der Ausnahmefall und aus dem Ausnahmefall der Geldentschädigung der Regelfall. Damit hin wiederum vergrößert sich zwischen den Betroffenen der Unterschied der Behandlung noch mehr: der Ersatzlandentschädigte behält die Existenz und wird durch die Enteignung selbst steuerlich nicht belastet; der Geldentschädigte verliert im allgemeinen dagegen nicht nur seine Existenz, ihm beschneidet die Regelbesteuerung die Abfindung so stark, daß sie zum Aufbau einer neuen Existenz selbst fragwürdig wird.[50]

Angesichts solcher Umstände liegt die Frage nach der Verfassungsmäßigkeit der

47 FinMin Nordrhein-Westfalen DB 1953, 703

48 DB 1954, 1406

49 Vgl. hierzu Grundsatzurteil des BGH NJW 1966, 947 f.,wobei das Gericht seinerzeit davon ausging, daß „die heutige Wirtschaftslage (1965) genügend Möglichkeiten bietet, die an die Stelle des enteigneten Grundstücks tretende Entschädigung in anderer Weise werterhaltend und nutzbringend anzulegen"; deswegen sei es ... dem Grundstückseigentümer auch zumutbar, im Falle eine Entschädigung in Land nicht erfolgt, „seine Entschädigung anders ... anlegen zu müssen".

50 BGH BB 1962, 202: „Die Enteignungsentschädigung ist dazu bestimmt, dem Enteigneten einen Ausgleich für das Opfer zu bieten, das ihm durch den Eingriff abgefordert wird; sie soll den Betroffenen deshalb in die Lage versetzen, sich ein Vermögensobjekt gleicher Art und Güte wieder zu beschaffen, ..."

Besteuerung bei Geldentschädigung nahe und ist in der Tat auch schon gestellt worden.[51]

1. Steuer-Rechtsprechung

Im Steuerrecht selbst hat sich – soweit bekannt – nur in einem Einzelfall ein Finanzgericht[52] zum Anliegen des Staatsbürgers auf steuerrechtliche Privilegierung nach Maßgabe des Art. 14 Abs. 3 S. 3 GG bekannt, nach welcher die Entschädigung unter gerechter Abwägung der Interessen der Allgemeinheit und der Beteiligten zu bestimmen ist. Hierbei handelte es sich um einen Unternehmer, der seinen Betrieb zur Vermeidung eines behördlichen Eingriffs verkaufen mußte und die Entschädigung für den Kauf von Grundstücken und den Bau von Wohnhäusern verwendete. Im Blick auf den Substanz-[53] und Existenzverlust[54] einerseits und die Notwendigkeit für den Betroffenen andererseits, sich mit der Entschädigung sein weiteres Fortkommen zu erschließen, zögerte das Gericht nicht, den entstandenen Veräußerungsgewinn – abweichend von der Regelbesteuerung zum halben Steuersatz – nach dem Grundsatz der Billigkeit nur mit 10 v. H. – offensichtlich in Anlehnung an die oben dargestellten Billigkeitsregelungen – zur Einkommensteuer heranzuziehen; ausdrücklich erklärte es, daß ihm eine „höhere Besteuerung" des Veräußerungsgewinns als „nicht vertretbar" erscheine.

2. Schrifttum

In gleiche Richtung gehen dann bis heute auch die Äußerungen des Schrifttums zu § 131 RAO, § 227 AO. Ihm gilt es als unbillig, „dem Steuerpflichtigen zur Bezahlung seiner Steuern den Verkauf seines Hauses zuzumuten, aus dessen Erträgnissen er seinen Lebensunterhalt bestreitet".[55] Darin liegt die Kernaussage: verlangt der Staat vom Steuerpflichtigen die Abgabe der Unterhaltsquelle, von der er lebt, darf die Entschädigung, um ihm den Wiederaufbau neuer Existenz zu ermöglichen, höchstens mit einer Steuer belastet werden, die nicht zur Wiederanschaffung einer gleichwertigen Unterhaltsquelle notwendig ist.[56] Sie wird im Ansatz auch von der Rechtsprechung der Finanzgerichte bestätigt.[57]

Das verfassungsrechtliche Gleichbehandlungsgebot jedenfalls, das die Finanzbehörden hinter der Entscheidung des Bundesverfassungsgerichts vom 11. 05. 1970 sehen, räumt ein Recht des Betroffenen auf Billigkeit der Besteuerung nicht

---

51 Truckenbrodt (Besteuerung) S. 508

52 FG Düsseldorf EFG 1965, 64; U. v. 28. 10. 194 VII 194/62 E

53 BGH BB 1962, 202

54 Vgl. BFH BStBl. 1958 II 153

55 Vgl. Tipke/Kruse (AO) § 227 Tz. 47; Hübschmann/Hepp/Spitaler (AO) § 227 AO Anm. 9; Kühn/Küttenr (AO) § 227 AO Anm. 4 b

56 Z. B. falls dem Steuerpflichtigen nicht hohe Konjunkturgewinne ins Haus stehen, FG Düsseldorf DStZ E 1961, 106

57 FG Rheinland-Pfalz EFG 1973, 46: Steuerpflichtigem muß Gelegenheit zum Wiederaufbau einer Existenz gegeben werden; FG Bremen DStZ E 1969, 192 und BFH BStBl. 1987 II 612

aus. Das hat mit späterem Urteil des Bundesverfassungsgerichts vom 27. 10. 1975 1 BvR 82/73 außer Zweifel gestellt.[58]

Das Fazit einer Billigkeitsentscheidung steht auch mit der Reinvermögenszugangstheorie im Einklang, die neben anderen noch heute die wissenschaftliche Fundierung des Einkommensbegriffes des geltenden Steuerrechts ausmacht. Nach dieser Lehre entsteht Einkommen nur insofern, als sich die Möglichkeiten privater Bedürfnisbefriedigung durch den einzelnen wirtschaftlichen Vorgang erhöht; Einkommen entsteht demnach nicht, wenn – wie im Fall – der Vermögenszuwachs in Sachwerten zur Existenzsicherung gebunden bleibt und nach wie vor nicht zur Verfügung steht.[59]

3. Billigkeitsmaßnahmen

a) Gruppenregelung

Aus gutem Grund freilich schließt der tatbestandslose Rechtssatz des § 227 AO generelle Billigkeitsregelungen aus.[60] Treten jedoch aus gegebenem Anlaß Einzelfälle der Unbilligkeit in großem Umfang auf, entsteht das Bedürfnis, gleichgelagerte Fälle auf Grund zu erstellender Richtlinien gleich zu beurteilen, wobei für ihre Anwendung im Einzelfall die sachlichen Voraussetzungen nachgewiesen werden müssen.[61]

Die AO 1977 hat zwar eine Anregung des Regierungsentwurfes, eine § 131 Abs. 2 AO entsprechende Regelung über die Aufstellung von Richtlinien bei Gruppenunbilligkeit aufzunehmen, nicht übernommen.[62] In der seither bestehenden Richtlinienkompetenz der Bundesregierung und der Landesregierungen zum Erlaß allgemeiner Verwaltungsvorschriften gem. Art. 108 GG und den einzelnen Vorschriften des Landesrechts ist jedoch keine Änderung eingetreten.[63] Im übrigen folgt die Verpflichtung zum Erlaß solcher Richtlinien aus der Befugnis zum Erlaß derselben.[64]

Daß bei der Interessenabwägung, die solchen Richtlinien vorauszugehen pflegt, auf Seiten der öffentlichen Hand das Anliegen betont wird, das erwartete Steueraufkommen nicht zu schmälern, ist üblich.[65] Andererseits kann für sich in solchen Fällen die Haushaltslage niemals die Ablehnung von Erlaßanträgen rechtfertigen.[66] Denn es tritt hier ein weiterer Umstand dazwischen. Wird nämlich – wie der Fall zeigt – die vom Gesetz zur Baulandmobilisierung geforderte zügige Durchführung (§ 165 BauGB) auf Grund des Widerstand gegen die Regelbesteuerung ob-

58 BStBl. 1970 III 579
59 Tipke (Steuerrecht) i. V. m. S. 138 f.
60 Vgl. Tipke/Kruse (AO) § 227 AO Tz. 7 u. 8
61 BFH BStBl. 1981 II 608
62 Tipke/Kruse (AO) § 227 AO Tz. 66
63 Tipke/Kruse (AO) § 227 AO Tz. 66
64 Fließbach (Verfahrensrecht) S. 101
65 Elsner (Erlaß), S. 503
66 OVG Rheinland-Pfalz, KStZ 62, 100 und FME des Bayerischen StMdF unter Bezug auf die Rechtsprechung der Verwaltungsgerichte, BB 1960, 432

solet, disqualifiziert sich diese Besteuerung von sich aus und wird, da sie damit das bzw. die Entwicklungsvorhaben und mithin die volkswirtschaftlichen Zielsetzungen beeinträchtigt oder gar unmöglich macht, unbillig.[67]

Den gegenwärtigen Aktions-Stillstand würden jedenfalls Augenblicks Richtlinien der obersten Finanzbehörden bereinigen, die nach dem Vorbild der Regelungen zur Bodenreform aufgestellt werden könnten.

b) Einzelfall

Über persönliche Härten im Einzelfall selbst entscheidet mit oder ohne Billigkeitsrichtlinien das Finanzamt im Steuerermittlungsverfahren.[68] Zweck der Steuermilderung ist aus Sicht der Abgabenordnung die Herstellung der Gleichmäßigkeit der Besteuerung durch Beseitigung steuerlicher Nachteile, wenn im übrigen die Enteignungsentschädigung investiv, z. B. Erstellung von Wohnanlagen angelegt wird.[69] Der bestehende Amtsermittlungsgrundsatz verlangt keinen förmlichen Antrag des Steuerpflichtigen, wenn nur der Sachverhalt, dessen Regelbesteuerung als unbillig erachtet wird, in der Steuererklärung dargelegt ist.

Zum Nachweis des Sachverhalts gehört beispielsweise eine Bestätigung der Gemeinde oder des Zweckverbandes, der zur Abwicklung des Entwicklungsvorhabens gebildet wird, daß das oder die Grundstücke oder der landwirtschaftliche Betrieb des Steuerpflichtigen von der Enteignung bedroht ist.[70]

Der Nachweis der beabsichtigten Investition hingegen, z. B. des Baus einer Wohnanlage oder der Beteiligung an einer Bauherrengemeinschaft, wird gegebenenfalls mit Belegen möglich sein. Letztere sollten freilich auch durch Ausführungen zum Verlust oder der Gefährdung der Fortsetzung der bisherigen land- und fortwirtschaftlichen Erwerbstätigkeit erläutert werden. Der Finanzbehörde müssen jedenfalls vollständige Angaben über die Vermögenslage und wirtschaftliche Situation gemacht werden.[71] Ihrerseits hingegen müssen Finanzbehörde bzw. Finanzgericht in ihr Urteil die Fortkommenschancen und die Investitionsabsichten des Steuerpflichtigen einbeziehen.[72]

Die Entscheidung über die Billigkeitsmaßnahme ist Bestandteil des Veranlagungsverfahrens. Die Zuständigkeit zum Erlaß bzw. Teilerlaß regelt sich nach den Ländererlassen.[73]

Einen Erlaßantrag nach Bestandskraft des Steuerbescheides hat die Rechtsprechung des BFH nur in den Fällen zugelassen, in denen „die Anwendung des Ge-

67 Koch/Höllig (Erlaß) S. 2342
68 Pump (Erlaß) S. 513 ff.
69 Vgl. EFG 1965, 64
70 Pump (Erlaß) unter Bezug auf BFH NV 1988, 420
71 EFG 1991, 10
72 Vgl. Tipke/Kruse (AO) § 2287 AO Tz. 45
73 Vgl. BStBl. 1994 I 94

setzes zu einem Eingriff in verfassungsrechtlich geschützte Rechtsgüter führen kann".[74]

D. Weitere Härtefälle städtebaulicher Entwicklungsmaßnahmen

Unbillige Härten können sich auch für Land- und Forstwirte ergeben, sei es, daß sie ihren Betrieb anderswo weiterbetreiben oder eine neue, andere unternehmerische Tätigkeit beginnen wollen.

I. Unmöglichkeit der Ersatzbeschaffung

Nicht selten nämlich wird eine Ersatzlandzusage hinfällig oder aber wird dem betroffenen Land- und Forstwirt ein Ersatzlanderwerb aus persönlichen Gründen unmöglich. Dies bedeutet zwar in den Fällen, in denen der Steuerpflichtige diese Unmöglichkeit nicht zu vertreten hat, nicht, daß die Rücklage für Ersatzbeschaffung ohne weiteres aufgelöst werden müßte.[75]

Ohne Ausnahme hat allerdings die seitherige Rechtsprechung bei Betriebsveräußerung bzw. Betriebsaufgabe infolge Enteignung eine Gewinnrealisierung aus der Auflösung der Rücklage für Ersatzbeschaffung bejaht.[76] Einen wirtschaftlichen Zwang, der den Steuerpflichtigen zur Betriebsveräußerung oder Betriebsaufgabe bewegte, als unbillige Härte auf Grund behördlichen Eingriffs hat man dabei ignoriert.

Bis heute steht die Judikatur auf dem Standpunkt, daß der Betriebsverkauf oder die Betriebsaufgabe in diesen Fällen vom freiem Willensentschluß geprägt sei, auch wenn die Unterlassung der Veräußerung oder die Beendigung des Unternehmens als wirtschaftliche Fehlmaßnahme zu beurteilen seien.[77]

Darin liegt im Hinblick auf die vorausgegangene Enteignung der Wirtschaftsgüter nach meinem Dafürhalten wirtschaftlicher Widersinn. Denn soweit der Verkauf nachgewiesenermaßen ursächlich auf dem behördlichen Eingriff beruht, geht es hier um Folgenbeseitigung. Die bürgerlichrechtliche Lehre vom adäquaten Ursachenzusammenhang[78] zwischen dem schadenstiftenden Ereignis und der Wirkung, die es verursacht, kann vom Steuerrecht, das auf das tatsächliche Geschehen abhebt, nicht negiert werden. Deswegen auch hat man schon vor dreißig Jahren auf der Ebene der Finanzgerichte die Frage unzulässiger Substanzbesteuerung im Hinblick auf Art. 14 Abs. 3 S. 3 GG ventiliert und zu Billigkeitsregelungen gemäß § 131 RAO (heute § 227 AO) aufgerufen, falls „die dogmatischen Schwierigkeiten, von einer Gewinnrealisierung abzusehen, zu groß seien".[79]

Nach meinem Dafürhalten kann und darf die Steuerrechtsprechung betriebs-

74 Vgl. BFH / HFR 1976, 257 mit Anmerkung
75 OFD Düsseldorf BB 1962, 1317
76 BFH BStBl. 1964 III 504; 1966 III 353
77 BFH BStBl. 1964 III 504; 1966 III 353
78 Vgl. Heinrichs in Palandt (BGB) vor § 249 BGB Anm. 5
79 FG Freiburg, EFG 1963, 150

wirtschaftliche Intentionen nicht nach Belieben einmal negieren, um sie ein anderes Mal zum Dictum zumachen, wie z. B. das oben angeführte Urteil, das im Rahmen „ökonomisch sinnvoller Anpassung von Unternehmen an strukturelle Veränderungen“ den Steuerpflichtigen ausschließlich auf den Reinvestitionsweg nach den Vorschriften der § 6b, 6c EStG verweisen will.[80] Betriebswirtschaftliches Denken und Handeln hat das Steuerrecht von Anfang an geleitet und respektiert.[81]

Im Fall der vorgenannten Auflösung von Rücklagen für Ersatzbeschaffung bei gleichzeitiger Veräußerung des Unternehmens oder der Betriebsaufgabe geht es nicht um unzulässige Übertragung von Buchgewinnen ins Privatvermögen,[82] wenn der Steuerpflichtige die freiwerdenden Mittel zum Kauf von Grundstücken und/oder den Bau von Wohnanlagen benutzt und mit der Neuinvestition seine Existenzsicherung betreibt. Hier steht vielmehr die Frage nach der Billigkeit des Teils der Besteuerung im Vordergrund, die durch die seinerzeitige zwangsweise Gewinnrealisierung ausgelöst worden war. Insoweit betrifft die Unbilligkeit der Steuereinziehung jenen Teil des Veräußerungsgewinns, der aus der Auflösung der Ersatzbeschaffungsrücklage herrührt, zu deren Verwendung es im Hinblick auf die Beendigung des Unternehmens nicht mehr kommt. Dieser Teil untersteht nach Maßgabe der Ausführungen zu III. 3.1. nicht der Regelbesteuerung, sondern bedarf im Hinblick auf § 227 AO der Besteuerung unter Billigkeitsgesichtspunkten.

II. Sonstige Hindernisse bei anderen Reinvestitionen

Ein bescheidener Raum für Billigkeitsentscheidungen nach § 227 AO bleibt schließlich auch im Anwendungsbereich der Vorschriften der §§ 6b, 6a EStG offen. Können dort Reinvestitionen infolge behördlichen Eingriffs nicht innerhalb der vorgegebenen Fristen erfolgen, dürfen sie im Rahmen von § 227 AO Fristverlängerungen erwarten. Dagegen darf die Aufgabe von Investitionsabsichten in jenen Fällen oder auch ein bis dahin angefallener Zinsaufschlag schon nach der Gesetzeskonzeption einen Erlaß nicht erwarten.[83]

E. Volkswirtschaftliche Größenordnung der Bodenumschichtungen 1947 und 1991

Die materielle Bedeutung der Diskussion um steuerliche Billigkeitsmaßnahmen bei der land- und forstwirtschaftlichen Bodenumformung ergibt sich aus den volkswirtschaftlichen Größenordnungen, wobei hier ausschließlich die Zahlen der

80 Hierzu BFH BStBl. 1991 II 222

81 Vgl. Brockhoff (Sachverhalt) S. 664 unter Bezug auf Spitaler, StBJ 1949, 267ff.: „Es ist die Wirklichkeit und nichts als die Wirklichkeit zu ergründen“. Vgl. auch Bühler (Bilanz und Steuer) S. 32: „Die Betriebswirtschaftslehre ist umso wertvoller dann, wenn sie in anderer Beziehung Beweise dafür liefert, daß bestimmte der Besteuerung zugrunde liegende Auffassungen betriebswirtschaftlich nicht haltbar sind ...“

82 Vgl. Herrmann/Heuer/Raupach (EStG) § 4 EStG Anm. 68g.

83 Glanegger in Schmidt (EStG) § 6b EStG Anm. 13

Bodenreform 1947 und die Städtebauentwicklung auf Grund der jetzigen Maßnahmegesetzgebung verglichen werden sollen.

I. Bodenreform 1947

Die Bodenreform 1947, die Siedlungsland u. a. mittels Enteignung insbesondere des land- und forstwirtschaftlichen Großbesitzes schuf, betraf in der amerikanischen Zone eine Fläche von rd. 25.000 ha,[84] in der britischen Zone rd. 11.600 ha[85] und in der französischen Zone rd. 12.700 ha.[86] Außerhalb der Betrachtung soll dabei die sowjetische Besatzungszone bleiben, in der die Bodenreform zum Teil eine andere politische Zielsetzung hatte.[87]

II. Städtebauliche Entwicklungsvorhaben nach Maßnahmegesetzgebung

Die Aktivitäten der städtebaulichen Entwicklungsmaßnahmen nach Maßnahmegesetzgebung beziehen sich nach einer ersten Gesamtübersicht bundesweit auf land- und forstwirtschaftlich genutzte Flächen von 12.000 ha. Erfaßt wurden hierbei 146 Entwicklungsmaßnahmen in Ost- und Westdeutschland. Stand der Erhebung ist dabei der 30. 06. 1994. Die begonnenen Entwicklungsmaßnahmen dienen der Bereitstellung von rd. 250.000 Wohnungen und der Erschließung von Gewerbegebieten im Ausmaß von 3.100 Hektaren.[88]

Im übrigen gibt für städtebauliche Entwicklungsmaßnahmen in der Zeit vor der Maßnahmegesetzgebung der Beitrag von Franz-Josef Lemmen Aufschluß. Er hat dabei auf 4 Einzelfälle nach altem Entwicklungsbaurecht verwiesen, die Flächen von 180 ha, 83 ha, zweimal je 40 ha betrafen. Der Erwerb landwirtschaftlicher Flächen in diesen Fällen vollzog sich zum Teil im Tauschweg mit landwirtschaftlichen Flächen,[89] zum Teil unter Betriebsaufgaben[90] und nur in einem Fall ohne Entzug der Existenzgrundlage im Wege der Geldentschädigung.[91]

F. Anliegen de lege ferenda

Mit den neuen Dimensionen der Entwicklungsvorhaben werden vor allem auch die Finanzierungsprobleme der städtebaulichen Entwicklungsgebiete wachsen.

---

84 Kotow (Bodenreform) S. 256
85 Schwede (Bodenreformgesetze) Sp. 394 ff.
86 Kotow (Bodenreform) S. 259
87 Sutsch (Siedlungswillige) S. 6
88 Mitteilung von Herrn Dipl.-Kfm. Heiner Schote v. 01. 07. 1994 über eine Auswertung einer Umfrage des Detuschen Städtetages und des Deutschen Städte- und Gemeindebundes, noch nicht veröffentlicht.
89 Lemmen (Bauland) S. 208 f., S. 223 f.
90 Lemmen (Bauland) S. 242
91 Lemmen (Bauland) S. 256

Lenkt man dabei den durch die Enteignungsentschädigungen entstehenden Geldstrom auf das Entwicklungsgebiet, kann nicht nur sein Aufbau zügig betrieben werden, es löst sich dann weitgehend auch das Problem des Existenzneuaufbaus der weichenden Land- und Forstwirte ganz im Sinne des Bundesbaugesetzes vor Ort.[92]

Insoweit entsteht steuerlich zumindest für den Bereich der Vorschriften von §§ 6b, 6c EStG das Anliegen, die Steuerentstrickung zu gestatten, d.h. eine Übertragung der steuerfreien Rücklage aus Anlagenverkauf auch auf die Investitionen des privaten Wohnungs- oder Geschäftshausbaues, wenn und soweit der Investor die Investition mit den Mitteln der Enteignungsentschädigung aus der Abgabe land- und forstwirtschaftlicher Grundstücke bzw. Betriebe oder Teilbetriebe dieser Art vor Ort finanziert.

Eine solche Erweiterung der §§ 6b, 6c EStG, die ohne weiteres auch auf die Fälle der Rücklage nach Abschn. 35 EStR ausgedehnt werden kann, wird im Schrifttum schon geraume Zeit befürwortet.[93]

G. Besteuerung der Enteignungsentschädigung in der EU

In der EU selbst hat die Besteuerung der Enteignungsentschädigung in den Einzelstaaten nur vereinzelt zu Sonderregelungen geführt.

Eine Steuerfreistellung der Enteignungsentschädigung kennt das zukünftige Mietgliedsland Österreich, aber auch nur, soweit es sich um eine Heranziehung des Privatvermögens handelt hat. § 30 Abs. 3 Ziffer 1 des geltenden Einkommensteuergesetzes verneint Spekulationsgeschäfte, wenn Grundstücke im Wege eines Enteignungsverfahrens oder freiwillig zur Abwendung eines nachweisbar unmittelbar drohenden Enteignungsverfahrens veräußert werden.

Hingegen gewähren Österreich und die Niederlande Steuertarifbegünstigung in Enteignungsfällen im Betriebsvermögen. Österreich gestattet die Einkommensbesteuerung zum halben Steuersatz (§ 37 Abs. 3 S. 2 EStG), die Niederlande verfügen einen „Sondersteuersatz von höchstens 45 v.H." (Art. 57 Abs. 2 Wet Inkomstenbelasting).

Einen Freibetrag in Höhe von 75.000,— F für Buchgewinne aus Enteignung gewährt Frankreich (Art. 150 Code Gènèr al des Impots).

Noch ist die Steuerharmonisierung der direkten Steuern in der EU in weiter Ferne. Nichtsdestoweniger streben nach ihren Verlautbarungen die Mitgliedsländern eine sehr weitgehende Harmonisierung des Steuersystems, vor allem der Unternehmensbesteuerung als wesentliche Stärkung des Binnenmarktes an, wobei dafür allerdings ein einstimmiges Votum erforderlich sein wird.[94]

---

92 Vgl. § 169 Abs. 6 BauGB

93 Vgl. Lemmen (Bauland) S. 197

94 Krebs (Harmonisierung) S. 1945. Vgl. Art. 100 des EWG-Vertrages BGBl. 1957 II 766, zuletzt geändert durch die Einheitliche Europäische Akte vom 28. 02. 1986, BGBl. 1987 II S. 451

H. Resumeé

Die städtebaulichen Entwicklungsmaßnahmen von morgen müssen nach den derzeitigen Verlautbarungen mit einem Bedarf von 2,5 Mio. Wohnungen rechnen. Von solcher Größenordnung her steht zu erwarten, daß sich auch der Gesetzgeber mit der steuerlichen Problematik bei der Umschichtung des land- und forstwirtschaftlichen Bodens befassen wird; jedenfalls sind insoweit schon erste Überlegungen angestellt worden.

Die Diskussion de lege lata in Gang zu bringen, dient dieser Beitrag. Dabei erhellt, daß der Einfluß der Besteuerung auf den Standort eines Unternehmens nicht nur die Phasen der Gründung und des Verlaufs des Unternehmens betrifft, sondern auch seine Beendigung, ja hier – volkswirtschaftlich effizient – Impulse auch im Blick auf die Verwertung des frei werdenden Kapitals wirksam werden.

Literaturverzeichnis

Becker, Enno (RAO): Reichsabgabenordnung, 7. Aufl., o. O. 1930

Brockhoff, Hedin (Sachverhalt): Zur wirtschaftlichen Bedeutung des Sachverhalts, in: DStR 1968, S. 664–666

Bublitz, Lothar (Fragen): Steuerrechtliche Fragen bei der Enteignung betrieblicher Grundstücke, in: BB 1982, S. 1869–1876

Bühler, Ottmar (Bilanz): Bilanz und Steuer, 3. Aufl., Berlin 1937

Ehlers, Hans (Enteignungsentschädigung): Enteignungsentschädigung und Einkommensteuer, in: BB 1976, S. 504–506

Elsen, o. V. (Steuererlaßgründe): Aus welchen Gründen kann eine Steuer erlassen werden, in: StuW 1959, S. 499–518

Ernst, Werner; Zinkhahn, Willi; Bielenberg, Walter (BauGB): Baugesetzbuch, 5. Aufl., München 1992

Fließbach, Wilhelm (Verfahrensrecht): Art. 19 Abs. 4 GG im steuergerichtlichen Verfahren im Rahmen der Rechtsprechung BFH, StBJB 1960/63, S. 71 ff.

Flume, Werner (Billigkeitsmaßnahmen): Billigkeitsmaßnahmen des § 131 AO nach neuem Recht, StBJB 1953/54, S. 81 ff.

Gast, Brigitte (ABC-Kommentar): ABC-Kommentar zu § 131 AO, Köln-Marienburg 1963

Herrmann, Carl; Heuer, Gerhard; Raupach, Arndt (EStG): Kommentar zum EStG und KStG, 20. Aufl., Köln 1992

Hübschmann, Walter; Hepp, Ernst; Spitaler, Armin (AO): Kommentar zur Abgabenordnung im Finanzgerichtsordnung, 8. Aufl., Köln 1981

Koch, Karl; Höllig, Henri (Erlaß): Erlaß von Steuern nach § 131 AO, in: NWB F 2, S. 233 ff.

Kotow, C. G. (Bodenreform): Agrarverhältnisse und Bodenreform in Deutschland, Zweiter Teil, Berlin 1959

Krautzberger, Michael; Runkel, Peter: o. T. in: DVBl 1993, S. 453 ff.

Krebs, Hans-Joachim (Harmonisierung): Die Harmonisierung der direkten Steuern für Unternehmen in der EG, in: BB 1990, S. 1945–1951

Kühn, Rolf; Küttner, Heinz (AO): Abgabenordnung, 12. Aufl., Stuttgart 1977

Lemmen, Franz-Josef: Bauland durch städtebauliche Entwicklungsmaßnahmen, Köln 1993

Palandt, Otto: (BGB): Bürgerliches Gesetzbuch, 50. Auflage, München 1993

Pump, Hermann (Erlaß): Der Erlaß von Ansprüchen aus dem Steuerschuldverhältnis gemäß § 227 AO, in: Die Information 1994, S. 513–519

Schmidt, Ludwig (EStG): Einkommensteuergesetz, 12. Auflage, München 1993
Schwede, C.T. (Bodenreformgesetze): Bodenreformgesetze im Handwörterbuch des Agrarrechts Bd. 1, Berlin 1981, Sp. 394ff.
Sielaff, Meinhard (Steuerharmonisierung): Das bilanzschlüssige Gesetz zur Durchführung der 4. EG-Richtlinie, in: BFuP 1981, *S.* 580ff.
Strutz, Georg (EStG): Kommentar zum Einkommensteuergesetz 1925, Bd. II, Berlin 1929
Sutsch, Arthur (Siedlungswillige): Wegweiser für Siedlungswillige, Nürnberg 1947
Tipke, Klaus (Steuerrecht): Steuerrecht. Ein systematischer Grundriß, 8. Aufl., Köln 1981
Tipke, Klaus; Kruse, Heinrich Wilhelm (AO): Abgabenordnung Finanzgerichtsordnung, 15. Aufl., Köln 1994
Truckenbrodt, Ernst (Besteuerung): Erlaubt das Grundgesetz die Besteuerung stiller Reserven bei Enteignung?, in: DB 1967, S. 527–530
Uelner, Adalbert (Neuer § 66 EStG): Die steuerfreie Übertragung stiller Reserven, in: DStR 1964, S. 667–675
Wallis, o.V.: Anmerkung zum BFA-Urteil vom 11. 07. 73, IR 140/71, in: DStZ 1973, S. 468
Zeitler, Franz-Christoph (Haushaltsstrukturgesetz): Änderung des § 66b EStG im Haushaltsstrukturgesetz, in: BB 1982, S. 283–285

Wissensbasierte Besteuerungssimulation als Instrument des Standortmanagements von Betriebstätten

Univ.-Prof. Dr. Rudolf Federmann,
Universität der Bundeswehr, Hamburg

Vorbemerkung

Anton Heigl hat sich in verschiedenen Abhandlungen sowohl mit steuerlichen Standortproblemen[1] als auch mit Instrumenten der Unternehmensbesteuerung[2] und Problembereichen befaßt, die heute dem „Steuermanagement“[3] zugeordnet

---

1 Z. B. Heigl (Standortwirkungen); Heigl (Wirtschaftsförderung); Heigl (Standortanreize); Heigl/Uecker (Standortsicherungsgesetz).

2 Z. B. Heigl (Ertragsteuer-Kennzahlen).

3 Z. B. Heigl (Schachtelbeteiligung); Heigl (Besitzsteuerbelastung); Heigl (Bedingungen); Heigl/Melcher (Betriebliche Steuerpolitik); Heigl (Steuerplanung); Heigl (Steuerplanung, Betriebliche).

werden können. Diese wertvollen Arbeiten sollen mit dem vorliegenden Beitrag verbunden, exemplarisch vertieft und weitergeführt werden.

A. Steuerliches Standortmanagement von Betriebstätten

I. Management, Standort- und Steuermanagement

Geprägt durch die Entwicklung der (Allgemeinen) Betriebswirtschaftslehre, als deren Bestandteil sie überwiegend gesehen wird,[4] orientierte sich die Betriebswirtschaftliche Steuerlehre in den letzten drei Jahrzehnten an dem dort vorherrschenden entscheidungsorientierten Ansatz.[5] Unter dem Einfluß internationaler, insbes. nordamerikanischer Publikationen und einer stärkeren Internationalisierung und Praxisorientierung setzt sich aber zunehmend ein *managementorientierter Ansatz*[6] durch, der auch die unternehmensteuerlichen Problemsichten beeinflussen wird. Ein äußeres Zeichen dafür ist auch die zunehmende Verwendung der Berufsbezeichnung „Steuer-Manager" oder „Tax-Manager" für die in den Steuerabteilungen von Großunternehmen beschäftigten, bisher als „Steuerexperte" oder „Steuerfachmann/-frau"[7] bezeichneten Berufspraktiker.

Ebensowenig klar wie das Berufbild eines „Tax-Managers" ist das Verständnis von „Management"[8] und „Steuermanagement". In erster Annäherung wird man jedoch den *Managementansatz*, übertragen auf die Theorie der Unternehmensbesteuerung, dadurch gekennzeichnet sehen können, daß institutionelle, funktionelle (insbes. auf Gestaltungen gerichtete Tätigkeiten) Aspekte und der Einsatz von Instrumenten in den Vordergrund rücken.[9] Das gilt auch, wenn man mit Ulrich[10] Management als Gestaltung, Lenkung und Entwicklung sozialer Systeme begreift. Gestaltungen betreffen dabei insbes. das Schaffen und Aufrechterhalten des Unternehmens (Strukturmanagement), Lenkungen der laufenden zielgerichteten Aktivitäten (Prozeßmanagement) und Entwicklungen der Veränderungen der Institution (Entwicklungs-, Umstrukturierungsmanagement). Außerdem kennt die Managementlehre noch einen Erkenntnisbereich, der sich mit sach-/ressortungebundenem Management (General-Management) und dem Rechnungsmanagement befaßt.

Zu den ein Unternehmen prägenden Gestaltungen gehört zweifellos die räumliche Einordnung des Unternehmens oder seiner Teile auf der Erdoberfläche. Mindestens seit Thünen und Weber[11] wird die damit verbundene Gestaltungspro-

---

4 Z. B. Wöhe (Steuerlehre I/1) S. 33 ff.; Rose (Steuerlehre) S. 21.
5 Heinen (Grundlagen).
6 Z. B. Staehle (Management); Thommen (Betriebswirtschaftslehre); Hopfenbeck (Managementlehre); Bormann/Federmann/Vorotina (Management).
7 Federmann (Steuerfachleute), Federmann (Steuerfachmann).
8 S. z. B. Staehle (Management) S. 65 f.; Beyer (Unternehmensführung) S. 124; Steinmann/Schreyögg (Management) S. 3 ff.
9 Vgl. Federmann (Steuer-Management) S. 257.
10 Ulrich (Management) S. 11.
11 Thünen (Staat); Weber (Standort); Weber (Standortlehre).

blematik als Standortfrage gesehen. Die darauf gerichteten Aktivitäten von Managern können als „*Standortmanagement*" bezeichnet werden, das sowohl zum Struktur- wie auch zum Umstrukturierungsmanagement zählt, weil die Standortgestaltungen bei der Gründung und – als Standortverlegung – während der Existenzphase eines Unternehmens vorkommen. Das Standortmanagement betrifft nicht nur die mit der räumlichen Einordnung des Gesamtunternehmens (einschließlich seiner Tochtergesellschaften) zusammenhängenden Gestaltungsfragen, sondern auch die hier näher betrachtete Lokalisation von unselbständigen Teileinheiten („Betriebstätten", Betriebsteilen, Zweigbetrieben, Zweigniederlassungen etc.), wenn diese nicht in einem räumlichen Zusammenhang stehen.

Von dem auf besteuerungsbedingte Besonderheiten spezialisierten *Steuermanagement* wird man sinnvollerweise erwarten können, daß zum einen steuerspezifische Beiträge zum betriebswirtschaftlichen zielorientierten Gestalten erbracht werden, wozu auch gehört, eine den Faktor Steuern einbeziehende *„steuerbewußte" Gestaltung* herbeizuführen, zum anderen die unternehmenszielgerechte Ausführung jener Gestaltungen, die allein durch die Existenz von Steuersystemen bedingt sind (*Steuermanagement i. e. S.*). Da es sich beim Standortmanagement originär um einen Gestaltungsbereich nichtsteuerlicher Art handelt (z. B. Betriebstätten-Plazierung in verschiedenen Ländern), liegt insoweit eine Service-Leistung des Steuermanagements für das Standortmanagement vor, mit der u. a. die dort angewandten Kalküle[12] um steuerliche Besonderheiten ergänzt werden. Andererseits eröffnen sich mit einer bestimmten Standortgestaltung auch originäre steuerliche Gestaltungsspielräume (z. B. Gewinnermittlungs- und Steueranrechnungswahlrechte). Die Zusammenhänge zwischen den verschiedenen Bereichen des Managements, Standortmanagements und Steuermanagements verdeutlicht Abb. 1.

II. Managementstützende Instrumente

Neben dem institutionalen und funktionalen Aspekt kommt der Stützung durch Instrumente (Verfahren) bei managementorientierter Betrachtung eine besondere Bedeutung zu.

1. Instrumente des Standortmanagements

Im Laufe der Jahre wurde von Wissenschaft und Praxis eine Reihe von Verfahren zur Stützung von Standortentscheidungen (-gestaltungen) entwickelt, wie z. B.[13]

- Standortanalyse,
- Standort-Checklisten,

---

12 Heigl (Standortanreize) S. 367ff.

13 Weber (Standort); Weber (Standortlehre); Zangemeister (Nutzwertanalyse); Domschke (Operations Research); Hansmann (Management); Jacob (Standortwahl); Liebmann (Standortentscheidung); Liebmann (Standortwahl); Uphoff (Standort); Behrens (Standortbestimmungslehre); Brede (Bestimmungsfaktoren); zusammenfassend s. auch Steiner (Standort) S. 119ff.; Heigl (Standortanreize) S. 367ff. und Hummeltenberg (Optimierungsmethoden).

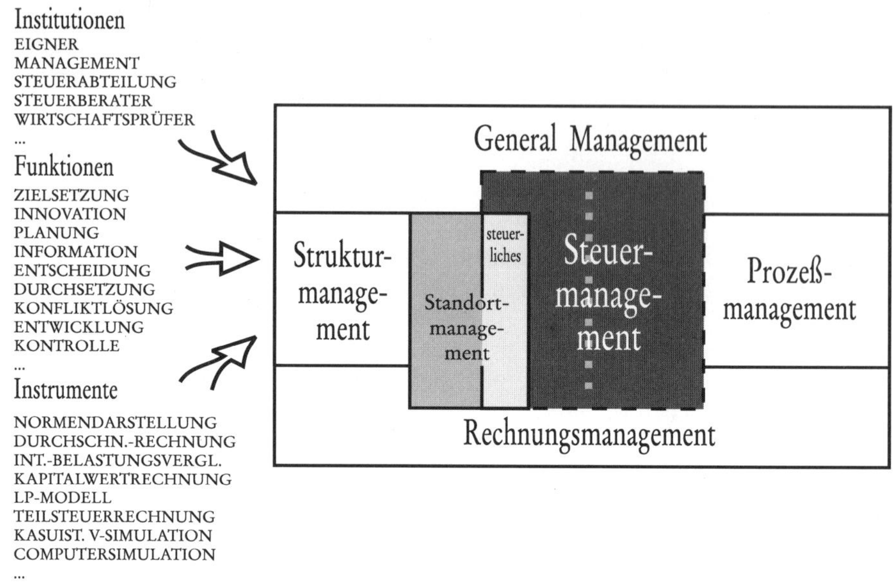

Abbildung 1: Zusammenhänge zwischen Management, Standortmanagement und Steuermanagement

- Polaritätsprofile,
- Scoring-Modelle, Nutzwertanalyse,
- Transportkostenmodelle,
- LP-Modelle,
- investitionstheoretische Modelle und
- Standort-Simulation.

Diese Verfahren sind fast ausschließlich auf die Stützung der strategischen Standortentscheidung, nicht auf mehr taktische oder operative Durchsetzungen oder gar auf die Kontrolle gerichtet. Trotzdem erfordern alle bei realitätsnaher Abbildung eine qualitative und/oder quantitative Berücksichtigung der Steuerwirkungen.[14] Hierzu hat die Betriebswirtschaftliche Steuerlehre, insbes. auch in einer Vielzahl von Untersuchungen und Problemerhellungen, Einzelbeiträge geliefert (standortabhängige Steuerwirkungen im nationalen und internationalen Bereich[15]); auch fehlt es nicht an Gestaltungsempfehlungen aus steuerlicher Sicht (z.B. im internationalen Bereich zwischen Tochtergesellschaft und Betriebstätte[16]).

---

14 Vgl. Heigl (Standortanreize) S. 369 ff.

15 Vgl. die Zusammenstellung unter 2.2. Federmann (Bibliographie) S. 280 ff.

16 Z. B. Telkamp (Betriebsstätte).

2. Instrumente des Steuermanagements

In etwa vierzig Jahren unternehmensteuerlicher Forschungsarbeit wurde eine Vielzahl von Verfahren zur Unterstützung der steuerlichen Aufgabenbewältigung in Unternehmen entwickelt. Sie reichen von Faustregeln, Durchschnittsrechnungen, Bestimmungsgleichungen, Kennzahlen, finanzmathematischen Verfahren, Linearer Optimierung, Teilsteuerrechnung bis zur Simulation und spieltheoretischen sowie Planspiel-Ansätzen, um nur einige verbreitete Verfahrensarten zu nennen.[17]

3. Instrumente des steuerlichen Standortmanagements

Spezielle Methoden für das steuerliche Standortmanagement, insbes. von Betriebstätten, wurden bisher – soweit ersichtlich – noch nicht entwickelt. Allerdings wurden im Rahmen der internationalen Betriebswirtschaftlichen Steuerlehre einige bekannte Instrumente auf internationale und damit standortabhängige Sachverhalte angewandt. Für die vorherrschende entscheidungstheoretische Ausrichtung finden insbes. die Methoden des *„internationalen Steuerbelastungsvergleichs"* Anwendung. Hierzu zählen vor allem:[18]

- Verbale Steuerrechtsnormenvergleiche,
- Globale Vergleiche der Steuer(Abgaben-)quote,
- Detail-Vergleiche, wie z. B.
  - Vergleich der Abschreibungssätze,
  - Vergleich der (Spitzen-)Steuersätze,
  - Vergleich der durchschnittlichen Steuerbelastung,
  - Vergleich der Grenzsteuerbelastungen

sowie

- Internationale Teilsteuerrechnung,
- (Kasuistische) Veranlagungssimulation (abstrakter Unternehmens-typ) und
- (Kasuistische) Veranlagungssimulation (Branchen-Typ).

Gemessen an empirisch oder theoretisch fundierten Anforderungskriterien weisen die Verfahren unterschiedliche Stärken-Schwächen-Profile auf.[19]

17 Vgl. ausführlicher zur Enumeration und Klassifikation der Verfahren sowie ihrer Bezüge zu den Teilfunktionen des Steuermanagements: Federmann (Steuer-Management) S. 267 ff.

18 Vgl. auch Grotherr (Scheingewinnbesteuerung) S. 133 ff.; Wesselbaum-Neugebauer (Steuerbelastungsvergleiche).

19 Vgl. Federmann (Steuer-Management) S. 272.

B. Das Konzept einer wissensbasierten Besteuerungssimulation

I. Das Grundkonzept

Geht man von einem umfassenden Katalog der an Verfahren des Steuermanagements zu stellenden Anforderungen aus und – dem Management-Ansatz folgend – über reine entscheidungsstützende Verfahren hinaus, so führt ein Entwicklungspfad für managementstützende Verfahren in Richtung auf ein *„globales, multifunktionales steuerliches Multi-Purpose-System“*.[20] Die qualitative Komponente der Problemlösung kann dabei von einem Expertensystem, die quantitive Komponente von einem computergestützten Simulationsmodell[21] übernommen werden.

II. Module des Rechenmodells

Sieht man von den informatorischen und konfektorischen Nebenwirkungen der Besteuerung ab, so wird dem Handling des Finanzaspekts der Besteuerung die größte Bedeutung zukommen, denn Steuern sind in ihrem Kern „Geldleistungen“.[22] Weil als sinnvolle und realitätsnahe monetäre Zielsetzungen das Einkommens- und/oder Vermögenswertstreben zugrunde gelegt werden müssen, ist das Zielmodell ein liquiditäts- und endwertorientierter *Steuerfinanzplan*. In ihm müssen die Steuerzahlungen (Voraus-, Abschluß- und Nachzahlungen) betrags- und zeitpunktgenau erfaßt werden. Die Zahlungen selbst sind durch *Spezialmodule* der einzelnen Steuerarten zu berechnen (z. B. Module für Bemessungsgrundlagenteile, für die Bemessungsgrundlagen, für die vorläufig und endgültig unter Tarifanwendung festzusetzende Steuer, für die zu leistenden Voraus- und Abschlußzahlungen sowie für die Annexsteuern). Diese Module müssen zeitindexiert sein und als Planungs-, Deklarations-, vorläufige und endgültige Festsetzungs- sowie Kontroll-Module ausgestaltet sein. Wegen der vielfältigen sachlichen und zeitlichen Dependenzen und Interdependenzen von Bemessungsgrundlagen und Steuern müssen diese Beziehungen[23] zwischen den Modulen programmiert werden. Ist ein derart konzipiertes Rechensystem – zweckmäßigerweise in Modulbauweise – erstellt, so lassen sich alle Phasen des Besteuerungsprozesses, insbes. die Planungsphase, zwecks Ermittlung und Optimierung simulieren und auch bis zum Deklarationsausdruck und der Abweichungsermittlung operativ handhaben.

---

20 Federmann (Steuer-Management) S. 278.

21 Zu Simulationsverfahren im allgemeinen s. z. B. Witte (Simulationsverfahren) Sp. 3837; Mertens (Simulation); zur steuerlichen Anwendung z. B. Scheffler (Veranlagungssimulation) S. 74 und Michel (Steuerplanung).

22 Vgl. § 3 AO.

23 Im einzelnen siehe Federmann (Beziehungen).

III. Wissensbasierung

Zur Problembeherrschung des Steuermanagements gehört aber neben (oder vor) der Ermittlung von steuerlichen Quantitäten auch die Bestimmung qualitativer Komponenten des Besteuerungsprozesses. Dies betrifft insbes. rechtliche Würdigungen, Empfehlungen zur Steuergestaltung und Optimierung sowie Hilfen bei der Modulanwendung und Abweichungsanalyse. Für derartige Aufgaben empfehlen sich *dialoggeführte Expertensysteme.*

Als Darstellungsformen von Wissensbasen eignen sich nicht nur XPS-Shells, sondern auch – bei computerfreier Darstellung – die Entscheidungstabellentechnik.[24]

C. Berücksichtigung der Betriebstättengestaltungen im wissensbasierten Simulationsmodell

Das Standortmanagement umfaßt sowohl die Plazierung des Gesamtunternehmens als auch des Stammhauses und seiner Betriebstätten im In- und Ausland.

Die Besteuerungsproblematik *inländischer Betriebstätten* beschränkt sich – nach Wegfall der standortabhängigen Differenzierungen von Zonenrandgebiet und West-Berlin – im wesentlichen auf die regionalen Besonderheiten im Fördergebiet und auf Fragen der standortabhängigen Gewerbe- und Grundsteuerbelastung sowie den daraus resultierenden Aufteilungsproblemen (Zerlegung).

Problematischer – und deshalb hier in den Blickpunkt gerückt – wird das Betriebstättenmanagement hingegen dann, wenn die unselbständige Geschäftseinheit im Ausland lokalisiert wird (*Auslandsbetriebstätte*).[25]

Zu untersuchen ist, welchen Veränderungen ein für das Steuermanagement nationaler (deutscher) Besteuerungsprobleme konzipiertes wissensbasiertes Steuersimulationsmodell unterworfen werden muß, wenn es zur Stützung von Steuerproblemen tauglich sein soll, die im Gefolge von Auslandsbetriebstätten auftreten. Diese sachverhaltsbedingten Modellspezifika betreffen sowohl die Wissensbasis wie auch das Rechenmodell des skizzierten Integrativmodells der Unternehmensbesteuerung. Bei letzterem reichen sie von punktuellen Ansätzen in den nationalen Modulen über Änderungen in den zu führenden Datenspeichern bis zu Erweiterungen um inländische und ausländische Modulteile. Aus Vereinfachungsgründen wird hier von einem inlandsansässigen gewerblichen Einzelunternehmer ausgegangen.

24 Vgl. hierzu DIN 66241; Beispiele zur Anwendung auf steuerliche Fragestellungen zeigte bereits Bergmann (Entscheidungstabellen).

25 Vgl. Becker (Betriebsstätten); Fischer/Warneke (Steuerlehre) S. 242; Jacobs (Unternehmensbesteuerung) S. 203ff.; Kleineidam (Auslandsbetriebstätten); Kleineidam (Gewinnermittlung); Kleineidam (Rechnungslegung) S. 184ff.; Krumpf (Betriebsstätten); Storck (Betriebsstätten).

I. Besondere Wissensbasierung bei Auslandsbetriebstätten

Eine erste zentrale Frage für den Zugang zu den betriebstättenabhängigen Besteuerungsfolgen ist die Würdigung der unselbständigen ausländischen Geschäftseinheit als „*Betriebstätte*" im steuerrechtlichen Sinn. Die Prüfkriterien sind unterschiedlich, je nachdem ob es sich um eine Betriebstätte i. S. des nationalen Rechts (§ 12 AO) oder i. S. eines etwa abgeschlossenen Doppelbesteuerungsabkommens (nach Art. 5 OECD-Muster bzw. nach Art. 4 UN-Musterabkommen oder eines nicht musterkonformen DBA) handelt.

Bereits in der Basisdefinition unterscheiden sich Betriebstätten i.S.d. § 12 AO (im Unternehmensverfügungsbereich stehende, feste Geschäftseinrichtungen/Anlagen, die dauerhaft und unmittelbar der Unternehmenstätigkeit dienen) von den Betriebstätten i.S. der Muster-DBA (feste Geschäftseinrichtungen, durch die die Unternehmenstätigkeit ganz oder teilweise ausgeübt wird). Zwar hat der Positivkatalog eine Reihe von Gemeinsamkeiten (Stätte der Geschäftsleitung, Zweigniederlassung, Geschäftsstelle, Fabrikationsstätte, Werkstätte, Stätte der Bodenschatzausbeute), doch auch Unterschiede (§ 12 AO: Warenlager, Ein- und Verkaufstellen; Art. 5 UN-MA: Auslieferungslager, Einkauf neben der Kerntätigkeit, Betriebsverpachtung). Auch der Negativ-Katalog zu Art. 5 OECD-MA (nicht gewichtige Vorbereitungs- und Hilfstätigkeiten, Lagerung, Ausstellung, Auslieferung, Einkaufstätigkeiten, Informationsbeschaffung, Verbindungsbüro, Werbung/Forschung, Unterstützung von know-how-Verträgen) bewirkt Unterschiede in der Extension des Betriebstättenbegriffs.[26]

Sieht man von den Spezialfällen des „ständigen Vertreters" und der „Bauausführungen/Montagen" ab, so bestimmt letztlich die kombinative binäre Erfüllung der Kriterien „ausländische Geschäftseinheit", „feste Geschäftseinrichtung", „Dauerhaftigkeit", „Verfügungsmacht", „Ausübung der Unternehmenstätigkeit", „Bedeutsame Kerntätigkeit" und die Spezialfälle „Ein-/Verkaufsstelle/Lager" das Vorliegen einer Betriebstätte besonderer Art. Abb. 2 zeigt diese Zusammenhänge – im groben Ansatz – in Entscheidungstabellentechnik.

Die Qualifikation als Betriebstätte bestimmten Typs determiniert – im Zusammenspiel mit der räumlichen Plazierung des Stammhauses und der unselbständigen Geschäftseinheit sowie dem (Nicht-) Vorliegen eines DBA eines bestimmten Typs (Freistellungs-/Anrechnungs-DBA) sowie der Gewinn- oder Verlustsituation der Geschäftseinheit und deren Aktivität oder Passivität die Anwendung weiterer quantitativer Module. Ein derartiges Expertensystem vermag dem Anwender mitzuteilen, welche *Submodule* (z. B. Progressionsvorbehalt, Steuerausgleichsposten, § 34c-Anrechnung, Abzug von der Bemessungsgrundlage oder besondere Verlustverrechnungsmodule) für den Betriebstättenfall zur Anwendung kommen. In Abb. 3 sind diese expertenwissensbasierten Zusammenhänge als Entscheidungstabelle dargestellt; zur praktischen Durchführung empfiehlt sich vor allem eine computergestützte, dialoggeführte XPS-Technologie.

---

26 Einzelheiten s. Jacobs (Unternehmensbesteuerung) S. 204ff.

ETAB-BS															
		1	2	3	4	5	6	7	8	9	10	11	12	13	14
ausländische Geschäftseinheit ?		J	J	J	J	J	J	J	N	N	N	N	N	N	N
feste Geschäftseinrichtung ?		N	J	J	J	J	J	J	N	J	J	J			J
Dauerhaftigkeit ?		-	N	J	J	J	J	J	-	N	J	J			N
Verfügungsmacht ?		-	-	N	J	J	J	J	-	-	N	J			-
Ausübung Unternehmenstätigkeit ?		-	-	-	N	J	J	J	-	-	-	J			-
Bedeutsame Kerntätigkeit ?		-	-	-	-	J	-	N	-	-	-	J	N	N	-
Ein-/Verkaufsstelle/Lager?		-	-	-	-	-	J	N	-	-	-	-	N	J	-
§ 12 AO-BS						X	X	X				X	X	X	
DBA-OECD-MA-BS						X						X			
DBA-UN-MA-BS						X	X					X		X	
keine BS				X	X					X	X				
gehezu: Modul "ständiger Vertreter"	XPS-STV	X							X						
gehezu: Modul "Bauausführ./Montage	XPS-BAMO		X							X					X

Abbildung 2: Entscheidungstabelle zur Betriebsstättenqualifikation

Neben den qualitativen Würdigungsergebnissen für Modulaufbau und Modulanwendung sind für das steuerliche Standortmanagement vor allem jene Fälle von Bedeutung, in denen dem Anwender *Wahlmöglichkeiten* eingeräumt werden. Gerade für eine ziel- und restriktionsgerechte Bestimmung dieser Gestaltungsmöglichkeiten kann eine wissensbasierte Besteuerungssimulation viel beitragen: Das XPS kann kriterien- oder erfahrungsgestützten Rat erteilen oder auf das Durchrechnen im Simulationsmodell verweisen. Abb. 4 zeigt exemplarisch die Bildschirmdarstellung einer Konsultation (Verlustfall einer aktiven niederländischen Betriebstätte).

II. Singuläre Ansatzpunkte in den Rechenmodulen bei Auslandsbetriebstätten

Im „normalen" inländischen Totalmodell eines Einzelunternehmers müssen an vielen Stellen des Rechenwerks im Betriebstättenfall spezielle Variablen aktiviert werden. Es können hier aus Platzgründen nicht alle betriebstättenspezifischen Größen bei den verschiedenen Steuerarten (insbes. ESt, GewSt, VSt) herausgestellt werden. Exemplarisch werden für das Einkommensteuer-Gesamtmodul genannt:

im Rahmen der Ermittlung der Einkünfte aus Gewerbebetrieb:

EASTABj	ABZUG AUSLÄNDISCHER EST	§ 34c Abs. 2, 3

im Rahmen der Ermittlung der Summe der Einkünfte:

EAVABj	VERLUSTABZUGSBETRAG	§ 2a Abs. 3 S. 1
EAVHBj	HINZURECHNUNGSBETRAG	§ 2a Abs. 3 S. 3

im Rahmen der Ermittlung des Einkommens:

EAVAj	AUSLANDSVERLUSTABZUG	§ 2a Abs. 2 S. 2

ETAB-BS-MODULE		1	2	3	4	5	6	7	8	9	10	11	12	13	14	15	16	17	18	19	20	21	22	23	24	25	26	27	28	29	30	31	32	33	34
inländisches Stammhaus?		J	J	J	J	J	J	J	J	J	J	J	J	J	J	J	J	J	J	J	J	J	J	J	J	J	J	J	J	J	J	J	J	J	J
inländische Geschäftseinheit ?		J	J	J	J	N	N	N	N	N	N	N	N	N	N	N	N	N	N	N	N	N	N	N	N	N	N	N	N	N	N	N	N	N	N
Geschäftseinheit im FörderG ?		J	J	N	N	-	-	-	-	-	-	-	-	-	-	-	-	-	-	-	-	-	-	-	-	-	-	-	-	-	-	-	-	-	-
§ 12 AO-Betriebstätte ?		J	N	J	N	J	J	J	J	J	N	N	N	N	N	J	J	J	J	J	N	N	N	N	N	J	J	J	J	J	N	N	N	N	N
DBA ?		-	-	-	-	J	J	J	J	N	J	J	J	J	N	J	J	J	J	N	J	J	J	J	N	J	J	J	J	N	J	J	J	J	N
Freistellungs-DBA ?		-	-	-	-	J	J	N	N	-	J	J	N	N	-	J	J	N	N	-	J	J	N	N	-	J	J	N	N	-	J	J	N	N	-
DBA-Betriebstätte ?		-	-	-	-	J	N	N	J	-	J	N	N	J	-	J	N	N	J	-	J	N	N	J	-	J	N	N	J	-	J	N	N	J	-
Gewinn der Geschäftseinheit ?		-	-	-	-	J	J	J	J	J	J	J	J	J	J	N	N	N	N	N	N	N	N	N	N	N	N	N	N	N	N	N	N	N	N
aktive Geschäftseinheit ?		-	-	-	-	-	-	-	-	-	-	-	-	-	-	J	J	J	J	J	J	J	J	J	J	N	N	N	N	N	N	N	N	N	N
	MODUL																																		
Gesamtunternehmen			X		X																														
GewSt-Zerlegung	GZER	X		X																															
FörderG-Zerlegung	FZER	X																																	
Ausländische Quellensteuer	A-QUST					X	X	X	X	X	X	X	X	X	X	-	-	-	-	-	-	-	-	-	-	-	-	-	-	-	-	-	-	-	-
Inlandsbefreiung						X					X					X					X														
Progressionsvorbehalt § 32b / DBA	E-PV					X					X					X					X					X					X				
Gewinn/Verlust-Ermittlung BS	A-BSSTB					X	X	X	X	X	X			X		X	X	X	X	X	X			X		X	X	X	X	X	X			X	
Ausgleichsposten	A-BSTAP					X					X																								
Inlandserfassung der Einkünfte							X	X	X	X		X	X	X	X		X	X				X	X		X							X	X		X
DBA-Anrechnung	A-EAN								X					X					X					X					X					X	
Anrechnung § 34c, Anl 8 EStG	A-QUAN						X	X		X																									
WR: Einkünfte-Abzug 34c II EStG							X	X		X																									
ggf.BmgAbzug 34c III, Anl 8 EStG	A-QUAB						X	X	X	X		X	X		X																				
länderbeschränkter Verl-Ausgleich																											X	X		X				X	
beschränkter GbdE-Abzug																X	X	X	X	X	X			X											
Verlustabzug § 10 d EStG																X	X	X	X	X	X			X											
beschränkter Verlustvortrag																											X	X	X	X				X	
ggf. Hinzurechnungsbetrag																X					X														

Abbildung 3: Entscheidungstabelle zur Bestimmung der relativen Submodule

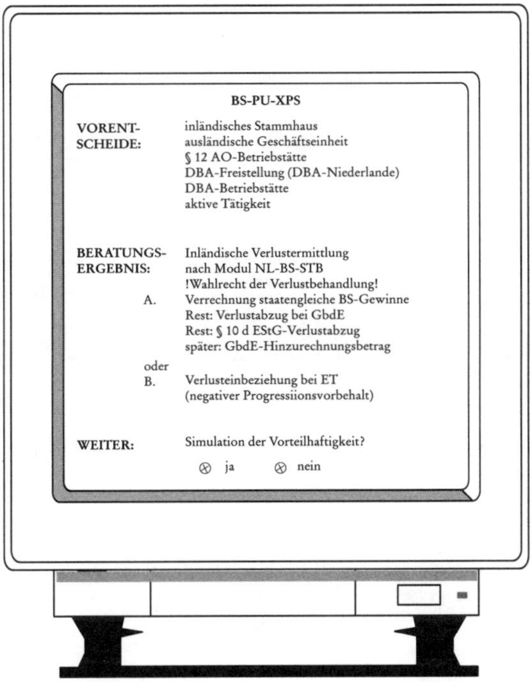

Abbildung 4: XPS-gestützte Wahlrechtsausübung bei ausländischem Betriebsstättenverlust

im Rahmen der Ermittlung der tariflichen Einkommensteuer:

EDBAj	DBA-BEFREITE EINKÜNFTE	DBA
EPVj	EST NACH PROGRESSIONSVORBEHALT	§ 32b

im Rahmen der Ermittlung der festzusetzenden Einkommensteuer:

EASTPj	PAUSCHALIERUNG AUSLÄND. STEUER	§ 34c Abs. 5
EANAUSLSj	ANRECHENBARE AUSLÄNDISCHE STEUER	§ 34c Abs. 1, 6

im Rahmen der Ermittlung der Vorauszahlungsbemessung:

EVANPj	ANPASSUNGEN FÜR VZ-BEMESSUNG	§ 37 Abs. 3

III. Besondere Rechenmodule bei Auslandsbetriebstätten

Bereits das Simulations-Grundmodell für einen Einzelunternehmer weist eine erhebliche, durch die Bemessungsgrundlagen- und Steuer(inter)dependenzen entstandene Komplexität auf. Im Falle von Auslandsbetriebstätten sind in das Modell noch spezifische in- und ausländische Module und Submodule zu integrieren.

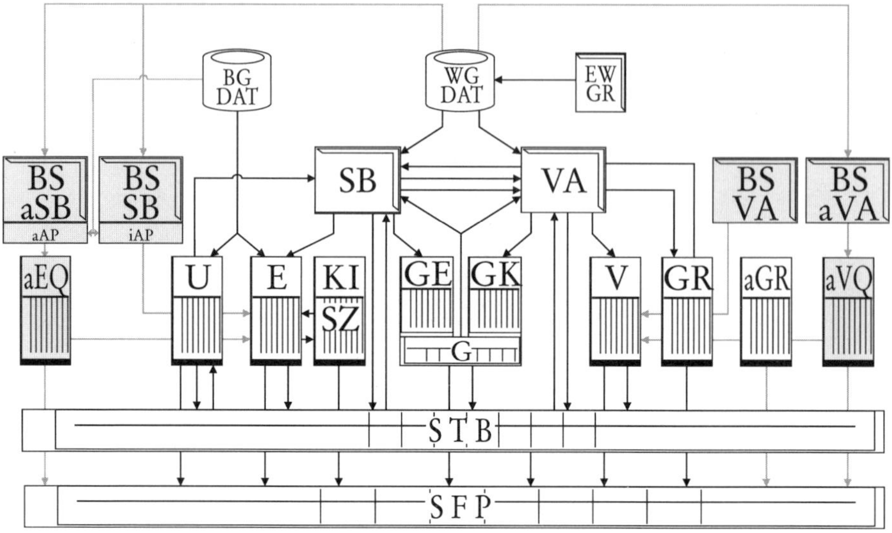

Abbildung 5: Auslandsbetriebsstättenspezifische Module bei einem inländischen Einzelunternehmer

Wie Abb. 5 zeigt, sind – im Regelfall direkter Gewinnermittlung – im einkommensteuerlichen Zweig Betriebstätten-Steuerbilanzen nach in- und ausländischem Recht (BS-SB bzw. BS-aSB) einzubauen, deren i.d.R. durch Betriebsvermögensvergleich ermittelten Ergebnisse noch um in- bzw. ausländische Ausgleichsposten (iAP bzw. aAP) zu ergänzen sind, um dem i.d.R. geforderten „dealing-at-arm's-length"-Prinzip Rechnung zu tragen. Das Ergebnis der inländischen Gewinnermittlung ist bei Freistellungs-DBA für die Anwendung des Progressionsvorbehalts im inländischen ESt-Ermittlungsmodul (E) zu berücksichtigen. Das Ergebnis der ausländischen Gewinnermittlung bestimmt die ausländische Quellensteuer, die im Anrechnungsfall im deutschen E-Modul wirkt, jedenfalls aber im Steuerfinanzplan (SFP) zahlungswirksam wird.

Im substanzsteuerlichen Zweig treten insbes. in- und ausländische Vermögensaufstellungs-Module (BS-VA bzw. BS-aVA) auf, deren Ergebnisse direkt die deutsche VSt-Bemessungsgrundlage oder die ausländische Vermögensteuer (aVQ) oder – beim Anrechnungs-DBA – über eine Anrechnungsbegrenzung wiederum die deutsche Vermögensteuer (V) bestimmen. Auch kann u.U. noch ausländische Grundsteuer zu berücksichtigen sein (aGR). In allen Fällen tritt Zahlungswirksamkeit im Steuerfinanzplan (SFP) auf.

Meist durchqueren die Ergebnisse der Auslandsbetriebstätten auch das STB-Modul, das die Steuerberater-Gebühren errechnet.

EU - Ländermodule (BS)		B	D	DK	F	GR	IRE	I	L	NL	P	S	UK
Gewinn	GewErm	B-SB (MG)	D-SB (MG)	DK-HB	F-SB (MG)	R-SB (MG	IRE-SB	I-SB (MG)	L-SB (MG)	NL-SB	P-SB (MG)	S-SB	UK-SB
	ESt	B-E	D-E	DK-E	F-E	G-E	IRE-E	I-E	L-E	NL-E	P-E	S-E	UK-E
	Son ESt		D-SZ, D-KI					I-ERS					
	WertschSt				F-WS								
	GewESt		D-GE		F-GE				L-GE			S-GE	
Grund	EigÜberg	B-GRE	D-GRE	DK-GRE	F-GRE	GR-GRE	IRE-GRE	I-GRE	L-GRE	NL-GRE	P-GRE	S-GRE	UK-GRE
	Eigentum	B-GR	D-GR	DK-GR	F-GR		IRE-GR	I-BGR	L-GR	NL-GR	P-GR	S-GR	UK-GRN
	Son GrSt			DK-GRUM			IRE-GRN					S-GRWZ	
	Son GrSt											S-NEUB	
KFZ	Zulass	B-KFZZ		DK-KFZZ	F-KFZZ	GR-KFZZ				NL-KFZZ		S-KFZZ	UK-KFZZ
	Halten	B-KFZ	D-KFZ	DK-KFZ	F-KFZ	GR-KFZ	IRE-KFZ	I-KFZ	L-KFZ	NL-KFZ	P-KFZ	S-KFZ	UK-KFZ
Substanz	BV		D-VA	DK-VA	F-VA			(I-BV)	L-VA	NL-VA		S-BV	
	GewKapSt		D-GK						L-GK				
	VSt		D-V	DK-V	F-V			(I-V)	L-V	NL-V		S-V	
	V-Überg.											S-VÜ	
Personal			D-PL		F-LS		IRE-LS						
Leistungen	Allg. Leist	B-U	D-U	DK-U	F-U	GR-U	IRE-U	I-U	L-U	NL-U	P-U	S-U	UK-U
	Spez. Leist	B-VBR	D-VBR	DK-VBR	F-VBR	GR-VBR	IRE-VBR	I-VBR	L-VBR	NL-VBR	P-VBR	S-VBR	UK-VBR

Abbildung 6: Länderspezifische Module für Auslandsbetriebstätten eines Einzelunternehmers

IV. Erweiterungen um ausländische Rechenmodule

Eine beachtliche Komplikation kann die im Ansatz aufgezeigte Erweiterung um ausländische Module für die Modellkonstruktion und -anwendung bedeuten. Zwar sind die Steuerrechtsordnungen für die meisten als Betriebstätten-Standorte in Betracht kommenden Länder inzwischen im deutschen Fachschrifttum beschrieben,[27] kaum jedoch die dazugehörenden Rechenkalküle. Selbst im Bereich der Europäischen Union ist eine Harmonisierung der Unternehmensbesteuerung noch nicht zu sehen. Abb. 6 zeigt, welche Vielfalt von länderspezifischen Modulen in Betracht zu ziehen ist.

V. Änderungen im Datenspeicher

Im Datenspeicher werden neben den Stammdaten die Daten der einzelnen Wirtschaftsgüter und Vorgänge gesammelt. Vor allem für die Ausstattung der Auslandsbetriebstätte mit Wirtschaftsgütern bedarf es in den Stammdateien der Wirtschaftsgüter (Anlagekartei) zusätzlich aufgenommener Daten.

Abb. 7 zeigt den Datensatz für ein Wirtschaftsgut des Anlagevermögens, das einer Betriebstätte zugeordnet wird. Betriebstättenspezifisch sind die Felder 24–30, nämlich:

- Betriebstättenzugehörigkeit,
- Datum des Transfers in die Betriebstätte,
- Fremdvergleichswert im Transferzeitpunkt,
- Restbuchwert im Transferzeitpunkt,
- Aktueller Ausgleichsposten,
- Kumulierter Ertrag aus der Auflösung des Ausgleichspostens und
- Datum des Rücktransfers ins Stammhaus.

Die Zusatzdaten sind insbes. für das Modul „TRANSFER-AUSGLEICHSPOSTEN“ von Bedeutung.[28] Weitere vorgangsbezogene Datensätze betreffen insbes. den Lieferungs- und Leistungsverkehr mit der Auslandsbetriebstätte und dienen u. a. Korrekturen, die durch das dealing-at-arm's-length-Prinzip notwendig werden.

D. Schlußbemerkungen

Fragt man zunächst nach dem Erkenntnisfortschritt einer managementorientierten Betrachtung der Problematik „Steuern und Standort“, so kann man feststellen, daß über eine rein steuerinspirierte Standortwahl hinausgegangen wird. Management umfaßt nicht nur die – zweifellos wichtige – mehr oder weniger einmalige Entscheidung zwischen Standortalternativen, sondern alle in der Folge einer solchen Entscheidung auftretenden Handlungsprobleme mit steuerlicher Verursachung und/oder der Anforderung steuerlichen Expertenwissens. Auch wird deutlich, daß die managementspezifische Akzentuierung der Durchsetzungsoperatio-

27 Z. B. Mennel (Steuern).

28 BMF-Schreiben v. 12. 02. 1990, BStBl I, S. 72f.

Field	Field-Name	Type	Width	Dec
1	WG-NR	Numeric	5	0
2	BEZEICH	Character	15	
3	ZUGANG	Date	6	
4	AHK	Numeric	7	2
5	RLÜBERTR	Numeric	7	2
6	ND	Numeric	2	0
7	NUTZUNG	Numeric	3	0
8	AFASATZ	Numeric	3	2
9	HALBJAHR	Character	2	
10	AFA	Numeric	7	2
11	AFAWECHS	Numeric	2	0
12	ERHAFA	Numeric	3	2
13	SONDAB	Numeric	3	2
14	BEGZRAUM	Date	6	
15	NHK	Numeric	7	2
16	JAHR NHK	Date	6	
17	TWABSCHR	Numeric	7	2
18	JAHR TWA	Date	6	
19	ZUSCHR	Numeric	7	2
20	JAHR ZUSCHR	Date	6	
21	BUCHW	Numeric	7	2
22	TEILW	Numeric	7	2
23	AUSSCHEID	Date	6	
24	**BS-ZUGEH**	**Character**	**3**	
25	**TRANSFER**	**Date**	**6**	
26	**FVW (TRANS)**	**Numeric**	**7**	**2**
27	**RBW (TRANS)**	**Numeric**	**7**	**2**
28	**AUSGLPOST**	**Numeric**	**7**	**2**
29	**AUFLÖSERTR**	**Numeric**	**7**	**2**
30	**RÜCKTRANS**	**Date**	**6**	

Abbildung 7: Betriebstättenspezifische Erweiterung von Datensätzen der Anlagekartei

nen (Deklaration, Verhandlungs- und Rechtsbehelfsführung) und der Steuer-Kontrolle (bzw. bei weiterer Fassung: des Steuer-Controlling) die Sicht erweitern. Das gilt auch für die Ergänzungsleistungen zu den allgemeinen Standortmanagement-Kalkülen.

Unter den Werkzeugen einer „Toolbox" für das Tax-Management spielt eine wissensbasierte Besteuerungssimulation eine herausragende Rolle. Von ihr kann eine sachverständige Vorbereitung, Entscheidung, Deklaration, Durchsetzung und Kontrolle des gesamten steuerlichen Betriebstätten-Managements erwartet werden. Sie erfüllt die an Verfahrensverbesserungen zu stellenden Anforderungskriterien[29] der Multivariabilität, Dynamisierung, Multifunktionalität, Computerstützung, Vernetzung und Differenzierung.

Allerdings ist der Aufbau derartiger Modelle oder gar die Entwicklung der Wissensbasen weder von kleinen Wissenschaftseinheiten noch von einzelnen Unternehmen zu leisten; hier bedarf es des Zusammenwirkens von Praxisexperten aus der internationalen Beratungspraxis und Verwaltung, hochspezialisierten Steuerwissenschaftlern, Informatikern, spezialisierten Datenverarbeitungsorganisationen und Softwarehäusern sowie praktizierenden Steuer-Managern.

Für die Wissenschaft ergibt sich jedoch die Problematik der praktischen Akzeptanz eines derart hochentwickelten und komplexen Instruments des steuerlichen Standortmanagements. Denn, wie Heigl[30] zu Recht betont, sind Standortentscheidungen stark von der individuell unterschiedlich ausgeprägten Steuer-Sensibilität der Manager abhängig. Zwischen den vorfindbaren Haltungen einer „steuereninteressierten marketingbeherrschten Denkweise" bis zur ausgeprägten „steuerbeherrschten Steuerfluchtmentalität" liegt für die Bereitschaft zur Steuerberücksichtigung in den Kalkülen des Standortmanagements ein weiter Bogen.

Literaturverzeichnis

Becker, H. (Betriebsstätten): Die Besteuerung von Betriebsstätten, in: DB 1989, S. 10–16.

Behrens, K. Ch. (Standortbestimmungslehre): Allgemeine Standortbestimmungslehre, 2. Aufl., Opladen 1971.

Bergmann, W. (Entscheidungstabellen): Stichwort „Entscheidungstabellen", in: Coenenberg, A.G./v. Wysocki, K. (Hrsg.): Handwörterbuch der Revision, Stuttgart 1983, Sp. 323.

Beyer, H. T. (Unternehmensführung): Die Lehre der Unternehmensführung, Berlin 1970.

Bormann, D./Federmann, R./Vorotina, L. (Management): Management. Unternehmerische Tätigkeit in der Marktwirtschaft, Hamburg 1992.

Brede, H. (Bestimmungsfaktoren): Bestimmungsfaktoren industrieller Standorte. Eine empirische Untersuchung, Berlin 1971.

Domschke, W. (Operations Research): Einführung in Operations Research, 2. Aufl., Berlin u.a. 1991.

Federmann, R. (Beziehungen): Beziehungen zwischen betrieblichen Steuern, in: DB 1980, S. 1653 und S. 1707.

29 Federmann (Steuer-Management) S. 273 ff.

30 Heigl (Standortanreize) S. 373.

Federmann, R. (Bibliographie): Bibliographie zur Unternehmensbesteuerung: deutschsprachige Monographien aus den Jahren 1920–1980, Berlin 1983.

Federmann, R. (Steuer-Management): Entwicklung anforderungsgerechter Methoden des Steuer-Managements als Aufgabe der unternehmensteuerlichen Forschung, in: Federmann, R. (Hrsg.): Betriebswirtschaftslehre, Unternehmenspolitik und Unternehmensbesteuerung, Festschrift für Gerhard Mann zum 65. Geburtstag, Berlin 1993, S. 255–286.

Federmann, R. (Steuerfachleute): Anforderungsprofile für Steuerfachleute in Unternehmen als Determinanten der Lehrkonzeption im Fach „Betriebswirtschaftliche Steuerlehre", in: StuW 1977, S. 260ff.

Federmann, R. (Steuerfachmann): Das Anforderungsprofil eines „Steuerfachmannes" in Unternehmen, in: WIST 1978, S. 291.

Fischer, L./Warneke, P. (Steuerlehre): Internationale Betriebswirtschaftliche Steuerlehre, 3. Aufl., Berlin 1988.

Grotherr, S. (Scheingewinnbesteuerung): Die Scheingewinnbesteuerung im internationalen Vergleich: Analyse der steuerlichen Lösungsansätze in der Bundesrepublik Deutschland, Frankreich, Großbritannien, Japan und den USA, Baden-Baden 1987.

Hansmann, K. W. (Management): Industrielles Management, 3. Aufl., München 1992.

Heigl, A. (Schachtelbeteiligung): Die Schachtelbeteiligung als Objekt betriebswirtschaftlicher Steuerpolitik im Finanzanlagevermögen, in: Festschrift zum 65. Geburtstag von Prof. Dr. Scherpf, Berlin 1968, S. 251–283.

Heigl, A. (Besitzsteuerbelastung): Zur betriebswirtschaftspolitischen Planung der Besitzsteuerbelastung, in: Finanzrundschau 1970, S. 53–60, 87–91, 113–120.

Heigl, A./Melcher, G.-H. (Betriebliche Steuerpolitik): Betriebliche Steuerpolitik – Ertragsteuerplanung, Köln 1974.

Heigl, A. (Ertragsteuer-Kennzahlen): Betriebliche Ertragsteuer-Kennzahlen, Köln 1974.

Heigl, A. (Standortanreize): Betriebswirtschafltiche Bedingungen für fiskalische Standortanreize bei grenzüberschreitender Unternehmenstätigkeit, in: Fischer, L. (Hrsg.): Unternehmung und Steuer, Festschrift für Prof. Dr. P. Scherpf, Wiesbaden 1982, S. 363–374.

Heigl, A. (Standortwirkungen): Standortwirkungen von Steueranreizen, in: Strumenti creditzi e fiscali nelle politiche di sviluppo regionale, Quaderni Isveimer, Neapel 1980, S. 367–380.

Heigl, A. (Bedingungen): Bedingungen der unternehmerischen Steuerplanung, in: StuW 1971, S. 127–138.

Heigl, A. (Steuerplanung): Steuerplanung in der Unternehmung, Vortragssammlung, hrsg. v. Höhn, E./ Lutz, B./ Zünd, A., Bern und Stuttgart 1975, S. 19–37.

Heigl, A. (Wirtschaftsförderung) : Betriebswirtschaftliche Wirkungen von steuerlichen und Subventionsinstrumenten der regionalen Wirtschaftsförderung, in: Amatucci, A./Hemmer, A.-R. (Hrsg.): Wirtschaftliche Entwicklung und Investitionspolitik in Süditalien, Saarbrücken/Fort Lauderdale 1981, S. 219–226.

Heigl, A.: (Steuerplanung, Betriebliche): Steuerplanung, Betriebliche, in: Wittmann, W. et al. (Hrsg.): Handwörterbuch der Betriebswirtschaft, Stuttgart 1976, Band 1/3, Sp. 3768–3775.

Heigl, A./Uecker, P. (Standortsicherungsgesetz): Standortsicherungsgesetz = Sicherung des Standorts? in: Federmann, R. (Hrsg.): Betriebswirtschaftslehre, Unternehmenspolitik und Unternehmensbesteuerung, Festschrift für Gerhard Mann zum 65. Geburtstag, Berlin 1993, S. 335–356.

Heinen, E. (Grundlagen): Grundlagen betriebswirtschaftlicher Entscheidungen – Das Zielsystem der Unternehmung, 3. Aufl., Wiesbaden 1976.

Hölter, E. (Ertragsteuersimulationsmodell): Computergestütztes Ertragsteuersimulationsmodell der deutschen internationalen Kapitalgesellschaft – ein Führungsinstrument zur Ertragsteuerplanung und -erklärung, Gießen 1986.

Hopfenbeck, W. (Managementlehre): Allgemeine Betriebswirtschafts- und Managementlehre, Landsberg am Lech 1989.

Hummeltenberg, W. (Standortwahl): Optimierungsmethoden zur betrieblichen Standortwahl. Modelle und ihre Berechnung, Würzburg u.a. 1981.

Jacob, H. (Standortwahl): Zur Standortwahl der Unternehmungen, in: Alewell, K. (Hrsg.): Betriebswirtschaftliche Strukturfragen, Wiesbaden 1967, S. 233–293.

Jacobs, O.H. (Unternehmensbesteuerung): Internationale Unternehmensbesteuerung, 2. Aufl., München 1991.

Kleineidam, H.-J. (Auslandsbetriebstätten): Auslandsbetriebstätten, in: Gnam, A./ Federmann, R. (Hrsg.): Handbuch der Bilanzierung, Loseblatt, Freiburg 1960ff., Stichwort Nr. 14.

Kleineidam, H.-J. (Gewinnermittlung): Gewinnermittlung bei Auslandsbetriebstätten, in: IStR 1993, Teil I: S. 349–352, Teil II: S. 395–400.

Kleineidam, H.-J. (Rechnungslegung): Rechnungslegung bei Auslandsbeziehungen nach Handels- und Steuerrecht, Freiburg i. Br. 1992.

Krumpf, W. (Betriebsstätten): Besteuerung inländischer Betriebsstätten von Steuerausländern, Köln 1982.

Liebmann, H.-P. (Standortwahl): Die Standortwahl als Entscheidungsproblem, Würzburg 1971.

Liebmann, H.-P. (Standortentscheidungen): Grundlagen betriebswirtschaftlicher Standortentscheidungen, Diss. Berlin 1969.

Mennel, A. (Hrsg.) (Steuern): Steuern in Europa, Kanada und Japan, Herne/Berlin 1980ff.

Mertens, P. (Simulation): Simulation, 2. Aufl., Stuttgart 1982.

Michel, R./Michel, T./Stark, A. (Steuerplanung): Simultan integrierte Finanz-Ergebnis- und Steuerplanung auf Basis von MS Excel 4.0 unter Windows, in: DStR 1994, Teil I: S. 1434–1440, Teil II: S. 1472–1476.

Rose, G. (Steuerlehre): Betriebswirtschaftliche Steuerlehre, 3. Aufl., Wiesbaden 1992.

Scheffler, W. (Veranlagungssimulation): Veranlagungssimulation versus Teilsteuerrechnung, in: WiSt 1991, S. 69–75.

Staehle, W.H. (Management): Management. Eine verhaltenswissenschaftliche Perspektive, 6. Aufl., München 1991.

Steiner, M. (Standort): Konstituierende Entscheidungen, Stichwort Standortwahl, in: Bitz, M. u.a.: Vahlens Kompendium der Betriebswirtschaftslehre, Bd. 1, 2. Aufl., München 1989, S. 119ff.

Steinmann, H./Schreyögg, G. (Management): Management: Grundlagen der Unternehmensführung: Konzepte – Funktionen – Fallstudien, 3. Aufl., Wiesbaden 1993.

Storck, A. (Betriebsstätten): Ausländische Betriebsstätten im Ertrag- und Vermögensteuerrecht, Frankfurt a. M. /Deventer 1980.

Telkamp, H.-J. (Betriebsstätte): Betriebsstätte oder Tochtergesellschaft im Ausland?, Wiesbaden 1975.

Thommen, J.-P. (Betriebswirtschaftslehre): Managementorientierte Betriebswirtschaftslehre, 3. Aufl., Bern/Stuttgart 1991.

Thünen, J. H. v. (Staat): Der isolierte Staat in Beziehung auf Landwirtschaft und Nationalökonomie, Hamburg 1826, Nachdruck Stuttgart 1963.

Ulrich, H. (Management): Management, Bern u.a. 1984.

Uphoff, H. (Standort): Bestimmung des optimalen Standortes mit Hilfe der Profilmethode, Berlin 1978.

Weber, A. (Standort): Über den Standort der Industrien, 1. Teil: Reine Theorie des Standortes, 2. Aufl., Tübingen 1922.

Weber, A. (Standortlehre): Industrielle Standortlehre, Tübingen 1914.

Wesselbaum-Neugebauer, C. (Steuerbelastungsvergleiche): Internationale Steuerbelastungsvergleiche, Frankfurt am Main u.a. 1994.

Witte, Th. (Simulationsverfahren): Simulation und Simulationsverfahren, in: Wittmann, W. u.a. (Hrsg.): Handwörterbuch der Betriebswirtschaft, Bd. 3, 5. Aufl., Stuttgart 1993, Sp. 3837–3849.

Wöhe, G. (Steuerlehre I/1): Betriebswirtschaftliche Steuerlehre I/1, 6. Aufl., München 1988.

Zangemeister, Ch. (Nutzwertanalyse): Nutzwertanalyse in der Systemtechnik, 4. Aufl., München 1976.

Offene Steuerfragen der Deutsch-Deutschen Einigung Verfahrensrechtliche Grundlagen für die USt-Kürzung nach § 26 Abs. 4 UStG

Dr. Peter Küffner, WP, StB, RB und RA Alexander Ritzer, München

A. Praxisproblem

Vier Jahre Beitritt! So lange währt auch das Bemühen zur Rechtsanpassung. Gilt es doch für die Beitrittsländer eine Vergangenheit zu bewältigen, die nicht vom Gedanken des Rechtsstaats getragen, sondern von Interessen einer herrschenden Klasse geprägt war. Die Besteuerung folgte dort einem anderen System. Beispielsweise oblag in der DDR die Nachprüfung von „Steuerverwaltungsakten“ nur der DDR-Finanzverwaltung. Einen Weg zu den Finanzgerichten gab es seit 1952 dort nicht mehr[1].

Ehedem abgeschnittener Rechtschutz kann jetzt vor der neu aufgebauten Gerichtsbarkeit[2] geltend gemacht werden. Die ersten veröffentlichten Urteile zum Einigungsvertrag (EinigV)[3] des FG Leipzig vom 15.06.1993[4] und jetzt das Thüringer FG vom 03.11.1993[5] zeigen den Weg hierzu. Der Weg geht über Art. 19 EinigV. Der BFH hat dazu erstmals am 19.05.1993 entschieden.[6] Weitere Entscheidungen werden folgen.

Auch Bürger und Unternehmen in der Bundesrepublik Deutschland waren im Rahmen des damaligen Interzonenhandels Adressaten von DDR-Verwaltungsentscheidungen. Sie sind heute „zwischen“ die Systeme geraten und darauf angewiesen, daß die Vergangenheit unter Beachtung des Grundsatzes von Rechtssicherheit und Rechtsklarheit, völkerrechtlichen Prinzipien und dem damaligen Sonderstatus der DDR als „Annex der Bundesrepublik in der europäischen Gemeinschaft“ rechtsstaatlich aufgearbeitet wird.

Es ist somit zu prüfen, wie es um das Problem der Vergangenheitsbewältigung im deutschen Abgabenrecht – speziell USt-Kürzungen – steht.

---

1 Vgl. Verordnung über die Rechte der Bürger im Verfahren der Erhebung von Abgaben, GBl. DDR 1952, S. 1211

2 Vgl. FG Leipzig vom 15. 06. 1993, EFG 1993, S. 562

3 Vgl. Einigungsvertrag vom 31. 08. 1993, BGBl. II 1993, S. 889

4 Vgl. FG Leipzig vom 15. 06. 1993, EFG 1993, S. 562

5 Vgl. Thüringer FG vom 03. 11. 1993, EFG 1994, S. 358ff

6 Vgl. BFH vom 19. 05. 1993, BStBl. II 1993, S. 360, hier S. 361: „auch ein vor dem Wirksamwerden des Beitritts ergangener Verwaltungsakt einer Behörde der ehemaligen DDR kann Gegenstand einer Anfechtungsklage sein. Verwaltungsakte bleiben grundsätzlich wirksam.“

B. Verfahrensrechtliche Grundlagen für USt-Kürzung nach § 26 Abs. 4 UStG

I. Umsatzsteuererlaß

Der innerdeutsche Handel wurde seit dem 01. 01. 1968 durch die Gewährung eines Umsatzsteuerkürzungsanspruchs für Warenbezüge aus der DDR gefördert. Diese Förderung bestand in einem Steuererlaß.[7]

Anlaß für die Förderungen war die Ablösung der bis zum 31. 12. 1967 geltenden Allphasen-Brutto-Umsatzsteuer durch das System der Mehrwertbesteuerung auf Grundlage des Vorsteuerabzugs in der Bundesrepublik. Ursprünglich war diese Regelung als Übergangsmaßnahme gedacht, die vorrangig die Nachteile der Systemänderung ausgleichen sollte.[8] Ohne besondere umsatzsteuerliche Maßnahmen hätte der Systemwechsel sowohl bei den Lieferungen der bundesdeutschen Unternehmer an den DDR-Empfänger als auch bei den Bezügen der bundesdeutschen Unternehmer aus der DDR Wettbewerbsstörungen zum Nachteil des innerdeutschen Handels hervorgerufen.[9] Mit einer weiteren Änderung im Jahre 1970 wurde § 26 Abs. 4 UStG zur reinen wirtschaftspolitischen Lenkungsmaßnahme.[10]

II. Ermächtigungswandel im § 26 Abs. 4 UStG

Die Ermächtigungsvorschrift des § 26 Abs. 4 UStG lautete in der jeweiligen Fassung:

- Fassung bis 30. 06. 1990
  Die Bundesregierung kann durch allgemeine Verwaltungsvorschrift mit Zustimmung des Bundesrates unbeschadet der Vorschriften der §§ 163 und 227 der Abgabenordnung die Interessen des innerdeutschen Waren- und Dienstleistungsverkehrs zwischen den Währungsgebieten der Mark und der Deutschen Demokratischen Republik durch vollen oder teilweisen Steuererlaß berücksichtigen und dabei den Vorsteuerabzug des Leistungsempfängers ausschließen.

- Fassung ab 01. 07. 1990
  Die Bundesregierung kann durch allgemeine Verwaltungsvorschrift mit Zustimmung des Bundesrates bis 31. 03. 1991 den Erwerb von Gegenständen mit Ursprung in der Deutschen Demokratischen Republik (Ost) durch einen Umsatzsteuerkürzungsanspruch begünstigen. Der Kürzungsanspruch beträgt bis zum 31. 12. 1990 11 v.H., bei den in der Anlage bezeichneten Gegenständen 5,5 v.H. des Entgelts. Bei Marktordnungswaren tritt ... (hier irrelevant).

---

7 Vgl. Carl/Klos (Erlaß) S. 6200

8 Hartmann/Metzenmacher (Umsatzsteuergesetz) § 26 Rz. 4; Rau/Dürrwächter/Flick/Geist (Umsatzsteuergesetz) § 26 Rz. 24

9 Sönksen, in: UStR 1973, S. 233

10 Hartmann/Metzenmacher (Umsatzsteuergesetz) § 26 Rz. 27; Rau/Dürrwächter/Flick/Geist (Umsatzsteuergesetz) § 26 Rz. 23; Hünnekens (Umsatzsteuer) S. 1898

III. Allgemeine Verwaltungsvorschrift (VwV)

Von der Ermächtigung des § 26 UStG a.F. hatte die Bundesregierung durch die Allgemeine Verwaltungsvorschrift (VwV) vom 16. 05. 1973[11] und später vom 18. 07. 1984[12] Gebrauch gemacht. Unter den dort genannten Voraussetzungen wurde nach Nr. 1 VwV der volle oder teilweise Erlaß der Steuer für Umsätze in Form von Steuerbefreiungen, Steuerermäßigungen und Kürzungsansprüchen gewährt.[13]

Die Regelung verfolgte nach Ansicht der Bundesregierung den Zweck, den innerdeutschen „Handel als wichtige gesamtdeutsche Klammer zu fördern“ sowie den Waren- und Dienstleistungsverkehr mit der DDR auf möglichst hohem Niveau im Gleichgewicht zu halten.[14] Schädigungen der bundesdeutschen Wirtschaft konnten über das Preisprüfungsverfahren und über das Genehmigungsverfahren nach den Vorschriften über den innerdeutschen Handel entgegengewirkt werden.[15]

Nach Nr. 7 VwV war im Regelfall ein Unternehmer beim Bezug von Waren aus der DDR berechtigt, seine Umsatzsteuerschuld um 11 v.H. des ihm für die Lieferung dieser Gegenstände in Rechnung gestellten Entgelts zu kürzen.[16] Nach der Ausnahmeregelung in Nr. 9, 1 VwV wurden diese Kürzungen aber nicht für „Waren ausländischen Ursprungs“ gewährt.[17]

- Nr. 7 Kürzungsansprüche im Regelfall
  Ein Unternehmer im Erhebungsgebiet, der von einer Person in der DDR Gegenstände erwirbt, ist berechtigt, seine Umsatzsteuerschuld um 11 v.H., bei den in der Anlage zum UStG bezeichneten Gegenständen um 5,5 v.H. des ihm für die Lieferung dieser Gegenstände in Rechnung gestellten Entgelt zu kürzen, wenn jede der folgenden Voraussetzungen erfüllt ist:
  - Es muß sich um Bezüge des Berliner Abkommens handeln.
  - Die Gegenstände dürfen nicht zur Ausführung von Umsätzen verwendet werden, die nach § 15 Abs. 2 und 3 UStG den Vorsteuerabzug ausschließen.
  - Die erworbenen Gegenstände dürfen nicht ausgeführt oder zur Ausfuhr verwendet werden, es sei denn, sie sind zuvor mehr als geringfügig bearbeitet oder verarbeitet worden. Umpacken, Umfüllen, Sortieren, das Zusammenstellen von Sachgesamtheiten und das Anbringen von Steuerzeichen sind in jedem Falle als geringfügige Bearbeitung oder Verarbeitung anzusehen. Eine

11 Beilage zum Bundesanzeiger Nr. 97 vom 24. 05. 1973, BStBl. I 1973, S. 532
12 Bundesanzeiger Nr. 137 vom 25. 07. 1984, BStBl. I 1984, S. 425
13 Vgl. Kremerskothen (Buchnachweis) S. 839, Hartmann/Metzenmacher (Umsatzsteuergesetz) § 26 Rz. 36
14 Antwort der Bundesregierung vom 10. 04. 1985 auf die schriftliche Frage des MdB Göhner, in: BT-Drucksache 10/3176 vom 12. 04. 1985 sowie Hartmann/Metzenmacher (Umsatzsteuergesetz) § 26 Rz. 36
15 Hartmann/Metzenmacher (Umsatzsteuergesetz) § 26 Rz. 27
16 Hartmann/Metzenmacher (Umsatzsteuergesetz) § 26 Tz. 30
17 Vgl. die Übersicht bei Hartmann/Metzenmacher (Umsatzsteuergesetz) § 26 Tz. 23

Ausfuhr in diesem Sinne liegt dann nicht vor, wenn die Gegenstände entweder nur vorübergehend in das Außengebiet gelangen, z. B. im Rahmen eines zollamtlich bewilligten Veredelungsverkehrs oder einer besonders zugelassenen Freihafenlagerung oder in einem Freihafen verwendet werden.

- Für Gegenstände dürfen die Vergünstigungen nach den Abschnitten 4 und 5 nicht in Anspruch genommen worden sein.

• Nr. 9 Ausnahmen
Die Kürzung ..... nach Abschnitt Nr. 7 wird nicht gewährt für den Erwerb folgender Gegenstände:

- Waren ausländischen Ursprungs
  Solche Waren sind bei einem genehmigten Bezug daran kenntlich, daß die Bezugsgenehmigung den Aufdruck „Auslandsware" trägt.

Diese „Ausnahmen" sind das praktische Problem. Fehlt der „Aufdruck", fehlt die Deklaration. Die Rechtsfolgen sind zu problematisieren.

C. Verfassungsfragen

I. Ermächtigungsqualität

Da der „Steuererlaß Kürzung" ohne Rücksicht auf die wirtschaftlichen oder persönlichen Verhältnisse der Begünstigten gewährt wurde, konnte er nicht auf die Vorschriften der Abgabenordnung (§§ 163, 227 AO) gestützt werden.[18] Materielle Rechtsgrundlage ist allein die Norm § 26 Abs. 4 UStG.[19]

Diese Ermächtigungsvorschrift wurde durch das Finanzanpassungsgesetz vom 30. 08. 1971[20] neu gefaßt. Sie richtete sich nicht mehr an den Bundesminister der Finanzen, sondern an die Bundesregierung. Außerdem wurde die Ermächtigungsvorschrift dem Art. 108 Abs. 7 GG angepaßt.[21] Offen bleibt warum sich der Gesetzgeber für eine interne Verwaltungsvorschrift und nicht für eine externe Verordnung entschieden hat. War es des politischen Manipulationsspielraumes wegen?[22]

Der in Art. 20 Abs. 3 GG verankerte, allgemeine Gesetzesvorbehalt könnte der Gültigkeit der VwV entgegenstehen.[23] Grundlage der Prüfung der VwV ist § 26 Abs. 4 UStG.

§ 26 Abs. 4 UStG ist aber mit dem Gesetzesvorbehalt nicht vereinbar. Umsatzsteuervergünstigungen waren keine „unwesentliche Angelegenheit", die vom Ge-

---

18 Rau/Dürrwächter/Flick/Geist (Umsatzsteuergesetz) § 26 Rz. 61; BMWF-Schreiben v. 06. 09. 1971, BStBl. I 1971, S. 407

19 Vgl. hierzu Rau/Dürrwächter/Flick/Geist (Umsatzsteuergesetz) § 26 Rz. 31

20 Vgl. BGBl. I 1967 S. 545 und BStBl. I 1967 S. 224

21 BGBl. I 1971 S. 1426 und BStBl. I 1971, S. 390

22 Vgl. hierzu Haft/Wicki (Staatshandel) S. 38, die dazu ausführen, daß dies den Wunsch der Bundesregierung nach weitgehender Handlungsfreiheit bei ihrer Genehmigungspraxis erkennen ließe.

23 Hartmann/Metzenmacher (Umsatzsteuergesetz) § 26 Rz. 11

setzesvorbehalt ausgenommen bleiben könnte.[24] Bunjes-Geist[25] betonen, daß der „VwV, obwohl sie keine Rechtsnorm sei, in der Regelung innerdeutscher Umsätze materiell großes Gewicht zukomme, weil es die einzige Grundlage für die umsatzsteuerliche Handhabung dieses Bereichs überhaupt sei".[26]

In der vom Bundesverfassungsgericht aufgezeichneten „Stufenfolge" oder „Gleitfolge" nimmt die behandelte Rechtsmaterie einen Rang ein, der entweder durch den Parlamentsgesetzgeber selbst oder aber wenigstens durch den gesetzlich determinierten Verordnungsgeber beachtet hätte werden müssen.[27]

Somit hätte der Gesetzgeber im Verordnungswege diese Materie regeln müssen (Art. 80 Abs. 1 GG). Dann aber hätte er Inhalt und Ausmaß zu bestimmen.[28] Dies ist nachweislich nicht geschehen.

II. Bestimmtheitsgebot

Die umsatzsteuerlichen Regelungen zum innerdeutschen Wirtschaftsverkehr sind ursprünglich vom Bundesminister der Finanzen im Benehmen mit dem Bundesminister für Wirtschaft, später von der Bundesregierung mit Zustimmung des Bundesrates als Verwaltungsvorschriften erlassen worden.[29]

Maßgebende verfassungsrechtliche Vorschriften dafür sind Artikel 85 Abs. 2 GG als allgemeine und Artikel 108 Abs. 7 GG als spezielle Bestimmung des Grundgesetzes, denn die Umsatzsteuer unterliegt der konkurrierenden Gesetzgebung des Bundes.[30] Die Landesfinanzbehörden verwalten sie im Auftrag des Bundes.[31] Das Aufkommen steht Bund und Ländern gemeinsam zu.[32]

In den Artikeln 85 Abs. 2 und 108 Abs. 7 GG heißt es übereinstimmend, daß die „Bundesregierung mit Zustimmung des Bundesrates allgemeine Verwaltungsvorschriften erlassen kann. Der zuständige Einzelminister sei dazu berechtigt, wenn eine ausreichende gesetzliche Ermächtigung bestehe".[33] Sie war zwar im § 26 Abs. 4 UStG 1967 vorgesehen, kann aber nur dann zum Tragen kommen, falls sie grundsätzlich als verfassungsgemäß angesehen werden kann. Eine alleinige Bezugnahme auf die vorbezeichneten gesetzlichen Vorschriften hätte für den Erlaß der Verwaltungsvorschriften nicht ausgereicht.

---

24 Siehe auch Schmidt-Bleibtreu/Klein (Grundgesetz) Art. 80 Rn. 2
25 Bunjes/Geist (Umsatzsteuergesetz) § 26 Anm. 2
26 Vgl. auch Plückebaum/Malitzky (Umsatzsteuergesetz) § 26 Anm. 5
27 Vgl. BVerfGE 49, S. 126; BVerfGE 68, S. 268ff sowie BVerfGE 76, S. 184f
28 Vgl. Hartmann/Metzenmacher (Umsatzsteuergesetz) § 26 Rz. 11
29 Art. 105 Abs. 2 GG
30 Art. 108 Abs. 2 und 3 GG
31 Art. 106 Abs. 3 GG
32 BVerfGE 26, S. 338 und 28, S. 378
33 Vgl. BVerfGE 11, S. 18; VGH Mannheim, ESVGH 34, S. 138

Verwaltungsvorschriften sind generelle und abstrakte Regelungen zur Gesetzesauslegung.[34] Sie haben nicht den Charakter von Rechtsnormen.[35] Die Verwaltung darf nicht rechtssetzend, sondern nur rechtsauslegend tätig werden. Diesem Umstand wurde bei den Verwaltungsvorschriften zum innerdeutschen Wirtschaftsverkehr dadurch Rechnung getragen, daß der Gesetzgeber im § 26 Abs. 4 UStG die Finanzverwaltung zur Gewährung eines vollen oder teilweisen Steuererlasses ausdrücklich zu ermächtigen versuchte.[36]

III. Sanktionsunfähigkeit

Die Verwaltungsvorschrift § 26 Abs. 4 UStG i.d.F. bis 30. 06. 1990 war untauglich zur Ausfüllung des Blankettstraftatbestandes des § 370 Abs. 1 Nr. 1 AO, da das Gesetzlichkeitsprinzip des Art. 103 Abs. 2 GG i.V.m. § 104 Abs. 1 Satz 1 GG nicht gewahrt war. Im Strafrecht herrscht das absolute Analogieverbot – vgl. Art. 102 GG.

Der Bürger konnte nicht einmal in ungefähren Umrissen ersehen, welche Verhaltensweisen im Widerspruch zum materiellen Steuerrecht standen und demgemäß strafbares Unrecht sein sollten.[37]

§ 26 Abs. 4 UStG richtet sich nicht an den Bürger, sondern als Ermächtigung allein an die Bundesregierung.[38]

§ 26 Abs. 4 UStG i.V.m. der dazu ergangenen VwV ist daher nicht Grundlage für die schwere Kriminalstrafe des § 370 AO, da das Blankett des § 370 AO tatbestandlich nicht bestimmt genug ist, um dem Gesetzlichkeitsprinzip des Art. 103 Abs. 2 GG i.V.m. Art. 104 Abs. 1 Satz 1 GG zu genügen.[39]

Verstöße gegen § 26 Abs. 4 UStG können somit nicht strafbewehrt sein.

D. Klassifizierung durch Begriffe: Auslandswaren oder Ursprung

In der rechtlichen Beurteilung unserer Tage verschwimmen die Konturen der sachverhaltsbegründenden Umstände früherer Gegebenheiten. In der Ermächtigungsfassung bis 30. 06. 1990 waren weder „Auslandswaren“ noch „Ursprung“ als Voraussetzung vorgegeben.

---

34 Vgl. FG Hamburg vom 28. 06. 1978, EFG 1979, S. 52

35 Vgl. Rau/Dürrwächter/Flick/Geist (Umsatzsteuergesetz) § 26 Rz. 31, der auf den Weg vor das Finanzgericht verweist für den Unternehmer, der - unter Hinweis auf eine von den Gerichten nachprüfbare Ermessensverletzung – die Möglichkeit hat, die von der Finanzbehörde verwehrte Vergünstigung durchzusetzen; vgl. hierzu auch BFH vom 19. 07. 1984, in: UStR 1984, S. 284

36 BVerfGE 8; BVerfGE 14, S. 251; BVerfGE 37, S. 208 sowie BVerfGE 71, S. 114

37 Vgl. OFD Saarbrücken, in: STEK, UStG § 26, S. 325 sowie BVerfGE 9 S. 147 und 17 S. 314 und 20 S. 157f

38 Vgl. BVerfGE 1, S. 83 sowie HessStGH, ESVGH 20, S. 220

39 BFH vom 29. 06. 1982, in: NJW 1983, S. 2349

I. Ursprungsbegriff im formalen Rechtssinn

Das BMF vertrat nicht nur in der Verwaltungspraxis, sondern auch vor dem BFH die Auffassung, daß grundsätzlich eine „Abfertigung von Drittlandswaren in der DDR zum freien Verkehr" auch für die Bundesrepublik gelten sollte.[40] Für Zwekke des Umsatzsteuerkürzungsanspruchs ist das ein Hinweis, daß der „Warenursprung" im Sinne der VwV auch nach Auffassung des BMF extensiv auszulegen ist, um eine größtmögliche Förderung des innerdeutschen Handels zu erreichen.[41]

Für den Ursprungsbegriff im formalen Rechtssinn im innerdeutschen Warenverkehr bis 30. 06. 1990 und dessen Überprüfung war Voraussetzung, daß

- ein Warenbegleitschein Ost vorlag,
- eine Bezugsgenehmigung ohne Aufdruck „Auslandsware" vorlag,
- die tatsächlich gelieferte Ware der Warenbeschreibung im Warenbegleitschein und der Bezugserklärung bzw. der Bezugsgenehmigung entsprach und
- die Kennzeichnung der Ware auch sonst nicht auf einen ausländischen Ursprung hindeutete.[42]

Die Genehmigungsbehörden der Bundesrepublik hatten umfangreiche Kenntnis von der praktischen Anwendung des Ursprungsbegriffs durch die Außenhandelsbetriebe der DDR, wie z. B. aus dem BFH-Urteil aus dem Jahre 1982 ersichtlich ist und aus seinerzeitigen behördlichen und neueren parlamentarischen Ermittlungsergebnissen hervorgeht.[43]

II. Materieller Ursprungsbegriff

Die Vertragsparteien des Berliner Abkommens[44] hatten in Übereinstimmung mit dem Militärregierungsgesetz[45] festgelegt, daß grundsätzlich nur Waren, die in den jeweiligen Währungsgebieten hergestellt oder gewonnen wurden, in die gegenseitigen Regelungen über Warenlieferungen einbezogen werden sollten. Nähere Ursprungsregelungen fehlten sowohl im Berliner Abkommen als auch in den dazu

40 Vgl. FN 36

41 Beilage zum Bundesanzeiger Nr. 37, S. 18 ff

42 Siehe hierzu die Buch- und Belegnachweise bei Rau/Dürrwächter/Flick/Geist (Umsatzsteuergesetz) § 26 Rz. 66

43 Vgl. S.Z. vom 23. 06. 1994 u.v.a. sowie BT-Drucksache 12/7600 vom 27. 05. 1994 S. 229 und BT-Drucksache 12/7650 vom 27. 05. 1994 S. 21

44 Die offizielle Bezeichnung lautete: „Abkommen über den Handel zwischen den Währungsgebieten der Deutschen Mark (DM-West) und den Währungsgebieten der Deutschen Mark der Deutschen Notenbank (DM-Ost) vom 20. 09. 1951" in Bundesanzeiger Nr. 186 vom 26. 09. 1951, zuletzt veröffentlicht in der Fassung vom 16. August 1960, in: Beilage zum Bundesanzeiger Nr. 32 vom 15. 02. 1961.

45 Art. I Abs. 2 des Gesetzes Nr. 53 (Neufassung) der amerikanischen und britischen Militärregierung; Sölch/Ringleb/List (Umsatzsteuergesetz) 26, Anm. 56

ergangenen Rechtsvorschriften.[46] Dies ließ den Wunsch der Bundesregierung nach weitgehender Handlungsfreiheit erkennen.[47]

1. Ursprungsbegriff im Berliner Abkommen[48]

Erstmals ist wohl in der Vereinbarung Nr. 24/1989 vom 19. 09. 1990 in Nr. 3 von den Vertragsparteien zum „Ursprungsbegriff" Stellung genommen worden. Diese erste Stellungnahme zielt auch auf die ab 01. 07. 1990 geltende Neufassung des § 26 Abs. 4 UStG. Danach gelten Waren als im Geltungsbereich des Berliner Abkommens gewonnen oder hergestellt, „wenn die Waren in diesem Geltungsbereich vollständig gewonnen oder hergestellt wurden oder wenn dort die letzte wesentliche und wirtschaftlich gerechtfertigte Bearbeitung vorgenommen wurde."

In der Protokollerklärung zu dieser Vereinbarung über den Warenursprung erklärte die bundesdeutsche Treuhandstelle für den Interzonenhandel.[49] „In ihrem Gebiet werden für den Warenursprung analog die materiellen Grundsätze angewandt, die in der VO EWG Nr. 802/68 sowie gemäß Art. 13 dieser Verordnung erlassenen Vorschriften ihren Niederschlag gefunden haben."

Das Ministerium für Wirtschaft (DDR) erklärte hierzu: „Die beiderseitige Nichtanwendung von Ursprungszeugnissen im Handelsverkehr gemäß Berliner Abkommen bleibt unveränderliche Praxis."[50]

Damit gingen die Vertragsparteien seit 1990 davon aus, daß sie keine „bilateralen Ursprungsregelungen" bestimmen. Die DDR beharrte auf ihrer Ansicht und dies wurde faktisch von der Bundesrepublik akzeptiert.

2. Materielle Grundsätze der VO EWG 802/68 über den Warenursprung

Diese EG-Vorschrift sollte aufgrund des einheitlichen Zollgebiets der EG eine übereinstimmende Auslegung des Ursprungsbegriffs durch die Mitgliedsstaaten sicherstellen.

Nach Artikel 1 dieser VO wurde der Begriff des Warenursprungs zu folgenden Zwecken bestimmt:
- zur einheitlichen Anwendung des gemeinsamen Zolltarifs, bei mengenmäßigen Beschränkungen und anderer Maßnahmen der Gemeinschaft oder der Mitgliedsstaaten für die Einfuhr von Waren,

46 Vgl. hierzu Zusammenfassung des Inhalts des Berliner Abkommens von Ollig (Grundlagen) S. 189 : „Die Lieferung von Waren, die nicht in der Bundesrepublik gewonnen oder hergestellt sind, bedarf der Vereinbarung."

47 Haft/Wicki (Staatshandel) S. 40; BT-Drucksache 12/7600 vom 27. 05. 1994, S. 82 ff.

48 Siehe FN 43

49 Die Treuhandstelle für den Interzonenhandel (TSI) wurde am 02. 11. 1949 bei dem Deutschen Industrie und Handelstag in Berlin errichtet und war seit 1953 eine staatliche Dienststellle unter Aufsicht des Bundesministeriums für Wirtschaft, vgl. hierzu ausführlich Ollig (Grundlagen) S. 183

50 Protokoll zur Vereinbarung Nr. 24/1989 vom 19. 09. 1990

- zur einheitlichen Anwendung aller Maßnahmen der Gemeinschaft oder der Mitgliedstaaten für die Ausfuhr von Waren,
- zur Ausstellung von Ursprungszeugnissen.

Eine Nämlichkeit von Ursprungswaren ist damit nicht erforderlich und für die deutsch-deutsche Praxis bei „verbotenem Handel mit Erlaubnisvorbehalt" unnötig.

Artikel 5 dieser VO bestimmt den Ursprung einer Ware, an deren Herstellung zwei oder mehrere Länder beteiligt sind. Grundsätzlich hat danach eine Ware ihren Ursprung in dem Land, in dem die „letzte wesentliche und wirtschaftlich gerechtfertigte Be- oder Verarbeitung„ stattgefunden hat. Bei Verwendung von Vorerzeugnissen kann außerdem der „buchtechnische Nachweis" geführt werden.

E. Regelung des Art. 19 EinigV

I. Wortlaut des Gesetzes

„Fortgeltung von Entscheidungen der öffentlichen Verwaltung

Vor dem Wirksamwerden des Beitritts ergangene Verwaltungsakte der Deutschen Demokratischen Republik bleiben wirksam. Sie können aufgehoben werden, wenn sie mit rechtsstaatlichen Grundsätzen oder mit den Regelungen dieses Vertrags unvereinbar sind. Im übrigen bleiben die Vorschriften über die Bestandskraft von Verwaltungsakten unberührt".

II. Ausgangssituation

Vor der Wende konnte nach marxistisch-leninistischer Staatstheorie das Verwaltungsrecht im Rahmen praktizierter sozialistischer Kodifikation nur als Instrument des Apparates zur Leitung der Gesellschaft angesehen werden.[51] Die Interessen der Bürger mußten mit gesellschaftlichen und damit staatlichen Interessen gleichgeschaltet sein.[52]

Im DDR-Verwaltungsrecht galt der Grundsatz: „Es kommt darauf an, die Beschlüsse der Partei der Arbeiterklasse, der SED, und die darauf beruhende Staatspolitik unserer Arbeiter-und-Bauern-Macht mittels weiterer Vervollkommnung der Leitungsfähigkeit der staatlichen Organe durchsetzen".[53] Entscheidungsträger hatten kaum eine juristische Vorbildung, deren Entscheidungen wurden nach Billigkeit unter Anleitung der übergeordneten Organe, also weitgehend ohne Eigen-

---

51 Huber (Bestandskraft), S. 194 verweist in diesem Zusammenhang auf die „Babelsberger Konferenz" von 1958 (Ulbricht, W.: Die Staatslehre des Marxismus/Leninismus und ihre Anwendung in Deutschland Protokollband 1958) und kommt zu dem Ergebnis, daß „das gesamte Verwaltungsrecht der DDR – theoretisch abgeschafft worden sei."

52 Vgl. zur Ausgangssituation in der ehemaligen DDR BT-Drucksache 12/7600 vom 27. 05. 1994, S. 77ff

53 GBl. DDR I, S. 253, siehe dazu Ausgabe mit Vorwort hrsg. v. Staatsverlag der DDR 1980

initiative, in Verfolgung gesellschaftlicher Interessen, jedoch nicht zur Verwirklichung der subjektiven Rechte des Bürgers getroffen.[54]

Die Entscheidung des Thüringer FG führt dazu aus: „Die Diskrepanz zwischen den Anforderungen an einen Rechtsstaat und der Realität bei der Ausübung der staatlichen Aufgaben in der DDR war den Vertragsparteien des EinigV bekannt. ... Sie haben sich, bestätigt durch Bundestags- und Volkskammerbeschlüsse, für den Vorrang der Rechtssicherheit gegenüber einer umfassenden Beachtung der Rechtsstaatsprinzipien entschieden.[55]

III. Fiktion des Art. 19 EinigV

Die vom EinigV übernommene Überleitungsregel des § 96 VwVfG und ähnliche Sonderregelungen zeigen das Grundverständnis der Vertragspartner des EinigV auf.[56] Hiernach wird das DDR-Verwaltungsverfahrensrecht als mit dem der Bundesrepublik „kompatibel“ angesehen.[57]

In der Begründung zu Art. 19 EinigV wird angeführt, daß mit dieser Bestimmung klargestellt werden soll, „daß die Wirksamkeit von Verwaltungsakten, die von Behörden der Deutschen Demokratischen Republik erlassen worden sind, grundsätzlich nicht mit dem Wegfall der erlassenen Körperschaft endet“.[58]

Möglicherweise blieb kein anderer politisch gangbarer Weg als der, die prinzipielle Vergleichbarkeit und damit Anpassungsfähigkeit der Rechtsordnung der beiden Staaten generell zu fingieren.[59]

F. Anwendung des Art. 19 EinigV auf Abgabenrecht und Interzonenhandel

I. Verbale Interpretation

Die Verwendung des Begriffs „Verwaltungsakt“ könnte dafür sprechen, den Anwendungsbereich des Art. 19 EinigV auf solche Maßnahmen der DDR-Behörden zu beschränken, die unter die Legaldefinition des Verwaltungsaktes nach § 35 VwVfG subsumiert werden könnten.[60] Die Folge dieser Interpretation bestünde darin, Wirksamkeit und Rechtswidrigkeit der Maßnahmen der früheren

54 Vgl. Bernet, in: DÖV 1991, S. 185

55 Thüringer FG, EFG 1994, S. 358, hier S. 359 sowie EinigV in BGBl. 1990 II S. 895

56 Vgl. Schäuble (Vertrag) S. 6, 150–153

57 Vgl. Stelkens (Fragen) S. 269; BT-Drucksache 11/7760 S. 364; Küffner/Neun (Steuerfragen) S. 451 verneinen eine „Kompatibilität beider Rechtsysteme“ und prägen in diesem Zusammenhang den Begriff der Transformationsfunktion“; vgl. hierzu auch FN 70

58 Vgl. Stelkens (Fragen) S. 266

59 Vgl. BFH vom 19. 05. 1993, BStBl. II 1993, S. 630, hier S. 632

60 So im Ergebnis OLG München, wistra 1993, S. 276 ff

DDR-Behörden nach bundesdeutschem Recht zu beurteilen.[61] Maßnahmen, die nach bundesdeutschem Recht nichtig wären, würden somit nicht von Art. 19 erfaßt.[62]

Doch schon der Wortlaut der Regelung bestätigt die Entstehungsgeschichte des Art. 19 EinigV, wonach die Fortgeltung von Verwaltungsentscheidungen ausschließlich unter dem Gesichtspunkt der Bewältigung geschehenen Unrechts des SED-Regimes zu überprüfen ist.[63]

Art. 19 EinigV bezeichnet im Tatbestand „Verwaltungsakte der Deutschen Demokratischen Republik". Der Begriff „Verwaltungsakt" war dem Verwaltungsrecht der DDR unbekannt.[64] In § 1 des Gesetzes über die Zuständigkeit und das Verfahren der Gerichte zur Nachprüfung von Verwaltungsentscheidungen[65] findet sich vielmehr der Begriff „Verwaltungsentscheidung".

Staatliche Einzelentscheidungen der früheren DDR wurden als Instrument der Durchsetzung von Klasseninteressen getroffen. Die Interessen des Individuums hatten sich den Interessen der „Klasse" anzugleichen. Das Verwaltungsverfahren nach dem Verständnis des bundesdeutschen Gesetzgebers ist dagegen von aktiver Mitwirkung des Bürgers zu seinem Rechtsschutz geprägt. Aufgrund materieller Bindungsfunktion vermittelt ein Verwaltungsakt Rechtssicherheit und im Verhältnis zum Bürger Vertrauensschutz.[66]

Dieser „Verwaltungsakt" ist materiell selbstverständlich nicht mit der „Einzelentscheidung" der früheren DDR identisch. In der bewußten Einfügung des bundesdeutschen Begriffs des Verwaltungsaktes und Übernahme seiner Rechtsfolgen auf das frühere Entscheidungssystem der DDR-Staatsorgane zeigen sich Inkompatibilität beider Rechtssysteme und Gefahr des Mißverständnisses beim Gebrauch bloßer Begriffe.[67] Die Unterschiede der Begriffsinhalte und Prämissen sind bei oft gleicher Wortwahl fundamental. Werden sie nicht gesehen, müssen sie in dem Prozeß des Zusammenwachsens zu Mißverständnissen führen.[68]

Von Art. 19 EinigV sind sämtliche hoheitlichen Maßnahmen (Verwaltungs- und Realakte) einer deutschen behördlichen Stelle in der Zeit vom 08. 05. 1945 bis

61 Huber (Bestandskraft), S. 195 schließt daraus: „Eine umfassende Wiederaufnahme sämtlicher belastender Verwaltungsentscheidungen aus 40 Jahren DDR-Geschichte beabsichtigt der Vertrag dagegen nicht. Sie hätte auch die Leistungsfähigkeit der in den neuen Ländern erst aufzubauenden Verwaltung weit überfordert."

62 So OLG München, wistra 1993, S. 277

63 Vgl. Stern/Schmidt-Bleibtreu (Verträge) S. 52, 71

64 Huber (Bestandskraft) S. 194 führt dazu aus: „Das DDR-Recht kannte unterschiedliche Formen von „Entscheidungen der Staatsorgane" und differenzierte insoweit zwischen normativen und aufgabenstellenden Entscheidungen, Weisungen und Einzelentscheidungen, die u.a. auch als Verfügungen bezeichnet wurden." Vgl. auch Autorenkollektiv (Verwaltungsrecht), S. 122ff

65 DDR GNV i.d.F. vom 14. 12. 1988, GBl. DDR I 1988, S. 327 und i.d.F. vom 28. 06. 1990, GBl. DDR I 1990, S. 595

66 Vgl. Kopp (Verwaltungsverfahrensgesetz) § 35 Rn. 3

67 Bönninger (Theorie), S. 102 sowie Blümel/Bernet (Verwaltungsverfahrensrecht), S. 3ff

68 Stelkens (Fragen) S. 266ff; Stelkens (Verwaltungsgerichtsbarkeit) S. 308

02. 10. 1990 umfaßt. Diesen gleichgestellt sind Maßnahmen der SED und der von ihr beherrschten gesellschaftlichen Organisationen.[69] Die zum Vertragstext gehörende Überschrift zu Art. 19 („Entscheidungen der öffentlichen Verwaltung") stützt diese Auslegung.[70]

II. Teleologische Interpretation

Wie bereits die amtliche Begründung zu Art. 19 EinigV ausführt, sollten frühere „Verwaltungsakte" nur dann unwirksam sein, soweit dies der Vertrag oder eine andere Rechtsvorschrift bestimmten. Im Ergebnis wollten die Vertragsparteien alle Verwaltungsentscheidungen der früheren DDR übernehmen.[71] Stelkens Meinung ist zu folgen, daß der Begriff der Verwaltungsentscheidung am ehesten als ein dem bundesdeutschen Verwaltungsakt vergleichbares Institut gedacht gewesen dürfte.[72]

III. Zwischenergebnis

Der Begriff „Verwaltungsakt der Deutschen Demokratischen Republik" ist im Sinne der „Verwaltungsentscheidung" nach § 1 DDR-GNV auszulegen. Dem sind Maßnahmen der SED und der von ihr beherrschten gesellschaftlichen Institutionen gleichzusetzen. Ohne Rücksicht auf Rechtmäßigkeit wurden alle DDR-Verwaltungsentscheidungen durch den Einigungsvertrag in bundesdeutsches Recht übertragen, so daß sie – vorbehaltlich Art. 19 Satz 2 EinigV – bestandskräftig bleiben.[73]

G. Genehmigung von Warenbezügen als Verwaltungsakte

I. Das Genehmigungsverfahren

Die DDR betrachtete den Handel mit der Bundesrepublik grundsätzlich als Außenhandel.[74] Dieser „innerdeutsche Handel" war Staatsmonopol der DDR.[75] Er wurde von den staatlichen, vom Ministerium für Außenhandel (MAH) autorisierten Außenhandelsbetrieben (AHB) wahrgenommen.[76]

Der DDR kam in Art. XII des Berliner Abkommen[77] die Pflicht zu, unerlaub-

69 Vgl. Heitmann (Probleme) S. 2180
70 Thüringer FG vom 03. 11. 1993, EFG 1994, 358
71 Vgl. Zweites Gesetz zur Bereinigung von SED-Unrecht vom 23. 06. 1994, BGBl. I 1994, S. 1311; v. Welck (SED-Unrechtsbereinigungsgesetz) S. 236; Leutheuser-Schnarrenberger, in: DtZ 1993, S. 163: „Ausgangspunkt ist Art 19. Nach dieser Vorschrift bleiben verwaltungsrechtliche Entscheidungen der ehemaligen DDR grundsätzlich bestandskräftig".
72 Vgl. Stelkens (Fragen) S. 269
73 Vgl. BMF-Schreiben vom 08. 08. 1991, BStBl. I 1991, S. 793 sowie Huber (Bestandskraft), S. 195
74 BT-Drucksache 12/7600 vom 27. 05. 1994, S. 82
75 BT-Drucksache 12/7600 vom 27. 05. 1994, S. 79
76 Haft/Wicki (Staatshandel), S. 41
77 Siehe FN 45

ten Handel zu unterbinden. Dies war den Außenhandelsbetrieben übertragen.[78] Im Rahmen der ihnen vorgegebenen Außenhandelspläne schlossen sie Lieferverträge mit Abnehmern aus der Bundesrepublik ab.[79] Sie waren einerseits autonome Handelspartner und andererseits staatliches Vollzugsorgan.[80] Sie entschieden, ob im konkreten Fall der „Ursprungsbegriff" erfüllt war und vollzogen entsprechende Genehmigungsverfahren.

Im Berliner Abkommen hatten sich die Vertragsparteien in Art. 1 Nr. 1 verpflichtet, Bezug und Lieferung von Waren, die in den Warenlisten der Anlagen 1, 2, 3 und 4 aufgeführt sind, zu genehmigen. Die Vertragsparteien wollten sich um eine „volle Inanspruchnahme der Abkommenswerte bemühen."

Für den Warenbezug war ein „Warenbegleitschein" (Aussteller DDR-Lieferant und Genehmigung DDR-Behörde) zu erstellen.[81] Anlage 9 des Berliner Abkommens bestimmte:

„II.

... Der genehmigte Warenbegleitschein stellt die Genehmigung zur Verbringung von Waren aus den Währungsgebieten der DM-Ost in die Währungsgebiete der DM-West dar ...

II. Nr. 1

Maschinenschriftliche Änderungen des Warenbegleitscheins müssen von der genehmigenden DDR-Behörde bestätigt sein, Änderungen in der Spalte 18 müssen von einer siegelführenden DDR-Behörde bestätigt sein."

II. Nr. 14

Die Spalte „genehmigt" muß enthalten ... bei Warenbegleitscheinen, die durch die Behörden der Währungsgebiete Ost genehmigt wurden: Trockensiegel und Unterschrift.

Das Berliner Abkommen war somit Grundlage für autonome Verwaltungsgenehmigungen der zuständigen Behörden der Vertragsparteien.

Eine sonst im Rahmen von vergleichbaren bilateralen Abkommen vereinbarte Zusammenarbeit von Staaten zur Überprüfung von Ursprungszeugnissen war im Berliner Abkommen ersetzt durch das „Genehmigungsverfahren bei Warenbezügen". Die Bundesrepublik tolerierte trotz intensiver Kontrollen diese DDR-Behandlungen.[82] Sie hielt sich an den den Aufdruck „Auslandsware".

---

78 Siehe FN 74
79 BT-Drucksache 12/7600 vom 27. 05. 1994, S. 84
80 Haft/Wicki (Staatshandel) S. 43
81 Siehe FN 78
82 BT-Drucksache 12/7600 vom 27. 05. 1994, S. 225; vgl. auch BT-Drucksache 12/7650 vom 27. 05. 1994, S. 17. Danach ergeben sich aus dem politischen Kontext auch durchaus Hinweise für eine aktive Unterstützung."

II. Rechtliche Beurteilung

Als staatliche Vollzugsorgane waren die Außenhandelsbetriebe Behörden der DDR. Ihnen oblag die Ausübung staatlichen Machtmonopols.[83] Sie führten auch das Genehmigungsverfahren zum Berliner Abkommen durch. Nach ihrer Genehmigung wurde dort der „Warenbegleitschein-Ost“ ausgestellt. Die Ware wurde mit diesem Papier bei einer westlichen Grenzkontrollstelle problemlos abgefertigt.[84]

Als Verwaltungsakt „Bescheid mit Warenursprung“ ist der „Warenbegleitschein-Ost“ eine Verwaltungsentscheidung. Das Genehmigungsverfahren „Warenbegleitschein-Ost“ endete in der Regelung eines Einzelfalls. Denn dadurch wurde ein Rechtsverhältnis verbindlich und in einer der Rechtsbeständigkeit tragenden Weise festgestellt. Dies gilt auch, wenn durch Verwaltungsakt für die entsprechenden Feststellungen keine ausdrückliche Rechtsgrundlage besteht.[85] Solchen Verwaltungsakten kommt unmittelbare Rechtserheblichkeit durch die mit ihnen verbundene erhöhte Beweiswirkung zu.[86]

Gleiches muß für die von der „Kammer für Außenhandel der Deutschen Demokratischen Republik“ ausgestellten Ursprungszeugnisse gelten.[87] Wortlaut und Zusammenhang, in denen die Genehmigung erfolgte, lassen keinen anderen Schluß zu. Der Warenbegleitschein-Ost war für die bundesdeutschen Behörden Nachweis der „Genehmigung“ der DDR-Behörden über Ursprung und Ausfuhr aus der DDR.

Aus der rechtlichen Beurteilung von Genehmigungsverfahren und Erteilung des Warenbegleitscheins-Ost folgt unmittelbare Anwendung des Art. 19 Satz 1 EinigV. Diese DDR-Verwaltungsakte sind nach Beitritt der DDR in der Bundesrepublik wirksam. Ihre Rechtsfolgen sind durch Gesetz in bundesdeutsches Recht transformiert.[88]

---

83 Müller/Wabnitz (Drittlandsware) S. 156 führen dazu aus: „Um gegenüber den Ländern mit freier Marktwirtschaft den Anschein zu erwecken, daß es sich bei den Außenhandelsvertragspartnern nicht um eine staatliche Stelle, sondern um ein Wirtschaftsunternehmen handle, wurde für bestimmte Außenhandelsbetriebe die Rechtsform der GmbH geschaffen. Hinter diesem Scheingebilde verbirgt sich aber in Wahrheit ein nach staatlichen Anordnungen handelnde Institution, die organisatorisch ihre Spitze im Minister für Außenhandel, bzw im Ministerrat der DDR hat.“

84 Ehlermann/Kupper/Lambrecht/Ollig (Handelspartner) S. 198

85 BVerfGE 41, S. 277

86 Kopp (Verwaltungsverfahrensgesetz) § 35 Rn. 3

87 Die BT-Drucksache 12/7600 formuliert auf S. 225 A.V „Sonderstatus und Bedeutung des innerdeutschen Handels für die DDR“ wie folgt: „Zu den häufigen Verstößen im innerdeutschen Handel gehörte es auch. Im Zusammenhang stand damit die illegale Praxis des Fälschens von Ursprungszeugnissen und Frachtpapieren. So wurden Waren ausländischen Ursprungs als DDR-Waren deklariert und über den innerdeutschen Handel in die Bundesrepublik verbracht.“

88 BVerfGE 41, S. 277

III. Kein Verstoß gegen rechtsstaatliche Grundsätze

Maßgebend für die Transformation von „DDR-Verwaltungsakten" kann wohl nur das Rechtsstaatsprinzip als eine vorverfassungsmäßige Leitidee sein, die losgelöst von einzelnen Bestimmungen des Grundgesetztes als allgemeiner Rechtssatz Geltung beansprucht.[89]

Wesentliches Element der Rechtsstaatlichkeit ist nicht nur die materielle Gerechtigkeit, sondern auch die formelle Komponente der Rechtssicherheit und damit die Verläßlichkeit dieser Rechtsordnung.[90] Grundsätzlich ist es Aufgabe des Gesetzgebers zu entscheiden, in welchen Fällen das Spannungsverhältnis zwischen materieller Gerechtigkeit einerseits und der Forderung nach Rechtssicherheit andererseits nach der einen oder der anderen Seite zu lösen ist.[91]

Prinzipiell haben sich die Partner des Einigungsvertrages, wie sich aus den Sätzen 1 und 3 des Art. 19 EinigV ergibt, für den Vorrang der formellen Komponente der Rechtssicherheit entschieden.[92] Denn schon nach der Meinung von Dürr sollen vor des Beitritts ergangene Verwaltungsakten der DDR-Behörden wirksam bleiben und in Bestandskraft erwachsen.[93]

1. Rechtssicherheit vor materieller Gerechtigkeit

Bundesdeutsche Unternehmer waren auf die Rechtssicherheit der Verwaltungsentscheidungen der DDR angewiesen. Nur wenn der Warenbegleitschein-Ost von DDR-Behörden ausgestellt und so verbeschieden war, konnte die Ware im Rahmen des innerdeutschen Handels bezogen werden. Kalkulatorische und vertragliche Verpflichtungen bedingten verwaltungsbehördliche Verläßlichkeit, sollten ungeahnte Risiken aus deutsch-deutschem Handel nicht auf Unternehmer zufallen.[94]

Die frühere DDR war auch aus der Sicht der Bundesrepublik Deutschland Staats- und Völkerrechtssubjekt.[95] Die DDR konnte autonom ihren Warenursprung erklären und die Warenbezüge genehmigen.[96]

Dem entsprach auch die Realität. Bereits 1976 schrieb Biskup als bundesdeut-

---

89 BVerwGE 57, S. 162; vgl. auch Kopp (Verwaltungsverfahrensgesetz) § 35 Rz. 36

90 Tipke (Steuerrechtsordnung) S. 147

91 Das Bundesverfassungsgericht führt in dem Beschluß vom 15. 10. 1990, in: HFR 1991, S. 451 aus: „Das Gebot des Vertrauensschutzes ist im Rechtstaatsprinzip mit Verfassungsrang verankert ... Der Bürger soll die ihm gegenüber möglichen staatlichen Eingriffe voraussehen können und sich dementsprechend einrichten können (vgl. BVerfGE 13, S. 261, 271). Daher schützt die Verfassung grundsätzlich das Vertrauen darauf, daß die mit abgeschlossenen Tatbeständen verknüpften Rechtsfolgen anerkannt bleiben (vgl. BVerfGE 30, 367, 368)..." ; vgl. auch BVerwGE 37, S. 104

92 Thüringer FG vom 03. 11. 1993, EFG 1994, S. 385

93 Vgl. Dürr (Aufhebung) S. 479

94 Heute aus später Erkenntnis formulieren die Parlamentarier in der BT-Drucksache 12/7600, S. 225: „Die Spielräume für Gewinne und Provisionszahlungen wurden von den an den illegalen Geschäften beteiligten Unternehmen in der Bundesrepublik Deutschland und der DDR genutzt."

95 Vgl. BVerfG, Beschluß vom 26. 02. 1969, BVerfGE 25, S. 269 sowie S. 290

96 Vgl. Dürr (Aufhebung) S. 483

scher Autor in „Deutschlands offene Handelsgrenze“:[97] „Die Lieferungen der DDR von „rohen Ölen“, die wegen der vielfältigen Aufschlüsse ausführlicher dargestellt wurden, sind ein weiteres Beispiel für zusätzliche Vorteile, wie sie die DDR im Rahmen des Berliner Abkommens von 1951 und darüber hinaus aufgrund des EWG-Protokolls über den innerdeutschen Handel wahrnimmt.

Es zeigt sich dabei auch, daß die Zugehörigkeit der beiden Teile Deutschlands zu unterschiedlichen wirtschaftlichen und politischen Zusammenschlüssen einerseits und die Fiktion des gemeinsamen Zollgebiets andererseits für die DDR gleichermaßen Voraussetzung und Veranlassung ist, den Spielraum der ihr gewährten Präferenzen bis zur Grenze der Legalität und sogar darüber hinaus – zugunsten dritter RGW-Staaten – auszunutzen.“

Die unterschiedliche Beurteilung eines Sachverhalts aufgrund andersartiger Rechtssysteme und Entscheidungsvoraussetzungen eröffnet planmäßig den Anwendungsbereich des Art. 19 EinigV. Denn dadurch wurde die Fortgeltung der DDR-Verwaltungsentscheidungen angeordnet, unabhängig von ihrer bis zum Zeitpunkt des Beitritts zu beurteilenden Rechtmäßigkeit.

Dies ist auch Auffassung der Finanzverwaltung. Denn die Einführung des Maßstabes der rechtsstaatlichen Grundsätze„ in Art. 19 Satz 2 EinigV bedeutet nicht, Verwaltungsentscheidungen der ehemaligen DDR am Maßstab des Rechtsstaats im Sinne des Grundgesetzes auf ein anderes System zu übertragen. Steuerverwaltungsakte, die auf Bestimmungen der ehemaligen DDR beruhen, können demnach nur aufgehoben werden, wenn sie elementaren Anforderungen an Gerechtigkeit, Rechtssicherheit und Verhältnismäßigkeit nicht genügen.[98]

2. Kein Vollzug von „DDR-Unrecht“

Das Genehmigungsverfahren und die Verwaltungsentscheidung durch Ausstellen eines Warenbegleitscheins-Ost waren kein „Vollzug von DDR-Unrecht“. Die frühere DDR konnte im Rahmen des Berliner Abkommens als souveräner Staat Warenbegleitscheine ausstellen. Das Berliner Abkommen ist Grundlage für autonome Verwaltungsgenehmigungen, die in allgemeiner Form durch die zuständigen Behörden der Vertragsparteien erteilt werden konnten.

Die frühere DDR hatte ihr „Verwaltungsverfahren“. Die Bundesrepublik hatte ihrerseits die Möglichkeit, die Übereinstimmung der Ware mit den Angaben im Warenbegleitschein-Ost an der Grenzkontrolle zu überprüfen. Bei Zweifeln über die Ursprungseigenschaft oder auch nur über die Auslegung des Ursprungsbegriffes konnte das vorgesehene Kontrollverfahren aufgenommen werden.[99]

---

97 Biskup (Handelsgrenze) S. 177

98 Vgl. FN 72

99 Vgl. hierzu in BT- Drucksache 12/7600, S. 227 die Beispiele für die Umgehung von Vorschriften des innerdeutschen Handels Umgehungsgeschäfts mit Textilien und die erfolgten Maßnahmen der Bundesregierung.

Es ist kein einziger Fall bekannt geworden, in dem dies geschehen wäre. Allzu sehr war man – aus politischen Motiven heraus – daran interessiert, den Warenverkehr mit der DDR zu fördern, keinesfalls aber durch zusätzliche Auslegungen von Zoll- oder Interzonenvorschriften dadurch zu behindern",[100] daß der fehlende Aufdruck „Auslandsware“ hinterfragt wurde.

3. Grenzen des Rückwirkungsverbots

Art. 19 Satz 2 EinigV muß als rechtsstaatlich akzeptable Grenze des Rückwirkungsverbotes verstanden werden. Art. 19 EinigV läßt zwar die Vorschriften über die Bestandskraft von Verwaltungsakten, also über Rücknahme oder Widerruf bspw. nach AO oder VwVfG unberührt, kann aber nicht gegen das höherrangige, nämlich verfassungsmäßige Rückwirkungsverbot ausgelegt werden.[101] Bereits bei der Bewertung nationalsozialistischen Rechts und Unrechts hatte das Bundesverfassungsgericht differenziert: nicht jeder nationalsozialistischen Rechtssetzung sollte die Geltung als Recht abgesprochen werden, sondern dies erst ab einer Grenze des äußersten Maßes schlechthin nicht mehr zu beachtenden Unrechts.[102]

4. Kein Verstoß gegen sonstiges Recht

Ein Verstoß gegen den aus dem Rechtsstaatsprinzip abgeleiteten Grundsatz des Gesetzesvorbehalts liegt nicht vor. Die jeweilige Ursprungsfeststellung wurde durch die DDR-Behörden aufgrund der Bestimmungen des Berliner Abkommens erteilt. Soweit nach heutigem bundesdeutschen Verständnis das DDR-Genehmigungsverfahren unvereinbar mit dem Vorbehalt des Gesetzes sein sollte, greift Art. 19 Satz 1 EinigV.

H. Frühere höchstrichterliche Rechtsprechung und neue Rechtslage

I. Thesen der früheren Rechtsprechung

1. Das BFH-Urteil vom 29. 06. 1982[103]

Der BFH argumentierte damals, daß das Gebiet der DDR zum „Zollgebiet“ i. S. d.

100 Vgl. Interzonenhandelsverordnung i. d. F. v. 19. 07. 1951, BGBl. I 1951, S. 463 und Verordnung zur Durchführung der IZHV i. d. F. v. 01. 03. 1979 Beilage Bundesanzeiger Nr. 47 vom 08. 03. 1979 und BT-Drucksache 12/7650, S. 16. Die Ausschußminderheit des Untersuchungsausschusses des Bayerischen Landtags führt dazu aus:"...Da die Grenzkontrollstellen von den Bezugsgenehmigungen die Mengen nur aufgrund der in den Begleitpapieren angegebenen Gewichte abgeschrieben haben und keine eigenen Wiegungen durchgeführt haben...", in: Schlußbericht des Untersuchungsausschusses des Bayerischen Landtags Drucksache 12/16598, S. 51

101 Vgl. Schröer (Überprüfung) S. 179

102 BVerfGE 6, S. 132, hier S. 198 ff.

103 BFH vom 29. 06. 1982, in: NJW 1983, S. 2349

Abs. 1 Satz 1 ZollG gehörte.[104] Eine aus dem Zollausland in die DDR eingeführte Ware werde Zollgut nach deren §§ 5 Abs. 2 Satz 2 und Abs. 3 Nr. 1 ZG.

Zur zollamtlichen Freigabe für die Bundesrepublik seien jedoch nur die Bundesfinanzbehörden „befugt".[105] Die Zollbehandlung seitens der DDR-Zollbehörden sei alleine unbeachtlich.[106] Eine Ausnahme ergebe sich für Waren, die in der DDR gewonnen oder hergestellt worden seien. Diese fielen unter Art. 18 des Berliner Abkommens in Verbindung mit dem Protokoll vom 16. 08. 1960. Demnach verdränge Interzonenrecht das Zollrecht.

2. Das BGH-Urteil vom 22. 04. 1983[107]

Der BGH war der Ansicht, die Bundesrepublik sei nicht verpflichtet, eine möglicherweise in der DDR angeordnete zollamtliche Freigabe anzuerkennen. Die innerdeutsche Grenze werde nicht dadurch zur Zollgrenze, daß die Bundesrepublik Eingangsabgaben für eingeführte Auslandswaren erst dort erhebt, weil die Beschränkung ihrer Hoheitsgewalt auf das eigene Staatsgebiet es ihr unmöglich mache, die Abgaben bereits bei Verbringen der Ware in den Teil ihres Zollgebiets zu fordern, der zur DDR gehört.

Insbesondere sei die Anerkennung von DDR Zollverwaltungsakten unvereinbar mit der Stellung als Mitglied der EWG.[108] Der Schutz der EWG erfordere eine unabhängig handelnde Bundesrepublik Deutschland.[109]

3. Stellungnahme

Die Argumentationen von BFH und BGH zeigen, daß die Urteile noch auf damals gegebener Nichtbeachtung des „Verwaltungshandelns" der DDR basierten. In den Urteilen wurden „Ursprungsnachweise" nicht einmal erwähnt.

Diese Argumentation des BFH , die heute noch von den Finanzbehörden in Fällen des § 26 Abs. 4 UStG a.F. vertreten wird, ist auch aus sachlichen Gründen

104 Vgl. hierzu BVerfGE 36, S. 1

105 Vgl. Art. 108 Abs. 1 GG, §§ 1 Nr. 4, 12 Abs. 2 FVG

106 Zu den Hintergründen dieser Entscheidung vgl. BT-Drucksache 12/7600, S. 227. Danach war Hintergrund dieser Textilgeschäfte die Regelungen des Welttextilabkommens (WTA), die 1974 in Kraft getreten waren. Waren die ausländischen Textilien in der DDR zu DDR-Ware umdeklariert worden, so konnte die „Non Quota-Ware" im innerdeutschen Handel in die Bundesrepublik Deutschland eingeführt werden.

107 BGH vom 22. 04. 1983, in: NJW 1983, S. 2335

108 Vgl. hierzu EuGH vom 27. 09. 1979 – Rs 23/79, in: NJW 1980, S. 1214: Die Deutsche Demokratische Republik gilt als ein nicht zur Gemeinschaft gehörendes Gebiet, das aber im Verhältnis zur Bundesrepublik Deutschland auch nicht den Charakter eines Drittlandes hat. Demgemäß kann die Bundesrepublik Deutschland Gemeinschaftsrecht in allen Fällen, in denen es den Handel der Gemeinschaft mit Drittländern regelt, als auf den innerdeutschen Handel unanwendbar betrachten.

109 Vgl. hierzu Sonderstatus des innerdeutschen Handels durch eine Ergänzung des Torquay Protokolls zum allgemeinen Zoll- und Handelsabkommen (GATT) von 1951, in: BT-Drucksache 12/7600, S. 84

für die Umsatzsteuer nicht mehr anwendbar, da diese Urteile für die Frage des Ursprungs ohne Bedeutung sind.

Darüber hinaus sind beide Urteile von der deutsch-deutschen Geschichte heute überholt. Die Vertragsparteien haben in Art. 19 EinigV das Fortbestehen von Verwaltungsentscheidungen der DDR geregelt. Sie haben diese Verwaltungsentscheidungen sogar in jetziges Recht transformiert. Den Vertragsparteien war wohl bewußt, daß die DDR die gemeinsame Zugehörigkeit zu unterschiedlichen wirtschaftlichen und politischen Zusammenschlüssen und den innerdeutschen Handel früher dazu genutzt haben könnte den zu ihren und dritter RGW-Staaten Gunsten bestehenden Spielraum im Rahmen des innerdeutschen Handels auszunutzen.

Liegen „Warenbegleitscheine Ost" vor, so ist die Bundesrepublik daran gebunden. Es kann nicht angehen, bundesdeutsche Unternehmer für ehedem einseitig DDR-staatlich gesteuertes Unrecht nachträglich zu belangen.

I. Zusammenfassung

Mit dem Grundlagenvertrag vom 21. 12. 1972[110] hatten sich beide deutsche Staaten insoweit anerkannt, daß die Beziehungen als „inter-se" Beziehungen zu qualifizieren seien. Der Vertrag wurde als verfassungskonform vom BVerfG mit Urteil vom 31. 07. 1973 bestätigt.[111]

Nach dem Beitritt der DDR wurde in Art. 19 EinigV geregelt, daß alle Verwaltungsentscheidungen der DDR in das jetzige Recht der „erweiterten" Bundesrepublik Deutschland transformiert werden.

Ausgangssituation für Art. 19 EinigV war auf seiten der DDR ein Verwaltungsrecht unter der Diktion der sozialistischen Gesetzlichkeit. Daraus folgt, daß Art. 19 EinigV Verwaltungshandeln der DDR im weitesten Sinne umfaßt.

Das Genehmigungsverfahren im innerdeutschen Handel schaffte mittels der Ausstellung des Warenbegleitscheines-Ost laufend Verwaltungsentscheidungen. Die DDR-Behörden legten dabei zulässigerweise ihren eigenen Ursprungsbegriff zugrunde. Ein Verstoß gegen rechtsstaatliche Grundsätze i.S.v. Art. 19 Satz 2 EinigV liegt nicht vor.

Die Vertragsparteien des Einigungsvertrags haben sich für den Vorrang der Rechtssicherheit entschieden.

Die DDR war aus der Sicht der Bundesrepublik als Staats- und Völkerrechtssubjekt eigenständig. Ein faktisches Ausreizen des Spielraums für die gebotenen Präferenzen durch das Berliner Abkommen und EWG-Protokoll[112] waren der Bundesrepublik und der EG bestens bekannt.[113]

---

110 BGBl. II 1973, S. 423

111 Weitere Quellen vgl. v. Münch (Grundgesetz) Art. 59 Rdw. 20

112 Vgl. Rau (Umsatzsteuergesetz) Rz. 32

113 Vgl. hierzu die Kenntnisse der Bundesregierung, zusammenfassend in: BT-Drucksache 12/7600, S. 229 „Verhalten staatlicher Stellen in der Bundesrepublik Deutschland" und BT-Drucksache 12/7650 S. 21 „Das Wissen der Bundesregierung über die Aktivitäten des Bereiches kommerzielle Koordinierung".

Ermittlungen seitens der Bundesrepublik Deutschland nach der Wende können nicht dazu führen, das dortige Genehmigungsverfahren plötzlich allein nach bundesdeutschem Maßstab zu beurteilen. Alle befaßten bundesdeutschen Behörden hatten bedingte Kenntnis über das DDR-Vorgehen im innerdeutschen Handel. Nach dem BMF Schreiben vom 08. 08. 1991 verbietet sich eine „Aufhebung“ von DDR-Verwaltungsakten.

Bloße „Genehmigungen“ stellen auch keinen Vollzug von DDR-Unrecht dar. Das Berliner Abkommen stellte es beiden Staaten frei, ihren Ursprungsbegriff zu bestimmen. Das Rückwirkungsverbot verbietet eine nachträgliche Aufhebung solcher DDR-Genehmigungen. Ein Verstoß gegen sonstiges Recht im Sinne des Art. 19 Satz 2 EinigV liegt nicht vor.

Die Rechtsprechung des BFH zum innerdeutschen Handel ist gesetzlich durch den Beitritt überholt. Judikative und Exekutive müssen die Entscheidung des Gesetzgebers akzeptieren, daß Verwaltungsentscheidungen der früheren DDR in einigungsvertragliches Recht transformiert wurden. Bundesdeutsche Unternehmer können nicht dafür bestraft werden, daß sie auf die Bestandskräftigkeit der Warenbegleitscheine vertrauten, die den Ursprung in der DDR versicherten. Bundesdeutsche Behörden verhalten sich ungesetzlich und treuewidrig, wenn sie heute die deutsch-deutsche Vergangenheit ohne historisch gewachsenes Verständnis und blind vor politischem Wandel ausdeuten.

Literaturverzeichnis

Autorenkollektiv (Verwaltungsrecht): Verwaltungsrecht der DDR, Lehrbuch 2. Aufl., 1988

Bayerischer Landtag-Drucksache 12/16589, S. 51

Beilage zum Bundesanzeiger Nr. 32 vom 15. 02. 1961

Beilage zum Bundesanzeiger Nr. 97 vom 24. 05. 1973, BStBl. I 1973, S. 532–540

Bernet, W. Vom Staatsdienst zum Öffentlichen Dienst, in: DÖV 1991, S. 185

BFH-Urteil vom 19. 05. 1993, BStBl. II 1993, S. 360ff

BFH-Urteil vom 19. 07. 1984 V R 84/80 (nicht veröffentlicht), Leitsätze, in: UStR 1984, S. 284

BFH-Urteil vom 29. 06. 1982 – V II R 68/78, in: NJW 1983, S. 2349

BGH-Urteil vom 22. 04. 1983 – StR 420/82, in: NJW 1983, S. 2335

Blümel, W./Bernet, W. (Hrsg.) (Verwaltungsverfahrensrecht): Verwaltungsverfahrensrecht und Verwaltungsprozessrecht, Speyer 1990

Biskup, R. (Handelsgrenze): Deutschlands offene Handelsgrenze, Frankfurt 1976

BMF-Schreiben vom 08. 08. 1991, IV A5-S 0350 22/91, BStBl. I 1991, S. 793–794

BMWF-Schreiben vom 06. 09. 1971, BStBl. I 1971, S. 407

Bönninger, R. (Theorie): Theorie des Verwaltungsrechts im administrativen System und im demokratischen Rechtsstaat, in: NJ 1990, S. 102

BVerfG: Beschluß des Ersten Senats vom 23. November 1951 gem. § 24 BVerfGG – 1 BvR 208/51, in: BVerfGE 1, S. 82–85

BVerfG: Beschluß des Ersten Senats vom 19. Februar 1957 – 1 BvR 357/52, in: BVerfGE 6, S. 132–222

BVerfG: Beschluß des Zweiten Senats vom 15. März 1960 – 2 BvG 1/57, in: BVerfGE 11, S. 7–22

BVerfG: Urteil des Zweiten Senats vom 19. Dezember 1961 – 2 BvL 6/59, in: BVerfGE 13, S. 261–274
BVerfG: Beschluß des Zweiten Senats vom 25. Juli 1962 – 2 BvL 4/62, in: BVerfGE 14, S. 245–254
BVerfG: Beschluß des Zweiten Senats vom 26. Februar 1969 – 2 BvL 15, 23 in: BVerfGE 25, S. 269–295
BVerfG: Beschluß des Zweiten Senats vom 15. Juli 1969 – 2 BvF 1/64, in: BVerfGE 26, S. 338–400
BVerfG: Beschluß des Zweiten Senats vom 27. Mai 1970 – 2 BvR 578/69, in: BVerfGE 28, S. 378–386
BVerfG: Beschluß des Zweiten Senats vom 23. März 1971 – 2 BvL 2/66, 2 BvR 168, 196, 197, 210, 472/66, in: BVerfGE 30, S. 367–392
BVerfG: Urteil des Zweiten Senats vom 31. Juli 1963 – 2 BvF 1/73, in: BVerfGE 36, S. 1–37
BVerfG: Beschluß des Zweiten Senats vom 8. Mai 1974 – 2 BvR 636/72, in: BVerfGE 37, S. 201–216
BVerfG: Beschluß des Ersten Senats vom 10. Februar 1976 – 1 BvL 8/73, in: BVerfGE 41, S. 269–291
BVerfG: Beschluß des Zweiten Senats vom 8. August 1978 – 2 BvL 8/77, in: BVerfGE 49, S. 89–147
BVerfG: Beschluß des Ersten Senats vom 14. November 1984 – 1BvR 14, 1642/82, in: BVerfGE 68, S. 256–272
BVerfGE 71, S. 114
BVerfG: Beschluß des Ersten Senats vom 14. Juli 1987 – 1 BvR 537/81, 195/87, in: BVerfGE 76, S. 171–196
BVerwG: Urteil des IV. Senats vom 22. Januar 1971 – BVerwG IV C 94.69, in: BVerwGE 37, S. 103–107
BVerwG: Urteil des 8. Senats vom 6. Dezember 1978 – BVerwG I 24.78, in: BVerwGE 57, S. 158–168
BT-Drucksache 10/3176 vom 12. 04. 1985
BT-Drucksache 12/7600 vom 27. 05. 1994
BT-Drucksache 12/7650 vom 27. 05. 1994
Bundesanzeiger Beilage Nr. 37, S. 18ff
Bundesanzeiger Nr. 137 vom 25. 07. 1984, BStBl. I 1984, S. 425
Bundesanzeiger Nr. 168 vom 26. 09. 1951
Bunjes, J./Geist, R. (Umsatzsteuergesetz): Umsatzsteuergesetz, 3. Aufl., München 1990
Carl, D./Klos, J .(Erlaß): Der Erlaß im Steuerrecht, in: NWB, Fach 2, S. 6199–6216
Dürr, U. (Aufhebung): Die Aufhebung rechtsstaatswidriger Steuerverwaltungsakte der früheren DDR-Steuerbehörden, in: INF 1993, S. 479–483
Ehlermann, C.-D./Kupper, S./Lambrecht, H./Ollig, G. (Handelspartner): Handelspartner DDR – Innerdeutsche Wirtschaftsbeziehungen, Baden-Baden 1975
Einigungsvertrag vom 31. 08. 1993, BGBl. II 1993, S. 889
EuGH-Urteil vom 27. 09. 1979-Rs 23/79, in: NJW 1980, S. 1214
FG Hamburg vom 28. 06. 1978, EFG 1979, S. 52–55
FG Leipzig vom 15. 06. 1993, EFG 1993, S. 562–565
Grundlagenvertrag vom 21. 12. 1970, BGBl. II 1973, S. 423–430
Haft, F./Wicki, L. (Staatshandel): Der Staatshandel in der ehemaligen DDR mit der BRD und dem übrigen Ausland, in: SJZ 3/1994, S. 38
Hartmann/Metzenmacher (Umsatzsteuergesetz): Umsatzsteuergesetz, 7. Aufl., Berlin 1991

Heitmann, S. (Probleme): Justizpraktische und justizpolitische Probleme der Deutschen Einheit – eine Zwischenbilanz für den Freistaat Sachsen, in: NJW 1992, S. 2177–2185
HessStGH, ESVGH 20, S. 220
Huber, P.M. (Bestandskraft): Die Bestandskraft der von den Zollbehörden der DDR verfügten zollrechtlichen Abfertigungen und zollamtliche Freigaben, in: ZfZ 1994, S. 194
Hünnekens, H. (Umsatzsteuer): Die Umsatzsteuer im innerdeutschen Handel, in: DB 1984, S. 1898–1902
Interzonenhandelsverordnung i.d.F. vom 19. 07. 1951, BGBl. I 1951, S. 463
Kopp, F.O. (Verwaltungsverfahrensgesetz): Verwaltungsverfahrensgesetz, 5. Aufl., München 1991
Kremmerskothen, H.-D. (Buchnachweis): Buchnachweis für USt-Vergünstigungen im innerdeutschen Waren und Dienstleistungsverkehr, in: BBK , Fach 6, S. 839–842
Küffner, P./Neun, J. (Steuerfragen): Offene Steuerfragen der deutsch-deutschen Einigung, in: DStR 1994, S. 451–456
Leutheuser-Schnarrenberger, S., in: DtZ 1993, S. 163
OFD Saarbrücken, in: StEK, UStG § 26, S. 325
OLG München: Beschluß des 3. Senats vom 30. Juni 1993 – 3 Ws 177/93, in: wistra 1993, S. 276–277
Ollig, G. (Grundlagen): Rechtliche Grundlagen des innerdeutschen Handels, Baden-Baden 1975
Müller, R./Wabnitz, B. (Drittlandsware): Zoll- und Einfuhrumsatzsteuerhinterziehung beim Verbringen von Drittlandsware über das Gebiet der Bundesrepublik, in: NJW 1981, S. 155–157
Münch, I.v. (Grundgesetz): Grundgesetz-Kommentar, Band 2, 2. Aufl. 1983
Plückebaum, K./Malitzky, H. (Umsatzsteuergesetz): Umsatzsteuergesetz – Mehrwertsteuer, 10. Aufl., Köln 1994
Protokoll zur Vereinbarung Nr. 24/ 1989 vom 19. 09. 1990
Rau, G./Dürrwächter/Flick, H./Geist, R. (Umsatzsteuergesetz): Kommentar zum Umsatzsteuergesetz, 6. Aufl., Köln 1986
Schäuble, W. (Vertrag): Der Verlag, München 1993
Sölch-Ringleb, K./List, H. (Umsatzsteuergesetz): Umsatzsteuergesetz, 4. Aufl., München 1993
Sönksen, F. in: UStR 1973, S. 233
Schmidt-Bleibtreu, B./Klein, F. (Grundgesetz): Kommentar zum Grundgesetz, 7. Auflage, Neuwied 1983
Schröer, Ch. (Überprüfung): Zur Überprüfung von ostdeutschen Rechtsanwälten und Notaren, in: DtZ 1992, S. 178–181
Stelkens, P. (Verwaltungsgerichtsbarkeit): Die Einführung der Verwaltungsgerichtsbarkeit im Gebit der früheren DDR – eine Wende?, in: DtZ 1990, S. 305–308
Stelkens, P. (Fragen): Fragen zur Verwaltungsverfahrensgesetzen nach dem EinigV, in: DtZ 1991, S. 264–272
Stern, K./Schmidt-Bleibtreu, B. (Verträge): Verträge und Rechtsakte zur Deutschen Einheit, Band II München 1990
Thüringer FG vom 03. 11. 1993, EFG 1994, S. 384–388
Tipke, K. (Steuerrechtsordnung): Die Steuerrechtsordnung, Band I, Köln 1993
Verordnung über die Rechte der Bürger im Verfahren über die Erhebung von Abgaben, GBl. DDR 1952, S. 1211
VGH Mannheim, ESVGH 34, S. 138
Welck, F. von (SED-Unrechtsbereinigungsgesetz): Zweites SED-Unrechtsbereinigungsgesetz, in: DtZ 1994, S. 226–236

Ertragsteuerliche Behandlung von Auslandsergebnissen einschließlich Verlustverwertungsstrategien im deutschen Steuersystem bei Beteiligungen an ungarischen Unternehmen

Dr. Gerd U. Hegenloh, WP, StB, Partner und Niederlassungsleiter München und Dr. Bertram Layer, WP, StB, Partner und Niederlassungsleiter Stuttgart, Dr. Bernd Rödl & Partner

A. Vorbemerkung

Der wirtschaftliche Erfolg einer unternehmerischen Investition im Ausland ist letztlich auch von der Wahl der geeigneten Rechtsform und deren steuerlichen Belastung abhängig. Neben zivilrechtlichen sind dabei auch steuerrechtliche Aspekte zu berücksichtigen. Dabei wird bei Abhandlungen im Schrifttum fast ausschließlich auf diese Aspekte im Investitionsland eingegangen. Inwieweit Reflexe – sowohl bei Erwirtschaftung von Gewinnen als auch Verlusten im Ausland – auf die in Deutschland ansässigen Anteilseigner bestehen, wird in der Literatur fälschlicherweise kaum dargestellt.

I. Auftreten deutscher Investoren in Ungarn

Nach der Orientierungsphase gehen viele Investoren dazu über, im Investitionsland eine eigenständige Gesellschaft zu gründen. Gerade bei grenzüberschreitenden Konstruktionen sind solche Gesellschaftsformen zweckmäßig, die zivilrechtlich eine beschränkte Haftung ermöglichen. Damit soll erreicht werden, daß das Risiko des Auslandsengagements zivilrechtlich auf das Auslandsvermögen begrenzt wird.

Läßt man in diesem Zusammenhang ungarische Sonderformen wie das gemeinsame Unternehmen und die Vereinigung außer Betracht, so kommen in erster Linie mögliche Formen von Kapitalgesellschaften, namentlich die GmbH (kft) sowie die AG (rt), in Betracht. Letztere stellt bei Auslandsengagements in Ungarn eher die Ausnahme dar, da ebenso wie in Deutschland, bereits von Anfang an gewisse Größenerfordernisse vorausgesetzt werden und auch die vergleichbaren Formerfordernisse abwicklungshemmend wirken. Entsprechend wie in Deutschland ist auch in Ungarn die Ein-Mann-GmbH gestaltbar. Nach statistischen Erhebungen erfolgt die Mehrzahl aller deutschen Direktinvestitionen in Form der Gründung einer GmbH (kft) in Ungarn.[1]

Eine weitere Gestaltungsmöglichkeit hinsichtlich des Erreichens einer in Ungarn zulässigen Rechtsform mit Haftungsbeschränkung liegt in der Möglichkeit der Gründung einer Kommanditgesellschaft, die ähnlich dem deutschen Gesellschaftsrecht ausgestaltet werden kann. Die KG (bt) kann z. B. auch in der Art und Weise gestaltet werden, daß der Komplementär als vollhaftender Gesellschafter in Form einer GmbH eingesetzt wird.

Bei vielen Gesprächen mit Investoren hat sich ergeben, daß steuerliche Motive bei der Rechtsformwahl in Ungarn keine primären Beweggründe sind. Betrachtet man die Steuervorschriften in Ungarn, mag dies auf den ersten Blick nicht überraschen, da Ungarn hinsichtlich der ertragsteuerlichen Erfassung keine dem deutschen Recht entsprechende rechtsformabhängige Besteuerung der Wirtschaftsgesellschaften eingeführt hat. Vielmehr erfolgt die Besteuerung in Ungarn unabhängig davon, ob es sich um eine, aus deutscher Sicht gesehen, Personen-

1 Vgl. derzeit noch unveröffentlichtes Manuskript der Deutsch-Ungarischen Industrie- und Handelskammer.

oder Kapitalgesellschaft handelt. Umfragen haben ergeben, daß bei der Wahl der Rechtsform in Ungarn insbesondere Haftungsüberlegungen, eine schnelle und unproblematische Abwicklung, zusätzliche Kosten für die Gestaltung und Eintragung eines zweiten Gesellschaftsvertrages, namentlich für die KG, die Unkenntnis der Zulässigkeit der GmbH & Co. KG in Ungarn sowie die fehlende ertragsteuerliche Begünstigung der GmbH & Co KG gegenüber der GmbH bei der laufenden ungarischen Besteuerung, ausschlaggebend für die GmbH als Wahl der Rechtsform sind.[2]

II. Abgrenzung der Fragestellung

Es ist im folgenden zu untersuchen, inwieweit diese Überlegungen durch die Berücksichtigung der Besteuerungsaspekte durch den deutschen Fiskus aufrecht erhalten werden können. Daher ist sowohl von der angestrebten Erwirtschaftung von Gewinnen als auch – insbesondere in der Anfangsphase – von einer möglichen Verlusterzielung in Ungarn auszugehen.

In der Praxis zeigt sich, daß die Verlustverwertungsmöglichkeiten bei dem deutschen[3] Anteilseigner nur unzureichend greifen. Vielfach wird, soweit ausreichendes Gewinnpotential zur Verlustverrechnung nicht vorhanden ist und ein Verlustrücktrag bzw. -vortrag bei Muttergesellschaften in Form von Kapitalgesellschaften unzureichend erscheint, die Möglichkeit zu untersuchen sein, eventuelle Verluste mittelbar bei den beteiligten Gesellschaftern des deutschen Anteilseigners

Folgende Konstellationen sollen der Untersuchung zugrundeliegen:

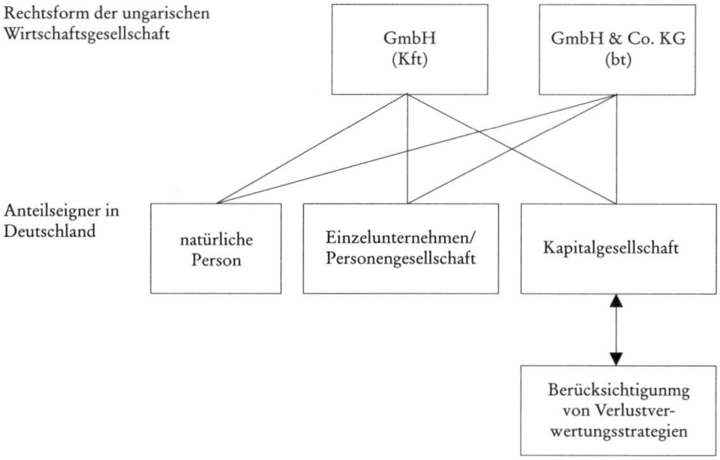

2 Die Notwendigkeit der Berücksichtigung der in Ungarn und in Deutschland anfallenden Besteuerungswirkungen für die Rechtsformwahl betonen auch Szakal/Becker (Rechtsformwahl) S. 1 f.

3 Dabei soll im folgenden nicht auf die Nationalität, sondern vielmehr auf das Vorliegen der unbeschränkten Steuerpflicht in Deutschland abgestellt werden.

zu verwerten. In diesem Zusammenhang sind Verlustverwertungsstrategien aufzuzeigen.

B. Ertragsteuerliche Behandlung von Wirtschaftsgesellschaften in Ungarn

Entgegen dem deutschen Recht unterscheidet der ungarische Fiskus nicht zwischen der Besteuerung von Personengesellschaften und Kapitalgesellschaften. Die ungarische Wirtschaftsgesellschaft als solche, unabhängig davon ob sie Rechtspersönlichkeit besitzt oder nicht, bildet in beiden Fällen das Besteuerungssubjekt. Dazu zählen nach § 2 Abs. 2 ung. Gesetz über die Wirtschaftsgesellschaften auch die GmbH und die GmbH & Co. KG. Damit liegt dem ungarischen Besteuerungsrecht das Konzept der „Betriebsteuer“[4] zugrunde.

Grundsätzlich unterliegen alle ungarischen Wirtschaftsgesellschaften einer einheitlichen Gewinnsteuer, die ab 01. 01. 1994 36 % beträgt. Bemessungsgrundlage ist der handelsrechtliche Jahresüberschuß, der durch Nebenrechnungen zum steuerlichen Ergebnis modifiziert wird. Während der handelsrechtliche Jahresabschluß, der sich im Einklang mit den Vorschriften zur 4. EG-Richtlinie befindet, weitgehend[5] dem deutschen Jahresabschluß entspricht, bestehen steuerlich insoweit Abweichungen, als daß die Abzugsfähigkeit von handelsrechtlich abziehbaren Aufwendungen steuerlich streng reglementiert und durch umfangreiche Vorschriften eingeschränkt wird.[6]

Für aus ungarischer Sicht ausländische Investoren hat der Gesetzgeber ab dem 01. 01. 1994 bestimmte Steuervergünstigungen geschaffen.[7] Diese lassen sich wie folgt zusammenfassen:

- Reduzierung des Gewinnsteuersatzes für Off-Shore-Gesellschaften um 85 %.
- Begünstigung der Reinvestitionen von Dividenden aufgrund fallweiser Regierungsentscheidungen.
- Begünstigung von bestimmten Großinvestitionen für Produktionsunternehmen aufgrund fallweiser Regierungsentscheidungen.

---

4 Vgl. allgemein dazu Heigl (Unternehmensbesteuerung) S. 27 ff.

5 Besonderheiten ergeben sich insbesondere durch die uneinheitliche Ausübung von nationalen Wahlrechten durch den deutschen und ungarischen Gesetzgeber, die nach der 4. EG-Richtlinie zulässig sind.

6 Beim Gesetzgebungsverfahren wurden diese Besonderheiten lediglich als Übergangsvorschrift konzipiert. Erklärtes Ziel ist es jedoch, letztendlich das handelsrechtliche Ergebnis auch für die Besteuerung zugrundezulegen. Die Übergangslösung wurde jedoch mit zu erwarteten Steuerausfällen bei konsequenter Zugrundelegung des handelsrechtlichen Ergebnisses begründet. Eine Dauer der Übergangsregelung wurde nicht festgelegt, es ist aber aufgrund des derzeitigen defizitären Haushalts Ungarns nicht mit einer absehbaren Änderung zu rechnen.

7 Bisherige Steuervergünstigungen, deren Voraussetzungen bereits in Vorjahren vorgelegen haben und die zu einer bis zu zehnjährigen Steuerfreiheit bzw. Reduzierung des Gewinnsteuersatzes um 60 % bzw. 40 % geführt haben, bleiben weiter bestehen, wenn deren Voraussetzungen der Inanspruchnahme (bestimmte Mindestgröße, ausländische Mindestbeteiligungsquote und Betätigungsart) bis zum 31. 12. 1993 vorgelegen haben.

In den Fällen, in denen ein steuerlich anerkannter Verlust entsteht, sieht § 6 ung. Körperschaftsteuergesetz (KStG) einen fünfjährigen Verlustvortrag vor. Für Verluste, die in den ersten drei Gründungsjahren erwirtschaftet werden, gilt ein zeitlich unbeschränkter Verlustvortrag. Einen Verlustrücktrag entsprechend dem deutschen Recht kennt das ungarische Steuerrecht grundsätzlich nicht[8].

Investitionsfeindlich wirkte sich eine zum 01. 01. 1994 eingeführte gewinnunabhängige Mindestbesteuerung für Wirtschaftsgesellschaften aus. Nach § 9 Abs. 1 ung. KStG mußte auch bei Erwirtschaftung eines Verlustes der Steuersatz von 36 % auf die Bemessungsgrundlage von 2 % des Nettoumsatzes angewandt werden. Dies führte zu der nicht unerheblichen Mindestbelastung von 72 ‰ des Nettoumsatzes. Zum 01. 01. 1995 wurde diese Regelung jedoch wieder aufgehoben.

C. Ertragsteuerliche Anknüpfungspunkte des deutschen Fiskus bei in Ungarn erwirtschafteten Gewinnen

I. Zugriffsmöglichkeit des deutschen Fiskus

Neben der oben dargestellten Erfassung der in Ungarn erwirtschafteten Gewinne der rechtlich selbständigen Wirtschaftsgesellschaften durch den ungarischen Fiskus hat der deutsche Fiskus – sowohl unmittelbar als auch mittelbar – nach geltenden Besteuerungsprinzipien und Rechtsvorschriften ein Zugriffsrecht auf die in Ungarn erwirtschafteten bzw. ausgeschütteten Gewinne.

Die Zugriffsmöglichkeit des deutschen Fiskus ergibt sich aus dem Wohnsitz- bzw. Ansässigkeitsprinzip, dem der deutsche Anteilseigner der ungarischen Wirtschaftsgesellschaft in Deutschland unterliegt. Während sich der fiskalische Anspruch des Tätigkeitsstaates auf die Erfassung des Steuersubstrates des betreffenden Landes erstreckt, greift der Fiskalanspruch des Wohnsitz- bzw. Ansässigkeitsstaates auf das gesamte Welteinkommen zu.[9]

Während somit der ungarische Fiskus an der Quelle des Tätigkeitsstaates auf die Aktivitäten in Ungarn abhebt, hat der Steuerinländer in Deutschland aufgrund der unbeschränkten Steuerpflicht des Anteilseigners der ungarischen Wirtschaftsgesellschaft das gesamte Welteinkommen in Deutschland zu versteuern. Daraus ergibt sich die Doppelanknüpfung des Fiskus an den Einkommenszuflüssen in Ungarn und in Deutschland.[10]

Für in Deutschland ansässige Personen bzw. Gesellschaften als Anteilseigner ungarischer Wirtschaftsgesellschaften ergibt sich die unbeschränkte Steuerpflicht unzweifelhaft aus § 1 EStG bzw. § 1 KStG i. V. m. §§ 8, 9, 14, 15 AO aufgrund des in Deutschland vorliegenden Wohnsitzes bzw. gewöhnlichen Aufenthalts von na-

8 Lediglich im Bereich der Landwirtschaft besteht nach ungarischem Recht die Möglichkeit eines Verlustrücktrags.

9 Vgl. Rädler/Raupach (Deutsche) S. 346 f.

10 Vgl. Vogel (DBA) S. 2, Rz 2. Zur Abgrenzung zum Begriff der Doppelbelastung Vgl. Rose (Grundzüge) S. 51 f.

türlichen Personen bzw. von Gesellschaftern einer Personengesellschaft sowie des Sitzes bzw. Ortes der Geschäftsleitung bei Körperschaften.

Je nach Rechtsform der ungarischen Wirtschaftsgesellschaft können beim Anteilseigner in Deutschland unterschiedliche Einkunftsarten vorliegen.

Wird das ungarische Unternehmen in der Rechtsform einer Personengesellschaft, z. B. der GmbH & Co. KG betrieben, liegen beim Anteilseigner gewerbliche Einkünfte i. S. v. § 15 Abs. 1 Nr. 2 EStG bzw. § 15 Abs. 1 Nr. 2 EStG i. V. m. § 8 Abs. 2 KStG bei Körperschaften vor, soweit – wie im weiteren unterstellt wird – eine mitunternehmerische Stellung gegeben ist. Eine Zurechnung der Einkünfte erfolgt dabei anders als bei einer Beteiligung an Kapitalgesellschaften unmittelbar mit der Ergebnisentstehung in Ungarn. Auf eventuelle Ausschüttungen ist dabei nicht abzustellen.

Werden die wirtschaftlichen Aktivitäten in Ungarn durch selbständige Wirtschaftsgesellschaften in der Rechtsform einer Kapitalgesellschaft, namentlich einer GmbH, durchgeführt, so kann der deutsche Fiskus lediglich bei Ausschüttungen an den Anteilseigner in Deutschland an den in Ungarn erwirtschafteten Gewinnen partizipieren. Dabei liegen i. d. R. für den Fall, daß natürliche Personen die Anteile im Privatvermögen halten, Einkünfte nach § 20 Abs. 1 Nr. 1 EStG, beim Anteilseigner in Form einer Personenhandelsgesellschaft Einkünfte i. S. v. § 20 Abs. 1 Nr. 1 i. V. m. § 20 Abs. 3 EStG i. V. m. § 15 Abs. 1 Nr. 2 EStG, bei Kapitalgesellschaften Einkünfte nach § 20 Abs. 1 Nr. 2 EStG i. V. m. § 8 Abs. 2 KStG vor.

Thesauriert die ungarische Kapitalgesellschaft ihre Gewinne, so steht dem deutschen Fiskus kein Besteuerungsrecht zu.

II. Bilaterale und unilaterale Maßnahmen zur Vermeidung der Doppelbesteuerung

Wie oben aufgezeigt, ist hinsichtlich der Ertragsbesteuerung der ungarischen Aktivitäten der in Deutschland ansässige Investor der Steuerbarkeit zweier Staaten, nämlich Ungarn und Deutschland, unterworfen. Da diese Staaten ihre Steueransprüche gleichberechtigt und grundsätzlich autonom ausüben,[11] ergeben sich daraus durchaus konkurrierende Steueransprüche sowohl des ungarischen als auch des deutschen Fiskus gegenüber dem Investor.

Zur Beschränkung dieser nachteiligen Folgen der doppelten Belastung kennt das Recht sowohl unilaterale i. S. einzelstaatlicher Maßnahmen als auch bilaterale i. S. staatsvertraglicher Maßnahmen.

Zum einen erfolgt die gegenseitige Zuweisung von Besteuerungsrechten durch gegenseitige Abkommen zwischen zwei Staaten zur Vermeidung der Doppelbesteuerung (DBA). Sie dienen der Aufstellung eines gegenseitigen Systems von Steuerverzichten.[12]

Die Auswirkung der DBA auf die unbeschränkte Steuerpflicht besteht in der

---

11 Vgl. Mössner (Steuerrecht) S. 40

12 Zur gerechten Zuordnung von Steueransprüchen Vgl. Tipke (Steuergerechtigkeit) S. 120

Begrenzung des Umfangs des Steueranspruchs, der sich aus der unbeschränkten Steuerpflicht ergibt.[13]

Bereits 1977, also weit vor der eigentlichen Öffnung Ungarns nach dem Westen, wurde zwischen Deutschland und Ungarn ein DBA geschlossen, das im wesentlichen auf dem OECD-Musterabkommen[14] beruht. Das bilaterale Abkommen regelt im gegenseitigen Einvernehmen, wie das Besteuerungsgut zwischen Ungarn und Deutschland aufgeteilt wird. Anknüpfungspunkt ist dafür für Zwecke der Einkommensteuer und Körperschaftsteuer, die nach Art. 2 im DBA geregelt sind, die jeweilige Tätigkeits- bzw. Einkunftsart.

Zum anderen wendet das nationale deutsche Recht zur Vermeidung der aufgezeigten Doppelbesteuerung zwei unterschiedliche Regelungen an, die sowohl für Zwecke der Einkommensteuer (§ 34c EStG) als auch für Zwecke der Körperschaftsteuer gelten (§ 26 Abs. 1 KStG). Teilt das DBA das Besteuerungsrecht im Einzelfall Ungarn zu, kann der deutsche Fiskus einerseits auch die ausländischen Einkünfte in die deutsche Bemessungsgrundlage einbeziehen und die ausländische Steuer auf seine von den Auslandseinkünften erhobene Steuer anrechnen (sog. Anrechnungsmethode, „credit for foreign taxes").[15]

Andererseits besteht die Möglichkeit, die ausländischen Einkünfte im Wohnsitz- bzw. Ansässigkeitsstaat Deutschland nicht zu erfassen, d.h. freizustellen (Freistellungsmethode, „excemption method"), wobei – wie international üblich – die ausländischen Einkünfte in die Progressionsberechnung der verbleibenden inländischen Einkünfte einbezogen werden (Progressionsvorbehalt). Je nach Einkunftsart ist die Anwendung einer der beiden Methoden vorgeschrieben.

III. Besteuerungsfolgen bei Beteiligungen an ungarischen Kapitalgesellschaften

Bei Dividendenausschüttungen ungarischer Kapitalgesellschaften (kft, rt) an in Deutschland ansässige Anteilseigner ist hinsichtlich der Besteuerungsfolgen zunächst danach zu unterscheiden, ob es sich bei dem Anteilseigner um eine in Deutschland ansässige natürliche Person, eine Personengesellschaft bzw. eine Kapitalgesellschaft handelt.

Ist der Anteilseigner an der ungarischen Kapitalgesellschaft eine deutsche Kapitalgesellschaft, so kann ab einer gewissen Mindestbeteiligung das sog. Schachtelprivileg gewährt werden mit der Folge der Freistellung in Deutschland.

- **Anteilseigner der ungarischen Kapitalgesellschaft ist eine natürliche Person mit Wohnsitz in Deutschland:**

Gemäß Art. 10 Abs. 1 DBA BRD-Ungarn steht Deutschland als Wohnsitzstaat

13 Vgl. Mössner (Steuerrecht) S. 170

14 Damit sind die folgenden Ausführungen grundsätzlich auch auf andere Auslandsbeziehungen zu Ländern, mit denen ein Doppelbesteuerungsabkommen besteht, fallweise übertragbar.

15 Vgl. ausführlich zu den unilateralen Maßnahmen Schaumburg (Internationales) S. 450ff.

des Anteilseigners das Besteuerungsrecht hinsichtlich ungarischer Dividenden zu. Gleichzeitig räumt Art. 2 Buchst. c) DBA BRD-Ungarn Ungarn das Recht ein, eine Quellensteuer in Höhe von maximal 15 % zu erheben. Nach § 37 Abs. 5 ung. EStG beträgt die Quellensteuer bei Ausschüttungen von ungarischen Wirtschaftsgesellschaften an natürliche Personen 10 %. Der nach dem DBA höchstens zulässige Quellensteuertarif in Höhe von 15 % wird somit nicht ausgeschöpft und es bleibt bei einer definitiven Quellensteuerbelastung in Höhe von 10 %.

Schüttet hingegen eine ungarische Kapitalgesellschaft, die hinsichtlich der ung. Körperschaftsteuer in den Genuß von Vergünstigungsvorschriften kam, Dividenden aus, erhöht sich dieser Quellensteuersatz nach innerstaatlichem ungarischen Einkommensteuerrecht auf 20 % (§ 37 Abs. 3 ung. EStG); allerdings erfährt dieser Steuertarif aufgrund der in dem DBA verankerten Höchstgrenze eine Beschränkung auf 15 %. Damit wirkt das DBA BRD-Ungarn für in Deutschland ansässige Anteilseigner beschränkend auf das nationale ungarische Recht ein.

Art. 23 Abs. 1 Buchst. a DBA BRD-Ungarn schreibt zur Vermeidung einer entstehenden Doppelbesteuerung die sog. Anrechnungsmethode vor, d. h. die aus Ungarn stammenen Dividenden sind gleichermaßen der deutschen Einkommensteuer zu unterwerfen, wobei der Anteilseigner die ung. Quellensteuer – 10 % bei nichtsteuerbegünstigten sowie 15 % bei steuerbegünstigten Dividenden – auf seine Einkommensteuer gemäß § 34 c EStG anrechnen kann. Eine Anrechnung der von der ungarischen Kapitalgesellschaft entrichteten Körperschaftsteuer auf der Ebene des Anteilseigners ist nicht möglich, da der deutsche Anteilseigner selbst nicht Steuersubjekt der ungarischen Körperschaftsteuer gewesen ist.

Die in Ungarn erwirtschafteten Gewinne unterliegen demnach unter Durchgriff auf den in Deutschland ansässigen Anteilseigner einer Spitzenbelastung, je nach individuellem Steuersatz des Anteilseigners, bis zu maximal 70 %.

Hinsichtlich der laufenden Ertragsbesteuerung bei Dividendenausschüttungen an natürliche Personen, ist die Beteiligungshöhe im übrigen nicht ausschlaggebend. Eine im Privatvermögen gehaltene Beteiligung von mehr als 25 % spielt allenfalls bei der Veräußerung im Hinblick auf die Besteuerungsfolgen des § 17 EStG eine gewisse Rolle, auf die jedoch im Rahmen dieses Beitrages nicht eingegangen werden soll.

– **Anteilseigner an der ungarischen Kapitalgesellschaft ist eine deutsche Personengesellschaft:**

Werden die Anteile an der ungarischen Kapitalgesellschaft von einer deutschen Personengesellschaft gehalten, ergeben sich folgende steuerliche Konsequenzen: Nach Abzug der ungarischen Körperschaftsteuer in Höhe von 36 % kommt es in Ungarn zu keiner weiteren Besteuerung mehr. Eine Quellensteuer wird nicht einbehalten, da die Ausschüttung nicht an natürliche Personen vorgenommen wird. Insoweit sieht das nationale ungarische Einkommensteuergesetz keine Quellensteuerpflicht vor.

Das im DBA für Ungarn verankerte Quellensteuerrecht (Art. 10 Abs. 2 Buchst. c) läuft somit ins Leere. Gemäß Art. 23 Abs. 1 Buchst. a) DBA BRD-Ungarn wird auch in diesem Fall eine entstehende Doppelbesteuerung durch die Anrechnungsmethode vermieden, wobei jedoch auf die Gesellschafter der deutschen Personengesellschaft zurückgegriffen wird. Der Gesellschafter der Personengesellschaft muß die ungarischen Dividenden nochmals voll der deutschen Einkommensteuer unterwerfen.

Entsprechend der Behandlung bei Ausschüttungen an in Deutschland ansässige Personen kann demnach unter Durchgriffsgesichtspunkten eine Spitzenbelastung bis zu 70 % eintreten.

– **Anteilseigner an der ungarischen Kapitalgesellschaft ist eine deutsche Kapitalgesellschaft:**

Beteiligt sich eine deutsche Kapitalgesellschaft an einer ungarischen Kapitalgesellschaft, so ist die Beteiligungshöhe hinsichtlich der Erhebung der ungarischen Quellensteuer unerheblich, da gemäß innerstaatlichem ungarischen Recht bei Ausschüttungen an juristische Personen keine Quellensteuer erhoben wird.

In bezug auf die Besteuerung im Sitzstaat Deutschland muß hinsichtlich der Beteiligungshöhe unterschieden werden, ob es sich um eine Beteiligung von mindestens 25 % handelt oder nicht. Wird die zuvor genannte Mindestbeteiligungshöhe erfüllt, kommt es gemäß Art. 23 Abs. 1 Buchst. a) und c) DBA BRD-Ungarn bei dem Vorliegen von „aktiven“[16] Einkünften zu einer Freistellung der ungarischen Einkünfte in Deutschland (internationales Schachtelprivileg).

Der im DBA verankerte Progressionsvorbehalt kommt aufgrund der einheitlichen, nicht progressiv ausgestalteten Ausgestaltung des deutschen Körperschaftsteuertarifs (Thesaurierung 45 %, Ausschüttung 30 %) nicht zum Tragen.

Sind die Dividenden, die die ungarischen Kapitalgesellschaft ausschüttet, aufgrund des DBA BRD-Ungarn freigestellt, so gilt diese Freistellung, ungeachtet der im DBA festgelegten Mindestbeteiligung von 25 %, bereits schon für eine Beteiligung von mindestens 10 % (sog. nationales Schachtelprivileg § 8b Abs. 5 KStG). Allerdings muß es sich auch in diesem Fall um „aktive“ Einkünfte i.S.d. DBA BRD-Ungarn handeln.

Lediglich bei einer Beteiligung der deutschen Gesellschaft an der ungarischen Kapitalgesellschaft (sog. Streubeteiligung) von unter 10 % kommt es auch bei Vorliegen von aktiven Einkünften nicht zu einer Freistellung in Deutschland. In diesem Fall greift die Anrechnungsmethode (Art. 23 Abs. 1 Buchst. b) DBA BRD-

16 Wie die meisten deutschen DBA enthält auch das DBA BRD-Ungarn einen sog. Aktivitätsvorbehalt, der in Art. 23 Abs. 1 Buchst. c) DBA BRD-Ungarn verankert ist. Aufgrund des Aktivitätsvorbehalts ist eine Freistellung auf deutscher Seite nur dann gewährleistet, wenn eine aktive Tätigkeit im ungarischen Wirtschaftsleben gegeben ist. Zu den aktiven Tätigkeiten gehören Einnahmen, die ausschließlich oder fast ausschließlich aus der Herstellung oder dem Verkauf von Waren, aus Dienstleistungen oder aus Bank- oder Versicherungsgeschäften bezogen werden. Die Unschädlichkeitsgrenze, die dadurch eingeräumt wird, daß die Einkünfte lediglich „fast ausschließlich“ aus den qualifizierten Tätigkeiten zu stammen brauchen, wird in der praktischen Rechtsanwendung bei einem schädlichen Einnahmeteil von 10 % gezogen, Vgl. Korn/Debatin (Doppelbesteuerung) DBA BRD- Ungarn Art. 23, S. 132.

Ungarn), die in diesem Fall eine Hochschleusung auf deutsches Steuerniveau bedeutet. Im Prinzip gibt es bei dieser Konstellation jedoch effektiv keine ungarische Steuer, die auf die deutsche Steuer angerechnet werden darf, da ungarische Quellensteuer bei Gewinnausschüttungen an juristische Personen nicht erhoben wird. Auch das sog. indirekte Anrechnungsverfahren gemäß § 26 Abs. 2 KStG, das die Anrechnung der von der ausländischen Tochtergesellschaft entrichteten Körperschaftsteuer auf die deutsche Körperschaftsteuer zuläßt, kann hier nicht greifen, da dessen Anwendung eine Mindestbeteiligung von 10 % erfordert.

Die Freistellung der Schachteldividenden aus aktiven Einkünften (Einstellung in das EK 01 gemäß § 30 Abs. 2 Nr. 1 KStG) greift nur solange die Dividenden auf der Ebene der deutschen Kapitalgesellschaft thesauriert werden. Die Gesamtsteuerbelastung beläuft sich bei Thesaurierung lediglich auf 36 %, was der ungarischen Körperschaftsteuerbelastung entspricht.

Kommt es hingegen zu einer Ausschüttung an die Anteilseigner der deutschen Mutterkapitalgesellschaft im Sinne natürlicher Personen, müssen die ursprünglich freigestellten Dividenden nachversteuert werden. Je nach Höhe des individuellen Steuersatzes des Anteilseigners kann dies zu einer Hochschleusung der Gesamtsteuerbelastung bis zu 70 % führen.

IV. Besteuerungsfolgen bei Beteiligungen an ungarischen Personengesellschaften

Hinsichtlich der Behandlung von Personenhandelsgesellschaften unterscheidet sich die ungarische von der deutschen Rechtsauffassung. Gemäß ungarischem Gesellschaftsrecht wird eine ungarische Personengesellschaft (z. B. GmbH & Co. KG) als Wirtschaftsgesellschaft ohne Rechtspersönlichkeit qualifiziert und unterliegt als eigenständiges Steuersubjekt der ungarischen Körperschaftsteuer, der alle Wirtschaftsgesellschaften, unabhängig davon, ob sie Rechtspersönlichkeit besitzen oder nicht, unterliegen.

Eine ungarische Personengesellschaft ist somit gemäß Art. 3 Abs. 1 Buchst. b) und c) „Gesellschaft“ und mithin „Person“ im Sinne des DBA.[17] Aufgrund der Qualifikation als „Gesellschaft“ wird dem ungarischen Staat bei Gewinnausschüttungen von einer ungarischen GmbH & Co. KG in bezug auf die Erhebung von Quellensteuern ein Besteuerungsrecht eingeräumt.

Anders als im ungarischen Recht genießen Personengesellschaften nach deutschem Steuerrecht keine Steuersubjektfähigkeit. Nach deutschem Einkommensteuerrecht hat der deutsche Gesellschafter der ungarischen Personengesellschaft gewerbliche Einkünfte entsprechend § 15 Abs. 1 Nr. 2 EStG aus einer ungarischen Betriebsstätte. Diese Einkünfte sind dem Gesellschafter im Entstehungsjahr zuzurechnen, jedoch als Betriebsstätteneinkünfte einer aktiv tätigen Betriebsstätte unter Progressionsvorbehalt von der deutschen Besteuerung befreit (Art. 7 Abs. 1 i.V.m. Art. 23 Abs. 1 a) und c) DBA BRD-Ungarn). Eine später erfolgende Über-

17 Vgl. Korn/Debatin (Doppelbesteuerung) DBA BRD-Ungarn Art. 1, S. 48.

weisung eines Gewinnanteils ist nach deutschem Steuerrecht als Entnahme des Gesellschafters im Sinne des § 4 Abs. 1 Satz 2 EStG nicht steuerpflichtig.

- **Anteilseigner an der ungarischen Personengesellschaft ist eine natürliche Person mit Wohnsitz in Deutschland:**

  Nach Abzug der ungarischen Körperschaftsteuer in Höhe von 36 % besitzt der ungarische Staat als Quellenstaat das Recht, eine Abzugsteuer in Höhe von maximal 15 % zu erheben (Art. 10 Abs. 2 Buchst. c) DBA BRD-Ungarn). Wie bereits oben dargelegt, werden bei Ausschüttung an natürliche Personen lediglich 10 % einbehalten, soweit es sich nicht um Dividenden einer Gesellschaft handelt, die in den Genuß von Steuervergünstigungen kam.

  Erzielt die ungarische GmbH & Co. KG „aktive" Einkünfte im Sinne des DBA, kommt es in Deutschland aufgrund des Betriebsstättenprinzips zu einer Freistellung unter Progressionsvorbehalt (Art. 7 i.V.m. Art. 23 Abs. 1 Buchst. a) und c) DBA BRD-Ungarn, Nr. 4 Buchst. a) des Protokolls zu dem DBA BRD-Ungarn, BMF-Schreiben betreffend die Anwendung des deutsch-ungarischen DBA bei Beteiligungen an einer KG und GmbH & Co. KG in Ungarn.)[18] Kommt es in Deutschland bei dem Anteilseigner zu einer Freistellung, kann die ungarische Quellensteuer nicht angerechnet werden und wird somit zu einer Definitivbelastung. Die Gesamtsteuerbelastung beläuft sich in diesem Fall auf 42 %.

- **Anteilseigner an der ungarischen Personengesellschaft ist eine deutsche Personengesellschaft:**

  Im Gegensatz zu Gewinnausschüttungen an natürliche Personen darf in diesem Fall gemäß ungarischen Einkommensteuergesetz keine Quellensteuer einbehalten werden, da die Ausschüttung nicht an eine natürliche Person erfolgt. Erzielt die ungarische Personengesellschaft aktive Einkünfte i.S.d. DBA BRD-Ungarn, werden diese als Betriebsstättengewinne in Deutschland unter Progressionsvorbehalt freigestellt. Die Gesamtsteuerbelastung beträgt bei dieser Konstellation insgesamt 36 %.

- **Anteilseigner an der ungarischen Personengesellschaft ist eine deutsche Kapitalgesellschaft:**

  Sofern es sich um eine ungarische Personengesellschaft handelt, die aktiv tätig ist, kommt es lediglich in Ungarn zu einer Körperschaftsteuer in Höhe von 36 %. Quellensteuer wird gemäß nationalem ungarischen Steuerrecht nicht erhoben, da es sich um eine Ausschüttung an eine juristische Person handelt.

  Der in Ungarn erzielte Betriebsstättengewinn ist in Deutschland freizustellen, sofern die Auslandsgewinne in der Kapitalgesellschaft verbleiben. Die ungarischen Gewinne werden gemäß § 30 Abs. 2 Nr. 1 KStG in das EK 01 eingestellt. Kommt es zu einer Ausschüttung an die Anteilseigner, die natürliche Personen sind, müssen diese Gewinne „nachversteuert" werden, d.h. es kommt auch hier wieder zu einer Hochschleusung auf deutsches Steuerniveau, abhängig vom individuellen

18 Vgl. BdF v. 29. 04. 1993, BStBl. I 1993, S. 342.

Steuersatz des in Deutschland ansässigen Anteilseigners. Bei Thesaurierung auf der Ebene der Kapitalgesellschaft beträgt die Gesamtsteuerbelastung 36 %, bei Ausschüttung an die Anteilseigner, jeweils abhängig von dem individuellen Steuersatz des Anteilseigners, bis zu 70 %.

V. Steuerbelastungsvergleich und Ausblick auf Rechtsänderungen

Die Betrachtung zeigt, daß je nach Art der Beteiligung unterschiedliche Besteuerungswirkungen auftreten. Als Zusammenfassung soll folgender Steuerbelastungsvergleich dienen:

Ungarn				
Ung. Gesellschaftsform		GmbH / AG		
Gewinn		100		
Körperschaftsteuer 36 %		36		
		64		
Quellensteuer				
10 % bei natürlichen Personen	6			
0 % bei juristischen Personen		0		0
Steuerbelastung in Ungarn	42	36		36
Deutschland				
Anteilseigner	nat.Person	Einzelunternehmer/ Personengesellschaften		jur.Person
Zufluß	58	64		64
Einkommensteuer 53 %	-34	-34		-
Körperschaftsteuer 45 %/ 30 %				
Anrechnung der Quellensteuer	+6	0		-
Weiterausschüttung an Aktionär	30	30		64
./. Ausschüttungsbelastung 30 %	-	-		19
Nettodividende	-	-		45
vorläufige ESt 53 %	-		34	
./. anrechenbare KSt	-		19	
effektive ESt			15	15
Nettozufluß beim Anteilseigner	30	30		30
Steuerbelastung:				
in Ungarn	42 %	36 %		36 %
in Deutschland	28 %	34 %		34 %
Gesamtsteuerbelastung	**70 %**	**70 %**		**70 %**

Ungarn				
Ung. Gesellschaftsform		GmbH & Co KG		
Gewinn		100		
Körperschaftsteuer 36 %		36		
		64		
Quellensteuer				
10 % bei natürlichen Personen	6			
0 % bei juristischen Personen		0		0
Steuerbelastung in Ungarn	42	36		36
Deutschland				
Anteilseigner	nat.Person	Einzelunternehmer/ Personengesellschaften		jur.Person
Zufluß	58	64		64
Einkommensteuer 53 %	-	-		-
Körperschaftsteuer 45 %/ 30 %				
Anrechnung der Quellensteuer	-	-		-
Weiterausschüttung an Aktionär	-	-		64
./. Ausschüttungsbelastung 30 %	-	-		19
Nettodividende	-	-		45
vorläufige ESt 53 %	-		34	
./. anrechenbare KSt	-		19	
effektive ESt			15	15
Nettozufluß beim Anteilseigner	58	64		30
Steuerbelastung:				
in Ungarn	42 %	36 %		36 %
in Deutschland	0 %	0 %		34 %
Gesamtsteuerbelastung	**42 %**	**36 %**		**70 %**

Der ungarische Gesetzgeber hat am 23. 12. 1994 mit Wirkung zum 01. 01. 1995 umfangreiche Änderungen im Bereich der Körperschaftsteuer beschlossen, mit denen einerseits ein verstärkter Anreiz für Investitionen gegeben und andererseits die Eigenkapitalausstattung von Unternehmen verbessert werden soll. Anstelle des bisher geltenden Körperschaftsteuersatzes in Höhe von 36 % gilt nunmehr folgendes:

Die Höhe der Körperschaftsteuer ergibt sich aus der Summe der sog. Errechneten Steuer (allgemeine Körperschaftsteuer) und der Ergänzungssteuer. Die Errechnete Steuer beträgt 18 % der positiven Steuerbemessungsgrundlage. Die Ergänzungssteuer von 23 % fällt lediglich im Falle von Dividendenausschüttungen an.

Wichtig ist in diesem Zusammenhang, daß es sich bei der Ergänzungssteuer dem Wesen nach um eine Dividendenbesteuerung und nicht um eine Gewinnbesteuerung handelt. Allerdings wird die Ergänzungssteuer von 23 % nicht direkt auf den Gewinn nach Errechneter Steuer erhoben (z. B. Gewinn vor Steuer 100 EH ./. Errechnete Steuer 18 EH = Gewinn nach Errechneter Steuer 82 EH). Kommt es vielmehr zu einer Ausschüttung, wird der Gewinn nach Errechneter Steuer

(82 EH) zur Auszahlung der Dividende und zur Entrichtung der Ergänzungssteuer von 23 % der beschlossenen Ausschüttung verwendet.

Diese verbal schwer verständliche Regelung soll an folgendem Zahlenbeispiel veranschaulicht werden:

a) Gewinn v. St. 100 EH ./. Errech. Steuer 18 EH = Verst. Ergebnis 82 EH

b) Dividende + auf die Dividende entfallende Steuer von 23 % = 82 EH
   $D + D \times 0{,}23 = 82$ EH
   Aufgrund von mathematischen Umformungen dieser Gleichung erhält man folgende Formel für die Ergänzungssteuer:
   Ergänzungssteuer = 15,33 EH

Bei einem Gewinn vor Steuern von 100 EH können somit max. 66,67 % ausgeschüttet werden, da 18 % Errechnete Steuer sowie 15,33 % Ergänzungssteuer zu entrichten sind. Die Gesamtsteuerbelastung beträgt in diesem Fall 33,33 %.

Dadurch, daß es sich bei der Ergänzungssteuer um eine Besteuerung der Dividende handelt, erfährt die Ergänzungssteuer aufgrund der zwischen Ungarn und anderen Staaten abgeschlossenen Abkommen zur Vermeidung der Doppelbesteuerung (DBA) eine Begrenzung auf die in dem jeweiligen DBA festgelegten Quellensteuerhöchstsätze.

Für das DBA BRD-Ungarn darf die Quellensteuer, die der Quellenstaat Ungarn erhebt, 5 % im Falle von Schachteldividenden sowie 15 % in allen anderen Fällen nicht übersteigen, weshalb sich im Falle von Schachtelbeteiligungen eine effektive Ergänzungssteuer in Höhe von ca. 4 % sowie in allen anderen Fällen eine Ergänzungssteuer in Höhe von ca. 11 % ergibt.

D. Ertragsteuerliche Anknüpfungspunkte des deutschen Fiskus bei in Ungarn erwirtschafteten Verlusten

I. Verlustgeltendmachung im Rahmen des § 2 a EStG

Für in Deutschland unbeschränkt Steuerpflichtige gilt das Welteinkommensprinzip, wonach nicht nur im Inland erzielte, sondern auch aus dem Ausland stammende Einkünfte im Inland zu versteuern sind. Diesem Grundsatz zufolge müssen nicht nur im Ausland erzielte positive, sondern auch negative Einkünfte berücksichtigt werden. Aufgrund des Nettoprinzips, das in § 2 Abs. 2 EStG verankert ist, werden sowohl negative als auch positive Einkünfte berücksichtigt, weshalb aus dem Ausland stammende negative Einkünfte einer Einkunftsart dem Grundsatz nach sowohl in den horizontalen Verlustausgleich (= Ausgleich negativer Einkünfte einer Einkunftsart mit positiven Einkünften derselben Einkunftsart) als auch in den vertikalen Verlustausgleich (= Ausgleich von positiven und negativen Einkünften verschiedener Einkunftsarten) einzubeziehen sind. Verbleibt dennoch ein unausgeglichener Verlust bei der Ermittlung des Gesamtbetrags der

Einkünfte, kann dieser als interperiodischer Verlustausgleich im Rahmen des § 10d EStG vor- oder rückgetragen werden.[19]

Die oben genannten Verlustausgleichsmöglichkeiten werden durch § 2a Abs. 1 EStG erheblich eingeengt, da nach Ansicht des deutschen Gesetzgebers die Geltendmachung bestimmter ausländischer Verluste unerwünscht ist.

Von dem Ausgleichsverbot gemäß § 2a Abs. 1 EStG trifft § 2a Abs. 2 EStG eine Ausnahme für negative Einkünfte aus bestimmten „aktiven" Tätigkeiten.[20] Dies gilt für eine im Ausland gelegene gewerbliche Betriebsstätte, die ausschließlich oder fast ausschließlich bestimmte Tätigkeiten zum Gegenstand hat, wie beispielsweise die Herstellung oder Lieferung von Waren (außer Waffen), die Gewinnung von Bodenschätzen sowie die Bewirkung gewerblicher Leistungen. Darüber hinaus gilt das unmittelbare Halten einer Beteiligung von mindestens 25 % am Nennkapital einer ausländischen Kapitalgesellschaft, die ihrerseits „aktiv" tätig ist, als unschädliche Bewirkung gewerblicher Leistungen. Schließlich unterliegen negative ausländische Einkünfte i.S. des § 2a Abs. 1 Nr. 3 und 4 EStG – es handelt sich hier u. a. um negative Einkünfte aufgrund einer Teilwertabschreibung auf eine Beteiligung an einer ausländischen Kapitalgesellschaft – falls der Steuerpflichtige nachweist, daß die ausländische Kapitalgesellschaft entweder seit ihrer Gründung oder aber zumindest in den letzten 5 Jahren „aktiv" tätig war, einer Ausgleichsmöglichkeit. Sind die Voraussetzungen gemäß § 2a Abs. 2 EStG erfüllt, steht einer uneingeschränkten Verrechnung von negativen ausländischen Einkünften mit positiven inländischen Einkünften nichts entgegen.

Die vorgenannten Verlustausgleichsmöglichkeiten bei negativen Einkünften aus ausländischen gewerblichen Betriebsstätten im Rahmen des § 2a Abs. 1 und 2 EStG betreffen die Fälle, in denen die gewerbliche Betriebsstätte in einem Staat liegt, mit dem kein DBA abgeschlossen wurde. Wurde hingegen mit dem ausländischen Staat ein DBA abgeschlossen, so sind diese Betriebsstätteneinkünfte, unabhängig davon, ob sie negativ oder positiv sind, in Deutschland von der Besteuerung freizustellen. Auch das DBA BRD-Ungarn stellt „aktive" ungarische Betriebsstätteneinkünfte in Deutschland frei, wobei sich in diesem Zusammenhang der Aktivitätsvorbehalt auf das DBA selbst bezieht (Art. 23 Abs. 1 Buchst. c) DBA BRD-Ungarn), und nicht etwa auf den Aktivitätskatalog des § 2a EStG.

Aufgrund der Freistellungsmethode werden die Einkünfte nicht im Wohnsitzstaat Deutschland erfaßt, was bedeutet, daß auch ausländische Verluste unberücksichtigt bleiben müßten.

Von diesem Grundsatz sieht das deutsche Steuerrecht aufgrund der Ausnahmeregelungen des § 2a Abs. 3 und 4 EStG ab: § 2a Abs. 3 EStG gestattet dem unbeschränkt Steuerpflichtigen auf Antrag, Betriebsstättenverluste, die aus einem DBA-Staat stammen, als negative Einkünfte im Rahmen eines Verlustausgleichs- bzw. Verlustabzugs steuerlich geltend zu machen, soweit diese Betriebsstättenver-

19 Vgl. Schaumburg (Internationales) S. 66 sowie Herrmann/Heuer/Raupach (Einkommensteuer) § 2 Anm. 560.

20 Vgl. allgemein dazu Herrmann/Heuer/Raupach (Einkommensteuer) § 2a Anm. 78.

luste anderweitige Betriebsstättengewinne aus demselben DBA-Land übersteigen.[21]

Allerdings stellt Satz 3 des § 2a Abs. 3 EStG klar, daß bei späteren Betriebsstättengewinnen aus dem selben DBA-Land die zuvor berücksichtigten Verluste früherer Jahre wieder hinzuzurechnen sind. Diese Nachversteuerung führt damit für den Steuerpflichtigen zu einem Steuerstundungseffekt.

Gemäß § 2a Abs. 3 Satz 4 EStG kommt es lediglich dann zu keiner Nachversteuerung, falls das Steuerrecht des ausländischen DBA-Staates die abstrakte Möglichkeit für die Geltendmachung eines Verlustvor- oder -rücktrages nicht kennt. In diesen Fällen unterbleibt eine Nachversteuerung.

II. Besteuerungsfolgen bei Beteiligungen an ungarischen Kapitalgesellschaften

Erwirtschaftet die ungarische GmbH Verluste, so können diese Verluste grundsätzlich bei den Anteilseignern in Deutschland aufgrund der Abschirmwirkung der ungarischen GmbH als eigenständiges Steuersubjekt nicht geltend gemacht werden.[22] Eine Verlustberücksichtigung ergibt sich demnach allenfalls im Wege eines Verlustvor- bzw. -rücktrages gemäß innerstaatlichem ungarischen Recht.

Wie bereits oben erwähnt, können gemäß § 6 Abs. 1 ung. KStG Verluste grundsätzlich für fünf Jahre vorgetragen werden. Abweichend von dieser Regelung dürfen Verluste der ersten drei Jahre gemäß § 6 Abs. 3 ung. KStG unbeschränkt vorgetragen werden, sofern es sich nicht um aktivierungsfähige Gründungs- und Umorganisationskosten i. S. d. Rechnungslegungsgesetzes handelt.

Die einzige Möglichkeit, Verluste der ungarischen GmbH in Deutschland zu berücksichtigen, besteht darin, daß ausnahmsweise eine Teilwertabschreibung auf die Beteiligung zugelassen wird (§ 2a Abs. 2 Satz 2 EStG). Diese Verlustkompensation in Deutschland kann von allen deutschen Unternehmen (Einzelunternehmen, Personengesellschaft, Kapitalgesellschaft) angewandt werden, die eine Beteiligung an der ungarischen Tochtergesellschaft bilanziert haben. Allerdings können Verluste nur dann im Rahmen einer Teilwertabschreibung geltend gemacht werden, wenn es sich nicht um übliche „Anlaufverluste" handelt, die „dann vorliegen, wenn das Unternehmen nach seiner Gründung nach betriebswirtschaftlichen Grundsätzen voraussehbar in naher Zukunft nachhaltig mit Gewinn arbeiten wird".[23] Im Regelfall können als Anlaufphase für eine im Ausland gegründete Kapitalgesellschaft fünf Jahre angenommen werden.[24] § 2a Abs. 2 Satz 2 EStG erweitert den Fünfjahreszeitraum noch um das Kriterium einer aktiven Tätigkeit der ausländischen Kapitalgesellschaft. In diesem Fall ist bei der aktiven Tätigkeit jedoch nicht auf den Aktivitätsvorbehalt des DBA BRD-Ungarn abzustellen, sondern auf den normierten Aktivitätskatalog des § 2a Abs. 2 EStG.

21 Vgl. Schaumburg (Internationales) S. 74.
22 Vgl. Jacobs (Unternehmensbesteuerung) S. 351.
23 Vgl. BFH v. 23. 09. 1969, BStBl II 1970, S. 87.
24 Vgl. BFH v. 27. 07. 1988, BStBl II 1989, S. 274.

Wie bereits oben gezeigt, kommt somit eine Teilwertabschreibung nur für Anteilseigner in Betracht, die die Beteiligung der ungarischen Gesellschaft bilanzieren. Handelt es sich bei dem Anteilseigner dagegen um eine natürliche Person, besteht nach innerstaatlichem deutschen Recht keine Möglichkeit der unmittelbaren Geltendmachung von Verlusten, auch wenn es sich um nachhaltige Verluste handelt.

III. Besteuerungsfolgen bei Beteiligungen an ungarischen Personengesellschaften

Für die Verlustgeltendmachung einer ungarischen Personengesellschaft (GmbH & Co. KG) gelten nach innerstaatlichem ungarischen Recht die obigen Ausführungen zu den Verlusten einer ungarischen Kapitalgesellschaft, da auch die ungarische GmbH & Co. KG eine Wirtschaftsgesellschaft ist, für die das ung. KStG und hierauf folgend die Regelungen zum Verlustvortrag zur Anwendung kommen.

Nach deutschem Steuerrecht können Verluste einer ungarischen Personengesellschaft (GmbH & Co. KG) nur beschränkt geltend gemacht werden, wobei namentlich die Regelungen in bezug auf die Verlustverrechnung der §§ 2a und 15a EStG[25] zu beachten sind.

Aufgrund der Tatsache, daß aktive Einkünfte aus einer ungarischen Personengesellschaft (GmbH & Co. KG) aufgrund der im DBA BRD-Ungarn verankerten Freistellungsmethode in Deutschland von der Besteuerung (abgesehen von dem Progressionsvorbehalt) auszunehmen sind, müßten dementsprechend auch Verluste im Inland grundsätzlich unberücksichtigt bleiben, wobei dieses Prinzip durch die Ausnahmeregelungen des § 2a Abs. 3 EStG durchbrochen wird.[26]

Gemäß § 2a Abs. 3 EStG darf der unbeschränkt steuerpflichtige Gesellschafter auf Antrag den Verlust der ungarischen Personengesellschaft in Deutschland insoweit steuerlich geltend machen, als dieser Verlust andere ungarische Betriebsstättengewinne übersteigt. Allerdings hat diese Verlustgeltendmachung grundsätzlich nur einen steuerstundenden Charakter, da bei zukünftigen Gewinnen aus Ungarn die früher berücksichtigten Betriebsstättenverluste wieder durch Hinzurechnung „nachzuversteuern“ sind.

Auf eine Nachversteuerung wird lediglich dann verzichtet, wenn nach dem Recht des Betriebsstättenstaates die abstrakte Möglichkeit des Verlustvor- oder -rücktrages ausgeschlossen ist.[27] Dies ist bei Ungarn nicht der Fall, da, wie bereits oben erwähnt, ein fünfjähriger Verlustvortrag gestattet ist, d.h. die abstrakte Möglichkeit zum Verlustvortrag im ungarischen Steuerrecht verankert ist.

25 Auf die Besonderheiten des § 15a EStG kann in diesem Beitrag nicht näher eingegangen werden.

26 Vgl. allgemein Schaumburg (Internationales) S. 74ff sowie BFH v. 26. 03. 1991, BStBl II 1991, S. 704.

27 Vgl. BFH v. 08. 03. 1989, BStBl. II 1989, S. 541 sowie BFH v. 16. 11. 1989, BStBl. II 1990, S. 204.

IV. Beurteilung der Verlustgeltendmachung bei Muttergesellschaften in der Rechtsform der Kapitalgesellschaft.

Die Möglichkeit der Geltendmachung von Verlusten ergibt sich bei Beteiligungen an ungarischen Kapitalgesellschaften lediglich mit den aufgeführten Beschränkungen bei Teilwertabschreibungen durch die Muttergesellschaft, bei ungarischen Personengesellschaften im Rahmen der Beschränkungen der §§ 2a i.V.m. § 15a EStG. Damit besteht insgesamt nur eine unzureichende Möglichkeit der Übertragung der Verluste auf in Deutschland ansässige Anteilseigner.

Ein weiteres Problem stellt sich dann, wenn Kapitalgesellschaften in Deutschland die Anteile an den ungarischen Wirtschaftsgesellschaften halten.[28] Aufgrund deren rechtlicher Selbständigkeit können die Auslandsverluste nicht unmittelbar von den Gesellschaftern der Muttergesellschaft geltend gemacht werden. Trägt man dem „Durchgriffsgedanken“[29] Rechnung, so sind nachfolgend Überlegungen anzustellen, wie eine Verlustverwertung unter Einbeziehung der Gesellschafterebene gestaltet werden kann.

E. Verlustverwertungsstrategien

I. Grundüberlegungen zur Verlustverwertung

Ausgangspunkt für die folgenden Ausführungen ist der Fall, daß Verluste aus dem Ausland über die Verlustabzugsbeschränkung der §§ 2a, 15a EStG hinweg oder aber im Wege einer Teilwertabschreibung in eine inländische Muttergesellschaft in der Rechtsform der Kapitalgesellschaft transferiert werden können. Um die steuerentlastende Wirkung von Verlusten möglichst optimal zu gestalten,[30] bedarf es geeigneter Verlustverwertungsstrategien.

Dabei wird von der Überlegung ausgegangen, daß die steuerentlastende Wirkung einer optimalen Verlustverwertung, sei es auf der Ebene der Gesellschaft oder aber beim Gesellschafter und daraus resultierende Liquiditätsvorteile die Finanzierung von verlustbehafteten Engagements erleichtern bzw. in einigen Fällen erst ermöglichen. Ferner können Steuerentlastungen dieser Art dazu beitragen, eine durch Verluste eingetretene Unternehmenskrise zu beseitigen.

Dabei können unter dem umfassenden Begriff der „Verlustverwertung“ alle gesetzlich vorgegebenen und gestalterischen Maßnahmen bezeichnet werden, die dazu dienen, die bei einem Steuerpflichtigen bisher angefallenen oder zukünftig noch anfallenden Verluste in der Weise nutzbar zu machen, daß zukünftige Steuerzahlungen beim Steuerpflichtigen oder einem Dritten vermindert oder bereits entrichtete Steuern zurückerstattet werden, wobei in den folgenden Ausführungen

---

28 Da Kapitalgesellschaften in Deutschland für Unternehmen mit Auslandsbeteiligungen die am häufigsten auftretenden Rechtsformen darstellen, kommt dieser Betrachtung besondere Bedeutung zu.

29 Siehe hierzu ausführlich Heigl/Melcher (Steuerpolitik) S. 9 und S. 49ff.

30 Vgl. zu den mit einer Verlustverwertung verbundenen Handlungszielen im einzelnen Layer (Verlustverwertung) S. 44f.

unterschieden werden muß zwischen Maßnahmen vor Verlustentstehung und solchen nach Verlustentstehung (sog. Altverluste).

Ganz im Sinne der von Heigl erkannten Notwendigkeit des Durchgriffs auf die Gesellschafter[31] dürfen die Überlegungen dabei nicht auf die Gesellschaftsebene beschränkt bleiben, sondern müssen sich auch auf die Gesellschafterebene erstrekken.

Von einer Verlustverwertung auf Gesellschaftsebene kann demnach gesprochen werden, wenn die Verluste zum Zwecke der Kompensation positiver Einkünfte der Gesellschaft nutzbar gemacht werden. Eine solche Verlustverwertung kann durch den gesetzlich vorgegebenen Verlustausgleich und Verlustabzug erfolgen. Ferner kommen gestalterische Maßnahmen in Betracht, die zu zusätzlichen positiven Einkünften bei der Kapitalgesellschaft führen.

Eine Verlustverwertung auf Gesellschafterebene liegt demgegenüber vor, wenn die Verluste der Kapitalgesellschaft zum Zwecke der Steuerminderung bei den Gesellschaftern nutzbar gemacht werden. Nicht selten verfügen Gesellschafter einer Kapitalgesellschaft auch bei Verlusten auf Gesellschaftsebene über ausreichend positive Einkünfte, z. B. aus nichtselbständiger Arbeit oder aber anderer Einkunftsquellen betrieblicher oder privater Art, so daß eine Verlustzuweisung für diese Gesellschafter steuerlich von Interesse wäre, allerdings nicht um den Preis, daß die durch die Kapitalgesellschaft errreichte Haftungsbeschränkung aufgegeben wird. Die Möglichkeit des Verlustabzugs ist aber grundsätzlich subjektgebunden. Eine Übertragung des Verlustes in seiner Eigenschaft als Ergebnis der steuerlichen Einkunftsermittlung durch Rechtsgeschäft scheidet folglich grundsätzlich aus.[32] Folgende Ausnahmen von diesem Grundprinzip sind festzuhalten:

- Bildung einer Organschaft i. S. der §§ 14ff KStG;
- Übertragbarkeit des Verlustes im Erbfall,[33] wobei dies bei einer Kapitalgesellschaft als Verlustträger nicht einschlägig ist;
- Übertragbarkeit des Verlustes in Verschmelzungs- und Spaltungsfällen nach § 12 Abs. 3 Satz 2 sowie § 15 Abs. 1 und Abs. 4 des neuen, ab 01. 01. 1995 gültigen UmwStG.[34]

Ansonsten ist eine unmittelbare Zurechnung der Verluste der Kapitalgesellschaft auf deren Gesellschafter gesetzlich nicht vorgesehen. Von Gesetzes wegen wird sich somit ohne weitere gestalterische Maßnahmen nur eine Verlustverwertung auf Gesellschaftsebene ergeben.

Mit den folgenden Ausführungen soll ein Überblick über die Gestaltungen vermittelt werden, die vor und nach der Verlustentstehung seitens der Gesellschafter ergriffen werden können und eine Verlustverwertung auf Gesellschafts- und/oder

31 Vgl. z. B. die Ausführungen in Heigl/Melcher (Steuerpolitik) S. 9 sowie S. 94ff.

32 Vgl. auch Kröner (Verluste) S. 155 mit weiteren Nachweisen. Ferner Krebs (Auswirkungen) S. 232 mit Verweis auf das BFH-Urteil vom 08. 01. 1958, BStBl III 1958, S. 98.

33 Vgl. Hinweis 115 der EStR, Stichwort „Verlustabzug“ zu § 10d EStG.

34 Vgl. hierzu Dehmer (Umwandlungsteuergesetz) S. 1721 sowie S. 1755; Dierichs/ Meichelbeck (Auswirkungen) S. 43–47.

Gesellschafterebene ermöglichen. Eine detaillierte Erörterung der mit den jeweils andiskutierten Gestaltungen verbundenen steuerrechtlichen und gesellschaftsrechtlichen Fragen kann im Rahmen dieser überblicksweisen Darstellung aber nicht erfolgen. Auf das zitierte Fachschrifttum wird in diesem Zusammenhang verwiesen.

II. Verlustverwertungsmaßnahmen vor Verlustentstehung

Die folgende Übersicht 1 gibt einen Überblick über Gestaltungsmöglichkeiten, die im Hinblick auf eine künftige Verlustentstehung ergriffen werden können;[35]

Übersicht 1: Verlustverwertungsmaßnahmen vor Verlustentstehung

Maßnahmen zur Verlustbegrenzung	Maßnahmen zur Optimierung des Verlustabzugs	Maßnahmen zur Verlustverrechnung
– erfolgsabhängige Vergütung bei schuldrechtlichen Vereinbarungen	– Ausschüttungspolitik	– Organschaft
	– Ausübung des Wahlrechts beim Verlustrücktrag	– atypisch stille Beteiligung
– Vergütungsverzicht für die Zukunft		– Umwandlung der Kapitalgesellschaft in Personengesellschaft

Maßnahmen zur Verlustbegrenzung:

Noch bevor überhaupt ein Verlust entsteht, können Maßnahmen ergriffen werden, die zu einer Verlustbegrenzung führen. Der Begriff der Verlustbegrenzung berücksichtigt dabei den Umstand, daß diese Gestaltungen regelmäßig eine vollständige Verlustvermeidung nicht ermöglichen können. Im Verhältnis Gesellschaft zu Gesellschafter kommen beispielsweise die Vereinbarungen erfolgsabhängiger Vergütungen für Leistungen des Gesellschafters sowie der Verzicht auf entsprechende Vergütungen für die Zukunft in Betracht.

So kann beispielsweise ein Teil der Gesamtvergütung für Arbeitsleistungen des Gesellschafters als erfolgsabhängige Tantieme vereinbart werden.[36] Denkbar sind ferner erfolgs- oder umsatzabhängige Pachtzahlungen.[37] Ferner können Kapitalüberlassungen auf Basis einer typisch stillen Beteiligung erfolgen.

35 Vgl. auch Heidemann (Verlustverwertungsmöglichkeiten) S. 492.

36 Siehe zur Tantiemeproblematik ausführlich Schulze zur Wiesche (Tantiemevereinbarungen), S. 403 ff.

37 Siehe zur Gestaltung von Pachtzahlungen im Rahmen einer Betriebsaufspaltung Brandmüller (Betriebsaufspaltung) S. 259ff sowie BFH-Urteil vom 04. 05. 1977, BStBl II 1977, S. 679.

Maßnahmen zur Optimierung des Verlustabzugs:

Bei Unternehmen in der Rechtsform der Kapitalgesellschaft kann sich eine unmittelbare Steuerentlastung durch den Verlust nur durch den Verlustrücktrag ergeben, da ein Verlustvortrag erst nach Beendigung der Verlustphase zu entsprechenden Steuerminderungen führt. Der Verlustrücktrag seinerseits kann aber unter Verweis auf die Neuregelung des § 10d EStG auf Antrag des Steuerpflichtigen ganz nach dessen Ermessen auf die beiden Rücktragsjahre verteilt werden bzw. ein Verlustrücktrag kann auch vollständig unterbleiben. Die Entscheidung über den Umfang des Verlustrücktrags ist somit ihrerseits eine Optimierungsüberlegung, bei der Zins- und Liquiditätseffekte sowie Bestand und Zusammensetzung des verwendbaren Eigenkapitals zu berücksichtigen sind.[38]

Maßnahmen zum Verlusttransfer:

Mit Maßnahmen zum Verlusttransfer wird beabsichtigt, die bei einer Kapitalgesellschaft erwarteten Verluste auf deren Gesellschafter zu transferieren, um dort deren Ausgleich mit anderen positiven Einkünften in der Vergangenheit, in der Gegenwart oder aber in der Zukunft zu ermöglichen. Als solche Maßnahmen kommen insbesondere in Betracht:

Begründung einer Organschaft:

Durch die Begründung einer steuerlich wirksamen Organschaft wird das Einkommen der Organschaft grundsätzlich in vollem Umfang dem Organträger zugerechnet. Die Zurechnung des Einkommens der Organgesellschaft beim Organträger ermöglicht insbesondere den Verlustausgleich im Organkreis. Nicht auf den Organträger übertragen werden können allerdings die vor dem steuerlich wirksamen Beginn der Organschaft bei der Organgesellschaft angefallenen Verluste (vgl. § 15 Nr. 1 KStG).[39]

Voraussetzung für den Abschluß einer körperschaftsteuerlich wirksamen Organschaft ist u. a. ein Ergebnisabführungsvertrag, der handelsrechtlich zur Übernahme der Verluste aus der Organgesellschaft verpflichtet. Letzteres bewirkt allerdings wiederum erhebliche Haftungsrisiken, so daß diese Gestaltung häufig zu risikoreich erscheint. Ferner bedarf es für die wirksame Begründung einer Organschaft eines Organträgers, der ein inländisches gewerbliches Unternehmen betreibt. In den Fällen, in denen die Gesellschafter einer Kapitalgesellschaft ihre Anteile im Privatvermögen halten, ergeben sich deshalb Schwierigkeiten bei der Installierung eines Organträgers.

38 Siehe zu den Optimierungskriterien im einzelnen die Ausführungen bei Schult/Hundsdoerfer (Optimale) S. 525–530.

39 Vgl. Lieb (Sonderfragen) S. 5995.

Begründung einer atypisch stillen Beteiligung:

Die Begründung einer atypische stillen Beteiligung durch die Gesellschafter einer Kapitalgesellschaft stellt eine weitere Möglichkeit dar, Verluste, die auf der Ebene der Kapitalgesellschaft anfallen, zumindest entsprechend der bei Begründung der atypisch stillen Gesellschaft geschlossenen vertraglichen Vereinbarungen auf die Gesellschafter zu transferieren. Die Aufteilung des Verlustes auf die Gesellschaft und die stillen Gesellschafter muß klar geregelt und nachvollziehbar sowie angemessen sein. Die Verlustverteilungsabrede darf insbesondere nicht außerbetrieblich veranlaßt oder rechtsmißbräuchlich sein.

Die auf den stillen Gesellschafter entfallenden Verlustanteile unterliegen allerdings der Verlustabzugsbeschränkung des § 15a EStG. Der stille Gesellschafter muß deshalb entsprechendes Kapital zur Verfügung stellen, damit ihm Verluste auch steuerlich zugerechnet werden können.

Umwandlung der Kapitalgesellschaft in eine Personengesellschaft oder ein Einzelunternehmen:

Wie die Begründung einer atypischen GmbH + Still ist auch die Umwandlung einer Kapitalgesellschaft in die Rechtsform der Personengesellschaft (z. B. OHG, KG, GmbH & Co. KG) eine geeignete Gestaltung, um künftige Verluste auf der Ebene der Kapitalgesellschaft unmittelbar bei den Gesellschaftern zu verrechnen.

Durch das neue Umwandlungsgesetz sowie Umwandlungssteuergesetz 1995 wird diese Form der Umwandlung erheblich erleichtert, z. B. dadurch daß eine unmittelbare Umwandlung in eine GmbH & Co. KG handelsrechtlich zulässig ist[40] oder aber dadurch, daß die Buchwertfortführung nach § 3 UmwStG 1995 zugelassen ist.[41]

III. Verlustverwertungsmaßnahmen nach Verlustentstehung

1. Überblick

Sind Verluste erst einmal entstanden, so bestehen über den gesetzlich geregelten Verlustausgleich und Verlustabzug hinaus verschiedenste Möglichkeiten, diese Altverluste steuerentlastend zu verwerten.

Diese Maßnahmen lassen sich einerseits in Maßnahmen zur Verlustkompensation und andererseits in Maßnahmen zur Realisierung von Anteilswertverlusten unterscheiden. Die einzelnen, im folgenden kurz andiskutierten Maßnahmen sind in der nachfolgenden Übersicht 2, systematisiert nach ihrer Wirkungsweise, dargestellt.

---

40 Vgl. zu den Voraussetzungen im einzelnen die Ausführungen bei Mayer/Widmann (Neuerungen) S. 175ff.

41 Vgl. Blumers/Marquardt (Unternehmenskäufe) S. 1870f m. w. N.

Verlustverwertungsmaßnahmen nach Verlustentstehung Verlustverwertungsmaßnahmen systematisiert nach deren Wirkungsweise					
	Maßnahmen zur Verlustkompensation				Maßnahmen zur Realisierung von Anteilswertverlusten
Wirkungsweise	Auflösung stiller Reserven in Wirtschaftsgütern des Unternehmens	Aufwandsverlagerung von der Gesellschafts- auf die Gesellschafterebene	Verlagerung stiller Reserven vom Gesellschafter auf die Gesellschaft und anschließende Aufdeckung	Übertragung sonstiger Einkunftsquellen vom Gesellschafter auf die Gesellschaft	Realisierung von Anteilswertverlusten beim Gesellschafter
Verlustverwertungsmaßnahmen	- Veräußerung von Wirtschaftsgütern an fremde Dritte - Sale-and-lease-back-Gestaltung - Einbringung von Wirtschaftsgütern in Tochtergesellschaften - Liquidation - Umwandlung	- unentgeltliche oder verbilligte Nutzungsüberlassung	- Einbringungsvorgänge nach § 20 UmwStG - Verschmelzung von Unternehmen durch Aufnahme nach den §§11 – 13 UmwStG	- Einbringungsvorgänge nach den §§ 20, 24 UmwStG sowie Verschmelzung durch Aufnahme nach den §§11 – 13 UmwStG - offene und verdeckte Einlagen ertragbringender Wirtschaftsgüter - Darlehensverzicht	- Veräußerung von Anteilsrechten - Kapitalherabsetzung -Antragstellung nach § 21 Abs. 2 Nr. 1 UmwStG - Liquidation - Umwandlung

2. Maßnahmen zur Verlustkompensation

Maßnahmen zur Verlustkompensation sollen dazu dienen, die ausgleichs- und vortragsfähigen Verluste der Kapitalgesellschaft möglichst frühzeitig durch positive Einkünfte auszugleichen. Grundsätzlich können positive Einkünfte bei der Kapitalgesellschaft dadurch erzielt werden, daß:

- stille Reserven in Wirtschaftsgütern der Gesellschaft aufgedeckt werden,
- Aufwand von der Gesellschafts- auf die Gesellschafterebene verlagert wird,
- stille Reserven vom Gesellschafter auf die Gesellschaft verlagert und dort realisiert werden,
- sonstige Einkunftsquellen[42] vom Gesellschafter auf die Gesellschaft verlagert werden.

Auflösung stiller Reserven in Wirtschaftsgütern der Gesellschaft:

Stille Reserven in Wirtschaftsgütern der Gesellschaft werden durch Veräußerungsvorgänge oder aber durch sonstige Gewinnausweistatbestände, durch die Wirtschaftsgüter aus der Steuerverhaftung ausscheiden, realisiert.[43] Zum Zwecke der Gewinnrealisierung kommen demnach Maßnahmen wie die Veräußerung von betriebsnotwendigem Vermögen im Wege einer Sale-and-lease-back-Gestaltung oder im Wege der Betriebsaufspaltung[44] sowie die Einbringung von Wirtschaftsgütern in eine Tochtergesellschaft in Betracht.[45]

Aufwandsverlagerung von der Gesellschafts- auf die Gesellschafterebene:

Als Beispiel sei auf die unentgeltliche Nutzungsüberlassung an eine GmbH durch die Gesellschafter verwiesen. Nach der BFH-Rechtsprechung führt die unentgeltliche Nutzungsüberlassung zu keiner verdeckten Einlage der Gesellschafter in die Kapitalgesellschaft.[46]

Durch das Ersparen von Nutzungsaufwendungen vermindert sich der Verlust der Gesellschaft. Der Gesellschafter kann die mit der Nutzungsüberlassung zusammenhängenden Aufwendungen als Werbungskosten bei den Einkünften aus Kapitalvermögen (Anteile im Privatvermögen) oder aber als Betriebsausgaben geltend machen. Die Anerkennung des Aufwandsabzugs beim Gesellschafter führt zu einer Verlustverlagerung von der Gesellschafts- auf die Gesellschafter-Ebene. Sofern der Gesellschafter über andere positive Einkünfte verfügt, kann der bei ihm entstehende Verlust mit diesen ausgeglichen werden. Im Ergebnis ist damit der Verlust der Kapitalgesellschaft zumindest teilweise beim Gesellschafter verwertet.

---

42 Mit der Einkunftsquelle wird ein bestimmter Besteuerungsgegenstand bezeichnet. Vgl. zum Begriff der Einkunftsquelle auch Kröner (Verrechnungsbeschränkte) S. 35 f.

43 Vgl. Luckey (Gewinnrealisierung) S. 131.

44 Vgl. Heidemann (Verlustverwertungmöglichkeiten) S. 493.

45 Siehe zu diesen Rechtsgestaltungen auch Wysocki (Bilanzpolitik) S. 49 f.

46 Vgl. BFH-Beschluß vom 26. 10. 1987, BStBl. II 1988, S. 348 ff.

Verlagerung stiller Reserven vom Gesellschafter auf die Gesellschaft und anschließende Aufdeckung:

Diese Gestaltung führt nur dann zu einer Verlustverwertung, wenn mit stillen Reserven behaftete Wirtschaftsgüter zum Buchwert vom Gesellschafter auf die Gesellschaft übertragen werden. Dies ist beispielsweise möglich bei der Einbringung eines Betriebs, Teilbetriebs oder Mitunternehmeranteils oder einer 100 %igen Beteiligung an einer Kapitalgesellschaft gemäß § 20 UmwStG. Die anschließende Veräußerung dieser zum Buchwert eingebrachten Wirtschaftsgüter führt dazu, daß ein Veräußerungsgewinn vom Gesellschafter auf die Gesellschaft verlagert wird.

Übertragung sonstiger Einkunftsquellen vom Gesellschafter auf die Gesellschaft:

Ist eine Verlustverwertung bei der Gesellschaft durch Veräußerung von Wirtschaftsgütern entsprechend vorstehendem Gestaltungsvorschlag nicht gewollt oder nicht durchführbar, kann dennoch eine Übertragung sonstiger Einkunftsquellen vom Gesellschafter auf die Gesellschaft sinnvoll sein, um vorhandene Verluste der Gesellschaft mit positiven Einkünften aus dieser Einkunftsquelle zu verrechnen. Die Einkunftsquellenverlagerung kann erreicht werden durch:

- die zuvor genannten Einbringungsvorgänge,
- durch die offene oder verdeckte Einlage ertragbringender Wirtschaftsgüter,
- durch einen von den Gesellschaftern ausgesprochenen Darlehensverzicht für gewährte Gesellschafterdarlehen, da der Gesellschaft zukünftig Zinsaufwendungen erspart werden und bei den Gesellschaftern Zinseinnahmen entfallen.

Der zuletzt genannte Forderungsverzicht der Gesellschafter hat sich aber aufgrund neuerer Rechtsprechung des Bundesfinanzhofs als außerordentlich problematisch erwiesen, insbesondere wenn die Gesellschafter beabsichtigen, den Forderungsverzicht z. B. im Rahmen einer Veräußerung der Geschäftsanteile an der Kapitalgesellschaft steuerlich geltend zu machen.[47]

3. Maßnahmen zur Realisierung von Anteilswertverlusten

Während die Maßnahmen zur Verlustkompensation darauf angelegt sind, den Verlust der Kapitalgesellschaft mit positiven Einkünften der Gesellschaft zu verrechnen, zielen die Maßnahmen zur Realisierung von Anteilswertverlusten darauf ab, den Verlust der Kapitalgesellschaft dadurch zu verwerten, daß Wertverluste bei den Anteilsrechten der Gesellschafter steuerlich geltend gemacht bzw. realisiert werden.

Befindet sich die Beteiligung in einem Betriebsvermögen, können diese Anteilswertverluste unter bestimmten Bedingungen durch eine Teilwertabschreibung geltend gemacht werden. Befinden sich die Anteile im Privatvermögen, können An-

47 Vgl. z. B. die Ausführungen bei Meyer-Scharenberg (Steuerprobleme) S. 891 f.

teilswertverluste im Falle wesentlicher Beteiligungen gemäß § 17 EStG, bei einer 100 %igen Beteiligung gemäß § 16 Abs. 1 Nr. 1 EStG sowie bei einbringungsgeborenen Anteilen gemäß § 21, 22 UmwStG geltend gemacht werden. Auf den Sonderfall von Anteilswertverlusten bei Spekulationsgeschäften gemäß § 23 EStG soll nicht näher eingegangen werden.

Die vorgenannten Maßnahmen zur Realisierung von Anteilswertverlusten haben den Vorteil, daß sie mit einer zusätzlichen Steuerminderung verbunden sind, da das Verlustpotential der Kapitalgesellschaft durch diese Verwertungsmaßnahmen unberührt bleibt oder zumindest ganz oder teilweise durch Aufdeckung stiller Reserven genutzt werden kann (z. B. bei Umwandlung bzw. Liquidation).[48] Im Ergebnis wird damit der Verlust einer Kapitalgesellschaft zweimal verwertet, einmal auf Ebene der Gesellschaft und zum anderen auf der Ebene des Gesellschafters. Im einzelnen können folgende Verlustverwertungsmaßnahmen unterschieden werden:

- Veräußerung von Anteilsrechten,
- Kapitalherabsetzung,
- Antragstellung nach § 21 Abs. 2 Nr. 1 UmwStG bei einbringungsgeborenen Anteilen,
- Liquidation,
- Umwandlung der Kapitalgesellschaft in eine Personengesellschaft.

Alle vorgenannten Maßnahmen führen nur dann zu dem gewünschten steuerlichen Ergebnis, wenn tatsächlich Anteilswertverluste vorliegen und der Wert der Anteile unter die nach steuerlichen Grundsätzen bestimmten Anschaffungskosten gefallen ist. In diesen Fällen lassen sich Anteilswertverluste nach folgendem Berechnungsschema realisieren:

> Wert der Anteile (abgeleitet z. B. aus dem Stuttgarter Verfahren oder aber aus anderweitig ermitteltem Unternehmenswert der Kapitalgesellschaft)
>
> ./. Anschaffungskosten für die Anteile (einschl. nachträglicher Anschaffungskosten, z. B. aus Forderungsverzicht)
>
> ---
>
> = steuerlicher Verlust

Einige wesentliche Aspekte dieser Verlustverwertungsmaßnahmen sollen nachfolgend diskutiert werden.

Veräußerung von Anteilsrechten:

Die Realisierung von Anteilswertverlusten durch Veräußerung erfordert die entgeltliche Übertragung der Anteile auf eine andere Rechtsperson.[49] Eine Veräuße-

48 Zur Problematik des Mandelkaufs siehe die nachfolgenden Ausführungen zur Veräußerung von Anteilsrechten.

49 Vgl. Luckey (Gewinnrealisierung) S. 131.

rung an einen fremden Dritten kommt aber nicht in Betracht, wenn die bisherigen Gesellschafter auch nach der Veräußerung ihren Einfluß in der Gesellschaft ganz oder teilweise behalten wollen. Als Beispiele für Rechtsgeschäfte, die diesem Umstand Rechnung tragen, sind anzuführen:

- Die Übertragung von Anteilen auf eine von den Gesellschaftern gegründete Personengesellschaft,
- der Erwerb eigener Anteile durch die Kapitalgesellschaft sowie
- die Einziehung von Anteilen durch die Kapitalgesellschaft.

Werden Anteile aus dem Privatvermögen in das Gesellschaftsvermögen einer Personengesellschaft mit Betriebsvermögen übertragen, an der der Übertragende als Gesellschafter beteiligt ist, so ist dieser Vorgang als Veräußerung durch den Gesellschafter und als Anschaffung durch die Gesellschaft zu werten, wenn er sich wie eine im Geschäftsverkehr zwischen Fremden übliche Veräußerung darbietet.[50] Demgegenüber führt die Übertragung von Anteilen aus dem Privatvermögen auf eine Personengesellschaft ohne Betriebsvermögen nach h.M. nur insoweit zu einer Veräußerung, als der übertragende Anteilseigner nicht am Vermögen der Personengesellschaft beteiligt ist.[51]

Ein Veräußerungsvorgang wie zwischen fremden Dritten wird auf alle Fälle angenommen, wenn die Anteile auf die Personengesellschaft gegen eine nach dem Verkehrswert der Anteile bemessene Bar- oder Sachvergütung übertragen werden. Eine Gutschrift des Verkehrswerts der Anteile auf dem häufig als Privatkonto oder als Darlehenskonto bezeichneten Kapitalkonto des Kommanditisten einer GmbH & Co. KG ist hierfür ausreichend.[52] Umstritten ist, ob eine Veräußerung auch vorliegt, wenn die Anteile aus dem Privatvermögen in das Gesamthandsvermögen einer gewerblich tätigen Personengesellschaft übertragen werden, dem Gesellschafter hierfür neue Gesellschaftsrechte gewährt werden und kein Fall des § 24 UmwStG vorliegt.[53]

Eine Anteilsveräußerung i. S. des § 17 EStG liegt nach h.M. ferner vor, wenn eine Kapitalgesellschaft eigene Anteile von wesentlich beteiligten Gesellschaftern erwirbt[54] oder wenn eine GmbH Anteile ihrer wesentlich beteiligten Gesellschafter einzieht und nicht zugleich eine Kapitalherabsetzung erfolgt.[55]

---

50 Vgl. BFH-Urteil vom 21. 10. 1976, BStBl II 1977, S. 147; ferner Schmidt (EStG-Kommentar) § 17 Anm 19k.

51 Vgl. Herrmann/Heuer/Raupach (Einkommensteuer) § 17 Anm. 73; Littmann/Bitz/Meincke (Einkommensteuerrecht) § 17 Anm. 32; Schmidt (EStG-Kommentar) § 17 Anm. 19k; Lothmann (vermögensverwaltende) S. 435f. A.M. Felix/Stahl (Erwägungen) Fußnote 60.

52 Vgl. Schulze zur Wiesche (Rechtsgeschäfte) S. 177.

53 Vgl. Schulze zur Wiesche (Verdeckte) S. 128. Ablehnend Widmann/Mayer (Umwandlungsrecht) § 24 UmwStG 1977 Anm 7799.44.1., der § 6 Abs. 1 Nr. 5 EStG für anwendbar hält. Für einen Veräußerungsvorgang Schmidt (EStG-Kommentar) § 15 Anm. 101b.

54 Vgl. Schmidt (EStG-Kommentar) § 17 Anm. 19e) bb); zur Problematik aus der Sicht der Kapitalgesellschaft ausführlich Wassermeyer (Erwerb) S. 621ff.

55 Vgl. Schmidt (EStG-Kommentar) § 17 Anm. 19e) aa) m.w.N.

In allen genannten Fällen ist aber die Gefahr der Annahme eines Mißbrauchs rechtlicher Gestaltungsmöglichkeiten i. S. des § 42 AO nicht ganz auszuschließen, sofern die Gestaltung ausschließlich der Steuerminderung durch Realisierung von Anteilswertverlusten dient.[56] Entscheidend ist es daher, zur Vermeidung eines Mißbrauchs ausreichend wirtschaftliche oder sonst beachtliche nichtsteuerliche Gründe für die Gestaltung anführen zu können.

Auf Gesellschaftsebene stellt sich ferner die Frage, ob eines der vorgenannten Veräußerungsgeschäfte aufgrund der gesetzlichen Regelungen zum Mantelkauf in § 8 Abs. 4 KStG zur Versagung des Verlustausgleichs und des Verlustabzugs führen kann. Nach Auffassung der Verfasser ist eine Anwendung des § 8 Abs. 4 KStG auf die dargestellten Veräußerungsgeschäfte nicht gerechtfertigt.[57]

Kapitalherabsetzung:

Nach § 17 Abs. 4 EStG wird eine Kapitalherabsetzung unter bestimmten Voraussetzungen einer Veräußerung von Anteilsrechten gleichgesetzt.[58] Grundsätzlich sind deshalb nach § 17 EStG dem gemeinen Wert der Kapitalrückzahlung die Anschaffungskosten der untergehenden Anteilsrechte gegenüberzustellen, so daß sich aus dieser Rechnung für den Gesellschafter ein steuerlicher Verlust ergeben kann.

Antragstellung nach § 21 Abs. 1 Nr. 1 UmwStG:

Bei einbringungsgeborenen Anteilen können Anteilswertverluste durch einen Antrag des Steuerpflichtigen nach § 21 Abs. 2 Nr. 1 UmwStG steuerlich geltend gemacht werden.[59] Mit dem Eingang des Antrags bei dem für die Besteuerung des Antragstellers zuständigen Finanzamt wird eine Veräußerung der Anteile zum gemeinen Wert unterstellt.[60]

Liquidation:

Die Liquidation des inländischen Rechtsträgers muß nicht gleichbedeutend sein mit einer Beendigung des unternehmerischen Engagements. Vielmehr kann die

56 Vgl. BFH-Urteil vom 12. 07. 1988, BStBl II 1988, S. 943 m. w. N.

57 Siehe zur Begründung im einzelnen Layer (Verlustverwertung) S. 111 ff.

58 Bei einer 100 %igen Beteiligung im Betriebsvermögen soll hingegen keine Veräußerung bzw. Aufgabe eines Betriebes i. S. des § 16 Abs. 1 Nr. 1 EStG vorliegen; vgl. hierzu Schmidt (EStG- Kommentar) § 16 Anm. 28. Zur Frage, ob § 17 Abs. 4 EStG auch bei einer nominellen Kapitalherabsetzung Anwendung finden kann, siehe die Ausführungen bei Layer (Verlustverwertung) S. 137 ff.

59 Vgl. Widmann/Mayer (Umwandlungsrecht), § 21 UmwStG Anm. 7385; ferner Herrmann/Heuer/Raupach (Einkommensteuer), § 21 UmwStG Anm. 85. Diese Gestaltungsmöglichkeit ist auch von der Finanzverwaltung anerkannt; vgl BdF-Schreiben vom 16. 06. 1978, BStBl I 1978, S. 235–247 Anm. 70.

60 Eine Rückbeziehung des Antrags ist nicht möglich, da andernfalls der steuerlich günstigste Zeitpunkt nachträglich bestimmt werden könnte; Vgl. BFH-Urteil vom 5. 03. 1986 BStBl II 1986 S. 625–627.

unternehmerische Tätigkeit durch die Gesellschafter z. B. auf eine Betriebsübernahmegesellschaft übergeleitet werden.[61]

Auf der Gesellschaftsebene ist die Liquidation nach § 11 KStG zu besteuern. Ein eventuell entstehender Abwicklungsgewinn kann mit vorhandenen Verlustvorträgen der aufzulösenden Kapitalgesellschaft verrechnet werden. Ein nach der Abwicklung verbleibender Verlustvortrag kann nicht auf die Gesellschafter übertragen werden und entfällt. Auf der Gesellschafterebene führt die Liquidation unter den Voraussetzungen des § 16 Abs. 1 Nr. 1 EStG (100 %ige Beteiligung im Betriebsvermögen)[62] oder aber unter den Voraussetzungen des § 17 Abs. 4 EStG zur Realisierung von Anteilswertverlusten.

Umwandlung der Kapitalgesellschaft in eine Personengesellschaft:

Durch die Neuregelung der Umwandlung einer Kapitalgesellschaft in eine Personengesellschaft in den § 3ff UmwStG 1995 wurde die Verwertung von Anteilswertverlusten bei Gesellschaftern, die ihre Beteiligung entweder im Betriebsvermögen halten oder aber im Sinne des § 17 EStG wesentlich beteiligt sind, gegenüber der bisherigen Regelung erheblich verbessert.[63] Denn ein nach dem § 4 UmwStG 1995 zu ermittelnder Übernahmeverlust ist nach Korrektur um das Körperschaftsteuerguthaben, gegebenenfalls einem Sperrbetrag nach § 50c EStG (§ 4 Abs. 5 UmwStG 1995) sowie vermindert durch Aufstockung stiller Reserven in den Wertansätzen der auf die Personengesellschaft übergegangenen Wirtschaftsgüter (4 Abs. 6 UmwStG 1995) bei den Gesellschaftern abziehbar. Ein bei der Kapitalgesellschaft verbleibender Verlustvortrag i. S. von § 10d Abs. 3 S. 2 EStG geht allerdings nicht auf die Personengesellschaft bzw. deren Gesellschafter über (§ 4 Abs. 2 S. 2 UmwStG 1995).[64]

F. Zusammenfassung:

Die Untersuchung hat gezeigt, daß entgegen der derzeitigen Auffassung in der Praxis sowohl der Wahl der Rechtsform in Ungarn als auch der Gestaltung des Gesellschafterkreises in Deutschland hinsichtlich der Fragen der Besteuerung durch den deutschen Fiskus entscheidende Bedeutung zukommt. Je nach Gestaltung der Beteiligungsportefeuilles ergeben sich in Gewinnsituationen deutliche

61 Siehe zum Begriff der „Betriebsübernahmegesellschaft“ ausführlich Groß (Sanierung) S. 133.

62 Siehe zur steuerlichen Behandlung von Vermögensauskehrungen beim zu 100 % beteiligten Anteilseigner mit Betriebsvermögen das BFH-Urteil vom 19. 04. 1994, DStR 1994, S. 1682f.

63 Siehe auch die Ausführungen unter Teil E II. und die dort angeführten handelsrechtlichen Neuregelungen. Durch die Möglichkeit der unmittelbaren Umwandlung in eine GmbH & Co.KG wird diese Gestaltung in der Beratungpraxis an Bedeutung gewinnen.

64 Siehe zu den Auswirkungen einer Umwandlung von der Kapital- in die Personengesellschaft und die Problematik des Übernahmeverlusts sowie des verbleibenden Verlustvortrags ausführlich Blumers/Marquardt (Unternehmenskäufe) S. 1870f.

Belastungsunterschiede bei der laufenden Besteuerung. Dabei erweist sich die GmbH & Co. KG als Wirtschaftsgesellschaft in Ungarn idR als besonders vorteilhaft.

Gleiches gilt in differenzierter Weise für die Verlustberücksichtigung durch den deutschen Fiskus. Werden Anteile an ungarischen Wirtschaftsgesellschaften von Muttergesellschaften in der Rechtsform der Kapitalgesellschaft gehalten, ist die Verlustberücksichtigung bei den Gesellschaftern der Muttergesellschaft nur über bestimmte zusätzliche Gestaltungen erreichbar. Dabei kommen die Überlegungen unter Teil E zum Tragen, die verschiedene Gestaltungsmöglichkeiten zur Verlustwerwertung zum Inhalt haben. Diese Gestaltungen sind zum einen dadurch gekennzeichnet, daß sie entweder bereits vor oder nach Verlustentstehung greifen und ferner dadurch, daß sie Verlustverwertungen auf Gesellschafts- und/oder Gesellschafterebene ermöglichen. Insbesondere über die Realisierung von Anteilswertverlusten lassen sich in der Praxis bei den Gesellschaftern oft deutliche Steuerentlastungen erzielen, die wiederum die Finanzierung der Auslandsverluste erleichtern.

Literaturverzeichnis

BdF-Schreiben vom 20. 12. 1977, IV B 2 – S. 2241 – 231/77, betreffend Besteuerung der Mitunternehmer von Personengesellschaften (Mitunternehmererlaß), in: GmbHR 1988, S. 312–318.

BdF-Schreiben vom 29. 04. 1993, IV C 6 – S 1301 Ung „ 4/93, betreffend Anwendung des deutsch-ungarischen Doppelbesteuerungsabkommens bei Beteiligungen an einer GmbH oder GmbH & Co. KG in Ungarn, BStBl. I 1993, S. 342.

BFH-Urteil vom 08. 01. 1958, I 131/57 U, BStBl III 1958, S. 97–100.

BFH-Urteil vom 23. 09. 1969, IAR 71/67, BStBl II 1970, S. 87.

BFH-Urteil vom 21. 10. 1976, IV R 210/72, BStBl II 1977, S. 145–148.

BFH-Urteil vom 04. 05. 1977, IR 11/75, BStBl II 1977, S. 679–681.

BFH-Urteil vom 05. 03. 1986, I R 203/82, BStBl II 1986, S. 625–627.

BFH-Urteil vom 26. 10. 1987, GrS 2/86, BStBl II 1988, S. 348–357.

BFH-Urteil vom 12. 07. 1988, IX R 149/83, BStBl II 1988, S. 942–944.

BFH-Urteil vom 27. 07. 1988, IR 104/84, BStBl II 1989, S. 274–276.

BFH-Urteil vom 08. 03. 1989, X R 181/87, BStBl II 1989, S. 541–543.

BFH-Urteil vom 16.11.1989, IV R 143/85, BStBl II 1990, S. 204–206.

BFH-Urteil vom 26. 03. 1991, IX R 162/85, BStBl II 1991, S. 704–712.

BFH-Urteil vom 19. 04. 1994, DStR 1994, S. 1682–1683

Blumers, Wolfgang/Marquardt, Michael (Unternehmenskäufe): Unternehmenskäufe durch Anteilserwerb nach neuem Umwandlungs(-steuer)recht, in: DStR 1994, S. 1869–1874.

Brandmüller, Gerhard (Betriebsaufspaltung): Die Betriebsaufspaltung nach Handels- und Steuerrecht, 6. Auflage, Heidelberg 1994.

Dehmer, Hans (Umwandlungssteuergesetz): Das Umwandlungssteuergesetz 1994, in: DStR 1994, S. 1713–1722 (Teil I) und S. 1753–1762 (Teil II).

Dierichs, Thomas/Meichelbek, Hugo T. (Auswirkungen): Auswirkungen der Reform des Umwandlungsrechts und des Umwandlungssteuerrechts auf die Beratungspraxis, in: BuW 1995, S. 41–48.

Felix, Günther/Stahl, Rudolf (Erwägungen): Steuer- und zivilrechtliche Erwägungen zur

Umgründung von Gesellschaften mbH in Personengesellschaften oder Einzelunternehmen, in: DStR 1986, Beihefter zu Heft 3.

Groß, Paul J. (Sanierung): Sanierung durch Fortführungsgesellschaften – Der Weg von der Sanierungsprüfung bis zur Konstituierung und finanziellen Entlastung der Fortführungsgesellschaft in betriebswirtschaftlicher, rechtlicher und steuerlicher Sicht, 2. Auflage, Köln 1988.

Heidemann, Otto (Verlustverwertungsmöglichkeiten): Verlustverwertungsmöglichkeiten bei einer GmbH, in: INF 1990, S. 491–496.

Heigl, Anton (Unternehmensbesteuerung): Unternehmensbesteuerung 1994.

Heigl, Anton/Melcher, Günther-Herbert (Steuerpolitik): Betriebliche Steuerpolitik- Ertragsteuerplanung, Köln 1974.

Herrmann, Carl/Heuer, Gerhard/Raupach, Arndt (Einkommensteuer): Einkommensteuer- und Körperschaftsteuergesetz mit Nebengesetzen, Kommentar, 20. Auflage, Köln 1950/52, Loseblatt, Stand: Dezember 1994.

Jacobs, Otto H. (Unternehmensbesteuerung): Internationale Unternehmensbesteuerung, 2: Aufl., München 1991.

Korn, R./Debatin, H. (Doppelbesteuerung): Doppelbesteuerung, Kommentar zum DBA BRD-Ungarn, München 1993.

Kröner, Michael (Verluste): Verrechnungsbeschränkte Verluste im Ertragsteuerrecht – Materiellrechtliche Grundlagen und systemtatische Gestaltungssuche, Wiesbaden 1986.

Layer, Bertram (Verlustverwertung): Verlustverwertung zur Sanierung von Kapitalgesellschaften, Berlin 1990.

Lieb, Ralf (Sonderfragen): Steuerliche Sonderfragen bei Organschaftsverhältnissen, in: NWB Fach 2, S. 5993–5998.

Littmann, Eberhard/Bitz, Horst/Meincke, Jens Peter (Einkommensteuerrecht): Das Einkommensteuerrecht, Kommentar zum Einkommensteuergesetz, 15. Auflage, Stuttgart 1988, Loseblatt, Stand: September 1994.

Lothmann, Werner (Vermögensverwaltende): Die vermögensverwaltende Personengesellschaft im Bereich der Einkommensteuer, Bergisch Gladbach/Köln 1986.

Luckey, Günther (Gewinnrealisierung): Gewinnrealisierung bei Unternehmensumwandlung und bei Übertragung einzelner Wirtschaftsgüter, in: StuW 1979, S. 129–148.

Mayer, Dieter/Wiedmann, Siegfried (Neuerungen): Neuerungen im Umwandlungsrecht und im Umwandlungssteuerrecht – insbesondere aus Kapitalgesellschaften heraus; Arbeitsunterlage zum Seminar LSWB Bayern am 28./29. Oktober 1994 in Tegernsee, Teil I.

Meyer-Scharenberg, Dieter (Steuerprobleme): Steuerprobleme im Konkursfall, in: DStR 1994, S. 889–896.

Mössner, Jörg Manfred (Steuerrecht): Steuerrecht international tätiger Unternehmen, Köln 1992.

Rädler, Albert J./Raupach Arndt (Deutsche): Deutsche Steuern bei Auslandsbeziehungen, München/Berlin 1966.

Rose, Gerd (Grundzüge): Grundzüge des internationalen Steuerrechts, 2. Aufl. Wiesbaden 1991.

Schaumburg, Harald (Internationales): Internationales Steuerrecht, Außensteuerrecht, Doppelbesteuerungsrecht, Köln 1993.

Schmidt, Ludwig (EStG-Kommentar): Einkommensteuergesetz, Kommentar, 18. Auflage, München 1994.

Schult, Eberhard/Hundsdorfer, Jochen (Optimale): Optimale Nutzung des geplanten Wahlrechts beim Verlustrücktrag nach § 10d EStG, in: DStR 1993, S. 525–530.

Schulze zur Wiesche, Dieter (Tantiemevereinbarungen): Tantiemevereinbarungen mit beherrschenden Gesellschafter-Geschäftsführern einer GmbH, in: GmbHR 1993, S. 403 – S. 410.

Szakal, Stephan/Becker, Dierk (Rechtsformwahl): Die Rechtsformwahl aus steuerlicher Sicht, in: Ost-spezial 15/94, S. 1–4.

Tipke, Klaus (Steuergerechtigkeit): Steuergerechtigkeit, Köln 1981.

Vogel, Claus (DBA): Doppelbesteuerungsabkommen, Kommentar, 2. Aufl., München 1990

Wassermeyer, Franz (Erwerb): Der Erwerb eigener Anteile durch eine Kapitalgesellschaft – Überlegungen zur Rechtsprechung des I. Senats des BFH, in: Festschrift für Ludwig Schmidt zum 65. Geburtstag, München 1993, S. 621–638.

Widmann, Siegfried/Mayer, Robert (Umwandlungsrecht): Umwandlungsrecht, Kommentar, Bonn 1981, Loseblatt, Stand: Mai 1994.

Wysocki, Klaus v. (Bilanzpolitik): Zur Bilanzpolitik bei rückläufiger Konjunktur, in: StuW 1982, S. 44–50.

Wesentliche Veränderungen des Steuersystems im Rahmen der wirtschaftlichen Reform in Polen seit 1989

Dr. Krystyna Poznańska, Jagiellonian University, Krakow, Polen

A. Einführung

Die Reform des Steuersystems gehört zu den wichtigsten Bestandteilen der wirtschaftlichen Reform, die seit 1989 in Polen durchgeführt wird. Hauptaufgabe der Reform ist die Anpassung des Steuersystems an die aktuelle sozial-ökonomische Politik und an die in der Europäischen Gemeinschaft geltenden Normen. Angesichts des Umfangs der geplanten Reform wird sie seit 1991 stufenweise eingeführt. In ihrem Rahmen wurden bis jetzt folgende Steuern eingeführt: Einkommensteuer für natürliche Personen, Einkommensteuer für juristische Personen, Mehrwertsteuer und Banderolensteuer. Es wurden auch die bisherige Struktur und Kompetenzen der Organe der Steuerkontrolle reformiert.

B. Die wichtigsten Elemente der Reform des Steuersystems in Polen

I. Einkommensteuer für natürliche Personen

1. Gegenstand der Besteuerung

Die Einkommensteuer für natürliche Personen ist mit dem Gesetz vom 1. Januar 1994 geregelt. Zur Steuerzahlung ist eine natürliche Person verpflichtet. Die Definition der natürlichen Person steht im Bürgerlichen Gesetzbuch im Art. 8, die besagt, daß „jeder Mensch seit dem Zeitpunkt seiner Geburt über Rechtsfähigkeit verfügt".

Von dem allgemeinen Prinzip, daß alle persönlichen Einkünfte besteuert werden, gibt es bestimmte, im Gesetz genannte Ausnahmen (Art. 2 Abs. 1). Einkommensteuer für natürliche Personen betrifft folgende Arten von Einnahmen nicht: Land- und Forstwirtschaft, Einnahmen aus Erbschaft und Schenkung, sowie Einnahmen, die kein Gegenstand einer wirksamen Vereinbarung sein können.

Einnahmen aus der Landwirtschaft, d.h. Getreideanbau oder Tierzucht, unterliegen der Landwirtschaftsteuer. Lediglich Einnahmen von der nicht typisch landwirtschaftlichen Produktion, wie z. B. Treibhäuser oder Geflügelzucht, fallen unter die Einkommensteuer.

Die Einnahmen aus der Forstwirtschaft sind separat geregelt. Forstwirtschaft bedeutet Tätigkeit im Bereich der Bewirtschaftung, des Schutzes, der Erhaltung und Vergrößerung der Waldbestände, Wildwirtschaft, Gewinnung (mit Ausnahme des Ankaufes von Weihnachtsbäumen) von Rinde, Nadeln und Früchten des Unterholzes sowie Verkauf von diesen Produkten im unverarbeiteten Zustand.[1]

Einnahmen, die der Erbschaft- und Schenkungsteuer unterliegen, sind ebenfalls von der Einkommensteuer für natürliche Personen befreit. Die Erbschaft- und Schenkungsteuer betrifft Fälle von unentgeltlichem Erwerb von Gegenständen oder Eigentumsrechten infolge einer Erbschafts- oder Schenkungsannahme, Erwerb einer Spareinlage aufgrund einer Verfügung des Besitzers im Falle seines Todes oder Eigentumserwerb durch Ersitzung.[2]

Nicht angewandt werden die Vorschriften der Einkommensteuer für natürliche Personen im Falle der Einkünfte von Geschäften, die nicht Gegenstand einer wirksamen Vereinbarung sein können. Kraft des Art. 58 § 1 und 2 des Bürgerlichen Gesetzbuches ist ein gesetzwidriges oder die gesellschaftliche Norm verlet-

1 Gesetz vom 28. September über Forstwirtschaft (Gesetzblatt Nr. 101, Ziffer 444).

2 Gesetz vom 28. Juli über Erbschaft- und Schenkungsteuer (Gesetzblatt Nr. 45, Ziffer 207 mit späteren Änderungen).

zendes Rechtsgeschäft nichtig. Ein Kaufvertrag, der mit einer Person abgeschlossen wird, die kein Besitzer des Gegenstandes des Vertrages ist, kann also nicht rechtskräftig werden. Das betrifft auch zum Beispiel den Erbvertrag mit einer lebenden Person.

Es wurde, ähnlich wie in anderen Ländern, die unbeschränkte und beschränkte Steuerpflicht gesetzlich eingeführt. Die natürlichen Personen, die auf dem Gebiet der Republik Polen wohnen oder sich auf diesem Gebiet in einem Steuerjahr länger als 183 Tage aufgehalten haben, unterliegen mit der Gesamtheit ihrer Einkünfte, unabhängig davon, woher sie stammen, der umfassenden also unbeschränkten Steuerpflicht.

Der beschränkten Steuerpflicht unterliegen nur die Arbeitseinkünfte auf dem Gebiet der Republik Polen (vom Ort ihrer Auszahlung unabhängig) und von anderen auf dem Gebiet der Republik Polen erzielten Einkünfte. Diese Pflicht betrifft Personen, die keinen ständigen Wohnsitz auf dem Gebiet der Republik Polen haben, sich aber dort in einem Steuerjahr nicht länger als 183 Tage aufgehalten haben (Art. 4 des Gesetzes). Diese Pflicht betrifft ebenfalls Personen, die in ausländischen Betrieben in Polen, in einem Joint Venture oder der Abteilung einer ausländischen Bank beschäftigt sind.[3]

2. Besteuerungsgrundlage und Steuerhöhe

Besteuerungsgrundlage bei der Einkommensteuer für natürliche Personen ist das im Steuerjahr erzielte Einkommen minus Kosten.[4] Nach der Abrechnung der im Gesetz genannten Kosten werden die Einnahmen zum Ertrag und als Besteuerungsgrundlage betrachtet. Zugelassen ist jedoch ein Abzug vom Ertrag noch vor der Besteuerung von 12 verschiedenen Betragsarten, darunter u. a. Schenkung, Sozialzwecke, Sozialversicherung des Steuerzahlers und seiner Angestellten, manche Reparatur- und Renovierungsausgaben, Rehabilitationskosten eines behinderten Steuerzahlers oder des Steuerzahlers, in dessen Verpflegung Behinderte stehen.

3 Gesetz vom 6. Juli 1992 über die wirtschaftliche Tätigkeit im Bereich der Kleinbetriebe der ausländischen juristischen und natürlichen Personen auf dem Gebiet der Republik Polen (Gesetzblatt von 1989 Nr. 7, Ziffer 148) und Gesetz vom 4. Juli 1991 über Gesellschaften mit der ausländischen Anteilnahme (Gesetzblatt Nr. 60, Ziffer 253).

4 Einkommen von folgenden 9 Einnahmequellen wird mit Einkommensteuer versteuert: Arbeitsverhältnis, Ausübung eines freien Berufes oder einer anderen selbständigen Tätigkeit von ähnlichem Charakter, wirtschaftliche Tätigkeit (nicht in der Landwirtschaft), Sonderbereiche der landwirtschaftlichen Produktion, Immobilien oder ihre Teile, Vermietung, Untervermietung, Verpachtung oder Verträge von ähnlichem Charakter, Geldkapital, Verkauf von Immobilien oder anderen Sachen wie zum Beispiel Eigentumswohnung (Artikel 10 des Gesetzes über Einkommensteuer von natürlichen Personen, Gesetzblatt Nr. 21).

Für 1995 wurde folgende Steuerskala für natürliche Personen festgelegt:[5]

Tabelle 1: Steuerskala für natürliche Personen

zu versteuerndes Einkommen	Einkommensteuer
unter 124 Mio. PLZ	21 % abzgl. 1,656 Mio PLZ
124 bis 248 Mio PLZ	24,348 Mio. PLZ zuzüglich 33 % des 124 Mio. PLZ übersteigenden Betrages
über 248 Mio PLZ	65,304 Mio. PLZ zuzüglich 45 % des 248 Mio. PLZ übersteigenden Betrages

Die Steuerskala des Art. 27 hat keinen fixen Charakter. Sowohl Einkommenshöhe, die zu versteuern und nach der ersten Stufe der Skala zu errechnen ist, als auch die Steuersumme, die um die Steuervorauszahlungen vermindert wird, können mittels des Wachstumsindex des Durchschnittslohnes in der Wirtschaft angepaßt werden. Die Steuerskala wird jeweils in „Monitor Polski" bis zum 30. November des Vorjahres des Steuerjahres veröffentlicht.

II. Einkommensteuer für juristische Personen

1. Subjekt der Besteuerung

Die Einkommensbesteuerung der juristischen Personen beschreibt das Gesetz vom 15. Februar 1992.[6] Juristische Personen, Staatsbetriebe sowie Betriebe gewerblicher Art von juristischen Personen des öffentlichen Rechts, politische Parteien und Betriebsstätten ausländischer Unternehmungen sind körperschaftsteuerpflichtig. Die Rechtspersönlichkeit erhält die juristische Person gemäß der Vorschriften des Gesetzes zum Zeitpunkt der Eintragung ins Handelsregister. Durch die Erwerbung der Rechtspersönlichkeit erhält die Einheit die Handlungsfähigkeit und die Fähigkeit zu zivilrechtlichen Geschäften und funktioniert als selbständige Rechtsperson.

Gemäß dem Art. 1 Ziffer 1 des Gesetzes über Einkommensteuer für juristische Personen, werden die juristischen Personen mit versteuertem Einkommen zu Steuerzahlern. Gemäß des Art. 1 Ziffer 2 des Gesetzes sind seine Vorschriften auch für organisatorische Einheiten ohne Rechtspersönlichkeit mit Ausnahme der Gesellschaften ohne Rechtspersönlichkeit verbindlich. Einheiten ohne Rechtspersönlichkeit treten im Wirtschaftsverkehr auf und sind zum größten Teil staatliche Einheiten, wie zum Beispiel Rundfunk und Fernsehen. Zu den Gesellschaften

5 Anordnung des Finanzministers vom 29. Dezember 1994 über den Zinssatz für die Berechnung obligatorischer Dividenden, die Beitragshöhe für den Arbeitsfonds und die Höhe einiger Budgetgebühren. „Rzeczpospolita" vom 30. Dezember 1994.

6 Gesetz vom 15. Februar 1992 über Einkommensteuer von juristischen Personen (Gesetzblatt Nr. 21, Ziffer 86, Nr. 40, Ziffer 174, Nr. 68, Ziffer 341, Nr. 100, Ziffer 498; von 1993 Nr. 11, Ziffer 50, Nr. 28, Ziffer 127).

ohne Rechtspersönlichkeit zählen Personalgesellschaften, wie Offene Handelsgesellschaften und Kommanditgesellschaften.

Die Vorschriften der Einkommensteuer für juristische Personen werden bei drei Arten von Einnahmen nicht angewandt: Einnahmen aus der Landwirtschaft (mit Ausnahme der Sonderbereiche der Landwirtschaft), Einnahmen aus der Forstwirtschaft und Einnahmen, die aus den Tätigkeiten resultieren, die kein Gegenstand einer rechtlich wirksamen Vereinbarung sein können.

Das Gesetz sieht vor, daß die Steuerzahler, die ihren Sitz auf dem Gebiet der Republik Polen haben, zur Steuerzahlung für alle ihre Einnahmen unabhängig von der Herkunft der Einnahmen verpflichtet sind (unbeschränkte Steuerpflicht). Wenn die Steuerzahler ihren Sitz nicht auf dem Gebiet der Republik Polen haben, sind sie verpflichtet, nur für die Einnahmen Steuer zu zahlen, die sie auf dem Gebiet der Republik Polen erzielt haben.

2. Gegenstand der Besteuerung

Nach dem Gesetz ist unabhängig von der Herkunft der Einnahmen der Gegenstand der Besteuerung das Einkommen.

Die Einnahmequellen sind in den Vorschriften zur Einkommensteuer für juristische Personen genau festgelegt.[7] Einzelne Vorschriften, wie zum Beispiel zum Arbeitsverhältnis oder zur Ausübung von freien Berufen, betreffen nur natürliche Personen. Die anderen Vorschriften betreffen juristische Personen. Diese Vorschriften regeln:

- wirtschaftliche Tätigkeit (nicht in der Landwirtschaft),
- Geldkapital und vermögensbezogene Rechte,
- Immobilien,
- Verkauf von Sachen,
- Mieten, Untervermietung, Pacht oder andere Verträge ähnlichen Charakters.

Das Einkommen ergibt sich aus der Summe der Einnahmen minus den Kosten in einem Steuerjahr. Wenn die Kosten der Erzielung von Einnahmen die Summe der Einnahmen überschreiten, dann wird dieser Verlust zu gleichen Teilen den Einkommen der nächsten drei nacheinanderfolgenden Steuerjahre zugerechnet. Man kann also 1/3 des Verlustes in jedem Steuerjahr abziehen.

3. Besteuerungsgrundlage

Die Besteuerungsgrundlage bei der Einkommensteuer für juristische Personen ist in Art. 7 des Einkommensteuergesetzes für juristische Personen festgelegt. Diese allgemeine Regelung ist durch Beschlüsse ergänzt, die die Steuerzahler betreffen, die ihr Einkommen außerhalb des Gebietes der Republik Polen erzielen, sowie jenen, die keinen Sitz in der Republik Polen haben und die die im Gesetz genannten

7 Gesetz vom 15. Februar 1992 über Einkommensteuer von juristischen Personen (Gesetzblatt Nr. 21, Ziffer 86, Nr. 40, Ziffer 174, Nr. 68, Ziffer 341, Nr. 100, Ziffer 498; von 1993 Nr. 11, Ziffer 50, Nr. 28, Ziffer 127).

Abschlägen nicht in Anspruch nehmen können. Der Einkommensteuersatz für juristische Personen beträgt 40 % (aufgrund der Beschlüsse der Artikel 19, 21 und 22).

Die Vorschriften bestimmen, daß bei fehlenden internationalen Regelungen das Einkommen der Steuerzahler, die ihren Sitz auf dem Gebiet der Republik Polen haben, aus Finanzgründen zusammenbetrachtet werden. Gleichzeitig wird von der aufgrund des gesamten Einkommens errechneten Steuer die im Ausland gezahlte Steuer abgezogen. Wenn aber der Steuersatz im Ausland höher als 40 % ist, bleibt der Abzug in Polen auf die sich aus dem 40-prozentigen Satz ergebende Summe begrenzt.

Die Einkommensteuer für juristische Personen beträgt 40 %. Die Einkommensteuer von 20 % zahlen die Steuerzahler, die auf dem Gebiet der Republik Polen keinen Sitz haben und aus folgenden Einkunftsquellen Einnahmen erzielen:
- Autorenrechte,
- Erfinderrechte,
- Warenzeichen,
- Zurverfügungstellung von Forschungsergebnissen und Produktionsverfahren,
- Zurverfügungstellung einer Industrie-, Handelsanlage oder einer wissenschaftlichen Einrichtung,
- Informationen aus dem Bereich der Industrie, des Handels und der Wissenschaft.

Der Steuersatz von 20 % gilt ebenfalls für Einnahmen aus Dividenden und andere Einnahmen, die sich als Beteiligungsgewinn an den juristischen Personen, die ihren Sitz in Polen haben, ergeben.

III. Mehrwertsteuer (in Polen kurz PTU oder VAT genannt)

1. Subjekt und Gegenstand der Besteuerung

Seit dem 1. Juli 1993 zahlen Anbieter der meisten Waren und Dienstleistungen Mehrwertsteuer. Diese Steuer ist durch das Gesetz vom 8. Januar 1993 geregelt.[8] Nach den Vorschriften dieses Gesetzes sind Steuerzahler juristische Personen, organisatorische Einheiten ohne Rechtspersönlichkeit und natürliche Personen, die die in den Artikeln 2, 5 und 16 festgelegten Anforderungen erfüllen. Steuerzahler sind ebenfalls Subjekte, die keine wirtschaftlichen Subjekte im Sinne der Vorschriften über wirtschaftliche Tätigkeit sind. Sie werden deshalb miteinbezogen, weil bei der Ausübung einer Tätigkeit (also Verkauf und Export von Waren und Dienstleistungen) nicht entscheidend ist, ob sie bis jetzt nur einmal ausgeübt wurde, sondern die Umständen zu würdigen sind, die darauf hinweisen, daß diese Tätigkeit öfters ausgeübt wird.

In Bezug auf die juristischen Personen ist das Besteuerungssubjekt der Mehrwertsteuer die juristische Person als Einheit. Eine Ausnahme hierzu bilden nur die

8 Gesetz von 8. Januar 1993 über Mehrwertsteuer und Banderolensteuer (Gesetzblatt Nr. 11, Ziffer 50, Änderung vom 1993 Nr. 28, Ziffer 12).

juristischen Personen, also Betriebe oder Abteilungen, die die Bilanz selbst erstellen. In diesen Fällen kann das Finanzamt seine Zustimmung dafür geben, solche Betriebe zu Steuerzahlern werden zu lassen.

Die weiteren Gruppen von Steuerzahlern kann man aufgrund des Kriteriums der wirtschaftlichen Tätigkeit aussondern. Dazu zählen:

1) Vermittler im Inlandsumsatz und im Umsatz auf den Außenmärkten,
2) Warenimporteure,
3) Exporteure von Waren und Dienstleistungen,
4) ausländische Subjekte,
5) Abnehmer von importierten Dienstleistungen.

Gegenstand der Mehrwertbesteuerung sind zwei Formen der Tätigkeit: Verkauf von Waren und Dienstleistungen gegen Bezahlung auf dem Gebiet der Republik Polen und Export von Waren und Dienstleistungen.

Laut Gesetz ist Gegenstand der Besteuerung ebenfalls (Art. 2 Abs. 3):

- Lieferung seitens des Steuerzahlers von Waren und Dienstleistungen zu Repräsentations- und Werbungszwecken,
- Warenübergabe und Dienstleistungen für den persönlichen Gebrauch des Steuerzahlers, der Teilhaber, Aktionäre, Genossenschaftsmitglieder und ihrer Angehörigen, der Vereinsmitglieder und der von dem Steuerzahler beschäftigten und bereits ausgeschiedenen Mitarbeiter,
- Waren- und Dienstleistungsaustausch,
- Schenkung von Waren,
- unentgeltliche Dienstleistungen auf dem Gebiet der Republik Polen.

Zu der Gruppe der Dienstleistungen, die außerhalb der Klassifizierung liegen und für die keine Mehrwertsteuer gezahlt wird, gehört das Vermittlungsgeschäft, zum Beispiel das Maklergeschäft.

2. Besteuerungsgrundlage

Besteuerungsgrundlage ist der Umsatz. Unter Umsatz versteht man den Rechnungsbetrag für den Verkauf der Waren reduziert um die Mehrwertsteuer. Der Umsatz wird reduziert um die Beträge der ausgewiesenen, rechtlich zugelassenen und obligatorischen Rabatte (Bonifikationen, anerkannte Reklamationen) und um den Wert

- der zurückgegebenen Waren,
- der nichtzustehenden Gebühren im Sinne der Preisvorschriften,
- der Gebühren, die mit Rechnungskorrekturen im Zusammenhang stehen.

Beim Warenimport wird der Zollwert plus Zoll zur Besteuerungsgrundlage. Wenn es sich um Waren handelt, für die Banderolensteuer gezahlt wird, wird der Zollwert plus Zoll noch um die Banderolensteuer vergrößert. Die Besteuerungsgrundlage beim Import von Dienstleistungen ist die Summe, die der Empfänger der Dienstleistung zu bezahlen hat.

Es gibt drei Mehrwertsteuersätze: 22 %, 7 % und 0 % (der Nullsatz betrifft den Export von Waren und Dienstleistungen und kann nur dann angewendet werden, wenn der Steuerzahler die Ausfuhr darlegt). Mit dem Prioritätssatz von 7 % sind einige Gruppen von Waren belastet, u. a. Waren für Land- und Forstwirtschaft, Medikamente, Lebensmittel, Waren für Kinder, Publikationen, Noten, Landkarten, Musikinstrumente.[9]

IV. Banderolensteuer

Mit Banderolensteuer werden -gleich der Mehrwertsteuer- solche Tätigkeiten besteuert, die in der Anlage zur Verordnung des Finanzministers über Banderolensteuersätze genannt sind, wie z. B. Warenverkauf, Dienstleistungen gegen Bezahlung sowie Import von Waren und Dienstleistungen.[10] Auf der Liste des Finanzministers stehen folgende Banderolenerzeugnisse: Brennstoffe für Motoren, Schmier- und Spezialöle, Gaswaffen, Glücksspielgeräte, Personenkraftwagen, Hochseejachten, Elektronikgeräte von hoher Qualität, Videokameras, Parfümerieerzeugnisse, Streichhölzer, Spielkarten, Erzeugnisse der Hefe- und Spiritusindustrie, Weine, Bier, Kaugummi, Erzeugnisse der Tabakindustrie, Segelbote und die sonstigen Alkoholgetränke mit Alkoholgehalt über 1,5 %.

Zur Zahlung der Banderolensteuer ist sowohl der Hersteller der Banderolenerzeugnisse als auch der Importeur verpflichtet. Diese Pflicht ist unabhängig von der Pflicht zur Zahlung der Mehrwertsteuer. Die Besteuerungsgrundlage im Falle der Banderolensteuer bildet der Umsatz mit den Banderolenerzeugnissen. Beim Import von Banderolenerzeugnissen ergibt sich die Besteuerungsgrundlage aus Zollwert plus der zustehenden Zollgebühr.

Die Banderolensteuersätze dürfen im Vergleich zu den Verkaufspreisen der Hersteller und zu dem Zollwert plus zustehenden Zollgebühren der Importeure nicht höher sein als:

1) 95 % bis 190 % – Erzeugnisse der Spiritus- und Hefeindustrie,
2) 65 % bis 190 % – Brennstoffe für Motoren, Weinerzeugnisse, Bier, sonstige Alkoholgetränke und Erzeugnisse der Tabakindustrie,
3) 40 % bis 65 % – Personenkraftwagen,
4) 25 % bis 40 % – sonstige Erzeugnisse.[11]

In dem oben genannten Rahmen kann der Finanzminister die Mindestquotensätze der Banderolensteuer für einzelne Erzeugnisse festsetzen. Der Finanzminister setzt ebenfalls die Prozentsätze der Banderolensteuer für andere Erzeugnisse fest, er kann auch Erzeugnissen von der Banderolensteuer befreien. Der Export von banderolensteuerpflichtigen Erzeugnissen unterliegt nicht der Versteuerung.

9 Gesetzesanhang Nr. 3 und 4.

10 Verordnung des Finanzministers vom 12. Mai über Banderolensteuersätze (Gesetzblatt Nr. 39, Ziffer 174).

11 Anhang Nr. 1 und Nr. 2 zur Verordnung des Finanzministers (Gesetzblatt Nr. 39, Ziffer 174).

V. Sonstige Steuern, die im Rahmen der Reform des Steuersystems eingeführt worden sind

1. Forstwirtschaftsteuer

Die Forstwirtschaftsteuer ist seit dem 28. September 1991 gesetzlich geregelt.[12] Gegenstand der Besteuerung sind Wälder; Steuerzahler sind natürliche Personen, juristische Personen und organisatorische Einheiten ohne Rechtspersönlichkeit, die Eigentümer von Wäldern sind. Steuergrundlage ist die Fläche des Waldes in Hektar. Die Steuer wird separat für jede Jahreshälfte berechnet.

2. Lohnanstiegsteuer

Der Lohnanstiegsteuer unterliegen gemäß dem Gesetz über Besteuerung des Anstiegs der Löhne und Gehälter vom 22. Dezember 1990 die staatlichen Betriebe, Gesellschaften, an denen der Staat mindestens mit 50 % des Stammkapitals beteiligt ist, und die Stiftungen hinsichtlich ihrer Satzungstätigkeit, wenn ihre Lohnkosten die festgelegten Höchstgrenzen übersteigen.

Die Höchstgrenzen der zulässigen Löhne und Gehälter werden jeweils vom Sitzfinanzamt der von diesem Gesetz betroffenen Gesellschaft im Januar jedes Wirtschaftsjahres neu festgelegt.

Die Lohnanstiegsteuer wird jeweils von der Differenz zwischen dem festgelegten Gesamtbetrag und den tatsächlich an die Mitarbeiter bezahlten Vergütungen ermittelt.

Die Lohnanstiegsteuer ist progressiv gestaffelt und liegt zwischen 100 % und 300 %.

Die Lohnanstiegsteuer wird monatlich vorausgezahlt und die endgültige Abrechnung erfolgt am Ende eines jeden Wirtschaftsjahres. Im Moment wird an einer Änderung des Gesetzes gearbeitet.

3. Sonstige Steuern

Von den sonstigen Steuern, die im Rahmen der Steuerreform eingeführt worden sind, ist die Immobiliensteuer erwähnenswert. Die Immobiliensteuer ist seit dem 12. Januar 1991 gesetzlich geregelt.[13]

Die Grundsteuer wird auf Grundstücke und Gebäude erhoben. Als Bemessungsgrundlage dient die Grundfläche bzw. der Gebäudewert. Die Steuersätze richten sich nach deren Verwendung und sind bei wirtschaftlicher Nutzung höher als bei Wohnzwecken. Die Steuer ist vierteljährlich zu entrichten. Von der Grundsteuer sind land- und forstwirtschaftlich genutzte Böden ausgenommen, die einer Agrarsteuer unterliegen.

---

12 Gesetzblatt Nr. 101, Ziffer 44, Änderungen von 1992 im Gesetzblatt Nr. 21, Ziffer 85.

13 Gesetzblatt von 1991 Nr. 9, Ziffer 31; Änderung Nr. 101, Ziffer 444; Änderung von 1992 Nr. 21, Ziffer 86.

C. Steuerbefreiungen

I. Einkommensteuerbefreiungen für natürliche Personen

Steuerbefreiungen für natürliche Personen haben gegenständlichen Charakter. Für die Inanspruchnahme der Steuerbefreiungen für natürliche Personen ist keinerlei behördliche Zustimmung notwendig, weil die Anerkennung kraft des Art. 21 des entsprechenden Gesetzes erfolgt. Im Gesetz werden 38 Steuerbefreiungen genannt.[14] Zu den wichtigsten zählen:

1) Renten für Kriegs- und Armeeverletzte,
2) Entschädigungen aufgrund der Vorschriften des Verwaltungsrechtes, des Zivilrechtes oder anderer Gesetze,
3) Beträge von Versicherungen (Vermögens- und Personenversicherungen),
4) Zinsen aus Spareinlagen und aus Einlagen auf den Bankkonten,
5) Gewinne aus Glücksspielen,
6) Familienzuschläge, Erziehungsgeld und Geburtenhilfe,
7) Tage- und Reisegelder,
8) Studienbeihilfe,
9) Stipendien als Belohnung für gute Ergebnisse,
10) Einkommen natürlicher Personen, das von den Einnahmen stammt, die außerhalb des Gebietes der Republik Polen erzielt werden (sofern dies nicht im Rahmen einer internationalen Vereinbarung mit Polen geregelt wird).

II. Einkommensteuerbefreiungen für juristische Personen

Im Gesetz ist die Rede von zwei Gruppen der Steuerbefreiungen. Die erste Gruppe enthält sog. Subjektbefreiungen, die zweite Gruppe umfaßt die gegenständlichen Befreiungen.

Zu den von der Einkommensteuer befreiten Subjekten zählen:

1) Staatsschatz,
2) Polnische Nationalbank (NBP),
3) Budgeteinheiten,
4) zweckgebundene Fonds, die aufgrund von eigenen Gesetzen geschaffen werden (sofern im Gesetz nicht anders geregelt),
5) internationale Unternehmen und andere von den Organen der Staatsverwaltung gemeinsam mit anderen Ländern aufgrund einer Vereinbarung ins Leben gerufene Einheiten,
6) Gemeinden und Vereine von Gemeinden im Bereich der eigenen Einkünfte.

Nicht befreit von der Einkommensteuer sind die Hilfsbetriebe von Budgeteinheiten mit Ausnahme von Hilfsbetrieben, die an die Schulen und Verwaltungskomplexe gebunden sind.

---

14 Artikel 38 des Gesetzes von 26. Juli 1991.

Einkommensteuer zahlen auch die Joint Ventures, die zur befristeten Steuerbefreiung berechtigt sind, und die kirchlichen juristischen Personen.

Die gegenständlichen Einkommensteuerbefreiungen machen die Mehrheit der Einkommensteuerbefreiungen aus. In Art. 17 des entsprechenden Gesetzes wurden 19 Arten von Befreiungen genannt.[15]

Hier einige Beispiele:

1) Einkommen aus dem Teil- oder Gesamtverkauf von Liegenschaften, die zu einer Landwirtschaft gehören,
2) Einkommen aus dem Verkauf einer Liegenschaft oder aus der Dauernutzung,
3) Einkünfte, die von einem Steuerzahler, der seinen Vorstand oder Sitz auf dem Gebiet der Republik Polen hat, aber außerhalb des Gebietes der Republik Polen erzielt wurden (sofern dies im Rahmen eines internationalen Vertrages mit Polen festgesetzt wird),
4) Einkünfte der Steuerzahler, die satzungsgemäß in folgenden Bereichen tätig sind: wissenschaftliche Tätigkeit, wissenschaftlich-technische Tätigkeit, Bildungswesen, Kultur, Körperkultur und Sport, Umweltschutz, Wohltätigkeit, Resozialisierung, Unterstützung von Initiativen für Straßen-, Wasserleitungs- und Fernmeldenetzbau auf dem Lande.

III. Investitionsvergünstigungen in der Einkommensteuer

Die Verordnung des Ministerialrates vom 22. Juni 1993 ermöglicht den Abzug von Investitionsausgaben auf das Einkommen in den Regionen, die von der strukturbedingten Arbeitslosigkeit besonders betroffen sind.[16] Beim Ankauf von folgenden Maschinen und Geräten kann eine Investitionsvergünstigung in Anspruch genommen werden:

- Kessel und energetische Anlagen,
- Maschinen und Anlagen für den allgemeinen Gebrauch,
- Apparaturen, Maschinen und Anlagen für die chemische Industrie.

Vom Einkommen können ebenfalls Ausgaben für den Kauf oder Eigenbau von folgenden Gebäudearten abgeschrieben werden:

- Industrie- und Produktionsobjekte,
- Transport und Nachrichtenverkehr,
- Handel und Dienstleistungen,
- städtische Hotels,
- Wohneinrichtungen (Touristik und Erholung).

Vom Einkommen kann 50 % der Investitionsausgaben abgesetzt werden, nachdem diese Summe um die vom Staats- oder Gemeindehaushalt erhaltenen Mittel zur Deckung dieser Ausgaben und um die Mehrwertsteuer reduziert worden ist.

15 Artikel 17 des Gesetzes vom 15. Februar 1992 (Gesetzblatt Nr. 21, Ziffer 6).

16 Gesetzblatt Nr. 59, Ziffer 266.

Die steuerlichen Investitionsvergünstigungen können nicht von jedem Steuerzahler in Anspruch genommen werden. Sie stehen lediglich denjenigen Steuerzahlern zu, die in den von der strukturbedingten Arbeitslosigkeit besonders bedrohten Gemeinden ihre wirtschaftliche Tätigkeit aufnehmen. Eine Bedingung für die Inanspruchnahme dieser Regelung ist die Unterzeichnung von Anstellungsverträgen mit einer bestimmten Anzahl von registrierten Arbeitslosen. Die eingestellten Arbeitslosen müssen aus den Gemeinden stammen, die von der strukturbedingten Arbeitslosigkeit bedroht sind.

Die Investitionsausgaben können erst dann von dem Einkommen abgerechnet werden, wenn der Steuerzahler einen bestimmten Beschäftigungsanstieg im Vergleich zum ersten Monat des Steuerjahres erzielt hat.

IV. Mehrwertsteuerbefreiungen

Ein Bestandteil von jedem richtig funktionierenden Mehrwertsteuersystem ist die Minimierung der Zahl der Steuerbefreiungen. Die von der Mehrwertsteuer befreiten Subjekte haben nämlich nicht die Möglichkeit der Abrechnung der früher von den Lieferanten berechneten Steuer. Der bezahlte Mehrwertsteuerbetrag wird also in die Kosten der eigenen Tätigkeit einkalkuliert, was eine Erhöhung der Preise von angebotenen Waren oder Dienstleistungen verursacht. In solchen Fällen sind die Kunden der von der Mehrwertsteuer befreiten Subjekte zur weiteren Versteuerung des einmal versteuerten Wertes beim Verkauf gezwungen. Die Steuer, die von dem befreiten Subjekt in den Preis einkalkuliert wurde, wird zu einem untrennbaren Bestandteil des Preises. Im Endeffekt kommt es zu einer Häufung der Steuer im Wert der Ware.

Im Gesetz über die Mehrwertsteuer wurden von der Zahlung der Mehrwertsteuer solche Formen der wirtschaftichen Tätigkeit befreit, die wegen ihrer Eigenart oder aus sozialen Gründen auch in anderen Ländern von der Mehrwertsteuer befreit wurden. Auch hier unterscheidet man zwischen zwei Gruppen von Steuerbefreiungen, d.h. zwischen Subjektbefreiungen und gegenständlichen Befreiungen. Die Subjektbefreiungen betreffen Personen und Firmen, die die pauschalierte Steuer zahlen.[17] Zu der zweiten Gruppe gehören diejenigen, die beim Verkauf der Waren oder der Dienstleistungen bzw. beim Export im vergangenen Steuerjahr den Wert von 600 Mio. Zloty nicht überschritten haben.

Die gegenständlichen Mehrwertsteuerbefreiungen kommen bei den folgenden Formen der wirtschaftlichen Tätigkeit vor:

1. Verkauf von Lebensmitteln mit niedriger Verarbeitungsstufe aus dem Bereich der Landwirtschaft, Tierzucht, des Obst-, Gemüse- und Wiesenanbaus, der Wasserwirtschaft und Fischzucht sowie Verkauf von Erzeugnissen der Volkskunst,
2. Dienstleistungen im Bereich der Land- und Forstwirtschaft, der Post, der

17 Verordnung des Finanzministers vom 20. Dezember 1991 (Gesetzblatt Nr. 24, Ziffer 551 und Verordnung des Finanzministers von 1992 Nr. 99, Ziffer 495).

Wasser-, Abwasser-, Luft- und Bodenuntersuchungen, der materiellen und nicht materiellen Kommunaldienstleistungen, der Wohnungsdienstleistungen sowie aus dem Bereich der Dienstleistungen solcher Haushaltszweige wie Wissenschaft und Technik, Bildung und Erziehungswesen, Kultur und Kunst, Gesundheitsschutz, Rechtsprechung, Finanz- und Versicherungswesen, Dienstleistungen der politischen, gewerkschaftlichen und anderer Organisationen,

3. Export von Waren und Dienstleistungen,
4. Import von zollfreien Artikeln,
5. Verkauf von Gebrauchtwaren,
6. mit dem Dienst- und Arbeitsverhältnis verbundene Arbeit,
7. künstlerische, literarische, publizistische Tätigkeit sowie Bildungstätigkeit.

D. System der Steuerkontrolle

Das wichtigste Organ der Finanz- und Steuerkontrolle war bis zum 6. Februar 1992 der Finanzminister.[18] Er war für die Steuer-, Devisen- und Finanzverwaltung der volkseigenen und nichtvolkseigenen Wirtschaft sowie der natürlichen Personen zuständig. Die eigentlichen Kontrolltätigkeiten wurden jedoch von Finanzämtern und Schatzkammern, die dem Finanzminister unterstanden, ausgeführt. Die Aufgabe der Finanzämter bestand in der Durchführung von Steuerkontrollen nach den Anweisungen der Schatzkammern. Die Schatzkammern waren dagegen für Steuer-, Devisen- und Finanzkontrollen sowie für die Überprüfung der Finanzberichte von staatlichen Unternehmen und anderen Einheiten zuständig.

Am 7. Februar 1992 wurde ein neues Gesetz über das System der Steuerkontrolle verabschiedet, was einen Umbau der bisherigen Strukturen des Staatsapparates und des Funktionsbereichs der Organe der Steuerkontrolle verursacht hat. Die Kontrollaufgaben beschränken sich auf die Feststellung von Steuerverpflichtungen der Steuerzahler. Gleichzeitig wurde die Reichweite der Steuerkontrolle vergrößert. Kontrolliert werden alle, die zu Abgaben an den Staatsschatz oder an die zweckgebundenen Fonds verpflichtet sind. Der Kontrolle unterliegen auch diejenigen, die über Haushaltsmittel und volkseigenes Gut verfügen.[19] Kontrollorgane, wie Steuerprüfer und Steuerämter, prüfen die Glaubwürdigkeit der angegebenen Daten über das erzielte Einkommen. Falsche Angaben zum Gewinn werden mit hohen Strafen belegt.

E. Allgemeine Bewertung des Steuersystems in Polen

Das polnische Steuersystem kann man unter verschiedenen Gesichtspunkten beurteilen. Vor allem müssen hier zwei Aspekte berücksichtigt werden - der des Steuerzahlers und der des Steuerempfängers, d. h. des Staates. Für den Steuerzah-

18 Gesetz über Einkommensteuer für natürliche Personen (Gesetzblatt Nr. 0, Ziffer 350, Änderung Nr. 100, Ziffer 442; vom 1992 Nr. 21, Ziffer 6, Nr. 68, Ziffer 341, Nr. 100, Ziffer 498 und von 1993 Nr. 11, Ziffer 50, Nr. 28, Ziffer 127).

19 Gesetz von 28. September 1991 über Steuerkontrolle (Gesetzblatt Nr. 100, Ziffer 442).

ler besonders wichtig ist die Stabilität der Steuervorschriften und die Unterstützung des Unternehmertums. Die fiskalpolitische und stimulierende Aufgabe der Steuer spielt eine besondere Rolle für den Steuerempfänger. Man muß hier feststellen, daß die bisherigen Änderungen des Steuersystems nicht alle Erwartungen erfüllt haben. Negativ wird vor allem – auch von den ausländischen Investoren – die Instabilität der Steuervorschriften bewertet. Die Investoren sind zur größeren wirtschaftlichen Aktivität nicht motiviert. Auch das System der Investitionsbegünstigungen hat seine Aufgabe nicht erfüllt. Betont wird die Unwirksamkeit und schlechte Organisation des Systems der Steuerkontrolle, was oft zu falschen Angaben über den Gewinn oder Wirtschaftsstraftaten führt. Die Steuern erfüllen nur im beschränkten Maße ihre fiskalpolitische Funktion. Die Behauptung, daß das Steuersystem in Polen bereits wieder modernisiert werden muß, erscheint begründet.

Literaturverzeichnis

Gluchowski, Jan (Einkommensteuer): Podatek dochodowy od osób fizycznych, Warszawa 1992, S. 5–44.

Golz-Kozierkiewicz, Danuta (Mehrwertsteuer): VAT – podatek od towarów i uslug, Warszawa/ Katowice 1992, S. 15 64.

Jaskiewicz , Zbigniew (Banderolensteuer): Teoria akcyzy w Polsce Ludowej, Sopot 1963, S. 21–44.

Kostecki, Apoloniusz (Einkommensteuer): Podatki przychodowe i podatki dochodowe, in: System instytucji prawno – finansowych PRL, Tom III, Ossolineum 1985, S. 267–332.

Ozóg, Irena (Einkommensteuer): Podatek dochodowy od osób prawnych, Warszawa 1992, S. 11–114.

Modzelewski, Witold (Hrsg) (Mehrwertsteuer): Podatek od towarów i us_ug, Warszawa 1993, S. 8–85.

Glowiński, Antoni/Hinc, Slawomir/Szymański, Slawomir (Mehrwertsteuer): Podatek od towarów i uslug. Akcyza, Sopot 1993, S. 5–103.

Jaroszyński, Adami (Steuerverrechnungen): Rozliczenia z urzêdem skarbowym, Warszawa 1993.

Beitrag des steuerberatenden Berufs zur rationellen Gestaltung der Besteuerungspraxis

Dr. h.c. Heinz Sebiger, DATEV eG, Vorsitzender des Vorstands der DATEV eG, Nürnberg und Dr. Josef Dechant, DATEV eG, Nürnberg

A. Besteuerung und Steuerberatung als nationale Standortfaktoren

Die Diskussion um den Wirtschaftsstandort Deutschland wird seit Jahren sehr intensiv, von verschiedenster Seite und mit einer sehr unterschiedlichen Gewichtung der Einflußfaktoren geführt. Je nach Standpunkt und nach dem Fokus der Betrachtung kommt man bei der Frage, welche Faktoren für Konjunktur und Wachstum einer Volkswirtschaft und deren internationale Wettbewerbsfähigkeit entscheidend sind und was dies speziell für den Standort Deutschland bedeutet, zu tendenziell anderen Ergebnissen.[1] In einer soeben erschienenen Studie zu den Perspektiven des Mittelstandes[2] werden als standortbedingte, die Lage des deutschen Mittelstandes im internationalen Vergleich belastende Einflüsse eine hohe Rege-

1 Die Beiträge im Teil 1 dieser Festschrift geben einen Einblick in die verschiedenen Diskussionsebenen.

2 Deutsche Bank Research (Mittelstand).

lungsdichte, Bürokratiebarrieren, Technikvorbehalte, strenge Umweltschutzvorschriften und Kostennachteile in der Fertigung (z. B. durch hohe Löhne, Steuern, Abgaben und kurze Arbeitszeiten) genannt. Das hier angesprochene Problem ist also auf breiter Front erkannt, aber keineswegs gelöst.

Es ist daher erfreulich, daß mit dieser Festschrift die Diskussion um den Standort Deutschland fortgesetzt und zum Thema Besteuerung intensiver beleuchtet wird. Auch der Jubilar hat sich in einer Analyse des Standortsicherungsgesetzes dazu geäußert,[3] und dabei auf die Vielzahl der Einflußfaktoren aufmerksam gemacht, die bei der unternehmerischen Standortentscheidung eine Rolle spielen. Nachfolgend soll untersucht werden, welchen Beitrag der steuerberatende Beruf zur rationellen Gestaltung der Besteuerungspraxis leistet und inwiefern er Standortnachteile, die aus dem derzeitigen deutschen Steuerrecht resultieren, durch seine Beratungsleistung kompensieren kann.

Die Steuergesetzgebung in Deutschland hat ein Maß an Regelungsdichte, Komplexität und Systemlosigkeit erreicht, das sich vielen heute als Steuerchaos darstellt. Das wird nicht nur von den Unternehmen, dem Steuerberaterberuf und der Wissenschaft beklagt, sondern ist inzwischen auch von einem Landesrechnungshof im Rahmen einer Prüfung der Steuerverwaltung ausdrücklich hervorgehoben worden.[4] Es heißt dort, daß sich das festgestellte Vollzugsdefizit in der Steuerverwaltung insbesondere auf die sich immer weiter verschärfende Detaillierung und Komplizierung des Steuerrechts zurückführen läßt.[5] Es sind aber nicht nur die Regelungsdichte, sondern vor allem auch die immer häufigeren und kurzfristigeren Änderungen, die den Umgang mit dem Steuerrecht zunehmend erschweren.

Anhand von Beispielen soll zunächst gezeigt werden, welcher wachsenden Belastung die Unternehmen in Deutschland durch die Besteuerung ausgesetzt sind. Es geht dabei allerdings nicht nur um die Höhe der Steuern und die daraus resultierende direkte Steuerbelastung, sondern vor allem um die Folgekosten der Besteuerung. Es geht also, um die eingangs zitierte Studie nochmals aufzugreifen, nicht primär um die Kostennachteile durch hohe Steuern und Abgaben, sondern um die Kosten, die sich aus der hohen Regelungsdichte im Steuerwesen ergeben.

Im zweiten Hauptabschnitt wird dargestellt, daß der Steuerberater auch bei erschwerten Rahmenbedingungen ein notwendiger und verläßlicher Partner seiner Mandanten und hier insbesondere des Mittelstandes ist. Dies ist primär durch sein steuerliches und betriebswirtschaftliches Fachwissen gewährleistet. Darüber hinaus ist es aber auch wegen der dem steuerberatenden Beruf zur Verfügung stehenden modernen Informations- und Kommunikationstechnik möglich, die Folgekosten der Besteuerung und die Belastung bei den Unternehmen beherrschbar zu halten und damit auch gesamtwirtschaftlich zu einer effizienten Steuererhebung einen erheblichen Beitrag zu leisten.

---

3 Vgl. Heigl/Uecker (Standortsicherungsgesetz), S. 335–354.

4 Rechnungshof der Freien und Hansestadt Hamburg (Steuerverwaltung).

5 Vgl. Egge (Rechnungshof), S. 272.

B. Belastungen durch die Besteuerung

I. Direkte Lasten der Besteuerung

Im Rahmen der Standortdiskussion ist gerade in den letzten Jahren immer wieder auf die Höhe der Besteuerung als wichtiger Wettbewerbsfaktor hingewiesen worden. Internationale Steuerbelastungsvergleiche zeigen, daß deutsche Unternehmen im Vergleich zu Mitbewerbern aus anderen Industrienationen einer besonders hohen tariflichen Steuerbelastung unterliegen und durch einige Steuerarten, wie z. B. die Gewerbesteuer, die es in vielen anderen Ländern nicht gibt, zusätzlich belastet werden. Die Situation deutscher Unternehmen, die mit ihren Produkten international im Wettbewerb stehen, hat sich in den letzten Jahren relativ auch dadurch verschlechtert, daß in anderen Staaten die Steuersätze im Bereich der Unternehmenssteuern gesenkt wurden. Für die Steuerbelastung ist allerdings nicht allein der Steuertarif relevant, weswegen internationale Vergleiche, die allein auf die Tarifhöhe abstellen, nur bedingt aussagekräftig sind.

Bezieht man die Bemessungsgrundlage mit ein und betrachtet die effektive Steuerbelastung von Unternehmen im internationalen Vergleich, relativiert sich der Nachteil deutscher Unternehmen zumindest teilweise. Unterschiedliche Regelungen im internationalen Vergleich bezüglich Abschreibungen, Betriebsausgaben, der Bewertung von Vermögensgegenständen, Rückstellungen und Rücklagen sowie des Verlustübertrags führen zu einer sehr unterschiedlichen effektiven Belastung. Deshalb sind internationale Vergleiche der effektiven Steuerbelastung sehr schwierig und vor allem deshalb kommen die zahlreichen empirischen Untersuchungen zu diesem Thema zu sehr unterschiedlichen Ergebnissen, je nachdem welche Unternehmensformen und welche Länder verglichen werden.

Deutlich wird jedoch, daß deutsche Unternehmen im internationalen Vergleich vor allem durch die ertragsunabhängige Besteuerung (insb. durch Gewerbekapital- und Vermögensteuer) benachteiligt sind und auch hinsichtlich der ertragsabhängigen Steuern einer vergleichsweise hohen Belastung unterliegen, wenngleich die hohe tarifliche Belastung durch eine Vielzahl von gesetzlichen Gestaltungsmöglichkeiten abgemildert werden kann. Andererseits darf nicht unerwähnt bleiben, daß aufgrund des konsequenten Betriebsprüfungswesens in Deutschland eine im internationalen Vergleich hohe Kontrollintensität erreicht wird, die ebenfalls eine relative Mehrbelastung darstellt.

Der Gesetzgeber hat einen Handlungsbedarf gesehen und mit dem „Gesetz zur Verbesserung der steuerlichen Rahmenbedingungen zur Sicherung des Wirtschaftsstandorts Deutschland im Europäischen Binnenmarkt“ vom 13. 9. 1993 – dem Standortsicherungsgesetz – zumindest einen ersten Schritt zur Steuerentlastung der Unternehmen vorgenommen. Die Wirkung des Gesetzes hat aber mehr symbolischen Charakter, als daß es tatsächlich zu einer deutlichen realen Entlastung führt.[6] Dies hängt zum einen mit den inzwischen verabschiedeten zusätzli-

6 Heigl und Uecker kommen in ihrer Analyse des Standortsicherungsgesetzes zum gleichen Ergebnis. Sie sprechen zusammenfassend von einem psychologischen Effekt des

chen Belastungen zusammen, die zum 1. 1. 1995 wirksam geworden sind.[7] Außerdem trägt das Gesetz leider nicht zur Steuervereinfachung bei, sondern erhöht im Gegenteil die ohnehin schon erhebliche Regelungsdichte im Steuerrecht weiter.

1995 werden die Staatsquote und die Abgabenbelastung in der Geschichte der Bundesrepublik einen neuen Höchststand erreichen, der auch im internationalen Vergleich relativ hoch ist.[8] Deshalb bleibt die Fortsetzung der Unternehmenssteuerreform ein wesentliches Element der weiteren Steuerpolitik zur Zukunftssicherung des Standortes Deutschland. Aber nicht nur die Steuerentlastung, auch Steuervereinfachung ist immer dringender geboten. Der Sachverständigenrat zur Begutachtung der gesamtwirtschaftlichen Entwicklung hat in seinem Jahresgutachten 1994/95 dazu eine klare Feststellung getroffen: „Nicht zu bestreiten ist, daß unser Steuersystem inzwischen so kompliziert ist, daß es von den einzelnen Bürgern nicht mehr durchschaut wird und deshalb auch nicht mehr ohne fachkundige Hilfe gehandhabt werden kann. Aus Unkenntnis nutzen viele Bürger die legalen Steuererleichterungen nicht mehr; im Gestrüpp verworrener Steuerregelungen mag der eine oder andere auch neue Hinterziehungsmöglichkeiten finden. Zudem entstehen für die Steuerzahler, aber auch für die ohnehin überlastete Steuerverwaltung zusätzliche Kosten; gesamtwirtschaftlich ist das Ressourcenverschwendung. Das alles ist unter den Prinzipien der Besteuerung – sie soll allgemein, gleich, gerecht und effizient sein – nicht mehr zu vertreten.“[9]

Auch die Unternehmen sind mit der Anwendung des Steuerrechts weitgehend überfordert. Und in gleichem Umfang sind die Anforderungen an den steuerlichen Berater weiter gewachsen, um den Wettbewerbsnachteil der Unternehmen, der in der hohen Tarifbelastung liegt, durch seine Beratungsleistung im zulässigen Gestaltungsrahmen des Steuerrechts zumindest teilweise zu kompensieren.

II. Folgekosten der Besteuerung

Die Belastung der Besteuerung läßt sich aber nicht nur an der tariflichen oder der effektiven Steuerbelastung messen. Darüber hinaus entstehen für Unternehmen Kosten durch die Steuererhebung.[10] Vor allem sind dies Kosten, die aus der Erstellung der Besteuerungsgrundlagen, aus Mitwirkungspflichten bei der Steuererhebung (Bürokratieüberwälzung), aber auch aus Informationsaufwand bei Geset-

---

Gesetzes, dessen positive Wirkung sie jedoch ebenfalls bezweifeln. Vgl. Heigl/Uecker (Standortsicherungsgesetz), S. 354.

7 Der zum 1. 1. 1995 eingeführte Solidaritätszuschlag zur Finanzierung der Deutschen Einheit führt zu einer erneuten Mehrbelastung, die durch die gleichzeitige Einführung der Pflegeversicherung noch erhöht wird.

8 Bundesministerium der Finanzen (Finanzbericht 1995), S. 342/343.

9 Sachverständigenrat zur Begutachtung der gesamtwirtschaftlichen Entwicklung (Jahresgutachten 1994/95), S. 197.

10 Folgekosten der Besteuerung bei den privaten Haushalten entstehen ebenfalls in nicht unbeträchtlicher Höhe. Da diese für die Standortdiskussion aber nicht von solcher Relevanz sind, werden sie hier nicht weiter betrachtet. Es sei auf die in den Fußnoten 14, 16 und 17 zitierten Quellen hingewiesen.

zes- und Rechtsprechungsänderungen resultieren. Über die exakte Höhe dieser Kosten herrscht immer noch Unklarheit. Betrachtet man sich allerdings die Entwicklung des Steuerrechts, wird schon daraus deutlich, daß hier inzwischen ein Maß erreicht ist, daß nicht nur von der Kostenseite nicht mehr vertretbar erscheint, sondern zu einem in Teilen nicht mehr handhabbaren Steuerrecht geführt hat.

Um dies zu veranschaulichen, soll das Einkommensteuergesetz als Beispiel herangezogen werden. Es bestand 1962 aus 74 Paragraphen mit etwa 230 Absätzen. 30 Jahre später, 1992, waren es 142 Paragraphen mit mehr als 600 Absätzen. Dies entspricht bezogen auf die Absätze nahezu einer Verdreifachung. Allein der § 52 EStG, in dem die Anwendung der einzelnen Vorschriften geregelt ist, umfaßt inzwischen 76 Absätze. Zum Gesetzestext kommen dann noch 250 Richtlinienabschnitte und eine Vielzahl von Erlassen und Verfügungen, die ebenfalls zu beachten sind. Die Oberfinanzdirektion Hamburg hat eine Aufzählung der Rechtsänderungen zusammengestellt, die allein für die Jahre 1988–1992 20 DIN-A4-Seiten umfaßt.[11] An dem Beispiel werden nicht nur die zunehmende Regelungsdichte im Steuerrecht deutlich, sondern auch die immer häufigeren Regeländerungen. Bei dieser Betrachtung sind die umfassenden Änderungen im Jahr 1993 (Förderales Konsolidierungsprogramm, Standortsicherungsgesetz und Mißbrauchsbekämpfungs- und Steuerbereinigungsgesetz) noch gar nicht berücksichtigt; ganz abgesehen von Änderungen anderer Gesetze zur Unternehmensbesteuerung. Auch die ständigen Änderungen des Umsatzsteuergesetzes in Zusammenhang mit dem innergemeinschaftlichen Handel sind zu erwähnen.

Eine weitere Konsequenz dieser hohen Regelungsdichte, die zu Unklarheiten in der Rechtsauslegung nicht nur beim Steuerpflichtigen und seinem Berater, sondern auch bei der Finanzverwaltung führt, ist eine deutliche Zunahme der Finanzprozesse vor den Finanzgerichten und dem Bundesfinanzhof. Die Zahl der neueingehenden Klagen bei den Finanzgerichten stieg von 37.224 in 1984 auf 51.639 in 1992 und erreichte 1990 zwischenzeitlich sogar 53.562. Eine ähnliche Entwicklung läßt sich für die neuen Verfahren vor dem Bundesfinanzhof aufzeigen (1984: 3.100; 1990: 3.984; 1992: 3.573).[12]

Diese beiden Beispiele machen deutlich, welcher Aufwand den Unternehmen allein durch die ständigen Gesetzesänderungen entsteht. Seit Beginn der 80er Jahre sind nun erstmals empirische Untersuchungen vorgelegt worden, die die Folgekosten der Besteuerung zu quantifizieren versuchen. Alle Untersuchungen zeigen, daß die Belastungen aus den Folgekosten der Besteuerung erheblich sind und im Laufe der 80er Jahre deutlich zugenommen haben.

Eine Studie von Täuber über die Folgekosten der Besteuerung im Handel bei 373 untersuchten, insbesondere mittelständischen Handelsbetrieben kommt 1983 zu einer jährlichen Durchschnittsbelastung von 41.886 DM pro Betrieb.[13] In einer

11 Vgl. Egge (Rechnungshof), S. 273.
12 Vgl. Statistisches Bundesamt (Jahrbuch), Kapitel 15.4.8.
13 Vgl. Täuber (Folgekosten), S. 133.

anderen Arbeit werden anhand umfangreicher Erhebungen bei 22 Unternehmen unterschiedlicher Größe im Raum Mannheim die Folgekosten bei einzelnen Steuerarten über einen Zeitraum von 5 Jahren untersucht. Die Studie zeigt für die Jahre 1983–1988 insgesamt eine Zunahme der Nebenkosten um mehr als 30 %. Sie bestätigt auch, daß die Belastung mit zunehmender Unternehmensgröße relativ geringer wird.[14]

Der im Rahmen der Studie ebenfalls vorgenommene Versuch einer Hochrechnung der Belastung aller Unternehmen durch die Nebenkosten der Besteuerung führt zu einer Summe von 94,2 Mrd. DM für 1983 und 108,3 Mrd. DM für 1988.[15] Wenngleich eine andere Schätzung für 1984 nur auf eine gesamtwirtschaftliche Belastung von knapp 40 Mrd. DM[16] kommt, wird auch damit noch deutlich, daß es sich hierbei nicht um Kleinigkeiten handelt. Vor allem wenn man sich vor Augen führt, daß die gesamten Steuereinnahmen aus allen Steuerarten 1983 397 Mrd. DM und 1988 488 Mrd. DM betragen haben. Es scheint demnach nicht übertrieben, wenn man für die Folgekosten der Besteuerung bei Unternehmen von einer Größenordnung von 20 % der tatsächlichen Steuerzahlungen ausgeht.

In diesem Zusammenhang ist ein weiteres Ergebnis aus der Studie von Täuber recht aufschlußreich. Dort wird gezeigt, daß sich bei einem Vergleich der steuerbaren Umsätze aller Umsatzsteuerpflichtigen mit den steuerbaren Umsätzen der steuerlichen Berater der Anteil der Umsätze der Steuerberater in der Zeit von 1962–1978 von 0,13 % auf 0,27 % mehr als verdoppelt hat.[17] Schreibt man die Zeitreihe bis 1988 fort, ergibt sich eine weitere, allerdings nur noch geringe Steigerung auf 0,29 %.[18] Man kann also sagen, daß die finanzielle Belastung der Unternehmen durch die Beratungsleistung des Steuerberaters in den letzten 30 Jahren deutlich gestiegen ist. Der Anteil der Steuerberatungskosten an den gesamten Folgekosten der Unternehmen dürfte, wenn man die oben zitierten Hochrechnungen und den steuerbaren Umsatz des steuerberatenden Berufes von 12,2 Mrd. DM für 1988 heranzieht, 1988 zwischen 10–25 %[19] gelegen haben.

Man wird davon ausgehen können, daß derart hohe steuerliche Beratungskosten von den Unternehmen nur insoweit und deshalb aufgewendet werden, um durch die dafür erbrachten Steuerberatungsleistungen zu einem Nettovorteil zu kommen. Worin bestehen die besonderen Leistungswirkungen und Rationalisierungsvorteile des Steuerberaters für seine Mandanten?

---

14 Vgl. Ziegler (Nebenkosten), S. 221.

15 Vgl. Ziegler (Nebenkosten), S. 233.

16 Vgl. Tiebel (Folgekosten), S. 209.

17 Vgl. Täuber (Folgekosten), S. 144.

18 Berechnet aus der Umsatzsteuerstatistik 1988. Vgl. Statistisches Bundesamt (Umsatzsteuer 1988).

19 Da in den steuerbaren Umsätzen der Steuerberater sowohl die Umsätze mit Unternehmen wie auch mit privaten Haushalten enthalten sind, kann es sich nur um Näherungswerte handeln, die nur zur Veranschaulichung einer ungefähren Größenordnung dienen können.

C. Rationelle Gestaltung der Besteuerungspraxis

I. Der Steuerberater als Interessenvertreter seiner Mandanten

Das Wesen des steuerberatenden Berufs liegt in dem Finden der optimalen Entscheidung zwischen den pauschalen Steuerforderungen des Staates und den individuellen Ansprüchen seiner Mandanten, diese zu minimieren. Es gehört zur Aufgabe des Steuerberaters, für die korrekte Anwendung der Steuergesetze bei seinen Mandanten zu sorgen. Er wird damit aber nicht zum Büttel des Gesetzgebers. Seine Aufgabe besteht nicht in der Optimierung der Steuereinnahmen. Er hat im Gegenteil die Steuergesetze im Sinne seiner Mandanten umfassend und korrekt anzuwenden und dabei alle Möglichkeiten der für den Mandanten sinnvollen Steuergestaltung auszunutzen. Es geht also darum, die im Rahmen der Steuergesetze vom Gesetzgeber vorgesehenen und damit zulässigen Gestaltungsmöglichkeiten zu erkennen und zum Vorteil des einzelnen Mandanten zu nutzen. Für die notwendige Unabhängigkeit gegenüber übertriebenem Drängen von seiten des Staates einerseits und der Mandanten andererseits sorgt der Status als freier Beruf und die damit verbundene Verpflichtung zu Unabhängigkeit und Eigenverantwortlichkeit.

Wesentliche Voraussetzung zur Erfüllung dieser Aufgabe ist ein hohes fachliches Wissen. Eine vergleichsweise lange und intensive Ausbildungszeit verbunden mit einer je nach Vorbildungsvoraussetzung unterschiedlich langen hauptberuflichen praktischen Tätigkeit auf dem Gebiet der Steuern sind Grundlage für dieses Wissen und Voraussetzung für die Steuerberaterprüfung, die für alle angehenden Steuerberater grundsätzlich vorgeschrieben ist. Nach der Bestellung ist eine ständige Weiterbildung erforderlich, um der mit jeder Gesetzesänderung verbundenen Entwertung des Wissens entgegenzuwirken. Weiterbildung ist auch standesrechtlich durch die Verpflichtung zur Gewissenhaftigkeit geboten.

Hohe fachliche Qualifikation verbunden mit der Unabhängigkeit und Eigenverantwortlichkeit des Freiberuflers sorgen dafür, daß der steuerberatende Beruf in Deutschland heute ein wichtiger und zuverlässiger Berater der Unternehmen, insbesondere der Klein- und Mittelbetriebe, ist und ebenso seiner Stellung als Organ der Steuerrechtspflege gerecht wird.[20] Dem Steuerberater ist es damit auch gelungen, sich auf die ständig neuen Anforderungen von seiten der Mandanten und von seiten des Staates einzustellen.

Die immer hektischere Gesetzgebung wurde bereits mehrfach erwähnt. Die Steuergesetze sind immer unverständlicher, unüberschaubarer und bis zur Funktionsunfähigkeit verkompliziert worden. Dies erschwert die korrekte Anwendung der Gesetze immer mehr. Aber nicht nur das quantitative Wachstum der Steuergesetze erschwert die Steuerberatung, sondern vor allem auch die häufigen und kurzfristigen Änderungen. Gerade in den letzten Jahren ist es wiederholt vorgekommen, daß Gesetzesänderungen innerhalb von wenigen Tagen nach der Verab-

20 Rose schreibt in seiner Einführung in den Beruf des Steuerberaters: „Die Steuermoral in der Bundesrepublik Deutschland ist nicht zuletzt deshalb vergleichsweise hoch, weil gute Steuerberatung angeboten und nachgefragt wird.“ Vgl. Rose (Steuerberater), S. 45.

schiedung in der Beratungspraxis umzusetzen waren, ohne daß der verabschiedete Gesetzestext als offizielle Veröffentlichung allgemein verfügbar war.[21] Oder es wurden in laufende Gesetzesverfahren kurzfristig noch zusätzliche Änderungen aufgenommen, die mit dem eigentlichen Gesetzesvorhaben überhaupt nichts zu tun haben, auf anderem Weg aber wohl nicht mehr rechtzeitig verabschiedet werden konnten.[22]

Die Klein- und Mittelbetriebe selbst sind bei der Umsetzung von Steuerrechtsänderungen inzwischen völlig überfordert. Eine geordnete Steuererhebung wäre vermutlich schon zusammengebrochen, wenn es dem steuerberatenden Beruf nicht immer noch gelingen würde, die Mandantschaft rechtzeitig zu informieren und korrekt zu beraten. Dabei geht es nicht allein um die geordnete Steuererhebung, sondern in der Beratung der Mandanten vor allem auch darum, auf Steuererleichterungen, z. B. im Rahmen von Investitionsentscheidungen oder anderen unternehmerischen Maßnahmen, frühzeitig hinzuweisen. Die Folgekosten der Besteuerung wären demzufolge erheblich höher, wenn der Berufsstand mit seiner qualifizierten Beratungsleistung nicht zur Verfügung stehen würde.

Aber es gibt auch hierfür eine Belastungsgrenze, die derzeit erreicht ist. Es sind deshalb auch der Berufsstand und seine berufsständischen Organisationen, die im Interesse einer verantwortungsbewußten Berufsausübung immer massiver nach einem Ende des Steuerchaos verlangen und dazu verschiedentlich auch Forderungen und Änderungsvorschläge formuliert haben. So stellt beispielsweise der Deutsche Steuerberaterverband an die erste Stelle eines 10-Punkte-Kataloges die Forderung nach einer Eindämmung der Gesetzesflut und schlägt dazu vor, daß in Zukunft pro Jahr maximal ein Steuergesetz behandelt werden soll, das gründlich beraten und bis zum 30. Juni verabschiedet sein muß.[23] Eine spürbare Steuervereinfachung würde keineswegs dazu führen, daß Steuerberater keine Aufgaben mehr zu leisten hätten. Im Gegenteil: Erst durch Ruhe an der Steuergesetzgebungsfront und durch längerfristig stabile Besteuerungsverhältnisse wird es möglich, eine für den einzelnen Mandanten und die gesamte Volkswirtschaft nützliche Gestaltungsberatung entsprechend den wirtschaftlichen Verhältnissen wirksam zu entfalten.

In diesem Sinne stellen die Mandanten neben der Steuerdeklarations- und Steuerdurchsetzungsberatung zunehmend entscheidungsunterstützende Anforderungen zur optimalen Zukunftsgestaltung der wirtschaftlichen Sachverhalte. Mit Fragen der Steuergestaltung, wie beispielsweise der Steuer- und Finanzplanung über mehrere Perioden im Zusammenhang mit Investitionsentscheidungen, der unterschiedlichen Steuerbelastung in Abhängigkeit von der Rechtsform und ähnlichem,

---

21 Das Mißbrauchsbekämpfungs- und Steuerbereinigungsgesetz wurde am 21. 12. 1993 beschlossen, ist am 1. 1. 1994 in Kraft getreten und im Bundessteuerblatt am 31. 1. 1994 veröffentlicht worden.

22 Wesentliche Änderungen des Investitionszulagengesetzes wurden 1992 im Rahmen des Verbrauchsteuer-Binnenmarktgesetzes verabschiedet. Auch dieses Gesetz, das am 21. 12. 1992 verabschiedet wurde und am 1. 1. 1993 in Kraft getreten ist, ist erst am 26. 1. 1993 im Bundessteuerblatt veröffentlicht worden.

23 Vgl. Steuerberaterverband (Steuerchaos), S. 295.

wird der steuerliche Berater immer häufiger auch von kleinen und mittelständischen Unternehmen konfrontiert. Ebenso zwingt der zunehmende Wettbewerbsdruck insbesondere in Zeiten schwacher Konjunktur zu einer genaueren Analyse der betriebswirtschaftlichen Kennzahlen, der Investitions- und Finanzplanung. Auch hier erwartet der Mandant eine entsprechende Unterstützung. Daß der steuerberatende Beruf sich auf diese Nachfrageverschiebung hin zur Steuergestaltungsberatung und zur betriebswirtschaftlichen Beratung eingestellt hat, macht ein im Herbst 1994 veröffentlichter Praxenvergleich 1993 deutlich, der gegenüber einer früheren Erhebung 1987/88 bei den Gebühreneinnahmen bereits eine spürbare Verschiebung zugunsten dieser Betätigungsfelder zeigt.[24]

II. Vermittlung des Steuerrechts zum Steuerbürger

Ein wichtiger Beitrag des steuerberatenden Berufs zur rationellen Gestaltung der Besteuerungspraxis ergibt sich aus seiner spezifischen Stellung als Handelnder im Steuerrechtsverhältnis[25] zwischen den Steuerberechtigten (insbesondere den staatlichen Stellen der Finanzverwaltung) und den Steuerpflichtigen. In diesem Rechtsverhältnis hat der Steuerberater bei der Wahrnehmung der beiden Seiten im Steuerrecht zustehenden Rechte und Pflichten eine ausgleichende, vermittelnde Funktion, die ihn als unabhängiges Organ der Steuerrechtspflege auszeichnet: Einerseits hat er bei seiner Berufsausübung zwar vor allem den Interessen seines Mandanten zu dienen. Seine berufliche Stellung als unabhängiger, eigenverantwortlicher, gewissenhafter und verschwiegener Berater gibt ihm aber auch Funktionen, die im öffentlichen Interesse liegen. Er hat bei der Wahrnehmung seiner Beratungsaufgaben Recht und Gesetz zu beachten, die er durch seine sachkundige Tätigkeit zu vermitteln und anzuwenden hat.

Durch diese vermittelnde Tätigkeit erbringt der Steuerberater wichtige Leistungen zur rationellen Gestaltung der Besteuerungspraxis:

a) Er sorgt für eine geordnete Steuererhebung unter Vermeidung unnötiger Steuerlasten und Folgewirkungen für den Steuerpflichtigen. „Es besteht kein Zweifel, daß ohne sachkundige und zuverlässige Steuerberatung unser ganzes feingestricktes, überwiegend auf detaillierten Erklärungen der Steuerpflichtigen basierendes Steuersystem zusammenbrechen würde.“[26]
b) Er sorgt für eine Lenkung des Verhaltens der Steuerpflichtigen entsprechend den in den Steuergesetzen durch die Steuerpolitik angelegten Zielen der Wirtschaftslenkung. Zu diesem Zweck hat er die steuergesetzlich zulässigen Handlungsmöglichkeiten durch Gesetzesauslegung zu erkunden, dem Mandanten aufzuzeigen und sein Verhalten durch eine im Sinne der Mandantenziele optimale Beratung zu beeinflussen.
c) Durch umfassende Anwendungen des Steuerrechts sorgt er schließlich im

---

24 Deutscher Steuerberaterverband (Praxenvergleich).
25 Weber-Fas (Steuerrecht), S. 110 f.; Tipke/Lang (Steuerrecht), S. 154, 721 f.
26 Rose (Steuerberater), S. 44.

Rahmen des Steuerrechtsverhältnisses zwischen den Beteiligten für weitgehende „Waffengleichheit“ und für ein am geltenden Recht orientiertes Besteuerungsklima. Einerseits hilft der Steuerberater beim rationellen Vollzug der berechtigten und unvermeidbaren Lasten und Pflichten der Besteuerung. Zugleich hilft er dem Steuerpflichtigen bei der Wahrnehmung seiner berechtigten Interessen und gesetzlichen Rechte gegenüber der Finanzverwaltung.

Alle diese Vermittlungsfunktionen des Steuerberaters im Verhältnis von Steuerstaat und Steuerbürger können nur dann umfassend und sachgerecht wahrgenommen werden, wenn das geltende Abgabenrecht in der Besteuerungspraxis dem Steuerpflichtigen bekannt gemacht, angewandt und in seinen Möglichkeiten ausgeschöpft wird. Dies zu leisten, ist eine wichtige Aufgabe des Steuerberaters.[27]

Je einfacher, klarer und stabiler das Steuerrecht eines Landes ausgestaltet ist, um so leichter ist es für den Steuerberater, der ihm obliegenden Vermittlungsfunktionen gerecht zu werden. In einem Land mit hoher Regelungsdichte und wenig durchschaubaren, sich immer wieder schnell ändernden Rechtsverhältnissen der Besteuerung wird selbst der Steuerberater als Experte auf diesem Gebiet in hohem Maße herausgefordert, manchmal auch überfordert. Eine hohe Qualifikation, Unabhängigkeit und ständige Fortbildungsbereitschaft des Steuerberaterberufs in einer derartigen Besteuerungspraxis sind eine wesentliche Voraussetzung dafür, daß aus dem bestehenden Steuerrechtschaos nicht ein durch Unrecht, Ungerechtigkeit und Unwirtschaftlichkeit gekennzeichnetes Besteuerungschaos wird.

Im Bereich der Wirtschaft sind die skizzierten positiven Leistungen der Steuerberatungstätigkeit in besonderem Maße für die große Zahl der kleinen und mittelgroßen Betriebe von Bedeutung. Mangels eigener Fachkräfte mit ausreichender rechtlicher und betriebswirtschaftlicher Qualifikation nutzen sie die Dienste des Steuerberaters, um ihre Pflichten und Rechte auf dem Gebiet der Besteuerung möglichst rationell und vorteilhaft wahrzunehmen.

III. Optimale Unternehmensentscheidungen durch steuerliche und betriebswirtschaftliche Beratung

Die praktische Tätigkeit der Steuerberater zeigt seit längerem eine von der Berufspolitik geforderte und geförderte und von den Berufsangehörigen inzwischen auch zunehmend wahrgenommene Schwerpunktverlagerung von der sogenannten Steuerdeklarationshilfe (ex-post-Beratung) zur sogenannten ex-ante Beratung: Mitwirkung bei der optimalen Gestaltung der steuerlichen und betriebswirtschaftlichen Verhältnisse im Vorfeld der unternehmerischen Entscheidungen.

Diese Schwerpunktverlagerung der Steuerberatungsaufgabe ist auch als eine aus wirtschaftlicher Sicht notwendige und vernünftige Konsequenz der neueren Steuerpolitik zu sehen. Durch sie wird die Besteuerung nicht mehr allein oder in erster Linie als Instrument der Staatsfinanzierung gesehen, sondern gezielt (auch) als

27 Tipke/Lang (Steuerrecht), S. 721: „Die Steuerrechtsberatung ist Steuerrechtspflege und damit ein wichtiges Gemeinschaftsgut“.

Hebel zur Wirtschaftslenkung und sonstiger Verhaltenssteuerung der Steuerbürger eingesetzt.

Das klassisch liberale Postulat neutraler Besteuerung zur (ausschließlichen) Finanzierung der Staatstätigkeit, ohne damit die Marktverhältnisse und den Wirtschaftsablauf zu beeinflussen, ist in reiner Form zwar vermutlich nie realisiert gewesen. Als generelle steuerpolitische Leitlinie hatte sie jedoch bis zum Aufkommen der keynesianischen Wirtschaftspolitik Geltung und Bedeutung. Heute werden jedenfalls mit der Besteuerung jeweils auch alle möglichen wirtschafts- und gesellschaftspolitischen Ziele verfolgt. Steuerliche Anreize und Belastungen werden zur Realisierung sozialpolitischer, beschäftigungs- und wachstumspolitischer, wohnungsbau- und verkehrspolitischer, ökologischer oder sonstiger nicht-fiskalischer Ziele eingesetzt.

Bei der Verfolgung dieser Ziele durch Besteuerungsmaßnahmen geht es stets darum, einzelne erwünschte oder unerwünschte Falltypen der wirtschaftlichen Verhältnisse unterschiedlich zu besteuern. Wer beispielsweise bestimmte Investitionen tätigt, soll anders besteuert werden als der, der dies nicht tut, in der Hoffnung, damit neue Arbeitsplätze zu schaffen oder Innovationen zu fördern. Oder: Wer bestimmte Umweltnormen (z. B. Abgasreduzierung, Lärmvermeidung, Luftreinigung) erfüllt, soll steuerliche Vorteile gegenüber anderen erhalten, um damit Effekte der Umweltverbesserung zu erreichen.

Zur Umsetzung derartiger Besteuerungsziele im Steuerrecht sind entsprechend differenzierte Gesetzesvorschriften erforderlich, mit denen die jeweils steuerlich begünstigten Tatbestände beschrieben und damit von den nicht zu fördernden Gestaltungen abgegrenzt werden müssen. Hinzu kommt, daß die vom Steuerrecht zu erfassenden Tatbestände und Zielsetzungen in der Besteuerungspraxis sehr vielfältig sind und in ihrem Inhalt häufig wechseln. Demnach darf die Verfolgung nicht-fiskalischer Zielsetzungen mit Mitteln der Steuerpolitik als eigentliche Ursache für die heutige Regelungsdichte, Verkomplizierung und ständige Änderung des Steuerrechtes festgestellt werden.

Eine wesentliche Voraussetzung und Bedingung einer allgemeinen Steuervereinfachung wäre es demnach, das wohl notwendige Übel der Besteuerung wieder mehr auf die Finanzierung der Staatsaufgaben zu beschränken und die dazu erforderliche Steuerbelastung der Steuerbürger wieder mehr nach den klassischen Grundsätzen verhaltensneutraler Besteuerung im Steuerrecht zu gestalten. Andere gesellschafts- und wirtschaftspolitische Ziele des Staates könnten und sollten mit anderen Mitteln verfolgt werden.

Solange jedoch, wie derzeit, mit der Besteuerung vielfältige wirtschaftslenkende Ziele verfolgt werden, muß es als im staatlichen und öffentlichen Interesse angesehen werden, entsprechende Verhaltensweisen bei den Steuerpflichtigen aufzuzeigen und zu bewirken und so die in den jeweiligen Steuergesetzen angelegten Gestaltungsmöglichkeiten seitens der Steuerpflichtigen zu deren Vorteil zu nutzen.

Gerade dies ist aber das Kernanliegen der Schwerpunktverlagerung der Steuerberatertätigkeit zu vermehrter steuerlicher und betriebswirtschaftlicher Gestaltungsberatung. Es ist damit ein wesentlicher Beitrag des Steuerberaterberufs zu einer rationellen Besteuerungspraxis, wenn er durch seine Beratungshilfe dazu beiträgt, daß seine Mandanten ihr wirtschaftliches Verhalten und ihre der Besteuerung unterliegenden Tatbestände entsprechend den in den Gesetzen angelegten und zulässigen Möglichkeiten optimal gestalten.

Diese grundsätzlich positive Bewertung der steuerlichen Beratungstätigkeit als Beitrag zu einer rationellen Besteuerungspraxis orientiert sich jedoch vor allem an den Zielen und Interessen des Mandanten und den vom Steuergesetzgeber hierzu angelegten steuerlichen Gestaltungsmöglichkeiten. Der Leistungsbeitrag des Steuerberaters zur Besteuerungspraxis kann nicht daran bemessen und danach bewertet werden, ob und inwieweit seine Beratungshilfe den fiskalischen oder außerfiskalischen Zielen der Steuerpolitik dient. Bei der Beurteilung dieser Frage muß erfahrungsgemäß mit der Möglichkeit gerechnet werden, daß der Steuergesetzgeber die von ihm gewollten Besteuerungsziele durch die von ihm getroffenen Maßnahmen – aus welchen Gründen auch immer – unzweckmäßig oder unzulänglich ausgestaltet oder durch andere staatliche Maßnahmen der Politik, nicht selten sogar der Steuerpolitik, konterkariert. Häufig ergeben sich auch „Mitnahmeeffekte“ für wirtschaftliche Verhaltensweisen, die auch ohne steuerliche Hilfen durchgeführt worden wären.

Ein in diesem Sinne mangelnder oder gar fehlender Erfolg der staatlichen Steuerpolitik, kann also nicht als Erfolglosigkeit oder Leistungsdefizit des Steuerberaterberufs interpretiert werden. Eher ist dies schon als Signal dafür zu werten, daß sich die Besteuerung für die Realisierung wirtschaftslenkender Ziele im allgemeinen wenig eignet. Auch dies könnte ein Ansatzpunkt und Impuls dafür sein, in der Steuervereinfachung nicht nur durch Bereinigung von Gesetzesformulierungen, sondern durch eine materielle Neuorientierung der Steuerpolitik voranzukommen.

IV. Rationalisierung des Besteuerungsverfahrens durch den Einsatz moderner Informations- und Kommunikationstechnik im Steuerberaterberuf

Eine hohe Leistungsfähigkeit bei der Ausübung der Steuerberatungsaufgaben und eine schnelle Anpassung an neue Anforderungen des Steuerrechts und der Mandantenwünsche ist dem Steuerberaterberuf in Deutschland nicht nur aufgrund seiner hohen fachlichen Qualifikation möglich, sondern auch weil er frühzeitig und offensiv moderne Informations- und Kommunikationstechnik zur Unterstützung seiner Berufsarbeit eingesetzt hat.

Hierzu hat vor allem DATEV, die Datenverarbeitungsorganisation des steuerberatenden Berufes in der Bundesrepublik Deutschland, einen entscheidenden Beitrag geleistet. Als Gründung von Berufsangehörigen und berufsständische Genossenschaft wird das Dienstleistungsangebot der DATEV seit 1966 bis heute vor allem nach den Erfordernissen des Steuerberaterberufs gestaltet und kann ausschließlich von Angehörigen dieses Berufsstandes genutzt werden. Der steuerberatende Beruf in Deutschland hat sich damit frühzeitig die elektronische Datenverarbeitung zur rationellen Erledigung seiner Berufsarbeit verfügbar gemacht und diese über die damit unterstützten Hilfeleistungen für ihre Mandanten mittelbar auch weiten Bereichen aller Branchen, Größen und Rechtsformen der Wirtschaftsunternehmen in Deutschland zugute gebracht. Die Vorteile des informationstechnologischen Fortschritts werden mit Hilfe der DATEV bis heute konsequent in den Steuerberaterkanzleien umgesetzt und sind ein wesentlicher Erfolgsfaktor für den steuerberatenden Beruf.

Zum Jahresbeginn 1995 sind der DATEV fast 35.000 Angehörige des steuerberatenden Berufes als Genossenschaftsmitglieder angeschlossen. Damit dürften schätzungsweise mehr als 80 % der selbständig tätigen Steuerberater Mitglied in der DATEV sein und ihre EDV-Dienstleistungen für die Berufsarbeit einsetzen.

1. Elektronische Hilfsmittel zur rationellen Hilfeleistung in Steuersachen für den Mandanten

Ein bis heute wesentliches Betätigungsfeld des Steuerberaters, auf dem bereits sehr frühzeitig die EDV als Rationalisierungsmittel eingesetzt wurde, ist die Hilfeleistung zur Erledigung der Finanz- und Lohnbuchführung. Zuverlässig, rationell und kostengünstig hat der Steuerberater diese Aufgaben für seine Mandanten abgewickelt und damit auch die Folgekosten der Besteuerung durch Buchführungspflicht und die Erstellung von Jahresabschlüssen sowie diverse Anmelde-, Steuererklärungs- und sonstige Nachweispflichten aus der laufenden Finanz- und Lohnbuchführung für den Mandanten professionell erledigt. Mittels des DATEV-Systems werden zum Jahresanfang 1995 vom Steuerberaterberuf in Deutschland für rund 2 Mio. Unternehmen die laufenden Finanzbuchführungsarbeiten und für rund 8 Mio. Arbeitnehmer die monatlichen Lohnabrechnungen einschließlich der damit einhergehenden Zahlungen und Anmeldungen für Steuern und Sozialversicherungen erledigt.

Durch den verstärkten Einsatz von Personal Computern kommt es neuerdings auch in Klein- und Mittelbetrieben zu Eigenverarbeitungsmöglichkeiten zur teilweisen oder vollständigen Erledigung des Rechnungswesens durch den Mandanten. Die weitaus überwiegende Zahl vor allem mittelständischer Unternehmen sieht es aber auch weiterhin als effizienter, sicherer und kostengünstiger an, diesen Verwaltungsbereich vollständig oder teilweise zum Steuerberater auszugliedern. Dabei spielt eine nicht unwesentliche Rolle, daß dieser die korrekte Anwendung entsprechend den geltenden Erfordernissen des Handels-, Steuer- und Sozialversicherungsrechts gewährleistet. Gerade im Bereich der Lohnabrechnung, wo es ständig auch unterjährig zu Änderungen der Steuer- und Sozialversicherungsvorschriften kommt, ist dieses Motiv von tragender Bedeutung.

Aber nicht nur bei der Buchführungshilfe entlastet die Informationstechnik den Steuerberater von Routinetätigkeiten und schafft damit Zeit für die eigentliche Beratungstätigkeit. Eine zum Jahreswechsel 1992/93 durchgeführte Fragebogenaktion zur Organisationsstruktur von Steuerberaterpraxen in Südbaden[28] dokumentiert, in welch hohem Maße Software in verschiedenen Bereichen der Beratung heute eingesetzt wird.

Tabelle1: Einsatz von Software in der Steuerberatung[29]

Beratungsbereich	Einzelpraxis	Sozietät	StBG	Durchschnitt
Bilanzierung	88 %	98 %	93 %	93 %
Steuerplanung	60 %	68 %	62 %	63 %
Finanzierung	40 %	62 %	34 %	45 %
Investition	35 %	45 %	28 %	36 %
Kostenrechnung	25 %	32 %	34 %	30 %
Finanzplanung	24 %	36 %	24 %	28 %

Programme zur Steuerberechnung und Abschlußerstellung erleichtern die Steuerdeklarationsberatung. Sie unterstützen bei der korrekten Anwendung der aktuellen Gesetzesvorschriften, erhöhen die Arbeitsproduktivität in der Kanzlei und geben dem Berater und seinem Mandanten mehr Zeit für die individuelle Beratung.

Die gegebenen Verhältnisse des Steuerrechts beinhalten viele Unklarheiten in der Rechtsauslegung, die durch oft ungenaue Arbeit des Steuergesetzgebers, durch die Vielzahl an Rechtsänderungen und die damit verbunden wachsende Anzahl von Finanzgerichtsverfahren bedingt sind. Mit der Unterstützung einer umfassenden Informationsdatenbank zum Steuerrecht kann auf alle relevanten Urteile – und auch auf die Vorschriften der Finanzverwaltung – unmittelbar zugegriffen werden, so daß man in Zweifelsfällen oder Auseinandersetzungen mit der Finanzverwaltung sehr schnell einen Überblick über die aktuelle Rechtsprechung bekommt und mit einer entsprechend gesicherten Rechtsauffassung für seinen Mandanten handeln kann.

Durch diese umfassende und aktuelle Informationsmöglichkeit wird dem Steuerberater eine korrekte Anwendung des Steuerrechts ermöglicht, und damit ein wesentlicher Beitrag zu einer gleichmäßigen Anwendung des Steuerrechts für alle Steuerpflichtigen geleistet. Zugleich dient dieses Instrument zur Herstellung der steuerrechtlichen Waffengleichheit gegenüber der Finanzverwaltung.

Auch bei der steuerlichen und betriebswirtschaftlichen Gestaltungsberatung wird der Berater durch entsprechende Software unterstützt. Es geht bei diesen Programmen z. B. darum, mit Hilfe eines analytischen Instrumentariums die Erfolgs- und Finanzsituation eines Unternehmens genauer beurteilen zu können oder unternehmerische Entscheidungen hinsichtlich ihrer zukünftigen Wirkungen

28 Sommer/Oberle (Praxisorganisation), S. 110–115.
29 Vgl. Sommer/Oberle (Praxisorganisation), S. 113.

auf den unternehmerischen Erfolg, die Steuerbelastung oder die Finanzplanung des Unternehmens transparent zu machen. Die Programme sollen den steuerlichen Berater nicht ersetzen, sondern setzen im Gegenteil zum korrekten Einsatz und zur zutreffenden Interpretation der Ergebnisse sein Fachwissen voraus. Sie führen in der Hand des Beraters dazu, den Mandanten nach Analyse seiner ökonomischen Gesamtsituation nicht nur in Fragen der Besteuerung und der Steuergestaltung, sondern auch bei einer effizienten Betriebsführung wirkungsvoll zu unterstützen.

2. Elektronische Hilfsmittel zum Datenaustausch mit der Finanzverwaltung und Dritten

Die Hinweise zum Einsatz von Informations- und Kommunikationstechnologie bezogen sich in der bisherigen Betrachtung allein auf die Beziehung Steuerberater und Mandant und die Bereitstellung von EDV-Dienstleistungen zur Beratung des Mandanten. Es gibt aber noch eine weitere Ebene, auf der gerade der Steuerberater durch die ihm zur Verfügung stehende Informations- und Kommunikationstechnik neuerdings erheblich zur rationellen Gestaltung der Besteuerungspraxis beiträgt. Es geht hierbei um den elektronischen Austausch von Daten zwischen den Anwendungsprogrammen des Steuerberaters und den EDV-Systemen seiner Mandanten, der Finanzverwaltung, der Banken und der Sozialversicherungsträger.

Seit Mitte der 80er Jahre besteht zunächst für die Umsatzsteuervoranmeldung, später dann auch für die Lohnsteueranmeldung die Möglichkeit, die Steueranmeldungen auf Datenträgern an die Finanzverwaltung zu übermitteln. Rechtliche Grundlage für dieses Verfahren zur Rationalisierung von Steueranmeldungen ist die Steueranmeldungs-Datenträger-Verordnung (StADV).[30] Die technischen Voraussetzungen zur Realisierung dieses elektronischen Datenübermittlungsverfahrens hat für den Steuerberaterberuf die DATEV geschaffen. Diese Möglichkeit wird allerdings erst in jüngster Zeit von den Steuerberatern in stärkerem Umfang genutzt,[31] obwohl die Vorteile dieses Verfahrens für alle Beteiligten auf der Hand liegen, Folgekosten der Besteuerung damit verringert werden und somit ein echter Beitrag zu einer rationellen Erledigung von Besteuerungspflichten geleistet wird.

Für den Steuerberater und seinen Mandanten vereinfacht sich die Abwicklung der Steueranmeldungen erheblich. Die Weiterleitung der Formulare zur Unterschrift fällt ebenso weg, wie die Terminüberwachung und die rechtzeitige Versendung der Formulare an das Finanzamt. Der Datenträger wird fristgerecht erstellt und unter Ausnutzung der zulässigen Abgabefristen an die Finanzverwaltung weitergeleitet. Das Problem von Verspätungszuschlägen entfällt und vermindert damit auch den Arbeitsaufwand in der Finanzverwaltung. Für die Finanzverwaltung erübrigt sich außerdem die erneute Datenerfassung und damit natürlich auch

30 BGBl. I 1980, S. 1617 und BGBl. I 1988, S. 443.

31 Für Schleswig-Holstein liegt die Teilnahmequote Mitte 1994 für die Umsatzsteuer bei 11 % und für die Lohnsteuer bei 15 % der Steueranmeldungen mit allerdings stark steigender Tendenz seit Mitte 1993. Vgl. Godau (Datenaustausch), S. 33.

das Problem von Erfassungsfehlern. Es ist daher ein Gebot volkswirtschaftlicher Vernunft, dieses Verfahren in Zukunft stärker zu nutzen und damit ein kräftiges Rationalisierungspotential im Besteuerungsverfahren auszuschöpfen.

Erhebliche Rationalisierungspotentiale bestehen auch bei der Abwicklung von Einkommensteuererklärungen. Die derzeitige Formulargestaltung mit zusätzlich länderspezifischen Formularen führt zu einem erheblichen Aufwand beim Steuerberater und erschwert den Formulardruck in der Kanzlei. Hinzu kommt das nach der Abgabenordnung bestehende gesetzliche Erfordernis der Abgabe von Steuererklärungen auf amtlichen Steuerformularen mit derzeit noch Grün-Schwarzer-Textgestaltung. Seit 1. 1. 1994 hat der Gesetzgeber durch eine Änderung im § 150 Abs. 6 AO die Möglichkeit zur Datenübermittlung mittels maschinell verwertbarer Datenträger oder durch Datenfernübertragung von Steuererklärungen geschaffen.[32] Nachdem bereits vor 1994 verschiedene Verfahren diskutiert wurden, laufen derzeit für die Übermittlung von Einkommensteuererklärungen erfolgreich die ersten Praxistests mit unterschiedlichen Verfahren.

Erfolgversprechend für den Steuerberater und seinen Mandanten verläuft ein Versuch in Bayern, bei dem die Erklärungsdaten codiert vom Rechenzentrum der DATEV per Datenfernübertragung an die Finanzverwaltung übermittelt werden und dann anhand des mit der schriftlichen Steuererklärung eingereichten Codes vom Finanzbeamten aufgerufen und bearbeitet werden können. Für die Finanzverwaltung besteht wie schon bei dem Verfahren mit den Steueranmeldungen der wesentliche Vorteil im Wegfall der Datenerfassung. Für den Steuerberater und den Mandanten fällt die Verpflichtung zur Einreichung der Steuererklärung auf amtlichem Formular weg. Weitere wesentliche Vorteile für Steuerberater und Mandant ergeben sich in dem bereits geplanten zweiten Schritt dieses Verfahrens, der die elektronische Rückübertragung der Bescheiddaten an das Rechenzentrum des Steuerberaters vorsieht. Dadurch wäre dann in der Kanzlei ein elektronischer Bescheidabgleich ohne erneute Erfassung möglich, der automatisch auf Abweichungen von den eingereichten Erklärungsdaten hinweist. Ebenso könnten ein automatisches Fristenkontrollbuch und weitere EDV-Anwendungen für Besteuerungszwecke, z. B. zur Anwendung bei späterer Betriebsprüfung, erstellt werden.

Die Abwicklung einer Einkommensteuererklärung und -veranlagung wird durch den elektronischen Datenaustausch einfacher und rationeller und die Folgekosten der Besteuerung werden sich in diesem Bereich erheblich verringern. Auch hier besteht also ein gesamtwirtschaftliches Interesse, daß das Verfahren möglichst schnell aus dem Teststadium zur Anwendung kommt und vom Steuerberater und Mandanten angenommen, aber auch von der Finanzverwaltung durch Ausbau der dazu erforderlichen technischen Infrastruktur gefördert wird.

Bei dem künftig vorgesehenen und hier in den ersten Ansätzen skizzierten Verfahren zur elektronischen Erledigung von Steuererklärungen sind die Erfordernis-

---

32 Nachdem § 150 Abs. 6 AO bisher die elektronischen Datenübermittlung nur für Steueranmeldungen vorgesehen hatte, ist dies seit 1. 1. 1994 nun generell für Steuererklärungen möglich.

se des Steuergeheimnisses, des Datenschutzes und der Sicherheit der Datenübertragung voll gewahrt. Desgleichen werden alle Rechte und Belange des Steuerpflichtigen und des Steuerberaters, die das Gesetz für jedes Verfahren vorsieht, in vollem Umfang erhalten.

Dazu sind alle nötigen technischen, organisatorischen und rechtlichen Vorkehrungen getroffen. So erfolgt beispielsweise die Datenübertragung in verschlüsselter Form. Und ein Zugriff des Finanzamtes auf die Steuererklärungsdaten ist erst dann möglich, wenn der Steuerpflichtige oder sein Berater den dafür nötigen Code nach eigener Entscheidung mit Einreichung der Steuererklärung ausdrücklich freigibt. Das moderne Verfahren der Datenübermittlung durch maschinell verwertbare Datenträger oder mittels Datenfernübertragung entspricht auch voll den gesetzlichen Vorschriften, die in der Abgabenordnung, den einzelnen Steuergesetzen und ergänzenden Verordnungen für das Besteuerungsverfahren gelten. Den „gläsernen Steuerbürger“ wird es durch dieses elektronische Verfahren zur Rationalisierung des Besteuerungsvorgangs also nicht geben.

Selbstverständlich sind noch weitergehende elektronische Verfahrensweisen zur Abwicklung der Besteuerung vorstellbar und technisch grundsätzlich bereits jetzt möglich, als sie derzeit vorgesehen sind. So könnte man sich vorstellen, daß in einem weiteren Schritt gänzlich auf die Verwendung von Papierdokumenten zur Erklärung, Veranlagung und Bezahlung von Steuern verzichtet und statt dessen eine ausschließlich elektronische Vorgangsbearbeitung und Datenübermittlung vorgenommen wird. Die „Unterschrift“ des Steuerpflichtigen würde dann z. B. über eine Chipkarte an seinem PC oder am PC des Steuerberaters elektronisch der zu übertragenden „Steuererklärung“ beigefügt. Die Schilderung dieses technisch bereits möglichen Verfahrens macht jedoch deutlich, daß es sich hierbei aufgrund der gegenwärtigen Mentalität aller Beteiligten, der bestehenden Rechtslage und der üblicherweise noch vorhandenen Geräteausstattung bei den Steuerpflichtigen, den Steuerberatern und bei den Finanzämtern auf absehbare Zeit noch um eine Zukunftsvision handeln wird.

Es ist jedoch keine utopische, sondern eine durchaus reale Vision, die als Leitbild des Fortschritts zur weiteren Rationalisierung des Besteuerungsvorgangs dienen und allen Beteiligten Vorteile bringen kann.

Auch die elektronische Datenübermittlung zwischen Steuerberater und seinem Mandanten sowie zu Sozialversicherungsträgern und Banken ist ein neues und ebenfalls wichtiges Feld, das die Abwicklung der Beratungsaufgaben des Steuerberaters für seinen Mandanten effizienter gestalten kann, wenngleich es nicht primär mit der Besteuerung in Zusammenhang steht.

Bereits heute werden Beitragsnachweise für die Einzugsstellen der Sozialversicherungskassen elektronisch übermittelt, was zu erheblichen Vereinfachungen bei der Lohnabrechnung führt. Andererseits werden seit kurzem die jeweils geltenden Beitragssätze der Allgemeinen Ortskrankenkassen, der Ersatz- und Innungskrankenkassen per Datenfernübertragung bereit gestellt und automatisch in die Lohnabrechnung übernommen. Der in Planung befindliche elektronische Datenaustausch des Steuerberaterrechenzentrums mit Banken kann vielfältig genutzt werden. So wäre die Übermittlung von Daten aus Zahlungsvorgängen des Mandanten und deren weitgehend automatische Eingabe in die Buchführung dieses Mandanten denkbar. Der technische Fortschritt in der Informations- und Kommunikationstechnik wird für weitere Rationalisierungsmöglichkeiten sorgen, die den Steuerberater und seinen Mandanten von Routinearbeiten entlasten.

D. Schlußbemerkung

Die Unternehmensbesteuerung ist ein wichtiger Faktor für die Attraktivität und Wettbewerbsfähigkeit des Wirtschaftstandorts Deutschland. Dabei wird allerdings meist nur an die unmittelbare Steuerzahllast gedacht und weniger an die mit der Besteuerung mittelbar verbundenen Folgekosten der Steuerermittlung und der Steuererhebung, mit der der Staat die Steuerbürger in steigendem Maße zusätzlich belastet (Bürokratieüberwälzung). Neuere Ergebnisse empirischer Untersuchungen haben ergeben, daß diese Folgekosten der Besteuerung bei den Unternehmen, in den Privathaushalten und in der Finanzverwaltung eine erhebliche volkswirtschaftliche Zusatzbelastung darstellen. Allein bei den Unternehmen dürften laufende Folgekosten der Besteuerung entstehen, die im Durchschnitt etwa 20 % der eigentlichen Steuerzahlungen entsprechen. Zu diesen Folgekosten gehören auch die Kosten der Steuerberatung für die Unternehmen, deren Anteil im Laufe der Jahre relativ zugenommen hat.

Die hohen Folgekosten der Steuererhebung und insbesondere die gestiegenen Kosten der Steuerberatung für die Unternehmen sind vor allem als Auswirkung einer Steuergesetzgebung in Deutschland zu sehen, die sich durch steigende Regelungsdichte, Komplexität und Systemlosigkeit auszeichnet. Steuerentlastung und Steuervereinfachung werden von allen Seiten dringend gefordert.

Betrachtet man die Aufgaben, die dem Steuerberater von seiten des Mandanten, aber auch in seiner Funktion als unabhängiges Organ der Steuerrechtspflege gestellt sind, und wie er diese löst, wird sein privatwirtschaftlicher und öffentlicher Beitrag zur rationellen Gestaltung in der Besteuerungspraxis deutlich. Der Steuerberater hilft, die Steuerbelastung seiner Mandanten im Rahmen der gesetzlichen Möglichkeiten optimal zu gestalten. Es gehört auch zu seiner Aufgabe, den Steuerbürger bei der Erledigung der sonstigen steuerlichen Pflichten durch rationelle Hilfeleistung zu entlasten und die im Steuerrecht angelegten steuerlichen Vorteile und Rechte bestmöglich zu erschließen. Eine besondere Bedeutung hat in diesem Zusammenhang auch die Nutzung moderner Informations- und Kommunikationstechnik durch den Steuerberaterberuf erlangt, die seine Arbeit unterstützt und zu einer rationellen Gestaltung der Besteuerungspraxis beiträgt.

In einem Land mit hoher effektiver Steuerbelastung und mit einem komplexen, sich ständig ändernden Steuerrecht ist die Leistung des Steuerberaterberufs zur Verminderung der Steuerbelastung, zur Erschließung der im Steuerrecht enthaltenen Vorteile und Rechte und zur Begrenzung der Folgekosten der Besteuerung von zunehmender Bedeutung. Eine hochqualifizierte und zuverlässige Steuerberatung ist insoweit ein wichtiges Instrument zur Bewältigung der Besteuerungspflichten und zur Verminderung der Steuerbelastung der Unternehmen. Der Steuerberaterberuf in Deutschland hat im internationalen Vergleich eine anerkannt hohe Qualifikation und Leistungsfähigkeit. Durch seine Beiträge zur rationellen Gestaltung der Besteuerungspraxis stärkt er die Wettbewerbsfähigkeit der Unternehmen und erweist sich damit als positiver Faktor für den Wirtschaftsstandort Deutschland.

Seine Aufgaben kann der Steuerberater aber nur dann optimal erfüllen, wenn der Gesetzgeber für eine verläßliche und stabile Rechtsgrundlage sorgt und den steuerlichen Berater nicht ständig damit beschäftigt, sich auf immer neue, komplexere und undurchsichtigere Steuergesetze und Verwaltungsvorschriften einzustellen. Eine Steuervereinfachung ist daher – auch vor dem Hintergrund der Folgekosten der Besteuerung – mindestens ebenso wichtig für den Wirtschaftsstandort Deutschland, wie eine weitere Senkung der Unternehmenssteuern. Während eine Steuersenkung zwar die Unternehmen entlastet, den Staatshaushalt aber schwächt, entlastet eine Steuervereinfachung nicht nur die Unternehmen sondern auch die Finanzverwaltung und damit den Haushalt des Staates.

Literaturverzeichnis

Deutsche Bank Research (Mittelstand): Perspektiven des Mittelstandes – Chancen und Risiken bis zum Jahr 2004, Frankfurt 1994.

Deutscher Steuerberaterverband (Steuerchaos): Steuerchaos – und kein Ende? – Steuervereinfachung in Sicht? Eine erste Bilanz, in: Die Steuerberatung 1994, S. 295/296.

Deutscher Steuerberaterverband (Praxenvergleich): Praxenvergleich 1993 im DStV, Bonn 1994.

Egge, Hinnerk (Steuerverwaltung): Lage der Steuerverwaltung und Folgerungen, in: Steuern und Wirtschaft 1994, S. 272–277.

Godau, Jürgen (Datenaustausch): Die Finanzverwaltung als Partner beim Datenaustausch – Erreichtes und Erreichbares, in: DSWR Sonderheft 1994, S. 33–38.

Heigl, Anton; Uecker, Peter (Standortsicherungsgesetz): Standortsicherungsgesetz = Sicherung des Standorts?, in: Federmann, R. (Hrsg.), Betriebswirtschaftslehre, Unternehmenspolitik und Unternehmensbesteuerung, Festschrift für Gerhard Mann zum 65. Geburtstag, Berlin 1993, S. 335–356.

Rose, Gerd (Steuerberater): Einführung in den Beruf des Steuerberaters, Köln 1989.

Rechnungshof der Freien und Hansestadt Hamburg (Steuerverwaltung): Bericht über die Lage der Steuerverwaltung (Veranlagung und Betriebsprüfung) vom 21. 1. 1994.

Sachverständigenrat zur Begutachtung der gesamtwirtschaftlichen Entwicklung (Jahresgutachten 1994/95): Den Aufschwung sichern – Arbeitsplätze schaffen, Bonn 1994, Bundestags-Drucksache 13/26.

Sommer, Ulrich; Oberle, Christoph (Praxisorganisation): Optimale Praxisorganisation als Voraussetzung für eine mandantenorientierte Kanzleiführung, in: Deutsches Steuerrecht 1994, S. 110–115.

Statistisches Bundesamt (Jahrbuch): Statistisches Jahrbuch für die Bundesrepublik Deutschland, Wiesbaden, div. Jahrgänge.

Statistisches Bundesamt (Umsatzsteuer 1988): Fachserie 14, Reihe 8, Umsatzsteuer 1988, Wiesbaden 1990.

Täuber, Gudrun (Folgekosten): Folgekosten der Besteuerung – Eine theoretische und empirische Analyse, Spardorf 1984.

Tiebel, Christoph (Folgekosten): Überwälzte Kosten der Gesetze – Eine empirische Analyse der Folgekosten für den Markt, Göttingen 1986.

Tipke, Klaus; Lang, Joachim (Steuerrecht): Steuerrecht, 14. Aufl., Köln 1994.

Weber-Fas, Rudolf (Steuerrecht): Allgemeines Steuerrecht, Tübingen 1979.

Ziegler, Manfred (Nebenkosten): Die Nebenkosten der Besteuerung unter Allokations- und Verteilungsaspekten – Eine empirische Pilotstudie, die im Großraum Mannheim durchgeführt wurde, Mannheim 1992.

TEIL III

Prüfung und Standort – Beeinflussung und Abhängigkeiten

Einleitung der Herausgeber

Bei den Hochschullehrern des Faches Prüfungswesen stellt man sehr häufig eine Spezialisierung auf die gesetzlich vorgeschriebene Jahresabschlußprüfung fest. Heigl dagegen hat sich sowohl mit dem internen als auch mit dem externen Prüfungswesen sehr intensiv auseinandergesetzt. Die Interne Revision wurde von ihm in „Controlling – Interne Revision" hinsichtlich Aufgabenstellung, Ausgestaltung und Entwicklungstendenzen behandelt. Dabei – wie auch in den Aufsätzen zur Internen Revision – besteht ein Anliegen von Heigl darin, die Zusammenhänge zwischen der Internen Revision und den anderen Prüfungseinrichtungen zu beleuchten.

Hofmann widmet sich diesen Aspekten in seinem Aufsatz aus der Sicht der Überwachungsorgane und -institutionen im Unternehmen. Das besondere Augenmerk lenkt er dabei auf das Top-Management, da er hier Kontroll- und Prüfungsdefizite sieht, wobei aber gleichzeitig ein besonderes Risikopotential vorhanden sein kann. Hofmann vermittelt dazu einen Ausblick auf mögliche Änderungen in den Revisionsschwerpunkten, um dieser Problematik gerecht zu werden.

Langer zeigt die Möglichkeiten und Probleme der Zusammenarbeit zwischen dem Konzernabschlußprüfer und den Einzelabschlußprüfern bei ausländischen Tochtergesellschaften auf. Einen breiten Raum nehmen dabei die Anforderungen ein, die an diese Zusammenarbeit zu stellen sind, und die sich auf die zu erfüllenden Voraussetzungen beim Einzelabschlußprüfer beziehen.

Mit der Frage der Zusammenarbeit beschäftigt sich auch *Reinecke* in seinen Ausführungen. Hier geht es aber um die Vernetzung von zentraler und dezentraler Revision im Unternehmen. Am Beispiel des Volkswagen-Konzerns wird aufgezeigt, wie durch die Kombination zentraler und dezentraler Revisionsfunktionen kritische Entwicklungen im Konzern rechtzeitig erkannt und gemeldet werden können. Die angesprochenen Instrumente bestehen in der Risikoanalyse, im betrieblichen Kontrollsystem und im Self-Auditing.

Polster geht in seinem Beitrag auf ausgewählte Fragenkomplexe zur Rechnungslegung und Prüfung der Kreditinstitute unter veränderten gesetzlichen Rahmenbedingungen ein. Er diskutiert dabei insbesondere die Frage, ob der durch die Änderungen der gesetzlichen Rahmenbedingungen veranlaßte Mehraufwand im Verhältnis zum dadurch gewonnenen Informations-Wertzuwachs gerechtfertigt ist. Seine Antwort ist aus der Sicht der Praxis eher enttäuschend, was den Informationswert und die Kontrolleffizienz der neuen Regelung betrifft.

Lutz widmet sich der Bankenaufsicht vor dem Hintergrund der Schweizer Bankverhältnisse. Die Ziele der Bankenaufsicht werden herausgearbeitet und sehr deutlich die Maßnahmen aufgezeigt, die zu einer Angleichung des Bankenrechts an internationale Aufsichtsbedürfnisse führen. Lutz sieht Kontrolldefizite im Bankenbereich und schlägt Maßnahmen institutioneller Art vor, die insbesondere eine effiziente Kontrolle weltweit tätiger Kreditinstitute gewährleisten sollen und

Maßnahmen instrumentaler Art, die sich auf das Eigenkapital und die Rechnungslegungsvorschriften beziehen.

In dem Aufsatz „Zielvorgaben und Aufgabenstellung der aktienrechtlichen Prüfung" von 1970 geht Heigl der Frage nach, welche Interessen der Abschlußprüfer zu verfolgen hat. Danach verschiebt sich die Interessenlage vom Aktionär auf den Gläubiger bei wirtschaftlicher Gefährdung des Unternehmens. Dieser Aspekt ist in der abgestuften Berichtspflicht des Abschlußprüfers nach HGB auch gesetzlich normiert worden. Die Veröffentlichung von Heigl ist als Basis für das Verständnis der Abschlußprüfung zu verstehen.

Sarx nimmt in seinem Beitrag eine Standortbestimmung der gesetzlichen Abschlußprüfung in Deutschland vor und zeigt die Tendenzen zur Konzentration und Internationalisierung auf, die den Berufsstand heute prägen. Weitere Aspekte der Berufsausübung wie Prüferwechsel und Quality-Control werden diskutiert. Es entsteht dadurch ein sehr geschlossenes Bild von Fragestellungen, die den Wirtschaftsprüfer heute bewegen.

Schmid widmet sich dem Thema der Qualitätssicherung des Berufsstandes der Wirtschaftsprüfer und zeigt Ansätze auf, wie diese Qualitätssicherung durch prüfungsinstitutionsinterne wie -externe Maßnahmen verbessert werden kann und entwickelt auch vor dem Hintergrund der Erfahrungen aus anderen Ländern einen Lösungsansatz für Deutschland.

Sußbauer/Keller greifen das erst in den letzten Jahren aktuell gewordene Umwelt-Audit auf. Dabei wird der Frage nachgegangen, ob es sich um eine Aufgabe für den Abschlußprüfer handelt und wie eine Prüfung durchzuführen wäre. Damit wird eine Auslegung und Ausgestaltung der europäischen Rahmenrichtlinie vorgenommen, die bislang in Deutschland noch nicht konkretisiert wurde, an deren Ausgestaltung aber verschiedene Institutionen und Organisationen arbeiten.

Unternehmerische Überwachung in Deutschland – Derzeitiger Stand und Entwicklungstendenzen ins nächste Jahrtausend –

Honorarprofessor Dr. Rolf Hofmann, Bochum

A. Aufgabenstellung

Gegenstand der Ausführungen ist die unternehmerische Überwachung in Deutschland. Im Zentrum der Überlegungen stehen Industrieunternehmen in der Rechtsform von Kapitalgesellschaften.

Überwachung ist ein komplexes Aufgabengebiet mit externen Prüforganen und einem unternehmensinternen Überwachungsinstrumentarium. Mit Hilfe des internen Kontrollsystems und der Innenrevision steuert und überwacht die Geschäftsleitung das Unternehmen.

Überwachungsorgan des Vorstands bzw. der Geschäftsführung ist der Aufsichtsrat. Da dieses Gremium in der Regel keine Geschäftsführerprüfungen durchführt, besteht hinsichtlich der Überwachung des Top-Managements eine Kontroll-Lücke.

Aufgezeigt werden ferner der derzeitige Stand der Internen Revision und die gravierenden Konsequenzen aus Lean Production und Business Process Reengineering auf die Unternehmensüberwachung. Self-Auditing und Outsourcing von Überwachungsaufgaben bieten eine Möglichkeit, Überwachungsfixkosten zu minimieren.

Wichtige Entwicklungstendenzen der unternehmerischen Überwachung in den nächsten zehn Jahren betreffen die Schließung der Kontroll-Lücke bei der Überwachung des Top-Managements von Kapitalgesellschaften, die Objektivierung der Aufgabenstellung von Abschlußprüfer und Innenrevision sowie eine Verlagerung der Revisionsschwerpunkte in Richtung Managementunterstützung, integriertem Computereinsatz und Prozeßorientierung, Aktivierung des Innovationspotentials der Beschäftigten und Vermögenssicherung.

B. Unternehmerische Überwachung

Die unternehmerische Überwachung ist ein interdependentes Tätigkeitsgebiet. Sie besteht, wie in Abbildung 1 schaubildlich dargestellt, aus gesetzlich vorgeschriebenen Prüfungen durch externe Überwachungsorgane. Darüber hinaus verfügen Gesellschaften über ein ihrer Betriebsgröße adäquates internes Kontrollsystem

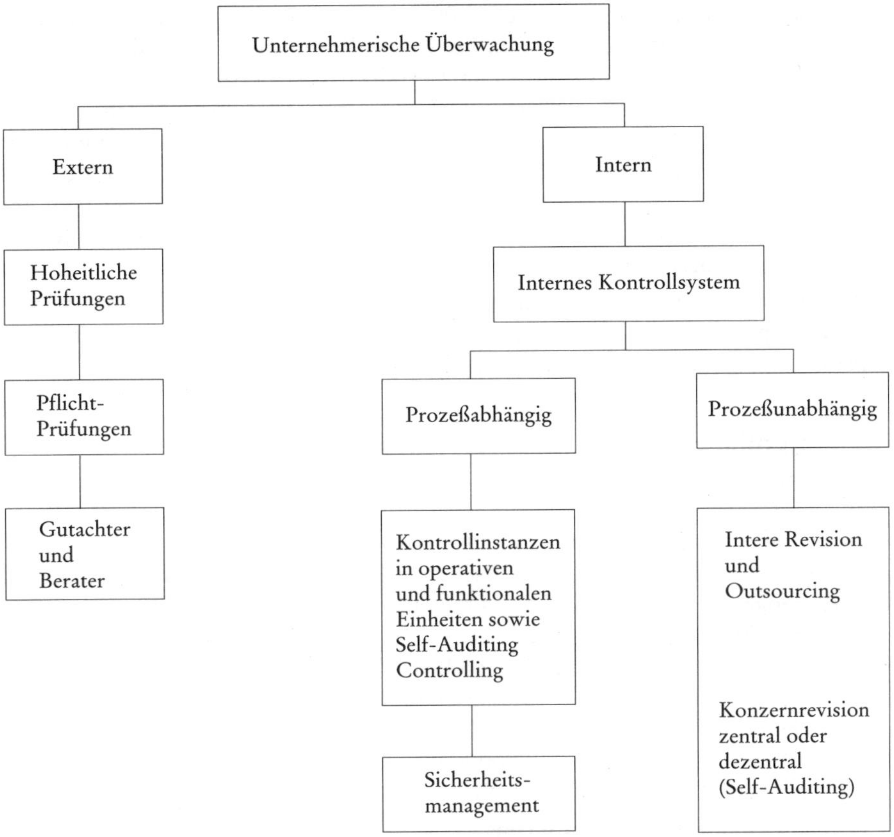

Abbildung 1: Überwachungskonzeption eines Industrieunternehmens

(IKS) mit prozeßintegrierten Kontrollinstanzen und einer prozeßunabhängigen Internen Revision.[1]

I. Externe Überwachungsorgane

Es handelt sich einmal um hoheitliche Prüfungen mit definierten Aufgabenstellungen und zum anderen um Pflichtprüfungen, die den Jahresabschluß und Sonderfälle, wie beispielsweise Gründung und Umwandlung, zum Gegenstand haben.

Für die Lösung von Spezialfragen werden Gutachtern und Beratern fallweise Dienstleistungsaufträge erteilt.

1. Hoheitliche Prüfungen

Hoheitliche Prüfungen umfassen das facettenreiche Gebiet der Steuern und Zölle,

1 Hofmann (Unternehmensüberwachung) S. 28 ff.

für das die Außenprüfungsdienste der Finanzverwaltung in Übereinstimmung mit der Abgabenordnung zuständig sind. Ferner um Prüfinstanzen, die die Beachtung und Einhaltung erlassener Gesetze und Vorschriften sicherstellen, wie Sozialversicherungspflicht, Arbeits-, Umwelt und Datenschutz sowie Kartellrecht.

Der Umfang der Betriebsprüfung wird durch die Betriebsprüfungsordnung mit Betriebsvereinbarung gemäß § 196 AO bestimmt. Nach § 203 AO kann die Finanzbehörde auch abgekürzte Außenprüfungen bei der Lohnsteuer, der Umsatzsteuer und den Kapitalverkehrssteuern durchführen.[2] Die Zollbehörden führen Zollprüfungen durch.[3]

Prüfungen im Sozialversicherungssektor betreffen das Instrument der staatlichen Sozialpolitik, beispielsweise Kranken-, Unfall-, Renten-, Knappschafts-, Arbeitslosen- und Pflegeversicherung, die über Prüfinstanzen verfügen.

2. Pflichtprüfungen

Im Zusammenhang mit der Verordnung vom 19. September 1931 über Aktienrecht, Bankenaufsicht und Steueramnestie wurde die Pflichtprüfung eingeführt. Gleichzeitig entstand der Berufsstand der Wirtschaftsprüfer.[4] Aufgabe der Pflichtprüfung ist es festzustellen, ob Gesellschaften im Bereich der privaten Wirtschaft, wie Aktiengesellschaften, Kommanditgesellschaften auf Aktien, Gesellschaften mit beschränkter Haftung, Bergrechtliche Gewerkschaften, Genossenschaften und Stiftungen, und im Bereich der öffentlichen Wirtschaft, wie Unternehmen in der Rechtsform des privaten Rechts, juristische Personen, Wirtschaftsbetriebe mit eigener Rechtspersönlichkeit, Deutsche Bundesbahn und Bundespost, nach betriebwirtschaftlichen Gesichtspunkten geführt werden und zu bestätigen, daß sie die im öffentlichen Interesse erlassenen Vorschriften beachten.

Mit dem Gesetz zur Durchführung der 4. (Bilanzrichtlinie), 7. (Konzernbilanz) und 8. (Prüfer) EG-Richtlinie vom 15. Dezember 1985 wurde das Gesellschaftsrecht innerhalb der Europäischen Wirtschaftsgemeinschaft harmonisiert. Das Bilanzrecht erhielt mit dem BiRiLiG und einer Kodifizierung im Dritten Buch des HGB 1985 eine neue Basis. Durch Einbeziehung der großen und mittelgroßen GmbH in die Pflicht, den Jahresabschluß durch Abschlußprüfer prüfen zu lassen und offenzulegen, wurde der Kreis der publizitätspflichtigen Unternehmen erheblich ausgeweitet.[5]

---

2 Nach 1946 erfolgte die Weiterentwicklung des Betriebsprüfungsrechts, und zwar 1954 durch die Betriebsprüfungsordnung Steuer als gemeinsamer Ländererlaß und 1965 durch den Erlaß BpO(St), der die Organisation des Betriebsprüfungsdienstes regelt. Seit 1977 bildet die Abgabenordnung die Grundlage des Rechts zur Betriebsprüfung geregelt im Abschnitt „Außenprüfung" mit den §§ 193 ff. AO. Siehe Blumers/Frick/Müller (Betriebsprüfung) S. 1–90.

3 Vgl. Blumers/Frick/Müller (Betriebsprüfung) Abschnitt I. Zollprüfungen, S. 1–64.

4 RGBl. I, Nr. 63, S. 493.

5 Durch das BiRiLiG 1985 wurde der Berufsstand der vereidigten Buchprüfer wieder eröffnet mit einer Prüfungsberechtigung für mittelgroße GmbH gemäß § 267 Abs. 3 HGB.

Relevant für die Prüfung des Jahres- und Konzernabschlusses sind die entsprechenden Paragraphen des HGB und je nach Rechtsform die ergänzenden Bestimmungen des AktG, GmbHG, GenG, Stiftungsgesetz, KWG, VAG und PublG.[6]

Gegenstand der Jahresabschlußprüfung sind Buchführung, Jahresabschluß und Lagebericht.[7] Die Prüfung dient dem Schutz der Aktionäre, Gläubiger und Öffentlichkeit sowie der Abgabe eines fundierten Urteils in Form eines Testats, das die Übereinstimmung der offengelegten Daten und Fakten mit den geltenden Normen und Gesetzen bestätigt.

Für Gründungen, Nachgründungen und Umwandlungen in eine andere Rechtsform sowie bei unzulässiger Bewertung bzw. Unvollständigkeit der Offenlegung schreibt der Gesetzgeber Sonderprüfungen vor.

3. Freiwillige Prüfungen, Gutachten und Beratung

Zur Lösung spezieller Aufgabenstellungen nutzen Unternehmen die Sachkenntnis und Erfahrung externer Gutachter und Berater. Dabei kann es sich um Wirtschaftsprüfer, vereidigte Buchprüfer, Steuer- bzw. Unternehmensberater und sonstige Sachverständige handeln.

Vorzugsweise werden Dienstleistungsanbieter eingeschaltet, wenn es sich um Fragestellungen handelt, die unternehmensintern nicht optimal gelöst werden können oder deren Beantwortung neben größtmöglichr Unabhängigkeit und Objektivität Fachkompetenz und Expertenwissen voraussetzen.

4. Kenntnisnahme externer Prüf- und Beratungsergebnisse durch die Interne Revision

Ein Revisor hat bei Prüfungsdurchführung sein Handeln in eigener Verantwortung zu bestimmen und das Urteil durch eigene Feststellungen zu bilden. Dieser Verpflichtung steht nicht entgegen, Ergebnisse und Expertisen externer Prüf- und Beratungsorgane im Rahmen der Urteilsfindung zu berücksichtigen. Ob und in welchem Ausmaß fremde Feststellungen verwertbar sind, hängt im Einzelfall von ihrer Bedeutung im Hinblick auf das Gesamturteil und von der fachlichen Kompetenz, Qualifikation und Unabhängigkeit des Dritten ab.[8]

Bei den begrenzt verfügbaren Ressourcen und den zeitlichen Restriktionen, denen Prüfungen unterliegen, ist die Kenntnisnahme fremder Ergebnisse aus Wirtschaftlichkeitsüberlegungen und zur Vermeidung unnötiger Doppelarbeit eine Selbstverständlichkeit.

Wichtigster Partner der Innenrevision ist der mit der Pflichtprüfung beauftragte Abschlußprüfer. Beide Prüforgane arbeiten in den Bereichen Finanz- und Rech-

---

6 Eine Darstellung über die rechtlichen Grundlagen der in der Wirtschaft vorgeschriebenen Prüfungen enthält das (WP-Handbuch) S. 117–126.

7 Vgl. IdW (Fachgutachten) 1–3/1988.

8 Für die Interne Revision können mit entsprechenden Modifikationen die Grundsätze ordnungsmäßiger Durchführung von Abschlußprüfungen, wie im FG 1/1988 fixiert, angewendet werden. (Fachgutachten) S. 577.

nungswesen, IKS und Systeme im gleichen Betätigungsfeld. Zu den Fragen einer Zusammenarbeit bezieht sich das FG 1/1988 auf die HFA –Stellungnahme 2/1966, einer gemeinsamen Ausarbeitung durch das Institut der Wirtschaftsprüfer e. V. (IdW) und das Deutsche Institut für Interne Revision e. V. (IIR).[9] Danach soll der Abschlußprüfer die Ergebnisse von Prüfungseinrichtungen des Unternehmens bzw. Konzerns zur Kenntnis nehmen; er kann sie bei der Bemessung des Prüfungsumfangs berücksichtigen. Sie können jedoch eigene Feststellungen nicht ersetzen.[10]

Nach der Erhebung, die das IIR Ende 1990 durchgeführt hat, erfolgt bei Prüfungen mit Bestätigungsvermerk zu 80 % eine Kooperation zwischen der Innenrevision und dem Abschlußprüfer.[11] Sie betrifft u. a. periodische Abstimmungen von Prüfungsschwerpunkten, Austausch von Berichten, Einsicht in Prüfprogramme bzw. Prüfsoftware sowie Koordinieren von Prüfungstechniken und Prüfungsmethoden. In Großunternehmen mit einem funktionsfähigen Überwachungsinstrumentarium und langjähriger Zusammenarbeit besteht in der Regel ein intensiver Gedankenaustausch.

II. Unternehmensspezifisches Überwachungsinstrumentarium

Es besteht aus prozeßintegrierten Kontrollmaßnahmen und prozeßunabhängigen unternehmensinternen Prüfungen.

1. Internes Kontrollsystem

Das IKS ist ein komplexes Gebilde, bestehend aus definierten aufbau- und ablauforganisatorischen Methoden, prozeßintegrierten Maßnahmen und einem prozeßunabhängigen Prüforgan.[12] Umfang und Ausbau werden entscheidend bestimmt durch Industriezweig, Art der wirtschaftlichen Betätigung und Betriebsgröße.

Mit Hilfe des Instrumentariums leitet, koordiniert, steuert und überwacht die Geschäftsleitung die Gesellschaft. Dabei ist zu berücksichtigen, daß auch das IKS, wie jede andere unternehmerische Funktion, dem Wirtschaftlichkeitsprinzip unterliegt.

Unter dem Einfluß der Lean-Konzepte, der Konzentration der Wertschöpfung auf Kernaktivitäten und aus Rationalisierungserwägungen ist davon auszugehen, daß eine Reihe von Unternehmen die Anforderungen an das IKS reduzieren werden.

2. Prozeßintegrierte Kontrollen

Entscheidende Impulse erhält das IKS durch die organisatorische Konzeption und die implementierten Computersysteme. Einfluß auf den Wirkungsgrad haben dar-

9 IdW (Stellungnahme) S. 646 ff.

10 Vgl. Freiling und Lück (Zusammenarbeit) S. 287 ff.; Hofmann (Zusammenarbeit) S. 2249 ff.; Klein (Ergebnisse) S. 470 ff.

11 IIR (Fragebogenerhebung) S. 159 ff.

12 Vgl. Hofmann (Revision) S. 23 ff.

über hinaus die von den funktionalen bzw. operativen Einheiten, von Controlling und Sicherheitsmanagement wahrgenommenen Kontrollaufgaben sowie die Dienstaufsicht der jeweils vorgesetzten Stelle.[13]

a) Self-Auditing der Ausführungsebene

Logische Konsequenz aus schlanken Organisationsstrukturen, Abbau von Hierarchiestufen, Aufhebung der Arbeitsteilung und Funktionstrennung, Einführen autonomer Cost- und Service-Center, die eine verschwendungsfreie, fehlerlose und kundenorientierte Arbeitsabwicklung gewährleisten sollen, sowie Übergang von der Mißtrauens- auf die Vertrauensorganisation, ist die Selbstprüfung, wie in Abbildung 2, Ziff. 1 ff. skizziert.

Ziel von Self-Auditing (es handelt sich um prozeßintegrierte Kontrollen) ist eine Minimierung der Überwachungsfixkosten. Voraussetzung hierfür ist ein den betriebsindividuellen Gegebenheiten angepaßtes IKS. Ferner ausreichende fachliche Qualifikation und Schulung der Mitarbeiter, damit Selbstprüfungen wirkungsvoll durchgeführt werden können.

3. Prozeßunabhängige Überwachung

Prozeßunabhängiges Überwachungsorgan in Unternehmen ist die Interne Revision; in Konzernen die Konzernrevision.

a) Interne Revision

Die Interne Revision ist ein Instrument der Geschäftsführung und integraler Bestandteil des IKS. Im Auftrag der Leitung führt die Revision Prüfungen in sämtlichen Unternehmensbereichen durch; ausgenommen hiervon ist die Leitung als Auftraggeber. Maßgebend für den Effekt des prozeßunabhängigen unternehmensinternen Prüforgans ist das Top-Management, das definierte Aufgaben delegiert und über die Ressourcenzuteilung die Überwachungsintensität determiniert.

b) Konzernrevision

Die Konzernrevision ist ein Überwachungsinstrument des Konzernvorstands.[14] Auf Veranlassung der Konzernleitung können auch ausgewählte Aufgabenstellungen des Führungsgremiums der Beteiligungsgesellschaften (Vorstände bzw. Geschäftsführer) in das Revisionsprogramm integriert werden.

Eine Konzernrevision kann zentral oder dezentral organisiert sein.[15] Vorteilhaft ist eine Zentralisierung bei einer geographisch begrenzten Konzentration der Betriebsstandorte. Für multinational operierende Konzerne ist aus Wirtschaftlichkeitsüberlegungen und aus Gründen der Ressourcenoptimierung die Dezentrali-

13 Vgl. Heigl (Controlling) S. 19 ff.

14 Vgl. Hofmann (Konzernrevision) S. 363 ff.; Zünd (Konzernrevision) Sp. 1048 ff.

15 Wie die Erhebungen des IIR zeigen, erhöhte sich der Anteil der dezentral gegliederten Innenrevisionen von 9 % in 1983 auf 14 % in 1990; die Tendenz ist steigend. Hofmann (Prüfungshandbuch) S. 78–83.

Lfd. Nr.	Self-Auditing	
1.	In Unternehmen	
1.1	Begriff:	Eigenverantwortliche Selbstprüfung durch Mitarbeiter operativer und funktionaler Unternehmenseinheiten.
1.2	Grundlage:	Delegation von Verantwortung. Übergang von der Mißtrauens- auf die Verantwortungsorganisation.
1.3	Voraussetzung:	Funktionsfähiges IKS und einheitliche Rahmenbedingungen.
1.4	Vorteil:	Kampf gegen Verschwendung und ganzheitliche Betrachtungsweise.
1.5	Nachteil:	Keine prozeßunabhängige Prüfung, sondern prozeßintegrierte Kontrolle. Mitarbeitern fehlen Revisionskenntnisse.
2.	In Konzernen	
2.1	Begriff:	Dezentralisierung der Revisionsfunktion und Selbstprüfung der Tochtergesellschaften.
2.2	Grundlage:	Aufbau einer Innenrevision im Beteiligungsbereich.
2.3	Voraussetzung:	Funktionseinheit der Revisionskomponente und fachliche Unterstellung der Innenrevision unter den Leiter der Konzernrevision.
2.4	Vorteil:	Ressourcenoptimierung, Effizienzsteigerung und Minimierung der Überwachungskosten.

Abbildung 2: Self-Auditing, Inhalt und Merkmale

sierung sinnvoll, mit einer Konzernrevision am Sitz der Obergesellschaft bzw. Holding und Innenrevisionen (Revisionsnebenstellen) bei großen Beteiligungen im In- und Ausland.

Wie unter II. 2a ausgeführt und aus Abbildung 2 ersichtlich, ist Self-Auditing eine Variante selbständiger Führungseinheiten im Konnzern. Damit die Überwachung nach konzerneinheitlichen Kriterien erfolgt, sollte die Revisionskomponente eine Funktionseinheit bilden, d. h. die dezentralen Innenrevisionen sollten fachlich dem Leiter der Konzernrevision unterstehen. Dadurch wird eine homogene und beurteilbare Mitarbeiterauswahl, Fachqualifikation, Aufbau- und Ablauforganisation, Revisionsplanung, Prüfungsdurchführung, Prüfqualität, Berichterstattung und Erfolgskontrolle sichergestellt.

Die Koordinierungsfunktion liegt bei der Konzernrevision, deren Prüfungs- und Beratungsschwerpunkte das Gesamtunternehmen betreffen, während die dezentralen Innenrevisionen sich auf Fragestellungen der jeweiligen Beteiligungsgesellschaft konzentrieren.

c) Outsourcing von Überwachungsaufgaben

Outsourcing, abgeleitet aus „Outside Resource Using", bedeutet Minimieren von Fixkosten durch Konzentration der Überwachung auf Kernaktivitäten.[16]

In einer Lean Company ist die Revision ein Service-Center, das seine Ressourcen effizient nutzt für Objekte mit hoher Priorität in den Bereichen Management und Lean Auditing. Dabei sind Synergieeffekte aus der Kooperation bzw. Verlagerung von Kontroll- und Überwachungsaufgaben auf Controlling, Self-Auditing und Outsourcing flexibel und wirtschaftlich zu nutzen. Voraussetzungen, Vor- und Nachteile von Outsourcing sind in Abbildung 3 stichwortartig zusammengefaßt.

Lfd. Nr.	**Outsourcing von Revisionsaufgaben**	
1.	Begriff:	Konzentration der Überwachung in Unternehmen und Konzernen auf Kernaktivitäten durch Auslagerung definierter Aufträge an externe Dienstleistungsanbieter.
1.1	Potentielle Partner:	– Angehörige wirtschaftsprüfender und -beratender Berufe – Unternehmensberater – Spezialisten und Sachverständige
1.2	Voraussetzung:	– Priorität hat Auslastung des unternehmensinternen Prüforgans – Verfügbarkeit des Revisionsanbieters und Gewährleisten der Prüfungsqualität – Einbinden der Internen Revision in die Auslagerungsstrategie
1.3	Vorteil:	– Fehlen einer bzw. Überlastung der unternehmensinternen Revision – Erhöhung der Unabhängigkeit bei der Urteilsbildung und Ergebnisfindung – Minimierung der Überwachungsfixkosten
1.4	Nachteil:	– Offenlegung unternehmensrelevanter Daten an Dritte – Abhängigkeit vom Dienstleistungsanbieter – Möglicherweise unzureichende Unternehmens- und Detailkenntnisse über Prüfobjekte

Abbildung 3: Outsourcing von Revisionsaufgaben, Inhalt und Merkmale

16 Köhler-Frost (Outsourcing) S. 17.

Unter Einsatz der Wertanalyse ist zu prüfen, welche Aufträge aus den Segmenten Daten- und Informationsverarbeitung, Forschung und Entwicklung, Technik, Produktion, Verwaltung usw. auf Dienstleistungsanbieter ausgelagert werden können.

III. Überwachungsintensität in Kapitalgesellschaften

In Deutschland werden die 2,7 Mio Betriebsstätten zu mehr als 80 % als Personengesellschaften geführt. In Unternehmen dieser Rechtsform liegen Leitungsfunktion und Unternehmerrisiko beim Inhaber. Im Gegensatz dazu wird in den rund eine Halbe Millionen Kapitalgesellschaften, vor allem in großen und mittelgroßen gemäß § 267 Abs. 1 bis 3 HGB, die Leitung von Managern wahrgenommen. Vorstände und Geschäftsführer sind Angestellte mit Führungsverantwortung; sie steuern den wirtschaftlichen Ablauf, tragen aber nicht das finanzielle Unternehmerrisiko.

Während bei Identität von Leitung und Eigentum die Gefahr persönlicher Bereicherungen zu Lasten der Firma unbedeutend ist, besteht das Risiko in von Top-Managern geleiteten Gesellschaften.[17] Deshalb ist der Überwachung von Kapitalgesellschaften ein erhöhter Stellenwert beizumessen.[18]

Abbildung 4 vermittelt eine Vorstellung von der Überwachungsintensität in Konzernen.

1. Top-Management

Überwachungsorgan des Top-Managements ist der Konzernaufsichtsrat. Wesentliche Aufgabe des Gremiums sind Bestellung und Abberufung des Vorstands (§ 84 AktG), Prüfung der Rechnungslegung (§ 171 Abs. 1 AktG), Billigung des Jahresabschlusses (§ 171 Abs. 2 AktG) und Überwachung des Vorstands (§ 111 Abs. 1 AktG).

Zum Top-Management von Konzernen gehören ferner Unternehmensbereichsleiter der Obergesellschaft bzw. Holding und die Geschäftsleitungen großer Beteiligungen. Unternehmensbereichsleiter als exponierte Führungskräfte unterliegen hinsichtlich ihrer Aufgabenerfüllung der Dienstaufsicht des zuständigen Konzern-Ressortvorstands. Vorstände und Geschäftsführer des Beteiligungsbereichs werden zusätzlich durch den Aufsichtsrat der jeweiligen Gesellschaft überwacht.

2. Middle-Management einschließlich Ausführungsebene

Zum Middle- oder operativen Management gehören Direktoren unterschiedlicher Abstufungen, Prokuristen, Handlungsbevollmächtigte, Abteilungsleiter und Spe-

---

17 Das signalisieren die wenigen durch die Medien bekanntwerdenden Bereicherungsfälle, in denen Top-Manager involviert sind. Die Dunkelziffer ist extrem hoch und erklärt sich aus der Tatsache, daß Bereicherungen zu Lasten des Unternehmens in der Regel in Grauzonen wirtschaftlichen Agierens liegen und Manipulationen Außenstehenden als legal und autorisiert erscheinen. Hofmann (Unterschlagungsprophylaxe) S. 80ff.

18 Hofmann (Überwachung), S. 1–33.

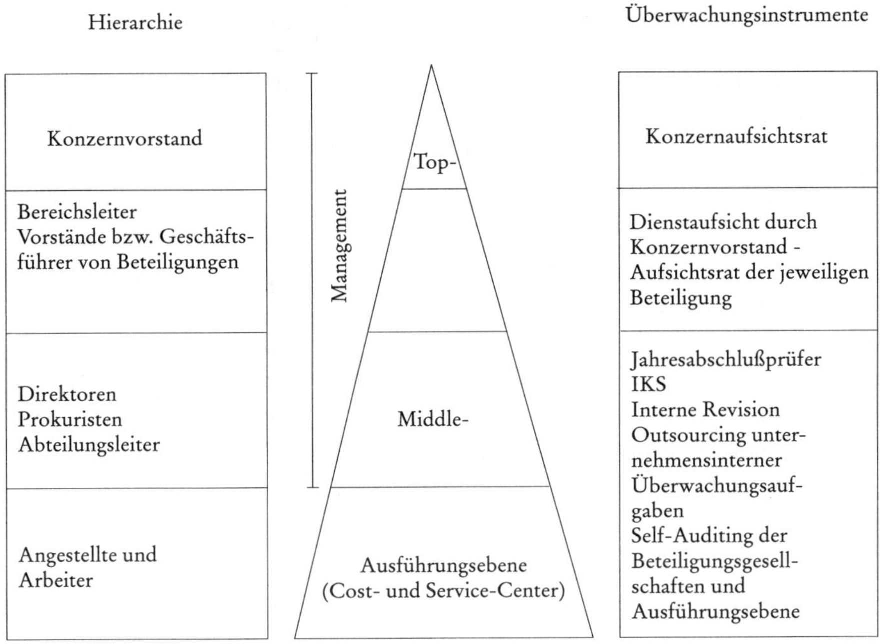

Abbildung 4: Überwachungsintensität der Hierarchiestufen in Kapitalgesellschaften

zialisten. Zur Ausführungsebene zählen Angestellte und Arbeiter, an deren Fachqualifikation, Eigeninitiative und Kreativität im Zuge von Lean Production und Lean Administration hohe Anforderungen gestellt werden.

IKS, Konzernrevision und Outsourcing als Überwachungsinstrumente des Konzernvorstands greifen in der Regel erst vom Middle-Management abwärts. Diesem Tatbestand sollten auch Abschlußprüfer Rechnung tragen. Vorstehende Einschränkungen gelten sinngemäß für Beteiligungsgesellschaften.

3. Kontroll-Lücke beim Top-Management

Aus empirischen Untersuchungen ist bekannt, daß aus zeitlichen und sonstigen Restriktionen der Aufsichtsrat im Rahmen seiner Überwachungspflicht, vor allem in mitbestimmten Gesellschaften, keine Geschäftsführerprüfungen durchführt.[19] In Bezug auf mögliche Manipulationen und persönliche Bereicherungen von Top-Managern zu Lasten der Gesellschaft besteht keine ausreichende Überwachung.

Für den Beteiligungsbereich kommt erschwerend hinzu, daß Konzernvorstände und Führungskräfte der Ebene nach dem Vorstand in Personalunion Aufsichtsratsfunktionen wahrnehmen und sich praktisch selbst überwachen. Das kann zwar

19 Bleicher (Aufsichtsrat) S. 13 ff.

für die Durchsetzung unternehmerischer Dispositionen vorteilhaft sein, ist aber unter Kontroll- und Überwachungsaspekten problematisch.

Jahresabschlußprüfung und Testat erstrecken sich auf Rechnungslegung, Jahresabschluß und Lagebericht. Eine Geschäftsführerprüfung sowie die Aufdeckung und Aufklärung strafrechtlicher Tatbestände ist nicht Aufgabe der Pflichtprüfung.

Die Geschäftsleitung ist nicht Gegenstand des unternehmensinternen Prüforgans. Ergänzend sei bemerkt, daß durch die Prüfung der den Top-Managern unterstellten organisatorischen Einheiten indirekt eine Überwachung der Ordnungsmäßigkeit, Funktionssicherheit und Wirtschaftlichkeit dieser Aufgabengebiete erfolgt, allerdings unter anderen Prämissen.

C. Interne Revision

Obwohl die Anfänge der Revision weit zurückreichen, gewann das betriebliche Überwachungsbedürfnis durch die im vorigen Jahrhundert einsetzende industrielle Revolution, die Gründung von Kapitalgesellschaften und den Verfall von Treu und Glauben an Bedeutung.

I. Prüfungsaspekte im Zeitablauf

Eine geraffte Darstellung der Revisionsentwicklung enthält Abbildung 5.

1. Zeitspanne von 1900 bis 1950

Bis Mitte dieses Jahrhunderts befaßte sich die Innenrevision verzugsweise mit der Aufklärung von Buchhaltungsfehlern und Unregelmäßigkeiten. Beurteilungskriterien bildeten die Grundsätze ordnungsmäßiger Buchführung und Bilanzierung. Impulse kamen aus der im Jahre 1931 vom Gesetzgeber vorgeschriebenen Pflichtprüfung, wie unter Abschnitt B. I. 2 ausgeführt.

2. Zeitspanne von 1951 bis 1990

Während dieser Periode verschoben sich die Revisionsinhalte durch Intensivierung des Welthandels, Unternehmenskonzentration, Mechanisierung, Automatisierung, Computerisierung und Entwicklung der Prüfungslehre vom Financial über das Operational zum Management Auditing. Zentrale Bedeutung hat das IKS und die im Zusammenhang mit dem integrierten Einsatz der elektronischen Datenverarbeitung implementierten Systeme.

3. Entwicklung ab 1991

Mit Beginn der 90er Jahre verlagerten sich die Revisionsinhalte in Richtung Management und Lean Auditing. Gründe hierfür sind die Globalisierung der Märkte, der Zusammenbruch des Ostblocks, die Industrialisierung in den Schwellenländern und die zahlreiche Industriezweige erfassende Strukturkrise als Folge steigender Fixkostenbelastungen und versäumter Anpassung an veränderte wirtschaftliche Rahmenbedingungen.

Zeit	Inhalt	Vorgehen	IKS
1900 bis 1950	Buchhaltungsfehler Unregelmäßigkeiten (einschl. GoB)	überwiegend Vollprüfung	unbekannt
1951 bis 1990	Financial, Operational und Management Auditing Beratung	überwiegend Zufallsstichproben computergestützte Prüfungen Systemprüfung (ex-post) Systemberatung (ex-ante)	ausgeprägt
ab 1990	Management und Lean Auditing Management-beratung Self-Auditing Outsourcing Vermögensschutz	vorwiegend Math.-stat. Stich-proben EDV-gestützte Prüfungen und Expertensysteme prozeßorientiert	dominierend in Übereinstimmung mit Lean Organisation Lean Administration und Lean Production unter Berücksichtigung von Business Process Reengineering

Abbildung 5: Revision im Zeitlabauf

Managementberatung dominiert. Routinevorgänge werden durch Self-Auditing abgedeckt. Gezieltes Outsourcing von Überwachungsaufgaben minimiert die Prüfungsfixkosten. Übergang von der Mißtrauens- auf die Vertrauensorganisation und zunehmende Wirtschafts- und Unternehmenskriminalität erhöhen die Bedeutung des Vermögensschutzes.

Hohen Stellenwert hat ein dem prozeßintegrierten Denken adäquates IKS. Wesentliche Impulse kommen aus Lean Organisation, Lean Administration, Lean Production und Business Process Reengineering.

II. Stand der Innenrevision in der Praxis

Gegenstand dieses Abschnitts sind die Quantifizierung der Revisionsfunktion und die Abteilungsgrößen der Innenrevision in der Wirtschaft. Ferner Ausführungen über Organisation und Prüfungsabwicklung der Revision sowie Fachqualfikation und Image des Berufsstandes.

1. Revisionsfunktionen in der Wirtschaft

Statistisch gesicherte Informationen über die Anzahl der Innenrevisionen in Deutschland liegen nicht vor. In Anlehnung an die vom IIR ermittelten Kennzahlen „Prüfer je tausend Beschäftigte" von durchschnittlich 0,8 mit einer Variationsbreite in Abhängigkeit vom Industriezweig (7,8 in Kreditinstituten bis 0,3 im Verbrauchsgütersektor) und unter Berücksichtigung der Daten des Statistischen Jahrbuches für die Bundesrepublik Deutschland über Betriebsgrößenklassen, könnte es in Großunternehmen mit mehr als 250 Beschäftigten etwa 30.000 Revisionsfunktionen bzw. Revisionsabteilungen geben.[20]

2. Abteilungsgröße

Neben den branchenspezifischen Überwachungsbedürfnissen wird die Revisionskomponente bestimmt durch die Unternehmensgröße, gemessen an der Anzahl der Beschäftigten und am Umsatz. Aufschluß über die Relationen in der Wirtschaft vermitteln die Erhebungen des IIR. Danach verfügen etwa ein Drittel der Innenrevisionen neben dem Leiter über bis zu zwei Revisoren. Ein weiteres Drittel der Stabsabteilungen setzen zwischen drei bis fünf Revisoren ein. Interne Revisionen, die über personelle Ressourcen in der Größenordnung von 20 bis über 50 Revisoren verfügen, weniger als zehn Prozent des Erhebungsumfangs, sind charakteristisch für multinational operierende Konzerne in den Bereichen Industrie, Banken und Versicherungen.

3. Prozeßunabhängigkeit

Essentielle Voraussetzung einer Internen Revision ist die Prozeßunabhängigkeit von den zu prüfenden Stellen im Unternehmen.[21] Beurteilungskriterien hierfür sind:

- Unterstellung
- Fachkompetenz
- Ressourcen
- Aufgabenerfüllung

Im Falle der Übereinstimmung von Leitung und Eigentum ist die Revision unmittelbar dem Geschäftsherrn unterstellt. In Kapitalgesellschaften untersteht sie disziplinarisch und fachlich dem Vorstand bzw. der Geschäftsführung. Dabei zeichnet sich die Tendenz ab, die Revision dem Vorsitzenden des Gremiums zuzuordnen. Ein Indiz für die Bedeutung, die einer Abteilung im Rahmen der Organiation beigemessen wird, ist die Rangstellung des Abteilungsleiters. Nach der IIR-Erhebung 1990 erfolgt die Einstufung des Revisionsleiters zu 73 % in der ersten und zu 19 % in der zweiten Ebene unterhalb der Geschäftsleitung. In Großunternehmen führt der Revisionsleiter den Titel eines Direktors bzw. Abteilungsdirektors.

Die delegierten Überwachungsaufgaben umfassen die gesamte Unternehmung.

20 Hofmann (Unternehmensüberwachung) S. 88 ff.

21 Unabhängigkeit ist, wie in den (Standards) des IIA formuliert („Internal Auditors should be independent of the activities they audit") keine absolute, sondern eine relative Forderung.

Sie sind in einer Dienstanweisung fixiert. Als Stabsabteilung ohne Exekutivbefugnisse verfügt die Interne Revision im Rahmen ihrer Aufgabenstellung über ein uneingeschränktes aktives und passives Informationsrecht. Auftraggeber ist grundsätzlich die Unternehmens- bzw. Konzernleitung.

Wirkungsvolle Aufgabenerfüllung erfordert den Einsatz angemessener personeller und finanzieller Ressourcen. Entscheidend für die Dimensionierung im Einzelfall sind Unternehmensgröße, Überwachungsumfang und Überwachungsintensität. Wesentliche Phasen von Prüfungen und Beratungen sind: Planung, Auftragsdurchführung, Berichterstattung und Erfolgskontrolle.

4. Fachqualifikation und Image des Berufsstandes

Effiziente Berufsausübung bedingt qualifizierte Fachausbildung in Verbindung mit einem erfolgreichen Hochschul- bzw. Fachhochschulabschluß. Nach der IIR-Erhebung 1990 erfüllen 60 % der Revisions- und Prüfungsbereichsleiter sowie 50 % der Revisoren diesen Anspruch. Darüber hinaus ist zur Aufrechterhaltung des Leistungsstandards permanente Fort- und Weiterbildung unabdingbar.

Weitere Voraussetzung ist, wie bei Abschlußprüfern und Steuerberatern, ein Berufsexamen, gekoppelt mit verbindlichen Berufsgrundsätzen. Während die Revisionsinstitute in den USA und Kanada, im United Kingdom, in der Schweiz, in den Niederlanden und Belgien, in Skandinavien sowie in Israel Berufsexamen mit einem Diplom für interne Revisoren durchführen und Berufsgrundsätze vorschreiben, ist dies in Deutschland derzeit nicht der Fall.[22]

Ohne Zweifel steht das Image eines Berufsstandes in einem interdependenten Zusammenhang mit einer homogenen Fachqualifikation und einem anspruchsvollen Berufsexamen. Beides erhöht die Transparenz und ermöglicht eine objektive Beurteilung.

In dem Vierteljahrhundert seines Bestehens hat das IIR durch Veröffentlichungen, Seminare, Fachtagungen und Kongresse Impulse zum Status der Internen Revision gesetzt. Trotz dieser Bemühungen werden Professionalisierung und Image des Berufsstandes in Wirtschaft und Öffentlichkeit heterogen beurteilt. An einer Reihe von Universitäten und Fachhochschulen besteht zwar die Möglichkeit, das Prüfungswesen als Wahlfach im Rahmen der Betriebswirtschaftslehre zu belegen.[23] Examenskandidaten des Wahlfachs „Revision und Treuhandwesen" äußern selten als Berufsziel die Laufbahn des internen Revisors. Die Mehrzahl der Berufswünsche tendieren in Richtung Wirtschaftsprüfung und Steuerberatung.[24] Gründe

22 Das IIR plant in 1995 dem IIA als nationales Institut beizutreten. Mitglieder des IIR hätten dann die Möglichkeit, das CIA-Examen unter Federführung des IIA abzulegen. Einschränkend sei jedoch erwähnt, daß die meisten „National Institutes" des IIA landesspezifische Berufsexamen entwickelt und eingeführt haben. Vgl. Hofmann (Berufsstand) S. 1 ff.

23 SF-DGfB (Anforderungsprofil) S. 154 ff.

24 Peemöller/Kaindl/Keller (Prüfungswesen) S. 10 ff.

hierfür liegen mit Sicherheit in dem unterentwickelten Image und im Fehlen eines Berufsexamens begründet; ein Defizit zu anderen Industriestaaten.

III. Konsequenzen aus Lean Production und Business Process Reengineering

Lean Production und Business Process Reengineering revolutionieren die Managementphilosophie. Sie haben, wie Abbildung 6 verdeutlicht, eine neue unternehmensumspannende Dimension und gravierende Konsequenzen für Organisation, IKS, Prozeßabläufe und Mitarbeiter.

1. Revolution durch schlanke Konzepte

Obwohl die Komponenten einer schlanken Fabrik seit langem bekannt sind, war die Untersuchung über die internationale Automobilindustrie des Massachusetts Institute of Technology die Initialzündung für die in diesem Jahrzehnt einsetzende Diskussion über Lean-Konzepte.[25]

Elemente der Lean Production sind:

- Unternehmensleitlinien zur Bestimmung der Unternehmenskultur
- Flache Hierarchiestufen und überschaubare, autonom arbeitende Cost- und Service-Center
- Übergang von der Mißtrauens- auf die Vertrauensorganisation
- Konzentration der Wertschöpfung auf unternehmerische Kernaktivitäten
- Stärken der Wettbewerbsfähigkeit durch innovative Verfahren, Produkte und Leistungen
- Kundenorientierung
- Optimale Ressourcennutzung, Kampf gegen Verschwendung und permanente Verbesserungen in überschaubaren Schritten
- Motivierte, kreative, engagierte und fachlich versierte Mitarbeiter

Ziel von Business Process Reengineering ist es, die derzeitigen einzelaufgabenorientierten Abläufe, die mit den Nachteilen der Arbeitsteilung und Funktionstrennung, überzogenen Ressortdenkens und aufwendiger, zeitraubender Bürokratie sowie Kontroll- und Überwachungsmechanismen belastet sind, durch flexible, reaktionsschnelle, kundenorientierte und wirtschaftlich arbeitende Prozesse zu substituieren. Prozeßorientierte Teams steuern sich innerhalb der vorgegebenen Unternehmensleitsätze und Anweisungen selbst.[26]

2. Änderung des Management-Paradigma

Unternehmensphilosophie und Management-Paradigma sind geprägt durch die im Verlaufe der industriellen Revolution entwickelten Leitsätze des Smithianismus, Taylorismus und Fordismus. Um Erträge für eine angemessene Gewinnausschüt-

25 Womak (Revolution). In Japan spricht man vom Toyota-Produktions-System. Vgl. Shingo (Erfolgsgeheimnis).

26 Hammer (Reengineering) S. 18ff.

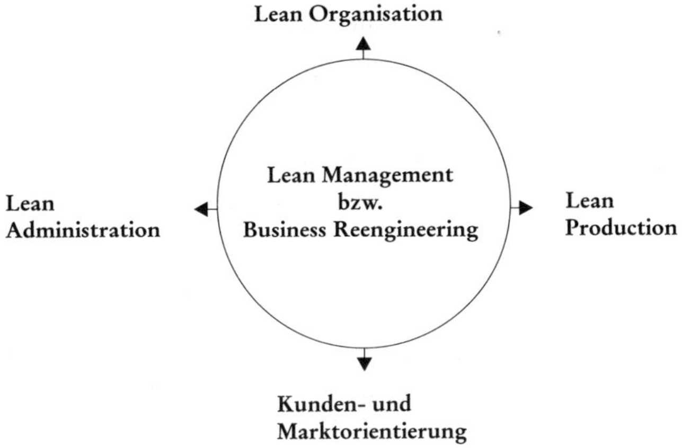

Abbildung 6: Lean Konzepte umfassen die gesamte Unternehmung

tung ausweisen zu können, adaptierte das Top-Management bis Anfang der 90er Jahre die Produktivfaktoren an die Nachfrage auf den Massenmärkten. Durch die Globalisierung und Internationalisierung der Märkte, im Zusammenhang mit Fixkosten- und Konkurrenzdruck, Beschäftigungsrückgang und Ertragsverfall, verlor der klassische Anpassungsautomatismus seine Funktionsfähigkeit. Die desolaten Zustände vieler Industriezweige und Unternehmen sind Folgen versäumter Umstrukturierung bzw. Anpassung an die wirtschaftlichen Rahmenbedingungen.

Der Stellenwert der Überwachungs- und Kontrollfunktion verliert durch den Abbau von Arbeitsteilung und Funktionstrennung sowie durch Reduzierung der Überkomplexität an Bedeutung und zwingen das Management zu einer signifikanten Änderung der praktizierten Regeln, Annahmen und Verhaltensweisen.

D. Entwicklungstendenzen der unternehmerischen Überwachung

Nachstehende Ausführungen konzentrieren sich auf zwei Problemkomplexe, und zwar:

- Notwendigkeit der Schließung der Überwachungslücke im Zusammenhang mit dem Top-Management
- Anpassung der unternehmerischen Überwachung an die veränderten Gegebenheiten

I. Überwachung des Top-Managements

Zur Schließung der Kontroll-Lücke in Kapitalgesellschaften und zum Überdenken einer wirkungsvollen Überwachung von Vorstand bzw. Geschäftsführung ist der Gesetzgeber gefordert.

1. Geschäftsführerprüfungen durch den Aufsichtsrat

Mit Sicherheit wird der Aufsichtsrat im Rahmen seiner Überwachungsaufgaben in absehbarer Zeit verpflichtet werden, Geschäftsführerprüfungen durchzuführen.

Bei Reformüberlegungen sind drei Aspekte von Bedeutung:

- An Vorbildung, Fachqualifikation und Berufserfahrung der Mandatsträger sind definierte Anforderungen zu stellen. Die derzeitige Voraussetzung, nämlich unbeschränkte Geschäftsfähigkeit (§ 100 Abs. 1 AktG), ist sicherlich für die Wahrnehmung anspruchsvoller Überwachungsaufgaben im Interesse von Anteilseignern, Kreditgebern und Öffentlichkeit nicht ausreichend. Von Bedeutung sind ferner Unabhängigkeit und Objektivität, damit die heute vielfach bestehenden Interessenkollisionen ausgeschaltet werden.
- Effiziente Überwachung erfordert Zeit. Mit jährlich zwei bis vier Aufsichtsratssitzungen mit einer durchschnittlichen Dauer von jeweils drei Stunden ist das Problem nicht lösbar.[27]
- Bei Verletzung der Überwachungspflicht zum Nachteil der Gesellschaft sind die Schadensersatzansprüche (§ 117 Abs. 2 AktG) zu verschärfen und konsequent anzuwenden.

2. Objektivierung der Aufgabenstellung von Abschlußprüfer und Interner Revision

In den USA und Kanada sowie im United Kingdom wird durch das Audit Committee, einem ständigen Ausschuß des Board of Directors, dem unabhängige Outside Directors mit Fachqualifikation angehören, das Management überwacht, indem die Prüfungsfeststellungen von Abschlußprüfer und Audit Department versachlicht und aus der Abhängigkeit vom Vorstand gelöst werden.[28]

Seit 1978 müssen alle an der New Yorker Stock Exchange notierten US-Gesellschaften ein Audit Committee unterhalten. Auch große nicht börsennotierte amerikanische Gesellschaften verfügen inzwischen über diesen Ausschuß.

In Deutschland könnte ein Prüfungsausschuß aus unabhängigen Sachverständigen, der einem funktionsfähigen Aufsichtsrat untersteht, analoge Aufgaben wahrnehmen. Dadurch würden Arbeit, Ergebnisse und Informationen der Geschäftsleitung objektiviert und zugleich das Vertrauen in die Unternehmenspublizität gestärkt.

Im Rahmen einer Neuorientierung könnte die Interne Revision disziplinarisch dem Vorsitzenden der Geschäftsleitung und fachlich dem Prüfungsausschuß unterstehen.

27 Bleicher (Aufsichtsrat) S. 45ff.
28 Vgl. Richter (Audit) S. 74ff.

Schwerpunkte des Prüfungsausschusses wären beispielsweise:
- Wahl des Abschlußprüfers, fixieren von Prüfungsumfang und vereinbaren des Honorars
- Mitgestalten beim Ausbau des unternehmensinternen Kontrollsystems
- Stärken der Effizienz und Unabhängigkeit der Innenrevision
- Erhöhen der Aussagefähigkeit der externen Berichterstattung

II. Revisionsschwerpunkte

Schlanke Konzepte, Self-Auditing in den Ausführungsebenen und Beteiligungen sowie Outsourcing von Überwachungsaufgaben verändern die Aufgabenstellung des unternehmensinternen Prüforgans. Revisionsschwerpunkte liegen vor allem in den Segmenten
- Managementunterstützung,
- Beraten der Unternehmensbereiche bei der Implementierung integriert arbeitender Computersysteme und bei der Umstellung konventioneller Verfahren auf prozeßorientierte Abläufe sowie
- Vermögensschutz.

1. Managementunterstützung

Restrukturierung in Fertigung und Verwaltung hat gravierende Konsequenzen auf Wirkungsgrad und Funktionsfähigkeit des IKS. Bei der Lösung dieser Fragestellungen erwartet die Geschäftsleitung von der Innenrevision qualifizierte betriebswirtschaftliche Beratung.

Abschmelzen von Hierarchiestufen und verlagern komplexer Aufgaben auf die Ausführungsebene verändern die organisatorische Konzeption. Eine Abflachung der Führungspyramide bedeutet Aufgabe von Arbeitsteilung und Funktionstrennung sowie der vielschichtigen Koordinierungs- und Kontrollinstanzen. An ihre Stelle tritt eine flußgerechte, prozeßorientierte Ablauforganisation mit klarer Delegation von Verantwortung und standardisiertem, nachvollziehbarem Vorgehen.

Grundlage für Fertigung und Verwaltung sind kleine, autonome, kundenorientierte Gruppen mit Eigenverantwortung. Ein entscheidendes Element ist die Konzentrierung der Wertschöpfung auf Kernaktivitäten durch Abbau der Fertigungstiefe und Outsourcing. Grundgedanke ist eine wirtschaftliche Ressourcennutzung durch Kooperation mit Lieferanten und Kunden. Zur Erreichung der Zielsetzung sind die Prozesse für sämtliche Beteiligten verständlich zu visualisieren. Dazu dienen datentechnische Verknüpfung und aufgabenrelevante Informationen für Cost- und Service-Center.

Die Innenrevision muß sich ex-ante, d. h. prozeßbegleitend, in geplante Umstellungen einschalten und die Rahmenbedingungen für das IKS determinieren.

2. Integrierter Computereinsatz und Prozeßorientierung

Eine prozeßorientierte Umstrukturierung des Unternehmensgeschehens erfordert integrierten Computereinsatz. Die in diesem Zusammenhang benötigte Software wird entweder in eigener Regie entwickelt oder mit steigender Tendenz von Softwareherstellern gekauft. Aufgabe der Innenrevision ist es sicherzustellen, daß implementierte Systeme und Subsysteme der Funktionssicherheit des IKS Rechnung tragen und optimalen Anforderungen entsprechen. Beides sind Voraussetzungen für den Übergang auf die Vertrauensorganisation und die Einführung von Self-Auditing.

Wie bisher muß sich die Revision schwerpunktmäßig in die Antrags- und Beratungsphase der Systemkonzipierung einschalten, um Fehlentwicklungen zu erkennen, Kontrollen anzuregen und die Verfahrensdokumentation sicherzustellen. Kriterien der ex-ante-Beratung sind Ordnungsmäßigkeit, Funktionssicherheit, Qualität der Informationen und Wirtschaftlichkeit. Auf Grund der begrenzt verfügbaren Ressourcen sollte die Beratung sich auf Projekte konzentrieren, die sensitive Aufgabenbereiche betreffen oder hohe Priorität haben.

3. Aktivierung des Innovationspotentials

Konkurrenz- und Fixkostendruck zwingen Unternehmen innovative, kundenorientierte Verfahren, Produkte und Leistungen zu entwickeln und anzubieten. Dadurch werden Firmen mit Situationen konfrontiert, für deren Bewältigung konventionelle Instrumente und Verhaltensweisen versagen.

Entscheidend für den Erfolg ist die Aktivierung und Intensivierung des Innovationspotentials sämtlicher Beschäftigten. Das Innovationsbewußtsein ist zu entwickeln, beispielsweise durch Schulen zum Prozeßdenken, Trennen von Routine und Innovation, Einführen von Projektteams und Sichtbarmachen möglicher Chancen. Dabei ist zu berücksichtigen, daß Qualität und Wirkungsgrad vom Ausbildungsniveau, der Fachqualifikation und von der Kreativität der Mitarbeiter bestimmt werden.

Durch geeignete Maßnahmen ist sicherzustellen, daß Innovationsprozesse klar, verständlich, motivierend und realisierbar sind, rechtzeitig initiiert werden und strategische Alternativen enthalten.[29]

Vom Top-Management ist zu entscheiden, wie die Innovationsfunktion, an der generell sämtliche Mitarbeiter involviert sind, im Einmzelfall wahrgenommen werden soll, beispielsweise:

- Integriert in Forschung- und Entwicklung, Daten- und Informationsverarbeitung, Materialwirtschaft, Produktion, Absatz usw.
- Isoliert von der Routine durch Projektteams
- Durch innovative Dienstleitungsanbieter.

Erfolgreiche innovative Impulse aus dem Kreis der Belegschaft sind zu intensivieren und durch Prämien zu fördern.

Gezielte Prüfungen und Beratungen durch die Interne Revision tragen dazu bei, daß das Feedback funktioniert und Innovationen transparent und nachvollziehbar werden, beispielsweise durch:

29 Vgl. Blitzer (Innovationshemmnisse) und Hauser (Innovationsmanagement).

- Beurteilen der Angemessenheit der zugeteilten Ressourcen
- Vergleich der erbrachten Leistungen mit den vorgegebenen Plan- bzw. Budgetwerten.

Maßstab für den Revisionserfolg sind fundierte Feststellungen und die zur Verfügung gestellten Orientierungs- und Entscheidungshilfen für das Management.[30]

4. Vermögenssicherung

Funktionsbündelung und Selbstkontrolle erhöhen das Manipulationsrisiko und damit den Stellenwert der Vermögenssicherung und des Vermögensschutzes. Zur Abwehr von Mißbrauch und zur Minimierung von Vermögensschäden sind Risikobereiche und sensitive Daten, die das know-how-Potential einer Gesellschaft bilden, entsprechend ihrer Dringlichkeit computergestützt unter Einsatz mathematisch-statistischer Stichprobenverfahren zu prüfen.

Darüber hinaus sollten Unternehmen, vor allem Konzerne, über eine wirksame Strategie und Konzeption zur Abwehr von Vermögensschäden verfügen.

E. Lean Management erfordert Lean Auditing

Lean Production und Business Process Reengineering revolutionieren die Aufgabenstellung des Managements und damit auch des unternehmensinternen Prüforgans.

Im Zuge der Restrukturierung fordert das Top-Management führungsorientierte Beratung (ex-ante) über Konsequenzen der Kundenorientierung, Sicherheit und Wirtschaftlichkeit der selbständig arbeitenden Center und der Schnittstellen zu den zentralen Einheiten. Ferner gezielte Prüfungen (ex-post) in Risikobereichen zur Unterstützung der Geschäftspolitik und als Entscheidungshilfen für die Umstellung auf schlanke Konzepte.

Die Revision ist ein Service-Center, das seine Ressourcen rationell und effizient einsetzen und auf Objekte mit hoher Priorität konzentrieren muß, die ihrer Fachkompetenz entsprechen und die sie optimal beurteilen kann. Dabei wird es sich vorzugsweise um Fragestellungen handeln, die die Gestaltung des Überwachungs- und Kontrollinstrumentariums betreffen.

Grundsätzlich sollte sich die Revision im Rahmen ihrer Überwachungspflicht auf Kernaktivitäten beschränken und in eigener Regie Überlegungen anstellen, wie sie ihre Prüfungsqualität unter Einbeziehung von Self-Auditing und Outsourcing verbessern und die Überwachungsfixkosten minimieren kann.

Outsourcing bietet mittelständischen und kleinen Firmen die Möglichkeit, gezielt und fixkostenschonend Überwachungs-Dienstleistungen in Anspruch zu nehmen. Eine Reihe mittelständischer Betriebe werden ihre Revisionsfunktion auslagern, kleine Firmen keine eigene Revisionsfunktion einrichten und Großun-

---

30 Hofmann (Innovationsmanagement) S. 2085 ff. und S. 2139 ff.

ternehmen und Konzerne ihre Revisionskomponente unter Reduzierung der Kapazität dezentralisieren und Überwachungsleistungen gezielt outsourcen.

Von entscheidender Bedeutung für die Entwicklung des unternehmensinternen Prüforgans sind Visionen, Innovationsstärke, Führungs- und Motivationskraft des Top-.Managements auf dem schwierigen Weg zum schlanken Unternehmen. Von nicht zu unterschätzender Bedeutung ist die Vorbildfunktion.

Literaturverzeichnis

Bleicher, K. (Aufsichtsrat): Aufsichtsrat im Wandel. Eine repräsentative Studie über Aufsichtsräte in bundesdeutschen Aktiengesellschaften im Auftrag der Bertelsmann Stiftung, Gütersloh 1987.

Blitzer, B. (Innovationshemmnisse): Innovationshemmnisse im Unternehmen, Wiesbaden 1990.

Blumers, W; Frick, J; Müller, L. (Hrsg.) (Betriebsprüfung): Betriebsprüfungshandbuch – einschließlich Zollprüfung, München 1989.

Freiling, C.; Lück, W. (Zusammenarbeit): Zusammenarbeit von Abschlußprüfer und Interner Revision, in: zfhf 1990, S. 287ff.

Hammer, M; Champy, J. (Reengineering): Business Reengineering. Die Radikalkur für das Unternehmen, 2. Aufl., Frankfurt/Main, New York 1994.

Hauser, T. (Intuition): Intuition bei Innovationsentscheidungen, Wiesbaden 1990.

Heigl, A. (Controlling): Controlling – Interne Revision, 2. Aufl., Stuttgart, New York 1989.

Hofmann, R. (Revision): Interne Revision. Organisation und Aufgaben der Konzernrevision, Opladen 1972.

Hofmann, R. (Innovationsmanagement): Innovationsmanagement und Interne Revision, in: DB 1981, S. 2085ff. und S. 2139ff.

Hofmann, R. (Berufsstand): Berufsstand externer und interner Prüfer und artverwandter Berufe in ausgewählten Ländern und in den USA, in: Handbuch Revision, Controlling, Consulting, Hrsg. Haberland/Preißler/Meyer, Landshut/Lech, 22. Nachl. 1989, S. 1–35.

Hofmann, R. (Unterschlagungsprophylaxe): Unterschlagungsprophylaxe und Unterschlagungsprüfung. Leitfaden zur Verhütung und Aufdeckung unrechtmäßiger Bereicherungen in Unternehmen, Berlin 1990.

Hofmann, R. (Überwachung): Intensität und Effizienz der Überwachung des Top-Managements von Kapitalgesellschaften in Westdeutschland, in: Handbuch Revision, Controlling, Consulting, 31. Nachl. 1991, S. 1–33.

Hofmann, R. (Zusammenarbeit): Zusammenarbeit zwischen Interner Revision und Abschlußprüfer - Instrumente zur Erhöhung des Wirkungsgrades, in: DB 1991, S. 2249ff.

Hofmann, R. (Konzernrevision): Konzernrevision, in: Vahlens Großes Controlling Lexikon, Hrsg. Horvath, P; Reichmann, Th., München 1993, S. 363ff.

Hofmann, R. (Unternehmensüberwachung): Unternehmensüberwachung. Ein Aufgaben- und Arbeitskatalog für die Revisionspraxis, 2. Aufl., Berlin 1993.

Hofmann, R. (Prüfungshandbuch): Prüfungs-Handbuch. Praxisorientierter Leitfaden einer umfassenden Revisionskonzeption, 2. Aufl., Berlin 1994.

IdW (Hrsg.) (Fachgutachten): FG 1/1988 Grundsätze ordnungsmäßiger Durchführung von Abschlußprüfungen; FG 2/1988 Grundsätze ordnungsmäßiger Berichterstattung bei Abschlußprüfungen; FG 3/1988 Grundsätze für die Erteilung von Bestätigungsvermerken bei Abschlußprüfungen.

IdW (Hrsg.) (Stellungnahme): ST/HFA 2/1966 Gemeinsame „Erläuterungen der Grundsätze für die Zusammenarbeit der Wirtschaftsprüfer mit der Internen Revision" durch das Institut der Wirtschaftsprüfer e. V. und das Deutsche Institut für Interne Revision e. V., in: WPg 1966, S,. 646 ff.

IdW (Hrsg.) (WP-Handbuch): Wirtschaftsprüfer-Handbuch 1992, Bd. I, 10. Aufl., Düsseldorf 1992.

IIA, (Hrsg.) (Standards): Professional Internal Auditing Standards Volume, Altamonte Springs, Fl. 1985.

IIR (Hrsg.) (Fragebogenerhebung): Die Interne Revision in der Bundesrepublik Deutschland – 1990. Ergebnis einer Fragebogenerhebung zum Stichtag 31. Dezember 1990, in: ZIR 3a/1991.

Klein, E. (Ergebnisse): Ergebnisse Dritter, Verwendung bei der Prüfung, in: HWRev., 2. Aufl., Stuttgart 1992, Sp. 470 ff.

Köhler-Frost, W. (Hrsg.) (Outsourcing): Outsourcing. Eine strategische Allianz besonderen Typs, Berlin 1993.

Peemöller, V. H.; Kaindl, G.; Keller, B. (Prüfungswesen): Das Fach Prüfungswesen an deutschsprachigen Hochschulen – unter besonderer Berücksichtigung der Internen Revision, in: ZIR 1/1994, S. 10 ff.

Richter, M. (Audit): Audit Committee, in: HWRev., 2. Aufl., Stuttgart 1992, Sp. 74 ff.

SF-DGfB (Hrsg.) (Anforderungsprofil): Anforderungsprofil für Hochschulausbildung des Prüfungswesens, Fachkommission für Ausbildungsfragen im Bereich Prüfungswesen der Schmalenbach-Gesellschaft/Deutsche Gesellschaft für Betriebswirtschaft e. V., in: zfbF 1985, S. 154 ff.

Shingo, Sh. (Erfolgsgeheimnis): Das Erfolgsgeheimnis der Toyota-Produktion, Landsberg/Lech 1992.

Womak, J.P.; Jones, D.T; Ross, D. (Revolution): The Machine that changed the World (Study of the International Motor Vehicle Program), New York 1990; Deutsch: Die zweite Revolution in der Automobilindustrie, Frankfurt/Main 1992.

Zünd, A. (Konzernrevision): Konzernrevision, in: HWRev., 2. Aufl., Stuttgart 1992, Sp. 1048 ff.

Die Zusammenarbeit des Konzernabschlußprüfers mit den Prüfern ausländischer Tochtergesellschaften im Rahmen der Prüfung deutscher Konzernabschlüsse

Dipl.-Hdl. Klaus Langer, WP, StB
Arthur Andersen & Co. GmbH, Stuttgart

A. Einleitung

Heigl hat sich in zahlreichen Veröffentlichungen und Vorträgen immer wieder mit den verschiedenen Aspekten der Standortfrage beschäftigt. Dies sei zum Anlaß genommen, im Rahmen dieser Festschrift einen Sachverhalt aufzugreifen, der sich im weiteren Sinne ebenfalls mit dieser Problematik befaßt.

Die fortschreitende Liberalisierung des Waren- und Dienstleistungsverkehrs und die damit einhergehende grenzüberschreitende Erschließung neuer Märkte ist ein wesentliches Kennzeichen der letzten Jahrzehnte. Im Zuge dieser Internationalisierung und Verflechtung der Industrie und des Handels gründeten zahlreiche Unternehmen jeder Größenordnung Tochtergesellschaften und Niederlassungen, um in den für sie wichtigen Ländern präsent zu sein. Um den Bedürfnisse dieser internationalen Unternehmen rund um den Globus gerecht werden zu können, war eine Internationalisierung der damit verbundenen Dienstleistungsunternehmen ebenfalls zwingend. Banken, Versicherungen, Wirtschaftsprüfungs- und Steuerberatungsgesellschaften sowie Unternehmensberatungen folgten ihren global agierenden Mandanten oder fanden Kooperationspartner, um die entsprechenden Dienstleistungen vor Ort bieten zu können. So kam es im Rahmen dieser Entwicklung auch zu einer Internationalisierung der Wirtschaftsprüfungsbranche, die, nicht zuletzt nach einigen Zusammenschlüssen, durch eine starke Positionierung der „Big 6“ gekennzeichnet ist.[1]

Mit der zunehmenden Expansion deutscher Konzernobergesellschaften im Ausland wuchs der Wunsch, einen Weltabschluß für das gesamte Konzerngebilde zu erstellen, um so einen Überblick über die Vermögens-, Finanz- und Ertragslage des Konzerns in seiner Gesamtheit zu erhalten. Um den verschiedenen Interessengruppen im Umfeld eines Konzerns den Zugang zu für sie relevanten Informationen zu ermöglichen, hat der Gesetzgeber das Mindestmaß der offenlegungspflichtigen Informationen definiert. Wesentliche Bestandteile des gesetzlichen Informationsinstrumentariums bilden der Einzel- und der Konzernabschluß, wobei der letztere für die (internationale) Öffentlichkeitsarbeit der Konzernleitungen rasch an Bedeutung gewinnt und den Einzelabschluß weitgehend in den Hintergrund drängt. Diese Verlagerung resultiert insbesondere aus der Globalisierung der Kapitalmärkte und dem damit verbundenen Wettbewerbsdruck hinsichtlich der optimalen Finanzierung eines Unternehmens, da der Konzernabschluß den Informationsinteressen dieser internationalen Adressatengruppe am ehesten gerecht wird.[2]

Gegenüber den angelsächsischen Ländern hat sich die Praxis der Aufstellung von Weltabschlüssen in der Bundesrepublik später entwickelt. Das Aktiengesetz von 1965, in dem erstmals Konzernrechnungslegungsvorschriften kodifiziert wurden, beschränkte sich auf die pflichtgemäße Einbeziehung von Tochterunternehmen mit Sitz im Inland. Ausländische Tochterunternehmen durften, mußten aber nicht, in den Konzernabschluß einbezogen werden. Dieses Wahlrecht änderte sich

---

1 Vgl. Linden (Zusammenarbeit) S. 330 f.

2 Vgl. Selchert/Baukmann (Konsolidierungskreis) S. 1325.

durch die 7. EG-Richtlinie, die mit dem Bilanzrichtliniengesetz von 1985 in deutsches Recht umgesetzt wurde, da darin das sogenannte „Weltabschlußprinzip" festgeschrieben wurde.

Durch das „Weltabschlußprinzip" und das neue Gebot der einheitlichen Bilanzierung und Bewertung (§§ 300, 308 HGB) im Konzern stellte sich für den Konzernabschlußprüfer erstmals zwingend das Problem der Anpassung ausländischer Rechnungslegungselemente an den nach deutschen Grundsätzen aufgestellten Konzernabschluß.[3] Dies ist besonders problematisch angesichts der Tatsache, daß für den deutschen Konzernabschlußprüfer keine Möglichkeit besteht, die Verantwortlichkeit und Haftung im Zuge der Testatserteilung für den Weltabschluß mit den Prüfern der Tochtergesellschaften zu teilen. Welche Probleme sich aufgrund der Prüfungspflichten des § 317 HGB hieraus im einzelnen ergeben, soll nachfolgend dargestellt werden.[4]

Der Konzernabschlußprüfer steht vor der Problematik, daß die Rechtsnormen und Sachverhalte bei ausländischen Tochtergesellschaften unter Anwendung deutscher Rechnungslegungsgrundsätze in einen Konzernabschluß einbezogen werden sollen. Das Risiko einer Wissenslücke oder eines Umsetzungsfehlers ist hier besonders hoch.

Nach den zur Zeit gültigen gesetzlichen Vorschriften zur Haftung des Abschluß- und auch Konzernabschlußprüfers nach § 323 Abs. 3 HGB in Verbindung mit der berufsrechtlichen Verpflichtung zum Abschluß einer Haftpflichtversicherung mag das Risiko zur Zeit nicht hoch erscheinen. Dieses Risiko kann sich jedoch im Hinblick auf die wesentlich höheren Haftungsrisiken in anderen EU-Ländern, die Tendenzen in der Gesetzgebung und insbesondere in der Entwicklung der Rechtsprechung rasch zu Lasten des deutschen Konzernabschlußprüfers ändern. Die Frage der Durchführung von Konzernabschlußprüfungen erhält dann aus der Sicht des Konzernabschlußprüfers eine andere Bedeutung.

Im Ergebnis kann vorweggenommen werden, daß die Standortfrage für die Durchführung von Konzernabschlußfragen verständlicherweise nach wirtschaftlichen Überlegungen gelöst wurde. Dabei war zwischen den Kenntnissen des nationalen Rechts und stärkeren Kundenkontakten abzuwägen gegen den Aufwand der Vermittlung deutscher Bilanzierungsgrundsätze, die Überwachung der Tätigkeit ausländischer Prüfer und dem Haftungsrisiko des Konzernabschlußprüfers. Soweit Unternehmen Konzernabschlußprüfungen durchgängig durch eine international tätige Wirtschaftsprüfungsgesellschaft durchführen lassen, erfolgt dies wohl auch in der Überzeugung, damit die Standortfrage in der Betreuung durch eine möglichst einheitliche Vorgehensweise zu optimieren.

---

3 Vgl. Ferk (Abschlußprüfung) S. 337.

4 Soweit möglich wurden dabei auch die Erfahrungen englischer, französischer und Schweizer Arthur Andersen Büros eingearbeitet.

B. Zweck, Gegenstand und Problematik der Konzernabschlußprüfung

I. Gesetzliche Vorschriften zur Konzernabschlußprüfung

Der Konzernabschluß hat gemäß § 297 Abs. 2 HGB ein den tatsächlichen Verhältnissen entsprechendes Bild der Vermögens-, Finanz- und Ertragslage zu vermitteln und der Konzernlagebericht muß in Einklang mit der tatsächlichen Lage des Konzerns stehen. Um diese Qualitätsnorm sicherzustellen, ist der Konzernabschluß von einem deutschen Wirtschaftsprüfer zu prüfen, der das abschließende Ergebnis der Prüfung gemäß § 322 Abs. 1 HGB testiert.

Im Rahmen dieser Prüfung hat der Konzernabschlußprüfer gemäß § 317 Abs. 1 HGB die Einhaltung der gesetzlichen Vorschriften sowie die Einhaltung sonstiger sie ergänzender Bestimmungen des Gesellschaftsvertrages oder der Satzung zu prüfen. § 317 Abs. 2 HGB verpflichtet den Konzernabschlußprüfer, sich aufgrund seiner Gesamtverantwortung stets ein eigenes Urteil von der Ordnungsmäßigkeit der im Konzernabschluß zusammengefaßten Einzelabschlüsse zu bilden.

Die gesetzlichen Vorschriften hinsichtlich der Konsolidierung von Einzelabschlüssen sind in den §§ 290 bis 314 HGB geregelt. Der Konzernabschlußprüfer hat demnach zu prüfen, ob die Vorschriften hinsichtlich des Anwendungsbereichs (§§ 290 bis 293 HGB), die Bestimmungen zum Konsolidierungskreis (§§ 294 bis 296 HGB) sowie die Vorschriften über Inhalt und Form des Konzernabschlusses (§§ 297 bis 299 HGB) beachtet wurden und die in den §§ 300 bis 314 HGB vorgesehenen Spezialvorschriften hinsichtlich der Kapital-, Schulden-, Zwischenergebnis- und Aufwands- und Ertragskonsolidierung beachtet wurden.[5]

Hinsichtlich des Konsolidierungskreises gilt der Grundsatz der Einbeziehung aller Tochtergesellschaften. Daneben hat der Konzernabschlußprüfer zu untersuchen, ob die Grundsätze hinsichtlich des Verbots der Einbeziehung nach § 295 HGB beachtet bzw. die Wahlrechte zur Nichteinbeziehung nach § 296 HGB richtig ausgeübt wurden.

Die Jahresabschlüsse der Gesellschaften, für die sich aufgrund dieser Prüfung die Pflicht zur Vollkonsolidierung ergibt, sind gemäß § 317 Abs. 2 HGB darauf zu prüfen, ob sie „den Grundsätzen ordnungsmäßiger Buchführung entsprechen und ob die für die Übernahme in den Konzernabschluß maßgeblichen Vorschriften beachtet sind." Gleiches gilt für Gemeinschaftsunternehmen, die per Quotenkonsolidierung in den Konzernabschluß einbezogen werden. Bei Gesellschaften, auf die das Mutterunternehmen lediglich einen maßgeblichen Einfluß ausübt, wird in der Literatur ebenfalls eine Überprüfung der vom assoziierten Unternehmen zur Verfügung gestellten Unterlagen und Daten befürwortet, auch wenn eine eindeu-

5 Vgl. Baetge (Konzernrechnungslegung) S. 189.

tige Regelung des Gesetzgebers zum Status assoziierter Unternehmen im Rahmen der Konzernabschlußprüfung fehlt.[6]

Von einer erneuten Prüfung der Einzelabschlüsse durch den Konzernprüfer kann gemäß § 317 Abs. 2 Satz 2 und 3 HGB grundsätzlich abgesehen werden, sofern diese bereits von einem anderen Abschlußprüfer geprüft wurden und dieser dabei die Grundsätzen ordnungsmäßiger Abschlußprüfung beachtet hat. Bei ausländischen Einzelabschlüssen „muß der Abschlußprüfer die berufliche Qualifikation und Unabhängigkeit des ausländischen Abschlußprüfers sowie die Prüfungsdurchführung mit den entsprechenden deutschen Erfordernissen vergleichen und danach entscheiden, ob und in welcher Weise er die Ergebnisse übernehmen oder nur verwerten kann."[7]

Diese Vorgehensweise empfiehlt sich auch im Hinblick auf die Grundsätze der Wesentlichkeit und Wirtschaftlichkeit, die nicht nur für die Durchführung der Einzelabschlußprüfung gelten.[8] Demnach ist der Konzernprüfer gehalten, durch angemessene Prüfungshandlungen wesentliche Fehler und Falschaussagen auszuschließen[9] und eine wirtschaftliche Konzernabschlußprüfung anzustreben. Angesichts des überwiegend sehr engen zeitlichen Rahmens, in dem die Konzernabschlußprüfung durchgeführt wird, wird dies insbesondere dadurch ermöglicht, daß die Prüfung der Tochtergesellschaften auf andere Prüfer übertragen wird.

Welche Probleme sich bei der Anwendung dieser Erleichterungsvorschrift auf ausländische Tochtergesellschaften für den Konzernabschlußprüfer ergeben können, wird nachfolgend dargestellt.

II. Prüfung ausländischer Einzelabschlüsse im Rahmen der Konzernabschlußprüfung

Da ausländische Tochtergesellschaften bei der Aufstellung ihres landesrechtlichen Abschlusses, der sogenannten Handelsbilanz I,[10] der Rechtszuständigkeit und dem Bilanzrecht ihres Staates unterliegen, ist die Anwendung der Erleichterungsvorschrift des § 317 Abs. 2 Satz 2 und 3 HGB und damit die Prüfung durch einen lokalen Wirtschaftsprüfer grundsätzlich zu befürworten,[11] da die Entsendung eigener Mitarbeiter zwar grundsätzlich möglich, jedoch aus Kosten- und Zeitgrün-

6 § 312 HGB sieht in der Equity-Methode lediglich eine Beteiligungsbewertung und keine Konsolidierung, so daß gemäß § 317 Abs. 2 HGB grundsätzlich keine Prüfungspflicht besteht.

7 IDW (HFA-Fachgutachten). Dieses Fachgutachten über die „Grundsätze ordnungsmäßiger Durchführung von Abschlußprüfungen" ersetzt das bisher gültige gleichnamige HFA-Fachgutachten 1/1977.

8 Vgl. IDW (HFA-Fachgutachten).

9 Vgl. ADS (Rechnungslegung) § 317, Tz. 118–122.

10 Der landesrechtliche Abschluß wird künftig als Handelsbilanz I oder HB I bezeichnet.

11 In der Literatur wird es in der Regel ebenfalls als sinnvoll erachtet, die Prüfung der HB I einem ausländischen Prüfer zu übertragen, der dann analog dem ausländischen Recht einen Bestätigungsvermerk erteilt. Vgl. hierzu beispielweise Ferk (Abschlußprüfung) S. 338ff.

den kaum praktikabel ist. Hinzu kommen Sprachbarrieren und mangelnde Kenntnisse im jeweiligen Landesrecht[12] sowie die Tatsache, daß in einigen Ländern die Prüfung des landesrechtlichen Abschlusses durch einen lokalen Prüfer gesetzlich vorgeschrieben ist.[13]

Vor der Übernahme ausländischer Einzelabschlüsse in den Konzernabschluß hat der Konzernabschlußprüfer jedoch in besonderem Maße darauf zu achten, daß neben den bereits genannten gesetzlichen Vorschriften und den Grundsätzen ordnungsmäßiger Buchführung auch die Umsetzung der konzerneinheitlichen Rechnungslegungsgrundsätze des deutschen Mutterunternehmens sichergestellt ist. Dazu ist in solchen Fällen häufig die Aufstellung einer Ergänzungsbilanz[14] nach deutschem Recht notwendig, die als Bestandteil des Konzernabschlusses gemäß § 317 Abs. 2 HGB ebenfalls auf Übereinstimmung mit den GoB und den Bilanzierungs- und Bewertungsgrundsätzen des Mutterunternehmens zu prüfen ist.[15]

Aus Effizienzgründen empfiehlt es sich in der Regel, den lokalen Prüfer des landesrechtlichen Abschlusses auch mit der Prüfung der HB II zu beauftragen, da dessen Kenntnisse hinsichtlich der landesüblichen Gegebenheiten sowie der unternehmensspezifischen Sachverhalten beim Tochterunternehmen dabei sinnvoll genutzt werden können.

Hierbei darf jedoch nicht vergessen werden, daß die Verlagerung der HB II-Prüfung auf den lokalen Wirtschaftsprüfer für den Konzernabschlußprüfer nicht unerhebliche Risiken birgt. Prüfungsmängel können sich dabei aufgrund der Tatsache ergeben, daß der lokale Wirtschaftsprüfer für eine ordnungsmäßige Prüfung der HB II über ausreichende Kenntnisse verfügen muß, deren Inhalt wesentlich durch die Konzernrichtlinien des Mutterunternehmens bestimmt wird, die wiederum auf deutschen Bilanzierungs- und Bewertungsgrundsätzen basieren. Um entsprechende Kenntnisse der deutschen Rechnungslegung sicherzustellen, ist es erforderlich, ausreichend spezifizierte Bilanzierungsrichtlinien zu erstellen und den Tochterunternehmen und jeweiligen Prüfern an die Hand zu geben.[16] Der Konzernabschlußprüfer sollte im Rahmen seiner Gesamtverantwortung darüber hinaus sicherstellen, daß die Bestimmungen der Richtlinien praktikabel und verständlich sind. Es empfiehlt sich, sich vom ausländischen Abschlußprüfer bestätigen zu lassen, daß er solche Richtlinen auch verstanden hat. Allerdings bleibt es trotzdem fraglich, inwieweit dieses Wissen in der Praxis wirklich vermittelt werden kann.

---

12 Vgl. Linden (Zusammenarbeit) S. 336 und Wetzel (Schranken) S. 361.

13 So ist beispielsweise nach den Bestimmungen der österreichischen Wirtschaftstreuhänderberufsordnung die Jahresabschlußprüfung eines österreichischen Unternehmens durch einen deutschen Wirtschaftsprüfer nicht möglich. Vgl. Ferk (Abschlußprüfung) S. 338.

14 Da diese Ergänzungsrechnung im allgemeinen Sprachgebrauch als Handelsbilanz II oder HB II bezeichnet wird, wird dieser Ausdruck auch im vorliegenden Artikel verwendet.

15 Vgl. Ferk (Abschlußprüfung) S. 339 und Baetge (Konzernrechnungslegung) S. 183.

16 Die wesentlichen Elemente einer Konzernrichtlinie werden unter Punkt F. dargestellt.

Im Haftungsfall wird der Konzernabschlußprüfer darlegen müssen, daß er unter den gegebenen Umständen davon ausgehen konnte, daß der ausländische Abschlußprüfer die Richtlinie erhalten hatte und verstehen konnte.

Aus diesen Feststellungen sollte nicht der Schluß gezogen werden, daß trotz der bereits genannten Vorteile bei ausländischen Tochtergesellschaften von einer Anwendung der Vereinfachungsmöglichkeiten abzusehen ist, da sich bei der Prüfung der HB II durch den Konzernabschlußprüfer ebenfalls Probleme ergeben würden, da der Konzernprüfer nicht zwingend über ausreichende Kenntnisse des anderen Rechtssystems verfügt, um Überleitungsfehler, die sich aufgrund länderspezifischer bilanzieller Denkweisen oder mißverstandener Konzernrichtlinien ergeben, erkennen zu können.[17]

Dieses in der Praxis de facto vorhandene und angesichts der Komplexität der Sachverhalte nur bedingt zu heilende Wissensgefälle zwischen deutschen und ausländischen Rechtsvorschriften begründet ein erhebliches Prüfungsrisiko des Konzernabschlußprüfers, da sich gerade bei einer Fehleinschätzung auf HB II-Ebene wesentliche Effekte für den Konzernabschluß ergeben können, für die der Konzernabschlußprüfer im Rahmen seiner Gesamtverantwortung gemäß § 323 HGB haftet.[18]

C. Informationsrechte des Konzernabschlußprüfers

I. Gesetzliche Informationsrechte

1. Überblick

Die gesetzlichen Informationsrechte des Konzernabschlußprüfers sind in § 320 Abs. 3 HGB verankert. Im Rahmen seiner Abschlußprüfung stehen dem Konzernprüfer demnach bestimmte Vorlage- und Prüfungsrechte sowie das Recht auf Aufklärungen und Nachweise zu, die im Zusammenhang mit seinen Prüfungshandlungen stehen.

Der Konzernabschlußprüfer erhält die genannten Unterlagen und Auskünfte in der Regel von den gesetzlichen Vertretern des Mutterunternehmens, die diese auf Basis des § 294 Abs. 3 Satz 1 und 2 von den Tochtergesellschaften eingefordert hat.[19] Die genannten Prüfungs-, Aufklärungs- und Nachweisrechte können aber auch direkt beim Tochterunternehmen geltend gemacht werden. Bezüglich der Aufklärungs- und Nachweisrechte kann sich der Konzernabschlußprüfer gemäß § 320 Abs. 3 Satz 2 HGB auch an die Abschlußprüfer der Tochtergesellschaften wenden.

17 Bei den folgenden Ausführungen wird davon ausgegangen, daß die HB II dezentral bei den jeweiligen Tochtergesellschaften im Ausland erstellt wird und auch die Prüfung von einem lokalen Abschlußprüfer vorgenommen wird, da dieser Fall in der Praxis am häufigsten anzutreffen ist.

18 Vgl. IDW (WP-Handbuch) S. 866.

19 Vgl. Baetge (Konzernrechnungslegung) S. 193ff.

2. Vorlagerechte des Konzernabschlußprüfers

Gemäß § 320 Abs. 3 HGB haben die „gesetzlichen Vertreter einer Kapitalgesellschaft, die einen Konzernabschluß aufzustellen hat, ... dem Abschlußprüfer des Konzernabschlusses den Konzernabschluß, den Konzernlagebericht, die Jahresabschlüsse, Lageberichte und, wenn eine Prüfung stattgefunden hat, die Prüfungsberichte ... der Tochterunternehmen vorzulegen."[20] Die Jahresabschlüsse und Lageberichte der Tochtergesellschaften sind unabhängig davon vorzulegen, ob sie in den Konzernabschluß einbezogen werden oder nicht. Die vorlagepflichtigen Unterlagen schließen auch Konsolidierungsunterlagen zur Anpassung des landesrechtlichen Abschlusses an die konzerneinheitlichen Bilanzierung und Bewertungsmethoden mit ein, auch wenn dies im Gesetz explizit nicht vorgesehen ist[21].

3. Prüfungs- und Auskunftsrechte des Konzernabschlußprüfers

Der Konzernabschlußprüfer hat gemäß § 320 Abs. 3 Satz 2 HGB über die Vorlagerechte hinaus das Recht zur Prüfung der Bücher und Schriften sowie der Vermögensgegenstände und Schulden des Mutterunternehmens und der Tochtergesellschaften, unabhängig davon, ob diese in den Konzernabschluß einbezogen werden oder nicht. Das Prüfungsrecht des Konzernabschlußprüfers erstreckt sich auch auf die unter Punkt I. 2. genannten Konsolidierungsunterlagen.[22]

§ 320 Abs. 3 Satz 2 HGB kodifiziert schließlich auch das Recht des Konzernprüfers auf Aufklärungen und Nachweise gegenüber allen Konzernunternehmen sowie gegenüber den Abschlußprüfern geprüfter Einzelgesellschaften. Die Auskunftsrechte des Konzernabschlußprüfers beschränken sich auf die für die Prüfungsdurchführung notwendigen Informationen, sie können bei einer Einschränkung oder Verweigerung des Bestätigungsvermerks aber auch sehr weitreichend sein, da der Konzernabschlußprüfer in diesem Fall zur korrekten Darstellung der Konzernsituation ausführliche Informationen benötigt.

Zum Nachweis der Ausübung der Auskunftsrechte werden in der Praxis vom Konzernabschlußprüfer häufig Vollständigkeitserklärungen von den gesetzlichen Vertretern des Mutterunternehmens und der Tochtergesellschaften angefordert[23]. Die umfassenden Erklärungen, die die Unternehmen dabei abgeben, dienen der Absicherung des Konzernabschlußprüfers im Hinblick auf mögliche Haftungsfragen, da die Vollständigkeitserklärungen insbesondere zu den Vorgängen Stellung nehmen, die buchungstechnisch nicht erfaßt werden, dem Konzernabschlußprüfer aber trotzdem zur Kenntnis gelangen müssen, da sie für die Darstellung der Konzernsituation von Bedeutung sind.[24] Eine unterschriebene Vollständigkeitserklärung befreit den Konzernabschlußprüfer jedoch nicht von eigenen Prüfungshand-

20 § 320 Abs. 3 Satz 1 HGB.
21 Vgl. IDW (WP-Handbuch) S. 868 f.
22 ADS (Rechnungslegung) § 320, Tz. 34.
23 ADS (Rechnungslegung) § 320, Tz. 15.
24 ADS (Rechnungslegung) § 320, Tz. 15.

lungen, sondern nimmt lediglich die Geschäftsführungen der Mutter- und Tochtergesellschaften stärker in die Pflicht.[25]

4. Sanktionsmöglichkeiten bei Verweigerung der Vorlage-, Prüfungs- und Auskunftsrechte des Konzernabschlußprüfers

Werden dem Konzernabschlußprüfer die erforderlichen Unterlagen, Nachweise oder Auskünfte verweigert, so stehen ihm wohl die gleichen Möglichkeiten wie beim Einzelabschluß offen (Durchsetzung von Buß- bzw. Zwangsgeldern nach §§ 334 bzw. 335). In der Praxis bedeutender ist sicher die Einschränkung des Testats wegen mangelnder Informationen.

Eine weitere Möglichkeit besteht darin, über das Registergericht die Festsetzung eines Zwangsgeldes für die gesetzlichen Vertreter des Mutterunternehmens sowie der Tochtergesellschaften zu erwirken, um diese so auf die Einhaltung ihrer Verpflichtungen zu drängen.[26] Problematisch ist dabei die Tatsache, daß das Registergericht nicht von sich aus tätig wird, der Konzernabschlußprüfer aber nicht antragsberechtigt ist.

In der Regel wird der Konzernabschlußprüfer jedoch davon absehen, die ihm zustehenden Rechte zu erzwingen. Handelt es sich bei den Auskünfte um wesentliche Tatbestände, die für seine Urteilsbildung von Bedeutung sind, wird der Konzernabschlußprüfer den Bestätigungsvermerk gemäß § 322 HGB einschränken oder sogar versagen. Wird die Ordnungsmäßigkeit des Abschlusses durch die fehlenden Auskünfte nicht berührt, genügt gemäß § 321 Abs. 1 Satz 2 ein Vermerk im Prüfungsbericht.

Die Auskunftsrechte des Konzernabschlußprüfers beziehen sich auch auf ausländische Tochtergesellschaften, allerdings ist die Durchsetzbarkeit der Informationsrechte insoweit problematisch. Sofern der Konzernabschlußprüfer die erforderlichen Unterlagen nicht über das Mutterunternehmen erhält, wird er gegebenenfalls den Bestätigungsvermerk einschränken müssen.[27]

II. Informationsbeschaffung bei assoziierten Unternehmen

Da assoziierte Unternehmen nicht unter die Bestimmungen des § 320 Abs. 3 HGB fallen, stehen dem Konzernabschlußprüfer in diesem Fall die genannten gesetzlichen Vorlage-, Prüfungs- und Auskunftsrechte nicht zu. Um die Prüfung des Beteiligungsansatzes dennoch vornehmen zu können, ist der Konzernabschlußprüfer auf die Kooperationsbereitschaft des assoziierten Unternehmen angewiesen. Erhält er über diesen Weg keine Informationen, kann sich der Konzernabschlußprüfer auch an die Geschäftsleitung des Mutterunternehmens wenden. Diese hat dafür Sorge zu tragen, daß der Konzernabschlußprüfer die entsprechenden Unterlagen

25 ADS (Rechnungslegung) § 320, Tz. 15.
26 Vgl. § 335 Satz 2 und 3 HGB.
27 Vgl. Baetge (Konzernrechnungslegung) S. 194.

erhält.[28] Die Informationsbeschaffung müßte zum einen auf Basis des maßgeblichen Einflusses, den das Mutterunternehmen auf ein assoziiertes Unternehmen ausüben kann, möglich sein, zum anderen stehen der Muttergesellschaft häufig gesellschaftsrechtliche Möglichkeiten der Informationsbeschaffung zu.[29]

Werden dem Prüfer die gewünschten Unterlagen trotz aller Bemühungen nicht vorgelegt, so ist entweder der Bestätigungsvermerk hinsichtlich der Prüfung der Equity-Bewertung einzuschränken, oder es muß aufgrund des de facto fehlenden maßgeblichen Einflusses gemäß § 311 Abs. 1 HGB gänzlich von einer Bilanzierung der Beteiligung „at equity" abgesehen werden.[30]

D. Internationale berufsrechtliche Grundsätze zur Durchführung von Konzernabschlußprüfungen

Deutsche Wirtschaftsprüfer sind in ihrer Berufsausübung an die standesrechtlichen Vorschriften der auf § 57 WPO beruhenden WPK-Richtlinien gebunden.[31] Ergänzend dienen die Fachgutachten und Stellungnahmen des Instituts der Wirtschaftsprüfer (IDW) der persönlichen und fachlichen Orientierung des Abschlußprüfers, ohne jedoch bindenden Charakter zu haben. Bei seiner Berufsarbeit ist der deutsche Wirtschaftsprüfer im ersten Schritt an die genannten nationalen Grundsätzen gebunden, in zweiter Linie hat er sich aber auch an die veröffentlichten internationalen Richtlinien der einschlägigen Verbände zu richten, sofern diese inländischen Grundsätzen nicht entgegenstehen.[32]

Im internationalen Bereich wird die entsprechende Facharbeit im wesentlichen von der International Federation of Accountants (IFAC) getragen, auf europäischer Ebene ist die Fédération des Experts Comptables Européens (FEE) maßgeblich.

Die IFAC wurde 1977 gegründet, um eine weltweite Harmonisierung der fachlichen und berufsethischen Grundsätze voranzutreiben. Sie umfaßt zwischenzeitlich Berufsangehörige aus 105 Berufsorganisationen und 79 Ländern.[33] In fünf verschiedenen Ausschüssen werden gemeinsame Richtlinien für die Arbeit der Mitglieder entwickelt, um die weltweite Koordination der Mitglieder zu verbessern. Der bekannteste Ausschuß dürfte wohl das International Auditing Practices Committee (IAPC) sein, das u. a. sogenannte „Guidelines" für die ordnungsmäßige Durchführung von Abschlußprüfungen entwickelt hat.

Die FEE entstand 1986 aus der Verschmelzung der Union Européens des Experts Comptables Economiques et Financiers (UEC) mit der Groupe d'études des Experts Comptables de la C. E. E. Ihre Mitglieder umfassen alle führenden Be-

28 Vgl. IDW (WP-Handbuch) S. 484.
29 Vgl. Baetge (Konzernrechnungslegung) S. 196.
30 Vgl. Baetge (Konzernrechnungslegung) S. 197.
31 Vgl. Richtlinien für die Berufsausübung der Wirtschaftsprüfer und vereidigten Buchprüfer.
32 ADS (Rechnungslegung) § 323, Tz. 10.
33 Vgl. IDW (WP-Handbuch) S. 98.

rufsorganisationen der Europäischen Union sowie einige andere Länder Westeuropas. Derzeit sind 33 Berufsorganisationen in der FEE vertreten.[34] Zur Verwendung der Arbeit eines anderen Abschlußprüfers nimmt die Empfehlung Nr. 2 der UEC Stellung, die auch weiterhin Gültigkeit hat.[35]

Die nationalen Mitgliedsorganisationen haben sich verpflichtet, die jeweiligen Verlautbarungen in nationale Grundsätze umzusetzen, soweit sich dies mit den nationalen Rechtsvorschriften vereinbaren läßt.[36] Daß die Verpflichtung zur Transformation erfüllt wird, zeigen sowohl die HFA-Stellungnahmen 2/1981 und 1/1984 als auch die Überarbeitung des IDW-Fachgutachens 1/1977 „Grundsätze ordnungsmäßiger Durchführung von Abschlußprüfungen", da dabei die internationalen Prüfungsgrundsätze der genannten Organisationen berücksichtigt wurden.[37]

Zur Frage der Gesamtverantwortung des Konzernabschlußprüfers stellt die englische Auditing Guideline[38] „Group financial statements – Reliance on the work of other auditors" folgendes fest:

> „The primary auditor is required to express an opinion on the group financial statements and has sole responsibility for this opinion even where those group financial statements include amounts derived from accounts which have not been audited by him. He cannot discharge his responsability to report on the group financial statements by an uninformed acceptance of secondary companies' financial statements, whether audited or not."

Dieser Auszug macht deutlich, daß das Verhältnis zwischen Konzernabschlußprüfer und dem Prüfer ausländischer Tochtergesellschaften im englischen Recht analog zu den Vorschriften des § 317 HGB geregelt ist. Die gleichen Feststellungen zur Frage der Gesamtverantwortung ergeben sich aus den Auskünften der französischen und Schweizer Kollegen.[39]

In diesem Zusammenhang läßt sich des weiteren festhalten, daß sich nicht nur der deutsche Konzernabschlußprüfer im Rahmen seiner Gesamtverantwortung ein Bild von den persönlichen und sachlichen Voraussetzungen seines Berufskollegen zu machen hat, sondern daß dies auch für die befragten englischen, französischen und Schweizer Wirtschaftsprüfer gilt. Als Vergleichsmaßstab gelten jeweils die Standards, die von den einzelnen standesrechtlichen Organisationen herausgegeben werden. Als wichtige persönliche Merkmale des ausländischen Prüfers werden insbesondere eine ausreichende fachliche Qualifikation sowie eine

34 Vgl. IDW (WP-Handbuch) S. 99.
35 Vgl. UEC: Statements, Loseblattsammlung.
36 Vgl. IDW (WP-Handbuch) S. 97.
37 Vgl. Linden (Zusammenarbeit) S. 335.
38 Institute of Chartered Accountants (Auditing Guideline 415).
39 Alle in diesem Abschnitt angeführten Beispiele wurden dem Autor aufgrund von Anfragen bei englischen, französischen und schweizerischen Arthur Andersen Büros übermittelt.

unabhängige Vorgehensweise genannt, um so sicherzustellen, daß trotz abweichender Prüfungsstandards und berufsrechtlicher Erfordernisse auf dessen Prüfungsfeststellungen vertraut werden kann. Die Angemessenheit der sachlichen Voraussetzungen wird in der Regel anhand der individuellen Arbeitsergebnisse des ausländischen Kollegen beurteilt.

In Frankreich wird das Ausmaß der Berichterstattung durch die Prüfungsanweisungen des Konzernabschlußprüfers bestimmt und umfaßt neben zusammenfassenden Memoranden auch die Vollständigkeitserklärungen der Tochterunternehmen, die teilweise als eigener Bestandteil in das Berichtspaket einbezogen werden.

Die Frage der Verschwiegenheit wird ebenfalls in allen drei Ländern restriktiv gehandhabt. Das „Swiss company law (OR 730)" sowie die Schweizer Berufsordnung sehen beispielsweise vor, daß ein Schweizer Wirtschaftsprüfer lediglich im Zeugenstand sowie durch ausdrückliche Erlaubnis seines Mandanten von seiner Verschwiegenheitspflicht entbunden werden kann. Ähnliches gilt für die Situation in Frankreich. Dort ist aber trotz der Verschwiegenheitspflicht eine Einsicht in die Arbeitspapiere des Einzelabschlußprüfers durch den Konzernabschlußprüfer möglich.

Im englischen Recht sind diese Informationsrechte des Konzernabschlußprüfers zum einen im sogenannten „Companies Act" von 1985, zum anderen in der oben genannten Prüfungsrichtlinie des Auditing Practices Board von 1986 kodifiziert. Beide Gesetzestexte regeln die Informationsrechte des Konzernprüfers sowohl gegenüber der Geschäftsführung der Tochterunternehmen als auch gegenüber den jeweiligen Abschlußprüfer der englischen Tochtergesellschaften. Danach sind Tochtergesellschaften mit Sitz in Großbritannien sowie deren Abschlußprüfer verpflichtet, dem Prüfer der Muttergesellschaft in angemessenen Umfang Informationen und Erläuterungen zu liefern, die dieser zur Erfüllung seiner Konzernprüfungspflichten benötigt. Bei Bedarf erstreckt sich dies auch auf die Einsichtnahme von Arbeitspapieren. Bei Tochtergesellschaften mit Sitz außerhalb Großbritanniens obliegt es dem Mutterunternehmen, die gewünschten Informationen beim Tochterunternehmen zu beschaffen.

Zur Frage der „Wissenslücke" des ausländischen Prüfers hinsichtlich der Rechtsbestimmungen des Mutterunternehmens betonen auch die befragten Arthur Andersen Büros die Bedeutung aussagefähiger Konzernrichtlinien, um die fachlichen Voraussetzungen für die Prüfung der HB II zu schaffen.

E. Durchführung der Konzernabschlußprüfung

I. Prüfungsplanung

Da § 317 HGB zwar die Maßstäbe nennt, die an die einzelnen Prüfungsgegenstände anzulegen sind, nicht aber Art und Umfang der eigentlichen Prüfungshandlungen,[40] ist ein planvolles Vorgehen des Prüfers in zeitlicher, sachlicher und perso-

40 ADS (Rechnungslegung) § 317, Tz. 118ff.

neller Hinsicht für die ordnungsmäßige und effiziente Durchführung einer Konzernabschlußprüfung von großer Bedeutung.[41]

Im Rahmen der Prüfungsplanung sind Maßnahmen zur Vorbereitung und Durchführung der Prüfung zu treffen, die insbesondere auch die Prüfung der ausländischen Tochtergesellschaften umfassen. Dabei empfiehlt sich ein risikoorientiertes Vorgehen, um Art und Umfang der Prüfungshandlungen sowohl des Einzelabschlußprüfers als auch des Konzernabschlußprüfers an die Bedeutung des einzelnen Tochterunternehmens für den Konzernabschluß anzupassen.[42]

In Planungsgesprächen mit den ausländischen Einzelabschlußprüfern sollten die gewünschten Informationen sowie der Umfang der Prüfungstätigkeiten dargestellt und auch auf die Wahrung von Terminen und Prüfungsbudgets durch den ausländischen Abschlußprüfer eingegangen werden. Dabei ist es von Vorteil, die genauen Vorgaben in Form einer Prüfungsanweisung („instruction letter") festzuhalten und dem ausländischen Prüfer zukommen zu lassen.

Desweiteren ist zu klären, ob in den einzelnen Ländern Restriktionen hinsichtlich der Weitergabe von Informationen bestehen, da die Frage der Verschwiegenheit nicht überall gleich geregelt wird. In Deutschland werden dem Abschlußprüfer durch § 320 HGB zwar bestimmte Auskunftsrechte eingeräumt, eine gesetzliche Pflicht zur Weitergabe von Informationen an andere Abschlußprüfer besteht jedoch nicht.[43] Liegen die Verhältnisse bei den ausländischen Abschlußprüfern ähnlich, so ist eine entsprechende Anpassung des Auftrags notwendig, um der Verschwiegenheitsproblematik begegnen zu können. In der Schweiz ist beispielsweise eine Entbindung des Abschlußprüfers von der Verschwiegenheit nur durch die Geschäftsführung des Tochterunternehmens möglich.

II. Übernahme von Prüfungsergebnissen ausländischer Abschlußprüfer

Ein deutscher Konzernabschlußprüfer ist im Rahmen seiner Gesamtverantwortung für die Ordnungsmäßigkeit der Konzernabschlußprüfung verpflichtet, sich von der Vertrauenswürdigkeit des fremden Urteils zu überzeugen um dann entscheiden zu können, inwieweit er die Prüfungsergebnisse anderer Prüfer „übernehmen oder in Teilen verwerten kann."[44] Sowohl das IDW als auch die oben genannten Organisationen IFAC und FEE kommen zu dem Schluß, daß befreiende Prüfungen Dritter den Konzernabschlußprüfer nicht von seiner Gesamtverantwortung und damit auch nicht von der Gesamthaftung entbinden. Einigkeit besteht desweiteren hinsichtlich der Übernahme oder Verwertung fremder Prüfungsergebnisse, da alle drei Organisationen dies grundsätzlich für möglich erach-

41 IDW (HFA-Fachgutachten).
42 Hömberg (IDW-Fachgutachten) S. 1783.
43 Zu diesem Schluß kommt auch Rusch (Prüfungsergebnisse) S. 260.
44 Vgl. IDW (HFA-Fachgutachten).

ten,[45] sofern der Berufskollege für die Durchführung der Prüfung hinreichend qualifiziert ist und seine Arbeiten unabhängig ausgeführt hat.[46]

Um dies beurteilen zu können, hat sich der Konzernabschlußprüfer von der fachlichen Qualifikation und der persönlichen Integrität des ausländischen Abschlußprüfers ein Bild zu machen und muß dieses mit der Qualifikation des deutschen Wirtschaftsprüfers vergleichen. Das Vergleichsniveau wird hierbei grundsätzlich von den Anforderungen und Zulassungsvoraussetzungen der WPO definiert, die die strengen personellen und sachlichen Voraussetzungen bestimmt.

1. Personelle Voraussetzungen des ausländischen Abschlußprüfers

Die personellen Voraussetzungen eines deutschen Wirtschaftsprüfers sind in § 43 WPO geregelt. Demnach ist das Standesmitglied verpflichtet, seine Prüfungstätigkeit unabhängig, unbefangen und unparteilich durchzuführen und dabei den Geboten der Verschwiegenheit, Gewissenhaftigkeit und Eigenverantwortlichkeit zu gehorchen.[47]

Der Grundsatz der Unabhängigkeit besagt im wesentlichen, daß der Wirtschaftsprüfer seine Aufgaben frei von jeder Abhängigkeit von Auftraggeber und Dritten ausführen muß. Aufgrund der Maßgabe der Unbefangenheit und Unparteilichkeit ist der Abschlußprüfer verpflichtet, seine Feststellungen und Entscheidungen frei von persönlicher, wirtschaftlicher oder rechtlicher Beeinflussung zu treffen und dabei absolute Neutralität zu wahren. Das Gebot der Verschwiegenheit ist zeitlich und personell nicht begrenzt, so daß der Wirtschaftsprüfer auch Berufskollegen und Gerichten gegenüber grundsätzlich zur Diskretion verpflichtet ist.[48] Darüber hinaus hat er „seinen Beruf gewissenhaft auszuüben, also die für die Berufsausübung maßgebenden Gesetze, deren Auslegung durch die Gerichte und die sonstigen anerkannten fachlichen Regeln zu beachten; als solche sind z. B. die Fachgutachten und fachlichen Stellungnahmen der entsprechenden IDW-Gremien sowie die GoB anzusehen."[49] Der Grundsatz der Eigenverantwortlichkeit verpflichtet den Wirtschaftsprüfer schließlich, nur den in § 44 Abs. 1 WPO genannten Tätigkeiten nachzugehen und dabei keine fachlichen Weisungen auszuführen, die seiner Überzeugung widersprechen.[50]

Soll nun die Qualifikation eines ausländischen Kollegen beurteilt werden, sind

---

45 Zur Verwendung fremder Prüfungsergebnisse nimmt sowohl das HFA-Fachgutachten 1/1988 als auch die International Auditing Guideline Nr. 5 der IFAC und die Empfehlung Nr. 2 der UEC Stellung. Vgl. IDW (HFA-Fachgutachten), International Federation of Accountants (Leitsatz) sowie Union Européenne des Experts-Comptables Economiques et Financiers (UEC).

46 Zu diesem Schluß kommt Rusch im Rahmen einer Untersuchung, bei der er Stellungnahmen des IDW mit denen der IFAC und der FEE verglichen hat. Vgl. Rusch (Prüfungsergebnisse) S. 259.

47 Vgl. § 43 WPO.

48 Vgl. IDW (WP-Handbuch) S. 46ff.

49 IDW (WP-Handbuch) S. 51.

50 Vgl. IDW (WP-Handbuch) S. 52.

die genannten deutschen Erfordernisse mit den berufsrechtlichen Bestimmungen des jeweiligen Landes einschließlich der dort herrschenden Grundsätze ordnungsmäßiger Abschlußprüfung zu vergleichen.[51] Dabei muß zwischen Abschlußprüfern, die in einem EG-Mitgliedstaat zugelassen sind und anderen ausländischen Prüfern unterschieden werden.

Gemäß § 317 Abs. 2 Satz 3 und 4 HGB i. V. m. § 319 Abs. 1 kann davon ausgegangen werden, daß Abschlußprüfungen, die von Wirtschaftsprüfern der Mitgliedstaaten durchgeführt werden, befreiende Wirkung haben, da die Anforderungen der 8. EG-Richtlinie („Prüferrichtlinie") im wesentlichen den Grundsätzen des deutschen Berufsstandes entsprechen und diese somit den personellen Voraussetzungen genügen.

Bei Wirtschaftsprüfern ohne Zulassung in einem Mitgliedsland der Europäischen Union ist über das IdW zu prüfen, ob der betreffende Prüfer Mitglied einer Berufsorganisation ist, deren Prüfungsgrundsätze oder nationalen Vorschriften den Richtlinien der genannten Organisationen entsprechen und die ausreichende Anforderungen im Sinne des § 317 Abs. 2 Satz 3 an die Qualifikation und persönliche Integrität der Standesmitglieder stellt, da dann von einer Gleichwertigkeit der Befähigung ausgegangen werden kann.

In der Praxis ist diese Einschätzung allerdings aufgrund fehlender aktueller und übersichtlicher Informationen hinsichtlich der rechtlichen Grundlagen des ausländischen Berufsrechts nicht immer unproblematisch. Sie wird sowohl durch Sprachprobleme als auch durch eine fehlende prüferische Tradition einiger osteuropäischer und orientalischer Länder zusätzlich erschwert, so daß eine zuverlässige Beurteilung des Prüfungsstandards nicht immer möglich ist.[52] Bei Prüfern westlicher Industrieländer kann jedoch ein hoher Professionalisierungsgrad aufgrund anspruchsvoller Berufsexamina sowie berufsethischer Grundsätze in der Regel vorausgesetzt werden.[53]

Kommt man bei der Beurteilung der Qualifikation des ausländischen Abschlußprüfers zu dem Schluß, daß dieser über eine gleichwertige fachliche Qualifikation verfügt und seine Urteilsbildung frei und unabhängig erfolgt, so „ist der Abschlußprüfer von eigenen Prüfungshandlungen (grundsätzlich) befreit..."[54] Inwie- weit der ausländische Prüfer diese berufsrechtlichen Normen in praxi beachtet, läßt sich dadurch allerdings nicht feststellen, so daß es ratsam scheint, die Einhaltung der berufsethischen Grundsätze durch eine Unabhängigkeitserklärung des ausländischen Prüfers sicherzustellen.

2. Sachliche Voraussetzungen des ausländischen Abschlußprüfers

Neben den personellen Voraussetzungen des ausländischen Berufskollegen hat der Konzernabschlußprüfer aufgrund seiner Gesamtverantwortung auch zu prüfen,

51 Vgl. Linden (Zusammenarbeit) S. 338.
52 Vgl. Baetge (Konzernrechnungslegung) S. 177.
53 Zu diesem Schluß kommt auch die Untersuchung von Hofmann (Berufsorganisation).
54 IDW (HFA-Fachgutachten) S. 24.

ob die Vollständigkeit der Prüfung sowie die Objektivität der Urteilsbildung des Einzelabschlußprüfers sichergestellt ist. Eine Überprüfung dieser sachlichen Voraussetzungen ist auch dann geboten, wenn der Einzelabschlußprüfer dem Jahresabschluß des Tochterunternehmens einen Bestätigungsvermerk[55] erteilt hat.[56]

Zur Urteilsfindung werden in der Regel die gelieferten Prüfungs- und Konsolidierungsunterlagen des ausländischen Prüfers herangezogen. Je nachdem ob die Einzelabschlußprüfung von einer der großen Prüfungsgesellschaften, einer kleinen Sozietät oder einem Einzelprüfer durchgeführt wird, unterscheidet sich die Vorgehensweisen bei der Beurteilung der Arbeitsergebnisse des ausländischen Abschlußprüfers.

Gehören sowohl der Konzernprüfer als auch der Einzelabschlußprüfer derselben Gesellschaft an, erfolgt über sogenannte „Interoffice job arrangements“ eine Auftragserteilung innerhalb des Verbundes, die sicherstellt, daß Art und Umfang der Prüfungshandlungen sowie Haftungsfragen geregelt werden. In diesem Fall ist eine Übernahme der Prüfungsergebnisse ohne weiteres Nachvollziehen der getätigten Prüfungshandlungen üblich.

Gehören beide Prüfungspartner unterschiedlichen internationalen Wirtschaftsprüfungsgesellschaften an, ist es in der internationalen Praxis zwischenzeitlich ebenfalls Usus, auf das Nachvollziehen der Prüfungshandlungen der Kollegen zu verzichten. Dies liegt daran, daß von den „Big 6“-Gesellschaften im wesentlichen ähnliche Vorgehensweisen hinsichtlich der Planung und Durchführung von Konzernabschlußprüfungen befolgt werden und durch umfangreiche Qualitätssicherungsprogramme[57] eine Vergleichbarkeit der Prüfungsqualität in der Regel sichergestellt ist.[58] Diese Vorgehensweise wird auch durch die Stellungnahmen der genannten internationalen Verbände gestützt, da auch die IFAC die Auffassung vertritt, daß bei Mitgliedern eines internationalen Verbundes aufgrund vergleichbarer Qualitätssicherungsmaßnahmen eine Überprüfung entfallen kann.[59]

Handelt es sich bei dem ausländischen Prüfer hingegen um ein Mitglied einer lokalen Gesellschaft oder um einen Einzelprüfer, so erfolgt die Beurteilung der Übernahmefähigkeit auf Basis der nachfolgend dargestellten Unterlagen.

Zur Beurteilung der Arbeitsergebnisse ausländischer Prüfer werden in der Praxis in jedem Fall die geprüften Konsolidierungsformulare („Reporting Package“) mit dem entsprechenden Prüfungsvermerk („Standard Opinion“) herangezogen, die überwiegend von Unterlagen begleitet werden, die die Vorgehensweise und

---

55 Dabei ist es unerheblich, ob ein uneingeschränkter Bestätigungsvermerk vorliegt oder eine Einschränkung bzw. Ergänzung vorgenommen wurde, da der ausländische Prüfer in allen Fällen ein Urteil über den Jahresabschluß abgegeben hat. Vgl. hierzu auch Baetge (Konzernrechnungslegung) S. 186.

56 Vgl. Linden (Zusammenarbeit) S. 339.

57 Vgl. hierzu auch Heydkamp/Dyck (Qualitätsnormen) S. 223.

58 Bei Arthur Andersen werden Prüfungsstandards durch die „Audit Objectives and Procedures“ (AOP) weltweit einheitlich geregelt. Die Einhaltung derselben wird über ein internes Qualitätssicherungsprogramm ständig überprüft.

59 Vgl. Rusch (Prüfungsergebnisse) S. 259.

einzelnen Ergebnisse der lokalen Prüfung erkennen lassen.[60] Dabei ist beispielsweise an Feststellungen zum internen Kontrollsystem im Rahmen der Vorprüfung zu denken, die regelmäßig in sogenannten „Problem-“ oder „Management“ Lettern übermittelt werden. Die abschließenden Feststellungen des Prüfers bei dessen Hauptprüfung werden dem Konzernprüfer durch ein „Final Memorandum“ mitgeteilt. Wünschenswert ist darüber hinaus der testierte Prüfungsbericht zum landesrechtlichen Abschluß, die Überleitung der HB I zur HB II anhand der vorgenommenen Anpassungsbuchungen sowie wesentliche Informationen zu konsolidierungspflichtigen Tatbeständen.

Die Einhaltung der GoB sowie der konzerneinheitlichen Bilanzierungs- und Bewertungsvorgaben des Mutterunternehmens werden in der Praxis häufig anhand eines Fragebogens abgefragt, der dem Einzelabschlußprüfer zur Beantwortung vorgelegt wird. Daraus soll unter anderem ersichtlich werden, wie die Tochtergesellschaft die Vorschriften des Mutterunternehmens erfüllt hat. Der Einzelabschlußprüfer sollte darüber hinaus in Kurzform seinen Prüfungsumfang sowie seine Wesentlichkeitsüberlegungen darstellen. Dabei ist auf den Gesamtumfang der Prüfungshandlungen abzustellen und nicht auf die Prüfungsschritte in den einzelnen Bilanzpositionen. Statistische Angaben zur Deckungsquote bei Saldenbestätigungsaktionen sind beispielsweise nicht notwendig. Eine Einsichtnahme der Arbeitspapiere ist möglich, wird aber nur in seltenen Fällen durchgeführt.[61]

Ergeben sich bei der Durchsicht der Arbeitsergebnisse Zweifel an der Prüfungsqualität des Berufskollegen oder liegen andere Anhaltspunkte dafür vor, daß die Prüfungsergebnisse unzutreffend sind, so ist der Konzernabschlußprüfer verpflichtet, weitere Prüfungshandlungen vom Einzelabschlußprüfer zu fordern oder sich durch eigene Prüfungshandlungen davon zu überzeugen, daß sich daraus keine wesentlichen Konsequenzen für die Gesetzmäßigkeit des Konzernschlusses ergeben.[62] Wurde der Bestätigungsvermerk versagt, darf der Einzelabschluß aufgrund der schwerwiegenden Mängel, die zu einer Verweigerung des Testats geführt haben, nicht in den Konzernabschluß übernommen werden.

F. Organisation der Beziehungen zu ausländischen Abschlußprüfern

Zur Gewährleistung der Vollständigkeit und der einheitlichen Bilanzierung und Bewertung i.S.d. §§ 300, 308 HGB sowie der Vorschriften zu den einzelnen Kon-

---

60 Die Prüfungsgrundsätze von Arthur Andersen sehen diese Schritte ebenfalls als Minimalprüfung einer sorgfältigen Konzernabschlußprüfung vor.

61 Dabei ist grundsätzlich fraglich, ob er einem fremden Prüfer seine Arbeitspapiere ohne weiteres aushändigen will und kann, insbesondere dann, wenn der andere Prüfer nicht dem gleichen Verbund angehört. Vgl. hierzu auch die Ausführungen bei Linden (Zusammenarbeit) S. 339.

62 Vgl. IDW (HFA-Fachgutachten) S. 24. Zur Frage der Wesentlichkeit bestehen bei Arthur Andersen firmeninterne Grundsätze, die ein weitgehend einheitliches Vorgehen bei Konzernabschlußprüfungen ermöglichen.

solidierungsmaßnahmen sollte das Management des Mutterunternehmens in einem ersten Schritt das Tochterunternehmen durch entsprechende organisatorische Maßnahmen und angemessene Hilfestellungen in die Lage versetzen, die engen Termine der Konzernabschlußprüfung einhalten zu können.[63] Gleiches gilt auf Ebene der ausländischen Abschlußprüfer, deren Prüfungsdurchführung durch entsprechende Hilfestellungen des Konzernabschlußprüfers ebenfalls effizienter gestalten werden kann.

Um eine effiziente Prüfungsdurchführung durch den ausländischen Abschlußprüfer sicherzustellen, ist die Vorgabe eines verbindlichen Terminkalenders für alle Tochterunternehmen zwingend notwendig. Dieser Zeitplan sollte klar definierte Zwischenschritte enthalten, um so eine regelmäßige Kontrolle zu ermöglichen. Der zeitliche Rahmen muß den betroffenen Unternehmen sowie dem ausländischen Abschlußprüfer rechtzeitig kommuniziert werden, um eine entsprechende Vorbereitung und Umsetzung sicherzustellen.

Die sachgerechte und fristgemäße Erstellung des Konzernabschlusses durch die Mitarbeiter der Tochtergesellschaft kann wesentlich durch eine für alle Beteiligten verbindliche, schriftliche Konzernrichtlinie erleichtert werden, die auf Basis der Konzernbilanzpolitik des Mutterunternehmens einheitliche Buchführungsrichtlinien sowie Bilanzierungs- und Bewertungsvorschriften enthalten sollte, um so verbindliche Vorgaben für die Vorgehensweise bei der Erstellung der HB II sicherzustellen. Die praktische Umsetzung dieser Vorschriften wird durch den Einsatz einheitlicher Formularsätze unterstützt.[64] Bei den Vorgaben ist auf die Verständlichkeit für Leser zu achten, die kaum über Kenntnisse des deutschen Rechtssystems verfügen.

Durch eine einheitliche Bilanzierungs- und Bewertungsrichtlinie des Mutterunternehmens soll sichergestellt werden, daß entweder bereits die HB I einer ausländischen Tochtergesellschaft den Konsolidierungserfordernissen entspricht, oder aber die Überleitungsvorschriften zur Erstellung der HB II eingehalten werden. In der Praxis werden hierfür häufig Konzernhandbücher in Zusammenarbeit mit dem Konzernabschlußprüfer erstellt, die Angaben zur Gliederung der Bilanz und der Gewinn- und Verlustrechnung und zu Inhalten der einzelnen Bilanzpositionen machen. Des weiteren sind darin Angaben zur Anwendung der jeweiligen Bewertungsmethoden sowie Vorschriften zur konzerneinheitlichen Ausübung von Bilanzierungswahlrechten enthalten, die durch Hinweise zur Behandlung konzerneinheitlicher Vorgänge ergänzt werden.

Einheitliche Formularsätze erleichtern die Vollständigkeitskontrolle und eine

63 § 290 Abs. 1 HGB sieht eine Fünf-Monatsfrist für die Erstellung des Konzernabschlusses durch die gesetzlichen Vertreter des Mutterunternehmens vor. Dabei muß unterstellt werden, daß die einbezogenen Einzelabschlüsse bis zu diesem Zeitpunkt geprüft und festgestellt sind, auch wenn dies im Gesetz nicht expressis verbis enthalten ist. In der Praxis werden häufig noch engere Termine gesteckt, so daß eine effiziente Prüfungsdurchführung zunehmend an Bedeutung gewinnt. Vgl. hierzu auch ADS (Rechnungslegung) § 290, Tz. 173.

64 Vgl. Ellerich (Probleme) S. 1378ff.

effizientere Weiterverarbeitung der gelieferten Unterlagen beim Mutterunternehmen, da die Erfassung der Jahresabschlüsse durch weitgehende Normierung vereinfacht wird. In der Praxis werden einheitliche Datenerfassungsbelege insbesondere für die Erfassung konzerneinheitlicher Tatbestände wie beispielsweise Innenumsätze, konzerninterne Bestände, Konzernherstellungskosten, Forderungen und Verbindlichkeiten im Verbundbereich oder konzerninternen Aufwendungen und Erträge eingesetzt.

Sowohl die genannten Elemente der Konzernrichtlinie als auch die Formularsätze dienen nicht nur dem ausländischen Tochterunternehmen als Hilfestellungen, sondern sind auch für die Prüfungszwecke des ausländischen Prüfers von Bedeutung, da dieser im Rahmen der HB II-Prüfung ebenfalls über ein angemessenes Verständnis der deutschen Bilanzierungs- und Bewertungsrichtlinien verfügen muß. Um eine sorgfältige Anwendung der konzerneinheitlichen Vorgaben sicherzustellen, wird in der Praxis überwiegend verlangt, daß die ausländischen Abschlußprüfer diese Formularsätze unterzeichnen.

Zur Steigerung der Akzeptanz der Konzernrichtlinie bei den Tochterunternehmen haben sich Schulungen der betroffenen Mitarbeiter als positiv erwiesen. In diese Schulungen, die die Muttergesellschaft für Mitarbeiter ihrer Tochtergesellschaften durchführt, sollte auch der ausländische Abschlußprüfer einbezogen werden, da dieser so ein besseres Verständnis der Schwierigkeiten einer sachkundigen Umsetzung gewinnen kann. Um Mißverständnisse aufgrund von Sprachproblemen zu vermeiden, empfiehlt es sich, die Richtlinie auch in englischer Sprache herauszugeben. Aus Kostengründen wird in der Praxis auf eine Übersetzung der Anweisungen in die jeweilige Landessprache überwiegend verzichtet. Desweiteren ist es für die Durchsetzung der Richtlinie von Vorteil, wenn sowohl für die Mitarbeiter der Gesellschaft als auch für den Abschlußprüfer vor Ort ein qualifizierter Ansprechpartner in der Muttergesellschaft oder beim Konzernprüfer vorhanden ist.

G. Schlußbemerkungen

Mit der Umsetzung des sogenannten „Weltabschlußprinzips“ hat sich für den Konzernabschlußprüfer eine neue Prüfungsdimension eröffnet, da nun auch ausländische Jahresabschlüsse in den deutschen Konzernabschluß einbezogen werden müssen und die ausländischen Rechnungslegungselemente zwingend an die konzerneinheitlichen Bilanzierungs- und Bewertungsrichtlinien des deutschen Mutterunternehmens anzupassen sind.

Da Konzernabschlüsse international tätiger Unternehmen in der Regel eine Vielzahl ausländischer Tochterunternehmen umfassen, ist es für den Konzernabschlußprüfer aufgrund der unterschiedlichen Rechnungslegungsvorschriften nicht mehr praktikabel, seine Prüfung ohne die Hilfe anderer Abschlußprüfer durchzuführen.

Welche Probleme sich bei der Zusammenarbeit von Konzernabschlußprüfer und Einzelabschlußprüfer ergeben können, haben die vorangegangenen Ausführungen gezeigt. Insgesamt läßt sich feststellen, daß für den Konzernabschlußprüfer zusätzliche Aufgaben aus der Übernahme oder Verwertung fremder Arbeitsergebnisse resultieren, während sich für den Einzelabschlußprüfer angesichts des Verschwiegenheitsgebots hauptsächlich die Frage nach dem zulässigen Umfang der Informationsweitergabe an den Konzernabschlußprüfer stellt.

Die Stellungnahmen der nationalen und internationalen Fachverbände, die in diesem Artikel angesprochen wurden, haben gezeigt, daß hinsichtlich der Übernahme fremder Prüfungsergebnisse eine einheitliche Linie vorherrscht. Einstimmig ist festzustellen, daß das Vorliegen fremder Prüfungsergebnisse den Konzernabschlußprüfer nicht von seiner Gesamtverantwortung und der damit einhergehenden Haftung für die korrekte Darstellung der Vermögens-, Finanz- und Ertragslage des Konzerns entbindet.[65] Die Stellungnahmen des IDW, der FEE sowie der IFAC haben auch gezeigt, daß sich in bezug auf die Verwendung fremder Arbeitsergebnisse gewisse Grundregeln herauskristallisiert haben.

Eine Verwendung der Prüfungsergebnisse anderer Prüfer ohne angemessene Kontrollen durch den Konzernabschlußprüfer ist grundsätzlich nicht möglich. Was im einzelnen als angemessen zu betrachten ist, hängt von der fachlichen und persönlichen Qualifikation des Berufskollegen ab. Ergeben sich bei der kritischen Durchsicht der gelieferten Unterlagen Zweifel an der Qualität der Prüfungsarbeit, ist der Konzernabschlußprüfer verpflichtet, zusätzlich eigene Prüfungsschritte durchzuführen.

Da die Angemessenheit der vom Konzernabschlußprüfer getroffenen Sicherheitsvorkehrungen im Schadensfall für die Haftungsfrage von wesentlicher Bedeutung sein kann, ist es für den Konzernabschlußprüfer wichtig, die IDW-Stellungnahmen zu beachten, aber auch den Leitsätzen der IFAC und der FEE und den Neuerungen angemessene Beachtung zu schenken, da dort das Ausmaß der notwendigen Kontrollen geregelt wird.

Literaturverzeichnis

ADS – Adler/Düring/Schmaltz (Rechnungslegung): Rechnungslegung und Prüfung der Unternehmen, 5. Aufl., Stuttgart 1987.

Aktiengesetz vom 6. September 1965, zuletzt geändert durch Gesetz vom 2. 8. 1994, BGBl. I S. 1961).

Baetge, Jörg (Konzernrechnungslegung): Prüfung des Konzernabschlusses, in: Baetge; Jörg (Hrsg.), Konzernrechnungslegung und -prüfung, Düsseldorf 1990, S. 175–200.

Bilanzrichtliniengesetz vom 19. Dezember 1985, BGBl. I., S. 2355.

Ellerich, Marian (Probleme): Praktische Probleme bei erstmaliger Konzernrechnungslegung im GmbH-Konzern, in: Betriebs-Berater 1990, S. 1377–1388.

Ferk, Hans (Abschlußprüfung): Abschlußprüfung von ausländischen Tochtergesellschaften deutscher Konzerne, in: Der Betrieb 1993, S. 337–340.

Gesetz über eine Berufsordnung der Wirtschaftsprüfer (WPO) vom 24. Juli 1961 in der

65 Zu diesem Schluß kommt auch Rusch (Prüfungsergebnisse) S. 266.

Fassung vom 5. November 1975 (BGBl. I., S. 2803), zuletzt geändert durch Gesetz vom 30. 8. 1994 (BGBl. II, S. 1438).

Handelsgesetzbuch (HGB) vom 10. Mai 1897 zuletzt geändert durch Gesetz vom 24. 6. 1994 (BGBl. I S. 1377).

Heydkamp, Werner F; Dyck, Klaus (Qualitätsnormen): Qualitätsnormen international operierender Wirtschaftsprüfungsgesellschaften, in: Schitag Ernst & Young-Gruppe (Hrsg.): Aktuelle Fachbeiträge aus Wirtschaftsprüfung und Beratung, Festschrift zum 65. Geburtstag von Professor Dr. Hans Luik, Stuttgart 1991, S. 217–236.

Hofmann, Rolf (Berufsorganisation): Berufsorganisation und Qualifikation externer und interner Prüforgane sowie verwandter Berufe in Euopa und in den USA, in: Der Betrieb 1989, S. 637–642.

IDW – Institut der Wirtschaftsprüfer in Deutschland e. V. (HFA-Fachgutachten): HFA-Fachgutachten 1/1988, in: Die Wirtschaftsprüfung, 1989, Nr. 1, S. 9.

IDW – Institut der Wirtschaftsprüfer in Deutschland e. V (Hrsg.) (WP-Handbuch): WP-Handbuch, Handbuch für Rechnungslegung, Prüfung und Beratung, Band I, 10. Aufl., Düsseldorf 1992.

Institute of Chartered Accountants (Auditing Guideline 415): Auditing Guideline 415, Group financial statements – Reliance on the work of other auditors, 1986.

International Federation of Accountants (Leitsatz): Leitsatz (Guideline) Nr. 5, Die Verwendung der Arbeit eines anderen Abschlußprüfers, in: IDW-Fachnachrichten 1980, S. 138–139 und 1981, S. 226.

Linden, Gerhard S. (Zusammenarbeit): Die Zusammenarbeit deutscher und ausländischer Wirtschaftsprüfer im Gemeinsamen Markt, in: Warth & Klein GmbH, Wirtschaftsprüfungsgesellschaft (Hrsg.): Wirtschaftsprüfung und Unternehmensberatung in Wissenschaft und Praxis, Bd. I.: Wirtschaftsprüfung im Gemeinsamen Markt 1992, Stuttgart 1989, S. 329–352.

Lück, Wolfgang; Holzer, Peter (Krise): Die Krise des wirtschaftsprüfenden Berufsstandes in den USA, in: Der Betrieb 1993, S. 237–242.

Richtlinien für die Berufsausübung der Wirtschaftsprüfer und vereidigten Buchprüfer gemäß § 57 Abs. 2 Nr. 5 der Wirtschaftsprüferordnung vom 24. Juli 1961 in der Fassung der Bekanntmachung der Neufassung vom 5. November 1975 (BGBl. I., S. 2803), zuletzt geändert durch Art. 6 des ersten Rechtsbereinigungsgesetzes vom 24. April 1986 (BGBl. I., S. 560), festgestellt von der Wirtschaftsprüferkammer (Körperschaft des öffentlichen Rechts), Stand: 12. März 1987, Düsseldorf, 1987.

Rusch, Horst (Prüfungsergebnisse): Die Verwendung von Prüfungsergebnissen und Untersuchungen Dritter, in: Gross, Gerharrd (Hrsg.): Der Wirtschaftsprüfer im Schnittpunkt nationaler und internationaler Entwicklungen; Festschrift für Klaus v. Wysocki, Düsseldorf 1985, S. 253–267.

Sahner, Friedhelm; Terhürne, Heinz (Vorbereitung): Organisatorische Vorbereitung einer Konzernrechnungslegung unter dem Gesichtspunkt einheitlicher Vermögens- und Finanzdarstellung sowie Erfolgsermittlung, in: Warth & Klein GmbH, Wirtschaftsprüfungsgesellschaft (Hrsg.): Wirtschaftsprüfung und Unternehmensberatung in Wissenschaft und Praxis, Bd. I.: Wirtschaftsprüfung im Gemeinsamen Markt 1992, Stuttgart 1989, S. 187–272.

Selchert, Friedrich, W.; Baukmann, Dirk (Konsolidierungskreis): Die untergeordnete Bedeutung von Tochterunternehmen im Konsolidierungskreis, in: Betriebs-Berater 1993, S. 1325–1332.

Union Européenne des Experts-Comptables Economiques et Financiers (UEC): Empfehlung Nr. 2: Die Verwendung der Arbeit eines anderen Abschlußprüfers, in: IDW-Fachnachrichten 1978, S. 261–263.

Wetzel, Walter (Schranken): Die freiberufliche Tätigkeit des Wirtschaftsprüfers in den Mitgliedstaaten der Eurpäischen Gemeinschaften – Schranken und Perspektiven, in: Warth & Klein GmbH, Wirtschaftsprüfungsgesellschaft (Hrsg.): Wirtschaftsprüfung und Unternehmensberatung in Wissenschaft und Praxis, Bd. I.: Wirtschaftsprüfung im Gemeinsamen Markt 1992, Stuttgart 1989, S. 355–375.

7. EG-Richtlinie, 83/349/EWG, in: ABlEG Nr. L 193 vom 18. Juli 1983.

Vernetzung von zentraler Revision und dezentralen Revisionseinheiten im Volkswagen Konzern

Dipl.-Kfm. Bodo Reinecke, Prokurist, Volkswagen AG, Wolfsburg

A. Allgemeine Überlegungen zum Revisionsstandort im Konzern

I. Vorbemerkung

Das Problem des Standortes der Internen Revision im Unternehmen ist eng verbunden mit dem Problem der organisatorischen Einordnung der Internen Revision in das Unternehmensgefüge.

So wie für die organisatorische Einordnung in der Literatur eine ausreichend hohe hierarchische Einordnung oberhalb der zu prüfenden Bereiche[1] als zweckmäßig erscheint und sich in der Praxis die möglichst hohe Einordnung beim Vorstandsvorsitzenden als vorteilhaft herausgestellt hat, so gilt für den Standort zunächst grundsätzlich „je näher bei der Unternehmensleitung desto besser", wenn damit nicht andere Überwachungsnachteile verbunden sind.

Schwieriger wird die Antwort, wenn es sich bei dem Unternehmen um einen

1 Heigl, Anton: Controlling - Interne Revision, 2. Aufl., Stuttgart 1989

weit verzweigten Konzern mit heterogenen Geschäftsfeldern (Mischkonzern) oder mit homogenen Geschäftsfeldern (Volkswagen Konzern) handelt.

II. Übersicht von Kombinationsformen in der Praxis

Zur Frage der optimalen Organisation der Revision im Konzern, nämlich
- Zentrale Revision
  oder
- Kombination zentraler und dezentraler (lokaler) Revision

und der damit verbundenen Berichtsweg- und Standortfragen bieten sich in der Praxis grundsätzlich folgende Abstufungen (Abbildung 1):

Organisationsform bzw. Standort der Revision im Konzern	**Organisatorische Aufhängung der dezentralen Revision bei:**		
	zentraler Konzernrevision	zentraler Konzernrevision und dezentralem Management	dezentralem Management
nur zentrale Konzernrevision	Bosch Mannesmann (verfügen über selbständige Revisionsgesellschaften)		
kombinierte zentrale Konzernrevision und dezentrale Revisionen	Unilever Ford	Volkswagen	Daimler Benz Siemens

Abbildung 1: Übersicht unterschiedlicher organisatorischer Ausprägungen in der Praxis

Zentrale Revision
Zentrale Konzernrevision am Standort der Konzernverwaltung bzw. rechtlich ausgegliedert als selbständige Revisionsgesellschaft

Zentrale Revision, dezentral positioniert
Ohne Weisungsrecht des dezentralen Managements gegenüber der dezentralen Revision

Zentrale Revision und dezentrale Revision
a) mit kombiniertem Weisungsrecht des dezentralen Managements und der zentralen Revision gegenüber dezentraler Revision

b) mit alleinigem Weisungsrecht des dezentralen Managements gegenüber dezentraler Revision

III. Entscheidungskriterien im Volkswagen-Konzern

Folgende Faktoren haben bestimmenden Einfluß auf die Entwicklung der Revisionsstandorte im Volkswagen-Konzern.

- Zunächst der allgemeine Revisionsgrundsatz, wonach die Revision die Unternehmensleitung in ihrer Überwachungsfunktion durch Prüfungen in allen Geschäftsbereichen unterstützt.
  Danach verfügen rechtlich und wirtschaftlich selbständige Konzerngesellschaften über eine eigene dezentrale Revisionsfunktion.
- Die Konzernrevision berichtet direkt an den Vorstandsvorsitzenden der Konzern-(Mutter)gesellschaft.
  Daraus leitet sich eine Dominanz der Konzernrevision für die dezentralen Revisionen ab.
- Die strategische Überlegung, wonach die Dezentralisierung operativer Funktionen als Gegengewicht eine Zentralisierung der Überwachungsfunktionen erfordert, spricht für eine zentrale und unabhängige Konzernrevision.
- Gesetzliche Vorschriften wie das Kreditwesengesetz (KWG) schränken den vorgenannten Grundsatz insofern ein, als sie für die konzerneigene Bank eine eigene Revision fordern.
- Dagegen spricht das zwischenstaatliche Steuergefälle als Standortfaktor für einen zentralen Revisionsstandort u. U. weitab vom Sitz der Konzernleitung, wo die Revisionsfunktion vollständig oder zumindest teilweise regional dezentralisiert wahrgenommen wird (siehe hierzu Ausführungen unter Pkt. C. III.).
- Das Prinzip der „Kundennähe" spricht für dezentrale Revisionsstandorte.
- Last but not least erfordert das Wirtschaftlichkeitsprinzip unter Berücksichtigung von Arbeits- und Transportkosten in der Regel dezentrale Revisionen.

Die Abwägung der genannten Faktoren bzw. ihrer Auswirkungen hat im Volkswagen-Konzern zu einer Kombination aus zentraler und dezentralen Revisionen geführt, in der durch die Einführung des uneingeschränkten Weisungsrechts der Konzernrevision gegenüber den dezentralen Revisionseinheiten in der Form der „Vernetzung" eine ausreichende Durchgriffsmöglichkeit des Konzerns gesehen wird.

B. Grundsätze der vernetzten Zusammenarbeit

I. Ziele

Aufgabe der Revision ist die wirksame Unterstützung der Unternehmensleitung in ihrer Überwachungsfunktion kritischer Entwicklungen im Konzern.

Zweck der Kombination zentraler und dezentraler Revisionsfunktionen im Konzern ist die Verbindung strategischer und wirtschaftlicher Zielsetzungen, nämlich die uneingeschränkte Durchdringung relevanter Sachverhalte bei Konzerngesellschaften durch die zentrale Konzernrevision bei kostengünstiger Einbindung bestehender dezentraler Revisionseinheiten.

II. Organisation der Konzernrevision

Die organisatorische Anbindung (Berichtsweg) der Konzernrevision besteht beim Vorstandsvorsitzenden und stellt uneingeschränkte, ressortübergreifende Revisionsaktivitäten sicher.

Die funktionale Gliederung der Konzernrevision ist prozeßorientiert, d.h. die permanente Spezialisierung der Prüfungsteams ist nach Kerngeschäftsprozessen und unterstützenden Prozessen des Konzerns ausgerichtet (Abbildung 2). Zur Intensivierung der Prozeßorientierung erfolgt außerdem eine funktionsübergreifende Prüfungsteambildung und -vernetzung.

Die funktionale/prozeßorientierte Zuständigkeit der Prüfungsleiter der Konzernrevision wird ergänzt durch die matrixartige Zuordnung von Konzerngesellschaften mit dezentralen Revisionseinheiten (Abbildung 3) und solchen ohne lokale Revision, die revisionsmäßig durch die Konzernrevision abgedeckt werden.

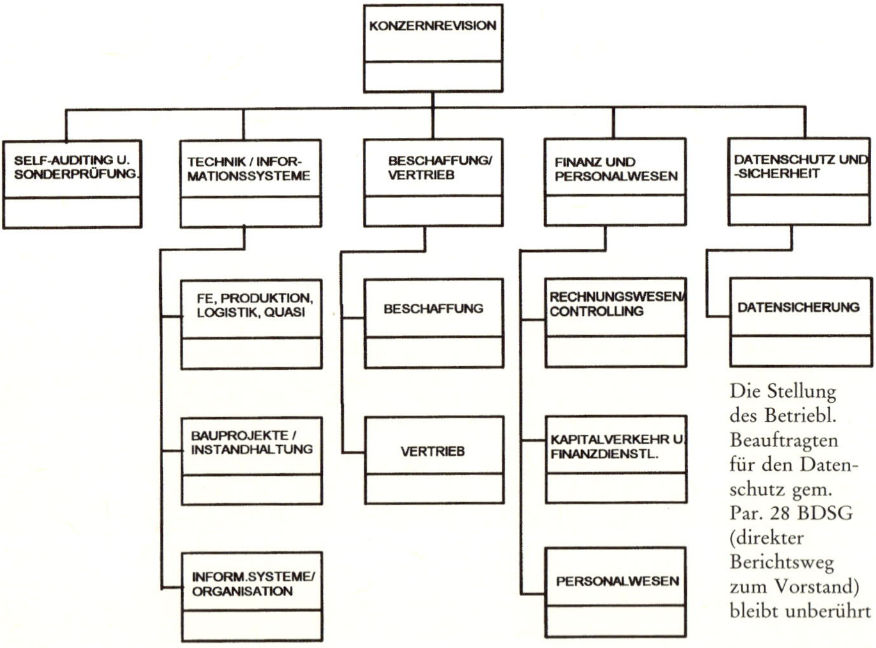

Abbildung 2: Organisationsplan der VW Konzernrevision

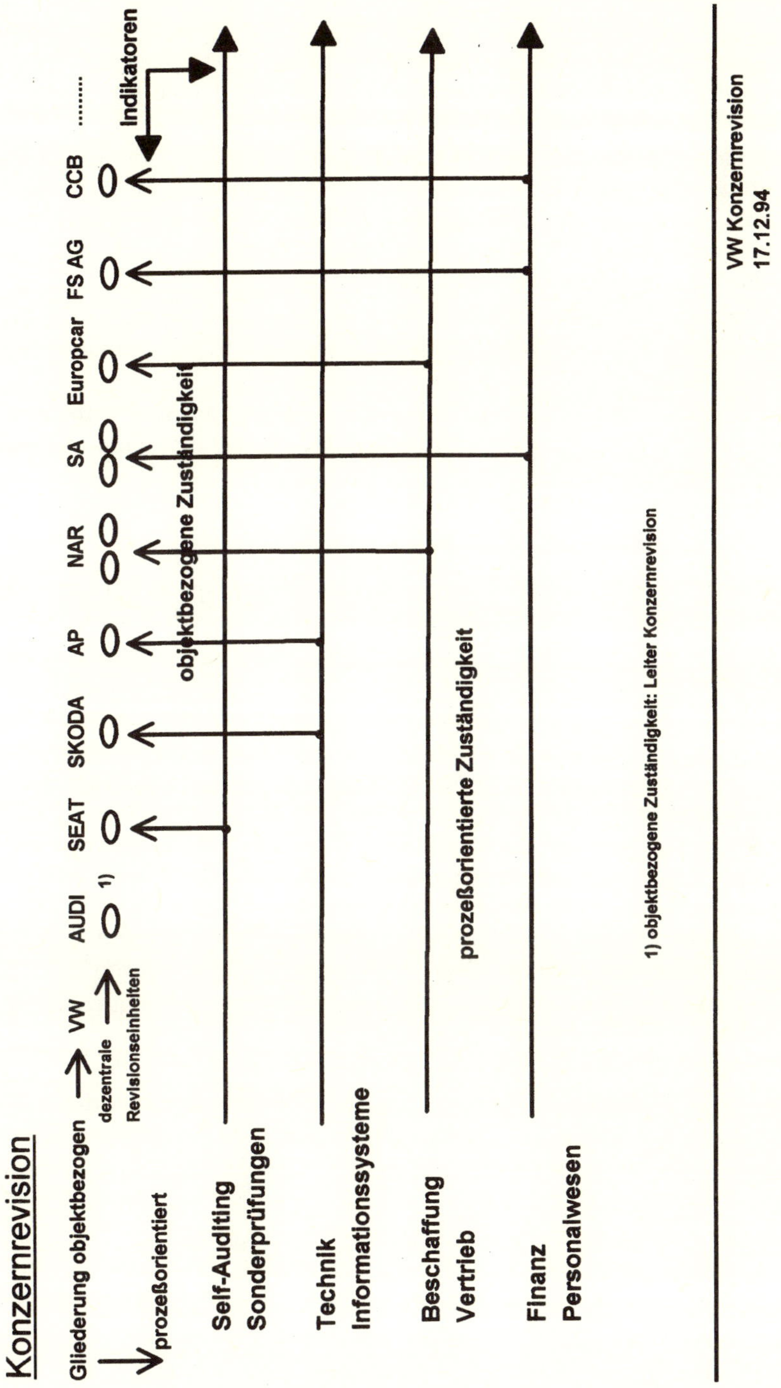

Abbildung 3: Prozeßorientierung der Konzernrevision – Vernetzung mit dezentralen Revisionen

III. Berichtswege

Die Leiter dezentraler Revisionseinheiten berichten direkt dem Vorstandsvorsitzenden/Geschäftsführer der Konzerngesellschaft und dem Leiter Konzernrevision.

Entscheidungen über die Besetzung/Vergütung der Leitungsfunktionen dezentraler Revisionseinheiten erfolgen durch den Leiter Konzernrevision in Abstimmung mit dem Vorstandsvorsitzenden/Geschäftsführer der Konzerngesellschaft sowie dem Personalwesen.

Mit dem Berichtsweg verknüpft ist die laufende Information der Konzernrevision über kritische Unternehmensentwicklungen sowie die Unterrichtung über kritische Feststellungen der lokalen Wirtschaftsprüfer in deren WP-Berichten und Management Letters.

Durch direkte Berichtswege zu den dezentralen Revisionseinheiten werden unter Zugriff auf deren Prüferkapazitäten Synergien genutzt und eine wirksame und rationelle Arbeitsweise ermöglicht.

IV. Prüfungssteuerung durch die Konzernrevision

Die Konzernrevision arbeitet nach einem jährlichen Revisionsprogramm, das auf einem einheitlichen Verfahren der Risikoanalyse basiert und bei dem auch die mit der Konzernrevision abgestimmten Programme der dezentralen Revisionen berücksichtigt sind.

Voraussetzung für eine wirksame Risikoanalyse und Prüfungsdurchführung ist das uneingeschränkte Informationsrecht (aktiv und passiv) der Konzernrevision.

Die Prüfungsleiter der Konzernrevision fungieren im Rahmen ihrer objektbezogenen Zuständigkeit revisionsintern als Paten der jeweiligen Konzerngesellschaft bzw. deren Revisionseinheit, über die von ihnen fortlaufend relevante Daten (Indikatoren) gesammelt und ausgewertet werden, so daß bei Überschreitung von Warngrenzen Prüfungsaktivitäten eingeleitet werden können. Das Verfahren der Indikatorenbeobachtung befindet sich noch in der Entwicklung und Abstimmung mit dem Controlling, insbesondere um Doppelarbeiten zu vermeiden.

Die Konzernrevision kann fallweise im übergeordneten Konzerninteresse die Prüfungssteuerung bei dezentralen Revisionseinheiten übernehmen.

Für die Prüfungs-/Programmsteuerung gelten die Grundsätze:

- Durchführung von (Spezial-)Prüfungen im Konzerninteresse durch die Konzernrevision soweit wie nötig,
- Durchführung von (Routine-)Prüfungen durch die lokale Revision soweit wie möglich.

Zur effizienten Prüfungsbearbeitung werden nach Möglichkeit gemischte Teams aus zentraler und dezentraler Revision eingesetzt, wobei in Abstimmung mit den operativen Bereichen auch deren Personalkapazität und Know-how genutzt werden kann.

Eine Kostenverrechnung findet zur Vermeidung von Verwaltungsaufwand nicht statt (Ausnahme: Zwingende steuerliche oder evtl. Joint Venture Erfordernisse).

Die Berichterstattung durch Konzernrevision bzw. dezentrale Revisionen erfolgt an Vorstand/Geschäftsführung und geprüfte Bereiche in der Weise, daß

- notwendige Korrektur- oder Verbesserungsmaßnahmen,
- klare Verantwortlichkeiten und
- Erledigungs-Terminvorgaben

aufgezeigt werden, auf deren Basis ein konsequentes follow-up von der zuständigen Revision – bei besonders kritischen Feststellungen von der Konzernrevision – durchgeführt wird.

V. Entscheidungskriterien für die Einrichtung einer dezentralen Revision im Konzern

Als wesentliche Kriterien nach denen im Volkswagen-Konzern über die Einrichtung einer dezentralen Revisionseinheit entschieden wird, bestehen neben den bereits genannten Voraussetzungen

- rechtlich selbständige Konzerngesellschaft
- gesetzliche Vorgaben wie z. B. KWG

zwei weitere, nämlich

- eine Mindestgröße der Konzerngesellschaft, die die Ausstattung mit wenigstens drei in der Regel fachlich spezialisierten (Finanz, Technik, DV) Revisioren rechtfertigt, wobei als grober Richtwert die Kenngröße 0,4 Revisoren pro 1.000 Beschäftigte dient
- eine Reiseentfernung zum Standort der zentralen Konzernrevision, die die Einrichtung einer dezentralen Revision wirtschaftlich rechtfertigt.

C. Besondere Aspekte der Vernetzung unterschiedlicher Revisionsstandorte

I. Risikoanalyse und Revisionsprogrammgestaltung

Bezüglich der Durchführung der Risikoanalyse und Revisionsprogrammgestaltung sind unter Standortgesichtspunkten folgende Grundsätze von Bedeutung:

- konzerneinheitliches Risikoanalyseverfahren zur Vermeidung weißer Flecken auf der Prüfungslandkarte
- Durchführung der Risikoanalyse und Programmgestaltung möglichst nahe – vor Ort – standortbezogen, um die intimen Kenntnisse und Erfahrungen der lokalen Revisionsmitarbeiter zu nutzen
- Abstimmung der Programmentwürfe zur Erreichung angemessener und aus Konzernsicht ausbalancierter Prüfungsabdeckung
- Realisierung des Berater-Prinzips in der Programmgestaltung, d. h. aufwendige Prüfungsstoffdurchdringung bei einer relevanten Konzerngesellschaft und Nutzung der Prüfungserfahrung durch Mehrfachanwendung bei weiteren Konzerngesellschaften.

Das Ablaufschema des Verfahrens der Risikoanalyse und Revisionsprogrammgestaltung (Abbildung 4) wird zunächst parallel an den unterschiedlichen Revisionsstandorten durchlaufen und erst in der letzten Phase erfolgt die Abstimmung mit der Konzernrevision.

II. Besonderheiten der Patenfunktion und das Self Auditing

Wie bereits erwähnt, fungieren die Prüfungsleiter der Konzernrevision – neben ihrer funktionalen/prozeßorientierten Zuständigkeit – objektbezogen revisionsintern als Paten von Konzerngesellschaften bzw. deren dezentraler Revisionseinheiten. Die Patenfunktion in bezug auf Konzerngesellschaften umfaßt im wesentlichen:

- Sammeln und Auswerten bzw. Beurteilen von
  - Indikatoren (Kosten, Bestände, Liquidität, Ergebnis etc.)
  - WP-Berichten und Management Letters
  - wichtigen Unternehmensentwicklungen
- Auslösung von Prüfungsaktivitäten bei Überschreitung von Warngrenzen bzw. kritischen Feststellungen in Abstimmung mit Revisions-/Konzernrevisionsleitung
- Einbringung von Prüfungsvorschlägen für die Revisionsprogramm-Erstellung.

Die Patenfunktion in bezug auf dezentrale Revisionseinheiten umfaßt im wesentlichen darüber hinaus:

- Einholung und Aktualisierung von Information zu
  - Strukturorganisation, Stellenplan der dezentralen Revision
  - Revisionsberichten
  - Revisionsprogramm und -status
  - Sonder- und Schwerpunktprüfungen
- Auslösung von Joint Audit Aktivitäten
- Im Ausnahmefall: Auslösung von Quality Assurance Reviews der dezentralen Revision in Abstimmung mit der Konzernrevision.

Unter dem Gesichtspunkt der Überwachung des Internen Kontroll-Systems eines global operierenden Konzerns mit weltweit verbreiteten und verzweigten Design-, Entwicklungs-, Beschaffungs-, Produktions-, Vertriebs-, Finanzierungs-Standorten hat sich die Entwicklung eines Systems des Self Auditing als zweckmäßig und wirtschaftlich erwiesen.

Ziel des Self Auditing ist die Analyse, Bewertung und Verbesserung des Internen Kontroll-Systems in der Regie der Konzernrevision unter aktiver Beteiligung der operativen Funktionen des Konzerns bzw. der Konzerngesellschaften.

Im Rahmen des Self Auditing werden von der Konzernrevision Checklisten für das Interne Kontroll-System bzw. dessen Bestandteile in sensiblen Fachbereichen wie Kreditoren, Debitoren, Treasury, Financial Services, Löhne, Gehälter etc. erarbeitet und an die operativen Fachbereiche zur Komplettierung verteilt. Bei dem Rücklauf der ausgefüllten Checklisten werden Kontroll-Defizite sichtbar, so daß

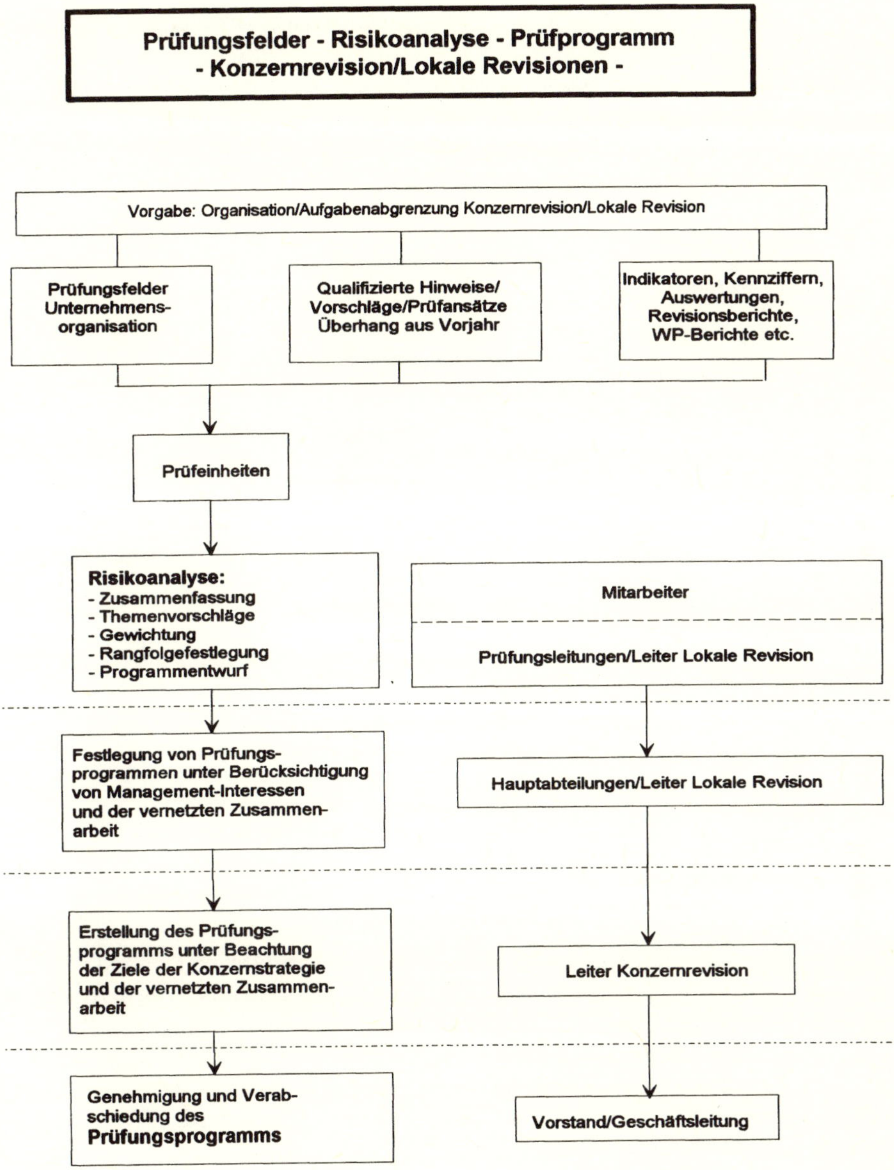

Abbildung 4: Prüfungsfelder – Risikoanalysen – Prüfprogramm – Konzernrevision/Lokale Revisionen –

die Korrektur von Schwachstellen bereits durch die Fachbereiche initiiert werden kann.

Auf jeden Fall ermöglicht die Rückkoppelung an die Konzernrevision bzw. die dezentralen Revisionseinheiten im Konzern ein direktes follow-up und/oder die Berücksichtigung bei der zukünftigen Risikoanalyse und Revisionsprogrammgestaltung (Abbildung 5).

**Ziel: Analyse
Bewertung
Verbesserung** **des Internen Kontroll Systems (IKS)**

Interne Revision	-	**Diverse Fachbereiche**
Entwicklung von IKS Checklisten	→	**- Ausfüllen der Checklisten**
(z.B. Kreditoren Bank Debitoren Löhne u. Gehälter)		**- Sichtbarmachung von Kontroll-Defiziten** **- Verbesserung/Korrektur von Schwachstellen**
Rückkopplung führt zu: - direktem follow up - systematischer Risikoanalyse/ Revisionsprogramm	←	**- Rückkopplung**
	→	**- Verbesserung/Korrektur von Schwachstellen**

Abbildung 5: Self Auditing Konzept

III. Berücksichtigung steuerlicher Aspekte für die Wahl des Revisionsstandortes

Zunehmende Aktivitäten und Dispositionsvolumina in DM und Fremdwährungen im Bereich des internationalen VW/Finanzmanagements erfordern bei in Westeuropa angesiedelten Konzerngesellschaften, vorwiegend mit Vertriebs- und Finanzierungsfunktionen ohne eigene Interne Revision, ein verstärktes Engagement der Konzernrevision. Die Übernahme von Factoring- und Refinanzierungsaktivitäten durch das Coordination Center Brüssel macht außerdem Revisionsleistungen nach Banking-Standards erforderlich.

Um Revisionserfordernissen aus Konzernsicht gerecht zu werden und das Management der einzelnen Gesellschaften in der Erfüllung ihrer Überwachungsfunktion zu unterstützen, wurde aus Gründen der Sicherheit und Wirtschaftlichkeit der bei diesen Gesellschaften eingesetzten erheblichen Konzernmittel beim Coordination Center Brüssel eine Interne Revision eingerichtet.

Die Interne Revision in Brüssel untersteht in allen fachlichen und disziplinarischen Belangen der Leitung der Konzernrevision. Diese Anbindung gewährleistet einerseits, daß sie im Rahmen der Prüfungsbefugnisse der VW AG das Prüfungsrecht der Muttergesellschaft VW AG uneingeschränkt ausüben kann und andererseits, daß die Unabhängigkeit der Internen Revision bei von den einzelnen Beteiligungsgesellschaften erteilten Prüfungsaufträgen gewährleistet ist.

Die Beteiligungsgesellschaften bedienen sich der Dienstleistungen der Revision des Coordination Center Brüssel zur Unterstützung der Managementfunktion in der Weise, daß Prüfungsaufträge nur in Abstimmung mit der Konzernrevision zustande kommen.

Als wirtschaftlich vorteilhaft hat sich die Einrichtung dieser zusätzlichen Internen Revisionsfunktion beim Coordination Center Brüssel wegen der zentralen Lage zu den zu prüfenden Beteiligungsgesellschaften und wegen der Steuerpräferenzen des Coordination Centers angeboten.

Die Ausweitung der Aktivitäten des Coordination Center Brüssel auf derartige Revisionsaufgaben trägt außerdem zur Erfüllung der Anforderungen des belgischen Steuergesetzgebers bei.

Rechnungslegung und Prüfung der Kreditinstitute unter veränderten gesetzlichen Rahmenbedingungen – Ausgewählte Fragenkomplexe unter besonderer Berücksichtigung von Instituten lediglich lokaler oder regionaler Bedeutung –

Dr. Rainer Polster, WP, StB, Stv. Leiter der Prüfungsstelle
des Bayerischen Sparkassen- und Giroverbandes, München

A. Vorbemerkung

Wer die für Rechnungslegung und Prüfung von Kreditinstituten geltenden Normen in ihrer Entwicklung über einen längeren Zeitraum hinweg beobachtet hat, muß feststellen, daß nach einer langen Phase relativer Stabilität sich in den letzten Jahren Änderungen ergeben haben, die die Kräfte aller Beteiligten enorm in Anspruch nehmen. Als Betroffener fühlt man sich an die Worte von Deppe erinnert: „Aus der Sicht von Wirtschaftspraxis und Wirtschaftswissenschaft bieten Kreditinstitute .... eine überaus komplexe Materie, deren Wissenselemente dauernder Ausweitung sowie relativ schneller Obsoleszenz unterworfen sind".[1] Die zum Teil hektischen Bemühungen des Gesetzgebers sind Reaktionen auf das verstärkte internationale Tätigwerden der Kreditinstitute (Globalisierung der Finanzmärkte) und werden insbesondere von den vielfältigen Richtlinien-Aktivitäten des Rates der Europäischen Gemeinschaften zur Schaffung des EG-Binnenmarktes im Kreditwesen ausgelöst.[2]

Angesichts dieser Strömungen drängt sich gerade bei Kreditinstituten von lediglich lokaler bzw. regionaler[3] Bedeutung die Frage auf, ob der durch die Änderung der gesetzlichen Rahmenbedingungen veranlaßte Mehraufwand im Verhältnis zum dadurch gewonnenen Informationswertzuwachs gerechtfertigt ist. In Anbetracht der ausufernden und umfangreichen Materie beschränkt sich der folgende Beitrag darauf, ausgewählte Einzelprobleme aus der Rechnungslegungs- und Prüfungspraxis bei den o.a. Kreditinstituten zu beleuchten.

B. Die neuen Vorschriften des Bankbilanzrichtlinie-Gesetzes

Die Transformation der Bankbilanzrichtlinie in deutsches Recht führte zu bedeutenden Änderungen formeller wie materieller Art in der Rechnungslegungspraxis der Kreditinstitute. Die einschneidenden Gesetzesänderungen stellen eine Zäsur dar, die hinsichtlich ihres Gewichtes vergleichbar ist mit der, die sich aus der Umsetzung der 4. und 7. EG-Richtlinie über den Jahresabschluß und den konsolidierten Abschluß von Kapitalgesellschaften durch das Bilanzrichtliniengesetz generell

1 Deppe (Kreditinstitute) Sp. 2436.

2 Eine Übersicht internationaler bankaufsichtsrechtlicher Vorschriften – Stand Ende 1991 – findet sich bei Deppe (Kreditinstitute) Sp. 2443 f., eine schematische Darstellung der wesentlichen Harmonisierungsfelder im kreditwirtschaftlichen Bereich sowie der kreditwirtschaftlich wichtigen Vorhaben der EG (Stand Ende 1988) bei Rehm (Perspektiven) Anhang I und II, S. 311 f. Eine Übersicht der wichtigsten bisher erlassenen, durch den EG-Binnenmarkt veranlaßten Vorschriften ist erstellt bei Meyer/Isenmann (Handbuch) S. 7–17.

3 Der Verfasser hat mit dieser Umschreibung schwerpunktmäßig Sparkassen und Kreditgenossenschaften vor Augen. Zur begrifflichen Abgrenzung der hier nicht angesprochenen „Regionalbanken" vgl. Prechtl (Regionalbanken) Sp. 1617 f.

für Kapitalgesellschaften ergeben hat und von der die Kreditinstitute bislang in wesentlichen Teilen ausgenommen blieben.[4]

Erfreulich an der Neuregelung ist, daß das System der für Kreditinstitute geltenden Rechtsvorschriften im Vergleich zum bisherigen Zustand wesentlich transparenter geworden ist. Bisher waren die zur Anwendung kommenden Vorschriften in diversen Rechtsquellen verstreut (KWG a.F., Formblattverordnung vom 20. 12. 1967, Bilanzierungsrichtlinien des Bundesaufsichtsamtes für das Kreditwesen, diverse bundes- und landesrechtliche Gesetze)[5]. Nunmehr sind die Rechnungslegungsvorschriften einheitlich für alle Kreditinstitute im Dritten Buch des HGB erfaßt, das um einen Vierten Abschnitt „Ergänzende Vorschriften für Kreditinstitute" erweitert wurde (§§ 340–340o HGB). Dadurch kam man nicht nur dem Ziele näher, ein umfassendes deutsches Rechnungslegungsgesetz zu verwirklichen, sondern es wurde zudem vom Gesetzgeber ein „einheitliches Bilanzierungsrecht für alle Kreditinstitute"[6] geschaffen. Auf der Grundlage des § 330 HGB wurde vom Bundesminister der Justiz ergänzend die Verordnung über die Rechnungslegung der Kreditinstitute (RechKredV)[7] erlassen. Da die Verordnung tendenziell mehr formelle – das HGB hingegen tendenziell mehr die materiellen – Aspekte der Rechnungslegung regelt, sind in der Verordnung rechtsform- und institutsgruppendifferenzierte Detailregelungen vorgesehen. Es würde den Rahmen dieses Beitrages sprengen, einen Überblick über die neu geregelte Materie, wie Ausweis- und Gliederungsfragen, Bewertungs- und Währungsumrechnungsregeln, Anhangsangaben, geben zu wollen. Hierzu soll auf einschlägige Literatur[8] verwiesen werden.

Das Gesetz zur Durchführung der Richtlinie des Rates der europäischen Gemeinschaften über den Jahresabschluß und den konsolidierten Abschluß von Banken und anderen Finanzinstituten (Bankbilanzrichtlinie-Gesetz) datiert auf den 30. November 1990[9]. Es war erstmals auf das nach dem 31. 12. 1992 beginnende

---

4 Windmöller (Harmonisierung) S. 268ff. hat die Auswirkungen des BiRiLiG auf die Rechnungslegung der Kreditinstitute in einem prägnanten Abriß dargestellt. Er gelangte zu dem Schluß, daß dadurch, daß Kreditinstitute von wesentlichen Teilen der umgesetzten 4. und 7. Richtlinie gem. § 25a Abs. 2 KWG a.F. befreit waren, der Informationsgehalt der Jahresabschlüsse sich bislang nicht wesentlich geändert hatte, vgl. Windmöller (Harmonisierung) S. 268.

5 Vgl. Deutsche Bundesbank (Bilanzierungsrecht) S. 40.

6 Vgl. Deutsche Bundesbank (Bilanzierungsrecht) S. 40.

7 BGBl. I S. 203ff.

8 Eine erste umfangreiche Kommentierung zum Bankbilanzrichtlinie-Gesetz und zur RechKredV haben Krumnow u.a. (Rechnungslegung) vorgelegt. Im übrigen vgl. z. B. Ausschuß für Bilanzierung des Bundesverbandes deutscher Banken (Arbeitsmaterialien); Biener (Bankbilanzrichtlinie) S. 281ff; Claussen (Rechnungslegungsrecht) S. 1129ff; Deutsche Bundesbank (Bilanzierungsrecht) S. 39ff; Epperlein (Auswirkungen) S. 121ff; Göttgens/Schmelzeisen (Bankbilanzrichtlinie-Gesetz); Meyer-Isenmann (Handbuch); Prahl (Die neuen Vorschriften) S. 401ff; Scharpf/Sohler (Leitfaden); Windmöller/Busch (Rechnungslegung) S. 125ff.

9 BGBl. I S. 2570ff.

Geschäftsjahr anzuwenden[10]. Damit liegen bereits erste praktische Erfahrungen mit der neuen Rechtsmaterie vor.

C. Reservenbildung und „True and fair view"

I. Vorsorgereserven

Die Möglichkeit der Bildung bankspezifischer stiller Reserven zum Zwecke der Sicherung gegen die besonderen Risiken des Geschäftszweiges der Kreditinstitute bleibt im wesentlichen auch nach neuem Recht erhalten[11]. Zwar gibt das Gesetz neuerdings eine Obergrenze solcher Vorsorgereserven von max. 4 % der Wertansätze der Vermögensgegenstände, auf die sie sich beziehen, vor; berücksichtigt man aber, daß diese Aktiva nahezu das gesamte Bilanzvolumen eines Kreditinstituts ausmachen, so entspricht die Limitierung in ihrer Dimension annähernd der durchschnittlichen Größe des Eigenkapitals der Kreditinstitute. Damit wird deutlich, daß unverändert ein erheblicher bilanzpolitischer Gestaltungsspielraum verbleibt, der lediglich von der „vernünftigen kaufmännischen Beurteilung"[12] „und damit letztlich durch die Ertragslage des jeweiligen Instituts"[13] begrenzt wird. Das System der Reservenbildung ist hinsichtlich seiner Verschleierungseffekte deshalb so wirkungsvoll, weil die Zuführungen und Auflösungen solcher stillen Reserven in der Gewinn- und Verlustrechnung aufgrund der sog. „Überkreuzverrechnung"[14] nicht erkennbar werden. Zwar wurde die Bandbreite dieser Verrechnungsmöglichkeiten dadurch geschmälert, daß die Wertpapiere des Handels- und des Anlagebestandes[15] in gesonderte Salden einzubeziehen sind[16]. Das mag bei größeren Kreditinstituten infolge ihrer Geschäftsstruktur zu bilanzpolitischen Einschränkungen führen[17]. Bei lediglich lokal bzw. regional tätigen Kreditinstituten ist der Anteil des Handelsbestandes aber in der Regel so geringfügig, daß dem erwähnten Effekt keine allzugroße Bedeutung zukommt. Infolge der verbleibenden Verrechnungsmöglichkeiten ist es „auch weiterhin kaum möglich, den ausgewiesenen Aufwands- oder Ertragssaldo richtig zu interpretieren .... Vielmehr besagt der Ausweis des Saldos im Grunde nur, daß eine (Voll-)kompensation vorgenommen wurde"[18].

Es verwundert nicht, daß dieses gesetzlich sanktionierte Instrumentarium in Fachkreisen sehr umstritten ist[19]. Es stehen sich gegenüber

---

10 Vgl. Art. 12 Bankbilanzrichtlinie-Gesetz.

11 Bisher: § 26a KWG; jetzt § 340f HGB.

12 Bisher: § 26a KWG; jetzt § 340f HGB.

13 Deutsche Bundesbank (Bilanzierungsrecht) S. 43.

14 Früher: § 26a Abs. 3 KWG; jetzt: § 340f Abs. 3 HGB.

15 Zu diesen Begriffskategorien vgl. Abschn. E.

16 Vgl. § 340c Abs. 1 und Abs. 2 HGB. Zu den Verrechnungsmöglichkeiten im einzelnen vgl. z. B. Hossfeld (Kompensationsmöglichkeiten) S. 337ff.

17 Vgl. Köllhofer (Spielräume) S. 758f.

18 Deutsche Bundesbank (Bilanzierungsrecht) S. 43.

19 Vgl. z. B. die kontrovers geführte Grundsatzdiskussion von Bieg (Vertrauensempfindlichkeit) und Spieth (Vertrauensempfindlichkeit).

- der hohe Stellenwert disponierbarer stiller Reserven in einer Branche, deren Vertrauensempfindlichkeit in der Öffentlichkeit unbestritten ist, und
- der Anspruch nach einem den tatsächlichen Verhältnissen entsprechenden Einblick in die Vermögens-, Finanz- und Ertragslage („True and fair view") der Kreditinstitute.

Offenkundig hat der Gesetzgeber dem ersten Aspekt unverändert Vorrang gegenüber dem zweitgenannten Aspekt eingeräumt.

Die Arbeit des Abschlußprüfers wird durch das Vorhandensein eines stillen Reservenpotentials häufig erleichtert:

1. Das Verlangen des Abschlußprüfers nach zusätzlichen Einzelwertberichtigungen von Kreditforderungen läßt sich im Kreditgewerbe leichter durchsetzen, wenn die (steuerwirksame) EWB-Zuführung über die (steuerfreie) Auflösung von Vorsorgereserven bilanziell kaschiert werden kann.
2. Gezielte, am Einzelbewertungsprinzip orientierte Risikovorsorge ist selbst dann noch ohne großen Verwaltungsaufwand möglich, wenn der Einzelwertberichtigungsbedarf erst im fortgeschrittenen Prüfungsstadium festgestellt werden sollte, so daß eine Bilanzkorrektur für den Ersteller des Jahresabschlusses eine aus organisatorischer Sicht häufig unbillige Härte darstellen würde. Für solche Fälle hat sich das Instrument der „Bindung von Vorsorgereserven" als fachüblich herausgebildet[20]. Die stichtagsbezogene Festschreibung des tatsächlich erforderlichen Einzelwertberichtigungsbedarfs und -bestandes wird damit verstärkt der „Verhandlungsebene" entzogen und somit präzisiert.
3. Für Zwecke der Quantifizierung der Risikolage im Kreditgeschäft spielen Vorsorgereserven eine zentrale Rolle: Die geprüften Kredite sind nach den Vorgaben der Prüfungsberichtsverordnung (§ 27 Abs. 4) in die Risikogruppen „Kredite ohne erkennbares Risiko", „Kredite mit erhöhten latenten Risiken" und „wertberichtigte Kredite" einzustufen. Stellt man die ungesicherten Teile der Kredite mit erhöhtem latenten Risiko dem Volumen an Vorsorgereserven gegenüber, so wird aus dem Verhältnis zueinander die innere Widerstandskraft des Kreditinstituts in sehr anschaulicher Weise transparent gemacht. Wird das Kredit-Rating noch verfeinert, indem die genannte Risikoklasse nach dem Grad der Greifbarkeit der Ausfallgefahren differenziert wird, so erhöht sich der Aussagewert entsprechend. Vor allem auch im längerfristigen Zeitvergleich ergeben sich wertvolle Hinweise über die Kredit- und Risikopolitik des Kreditinstituts.

Die aufgezählten Aspekte führen klar vor Augen, daß die bankspezifischen Vorsorgereserven nicht nur die Effizienz der Abschlußprüfung fördern, sondern auch den Aufsichtsorganen zugute kommen. Dem geschmälerten Aussagewert der Rechnungslegung im Kreditgewerbe für die Öffentlichkeit steht somit ein höherer

---

20 IDW (BFA 1/1978) Abschn. IV c.

Informationswert für die Aufsichtsräte und Aufsichtsbehörden (also die Adressaten der Jahresabschlußprüfungsberichte) gegenüber. Angesichts der Schlüsselstellung, die die Kreditwirtschaft innerhalb der Volkswirtschaft einnimmt, verdient letzterer Aspekt Vorrang. Es bleibt zu hoffen, daß § 340f HGB der Überprüfung auf EG-Ebene im Jahre 1998 standhält[21].

II. Bedeutung des Wertaufholungsgebotes für die stille Reservenbildung

Die Kodifizierung des Wertaufholungsgebotes durch § 280 HGB galt seinerzeit als materiell bedeutsamste Verschärfung im Rahmen der Neuregelung der Rechnungslegungsvorschriften durch das BiRiLiG[22]. Kreditinstitute waren damals von dieser Regelung KWG-rechtlich allerdings ausgenommen (vgl. § 25a Abs. 2 KWG a.F.). Diese Freistellung ist durch das Bankbilanzrichtlinie-Gesetz nun entfallen (vgl. § 340a HGB). Damit stellt sich die Frage der Auswirkungen des Wertaufholungsgebotes für Kreditinstitute.

§ 280 HGB dürfte bei Kreditinstituten nur im Bereich der eigenen Wertpapiere größere Bedeutung erlangen. Dem Standing von Kreditinstituten entsprechend wird dieser Vermögensbereich gerne zur Bildung stiller Reserven herangezogen, d.h. bei steigender Kursentwicklung wird von der Befreiungsmöglichkeit des § 280 Abs. 2 HGB üblicherweise Gebrauch gemacht. In der Regel beschränken sich die materiellen Auswirkungen der geänderten Rechtslage auf die Angabepflichten im Anhang des Jahresabschlusses gem. § 280 Abs. 3 HGB. Auch diese Konsequenz ist im allgemeinen nicht von allzugroßer Tragweite. Wertpapiere der Liquiditätsreserve sind aufgrund § 340f Abs. 2 Satz 1, 2. Halbsatz HGB von § 280 HGB gänzlich freigestellt. Die Auswirkungen für den Handelsbestand sind wegen der wesensmäßig hohen Fluktuation der Bestandteile regelmäßig unbedeutend. Es verbleibt für die Anwendung des § 280 Abs. 3 HGB somit im wesentlichen der Anlagebestand. Hier allerdings erhebt sich die Frage der Interpretation dieser Norm. Sind die unterlassenen Zuschreibungen im Anhang zu vermerken, soweit sie auf Wertentwicklungen innerhalb des betreffenden Geschäftsjahres entfallen, oder erstreckt sich die Angabepflicht auf die gesamte Differenz zwischen niedrigerem Buchwert und höherem beizulegenden Wert? Die herrschende Meinung[23] stellt auf die unterlassenen Zuschreibungen des Geschäftsjahres ab. Begründet wird dies mit dem eindeutigen Gesetzeswortlaut – gerade auch in Gegenüberstellung mit der Vorschrift des § 285 Nr. 5 HGB. Ferner wird auf den angeblich besseren Einblick in die Ertragslage, insbesondere bei vergleichender mehrjähriger Ertragsanalyse, hingewiesen. Es fragt sich, ob nicht das Gegenteil der Fall ist, so daß man sich der abweichenden Auffassung von Budde/Karig[24] anschließen sollte:

---

21 Vgl. Art. 48 Bankbilanzrichtlinie.

22 Vgl. Harms/Küting (HdR) § 280 HGB Tz 1.

23 Vgl. stellvertretend ADS (Rechnungslegung) § 280 HGB, Tz 78.

24 Vgl. Budde/Karig (BilKomm) § 280 HGB Anm. 34.

Ein Beispiel soll die unterschiedliche Aussagekraft der alternativen Anhangsangaben beleuchten.

Sachverhalt:	01.06.1994	Anschaffungskurs	90
	31.12.1994	Börsenkurs	80
	31.12.1995	Börsenkurs	85
	31.12.1996	Börsenkurs	90
	31.12.1997	Börsenkurs	85

Variante 1:

Bewertung nach dem strengen Niederstwertprinzip. Vom gemilderten Niederstwertprinzip wird freiwillig Abstand genommen. Vollzug der Wertaufholung im Sinne des § 280 Abs. 1 HGB.

31.12.1994	Abschreibung 10
31.12.1995	Zuschreibung 5
31.12.1996	Zuschreibung 5
31.12.1997	Abschreibung 5

Varianten 2 und 3:

Bewertung nach dem strengen Niederstwertprinzip.Keine Zuschreibung; stattdessen Anhangsangaben nach § 280 Abs. 3 HGB

	Variante 2	Variante 3
31.12.1994	Abschreibung 10	Abschreibung 10
31.12.1995	Anhangsangaben 5	Anhangsangaben 5
31.12.1996	Anhangsangaben 5!	Anhangsangaben 10!
31.12.1997	--- - !	Anhangsangaben 5!

Als Vergleichsmaßstab für die Frage, ob Variante 2 oder Variante 3 den besseren Einblick in die Ertragslage gewährt, sollen die in der Gewinn- und Verlustrechnung der Variante 1 sich wiederspiegelnden Bewertungsmaßnahmen herangezogen werden. Demnach ist offenkundig die in Variante 3 angewandte Methode derjenigen der Variante 2 vorzuziehen. Die Anhangsangaben geben bei Variante 3 nämlich nicht nur stichtagsbezogen das Zuschreibungspotential (stille Bewertungsreserven) den Tatsachen entsprechend wieder, sondern erlauben durch dessen mehrjährigen Bestandsvergleich zueinander auch zutreffende Rückschlüsse auf die Beeinflussung der Ertragslagedarstellung infolge des Verzichts auf Neubewertung. Die Auffassung, daß das auf Wertsteigerungen des betreffenden Geschäftsjahrs beschränkte Zuschreibungspotential den besseren Einblick in die Ertragslage begründet, wird somit nicht geteilt. Andererseits ist einzuräumen, daß der Wortlaut des Gesetzes die vorherrschende Meinung stützt. Im Ergebnis dürften somit beide Verfahren als vertretbar angesehen werden.

In der Praxis wird wohl regelmäßig die der herrschenden Meinung entsprechende Methode gewählt. Sie hat den publizitätspolitisch fragwürdigen Vorteil, den Gesamtumfang der womöglich über Jahre hinweg angesammelten stillen Reserven im Anlagebestand der eigenen Wertpapiere nicht offenlegen zu müssen. Da die Wertpapiere der Liquiditätsreserve, die regelmäßig den Hauptbestand eigener Wertpapiere ausmachen, ohnedies nicht dem Wertaufholungsgebot unterliegen, kann konstatiert werden: Die Möglichkeit der Bildung stiller, von der Öffentlichkeit nicht erkennbarer Reserven infolge entsprechender Veränderungen auf den Kapitalmärkten wurde zwar gesetzlich eingeschränkt. Dieser Restriktion dürfte aber in der Bilanzierungspraxis der hier betrachteten Kreditinstitute kaum größere Bedeutung zukommen. Mit einer Einschränkung muß diese Feststellung allerdings versehen werden: Eigenkapitalschwache Kreditinstitute sind unter Umständen genötigt, Eigenmittel in Form nicht realisierter Reserven in Wertpapieren (und Immobilien) geltend zu machen. In solchen Sonderfällen ist nach § 340c Abs. 3 HGB das nach KWG-rechtlichen Vorschriften zu ermittelnde Volumen der Reserven im Anhang anzugeben.

III. Fazit und Konsequenzen

Insgesamt muß festgestellt werden: Die Möglichkeit, stille Reserven im umfangreichen Maße zu bilden, bleibt auch nach neuer Rechtslage bestehen. Zumindest für Kreditinstitute mit lediglich lokaler oder regionaler Bedeutung ergeben sich aus einigen gegenüber der bisherigen Rechtslage restriktiven Regelungen des Bankbilanzrichtlinie-Gesetzes keine bedeutsamen praktischen Beschränkungen bei den bilanzpolitischen Spielräumen. Das gilt sowohl hinsichtlich der bilanziellen Vorsorge für allgemeine Bankrisiken wie auch hinsichtlich der aus der entsprechenden Veränderung von Kapitalmarktverhältnissen resultierenden Möglichkeiten, stille Reserven im Bereich eigener Wertpapiere zu bilden.

Der Gesetzgeber nimmt wegen anderer vorrangiger Ziele somit eine nicht unerhebliche Beeinträchtigung des Einblicks der Öffentlichkeit in die wirtschaftlichen Verhältnisse der Kreditinstitute in Kauf. Dies muß Konsequenzen hinsichtlich der Interpretation der obersten bilanzrechtlichen Richtschnur, nämlich der Generalnorm des § 264 HGB, haben. Es ist herrschende Meinung, daß trotz der geschilderten Verschleierungsmöglichkeiten keine Angaben nach § 264 Abs. 2 Satz 2 HGB erforderlich sind[25]. Der Jahresabschluß bleibt trotz der beschriebenen Gestaltungsmöglichkeiten true and fair[26]. Der Abschlußprüfer kann guten Gewissens ein uneingeschränktes Testat erteilen und bestätigen, daß der geprüfte Jahresabschluß unter Beachtung der Grundsätze ordnungsmäßiger Buchführung ein den tatsächlichen Verhältnissen entsprechendes Bild der Vermögens-, Finanz- und Ertragslage vermittelt.

Diese im Grunde nicht neue Erkenntnis, daß der True and Fair View bei Kreditinstituten aufgrund der branchenspezifischen Rechnungslegungsbestimmungen im besonderem Maße einschränkend zu interpretieren ist, gewinnt dort an Stellenwert, wo neugeschaffene Regelungen interpretationsbedürftig sind, z. B. bei viel-

25 Vgl. ADS (Rechnungslegung) § 264 HGB, Tz 95.

26 Vgl. ADS (Rechnungslegung) § 264 HGB, Tz 95.

fältigen Materiality-Fragestellungen, mit denen sich Kreditinstitute und ihre Abschlußprüfer erstmals konfrontiert sehen.

D. Operationalisierung von Materiality-Maßstäben in der Bankenrechnungslegung

I. Überblick zu den diversen Problemstellungen

Der Grundsatz der Wesentlichkeit (Materiality) hat durch das Inkrafttreten des Bilanzrichtliniengesetzes in der Rechnungslegungspraxis der Kaufleute, insbesondere der Kapitalgesellschaften, an Bedeutung gewonnen. Vorher spielte das Prinzip der Materiality lediglich eine sehr begrenzte Rolle, etwa bei der Gestaltung der Geschäftsberichte von Aktiengesellschaften (§ 160 Abs. 1 und 2 AktG 1965), bei der Nichtigkeitregelung des § 256 Abs. 4 AktG 1965 sowie bei der Beurteilung des Gewichts der Unterbewertung im Rahmen der Sonderprüfung wegen unzulässiger Unterbewertung (§ 258 Abs. 1 AktG).

Schon damals wurden vielfältige Vorschläge für eine Konkretisierung bzw. Quantifizierung von Beurteilungsmaßstäben zur Abgrenzung dessen, was als wesentlich anzusehen ist, unterbreitet.[27]

Durch das BiRiLiG wurden viele neue Materiality-Normen geschaffen, so daß der Meinungsaustausch über die Interpretation der Materiality dadurch Auftrieb erhielt[28].

Zusätzliche Impulse erhält die Materiality-Diskussion speziell für Kreditinstitute aus den für sie erlassenen neuen Rechnungslegungsvorschriften. Aus der Gesetzessystematik heraus lassen sich hierbei[29] zwei Gruppen von Wesentlichkeits-Tatbeständen bilden:

1) Allgemeine, d. h. branchenunabhängige Materiality-Normen des HGB, die über den in § 340a HGB ausgesprochenen Verweis erstmals für Kreditinstitute zur Anwendung kommen.

   Hier ist insbesondere § 285 Nr. 3 HGB zu erwähnen, der die Angabe des Gesamtbetrages sonstiger finanzieller Verpflichtungen verlangt, sofern diese Angabe für die Beurteilung der Finanzlage von Bedeutung ist. Außerdem sind erstmals § 268 Abs. 4 Satz 2 bzw. Absatz 5 Satz 3 HGB[30] (Antizipative Forderungen und Verbindlichkeiten) sowie § 285 Nr. 5 HGB (Angabe des Ausmasses erheblicher künftiger Belastungen steuerrechtlicher Gestaltungsmöglichkeiten) für Kreditinstitute zwingend anzuwenden.

27 Vgl. z. B. die Übersicht bei Polster (Unterbewertung) Anhang 2.

28 Vgl. z. B. die empirische Untersuchung von Ossadnik (Materiality) zu ausgewählten Materiality-Normen nach dem neuen HGB.

29 Andere Materiality-Fragestellungen galten für Kreditinstitute schon früher, vgl. z. B. § 286 Abs. 3 Nr 1 HGB.

30 § 268 Abs. 4 Satz 2 und Abs. 5 Satz 3 HGB gelten über den Verweis des § 340a HGB unmittelbar. § 11 Satz 2 RechKredV hat lediglich klarstellende Bedeutung: Vgl. Krumnow u. a. (Rechnungslegung) § 11 RechKredV, Tz 11.

2) Materiality-Tatbestände der RechKredV

§ 35 Abs. 1 Nr. 4 RechKredV
fordert die Erläuterung der wichtigsten Einzelbeträge bei den Sammelposten „Sonstige Vermögensgegenstände/Verbindlichkeiten" und „sonstigen betrieblichen Aufwendungen/Erträge" und „außerordentlichen Aufwendungen/Erträge", sofern die Einzelbeträge für die Beurteilung des Jahresabschlusses nicht unwesentlich sind. Die Vorschrift ersetzt damit § 277 Abs. 4 Satz 2 und 3 HGB[31].

§ 35 Abs. 1 Nr. 5 RechKredV
verlangt die verbale Aufzählung[32] bestimmter Dienstleistungsgeschäftsarten, sofern ihr Umfang in Bezug auf die Gesamttätigkeit des Kreditinstituts von wesentlicher Bedeutung ist.

§ 35 Abs. 4 RechKredV
zwingt zur Angabe von Einzelpositionen bei den Eventualverbindlichkeiten, sofern sie im Bezug auf die Gesamttätigkeit des Kreditinstituts von wesentlicher Bedeutung sind.

§ 35 Abs. 6 RechKredV
ist eine § 35 Abs. 4 RechKredV entsprechende Vorschrift für die weitere Position unter dem Strich „Andere Verbindlichkeiten".
Beide Vorschriften sind demnach nach den gleichen Grundsätzen auszulegen[33].

§ 36 Satz 3 RechKredV
fordert zu den Geschäften mit finanzinnovativen (derivaten) Instrumenten u. a. Angaben, ob wesentliche Teile dieser Bestände bestimmte Funktionen erfüllen. Die Gewichtungsfrage ist hier selbst Gegenstand der Rechnungslegung, nicht Voraussetzung für die Rechnungslegung und liegt damit auf einer anderen, hier zu vernachlässigenden Betrachtungsebene.

Die Aufzählung machte deutlich, daß das Kreditgewerbe und seine Abschlußprüfer im besonderen Maße mit Wesentlichkeitsfragen konfrontiert sind.

Nicht kodifizierte Materiality-Grundsätze

Der Grundsatz der Wesentlichkeit läßt sich in allgemeiner Form aus der Generalnorm des § 264 Abs. 2 HGB ableiten, die auch als „True and fair view-Prinzip" bezeichnet wird. Die Komponente „Fair" beinhaltet den Grundsatz der Wesentlichkeit[34]. Ausdrücklicher Hinweise im Gesetz bedarf es folglich nicht unbedingt. So ist z. B. nach Adler/Düring/Schmaltz[35] bei unwesentlicher Durchbrechung der Darstellungsstetigkeit die gesetzlich vorgesehene Begründung nicht erforderlich.

---

31 Vgl. Krumnow u. a. (Rechnungslegung) § 35 RechKredV Tz 25, 27.
32 Vgl. Krumnow u. a. (Rechnungslegung) § 35 RechKredV Tz 32.
33 Vgl. Krumnow u. a. (Rechnungslegung) § 27 RechKredV Tz 28.
34 Vgl. Niehus (Materiality) S. 3; vgl. ferner ADS (Rechnungslegung) § 284 HGB Tz 23 f.
35 Vgl. ADS (Rechnungslegung) § 265 HGB Tz 26.

Für den Anhang findet der Grundsatz der Vollständigkeit durch das Wesentlichkeitsprinzip gleichfalls eine Begrenzung[36], etwa bei den Angaben der Abweichungen von Bilanzierungs- und Bewertungsmethoden gem. § 284 Abs. 2 Nr. 3 HGB[37]. Letztlich wird man alle Vereinfachungsverfahren, die sich in der Praxis als fachüblich herausgebildet haben, wie etwa die Behandlung von Bagatellfällen oder Praktikabilitätserwägungen, unter das Prinzip der Wesentlichkeit subsumieren können. Als Beispiel seien die vom Institut der Wirtschaftsprüfer beschriebenen Sortenbewertungsmethoden genannt[38].

II. Lösungsvorschläge

Vor allem bei kleineren Kreditinstituten mit lediglich lokaler bzw. regionaler Bedeutung, die eine zentrale Betreuung durch zuständige Verbände erwarten, ist der Ruf nach Vorgabe allgemeingültiger Meßkriterien zur Bestimmung der Wesentlichkeitsgrenze nicht überhörbar. Die Entwicklung solcher Standardregeln muß ihren Ausgangspunkt in der Generalnorm des § 264 HGB, also in der Zielsetzung und Wirkungsweise der Rechnungslegung nehmen. Zwar sind die Funktionen der Rechnungslegung klar umschreibbar als Ausschüttungsbemessungsfunktion und Informationsvermittlungsfunktion, es fehlt jedoch an der Erfaßbarkeit ihrer Wirkungen auf die Jahresabschlußadressaten. Verhaltenstheoretisch formuliert beinhaltet der Grundsatz der Wesentlichkeit, „daß bei der Aufstellung des Jahresabschlusses alle Tatbestände berücksichtigt werden müssen, die Einfluß auf die Entscheidungen der Bilanzempfänger haben könnten“[39]. Selbst wenn man auf typisierte Adressaten abstellen wollte, bleibt die Frage offen, auf welchen Typus man abstellt (typisierter Vertreter der Bankenaufsicht, des Aufsichtsrates, des Fiskus, der Öffentlichkeit, der Arbeitnehmer, der Gläubiger?) und vor allem, wie die Wirkungsmechanismen der Informationsverwertung durch den betreffenden Typus festzulegen wären.

Daher führt in der Praxis nur die intuitive Methode zur Bestimmung der Wesentlichkeit weiter. Standardisierungsbemühungen sind somit Grenzen gesetzt. Gewisse Elemente verallgemeinernder Gewichtungsregeln sind allerdings insoweit erkennbar, als den Bedürfnissen der Praxis kleinerer Kreditinstitute entsprechend durch kreditwirtschaftliche Verbände Schwellenwerte so vorsichtig definiert werden, daß deren Unterschreiten als eindeutiges Indiz der Unwesentlichheit interpretiert werden darf. Ein Überschreiten solcher Eckwerte hingegen signalisiert das Erfordernis, die Frage der Wesentlichkeit individuell zu analysieren und ggf. frühzeitig mit dem zuständigen Abschlußprüfer abzustimmen.

Für die Konkretisierung solcher Schwellenwerte werden im folgenden bankenspezifische Vorschläge unterbreitet. Zunächst ist zu präzisieren, unter welchem speziellen Blickwinkel der Einblick in die wirtschaftlichen Verhältnisse tangiert

36 Vgl. ADS (Rechnungslegung) § 284 HGB Tz 17, 24.
37 Vgl. ADS (Rechnungslegung) § 284 HGB Tz 108; IDW (SABI 2/1987) Abschn. 6.
38 Vgl. IDW (BFA 2/1960).
39 Leffson (Grundsätze) S. 182.

wird: Die Materiality-Norm des § 285 Nr. 3 HGB beispielsweise spricht die Beurteilung der Finanzlage an. Die Anhangsangaben sollen quasi einen Finanzplan[40] ersetzen. Führt man sich die Dimension der Zahlungsströme in einem Kreditinstitut vor Augen, bietet es sich an, auf die Bilanzsumme oder das Geschäftsvolumen als Bemessungsgrundlage abzustellen. Nicht abwegig wäre es auch, auf die von Grundsatz II und III des Bundesaufsichtsamtes für das Kreditwesen erfaßten Volumina oder auf die zu unterhaltende Mindestreserve abzustellen. Ein quantifizierender Ansatz von 5–10 % der Bilanzsumme als Schwellenwert dürfte, da weder Risiko- noch Ertragsaspekte angesprochen sind, noch vertretbar sein.

In den zuletzt genannten Bereichen sind die Limits selbstverständlich wesentlich restriktiver anzusetzen. Vermögens- und Ertragslage erweisen sich im Bankbetrieb als Komplementärgrößen: Risiko kann durch (Rein-)vermögen abgedeckt werden und Vermögen kann durch entsprechend ausgeprägte Risikosituationen vernichtet werden. Dementsprechend wird das Eigenkapital vom KWG-Gesetzgeber und von der Bankenaufsicht als Schlüsselgröße angesehen. Sie dient der Begrenzung des Risikos und ist in strenge KWG-rechtliche Risikobegrenzungsnormen als zentraler Parameter eingebunden. Die Fixierung der Großkreditgrenze als Prozentsatz des haftenden Eigenkapitals (15 %, vgl. § 13 Abs. 1 KWG), die Begrenzung des Höchstbetrages eines Großkredites sowie die Begrenzung des Höchstbetrages aller Großkredite auf 50 % bzw. auf das achtfache des haftenden Eigenkapitals (vgl. § 13 Abs. 4 bzw. Abs. 3 KWG) und die Grundsätze I und Ia des Bundesaufsichtsamtes für das Kreditwesen, wonach die gewichteten Risikoaktiva eines Kreditinstitutes zu mindestens 8 % mit haftendem Eigenkapital unterlegt sein müssen und die mit Preisrisiken behafteten offenen Positionen eines Kreditinstituts bestimmte Prozentsätze des haftenden Eigenkapitals nicht überschreiten dürfen, belegen die Funktion des Eigenkapitals als zentrales bankaufsichtliches Kriterium zur Begrenzung der mit Risiken verbundenen Geschäftstätigkeit der Kreditinstitute. Damit wird das teure Gut Eigenkapital auch „zum wichtigsten Potentialfaktor der Bankplanung“[41].

Unter dem Blickwinkel der Darstellung der Vermögens- und Risikolage bietet sich somit das haftende Eigenkapital als Bemessungsgrundlage für die Gewichtung der Wesentlichkeit an. Die Quantifizierung der Wesentlichkeitsschwelle könnte sich hierbei an der Definition oder an der Begrenzung der Großkredite orientieren. Mit wachsender Größe bergen Kreditengagements verstärkt Risiken in sich. Alleine aus der Größe eines Kreditengagements erwachsen Risiken, die es zu beobachten gilt. Es muß sichergestellt sein, daß ein Forderungsausfall, selbst wenn er aus derzeitiger Sicht infolge einwandfreier Bonität des Kreditnehmers rein theoretischer Natur sein sollte, das Kreditinstitut nicht in ernsthafte Schwierigkeiten bringt. Die Großkreditgrenze von 15 % sowie die Großkredithöchstgrenze von 50 % des haftenden Eigenkapitals bieten sich somit als Indikatoren für die Fragestellung an, ab welcher Größenordnung ein Vermögensgegenstand unabhän-

40 Vgl. IDW (WP-Handbuch) S. 398 Tz 509.

41 Kohlhaussen (Eigenkapitalstrategie) Sp. 479.

gig von seiner qualitativen Beschaffenheit als wesentlich bei der Darstellung der Vermögens- und Risikolage zu betrachten ist.

Die Materiality-Fragestellung des § 35 Abs. 1 Nr. 4 RechKredV soll als anschauliches Beispiel dienen: Typische stille Beteiligungen sind mangels entsprechender Mitgliedschaftsrechte bilanzrechtlich nicht als „Beteiligungen" auszuweisen[42]. Sie werden folglich der Position „Sonstige Vermögensgegenstände" zugeordnet. Gleiches gilt für Anteile an geschlossenen Immobilienfonds, die in den Anlagebestand übernommen werden, soweit bei ihnen der Beteiligungstatbestand des § 271 HGB mangels „Unternehmens"-Eigenschaft wegen rein vermögensverwaltender Tätigkeit des Fonds nicht erfüllt ist. Auch im Zwangsversteigerungsverfahren erworbene Immobilien werden als „Sonstige Vermögensgegenstände" ausgewiesen. § 35 Abs. 1 Nr. 4 RechKredV verlangt für den Anhang zum Jahresabschluß die Angabe der in diesem Sammelposten enthaltenen „wichtigsten Einzelbeträge, sofern sie für die Beurteilung des Jahresabschlusses nicht unwesentlich sind". Da die Aufgliederung von Sammelpositionen der Bilanz vorwiegend unter Risikogesichtspunkten erfolgen dürfte, wird eine Materiality-Abwägung anhand der geschilderten Großkreditkriterien nicht ganz fehlgehen. Das etwaig einschlägige Liquiditätsmoment tritt schon vom Ergebnis her in den Hintergrund, weil dort die Meßschwelle regelmäßig vergleichsweise höher anzusetzen wäre (s. o.).

Noch ist die Frage offengeblieben, wie zwischen den in die Diskussion eingebrachten Maßstäben (15 % bzw. 50 % des haftenden Eigenkapitals) zu entscheiden ist. Das Überschreiten der Großkreditgrenze (15 %) löst bankaufsichtlich relevante Anzeigen des Kreditinstituts aus. Empfänger der Meldungen ist die Deutsche Bundesbank. Sie wird dadurch zusammen mit weiteren Kreditanzeigen in die Lage versetzt, die Risikosituation des Kreditinstituts in ihrer Entwicklung zu begleiten und zu überwachen. Die Informationsziele des handelsrechtlichen Jahresabschlusses sind aber vergleichsweise weniger weitgehend. Der vom Gesetzgeber gewollte Einblick in die wirtschaftlichen Verhältnisse verlangt nicht – wie das Formblatt zur Jahresbilanz laut RechKredV belegt – nach Offenlegung einzelner Kreditengagements. Die speziellen Informationsbedürfnisse der Aufsichtsbehörden werden auf gesondert geregelten Wegen (KWG-rechtliche Anzeigen, Prüfungsberichte der Abschlußprüfer) sichergestellt. Deshalb erscheint es sinnvoller, sich die Großkredithöchstgrenze (50 % des haftenden Eigenkapitals) als Orientierungsmaßstab für die Beurteilung der Wesentlichkeit zu eigen zu machen. Das Limit zeigt an, bei welcher Kreditgröße der Gesetzgeber allein aus Gründen des Gebots der Risikostreuung die Grenze des Vertretbaren erreicht sieht. Diesen kreditwirtschaftlichen Grundsatz auf andere Bereiche zu übertragen, ist zwar nicht unproblematisch, leistet aber zumindest unter dem Blickwinkel des Einblicks in die Risikolage eines Kreditinstitutes gute Dienste.

Am schwierigsten dürfte die Beurteilung der Wesentlichkeit sein, soweit sie sich auf die Darstellung der Ertragslage bezieht. Zweifelsohne hat sich die Transparenz

42 Vgl. auch ADS (Rechnungslegung) § 271 HGB Tz 5 und Szagunn/Wohlschieß (KWG) § 19 KWG, Anm. 24 u. § 24 KWG Anm. 10.

der Ergebnisdarstellung durch die neuen Formblätter[43] für die Gewinn- und Verlustrechnung verbessert[44]. Geht man davon aus, daß im Zins eine Risikoprämie enthalten ist, so macht es durchaus Sinn, Zinsüberschuß und bilanziellen Risikovorsorgeaufwand in Beziehung zueinander zu setzen. Mit Köllhofer kommt man somit zur Erkenntnis, daß die in der Gewinn- und Verlustrechnung „ausgewiesene Nettorisikovorsorge ... ordentliche Erfolgskomponente unserer Ertragsrechnung und ... deshalb zwingend in einem richtig verstandenen Betriebsergebnis enthalten sein“[45] muß. Durch Zusammenführung der der Gewinn- und Verlustrechnung entnehmbaren Komponenten

- Zins- und Provisionsüberschuß
- Verwaltungsaufwand
- Ergebnis der Finanzgeschäfte (§ 340c Abs. 1 HGB)
- Saldo Risikovorsorge (§ 340f Abs. 3 HGB)

läßt sich somit auch für die Öffentlichkeit das Gesamtbetriebsergebnis als Indikator des operativen Gesamterfolges eines Kreditinstitutes errechnen. Der so gewonnene Einblick in die Ertragslage relativiert sich jedoch ganz entscheidend durch die in Abschn. C beleuchteten bilanzpolitischen Spielräume, die sich aus der Möglichkeit der Bildung und Auflösung stiller Reserven auftun. Die Orientierung an unmittelbar aus der Gewinn- und Verlustrechnung entnehmbaren Ergebnisgrößen liefert somit immer dann entschieden zu unscharfe Gewichtungskriterien für die Materiality, wenn sie vom Ergebnis der Risikovorsorge beinflußt sein sollten. Es wird sich empfehlen, entweder auf solche Bestandteile der externen Rechnungslegung zurückzugreifen, die sich als orginäre Quellen der Ertragskraft darstellen und zugleich frei von Bewertungsspielräumen sind, wie Zins- und Provisionsüberschuß, oder aber sich an Betriebsergebnisberechnungsmodellen zu orientieren, die gleichermaßen von den genannten Ermessensspielräumen unbeinflußt sind, wie etwa an der „Grundertragskraft“, wie sie Honeck[46] im Sinne eines „erfolgsmäßigen Risikotragfähigkeitsindikators“[47] zur Diskussion stellt, die aber nur betriebsintern zur Verfügung stehen. Da der Abschlußprüfer gem. § 24 PrüfbV die Ertragslage umfassend darzustellen hat, erweist sich die zuletzt genannte Vorschlagsalternative aus seiner Sicht grundsätzlich als praktikabel, setzt allerdings voraus, daß zuverlässige Ergebnisse des internen Berichtswesens des Kreditinstitutes frühzeitg zur Verfügung stehen.

Quantifizierte Schwellenwerte für das Kriterium der Wesentlichkeit bei Darstellung der Ertragslage sind selbstverständlich in Abhängigkeit von Art und Dimension der gewählten Bezugsgröße festzulegen. Die Fixierung der Materiality-Grenze hat sich am Aussagewert des Jahresabschlusses zu orientieren. Hier darf an die in Abschnitt C gewonnene Erkenntnis erinnert werden, daß der True and

43 Vgl. § 2 RechKredV, Formblatt 2 und 3.
44 Vgl. Köllhofer (Spielräume) S. 756ff; Tuschhoff (Bankenpublizität) S. 928.
45 Köllhofer (Spielräume) S. 760; vgl. auch Krumnow (Betriebsergebnis) S. 64f.
46 Vgl. Honeck (Betriebsergebnis) S. 237.
47 Vgl. Honeck (Betriebsergebnis) S. 237.

fair view branchenbedingt besonders einschränkend zu interpretieren ist. Im Verhältnis zu anderen Wirtschaftszweigen großzügig bemessene Grenzwerte zur Bestimmung der Wesentlichkeit beim Einblick in die Ertragslage erscheinen unter diesem Blickwinkel gerechtfertigt.

E. Bilanzrechtliche Klassifizierung der Wertpapiere

I. Die Wertpapierkategorien

Die bilanzpolitischen Entscheidungskalküle der Kreditinstitute sind angesichts des neuen für sie geltenden Bilanzrechts wesentlich komplexer geworden. Bisher gab es nur zwei Kategorien von eigenen Wertpapieren, nämlich solche, die dem Handel dienten – und das sind besonders bei regional begrenzt tätigen Kreditinstituten vergleichsweise geringe Bestände – und alle übrigen Bestände, also bei der besprochenen Kategorie von Kreditinstituten der Hauptbestand.

Mit dem Bankbilanzrichtliniengesetz wurden statt der zwei nun drei Kategorien von Wertpapieren geschaffen:

1) „Wertpapiere des Handelsbestandes" (§ 340c Abs. 1 HGB)
2) „Wie Anlagevermögen behandelte Wertpapiere" (§ 340c Abs. 2 HGB)
3) „Wertpapiere, die weder wie Anlagevermögen behandelt werden noch Teil des Handelsbestandes sind" (§ 340f Abs. 1 HGB).

Die Wertpapiere der Gruppe 3) werden, da sie eindeutig nicht dazu bestimmt sind, dauernd dem Geschäftsbetrieb zu dienen, auch als „Vorsorgewertpapierbestand"[48] bezeichnet. Allgemein üblich ist jedoch der Begriff „Liquiditätsreserve".

Eine nähere gesetzliche Definition der Wertpapier-Kategorien fehlt. Die Abgrenzung des Handelsbestandes ergibt sich aus der objektiv relativ gut faßbaren Handelsfunktion, die eine hohe Umschlagsgeschwindigkeit bedingt. Erfaßt sind im Ergebnis Wertpapierbestände, die für Zwecke des Eigenhandels des Kreditinstitutes und zur Kurspflege vorzuhalten sind.[49]

Die Zielsetzung, dauernd dem Geschäftsbetrieb zu dienen mit der Folge, dem Anlagebestand zugeordnet zu werden, ist weniger gut greifbar. Da die subjektive Zweckbestimmung solcher Wertpapiere jedoch aktenkundig zu machen ist[50], ist auch dies für den Abschlußprüfer objektiv nachvollziehbar. Hier hat sich auch gegenüber der alten Rechtslage nichts geändert. Schon bisher war es ein anerkannter Grundsatz, daß die Zweckbestimmung von in den Anlagebestand genommenen Wertpapieren schriftlich zu dokumentieren ist[51].

Die dritte Kategorie von Wertpapieren, die sogenannte Liquiditätsreserve, ist

48 Krumnow u. a. (Rechnungslegung) § 340e HGB, Tz 31f.
49 Vgl. Windmöller/Busch (Rechnungslegung) S. 135.
50 Vgl. Regierungsbegründung zum Bankbilanzrichtlinie-Gesetz, zitiert nach: Krumnow u. a. (Rechnungslegung) S. 1364ff, hier: S. 1373.
51 Vgl. Bundesaufsichtsamt für das Kreditwesen (Schr. v. 15. 11. 1965) S. 182.

negativ, d. h. als verbleibender Restbestand definiert und ist soweit problemlos zu erfassen.

II. Konsequenzen der Klassifizierung

Die Differenzierbarkeit der drei Kategorien nach objektiven Kriterien ist von größter Bedeutung, wenn man sich die unterschiedlichen Konsequenzen vor Augen führt:

(1) Bewertungsgrundsätze

a) Wertpapiere des Handelsbestandes und der Liquiditätsreserve werden nach dem strengen Niederstwertprinzip bewertet. Für den Anlagebestand gilt hingegen das gemilderte Niederstwertprinzip[52]. Dieses bietet beachtliche Vorteile: Steuerlich wirksame Abschreibungen auf den niedrigeren Stichtagskurs sind möglich, sie sind jedoch nicht zwingend, es sei denn, es würde sich um die relativ seltenen Ausnahmefälle handeln, in denen eine Wertminderung von Dauer anzunehmen ist (z. B. auf den Einlösungstermin zulaufende zu überpari-Kursen erworbene Papiere; Aktien von Unternehmen in nachhaltiger Krise, etc.). Bilanzpolitische „Manövriermasse" aus steuerlichen Gründen und zum Zwecke der Steuerung der Ertragslage-Darstellung steht somit, wie nach alter Rechtslage auch, in bequemer Weise zur Verfügung.

b) Ein deutlicher Schritt in Richtung eines verbesserten True and fair view wurde allerdings dadurch vollzogen, daß Kreditinstitute durch das Bankbilanzrichtliniengesetz grundsätzlich an das Wertaufholungsgebot des § 280 HGB gebunden werden. Bis dahin waren sie davon befreit[53]. Allerdings sind Wertpapiere der Liquiditätsreserve gem. § 340f Abs. 2 HGB vom Wertaufholungsgebot des § 280 HGB freigestellt. Es ist zwingend nur auf Wertpapiere des Anlage- und des Handelsbestandes anzuwenden.

(2) Ausweis in der Gewinn- und Verlustrechnung

Je nachdem, welcher Kategorie die Wertpapiere zuzuordnen sind, werden ihre Erfolgskomponenten in unterschiedlichen Posten der Gewinn- und Verlustrechnung ausgewiesen bzw. in unterschiedliche Verrechnungssalden einbezogen. Die frühere Überkreuzverrechnung, die einen Generalsaldo aus Zuschreibungen bei Forderungen oder Eingängen nach vorheriger Abschreibung, aus Zuschreibungen bei Wertpapieren oder deren Abgang und aus Abschreibungen und Wertberichtigungen auf Forderungen und Wertpapiere erlaubte, wurde durch die Regelungen der §§ 340f Abs. 3 HGB, 32 RechkredV ersetzt, die eine ähnlich umfassende Verrechnung erlauben, allerdings mit der wichtigen Einschränkung, daß Aufwendungen und Erträge aus dem Wertpapierbestand nicht mehr generell einbezogen werden können, sondern nur, soweit sie der Liquiditätsreserve zuzuordnen sind. Die Wertpapiere des Handelsbestandes sind in einem anderen Saldo einzurechnen (§ 340c Abs. 1 HGB) und die Wertpapiere des Anlagebestandes können wahlwei-

---

52 Vgl. § 340e Abs. 1 HGB.

53 Vgl. 25a Abs. 2 KWG a. F. sowie Kap. C II im vorliegenden Beitrag.

se in einem dritten Verrechnungssaldo Eingang finden oder sind als Aufwand und Ertrag gesondert in der Gewinn- und Verlustrechnung auszuweisen[54].

(3) Einbezug in die Bemessungsgrundlage nach § 340f Abs. 1 Satz 2 HGB

Nur Wertpapiere der Liquiditätsreserve werden in die Bemessungsgrundlage für die Bildung der Vorsorgereserven eingerechnet. Nachdem die gesetzlich gezogene Grenze von 4 % sehr großzügig bemessen ist, dürfte diesem Aspekt in der Praxis allerdings relativ wenig Bedeutung beizumessen sein.

(4) Einbezug in das Anlagengitter nach § 34 Abs. 3 RechKredV

In das Anlagegitter sind die Wertpapiere des Anlagebestandes einzubeziehen, selbstredend nicht die des Handelsbestandes und der Liquiditätsreserve.

(5) Bestimmte Angabepflichten im Jahresabschluß-Anhang gem. § 35 Abs. 1 Nr. 2 RechKredV hinsichtlicher solcher börsenfähiger Wertpapiere, die nicht zum Niederstwert bewertet sind.

Anzugeben ist der Betrag solcher Papiere sowie die Abgrenzungskriterien für die Frage, welche Papiere dem Niederstwertprinzip unterzogen wurden und welche nicht.

III. Problematik der Umwidmungen

Kreditinstitute hatten im Geltungsbereich des alten Rechts häufig den Großteil ihres Wertpapierbestandes dem Anlagevermögen zugeordnet, gleichwohl aber ausnahmslos wie Umlaufvermögen bewertet. Letzteres ist Ausfluß des Vorsichtsgedankens solider Kreditinstitute, die ihre liquiditätspolitische Beweglichkeit nicht dadurch eingeschränkt sehen wollen, daß Wertpapiere nur unter Realisierung von Verlusten veräußert werden könnten. Mit Inkrafttreten des Bankbilanzrichtliniengesetzes und den damit neu geschaffenen Rahmenbedingungen hat sich die Sachlage geändert. Viele Kreditinstitute haben ihren Eigenbestand an Wertpapieren nicht mehr dem Anlagevermögen zugerechnet mit der Folge, daß diese Vermögensgegenstände als Liquiditätsreserve zu klassifizieren sind. Hauptmotiv dieser Umwidmung ist das Bestreben, durch Abschreibung auf den niedrigeren beizulegenden Wert gemäß Niederstwertprinzip stille Reserven zu legen in Verbindung mit der stillen Verrechnung nach § 340f Abs. 3 HGB, die beim Anlagebestand infolge der geänderten Rechtslage so nicht zum Zuge käme. Schneller als gedacht ergab sich daraus jedoch eine Konfliktsituation, die bereits zur Bilanzierungsrunde 31. 12. 1994 evident wurde und die dem Abschlußprüfer im hohen Maße Urteilsvermögen abverlangt: Der überraschende Anstieg des Zinsniveaus im Jahre 1994 führte nicht nur beim Handel mit festverzinslichen Wertpapieren zu beträchtlichen Ertragseinbußen. Es wird auch vermutet, es könnte „vielen Sparkassen und Kreditgenossenschaften durchaus schwerfallen, den Bewertungsbedarf mit An-

54 Zu den Kompensationsmöglichkeiten im einzelnen vgl. z. B. Hossfeld (Kompensationsmöglichkeiten).

stand zu meistern. Dies umso mehr, als ihnen im Provisionsgeschäft nicht die Erträge zur Verfügung stehen wie den großen Aktienbanken."[55]

Es wundert somit nicht, daß der Ruf nach Umwidmung zum Anlagebestand laut wurde. Fraglich ist, unter welchen Umständen die einmal getroffene Zuordnung zu den Wertpapierkategorien wieder geändert werden kann.

Das Prinzip der Bewertungsstetigkeit (§ 252 Abs. 1 Nr. 6 HGB) wird nicht berührt, weil die Zuordnung zu alternativen Zweckbestimmungen von Vermögensgegenständen keine „Bewertungsmethode" darstellt[56]. Der Grundsatz der Gliederungsstetigkeit (§ 265 Abs. 1 HGB) spricht gleichfalls nicht dagegen. Der Bilanzausweis erfolgt unabhängig von der Art der Zurechnung zu den genannten Kategorien[57]. Etwas anderes gilt für den Ausweis der zugehörigen Erfolgskomponenten in der Gewinn- und Verlustrechnung sowie hinsichtlich der Angabe im Anlagegitter[58]. Die Behandlung dort ist, wie bereits beschrieben wurde, von der Art der Wertpapierkategorie abhängig. Das Stetigkeitsprinzip erfaßt aber nur solche Gestaltungen, die aus mehreren gleichermaßen zulässigen Darstellungsformen ausgewählt werden können[59]. Im vorliegenden Fall ist die Ausweismodalität jedoch in Abhängigkeit der jeweiligen Wertpapier-Kategorie eindeutig gesetzlich vorgegeben. Auch das Gebot der Gliederungsstetigkeit ist somit nicht einschlägig[60]. Als Zwischenergebnis ist somit festzuhalten: Da die Zuordnung von der subjektiven Zweckbestimmung abhängig ist und solche subjektiven Vorgaben sich im Zeitablauf ändern können, sind Umwidmungen grundsätzlich möglich[61]. Soll die Umwidmung zum Anlagevermögen erfolgen, bedarf dies eines aktenkundigen Beschlusses der zuständigen Stellen des Kreditinstitutes. Diese formelle Voraussetzung ist unumstritten und problemlos handhabbar.

Darüber hinaus wird mit Krumnow u. a. zu fordern sein, daß „auch die Konsequenzen aus dieser Zuordnung gezogen werden, d. h. es darf keine kurzfristige Veräußerung oder schnelle und volumensmäßig gravierende Umschichtung dieser Bestände in naher Zukunft erfolgen"[62]. Doch hier setzen die Probleme der objektiven Nachprüfbarkeit ein. Wie kann ein Abschlußprüfer die Zulässigkeit der Umwidmung beurteilen, wenn sie kurz vor dem Stichtag des zu prüfenden Jahresabschlusses und deshalb auch mit erstmaliger Wirkung für den zu prüfenden Jahresabschluß vorgenommen wird? Da die Frist für die Durchführung von Jahresabschlußprüfungen relativ knapp bemessen ist[63], erscheint eine Verifizierung

55 Kutscher (Abschreibungsbedarf) S. 33.
56 Vgl. auch Prahl (Die neuen Vorschriften) S. 441; vgl. ferner Krumnow u.a. (Rechnungslegung) § 340e HGB, Tz 40.
57 Vgl. Formblatt 1 der RechKredV.
58 Vgl. Krumnow u.a. (Rechnungslegung) § 340e HGB, Tz 41.
59 Vgl. ADS (Rechnungslegung) § 265 HGB, Tz 21.
60 Vgl. ebenso Krumnow u.a. (Rechnungslegung) § 340e HGB, Tz 41; a. A. offenbar Prahl (Die neuen Vorschriften) S. 441.
61 So auch Krumnow u. a. (Rechnungslegung) § 340e HGB, Tz 37.
62 Krumnow u. a. (Rechnungslegung) § 340e HGB, Tz 38.
63 Vgl. § 340k Abs. 1 Satz 2 KWG.

aus der Sicht der Abschlußprüfung anhand faktischer Abläufe nur schwerlich möglich. Für die prüferische Anerkennung solcher Umwidmungsfälle müssen mithin Negativverprobungen hinreichend sein. Der Abschlußprüfer wird sich die Frage zu stellen haben, ob die wirtschaftlichen Rahmenbedingungen des Kreditinstitutes es überhaupt zulassen, daß die betreffenden Wertpapiere dauerhaft im Besitz gehalten werden können. Ist die voraussehbare Liquiditätssituation des Kreditinstitutes so angespannt, daß damit zu rechen ist, daß die zum Anlagebestand umgewidmeten Wertpapiere in naher Zukunft liquidiert werden müssen, so kann die Zweckbestimmungsabsicht des Kreditinstitutes in Zweifel gezogen werden. Die Beschäftigung mit der zukünftigen Liquiditätsentwicklung des Kreditinstitutes anhand dessen Finanzplanung ist somit nicht nur für die Berichtsfertigung des Abschlußprüfers gem. § 20 PrüfbV (Darstellung der Liquiditätslage) erforderlich; sie kann im Einzelfall auch Bedeutung für die Beurteilung der bilanzrechtlichen Zulässigkeit von Wertpapierumwidmungen erlangen.

Erkennbar wird aus diesen Gedanken auch, daß es durchaus Sinn macht, das Wesen der „Liquiditätsreserven" mit Liquiditätserwägungen in Verbindung zu bringen, auch wenn es zutreffend ist, die Richtigkeit des Begriffs in Frage zu stellen, weil es sich um eine Residualgröße aus Wertpapieren handelt, „die weder dem Handelsbestand noch dem Anlagevermögen zugeordnet werden. Diese „übrigen" Wertpapiere dienen zwar mehrheitlich der Liquiditätssicherung, jedoch verleiht ihnen die Bezeichnung „Wertpapiere der Liquiditätsreserve" einen Ausschließlichkeitscharakter, der streng genommen nicht zutreffend ist"[64].

Aus der Sicht eines praktischen Entscheidungszwängen unterliegenden Abschlußprüfers wird nichts dagegen einzuwenden sein, wenn Kreditinstitute betriebsinterne Zuordnungsregeln dergestalt aufstellen, daß zunächst auf der Grundlage einer mehrjährigen Finanzplanung zu prüfen ist, ob das neu erworbene Wertpapier vom Liquiditätsbedarf voraussichtlich erfaßt werden wird. Verneinendenfalls können festverzinsliche Langläufer beim Erwerb zunächst dem Anlagebestand zugerechnet werden. Es dürfte auch nichts dagegeben sprechen, sie dann, wenn die Restlaufzeit von (z. B.) 3 Jahren unterschritten wird, angesichts ihres hohen Liquiditätsgehalts in die Liquiditätsreserve überzuführen. Dem Gebot der Willkürfreiheit ist bei solchen oder ähnlich plausiblen institutsinternen Regelungen mit Sicherheit hinreichend Rechnung getragen[65]. Fraglich ist, ob dies auch in den Fällen gilt, in denen die Erfolgsrechnung den Abschreibungsaufwand nicht mehr verkraftet, der erforderlich wäre, um die Wertpapiere auf den Stichtagskurswert abzuschreiben. Die Zulässigkeit wird von Krumnow u. a. bejaht, wenn die Änderung der Zweckbestimmung aktenkundig gemacht wird und die Wertpapiere umgebucht werden.[66]

Dieser Standpunkt kann nicht uneingeschränkt befürwortet werden: Steht die

64 Kahn (Aktuelle Aspekte) S. 171.

65 Forderungen in diesem Sinne erhebt die Deutsche Bundesbank (Bilanzierungsrecht) S. 41.

66 Vgl. Krumnow u. a. (Rechnungslegung § 340 e HGB, Tz 39.

dokumentierte Zweckbestimmung ausschließlich unter dem Diktat der Bilanzoptik, berücksichtigt sie also nicht die zu prüfende Tatsache, ob die betreffenden Papiere aus Liquiditätsgründen auf Dauer durchgehalten werden können, so erscheint sie willkürlich. Die Fragestellung erinnert sehr an die vom Institut der Wirtschaftsprüfer in SABI 2/87 aufgelisteten Beispiele[67] für begründete Ausnahmefälle für Abweichungen von der Bewertungsstetigkeit Dem liegt aber ein gesetzlich normierter Ausnahmetatbestand (§ 252 Abs. 2 HGB) zugrunde. Ein solcher existiert in der hier zu diskutierenden Frage jedoch nicht. Liegt demnach ein förmlicher Zweckbestimmungsbeschluß vor, erlaubt aber die Finanzlage des Kreditinstitutes nicht das Durchhalten der Papiere, so muß entweder die bilanzrechtliche Zurechnung zum Anlagebestand oder aber die Qualifikation und Sorgfalt der Geschäftsführung in Zweifel gezogen werden. Gerade bei Kreditinstituten von lediglich lokaler bzw. regionaler Bedeutung beinhaltet die Abschlußprüfung häufig Elemente einer Geschäftsführungsprüfung. Dies gilt insbesondere für Sparkassen[68] und Kreditgenossenschaften[69].

Selbst dort, wo dies nicht der Fall ist, besteht für den Abschlußprüfer zumindest die Aufgabe, die wirtschaftliche Lage, hier die Liquiditätslage, darzustellen. Die PrüfbV macht in § 20 Abs. 2 deutlich, daß Abschlußprüfer zu Besonderheiten der Liquiditätssituation Stellung zu beziehen haben. Die Berichtsausführungen werden von der Bankenaufsicht in letzter Konsequenz auch unter dem Blickwinkel der fachlichen Qualifikation der Geschäftsleiter gewürdigt[70].

Das Bundesaufsichtsamt für das Kreditwesen beobachtet Umwidmungen von festverzinslichen Wertpapieren vom Umlaufvermögen in den Anlagebestand in Zeiten der Hochzinsphase besonders aufmerksam. In seinem Schreiben vom 15. 11. 1965[71] hat es Bedenken gegen eine Umwidmung in den Fällen geäußert, in denen sich ein Kreditinstitut in einer angespannten Liquiditätslage befindet. Im darauf bezugnehmenden Schreiben vom 19. 03. 1993 wird darauf hingewiesen, daß die Liquidität in solchen Konstellationen „anhand der Meldungen zu den Grundsätzen II und III überprüft und ggf. – wie bereits in Einzelfällen geschehen – Maßnahmen eingeleitet“[72] werden.

Weitere Überwachungsmöglichkeiten ergeben sich aus den Angaben des Anhanges zum Jahresabschluß nach § 35 Abs. 1 Nr. 2 RechKredV (Volumen und Abgrenzungskriterien der nicht zum Niederstwert bewerteten börsenfähigen Wertpapiere) und vor allem aus den Prüfungsberichten der Abschlußprüfer, die gem. § 20 Abs. 2 PrüfbV über das Volumen der in die Grundsätze II und III einbezogenen wie Anlagevermögen bewerteten Wertpapiere zu berichten und in dem

67 Vgl. IDW (SABI 2/1987) Abschnitt 5.
68 Vgl. Küspert/Polster (Geschäftspolitik) S. 197 ff.
69 Vgl. § 53 GenG.
70 Zu den Grundprinzipien der Deutschen Bankenaufsicht vgl. Bähre (Wirtschaftsprüfer) S. 35 –48.
71 Vgl. Bundesaufsichtsamt für das Kreditwesen (Schr. v. 15. 11. 1965) S. 182.
72 Bundesaufsichtsamt für das Kreditwesen (Schr. v. 19. 03. 1993) S. 162.

durch die PrüfbV vorgeschriebenen neuen Instrument der Datenübersicht (§ 50 PrüfbV und Anlage 1 hierzu) die „vermiedenen Abschreibungen auf Anleihen und Schuldverschreibungen sowie andere Wertpapiere durch Übernahme in das Anlagevermögen" zu beziffern haben. Die soeben zitierte Vorschrift des § 35 Abs. 1 Nr. 2 RechKredV wird von Krumnow u. a.[73] wegen der geforderten Angaben zur Abgrenzung von den anderen Wertpapieren als „nicht sehr sinnvoll" und „merkwürdig" bezeichnet, „da das einzig denkbare Unterscheidungskriterium bereits in der Vorschrift selbst angegeben ist, nämlich die Tatsache, daß von der Anwendung des gemilderten Niederstwertprinzips Gebrauch gemacht .... wurde". Es ist jedoch zu vermuten, daß der Gesetzgeber dem Gebot der Willkürfreiheit Rechnung tragen wollte: So wie die Abgrenzung zwischen den einzelnen Wertpapierkategorien vernünftigen wirtschaftlichen Erwägungen sich erschließen muß, so gilt dies auch für die Frage, welche Teile des Anlagebestandes zum strengen und welche zum gemilderten Niederstwert bewertet werden. Ohne Zweifel entspricht es dem „Standing" der Kreditinstitute, nach Möglichkeit den Gesamtbestand zum Niederstwert zu bewerten. Wo dies aus Gründen einer angespannten Ertragslage nicht möglich ist, sollte man die Bildung stiller Verluste auf das unabdingbare Mindestmaß beschränken. Die Kriterien für die Auswahl der davon betroffenen Wertpapiere sind somit durchaus von Interesse. Wie immer man den Grundsatz der Bewertungsstetigkeit (§ 252 Abs. 1 Nr. 6 HGB) und die Fragestellung der Abweichungsgründe (§ 252 Abs. 2 HGB) beurteilt: Willkürfreiheit muß zweifelsfrei gewährleistet sein. Unter diesem Blickwinkel wird nichts dagegen eingewandt werden können, wenn ein Kreditinstitut gezielt die Wertpapiere mit der längsten Restlaufzeit im Bestand für die Anwendung des gemilderten Niederstwertprinzips auswählt. Die Wahrscheinlichkeit der Realisierung stiller Verluste ist hier wohl am geringsten. Dem Vorsichtsprinzip ist damit am besten gedient.

Die Zuordnung zum Anlagebestand wird mit weiteren Nachteilen für das Kreditinstitut erkauft: Entgegen der früheren Rechtslage können Aufwendungen und Erträge nicht mehr in die ehemals umfassende Überkreuzverrechnung einbezogen werden. Vor allem die Erträge aus Wertpapierveräußerungen und -einlösungen sowie die aus Zuschreibungen waren in diesem Sinne bisher sehr willkommen, um größere Verluste im Kreditgeschäft durch diese Verrechnung nicht augenfällig werden zu lassen. Solche Motive schaffen nach der gesetzlich vollzogenen Dreiteilung des Wertpapierbestandes Anreize, die zum Zwecke der Vermeidung von Abschreibungen in den Anlagebestand umgewidmeten Wertpapiere in die Liquiditätsreserve „rückzuwidmen", sobald die Abschreibungsgefahr im Wertpapierbereich infolge entsprechender Kursentwicklungen wieder gebannt ist. Und schließlich erweist sich auch der Zwang zur Wertaufholung gem. § 280 HGB bzw. die ersatzweise erforderlichen Anhangsangaben für die Wertpapiere des Anlagebestandes als Nachteil, dem man gerne durch Rückwidmung in die Liquiditätsreserve aus dem Wege gehen würde. Auch aus diesen Blickwinkeln zeigt sich die be-

73 Krumnow u. a. (Rechnungslegung) § 35 RechKredV, Tz 13 f.

sondere auf dem Abschlußprüfer lastende Verantwortung, willkürlichen Umwidmungen entgegenzuwirken.

F. Angabe, Offenlegung und Prüfung der Organbezüge im Jahresabschluß

I. Problemstellung für den Jahresabschluß 1993

Für viele Kreditinstitute bestand bisher schon die Verpflichtung, die Organbezüge im Sinne des § 285 Nr. 9a und b HGB im Anhang zum Jahresabschluß aufzunehmen. § 25a Abs. 2 KWG a.F. befreite lediglich von den Angaben nach § 285 Nr. 9c HGB, nicht hingegen von Buchstabe a) und b) der gleichen Norm. Im Jahresabschluß 1993 sind die Vorschriften jedoch erstmals auf eine Vielzahl weiterer Kreditinstitute, nämlich auf Privatbankiers, Sparkassen und Genossenschaftsbanken anzuwenden.[74] Gerade bei dem hier angesprochenen Kreis von Kreditinstituten sorgte insbesondere die Angabe der der Geschäftsführung gewährten Gesamtbezüge des Geschäftsjahres für Unbehagen und Unmut. Dies wird verständlich, wenn man berücksichtigt, daß es sich in diesem Sektor der Kreditwirtschaft tendenziell um kleinere und vor allem regional begrenzt tätige Institute handelt. Das Geschäftsführungsorgan solcher Kreditinstitute ist in aller Regel mit zwei Mitgliedern (= Mindestzahl gem. § 24 Abs. 2 GenG sowie § 32 Abs. 1 Nr. 2 KWG), bei Sparkassen mit durchschnittlich drei Mitgliedern besetzt. Durch einfache Divisionskalkulation lassen sich in aller Regel zuverlässige Rückschlüsse auf die Einkommensverhältnisse der einzelnen Geschäftsleiter ziehen, was bei kopfzahlmäßig größeren Kollegialorganen so nicht ohne weiteres möglich ist.

Es verwundert somit nicht, daß sich aus der Kreditwirtschaft heraus Widerstand gegen die neue Rechnungslegung formiert hat. Sie kommt in dem Schreiben des Zentralen Kreditausschusses vom 02. März 1993 an das Bundesjustizministerium zum Ausdruck. Es wird dargelegt, daß die Angabepflicht „in ihrer ausnahmslosen, größenunabhängigen Erstreckung auf Kreditinstitute die Zumutbarkeitsgrenze überschreitet, weil die Mitglieder der Organe kleinerer Kreditinstitute, sofern das Geschäftsführungsorgan lediglich aus 2 oder 3 Personen besteht, in ihrem in Art. 2 Abs. 1 i.V.m. Art. 1 Abs. 1 GG verbürgten Grundrecht auf informelle Selbstbestimmung verletzt werden.“[75]

Die mittlerweile erfolgte Umsetzung der Mittelstandsrichtlinie durch das Gesetz zur Änderung des D-Markbilanzgesetzes und anderer handelsrechtlicher Bestimmungen[76] hat zwar das Problem für die Zukunft entschärft, weil durch den um einen Absatz 4 erweiterten § 286 HGB eine Befreiung von den Angabepflich-

---

74 Zur geänderten Rechtslage bei Privatbankiers vgl. Krumnow u. a.(Rechnungslegung) § 340a HGB, Tz 4 und Synopse zu § 340a HGB S. 1194; bei Genossenschaftsbanken und Sparkassen vgl. Meyer/Isenmann (Handbuch) S. 234.

75 Schreiben des ZKA vom 02. März 1993 unter Bezugnahme auf ein in Auftrag gegebenes Gutachten der Rechtsanwälte R. Wimmer/M. Nimphius vom 25. 02. 1994, das als Anlage dem ZKA-Schreiben beigefügt ist.

76 BGBl 1994 I S. 1682–1687.

ten ausgesprochen wird, wenn sich anhand der Angaben die Bezüge eines Mitglieds dieser Organe feststellen lassen. Da dieses Gesetz jedoch erst am 30. Juli 1994 in Kraft getreten ist und deshalb Wirksamkeit erst bei Erstellung des Jahresabschlusses 1994 entfaltet, blieb für den Abschluß 1993 das Ausweisproblem nicht nur bestehen, sondern es verschärfte sich sogar aus dem Bewußtsein heraus, daß Organbezüge für einen einzigen Bilanzstichtag (31. 12. 1993) offenzulegen waren, so daß angesichts des besonderen Charakters der vermittelten Informationen ein nachhaltiger und unwiderruflicher Schaden für die Betroffenen entstand, den der Gesetzgeber selbst ausschließen wollte, wie die Umsetzung der Mittelstandsrichtlinie schließlich beweist! Noch ärgerlicher ist dieses Ergebnis, weil es erst aus der Verzögerung des Gesetzgebungsverfahrens heraus entstanden ist. Die am 08. November 1990 verabschiedete Mittelstandsrichtlinie der EG wäre bereits bis 01. Januar 1993 in nationales Recht umzusetzen gewesen.[77]

II. Verbleibende Fragestellung für die kommenden Jahresabschlüsse

Wer nun glaubt, daß durch die Umsetzung der Mittelstandsrichtlinie die Konfliktsituation erledigt sei, muß sich getäuscht sehen: Der dem § 286 HGB angefügte Abs. 4 kleidet den Befreiungstatbestand in Worte, die bei enger Auslegung nur in seltenen Ausnahmefällen erfüllt wären. Es sind bereits Stimmen[78] laut geworden, die aus der Gesetzeswortwahl („Bezüge feststellen lassen") schließen, daß die Befreiungsregel nur dann greift, wenn sich die Bezüge einzelner Organmitglieder genau beziffern lassen mit der Konsequenz, daß lediglich die Einmann-Geschäftsführung in den Genuß der Befreiungsregel käme; eine Durchschnittsbildung würde nach dieser Auffassung hingegen nicht das erforderliche Exaktheitsniveau aufweisen.

Nachdem in der Kreditwirtschaft das Vier-Augen-Prinzip zwingend gefordert wird[79], hätte dies zur Konsequenz, daß die Befreiungsvorschrift des § 286 Abs. 4 HGB bei Kreditinstituten systembedingt überhaupt nicht zur Anwendung käme!

Zur Klärung der Fragen über Inhalt und Tragweite des § 286 Abs. 4 HGB wird es sich empfehlen, auf den bewährten Grundsatz der Auslegung nach Sinn und Zweck einer Norm (teleologische Interpretation) zurückzugreifen. Demnach muß festgehalten werden, daß Sinn der Regelung war zu vermeiden, daß die Öffentlichkeit Kenntnisse von den Einkommensverhältnissen einzelner Geschäftsführer-Personen erhält. Bei der Beurteilung der Schutzwürdigkeit dieser Informationen spielt der Aspekt der Exaktheit der Angaben keine Rolle. Es ist nicht vorstellbar, daß die Informationswertung durch die Jahresabschluß-Adressaten dadurch anders ausfällt, daß, um ein Beispiel zu nennen, statt der Betragsnennung von

77 Vgl. Biener (Mittelstandsrichtlinie) S. 707.
78 Pfitzer/Wirth (Handelsgesetzbuch) S. 1938 f.
79 Vgl. § 2 a KWG, § 33 Abs. 1 Nr. 4 KWG.

431 TDM nur die Dimension von rd. 400 TDM erkennbar wird. In beiden Alternativen erscheinen die schutzwürdigen Belange der Betroffenen im gleichen Licht.

Zielsetzung der handelsrechtlichen Rechnungslegungsvorschriften ist es, die wirtschaftlichen Verhältnisse der bilanzierungspflichtigen Unternehmen, nicht die ihrer Geschäftsführer, darzustellen. Eine Güterabwägung ist folglich nötig, wenn beide Aspekte miteinander kollidieren.

Der Informationswert der Angaben zu den Organbezügen beruht auf zwei Überlegungen:

Zum einen eröffnen die Organbezugsangaben Kontrollmöglichkeiten insbesondere für die Unternehmenseigner, die überwachen wollen, ob die Geschäftsführung Vergütungen nur in angemessener bzw. vereinbarter Höhe erhalten („Keine Vermögens- und Gewinnschmälerung des Unternehmens durch Selbstbedienung der Geschäftsführer"). Zum anderen stellen sich die Organbezugsangaben als wertvolle bilanzanalytische Erkenntnisquelle dar. Es ist die Gefahr nicht von der Hand zu weisen, daß Geschäftsführer von Unternehmen, deren Ertragslage sich ungünstig entwickelt, dadurch bilanzoptisch gegenzusteuern versuchen, daß sie gezielt die Personalaufwandsquote durch persönlichen Gehaltsverzicht vermindern und dadurch den ungünstigen Trend der Rentabilitätsentwicklung (zumindest vorübergehend) kaschieren.[80] Es kann somit nicht die Meinung[81] geteilt werden, wonach die Offenlegung der Organbezüge nichts mit der Zielsetzung der Rechnungslegung zu tun hätte. Der Bilanzleser erhält aus dem Zeitvergleich der Organbezüge wertvolle Anhaltspunkte dazu, ob den aufgezeigten Manipulationsgefahren im konkreten Fall nähere Beachtung zu schenken ist oder nicht. Die Organbezugsangaben unterstützen somit den Anspruch nach einem „True and fair view" des Jahresabschlusses. Aber auch aus Gründen des zwischenbetrieblichen Vergleiches erweist sich die Kenntnis der Organbezüge als wertvoll: Zur besseren Vergleichbarkeit von Kapitalgesellschaften, deren Geschäftsführervergütungen als Aufwand verrechnet werden, und Personenhandelsgesellschaften, bei denen der Unternehmerlohn im Gewinn enthalten ist, empfiehlt sich bei zwischenbetrieblichen Vergleichen die Eliminierung der Gehälter von Gesellschafter-Geschäftsführern.[82]

Wägt man nun den mithin beschriebenen Normnutzen des § 285 Nr. 9a und b HGB mit den schutzwürdigen Belangen ab, denen § 286 Abs. 4 HGB Rechnung zu tragen versucht, so wird man gerade bei örtlich begrenzt tätigen Kreditinstituten zur Erkenntnis kommen müssen, daß die Schutzfunktion dominiert:

Wie bereits angedeutet, stellt die Preisgabe der Einkommensverhältnisse örtlich tätiger Kreditinstitute eine nicht zu unterschätzende Härte dar. Erscheinen die Bezüge relativ hoch, so werden Neidgefühle in der Öffentlichkeit geweckt, die das Ansehen des Kreditinstituts schädigen können („Mit unseren schlecht verzinsten

---

80 Vgl. auch Pfleger (Bilanzrichtlinien-Gesetz) S. 120.

81 Vgl. Wichmann (20. WP-Tag) S. 471.

82 Diese Vorgehensweise wird bei den Auswertungsverfahren der Deutscher Sparkassenorganisation empfohlen und praktiziert: vgl. Riebell (Bilanzauswertung) S. 246 Tz 487.

Einlagen und den Wucherkreditzinsen können die Herren Vorstände sich ein schönes Leben machen .....“). Fallen die Bezüge bei kleineren Kreditinstituten hingegen sehr bescheiden aus, so leidet der Ruf des Kreditinstituts gleichermaßen, weil die fachliche Potenz der Geschäftsleiter und damit das Renommee des Kreditinstituts angezweifelt wird. Solche Überlegungen mögen bei überregional tätigen Kreditinstituten keine Rolle spielen. Wohl aber haben sie Gewicht bei örtlich begrenzt tätigen Kreditinstituten, weil die Geschäftsleiter solcher Banken und Sparkassen in ihrem heimischen Geschäftsbezirk persönlich bekannt sind. Während örtlich tätige Unternehmen anderer Wirtschaftszweige in der Tendenz eher kleine Kapitalgesellschaften sein werden und damit ohnedies gem. § 288 HGB von den umstrittenen Angabepflichten befreit sind, unterliegen die gleichfalls nur örtlich tätigen Kreditinstitute grundsätzlich den für große Kapitalgesellschaften geltenden Angabepflichten. Die für die Geschäftsleiter regional tätiger Kreditinstitute damit verbundene Härte liegt somit auf der Hand: Ihre Verhältnisse sind weder mit denen überregional tätiger Kreditinstitute noch mit denen regional beschränkt tätiger Unternehmen anderer Branchen vergleichbar.

Den dargestellten negativen Informationseffekten aus der Offenlegung der Organbezüge steht bei Sparkassen und Kreditgenossenschaften ein relativ gering einzuschätzender Informationsnutzen gegenüber. Was die oben erwähnte Kontrollfunktion anbelangt (Überwachung der Angemessenheit der bezahlten Geschäftsführergehälter), so ist darauf hinzuweisen, daß die Bezüge der Vorstands- und Aufsichtsratsmitglieder von öffentlichen Sparkassen der landesrechtlichen Staatsaufsicht unterliegen. Auch Kreditgenossenschaften werden einer Geschäftsführungsprüfung nach § 53 GenG unterworfen und unterliegen insoweit einer entsprechenden Überwachung. Die Offenlegung der Bezüge aus dem Überwachungsinteresse erscheint in beiden Fällen somit unnötig. Der Informationswert der Anhangsangaben nach § 286 Nr. 9a und b HGB reduziert sich dementsprechend. Die bilanzanalytische Bedeutung der Organbezüge-Angaben darf bei Kreditinstituten gleichfalls nicht überschätzt werden. Wie bei anderen Finanzdienstleistern auch ist der Personalaufwand unter den Verwaltungskosten stark dominierend. Der Personalkostenblock erreicht regelmäßig Dimensionen, die es aussichtslos erscheinen lassen, durch persönliche Opfer der Geschäftsleitung (Gehaltsverzicht) die Entwicklung der Ertragskraft in einem günstigeren bilanzoptischen Licht erscheinen zu lassen.

Eine sinnvolle Interpretation des § 286 Abs. 4 HGB verlangt nach einer Güterabwägung, wie sie hier skizziert wurde. Je geringer der Informationsnutzen der Anhangsangaben im Einzelfall ist, desto schutzwürdiger stellen sich die Interessen dar, die § 286 Abs. 4 HGB berücksichtigen will. Damit ist auch der Bezug zum Grundsatz der Wesentlichkeit (Matariality) herzustellen. Es wird hier nicht die Meinung geteilt, daß das Kriterium der Wesentlichkeit für Angabepflichten im Anhang nur greift, wenn es im gesetzlichen Tatbestand explizit so formuliert ist (z. B. § 284 Abs. 2 Nr. 4 HGB: „Erheblicher Unterschied“; § 285 Nr. 3 HGB: „.....

sofern die Angabe ..... von Bedeutung ist"; usw.)[83]. Bekanntlich dient die Generalnorm des § 264 Abs. 2 Satz 1 HGB, die auch als True and fair view-Prinzip beschrieben wird, als Richtschnur zur Auslegung der handelsrechtlichen Rechnungslegungsbestimmungen für Kapitalgesellschaften. „Die Generalnorm ist ... nur heranzuziehen, wenn Zweifel bei der Auslegung und Anwendung einzelner Vorschriften entstehen oder Lücken in der gesetzlichen Regelung zu schließen sind."[84] Die Interpretation der Befreiungsregelung des § 286 Abs. 4 HGB kann somit darauf Bezug nehmen. Dies gilt demnach auch für den Grundsatz der Materiality, der über eine der beiden Komponenten des True and fair view-Prinzips, nämlich das „Fair", Bestandteil des deutschen Bilanzrechts geworden ist.[85] Nur am Rande soll auch darauf hingewiesen werden, daß auch in anderen Zusammenhängen auf den Grundsatz der Wesentlichkeit zurückgegriffen wird, selbst wenn das Gesetz keine expliziten Hinweise hierzu gibt[86].

Zusammenfassend kann festgestellt werden, daß dem Abschlußprüfer bei der Prüfung der Vollständigkeit der Anhangsangaben hinsichtlich der Organbezüge besonderes Verantwortungsbewußtsein abverlangt wird. Die kommende Rechnungslegungs- und Prüfungspraxis wird erweisen, wie die Grenzen des § 286 Abs. 4 HGB auszuloten und abzustecken sind.

G. Neue Prüfungsanforderungen aus anderen Rechtsquellen

I. Prüfungsberichtsverordnung und JAGSV

Fast zeitgleich mit der neuen Bankenrechnungslegung wurde vom Bundesaufsichtsamt für das Kreditwesen auf der Grundlage von § 29 Abs. 3 KWG die Prüfungsberichtsverordnung (PrüfbV)[87] erlassen, die die bisher gültigen Richtlinien des gleichen Amtes über den Inhalt der Prüfungsberichte ersetzt. Anlaß dieser Neukonzeption waren einerseits gesetzliche Änderungen (KWG, Geldwäschegesetz, Bankbilanzrichtlinie-Gesetz), andererseits neue Entwicklungen auf dem Gebiete des Bankgeschäftes, denen entsprechend Rechnung zu tragen war[88]. Damit bot sich den Abschlußprüfern von Kreditinstituten die Möglichkeit, die der geänderten Rechnungslegungsbestimmungen wegen ohnedies nicht vermeidbaren Anpassungen der Prüfungsberichtskonzepte einer Generalüberarbeitung unterziehen. Die Doppelbelastung sowohl für Prüfer wie auch Geprüfte aus der erstmaligen Anwendung der geänderten Rechnungslegungsbestimmungen und aus den Anforderungen der Berichtsneukonzeption waren nicht unerheblich. Es würde den Rahmen sprengen, auf den Inhalt der Prüfungsberichte gem. PrüfbV und die dadurch veranlaßten Neuerungen im einzelnen einzugehen. Hierzu sei auf den

83 In diesem Sinne Pfitzer/Wirth (Handelsgesetzbuch) S. 1939.
84 Bundesregierung (Regierungsbegründung) S. 76.
85 Vgl. Ossadnik (Materiality) S. 617; vgl. ferner Csik/Dörner (HdR) § 284–288 HGB, Rn 5.
86 Vgl. Kap. D Abschn. I dieses Beitrages.
87 BGBl. 1994 Teil I S. 1803–1828.
88 Vgl. Seitz (Verordnung) S. 491.

Überblicksartikel von Seitz[89] verwiesen. Aus der Fülle der Aspekte seien nur wenige grundsätzliche Überlegungen herausgegriffen.

Die besondere Hervorhebung des Prüfungsberichtes als Hauptinformationsquelle der Bankenaufsicht im Vergleich zum an die Öffentlichkeit gewandten Jahresabschluß und auch gegenüber den allgemeinen Berichterstattungspflichten nach § 321 HGB verdeutlicht sehr anschaulich die nach § 18 PrüfbV vorgesehene Berichterstattung über Derivate.

Bei regional tätigen Kreditinstituten ist das Geschäft mit Derivaten in der Regel noch nicht sehr ausgeprägt[90], weist aber eindeutig steigende Tendenzen auf. § 18 PrüfbV sieht ggf. umfangreiche Berichtserstattungspflichten des Abschlußprüfers hierfür vor. Besonders bemerkenswert sind die ergänzenden Angaben nach Ziff. 8b der von § 50 PrüfbV geforderten Datenübersicht: Nachdem § 36 RechKredV in stark kritisierter Weise lediglich verbale Ausführungen zur Art der betreffenden Geschäfte für den Anhang zum Jahresabschluß vorsieht, wird für Zwecke der bankaufsichtlichen Information konkretes Zahlenwerk abverlangt. Die Intention des Gesetzgebers, den Informationsbedürfnissen unterschiedlicher Adressaten bewußt differenziert Rechnung zu tragen, wird am Beispiel der Derivate-Rechnungslegung besonders gut veranschaulicht[91]. Die Empfehlungen des Ausschusses für Bilanzierung des Bundesverbandes Deutscher Banken[92], die Grundzüge des Derivategeschäftes nach einem einheitlichen Rahmen für die Öffentlichkeit transparent zu machen, beruhen auf international orientierten Wettbewerbsüberlegungen. Sie sind auf regional tätige Kreditinstitute deshalb nicht unmittelbar übertragbar.

Ein Beispiel dafür, wie Prüfungsberichterstattungsgrund- sätze die Prüfungstätigkeit beeinflussen können, ist § 9 PrüfbV[93].

Die DV-gestützte Buchführung ist ein ungemein komplexes und schwieriges Feld für den an traditionellen Fragestellungen orientierten Wirtschaftsprüfer im Rahmen der Überprüfung der Ordnungsmäßigkeit der Buchführung. Die Datenverarbeitung hat sich seit Anfang der 70er Jahre rasant fortentwickelt. Die Komplexität der DV-Systeme ist dadurch stark angewachsen. Abstrakt lassen sie sich mit dem IDW[94] untergliedern in

- Aufbauorganisation

---

89 Vgl. dazu Seitz (Verordnung) S. 490ff.

90 Einen Überblick über die Geschäftsarten sowie Statistiken liefert die Deutsche Bundesbank (Geschäfte) S. 47ff; der Anteil der derivaten Geschäfte am Geschäftsvolumen liegt zum Stand Ende Juni 1993 bei Sparkassen und Kreditgenossenschaften demnach bei 1,7 % bzw. 0,5 % bei einem Gesamtdurchschnittswert für alle Bankengruppen zusammen von 52,9 %, vgl. Deutsche Bundesbank (Geschäfte) S. 53.

91 Vgl. auch Seitz (Verordnung) S. 492; der Ausschuß für Bilanzierung des Bundesverbandes Deutscher Banken (Finanzderivate) S. 2, spricht von einem „dualen Verfahren der Offenlegung".

92 Vgl. Ausschuß für Bilanzierung des Bundesverbandes Deutscher Banken (Finanzderivate) S. 3ff.

93 Vgl. im folgenden Polster (DV-Prüfung) S. 108 f.

94 IDW (FAMA 1/1987 i.d.F. 1993) Abschn. B III 2.2.

- Systementwicklung
- Datenverarbeitung (Produktion)
- Belegwesen
- Datenfluß und -erfassung
- Verarbeitungsregeln
- Aufzeichnung des Buchungsstoffes
- Verfahrensdokumentation.

Nach § 9 Abs. 2 PrüfbV ist offensichtlich in Anlehnung an die Bezeichnung der IDW-Stellungnahme FAMA 1/1987[95] festzustellen, „ob die Grundsätze ordnungsmäßiger Buchführung bei computergestützten Verfahren beachtet worden sind". Angesichts des oben skizzierten weiten Spektrums an Prüfungsbereichen gewinnen die in § 9 Abs. 1 PrüfbV genannten Berichtsgrundsätze somit besondere Bedeutung, weil sie Anhaltspunkte geben, wo die Schwerpunkte bankaufsichtlichen Interesses liegen. Die Verordnung stellt im Vergleich zu den früheren Richtlinien für den Inhalt der Prüfungsberichte die Berichterstattungsleitlinien wesentlich detaillierter dar. Ausdrücklich werden die Aspekte

- Verfügbarkeit/Integrität der Daten
- die Buchführung außer Haus
- die innenrevisorischen Belange in diesem Falle

genannt. Daraus lassen sich wohl auch Rückschlüsse ziehen hinsichtlich der Bildung von Schwerpunkten bei der Prüfungstätigkeit.

Gerade kleinere Kreditinstitute von lokaler bzw. regionaler Bedeutung verlagern die Buchführungstechnik auf Großrechenzentren in Form von Verbands- oder Gemeinschaftsrechenzentren. Die Datenverarbeitung außer Haus stellt den Abschlußprüfer solcher Kreditinstitute somit vor besondere Anforderungen. Die Maßnahmen und Vorkehrungen zur Gewährleistung von Integrität und Verfügbarkeit der bankaufsichtlich relevanten Daten müssen vorrangig prüferisch erfaßt werden. Die Prüfung der Datensicherheit (Sicherung der Betriebsbereitschaft und Zugriffsschutzsysteme) gewinnt somit an Gewicht.

Im engen Zusammenhang mit dem Bankbilanzrichtlinie-Gesetz wurde die JAGSV, die Verordnung vom 13. Oktober 1993[96] über die Anlage zum Jahresabschluß von Kreditinstituten, die eingetragene Genossenschaften oder Sparkassen sind, erlassen. Die Verordnung regelt den Inhalt der nach § 26 Abs. 1 Satz 1 KWG vorgeschriebenen Anlage, die der Erläuterung des Jahresabschlusses dient. Sie ist nur von Kreditgenossenschaften und Sparkassen zu erstellen und ist damit eine weitere Besonderheit vieler lediglich lokal bzw. regional tätigen Kreditinstitute. Die Rechtfertigung dieses Sonderrechts besteht darin, daß die Jahresabschlußprüfungsberichte solcher Kreditinstitute nur auf Anforderung hin an das Bundesaufsichtsamt für das Kreditwesen und die Deutsche Bundesbank einzureichen sind, während dies bei anderen Kreditinstituten ausnahmslos geschieht. Die Anlage

95 IDW (FAMA 1/1987 i.d.F. 1993) Abschn. B III 2.2.

96 BGBl. 1993 I S. 1705

zum Jahresabschluß dient somit der Vermeidung von Informationslücken bei den genannten Behörden.

Während dieser Informationszweck durchaus nachvollziehbar erscheint, erheben sich Zweifel, ob es sinnvoll war, die Anlage zum Jahresabschluß neben der von § 50 PrüfbV geforderten Datenübersicht erstellen zu lassen statt sie dort zu integrieren. Vergleicht man beide Informationsinstrumente, so stellt man ähnlich erfaßte Tatbestände fest wie

- die Grundsatz-Kennziffern,
- das haftende Eigenkapital,
- das Kreditvolumen,
- die bilanzielle Risikovorsorge.

Es hätte sich angeboten, die von der Datenübersicht im Vergleich zur Anlage zum Jahresabschluß noch nicht angesprochenen Tatbestände als Ergänzungen zur Datenübersicht aufzunehmen, so wie dies die PrüfbV in Anlage 2 und 3 für Bausparkassen und Realkreditinstitute vorsieht.

Auch die Tatsache, daß Kreditgenossenschaften und Sparkassen die Anlage im Sinne der JAGSV und die Datenübersicht im Sinne der PrüfbV zusammen an die Deutsche Bundesbank und das Bundesaufsichtsamt für das Kreditwesen einzureichen haben (vgl. § 50 Abs. 2 PrüfbV), belegt die gemeinsame Zielsetzung, die wesentlichen aufsichtsrelevanten Eckdaten des Kreditinstituts komprimiert und durch DV unmittelbar auswertbar zu erhalten. Die Zusammenführung zu einem Informationsinstrument hätte zu einer Rationalisierung des Informationsgewinnungs- und -verarbeitungsprozesses führen können.

II. Vierte KWG-Novelle

Die zum 1. 1. 1993 in Kraft getretene Vierte KWG-Novelle setzte schwerpunktmäßig die Zweite Bankrechtskoordinierungsrichtlinie und die Eigenmittel-Richtlinie in deutsches Recht um. Die letztgenannte Gesetzestransformation ist im Zusammenhang mit der Umsetzung der EG-Solvabilitätsrichtlinie[97] zu sehen, die zu einer Verschärfung der Eigenkapitalausstattungsanforderungen führte. Regional begrenzt tätige Kreditinstitute, rechtsformbedingt insbesondere Sparkassen, leiden infolge der beschränkten Eigenmittelbeschaffungsmöglichkeiten häufig an chronischem Eigenkapitalmangel. Er wurde durch den neuen Solvabilitätskoeffizienten noch verschärft. Die Eigenkapitalausstattung gewinnt bei solchen Kreditinstituten somit besonderes Gewicht.

Während früher die Eigenkapitalausstattung eines Kreditinstitutes „mit einem Blick" der Bilanz (unter Hinzurechnung beschlossener Gewinnzuweisungen) entnommen werden konnte, stellt sich der Eigenmittelbestand der Kreditinstitute heute als ein kompliziertes Konglomerat verschiedenster Elemente und unterschiedlicher Anrechnungsqualität dar. Die Regelung der Eigenkapitalausstattung durch den neugefaßten § 10 KWG ist ein eindruckvolles Anschauungsbeispiel für

97 Vgl. hierzu Scharpf (Solvabilitätskoeffizient).

die zunehmende Verkomplizierung des Verwaltungsaufwandes[98]. Als Eigenkapital-Elemente zugelassen sind nunmehr u. a. auch

- Vorsorgereserven nach § 340f HGB (§ 10 Abs. 4a Nr. 1 KWG)
- nicht realisierte Reserven in Grundstücken und in Wertpapieren (§ 10 Abs. 4a Nr. 4 KWG).

§ 15 PrüfbV verlangt auf der Grundlage des erweiterten § 29 Abs. 1 Satz 1 letzter Halbsatz und Satz 2 KWG nicht nur transparente Darstellung der Eigenkapitalzusammensetzung, sondern auch die Prüfung, Erläuterung und Beurteilung nicht realisierter Reserven. Dies ist für den Abschlußprüfer zwar keine überraschende Erkenntnis, weil nicht realisierte Reserven, die als haftendes Eigenkapital geltend gemacht werden, gem. § 340c Abs. 3 HGB im Jahresabschluß-Anhang betraglich anzugeben und als Bestandteil des Jahresabschlusses somit ohnedies in die Jahresabschlußprüfung einzubeziehen sind, beleuchtet aber den neuen, bankspezifisch erhöhten Aufwand solcher Jahresabschlußprüfungen. Dieser Aufwand resultiert u. a. aus der komplexen Ermittlung des Volumens nicht realisierter Reserven. Diese werden bei Wertpapieren aus der Gegenüberstellung von Buchwert und Kurswert errechnet, wobei der Kurswert sich als „Niederstwert" aus dem Vergleich von Kurswert zum Bilanzstichtag und Durchschnittskurs der letzten vier Jahre darstellt (§ 10 Abs. 4c KWG). Die Ermittlung des Beleihungswertes der Immobilien richtet sich nach den für Realkredite geltenden Regeln des HBG. Dazu sind mindestens alle drei Jahre Bewertungsgutachten durch einen Sachverständigenausschuß zu bestellen (§ 10 Abs. 4b KWG). Im Detail ergeben sich hier vielfältige Verfahrensregelungen, die das Bundesaufsichtsamt für das Kreditwesen in Verlautbarungen niedergelegt hat[99]. Infolge des hohen Ermittlungsaufwandes insbesondere bei nicht realisierten Reserven im Immobilienbereich wird man solchermaßen angesetzte Eigenmittel als Indiz für Kapitalknappheit des betreffenden Kreditinstitutes werten müssen. Dies wiederum wird für den einen „risikoorientierten Prüfungsansatz"[100] verfolgenden Abschlußprüfer Veranlassung genug sein, mit besonderer Sorgfalt die geltend gemachten Eigenkapitalkomponenten und ihre Berechnung zu überprüfen.

Die Verschärfung der Eigenkapitalanforderungen durch die Umsetzung der EG-Solvabilitätsrichtlinie führte dazu, daß eine bestimmte Spezies von „Sonderprüfungen" praktische Bedeutung erlangte, die bis dahin kaum bekannt war: Nach § 10 Abs. 7 Satz 1 KWG ist für die Bemessung des haftenden Eigenkapitals die letzte für den Schluß eines Geschäftsjahres festgestellte Bilanz maßgeblich. Nach Satz 2 dieser Vorschrift kann vom Kreditinstitut ein Verfahren beantragt werden, das die vorzeitige Anerkennung von unterjährig neu hinzugewonnenen externen Eigenmitteln (z. B. aus der Emission von Genußrechten i.S.d. § 10 Abs. 5 KWG)

98 Kritisch auch Köllhofer (Eigenmittelvorschriften) S. 272.

99 Vgl. insbesondere Bundesaufsichtsamt für das Kreditwesen (Verlautb. v. 03. 06. 1993) S. 297ff.

100 Grundsätzlich dazu: Wiedmann (Prüfungsansatz) S. 13ff. und Diehl (Abschlußprüfung) S. 1ff.

ermöglicht. Die Anerkennung knüpft das Bundesaufsichtsamt für das Kreditwesen an die Voraussetzung, daß der Abschlußprüfer über die notwendigen Bestätigungen formeller Art (Bestätigung des Mittelzuflusses und der Einhaltung der KWG-Bestimmungen) hinaus auch festzustellen habe, daß „keine Verluste das vom Bundesaufsichtsamt festzusetzende neue haftende Eigenkapital beeinträchtigen“[101].

Zielsetzung dieser Prüfung ist es sicherzustellen, daß das Bundesaufsichtsamt nicht dem Kreditinstitut neu zugeflossene Eigenmittel aufstockend zum Eigenkapitalbestand laut letztem festgestellten Jahresabschluß anerkennt, während sich dieser Bestand durch Verlustgeschäfte kurzfristig und unerkannt vermindert hat. Es ist folglich die Aufgabe von derart beauftragten Prüfern, die wirtschaftlichen Verhältnisse zeitnah festzustellen. Vom gedanklichen Ansatz her wäre ein Zwischenabschluß zum Betrachtungszeitpunkt wünschenswert. In der Praxis beschränkt man sich darauf, die Ergebnisentwicklung des Kreditinstituts so zuverlässig zu untersuchen, daß mit Sicherheit festgestellt werden kann, daß auch unter Einbezug außerordentlicher Geschäftsvorfälle und Wertentwicklungen (Kredit-, Kursverluste, Verluste im bilanzunwirksamen Geschäft etc.) mit keinem negativen Gesamtergebnis zu rechnen ist. Solche Prüfungshandlungen erfolgen normalerweise außerhalb der Jahresabschlußprüfung, denn im Stadium laufender Jahresabschlußprüfungen wird in aller Regel die Antragstellung bis zur Feststellung des Jahresabschlusses hinausgeschoben mit dem angestrebten Effekt, daß die Gewinne des dann festgestellten Jahresabschlusses eine ausreichende Eigenkapitalverstärkung mit sich bringen.

Die Prüfungshandlungen des Wirtschaftsprüfers i.S.d. § 10 Abs. 7 S. 2 KWG werden somit häufig in organisatorisch verselbständigten Prüfungen getroffen. Ob im strengen Wortsinne von „Prüfung“ überhaupt gesprochen werden kann, ist zweifelhaft. Die Formulierung eines greifbaren Soll-Objektes im prüfungstheoretischen Sinne stößt auf Schwierigkeiten. Vielmehr handelt es sich um die Beschreibung eines anzutreffenden Zustandes mittels der Fiktion eines Zwischenabschlusses.

III. Geldwäschegesetz (GwG)

Die ohnedies seit jeher weit über den durch § 317 HGB abgesteckten Umfang normaler Jahresabschlußprüfungen hinausgehenden, in § 29 KWG vorgegebenen Prüfungspflichten der Abschlußprüfer von Kreditinstituten wurden durch Art. 4 des Geldwäschegesetzes vom 25. 10. 1993[102] erneut erweitert. Es ist festzustellen, ob das Kreditinstitut „die Verpflichtungen nach § 14 des Gesetzes über das Auf-

101 Schreiben des Bundesaufsichtsamt für das Kreditwesen an die Sparkassenverbände, hier: an den Bayerischen Sparkassen- und Giroverband vom 18. August 1993; anders noch im zeitlich vorausgegangenen „vereinfachten Festsetzungsverfahren“, vgl. Bundesaufsichtsamt für das Kreditwesen (Verlautb. v. 03. 06. 1993) Ziff. I 2.

102 BGBl. 1993 I S. 1770. Ausführliche Darstellung des GwG, seiner historischen Entwicklung sowie international vergleichend: Carl/Klos (Geldwäsche).

spüren von Gewinnen aus schweren Straftaten erfüllt hat" (§ 29 Abs. 1 Satz 1 KWG). In absolut gesetzestreuer Auslegung des § 14 GwG hätte demnach der Abschlußprüfer die neue Aufgabe zu überprüfen,

- ob eine leitende Person („Geldwäschebeauftragter") vom Keditinstitut bestimmt worden ist,
- ob institutsinterne Grundsätze, Verfahren und Kontrollen zur Verhinderung der Geldwäsche entwickelt wurden,
- ob vom Kreditinstitut sichergestellt worden ist, daß die mit der Abwicklung von Finanztransaktionen betrauten Mitarbeiter zuverlässig sind, und
- ob diese Personen regelmäßig über die Methoden der Geldwäsche unterrichtet werden.

Ein Sturm der Entrüstung in den einschlägigen Kreisen wurde entfacht, als die Entwürfe der PrüfbV des Bundesaufsichtsamtes für das Kreditwesen bekannt wurden. Die dort formulierte generelle Darlegungspflicht hinsichtlich aller nach dem GwG bestehenden Pflichten[103], wie

- Identifizierungs-,
- Aufzeichnungs-,
- Aufbewahrungspflichten sowie
- Pflicht zur Verdachtsprüfung

gehen nämlich weit über das hinaus, was § 29 Abs. 1 KWG fordert[104]. Mit Unverständnis hat man deshalb auch auf das Schreiben des Bundesaufsichtsamtes für das Kreditwesen vom 25. April 1994[105] reagiert, in dem das Amt den Abschlußprüfern unzulängliches Tätigwerden vorwirft: „Um so erstaunlicher ist es, daß die mir bisher vorliegenden Prüfungsberichte des Jahresabschlusses per 31. 12. 1993 diesen Vorgaben kaum entsprechen. Nach Auswertung dieser Prüfungsberichte drängt sich für mich der Eindruck auf, daß der Prüfung der Vorschriften des Geldwäschegesetzes von Seiten der Jahresabschlußprüfer nicht die angemessene Bedeutung zuerkannt worden ist".

Der ZKA entgegnete diesen Vorwürfen u. a. mit der Feststellung, daß die verlangten Angaben weit über das hinausgingen, „was zur Berichterstattung nach den berufsüblichen Grundsätzen angemessen ist" und daß die aufgestellten Anforderungen „der Prüfung der Einhaltung der Pflichten aus dem GwG praktisch den Charakter einer Sonderprüfung verleihen"[106] würden.

Eine gewisse Annäherung in den kontroversen Standpunkten konnte erzielt werden, als das Bundesaufsichtsamt eine 23-Punkte-Checkliste vorlegte, zu denen in den Jahresabschlußprüfungsberichten Stellung zu beziehen ist und auf die man sich einigen konnte. Die Ausführungen umfassen im Ergebnis regelmäßig immer noch mehrere Berichtsseiten. Um den Stellenwert dieser Feststellungen im Rah-

103 Vgl. z. B. BAK (Schr. v. 04. 11. 1993) S. 34 ff.
104 Vgl. Zentraler Kreditausschuß (ZKA), Schr. an das BAK v. 08. 02. 1994.
105 Veröffentlicht in: FN 1994 S. 205.
106 Zentraler Kreditausschuß (ZKA), Schr. an das BAK v. 06. 06. 1994.

men eines Jahresabschlußprüfungsberichtes nicht überzubetonen, soll an dieser Stelle angeregt werden, die detaillierten Ausführungen zum GwG in die Berichtsanlagen zu übernehmen, um auf diese Weise den Hauptteil des Prüfungsberichtes wieder in ausgewogener Weise gestalten zu können.

H. Fazit

Blickt man auf einen Zeitraum von nur zwei bis drei Jahren zurück und vergegenwärtigt sich die in dieser Spanne zu bewältigenden neuen Fragestellungen, die sich aus der Umsetzung von EG-Richtlinien wie

- Bankbilanzrichtlinie
- Solvabilitätsrichtlinie
- Eigenmittel-Richtlinie
- Geldwäsche-Richtlinie

sowie aus dem Erlaß von die Transformation dieser Richtlinien begleitenden neuen Normen – wie z. B. die PrüfbV – sich ergeben, so wird man der atemberaubenden Dynamik gewahr, mit der sich die gesetzlichen Rahmenbedingungen aus der Sicht bilanzierender Kreditinstitute und ihrer Abschlußprüfer verändern. Die Veränderung führt im Ergebnis leider regelmäßig zu höherer Komplexität. Dies ist offensichtlich der Preis, der für die Annäherung an das hohe und erstrebenswerte Ziel vollkommener EG-Harmonisierung zu zahlen ist. Eine Abwägung, ob Aufwand und Nutzen bei den dargestellten Entwicklungen noch in einem angemessenen Verhältnis zueinander stehen, ist unter diesem Blickwinkel müßig. Die Frage soll deshalb auch nicht vertieft werden, wiewohl sie sich für Kreditinstitute mit ausschließlich lokalem oder regionalem Bezug im besonderen Maße aufdrängen würde.

Ernüchterung hingegen stellt sich eindeutig dort ein, wo mit großem Aufwand und ungeheurer Eilbedürftigkeit Kontrollmechanismen geschaffen werden, die allen Beteiligten höchsten Einsatz abverlangen, deren Effizienz jedoch sehr unbefriedigend zu sein scheint – dies steht jedenfalls bei den eingeführten Regelungen zur Bekämpfung der Geldwäsche zu befürchten, wenn man den Urteilen kompetenter Fachleute aufgrund der bisher gesammelten Erfahrungen[107] Glauben schenken darf.

Infolge der veränderten gesetzlichen Rahmenbedingungen verschärfen sich die an die Abschlußprüfer gestellten Anforderungen hinsichtlich Prüfungsplanung, -durchführung und -berichterstattung bei Kreditinstituten in einem Maße, wie es wohl für keinen anderen Wirtschaftszweig zu beobachten sein dürfte. Die sich fortsetzende Internationalisierung und Globalisierung der Märkte und die Tendenz der Fortentwicklung neuer Finanzinstrumentarien lassen auch nicht erwarten, daß sich an dieser Dynamik in naher Zukunft etwas ändern wird. Das am

107 Auf einschlägige Stellungnahmen in der Presse wird verwiesen, z. B. Friedlein (Geldwäschegesetz); o.Verf., (Geldwäschegesetz); o.Verf. (Kritik) S. 1; o.Verf. (Verdachtsanzeigen) S. 31; o.Verf. (Fahnder) S. 23.

1. August 1994 in wesentlichen Teilen in Kraft getretene Zweite Finanzmarktförderungsgesetz[108] und die Ende 1995 Gesetzeskraft erlangende Fünfte KWG-Novelle[109] sind anschauliche Beispiele dafür. Die ständig ansteigenden Anforderungen an den Kredititinstitute prüfenden Wirtschaftsprüfer haben zur Konsequenz, daß seine organisatorischen Maßnahmen zur Gewährleistung der Prüfungsqualität ständig anzupassen und fortzuentwickeln sind. Die derzeitige allgemeine Diskussion zur Qualitätssicherung[110] in der Wirtschaftsprüferpraxis erhält somit bei den im Kreditgewerbe tätigen Abschlußprüfern besondere Aktualität.

Literaturverzeichnis

ADS – Adler/Düring/Schmaltz (Rechnungslegung): Rechnungslegung und Prüfung der Unternehmen, 5. Aufl., Stuttgart 1987–1992.

Ausschuß für Bilanzierung des Bundesverbandes deutscher Banken (Finanzderivate): Bilanzpublizität von Finanzderivaten – Empfehlungen des Ausschusses für Bilanzierung des Bundesverbandes deutscher Banken für die Berichterstattung über das Finanzderivategeschäft im Rahmen der externen Rechnungslegung von Kreditinstituten – in: WPg 1995, S. 1–6.

Ausschuß für Bilanzierung des Bundesverbandes deutscher Banken (Arbeitsmaterialien): Bankbilanzrichtlinie-Gesetz, Arbeitsmaterialien zur Anwendung von Bilanzrichtlinie-Gesetz und Rechnungslegungsverordnung, Köln 1993.

Bähre, Inge Lore (Wirtschaftsprüfer): Wirtschaftsprüfer und Bankenaufsicht, in: Forster, Karl-Heinz (Hrsg.), Bankaufsicht, Bankbilanz und Bankprüfung, Düsseldorf 1985, S. 35–48.

Bieg, Hartmut (Vertrauensempfindlichkeit): Erfordert die Vertrauensempfindlichkeit des Kreditgewerbes bankenspezifische Bilanzierungsvorschriften? in: WPg 1986, S. 257–263 (Teil I) und S. 299–307 (Teil II).

Biener, Herbert (Bankbilanzrichtlinie): Die Transformation der Bankbilanzrichtlinie der EG in deutsches Recht, in: Rehm, Hannes (Hrsg.), Perspektiven für den Europäischen Bankenmarkt, 2. Aufl., Bonn 1989, S. 281–313.

Biener, Herbert (Mittelstandsrichtlinie): Die Transformation der Mittelstands- und der GmbH&Co-Richtlinie, in: WPg 1993, S. 707–715.

Budde, Wolfgang D.; Karig, Klaus P. (BilKomm): § 280 HGB, in: Beck'scher Bilanz-Kommentar, 2. Aufl., München 1990, S. 1180–1196.

Bundesaufsichtsamt für das Kreditwesen (Schr. v. 19. 3. 1993): Schreiben vom 19. 3. 1993 an die Spitzenverbände der Kreditinstitute, Bewertung von festverzinslichen Wertpapieren nach den für das Anlagevermögen geltenden Regeln, in: FN 1993, S. 161–162.

Bundesaufsichtsamt für das Kreditwesen (Schr. v. 25. 4. 1994): Prüfung der Einhaltung der besonderen Pflichten nach dem Geldwäschegesetz bei der Jahresabschlußprüfung von Kreditinstituten per 31. 12. 1993, in: FN 1994, S. 205–206.

Bundesaufsichtsamt für das Kreditwesen (Schr. v. 4. 11. 1993): Verlautbarung über Maßnahmen der Kreditinstitute zur Bekämpfung und Verhinderung der Geldwäsche, in: FN 1994, S. 34–38.

108 BGBl. 1994 I S. 1749.
109 Vgl. hierzu im Überblick: Deutsche Bundesbank (Fünfte Novelle) S. 59ff.
110 Vgl. IDW (Qualitätssicherung) S. 493ff; Niehus (Qualitätskontrolle) S. 125ff.

Bundesaufsichtsamt für das Kreditwesen (Schr. v. 15. 11. 1965): Schreiben vom 15. 11. 1965, Bewertung der Wertpapiere in den Jahresbilanzen der Kreditinstitute, in: Birck/Meyer (Hrsg.), Die Bankbilanz, 4. Teillfg., Wiesbaden 1979, Abschn. VIII, S. 182–183.

Bundesaufsichtsamt für das Kreditwesen (Verlautb. v. 3. 6. 1993): Verlautbarung des BAK zur Anwendung des 4. KWG-Änderungsgesetzes, in: FN 1993, S. 296–300.

Bundesregierung (Regierungsbegründung): Entwurf eines Gesetzes zur Durchführung der Vierten Richtlinie des Rates der Europäischen Gemeinschaften zur Koordinierung des Gesellschaftsrechts (Bilanzrichtlinie-Gesetz) – mit Begründung, in: Bundesrat Drucksache 61/82.

Carl, Dieter; Klos, Joachim (Geldwäsche): Regelungen zur Bekämpfung der Geldwäsche und ihre Anwendung in der Praxis, Bielefeld 1994.

Claussen, Carsten P. (Rechnungslegungsrecht): Das neue Rechnungslegungsrecht der Kreditinstitute, in: DB 1991, S. 1129–1133.

Csik, Andreas, Dörner, Dietrich (HdR): in: Küting, K.; Weber, C.-P. (Hrsg.), Handbuch der Rechnungslegung, 3. Aufl., Stuttgart 1990, S. 1743–1834.

Deppe, Hans-Dieter (Kreditinstitute): Stichwort „Kreditinstitute“, in: Wittmann, w. et al. (Hrsg.), Handwörterbuch der Betriebswirtschaft (HBW), 5. Aufl., Stuttgart 1993, Sp. 2435–2451.

Deutsche Bundesbank (Bilanzierungsrecht): Das neue Bilanzierungsrecht für Kreditinstitute ab 1993 und seine Auswirkungen auf die Monatliche Bilanzstatistik, in: Monatsberichte der Deutschen Bundesbank, Mai 1992, S. 39–48.

Deutsche Bundesbank (Fünfte Novelle): Die Fünfte Novelle des Kreditwesengesetzes, in: Monatsberichte der Deutschen Bundesbank, November 1994, S. 59–67.

Deutsche Bundesbank (Geschäfte): Bilanzunwirksame Geschäfte, in: Monatsberichte der Deutschen Bundesbank, Oktober 1993, S. 47–69.

Diehl, Carl-Ulrich (Abschlußprüfung): Risikoorientierte Abschlußprüfung – Gedanken zur Umsetzung in der Praxis –, in: Baetge, Jörg (Hrsg.), Rechnungslegung und Prüfung 1994, Düsseldorf 1994, S. 1–30.

Epperlein, Joachim (Auswirkungen): Auswirkungen der wesentlichen Änderungen durch das Bankbilanzrichtlinie-Gesetz, in: Baetge, Jörg (Hrsg.), Rechnungslegung und Prüfung 1994, Düsseldorf 1994, S. 121–137.

Friedlein, Rainer (Geldwäschegesetz): Geldwäschegesetz ohne Wirkung, in: Die Welt 12. 9. 1994.

Göttgens, Michael; Schmelzeisen, Hans-Michael: Bankbilanzrichtlinie-Gesetz, 2. Aufl., Düsseldorf 1992.

Harms, Jens; Küting, Karlheinz (HdR), in: Küting, K.; Weber, C.-P. (Hrsg.), Handbuch der Rechnungslegung, 3. Aufl., Stuttgart 1990, S. 1649–1686.

Honeck, Gerhard (Betriebsergebnis) Erweitertes Betriebsergebnis verengt Aussage, in: Die Bank 1994, S. 234–238.

Hossfeld, Christopher (Kompensationsmöglichkeiten): Die Kompensationsmöglichkeiten in der Gewinn- und Verlustrechnung von Kreditinstituten nach der Transformation der EG-Bankbilanzrichtlinie, in: WPg 1993, S. 337–344.

IDW (WP-Handbuch): Wirtschaftsprüfer-Handbuch 1992, 10. Aufl., Düsseldorf 1992

IDW (BFA 1/1978): Zur Abschlußprüfung bei Kreditinstituten – Einzelfragen zur Prüfung des Kreditgeschäftes und Darstellung der Prüfungsergebnisse im Prüfungsbericht, in: IDW (Hrsg.), Die Fachgutachten und Stellungnahmen des Instituts der Wirtschaftsprüfer auf dem Gebiete der Rechnungslegung und Prüfung, Loseblattsammlung, Düsseldorf 1994.

IDW (BFA 2/1960): Bewertung von Sortenbeständen, in: IDW (Hrsg.), Die Fachgutachten und Stellungnahmen des Instituts der Wirtschaftsprüfer auf dem Gebiete der Rechnungslegung und Prüfung, Loseblattsammlung, Düsseldorf 1994.

IDW (FAMA 1/1987 i.d.F. 1993): Grundsätze ordnungsmäßiger Buchführung bei computergestützten Verfahren und deren Prüfung, in: IDW (Hrsg.), Die Fachgutachten und Stellungnahmen des Instituts der Wirtschaftsprüfer auf dem Gebiete der Rechnungslegung und Prüfung, Loseblattsammlung, Düsseldorf 1994.

IDW (FG 3/1988): Grundsätze für die Erteilung von Bestätigungsvermerken, in: IDW (Hrsg.), Die Fachgutachten und Stellungnahmen des Instituts der Wirtschaftsprüfer auf dem Gebiete der Rechnungslegung und Prüfung, Loseblattsammlung, Düsseldorf 1994.

IDW (Qualitätssicherung): Entwurf einer Verlautbarung: Zur Qualitätssicherung in der Wirtschaftsprüferpraxis, in: FN 1994, S. 493–509.

IDW (SABI 2/1987): Zum Grundsatz der Bewertungsstetigkeit (§ 252 Abs. 1 Nr. 6 HGB) und zu den Angaben bei Abweichungen von Bilanzierungs- und Bewertungsmethoden (§ 284 Abs. 2 Nr. 3 HGB), in: IDW (Hrsg.), Die Fachgutachten und Stellungnahmen des Instituts der Wirtschaftsprüfer auf dem Gebiete der Rechnungslegung und Prüfung, Loseblattsammlung, Düsseldorf 1994.

Kahn, Peter (Aktuelle Aspekte): Aktuelle Aspekte der Bilanzierung und Bewertung von Wertpapieren, in: Gesellschaft zur Förderung der wissenschaftlichen Forschung über das Spar- und Girowesen e. V. (Hrsg.), Aktuelle Probleme des Controlling und der Rechnungslegung, Stuttgart 1993, S. 161–191.

Kohlhaussen, Martin (Eigenkapitalstrategie): Eigenkapitalstrategie einer Großbank, in: Gerke, Wolfgang; Steiner, Manfred (Hrsg.), Handwörterbuch des Bank- und Finanzwesens (HWF), 2. Aufl., Stuttgart 1995, Sp. 476–486.

Köllhofer, Dietrich (Eigenmittelvorschriften): Sind die Eigenmittelvorschriften praktikabel? in: ZfgK 1994, S. 272.

Köllhofer, Dietrich (Spielräume): Der Einfluß des Bankbilanzrichtlinie-Gesetzes auf die bilanzpolitischen Spielräume der Banken, in: Ballwieser, W. et al. (Hrsg.), Bilanzrecht und Kapitalmarkt (FS Moxter), Düsseldorf 1994, S. 747–768.

Krumnow, Jürgen (Betriebsergebnis): Das Betriebsergebnis der Banken – ein aussagefähiger Erfolgsindikator? in: ZfgK 1993, S. 64–68.

Krumnow, Jürgen u. a. (Rechnungslegung): Rechnungslegung der Kreditinstitute, Stuttgart 1994.

Küspert, Heinz; Polster, Rainer (Geschäftspolitik): Prüfung der Geschäftspolitik, in: BBl. 1980, S. 197–202.

Kutscher, Gerhard (Abschreibungsbedarf): Abschreibungsbedarf: Mehr als nur ein Schönheitsfehler, in: HB 7. 11. 1994, S. 33.

Leffson, Ulrich (Grundsätze): Die Grundsätze ordnungsmäßiger Buchführung, 7. Aufl., Düsseldorf 1987.

Meyer, Claus; Isenmann, Sabine (Handbuch): Bankbilanzrichtlinie-Gesetz – Ein Handbuch für den Jahresabschluß, Stuttgart 1993.

Niehus, Rudolf J. (Materiality): „Materiality“ („Wesentlichkeit“) –Ein Grundsatz der Rechnungslegung auch im deutschen Handelsrecht? in: WPg 1981, S. 1–14.

Niehus, Rudolf J. (Qualitätskontrolle): Der Abschlußprüfer und die Qualitätskontrolle – Ein Anliegen des deutschen Berufstandes, Teil I, in: WPK-Mitt. 1994, S. 125–133.

o. Verf. (Fahnder): Fahnder kritisieren das Geldwäsche-Gesetz, in: SZ 16. 8. 1994 S. 23.

o. Verf. (Geldwäschegesetz): Das deutsche Geldwäschegesetz greift nicht, in: FAZ 5. 12. 1994.

o. Verf. (Kritik): Kritik am Geldwäschegesetz, in: HB 14. 11. 1994, S. 1.

o. Verf. (Verdachtsanzeigen): Verdachtsanzeigen verlaufen meistens im Sande, in: HB 14. 11. 1994, S. 31.

Ossadnik, Wolfgang (Materiality): Grundsatz und Interpretation der „Materiality" – Eine Untersuchung zur Auslegung ausgewählter Materiality-Bestimmungen durch die Rechnungslegungspraxis, in: WPg 1993, S. 617–629.

Pfitzer, Norbert; Wirth, Michael (Handelsgesetzbuch): Die Änderungen des Handelsgesetzbuchs – Umsetzung der Mittelstandsrichtlinie –, in: DB 1994, S. 1937–1941.

Pfleger, Günter (Bilanzrichtlinien-Gesetz): Zur Vermeidung von Nachteilen nach dem Bilanzrichtlinien-Gesetz, in: DStR 1987, S. 119–120.

Polster, Rainer (DV-Prüfung): Aktuelle Schwerpunkte der DV-Prüfung durch die Prüfungsstellen der regionalen Sparkassenverbände – dargestellt am Beispiel der Prüfungsstelle des Bayerischen Sparkassen- und Giroverbandes, in: Wissenschaftsförderung der Sparkassenorganisation e. V. (Hrsg.), Aktuelle Schwerpunkte der Revisionstätigkeit, Stuttgart 1994, S. 91–112.

Polster, Rainer (Unterbewertung): Die Unterbewertung als Objekt der aktienrechtlichen Sonderprüfung (§ 258 ff. AktG), Diss. Erlangen/Nürnberg 1977.

Prahl, Reinhard (Die neuen Vorschriften): Die neuen Vorschriften des Handelsgesetzbuches für Kreditinstitute, in: WPg 1991, S. 401–409 (Teil–I), 438–445 (Teil–II).

Prechtl, Manfred (Regionalbanken): Stichwort „Regionalbanken", in: Gerke, Wolfgang, Steiner; Manfred (Hrsg.), Handwörterbuch des Bank- und Finanzwesens (HWF), 2. Aufl., Stuttgart 1995, Sp. 1617–1625.

Rehm, Hannes (Hrsg.) (Perspektiven): Perspektiven für den Europäischen Binnenmarkt, 2. Aufl., Bonn 1989.

Riebell, Claus (Bilanzauswertung): Die Praxis der Bilanzauswertung, 4. Aufl., Stuttgart 1988.

Scharpf, Paul (Solvabilitätskoeffizient): Der neue Solvabilitätskoeffizient der Kreditinstitute: Die Umsetzung der EG-Eigenmittel- und EG-Solvabilitätsrichtlinie, Düsseldorf 1993.

Scharpf, Paul; Sohler, Armin (Leitfaden): Leitfaden zum Jahresabschluß nach dem Bankbilanzrichtlinie-Gesetz, Düsseldorf 1992.

Seitz, Jürgen (Verordnung): Die Verordnung über den Inhalt der Prüfungsberichte zu den Jahresabschlüssen und Zwischenabschlüssen der Kreditinstitue, in: WPg 1994, S. 489–499.

Spieth, Eberhard (Vertrauensempfindlichkeit): Erfordert die Vertrauensempfindlichkeit des Kreditgewerbes bankenspezifische Bilanzierungsvorschriften? in: WPg 1986, S. 528–530.

Szagunn, Volkhard; Wohlschieß, Karl (KWG): Gesetz über das Kreditwesen, 5. Aufl., Stuttgart/Berlin/Köln/Mainz 1990.

Tuschhoff, Fried (Bankenpublizität): Bankenpublizität: Betriebsergebnis nach neuem Bilanzrecht, in: ZfgK 1993, S. 928.

Wichmann, Jürgen (20. WP-Tag): Rede anläßlich des 20. WP-Tages am 05. 11. 1991 in Düsseldorf, in: FN 1991, S. 470–474.

Wiedmann, Harald (Prüfungsansatz): Der risikoorientierte Prüfungsansatz, in: WPg 1993, S. 13–25.

Windmöller, Rolf (Harmonisierung): Die Harmonisierung der Rechnungslegung und die Auswirkung auf die Jahresabschlüsse der deutschen Kreditinstitute, in: Rehm, Hannes (Hrsg.) Perspektiven für den Europäischen Bankenmarkt, 2. Aufl., Bonn 1989, S. 263–280.

Windmöller, Rolf; Busch, Herbert (Rechnungslegung): Die Rechnungslegung der Kreditinstitute vor dem Hintergrund neuer Vorschriften des HGB, in: Gesellschaft zur Förderung der wissenschaftlichen Forschung über das Spar- und Girowesen e. V. (Hrsg.), Aktuelle Probleme des Controlling und der Rechnungslegung, Stuttgart 1993, S. 125–159.

Bankenaufsicht und Standort unter besonderer Berücksichtigung der Entwicklung in der Schweiz

Prof. Dr. Benno Lutz, Rorschach, Schweiz

A. Standortpräferenzen im Bankenbereich

I. Die Schweiz als Bankenstandort: ein Beispiel

Bis zur Zeit nach dem zweiten Weltkrieg sind die Banken im wesentlichen weltweit innerhalb der staatlichen Grenzen tätig gewesen. Aus dieser Sicht ist es als Ausnahme zu werten, daß der Schweizerische Bankverein als Großbank bereits im letzten Jahrhundert in London und in der Zwischenkriegszeit in New York eine Niederlassung eröffnete. In der Schweiz selbst aktiv wurden in dieser Frühphase vornehmlich französische Banken, da hier Genf schon seit langem ein bevorzugtes Anlagedomizil für Investoren aus dem westlichen Nachbarland war.

Seit den frühen Fünfzigerjahren indessen haben sich die Verhältnisse grundlegend geändert. So ist die Eidgenossenschaft zu einem bevorzugten Zielort ausländischer Investoren geworden. Nach einer Schätzung von „International Investor" wurden Ende 1993 von den hundert bedeutendsten Unternehmungen des Sektors in Europa Vermögen in der Größenordnung von etwa 5 Billionen $ verwaltet. Davon entfällt rund ein Drittel auf britische Unternehmungen, während bereits an zweiter Stelle schweizerische Banken, Finanzgesellschaften und weitere Vermögensverwalter mit einem Depotvolumen von rund 20 % oder 996 Milliarden $ stehen. Vgl. International Investor, November 1994, S. 93f. Eine weitere Schätzung von Gehrig[1] nimmt an, daß Ende 1992 bei Schweizer Banken (exkl. Finanzgesellschaften) Vermögenswerte im Betrage von 2.100 Milliarden Franken zur Verwahrung hinterlegt waren, von denen je etwa die Hälfte auf inländische und ausländische Investoren entfielen. Am Auslandsanteil dominierte gegenüber den institutionellen Investoren mit annähernd 80 % oder 819 Milliarden Franken die Privatkundschaft.

Diese Massierung von Investorengeldern in der Schweiz, aber auch spezifische Standortvorteile des Landes wie beispielsweise ein ausgebautes und effizientes Finanzsystem mit umfassenden Verbindungen zu ausländischen Märkten und die zentrale Lage in Europa waren attraktiv für ausländische Institute, sich in der Form von Tochtergesellschaften oder unselbständigen Niederlassungen vor allem in den finanziellen Zentren von Zürich, Genf, Basel und Lugano zu etablieren. Dabei ist nicht zu verkennen, daß die ausländischen Banken u. a. dem Strom der Anlage suchenden internationalen Kapitalien gefolgt sind. So verzeichnet denn die von der Schweizerischen Nationalbank veröffentlichte Bankenstatistik für das Jahr 1993 156 Niederlassungen ausländischer Banken (ohne Finanzgesellschaften), davon 143 in der Rechtsform der Tochtergesellschaft. Insgesamt sind in der Schweiz 529 Institute tätig, von denen mithin rund 30 % der Kategorie der Auslandbanken (Filialen oder Konzernglieder ausländischer Banken und sonstwie ausländisch beherrschte Banken) zuzuzählen sind; in den vordersten Rängen der Herkunftländer stehen Japan, die Vereinigten Staaten und Frankreich. Daß die hierzulande tätigen Auslandbanken, wie das bereits oben angetönt worden ist, vorwiegend das Vermögensanlagegeschäft betreiben, zeigt sich darin, daß z. B. die Auslandbanken an der Bilanzsumme aller Banken von 1.219 Milliarden Franken nur mit etwa 9 % teilhaben, umgekehrt aber nahezu die Hälfte der nicht bilanzwirksamen und fast ausschließlich der Vermögensanlage dienenden Treuhandgelder von total 285 Milliarden Franken beanspruchen. Zum gleichen Ergebnis führt ein Vergleich der Nettokommissionen, von denen mit 30 % ebenfalls ein überproportionaler Anteil auf die ausländischen Institute entfällt.[2]

Zahlreich sind aber auch die Niederlassungen schweizerischer Banken, und zwar in erster Linie der Großbanken und der führenden Vermögensverwaltungsbanken, an ausländischen Finanzzentren, so je 26 in London und Tokyo, 25 in New York und 9 in Frankfurt.[3] Leider stehen für die Auslandsaktivitäten der Schweizer Banken keine Bilanzzahlen zur Verfügung. Indessen darf aus der Zahl der Niederlassungen nicht auf die Bedeutung der Standorte geschlossen werden. Zweifelsohne dürfte Tokyo angesichts der rechtlich und institutionell zurückhal-

1 Vgl. Gehrig (Kundschaft) S. 37.

2 Zu den vorgenannten Zahlen siehe: Schweizerische Nationalbank (Bankwesen) S. 33, A 5 und A 170ff.

3 Vgl. IDB (Etablissements)

tenden Einstellung der japanischen Gesellschaft gegenüber Ausländern eindeutig hinter die anderen genannten Standorte zurücktreten.

II. Standortfaktoren im Bankgeschäft

Für die Wahl eines ausländischen Standorts einer Bank oder eines Bankkonzerns vorentscheidend ist selbstverständlich, daß die Aussicht auf ein ausreichendes Geschäftsvolumen besteht, einerseits alimentiert durch die eigenen internationalen Beziehungen und andererseits durch die Marktfülle im Gastland. So hat, wie im vorangehenden Abschnitt dargelegt, der Fluß von Anlagekapitalien in die Schweiz eine Vielzahl fremder Banken nachgezogen, während, um ein weiteres Beispiel zu nennen, dasselbe Argument, ergänzt durch die auf seine imperiale Vergangenheit zurückzuführende Stellung als Mittelpunkt internationaler Finanzierungen, London zum weltweit ersten Bankenplatz mit nationaler und internationaler Präsenz gemacht hat.

Damit ein Standort zum Ziel internationaler Bankentätigkeit avancieren kann, müssen über das Geschäftsvolumen hinaus aber auch weitere Bedingungen erfüllt sein. Neben einer ausreichenden Infrastruktur (ausgebildete Arbeitskräfte, Transport- und Kommunikationsmittel, Anwesenheit von Dienstleistungensbetrieben und andere typische Agglomerationsfaktoren) sind unerläßlich

- politische Stabilität,
- gute geld- und wirtschaftspolitische Rahmenbedingungen,
- maßhaltende Steuersysteme,
- eine zurückhaltende Regulierungsdichte.[4]

Aus schweizerischer Sicht sind es vor allem die sicheren politischen Verhältnisse und die wirtschaftliche Weltoffenheit (bereits Verzicht auf alle Währungsrestriktionen, als ganz Europa noch einer strengen Devisenbewirtschaftung anhing, natürlich begünstigt durch die Verschonung vom zweiten Weltkrieg), gepaart mit einer anlegerfreundlichen Bankengesetzgebung, welche der Schweiz das Image eines Safe-Haven verliehen, ohne daß diese andererseits dem Odium eines Off-Shore-Landes anheimfiel.[5] London seinerseits konnte seine führende Stellung in der Nachkriegszeit erst erlangen, als Großbritannien grundsätzlich auf jegliche Devisenbewirtschaftung verzichtete. Weitgehende steuerliche Entlastung und schwache Regelungsdichte haben demgegenüber zur Bildung von Off-Shore-Zentren geführt, denen kaum ein eigenständiges Bankgeschäft zugrunde liegt und die auf dem internationalen Parkett lediglich eine Drehscheibenfunktion ausüben.[6]

---

4 Vgl. dazu Brosset (Bankenverflechtungungen) S. 79 ff.

5 Vgl. auch Schuster (Bankpolitik) S. 125 ff.

6 Die hohe Sensitivität, mit welcher die grenzüberschreitenden Kapitalströme auf Veränderungen der Rahmenbedingungen in einzelnen Ländern oder Ländergruppen reagieren, hat sich beispielsweise bei dem großen Zufluß von deutschem Vermögen in die Schweiz im Gefolge der Ablehnung des EWR durch das Schweizer Volk am 6. Dezember 1992, der Einführung der deutschen Quellensteuer auf Wertschriftenerträgen (Zinsabschlagsteuer) und des Aufkommens von Zweifeln an der Zuverlässigkeit des luxemburgischen Bankgeheimnisses gezeigt, vgl. Kahn (Deutsche Banken) S. 21.

Der staatlichen Regulierung des Bankensektors soll in der Folge im besonderen nachgefragt werden.

B. Überwachung der Banken auf nationaler und internationaler Ebene

I. Internationalisierung des Bankgeschäftes

Die Banktätigkeit schließt in erster Linie die Entgegennahme und die Ausleihe von Kapitalien, also das Zinsdifferenzgeschäft, in sich, zu dem die Abwicklung des Zahlungsverkehrs und eine breite Palette von Dienstleistungen, die zumeist ebenfalls kapitalbezogen sind, hinzutritt. Alle diese Tätigkeiten sind nicht ortsgebunden, und es ist gerade die Mobilität des Kapitals in seinen verschiedenen Erscheinungsformen, welche die Überwachung sowohl einzelner Banken als auch von Bankengruppen behindert. Die Gefahr, daß Bankaktivitäten außer Kontrolle geraten, potenziert sich dort, wo Banken international tätig werden, da dann die Einsicht in ein einzelnes Glied eines Konzerns oder einer Filialunternehmung der gesamthaften Beurteilung der finanziellen Verhältnisse entgegensteht, abgesehen davon, daß das Tätigwerden mehrerer nationaler Aufsichtsinstanzen darüber hinaus systemimmanente Koordinationsprobleme aufwirft. Das gilt insbesondere in den Fällen, bei denen Ableger von Banken in Rechtsbereichen mit schwacher Regulierung der staatlichen Aufsicht, wie das für gewisse Off-shore-Zentren zutrifft, gegründet werden; akzentuiert wird die Situation, wenn für die Tätigkeit im Ausland Rechtsformen gewählt werden, die ihrer Natur nach nicht als Banken behandelt und damit auch nicht entsprechend beaufsichtigt werden (z. B. Finanzgesellschaften, Trusts).

Spezifische Gefährdungstatbestände bei der internationalen Tätigkeit von Banken sind:

- Umwegfinanzierungen, um die zweifelhafte Herkunft und Verwendung von Kapitalien zu verwischen,
- Geldwäsche und Insider-Handel,
- Verheimlichung von Risikoballungen durch die Aufteilung von Großpositionen auf Niederlassungen in mehreren Ländern,
- Einsatz nicht bilanzwirksamer Finanzierungsinstrumente in der Art von Treuhandgeldern, die in der ausländischen Niederlassung ausgeliehen und damit der Kontrolle im Heimatstaat entzogen werden.[7]

7 In diesem Zusammenhang sei auf die spektakulären Vorgänge des Jahres 1977 bei der Filiale Chiasso der Schweizerischen Kreditanstalt/Texon Finanzanstalt und der Weisskredit Banca Commerciale e d'Investimento, Lugano/Finanz- und Vertrauensanstalt hingewiesen, wo in großem Stil Treuhandgelder entgegengenommen und diese über liechtensteinische Anstalten in äußerst risikointensive, verlustreiche Geschäfte gesteckt wurden. Vgl. Jahresbericht 1977 der Eidgenössischen Bankenkommission, S. 22ff.

II. Ziele der Bankenaufsicht

1. Allgemeine Zielsetzungen

Angesichts ihrer zentralen Stellung innerhalb des Geld- und Kapitalwesens eines Landes und im Hinblick auf ihre Funktion gegenüber den Anlegern, den Sparern im weitesten Sinne des Wortes, sind die Banken ein bevorzugtes Objekt staatlicher Reglementierung. Dabei will die Bankengesetzgebung vorrangig eine fachgerechte und moralisch saubere Geschäftsführung, eine den Tätigkeitsschwerpunkten eines Instituts angemessene Organisation sowie eine der individuellen Risikolage angepaßte Ausstattung mit Eigenkapital und liquiden Mitteln bewirken. Um diese Zwecke durchzusetzen, ist das Bankgewerbe durchwegs einer Bewilligungspflicht unterworfen worden, wobei die Voraussetzungen der Bewilligung zumeist nicht an einem volkswirtschaftlich begründeten Bedürfnis, sondern einzig an der Gewährleistung einer einwandfreien Geschäftsführung in allen Belangen anknüpfen (gewerbepolizeiliche Bewilligung). Bewilligungsinstanzen können die Nationalbank eines Landes (in Großbritannien z. B. die Bank of England) oder eigenständige staatliche Aufsichtsbehörden (z. B. in Deutschland das Bundesaufsichtsamt für das Kreditwesen, in der Schweiz die Eidgenössische Bankenkommission, einer autonomen, nur verwaltungsmäßig dem Finanzdepartement angeschlossene Behörde)[8] sein. Diesen Instanzen obliegt regelmäßig auch die dauernde Beaufsichtigung der Banken.

Früher ist das eine Bankenaufsicht rechtfertigende Ziel ausschließlich im Gläubigerschutz gesehen worden; es sollte die Sicherheit der einzelnen Institute größtmöglichst im Interesse der Anleger und sonstiger Gläubiger gewährleistet werden. Doch mit der wachsenden Bedeutung des Bankwesens auf nationaler und internationaler Ebene (landesübergreifender Kapitalverkehr, Globalisierung der Finanzmärkte) ist in den Zielkatalog der Funktionsschutz für die involvierten Finanzplätze aufgenommen worden.[9] Einerseits wird aus dieser Sicht die Sicherung der Stabilität und des Vertrauens ins Bankensystem, andererseits die Verbesserung der Effizienz und der Funktionsweise genannt.[10] Ja, neuestens werden die Akzente so gesetzt, daß der Funktionsschutz als primäres Ziel der Bankengesetzgebung verstanden und der Gläubigerschutz daraus als ein sekundäres Ziel abgeleitet wird.[11] Für Deutschland hat übrigens Nirk bereits 1985 als Aufgabe des Kreditwesengesetzes ganz einfach die Sicherung der Funktion des Bankgewerbes gesehen, wobei die bankspezifischen Risiken durch einen Katalog von Pflichten und durch eine laufende staatliche Überwachung zu begrenzen seien.[12]

---

8 Im Unterschied zur Bankenkommission hat die Schweizerische Nationalbank nicht unmittelbar zum Schutze der Gläubiger tätig zu werden, vgl. Bodmer/Kleiner/Lutz (Kommentar), N 4 der Vorbemerkungen zum 5. Abschnitt.

9 Dazu kritisch Bodmer/Kleiner/Lutz (Kommentar) N 27a zu Art. 3–3 ter.

10 Vgl. Huang (Bankenregulierung) S. 15ff.

11 Vgl. Werlen (Grundlagen) S. 135ff.

12 Nirk (Kreditwesengesetz) S. 17.

2. Ziele der internationalen Überwachung von Banken

Die Bestrebungen zu einer die Landesgrenzen überschreitenden Bankenaufsicht werden vor allem unter dem Gesichtswinkel der Sicherheit im Interesse der Bankgläubiger verfolgt, und zwar sollen allgemein gültige Standards für die Geschäftsführung aufgestellt werden. Da indessen gesunde und sichere Banken eine Voraussetzung für gut funktionierende Finanzmärkte sind, werden die für den Gläubigerschutz aufgestellten Postulate sich auch auf ein harmonisches Zusammenspiel internationaler Kapitalbewegungen auswirken. Einzelwirtschaftlich haben international beachtete Standards weiter zur Folge, daß die Wettbewerbsbedingungen für die einzelnen Marktteilnehmer einander angeglichen werden; es werden mit anderen Worten Wettbewerbsvorteile und -nachteile, die von unterschiedlicher Regulierungsdichte oder unterschiedlich strengen Anforderungen an die Geschäftsführung herrühren können, wohl nie ganz behoben, doch jedenfalls wesentlich gemildert.

Internationale Bankenaufsicht bedeutet nicht, daß die Institute in den Ländern, die eine grenzenüberschreitende Überwachung anstreben, nun zentral kontrolliert werden sollen. Vielmehr geht es um die Koordination der Tätigkeit der nationalen Behörden untereinander und um die Schaffung mehr oder weniger vergleichbarer Rahmenbedingungen. Sowohl die öffentlich-rechtlichen Instanzen als auch die häufig unter ihrer Aufsicht wirkenden privatwirtschaftlichen Wirtschaftsprüfer[13] behalten ihren national geprägten Auftrag.

Im einzelnen sind es der „Basler Ausschuß“ und die „Europäische Union“, welche die Postulate einer internationalen Bankenaufsicht konkretisiert haben.

Der bei der Bank für Internationalen Zahlungsausgleich, Basel, angesiedelte Basler Ausschuß ist hervorgegangen aus dem sogenannten Zehnerclub, dem die Zentralbankgouverneure und Bankenaufsichtsinstanzen von elf Staaten (die Schweiz hat sich nachträglich als elftes Mitglied angeschlossen) angehören. Im „Basler Konkordat“, das in der derzeitigen Fassung auf den 9. Mai 1983 zurückgeht, hat der Ausschuß Richtlinien für die Zuständigkeiten der involvierten nationalen Aufsichtsinstanzen und für den Informationsaustausch untereinander aufgestellt. So soll nach Ziffer III des Konkordats sichergestellt werden, daß die Behörden des Sitzlandes einer Mutterbank die Aufsichtsbehörden des Gastlandes der Niederlassung oder Tochtergesellschaft über etwaige ernsthafte Probleme der ersteren orientieren, so wie umgekehrt das Mutterland auch Anspruch auf Information bei Schwierigkeiten der Niederlassung hat. Das Konkordat ist ergänzt und präzisiert worden durch Richtlinien über die Mindestanforderungen für die Beaufsichtigung internationaler Bankkonzerne (vom Juni 1992) und über die Sicherstellung eines ausreichenden Informationsaustausches (vom April 1990). Das Konkordat hat zwar keinen rechtlich verpflichtenden Charakter, doch bietet die es tragende Gruppe „ein internationales Gesprächsforum über gemeinsame Probleme und es gehen von ihren Arbeiten ohne Zweifel harmonisierende Wirkungen

13 Vgl. Lutz (Bankrevision) S. 407ff.

für Praxis und Gesetzgebung ..., sowie die internationale Zusammenarbeit aus".[14] Die eben genannten Texte richten sich an die mit der Bankenaufsicht beauftragten nationalen Institutionen. Darüber hinaus hat der Basler Ausschuß aber auch Regeln instrumentaler Natur formuliert, die sich zum Teil allerdings noch im Projektierungsstadium befinden. Gewichtigste Äußerung in dieser Beziehung ist das Papier über die „Internationale Konvergenz der Eigenkapitalmessung und Eigenkapitalanforderungen" („Basler Eigenkapitalvereinbarung" vom Juli 1988), der übrigens weitere Stellungnahmen, z. B. zur Behandlung der Großkredite sowie zu den Markt- und Zinsänderungsrisiken, folgen werden.

Die Richtlinien, welche die Europäische Union für ihren Rechtsbereich erlassen hat, sind für deren Mitglieder verbindlich und innerhalb eines vorgegebenen Zeitraums im Rahmen der nationalen Gesetzgebung zu realisieren. Die wichtigsten Erlasse, welche eine über die Mitgliedländer hinausgreifende Bankenaufsicht zum Inhalt haben und in die zum Teil auch das vom Basler Ausschuß erarbeitete Gedankengut Eingang gefunden hat, sind:

- erste Richtlinie des Rates vom 12. Dezemnber 1977 zur Koordinierung der Rechts- und Verwaltungsvorschriften über die Aufnahme und Ausübung der Tätigkeit der Kreditinstitute (Art. 7) sowie die zweite Richtlinie vom 15. Dezember 1989 (Art. 13),
- Richtlinien des Rates vom 13. Juni 1983 und 6. April 1992 über die Beaufsichtigung der Kreditinstitute auf konsolidierter Basis,
- Richtlinien des Rates vom 17. April 1989, 3. Dezember 1991 und 16. März 1992 über die Eigenmittel von Kreditinstituten,
- Richtlinie des Rates vom 18. Dezembe 1989 für einen Solvabilitätskoeffizienten für Kreditinstitute,
- Richtlinie vom 21. Dezember 1992 über die Überwachung und Kontrolle der Großkredite von Kreditinstituten,
- Richtlinie des Rates vom 8. Dezember 1986 über den Jahresabschluß von Banken und anderen Finanzinstituten.

C. Maßnahmen der Schweiz zur Angleichung des Bankenrechts an internationale Aufsichtsbedürfnisse

Für die Übernahme der diversen Postulate des Basler Ausschusses ist die Schweiz nur schon aufgrund ihrer Mitgliedschaft beim Zehnerclub gehalten. Die Notwendigkeit einer Anpassung an die länderübergreifende Rechtsetzung der Europäischen Union hat sich in dem Moment gezeigt, als die Teilnahme der Schweiz am Europäischen Wirtschaftsraum (EWR) zum Entscheid anstand. Zu diesem Zweck wurde ein Paket von Gesetzesrevisionen vorbereitet, welche u. a. auch das Bankengesetz (Bundesgesetz über die Banken und Sparkassen vom 8. November 1934) zum Inhalt hatten. Das unter dem Stichwort von „Eurolex" segelnde Revisionsvorhaben mußte sistiert werden, als am 6. Dezember 1994 der EWR-Vertrag

14 Nobel (Praxis) S. 46.

vom Volk in einer Urnenabstimmung abgelehnt wurde. Um allerdings nicht ganz außerhalb der europäischen Rechtsentwicklung stehen zu bleiben, wurde „Eurolex“ nicht einfach in die Schublade gelegt, sondern unter der Bezeichnung „Swisslex“ als autonomes schweizerisches Vorhaben weiter verfolgt, natürlich unter Verzicht einer rechtlichen Bezugnahme auf den EWR.

Das revidierte Bankengesetz ist am 15. März 1994 vom Parlament verabschiedet worden, während die es begleitende überarbeitete Ausführungsverordnung unter dem Datum vom 12. Dezember 1994 vom Bundesrat genehmigt wurde. Beide Rechtsakte sind auf den 1. Februar 1995 in Kraft gesetzt worden. In der Folge sollen deren wichtigste Bestimmungen institutioneller und instrumentaler Art, soweit sie im Dienste internationaler, konsolidierter Bankenaufsicht stehen, kurz umschrieben werden, wobei gegebenenfalls darüber hinausgehend auch Entscheide und Vorkehren aus der Verwaltungspraxis erwähnt werden.

I. Maßnahmen institutioneller Art

Für die schweizerische Bankenaufsichtsbehörde, die Eidgenössische Bankenkommission, war die Zusammenarbeit der verschiedenen nationalen Überwachungsinstanzen schon lange ein unabdingbares Erfordernis einer effizienten Kontrolle weltweit tätiger Kreditinstitute, so wie auch eine unternehmerische Führung von Niederlassungen und Tochtergesellschaften durch die Hauptsitze und Konzernspitzen von Banken im Ausland nicht an den Grenzen schweizerischer Gesetzgebung scheitern durfte.[15] In den Austausch von Informationen zwischen Bankenaufsichtsbehörden und innerhalb von international aktiven Banken brachte bislang indessen das strenge Bankgeheimnis eine Komponente der Unsicherheit.

Die Revision des Bankengesetzes von 1994 im Rahmen von Swisslex hat zu einer Klärung der Situation geführt, indem mit der gesetzlichen Regelung der Schranken für die internationale Rechtshilfe eine rechtsstaatlich saubere Grundlage geschaffen worden ist.[16] Die Rechtshilfe ist mit anderen Worten als gegenseitige Amtshilfe institutionalisiert worden. Wohl ist auch heute noch ausländischen Aufsichtsbehörden verwehrt, in der Schweiz selbständig Erhebungen durchzuführen. Dagegen darf nun die Eidgenössische Bankenkommission nach den im Basler Konkordat und nach den in den Richtlinien der Europäischen Union niedergelegten, international anerkannten Prinzipien Wissen austauschen. Dabei ist nach dem Grundsatz der Verhältnismäßigkeit auf die Dringlichkeit und das Gewicht der anbegehrten Auskünfte Rücksicht zu nehmen. Voraussetzung einer Auskunftserteilung ist ferner, daß die Informationen ausschließlich der Bankenaufsicht dienen, nicht also für andere Zwecke wie Steuerfahndung oder Strafverfolgung genutzt werden, und daß die ausländischen Behörden ebenfalls an Amts- und Berufsge-

15 Vgl. z. B. die Geschäftsberichte der Bankenkommission für die Jahre 1977, S. 20f. und 1978, S. 16ff.

16 Vgl. Hauri (Aktuelle Probleme) S. 38. Ausführlich zur Amtshilfe im internationalen Konnex Zulauf (internationale Zusammenarbeit), wobei in dessen Aufsatz allerdings noch von einem Beitritt der Schweiz zum EWR ausgegangen wird.

heimnis gebunden sind (Art. 23 sexies).[17] Dem Recht der Auskunftserteilung steht konsequenterweise ein Recht zur Einholung von Auskünften bei den ausländischen Kollegialbehörden gegenüber.

Der Informationsfluß innerhalb von Bankkonzernen wird in dem Sinne geregelt, daß die ausländischen Muttergesellschaften gegenüber ihren schweizerischen Töchtern auskunftsberechtigt sind,[18] daß aber wiederum die Information einzig für die Zwecke der internen Kontrolle und Beobachtung eingesetzt werden darf. Zudem gilt, daß die Muttergesellschaften und die für sie zuständigen ausländischen Behörden ihrerseits sich an ein Amts- und Berufsgeheimnis zu halten haben und daß Informationen nicht ohne Zustimmung der schweizerischen Bank oder dann nur aufgrund einer generellen staatsvertraglichen Ermächtigung an Dritte weitergeleitet werden dürfen (Art. 4 quinquies).

Bei unselbständigen Niederlassungen ausländischer Banken in der Schweiz stellt sich dieses Problem nicht. Im Unterschied zu Tochtergesellschaften, die eigene Rechtspersönlichkeit haben, verlangt die Erfüllung gesellschaftsrechtlicher Führungs- und Aufsichtsfunktionen hier die Weitergabe von Informationen und Unterlagen, ohne daß dem das Bankgeheimnis entgegengehalten werden könnte.[19]

Schließlich wäre noch auf die Art. 2 Abs. 3 und 3 quater hinzuweisen, welche den schweizerischen Bundesrat ermächtigen, unter der Bedingung der Gegenseitigkeit Staatsverträge mit dem Ziel der Einheitslizenz (im Sinne von Art. 6 der zweiten Bankenrichtlinie der Europäischen Union) anzustreben. Es werden also auch da die Weichen für eine weitere künftige Vereinheitlichung und Straffung der Bankenaufsicht gestellt.

II. Maßnahmen instrumentaler Art

Im instrumentalen Bereich sind es die Anforderungen an das Eigenkapital und die Rechnungslegungsvorschriften, bei denen man 1994 den aktuellen Tendenzen nachgekommen ist.

Bereits bei seinem Erlaß im Jahre 1934 hatte das schweizerische Bankengesetz Mindestnormen für die Eigenkapitalfinanzierung von Banken aufgestellt. Während damals noch einfache Relationen zwischen Eigenkapital und Verbindlichkeiten vorgesehen waren, ist in der Folgezeit das Verfahren in dem Sinne verfeinert worden, daß man nach Maßgabe mutmaßlicher Gefährdung von Aktiven und außerbilanziellen Geschäften Risikofaktoren bezifferte, die als Richtgrößen zur Bestimmung des minimalen Eigenkapitals dienten. Diese Methode, die der Sache nach durchaus mit der Lösung des Basler Ausschusses vergleichbar war, ist bei der Verordnungsrevision von 1994 mit der integralen Übernahme der Basler Schema-

17 Vgl. Bodmer/Kleiner/Lutz (Kommentar) N. 3 ff. zu Art. 23 sexies.

18 In diesem Zusammenhang ist auf die Praxis der Bankenkommission hinzuweisen, von der ausländischen Mutter einer schweizerischen Tochtergesellschaft die Bestätigung zu verlangen, daß sie Großkredite innerhalb der Gesamtunternehmung auf konsolidierter Basis überwache, vgl. Bodmer/Kleiner/Lutz (Kommentar) N 30 a zu Art. 4 bis.

19 Vgl. Bodmer/Kleiner/Lutz (Kommentar) N 3 zu Art. 4 quinquies.

tik (die übrigens auch den einschlägigen Richtlinien der Europäischen Union zugrunde liegt) aufgegeben worden. Früher waren die schweizerischen Anforderungen an das Eigenkapital weltweit die strengsten. Mit der Geltung, den die im Rahmen des Basler Konkordats festgelegten Ansätze in vielen Ländern erlangt haben, sind die Niveauunterschiede in den Deckungsverhältnissen zweifelsohne reduziert worden, doch dürften sich die Schweizer Banken nach wie vor in der Spitzengruppe der eigenkapitalstarken Institute halten.[20]

Die Bereitschaft, in diesem Sektor übernationalen Bedürfnissen Rechnung zu tragen, hat sich schon früher darin niedergeschlagen, daß unselbständigen Niederlassungen ausländischer Banken kein minimales Eigenkapital (Dotationskapital) vorgeschrieben wird (entsprechend Art. 6 der 2. Bankenrichtlinie der Europäischen Union). Es wird vielmehr der Hauptbank im Ausland überlassen, die Eigenkapitalverhältnisse für die Unternehmung gesamthaft zu regeln (Art. 2 der Verordnung vom 22. März 1984 über die ausländischen Banken in der Schweiz).[21] Auf der Verwaltungsebene ist umgekehrt von der Bankenkommission einem schweizerischen Institut mit dem Hinweis auf einen mußmaßlichen faktischen Beistandszwang auferlegt worden, sein Eigenkapital so zu bemessen, daß damit auch den Verhältnissen bei einer Schwesterbank, die im Ausland an sich bescheideneren Unterlegungssätzen unterworfen ist, Rechnung getragen wird.[22]

Neu konzipiert worden sind im Zuge der Gesetzes- und Verordnungsrevision auch die Detailvorschriften über die Rechnungslegung. Die mit dem Entwurf betraute Expertenkommission war hier wohl bestrebt, internationalen Standards nachzukommen. Doch hält die Kommission in dem den Entwurf begleitenden Bericht fest, daß angesichts der Tatsache, daß die Harmonisierung der internationalen Standards selbst noch mangelhaft ist und daß deshalb nicht alle internationalen Vorgaben für die Schweiz unbesehen übernommen werden können, eine eigenständige schweizerische Lösung gesucht werden mußte. Internationale Entwicklungen seien materiell deshalb nur dort berücksichtigt worden, wo das für die nationalen Verhältnisse zweckmäßig und in der Praxis umsetzbar erschienen sei. Kritisch wird bezüglich der Normen der Europäischen Union und der amerika-

---

20 Eidgenössiche Bankenkommission, Erläuterungen zum Vernehmlassungsentwurf über die Revision der Eigenmittelvorschriften der Bankenverordnung, Bern, 14. Juli 1994, S. 16. – Von Bankenseite wird etwa moniert, daß strenge Eigenkapitalanforderungen sich in einer Beeinträchtigung der Eigenkapitalrentabilität und damit in höheren Kapitalbeschaffungskosten niederschlagen. Dem kann man indessen entgegenhalten, daß die wegen der anspruchsvolleren Kapitalunterlegung reduzierten Renditen von besserer Qualität sind, was kompensierend die P/E-Ratios nach oben drücken dürfte.

21 Damit trotzdem ein minimaler Bezug zum schweizerischen Rechtsraum gewahrt bleibt, sind diese Niederlassungen verpflichtet, 10 % der Aktiven in inländischen Vermögenswerten zu halten (Art. 5).

22 Verfügung vom 1. September 1989, bestätigt mit Entscheid des Bundesgerichtes vom 11. Dezenmber 1990 (Band 116 Ib 331); vgl. dazu die Kritik von Kleiner/Lutz (Bankkonzern) S. 145 ff. – In die 1994 revidierte Verordnung zum Bankengesetz ist dieser faktische Beistandszwang als ein Kriterium der Finanzierung mit Eigenkapital aufgenommen worden (Art. 13 a Abs. 1).

nischen GAAP im besonderen ausgeführt, daß diese in ihrer Dichte jeden denkbaren Sachverhalt regeln wollten und damit für eine integrale Übernahme nicht in Frage kamen.[23] Nichtsdestoweniger liegt auch in diesem Teilbereich ein aktiver Beitrag der Schweiz zum Abbau von Standortunterschieden vor, wobei aus dieser Sicht speziell auf die umfassende Einbeziehung der außerbilanziellen Geschäfte ins Regelwerk und die Verpflichtung zu einer konzernweiten Offenlegung hinzuweisen ist.

D. Schlußbetrachtung

Bankenstandorte werden aus internationaler Sicht gestützt auf die an den jeweiligen Plätzen vorhandenen wirtschaftlichen Gegebenheiten, nach deren Bedeutung im Umfeld globalisierter Märkte und liberalisierter Finanzbeziehungen gewählt. Daneben können aber auch regulatorische Faktoren beachtlichen Einfluß haben. Mit der länderübergreifenden Koordination der Bankenaufsicht und der Institutionalisierung einer konsolidierten Überwachung der einzelnen Institute werden die Präferenzen für einen Standort verstärkt auf marktwirtschaftliche Bedingungen abgestützt. Gemeinsam konzipierte Instrumente der Aufsicht, wie die Angleichung der Eigenkapitalanforderungen an international gültige Standards oder die Verbesserung der Transparenz in der gesellschaftsrechtlichen Offenlegung, sind weitere Schritte zum Abbau von standortbedingten Wettbewerbsverzerrungen.

Literaturverzeichnis

Bodmer, Daniel/Kleiner, Beat/Lutz, Benno (Kommentar): Kommentar zum schweizerischen Bankengesetz, Zürich, Nachlieferung 1994.

Brosset, Michel (Bankenverflechtungen): Multinationale Bankenverflechtungen – Joint Ventures und Partnerschaften, Bern und Stuttgart 1983.

Gehrig, Bruno (Kundschaft): Ausländische Kundschaft spielt eine dominierende Rolle, in: Financial Services, Magazin von „Finanz und Wirtschaft", 25. September 1993, S. 37f.

Hauri, Kurt (Aktuelle Probleme): Aktuelle Probleme der Bankenaufsicht in der Schweiz, in: Wiegand, Wolfgang (Hrsg.): Aktuelle Probleme im Bankrecht, Bern 1994, S. 27ff.

Huang, Scilla (Bankenregulierung): Bankenregulierung und Wettbewerbsfähigkeit – eine komparative Analyse der Schweiz und der EG, Bern und Stuttgart 1992.

IDB Publications Bancaires (Hrsg.) (Etablissements): Etablissements bancaires en Suisse, Petit-Lancy 1993.

Kahn, Francis (Deutsche Banken): Deutsche Banken verstärken Schweizer Präsenz, in: Schweizer Bank 1994, Heft 11, S. 11f.

Kleiner, Beat/Lutz, Benno (Bankkonzern): Das Eigenkapital im Bankkonzern - Kritisches zum SKA-Entscheid, in: Schweizerische Zeitschrift für Wirtschaftsrecht 1991, Heft 3, S. 141ff.

Lutz, Benno (Bankrevision): Bankrevision in der Schweiz und im Ausland, in: Der Schweizer Treuhänder 1988, Heft 11, S. 407ff.

Nirk, Rudolf (Kreditwesengesetz): Das Kreditwesengesetz, Frankfurt/M 1985.

23 Bericht der Expertenkommission zur Revision der Artikel 23–28 BankV (vom 3. Mai 1994) S. 10.

Nobel, Peter (Praxis):Praxis zum öffentlichen und privaten Bankenrecht der Schweiz, Ergänzungsband Bern 1984.
Schuster, Leo (Bankpolitik): Bankpolitik im Spiegel aktueller Themen, Bern und Stuttgart 1990.
Schweizerische Nationalbank (Hrsg.) (Bankwesen): Das schweizerische Bankwesen im Jahre 1993, Zürich 1994
Werlen, Thomas (Grundlagen): Konzeptionelle Grundlagen des schweizerischen Kapitalmarktrechts, Zürich 1994.
Zulauf, Urs (Internationale Zusammenarbeit): EWR, Bankengesetz und internationale Zusammenarbeit zwischen Bankaufsichtsbehörden, in: Nobel, Peter (Hrsg.): Aktuelle Rechtsprobleme des Finanz- und Börsenplatzes Schweiz, Bern 1993, S. 26ff.

Aktuelle Probleme der gesetzlichen Abschlußprüfung und Standort

Honorarprofessor Dr. Manfred Sarx, WP, StB, München

Vorbemerkungen

Der Jubilar hat sich in Forschung und Lehre schwerpunktmäßig auch mit dem nationalen und internationalen Prüfungswesen befaßt. Aus diesem Gebiet soll mit dem von mir ausgewählten Thema untersucht werden, ob im Teilbereich der gesetzlichen Abschlußprüfung für den Standort Deutschland Schwerpunkte erkennbar sind, die neuen Lösungen zugeführt werden könnten oder sollten. Als zeitliche Ausgangsgrundlage bietet sich die Neufassung des Dritten Buchs des HGB durch das Bilanzrichtlinie-Gesetz (1986) an, in der u.a. die gesetzlichen Grundlagen der Abschlußprüfung (§§ 317–324 HGB) zusammenfassend geregelt worden sind.

In der Wirtschaftspresse erörterte aktuelle Fälle haben insbesondere eine nachhaltige Kritik an der Tätigkeit des Aufsichtsrats von Kapitalgesellschaften als Kontrollorgan und auch der Effizienz der Abschlußprüfung ausgelöst. Da die praktischen Fälle in ihren Einzelheiten nur Insidern bekannt sein können und im übrigen noch Gerichtsverfahren anhängig sind oder vermutlich anhängig werden, können in einer fachlichen Abhandlung zum gegenwärtigen Zeitpunkt nur erkennbare Grundsatzfragen von allgemeinem fachlichen Interesse erörtert werden. Mein Beitrag beschränkt sich dem Thema entsprechend auf die Abschlußprüfung und klammert die Kritik an der Wirksamkeit des Aufsichtsrats aus. Fälle, bei denen nach den Darstellungen in der Wirtschaftspresse ein Fehlverhalten bei der Durchführung der Abschlußprüfung zu vermuten ist, brauchen ebenfalls nicht besonders hervorgehoben zu werden, da ein menschliches Fehlverhalten – sei es vorsätzlich oder grob fahrlässig – nicht als ein Spezifikum eines Abschlußprüfers gewertet werden kann.

In dem nachfolgenden Beitrag werden zunächst ausgewählte Einzelfragen zur allgemeinen Organisation der Abschlußprüfung behandelt, anschließend die Teil-Themen Zusammenarbeit zwischen Aufsichtsrat und Abschlußprüfer und Funktion des Prüfungsberichts des Abschlußprüfers in dieser Zusammenarbeit sowie das Problem der sog. Erwartungslücke aus der Sicht der Abschlußprüfung vertieft. Diese drei letzteren speziellen Themen sind in der Fachliteratur schon über Jahre hinweg ohne praktisch durchsetzbare Lösungsansätze erörtert worden, die ich allerdings auch nur aus der gegenwärtigen Aktualität heraus vortragen kann.

Sollten seitens des Gesetzgebers Reformen erwogen werden, ist daran zu erinnern, daß der im Bereich der Rechnungslegung und Abschlußprüfung erreichte Stand der allgemeinen Internationalisierung m. E. nationale Alleingänge von vornherein ausschließen werden. Auch Extremvorschläge, wie z. B. Einführung eines „Aktienamtes" werden als Erinnerung an dieses Uralt-Thema nicht überzeugender.

I. Versuch einer ausgewählten Bestandsaufnahme

1. Anmerkungen zur Struktur des Prüferberufs

Typisch für den Standort sind die Wirtschaftsprüfungsgesellschaften, für die die WPO als Rechtsformen die AG, KGaA, GmbH, OHG, KG und Partnerschaftsgesellschaft bei Erfüllung bestimmter Voraussetzungen anerkennt (§§ 27ff WPO).[1] Da den Berufsgesellschaften in dieser Festschrift ein gesonderter Beitrag gewidmet ist, kann ich mich auf einige wenige Anmerkungen beschränken.

Nach den statistischen Übersichten der WPK nach dem Stand zum 1. 1. 1994[2] unterteilen sich die einzelnen Berufsgruppen zahlenmäßig wie folgt:

– Wirtschaftsprüfer, natürliche Personen	7586	(davon in eigener Praxis 4985)
– Buchprüfer[3], natürliche Personen	4179	(davon in eigener Praxis 3914)

---

1 Vgl. §§ 27, 31 WPO neue Fassung, vgl. o. V. (Synoptische Darstellung)

2 Vgl. o. V. (Statistische Übersichten), S. 49–52.

3 Der Berufsstand der Vereidigten Buchprüfer ist in Verbindung mit dem Bilanzrichtlinie-Gesetz neu (wieder) geschaffen worden. Vereidigte Buchprüfer und Buchprüfungsgesellschaften können nach § 319 Abs. 1 Satz 2 HGB Abschlußprüfer von Jahresabschlüssen und Lageberichten mittelgroßer GmbH's sein.

- Wirtschaftsprüfungsgesellschaften 1471
- Buchprüfungsgesellschaften 94

Die Berufsgruppe der Wirtschaftsprüfer und der Wirtschaftsprüfungsgesellschaften kann in Anlehnung an Marten[4] nach Größenordnungsgesichtspunkten (Umsatzerlöse) wie folgt unterschieden werden:

- Große Wirtschaftsprüfungsgesellschaften (sog.„Top-Sieben“ Gesellschaften)
- Einzelwirtschaftsprüfer, Wirtschaftsprüfersozietäten, sowie kleine und mittelgroße Wirtschaftsprüfungsgesellschaften.

2. Zur Konzentration im Prüfungswesen

Eine wesentliche Konzentration, wie sie auch in der Zahl der großen Wirtschaftsprüfungsgesellschaften zum Ausruck kommt, hat sich vornehmlich in den letzten zwanzig Jahren vollzogen. Es handelt sich durchwegs um Gesellschaften, die schon lange am Standort tätig sind und überwiegend in den ersten Jahrzehnten dieses Jahrhunderts unter der Bezeichnung „Treuhand-Gesellschaften“ gegründet worden sind.

Ob sich die Konzentration am deutschen Standort in der nächsten Zukunft noch weiter fortsetzt, läßt sich nicht beurteilen. Es ist allerdings die Tendenz zu beobachten, daß sich aus der oben als zweite Gruppe aufgeführten Einzelwirtschaftsprüfer, Wirtschaftsprüfersozietäten usw. einzelne von den großen Wirtschaftsprüfungsgesellschaften aufgenommen werden bzw. sich diesen in rechtlich fortbestehender Form anschließen.Ein solcher Trend könnte auch durch altersbedingtes Ausscheiden bisheriger Partner ausgelöst oder begünstigt werden. Für diesen Trend kommen natürlich auch kleine und mittelgroße Wirtschaftsprüfungsgesellschaften in Frage.

3. Internationalisierung

Die großen Wirtschaftsprüfungsgesellschaften sind bis auf eine Mitgliedsfirmen von internationalen Zusammenschlüssen; sie haben die Internationalisierung federführend gefördert. Aber auch von Mitgliedern der zweiten Gruppe wurde die internationale Zusammenarbeit zunehmend realisiert, ein Trend, der sich voraussichtlich weiter fortsetzen wird.[5]

4. Maßnahmen zur Prüfungsqualität (Quality Control)

Da sich ein anderer Beitrag in dieser Festschrift mit der Qualitätssicherung in der Wirtschaftsprüfung befaßt, beschränken sich die nachfolgenden Ausführungen auf einige wenige Schwerpunkte, die im Rahmen meiner aktuellen Bestandsaufnahme

4 Vgl. Marten (Wechsel) S. 227.

5 Zu der Gestaltung der internationalen Zusammenarbeit von Wirtschaftsprüfungsgesellschaften für den Standort Schweiz kann auf die eingehende Untersuchung von Schüllermann (Zusammenarbeit) verwiesen werden.

im Zusammenhang aufzuzeigen sind. Die bereits vorliegende Verlautbarung der Vorstände der Wirtschaftsprüferkammer und des Instituts der Wirtschaftsprüfer in Deutschland e. V. Nr. 1/1982 „Zur Gewährleistung der Prüfungsqualität“[6] läßt erkennen, daß sich der deutsche Berufsstand schon vor nahezu 15 Jahren mit diesem zentralen Thema befaßt hat, wobei der Denkanstoß im internationalen Bereich lag. Nachzuweisen sind Wechselwirkungen aus dem angelsächsischen Raum, die ihren Auslöser in den USA hatten. Schon frühzeitig zeichnete sich das Bemühen ab, die qualitativen Anforderungen, die an eine Abschlußprüfung zu stellen sind, auch organisatorisch für die Wirtschaftsprüfungs-einheit zu definieren.

Zu der erwähnten Verlautbarung liegt inzwischen ein überarbeiteter Entwurf „Zur Qualitätssicherung in der Wirtschaftsprüferpraxis“ vor,[7] zu dem die Berufsangehörigen bis April 1985 Anregungen oder Einwendungen vortragen können. Der Entwurf wird in seiner endgültigen Fassung 1985 die VO/1982 ersetzen. Dabei sind „die zwischenzeitlichen Entwicklungen bei den Grundsätzen ordnungsmäßiger Durchführung von Abschlußprüfungen“ berücksichtigt.

Ferner wird der Anwendungsbereich der Verlautbarung zur Qualitätssicherung bei der Organisation der Wirtschaftsprüferpraxis auf alle beruflichen Tätigkeiten des Wirtschaftsprüfers erweitert. Typisch für den Standort ist, daß Anforderungen an die Qualität in gesetzlichen Vorschriften geregelt sind;[8] hinzukommen die Berufsrichtlinien, wie sie von der Wirtschaftsprüferkammer festgelegt werden[9] sowie Äußerungen in den entsprechenden Fachgutachten und Stellungnahmen des Instituts der Wirtschaftsprüfer (IDW).[10]

5. Fortbildung als Teil-Maßnahme der Qualitätssicherung

Die berufliche Fortbildung ist ein grundsätzliches und existentielles Problem der freien Berufe. In der WPO n.F. ist unter den Berufspflichten nunmehr die Fortbildungsverpflichtung ausdrücklich aufgeführt (§ 43 Abs. 2 letzter Satz WPO).

Die notwendigen organisatorischen Maßnahmen werden daher auch in der Verlautbarung zur Qualitätssicherung in den Anforderungen an ein geschlossenes System der Quality Control besonders betont. Ein internationales Problem besteht schon seit längerem darin, geeignete Modelle einer Institutionalisierung zu ent-

6 Vgl. IDW/WPK (Gemeinsame Stellungnahme) S. 38.
7 Beilage zur WPK-Mitt. 4/1994.
8 Vgl. insbesondere §§ 316ff. HGB; WPO n.F.
9 Vgl. WPK (Richtlinien)
10 Vgl.IDW (Fachgutachten). Hieraus können als Beispiele aufgeführt werden:
FG 1/1988 Grundsätze ordnungsmäßiger Durchführung von Abschlußprüfungen (Fachgutachten S. 7ff.).
FG 2/1988 Grundsätze ordnungsmäßiger Berichterstattung bei Abschlußprüfungen, (Fachgutachten S. 29ff.).
FG 3/1988 Grundsätze für die Erteilung von Bestätigungsvermerken (Fachgutachten S. 45ff.).
HFA 2/1981 Arbeitspapiere des Abschlußprüfers (HFA S. 87ff.).

wickeln.[11] Um die Lösung bemühen sich funktionsmäßig die Berufsorganisationen. Neben dem selbstverständlichen Literaturstudium gehören zur Fortbildung der Besuch von Veranstaltungen, wie sie insbesondere das IDW als Arbeitstagungen, Fachtagungen oder Seminare zentral oder dezentralisiert seit vielen Jahren organisiert.

Problematisch ist die Fixierung von sinnvollen zeitlichen Soll-Vorstellungen. Nach der VO 1/1993 des IDW sollte der Zeitumfang der Teilnahme an Fortbildungsmaßnahmen interner (auf die Wirtschaftsprüfungsgesellschaft oder andere WP-Praxen bezogen) oder externer Art durchschnittlich pro Jahr 40 Stunden nicht unterschreiten.[12]

Dieser quantifizierte Mindestumfang vermittelt dem Berufsangehörigen zugleich eine Vorstellung von dem als berufsüblich zu wertenden entsprechenden Zeitaufwand. Für das Literaturstudium wird davon ausgegangen, daß der Zeitaufwand die vorher erwähnte Stundenzahl „erheblich übersteigt“.

6. Überlegungen zum Thema „Prüferwechsel“

Die Forderung nach einem obligatorischen Prüferwechsel ist ein in Theorie und Praxis seit vielen Jahren bekanntlich national und international erörtertes Thema, zu dem bisher kein einheitliches Ergebnis erzielt worden ist.[13] Im Rahmen der Reformierung des HGB ist es bei der herkömmlichen Regelung des Standorts geblieben: der Abschlußprüfer wird von dem zuständigen Organ[14] jeweils für ein Geschäftsjahr gewählt, eine Wiederwahl ist zeitlich unbegrenzt möglich. Wie in der Vergangenheit wird von Zeit zu Zeit der obligatorische Prüferwechsel von Kritikern neu zur Debatte gestellt, wenn in größeren Einzel-fällen „Fehlleistungen“ von Abeschlußprüfern nachgewiesen werden oder zu Haftungs-fällen führen.

Soweit zu übersehen, sind für den Standort Deutschland gegenwärtig keine gesetzliche Maßnahmen mit dem Ziel einer Änderung der bisherigen Handhabung konkret zu erwarten. Die Notwendigkeit könnte sich aber nach der Verabschiedung der 5. EG-Richtlinie[15] ergeben, die bereits seit langem von der EG/EU beraten wird und auch zum Teil-Thema Prüfung unterschiedliche Stadien durchlaufen hat. Nach dem neuesten Stand der 5. Richtlinie[16] sieht der Entwurf in Art. 56 vor, daß Abschlußprüfer nur für einen bestimmten Zeitraum bestellt werden dürfen, nämlich mindestens drei und höchstens sechs Geschäftsjahre. Eine wiederholte Bestellung soll zulässig sein, unterliegt allerdings nach wiederholter Bestellung

11 Vgl.Lück/Siebert (Aus- und Weiterbildung), S. 41–45.

12 IDW Vorstands-Stellungsnahmen, VO, Zur beruflichen Fortbildung der Wirtschaftsprüfer im IDW, Sammlung s. Fn. 10.

13 Das wesentliche Merkmal des obligatorischen Prüferwechsels besteht in der zeitlichen Beschränkung einer Wiederwahl. Vgl. zum Problem insbesondere die zeitnahe und gründliche Untersuchung von Marten (Wechsel) S. 47 ff.

14 Hauptversammlung, Gesellschafterversammlung, bei Versicherunsunternehmen Aufsichtsrat.

15 Vgl. Marten (Wechsel) S. 35 f.

16 Vgl. Marten (Wechsel) S. 37 ff. mit Stellungnahmen des europäischen Berufsstandes.

innerhalb von zwölf aufeinanderfolgenden Geschäftsjahren einer Unterbrechung von drei Geschäftsjahren, bevor eine „Wiederbestellung" vorgenommen werden kann. Der bisherige Stand der 5. Richtlinie wird von mir hier nur aufgeführt, um ein späteres mögliches Lösungsmodell, das nicht als eine nationale Einzel-lösung beraten worden ist, aufzuzeigen.

Grundsätzlich besteht für jedes Lösungsmodell eines obligatorischen Prüferwechsels in der Gegenwart und wohl auch in späterer Zukunft das besondere Problem, das durch die im Prüfungswesen des Standorts bereits vollzogene Konzentration ausgelöst wurde. Große zu prüfende Unternehmen können aus Kapazitätsgründen auf dem Prüfungsmarkt des Standorts de facto nur innerhalb des Kreises der „Top-Sieben" Gesellschaften auswählen, also vermindert um eine Gesellschaft, wenn ein Prüferwechsel innerhalb des Kreises der Top-Sieben erfolgen soll.[17] Eine weitere Vertiefung des Themas erübrigt sich im Rahmen meines Beitrags.

II. Zusammenarbeit zwischen Aufsichtsrat und Abschlußprüfer

1. Teilnahme des Abschlußprüfers an der Bilanzsitzung des Aufsichtsrats

Da der Aufsichtsrat für den Jahresabschluß, den Lagebericht und den Vorschlag für die Verwendung des Bilanzgewinns sowie bei prüfungspflichtigen Unternehmen für den Prüfungsbericht des Abschlußprüfers eine selbständige Prüfungspflicht hat (§ 171 Abs. 1 AktG), ebenso auch bei verbundenen Unternehmen für den Abhängigkeitsbericht und den entsprechenden Prüfungsbericht, ergibt sich aus dem Faktischen eine unmittelbare Verbindung zwischen der Tätigkeit des Abschlußprüfers und der Prüfungspflicht des Aufsichtsrats. Dies wird noch unterstrichen durch die Berichtspflicht des Aufsichtsrats gegenüber der Hauptversammlung über das Ergebnis seiner Prüfung mit Mindestangaben (§ 171 Abs. 2 AktG). Die in der Wirtschaftspresse vorgetragene Kritik konzentriert sich hier auf die Notwendigkeit einer Pflicht-Teilnahme des Abschlußprüfers an der Bilanzsitzung des Aufsichtsrats und die uneingeschränkte Einsicht in die entsprechenden Prüfungsberichte des Abschlußprüfers.

Nach den geltenden Rahmenvorschriften (§ 171 Abs. 1 AktG) hat der Abschlußprüfer bei prüfungspflichtigen Unternehmen nur auf Verlangen des Aufsichtsrats an der sog. Bilanzsitzung teilzunehmen. Diese Regelung gilt auch für die Verhandlungen über den Bericht über die Beziehungen zu verbundenen Unternehmen (Abhängigkeitsbericht § 314 Abs. 4 AktG). Die Kritik richtet sich dagegen, daß die Teilnahme des Abschlußprüfers eine Aufforderung des Aufsichtsrats voraussetzt, nicht ein eigenes Recht des Abschlußprüfers zur Teilnahme besteht. Die Aufforderung zur Teilnahme steht im Ermessen des Aufsichtsrats, und zwar nach h. M. des Gesamtaufsichtsrats. Wird die Einladung nur von dem Aufsichtsratsvor-

17 Nach den Untersuchungen von Marten, (Wechsel), S. 227 ff. vollzieht sich bei einem Prüferwechsel von größeren Prüfungsmandaten eine Konzentration der Prüfungsaufträge bei den großen Prüfungsgesellschaften.

und Abschlußprüfung gelten nach h. M. als nicht deckungsgleich.[24] Die Prüfungspflicht des Aufsichtsrats ist im Umfang nicht eingeschränkt, wohingegen der Umfang der gesetzlichen Abschlußprüfung in § 317 Abs. 1 Satz 2 HGB abgegrenzt wird. Die von dem Abschlußprüfer durchgeführte Prüfung, die mit einem uneingeschränkten, eingeschränkten Bestätigungsvermerk oder seiner Verweigerung abschließt, ersetzt nicht die Prüfung durch den Aufsichtsrat. Es ist also von einer Überschneidung der beiden Prüfungspflichten auszugehen.[24] Es ist dem Aufsichtsrat auch freigestellt, den Abschlußprüfer zu zusätzlichen Überprüfungen zu veranlassen, die sich aus der Überwachungsaufgabe des Aufsichtsrats herleiten.

In den Teilbereichen der Rechnungslegung, zu denen der Prüfungsbericht des Abschlußprüfers keine Beanstandung aufweist, kann der Aufsichtsrat von dem Ergebnis der Abschlußprüfung ausgehen, wird also von seiner selbständigen Prüfungspflicht entlastet.

Für den Aufsichtsrat besteht die Pflicht, den Prüfungsbericht des Abschlußprüfers sachlich auszuwerten. Diese Aufgabe kann auch dem oben erwähnten besonderen Ausschuß übertragen werden. Da der Aufsichtsrat in seinem Bericht über die eigene Prüfung zu dem Ergebnis der Prüfung des Jahresabschlusses durch den Abschlußprüfer Stellung zu nehmen hat (§ 171 Abs. 2 Satz 3 AktG), ist also die Auswertung des Abschlußprüfer-berichts vorausgesetzt.[25]

IV. Zum Problem der Erwartungslücke

Als Problem der Erwartungslücke wird „die Diskrepanz zwischen Erwartungen der Öffentlichkeit und dem Testat des Abschlußprüfers“ verstanden.[26] Es wird in der Literatur seit Jahren ohne ein abschließendes Ergebnis erörtert. Eine sachliche Diskussion setzt natürlich voraus, daß die Öffentlichkeit als Personenkreis abgegrenzt werden kann, der mit den Grundproblemen der Rechnungslegung nach den gesetzlichen Vorstellungen vertraut ist. Auf der Seite der Abschlußprüfung muß davon ausgegangen werden können, daß der Prüfungsrahmen nach den berufsüblichen Grundsätzen einer ordnungsmäßigen Prüfung angewandt wird und insbesondere auch die vorgeschriebenen Erläuterungen in dem Anhang sowie die Darstellung im Lagebericht hinsichtlich Vollständigkeit und Klarheit der Ausführungen nicht zu beanstanden sind.

In den Berichterstattungen in der Wirtschaftspresse wird das Problem als solches unter unterschiedlichen zeitungswirksamen Bezeichnungen naturgemäß bei größeren Insolvenzfällen, deren Jahresabschlüsse bis dahin uneingeschränkt testiert waren, aufgegriffen. Die Kritik bestreitet dann im Extremfall die Effizienz der Abschlußprüfung.

Über die Reaktion des Gesetzgebers zu den aktuellen Fällen, wie ich sie in meinen Vorbemerkungen zu meinem Beitrag nur global ansprechen konnte, werden

---

24 So auch Adler/Düring/Schmaltz (Kommentar) § 171 AktG Anm. 14.

25 Der zu meinem Beitrag wohl voll einschlägige Artikel von Theisen (Zusammenarbeit), S. 809–820 wurde mir leider erst nach Fertigstellung meines Beitrags zugänglich.

26 Vgl. Forster (Erwartungslücke), S. 789.

in der Fachliteratur Spekulationen und Verbesserungsvorschläge behandelt werden, denen ich hier nicht vorgreifen kann. Zu dem Thema Novellierung einzelner Vorschriften der Rechnungslegung oder ihrer Ergänzung bestehen schon seit längerem europäische oder internationale Überlegungen und Ausschüsse.[27] Ihre Ergebnisse sind abzuwarten, da sie auch im Bereich der internationalen Harmonisierung Anpassungen erwarten lassen.

Bezogen auf den Standort können die gesetzlichen Regelungen zur Abschlußprüfung m. E. als ausreichend erachtet werden, wobei ich mit Forster[28] eine Ausdehnung des Prüfungsumfangs als nicht hilfreich ansehe. Zusätze zum Bestätigungsvermerk bei sich abzeichnender Krisensituation des geprüften Unternehmens, insbesondere bei Gefährdung der Unternehmensfortführung, sind in der Literatur der Vergangenheit immer wieder aufgegriffen und m. E. zu Recht abgelehnt worden, da sie das Unternehmen zusätzlich gefährden oder die Krisenentwicklung negativ beschleunigen würden. Es kommt hinzu, daß das Unternehmen selbst im Lagebericht textlich in geeigneter Ausführlichkeit berichten muß. Unterbleibt eine solche Stellungnahme im Lagebericht, obliegt dem Abschlußprüfer die pflichtgemäße Würdigung bei der Abfassung des Wortlauts des Bestätigungsvermerks. Aber auch der Aufsichtsrat hat in seinem Bericht an die Hauptversammlung abzuwägen, ob er den Lagebericht in seinem Informationsgehalt als ausreichend erachtet.

V. Schlußbemerkung

Die gesetzliche Abschlußprüfung des Standorts Deutschland hat sich m. E. in den verschiedenen Entwicklungsstufen, die sie in ihrer mehr als sechzigjähriger Geschichte durchlaufen hat, bewährt. Einzelne Grundlagen habe ich einleitend unter der aktuellen Bestandsaufnahme kurz behandelt und mich bemüht, erkennbare Entwicklungstendenzen aufzuzeigen. Es werden seitens der Berufsorganisationen laufend Aktivitäten entwickelt, mit denen neuere Entwicklungen bei den Grundsätzen zur ordnungsmäßigen Durchführung von Abschlußprüfungen, wie sie national und international auftreten, Rechnung getragen wird.

Für die Zukunft sollte aber die Zusammenarbeit mit dem Aufsichtsrat stärker in den Vordergrund gestellt werden. Durch eine gesetzgeberische Initiative könnte die Bereitschaft des Aufsichtsrats erleichtert werden. Für eine Verpflichtung zur Bildung eines Bilanzausschusses i. S. eines dem deutschen Recht angepaßten „Audit-Commitees" erscheint eine Aufnahme in die Satzung ohne Detailregelung ausreichend.

Eine gesetzliche Ausweitung des Prüfungsumfangs oder die Ersetzung des bisherigen Bestätigungsvermerks durch einen Bestätigungsbericht würde m. E. das Problem der Erwartungslücke nicht lösen.

27 Vgl. Hulle (Europäisches Bilanzrecht), S. 9–17.

28 Vgl. Forster (Erwartungslücke), S. 791 f.

Ich könnte mir vorstellen, daß meine Ausführungen reformfreudige Leser nicht befriedigen werden. Eine Verbesserung des bestehenden Zustands könnte m. E. bereits mit einer intensiveren Auslotung bestehender Rahmengrundsätze erreicht werden.

Literaturverzeichnis

Adler/Düring/Schmaltz (Kommentar): Rechnungslegung, und Prüfung der Unternehmen, Kommentar, bearb. von Forster u. a., 5. Auflage, Stuttgart 1987, Stand 1994.

Bea, F. X./Scheurer, St. (Kontrollfunktion): Die Kontrollfunktion des Aufsichtsrats, in: DB 1994, S. 2145–2152.

Budde, W. et al. (Bilanzkommentar): Beck'scher Bilanzkommentar, 2. Auflage, München 1990.

Forster, K.-H. (Erwartungslücke): Zur „Erwartungslücke" bei der Abschlußprüfung, in: WPg 1994, S. 789–795.

Hulle, K. van (Europäisches Bilanzrecht): Das Europäische Bilanzrecht – Entwicklungen und Herausforderungen, in: WPK-Mitteilungen 1/1994, S. 9–17.

IDW (Hrsg.) (Fachgutachten): Die Fachgutachten und Stellungnahmen des IDW auf dem Gebiet der Rechnungslegung und Prüfung, Düsseldorf Stand 1994.

IDW/ WPK (Hrsg.) (Gemeinsame Stellungnahme), Gemeinsame Stellungnahme der Wirtschaftsprüferkammer und des Instituts der Wirtschaftsprüfer in Deutschland e. V. zur Gewährleistung der Prüfungsqualität, in: WPg 1982, S. 38

Langenbucher, G./Blaum, U. (Audit Committees): Audit Committees – Ein Weg zur Überwindung der Überwachungskrise, in: DB 1994, S. 2197–2206.

Lück, W./Siebert, H. (Aus- und Weiterbildung): Die Aus- und Weiterbildung des Wirtschaftsprüfers in den USA, in: WPK-Mitteilungen 2/1993, S. 41–45.

Marten, K.-U. (Wechsel): Der Wechsel des Abschlußprüfers – Ergebnisse einer empirischen Untersuchung des Prüfungsmarktes, Düsseldorf 1994.

o.V. (Statistische Übersichen): Statistische Übersichten zum Berufsstand (1. 1. 1994), in: WPK-Mitteilungen 1/1994, S. 49–52.

o.V. (Synoptische Darstellung): Synoptische Darstellung der Wirtschaftsprüferordnung in der bis zum 31. 12. 1994 geltenden Fassung und in der ab 01. 01. 1995 geltenden Fassung, in: WPK-Mitteilungen 4/1994, Beilage zu Heft 4.

Schüllermann, M. (Zusammenarbeit): Die internationale Zusammenarbeit von Revisionsgesellschaften, Frankfurt/Main, Berlin et al. 1993.

Theisen, M. R. (Zusammenarbeit): Notwendigkeit, Chancen und Grenzen der Zusammenarbeit von Wirtschaftsprüfer und Aufsichtsrat, in: WPg 1994, S. 809–820.

WPK (Hrsg.) (Richtlinien): Richtlinien für die Berufsausübung der Wirtschaftsprüfer und vereidigten Buchprüfer, Stand 12. März 1987, Sonderdruck, Düsseldorf 1987.

Qualitätssicherung in der deutschen Wirtschaftsprüfung

Dr. Reinhold Schmid, WP, StB,
in Sozietät Dr. Lauer & Partner, Fürth

A. Einleitung

Dem Berufsstand der Wirtschaftsprüfer in Deutschland wird ein großes Vertrauen entgegengebracht.[1] In jüngster Zeit jedoch ist der Berufsstand in Zusammenhang mit Unternehmensschieflagen und wegen mutmaßlicher Fehlleistungen in die

1 Vgl. IdW (Entwurf) S. 493.

Schlagzeilen geraten.[2] Bezüglich der Qualität der Arbeit der Wirtschaftsprüfer wurden Zweifel geäußert.[3]

Vorliegender Beitrag nimmt dies zum Anlaß, zunächst eine Bestandsaufnahme hinsichtlich der derzeit existierenden Maßnahmen zur Sicherung der Qualität der Tätigkeit von Wirtschaftsprüfern in Deutschland vorzunehmen. Diese Maßnahmen sind in erster Linie gerichtet auf die prüfungsinstitutionsinterne Entwicklung, Implementierung und Anwendung von Qualitätsstandards sowie die interne Überwachung ihrer Einhaltung. Beispielsweise in den USA, Frankreich und Großbritannien werden ihrer Maßnahmen durch eine prüfungsinstitutionsexterne Qualitätsüberwachung ergänzt. Es wird deshalb des weiteren erörtert, welche Gründe für eine externe Qualitätsüberwachung in Deutschland sprechen würden, welche grundsätzlichen Probleme bei einer Einführung auftreten können und welche Bereiche einer Regelung unterzogen werden müßten.

B. Begriffliche Grundlagen

Qualität ist ein Ausdruck dafür, in welchem Maße eine Problemlösung, sei es ein materielles Gut oder eine Dienstleistung, bestimmte ex ante definierte Eigenschaften erfüllt. Für den Fall von Abschlußprüfungen wird vorgeschlagen, Qualität durch die Eigenschaften Zuverlässigkeit, Validität, Professionalität, Klarheit und Zugänglichkeit zu definieren.[4] Dabei kommt den Kriterien der Zuverlässigkeit und Validität besondere Bedeutung zu, da sie letztlich die Vertrauenswürdigkeit des durch die Prüfung gewonnenen Produkts – das Urteil – determinieren. Prüfungsqualität ist damit ein Ausdruck dafür, inwieweit eine Prüfung zu einem vertrauenswürdigen, unmißverständlichen Urteil über das Prüfungsobjekt führt.

Unter dem Begriff „Quality Control“ im weitesten Sinne lassen sich sämtliche Maßnahmen zusammenfassen, die dazu bestimmt sind, eine hohe Prüfungsqualität zu erreichen.[5] Quality Control erstreckt sich zum einen auf den Erlaß, die Implementierung und die Anwendung von Qualitätsstandards. Zum anderen beinhaltet sie die Überwachung der Einhaltung der Qualitätsstandards.[6] Je nachdem, wer Träger von Quality Control-Maßnahmen ist, kann zwischen internen und externen Maßnahmen der Qualitätssicherung einschließlich ihrer Überwachung unterschieden werden.[7]

Die Grundsätze und Maßnahmen der Quality Control gelten in der Regel unabhängig von der Art der Aufträge, der Struktur und der Größe einer Wirtschaftsprüfungsunternehmung.[8] Dies hat zur Folge, daß die Maßnahmen zunächst allge-

---

2 Vgl. z. B. Heemann; Spegel (Angebot) S. 130ff.; Henry und Korrespondenten (Leichen) S. 38ff.; Nölting; Wilhelm (Brot) S. 34ff.

3 Vgl. ebenda.

4 Vgl. Albach (Qualitätsmanagement) S. 5.

5 Zum Begriff vgl. auch Lück (Quality Control) S. 629; ders. (Wirtschaftsprüfung) S. 203.

6 Zur Differenzierung vgl. auch Lück; Brandt; Volkeri (Qualitätsverbesserung) S. 36.

7 Vgl. im einzelnen Ludewig (Qualitätssicherung) S. 1045ff.

8 Vgl. Lück (Quality Control) S. 630.

mein formuliert sein müssen und nur als Leitlinie dienen können. Die im Einzelfall zu ergreifenden Maßnahmen sind dann in Abhängigkeit von der konkreten Ausgestaltung der Kontextfaktoren, insbesondere der Größe der Wirtschaftsprüfungsunternehmung und der Art der Aufträge, eigenverantwortlich festzulegen.[9] Unter dem Begriff „Wirtschaftsprüfungsunternehmung" werden im folgenden Einzelpraxen, Sozietäten und Prüfungsgesellschaften subsumiert.

Es stellt sich die Frage, welche Prämissen erfüllt sein müssen, damit eine möglichst hohe Prüfungsqualität erreicht wird. Die Voraussetzungen sind letztlich aus der Zielsetzung einer Prüfung abzuleiten, ein vertrauenswürdiges Urteil über den Zustand des Prüfungsgegenstandes abzugeben. Diese Zielsetzung bildet die Grundlage für die Konzipierung von Maßnahmen der Quality Control. Originäre Voraussetzungen für die Abgabe eines vertrauenswürdigen Urteils sind persönliche und fachliche Qualifikation des Prüfers, Unabhängigkeit und Unbefangenheit der Wirtschaftsprüfungsunternehmung und ihrer Mitarbeiter sowie uneingeschränkter Zugang zu den notwendigen Informationen. Derivative Prämissen sind insbesondere eine sachgerechte Prüfungsplanung, angemessenes Vorgehen bei der Prüfung sowie Überwachung der Prüfungsabwicklung in allen Phasen.

C. Vorkehrungen des Gesetzgebers und der Berufsorganisationen zur Qualitätssicherung

Die gegenwärtig in Deutschland existierenden Qualitätsstandards sind zum Teil gesetzlich geregelt und teilweise in Richtlinien der Wirtschaftsprüferkammer (WPK) sowie in fachlichen Verlautbarungen des Instituts der Wirtschaftsprüfer in Deutschland e. V. (IdW) niedergelegt.

Als wesentlicher, gesetzlich geregelter Qualitätsstandard ist anzusehen, daß handelsrechtliche Abschlußprüfungen gem. § 319 Abs. 1 HGB grundsätzlich[10] Vorbehaltsaufgabe für Wirtschaftsprüfer und Wirtschaftsprüfungsgesellschaften sind. Zur Erlangung dieser Qualifikation ist öffentliche Bestellung bzw. Anerkennung notwendig (§ 1 Abs. 1 und Abs. 3 WPO). Die Bestellung zum Wirtschaftsprüfer setzt den Nachweis der persönlichen und fachlichen Eignung in einem Zulassungs- und Prüfungsverfahren voraus (§ 1 Abs. 1 Satz 2 WPO). Die Zulassung zur Prüfung erfordert u. a. den Nachweis einer einschlägigen Vorbildung und praktischen Ausbildung (§§ 8, 9 WPO). Die Prüfung gliedert sich in eine umfassende schriftliche und mündliche Prüfung (§ 12 Abs. 2 WPO). Die Anerkennung als Wirtschaftsprüfungsgesellschaft verlangt, daß die Gesellschaft verantwortlich von Wirtschaftsprüfern geführt wird (§ 1 Abs. 3 Satz 2 WPO). Damit ist die Grundlage für die Erfüllung einer wesentlichen, oben genannten Voraussetzung für die Sicherstellung der Prüfungsqualität, namentlich Qualifikation der Prüfer, gegeben.

9 Vgl. auch Dörner (Entwicklungstendenzen) S. 568; IdW/WPK (VO 1/1982) S. 4.

10 Ausnahme: Abschlußprüfer mittelgroßer GmbHs können vereidigte Buchprüfer und Buchprüfungsgesellschaften sein (§ 319 Abs. 1 Satz 2 HGB).

Ein weiterer wichtiger Qualitätsstandard sind die Ausschlußgründe für Wirtschaftsprüfer und Wirtschaftsprüfungsgesellschaften nach § 319 Abs. 2 bis Abs. 4 HGB. Der Gesetzgeber hat hier Tatbestände definiert, bei denen er die Besorgnis persönlicher, sachlicher oder materieller Abhängigkeit sieht. Als lex generalis schreibt die Wirtschaftsprüferordnung außerdem vor, daß der Wirtschaftsprüfer seinen Beruf unabhängig auszuüben hat (§ 43 Abs. 1 Satz 1 WPO) und im Falle der Besorgnis der Befangenheit bei der Durchführung eines Prüfungsauftrages seine Tätigkeit versagen muß (§ 49 WPO). Es bestehen also auch hinsichtlich der zweiten oben genannten Prämisse für die Gewährleistung der Prüfungsqualität eingehende gesetzliche Regelungen.

§ 320 HGB ermöglicht den Informationszugang als dritte wesentliche Voraussetzung.

Die §§ 43 ff. WPO stellen eine weitere Quelle gesetzlicher Qualitätsstandards dar. Hervorzuheben sind die Grundsätze der Gewissenhaftigkeit und Eigenverantwortlichkeit[11] in § 43 Abs. 1 Satz 1 WPO sowie die nunmehr explizit kodifizierte Verpflichtung zur Fortbildung in § 43 Abs. 2 Satz 4 WPO. Durch die Aufnahme der Fortbildungspflicht in das Gesetz im Rahmen der 3. Novelle der WPO wollte der Gesetzgeber die grundlegende Bedeutung der Fortbildung für die Qualitätssicherung der Arbeit der Wirtschaftsprüfer hervorheben. Der Gesetzgeber hat darüber hinaus der WPK die Aufgabe übertragen, die Berufsaufsicht auszuüben (§ 57 Abs. 1 und Abs. 2 Nr. 4 WPO) und die allgemeine Auffassung über Fragen der Ausübung des Berufs des Wirtschaftsprüfers in Richtlinien festzulegen (§ 57 Abs. 2 Nr. 5 WPO). Die WPK hat dem folgend Richtlinien für die Berufsausübung der Wirtschaftsprüfer und vereidigten Buchprüfer erlassen.[12] In Form von richtungsweisenden Feststellungen werden relativ präzise Hinweise für das berufliche Verhalten gegeben. Wenngleich nicht alle Fragen des beruflichen Verhaltens in den richtungsweisenden Feststellungen behandelt sind, so sollen sie doch den „Geist“ der Berufsauffassung widerspiegeln und als Leitlinie für die Ableitung konkreter Verhaltensweisen dienen.[13] Durch den neu in die Wirtschaftsprüferordnung eingeführten § 57 Abs. 3 und 4 WPO wurde die WPK des weiteren ermächtigt, eine Berufssatzung über die Rechte und Pflichten des Wirtschaftsprüfers bei der Berufsausübung zu erlassen. Die Bedeutung der Richtlinien dürfte nach Erlaß einer Satzung tendenziell abnehmen. Von besonderer Gewichtigkeit für die Qualitätssicherung ist § 57 Abs. 4 Nr. 5 WPO. Danach kann die WPK in der Berufssatzung in den Grenzen der Vorschriften der WPO besondere Berufspflichten zur Sicherung der Qualität der Berufsarbeit in den Aufgaben nach § 2 Abs. 1 WPO – also der Prüfungstätigkeit – regeln. Durch die Ermächtigung soll es der WPK möglich sein, in der Berufssatzung ein Qualitätssicherungssystem

11 Vgl. hierzu Peemöller (Eigenverantwortlichkeit) Sp. 405 ff.
12 Vgl. WPK (Richtlinien).
13 Vgl. WPK (Richtlinien) S. 6.

einzuführen, wobei die Regelungen nur statusausfüllenden und nicht statusbegründenden Charakter haben dürfen.[14]

Neben den gesetzlich geregelten Qualitätsstandards kommt den fachlichen Verlautbarungen des IdW besondere Bedeutung für die Qualitätssicherung zu. Hervorzuheben sind zum einen die gemeinsame Stellungnahme des IdW und der WPK VO 1/1982 zur Gewährleistung der Prüfungsqualität[15] sowie die Stellungnahme VO 1/1993 zur beruflichen Fortbildung der Wirtschaftsprüfer im IdW.[16] Die Stellungnahme VO 1/1982 befindet sich derzeit in Überarbeitung. Es liegt mittlerweile ein gemeinsamer Entwurf von IdW und WPK einer Verlautbarung zur Qualitätssicherung in der Wirtschaftsprüferpraxis vor.[17] Zahlreiche Hinweise auf qualitätssichernde Maßnahmen enthalten zum anderen die Fachgutachten 1-3/1988[18] zur Durchführung von Abschlußprüfungen, zur Berichterstattung bei Abschlußprüfungen und zur Erteilung von Bestätigungsvermerken bei Abschlußprüfungen.

Die fachlichen Verlautbarungen des IdW sind weder Gesetz noch haben sie einen quasi gesetzlichen Charakter, wie ihn z. B. die Regelungen einer Berufssatzung der WPK hätten. Für diejenigen Wirtschaftsprüfer und Wirtschaftsprüfungsgesellschaften, die Mitglied des IdW sind, entsteht jedoch eine Bindungswirkung aufgrund § 4 Abs. 8 der Satzung des IdW, wonach „die Mitglieder ... verpflichtet (sind), die vom IdW herausgegebenen Grundsätze zur Qualitätssicherung in der Wirtschaftsprüferpraxis zu beachten und anzuwenden sowie ihre Beachtung und Anwendung durch Mitarbeiter sicherzustellen und zu überwachen“.[19] Eine unbegründete Nichtbeachtung von fachlichen Verlautbarungen des IdW kann in Schadensersatzprozessen, Verfahren der Berufsaufsicht oder im Strafverfahren durch die Gerichte negativ gewertet werden. Dadurch könnte auch bei Nichtmitgliedern des IdW eine Beachtung der fachlichen Verlautbarungen de facto erreicht werden.

Schließlich sind die Verlautbarungen internationaler Berufsorganisationen zur Quality Control zu erwähnen, insbesondere die Stellungnahmen der International Federation of Accountants (IFAC) zur Gewährleistung der Prüfungsqualität.[20] Die Verlautbarungen des IFAC verpflichten nicht unmittelbar die deutschen Berufsangehörigen. Vielmehr haben die Mitgliedsorganisationen die herausgegebenen Verlautbarungen in nationale Grundsätze zu transformieren.[21] In dem Entwurf einer Verlautbarung zur Qualitätssicherung in der Wirtschaftsprüferpraxis von IdW und WPK wird darauf hingewiesen, daß die vorgesehene nationale Ver-

14 Vgl. Lichtner; Korfmacher (Gesetz) S. 215.
15 Vgl. IdW/WPK (VO 1/1982) S. 1 ff. und zu erläuternden Anmerkungen Marks (Gewährleistung) S. 25 ff.
16 Vgl. IdW (VO 1/1993) S. 19 f.
17 Vgl. IdW (Entwurf) S. 493 ff.
18 Vgl. IdW (FG 1–3/1988) S. 7 ff.
19 IdW (Satzung) S. 5.
20 Vgl. IFAC (Quality) S. 15 ff; dies. (Quality Control) S. 56 ff.
21 Vgl. IdW (FG 1/1988) S. 12 f.

lautbarung in vollem Umfang die Anforderungen der IFAC-Stellungnahme ISA 220 einschließt.[22]

D. Prüfungsinstitutionsinterne Maßnahmen zur Qualitätssicherung

Prüfungsinstitutionsinterne Maßnahmen zur Qualitätssicherung beinhalten sämtliche Aktivitäten einer Wirtschaftsprüfungsunternehmung, die vom Gesetzgeber und den Berufsorganisationen – also Externen – vorgegebenen Normen zur Qualitätssicherung umzusetzen. Diese erstrecken sich auf den Erlaß von internen qualitätssichernden Anweisungen, deren Anwendung und die interne Überwachung ihrer Einhaltung. Ausführliche Quelle hierfür ist die bereits erwähnte, derzeit noch gültige gemeinsame Stellungnahme VO 1/1982 des IdW und der WPK bzw. die sie nach Verabschiedung ersetzende, sich momentan im Entwurfstadium befindliche Verlautbarung zur Qualitätssicherung in der Wirtschaftsprüferpraxis. In ihr werden dem Berufsangehörigen umfangreiche Empfehlungen zur Gewährleistung der Prüfungsqualität gegeben. Die gemeinsame Stellungnahme bzw. der Entwurf der zukünftigen Verlautbarung enthalten Leitlinien mit Hinweisen auf konkrete Maßnahmen, die jedoch von der jeweiligen Wirtschaftsprüfungsunternehmung individuell ausgestaltet und realisiert werden müssen.[23] Die in der gemeinsamen Stellungnahme und in dem Entwurf definierten Qualitätsstandards lassen sich in auftragsunabhängige und auftragsbezogene Standards unterscheiden.[24] Auftragsunabhängige Qualitätsstandards sind auf die fachliche Organisation der Wirtschaftsprüfungsunternehmung gerichtet. Auftragsbezogene Normen bezwecken hingegen die Sicherstellung der Prüfungsqualität bei der Abwicklung einzelner Prüfauftrtäge. Um die Einhaltung dieser Qualitätsstandards sicherzustellen, sieht die Stellungnahme bzw. der Entwurf der zukünftigen Verlautbarung eine prüfungsinstitutionsinterne Überwachung in Form einer Nachschau vor.

Die nachfolgenden Ausführungen beziehen sich nicht auf die derzeit noch gültige VO 1/1982, sondern auf den Entwurf der Verlautbarung zur Qualitätssicherung.[25] Dies ist damit begründet, daß er sämtliche Regelungsbereiche der VO 1/1982 enthält, er die zwischenzeitlichen Entwicklungen bei den Grundsätzen ordnungsmäßiger Abschlußprüfung berücksichtigt und den Anwendungsbereich auf alle beruflichen Tätigkeitsbereiche der Berufsangehörigen ausdehnt. Außerdem sind die Maßnahmen der Quality Control im Vergleich zur bisherigen Stellungnahme ausführlicher und präziser gefaßt. Schließlich wird im Entwurf der Verlautbarung darauf hingewiesen, daß durch die Einhaltung der vorgesehenen

22 Vgl. IdW (Entwurf) S. 494. Die erwähnte Stellungnahme ISA 7 lautet nun ISA 220 und liegt in der endgültigen Fassung vom 01. 07. 1994 vor; vgl. hierzu IFAC (Quality Control) S. 56 ff.

23 Vgl. IdW (VO 1/1982) S. 4 und IdW (Entwurf) S. 494.

24 Vgl. auch Lück; Brandt; Volkeri (Qualitätsverbesserung) S. 43 ff.

25 Zu den nachfolgenden Ausführungen vgl. IdW (Entwurf) S. 493 ff. sowie Siepe (Quality Control) Sp. 1581 ff.

organisatorischen Aspekte der Qualitätssicherung die Anforderungen an ein Qualitätssicherungssystem gemäß DIN ISO 9004 Teil 2 erfüllt werden.[26]

I. Auftragsunabhängige Qualitätsstandards

Die Ausgestaltung und Realisierung auftragsunabhängiger Qualitätsstandards ist Aufgabe der Geschäftsleitung einer Wirtschaftsprüfungsunternehmung. Durch entsprechende Maßnahmen soll in der Wirtschaftsprüfungsunternehmung eine Organisation geschaffen werden, durch die sichergestellt ist, daß nur Aufträge in Übereinstimmung mit den gesetzlichen Bestimmungen, der Berufssatzung sowie den Berufsrichtlinien angenommen und diese durch fachkundige Mitarbeiter ordnungsgemäß abgewickelt werden. Im einzelnen besteht nach dem Entwurf der zukünftigen Verlautbarung Regelungsbedarf bezüglich folgender Themengebiete:

- Sicherstellung der Unabhängigkeit und Vermeidung der Besorgnis der Befangenheit
  Die Wirtschaftsprüfungsunternehmung hat sicherzustellen, daß ihre Feststellungen, Beurteilungen und Entscheidungen frei von Einflüssen, Bindungen und Rücksichtnahmen sind, die ihre Unabhängigkeit, Unparteilichkeit und Unbefangenheit beeinträchtigen können. Es sind die gesetzlichen Vorschriften zur Unabhängigkeit und zur Besorgnis der Befangenheit (§§ 43, 49 WPO, § 319 HGB) sowie die Berufssatzung und Berufsrichtlinien zu beachten. Von der Geschäftsführung sind insbesondere Anweisungen zur Gewährleistung der persönlichen, gesellschaftsrechtlichen, sachlichen und finanziellen Unabhängigkeit der Wirtschaftsprüfungsunternehmung, ihrer Inhaber und Mitarbeiter zu erlassen. Die Mitarbeiter sind über diese Regelungen zu informieren und auf deren Einhaltung zu verpflichten. Maßnahmen und Zuständigkeiten für die Überwachung der Einhaltung der Anweisungen sind zu schaffen. Die tatsächliche Überprüfung der Vorkehrungen zur Sicherstellung der Unabhängigkeit und Unbefangenheit ist zu veranlassen und zu überwachen.

- Gewährleistung einer ordnungsgemäßen Auftragsannahme und -fortführung
  Eine Wirtschaftsprüfungsunternehmung hat gewissenhaft zu prüfen, ob sie nach den gesetzlichen Vorschriften einschließlich der Berufspflichten und nach der Berufsauffassung einen Auftrag annehmen darf und ob sie über die notwendigen Kenntnisse und Erfahrungen verfügt, um den Auftrag sachgerecht, d. h. in personeller, sachlicher und zeitlicher Hinsicht ordnungsgemäß, durchführen zu können. Des weiteren müssen die Seriosität von Auftrag und Auftraggeber untersucht und die Risiken des Auftrages festgestellt werden. Schwerpunktmäßig müssen Regelungen erlassen werden hinsichtlich der Zuständigkeit für die Auftragsannahme, die Einholung von Informationen über den neuen Mandanten und die Kontaktaufnahme mit dem bisherigen Prüfer. Es empfiehlt sich, einen Katalog von Kriterien für die Auftragsannahme bzw. -ablehnung zu erar-

26 Vgl. IdW (Entwurf) S. 494 und DIN Deutsches Institut für Normung e. V. (Qualitätssicherung) S. 220 ff.

beiten. Gegenstand und Umfang des Auftrages sind detailliert schriftlich zu vereinbaren.

- Gewährleistung der Qualifikation und Information der Mitarbeiter
  Wie oben bereits erwähnt, sind eine gute Qualifikation der Mitarbeiter der Wirtschaftsprüfungsunternehmung und deren ausreichende Information eine wesentliche Voraussetzung für eine hohe Prüfungsqualität. Es sind daher Maßnahmen notwendig, die dies sicherstellen. Die Mitarbeiter müssen über die Berufsgrundsätze informiert sein sowie zur Einhaltung der Verschwiegenheit und Beachtung der Insider- und der Unabhängigkeitsregeln schriftlich verpflichtet werden. Regelungsbedarf besteht im wesentlichen bezüglich der Voraussetzungen und Zuständigkeiten für die Einstellung von Mitarbeitern und deren Einarbeitung, der Beurteilung der Mitarbeiter einschließlich der Festlegung von Kriterien für Beförderungen, der theoretischen und praktischen Ausbildung sowie der regelmäßigen Fortbildung auch nach Ablegen der Berufsexamen. Es sind eine hinreichend ausgestattete, allen Mitarbeitern zugängliche Fachbibliothek, sonstige Informationsmittel und geeignete interne und externe Schulungsmaßnahmen bereitzustellen. Für den Fall, daß schwierige Fragen auftreten, sollten Vorkehrungen getroffen sein, damit die Mitarbeiter fachlichen Rat, gegebenenfalls auch bei externen Spezialisten, einholen. Dazu müssen die fachlichen Zuständigkeiten geregelt werden, und es muß Vorsorge getroffen werden, daß Fachprobleme einheitlich in der Wirtschaftsprüfungsunternehmung entschieden werden.

- Sicherstellung der Koordinierung und Gesamtplanung aller Aufträge
  Eine Gesamtplanung aller Aufträge ist die unerläßliche Voraussetzung dafür, die übernommenen und erwarteten Aufträge unter Beachtung der beruflichen und fachlichen Grundsätze ordnungsgemäß und zeitgerecht abzuwickeln. Die Gesamtplanung hat in sachlicher, zeitlicher und personeller Hinsicht zu erfolgen. Sie basiert auf den Vorgaben durch die Einzelaufträge sowie auf den Ressourcen der Prüfungsunternehmung. Besonders wichtig sind detaillierte, laufend aktualisierte Einsatzpläne in qualitativer und quantitativer Hinsicht, die ausreichende Reserven für unvorhersehbare Ereignisse bereithalten.

- Fachliche und organisatorische Anweisungen und Hilfsmittel
  Zur Qualitätssicherung müssen u. a. schriftliche Anweisungen an die Mitarbeiter ergehen, damit bei der Auftragsabwicklung Gesetze, Rechtsprechung und Literatur beachtet werden. Es sind Normen für die Durchführung der Arbeiten, eine hinreichende Dokumentation und die ordnungsmäßige Ergebnismitteilung festzulegen. Die Regelungen können in Form von schriftlichen Hinweisen auf Darstellungen in der Literatur, durch Rundschreiben oder Richtlinien ergehen. Durch Anweisungen sind insbesondere die Arbeitsabläufe, die organisatorischen Hilfsmittel (wie z. B. Checklisten, Formblätter, Musterberichte, EDV-Programme), die interne Kommunikation, der Einsatz von Spezialisten und die

Zuständigkeit für die interne Nachschau zu bestimmen. Auf eine laufende Aktualisierung der Anweisungen sollte geachtet werden.

II. Auftragsbezogene Qualitätsstandards

Die auftragsbezogenen Regelungen sollen dafür sorgen, daß die Prüfungshandlungen zu einem umfassenden Erkenntnisstand führen und auftretende Probleme sachkundig und gewissenhaft gelöst werden. Die entsprechenden Vorgaben richten sich grundsätzlich an den für den jeweiligen Auftrag zuständigen Wirtschaftsprüfer sowie die ihm zugewiesenen Mitarbeiter. Die Maßnahmen erstrecken sich nach dem Entwurf der Verlautbarung auf die Prüfungsplanung, die Prüfungsanweisungen, die Überwachung der Prüfungsdurchführung und die Durchsicht der Prüfungsergebnisse.

- Prüfungsplanung
  Die Prüfungsplanung umfaßt sämtliche Maßnahmen in sachlicher, personeller und zeitlicher Hinsicht zur Vorbereitung und Durchführung einer Prüfung.[27] Durch sie sollen die Schwerpunkte der Prüfung mittels einer Risikobeurteilung richtig bestimmt und durch den Einsatz entsprechend qualifizierter Mitarbeiter Fehler vermieden werden. Die jeweils zu ergreifenden Maßnahmen hängen von den Umständen des Einzelfalls ab, so der Größe des Auftrags, der Frage, ob es sich um eine Erst- oder Folgeprüfung handelt, und dem Schwierigkeitsgrad des Auftrags. Es müssen eine Prüfungsstrategie entwickelt, der Prüfungsgegenstand in einzelne Prüffelder aufgeteilt, Prüfungsmethoden festgelegt und Prüfungsanweisungen vorgegeben werden. Des weiteren sind der zeitliche Umfang der Bearbeitung zu bestimmen und die Mitarbeiter nach Zahl, Qualifikation, Führungserfahrung, Unternehmenskenntnis und zeitlicher Verfügbarkeit dem Auftrag zuzuordnen.
- Prüfungsanweisungen
  Wesentliche Voraussetzung für eine hohe Prüfungsqualität sind angemessene Prüfungsanweisungen an die Mitarbeiter. Durch sie sollen gewährleistet werden, daß die Prüfungshandlungen sachgerecht ausgeführt und dokumentiert werden und die Berichterstattung ordnungsmäßig ist. Grundlage für die Prüfungsanweisungen ist eine Risikoanalyse des zu prüfenden Unternehmens. Aufgrund der Risikoanalyse sollen insbesondere die Prüfungsschwerpunkte und die Prüfungsstrategien festgelegt und ein detailliertes, schriftliches Prüfungsprogramm erstellt werden. Durch Prüfungsanweisungen sind z. B. Prüfungshandlungen im Rahmen der Prüfung von Geschäftsvorfällen und Beständen, die Einholung von Bestätigungen und die Verwendung von Prüfungsergebnissen Dritter zu regeln. Die Prüfungsanweisungen sollten den Mitarbeitern bereits vor Prüfungsbeginn vorliegen.
- Überwachung des Prüfungsablaufs
  Die bei einer Abschlußprüfung mitwirkenden Personen müssen angeleitet und

27 Vgl. IdW (FG 1/1988) S. 13.

überwacht werden. Dies erfordert, die Einhaltung des Prüfungsplans zu verfolgen, die Prüfungsergebnisse über das interne Kontrollsystem und die Plausibilitätsbeurteilungen zur Kenntnis zu nehmen und sich ständig über Fortgang und Intensität der Prüfungsarbeiten zu informieren. Eine unverzügliche Einschaltung bei für das Prüfungsurteil wesentlichen Fragen und Problemen ist sicherzustellen. Die Einhaltung der Prüfungsanweisungen muß überwacht werden und die Arbeitspapiere und Berichtsentwürfe sind durchzusehen. Es ist darauf zu achten, daß die Mitarbeiter den ihnen übertragenen Aufgaben gewachsen sind und ihre Unabhängigkeit nicht gefährdet ist. Schließlich obliegt dem leitenden Wirtschaftsprüfer die Verpflichtung zu entscheiden, inwieweit Prüfungsergebnisse Dritter übernommen oder verwertet werden können.

- Durchsicht der Prüfungsergebnisse
  Nach Abschluß einzelner Prüfungsgebiete und der gesamten Prüfung sollte eine formelle und materielle Durchsicht vor allem der Arbeitspapiere und des Prüfungsberichts durch eine qualifizierte, von der Prüfungsdurchführung unabhängige Person geschehen, um festzustellen, ob die Prüfung ordnungsgemäß durchgeführt wurde. Die Prüfungsdurchsicht soll sich auf die Beurteilung der Angemessenheit der Prüfungshandlungen, insbesondere ihre Übereinstimmung mit den Prüfungsanweisungen, und auf Fragen von besonderer Bedeutung für den Bestätigungsvermerk erstrecken. Es sind vornehmlich die Planungsunterlagen, die wesentlichen Arbeitspapiere zu kritischen Prüffeldern, die nicht korrigierten Fehler, der Entwurf des Prüfungsberichts, der Jahresabschluß und der Lagebericht sowie die Vollständigkeitserklärung durchzusehen.

III. Nachschau

Im Wege einer sogenannten Nachschau soll die Einhaltung der auftragsunabhängigen und auftragsbezogenen Qualitätsstandards einer Wirtschaftsprüfungsunternehmung überwacht werden. Diese Maßnahme der Quality Control kommt zunächst der Geschäftsleitung zu. Eine Übertragung auf qualifizierte Mitarbeiter ist zulässig. Besonders in großen Wirtschaftsprüfungunternehmungen mit mehreren Niederlassungen wird diese Überwachungsmaßnahme delegiert. Zum einen bietet sich die Übertragung auf eine eigene Stabsinstanz, vergleichbar einer Internen Revision, an. Um ihre Aufgabe sachgerecht erfüllen zu können, muß diese Institution vor allem über Unabhängigkeit, uneingeschränkten Informationszugang, fachliche Kompetenz der Mitarbeiter sowie Autorität und Rückhalt verfügen.[28] Zur Sicherung dieser Voraussetzungen empfiehlt sich eine unmittelbare Unterstellung unter die Geschäftsleitung, möglicherweise zusätzlich auch unter den Aufsichtsrat oder einen Beirat. Ebenso könnte eine organisatorische und rechtliche Verselbständigung in Form einer eigenen evtl. international operierenden Quality Control-Gesellschaft gedacht werden. Eine andere Möglichkeit der Delegation

28 Zu den Voraussetzungen einer erfolgreichen Internen Revision vgl. Heigl (Controlling) S. 204ff.

besteht in der Durchführung sogenannter Interoffice Inspections.[29] Hier wird die Einhaltung der Qualitätsstandards durch die Mitarbeiter einer Niederlassung von den Mitarbeitern einer anderen Niederlassung geprüft. Bei Wirtschaftsprüfungsunternehmungen, die internationalen Verbindungen angehören, sind länderübergreifende verbundinterne Qualitätsüberwachungen üblich.[30]

Die im Rahmen einer Nachschau vorzunehmenden Handlungen sollten in einer Richtlinie niedergelegt und den jeweils beauftragten Mitarbeitern der Wirtschaftsprüfungsunternehmung zur Verfügung gestellt werden. Es ist darauf zu achten, daß der Geschäftsführung über die Ergebnisse der Nachschau schriftlich berichtet wird. Unabhängig davon, in welcher Form die Nachschau in einer Wirtschaftsprüfungsunternehmung praktiziert wird, sollte jährlich in einem schriftlichen Plan festgelegt werden, welche Teilaspekte des Qualitätssicherungssystems, welche Niederlassungen und welche Aufträge einer Nachschau unterworfen werden. Außerdem sind die Anzahl der einzusetzenden Mitarbeiter sowie der Umfang und die Häufigkeit der Überwachungsmaßnahmen festzulegen. Bei der Auswahl der einer Nachschau zu unterziehenden Prüfungsaufträge ist darauf zu achten, daß sämtliche in der Wirtschaftsprüfungsunternehmung tätigen Wirtschaftsprüfer einbezogen werden. Es sollten Art und Risiko des Auftrages, Branche und Größe des Mandanten sowie die Frage, ob es sich um eine Erst- oder Folgeprüfung handelt, als Entscheidungskriterien für die Auswahl der Aufträge herangezogen werden. Als Turnus der Nachschau ist bei den auftragsunabhängigen Qualitätsstandards ein Zeitraum von höchstens drei Jahren vorgesehen. Zur Nachschau auftragsbezogener Qualitätsstandards sollten Prüfungsaufträge im Rahmen einer mehrjährigen Planung alle drei Jahre ausgewählt werden. Etwaige aus der Nachschau resultierende Anregungen für Verbesserungen sind bei den zukünftigen Maßnahmen der Qualitätssicherung zu berücksichtigen.

E. Prüfungsinstitutionsexterne Maßnahmen zur Qualitätssicherung

Unter C. und D. wurde das Spektrum der derzeit vom Gesetzgeber und von den Berufsorganisationen vorgesehenen Maßnahmen zur Qualitätssicherung skizziert. Ein expliziter Hinweis auf eine externe Qualitätsüberwachung, d. h. eine Überwachung der Qualitätsstandards einer Wirtschaftsprüfungsunternehmung und deren Anwendung durch externe Prüfer, ist in Deutschland nicht zu erkennen. Auch sieht der Entwurf einer gemeinsamen Verlautbarung von IdW und WPK zur Qualitätssicherung in der Wirtschaftsprüferpraxis eine solche nicht vor. Die verfassungsrechtlichen Voraussetzungen für den Erlaß von Vorschriften für eine externe Qualitätsüberwachung durch die Wirtschaftsprüferkammer dürften jedoch aufgrund des neu in die WPO eingefügten § 57 Abs. 4 Nr. 5 geschaffen sein.[31]

29 Vgl. Heydkamp; Dyck (Qualitätsnormen) S. 229.
30 Vgl. Forster (Erwartungslücke) S. 793.
31 Vgl. Niehus (Abschlußprüfer) S. 128.

Offizielle Äußerungen zur Frage der Einführung einer externen Quality Control in Deutschland sind vom gegenwärtigen Präsidenten der Wirtschaftsprüferkammer – soweit ersichtlich – bisher nicht erfolgt. Sein Vorgänger äußerte, daß Erfahrungen anderer Länder mit externer Qualitätsüberwachung eventuell aufgegriffen und die Diskussion einer externen Qualitätsüberwachung in Deutschland wieder aufgenommen werden sollte.[32] Nach Äußerungen vom gegenwärtigen Präsidenten des IdW, dürfte das Institut der Wirtschaftsprüfer in Deutschland e. V. derzeit keine externe Qualitätsüberwachung in Erwägung ziehen.[33] Allerdings räumte er ein, „daß sich der deutsche Berufsstand .. (überlegen sollte), ob er sein hohes Qualitätsbewußtsein durch externe Quality-Review-Maßnahmen bestätigen läßt".[34]

Die nachfolgenden Ausführungen setzen sich mit dem „Institut" einer externen Qualitätsüberwachung auseinander. Andere mögliche prüfungsinstitutionsexterne Maßnahmen zur Qualitätssicherung, wie z. B. Erlaß gesetzlicher Vorschriften zu einem obligatorischen Prüferwechsel oder Einführung von Fach-Wirtschaftsprüfern, werden in diesem Beitrag nicht erörtert.[35]

I. Gründe für eine externe Qualitätsüberwachung

Einleitend wurde festgestellt, daß Zweifel an der Qualität der Arbeit der Wirtschaftsprüfer in Deutschland laut werden. Empirisch fundierte Untersuchungen, insbesondere bei den Adressaten und Interessenten der Rechnungslegung und der Bestätigungsvermerke, hinsichtlich dieser Zweifel und bezüglich des Ausmaßes des Vertrauens, das dem deutschen Berufsstand entgegengebracht wird, liegen aus der jüngsten Zeit nicht vor. Ob ein Vertrauensschwund hinsichtlich der Prüfungstätigkeit deutscher Wirtschaftsprüfer in toto besteht, dürfte zu bezweifeln sein.[36] Dies sollte allerdings nicht zu dem Schluß führen, eine externe Qualitätsüberwachung in Deutschland so lange abzulehnen, bis nachweislich das Vertrauen in die Arbeit deutscher Wirtschaftsprüfer in deren Gesamtheit signifikant zurückgegangen ist. Vielmehr lassen sich eine Reihe von Gründen[37] anführen, eine externe Qualitätsüberwachung in Deutschland einzuführen:

Die Einführung einer externen Quality Control könnte als eine das Vertrauen der Öffentlichkeit in die Arbeit der Wirtschaftsprüfer zusätzlich stärkende Maßnahme gesehen werden. Die Stärkung des Vertrauens dürfte auf dem Glauben gegründet sein, daß Tatbestände vertrauenswürdiger sind, wenn sie durch Personen geprüft werden, die an ihrer Entstehung nicht beteiligt waren, als wenn eine solche

32 Vgl. Fliess (Prüfung) S. 61.

33 Vgl. Dörner (Arbeit) S. 703.

34 Dörner (Entwicklungstendenzen) S. 571.

35 Vgl. hierzu Theisen (Notwendigkeit) S. 818 ff.

36 Niehus (Abschlußprüfer) S. 126 stellt fest, „daß ein Gefühl der Verunsicherung den deutschen Berufsstand in seiner Gesamtheit bisher nicht ergriffen hat".

37 Vgl. auch insbesondere Niehus (Qualitätskontrolle) S..256 ff.; Dörner (Entwicklungstendenzen) S. 570; Dyck (Stärkung) S. 47 f.; Heydkamp; Dyck (Qualitätsnormen) S. 232 f.; Opitz (Berufsaufsicht) S. 574.

Überprüfung unterbleibt. Ursächlich hierfür mag die Annahme und Erwartung sein, daß von dem Wissen, möglicherweise geprüft zu werden, eine fehlerprophylaktische Wirkung aufgrund normgerechteren Verhaltens ausgeht.[38] Eine Stärkung des Qualitätsbewußtseins der Wirtschaftsprüfer wird für möglich erachtet.[39] Bei einer entsprechenden Ausgestaltung des externen Überwachungssystems und eingehender Information der Öffentlichkeit, könnten die beschriebenen Wirkungen eintreten. Jedenfalls würde sich aufgrund externer Qualitätsüberwachungen leichter nachweisen lassen, daß die vorgesehene Sorgfalt angewendet wurde.[40]

Eine externe Qualitätsüberwachung könnte des weiteren den geprüften Wirtschaftsprüfungsunternehmen Anregungen für Verbesserungen aufgrund der Sachkompetenz und Erfahrung der externen Prüfer bringen. Auf der IdW-Fachtagung 1992 sahen Berufsangehörige für kleinere und mittlere Wirtschaftsprüfungsunternehmen bei einer externen Qualitätsüberwachung die Möglichkeit eines Erfahrungsaustausches über Praxisorganisation und Auftragsabwicklung als Vorteil an.[41] Dieser Zweck könnte sich allerdings auch durch andere Maßnahmen als durch eine externe Qualitätsüberwachung erreichen lassen. Zu denken wäre beispielsweise an eine beim IdW oder der WPK institutionalisierte „Beratungsinstanz“, die die Berufsangehörigen in Fragen der Qualitätssicherung unterstützt.

Durch eine externe Qualitätsüberwachung dürfte sich auch die Unabhängigkeit gegenüber den Auftraggebern verbessern.

Deutsche Wirtschaftsprüfungsunternehmen sind schließlich zunehmend der Konkurrenz ausländischer Berufskollegen ausgesetzt. Sofern bei diesen externe Qualitätsüberwachungen durchgeführt werden, könnten sie diese Maßnahme als zusätzliches „Gütesiegel“ für ihre Arbeit werbend einsetzen. Die Durchführung externer Qualitätsüberwachungen in Deutschland würde dieses Argument entkräften.

II. Grundsätzliche Probleme bei der Einführung einer externen

In der Literatur werden eine Reihe von grundsätzlichen Problemen bei der Einführung einer externen Qualitätsüberwachung gesehen.[42] Insbesondere werden gegen die Einführung einer externen Quality Control Konkurrenzgesichtspunkte, bürokratische Hemmnisse sowie Kostenaspekte und weiter die Gefährdung der Verschwiegenheitspflicht vorgebracht.

Die Bedeutung des Konkurrenzarguments, d. h. die Angst, unerwünscht Infor-

38 Vgl. auch Niehus (Qualitätskontrolle) S. 256; Opitz (Berufsaufsicht) S. 574.

39 Vgl. Siepe (Entwicklungen) S. 132.

40 Vgl. ebenda.

41 Vgl. IdW (Maßnahmen) S. 9. Voraussetzung ist jedoch, daß die externen Prüfer über ein vergleichbares Tätigkeits- und Erfahrungsspektrum verfügen.

42 Vgl. u. a. Bertschinger (Peer Review) S. 58f.; Dober (Qualitätskontrolle) S. 91; Dörner (Entwicklungstendenzen) S. 570; Dyck (Stärkung) S. 48; Lück; Brandt; Volkeri (Qualitätsverbesserung) S. 51f.; Niehus (Prüfung 1980) S. 158f.; ders. (Qualitätskontrolle) S. 287ff.; Nücke (Entwicklung) S. 32.

mationen über das eigene Qualitätssicherungssystem, das eigene Know-How und die Mandanten preisgeben zu müssen, hängt entscheidend davon ab, von wem die externe Qualitätsüberwachung durchgeführt werden würde. Bedenken im Falle der Realisierung in Form einer sogenannten Firm-on-Firm-Review, bei der eine Wirtschaftsprüfungsunternehmung durch eine andere Wirtschaftsprüfungsunternehmung geprüft wird, sind grundsätzlich und vor allem dann nachvollziehbar, wenn die zu überprüfende Gesellschaft keinen oder nur begrenzten Einfluß auf die Auswahl des Prüfers hätte. Erfolgt hingegen die externe Qualitätsüberwachung durch die WPK oder das IdW, die sich eigener, fest angestellter Prüfer bedienen, bei denen eine sonstige berufliche Tätigkeit ausgeschlossen ist, dürfte ein hohes Maß an Konkurrenzschutz erreicht sein.

Die externe Qualitätsüberwachung wäre mit Kosten unterschiedlicher Art verbunden. Dies sind das Honorar und die Spesen der externen Prüfer sowie der Zeitaufwand der Mitarbeiter der geprüften Wirtschaftsprüfungsunternehmung, die externe Überwachung intern vorzubereiten und zu begleiten. Dem steht allerdings gegenüber, daß etwaige Verbesserungsvorschläge im Falle ihrer Realisierung kosteneinsparend wirken können. Möglicherweise hat die Einführung einer externen Qualitätsüberwachung eine Reduzierung von Haftpflichtfällen und damit eine Senkung der Versicherungsprämien zur Folge.[43] Dies würde ebenfalls einen Teil der Kosten kompensieren.

Was die Kosten für den externen Prüfer anbelangt, ist zu überlegen, diese ganz oder zum Teil durch eine Umlage auf alle Berufsangehörigen zu verteilen. Denkbarerweise kann auch ein Teil der Kosten auf die Kunden der Wirtschaftsprüfungsunternehmen abgewälzt werden.

Abschlußprüfer sind gem. § 323 Abs. 1 Satz 1 HGB sowie § 43 Abs. 1 Satz 1 WPO zur Verschwiegenheit verpflichtet. Jedenfalls dann, wenn sich die externe Qualitätsüberwachung auf die Einhaltung auftragsbezogener Qualitätsstandards erstrecken soll, bedarf dies einer Einsicht in Unterlagen, die Informationen über die Kunden der jeweiligen Wirtschaftsprüfungsunternehmung enthalten. Um Verstöße gegen die Verschwiegenheitspflicht der zu prüfenden Wirtschaftsprüfungsunternehmung zu vermeiden, bieten sich folgende drei Möglichkeiten an:

- Die einschlägigen gesetzlichen Bestimmungen könnten dahingehend geändert werden, daß im Falle externer Qualitätsüberwachungen die Offenlegung mandantenbezogener Daten gegenüber dem externen Prüfer zulässig ist.
- Die allgemeinen Auftragsbedingungen für Wirtschaftsprüfer und Wirtschaftsprüfungsgesellschaften ließen sich in der Weise modifizieren, daß der jeweilige Abschlußprüfer von seiner Verschwiegenheit gegenüber einer externen Überwachungsinstanz und deren Mitarbeiter befreit wird.[44]
- Schließlich käme eine Befreiung von der Verschwiegenheitspflicht gegenüber den externen Prüfern durch die jeweilige Unternehmung in Betracht, bei der die

43 Vgl. Niehus (Qualitätskontrolle) S. 261.

44 Vgl. Lück; Brandt; Volkeri (Qualitätsverbesserung) S. 51f.

Prüfungsabwicklung untersucht werden soll.[45] Die Befreiung müßte jedoch kurzfristig erfolgen, damit die externe Qualitätsüberwachung wirkungsvoll ist.

Bei jeder der drei Alternativen wäre allerdings sicherzustellen, daß die Mitarbeiter der externen Überwachungsinstanz zur Verschwiegenheit verpflichtet sind.

III. Internationaler Regelungsstand

Um Hinweise für die Ausgestaltung einer externen Quality Control in Deutschland zu erlangen, ist es sinnvoll, sich die externen Überwachungssysteme anderer Länder und deren Erfahrungen anzusehen. Zur Beantwortung der Frage, inwieweit diese Systeme übernommen werden können, bedarf es jedoch einer eingehenden Analyse der Umstände ihrer Einführung, der ausländischen gesetzlichen Regelungen zur Abschlußprüfung, der Organisation des jeweiligen Berufsstandes, der Ausbildung der Abschlußprüfer und von anderem mehr. Erst ein Vergleich mit den deutschen Verhältnissen kann dann zu einer Umsetzung führen. Die folgenden Ausführungen beschränken sich auf die Darstellung der Verhältnisse in den USA, Frankreich und Großbritannien.[46]

1. USA

Aufgrund zum Teil aufsehenerregender Schadensersatzprozesse sahen sich die amerikanischen Abschlußprüfer zu Beginn der 70er Jahre massiven öffentlichen Angriffen ausgesetzt. Als Reaktion hierauf wurden vom amerikanischen Berufsstand umfassende qualitätssichernde Maßnahmen ins Leben gerufen. Dazu gehörte eine zunächst noch freiwillige externe Qualitätsüberwachung in Form einer sogenannten Peer Review, d.h. einer Prüfung von Prüfern durch Prüfer.[47] Mittlerweile müssen sich sämtliche Wirtschaftsprüfungsunternehmen, die Mitglieder im American Institute of Certified Public Accountants (AICPA) sind, in Abhängigkeit davon, ob sie börsennotierte Gesellschaften prüfen oder nicht, einer Peer Review oder einer Quality Review unterwerfen. Die Anforderungen an eine Peer Review sind höher als die an eine Quality Review, insbesondere werden die Ergebnisse der Öffentlichkeit bekanntgegeben. Die folgenden Ausführungen beziehen sich auf die Peer Review.

Eine Peer Review ist einmal alle drei Jahre durchzuführen und hat grundsätzlich einen Zeitraum von einem Jahr zum Gegenstand. Hinsichtlich der Auswahl der Prüfer bestehen drei Möglichkeiten:

---

45 Vgl. Forster (Bemerkungen) S. 649.

46 Gründe für die Auswahl dieser Länder sind die Bedeutung als Wirtschaftspartner und Konkurrent Deutschlands, die lange Tradition des Prüfungsberufs sowie bei den USA die Dauer der Praktizierung externer Qualitätsüberwachungen.

47 Vgl. hierzu Holzer; Lück (Quality Control) S. 545; Lück (Wirtschaftsprüfung) S. 205 ff.; ders. (Peer Review) S. 559 f.; Niehus (Prüfung 1980) S. 149 ff.; ders. (Prüfung 1982) S. 605 ff.; ders. (Prüfung 1985) S. 296 ff.; ders. (Peer Review) Sp. 1339 ff. sowie Nücke (Entwicklung) S. 30 ff.

- Firm-on-Firm-Review: Prüfer ist eine andere Wirtschaftsprüfungsunternehmung, die von der zu prüfenden Gesellschaft selbst ausgewählt wird; wechselseitige Prüfungen sind unzulässig;
- Committee Appointed Review: Die zu prüfende Gesellschaft wendet sich an das Peer Review Committee der AICPA, das seinerseits Prüfer beauftragt;
- Association Review: Die Prüfung erfolgt auf Veranlassung der zu prüfenden Gesellschaft durch beauftragte Prüfer einer Vereinigung von Prüfungsgesellschaften.

Die Peer Review hat die Prüfung der von der AICPA erlassenen Qualitätsstandards zum Gegenstand. Sie bezieht sich auf die Organisation der Wirtschaftsprüfungsunternehmung und die Durchführung einzelner Prüfungsaufträge einschließlich der Dokumentation der Prüfungshandlungen und der Berichterstattung. Prüfer kann nur sein, wer bestimmte Voraussetzungen erfüllt. Die Peer Reviews werden vom Peer Review Committee der AICPA überwacht. Nach Abschluß der Prüfung ist innerhalb von 30 Tagen ein Prüfungsbericht zu erstellen. Je nachdem, inwieweit Beanstandungen zu erheben sind, wird ein uneingeschränkter oder eingeschränkter Bestätigungsvermerk erteilt oder dessen Erteilung versagt. Darüber hinaus ist ein Letter of Comments zu fertigen, der Verbesserungsvorschläge enthält. Der Prüfungsbericht und der Letter of Comments werden zunächst an die geprüfte Wirtschaftsprüfungsunternehmung gesandt, mit der Aufforderung, Stellung zu nehmen. Anschließend werden die Unterlagen einschließlich der Stellungnahme an das Peer Review Committee der AICPA weitergeleitet. Der Prüfungsbericht, der Bestätigungsvermerk, der Letter of Comments und die Stellungnahme der geprüften Gesellschaft werden bei der AICPA zur öffentlichen Einsichtnahme ausgelegt und aufbewahrt. Das Peer Review Committee ist befugt, Maßnahmen zur Abstellung festgestellter Mängel einzuleiten.

2. Frankreich

In Frankreich besteht seit 1985 eine externe Qualitätsüberwachung.[48] In Abhängigkeit davon, ob eine französische Wirtschaftsprüfungsunternehmung regionale, nationale oder überregionale Prüfungen durchführt, werden drei Arten der externen Quality Control unterschieden. Bei Wirtschaftsprüfungsunternehmungen, die die Jahresabschlüsse von börsennotierten und am Zweitmarkt notierten Unternehmen prüfen, erfolgt eine externe Prüfung – auf diese richtet sich das Augenmerk im folgenden – durch sogenannte delegierte Berichterstatter, die Berufsangehörige sind. Die Prüfer werden für einen Zeitraum von drei Jahren bestellt und werden jährlich zu einem Drittel neu gewählt. Sie werden von hauptberuflich tätigen Mitarbeitern der Companie nationale des Commissares aux comptes (CNCC) unterstützt. Die Prüfung erfolgt auf Vorschlag der CNCC und nach Abstimmung mit der Börsenaufsichtsbehörde Commission des Opérations de

48 Vgl. zum folgenden Opitz (Berufsaufsicht) S. 570ff.; Zippel (Qualitätskontrolle) S. 109ff.

Bourse (COB) sowie vorheriger Ankündigung bei der zu prüfenden Wirtschaftsprüfungsunternehmung. Die vorgesehenen Prüfer können einmal grundlos abgelehnt werden, danach ist eine Ablehnung nur noch aus wichtigem Grunde möglich. Die Prüfung ist eine reine Aktenprüfung, die stark formalisiert ist. Gegenstand der Prüfung sind die durchgeführten Prüfungshandlungen und die Arbeitspapiere. Die Prüfung schließt mit einem Bericht ab. Dieser wird mit der geprüften Gesellschaft erörtert, wobei diese berechtigt ist, ihre abweichende Auffassung in dem endgültigen Bericht aufnehmen zu lassen. Der Bericht sowie die Stellungnahme der geprüften Gesellschaft werden der Börsenaufsichtsbehörde COB zugeleitet, die ihrerseits Prüfungshandlungen vornehmen kann. Bei Beanstandungen ist ein abgestufter Sanktionskatalog vorgesehen, der bis hin zur Einleitung von Disziplinarmaßnahmen reicht.

3. Großbritannien

In Großbritannien existiert seit Anfang der neunziger Jahre eine als „Monitoring" bezeichnete externe Qualitätsüberwachung, die von der Berufsorganisation The Chartered Association of Certified Accountants (ACCA) auf gesetzlicher Grundlage durchgeführt wird.[49] Jede Wirtschaftsprüfungsunternehmung, die Mitglied des ACCA ist, soll danach mindestens alle fünf Jahre einmal geprüft werden. Die ACCA hat über ihre Überwachungstätigkeit der für sie zuständigen Regierungsbehörde regelmäßig Bericht zu erstatten.

Die Qualitätsüberwachung wird von einer eigenen Qualitätsprüfungsabteilung der ACCA durchgeführt, die mit hauptamtlichen prüfungserfahrenen Mitarbeitern besetzt ist. Prüfungsschwerpunkte der externen Qualitätsüberwachung sind die Überprüfung der formellen Berechtigung des jeweiligen ACCA-Mitglieds weiter im Berufsregister erfaßt zu sein, die Untersuchung, ob der von der ACCA geforderten Berufsqualifikation entsprochen wird, und die Feststellung, ob auftragsunabhängige und auftragsbezogene Qualitätsanforderungen bei Prüfungen eingehalten werden. Neben einer Durchsicht bestimmter Unterlagen intern bei der ACCA werden aufgrund einer statistischen Stichprobenauswahl oder auf Veranlassung durch Dritte Prüfungen nach Voranmeldung vor Ort durchgeführt. Die Prüfung umfaßt ein ausführliches Gespräch mit der Geschäftsleitung der Wirtschaftsprüfungsunternehmung, eine Durchsicht der Prüfungsunterlagen von abgewickelten Prüfungsaufträgen sowie ein beratendes Abschlußgespräch. Über die Prüfung wird ein Bericht erstellt, der dem Geprüften – häufig verbunden mit der Aufforderung zu einer schriftlichen Stellungnahme – zugesandt wird. Das Prüfungsergebnis mündet je nach Einschätzung der Qualität der Prüfungstätigkeit in eine von drei möglichen Urteilsformen. In Abhängigkeit von der Schwere festgestellter Mängel und Verstöße sind unterschiedliche Maßnahmen vorgesehen, die bis zum Entzug der Mitgliedschaft reichen.

49 Zu den folgenden Ausführungen vgl. ACCA (Qualitätssicherungskonzept); o.V. (Qualitätssicherung) S. 111 f.

4. Erfahrungen mit der externen Qualitätsüberwachung

Die im Ausland gemachten Erfahrungen mit einer externen Qualitätsüberwachung werden positiv beurteilt.[50] Externe Qualitätsüberwachungen werden als ein Mittel gesehen, um Defizite im internen Qualitätssicherungssystem aufzudecken und die Qualität der Prüfung und der Berichterstattung zu verbessern.[51] Bei einer Bewertung dieser Aussagen ist allerdings zu beachten, daß der Erfahrungszeitraum – abgesehen von den USA – noch kurz ist. Auch ist damit nicht zwangsläufig festgestellt, daß vergleichbar positive Ergebnisse nicht ebenso durch andere Maßnahmen hätten erzielt werden können.

IV. Konzeption einer externen Qualitätsüberwachung in Deutschland

1. Überblick über die zu regelnden Fragenbereiche

Befürwortet man grundsätzlich die Einführung einer externen Quality Control in Deutschland, so lassen die vorstehenden Ausführungen erkennen, daß sich die Diskussion darüber vor allem auf folgende Fragen erstrecken müßte:

- Welches Ziel und welchen Charakter soll die externe Qualitätsüberwachung haben?
- Was sind Gegenstand und Umfang der externen Qualitätsüberwachung?
- Wer soll Träger der externen Qualitätsüberwachung sein?
- Durch welche Prüfer ist sie vorzunehmen?
- Welche Qualifikation müssen die Prüfer aufweisen?
- Soll die externe Qualitätsüberwachung freiwillig oder obligatorisch sein?
- Soll das gleiche Konzept für alle Wirtschaftsprüfungsunternehmungen in Deutschland gelten?
- Wie wird die Verschwiegenheitspflicht und der Konkurrenzschutz der Wirtschaftsprüfungsunternehmen sichergestellt?
- Wer trägt die Kosten der externen Prüfer?
- Wie häufig soll die Überwachung erfolgen?
- Nach welchem Modus sind die Zuprüfenden auszuwählen?
- Wie soll die externe Qualitätsüberwachung konkret abgewickelt werden?
- Wird ein Bericht erstellt, und ist ein Vermerk vorgesehen?
- Wird eine abweichende Auffassung der geprüften Gesellschaft in den Bericht aufgenommen?
- Welche Sanktionen sind bei erheblichen Mängeln vorzusehen?
- Sollen, und wenn ja in welcher Form, die Ergebnisse der Qualitätsüberwachung der Öffentlichkeit mitgeteilt werden?

Im folgenden werden zwei besonders wichtig erscheinende Fragenkreise näher betrachtet, nämlich die Frage nach dem Prüfungsgegenstand und der Prüfungsart sowie nach dem Träger der externen Qualitätsüberwachung.

---

50 Vgl. für Frankreich Opitz (Berufsaufsicht) S. 574; für die USA Huff; Kelley (Quality Review) S. 34f.

51 Vgl. ebenda.

2. Typisierung der durchzuführenden Prüfungen

Mögliche Prüfungen durch eine externe Überwachungsinstanz lassen sich nach dem Prüfungsgegenstand und der Prüfungsart beschreiben.

Zunächst müßte geklärt werden, auf welche Gebiete sich eine externe Qualitätsüberwachung zu erstrecken hat: Soll lediglich die prüferische Tätigkeit einer Wirtschaftsprüfungsunternehmung einer externen Quality Control unterzogen werden, oder soll sie sich auch auf die anderen Tätigkeitsgebiete von Wirtschaftsprüfern nach § 2 WPO erstrecken? Für eine Eingrenzung auf die Prüfungstätigkeit spräche, daß die steuerliche und betriebswirtschaftliche Beratung durch Angehörige anderer Berufsstände und Berufsgruppen derzeit ebenfalls keiner externen Qualitätsüberwachung unterliegt. Auch konzentriert sich die geübte Kritik nicht auf diese Tätigkeitsbereiche. Mit Blick auf den zusätzlichen Qualifikationsnachweis gegenüber den anderen Berufen aufgrund des Ablegens des Wirtschaftsprüferexamens scheint ein Einbezug auch nicht begründet. Eine völlige Außerachtlassung sämtlicher nichtprüferischer Tätigkeiten dürfte jedoch nicht in Betracht kommen. Denn ein fundiertes Urteil über die Qualität der Prüfungstätigkeit verlangt, der Frage nachzugehen, ob nicht möglicherweise aufgrund noch anderer Tätigkeiten der Wirtschaftsprüfungsunternehmung, z. B. die Unabhängigkeit und damit die Prüfungsqualität, gefährdet sind. Ein vertrauenswürdiges Urteil über die Normgerechtigkeit des Prüfungsgegenstandes setzt darüber hinaus steuerlichen und betriebswirtschaftlichen Sachverstand voraus. Zur Beantwortung dieser Fragen bedarf es aber keiner umfassenden externen Qualitätsüberwachung der steuerlichen und betriebswirtschaftlichen Beratungstätigkeit.

Nach der Klärung des Prüfungsgebiets der externen Qualitätsüberwachung an sich stellt sich die Frage, worauf sie sich im einzelnen zu erstrecken hätte. Verlangt man von einer externen Qualitätsüberwachung eine Aussage darüber, ob die Maßnahmen einer Wirtschaftsprüfungsunternehmung geeignet sind, eine hohe Prüfungsqualität zu gewährleisten, so müßte das gesamte Qualitätssicherungssystem erfaßt sein. Dies bedeutet, daß sowohl die auftragsunabhängigen und auftragsbezogenen Qualitätsstandards als auch die Anweisungen zur Nachschau und jeweils deren Umsetzung einer Prüfung unterzogen werden müßten.

Hinsichtlich der Prüfungsart ist, idealtypisch betrachtet, zwischen Ordnungsmäßigkeitsprüfungen und Zweckmäßigkeitsprüfungen zu differenzieren. Bei einer Ordnungsmäßigkeitsprüfung würde zunächst untersucht werden, ob in einer Wirtschaftsprüfungsunternehmung Qualitätsstandards gemäß den gesetzlichen Vorschriften, der Berufssatzung und den fachlichen Verlautbarungen der Berufsorganisationen überhaupt vorhanden sind. Eine Ordnungsmäßigkeitsprüfung hätte sodann der Frage nachzugehen, ob das tatsächliche Geschehen in der Wirtschaftsprüfungsunternehmung entsprechend den vorgesehenen Qualitätsstandards abläuft.

Mit Hilfe von Zweckmäßigkeitsprüfungen ließe sich feststellen, ob die konkret vorgesehenen Qualitätsstandards einer Wirtschaftsprüfungsunternehmung die gesetzlichen und berufsorganisatorischen Zielvorstellungen sowie die Ziele der

Wirtschaftsprüfungsunternehmung jeweils in bezug auf die Sicherstellung der Prüfungsqualität erfüllen. Dabei darf nicht verkannt werden, daß Prüfungshandlungen, die die Ordnungsmäßigkeit betreffen, fließend in solche übergehen, die sich mit der Frage der Zweckmäßigkeit auseinandersetzen. Soll durch eine externe Qualitätsüberwachung festgestellt werden, ob Qualitätsstandards überhaupt vorhanden sind, diese zweckgerecht erscheinen und tatsächlich angewendet werden, so müssen die Prüfungen sowohl auf die Ordnungsmäßigkeit wie auch auf die Zweckmäßigkeit gerichtet sein.

3. Träger der externen Qualitätsüberwachung

Die zweite wichtige Frage im Rahmen der Entwicklung eines Konzepts der externen Quality Control ist, wer Träger der Überwachungsmaßnahmen sein soll. Dabei ist in erster Linie zu klären, unter der Regie welcher Institution die externen Prüfungen durchgeführt werden sollen.

Bezüglich der Trägerschaft externer Qualitätsüberwachungen kommen folgende drei Einrichtunqen in Betracht:

- öffentliche Aufsichtsbehörde, z. B. installiert beim Wirtschaftsministerium
- Wirtschaftsprüferkammer
- Institut der Wirtschaftsprüfer in Deutschland e. V.

Realiter betrachtet dürfte die erste Alternative ausscheiden.[52] Eine öffentliche Aufsichtsbehörde widerspräche der Vorstellung des Gesetzgebers von der beruflichen Selbstverwaltung der Wirtschaftsprüfer. Mit der Wirtschaftsprüferkammer existiert eine Körperschaft des öffentlichen Rechts, der die Befugnis der Berufsaufsicht und das Recht zum Erlaß einer Berufssatzung übertragen wurde. Die WPK unterliegt darüber hinaus der staatlichen Aufsicht durch den Bundesminister für Wirtschaft. Der gesetzliche Auftrag an den Bundesminister für Wirtschaft beinhaltet auch die Überwachung der Einhaltung der Vorschriften der Berufsaufsicht. Damit sind gesetzliche Grundlagen geschaffen, die – vorausgesetzt, sie werden entsprechend ausgefüllt – eine öffentliche Aufsichtsbehörde unnötig machen. Durch eine Institutionalisierung bei der WPK könnte eine externe Qualitätsüberwachung sämtliche Berufsangehörigen erfassen. Die Realisierung der externen Qualitätsüberwachung durch die WPK würde eine gesetzlich fundierte Lösung darstellen.

Strebt der Berufsstand der Wirtschaftsprüfer eine externe Qualitätsüberwachung auf freiwilliger Basis an, so käme eine Institutionalisierung beim Institut der Wirtschaftsprüfer in Betracht. Für eine zumindest temporär befristete Freiwilligkeit spräche, daß zunächst Erfahrungen gesammelt werden und die Berufsangehörigen sich an die Überwachungsmaßnahme gewöhnen könnten. Gegen eine fakultative externe Qualitätsüberwachung werden zwei Gesichtspunkte vorgebracht.[53] Zum einen könnte eine von geprüften Berufsangehörigen gewünschte und tatsäch-

52 Vgl. hierzu auch Leffson (Wirtschaftsprüfung) S. 104ff.; Richter (Aktienamt) Sp. 11ff.
53 Vgl. Niehus (Gewährleistung) S. 875.

lich vorgenommene Kundmachung ihrer Überwachung einen Verstoß gegen das Werbeverbot darstellen. Zum anderen besteht die Gefahr der Spaltung des Berufsstandes.

Eine obligatorische Praktizierung durch das IdW wäre nur auf der Basis einer Änderung der Satzung des IdW möglich. Die externe Qualitätsüberwachung würde dann aufgrund einer freiwilligen Verpflichtung der Mitglieder durchgeführt werden, nicht aber gesetzlich verpflichtend sein. Da der Organisationsgrad der Berufsangehörigen im IdW „nur" rund 85 % beträgt, würde eine obligatorische Lösung unter der Trägerschaft des IdW einen Teil der Berufsangehörigen nicht erreichen. Außerdem könnten diejenigen Mitglieder, die sich einer externen Qualitätsüberwachung entziehen wollen, aus dem IdW austreten. Eine obligatorische externe Quality Control unter dem IdW wäre also ebenfalls problembehaftet.

Aufgrund der vorstehend angestellten Überlegungen dürfte in erster Linie die WPK als Träger einer externen Qualitätsüberwachung in Betracht kommen. Es ist allerdings zu überlegen, ob nicht wegen der großen berufspolitischen Bedeutung und der Erheblichkeit der bereitzustellenden Ressourcen die externe Qualitätsüberwachung gemeinsam durch die WPK und das IdW realisiert werden sollten. Eine denkbare Lösung wäre beispielsweise, daß die WPK die Leitung und Verwaltung übernimmt und das IdW die Qualitätsbeurteilungen im einzelnen durchführt.[54]

F. Schlußbetrachtung

In Deutschland bestehen umfassende gesetzliche Bestimmungen und Anweisungen der Berufsorganisationen zur Qualitätssicherung in der Wirtschaftsprüfung. Diese sind gerichtet auf interne Maßnahmen der Wirtschaftsprüfungsunternehmen. Eine externe Qualitätsüberwachung der Leistungserbringung von Wirtschaftsprüfungsunternehmen existiert in Deutschland gegenwärtig nicht. Im Hinblick auf die positiven ausländischen Erfahrungen mit externen Qualitätsüberwachungen, die mögliche Steigerung des Qualitätsbewußtseins der Wirtschaftsprüfungsunternehmungen und das Vertrauen, das die Öffentlichkeit der Arbeit von Wirtschaftsprüfern entgegenbringt, sollte der Berufsstand der Wirtschaftsprüfer in Deutschland sorgfältig prüfen, eine externe Qualitätsüberwachung einzuführen.

Literaturverzeichnis

ACCA (Qualitätssicherungskonzept): Qualitätssicherungskonzept der ACCA. Darstellungen der ACCA, versandt durch WPK, Düsseldorf 1994.

Albach, Horst (Qualitätsmanagement): Qualitätsmanagement in der Wirtschaftsprüfungsgesellschaft, in: Moxter, Adolf; Müller, Hans-Peter; Windmöller, Rolf; v.Wysocki, Klaus (Hrsg.), Rechnungslegung. Entwicklungen bei der Bilanzierung und Prüfung von Kapitalgesellschaften, Festschrift zum 65. Geburtstag von Karl-Heinz Forster, Düsseldorf 1992, S. 2–26.

54 Vgl. ähnlich Niehus (Qualitätskontrolle) S. 329.

Bertschinger, Peter (Peer Review): Peer Review als Mittel der Qualitätskontrolle in der Revision und für deren externe Überwachung, in: Der Schweizer Treuhänder 3/1980, S. 52–59.

DIN Deutsches Institut für Normung e. V. (Qualitätssicherung): Qualitätssicherung und angewandte Statistik. Verfahren 3: Qualitätssicherungssysteme. Normen, DIN-Taschenbuch 226, Berlin-Köln 1992.

Dober, Willy (Qualitätskontrolle): Qualitätskontrolle und Peer Review: Entwicklung und aktuelle Aspekte, in: Der Schweizer Treuhänder 3/1987, S. 89–92.

Dörner, Dietrich (Entwicklungstendenzen): Entwicklungstendenzen in der Qualitätssicherung von Abschlußprüfungen, in: WPg 1991, S. 566–571.

Dörner, Dietrich (Arbeit): Aus der fachlichen und beruflichen Arbeit des IdW, in: WPg 1993, S. 701–707.

Dyck, Klaus-Hermann (Stärkung): Stärkung der Quality Control durch externen Quality Review, in: WPK-Mitt. 1992, S. 45–48.

Fliess, Wolfgang (Prüfung): Prüfung und Beratung im Spannungsfeld öffentlicher Erwartungen und unternehmerischer Zielsetzungen, in: IdW (Hrsg.), Bericht über die Fachtagung 1991 des Instituts der Wirtschaftsprüfer in Deutschland e. V., Berlin, 16.–18. 10. 1991, Düsseldorf 1992, S. 53–66.

Forster, Karl-Heinz (Bemerkungen): Bemerkungen zu aktuellen berufspolitischen Fragen, in: WPg 1978, S. 645–652.

Forster, Karl-Heinz (Erwartungslücke): Zur „Erwartungslücke“ bei der Abschlußprüfung, in: WPg 1994, S. 789–795.

Heemann, K.; Spegel, H. (Angebot): Alles im Angebot, in: FOCUS 34/1994, S. 130–133.

Heigl, Anton (Controlling): Controlling – Interne Revision, 2. Aufl., Stuttgart-New York 1989.

Henry, Andreas und Korrepondenten (Leichen): Leichen im Keller, in: Wirtschafts Woche Nr. 19 vom 6. 5. 1994, S. 38–48.

Heydkamp, Werner F.; Dyck, Klaus (Qualitätsnormen): Qualitätsnormen international operierender Wirtschaftsprüfungsgesellschaften, in: Schitag Ernst & Young-Gruppe (Hrsg.), Aktuelle Fachbeiträge aus Wirtschaftsprüfung und Beratung. Festschrift zum 65. Geburtstag von Professor Dr. Hans Luik, Stuttgart 1991, S. 217–236.

Holzer, Peter H.; Lück, Wolfgang (Quality Control): Quality Control. Grundsätze zur Verbesserung der Prüfungsqualität, in: WPg 1975, S. 541–546.

Huff, Bruce N.; Kelley, Thomas P. (Quality Review): Quality Review and You, in: JoA, February 1989, S. 34–40.

IdW (FG 1/1988): Fachgutachten FG 1/1988. Grundsätze ordnungsmäßiger Durchführung von Abschlußprüfungen, in: IdW (Hrsg.), Die Fachgutachten und Stellungnahmen, Düsseldorf 1994, S. 7–28.

IdW (FG 2/1988): Fachgutachten FG 2/1988. Grundsätze ordnungsmäßiger Berichterstattung bei Abschlußprüfungen, in: IdW (Hrsg.), Die Fachgutachten und Stellungnahmen, Düsseldorf 1994, S. 29–44.

IdW (FG 3/1988): Fachgutachten FG 3/1988 Grundsätze für die Erteilung von Bestätigungsvermerken bei Abschlußprüfungen, in: IdW (Hrsg.), Die Fachgutachten und Stellungnahmen, Düsseldorf 1994, S. 45–62.

IdW (Hrsg.) (Maßnahmen): Thema Y der 34. Arbeitstagung des IdW November 1992. Maßnahmen zur Gewährleistung der Prüfungsqualität, Düsseldorf 1992, S. 1–10.

IdW (Hrsg.) (Satzung): Satzung des Instituts der Wirtschaftsprüfer in Deutschland e. V. in der Fassung der auf dem 21. Wirtschaftsprüfertag am 9. November 1993 in Frankfurt/M. beschlossenen Satzungsänderung, o.O., o.J.

IdW (VO 1/1993): VO 1/1993. Zur beruflichen Fortbildung der Wirtschaftsprüfer im IDW, in: IdW (Hrsg.), Die Fachgutachten und Stellungnahmen, Düsseldorf 1994, S. 19–20.

IdW (Entwurf): Entwurf einer Verlautbarung: Zur Qualitätssicherung in der Wirtschaftsprüferpraxis, in: FN 1994, S. 493–509.

IdW/WPK (VO 1/1982): VO 1/1982. Zur Gewährleistung der Prüfungsqualität, in: IdW (Hrsg.), Die Fachgutachten und Stellungnahmen, Düsseldorf 1994, S. 3–18.

IFAC (Quality): Assuring the Quality of Audit and Related Services. Statement of Policy of Council, in: IFAC (Hrsg.), Handbook 1993. Technical Pronouncements, New York 1993, S. 15–22.

IFAC (Quality Control): Quality Control for Audit Work, in: IFAC (Hrsg.), Handbook 1994, New York 1994, S. 56–73.

Leffson, Ulrich (Wirtschaftsprüfung): Wirtschaftsprüfung, 3. Aufl., Wiesbaden 1985.

Lichtner, Rolf; Korfmacher, Hans Wilhelm (Gesetz): Das Dritte Gesetz zur Änderung der Wirtschaftsprüferordnung. Berufsrecht der Wirtschaftsprüfer und der vereidigten Buchprüfer novelliert, in: WPK-Mitt. 1994, S. 207–219.

Ludewig, Rainer (Qualitätssicherung): Qualitätssicherung und Qualitätsprüfung der Arbeit des Wirtschaftsprüfers, in: ZfB 1981, S. 1045–1050.

Lück, Wolfgang (Quality Control): Quality Control, in: Lück, Wolfgang (Hrsg.), Lexikon der Rechnungslegung und Abschlußprüfung, 2. Aufl., Marburg 1989, S. 629–631.

Lück, Wolfgang (Peer Review): Peer Review, in: Lück, Wolfgang (Hrsg.), Lexikon der Rechnungslegung und Abschlußprüfung, 2. Aufl., Marburg 1989, S. 559–560.

Lück, Wolfgang (Wirtschaftsprüfung): Wirtschaftsprüfung und Treuhandwesen. Institutionelle und funktionale Aspekte der Betriebswirtschaftlichen Prüfungslehre, 2. Aufl., Stuttgart 1991.

Lück, Wolfgang; Brandt, Erhard; Volkeri, Friedrich (Qualitätsverbesserung): Qualitätsverbesserung von Abschlußprüfungen. Anmerkungen zur Quality Control, in: BFuP 1980, S. 34–53.

Marks, Peter (Gewährleistung): Die Gewährleistung der Prüfungsqualität, in: WPg 1982, S. 25–29.

Niehus, Rudolf J. (Prüfung 1980): Prüfung der Prüfer durch die Prüfer „Peer Review“ in den USA, in: WPg 1980, S. 149–160.

Niehus, Rudolf J. (Prüfung 1982): Prüfung der Prüfer durch die Prüfer „Peer Review“, in: WPg 1982, S. 605–610.

Niehus, Rudolf J. (Prüfung 1985): Prüfung der Prüfer durch den Prüfer – Peer Review in USA als Fortsetzungsveranstaltung, in: WPg 1985, S. 296–299.

Niehus, Rudolf J. (Peer Review): Peer Review, in: Coenenberg, Adolf G.; v. Wysocki, Klaus (Hrsg.), Handwörterbuch der Revision, 2. Aufl., Stuttgart 1992, Sp. 1339–1351.

Niehus, Rudolf J. (Qualitätskontrolle): Die Qualitätskontrolle der Abschlußprüfung, Düsseldorf 1993.

Niehus, Rudolf J. (Gewährleistung): Gewährleistung der Qualität der Jahresabschlußprüfung durch externe Kontrolle?, in: Bierich, Marcus u.a. (Hrsg.), Festschrift für Johannes Semler zum 70. Geburtstag am 28. April 1993, Berlin 1993, S. 863–878.

Niehus, Rudolf J. (Abschlußprüfer): Der Abschlußprüfer und die Qualitätskontrolle – Ein Anliegen des deutschen Berufsstandes (I), in: WPK-Mitt. 1994, S. 125–133.

Nölting, Andreas; Wilhelm, Winfried (Brot): Wes Brot ich ess'..., in: manager magazin 6/1994, S. 34–46.

Nücke, Heinrich (Entwicklung): Entwicklung des Peer Review in den USA, in: WPg 1982, S. 30–33.
Opitz, Marcus (Berufsaufsicht): Berufsaufsicht der Wirtschaftsprüfer – nach französischem Vorbild?, in: WPg 1992, S. 570–574.
o. V. (Qualitätssicherung): Qualitätssicherung in Großbritannien – Informationsbesuch von Mitgliedern des Vorstandes, in: WPK-Mitt. 1994, S. 111–112.
Peemöller, Volker H. (Eigenverantwortlichkeit): Eigenverantwortlichkeit, in: Coenenberg, Adolf G.; v. Wysocki, Klaus (Hrsg.), Handwörterbuch der Revision, 2. Aufl., Stuttgart 1992, Sp. 405–412.
Richter, Martin (Aktienamt): Aktienamt, in: Coenenberg, Adolf G.; v. Wysocki, Klaus (Hrsg.), Handwörterbuch der Revision, Stuttgart 1983, Sp. 11–17.
Siepe, Günther (Quality Control): Quality Control, in: Coenenberg, Adolf G.; v. Wysocki, Klaus (Hrsg.), Handwörterbuch der Revision, 2. Aufl., Stuttgart 1992, Sp. 1579–1586.
Siepe, Günter (Entwicklungen): Entwicklungen im Umfeld des Wirtschaftsprüfers, in: Baetge, Jörg (Hrsg.), Rechnungslegung und Prüfung, Perspektiven für die neunziger Jahre, Düsseldorf 1993, S. 111–137.
Theisen, Manuel René (Notwendigkeit): Notwendigkeit, Chancen und Grenzen der Zusammenarbeit von Wirtschaftsprüfer und Aufsichtsrat, in: WPg 1994, S. 809–820.
WPK (Richtlinien): Richtlinien für die Berufsausübung der Wirtschaftsprüfer und vereidigten Buchprüfer, Berufsrichtlinien, festgestellt von der Wirtschaftsprüferkammer – Körperschaft des öffentlichen Rechts – (Stand: 12. März 1987), Düsseldorf 1987.
Zippel, Klaus (Qualitätskontrolle): Qualitätskontrolle der beruflichen Tätigkeit in Frankreich, in: WPK-Mitt. 1992, S. 109–112.

Umwelt-Audit und Wirtschaftsprüfung – Perspektiven unter Berücksichtigung des Standorts Deutschland –

Dipl.-Kfm. Gerhard Sußbauer, WP,
Mitglied des Vorstands der SCHITAG Ernst & Young
Deutsche Allgemeine Treuhand AG, Nürnberg und Dipl.-Kfm. M. A. (WSU)
Bernd Keller, Friedrich-Alexander Universität Erlangen-Nürnberg

A. Einführung

Die anhaltende Diskussion um den Wirtschaftsstandort Deutschland bezieht neben anderen Aspekten immer auch den Faktor Umweltschutz in die Analyse mit ein.[1] Dabei wird argumentiert, daß steigende Umweltschutzkosten und Umweltnormen die Standortqualität beeinträchtigen und zu einer sinkenden internationalen Wettbewerbsfähigkeit führen.[2] Ebenso wird aber auch die Auffassung vertreten, daß sich eine Volkswirtschaft mittelfristig im internationalen Wettbewerb nur dann behaupten kann, wenn sie umweltgerecht produziert und konsumiert. Hohe Umweltstandards sind deshalb als Standortvorteile von morgen zu sehen.[3]

Im folgenden wird in Anlehnung an die zweite Auffassung untersucht, inwieweit eine ökologieorientierte Prüfung von Unternehmen (Umwelt-Audit) als Standortfaktor zu interpretieren ist, und welche Rolle der Berufsstand der Wirtschaftsprüfer in diesem Kontext spielt.

I. Intention und Entwicklung von Umwelt-Audits

Eine Reihe von globalen Trends beeinflußt heute gesellschaftliche wie unternehmerische Entscheidungen. Bevölkerungswachstum, schlecht geplanter und ineffizienter Verbrauch natürlicher Ressourcen, die zunehmende Beeinträchtigung von Ökosystemen sowie die in der Regel anthropogen bedingte Verschmutzung von Atmosphäre, Wasser und Boden führen zu einer Störung des Gleichgewichts der ökologischen Umwelt.[4] Da diese Trends, die sich in der fortgeschriebenen Diagnose der ökologischen Gesundheit der Erde widerspiegeln,[5] einen expliziten Einflußfaktor für das Unternehmen darstellen oder sogar zum Teil von diesem verursacht werden, sind sie in umweltschutzorientierte Überlegungen der Unternehmen mit einzubeziehen.

In diesem Zusammenhang ist auch das betriebliche Umwelt-Auditing zu sehen, das über eine situative Aufnahme von bestehenden unternehmensbezogenen Umweltbedingungen[6] zu einer umweltorientierten Gestaltung und kontinuierlichen Verbesserung des unternehmerischen Handelns und Verhaltens führen soll.[7] Es stellt eine Prüfung im ökologischen Bereich dar, indem eine systematische, doku-

1 Dabei ist zu berücksichtigen, daß Fragestellungen des Umweltschutzes nur einen Teilaspekt in einem ganzen Bündel von Standortdeterminanten darstellen. Die Bedeutung läßt sich jedoch nur im Einzelfall aus der spezifischen Sicht eines bestimmten Investors beurteilen. Empirische Untersuchungen belegen jedoch, daß neben den „harten“ Standortfaktoren – Lohnkosten, Produktivität, Infrastruktur – die Bedeutung der „weichen“ Faktoren – Wohn- und Freizeitwert, Umweltbedingungen, etc. – zunimmt. Vgl. Prätorius (Umweltschutz) S. 150 u. S. 154ff.

2 Vgl. Blazejczak et al. (Umweltschutz) S. 4.

3 Vgl. Umweltbundesamt (Umweltschutz) S. 29ff.; Blazejczak et al. (Umweltschutz) S. 5.

4 Vgl. Schmidheiny (Kurswechsel) S. 28; Goodland (These) S. 14ff.; Heigl (Umweltaufgaben) S. 27ff.

5 Vgl. Capra (Wendezeit) S. VIII.

6 Vgl. Sietz (Methoden) S. 45.

7 Vgl. Töpfer (Umweltschutz-Auditing) S. 82; Peglau/Schulz (Sachstand) S. 730.

mentierte, periodisch wiederkehrende und objektive Beurteilung des Umweltmanagementsystems, der Umweltaktivitäten sowie ökologischen Risiken unter Berücksichtigung von Umweltnormen vorgenommen wird.[8] Dabei läßt sich ein Umwelt-Audit grundsätzlich in die drei Teilbereiche Compliance-Audit, Management-Audit und Performance-Audit unterteilen. Als Compliance-Audit wird die Untersuchung der Einhaltung von umweltrelevanten gesetzlichen Vorschriften verstanden, während sich der Management-Audit auf die Funktionsfähigkeit betrieblicher Umwelt-Managementsysteme bezieht. Die Untersuchung der Einhaltung von Zielvorgaben und Leistungswerten eines betrieblichen Umweltschutzes ist die Aufgabe des Performance-Audit.[9]

Der Ursprung des Umwelt-Auditing liegt in den USA. Durch diverse betriebliche Unfälle mit einhergehenden Umweltschäden und eine relativ strenge Umweltgesetzgebung haben sich zunächst Großunternehmen mit der ökologieorientierten Überprüfung ihrer Tätigkeiten beschäftigt. Sukzessive hat diese Entwicklung dann auf Europa übergegriffen und ihre heutige Relevanz durch die Aktivitäten der Europäischen Union erreicht.[10]

Aus der historischen Entwicklung heraus sowie dem expliziten Zusammenhang von Umweltschutz als Standortfaktor und dem Umwelt-Auditing als Instrument zur Sicherung eines unternehmensbezogenen Umweltschutzes ergibt sich die Frage nach dem Umwelt-Audit als impliziten Standortfaktor, die im folgenden näher untersucht wird.

II. Standortfaktor Umwelt-Audit

Zur Beurteilung des Umwelt-Audits als Standortfaktor sollen zum einen dessen Bedeutung und zum anderen die damit verbundenen Chancen und Risiken betrachtet werden.

1. Bedeutung von Umwelt-Audits

Die Bedeutung des Umwelt-Audits ergibt sich zunächst daraus, daß diverse gesetzliche Bestimmungen eine besondere Organisation des Umwelt-Managements im Unternehmen erfordern und deren Einhaltung sicherzustellen ist. Neben diesen gesetzlichen Erfordernissen liegen aber auch bestimmte betriebswirtschaftliche Zwänge vor, die die Unternehmen zur Durchführung von Umwelt-Audits veranlassen können. Zusätzlich ist die EG-Verordnung über die freiwillige Beteiligung gewerblicher Unternehmen an einem Gemeinschaftssystem für das Umweltmanagement und die Umweltbetriebsprüfung in Kraft getreten. Aus diesem Grund ist

8 Vgl. Würth (Umwelt-Auditing) S. 81.

9 Vgl. Förschle/Hermann/Mandler (Umwelt-Audits) S. 1093. Ähnlich auch Annighöfer, der zwischen Compliance-Audit und Management-System-Audit unterscheidet. Vgl. Annighöfer (Umweltschutzmanagement) S. 3 f.

10 Vgl. Lindlar (Umwelt-Audits) S. 1 ff.

in Europa ein nicht unbedeutendes zusätzliches Marktpotential für Umwelt-Audits und ergänzende Beratungsleistungen entstanden.[11]

a) Gesetzliche Bestimmungen

Die Relevanz von Umwelt-Audits für Unternehmen ergibt sich aus unterschiedlichen gesetzlichen Bestimmungen. Von Interesse sind hier beispielsweise das Umwelthaftungs- bzw. Bundes-Immissionsschutzgesetz.

Mit dem Umwelthaftungsgesetz vom 1. 1. 1991 wurde eine Gefährdungshaftung für Anlagen eingeführt sowie der Haftungstatbestand näher ausgestaltet; zudem beinhaltet es den Nachweis der Kausalität, den Ersatz von ökologischen Schäden und eine Deckungsvorsorge.[12] Ein Umwelt-Audit kann in diesem Zusammenhang bei der Identifikation und Bewältigung ökologischer Gefahrenpotentiale unterstützend wirken,[13] d. h. zur Einhaltung gesetzlich vorgeschriebener Umweltstandards dienen und somit zu einer Haftungsexkulpation im Sinne des Umwelthaftungsgesetzes beitragen.[14]

Das Bundes-Immissionsschutzgesetz als Kernbereich des modernen Umweltrechts[15] verlangt in § 52a die Etablierung einer Umweltorganisation. Konkret ist eine den Umweltschutz sicherstellende Betriebsorganisation aufzubauen und entsprechend zu dokumentieren. Da ein Mitglied der Geschäftsleitung für die Einhaltung der gesetzlichen Umweltschutzanforderungen persönlich haftet, kann ein Umwelt-Audit auch hier zur Risikominderung bzw. zum Haftungsausschluß dienen.[16] Gleiches gilt für den Sachverhalt des Organisationsverschuldens gem. §§ 823, 831 BGB.[17]

b) Betriebswirtschaftliche Erfordernisse

Betriebswirtschaftliche Erfordernisse für die Durchführung von Umwelt-Audits entstehen zum einen durch mittelbare Wirkungen der gesetzlichen Bestimmungen und zum anderen aus genuinen finanziellen Aspekten.

Durch den Ausschluß gesetzlich bedingter Haftungsrisiken sind die Unternehmen in der Lage, erhebliche finanzielle Belastungen zu vermeiden. Zum anderen können Umwelt-Audits dazu führen, daß sowohl Versicherungsprämien als auch Finanzierungen durch Kreditinstitute erheblich günstiger werden, da die ökologieorientierte Überprüfung des Unternehmens risikomindernde Wirkung hat.[18]

---

11 Vgl. Förschle (Betätigungsfeld) S. 1. Dies ergibt sich auch aus einer Untersuchung der KPMG, welche darlegt, daß viele Unternehmen trotz zunehmender Bedeutung bisher kaum externe Umwelt-Audits durchführen lassen. Vgl. KPMG (Survey) S. 17f.

12 Vgl. Krems-Hemesath (Entwicklungen) S. 80ff.

13 Vgl. Bodenstein/Spiller (Instrument) S. 951; Peglau/Schulz (Sachstand) S. 740.

14 Vgl. Förschle (Betätigungsfeld) S. 7; Janke (Öko-Auditing) S. 444.

15 Vgl. Schmidt/Müller (Einführung) S. 45.

16 Vgl. Bodenstein/Spiller (Instrument) S. 951; Peglau/Schulz (Sachstand) S. 740.

17 Vgl. Förschle (Betätigungsfeld) S. 7.

18 Vgl. Förschle (Betätigungsfeld) S. 7; Bodenstein/Spiller (Instrument) S. 951. Gleichzeitig kann aber auch der Umfang der vorhandenen Versicherungsdeckung überprüft werden.

Neben diesen Wirkungen liegen unter betriebswirtschaftlichen Aspekten aber auch weitere Gründe für Umwelt-Audits vor. Die konsequente Umsetzung einer offensiven betrieblichen Umweltpolitik kann über die Neugestaltung von betrieblichen Prozessen und Produkten zu Ersparnissen bei Entsorgungsaufwendungen, Deponie- und Abfallgebühren sowie Energie- und Wasserkosten führen. Unternehmen können sich bei wachsendem Umweltbewußtsein der Konsumenten mit der Durchführung von Umwelt-Audits profilieren, ihr Unternehmensimage bzw. die Corporate Identity verbessern und somit Wettbewerbsvorteile erzielen. Gleichzeitig bedeutet dies aber auch, daß für die Unternehmen ein gewisser Wettbewerbsdruck – insbesondere im Zusammenhang mit der EG-Verordnung – zur Durchführung von Umwelt-Audits entsteht.[19] Denn ohne eine Demonstration des Ökologiebewußtseins nach außen, können auch Wettbewerbsnachteile gegenüber der Konkurrenz entstehen.

Folglich läßt sich feststellen, daß die Anwendung des Instruments Umwelt-Audit zur Sicherung der internationalen Wettbewerbsfähigkeit beiträgt und somit dem Charakter eines Standortfaktors entspricht.

2. Chancen und Risiken durch Umwelt-Audits

Mit dem Umwelt-Auditing als Konzept einer ökologieorientierten Unternehmensüberwachung entstehen zusammenfassend verschiedene interdependente Chancenpotentiale für Unternehmen. Durch ein Umwelt-Auditing kann

- eine Verbesserung des Umweltschutzes,
- eine Erhöhung der Wettbewerbsfähigkeit,
- eine Ausschöpfung von Markt- und Produktchancen,
- eine effektive Kommunikation und
- eine Erhöhung der Mitarbeitermotivation

erreicht werden.[20]

Zudem wird durch Umwelt-Auditing ein betrieblich-ökologisches Problempotential im Hinblick auf die Einhaltung relativ hoher Umweltstandards offengelegt, dessen Lösung zum Teil nur über neue technische Entwicklungen erfolgen kann. In Deutschland hatte dies u. a. zur Folge, daß sich eine Umweltschutzindustrie[21] herausbildete, die auf einem zukunftsträchtigen und internationalen Markt Wettbewerbsvorteile besitzt.[22]

Mit den genannten Chancenpotentialen ist es gleichzeitig möglich, den Unternehmenswert positiv zu beeinflussen und einen Beitrag zu einer langfristig tragfä-

19 Vgl. Janke (Öko-Auditing) S. 442.
20 Vgl. Würth (Umwelt-Auditing) S. 325 ff.
21 Vgl. dazu: Steven (Umweltschutzindustrie) S. 205 ff.
22 Vgl. Blazejczak et al. (Umweltschutz) S. 124.

higen Entwicklung (Sustainable Development)[23] zu leisten.[24] Außerdem kann allgemein zur Konfliktvermeidung und Vertrauensbildung beigetragen werden.[25]

Daneben können aber mit der Anwendung des Instruments Umwelt-Auditing auch latente Risiken verbunden sein. So ist es durchaus denkbar, daß die Ergebnisse der Umwelt-Audits nur gefiltert kommuniziert werden, bzw. daß bei einer Übererfüllung von gesetzlichen Vorschriften eine gewisse Reduktion des ökologischen Verhaltens seitens der Unternehmensführung einsetzt.[26] Zudem ist zu berücksichtigen, daß durch Umwelt-Audits auch ökologische Risikopotentiale aufgezeigt werden können, die die Öffentlichkeit (z. B. Umweltbehörden) dazu veranlassen, dem Unternehmen bestimmte Handlungspflichten aufzuerlegen. Dies kann dann dazu führen, daß sich das Unternehmen erheblichen finanziellen Belastungen gegenübersieht und unter Umständen sogar in seinem Fortbestand gefährdet ist. Dieses potentielle Risiko ist nicht zu unterschätzen, denn gegenwärtig ist davon auszugehen, daß viele Unternehmen kaum eine Vorstellung von ihrer eigenen ökologischen Situation haben[27] und so i. d. R. nicht auf einen ökologisch induzierten Druck von außen vorbereitet sind.

Zusammenfassend läßt sich feststellen, daß das Umwelt-Auditing einen signifikanten Beitrag zur Betrachtung des Umweltschutzes als einen primär chancen- und nicht risikoorientierten Faktor erbringt.[28] Insofern tragen Umwelt-Audits dazu bei, „den Wirtschaftsstandort Deutschland „nachhaltig“ und „zukunftsträchtig“ zu entwickeln“[29] und zu sichern, wodurch sie einen (expliziten) Standortfaktor darstellen.

B. Umwelt-Audit und Wirtschaftsprüfung unter Berücksichtigung der Standortperspektive

Untersucht man Beeinflussungsmöglichkeiten sowie Abhängigkeiten der Prüfungstätigkeit am Standort Deutschland und berücksichtigt man den Umweltschutz als relevanten Standortfaktor, so ist des weiteren die Analyse der Zusammenhänge von Umwelt-Auditing und Wirtschaftsprüfung von Interesse. Hierbei konzentriert sich die Betrachtung auf die grundsätzliche Eignung des Wirtschaftsprüfers, das traditionelle Tätigkeitsfeld der Jahresabschlußprüfung und die zukünftige Bedeutung des Umwelt-Auditing für den Berufsstand im europäischen Kontext.

---

23 Zur Konzeption einer ökologisch tragfähigen Entwicklung und dem Leitbild des Sustainable Development, vgl. Vornholz/Majer (Development) S. 626 ff. und Meffert/Kirchgeorg (Leitbild) S. 34 ff.

24 Vgl. Friedenstab (EU-Öko-Audit-Verordnung) S. 134.

25 Vgl. Strebel (Umweltauditing) S. 32.

26 Vgl. Würth (Umwelt-Auditing) S. 328 f.

27 Vgl. Janke (Öko-Auditing) S. 444.

28 Vgl. Janke (Öko-Auditing) S. 444.

29 Mandler (Umweltgutachter) S. 78.

I. Umwelt-Audits – Ein Tätigkeitsfeld für Wirtschaftsprüfer?

Betrachtet man die grundsätzliche Diskussion um die Umweltproblematik und bezieht man die genannten Sachverhalte sowie die ökologische Ausrichtung als einen sich abzeichnenden Megatrend der (externen) Rechnungslegung[30] in die Überlegungen ein, so ist die Frage nach dem Umwelt-Audit als Tätigkeitsfeld des Wirtschaftsprüfers der Thematik von vornherein inhärent.

Im Zusammenhang mit den Überlegungen zur EG-Öko-Audit-Verordnung wurde darauf hingewiesen, daß die Wirtschaftsprüfer den Aufgabenbereich des Umwelt-Auditing vernachlässigt haben.[31] Mittlerweile ist jedoch erkannt worden, daß der Wirtschaftsprüfer aufgrund seiner Ausbildung auch für Prüfungsaufgaben im Umweltbereich besonders gut geeignet ist.[32]

Die Notwendigkeit für den Wirtschaftsprüfer ergibt sich bereits daraus, daß betriebsbezogene oder -induzierte ökologische Probleme nicht zu vernachlässigende Auswirkungen auf die Vermögens-, Finanz- und Ertragslage eines Unternehmens haben können.[33] Für ein Tätigwerden des Wirtschaftsprüfers spricht überdies die langjährige, prüfungsbedingte Kenntnis des Unternehmens[34] sowie die Fähigkeit, Umweltrisiken im Gesamtzusammenhang zu sehen.[35] Insbesondere scheint die Eignung für das Aufgabenfeld des Umweltgutachters im Sinne der EG-Öko-Audit-Verordnung vorzuliegen.[36] Die Wirtschaftsprüfer tragen dieser Entwicklung dadurch Rechnung, daß sich alle weltweit tätigen Wirtschaftsprüfungsgesellschaften auf eine Tätigkeit im Umweltsektor vorbereiten.[37] Gleichsam zwingen ein sich abzeichnendes, beträchtliches Marktpotential für Umwelt-Audits in Europa[38] sowie die potentielle Tätigkeit als Umweltgutachter die Wirtschaftsprüfer zum Aufbau eines entsprechenden Know-hows bzw. zum Transfer des Wissens aus der klassischen Prüfungstätigkeit. Dies wird dazu führen, daß das Angebot und die Durchführung von Umwelt-Audits faktisch auch für die Wirtschaftsprüfer einen Standortfaktor, respektive Standortvorteil im europäischen Wettbewerb darstellen. Folglich „dürften Umwelt-Audits Tätigkeiten sein, denen sich die Wirtschaftsprüfer zu stellen haben, denen sie sich vielleicht sogar kaum entziehen können“.[39]

30 Vgl. Behr (Megatrends) S. 636 f.
31 Vgl. Bodenstein/Spiller (EG-Verordnung) S. 168.
32 Vgl. Dörner (Arbeit) S. 704.
33 Vgl. Würth (Umwelt-Auditing) S. 353 f.
34 Vgl. Sproß (EG-Umwelt-Audit) S. 140.
35 Vgl. Dewar (Auditing) S. 11.
36 Vgl. Mandler (Umweltgutachter) S. 73 ff.
37 Vgl. Würth (Umwelt-Auditing) S. 290 ff.
38 Vgl. Mandler (Umweltgutachter) S. 75 f. Nach Peglau/Schulz sind für Umwelt-Audits je nach Leistungsumfang Honorarforderungen bis zu 300.000 DM pro Audit denkbar. Vgl. Peglau/Schulz (Sachstand) S. 738.
39 Förschle (Betätigungsfeld) S. 8.

Dabei ist jedoch wichtig, daß möglichen Reputationsverlusten aufgrund des erneuten Entstehens einer Erwartungslücke[40] vorgebeugt wird.

II. Umwelt-Audits im traditionellen Tätigkeitsfeld der Wirtschaftsprüfung

Die handelsrechtliche Jahresabschlußprüfung stellt das traditionelle Tätigkeitsfeld der Wirtschaftsprüfer dar. Durch die heute verstärkt auftretenden ökologischen Risiken bzw. vielfältigen Umweltschutzaspekte ist der Wirtschaftsprüfer gefordert, solche Fragestellungen im Rahmen der Jahresabschlußprüfung zu berücksichtigen.[41] Dabei sind zum einen die finanziellen Auswirkungen der ökologisch induzierten Risiken zu erfassen und zu analysieren, zum anderen dies sicherstellende, effiziente Instrumente in den Prozeß der Jahresabschlußprüfung zu integrieren.

1. Finanzielle Wirkungen ökologisch induzierter Risiken und ihre Bedeutung

Ökologische Risiken und umweltrechtliche Verpflichtungen stellen Entscheidungstatbestände eines Unternehmens dar und können über dessen Erfolg oder Mißerfolg entscheiden.[42] Aufgrund dieser Bedeutung und unter Berücksichtigung der Zwecke der externen Rechnungslegung müssen sie auch im Jahresabschluß entsprechend zum Ausdruck kommen;[43] sie stellen somit Problembereiche dar, die unter dem Aspekt des wirtschaftlichen Risikos und der Risikovorsorge zu betrachten und zu behandeln sind.[44] Die Abbildung dieser ökologischen Aspekte im handelsrechtlichen Jahresabschluß ist jedoch noch nicht endgültig geklärt;[45] gerade deshalb aber sind sie aus der Perspektive der Jahresabschlußprüfung von Interesse.[46]

Zur expliziten Berücksichtigung der ökologischen Fragestellungen im handelsrechtlichen Jahresabschluß stehen grundsätzlich verschiedene Instrumente zur Verfügung. Im wesentlichen handelt es sich dabei um die Bildung von Rückstellungen bzw. um die Vornahme von außerplanmäßigen Abschreibungen.[47] Die so

---

40 Vgl. Mandler (Umweltgutachter) S. 77; Förschle (Betätigungsfeld) S. 8; Dörner (Arbeit), S. 704. Zur grundsätzlichen Frage der Erwartungslücke bei der Abschlußprüfung, vgl. Forster (Erwartungslücke) S. 789 ff.

41 Ähnliche Aussagen trifft Fitzgerald für den Berufsstand in Großbritannien. Vgl. Fitzgerald (equation) S. 38.

42 Vgl. Eilers (Umweltschutz) S. 83.

43 Vgl. Baetge/Philipps (Rückstellungen) S. 1841. In gleicher Weise auch Gray, der auf den direkten Einfluß von Umweltaspekten auf den Jahresabschluß abstellt. Vgl. Gray (Accounting) S. 220.

44 Vgl. Eilers (Umweltschutz) S. 83; Reinhard (Umweltrisiken) S. 351.

45 Vgl. Siegel (Umweltschutz) S. 326.

46 Als Problembereiche werden hier beispielsweise Anpassungs- sowie Rekultivierungs- und Entsorgungsverpflichtungen bzw. Altlastensanierungsmaßnahmen diskutiert. Zu den Möglichkeiten der Berücksichtigung von Altlasten in der Handels- und Steuerbilanz, vgl. im Überblick: Bömelburg/Keller (Berücksichtigung) S. 589 ff.

47 Vgl. Bartels (Umweltrisiken) S. 13; Siegel (Umweltschutz) S. 326 f.

erfaßten, ökologisch bedingten Sachverhalte erlangen ihre Bedeutung dadurch, daß sie weitreichende finanzielle Folgewirkungen haben können.[48] Dies kann bei Erreichen wesentlicher Größenordnungen zunächst zu erheblichen Auswirkungen auf die Vermögens-, Finanz- und Ertragslage führen,[49] aber auch gleichzeitig eine Gefahr für den Fortbestand des Unternehmens bedeuten.[50] Insofern haben ökologische Risiken auch eine ökonomische Dimension, wodurch sie gleichsam zu Unternehmensrisiken an sich werden können.[51] Beispielhaft läßt sich das allein schon aus der Altlastenproblematik und den finanziellen Wirkungen der notwendigen Sanierungsmaßnahmen erkennen.[52]

So wurden in der Vergangenheit industrielle Abfälle vielfach auf Deponien gelagert. Diese Deponien, die meist Stoffe enthalten, die grundsätzlich wassergefährdend sind, können aufgrund öffentlicher Anordnungen Untersuchungen bzw. sogar eine Sanierung erfordern. Je nach Sachlage sind für die Gutachten bis zu 500.000 DM und für die Sanierung u. U. mehrstellige Millionenbeträge aufzuwenden.

Angesichts dieser Sachverhalte ist die finanzielle Bedeutung der ökologisch induzierten Risiken deutlich geworden. Die explizit und latent vorhandenen ökologischen Risiken stellen deshalb für den Wirtschaftsprüfer einen nicht zu vernachlässigenden Problembereich im Rahmen der handelsrechtlichen Jahresabschlußprüfung dar. Insofern hat er alle Möglichkeiten wahrzunehmen und Instrumente anzuwenden, die die Identifikation und Bewertung von ökologischen Risiken ermöglichen. Damit trägt er gleichzeitig zur Sicherung der Unternehmensexistenz am Standort Deutschland bei.

2. Identifikation und Beurteilung ökologischer Risiken im Rahmen der Jahresabschlußprüfung

a) Grundlegende Ansatzpunkte

Die Identifikation und Beurteilung ökologischer Risiken stellt im Rahmen der handelsrechtlichen Jahresabschlußprüfung eine Herausforderung für den Wirt-

48 Vgl. Fronek/Uecker (Umweltrechnungslegung) S. 3. Beispielsweise können Haftungsansprüche Dritter aufgrund von Umweltbeeinträchtigungen das Unternehmen in seiner Existenz beeinträchtigen. Vgl. Peglau/Schulz (Sachstand) S. 739.

49 Vgl. Bartels (Umweltrisiken) S. 3.

50 Vgl. Würth (Umwelt-Auditing) S. 354. Hier ist beispielsweise auch festzustellen, daß ein sich umweltschädlich verhaltendes Unternehmen langfristig keinen Gewinn mehr erzielen und somit die Fortführung der Unternehmenstätigkeit (Going Concern-Prämisse i.S.v. § 252 Abs. 1 Nr. 2 HGB) in Frage gestellt werden kann. Vgl. Heigl (Umweltaufgaben), S. 47.

51 Vgl. Bartels (Jahresabschlußrelevante Umweltrisiken) S. 4.

52 Vgl. Bömelburg/Keller (Berücksichtigung) S. 589. Weitere Beispiele für die finanziellen Folgewirkungen ökologischer Schadensfälle finden sich bei Bartels. Vgl. Bartels (Umweltrisiken) S. 2.

schaftsprüfer dar. Insbesondere kommt es darauf an, daß diese ökologischen Risiken erkannt, angemessen berücksichtigt und entsprechend offengelegt werden.[53]

In diesem Zusammenhang entsteht für den Abschlußprüfer das sogenannte Prüfungsrisiko, d. h. das Risiko, daß er trotz wesentlicher Fehler im Jahresabschluß den Bestätigungsvermerk nicht einschränkt, versagt oder zumindest in geeigneter Weise ergänzt.[54] Bei einer Unterteilung des Prüfungsrisikos in die Komponenten inhärentes Risiko, Kontrollrisiko und Entdeckungsrisiko[55] können alle Teilbereiche jeweils von ökologischen Sachverhalten beeinflußt sein.

Sieht man dabei das inhärente Risiko als ein Risiko an, welches sich aus der Situation des Unternehmens – z. B. aus der Branchenzugehörigkeit und branchenspezifischen Einflußfaktoren – ergibt,[56] so bedeutet dies auch, daß bei bestimmten Unternehmen mit erhöhten ökologischen Risikopotentialen gerechnet werden muß. Das Kontrollrisiko als das Risiko, daß in Jahresabschlußposten oder in Geschäftsvorfällen vorhandene Fehler nicht durch das Interne Kontrollsystem aufgedeckt oder verhindert werden,[57] kann ebenfalls unter dem ökologischen Blickwinkel betrachtet werden. Sollten keine effektiven Kontrollverfahren zur Identifikation ökologischer Risiken vorhanden sein,[58] so wird auch hinsichtlich der finanziellen Folgewirkungen keine angemessene Berücksichtigung im Jahresabschluß möglich. Schließlich ist noch das Entdeckungsrisiko zu beachten, welches das Risiko darstellt, daß der Abschlußprüfer aufgrund seiner Prüfungshandlungen zu einem falschen, nicht sachgemäßen Ergebnis kommt.[59] Aus der ökologischen Perspektive betrachtet würde dies bedeuten, daß der Abschlußprüfer im Rahmen der Prüfung nicht das richtige Instrumentarium zur Aufdeckung ökologischer Risiken anwendet.

Dies zeigt, daß ökologische Aspekte in unterschiedlicher Weise das Prüfungsrisiko des Wirtschaftsprüfers beeinflussen können. Da es aber letztlich darum geht, das Prüfungsrisiko möglichst gering zu halten und dementsprechende risikominimierende Prüfungshandlungen einzusetzen,[60] stellt sich die Frage, wie der Prüfer dies unter Berücksichtigung der ökologischen Perspektive erreichen kann. Grundsätzlich wird in diesem Zusammenhang von einem risikoorientierten Prüfungsansatz gesprochen.[61] Von Bedeutung ist dabei insbesondere die Auswahl geeigneter Prüfungsmethoden bzw. der Einsatz risikoorientierter Prüfungswerkzeuge. Im

---

53 Vgl. Zuber/Berry (Assessing) S. 43 u. S. 48.

54 Vgl. Dörner (Audit-Risk) Sp. 82.

55 Vgl. Dörner (Audit-Risk) Sp. 82 f.

56 Vgl. Wiedmann (Prüfungsansatz) S. 17; Peemöller (Entwicklung) S. 707.

57 Vgl. Dörner (Audit-Risk) Sp. 83.

58 Vgl. Zuber/Berry (Assessing) S. 44. Janke spricht beispielsweise von einem Öko-IKS und betont, daß Umwelt-Audits um so intensiver durchgeführt werden müssen, je lückenhafter das Öko-IKS ist. Vgl. Janke (Öko-Auditing) S. 443.

59 Vgl. Dörner (Audit-Risk) Sp. 83. Dies wäre insbesondere auch auf die Anwendung von falschen Prüfungsverfahren zurückzuführen. Vgl. Peemöller (Entwicklung) S. 707.

60 Vgl. Wiedmann (Prüfungsansatz) S. 14.

61 Vgl. Dörner (Audit-Risk) Sp. 84 ff.; Wiedmann (Prüfungsansatz) S. 17 ff.; Diehl (Abschlußprüfung) S. 1116 ff.

folgenden soll deshalb das Umwelt-Auditing als Hilfsmittel für den Abschlußprüfer dargestellt werden.

b) Umwelt-Audits als (Prüfungs-) Hilfsmittel

Betrachtet man das Umwelt-Audit als ein Instrument, das ökologische Schwachstellen und Risiken aufdeckt, so läßt sich dies als eine regelmäßige, umweltschutzbezogene Bestandsaufnahme verstehen und dient der betrieblichen Risikovorsorge.[62] Insofern ermöglicht das Umwelt-Auditing auch dem Wirtschaftsprüfer, sich die ökologischen Risikopotentiale im Unternehmen zu verdeutlichen.

Wird beispielsweise ein Phasenablauf des betrieblichen Umwelt-Auditing zugrunde gelegt,[63] so werden schrittweise zunehmend detailliertere Informationen über Umweltaspekte im Unternehmen gewonnen. Dies können u. a. betriebsinterne Kontrollpläne für Emissionen, Emissionskataster, Rohstofflisten und -mengen, eine Beschreibung der Entsorgung oder Aussagen zum Immissions- und Gewässerschutz sein. Auf Basis dieses dokumentierten, umwelttechnisch ausgerichteten Ist-Zustandes des Unternehmens ist im weiteren eine betriebswirtschaftliche Analyse durchzuführen. Aufgrund der Ergebnisse dieser Analyse lassen sich die finanziellen Folgewirkungen des ökologischen Status quo bestimmen.

Demzufolge hat der Abschlußprüfer die Möglichkeit, die Erfassung dieser finanziellen Folgewirkungen in der Rechnungslegung sowie im Jahresabschluß zu überprüfen und zu beurteilen. Dadurch kann er im Sinne eines risikoorientierten Prüfungsansatzes – unter Anwendung des Umwelt-Auditing – die ökologischen Risikopotentiale bei der Jahresabschlußprüfung sukzessive transparent machen und entsprechend berücksichtigen. Dies wird insbesondere dann zu einem Vorteil, wenn die gewonnenen Erkenntnisse in die Prüfungsplanung bzw. die Prüfungsstrategie einfließen.[64] Nur so erscheint es möglich, die (ökologischen) Besonderheiten des Prüfungsobjektes zu erfassen und den Zweck der Prüfungsstrategie, d. h. das Erreichen des Prüfungsziels unter Wirtschaftlichkeitsaspekten, selbst bei Veränderungen im Prüfungsobjekt[65] zu erfüllen. Das Umwelt-Audit wird so faktisch zu einem ökologieorientierten Instrument innerhalb der vorgelagerten Risikoanalyse und Prüfungstätigkeit.

c) Verankerung im praktischen Prüfungsprozeß

Ausgangspunkt für eine gesonderte Betrachtung von ökologischen Risiken eines Unternehmens sind Plausibilitätsüberlegungen im Rahmen der Prüfungsplanung. Dies zielt zunächst auf die grundsätzliche Existenz von umweltrelevanten Problembereichen. Indikatoren hierfür können Branche, Produktionsabläufe und Produkte des Unternehmens sowie seine historische Entwicklung sein. Zudem

62 Vgl. Kammel/Groth (Wettbewerbsvorteile) S. 45.
63 Vgl. Sietz (Methoden) S. 46 ff.
64 Vgl. dazu: IDW (WP-Handbuch) S. 1111 ff.
65 Vgl. Peemöller (Entwicklung) S. 701.

müssen die Erkenntnisse aus früheren Jahresabschlüssen mit den entsprechenden finanziellen Auswirkungen einbezogen werden.

In einem zweiten Schritt ist unter Berücksichtigung der Mehrdimensionalität der umweltrelevanten Fragestellungen eine Erfassung der Unternehmensorganisation unter Umweltgesichtspunkten notwendig. Des weiteren werden durch Gespräche mit Mitarbeitern des Unternehmens und Unterlageneinsicht ergänzende Erkenntnisse gewonnen. Die Unterlagen beziehen sich vielfach auf (externe) Gutachten oder Versicherungsverträge, wobei umfassende Dokumentationen der betrieblichen Umweltsituation und der geplanten Maßnahmen eher selten anzutreffen sind. Gerade Sachverständigengutachten machen jedoch die problematischen Sachverhalte mit den entsprechenden Handlungsalternativen transparent.

Schließlich sollten in einem dritten Schritt die gewonnenen Erkenntnisse hinsichtlich ihrer finanziellen Auswirkungen beurteilt werden.

Der dargestellte Prozeß zur Berücksichtigung ökologischer Fragestellungen ist für die verschiedenen Unternehmensstandorte durchzuführen und in der mehrjährigen Prüfungsplanung zu verankern. Gleichwohl sind immer Anpassungen aufgrund von aktuellen Erkenntnissen über die ökologische Situation des Unternehmens vorzunehmen.

III. Weitere Bedeutung der Umwelt-Audits für die Wirtschaftsprüfung

Bisher wurden bereits die möglichen Nutzenpotentiale eines betrieblichen Umwelt-Auditing für die handelsrechtliche Jahresabschlußprüfung verdeutlicht. Umwelt-Auditing als eine ökologisch ausgerichtete Prüfung hat jedoch auch zukünftig eine weitergehende Bedeutung für die Tätigkeiten des Wirtschaftsprüfers. Dabei ist grundsätzlich auf die Beratungsleistung im Sinne eines Umwelt-Auditing und auf die Möglichkeiten im Rahmen der EG-Öko-Audit-Verordnung abzustellen.

Beide Tätigkeitsfelder sind für den Berufsstand der Wirtschaftsprüfer in Zukunft von Bedeutung, da sie zum einen Standortvorteile gegenüber anderen Anbietern schaffen können und zum anderen zur Standortsicherung im Wettbewerb mit anderen europäischen Dienstleistungsunternehmen dieses Sektors beitragen.[66]

1. Umwelt-Auditing als Beratungsleistung

Der Wirtschaftsprüfer, dessen klassisches Tätigkeitsfeld eher in der periodischen Beratung liegt, besitzt einen strategischen Vorteil gegenüber anderen Beratungsunternehmen, da er aufgrund der dauerhaften Mandantenbeziehungen über langjährige Erfahrungen hinsichtlich des Unternehmens bzw. der Hintergründe der Unternehmensentwicklung verfügt.[67] Da Umwelt-Audits neben der grundsätzli-

---

66 Dies ist um so bedeutender, da es in Großbritannien bereits sehr qualifizierte und (inoffiziell) registrierte Umweltauditoren gibt. Vgl. Peglau/Schulz (Perspektiven) S. 890.

67 Vgl. Backhaus (Wirtschaftsprüfer) S. 173.

chen Relevanz für die handelsrechtliche Jahresabschlußprüfung auch eine Beratungsleistung für die Unternehmen darstellen, bieten sie sich insofern als weiteres Handlungsfeld des Wirtschaftsprüfers an.[68]

Dies ist darin begründet, daß Parallelen zur traditionellen Prüfungstätigkeit bestehen und Fachwissen sowie Erfahrungen aus dem Bereich des betriebswirtschaftlichen Prüfungswesens sinnvoll für die neue Aufgabe des Umwelt-Auditing eingesetzt werden können.[69] Somit entsteht durch Umwelt-Audits eine neue, ergänzende prüfende und beratende Tätigkeit, d. h. die Prüfung und Analyse von ökologischen Informationen sowie Zusammenhängen.[70] Für den Wirtschaftsprüfer ist das um so mehr von Bedeutung, da er mit dem Umwelt-Audit als neue Beratungsleistung und zukünftig vielleicht sogar unverzichtbare Prüfung, weitere Geschäftsfelder erschließen bzw. saisonale Auslastungsschwankungen abbauen kann.[71] In diesem Zusammenhang kann dann von Vorteil sein, daß der Wirtschaftsprüfer durch seine dauerhafte Mandantenbeziehung i. d. R. als einziger in der Lage ist, den Gesamtzusammenhang zwischen unternehmensbezogenen ökologischen und finanziellen Sachverhalten herzustellen.[72]

Der Mangel an Kenntnissen für spezifische ökologische Fragestellungen spielt dabei keine Rolle, denn der Wirtschaftsprüfer kann seine Beratungsleistungen auf bestimmte Bereiche konzentrieren bzw. ein interdisziplinäres Team bilden.[73] So hat beispielsweise das Canadian Institute of Chartered Accountants (CICA) festgestellt, daß der Wirtschaftsprüfer in folgenden ökologisch orientierten Bereichen eigene Leistungen erbringen kann:[74]
- Überprüfung der Einhaltung von Umweltgesetzen mit einem interdisziplinär ausgerichteten Team,
- Überprüfung und externe Verifizierung der Effektivität von Umweltmanagementsystemen,
- Testierung der vom Unternehmen veröffentlichten, spezifischen ökologischen Informationen und
- Testierung der externen ökologischen Berichterstattung der Unternehmen.[75]

---

68 Dies nicht zuletzt deshalb, weil sie ihre Leistungsfähigkeit erst über einen längeren Zeitraum realisieren und dies der periodischen Beratungstätigkeit des Wirtschaftsprüfers entgegenkommt. Vgl. Peglau/Schulz (Sachstand) S. 736.

69 Vgl. Würth (Umwelt-Auditing) S. 354.

70 Vgl. Mandler (Umweltgutachter) S. 73.

71 Vgl. Förschle (Betätigungsfeld) S. 6.

72 Vgl. Dewar (Auditing) S. 11; Welser (Wirtschaftsprüfung) S. 59.

73 Vgl. CICA (Auditing) S. 61.

74 Vgl. CICA (Auditing) S. 80f.

75 Empirische Untersuchungen zeigen, daß insbesondere dieser Bereich zukünftig ähnlich bedeutend werden könnte wie die Testierung der finanziellen Berichterstattung. Vgl. KPMG (Survey) S. 19.

2. Zukünftige Möglichkeiten im Rahmen des EG-Öko-Audits

Die Verordnung (EWG) Nr. 1836/93 des Rates der Europäischen Gemeinschaften vom 29. Juni 1993 über die freiwillige Beteiligung gewerblicher Unternehmen an einem Gemeinschaftssystem für das Umweltmanagement und die Umweltbetriebsprüfung (EG-Öko-Audit-Verordnung) wurde am 10. Juli 1993 im Amtsblatt der Europäischen Gemeinschaften verkündet. Sie ist am 13. Juli 1993 unmittelbar in jedem Mitgliedstaat in Kraft getreten und gilt ab dem 13. April 1995. Im Rahmen dieses Systems sind Tätigkeiten als Umweltbetriebsprüfer und Umweltgutachter vorgesehen. Beide Bereiche können zukünftige Handlungsfelder für den Wirtschaftsprüfer darstellen.

a) Umweltbetriebsprüfung

Die Umweltbetriebsprüfung dient der systematischen, dokumentierten, regelmäßigen und objektiven Bewertung der Leistung des Unternehmens zum Schutz der Umwelt.[76] Insofern stellt die Umweltbetriebsprüfung eine Effizienzbewertung der vorhandenen Umweltmanagementsysteme dar[77] und bildet den eigentlichen Kern[78] des Öko-Audit. Sie kann sowohl durch interne Prüfer (z. B. Interne Revision) als auch externe Berater durchgeführt werden.[79] Hinsichtlich der weiteren Zielsetzung, der Durchführung und der Aufgabenbereiche liegen in der EG-Verordnung entsprechende, jedoch interpretationsbedürftige Hinweise vor.[80]

Obwohl die Umweltbetriebsprüfung primär als interne Umweltrevisionstätigkeit gedacht ist und eine eher technische Orientierung aufweist, steht einer Tätigkeit des Wirtschaftsprüfers als Umweltbetriebsprüfer nichts entgegen.[81] Dabei wird der Wirtschaftsprüfer jedoch eher eine Beratungsleistung im Hinblick auf die Verbesserung der Gestaltung und Funktionsweise von Umweltmanagementsystemen erbringen, als daß er eine klassische Prüfungstätigkeit ausübt. Hier kann er insbesondere seine Erfahrungen aus der Prüfung von Internen Kontrollsystemen einbringen. Problematisch wird dies jedoch dann, wenn gleichzeitig eine Tätigkeit als Umweltgutachter angestrebt wird. Im Hinblick auf die geforderte Unabhängigkeit des Umweltgutachters wäre eine doppelte Tätigkeit auszuschließen.[82]

b) Umweltgutachter-Tätigkeit

Die Umweltgutachter-Tätigkeit im Sinne dieser Verordnung bezieht sich auf die Überprüfung der Einhaltung aller Vorschriften der Verordnung, die Überprüfung der Zuverlässigkeit der Daten und Informationen der Umwelterklärung sowie die

76 Vgl. EG (Verordnung) Art. 2f.
77 Vgl. Förschle/Hermann/Mandler (Umwelt-Audits) S. 1097.
78 Vgl. Lindlar (Umwelt-Audits) S. 15.
79 Vgl. Friedenstab (EU-Öko-Audit-Verordnung) S. 139.
80 Vgl. EG (Verordnung) Anhang II. Zur Erläuterung vgl. auch: Lindlar (Umwelt-Audits) S. 41ff.
81 Vgl. Förschle (Betätigungsfeld) S. 4f.
82 Vgl. EG (Verordnung) Art. 4, Abs. 4.

Überprüfung der technischen Eignung von Umweltprüfung oder Umweltbetriebsprüfung.[83] Die Prüfungstätigkeit des Umweltgutachters stellt deshalb nicht nur eine reine Überprüfung der Ordnungsmäßigkeit, sondern insbesondere auch die Untersuchung der Zweckmäßigkeit des Umweltmanagements dar.[84] Gerade diese Tätigkeiten entsprechen aber auch dem für den Wirtschaftsprüfer definierten Aufgabenfeld der betriebswirtschaftlichen Prüfungen.[85] Insofern sollte der Wirtschaftsprüfer grundsätzlich für die Tätigkeit als Umweltgutachter geeignet sein.

Daneben werden jedoch in Anhang III der EG-Verordnung bestimmte fachliche Anforderungen an den Umweltgutachter gestellt.[86] Als Qualifikationskriterien für Umweltgutachter sind Kenntnisse, Ausbildung und Erfahrung in folgenden Bereichen zu nennen:[87]
- Methodik der Umweltbetriebsprüfung,
- Managementinformationen und -verfahren,
- Umweltfragen,
- einschlägige Normen und Rechtsvorschriften,
- einschlägige technische Kenntnisse über die zu begutachtenden Tätigkeiten und
- Prüfungskompetenz.

Durch ihre zusätzliche technische Ausrichtung stellt die Tätigkeit als Umweltgutachter zwar nicht unbedingt einen Kernbereich für den klassischen Wirtschaftsprüfer dar; jedoch kann er hier z. B. seine Erfahrungen bei der Prüfung von Managementsystemen oder andere Kompetenzen aus dem Prüfungsbereich in ein Team einbringen.[88]

Neben den fachlichen Anforderungen sind auch berufsrechtliche Anforderungen an den Umweltgutachter zu stellen. Die EG-Verordnung fordert von dem Umweltgutachter, daß er unabhängig, unparteiisch und verschwiegen seine Aufgabe erfüllt. Dabei hat er zudem noch nachzuweisen, daß er allen Vorschriften gerecht werden kann, die in diesem Zusammenhang angewendet werden können.[89] Gerade diese Eigenschaften sind aber in § 43 Abs. 1 WPO kodifiziert. Da der Wirtschaftsprüfer an die Beachtung seiner allgemeinen Berufspflichten gebunden ist, sollte er auch aus berufsrechtlicher Sicht für die Tätigkeit als Umweltgutachter im Sinne der EG-Verordnung qualifiziert sein. Über die einzelnen Zulassungsvoraussetzungen und die Zulassungsstelle hat der Gesetzgeber noch in den entsprechenden Regelungen zu befinden.[90] Da der Wirtschaftsprüfer aufgrund der Berufsgrundsätze über eine institutionelle Absicherung die Anforderungen zumin-

---

83 Vgl. EG (Verordnung) Anhang III. Vgl. auch: Lindlar (Umwelt-Audits) S. 48.
84 Vgl. Mandler (Umweltgutachter) S. 75.
85 Vgl. § 2 WPO.
86 Vgl. EG (Verordnung) Anhang III, A.
87 Vgl. Lindlar (Umwelt-Audits) S. 52.
88 Vgl. Mandler (Umweltgutachter) S. 75; Förschle (Betätigungsfeld) S. 6; Welser (Wirtschaftsprüfung) S. 59.
89 Vgl. EG (Verordnung) Art. 4, Abs. 3 und Anhang III, A.
90 Dabei ist jedoch auch zu bemerken, daß im Arbeitsentwurf zum Umweltgutachter- und Standortregistrierungsgesetz (USG) explizit auf Regelungen der WPO verwiesen wird.

dest schon teilweise erfüllt,[91] muß es im Interesse des Berufsstandes der Wirtschaftsprüfer sein, die Zulassung als Umweltgutachter zu erreichen.[92] Dies kann wiederum zur Standortsicherung für den Berufsstand beitragen.

C. Schlußbetrachtung

Die Ausführungen haben gezeigt, daß Umwelt-Audits allgemein und die EG-Öko-Audit-Verordnung im besonderen einen Beitrag zur Standortsicherung von Unternehmen und Wirtschaftsprüfern leisten können. Dies gerade deshalb, weil sie in ihrer langfristigen Ausrichtung ein „perspektivisches Wachstum" ermöglichen und sicherlich auch in gewisser Weise den „Zeitgeist" repräsentieren.

Für den Wirtschaftsprüfer bietet Umwelt-Auditing dabei Perspektiven für seine primären, aber auch für zusätzliche Tätigkeitsfelder. Für die Jahresabschlußprüfung als vordringliches Aufgabenfeld liegt die Bedeutung in der Nutzungsmöglichkeit des Umwelt-Audits als Instrument zur Erkennung und Berücksichtigung von ökologischen Risiken. Hier gewinnt der Wirtschaftsprüfer die Möglichkeit und Chance zur angemessenen Erfassung der ökologischen Risiken im Jahresabschluß unter gleichzeitiger Beachtung der Bedeutung für Vorsorge und Existenzsicherung des Unternehmens. Neben der Optimierung der Prüfung in diesem Bereich kann er zudem im Rahmen der Umweltbetriebsprüfung und als Umweltgutachter tätig werden. Hier ist es ihm zum einen möglich. seine Kenntnisse in ein interdisziplinäres Team einzubringen. Zum anderen bilden seine berufsrechtlichen Verpflichtungen die Basis für eine a priori Glaubwürdigkeit bei der Aufgabenerfüllung.

Zusammenfassend läßt sich feststellen, daß Umwelt-Audit und Wirtschaftsprüfung in einem interdependenten Beziehungsverhältnis stehen, welches zur Qualitätssicherung bzw. -sicherheit im jeweiligen Aufgabenbereich beiträgt und somit auch positive Auswirkungen für die Standortdiskussion hat.

Literaturverzeichnis

Annighöfer, F. (Umweltschutzmanagement): Umweltschutzmanagement – nicht Kostenfaktor, sondern Zukunftssicherung, in: Sietz, M./ Saldern, A. v. (Hrsg.): Umweltschutz-Management und Öko-Audit, Berlin 1993, S. 1–8

Backhaus, K. (Wirtschaftsprüfer): Der Wirtschaftsprüfer als Unternehmensberater – Selbstverständlichkeit oder neue Herausforderung? in: Baetge, J. (Hrsg.): Rechnungslegung und Prüfung 1992, Düsseldorf 1992, S. 167–198

Baetge, J./Philipps, H. (Rückstellungen): Rückstellungen für Altlastensanierung, in: BBK Fach 12, S. 1841–1850

Bartels, P. (Umweltrisiken): Umweltrisiken und Jahresabschluß, Frankfurt a. M. u. a.1992

Bartels, P. (Jahresabschlußrelevante Umweltrisiken): Jahresabschlußrelevante Umweltrisiken, in: Baetge, J. (Hrsg.): Umweltrisiken im Jahresabschluß. Vorträge und Diskussionen aus umwelt-, handels- und steuerrechtlicher Sicht, Düsseldorf 1994, S. 1–23

---

91 Vgl. Förschle (Betätigungsfeld) S. 6.

92 Vgl. Dörner (Arbeit) S. 704.

Behr, G. (Megatrends): Megatrends der Rechnungslegung. Bilanzen und Finanzen nach dem Jahr 2000, in: Der Schweizer Treuhänder 1994, S. 635–644

Blazejczak, J. et al. (Umweltschutz): Umweltschutz und Industriestandort – Der Einfluß umweltbezogener Standortfaktoren auf Investitionsentscheidungen, UBA Berichte 1/93, Berlin 1993

Bodenstein, G./Spiller, A. (Umwelt-Auditing): Umwelt-Auditing als Instrument unternehmerischer Umwelt- und Risikopolitik, in: WISU 1992, S. 949–954

Bodenstein, G./Spiller, A. (EG-Verordnung): Die EG-Verordnung zu Umweltmanagement und Öko-Auditing, in: Marktforschung und Management 1993, S. 164–171

Bömelburg, P./Keller, B. (Berücksichtigung): Berücksichtigung von Altlasten in Handels- und Steuerbilanz, in: BuW 1994, S. 589–596

Capra, F. (Wendezeit): Wendezeit – Bausteine für ein neues Weltbild, München 1991

CICA – The Canadian Institute of Chartered Accountants (Hrsg.) (Auditing): Environmental Auditing and the Role of the Accounting Profession, Toronto/Ontario 1992

Dewar, D. (Auditing): Environmental Auditing: The Fourth „E“, in: Managerial Auditing Journal, Vol. 6 No. 5 1991, S. 7–13

Diehl, C.-U. (Abschlußprüfung): Risikoorientierte Abschlußprüfung – Gedanken zur Umsetzung in der Praxis, in: DStR 1993, S. 1114–1121

Dörner, D. (Audit Risk): Audit Risk, in: Coenenberg, A. G./ Wysocki. K. v. (Hrsg.): Handwörterbuch der Revision, 2. Aufl., Stuttgart 1992, Sp. 81–95

Dörner, D. (Arbeit): Aus der fachlichen und beruflichen Arbeit des IDW, in: WPg 1993, S. 701–707

Eilers, S. (Umweltschutz): Umweltschutz und Bilanzierung, in: DSWR 1994, S. 83–86

Europäische Gemeinschaften (EG), Rat der (Verordnung): Verordnung (EWG) Nr. 1836/93 des Rates vom 29. 6. 1993 über die freiwillige Beteiligung gewerblicher Unternehmen an einem Gemeinschaftssystem für das Umweltmanagement und die Umweltbetriebsprüfung, in: Amtsblatt der Europäischen Gemeinschaften Nr. L 168 vom 10. 7. 93, S. 1–18

Fitzgerald, N. (equation): The equation needs a fresh approach, in: CA Magazine 10/1993, S. 37–39

Förschle, G. (Betätigungsfeld): Umwelt-Audit als Betätigungsfeld für Wirtschaftsprüfer, in: WPK-Mitt. 1994, S. 1–8

Förschle, G./Hermann, S./Mandler, U. (Umwelt-Audits): Umwelt-Audits, in: DB 1994, S. 1093–1100

Forster, K.-H. (Erwartungslücke): Zur „Erwartungslücke“ bei der Abschlußprüfung, in: WPg 1994, S. 789–795

Friedenstab, T. (EU-Öko-Audit-Verordnung): EU-Öko-Audit-Verordnung – Ein neuer Weg, in: WPK-Mitt. 1994, S. 134–143

Fronek, R./Uecker, P. (Umweltrechnungslegung): Umweltrechnungslegung – Jahresabschluß – Social Accounting, in: Vogl, J./Heigl, A./Schäfer, K. (Hrsg.): Handbuch des Umweltschutzes, 3. Aufl., Stand: 75. Ergänzungslieferung 10/94, Landsberg am Lech, III. – 4.1.2., S. 1–16

Goodland, R. (These): Die These: Die Welt stößt an Grenzen. Das derzeitige Wachstum in der Weltwirtschaft ist nicht mehr verkraftbar., in: Goodland, R./Daly, H./El Serafy, S./Droste, B. v. (Hrsg.): Nach dem Brundtland-Bericht: Umweltverträgliche wirtschaftliche Entwicklung, Bonn 1992, S. 15–28

Gray, R. H. (with Bebbington, J./Walters, D.) (Accounting): Accounting for the Environment, New York/London 1993

Heigl, A. (Umweltaufgaben): Umweltaufgaben im Unternehmen, in: Klaus, J. (Hrsg.): Neuorientierungen in der Umweltökonomie – Beiträge wirtschafts- und sozialwissenschaftlicher Disziplinen, Dettelbach 1994, S. 27–48

IDW (Hrsg.) (WP-Handbuch): Wirtschaftsprüfer-Handbuch, Band I, 10. Aufl., Düsseldorf 1992

Janke, G. (Öko-Auditing): Öko-Auditing – eine neue Aufgabe der Internen Revision?, in: BuW 1994, S. 441–444

Kammel, A./Groth, U. (Wettbewerbsvorteile): Wettbewerbsvorteile durch ökologieorientiertes Management: Unternehmen mit Öko-Controlling steuern, in: Gablers Magazin 5/1992, S. 40–46

KPMG (Hrsg.) (Survey): International Survey of Environmental Reporting, o. O. 1993

Krems-Hemesath, B. (Entwicklungen): Neuere Entwicklungen auf dem Gebiet des Umweltrechts, des Umweltunternehmensrechts und der Umweltschadenhaftung, in: Sietz, M./Saldern, A. v. (Hrsg.): Umweltschutz-Management und Öko-Audit, Berlin 1993, S. 45–85

Lindlar, A. (Umwelt-Audits): Umwelt-Audits – Ein Leitfaden für Unternehmen über das EG-Gemeinschaftssystem für das Umweltmanagement und die Umweltbetriebsprüfung, Bonn 1994

Mandler, U. (Umweltgutachter): Umweltgutachter, Wirtschaftsprüfung und der Markt für Umweltaudits, in: UWF 6, Juli 1994, S. 73–78

Meffert, H./Kirchgeorg, M. (Leitbild): Das neue Leitbild Sustainable Development – der Weg ist das Ziel, in: Harvard Business Manager 2/1993, S. 34–45

Peemöller, V. H. (Entwicklung): Entwicklung von Prüfungsstrategien, in: WISU 1993, S. 701–709

Peglau, R./Schulz, W. (Sachstand): Umweltaudits: Sachstand und Perspektiven, Teil 1: Ein Blick zurück, in: Umwelt und Energie. Handbuch für die betriebliche Praxis, Gruppe 12, S. 729–776

Peglau, R./Schulz, W. (Perspektiven): Umweltaudits: Sachstand und Perspektiven, Teil 2: Ein Blick nach vorn, in: Umwelt und Energie. Handbuch für die betriebliche Praxis, Gruppe 12, S. 843–897

Prätorius, G. (Umweltschutz): Umweltschutz als Standortfaktor, in: Steger, U. (Hrsg.): Handbuch des Umweltmanagements, München 1992, S. 145–163

Reinhard, H. (Umweltrisiken): Umweltrisiken im Jahresabschluß, in: IDW (Hrsg.): Risiken erkennen Risiken bewältigen. Eine Aufgabe für Unternehmen, Berater und Prüfer – Bericht über die Fachtagung 1988 des IDW, Düsseldorf 1989, S. 351–362

Schmidheiny, S. (mit dem Business Council for Sustainable Development) (Kurswechsel): Kurswechsel – Globale unternehmerische Perspektiven für Entwicklung und Umwelt, München 1992

Schmidt, R./Müller, H. (Einführung): Einführung in das Umweltrecht, 3. Aufl., München 1992

Siegel, T. (Umweltschutz): Umweltschutz im Jahresabschluß, in: BB 1993, S. 326–336

Sietz, M. (Methoden): Methoden des Umwelt-Auditing, in: Steger, U. (Hrsg.): Umwelt-Auditing. Ein neues Instrument der Risikovorsorge, Frankfurt a. M. 1991, S. 45–51

Sproß, J. (EG-Umwelt-Audit): EG-Umwelt-Audit – Zu spät aufgewacht?, in: DStZ 1994, S. 138–140

Steven, M. (Umweltschutzindustrie): Umweltschutzindustrie, in: WISU 1994, S. 205–212

Strebel, H. (Umweltauditing): Umweltauditing – Bedeutung für unsere Betriebe im neuen Europa, in: Journal für Betriebswirtschaft 1994, S. 32–41

Töpfer, A. (Umweltschutz-Auditing): Betriebliches Umweltschutz-Auditing, in: io Management Zeitschrift 6/1992, S. 81–86

Umweltbundesamt (Hrsg.) (Umweltschutz): Umweltschutz – ein Wirtschaftsfaktor, Berlin 1994

Vornholz, G./Majer, H. (Development): Sustainable Development – Zur Konzeption einer ökologisch tragfähigen Entwicklung, in: WISU 1994, S. 626–632

Welser, M. (Wirtschaftsprüfung): Wirtschaftsprüfung und Umweltmanagement – Chancen und Risiken für den Berufsstand, in: Der Schweizer Treuhänder 1995, S. 55–61.

Wiedmann, H. (Prüfungsansatz): Der risikoorientierte Prüfungsansatz, in: WPg 1993, S. 13–25

Würth, S. (Umwelt-Auditing): Umwelt-Auditing. Die Revision im ökologischen Bereich als wirksames Überwachungsinstrument für die ökologiebewusste Unternehmung, Zürich 1993

Zuber, G. R./Berry, C. G. (Assessing): Assessing Environmental Risk, in: Journal of Accountancy, March 1992, S. 43–48

TEIL IV

Anforderungen an die Unternehmensführung und das Controlling unter den Standortbedingungen

Einleitung der Herausgeber

Einer der ersten, der in Deutschland eine Controlling-Konzeption vorgelegt hat, ist der Jubilar. Die erste Auflage von „Controlling – Interne Revision“ erschien bereits 1978, als zu dieser Thematik fast nur ausschließlich Aufsätze und kurze Beiträge existierten. Dabei wurde nicht nur die Abgrenzung der Controlling-Funktion in die drei Teilbereiche Planung, Steuerung und Kontrolle mit der Informationsfunktion vorgenommen, sondern es erfolgte auch eine Abgrenzung zur Internen Revision, die als Überwachungshilfe im Gegensatz zur Steuerungshilfe des Controlling verstanden wird. Zur Steuerung des Unternehmens müssen Informationen beschafft, aufbereitet und koordiniert werden. Diese Informationsversorgungsfunktion wird in den nachfolgenden Beiträgen deutlich.

Pfeiffer/Weiß/Horneber machen in ihren Betrachtungen deutlich, daß eine Standortverlagerung von Zulieferbetrieben, um zum Beispiel Lohnkostenvorteile auszuschöpfen, in vielen Fällen nur kurzfristig Erfolge gezeigt hat. Entscheidend ist das Ausmerzen von Unwirtschaftlichkeiten im eigenen Unternehmen, zum Beispiel durch Lean-Managementansätze und eine verbesserte Abstimmung mit den Abnehmern. Erst im Anschluß daran sind zukunftsbezogene Standortüberlegungen anzugehen.

Ziener beschäftigt sich mit einem Thema, das für Heigl schon immer eine besondere Bedeutung besaß: der mittelständische Betrieb. Dieses Phänomen hat er für die Ausgestaltung des Controllings und der Internen Revision sehr umfassend untersucht. Ziener zeigt nun in seinem Beitrag auf, daß Controlling zu einem Instrument der mittelständischen Betriebe geworden ist und daß es bei der Internationalisierung dieser Betriebe – die heute in weiten Bereichen erforderlich geworden ist – sinnvoll eingesetzt werden kann.

Mehnert weist in seinen Ausführungen auf die Bedeutung des Controlling zur Krisenerkennung, Krisenbewältigung und Krisenvermeidung hin. Dabei nimmt das strategische Controlling einen breiten Raum bei der Früherkennung und Vermeidung von Krisen ein mit den entsprechenden Analysen zur Umwelt, zur Eigensituation und zur Unternehmen-Kundenbeziehung. Auch das operative Controlling wird über Kontrollen zur Krisenerkennung verwandt.

Kumar/Hoffmann beschäftigen sich in ihrem Beitrag mit der Internationalisierung und Standortverlagerung von Aktivitäten deutscher Unternehmen nach Japan und China. Dabei erfolgt die Beurteilung der möglichen Strategien hinsichtlich einer Fülle von Kriterien. Anschließend werden die Unterschiede zwischen Japan und China zunächst in Thesenform herausgearbeitet und dann anhand empirischer Befunde beurteilt.

Mit der Unternehmensbewertung hat sich Heigl bereits sehr frühzeitig beschäftigt und Einflüsse der Geldentwertung auf den Ertragswert herausgearbeitet, aber auch den Cash-flow als ein Mittel externer Unternehmensbewertung herausgestellt.

Rödl/Bömelburg untersuchen die Einflußfaktoren der Unternehmensbewertung in Mittel- und Osteuropa, wobei insbesondere auf die Ertragsschwäche eingegangen wird, aber auch eine Reihe anderer spezifischer Probleme behandelt wird, wie die Unsicherheit der Informationen und die unsichere Vermögensabgrenzung. Die Erfahrungen mit diesem Problem werden vorgestellt und dann zu Anforderungen an den Prozeß der Unternehmensbewertung verdichtet.

John setzt sich in seinem Beitrag kritisch mit der Einnahmen-/Ausgaben-Rechnung im Verhältnis zur Ertrags-/Aufwands-Rechnung auseinander. Die Einflüsse der Finanzierung, von Verlusten und von Ausschüttungen auf Ertragswertberechnungen werden so beleuchtet. Auswirkungen werden aufgezeichnet und Vorschläge für die richtige Berücksichtigung im Rahmen der Ertragswertermittlung gemacht.

Von dem Bussche geht auf die Bedeutung des Rechnungswesens in Osteuropa ein. Er zeigt für den Investor, den Prüfer, den Berater oder auch den Bewerter auf, wie wichtig ein Instrument ist, aus dem verläßliche Informationen gewonnen werden können. Die Bedeutung des externen und internen Rechnungswesens wird damit deutlich und auch die Vorzüge, die die deutsche Rechnungslegung aufweist.

Peemöller stellt im Rahmen des strategischen und operativen Controlling von Forschung und Entwicklung (FuE) Überlegungen zum Forschungsstandort Deutschland an und nennt Gründe für den Wechsel ins Ausland, aber auch unterschiedliche Auffassungen zu den Steuergrößen von FuE zwischen den Ländern, sowie die Schwerpunkte der Controlling-Aktivitäten in diesem Bereich in Deutschland.

Standortpolitik aus der Sicht industrieller Zulieferer

Univ.-Prof. Dr. Werner Pfeiffer, Dr. Enno Weiß und Dr. Markus Horneber,
Friedrich-Alexander-Universität Erlangen-Nürnberg

A. Standortpolitik unter den heutigen Wettbewerbsbedingungen der industriellen Zulieferer

Die im Zuge des zurückliegenden, konjunkturellen Einbruchs vieler Industriezweige unternommenen Bemühungen zur Verbesserung der Wettbewerbsposition sind zu einem erheblichen Teil auf die Optimierung der Beschaffungskosten bzw. auf die Rationalisierung der Zulieferer-Schnittstelle gerichtet gewesen. Insbesondere harte Preisforderungen waren und sind es, die die industriellen Zulieferer enorm unter Druck setzen. Daneben beklagt die Arbeitsgemeinschaft Zulieferindustrie eine Reihe weiterer Mißstände in den ungleichgewichtigen Beziehungen zu den meist großen Abnehmern: Die Entwicklungsleistungen der Zulieferer seien weitgehend ungeschützt. Vertrauliche Konstruktionszeichnungen würden häufig gegen den Willen der Zulieferer für Verbesserungen der abnehmereigenen Produktionsprozesse oder zum Aufbau von Wettbewerbern genutzt. Die Abnehmer verlagerten überdies immer häufiger zur eigenen Kostenminimierung ihre Vorratsläger zu den Zulieferern, ohne die damit verbundenen Kosten zu übernehmen.

Neuerdings verlangten die Abnehmer aufgrund negativer Erfahrungen mit ausländischen Zulieferern vor allem aus Billiglohnländern, von ihren inländischen Zulieferern, unter Einsatz ihres Know-hows und durch Übernahme der Qualitäts- und Termingarantien im Ausland fertigen zu lassen.[1] Die ‚mörderischen' Forderungen der Abnehmerindustrie können unseres Erachtens als ein Reflex auf die nicht mehr wettbewerbsfähigen Produktivitäts- und Kostenstrukturen der industriellen Zulieferer am Standort Deutschland gesehen werden.

Wir halten es nachgerade für fatal, daß die Zulieferer – mit diesen Forderungen der Abnehmer konfrontiert – nicht ihre Produktivitätssituation durch Restrukturierung der betrieblichen Abläufe aktiv verbessern, sondern glauben, die Probleme allein durch Nutzung traumhaft niedriger Lohnkosten, die beispielsweise im Nachbarstaat Tschechien bei rund 10 % des hiesigen Niveaus[2] liegen, lösen zu können.

Vordergründig scheint diese eher passive Verhaltensweise verständlich, nämlich die Aktivitäten am Hochlohnstandort Deutschland einzuschränken und im Ausland, vorwiegend in Osteuropa und/oder Fernost, neue (Fertigungs-) Standorte aufzubauen.

Lotet man tiefer, dann sieht man häufig, daß Entscheidungen, die Standortverlagerungen der Zulieferer ins Ausland betreffen, häufig sehr kurzfristig getroffen werden und rein auf den derzeit als vorteilhaft erscheinenden Lohnkostenvorteilen basieren. Meist wird nicht einmal sorgfältig geprüft, wie hoch der Lohnkostenanteil an den Gesamtkosten überhaupt ist und welche Bedeutung ihm in Zukunft noch zukommt. In noch selteneren Fällen werden Verlagerungsentscheidungen aus strategischer Perspektive und unter Berücksichtigung langfristiger Aspekte, z.B. der Markterschließung im Ausland, getroffen.[3] Wir vertreten demgegenüber die Ansicht, daß am Hochlohnstandort Bundesrepublik ungeahnte Rationalisierungsreserven auf ihre Erschließung warten.

Vor dem Hintergrund des Lean Management als neuem Produktions-Paradigma[4] wird im folgenden diese Ansicht begründet. In diesem Zusammenhang ist auch zu klären, welche Bedingungen von den Zulieferern zu schaffen sind, um gegenüber den Abnehmern als interessante und kompetente Partner auftreten zu können.

1 Vgl. o.V. (Zuliefererindustrie), S. 21.

2 Nach einer Untersuchung des Institus der deutschen Wirtschaft in Köln lagen die Arbeitskosten in Deutschland je Stunde bei insgesamt DM 41,96. Davon entfielen DM 19,46 auf Personalzusatzkosten. Vgl. FAZ v. 12. 11. 1993, S. 20.

3 Vgl. zu Strategien für Zulieferbetriebe, insbesondere im Segment der Automobilindustrie Lamming (Die Zukunft).

4 Vgl. Pfeiffer/Weiß (Lean Management).

B. Lean Management-Konzeption als Voraussetzung einer erfolgreichen Standortpolitik

I. Prinzipien des Lean Management als Leitlinien einer erfolgreichen Standortpolitik

Vor dem Hintergrund der diskutierten Probleme und Fehler in der unternehmerischen Standortpolitik ist ein Kurieren an Symptomen aussichtslos. Die ganzheitliche Optimierung des Wertschöpfungsnetzwerks ist eine wesentliche Voraussetzung für eine fundierte Standortpolitik. Notwendig ist also eine grundlegende Optimierung und falls notwendig auch Restrukturierung des Unternehmens, um die Wirtschaftlichkeit sowohl von der Kosten- als auch von der Erlösseite auf ein befriedigendes Niveau zu bringen. Erst dann ist eine Basis geschaffen, von der aus sich erfolgreich Standortpolitik betreiben läßt. Das heißt nicht, daß Standortüberlegungen aus den zunächst zu ergreifenden Optimierungs- bzw. Restrukturierungsschritten ausgeklammert werden sollten. Im Gegenteil können strategisch ausgerichtete Standortüberlegungen richtungsweisend für die vorbereitenden Aktivitäten sein.

In jedem Fall gilt es, den tieferliegenden Ursachen von Kosten- und Zeitnachteilen im unternehmerischen Wertschöpfungsnetzwerk systematisch nachzugehen und das Gesamtsystem zu restrukturieren bzw. zu optimieren. Hierfür können die Philosophie und die Prinzipien des Lean Management[5] als wegweisend angesehen werden (vgl. Abb. 1).

Lean Management repräsentiert die permanente, konsequente und integrierte Anwendung eines Bündels von Prinzipien, Methoden und Maßnahmen zur effektiven und effizienten Planung, Gestaltung und Kontrolle der gesamten Wertschöpfungskette von (industriellen) Gütern und Dienstleistungen. Es erstreckt sich dabei sowohl auf die strategisch-langfristigen als auch auf die taktisch-mittelfristigen und operativ-kurzfristigen Aspekte. Dabei setzt es an sämtlichen Gestaltungsfaktoren des Unternehmens an. Wichtig ist, daß darüber hinaus das gesamte Wertschöpfungsnetzwerk, also auch die Systeme der Zulieferer und Kunden in die Betrachtungen einbezogen werden. Dies soll dem Ziel dienen, prinzipiell Verschwendung zu vermeiden, um somit die Systemwirtschaftlichkeit[6] kurz-, mittel- und langfristig für alle zu optimieren.

So betrachtet ist es angebracht, von einer Philosophie des Lean Management zu sprechen. Dies gilt umso mehr, als damit deutlich zum Ausdruck kommt, daß Lean Management kein einfaches Rezept im Sinne eines ‚Crash-Programms' zur Revitalisierung angeschlagener Unternehmen ist. Lean Management stellt vielmehr ein Gegenkonzept, eine radikal andere Sichtweise des bei uns üblichen, in der Tradition von F.W. Taylor und H. Ford stehenden Managements industrieller Prozesse dar. Es stellt im Gegensatz zu diesem nicht auf eine hocharbeitsteilige Massenproduktions-Philosophie ab, sondern ist vom Ansatz her kundenauftrags-

5 Vgl. hierzu ausführlich Pfeiffer/Weiß (Lean Management), S. 58–192.

6 Vgl. zur Systemwirtschaftlichkeit Pfeiffer/Weiß/Strubl (Systemwirtschaftlichkeit).

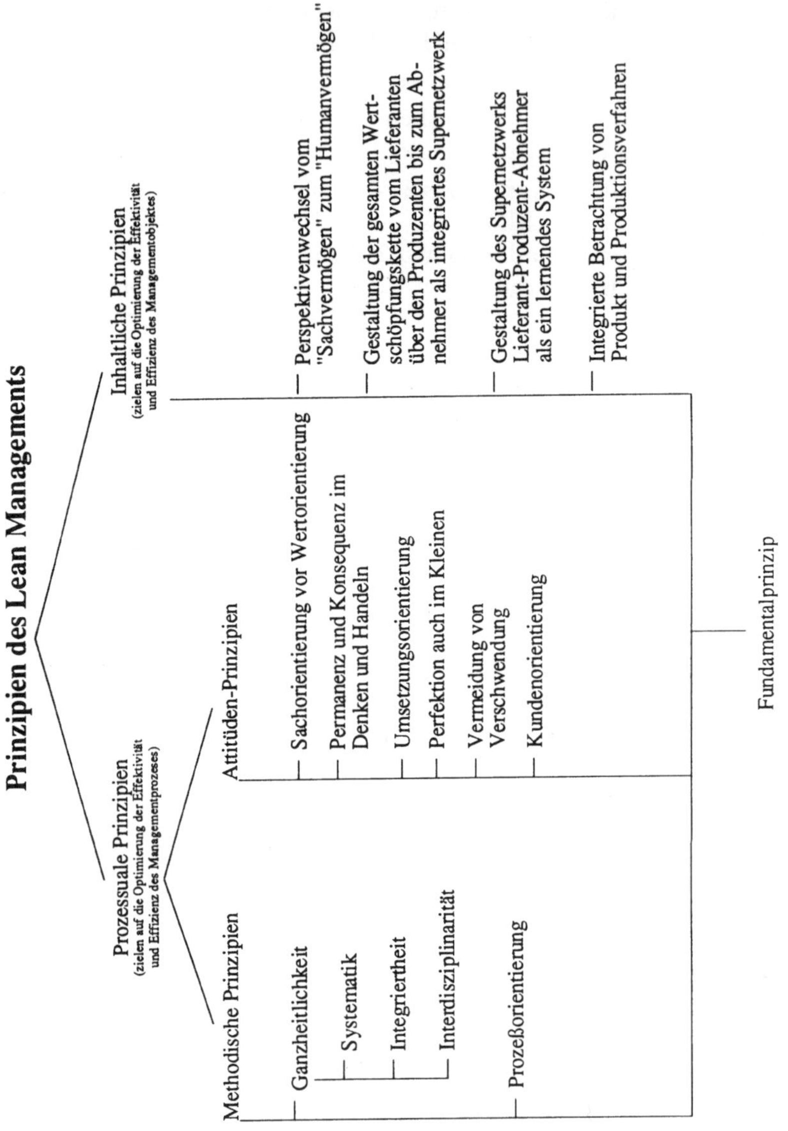

Abbildung 1: Übersicht über die Lean Management-Prinzipien

orientiert. Die Implementierung der Lean Management-Philosophie wird dabei geleistet von einer Reihe prozessualer und inhaltlicher Prinzipien, die im Sinne von Richtungsgebern, Orientierungshilfen und Leitlinien wirken.[7]

II. Fundamentalprinzip als Steuerungsmechanismus der Lean Management-Prinzipien

Das Fundamentalprinzip effektiver und effizienter Wertschöpfungsnetzwerkgestaltung[8] stellt den übergeordneten Steuerungsmechanismus für die ganzheitliche Umsetzung der Prinzipien des Lean Managements in die Unternehmenspraxis dar (vgl. Abb. 2). Es umfaßt zwei Dimensionen, nämlich einen sachlich-organisatorischen, auf die Ganzheitlichkeit bezogenen, und einen zeitlichen Gestaltungshebel.

Allgemein gesprochen läßt sich sagen: Je grundlegender und je früher das Management im Lebenszyklus eines Produktes, Produktionsprozesses bzw. ganz generell eines Projekts nachdenkt und handelt, desto größer sind Effektivität und Effizienz der Beeinflussungsmaßnahmen und desto geringer sind die Kosten der Beeinflussung. Die Chance steigt, das Richtige richtig zu tun und nicht nur irgend etwas richtig zu machen.

Wendet man diese Überlegungen auf die Thematik der Standortpolitik an, so zeigt sich häufig, daß die Zusammenarbeit zwischen Zulieferern und Abnehmern die möglichen Produktivitätsreserven ungenutzt läßt. Die in frühen Phasen der Kooperation gegebenen Beeinflussungsmöglichkeiten, noch dazu bei geringen Beeinflussungskosten, werden kaum produktiv genutzt.

Im Gegenteil: Viele Abnehmer entscheiden sich erst in einer Phase für eine enge Zusammenarbeit mit dem Lieferanten, in der die Eingriffsmöglichkeiten des Zulieferers nur noch sehr gering sind bei vergleichsweise hohen Änderungskosten. In der Regel kann zu diesem Zeitpunkt sowohl das produktorientierte als auch das produktionsprozeßbezogene Entwicklungs-Know-how des Zulieferers nicht oder nur zu einem Bruchteil genutzt werden. Nicht selten verlangen die Abnehmer von den schlecht informierten und zur Optimierung der Produktgestaltung nicht gehörten Zulieferern harte Preiszugeständnisse, ohne ihnen adäquate und im übrigen für beide Partner gewinnbringende Mitspracherechte einzuräumen. Setzen sich die Zulieferer in einer solchen Situation mit hohen Preisen zur Wehr, wird dies gerne als Unfähigkeit und mangelnde Elastizität ausgelegt.

Um dieser Situation abzuhelfen ist in der Tat eine neue Form der Zusammenarbeit zwischen Lieferant und Abnehmer einzufordern. Dabei sollten die Zulieferer nicht passiv auf Signale von seiten ihrer Kunden warten, sondern im Rahmen ihrer – häufig unterschätzten – Möglichkeiten aktiv auf die Abnehmer zugehen.

Unterhalten sich Abnehmer mit ihren Lieferanten nicht nur selten, sondern dann auch noch lediglich über Einzelteile, bestenfalls über Komponenten zum

7 Vgl. ausführlich zu Funktion und Inhalt von Prinzipien Strubl (Systemgestaltungsprinzipien).

8 Vgl. hierzu ausführlich Pfeiffer/Weiß (Lean Management), S. 180–192.

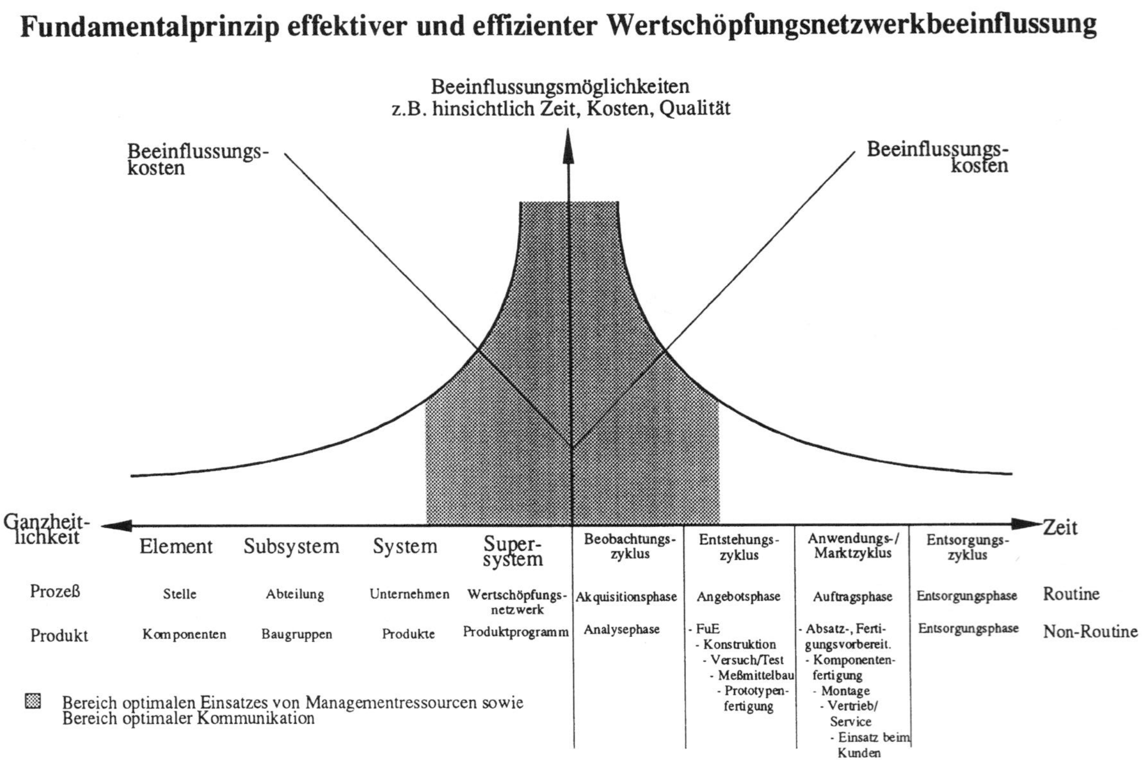

Abbildung 2: Fundamentalprinzip effektiver und effizienter Wertschöpfungsnetzwerkbeeinflussung

Zusammenbau in eigener Regie, werden weitere Kostensenkungspotentiale verschleudert. Der Bezug z.B. einer kompletten Autotür von einem sogenannten Systemlieferanten eröffnet nämlich, wie die zweite Dimension des Fundamentalprinzips zum Ausdruck bringt, sowohl beim Auftraggeber als auch beim Zulieferer nicht zu unterschätzende Rationalisierungspotentiale.

In einem Beratungsprojekt bei einem mittelständischen Automobilzulieferer führte die mangelnde Kommunikation zwischen unserem Auftraggeber und seinen Lieferanten zu gravierenden Qualitätsproblemen: Die Dichtung, die der Lieferant zeichnungsgetreu und in der geforderten Qualität lieferte, bereitete nach dem Einbau in die vorgesehene Komponente immer wieder Probleme, die sich der Automobilzulieferer nicht erklären konnte. Nach mehreren Monaten entschloß man sich, mit dem Lieferanten ein Gespräch zu führen und klärte ihn dabei über die genaue Verwendung der Dichtung auf. Dem Lieferanten war sofort klar, daß mit dem bisher verwendeten Werkstoff nur unbefriedigende Ergebnisse erzielt werden können. Durch geringfügige konstruktive Änderungen an der Dichtung und durch eine andere Werkstoffwahl war es ohne große Schwierigkeiten möglich, die Dichtungsprobleme ein für allemal zu lösen.

Die Logik des Fundamentalprinzips fordert zusammenfassend eine effektive Gestaltung der Zulieferer-Abnehmer-Beziehungen sowohl durch frühzeitige Kommunikation und Information (erste Dimension) als auch durch Betrachtung des gesamten Systems und nicht nur von Einzelteilen (zweite Dimension). Dagegen ist der Einsatz von Geld, Energie und Zeit in Bereichen mit geringer Hebelwirkung gleichzusetzen mit Ressourcenverschwendung.

C. Lean Management-orientierte Empfehlungen für die Standortpolitik industrieller Zulieferer

Es ist wichtig zu bedenken, daß allein Verlagerungen unternehmerischer Aktivitäten ins Ausland nicht die Ursachen der im Heimatland exisitierenden Unwirtschaftlichkeiten beseitigen. Sie sind höchstens geeignet, eine schlechte Kostenposition kurzfristig zu überdecken. Die strukturellen Probleme werden dadurch nicht gelöst. Im Gegenteil: Eine inadäquate Aufbau- und/oder Ablauforganisation wird zur Ausgangsbasis des Operierens in der Ferne und bewirkt dort dieselben Friktionen wie am Heimatstandort.

Standortverlagerungsentscheidungen auf der Grundlage des Status quo sind daher in aller Regel wenig effizient und schon gar nicht effektiv. Wesentliches Fundament, auf dem alle Überlegungen hinsichtlich der Standortpolitik aufsetzen sollten, ist ein optimierter Unternehmenszustand.

In diesem Zusammenhang ist es für industrielle Zulieferer empfehlenswert, zunächst ihr eigenes Unternehmen auf der Grundlage des Lean Managements zu restrukturieren und/oder zu optimieren, um so die Wettbewerbsfähigkeit zu erhöhen. Anhand der inhaltlichen Prinzipien des Lean Management wird ein kurzer Überblick über mögliche Ansatzpunkte für den Zulieferer gegeben.

Das Prinzip des ‚Perspektivenwechsels vom Sachvermögen zum Humanvermögen' besitzt geradezu paradigmatischen Charakter, indem es als Gegenpol zur technokratisch geführten Diskussion um die menschenleere (CIM-)Fabrik zu verstehen ist.[9] Die Arbeitskraft wird nicht nur als Kosten-, sondern auch als Nutzenfaktor gesehen, deren kreatives Potential zur Systemoptimierung (z.B. Verbesserung, Störungsbeseitigung und Innovation) genutzt wird.[10] Hierzu ist neben einer Qualifikations- insbesondere eine Entspezialisierungsoffensive durch sogenannte ‚Neue Formen der Arbeitsorganisation' sowie eine Restrukturierung der überkommenen Entlohnungs- und Anreizsysteme erforderlich. Mittels Kaizen,[11] Continuous Improvement Programs (CIP), Qualitätszirkeln, teamorientierter Workshoparbeit und ähnlichen Methoden kann das Wissen der Mitarbeiter vor Ort dazu genutzt werden, die Produktivität permanent zu verbessern und auf veränderte Erfordernisse der Abnehmer flexibel und schnell zu reagieren.

Lean-Unternehmen versuchen über den gesamten Entstehungsprozeß industrieller Güter optimierend und unterstützend einzugreifen. Das Prinzip ‚Gestaltung der gesamten Wertschöpfungskette vom Lieferanten über den Produzenten bis zum Abnehmer als integriertes Supernetzwerk' fordert von den industriellen Zulieferern nicht nur die Beziehungen zu ihren Abnehmern zu optimieren, sondern auch ihre eigene Zuliefererstruktur mit in die Betrachtung einzubeziehen.

In einem Beratungsprojekt bei einem mittelständischen Automobilzulieferer stellten wir fest, daß die Ursache für das Hochschnellen der Lieferantenzahl von 100 auf 600 binnen kurzer Zeit auf die Auswahl der Lieferanten rein nach dem Angebotspreis zurückzuführen war. Unser Projektpartner hatte versucht, die Preiszugeständnisse, die ihm die Automobilindustrie abverlangt hatte, voll auf seine Lieferanten zu überwälzen. Mit fatalen Folgen, wie sich herausstellte: Der Einkauf verlor den Überblick und war nicht mehr in der Lage, Lieferanten auszuwählen, die die geforderten hohen Qualitätsstandards einhalten konnten. Dies zog enorme Prüfkosten, hohe Retouren sowie letztlich Friktionen in der gesamten Fertigung nach sich, da sich die Produktionsplanung und -steuerung an der Qualität der jeweils angelieferten Teile ausrichten mußte. Gerade ist man dabei, in mühevoller Kleinarbeit etwa 80 kompetente Partner auszuwählen, zu auditieren und auf die Linie der neuen Politik einer langfristigen, kooperativen Zusammenarbeit einzuschwören.[12]

---

9 Bereits zu Beginn der Automatisierungs- und CIM-Euphorie betonten Ellinger/Schüring/Weber/Winter (Produktionsmutuationen) die Bedeutung des Humanvermögens.

10 Vgl. hierzu Hayes/Jaikumar (Fertigungstechnologien). Damit einher geht natürlich ein bestimmtes Menschenbild, welches sich bekanntlich mit McGregor in den Theorien X und Y polarisieren läßt. Vgl. Pfeiffer (Neue Formen).

11 Vgl. Imai (Kaizen).

12 In die gleiche Richtung bewegen sich deutsche Automobilproduzenten: BMW etwa strebt an, in Zukunft statt mit 850 Lieferanten mit 100 Topfirmen auszukommen. Die mit der Verringerung der Lieferantenzahl einhergehende Reduktion logistischer Kontakte hat nicht zu unterschätzende Kostenwirkungen: Audi wendet bisher 5,5 bis 6 Prozent des Umsatzes (1991: 14,8 Mrd. DM) für ca. 800 logistische Kontakte auf. Der Umsatzanteil beim besten Japaner beträgt dagegen bei 200 Kontakten nur 1 Prozent.

Voller Überraschung stellte man dort bei einem zufälligen Besuch fest, daß ein kleiner Lieferant sich in den letzten Jahren zu einem hochkompetenten Partner entwickelt hat. Der Zulieferer hat enorm investiert und ist seit einiger Zeit in der Lage, ein wesentlich breiteres Teilespektrum zu liefern, als man gedacht hatte – und dies bei anerkannt hohem Qualitätsstandard und niedrigen Preisen. Das Einkaufsvolumen einer ganzen Reihe von kleinen Lieferanten kann nun auf den kompetenten Zulieferer vereinigt werden mit dem Ergebnis einer deutlichen Reduktion der Anzahl von Schnittstellen. Dieses Beispiel zeigt, welche Chancen in der Optimierung der eigenen Lieferantenkette des Zulieferers liegen, wenn die unternehmensinterne Kommunikation und Information verbessert wird.

Während sich gerade angesichts des Individualisierungstrends der Nachfrage bei den konventionellen, meist starren Produktions- und Organisationsstrukturen hohe Änderungskosten, -zeiten und organisatorische Veränderungsbarrieren auftürmen, erlauben die flexiblen Strukturen des Lean Management industriellen Zulieferern ein permanentes Lernen durch viele, auch kleinste Innovationen bzw. Verbesserungen. Die Umsetzung des Prinzips ‚Gestaltung des Supernetzwerks Lieferant-Produzent-Abnehmer als ein lernendes System' erfordert u.a. einfache Strukturen durch Segmentierung,[13] flache Hierarchien, eine Umkehrung der hocharbeitsteiligen Organisation durch Übertragung von Aufgaben und Kompetenzen an den Ort der direkten Wertschöpfung bei möglichst weitgehender Realisierung der Team-Arbeit sowie die Einrichtung eines Systems der sofortigen Fehlererkennung, -rückverfolgung und -beseitigung durch maximale aufgabenorientierte Information und Kommunikation.

Die bei hiesigen Zulieferern zu beobachtende Asymmetrie zwischen Produkt- und Prozeßoptimierung wird durch Umsetzung des Prinzips ‚Integrierte Betrachtung von Produkt und Produktionsverfahren' überwunden, denn erst die gleichrangige Betrachtung von Produkt und Prozeß kann Wettbewerbsvorteile nachhaltig sichern. Entsprechend sind Produkt- und Prozeßentwicklungs-Aktivitäten zu parallelisieren und organisatorisch zu integrieren.

Haben industrielle Zulieferer ihr eigenes Unternehmen restrukturiert bzw. optimiert, dann sind gute Ausgangsbedingungen geschaffen, um in einem nächsten Schritt die Schnittstelle zu den Abnehmern weit wirtschaftlicher als bislang zu gestalten.

I. Optimierung der Zusammenarbeit zwischen Zulieferern und Abnehmern

Vielerorts stellt sich die Situation, in der sich industrielle Zulieferer befinden, heute so dar: Um aus einer überlegenen Verhandlungsposition heraus die berüchtigte ‚Daumenschraube' ansetzen zu können, arbeiten Abnehmer mit einer ganzen Rei-

13 Vgl. zu flexibleren, segmentierten Organisationsstrukturen Frese (Geschäftssegmentierung) und zur Gestaltung prozeßorientierter Organisationsstrukturen Pfeiffer/Weiß/Strubl (Umstrukturierung), S. 8ff.

he von Alternativlieferanten im In- und Ausland zusammen, so daß ein schneller Wechsel möglich ist. Dies kann so weit gehen, daß selbst bei preislicher, qualitätsmäßiger und terminlicher Zufriedenheit mit dem Zulieferer ein Unternehmen von den Vertragsjuristen in der Beschaffung gezwungen wird, aus Prinzip jährlich den Lieferanten zu wechseln, ‚damit es diesem nicht zu wohl wird'. Woran bislang kaum gedacht wurde sind die indirekten Kosten und die Zeitwirkungen, die von einer solchen Politik des mißtrauensmotivierten multiple sourcing und der damit verbundenen hohen Zuliefereranzahl ausgehen.

Ausgangspunkt für die Vermeidung von Schnittstellen[14] durch eine Reduktion der Anzahl der Lieferanten ist daher eine radikale Änderung des seither von den Abnehmern praktizierten Einkaufsverhaltens nach dem Motto ‚teile und herrsche'. Richten sich die Abnehmer nach der Philosophie und den Prinzipien des Lean Managements aus, werden sie eine enge, partnerschaftliche Zusammenarbeit mit einigen wenigen, kompetenten und produktiven Zulieferern anstreben. Hierbei werden sie sich vorwiegend auf diejenigen Zulieferer stützen, die ihrerseits mit den lean-orientierten Optimierungsprozessen weit vorangeschritten sind.

Ein für die Abnehmer sehr wichtiger Ansatz, der die Zulieferer vor enorme Herausforderungen stellt, ist die Gestaltung der Schnittstellen[15] in der Zulieferer-Abnehmer-Beziehung. Durch gezielte Schnittstellengestaltung lassen sich für beide Partner vielfach Wirtschaftlichkeitsverbesserungen um Größenordnungen erzielen.

Durch eine Hierarchisierung der Zuliefererstruktur reduziert sich die Komplexität an den Schnittstellen beträchtlich (vgl. Abb. 3). Die direkt mit den Abnehmern in Kontakt stehenden Lieferanten fungieren als kompetente ‚Systemlieferanten'.[16]

Wer als Zulieferer den Schritt zum Systemlieferanten nicht vollzieht, gerät in die Gefahr, den Sprung zum exklusiven Entwicklungspartner bzw. Produktionsspezialisten zu verfehlen. Er sieht sich möglicherweise unversehens in mörderischer Konkurrenz mit in- und ausländischen Billiganbietern wenig know-how-intensiver Komponenten.

Die Entwicklung zum Systemlieferanten ist nicht zwangsläufig auf die höchste Ebene in der Zuliefererpyramide beschränkt; vielmehr bestehen auch in Bereichen, die weiter vom Endprodukt entfernt sind, vielfältige Ansatzpunkte für die Entwicklung zum Systemlieferanten für Komponenten, wie im folgenden an drei Beispielen gezeigt wird.

---

14 Vgl. zur Schnittstellenvermeidung auch Pfeiffer/Weiß (Lean Management), S. 88–90.

15 Vgl. zur Schnittstellengestaltung auch Pfeiffer/Weiß (Lean Management), S. 90–98.

16 Kennzeichnend für einen Systemlieferanten ist dessen Fähigkeit, eine ‚Systemführerschaft' für einzelne Komponenten bzw. Subsysteme zu übernehmen. Dem Systemlieferanten ist in der Regel auch die Entwicklungsverantwortung für diese Teile übertragen. Vgl. Pfeiffer/Weiß (Lean Management), S. 90. Die Entwicklung zum Systemlieferanten kann von mehreren Richtungen ausgehend erfolgen. Vgl. hierzu Wildemann (Zukunftstrends), S. 9.

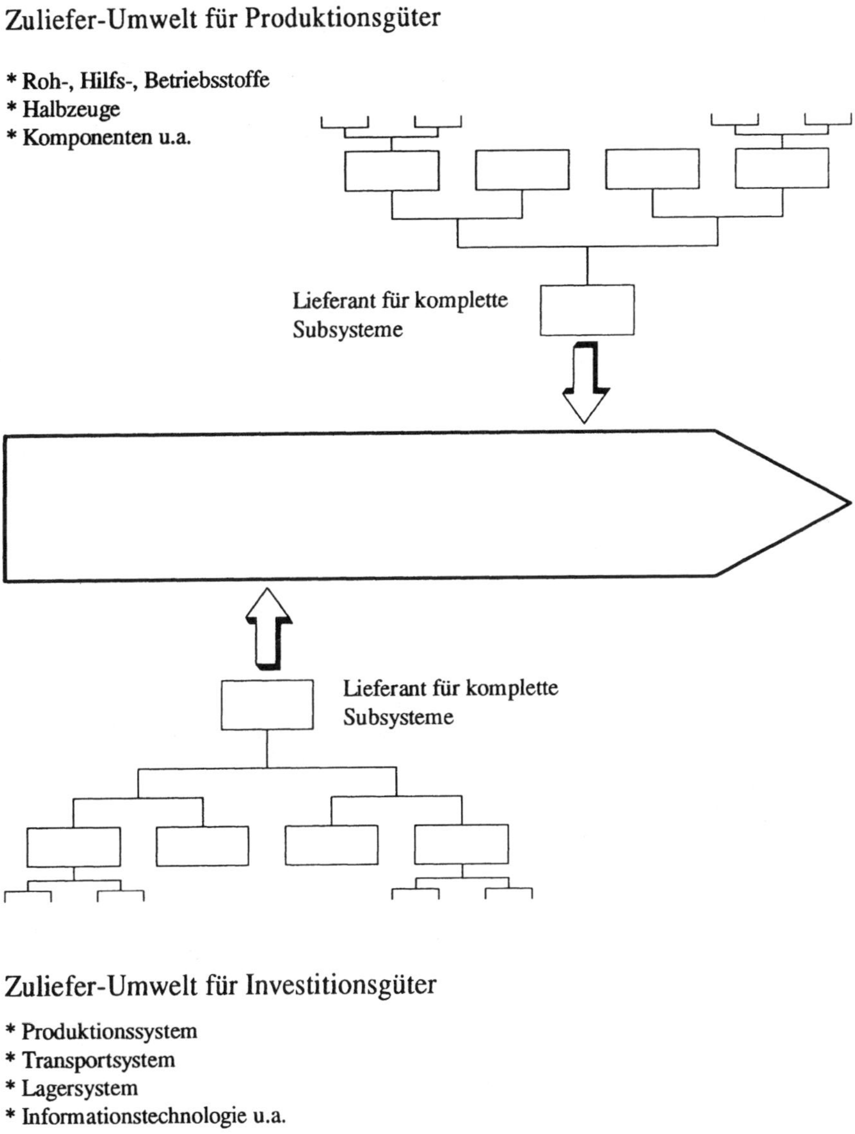

Quelle: Pfeiffer/Weiß (Lean Management), S. 91

Abbildung 3: Schnittstellengestaltung durch Hierarchisierung

Webasto, ursprünglich Komponentenlieferant, hat konsequent den Weg zum Systemlieferanten für Schiebedächer beschritten. Durch die Erhöhung der Fertigungstiefe im eigenen Haus stiegen die Möglichkeiten der Beeinflussung: Früher wurde ein Schiebedach beim Automobilhersteller durch eine Vielzahl von Lieferanten in 37 Komponenten und 287 Einzelteilen angeliefert und dort dann montiert. Webasto nutzte die Chance als Systemlieferant. Erst dadurch wurde eine konsequente Funktionsintegration möglich, die die Teilezahl auf nur noch 6 Komponenten, bestehend aus 180 Einzelteilen, reduzierte. Die Funktionsintegration erlaubt nun eine Integralteilefertigung, die zu enormen Wirtschaftlichkeitssteigerungen in der Teilefertigung und in der Montage des Zulieferers führt, da bedeutend weniger Einzelteile durch das Wertschöpfungsnetzwerk geschleust und verwaltet werden müssen. Zusätzlich konnte Webasto als Systemlieferant die eigene Fertigungstiefe erhöhen. Hiervon gehen wiederum enorme Impulse auf die Innovationsdynamik aus, da nun das Gesamtsystem ‚Schiebedach' optimal gestaltet werden kann, mit allen Produktivitätsvorteilen sowohl für den Lieferanten als auch für den Zulieferer.

Der Zulieferer kann durch die vorstehend erwähnte Funktionsintegration seinerseits die Lieferantenzahl, die Bestände sowie die Kosten für logistische Kontakte reduzieren bei einer gleichzeitigen Verbesserung der Qualität.

Der Abnehmer spart hierdurch nicht nur Kosten in der Entwicklung, Beschaffung und Logistik, sondern kann in der Montage die Einbauzeit von 30 Minuten auf wenige Minuten reduzieren.

Da das komplette Schiebedach vor Einbau funktionsgeprüft werden kann, ergeben sich darüber hinaus auch im Bereich der Qualitätssicherung beträchtliche Kostensenkungspotentiale für Zulieferer und Abnehmer. Beachtliche Optionen bestehen auch für den Systemlieferanten, sein Zulieferersystem nach seinen ganz spezifischen Vorstellungen und Bedürfnissen zu ordnen und zu steuern, um seine eigenen Zuliefererschnittstellen zu optimieren.

Wie zukunftsorientiert Webasto die Chance des Systemlieferanten nutzt und welche Möglichkeiten die Automobilhersteller bereits heute einem konstruktiv-aktiv agierendem Systemlieferanten einzuräumen bereit sind, zeigt die Tatsache, daß Webasto für den C-Klasse-Mercedes eine Anlage entwickelte und produzierte, die computergesteuert das vom Kunden gewünschte Schiebedach an der Montagelinie von Mercedes einbaut.

Auch Hella liefert als Systemanbieter für die VW-Golf-Fertigung im sächsischen Mosel in eigener Regie die komplette Frontpartie, bestehend aus Stoßfänger, Grill, Kühler, Lüfter, Scheinwerfern und weiteren 60 Bauteilen. Die Verantwortung von Hella reicht von der Entwicklung über Beschaffung, Fertigung, Qualitätssicherung bis zur Anlieferung.

BMW legte in einem 29 Punkte umfassenden Katalog die künftig an Systemlieferanten abzugebenden Aufgaben fest: Sie reichen von der Auswahl und Kontrolle der Sublieferanten über die Konstruktions- und Kostenplanung bis hin zur Erprobung der Teile im Fahrzeug. Hierdurch kann der Abnehmer die zum Systemlieferanten in der Regel bestehenden Know-how-Differenzen produktiv nutzen.

Beide Partner können ihr spezifisches Know-how maximal einbringen, wobei die Zusammenarbeit den Charakter eines gegenseitig vernetzten Lernsystems hat.

Häufig ist in Diskussionen und auch in Beratungsprojekten festzustellen, daß viele (mittelständische) Zulieferer die Impulse ihrer Abnehmer in Richtung Systemlieferungen viel weniger als Chance, ein enormes Mehr an Kosten-, Zeit- und Qualitätseinfluß zu bekommen, sondern eher als Zwang und Bedrohung empfinden.

Es gehört schon eine beachtliche Trägheit und Engstirnigkeit dazu, die auf der Hand liegenden Chancen eines System- oder Teilsystemlieferanten zu übersehen. Auch zeigt dies, daß das Unisono-Lamento der Zuliefererindustrie über die rücksichtslosen Großabnehmer mindestens zum Teil nur ein vorgeschobenes Argument ist, um von der eigenen Risikoscheu oder dem eigenen Unvermögen abzulenken.

Strebt man eine Entwicklung vom Komponenten- zum kompetenten Systemlieferanten an, erfordert dies nicht nur vom Zulieferer, sondern auch vom Abnehmer eine grundlegende Restrukturierung bzw. Neuorientierung des Denkens und Handelns. Auf den Zulieferer wird die Übernahme umfangreicher Entwicklungsverantwortung für die zuzuliefernden Komponenten im Sinne von schnittstellendefinierten Teilen, sog. ‚black-box-parts', zukommen.

Daneben wird sich der Systemlieferant mit der Auswahl und Pflege von Sublieferanten, der mengen- und zeitgerechten JIT-Anlieferung von Komponenten ans Band und, wie Opel-Chef Dave Herman andeutet, sogar mit dem Einbau der Komponenten ins Fahrzeug durch eigene Mitarbeiter auseinandersetzen müssen.

Eine frühzeitige Einbindung des Systemlieferanten in die Entwicklung neuer Technologien führt zur Reduktion von Entwicklungszeiten und auch zu einer drastischen Reduktion von FuE-Transaktionskosten durch geringeren Overhead in der Entwicklung, da Kompetenz zu weiten Teilen an den Systemlieferanten abgegeben wird.

Ob eine solche enge, kommunikationsintensive und vertrauensvolle Zusammenarbeit[17] zwischen Zulieferer und Abnehmer über eine weite räumliche Distanz möglich ist, scheint selbst unter Berücksichtigung innovativer Informations- und Kommunikationssysteme fraglich. Vor diesem Hintergrund relativieren sich viele standortpolitische Überlegungen, die allein lohnkostenmotiviert sind. In einer systematischen Optimierung der Zusammenarbeit zwischen Zulieferer und Abnehmer liegen vielmehr enorme Chancen, zu einer besseren Kostenposition zu gelangen, ohne gleich den Heimatstandort zu verlassen.

17 Vgl. zu den Bedingungen und zur Ausgestaltung einer vertrauensvollen Zusammenarbeit zwischen Lieferant und Abnehmer Pfeiffer/Weiß/Horneber (Ferne).

II. Standortpolitik im Rahmen einer vorgelagerten, langfristig orientierten Globalisierungsstrategie

Vor dem Hintergrund der für den einzelnen industriellen Zulieferer unbeherrschbaren Globalisierungstendenz der Märkte kann eine dauerhafte Standortsicherung häufig nicht aus einer regionalen Perspektive heraus betrieben werden. Diese führt, ähnlich wie eine enge Abteilungs- oder Ressortperspektive im Unternehmen, zu suboptimalen Entscheidungen, die langfristig das Überleben des Heimatstandorts gefährden.

Es gibt eine ganze Reihe von Gründen, die eine Globalisierungsstrategie fordern, genannt seien nur local content-Bestrebungen, enge Anbindung an innovative Zentren der Know-how-Gewinnung, Optimierung von Währungsdifferenzen, Zugang zu günstigen Finanzierungsquellen, Markterschließung oder Kundennähe.

Ohmae[18] hat nicht zuletzt aus Lean Management-Perspektive die Implikationen einer erfolgreichen Globalisierungsstrategie radikal zu Ende gedacht. Eine von dem Prinzip der Kundennähe dominierte Globalisierungspolitik muß zum Ziel haben, Insider in allen Triade-Märkten der großen Wirtschaftsräume zu werden. Insider werden heißt, an den Auslandsstandorten jeweils zu entwickeln, zu produzieren und auch zu vertreiben. Und zwar nicht nur Komponenten, sondern Produkte und Produktprogramme.

Die Verlagerung von möglichst viel Verantwortung, Führung und Kontrolle an den Ort der Wertschöpfung selbst, um dort Lernen zu ermöglichen, gilt nicht nur für die Werkstattebene, die Elementebene im Fundamentalprinzip. Schon dort bringt die Umsetzung der lernenden Organisation erhebliche Erträge. Sie können noch erheblich gesteigert werden, wenn man als Zulieferer in der Netzwerkhierarchie weit oben anfängt und den Auslandsorganisationen optimale Entscheidungsfreiheit und Flexibilität sichert.

Eine richtig verstande Standortpolitik hat einen komplexen Voraussetzungszusammenhang und mündet in eine langfristige Globalisierungsstrategie. Die von Zuliefererseite so häufig angeführten Lohnkostenargumente spielen hier – wenn überhaupt – nur eine untergeordnete Rolle.

Um die strategisch motivierten Überlegungen im Rahmen einer Globalisierungsstrategie ökonomisch fundieren zu können, sind Systementscheidungsrechnungen auf der Grundlage des Konzepts der Systemwirtschaftlichkeit erforderlich. Hierdurch wird es einem Zulieferer möglich, das wirtschaftlich sinnvolle Mix aus Aktivitäten im Heimatland und im Ausland zu bestimmen.

III. Notwendigkeit von Systementscheidungsrechnungen zur ökonomischen Fundierung der Standortpolitik

Standortpolitische Überlegungen der industriellen Zulieferer, die zuvorderst auf dem Lohnkostenargument basieren, bergen zwei Gefahren: Zum einen werden die

18 Vgl. Ohmae (Logik).

Lohnkostenvorteile tendenziell überschätzt, vor allem wenn der Standortentscheidung eine statische Betrachtung zugrunde gelegt wird. Zum anderen werden die (indirekten) Kosten, die bei Auslandsverlagerungen anfallen, in aller Regel unterschätzt und zudem falsch zugerechnet.

Systementscheidungsrechnungen eröffnen ein weites Blickfeld, aus dem heraus beiden genannten Gefahren begegnet werden kann, indem sie eine Ausdehnung des zeitlichen und des sachlichen Betrachtungshorizonts bei standortpolitischen Entscheidungen erzwingen. Systementscheidungsrechnungen beruhen auf der eindeutigen Fixierung eines Referenzsystems, das ein in der sachlichen und in der zeitlichen Dimension eindeutig fixiertes System-Gebilde darstellt. Im Hinblick auf das konstruierte Referenzsystem kann sich eine Entscheidungsalternative im Rahmen der Standortpolitik als mehr oder weniger systemwirtschaftlich zu einer anderen Alternative qualifizieren. Als Referenzsystem für zukunftsorientierte Standortüberlegungen ist der nach den Prinzipien des Lean Managements optimierte Zuliefererbetrieb heranzuziehen.

Die Ausdehnung des zeitlichen Beobachtungshorizonts im Rahmen von Systementscheidungsrechnungen umfaßt die Betrachtung kurz-, mittel- und langfristiger Auswirkungen der Standortpolitik.

Einige vorausschauende Unternehmen rechnen bereits heute mit einer weitgehenden Nivellierung der Lohnkosten in Osteuropa binnen weniger Jahre. „Ein eindrucksvolles Beispiel liefert der Preussag-Konzern: Er hat in der tschechischen Republik fast 1.000 Kesselwagen für Güterzüge zu Preisen bauen lassen, die rund ein Drittel unter denen in Westeuropa lagen. Heute ist der Preisvorteil weitgehend verschwunden. Neben den Löhnen sind auch die Materialbezüge teurer geworden. Das Traumbild vieler Unternehmer ist ein Trugbild: Vor der Haustür ein Land, aus dem qualifizierte Arbeitskräfte hochwertige Produkte zu konkurrenzlos niedrigen Preisen liefern."[19] Die ‚Firsts'[20] unter den Zulieferern konnten womöglich die Lohnkostendifferenz in Osteuropa noch gewinnbringend nutzen. Sobald sich aber infolge der Investitionstätigkeit westlicher Zulieferer ein Wirtschaftsaufschwung einstellt, wird davon das Lohnniveau nicht ausgenommen bleiben. Die Follower sind auf aussichtslosem Posten.

Statt der beabsichtigten schnellen Entlastung auf der Kostenseite entpuppen sich die so häufig angeführten Lohnkostenvorteile oft als ‚Geldsenken', weil man neben den zeitlichen auch die sachlichen Konsequenzen einer Standortverlagerung nicht im gebotenen Umfang in die Überlegungen einbezieht. Wer berücksichtigt schon etwa die hohen Transaktionskosten durch Reisetätigkeiten qualifizierter Mitarbeiter oder die Ausfallzeiten kompetenter Fachkräfte am Heimatstandort durch Auslandsaufenthalte in angemessenem Umfang?

Die Lohnkostenvorteile überschätzt man, weil man schlicht falsch rechnet, indem man zumindest einen Teil der entscheidungsrelevanten, indirekten Kosten außen vor läßt. Ein Grund hierfür ist die mangelnde Eignung der zur Verfügung

19 O.V. (Tschechien), S. 17.
20 Vgl. zur First/Follower-Philosophie: Pfeiffer/Weiß (Technologie-Management), S. 1–39.

stehenden Instrumente des Rechnungswesens. Stellt man bei einer standortpolitischen Entscheidungsrechnung lediglich eng auf Lohn- und Materialkosten ab, greifen die ermittelten Ergebnisse wesentlich zu kurz. Rechnet sich allein auf dieser Grundlage für den Zulieferer der Bezug von Wertschöpfung aus dem Ausland vordergründig, so relativiert sich das Ergebnis sehr stark, wenn man die Kosten indirekter Bereiche in die Überlegungen miteinbezieht. Der Zulieferer wird bereits kurze Zeit nach Anlaufen des Auslandsengagements Kostensteigerungen, z. B. in der Materialwirtschaft, in der Disposition oder in der Qualitätssicherung feststellen, die bei genauer Betrachtung auf die Auslandsaktivitäten zurückzuführen sind.

In diesem Zusammenhang sind wiederum Systementscheidungsrechnungen hilfreich, da sie neben der zeitlichen Ausweitung des Betrachtungshorizonts auch eine Ausweitung des Entscheidungsfelds in sachlicher Hinsicht erlauben. Dementsprechend werden auch indirekte Kosten- und Erlöswirkungen sowie qualitative Konsequenzen einer Standortentscheidung auf das gesamte Wertschöpfungsnetzwerk offengelegt.

Der Einsatz bewährter Experten des Zulieferers zur Ertüchtigung seiner Lieferanten im Ausland ist beispielsweise meist um Größenordnungen teurer als der Know-how-Aufbau beim High-Tech-Zulieferer am Hochlohnstandort, der sich womöglich noch in unmitttelbarer Nähe befindet. Häufig sind nämlich beim Low-Tech-Lieferanten erst enorme Lücken im Fertigungs-Know-how, allen voran in der Qualität, zu schließen, bevor mit befriedigenden Lieferungen gerechnet werden kann.

Dies kostet Zeit, die nicht beliebig verkürzt werden kann. Werden die sogenannten ‚Zeitkonstanten der Vorbereitung' unterschätzt, oder versucht man sie gar zu umgehen, fängt man sich enorme Probleme zu Hause im eigenen Betrieb ein: So wurde z. B. bei einem mittelständischen Zulieferer durch die unzureichende Qualität des ausländischen Teilezulieferers der Wareneingang und die Freigabe zeitkritischer Komponenten erheblich verzögert. Die negativen Konsequenzen für die Lieferbereitschaft, die Lieferfähigkeit und die Termintreue beeinflussen aber letztlich das Zukunftsgeschäft.

Reklamationen beim ausländischen Lieferanten und Retouren ziehen umfangreiche Abwicklungsaktivitäten in der Verwaltung nach sich. Sie wirken dazu expansiv auf den Flächen- und Raumbedarf im eigenen Unternehmen. Statt generell Redundanzen im System zu vermeiden, d.h. z.B. durch weitgehende Abschaffung der Wareneingangsprüfung beim Abnehmer doppelte Qualitätsprüfungen beim Lieferanten und beim Abnehmer auf ein Minimum zu beschränken, wird das Gegenteil erreicht.

Alles in allem führt der unüberlegte, unvorbereitete und vermeintlich schnell und kostengünstig zu realisierende Bezug von low-cost-Wertschöpfung statt zu den beabsichtigten Kostensenkungen häufig in Folge von ‚Schlechtlieferungen' zu einer kettenartigen Expansion der Systemkosten und, was noch schwerer wiegt, zu erheblichen Zeitverlusten. Allein die Systemkostenexplosion übersteigt bei weitem die erhofften Lohnkostenersparnisse.

Bei standortpolitischen Überlegungen ist zusammenfassend im Detail zu prüfen, inwieweit sich ein ‚Zerschneiden' des Wertschöpfungsnetzwerks bzw. das räumliche Verlängern von Wertschöpfungsketten rein aus Lohnkostengründen rechnet. In aller Regel treten hierdurch gravierende Informations- und Kommunikationsprobleme auf, die sich nur durch viel Zeit und hohe (Opportunitäts-) Kosten überwinden lassen.

Literaturverzeichnis

Ellinger, Th.; Schüring, K.-H.; Weber, H.-J.; Winter, K.-H. (Produktionsmutuationen): Industrielle Produktionsmutuationen aus betriebswirtschaftlich-technologischer und humaner Sicht, in: BFuP 1977, S. 381–394

Frese, E. (Geschäftssegmentierung): Geschäftssegmentierung als organisatorisches Konzept, in: ZfbF 45 1993 S. 909–1024

Hayes, R.H.; Jaikumar, R. (Fertigungstechnologien): Neue Fertigungstechnologien revolutionieren die Unternehmen, in: Harvard Manager 2/1982, S. 73–80

Imai, M. (Kaizen): *Kaizen.* Der Schlüssel zum Erfolg der Japaner im Wettbewerb, München 1992

Lamming, R. (Die Zukunft): Die Zukunft der Zulieferindustrie. Strategien der Zusammenarbeit: Lean Supply als Überlebenskonzept, Frankfurt–New York 1994

O. V. (Tschechien): Nach Tschechien, in: Frankfurter Allgemeine Zeitung v. 4. 11. 1994, S. 17

O. V. (Zuliefererindustrie): Die deutsche Zuliefererindustrie fühlt sich benachteiligt, in: Frankfurter Allgemeine Zeitung v. 25. 4. 1994, S. 21

Ohmae, K. (Logik): Die neue Logik der Weltwirtschaft. Zukunftsstrategien der internationalen Konzerne, Hamburg 1991

Pampel, J. (Kooperation): Kooperation mit Zulieferern. Theorie und Management, Wiesbaden 1993

Pfeiffer, W. (Neue Formen): Neue Formen der Arbeitsorganisation - Humanisierung und Wirtschaftlichkeit, in: Eifler, G.; Saame, O.; Schneider, P. (Hrsg.): Arbeit – Realität und Probleme, Mainzer Universitätsgespräche, Sommersemester 1982, Mainz 1982, S. 29–60

Pfeiffer, W.; Weiß, E. (Lean Management): Lean Management. Grundlagen der Führung und Organisation lernender Unternehmen, 2. überarbeitete und erweiterte Auflage, Berlin 1994

Pfeiffer, W.; Weiß, E. (Hrsg.) (Technologie-Management): Technologie-Management. Philosophie-Methodik-Erfahrungen, Göttingen 1990

Pfeiffer, W.; Weiß, E.; Horneber, M. (Ferne): Warum in die Ferne schweifen, wenn das Gute so nahe liegt?. Ein Plädoyer gegen unüberlegte Produktionsverlagerungen in das Ausland, in: Blick durch die Wirtschaft v. 5., 6., 7., 8. 4. 1993

Pfeiffer, W.; Weiß, E.; Strubl, C. (Systemwirtschaftlichkeit): Systemwirtschaftlichkeit. Konzeption und Methodik zur betriebswirtschaftlichen Fundierung innovationsorientierter Entscheidungen, Göttingen 1994

Pfeiffer, W.; Weiß, E.; Strubl, C. (Umstrukturierung): Umstrukturierung von Unternehmen auf der Basis der Prinzipien des Lean Management, in: Festschrift zur 75-Jahr-Feier der Wirtschafts- und Sozialwissenschaftlichen Fakultät, Generalthema: Wirtschaft, Gesellschaft und Staat im Umbruch, Nürnberg 1995 (im Erscheinen)

Strubl, C. (Systemgestaltungsprinzipien): Systemgestaltungsprinzipien. Entwicklung einer Prinzipienlehre und ihre Anwendung auf die Gestaltung zeitorientierter Unternehmen, Göttingen 1993

Wildemann, H. (Zukunftstrends): Zukunftstrends in der Zulieferindustrie, in: Blick durch die Wirtschaft v. 1. 6. 1993, S. 9

Herausforderungen, Möglichkeiten und Grenzen des Controlling im Internationalisierungsproeß mittelständischer Unternehmen

Dr. Martin Ziener, Kaufmännischer Geshäftsführer,
Merkle GmbH, Ulm

A. Grundlagen

I. Themenstellung

Internationalisierungprozesse sind seit vielen Jahren nicht auf große und größte Unternehmen beschränkt. Zunehmend sind mittelständische Unternehmen über ihren Heimatmarkt hinaus aktiv bzw. versuchen, ihre Aktivitäten in neue regionale Märkte auszuweiten.

Dies führt innerhalb dieser Unternehmen zu ganz unterschiedlichen Effekten: Zum einen ist damit eine erhebliche Erwartungshaltung bezüglich zusätzlicher Umsätze und Erträge verbunden, zum anderen wird das Thema oft wenig systematisch, schlecht vorbereitet und auch zu wenig informiert angegangen.

Ein solcher, nicht untypischer Gegensatz zwischen Erwartung einerseits und Realität andererseits konfrontiert den Controller regelmäßig mit Situationen, deren Lösung in erheblichem Maße in grundsätzliche Fragen der Unternehmensstrategie eingreift.

Es wäre im Sinne des Verfassers, wenn die dargelegten Beobachtungen und Schlußfolgerungen, die auf einer Reihe von Erfahrungen aus Tätigkeiten im In- und Ausland beruhen, die weitere wissenschaftliche und systematische Beschäftigung mit diesem Themenkomplex anregen könnten.

II. Ausgangssituation mittelständischer Unternehmen

Bereits der Begriff „mittelständisches Unternehmen" ist eine zugegebenermaßen weite und facettenreiche Beschreibung eines schwer zu fassenden Unternehmenstyps. Daher soll das Wesen des mittelständischen Unternehmens für die im folgenden anzustellenden Betrachtungen insoweit konkretisiert werden, als hierunter Unternehmen verstanden werden, die

- primär mit einem Hauptprodukt
- auf ihrem Heimatmarkt
- ohne wesentliche Partnerschaften, sei es durch Beteiligungen oder Lizenznahme

ihr bisheriges Geschäft entwickelt haben. Ergänzend müßte sicherlich hinzugefügt werden, daß auch die Eigner- und oder Führungssituation stark auf eine Person (z. B. Eigentümer oder Allein-Geschäftsführer) oder zumindest eine eng faßbare Personengruppe (z. B. die Eigentümerfamilie) bezogen ist.

Diese Unternehmen zeichnen sich dadurch aus, daß sie in einem generell mittelständisch strukturierten Markt tätig waren, daß es sich dabei um Märkte handelt, auf denen kein wesentlicher Importdruck herrschte und auf denen Kapitalkraft allein kein ausschlaggebender Wettbewerbsfaktor war.

Die Vertriebsorientierung hinsichtlich des Produktprofils als auch der Marketing- und Kommunikationsstrategie ist ausgerichtet auf den nationalen Heimatmarkt. Der Außendienst kennt seine Kunden im Inland, weiß sich auf deren Anforderungen und Bedürfnisse einzustellen und – nicht zu unterschätzen – verfügt über zahlreiche persönliche Kontakte zu den Entscheidungsträgern seiner Kunden. Hinzu kommt, daß die wesentlichen Wettbewerber und deren Verhalten und Vorgehensweise im Markt, z. B. in bestimmten Angebotssituationen, bekannt bzw. tendenziell einschätzbar sind.

Auslandsaktivitäten spielen in diesem Stadium der Unternehmensentwicklung eine untergeordnete Rolle, so daß zumindest über allgemeine Kenntnisse hinaus, Informationen über Auslandsmärkte und die dort herrschenden Bedingungen nicht vorliegen. In Folge bedeutet das auch, daß keine weiteren Kenntnisse hinsichtlich spezifischer Aspekte aus den Themenkreisen Recht, internationaler Zahlungsverkehr oder Zölle und Frachten vorhanden sind. Wenngleich lapidar, so dennoch in der Praxis von nicht zu unterschätzender Auswirkung, ist das weitgehende Fehlen von Fremdsprachenkenntnissen auf der Führungs- wie auch auf der Abwicklungsebene des Unternehmens.

Völlig abwesend ist in dieser Situation auch eine mehr oder weniger durchgängige Orientierung der verschiedenen Funktionen auf die gänzlich unterschiedlichen Anforderungen des Auslandsgeschäfts im Vergleich zum Inlands- und Stammgeschäft.

III. Ansatzpunkte und Anstöße zur Internationalisierung.

Wohl eher die Ausnahme – wenngleich es auch solche Fälle gibt – ist die Situation, daß die Internationalisierung Ergebnis einer umfassenden strategischen Analyse und Planung mit darauf nachfolgender Realisierung und begleitendem Controlling ist. Diese eher selten vorzufindende Vorgehensweise soll im folgenden am Rande der Betrachtungen liegen, da sie schon aufgrund ihres Ansatzes ein geringeres Problempotential enthält. Allerdings muß festgehalten werden, daß gerade in den letzten Jahren in Folge der Weiterentwicklung des europäischen Wirtschaftsraums immer mehr Unternehmen damit begonnen haben, sich systematischer mit einer Internationalisierungs- oder muß man zutreffender sagen Europäisierungsstrategie zu beschäftigen.

I – Häufig anzutreffen ist dagegen die Situation, daß Unternehmen ihren Kunden ins Ausland folgen. Sei es, daß die Kunden dort eigene Produktionsstätten errichten und wünschen, daß auch ihr bisheriger Partner ihnen vor Ort entsprechende Zulieferleistungen bereitstellen kann (z. B. Automobilindustrie), sei es, daß der bisher inländische Kunde größere Aufträge im Ausland übernommen hat, für die er zwangsläufig auf die Unterstützung seines Partners angewiesen ist (z. B. Großanlagenbau, Maschinenbau).

II – Ein weitere – offenbar nicht unwesentliche – Quelle sind Zufallseinstiege, die sich aus privaten Kontakten von Mitgliedern der Geschäftsführung, Anfragen über Verbände oder Kammern ergeben.

III – Verstärkt haben in letzter Zeit, wenngleich in einigen Branchen schon früher einsetzend, Unternehmen damit begonnen, ausgehend von der Notwendigkeit, bei der Beschaffung und Herstellung Kostensenkungen zu erzielen, sich mit dem Thema Internationalisierung zu befassen. Waren es früher z. B. Unternehmen der Textilbranche, die einen Teil ihrer Beschaffung, später dann auch der eigenen Herstellung, u. a. in den asiatischen Raum verlegten, hat gerade die Öffnung Osteuropas für lohnintensive Branchen hier eine neue Dynamik mit sich gebracht. Hierbei handelt sich dann auch primär um die Zielsetzung, die Herstellung für den heimischen Markt kostengünstiger zu gestalten und erst in zweiter Linie um den Internationalisierungszweck, zusätzliche Absatzmärkte zu erschließen.

B. Charakteristika der Internationalisierungsmotive für die unternehmensinterne Umsetzung

Die zuvor skizzierten unterschiedlichen Internationalisierungsmotive führen zu zum Teil grundverschiedenen Ausgangs- und damit Entscheidungs- und Beurteilungssituationen für die Geschäftsleitung und den Controller.

I. Folge dem Kunden

In diesem Fall erscheint der Absatz zunächst gesichert. Der oder die Kunden sind bekannt. In seiner ersten Phase weist das Geschäft die Struktur eines typischen Exportstreckengeschäftes auf, dem sich in einer Folgephase häufig der Aufbau einer lokalen Produktion anschließt. In der ersten Phase hat sich das Unternehmen daher zunächst mit Logistik- und Abwicklungsfragen auseinanderzusetzen, wie auch die Herstellung zusätzlicher länderspezifischer Produkte die Produktion mit Fragen der Variantenvielfalt, Prognoseschwierigkeiten und Priorisierung von Fertigungsaufträgen konfrontiert.

Die Risikoposition ist durch die hohe Abhängigkeit von dem oder den Kunden beschrieben, so daß insbesondere dann, wenn auch erhebliche Investitionen zum Aufbau einer lokalen Produktion getätigt werden, Ausbau- und Absicherungsstrategien der ersten Phase der „Folge dem Kunden"-Internationalisierung folgen. Für diesen Schritt benötigt das Unternehmen die volle Palette lokalen Know-Hows, das zum Betrieb einer Firma notwendig ist. Spätestens jetzt beginnt die Suche nach einem lokalen Management, das in der Lage ist, diesen Anforderungen gerecht zu werden. Neben dem nunmehr i.d.R. signifikanten finanziellen Einsatz für Investitionen (Refinanzierungsfragen, Fremdwährungsexposure, Management von Kursrisiken) steigt mit dem Schritt in die lokale Fertigung der Fixkostenblock bezogen auf den Landesumsatz sprunghaft an.

Auch wenn diese Form der Internationalisierung in ihren einzelnen Phasen spezifische Risiken aufweist, ist die Gesamtrisikosituation insoweit als relativ günstig einzuschätzen, als das unternehmensinterne Wissen über das Geschäft im Zielland sukzessive zunimmt und einen gewisse Parallelität mit dem steigenden finanziellen Engagement aufweist.

II. Zufallskontakte

Die Kennzeichnung dieses Internationalisierungsmotivs mag etwas provokativen Charakter haben, da sie im Grunde keine eigentlich operative Zielsetzung, sondern vielmehr ein Phänomen beschreibt, wie denn Auslandsaktivitäten zustande kommen. Beobachtungen zeigen jedoch, daß gerade dieser Weg des Entstehens von Internationalisierungsaktivitäten aufgrund seiner latent unklaren Zielsetzungs- und Motivationslage mit einem erheblichen Risikopotential behaftet ist. Natürlich decken sich die neuen Aktivitäten mit dem grundsätzlich in jedem Unternehmen vorhandenen Wunsch, zusätzliche Absatz- und Einkunftsmöglichkeiten mit den vorhandenen Ressourcen an Wissen, Produkten oder Fertigungseinrichtungen zu erschließen.

Sehr unterschiedlich wird dementsprechend auch die Ausprägung der Geschäfte sein, die sich aus solchen Kontakten ergeben. Angefangen von Einmalgeschäften (Spot- oder Tendergeschäfte) mit einem überschaubaren finanziellen Risiko, über Lizenzierungsvereinbarungen bis hin zu der Errichtung von Joint-Ventures für Vertrieb oder Fertigung kann die Bandbreite hier reichen. Insoweit sind auch wie im zuvor aufgezeigten Fall I die Auswirkungen auf die Funktionen des mittelständischen Unternehmens höchst unterschiedlich.

Entscheidender für die Betrachtung der Controllingsituation erscheint jedoch die in diesem Falle eher etwas diffuse Entscheidungslage am Ausgangspunkt der Auslandsaktivität. Getragen wird hier der Weg ins Auslandsgeschäft von den Geschäftsmöglichkeiten, die ein i.d.R. Unternehmensexterner den Entscheidungsträgern des Unternehmens aufzeigt. Dieser Externe verfügt – oder – und hier liegt oft schon ein erster Fallstrick: gibt vor – über gute Kenntnisse und Kontakte im jeweiligen Zielland zu verfügen. Wie erfahren ist der Externe tatsächlich in der Beurteilung der realen Geschäftschancen in seinem Heimatland? Welches finanzielle Wagnis ist der Partner selbst bereit einzugehen? Umgekehrt muß auch in Betracht gezogen werden, wie sehr sich der ausländische Partner von der demonstrierten Leistungsfähigkeit des mittelständischen Unternehmens in seinem Inlandsmarkt blenden oder verführen läßt, dieses Potential auch auf den ausländischen Markt übertragen zu wollen, ohne die jeweiligen zusätzlichen Anforderungen mit ihren Auswirkungen auf die unternehmensinternen Ressourcen hinreichend abschätzen zu können.

Da im Unternehmen selbst oft nur wenig Kenntnis über die Situation im Zielland vorhanden ist, führt dies dazu, daß die Partner auf gänzlich unterschiedlichen Niveaus an Voraussetzungen und Erwartungen beginnen, Auslandsaktivitäten zu initiieren.

Zahllos sind die Beispiele, in denen Unternehmen und Partner glaubten, mit der inländischen Produktpalette plus der guten Kontakte des ausländischen Partners schnell ein Geschäft im jeweiligen Land auf die Beine stellen zu können. (Eine Historie gescheiterter Auslandsgeschäfte wäre sicherlich eine lohnenswerte Lektüre.) Für die Arbeit des Controllers eine nicht zu unterschätzende Rahmenbedingung stellt dabei der häufig auftretende Enthusiasmus der Geschäftsleitung dar, einen Ansatzpunkt für eine schnelle Ausweitung der Geschäftsbasis gefunden zu haben.

III. Beschaffungs- oder Herstellungsinternationalisierung

Ausgangspunkt für die Verlagerung von Teilen der Unternehmensaktivitäten in den Bereichen Beschaffung oder Fertigung sind nahezu durchgängig Rentabilitätsfragestellungen. Massiver Preis- und Wettbewerbsdruck auf dem inländischen Absatzmarkt zwingt dazu, sich mit der Aufgabe oder Verlagerung von Teilen der inländischen Fertigung zu befassen. Betrachtet man diejenigen Industrien, die in der Vergangenheit diesen Weg gegangen sind, handelte es sich vornehmlich um solche, bei denen der Faktor Arbeit eine entscheidende Kostenposition darstellte. Natürlich können auch zusätzliche Aspekte, wie z.B. Steuer- und Investitionshilfen, entscheidungsrelevant sein; in den seltensten Fällen dürften sie jedoch den Hauptmotivationsgrund darstellen.

Anknüpfungspunkte für einen solchen Schritt gehen u.a. von bereits bestehenden Einkaufsbeziehungen zu Herstellern in Niedriglohnländern aus, woraus sich unterschiedliche Kooperationsformen entwickeln können. In der Anfangsphase wird z. B. die Finanzierung einer bestimmten Anlage unterstützt oder es werden Fachkräfte zu Schulungszwecken untereinander ausgetauscht. In fortgeschritteneren Stadien werden Joint Ventures errichtet bzw. eigene Tochtergesellschaften gegründet.

Die Risikoposition bei diesen Internationalisierungsaktivitäten ist im Vergleich zu den zuvor betrachteten Anstößen der Gruppen I und II zwar weniger vom Absatzerfolg im Zielland geprägt, da man ja zunächst die Fertigung für den Inlandsmarkt dorthin verlegt. Dennoch hängt der Erfolg dieser Auslandsaktivitäten entscheidend davon ab, wie gut es dem Unternehmen gelingt, sich im neuen Umfeld zu etablieren. Fragen nach den geeigneten Mitarbeitern, einem kompetenten lokalen Management, das einerseits mit den Führungserfordernissen der lokalen Arbeitskräfte andererseits mit den Anforderungen an eine pünktliche und qualitativ hochwertige Produktion vertraut ist, Regelungen mit den lokalen, z.T. schwerfälligen Behörden für Genehmigungs- und Steuerfragen etc. skizzieren nur einige der zu lösenden Themenkreise. Logistikprobleme, Abstimmung von Absatz und lokaler Produktion und steigende Anforderungen an Lagerhaltung, Disposition und Finanzierung von Umlaufvermögen runden die kaufmännischen Fragestellungen ab.

Controllingrelevant, weil eben maßgeblich die Entscheidung für einen solchen Schritt ins Ausland beeinflussend, ist die grundsätzliche Einstellung im Unternehmen hinsichtlich der Verlagerung der Fertigung. Gerade mittelständische Unternehmen sind oft rund um eine historisch, handwerklich und technisch hochwertige Fertigungsstruktur gewachsen. Hinzu kommt das Gefühl der Verbundenheit zwischen Mitarbeitern, Unternehmen und Eigentümer, das ein Hemmnis für das Einschlagen solcher Wege darstellen kann. Häufig genug sind die Fälle, wo es erst zur krisenhaften Zuspitzung der Unternehmensfinanzen kommen mußte, bevor solche Kostensenkungspotentiale von mittelständischen Unternehmen überhaupt angegangen wurden. (Wobei nicht behauptet werden soll, daß nicht auch große Unternehmen solche Entwicklungen z. T. verschlafen haben). Umgekehrt darf jedoch nicht der Schluß gezogen werden, daß solche Verlagerungen allein schon die Lösung für Rentabilitäts- oder Kostenprobleme des Unternehmens mit sich bringen. Betriebswirtschaftlich betrachtet, nehmen solche Entscheidungen ihren Ausgangspunkt bei klassischen Make-or-buy-Entscheidungssituationen, die sich dann über Investitionsbeurteilungen bis zu strategischen Fragen der Unternehmensstruktur erstrecken können.

Es wird offensichtlich, daß dem Controlling hier ein weites Betätigungsfeld offensteht.

C. Einflußmöglichkeiten des Controlling bei der Realisierung von Internationalisierungsstrategien

I. Standardaufgaben des Controlling

Unabhängig davon, wie breit oder wie eng die Controlling-Funktion definiert wird, leiten sich die Einflußmöglichkeiten des Controllers im Rahmen der oben

aufgezeigten Formen von Internationalisierungsprozessen mittelständischer Unternehmen aus den folgenden Kernaufgaben der Controlling-Funktion ab:
- Informationsverarbeitung, -aufbereitung und -versorgung
- Steuerungsinformationen (Plan-Ist-Verfolgung) sowie
- Sicherung einer strukturierten Entscheidungsfindung.

Daraus ergeben sich zunächst Standardaufgaben, die zwar als geradezu elementar angesehen werden dürften, aber notwendigerweise die Grundlage dafür sind, daß der Controller auch weitergehende Funktionen tatsächlich wahrnehmen kann.

1. Aufbau eines laufenden Berichtswesens über die Auslandsaktivitäten

Der Verfasser selbst ist immer wieder erstaunt darüber, wie häufig bei mittelständischen Unternehmen nur bruchstückhaft und z. T. lediglich sporadisch aussagefähiges Datenmaterial über die Auslandsaktivitäten vorhanden ist. Sicher ist es oft eine zunächst schwer erfüllbar erscheinende Forderung, einer kleinen ausländischen Vertriebstochter ein monatliches Reporting abzuverlangen. Hier ist das Einfühlungsvermögen des Controllers gefordert, für solche Gesellschaften reduzierte und mit den lokalen Möglichkeiten kompatible Reporting-Konzepte zu implementieren.

Ergänzend gehört dazu auch die Erfassung der Kosten und Erlöse, die im Mutterunternehmen selbst im Zusammenhang mit den Auslandsgeschäften anfallen. Dies ist zudem Voraussetzung dafür, um z. B. durchgerechnete (konsolidierte) Länderergebnisse, Amortisationsrechnungen oder Analysen der Risikopositionen (Länderobligos) erstellen zu können.

2. Aufbau und Durchführung der Planung internationaler Aktivitäten

Selbstverständlich stellt die Planung gerade neu begonnener Auslandsaktivitäten die damit befaßten Personen vor besondere Schwierigkeiten. Auf die Historie kann noch nicht zurückgegriffen werden und der eigene Erfahrungsschatz ist entsprechend gering.

Umgekehrt kommt aber gerade der Planung eine wichtige Funktion zu, um geschäftlichem Abenteurertum im Auslandsgeschäft rechtzeitig entgegentreten zu können. Gerade der Internationalisierungsansatz II „Zufallskontakte“ birgt diese Gefahr in sich. Die hohe Abhängigkeit vom ausländischen Partner, der niedrige Kenntnisstand über Gewohnheiten und Abläufe im Zielland (z. B. allein schon das Einholen behördlicher Genehmigungen) bringen häufig die Zeitplanung bereits nach wenigen Monaten völlig durcheinander. Das wiederum führt zu zusätzlichen Kosten und Kapitalbindung. Entsprechend oft wird das Mutterunternehmen mit wortreichen Erklärungen vertröstet und fügt sich in sein Schicksal. Hier muß der Controller mit Hilfe seines Instrumentariums im Rahmen des Planungsprozeßes Meilensteine in finanzieller wie in zeitlicher Hinsicht vereinbaren, um dann später auch auf Verzögerungen und Risiken hinweisen zu können.

Darüber hinaus fördert der Planungsprozeß, daß die Auslandsaktivitäten von Zeit zu Zeit einer Portfolio-Betrachtung unterzogen werden. Ist der Internationalisierungszug – vielleicht gestützt durch ein bis zwei gut gelaufene Engagements oder zumindest erste Anfangserfolge – erst einmal in Bewegung geraten, wird die ihm innewohnende Dynamik oft geradezu überwältigend bis beängstigend. Neue Länder, neue Projekte werden in schneller zeitlicher Abfolge auf den Weg gebracht. Zahlreiche Anfragen des Vertriebs fordern Produktion, Konstruktion, Logistik etc. zu erheblichen Zusatzleistungen. Das bindet zunächst Kapazitäten, kostet Geld und – heute immer entscheidender – Zeit. Da der Inlandsmarkt nach wie vor erste Priorität genießt, bleiben für die Auslandsthemen nur noch die abzweigbaren Restkapazitäten. Die Folge: Die Auslandsprojekte werden schon nicht mehr mit der gewohnten Zügigkeit und Qualität bearbeitet, Chancen im Markt des Ziellandes werden gefährdet, Terminzusagen gegenüber dem ausländischen Partner – die ja auf Basis der inländischen Erfahrungswerte gegeben wurden – geraten in Gefahr oder platzen gänzlich. Das bisher so gute Image des leistungsfähigen inländischen Unternehmens erhält noch vor dem eigentlichen Start der Auslandsaktivität seinen ersten Knacks. Die Kombination aus den Controlling-Standardinstrumenten Planung und Reporting sowie die sich daran notwendigerweise anschließende Analyse der Ursachen bringt den Controller unweigerlich dazu, sich nicht nur mit der reinen Erfolgskontrolle, sondern auch mit den Geschäftsprozessen bezüglich der Auslandsaktivitäten zu befassen.

3. Analyse der Rahmenbedingungen und Voraussetzungen für die Internationalisierung

Dies jedoch darf nur einen ersten Ansatzpunkt für das Controlling von Internationalisierungsprozessen darstellen. Dieser muß abgerundet werden durch die vertiefte Beschäftigung mit den Rahmenbedingungen und Voraussetzungen, unter denen das Auslandsgeschäft überhaupt aufgenommen und durchgeführt werden kann. Groß ist dabei auch für den Controller die Gefahr, daß er die aus dem Inlandsgeschäft vertrauten und erprobten Kriterien als Meßlatte für die Beurteilung des Auslandsgeschäfts heranzieht. Erst die intensive Auseinandersetzung mit den Verhältnissen im Zielland erlaubt es dem Controller, der Situation und den Möglichkeiten angemessene Beurteilungsmaßstäbe zu entwickeln.

Will der Controller diese Forderung ernsthaft einlösen, dann ist er dazu gezwungen, sich in gewissen Abständen mit den Verhältnissen vor Ort vertraut zu machen. Er muß reisen, muß die Bedingungen für die Durchführung der Auslandsaktivität selbst erkunden und auch erfahren und – entscheidender als das Studium von so manchem Zahlenwerk und Schriftstück – muß die handelnden Personen und Situationen selbst kennenlernen und erleben. Dabei sollte jedoch ganz bewußt Wert darauf gelegt werden, daß nicht nur Gesprächspartner aus dem eigenen Firmenverbund aufgesucht werden, sondern gezielt sollte der Controller es anstreben, im Zielland einige eigene Kontakte zu suchen, um nicht nur die unternehmensinterne Meinung bestätigt zu erhalten. Auch wenn der Controller in der Regel das Auslandsgeschäft nicht originär betreibt, bieten sich über Kammern, Konsulate oder Banken zahlreiche Ansatzpunkte für Kontakte mit außerhalb der

Firma stehenden Personen, um die Rahmenbedingungen für das Auslandsengagement seines Unternehmens einer gewissen objektiven Überprüfung zuzuführen. Gerade in der Anfangsphase eines Auslandsengagements kommt einem solchen Vorgehen besondere Bedeutung zu.

Die Ergebnisse solch umfassender Aktivitäten sind auch für den Controller selbst wichtig: Vom Schreibtisch und PC aus allein wird er keine Auslandskompetenz aufbauen können. Dagegen steht die ungewohnte Situation gerade im mittelständischen Unternehmen: Der Reiseetat des Controllers ist in der Regel gering; eine Auslandsreise, zumal wenn versucht wird, sich dabei umfassender zu orientieren, ist verhältnismäßig zeitaufwendig und auch der Controller selbst ist nicht notwendigerweise gewohnt, sich außerhalb des Firmenkreises, zumal im Ausland – hier trifft auch die bereits zuvor erwähnte Fremdsprachenproblematik auf den Controller selbst zu – zu bewegen. Dennoch: Diese Herausforderung sollte und muß der Controller annehmen, wenn er seine Funktion auch beim Internationalisierungsprozeß seines Unternehmens ernsthaft ausfüllen will.

II. Die Rolle des Controlling bei der Beurteilung von Auslandsaktivitäten

Soweit bis jetzt die Controlling-Funktionen Planung und Berichterstattung betrachtet wurden, spiegeln diese die jeweiligen Controlling-Beiträge wider, wenn das Auslandsengagement bereits in Gang gekommen ist. Der Controller bewegt sich hier zudem auf dem Feld, in dem er in der Regel unternehmensintern legitimiert ist, seine Aktivitäten zu entfalten. Diese Funktionen stellen insoweit auch eine Auffangposition bei eventuellen Fehlentwicklungen dar. Besonders der unter Punkt II beschriebene Internationalisierungsanstoß „Zufallskontakte“ fordert in dieser Beziehung eine erhöhte Wachsamkeit des Controllers.

Umso notwendiger erweist es sich jedoch, daß das Controlling bereits in der Entscheidungsphase für die Aufnahme von Auslandsaktivitäten beteiligt ist. Wie insbesondere unter den Internationalisierungsmotiven I und III angeführt, kommt es dabei zu signifikanten Engagements im Zielland, die wesentliche finanzielle Ressourcen des mittelständischen Unternehmens binden. Bei allem Optimismus werden die Umsatz- und Gewinnmöglichkeiten dabei häufig überschätzt oder Pay-back-Zeiten zu kurz angesetzt. Der Controller kann hier durch das Aufbereiten von best case-/worst-case-Szenarien die Risikoempfindlichkeit des beabsichtigten Schrittes aufzeigen. Das alles setzt natürlich voraus, daß die Stellung des Controllers im Unternehmen bereits soweit etabliert ist, daß er tatsächlich in die Phase der Entscheidungsvorbereitung eingebunden ist.

Abschließend muß noch ein weiteres Schlaglicht auf die Rolle und das Verständnis des Controllers im Rahmen von Internationalisierungsprozessen geworfen werden. Die bis zu diesem Punkt gemachten Ausführungen unterstrichen vorallem die Rolle des Controllers, Risikopositionen aufzuzeigen und den Realitätsgehalt der mit dem Auslandsgeschäft gehegten Erwartungen zu überprüfen. Diese Funktionen sind für mittelständische Unternehmen, die ihre Unabhängigkeit nachhaltig bewahren wollen, essentiell. Gleichwohl kann dem Controller aber genauso die Rolle des Promotors von Auslandsaktivitäten zufallen. Unter der Gruppe III der Internationalisierungsmotive „Beschaffung und Herstellung" kommt es gerade dem Controller zu, massiv darauf hinzuweisen, daß die bisherigen Beschaffungs- und Fertigungsstrukturen unter Umständen nicht geeignet sind, dem steigenden Kostendruck erfolgreich begegnen zu können. In diesem Fall wird ihm die Aufgabe zufallen, die Notwendigkeit für eine Öffnung des Unternehmens in Richtung Ausland der Geschäftsleitung zwingend vor Augen zu führen. Eine ähnliche Situation kann sich auch aus der Analyse der Marktposition und der Absatzpotentiale des Unternehmens in seinem angestammten Inlandsmarkt ergeben. Nicht daß der Controller das Geschäft besser verstünde als die Verantwortlichen aus Produktion, Einkauf oder Vertrieb, aber wenn Controlling seiner Aufgabe nachkommt, Frühwarnindikatoren zu entwickeln und anzuwenden sowie funktionsübergreifende Zusammenhänge zu untersuchen, dann wird auch das Controlling zwangsläufig solche Impulse zu geben haben. Wie das dann im Unternehmen aufgearbeitet wird, mag im Rahmen der Aufgabenverteilung von Unternehmen zu Unternehmen jeweils unterschiedlich ausfallen.

In jedem Fall darf jedoch die situative Problematik des Controllers im Rahmen des Internationalisierungsprozesses nicht unterschätzt werden. Nimmt man als Ausgangspunkt Internationalisierungsmotiv II „Zufallskontakte", so hat es der Controller mit einem sehr positiv eingestellten Management zu tun, das der Controller versucht, auf den Boden der Tatsachen zurückzuholen. Der Controller läuft dabei Gefahr als „Zauderer mit unzureichendem Weitblick für die unternehmerische Vision" abgestempelt zu werden.

Nimmt man als Ausgangspunkt die Internationalisierungsmotive der Gruppe III „Beschaffung und Herstellung", dann muß der Controller daran arbeiten, gewohnte Wege und Verfahren im Unternehmen aufzubrechen. Geradezu unvermeidbar ist es dann, daß – insbesondere im Falle von Schwierigkeiten oder gar eines Mißerfolges – seine Person mit diesen in Verbindung gebracht wird. Dies mag die nötige Distanz und Unabhängigkeit bei der Wahrnehmung der Controlling-Funktion im Rahmen der Implementierung der Auslandsaktivitäten nicht unerheblich beeinträchtigen.

Ein Patentrezept für die Lösung dieser Dilemmata gibt es nicht. Letztlich helfen nur eine fundierte Informationsbasis und persönliche Statur des Controllers.

D. Schlußbetrachtung

Internationalisierungsprozesse bergen ein spezifisches Potential an Chancen und Risiken in sich. Die oben angestellten Betrachtungen zeigen, daß diese unmittelbar auf die Funktion und Rolle des Controllers durchschlagen. Der Controller ist daher gefordert, sich mit diesen Aspekten aktiv auseinanderzusetzen, seinen Betätigungsrahmen auszudehnen und seine Wissens- und Informationsbasis systematisch zu erweitern.

Die Herausforderung erscheint hoch – die Chance für die berufliche und persönliche Horizonterweiterung des Controllers nicht minder.

CONTROLLING – Ein Beitrag zur Unternehmenssicherung

Dr. Dieter Mehnert, WP, StB, Mitglied der Geschäftsleitung,
Bayern Revision GmbH München

A. Grundlagen

I. Controlling und Unternehmenssicherung

Ein Beitrag, der sich mit Unternehmenssicherung beschäftigt, kommt allein mit juristischen Denkkategorien nicht aus. Der heute bestehende geistig-philosophische Kenntnisstand gebietet es geradezu, die betriebswirtschaftlichen Determinanten der Unternehmenssicherung zu beschreiben. Aus betriebswirtschaftlicher Überlegung kann heute und für die Zukunft ein Unternehmen insbesondere dann als gesichert angesehen werden,
- wenn es über eine zieladäquate Unternehmensführungsorganisation,
- über schriftlich formulierte und als handlungsleitend empfundene Zielvorgaben
- sowie über gegenwärtige und künftige Erfolgspotentiale

verfügt.

Gesucht wird also aus betriebswirtschaftlicher Sicht zum Zwecke einer langfristigen Unternehmenssicherung eine Konzeption, die die veraltete Unternehmensführung als solche reorganisiert, die dadurch beiträgt, die Motivation der Mitarbeiter zu steigern, und die zur Beschreibung gegenwärtiger und künftiger Erfolgspotentiale führt.

Diese Ziele können dadurch erreicht werden, daß sich Unternehmen entscheiden, eine Controlling-Konzeption in ihre Unternehmenspraxis umzusetzen.

II. Einflußfaktoren für eine Unternehmensgefährdung

Wachsende Unternehmensgröße, steigende Qualifikation der technischen Mitarbeiter, die Zunahme der Fremdbestimmung der Unternehmung und insbesondere die sich schon vollzogenen bzw. sich noch vollziehenden Veränderungen des Marktes in technischer, wirtschaftlicher und sozialer Hinsicht stellen die Haupteinflußfaktoren für eine Unternehmensgefährdung dar. Vor allem die Veränderung des Marktes in den 90er Jahren führt zu einer neuen Qualität möglicher Unternehmensbedrohungen.

Bezeichnend schildert dies Weissman in seinen 7 Annahmen zum künftigen Markt:[1]

- Die Verbraucher werden immer widersprüchlicher und heterogener. Es lassen sich keine kalkulierbaren Schemata für eine zieladäquate Marktbearbeitung ableiten.
- Die Turbulenz der Umwelt nimmt entscheidend zu. Wir leben in einer Zeit, in der die Geschwindigkeit der Veränderungen das Unternehmensumfeld prägt.
- Das Führen mit Visionen wird eine neue Dimension erreichen. Spitzenleistungen erfordern ein visionäres Management auf allen Führungsebenen.
- Die Problemlösungen werden immer intelligenter. Nur wer sich in der „High-Tech-Generation" aufhält, kann entsprechende Produkte anbieten.
- Es entstehen auf allen Ebenen neue Kooperationsformen. Dies schafft Netzwerke, die Einzelgängern keinen Lebensraum mehr lassen.
- Durch Europa 1995 wird es zu einer zunehmenden Internationalisierung kommen. Nur wer die entsprechenden Unternehmensstrukturen schafft, kann auf diesem Markt profitieren.
- Die Verbraucher werden in Zukunft keine durchschnittlichen Problemlösungen mehr akzeptieren. Wohlstandsgesellschaften erwarten Spitzenleistungen und können sich diese auch leisten.

Gerade diese Marktveränderungen machen die zunehmende Fremdbestimmung der Unternehmen deutlich und lassen Ängste bei der Unternehmensführung aufkommen. Unternehmen, die sich diesen Veränderungen gegenübersehen, interessiert nicht in erster Linie, ob in der Steuerbilanz ein Rechnungsabgrenzungsposten für im voraus bezahlte Versicherungen enthalten ist oder nicht. Sie benötigen viel

---

1 Vgl. Weissman (Marketing) S. 1 ff.; vgl. auch Backhaus (Beratung) S. 680.

dringender die Hilfe bei der alltäglichen Bewältigung ihrer Unternehmensführungsprobleme.

Der Erfolg eines Unternehmens wird sich in Zukunft insbesondere in der Fähigkeit seiner Führungsorgane zeigen, interne und externe Umfeldveränderungen rechtzeitig zu erkennen und Lösungsmöglichkeiten zu finden. Dies setzt eine vollständige Umstellung in ihren Denk- und Verhaltensmustern voraus.

Controlling ist auf diese Weise zu einem schillernden Begriff der betriebswirtschaftlichen Diskussion und der Unternehmenspraxis geworden.

III. Controlling-Begriff

Das aus dem Amerikanischen stammende Wort „Controlling“ wird im Deutschen häufig mit dem Begriff „Kontrolle“ gleichgesetzt. Controlling als Management- bzw. Führungsaufgabe betrachtet, ist jedoch weit umfassender als der der deutschen Mentalität näherliegende Begriff der Kontrolle.[2] Controlling in seiner funktionalen Betrachtung ist die Steuerung der Unternehmung im Rahmen vorgegebener Zielsetzungen. Controlling führt zu einem permanenten Infragestellen, Initiieren und Antizipieren. Es schafft Begründungszwänge, die wesentliche Steuerungsgrundlagen einer modernen Unternehmensführungskonzeption sind. In Kenntnis dieser Zusammenhänge verfügt mittlerweile ein Großteil der Großunternehmen über entsprechende Controlling-Einrichtungen.

B. Unternehmenssicherung als Aufgabenstellung des Controlling

I. Ausgestaltung des Controlling

1. Controlling-Aufgabe und Controlling-Institution

Controlling beschreibt in seiner funktionalen Ausprägung die Aufgaben, die eine Führungskonzeption erfüllen soll, und in seiner institutionellen Ausprägung die Instanz in einem Unternehmen, die diese Aufgaben wahrnimmt (Abb. 1).[3]

2. Bestandteile des Controlling

Das Controlling besteht aus den beiden Teilbereichen „strategisches Controlling“ und „operatives Controlling“.

Definiert werden diese Bestandteile zum einen aus der Dimension ihrer Reichweite (Abb. 2) und zum anderen aus der Beschreibung ihrer Regelungsinhalte (Abb. 3).

---

2 Vgl. Bramsemann (Handbuch) S. 42.
3 Vgl. Coenenberg/Baum (Controlling) S. 2f.

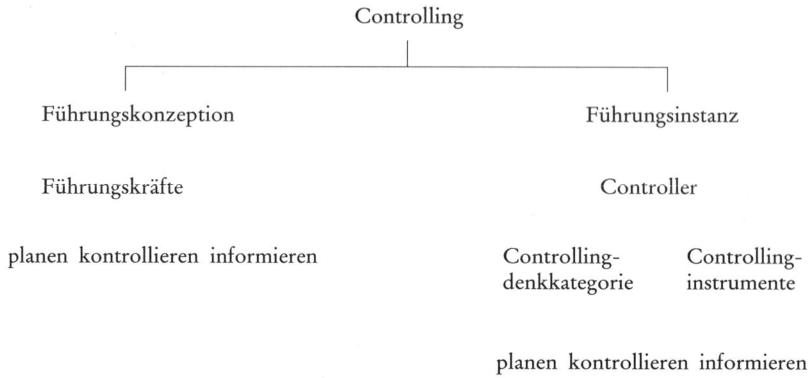

Abbildung 1: Controlling-Aufgabe und Controlling-Institution[4]

3. Denkansatz des Controlling

Für die erfolgreiche Umsetzung und Realisation der Controlling-Konzeption ist es erforderlich, daß der dem Controlling wesensimmanente Denkansatz von den Führungskräften sowie allen übrigen Mitarbeitern des Unternehmens, im Idealfall bis hin zur untersten Ebene der Ausführungsorgane, als handlungsleitend und als handlungsbegleitend empfunden wird.

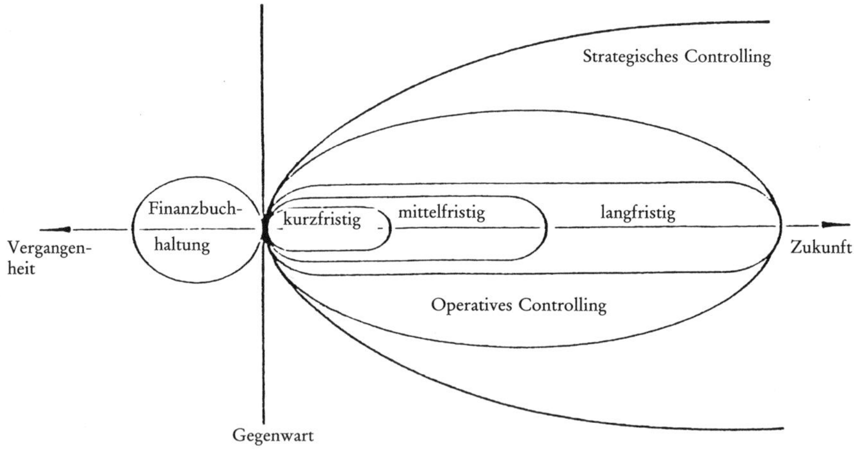

Abbildung 2: Zeitorientierung des klassischen Rechnungswesens bzw. des Controllings[5]

4 Vgl. Ebert (Managementfunktion)

5 In Anlehnung an Mann (Praxis) S. 18.

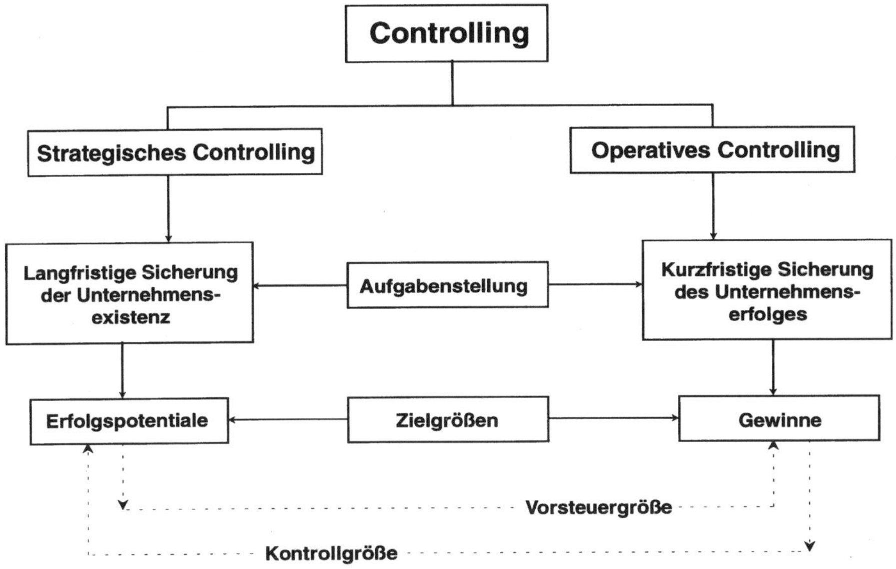

Abbildung 3: Regelungsinhalte des Controllings

Bei der Controlling-Konzeption handelt es sich um einen Systemansatz im Sinne eines sich selbst steuernden Regelkreislaufes.[6] Hierin liegt vielleicht das Geheimnis der Controlling-Konzeption, da Steuerung eines Systems voraussetzt, daß alle Bestandteile selbständig und verantwortungsbewußt arbeiten. Auf das Unternehmen übertragen heißt dies, daß das sozio-ökonomische-ökologische System der Unternehmung zunächst einmal als organisatorisch geschlossener Kreis konzipiert wird und die ausführenden Organe dieses Organisationskreises selbständig und verantwortungsbewußt im Hinblick auf die Zielsetzung der Unternehmung und der eigenen Zielsetzung im System handeln.

In der Unternehmung wird die Controlling-Konzeption zum einen dadurch sichtbar, daß sie sich in der formalen Konzeption der Unternehmensführung zeigt und zum anderen im Sinne einer Denkkategorie, die die Geisteshaltung aller im Betrieb arbeitenden Menschen determiniert.

Abbildung 4 zeigt die formale Konzeption des Controlling-Ansatzes, die gleichzeitig eine visualisierte Form des Denkprozesses darstellt.

Dieser der Controlling-Konzeption zugrundeliegende Regelkreis gilt sowohl für das operative Controlling als auch für das strategische Controlling.

Der Zusammenhang zwischen operativem und strategischem Controlling wird in Abbildung 5 deutlich, insbesondere zeigt sich das Verhältnis der ungewohnten Begriffe des strategischen Controlling zum operativen Controlling.

6 Vgl. Coenenberg/Baum (Controlling) S. 10f.

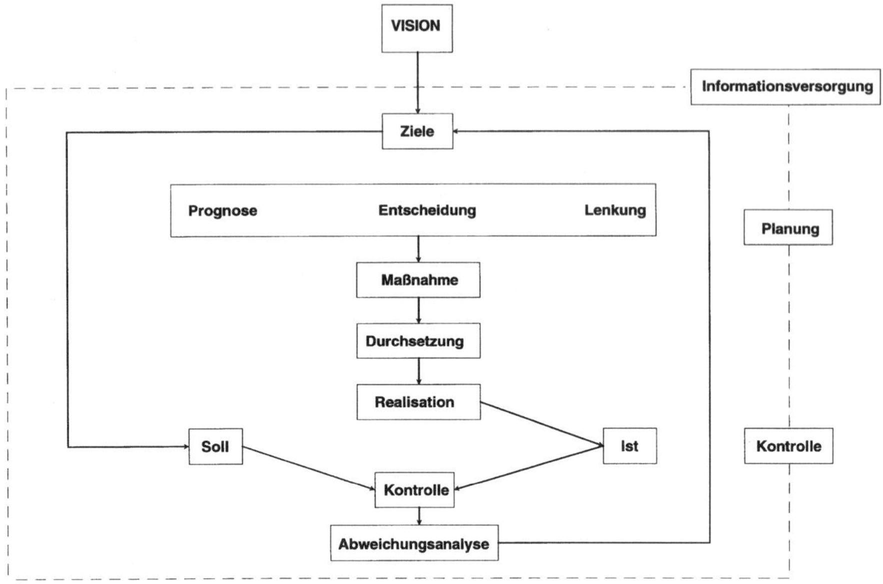

Abbildung 4: Controlling als Regelkreis

II. Operatives Controlling

Zur erfolgreichen Einsetzung der Controlling-Konzeption in der Unternehmung ist es erforderlich, sowohl den operativen als auch den strategischen Bereich des Controlling umzusetzen. Auch wenn zur Erreichung der Zielsetzung einer langfristigen Existenzsicherung der Unternehmung das strategische Controlling von ausschlaggebender Bedeutung ist, leistet das operative Controlling gerade in bezug auf die quantitative Umsetzung der strategischen Zielsetzungen einen entscheidenden Beitrag. Zu erwähnen sei hier nur der Bereich der Liquiditätssteuerung.

Das operative Controlling beschäftigt sich mit dem Maßstab, der zur Beurteilung der Erfolgspotentiale dient, dem Gewinn. Der Schwerpunkt des operativen Controlling liegt also in der Darstellung und Gestaltung der Gewinngröße. Ausgehend von der Kosten- und Erlösrechnung macht das operative Controlling die monetären Vorgänge transparent und ermöglicht, im kurz- und mittelfristigen Zeitrahmen rechtzeitig Gegensteuerungsmaßnahmen vorzunehmen. Die Aufgabe des operativen Controlling liegt insbesondere im Aufbau einer vollständigen und zielgerichteten Informationsversorgung, der Einrichtung und Durchführung zielbezogener Planungsrechnungen sowie in der verursachungsgerechten Kosten- und Leistungskontrolle, die Ausgangspunkt ist für die notwendige Abweichungsanalyse.

Hierbei spielt vor allem der Aufbau eines Planungssystems eine entscheidende Rolle. Durch Planungsrechnungen werden die Soll-Werte vorgegeben, die Grund-

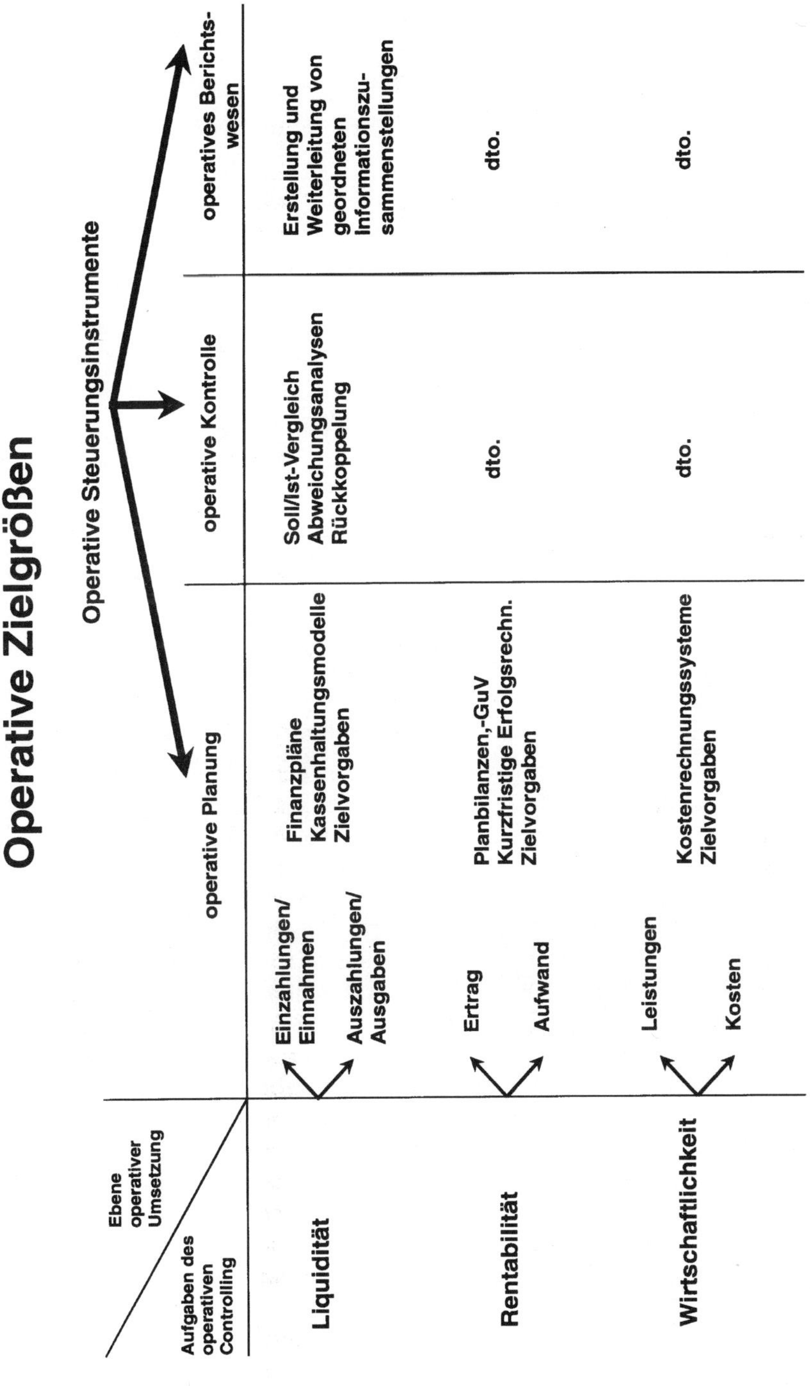

Abbildung 5a: Zusammenhang zwischen operativem und strategischem Controlling

Strategische Zielgrößen

Operative Steuerungsinstrumente

Aufgaben des strategischen Controlling / Ebene operativer Umsetzung		operative Planung	operative Kontrolle	operatives Berichtswesen
Unternehmensleitbild /Unternehmensphilosophie	Unternehmensgrundsätze Führungsgrundsätze	Leitsätze Zielvorgaben	Soll/Ist-Vergleich Abweichungsanalysen Rückkoppelung	Erstellung und Weiterleitung von geordneten Informationszusammenstellungen
Interne Potentialität	Stärken Schwächen	Eigensituationsanalyse Potentialanalyse Zielvorgaben	dto.	dto.
Externe Potentialität	Chancen Risiken	Umweltanalyse Wettbewerbsanalyse Kundenanalyse Zielvorgaben	dto.	dto.
Strategie	Produkt-/Marktstrategien Ressourcenstrategien	Geschäftsfeldkonzeption Portfolioanalysen Marketingzielplan Zielvorgaben	dto.	dto.

Abbildung 5b: Zusammenhang zwischen operativem und strategischem Controlling

lage für die Soll-Ist-Abweichungsanalyse darstellen. Erst die festgestellten Abweichungen schaffen die Begründungszwänge, die die Unternehmung im Sinne einer Vorwärtssteuerung nach vorne bringen. Im Zusammenhang mit einem Organigramm werden hier Zuständigkeiten und Verantwortlichkeiten für die Abweichungsgrößen bestimmbar.

Das Planungssystem dient dem operativen Bereich für die Ermittlung der Budgets, Planumsätze, Plankosten, Zufriedenheitsgrad der Mitarbeiter, Mitarbeiterqualifikation usw. Anhand der täglichen/monatlichen/vierteljährlichen/halbjährlichen Kontrollrechnungen wird innerjährlich überprüft:

- ob die bisherige Geschäftsentwicklung von der Planung abgewichen ist,
- ob aufgrund bereits aufgetretener Abweichungen der Plan eingehalten werden kann,
- worin die Ursachen für Abweichungen liegen bzw. wie sie zu vermeiden oder auszugleichen sind.

Auf diese Weise werden aussagefähige Abweichungen ermittelt, die Grundlage für die Ursachenforschung von Unwirtschaftlichkeit darstellen und gleichzeitig als Ausgangsbasis für geeignete Gegensteuerungsmaßnahmen dienen.

Die quantitativen Kontrollrechnungen liefern gleichzeitig die Informationsströme, die im Rahmen der Informationsversorgung für das Controlling-System unverzichtbar sind. Diese Zahlen dienen dann jeweils wieder als Ist-Daten für die Abweichungsanalyse. Auf diese Weise schließt sich der Regelkreis.

III. Strategisches Controlling

1. Inhalt

Der Regelungsinhalt des strategischen Controlling besteht in der nachhaltigen Sicherung der Unternehmensexistenz durch Schaffung und Sicherung bestehender oder künftiger Erfolgspotentiale.[7] Die Idee dabei ist, daß die Erschließung künftiger Märkte bereits heute Maßnahmen von Unternehmensseite erforderlich machen. Diese bereits heute erforderlichen Maßnahmen sind Objekte des strategischen Controlling.

Während in der operativen Planung Einzahlungen/Auszahlungen, Einnahmen/Ausgaben, Erlöse/Aufwendungen und Leistungen/Kosten quantitative Steuerungsgrößen darstellen, liegt das Ungewohnte strategischen Arbeitens darin, daß die Steuerungsgrößen Stärken/Schwächen und Chancen/Gefahren einer quantitativen Beschreibung nur schwer zugänglich sind. Es besteht geradezu die Gefahr, diese Parameter in quantitative Dimensionen einzuengen und auf diese Weise zu einer Scheinwirklichkeit künftiger Bedingungen zu gelangen. Die Chance verbalen Beschreibens liegt gerade darin, daß diese nicht in die Zukunft extrapolierbar sind. Verbale Aussagen setzen ein sich dauernd mit den Umweltveränderungen beschäftigendes Verhalten voraus. Sie sind damit immer zeitnah und nicht Ergebnis rechnerischer Überlegungen.

---

7 Vgl. Coenenberg/Baum (Controlling) S. 29.

Das Problem liegt nun darin, daß sich das Management heutiger Tage schwerpunktmäßig auf das Arbeiten mit quantitativen Materialien vorbereitet und spezialiert hat, so daß das Erkennen und Beschreiben von Problemen äußerst schwer fällt. Wer nur rechnet, läuft Gefahr, ein und denselben Sachverhalt nach unterschiedlichen rechnerischen Ausprägungen darzustellen. Gespräche mit Unternehmern, die zum Teil mit erheblichem EDV-Einsatz arbeiten, haben das paradoxe Ergebnis gezeigt, daß die Berechnungsflut möglicher Auswertungen bereits wieder zu einem Informationsdefizit geführt hat. Ausgangspunkt ist häufig übertriebener Aktionismus der Führungskräfte, die ihr betriebliches Engagement durch diese Zahlendarstellungen bestätigen wollen. Dies geschieht zum Teil aufgrund mangelnder Alternativen, wie sie in der Form des Arbeitens mit strategischen Hilfsmitteln bestehen würden.

2. Auswahl strategischer Entscheidungshilfen

Die große Stärke des strategischen Controlling-Ansatzes ist darin zu sehen, die geistig-philosophische Haltung der Unternehmensführung sowie der Mitarbeiter unternehmenszielbezogen zu verändern. Es kommt weniger darauf an, eine geschlossene Darstellung anzubieten, wie es im operativen Bereich möglich ist (z.B. Deckungsbeitragsrechnung, Plan-Bilanz, Plan-GuV usw.), sondern vielmehr darauf, den Prozeß strategischen Arbeitens und damit strategischen Denkens in Gang zu setzen.

Die ausgewählten strategischen Entscheidungshilfen[8] sind daher nicht unter dem Aspekt einer vollständigen strategischen Arbeitsbeschreibung zu verstehen, sondern vielmehr als Möglichkeit, strategisches Gedankengut im Unternehmen zu implementieren.

a) Unternehmensvision

Mittelständische Unternehmen sind insbesondere dadurch charakterisiert, daß die Entwicklung der Unternehmen durch die Unternehmerenergie der Inhaber geprägt wird. Diese treibende Kraft kann allerdings nur dann erhalten bleiben, wenn die Unternehmensführung eine klare Vorstellung von ihrem Unternehmen für die Zukunft hat. Je klarer sie das Ziel vor Augen sehen, um so konsequenter wird der Weg dahin beschritten. Es geht also darum, klare Bilder des Unternehmens nach innen wie nach außen zu schaffen.

Wenn es gelingt, diese Bilder sowohl intern, d.h. bei den Mitarbeitern, als auch extern, d.h. bei den Kunden und Lieferanten, glaubhaft zu zeichnen, werden Identifikationspotentiale geschaffen, die die Ausgangsbasis jeder Arbeitsmotivation darstellen.

---

8 Vgl. Weissman (Marketing-Strategie) S. 25ff.

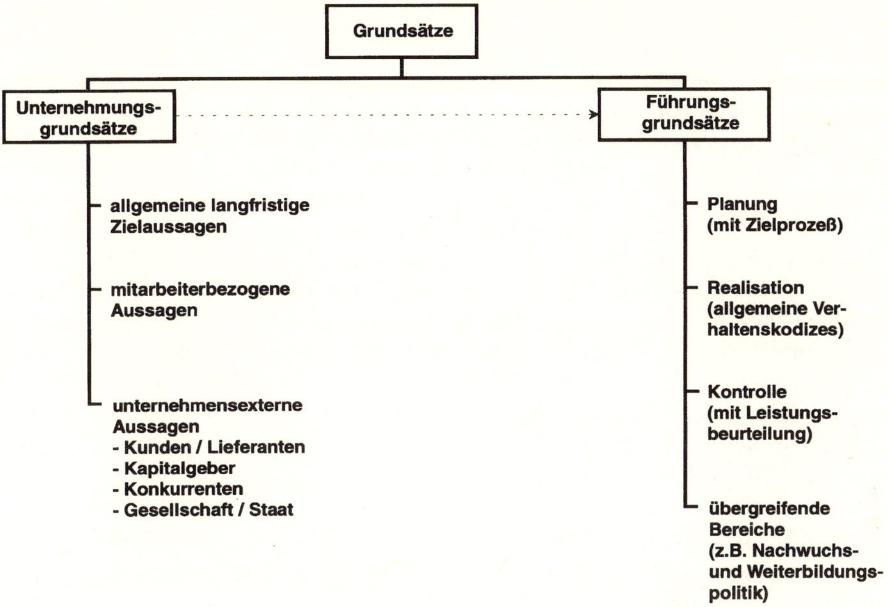

Abbildung 6: Unternehmens- und Führungsgrundsätze[9]

b) Unternehmens- und Führungsgrundsätze

Um die Unternehmensvision nach innen wie nach außen verständlich machen zu können, müssen Grundsätze formuliert werden, die beschreiben, was das Unternehmen derzeitig darstellt und was es einmal sein soll.

Für den angestrebten Erfolg, der mit Unternehmens- und Führungsgrundsätzen (Abb. 6) erreicht werden soll, ist es allerdings erforderlich, daß das tatsächliche Verhalten der Unternehmung und seiner Mitarbeiter mit dem angestrebten Erscheinungsbild harmoniert. Eine Nichtbeachtung dieser Harmoniebedingung führt zu schwerwiegenden Störungen des Beziehungsgefüges nach innen wie nach außen.

c) Umweltanalyse

Zentrales Anliegen der Umweltanalyse ist die Beschreibung der Umwelt und deren Veränderung. Wir leben heute in einer Zeit hoher Turbulenzen und schnellen Wandels. Das Wissen von gestern reicht nicht mehr aus, um die Anforderungen der Zukunft zu bewältigen. Gerade diese Tatsache eröffnet erhebliche Chancen, wenn die Veränderungen rechtzeitig erkannt werden. Änderungen können sich ergeben in der

9 Hoffmann (Führungsgrundsätze) S..168.

- ökonomischen Umwelt
- technischen/technologischen Umwelt
- rechtlichen Umwelt
- politischen Umwelt
- ökologischen Umwelt.

d) Unternehmens-Wettbewerbs-Beziehung

Bedrohungen und Gefährdungen der langfristigen Unternehmensexistenz beruhen vorwiegend auf Wettbewerbsverschiebungen. Ziel der Beschreibung der Unternehmens-Wettbewerbs-Beziehung ist, die eigene Wettbewerbsposition zu definieren und für die Zukunft fortzuschreiben. Sie teilt sich in die Konkurrenten-Identifikation und die Bestimmungsfaktoren der Wettbewerbs-Positionierung. Für die Konkurrenten- bzw. Wettbewerbs-Identifikation heißt dies zu beschreiben, in welcher Phase sich der betreffende Markt befindet, welche aktiven und potentiellen Konkurrenten bestehen, welche Art von Wettbewerb vorherrscht usw. Die Positionierung im Wettbewerb wird bestimmt durch die eigene Strategie und die Strategie des Mitbewerbers, durch die eigenen Stärken und Schwächen und die der Mitbewerber und von den künftigen Strategien des eigenen Unternehmens und der Mitbewerber.

e) Unternehmens-Kunden-Beziehung

Produkte dienen ausschließlich der Lösung von Kundenproblemen, darin liegt auch die einzige Begründung für deren marktliche Verwertung. Der Kunde kauft heute nicht mehr irgendein Produkt zur Lösung seiner Probleme, sondern dasjenige, welches ihm die bestmögliche Problemlösung gewährleistet. Daraus folgt, daß die produzierten Produkte ausschließlich aus den Kundenproblemen abzuleiten sind. Der Erfolg eines Unternehmens und dessen langfristige Überlebensstrategie werden also sehr stark davon bestimmt, inwieweit dem Unternehmen die Kundenprobleme bekannt sind, die heute oder in Zukunft zu lösen sind.
Kundenprobleme zeigen sich insbesondere in

- technischen Anforderungsmerkmalen (z.B. Leistungskenndaten, Lebensdauer, Handlichkeit),
- wirtschaftlichen Anforderungsmerkmalen (z.B. Preis, Kundendienst, Gewährleistung),
- ästhetischen und psychologischen Anforderungsmerkmalen (z.B. Design, Farbgebung).

Diese notwendige Kundenorientierung setzt voraus, daß im Unternehmen Methoden der Kundenanalyse bekannt sind und angewandt werden.

f) Eigensituationsanalyse/Potentialanalyse

Das Beschreiben der Erfolgspotentiale eines Unternehmens ist die Bewußtmachung der Stärken und Schwächen des Unternehmens. Diese Auflistung der Stärken und Schwächen bezieht sich dabei sowohl auf die in der Vergangenheit festgestellten, als auch die künftigen Stärken und Schwächen.

Nach der Eigensituationsanalyse folgt im Rahmen der Potentialanalyse eine Beschränkung auf die Stärken des Unternehmens. Diese Stärken werden dann hinsichtlich ihrer Bedeutung für den betreffenden Markt beurteilt und zum Mitbewerber in Beziehung gesetzt.

g) Unternehmenszielformulierung

Die bisher ermittelten strategischen Entscheidungshilfen bilden die Grundlage zur Formulierung der Unternehmensziele. Die Bedeutung der Unternehmensziele liegen insbesondere darin, daß sie die Soll-Größen bilden, nach denen im strategischen Controlling-Prozeß die Ist-Daten beurteilt werden.

h) Strategiefestlegung

Die Strategiefestlegung bezieht sich einmal auf das Produkt bzw. den angestrebten Markt und auf die Ressourcen im Unternehmen. Während die Produkt- und Markt-Strategien das Produktkonzept und den relevanten Markt definieren, legen die Ressourcen-Strategien fest, wie und in welchen Schritten das dazu benötigte technische Potential und das entsprechende Management aufgebaut werden sollen.

Im Ergebnis erhält das Unternehmen *seine* schriftlich fixierte Unternehmensstrategie, den Leitfaden zur künftigen Unternehmensentwicklung.

IV. Organisationshinweise zur Einführung einer Controlling-Konzeption

Für mittelständische Unternehmen ist es finanziell nur schwer möglich, einen Controller mit einem jährlichen Gehalt von DM 100.000,00 bis 150.000,00 finanziell zu verkraften. Die Folge sind Zuordnungen der Controlling-Funktionen auf interne Verantwortungsträger, in der Regel auf die Leiter des Rechnungswesens. Aus diesem Verständnis heraus konnten Controlling-Konzepte in mittelständischen Unternehmen bisher nur in Ausnahmefällen zu einer erfolgreichen Umsetzung führen, da die Prozeßunabhängigkeit ein wesentliches Merkmal der Controlling-Konzeption darstellt.

Die institutionelle Ausprägung eines mittelstandsorientierten Controlling-Konzeptes basiert auf einem neu zu errichtenden Beirat. Dieser Beirat soll gerade die controlling-typischen Momente des Infragestellens, Initiierens und Veranlassens von operativen und strategischen Entscheidungshilfen sicherstellen. Er übernimmt quasi eine Controlling-Funktion.

Dieser Beirat sollte sich aus einem Personenkreis zusammensetzen, der aufgrund seiner externen sowie internen Kenntnisse in der Lage ist, die unternehmensspezifischen Informationen im Sinne einer operativen und strategischen Auslegung aufzubereiten. Mitglieder des Beirates sollten daher der Unternehmensinhaber selbst, die jeweiligen Verantwortungsbereichsleiter für die einzelnen Geschäftsbereiche und der unternehmensinterne Steuerberater/Wirtschaftsprüfer, als

Kenner der internen Verhältnisse, sein. Es hat sich in vielen Fällen im Sinne vertrauensbildender Maßnahmen als zweckmäßig erwiesen, diesen Beirat vierteljährlich oder halbjährlich um eine bestimmte Personengruppe zu erweitern, so z. B. um einen Vertreter der Hausbank des Unternehmens oder einen externen Unternehmensberater oder einen befreundeten Unternehmer derselben oder einer anderen Branche.

Die Hauptaufgabe dieses Beirates besteht vor allem darin, daß er eine dauerhafte Umsetzung dieses Konzeptes im Unternehmen garantiert. Er ist außerdem Grundlage für ein integriertes, d.h. aufeinander abgestimmtes Planungssystem, und er schafft im Hinblick auf vorhandene Unternehmensprobleme eine Vertrauensposition für alle Interessenten und Geschäftspartner. Dieser Beirat gewährleistet eine kontrollierte Entwicklung der Unternehmensaktivitäten und sichert dem Unternehmen gleichzeitig ein kompetentes Gremium für Fragen der Unternehmensführung, des Marketing, der EDV und sonstiger Problemstellungen.

Literaturhinweise

Backhaus, Klaus (Beratung): Betriebswirtschaftliche Beratung von Unternehmen durch Wirtschaftsprüfer, in: WPg 1990, S. 680–688

Bramsemann, Rainer (Handbuch): Handbuch Controlling, Methoden und Techniken, München-Wien 1987

Coenenberg, Adolf G.; Baum, Heinz-Georg (Controlling): Strategisches Controlling, Stuttgart 1987

Ebert, Günter (Managementfunktion): Controlling – Managementfunktion und Führungskonzeption, 4. Aufl., Landsberg/Lech 1992

Hoffmann, Friedrich (Führungsgrundsätze): Unternehmungs- und Führungsgrundsätze – Ergebnisse einer empirischen Untersuchung –, in: zfbf 1989, S. 167–185

Mann, Rudolf (Praxis): Praxis Stategisches Controlling, 5. Aufl., Landsberg/Lech 1989

Weissman, Arnold (Marketing): Marketing in den 90er Jahren: „Nutzen bieten – Nutzen ernten", in: Sonderdruck NGZ Service Manager, März 1990, S. 1 ff.

Weissman, Arnold (Marketing-Strategie): Marketing-Strategie, 10 Stufen zum Erfolg, Landsberg/Lech 1990

Strategiewahl deutscher Unternehmen bei Standortverlagerungen nach Ostasien: Eine empirische Studie über Motive und Voraussetzungen

Univ-Prof. Dr. Brij N. Kumar und Dipl.-Kfm. Karen Hoffmann,
Friedrich-Alexander-Universität Erlangen-Nürnberg

A. Einführung

I. Gegenstand und Problem

Gegenstand der vorliegenden Untersuchung sind Internationalisierung und Standortverlagerung von (Teil-) Aktivitäten deutscher Unternehmen nach Japan und China. Nach Angaben der Deutschen Bundesbank[1] stieg der Bestand der deutschen Direktinvestitionen in diesen beiden Ländern in den letzten Jahren kontinuierlich an, von 3,7 Milliarden DM in Japan und 173 Millionen DM in China im Jahre 1989 auf über 5 Milliarden DM bzw. 500 Millionen DM 1992. Geht man von der gegenwärtigen wirtschaftlichen Entwicklung in dieser Region und den verschiedentlichen Bemühungen in der deutschen Wirtschaft aus, ihr Engagement in Asien zu intensivieren, dann kann man auch in der nächsten Zukunft mit diesem Aufwärtstrend rechnen.

Dieser Beitrag befaßt sich speziell mit den Strategien, die deutsche Unternehmen bei der Standortverlagerung nach Japan und China wählen. Unter (Internationalisierungs-) Strategie wird die Form der Tätigkeit vor Ort verstanden, für die sich Unternehmen im Ausland entscheiden. Die verschiedenen bekannten Arten lassen sich einteilen und zusammenfassen in kooperative und nichtkooperative Strategien.[2] Zu den ersteren gehören alle Formen der Auslandstätigkeit ohne Kapitalbeteiligung (z. B. Lizenzvergabe, Franchising) sowie Joint Ventures mit finanziellem Einsatz; nichtkooperative Strategien bestehen aus Direktinvestitionen in vollbeherrschten Tochtergesellschaften im Ausland. Diese Unterscheidung erweist sich vor allem unter Erfolgsaspekten als entscheidend, die mit den Merkmalen der beiden Strategien zusammenhängen.

Aufgabe dieses Beitrags wird es sein zu untersuchen, welche Strategie deutsche Unternehmen in Japan und China wählen, ob sie sich für Kooperationen mit lokalen Partnern oder für einen Alleingang mit vollbeherrschten (hundertprozentigen) Tochtergesellschaften entscheiden und aus welchen Gründen. Wegen der unterschiedlichen Rahmenbedingungen in den beiden Ländern können auch Unterschiede im Vorgehen vermutet werden. Das Ziel der Studie besteht darin, die Strategiewahl und ihre Grundvoraussetzungen zu untersuchen und – im Ländervergleich – deren Einfluß auf den Erfolg der Auslandstätigkeit zu analysieren.

1 Vgl. Deutsche Bundesbank (Kapitalverflechtung) S. 20, 27.
2 Vgl. Kumar (Formen) S. 914–926.

Die identifizierten Erfolgsfaktoren stellen die Grundlage für Empfehlungen über den Markteintritt in diese Länder dar.

II. Methode

Die Informationsgrundlagen dieser Studie beruhen auf einer Erhebung, die durch den Lehrstuhl des Verfassers im Rahmen des Hauptseminars im Wintersemester 1993/94 über die Tätigkeit deutscher Unternehmen in Japan und China durchgeführt wurde. Aus der schriftlichen Befragung liegen ausgefüllte Fragebögen von insgesamt 27 deutschen Unternehmen vor, die in Japan bzw. China (oder beides) entweder eine vollbeherrschte Tochtergesellschaft oder eine Kooperation (Lizenz, Joint Venture) mit einer lokalen Partnerfirma unterhalten. Wegen der schmalen empirischen Basis wird auf ökonometrische Auswertungen der Befunde verzichtet. Vielmehr wird auf allgemeine Häufigkeitsverteilungen und auf einfache Mittelwerte zurückgegriffen, deren Vergleich nach Augenschein eine empiriegestütze Interpretation der deduktiv abgeleiteten Vorüberlegungen und Hypothesen ermöglicht. Diese heuristische Funktion der empirischen Ergebnisse kann zur Grundlage weiterer Untersuchungen gemacht werden.

B. Theoretisches Konzept und Hypothesen

I. Grundsätzlicher Strategieunterschied: die Motive

Der entscheidungsrelevante Unterschied zwischen den beiden Internationalisierungsstrategien beruht auf den Motiven, die Unternehmen mit ihrer Wahl verfolgen: die alleinige, von einem Partner unbehelligte Kontrolle und Einflußnahme auf das Management bei der vollbeherrschten Auslandsgesellschaft, die Wahrnehmung von Partnerschaftsvorteilen, z. B. Technologietransfer, Economies of Scale-Produktion, Risikominderung u. a.[3] bei Kooperationen. Welche der beiden Strategien effektiv gewählt wird, hängt dann von Faktoren ab, die für die ungehinderte Kontrolle und Führung der Auslandsgesellschaft einerseits oder für die Nutzung von Partnerschaftsvorteilen andererseits sprechen.

Die Ausgangslage der beiden Strategien ist somit verschieden, womit man auch von unterschiedlichen Erfolgsbedingungen und -potentialen ausgehen kann. Dies läßt sich in der Ausgangshypothese ausdrücken.

Hypothese 0:
Der Gesamterfolg der Auslandstätigkeit hängt – ceteris paribus – (auch) mit der Wahl der Internationalisierungsstrategie zusammen.

II. Das „Eklektische Paradigma“ und Strategiewahl

Nach dem Internationalisierungsprozeß von Unternehmen fällt – analytisch gesehen – die Wahl der Internationalisierungsstrategie in die Phase, die dem Entschluß

3 Vgl. Contractor/Lorange (cooperative) S. 3–26.

zur Aufnahme der Tätigkeit im Ausland unmittelbar nachgelagert ist. Folglich muß die Strategiewahl eng in Verbindung mit der Internationalisierungsentscheidung und deren Determinanten getroffen werden.[4] Die Frage also, wann Unternehmen die Strategie der ungehinderten Kontrolle wählen oder sich eher für die Nutzung von Kooperationsvorteilen entscheiden, ist ebenfalls im Zusammenhang mit den Einflußfaktoren und der Theorie der Internationalisierung zu beantworten.

In der Literatur findet sich kein allgemeiner Ansatz zur Erklärung der Internationalisierung. Vielmehr gibt es eine Fülle von Partialansätzen, die jeweils nur Teilaspekte beleuchten. Der als 'Königsweg'[5] bekanntgewordene Ansatz von Dunning,[6] das sogenannte Eklektische Paradigma, stellt den Versuch dar, internationale Unternehmenstätigkeit unter Rekurs auf verschiedene ökonomische Theorien zu erläutern. Dieser in drei wesentliche Elemente gegliederte Ansatz soll hier zur Erklärung der Strategiewahl in Japan bzw. China herangezogen werden und das theoretische Fundament für die folgende Untersuchung legen. Die drei Kernpunkte der Theorie zielen ab auf die Realisierung von Eigentums-, Standort- und Internalisierungsvorteilen, die in wechselseitiger Beziehung zueinander stehen und zusammengenommen die Internationalisierungsentscheidung erklären. Nach Dunning[7] ist dieser Ansatz auch geeignet, die Form der Auslandsaktivität zu erklären, was in den folgenden Hypothesen näher entwickelt werden soll. Abbildung 1 verdeutlicht das Untersuchungskonzept.

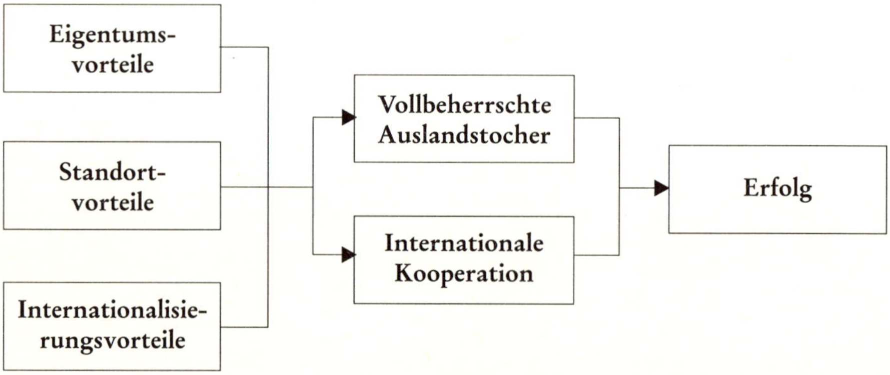

Abbildung 1: Einflußfaktoren zur Wahl der Internationalisierungsstrategie

4 Vgl. Steinmann/Kumar/Wasner (Internationalisierungsprozeß) S. 121.
5 Vgl. Macharzina/Engelhard (paradigm) S. 23–43.
6 Vgl. Dunning (production) S. 1–11.
7 Vgl. Dunning (production) S. 3–7.

III. Eigentumsspezifische Vorteile

Der Besitz von speziellen Fähigkeiten bezieht sich auf das Argument, daß Unternehmen eigentumsbedingte, oligopolistische Wettbewerbsvorteile haben müssen, um auch im Ausland erfolgreich sein zu können.[8] Dieser Vorteil soll mutmaßliche Auslandsrisiken und den Heimvorteil der inländischen Konkurrenz (in Japan bzw. China) kompensieren.[9] Wäre dies nicht der Fall, würde sich eine Betätigung auf ausländischen Märkten für ein Unternehmen nicht lohnen, denn entweder wären die Risiken zu groß oder die inländische Konkurrenz würde, dank ihres Heimvorteils, den inländischen Markt alleine bedienen. Dieser oligopolistische Wettbewerbsvorteil kann in unterschiedlicher Gestalt zu Tage treten. Er kann in firmenspezifischen Know-how- oder Wissensvorteilen, speziellen Management- oder Marketingfähigkeiten, auf dem finanziellen Sektor, in der vertikalen Integration (in Form von Ressourcensicherung oder Marktkontrolle) oder der Risikoverteilung liegen.[10] Je größer dieser oligopolistische Wettbewerbsvorteil ist, den ein Unternehmen hat, desto besser sind seine Voraussetzungen für eine Auslandstätigkeit, desto stärker ist auch seine Neigung, diesen im Alleingang und ohne Einfluß eines Partners zu verwerten. Mit dem Wettbewerbsvorteil steigt nämlich auch die Möglichkeit, die Umweltrisiken, z. B. von fehlender Marktkenntnis und -nähe, zu kompensieren und auf die Hilfe eines lokalen Partners zu verzichten.

Hypothese 1:
Unternehmen, die einen größeren eigentumsspezifischen Vorteil haben, wählen – ceteris paribus – eher eine 100%ige Tochtergesellschaft als eine Kooperation.

Diese allgemeine Hypothese läßt sich unter Hinzuziehung einiger konkreter Indikatoren präzisieren.

1. Auslandserfahrung

Ein denkbarer Indikator für die Art und Größe der speziellen Managementfähigkeiten stellt die ‚Auslandserfahrung' dar, die als Wettbewerbsvorteil in der Literatur thematisiert ist.[11] Je mehr ein Unternehmen über internationale Erfahrung und Kenntnisse über das Auslandsgeschäft verfügt, desto geringer fallen die Auslandsrisiken aus, desto weniger wird auch die Notwendigkeit empfunden, einen Partner für die Umweltbewältigung in das Auslandsprojekt aufzunehmen.

Hypothese 1a
Unternehmen mit längerer Auslandserfahrung wählen – ceteris paribus – eher eine 100%ige Tochtergesellschaft als eine Kooperation.

8 Vgl. Hymer (international).
9 Vgl. Kumar/Hausmann (Handbuch) S. 6.
10 Vgl. Rugman (business) S. 118.
11 Vgl. Johanson/Vahlne (process) S. 26–28.

2. Forschung und Entwicklung

Ein weiterer Indikator ist der F&E-Aufwand, den ein Unternehmen tätigt. Nach Rugman kommen eigentumsspezifische Vorteile zustande, wenn ein Unternehmen „has developed special know-how or a core skill that is unavailable to others and cannot be duplicated by them, except in the long run and at high costs. (...) such firm-specific advantages arise from R and D expenditures which lead to the production of a new type of product, the development of a new production process, or a more efficient or effective means of organizing the production process.“[12] Dieser Wissensvorsprung wird durch Marktunvollkommenheiten zementiert, die in Folge fehlender Transparenz der Märkte verhindern, daß lokale Unternehmen dieses Know-how erwerben können. Es liegt natürlich im Interesse des Unternehmens, diesen Vorteil für sich zu wahren und vor Adaption durch andere Unternehmen zu schützen. „One objective of the management (...) is to establish property rights over the firm specific advantage so that it is not dissipated to other firms.“[13] Am einfachsten läßt sich dieses F&E-Eigentum schützen, wenn dessen Verwendung und Verwertung im Alleingang, ohne einen lokalen Partner vorgenommen wird. Nach der Theorie der Aneignungsmöglichkeiten von Magee stellt die internationale Expansion der Unternehmung durch vollbeherrschte Auslandstöchter einen wichtigen Schutz-/Abwehrmechanismus gegenüber potentiellen Nachahmern und zusätzlich die einzige Möglichkeit für die Aneignung der vollen Erlöse aus der F&E-Investition dar.[14] Je weniger andere, unternehmensfremde Einheiten an dieser Verwertung beteiligt sind, desto geringer ist das Risiko des Mißbrauchs von diesem Wissen, opportunistischen Verhaltens von Unternehmenspartnern und der Dispersion des oligopolistischen Wettbewerbsvorteils.[15]

Hypothese 1b

Unternehmen mit einem größeren F&E-Aufwand wählen – ceteris paribus – eher eine 100%ige Tochtergesellschaft als eine Kooperation.

IV. Standortvorteile

Nach Dunning ist die Realisierung von Standortvorteilen entscheidend für die Beantwortung der Frage nach dem ‚Wohin‘ der Internationalisierung. Standortvorteile sind zum einen durch die unterschiedliche internationale Faktorausstattung begründet und beziehen sich im wesentlichen auf die Nutzung von Kosten- und Absatzpotentialen im betreffenden Gastland. Zum anderen spielt – gerade bei Standortverlagerungen in das Ausland – das Investitionsklima im Gastland eine Rolle; es spiegelt den Schwierigkeitsgrad, Hemmnisse und Förderungen, die Unternehmen bei der Tätigkeitsaufnahme dort erfahren, wider. Hohe Standortvortei-

12 Rugman (business) S. 103f.
13 Rugman (business) S. 104.
14 Vgl. Magee (information) S. 317–340.
15 Vgl. Rugman (business) S. 108.

le sprechen eher für vollbeherrschte Tochtergesellschaften als für Kooperationen, wenn der auf der Grundlage des Faktordifferentials zu erzielende Standortnutzen die Standortrisiken (Internationalisierungsbarrieren), die aufgrund der mannigfaltigen Unterschiede im Management und auch auf steuerlicher Seite[16] eher eine Partnerschaft rechtfertigen, kompensiert. In dieser Situation geben Unternehmen dem Alleingang den Vorzug.

Hypothese 2
Je größer die perzipierten Standortvorteile in Summe sind, desto eher wird – ceteris paribus – ein Unternehmen eine 100%ige Tochtergesellschaft wählen als eine Kooperation.

Es gilt, diese allgemeine Hypothese durch konkrete Indikatoren zu präzisieren.

1. Marktwachstum

Wie zuvor gesehen, spielt im Zusammenhang mit den Standortvorteilen die Nutzung von Absatzpotentialen eine wichtige Rolle. Es geht um Motive der Absatzsicherung vor Ort. Ein ausschlaggebender Faktor dürfte das erwartete Wachstum des ausländischen Marktes sein. Jahrreiß kommt bei der Auswertung einer breit angelegten Studie über den Einfluß von einzelnen Standortfaktoren auf die Vornahme von Direktinvestitionen im Ausland zu dem Ergebnis, daß das Marktpotential – resultierend aus Marktgröße und Marktwachstum – zu den bedeutendsten Standortfaktoren zählt.[17] Knickerbocker konnte einen positiven Zusammenhang zwischen der Marktwachstumsrate des Gastlandes und der nachahmenden Internationalisierung (oligopolistischen Reaktion) nachweisen und folgerte, daß gute Absatzerwartungen die Investitionsneigung verstärken.[18] In Verbindung mit Hypothese 2 kann gefolgert werden:

Hypothese 2a
Unternehmen, die ein größeres Wachstum im Gastlandmarkt erwarten, wählen – ceteris paribus – eher eine 100%ige Tochtergesellschaft als eine Kooperation.

2. Investitionsklima

Oben wurde bereits der Einfluß des Investitionsklimas auf die Wahl der Internationalisierungsstrategie angeschnitten. Dieses Investitionsklima wird u. a. bestimmt durch mehrere interagierende Variablen, wie z. B. Joint Venture-Vorschriften, politische Stabilität, Verfügbarkeit von Fachpersonal, Zugang zum lokalen Vertriebssystem und viele andere mehr.[19] Abgesehen davon, daß Restriktionen wie Joint Venture-Vorschriften den Handlungsspielraum auf Kooperationen begrenzen, können auch von anderen Faktoren Risiken ausgehen. Je mehr das Inve-

16 Vgl. Heigl (Prüfungssystem) S. 13.
17 Vgl. Jahrreiß (Theorie) S. 93 f.
18 Vgl. Knickerbocker (reaction) S. 53 f.
19 Vgl. Tesch (Bestimmungsgründe) S. 364 f.

stitionsklima als Risiko und Erschwernis wahrgenommen wird, desto geringer fallen die Standortvorteile aus. Solche Hemmnisse der Umwelt legen die Strategiealternative ‚Kooperation' nahe, um mit Hilfe des lokalen Partners die Umweltprobleme besser bewältigen zu können.

Hypothese 2b
Unternehmen, die das Investitionsklima im Gastland als Risiko und größere Erschwernis empfinden, wählen – ceteris paribus – eher eine Kooperation als eine 100%ige Tochtergesellschaft.

V. Internalisierungsvorteile

Ein Grund dafür, warum Unternehmen ihre oligopolistischen Vorteile im Unternehmensverband im Rahmen von Direktinvestitionen im Ausland und nicht am freien Markt durch Austauschbeziehungen (Export) umzusetzen versuchen, liegt in der Möglichkeit, Vorteile der Internalisierung zu erzielen. So können nicht nur Transaktionskosten reduziert werden, die entstehen, wenn auf dem freien Markt Marktpartner gesucht würden. Darüber hinaus lassen sich auch oligopolistische Fähigkeiten im internen Markt, wie z. B. durch interne Marktpreise oder Skalenerträge, effizienter nutzen und über die gebildeten Hierarchiestrukturen auch kontrollierter verwerten. Dagegen kann der bloße Export zu einer kostspieligen oder gar zu einer nicht zu bewerkstelligenden Angelegenheit werden, wenn hohe staatliche Reglementierungen zu erwarten sind. Die Internalisierung lohnt sich also in dem Maße, indem hohe Transaktionskosten am Markt einerseits und effiziente Nutzungsmöglichkeiten von oligopolistischen Fähigkeiten im Unternehmensverband andererseits vermutet werden.

Es liegt auf der Hand, daß die optimale Nutzung von solchen Internalisierungsvorteilen im Unternehmensverband Koordination voraussetzt, die ihrerseits Handlungsspielräume und -freiheit erfordert, die nicht eingeschränkt sein dürfen durch dritte Interessen, wie die eines Kooperationspartners. Die Internalisierung wird deshalb häufig gleichgesetzt mit der Internationalisierungsstrategie der vollbeherrschten Auslandstochter. In diesem Sinne meint auch Rugman: „Alternatives to internalization, such as licensing, technical service agreements, turnkey projects, and subcontracts (alle Formen der Auslandskooperation – der Verfasser) are not feasible methods of appropriating the firm-specific advantage."[20] So gesehen geht in die Relation von Kooperation und 100%iger Tochtergesellschaft dann auch der Grad der zweckmäßigen Internalisierung ein,[21] was sich in Hypothese 3 ausdrükken läßt.

Hypothese 3
Unternehmen, die mehr von Internalisierungsvorteilen Gebrauch machen (wol-

20 Rugman (business) S. 117f.
21 Vgl. Fayerweather (framework) S. 6.

len), wählen – ceteris paribus – eher eine 100%ige Tochtergesellschaft als eine Kooperation.

Wie oben läßt sich diese allgemeine Hypothese wie folgt operationalisieren.

1. Beschaffung

Internalisierung bedeutet, Aktivitäten, die ansonsten über den Markt laufen, im Unternehmensverband abspielen zu lassen. Zu diesen Aktivitäten gehört u. a. der Bereich Beschaffung. Die Kontrolle der Inputfaktoren dient der Risikominimierung und Effizienzsteigerung, da so fixe Inputproportionen eingehalten werden können, die Inputpreise besser kalkulierbar sind und eine kontinuierliche Auslastung kapitalintensiver Produktionen gewährleistet ist.[22] Werden Beschaffungsmaßnahmen nicht mehr zusammen mit einem Marktpartner unternommen, sondern innerhalb der Unternehmung durchgeführt, dann hat eine rückwärtige Internalisierung stattgefunden. Erkennen läßt sich diese z. B. an der Höhe des Anteils derjenigen Güter am Gesamteinkauf, die im Rahmen des Unternehmensverbandes beschafft wurden. Je größer dieser ist, desto mehr Marktaktivitäten der rückwärts gerichteten Wertkette wurden nach innen verlagert. Dieser kann also als Maß der (beabsichtigten) Internalisierung angesehen werden, das entsprechend auf die Internationalisierungsstrategie Einfluß nimmt.

Hypothese 3a

Unternehmen, die einen größeren Anteil der Güter im Rahmen des Unternehmensverbandes beschaffen (wollen), wählen – ceteris paribus – eher eine 100%ige Tochtergesellschaft als eine Kooperation.

2. Absatz

Der Leistungsaustausch innerhalb des Unternehmensverbandes stellt nach Kobrin[23] überhaupt den zuverlässigsten Indikator der Internalisierung dar. Neben der Beschaffung kommt der unternehmensinterne Absatz in Frage. Dieser Absatz kann sich im Bereich der Halb- und Fertigprodukte abspielen. Je größer der Anteil der Innenumsätze am Gesamtumsatz ist, desto größer ist die Internalisierung. Entsprechend werden Unternehmen mit einem hohen Internalisierungsbedarf stärker zum Innenabsatz im internationalen Unternehmensverband greifen und sich für die entsprechende Internationalisierungsstrategie entschließen.

Hypothese 3b

Unternehmen, die einen größeren Anteil des Umsatzes im Rahmen des Unternehmensverbandes erzielen (wollen), wählen – ceteris paribus – eher eine 100%ige Tochtergesellschaft als eine Kooperation.

---

22 Vgl. Rugman (business) S. 107.
23 Vgl. Kobrin (analysis) S. 17–33.

3. Personalaustausch

Die effiziente Durchführung des unternehmensinternen Leistungsaustausches und der Wahrnehmung von Internalisierungsvorteilen bedarf internationaler Koordination und Abstimmung der Aufgaben durch Mitarbeiter, die sowohl mit den Bedingungen in den Teileinheiten als auch mit den Zentralzielen vertraut sind. Beide Anforderungen, Koordination und internationale Qualifikation der Mitarbeiter, können am besten durch einen kontinuierlichen Personalaustausch im Unternehmensverband realisiert werden.[24] Wird also innerhalb des Unternehmensverbandes ein reger Personalaustausch durchgeführt, so kann man vom vorliegenden Internalisierungsbedarf ausgehen und auf die entsprechende Internationalisierungsstrategie schließen.

Hypothese 3c

Unternehmen, die einen starken Personalaustausch im Unternehmensverband verzeichnen, wählen – ceteris paribus – eher eine 100%ige Tochtergesellschaft als eine Kooperation.

4. Qualitätssicherung

Wie bereits oben erläutert, liegt es in der Absicht der Unternehmen, durch Internalisierung Transaktionskosten zu minimieren. Zu den drei Kategorien dieser Art von Kosten zählen auch diejenigen der Qualitätskontrolle. „Three major types of transaction costs are (1) buyer and seller uncertainty, (2) quality control, and (3) the difficulty of making a sales contract in a situation of uncertainty and imperfect information."[25] Die Qualität eines Produktes oder einer Leistung läßt sich leichter kontrollieren und steuern, je mehr Einfluß ein Unternehmen auf dessen Inputfaktoren hat. Man kann von einem Zusammenhang zwischen Internalisierung und Qualitätssicherung ausgehen, zumal im Zuge des internen Leistungsaustausches eine einheitliche Leistungsqualität im internationalen Unternehmensverband vorausgesetzt werden muß. Legt ein Unternehmen großen Wert auf Qualitätskontrolle und führt viele Maßnahmen zur Qualitätssicherung durch, so kann man vom vorliegenden Internalisierungsbedarf ausgehen und auf die entsprechende Internationalisierungsstrategie schließen.

Hypothese 3d

Unternehmen, die hohen Wert auf Qualitätssicherung legen und entsprechend Qualitätssicherung im Unternehmensverband betreiben (wollen), wählen – ceteris paribus – eher eine 100%ige Tochtergesellschaft als eine Kooperation.

---

24 Vgl. Bartlett/Ghoshal (across) S. 182–191.; Kumar/Karlshaus (Auslandseinsatz) S. 59–74.

25 Rugman (business) S. 98.

VI. China und Japan als Zielländer deutscher Unternehmenstätigkeit: kurzer Überblick über einige Unterschiede

1. Konzeptionelle Berücksichtigung

Wie eingangs kurz erwähnt, können aufgrund von unterschiedlichen Rahmenbedingungen in China und Japan gewisse Unterschiede bei der Strategiewahl in den beiden Ländern vermutet werden. Konzeptionell betrachtet, wirkt sich der unterschiedliche Ländereinfluß auf die Internationalisierungsstrategie direkt vor allem in Verbindung mit den Standortfaktoren und -vorteilen, insbesondere mit dem Investitionsklima, aus; mittelbar kann er sich auch über die anderen Elemente des Eklektischen Paradigmas bemerkbar machen, etwa über den Internalisierungsbedarf, der in Abhängigkeit von Handelsvorschriften, die z. B. den grenzüberschreitenden Leistungsaustausch erschweren, variieren kann. Auf diese Interdependenz zwischen den Ansatzvariablen wurde an anderer Stelle hingewiesen.

2. China und Japan im Vergleich

Obwohl Japan und China auf die gleiche konfuzianische Tradition zurückblicken, lassen sich doch gravierende Unterschiede zwischen beiden Ländern festmachen.[26]

China[27]

Mit ungefähr 9,6 Millionen Quadratkilometern ist China das drittgrößte Land der Erde und nimmt 7 % der Erdoberfläche ein. Die Bevölkerung beträgt gegenwärtig bei einem Jahreswachstum von 1,5 % 1,1 Milliarden Menschen. 74 % dieser Bevölkerung leben in ländlichen Gegenden. Die Landessprache ist neben zahlreichen Dialekten Mandarin; Englisch wird nur von wenigen Chinesen gesprochen.

Die treibende Kraft hinter dem politischen System stellt die 'Chinese Communist Party' dar. Gegenwärtig dominieren staatseigene Unternehmen, die (trotz Ansätze der Privatisierung) 70 % des gesamten industriellen Outputs auf sich vereinen. Daneben sind gemischte – kooperative – und private Unternehmen vorzufinden. Das geschätzte Bruttoinlandsprodukt im Jahre 1994 liegt bei 335,12 Milliarden US-Dollar, das Pro-Kopf-Einkommen bei ungefähr 277 US-Dollar.[28] Die Inflationsrate erreichte ihr Maximum 1988 bei 18,5 %, liegt im Jahresdurchschnitt allerdings bei ca. 4,2 %, zeigt aber im Zuge der Konjunkturüberhitzung gegenwärtig wieder einen kräftigen Aufwärtstrend. Das Land selber verfügt über mannigfaltige Energieressourcen, muß jedoch große Defizite im infrastrukturellen Bereich verzeichnen.[29] Der Außenhandel macht ca. nur 4 % des Welthandels aus, wobei im Jahre 1991 die Exporte mit 71,9 Milliarden US-Dollar die Importe mit 63,8 Milliarden US-Dollar leicht überstiegen.

Vor 1978 war China ein eher geschlossener Markt. 1978 begann eine Wirt-

26 Vgl. Chen (Negotiating) S. 148.
27 Die Zahlen wurden entnommen aus Poole/Wiercks (Business) S. 172–177.
28 Vgl. Frankfurter Allgemeine Zeitung (China).
29 Vgl. Etienne (Reforms) S. 10.

schaftsreform, die Direktinvestitionen in das Land erleichterte. Da allerdings ausländische Patente und ‚Know-how' (Eigentumsvorteile) bislang nur unzureichend durch die Regierung geschützt wurden, hielten sich ausländische Unternehmen mit Kooperationen zurück, die die einzige erlaubte Form der Aktivität in China waren. Im Zuge der Bemühungen, dem GATT-Abkommen beizutreten, wurden zahlreiche Anstrengungen unternommen, den Markt zu liberalisieren, also auch Privateigentum zu schützen und Import- und Exportrestriktionen abzubauen.[30] 1986 wurde der Markt noch weiter geöffnet (‚Open-Door-Policy'), so daß es nun möglich war, in China auch vollbeherrschte Tochtergesellschaften zu gründen.[31] Die Unternehmensbesteuerung liegt sowohl für Joint Ventures als auch für 100 %ige Tochtergesellschaften bei 33 %. Die nicht konvertible Währung bewirkt allerdings, daß der Kauf von Vorprodukten im Ausland für Joint Ventures zu einem teueren Unterfangen wird.[32]

China ist eine der am schnellsten wachsenden Wirtschaften der Welt. 1991 betrug die Wachstumsrate 7 % und stieg 1992 auf 12,8 %; im Jahresdurchschnitt kommt diese auf ungefähr 10 %. Seit der Öffnung Chinas 1978 wuchs das Bruttosozialprodukt um 200 % und das Pro-Kopf-Einkommen verdreifachte sich.[33] Mit seiner großen Bevölkerungszahl und dem sich daraus ergebenden Absatzmarktpotential[34] und dem geringen Lohnniveau ist China so zu einem sehr attraktiven Standort für Direktinvestitionen geworden.[35] Das Bekenntnis der Regierung zu dem neuen eingeschlagenen Weg, der Wirtschaftsreform mit ihrer ‚Open-Door-Policy', trägt das ihrige dazu bei.[36]

Japan[37]

Im Gegensatz zu China kann Japan nur ein Territorium von 377.728 Quadratkilometer verzeichnen. Mit 123,6 Millionen liegt die Bevölkerungszahl weit unter der Chinas. Hier leben allerdings – fast spiegelbildlich zu der Situation in China – 77 % der Bevölkerung in städtischen und nur 23 % in ländlichen Gegenden. Die offizielle Landessprache ist japanisch, jedoch ist das Schulsystem so ausgelegt, daß alle Kinder von Anfang an Englisch lernen.

Die japanische Wirtschaft basiert auf freiem Unternehmertum und stützt sich auf die Prinzipien der Marktwirtschaft. Seit dem zweiten Weltkrieg betragen die Wachstumsraten des Bruttosozialproduktes 8 % – 11 % pro Jahr. Gegenwärtig ist dieses Wachstum, das immer noch als stabil bezeichnet werden kann, allerdings etwas abgeschwächt. 1992 erreichte die Wachstumsrate den tiefsten Stand seit 1974

30 Vgl. Kwan/Tseng/Cheung (impact) S. 9.
31 Vgl. Kwan/Tseng/Cheung (impact) S. 2.
32 Vgl. Canibol/Marschall (Preis) S. 19.
33 Vgl. Absatzwirtschft (Drache) S. 24.
34 Vgl. Wiedemann (Markt) S. 10.
35 Vgl. Kwan/Tseng/Cheung (impact) S. 3, 5.
36 Vgl. Perry (Experiment) S. 12.
37 Die Zahlen wurden entnommen aus Poole/Wiercks (Business) S. 208–220.

mit nur 1,5 %.[38] Die Inflationsrate betrug im Jahresdurchschnitt (1989–1993) 2 %, was in etwa westlichem Niveau entspricht. Im Gegensatz zu China spielt Japan auf dem Weltmarkt eine sehr bedeutende Rolle. Im Jahre 1991 erreichten die Exporte 314,4 Milliarden US-Dollar. Die Importe betrugen im gleichen Jahr 236,7 Milliarden US-Dollar, so daß im Gegensatz zu China ein beträchtlicher Außenhandelsüberschuß erwirtschaftet werden konnte.

In Japan stellte die Gründung einer vollbeherrschten Tochtergesellschaft aufgrund der liberalen Wirtschaftspolitik kein so schwieriges oder gar unmögliches Unterfangen dar, wie es in China bis 1986 der Fall gewesen ist. Die Infrastruktur ist dem westlichen Niveau gleichzusetzen, und auch im Lohnniveau sind keine sehr großen Unterschiede zu verzeichnen. Allerdings ist auf langfristige Sicht ein Rückgang der verfügbaren Arbeitskräfte auf dem Arbeitsmarkt zu erwarten.[39] Die Unternehmenbesteuerung liegt mit 37,5 % etwas über der Chinas. Für Unternehmen stellt der Standort Japan oft den Brückenkopf für die Bearbeitung des asiatischen Marktes dar und wird oftmals aufgrund der politischen Stabilität und des technologischen Standards China vorgezogen.

C. Empirische Befunde

Es gilt nun, die Strategiewahl deutscher Unternehmen in China und Japan auf der Grundlage der vorhin angestellten Überlegungen zu untersuchen. Als empirische Basis liegen aus unserer Befragung Auskünfte aus 12 Kooperationen und 10 vollbeherrschten Tochtergesellschaften in Japan und aus 14 Kooperationen und 3 vollbeherrschten Tochtergesellschaften in China vor.

I. Strategiewahl und Erfolg

In Anlehnung an das Zielerreichungsmodell zum Unternehmenserfolg[40] wurde den befragten Unternehmen die Frage gestellt: „Wie zufrieden sind Sie mit der Leistung Ihres Betriebes in Japan bzw. China insgesamt?“. Wie Tabelle 1 zeigt, ist sowohl für die Tätigkeit in Japan als auch in China eine gemeinsame Tendenz zu erkennen: diejenigen Unternehmen, die eine 100%ige Tochtergesellschaft gegründet hatten, waren im Durchschnitt zufriedener als Unternehmen, die sich für eine Kooperation entschieden hatten. Bei Kooperationen in Japan gab keiner an, sehr zufrieden zu sein, wohingegen im Falle der japanischen Tochtergesellschaft 25 % mit ‚sehr zufrieden' antworteten. Auf chinesischer Seite lag die durchschnittliche Zufriedenheit bei Kooperationen bei 2,75 und im Fall der zwei 100%igen Tochtergesellschaften bei 2,5.

Wie vermutet und in Hypothese 0 ausgedrückt, scheinen die Erfolgsgrundlagen der Internationalisierungsstrategien unterschiedlich zu sein, wobei die 100%igen

38 Vgl. Jetro (International) S. 9.
39 Vgl. Noble (Japan) S. 6.
40 Vgl. Scholz (Effizienz) S. 533–522.

Tabelle 1: Zufriedenheit mit dem japanischen bzw. chinesischen Betrieb in Abhängigkeit von der Eigentumsform

Zufriedenheit	**Japan (N = 22)** Koop.* Zahl	%	TG** Zahl	%	**China (N = 17)** Koop.*** Zahl	%	TG**** Zahl	%
sehr unzufrieden (5)	-		-		-		-	
unzufrieden (4)	1	11,1			2	25,0		
teilweise zufrieden (3)	1	11,1	2	25,0	3	37,5	1	50,0
zufrieden (2)	7	77,8	4	50,0	2	25,0	1	50,0
sehr zufrieden (1)			2	25,0	1	12,5		
Mittelwert•	2,3		2,0		2,75		2,5	

• 1 = sehr zufrieden; 2 = teilweise zufrieden; 3 = zufrieden; 4 = unzufrieden; 5 = sehr unzufrieden; je kleiner der Wert, desto größer die Zufriedenheit
* KA = 3; ** KA = 2; *** KA = 6; **** KA = 1

Tochtergesellschaften die besseren Voraussetzungen haben. In diesem Punkt gibt es keine Differenz zwischen der Tätigkeit in China und Japan.

II. Einfluß der Eigentumsvorteile auf die Strategiewahl

1. Auslandserfahrung

Tabelle 2 gibt zu erkennen, daß unsere Überlegung hinsichtlich der Rolle der Auslandserfahrung bei der Strategiewahl in Japan zutrifft: Unternehmen mit 100%igen Tochtergesellschaften können auf längere Auslandserfahrung zurückblicken als Unternehmen mit Kooperationen. In China bestätigt sich diese Betrachtung nicht, was damit zusammenhängen kann, daß – wie vorhin erwähnt – eine Betätigung in diesem Land nur in Form von Kooperationen möglich war und im wesentlichen noch ist.

2. Forschung und Entwicklung

Als zweiter, oben angeführter Indikator für einen eigentumsspezifischen Vorteil wurde die Höhe des F&E-Anteils angeführt. Die empirischen Ergebnisse (Tabelle 3) zeigen im Fall Japan, daß Unternehmen mit einer 100%igen Tochtergesellschaft im Durchschnitt einen höheren F&E-Aufwand verzeichnen (2,1) als diejenigen mit Kooperationen (2,7).

Bei der Strategiewahl in China kann man dagegen keinen Unterschied feststellen. Wie der Befund erkennen läßt, scheint das damit zusammenzuhängen, daß in

Tabelle 2: Auslandserfahrung und Strategiewahl

Dauer der Auslandserfahrung	Japan (N = 22) Koop.* Zahl	%	TG Zahl	%	China (N = 17) Koop. Zahl	%	TG Zahl	%
14 Jahre und länger (1)	8	80,0	10	100,0	14	100,0	3	100,0
weniger als 14 Jahre (2)	2	20,0	-		-		-	
Mittelwert•	1,2		1,0		1,0		1,0	

• 1 = vor 1980; 2 = nach 1980, je kleiner der Wert, desto länger die Dauer der Auslandserfahrung
* KA = 2;

China relativ mehr Unternehmen mit mittlerem F&E-Niveau tätig sind als in Japan, wo der hochentwickelte Markt mehr High-Tech-Unternehmen (hoher F&E-Aufwand) anzieht, die ihr Know-how lieber im Alleingang verwerten.

III. Einfluß der Standortvorteile auf die Strategiewahl

1. Marktwachstum

Die empirischen Ergebnisse hinsichtlich des Marktwachstums im Gastland spie-

Tabelle 3: F & E-Aufwand der Unternehmen mit Strategiewahl

F&E-Aufwand (% am Gesamtumsatz, 10-Jahresdurchschnitt)	Japan (N = 22) Koop. Zahl	%	TG* Zahl	%	China (N = 17) Koop.** Zahl	%	TG Zahl	%
unter 5% (3)	9	75,0	4	50,0	6	46,2	2	66,7
5 - 10% (2)	2	16,7	1	12,5	5	38,5		
über 10% (1)	1	8,3	3	37,5	2	15,4	1	33,3
Mittelwert•	2,7		2,1		2,3		2,3	

• 1 = über 10 %; 2 = 5 - 10 %; je kleiner der Wert, desto höher der F & E-Aufwand
* KA = 2; ** KA = 1

Tabelle 4: Erwartetes Wachstum im Gastlandmarkt und Strategiewahl

in der betreffenden Branche erwartetes Marktwachstum	Japan (N = 22)				China (N = 17)			
	Koop.*		TG		Koop.**		TG	
	Zahl	%	Zahl	%	Zahl	%	Zahl	%
unter 5% (5)	4	44,4	4	40,0	3	23,1		
5% - 10% (4)	3	33,3	3	30,0	6	46,2	2	66,7
10% bis unter 15% (3)	1	11,1	2	20,0	2	15,4		
15% bis 20% (2)			1	10,0	1	7,7		
über 20% (1)	1	11,1			1	7,7	1	33,3
Mittelwert•	4,0		4,0		3,7		3,0	

• 1 = über 20 %; 2 = 15 % bis 20 %; 3 = 10 % bis unter 15 %; 4 = 5 % bis unter 10 %; 5 = unter 5 %; je kleiner der Wert, desto höher das erwartete Wachstum
* KA = 3; ** KA = 1

gelt Tabelle 4 wider. Auf japanischer Seite ergibt sich kein Unterschied: Unternehmen mit Kooperationen und 100%igen Tochtergesellschaften erwarten das gleiche Marktwachstum in Japan. Dagegen erwarten diejenigen Unternehmen, die in China eine 100%ige Tochtergesellschaft gegründet haben, im Durchschnitt ein höheres Wachstum als die Unternehmen, die Kooperationen eingegangen sind.

2. Investitionsklima

Ein weiterer Indikator für einen standortspezifischen Vorteil stellt das Investitionsklima bzw. der empfundene Einfluß der Gastlandumwelt dar. Die Unternehmen in der Stichprobe wurden gebeten, eine Reihe von Rahmenbedingungen in Japan und China im Hinblick auf ihren Einfluß auf die Aufnahme der Tätigkeit dort zu bewerten. Wie Tabelle 5 erkennen läßt, wird das Investitionsklima in China in allen Punkten schlechter bewertet als in Japan, wobei – objektiv betrachtet – der Zugang zu lokalen Vertriebssystemen in Japan auch als problematisch bezeichnet werden kann.

In Bezug auf die Strategiewahl zeigt Tabelle 6, daß Unternehmen mit einer 100%igen Tochtergesellschaft in Japan den Umwelteinfluß in fast allen Punkten als beschwerlicher empfinden als Unternehmen mit Kooperationen, was auf eine totale Umkehrung unserer Vorüberlegung hindeutet. Das Ergebnis läßt sich mit der Ausgangshypothese in Einklang bringen, wenn man die Umweltbewertung eher als Meinungsbild interpretiert, das sich auf die ex-post-Situation bezieht: Offensichtlich ist es den Kooperationen unter den Befragten (im Laufe des Betriebs)

Tabelle 5: Beurteilung des Investitionsklimas in China und Japan

Rahmenbedingungen	**Japan*** **(N = 22)**	**China*** **(N = 17)**
Joint Venture-Vorschriften	**2,8**	**3,0**
Politische (In-)Stabilität	**1,6**	**3,6**
Verfügbarkeit von qualifiziertem Personal	**2,0**	**3,4**
Zugang zum lokalen Vertriebssystem	**3,3**	**3,6**
Zugang zu lokalen Lieferanten	**2,4**	**3,3**
Mittelwert	**2,42**	**3,38**

* 1 = sehr förderlich; 2 = förderlich; 3 = neutral; 4 = hinderlich; 5 = sehr hinderlich: je größer der Wert, desto größer die perzipierten Schwierigkeiten

Tabelle 6: Investitionsklima und Strategiewahl

Rahmenbedingungen	**Japan (N = 22)**		**China (N = 17)**	
	Koop.	**TG**	**Koop.**	**TG**
Joint Venture-Vorschriften	**2,8**	**2,9**	**2,8**	**3,7**
Politische (In-)Stabilität	**1,5**	**1,6**	**3,6**	**3,3**
Verfügbarkeit von qualifiziertem Personal	**2,1**	**1,9**	**3,6**	**2,0**
Zugang zum lokalen Vertriebssystem	**3,2**	**3,4**	**3,5**	**4,0**
Zugang zu lokalen Lieferanten	**2,3**	**2,5**	**3,5**	**2,5**
Mittelwert*	**2,38**	**2,46**	**3,40**	**3,10**

* 1 = sehr förderlich; 2 = förderlich; 3 = neutral; 4 = hinderlich; 5 = sehr hinderlich: je größer der Wert, desto größer die perzipierten Schwierigkeiten

Tabelle 7: Anteil der im Unternehmensverband beschafften Güter und Strategiewahl

Anteil am Gesamteinkaufsvolumen	**Japan (N = 22)**				**China (N = 17)**			
	Koop.*		**TG****		**Koop.*****		**TG*******	
	Zahl	**%**	**Zahl**	**%**	**Zahl**	**%**	**Zahl**	**%**
über 40% (1)	**1**	**12,5**	**2**	**28,6**	**2**	**25,0**		
20% bis 40% (2)	**3**	**37,5**	**2**	**28,6**	**1**	**12,5**		
10% bis unter 20% (3)	**4**	**50,0**	**3**	**42,9**	**5**	**62,5**	**2**	**100,0**
weniger als 10% (4)								
Mittelwert•	**2,4**		**1,7**		**2,4**		**3,0**	

• 1 = über 40 %; 2 = 20 % bis 40 %; 3 = 10 % bis unter 20 %; 4 = weniger als 10 %; je kleiner der Wert, desto größer die Beschaffung im Verband
* KA = 4; ** KA = 3; *** KA = 6; **** KA = 1

besser gelungen, mit den Problemen in Japan fertigzuwerden, so z. B. Zugang zu Vertriebs- und Lieferantenfirmen zu bekommen, die innerhalb von Unternehmensgruppen, den sogenannten Keiretsu, gebunden werden, und nur über angesehene Kooperationspartner zu verpflichten sind. Für China trifft das Bild für die Ausgangsüberlegungen eher zu. Im Durchschnitt sehen Unternehmen mit 100%igen Tochtergesellschaften das Investitionsklima als günstiger an als Unternehmen mit chinesischen Partnern. Beim Zugang zu den lokalen Vertriebswegen scheint wieder die ex-post-Situatuion vorherrschend zu sein, die in China geprägt ist durch staatliche Vertriebsgesellschaften, die leichter über eingeführte Kooperationsbetriebe zu gewinnen sind. Die ungünstigere Bewertung der Joint Venture-Vorschriften durch Unternehmen mit vollbeherrschten Töchtern in China und Japan verwundert nicht weiter, wenn man bedenkt, daß sie, würden sie diese als günstig erachten, sich wohl eher für ein Joint Venture entschieden hätten.

IV. Einfluß der Internalisierungsvorteile auf die Strategiewahl

1. Beschaffung im Unternehmensverband

Die empirischen Ergebnisse (Tabelle 7) zeigen, daß in den vollbeherrschten Tochtergesellschaften in Japan der Anteil der im Unternehmensverband beschafften Güter höher ist, also mehr von Internalisierungsvorteilen Gebrauch gemacht wird als in Kooperationen. In China stellen wir ein umgekehrtes Verhalten fest, was mit den staatlichen Forderungen hinsichtlich Local Content und Bezug vom Partnerbetrieb zusammenhängen kann.

Tabelle 8: Anteiliger Innenumsatz im Unternehmensverband und Strategiewahl

Anteil des internen Umsatzes am Gesamtumsatz	Japan (N = 22) Koop.* Zahl	%	TG** Zahl	%	China (N = 17) Koop.*** Zahl	%	TG**** Zahl	%
über 40% (1)			1	12,5				
20% bis 40% (2)								
10% bis unter 20% (3)	1	12,5	1	12,5	2	25,0		
weniger als 10% (4)	7	87,5	6	75,0	6	75,0	2	100,0
Mittelwert•	3,9		3,5		3,75		4,0	

• 1 = über 40 %; 2 = 20 % bis 40 %; 3 = 10 % bis unter 20 %; 4 = weniger als 10 %; je kleiner der Wert, desto größer der Innenumsatz
* KA = 4; ** KA = 3; *** KA = 6; **** KA = 1

2. Absatz im Unternehmensverband

Wie Tabelle 8 zeigt, ist der Befund bezüglich des Anteils des internen Umsatzes am Gesamtumsatz, der in den Betrieben in Japan und China erzielt wird, identisch mit dem Ergebnis in Tabelle 7. Auch in Bezug auf diesen Indikator machen Tochtergesellschaften in Japan mehr Gebrauch von Internalisierungsvorteilen, wie es in

Tabelle 9: Personaltausch im Unternehmensverband und Strategiewahl

Personaltausch	Japan (N = 22) Koop.* Zahl	%	TG** Zahl	%	China (N = 17) Koop.*** Zahl	%	TG**** Zahl	%
stark (1)					1	11,1		
mittelmäßig (2)	2	20,0	1	12,5	3	33,3		
gering (3)	2	20,0	5	62,5	1	11,1	1	50,0
sehr gering (4)	6	60,0	2	25,0	4	44,4	1	50,0
Mittelwert•	1,6		3,1		2,9		3,5	

• 1 =stark; 2 = mittelmäßig; 3 = gering; 4 = sehr gering; je kleiner der Wert, desto intensiver der Personalaustausch
* KA = 2; ** KA = 2; *** KA = 5; **** Ka = 1

Tabelle 10: Qualitätssicherungsmaßnahmen und Strategiewahl

	Japan (N = 22)				China (N = 17)			
	Koop.*		TG**		Koop.***		TG****	
Qualitätssicherungsmaßnahmen	**Zahl**	**%**	**Zahl**	**%**	**Zahl**	**%**	**Zahl**	**%**
Schulung	6	50,0	9	90,0	8	57,1	1	33,3
Qualitätskontrolle	5	41,7	8	80,0	5	35,7	1	33,3
Kontrolle der Zulieferung	6	50,0	9	90,0	4	28,6	2	66,6
Mechanismen/ Automatisierung	2	16,7	3	30,0	1	7,1		
Andere			2	20,0				
Mittelwert (in %):	31,7		62,0		25,7		26,7	

den Vorüberlegungen auch begründet wurde. In China könnte der größere Innenumsatz in Kooperationen mit dem Druck der lokalen Partner nach Reexport, um Devisen zu verdienen, zusammenhängen.

3. Personalaustausch

Laut empirischer Ergebnisse (Tabelle 9) findet in den vollbeherrschten Tochtergesellschaften weniger Personalaustausch statt als in den Kooperationen. Offensichtlich wird der Personalaustausch weniger zum Zwecke der Abstimmung und Koordination der Internalisierung als vielmehr zur Lösung von Problemen durchgeführt, die im Zusammenhang mit den Partnerschaften entstehen.

4. Qualitätssicherung

Tabelle 10 zeigt, daß sowohl in Japan als auch in China in den vollbeherrschten Tochtergesellschaften mehr Qualitätssicherung betrieben wird als in den Kooperationen, was eindeutig für eine stärkere Internalisierung in den ersteren Strategieformen spricht, wie es in den Vorüberlegungen auch dargelegt wurde.

D. Diskussion

Nach dem Befund unserer Untersuchung stellt die Strategiewahl einen wichtigen Erfolgsfaktor bei der Tätigkeit deutscher Unternehmen in Asien dar. Es konnte festgestellt werden, daß Unternehmen, die in China und Japan gleichermaßen mit vollbeherrschten Tochtergesellschaften operieren, bezüglich ihrer Gesamtgeschäfte dort zufriedener waren als Unternehmen die in beiden Ländern Kooperationen unterhielten. Gleichwohl zeigen sich Unterschiede in den Motiven und Vorausset-

Tabelle 11: Überblick über die Bedeutung der Erfolgsfaktoren bei der Strategiewahl

Einflußfaktoren	**Japan**	**China**
Eigentumsvorteile		
*** Auslandserfahrug**	X	X
*** F&E**	X	(X)
Standortvorteile		
***Marktwachstum**	(X)	X
***Investitionsklima**	O	X
Internalisierungsvorteile		
*** Interne Beschaffung**	X	O
***Interner Absatz**	X	O
*** Personalaustausch**	O	O
*** Qualitätssicherung**	X	X

X = Bedeutung im Einklang mit den Vorüberlegungen
(X) = Bedeutung teilweise im Einklang mit den Vorüberlegungen
O = Bedeutung im umgekehrten Verhältnis zu den Vorüberlegungen

zungen bei der Strategiewahl zwischen den beiden ostasiatischen Ländern. Tabelle 11 faßt im Überblick die Bedeutung der diskutierten Einflußfaktoren zusammen.

Die Rolle der eigentumsspezifischen Vorteile hat sich bei der Wahl von vollbeherrschten Tochtergesellschaften als entscheidend herausgestellt. Sowohl die hohe Auslandserfahrung als auch der hohe F&E-Aufwand begünstigen die Präferenz für diese Strategie gegenüber der Kooperation. Obwohl für die Tätigkeit in beiden asiatischen Ländern wichtig, ist deren Bedeutung in Japan höher zu veranschlagen als in China, was sich mit dem hohen industriellen Niveau Japans erklären läßt. Zum einen bieten vollbeherrschte Töchter eben den effizienteren Rahmen für die Nutzung von Eigentumsvorteilen, zum anderen auch einen besseren Schutz vor Nachahmung, die in Japan aufgrund des hohen technischen Niveaus leicht möglich wäre.

Der Befund über die Bedeutung von Standortvorteilen fällt nicht so eindeutig aus. Während sich unsere diesbezüglichen Eingangsüberlegungen bei Unternehmensgründungen in China bestätigen, zeigt sich im Falle Japans, daß das Marktwachstum bei der Strategiewahl keine Rolle spielt, und entgegen unserer Erwartung das Investitionsklima im Gastland von Unternehmen mit vollbeherrschten Tochtergesellschaften als größere Erschwernis bewertet wird als von Unternehmen mit Kooperationen. Dieses Ergebnis deutet darauf hin, daß Unternehmen, die vollbeherrschte Töchter in Japan gegründet haben, die Umweltprobleme ursprünglich unterschätzten, zu deren Bewältigung – im nachhinein betrachtet – japanische Kooperationspartner einen produktiven Beitrag hätten leisten können. So gesehen ist es in beiden Ländern, China und Japan, wichtig, die Schwierigkeiten der fremden Umwelt sorgfältig zu bewerten, und ihnen gegebenenfalls durch die entsprechende Strategiewahl Rechnung zu tragen.

Die Rolle der Internalisierung bei der Stratgiewahl fällt bei Standortverlagerungen nach Japan deutlich gewichtiger aus als bei Unternehmensgründungen in China. Es zeigte sich, daß die Realisierung der Internalisierungsvorteile über den internen Leistungsaustausch und die Sicherung einer einheitlichen Leistungsqualität im Unternehmensverband bei den Japan-Operationen wesentlich intensiver ist als in den Niederlassungen in China. Das hängt mit den verhältnismäßig hoch entwickelten Standort Japan zusammen, der stärker als der Standort China in die Globalisierungsstrategie der Unternehmen einbezogen werden kann. Wie es sich zeigte, scheinen dabei vollbeherrschte Tochtergesellschaften die geeignete Strategie zu sein.

Das Ergebnis läßt sich dahingehend zusammenfassen, daß Unternehmen, die in Asien substantielle eigentumsbedingte Wettbewerbspotentiale, wie z. B. Technologie und Management-Know-how, im Rahmen von Globalisierungsstrategien, die notwendigerweise einen hohen Internalisierungsbedarf mit sich bringen, realisieren wollen und können, mit vollbeherrschten Tochtergesellschaften die Ziele besser erreichen als mit Kooperationen. Diese Bedingungen scheinen eher für einen entwickelten Standort wie Japan zuzutreffen als für China, wo die Strategiewahl stärker von den potentiellen Standortüberlegungen bestimmt wird.

Literaturverzeichnis

Absatzwirtschaft (Drache): Investitionsvorhaben in China. Der Drache wird immer schneller, in: Absatzwirtschaft Nr. 7, 1994, S. 24–27

Bartlett C. A.; Ghoshal, S. (across): Managing across borders. The transnational solution. Harvard 1989

Canibol, H. P.; Marschall, B. (Preis): China. Politischer Preis, in: Wirtschaftswoche Nr. 47, November 1993, S. 14–21

Chen, M. (Negotiating): Understanding Chinese and Japanese Negotiating Styles, in: The International Executive Nr. 35 (2), März-April 1993, S. 147–159

Contractor, F. J.; Lorange, P. (cooperative): Cooperative strategies in international business, Massachusetts/Toronto 1988

Deutsche Bundesbank (Kapitalverflechtung): Kapitalverflechtung mit dem Ausland, Frankfurt Mai 1994

Dunning J. (production): Explaining international production, London 1988

Etienne, G. (Reforms): Economic Reforms in China and India, presented at the conference „The Future Of China", Fontainbleau 4. und 5. Februar 1994

Fayerweather, J. (framework): A conceptual framework for the multinational corporation, New York o.J.

Frankfurter Allgemeine Zeitung (China): China im Verteilungskampf, Hongkong behauptet sich, in: Länderanalyse der Frankfurter Allgemeine Zeitung GmbH Informationsdienste und des Ostasiatischen Vereins e. V., Frankfurt April 1994, S. 20

Heigl, A. (Prüfungssystem): Der Gesellschaftsrevisor im Prüfungssystem der japanischen AG: der Kansayaku, Berlin 1985

Heigl, A. (Grundriß): Unternehmensbesteuerung: Grundriß, München, Wien 1994

Hymer, S. H. (operations): The international operations of national firms. A study of foreign direct investment, Cambridge (Mass.), London 1977

Jahrreiß, W. (Theorie): Zur Theorie der Direktinvestitionen im Ausland, Berlin 1984

Jetro Japan External Trade Organization (International): White Paper on International Trade, Japan 1993

Johanson, J.; Vahlne, J.-E. (process): The Internationalization process of the firm – A model of knowledge development and increasing foreign market commitments, in: Journal of International Business Studies, New Jersey, spring/summer 1977, S. 23–32

Knickerbocker, F. T. (reaction): Oligopolistic reaction and multinational enterprise, Boston 1973

Kobrin, S. J. (Analysis): An empirical analysis of the determinants of global integration, in: Schendel, D. (Hrsg.); Channon, D.: Strategic Management Journal, vol. 12, special issue, summer 1991, S. 17–33

Kumar B. N.; Karlshaus, F. (Auslandseinsatz): Auslandseinsatz und Personalentwicklung. Ergebnisse einer empirischen Studie über den Beitrag der Auslandsentsendung zur Karriereperspektive von Stammhausmitarbeitern, in: Zeitschrift für Personalforschung 6. Jg., Heft 1, 1992, S. 59–74

Kumar, B. N. (Formen): Internationale(n) Unternehmenstätigkeit, Formen der, in: Macharzina, K.; Welge, M. K.: Handwörterbuch Export und Internationale Unternehmung, Stuttgart 1989, S. 914–926

Kumar, B.N.; Steinmann, H.; Dolles, H. (Management): Das Management in Niederlassungen deutscher Unternehmen in Japan. Eine empirische Untersuchung unter besonderer Berücksichtigung von Klein- und Mittelbetrieben. Diskussionsbeitrag Nr. 2, am Lehrstuhl für Betriebswirtschaftslehre, insbesondere Internationales Management der Universität Erlangen/Nürnberg, Prof. Dr. Brij N. Kumar, Nürnberg 1993

Kumar, B. N.; Hausmann, H. (Hrsg.) (Handbuch): Handbuch der Internationalen Unternehmenstätigkeit. Erfolgs- und Risikofaktoren, Märkte, Export-, Koopertions- und Niederlassungs-Management, München 1992

Kwan, P.; Tseng, C. S.; Cheung, F. (impact): The impact of current economic development in China on the market entry strategies of foreign consumer goods manufacturer, presented at the conference „The Future Of China", Fontainbleau 4. und 5. Februar 1994

Macharzina, K.; Engelhard , J. (paradigm): Paradigm shift in international business resarch: From partist and eclectic approaches to the GAINS paradigm, in: Management International Review, Vol. 31 (special issue), 1991, S. 23–43

Magee, S. P. (information): Information and the multinational corporation: An appropriability theory of foreign direct investment, in: Bhagwati, J. N. (Hrsg.): the new international economic order, Cambridge und London 1977, S. 317–321

Mathur, I.; Jai-Sheng, C. (China): Strategies for Joint Ventures in the people's republic of China, New York 1987

Noble, G. W. (Japan): Japan in 1992. Just another aging superpower?, in: Asian Survey, Nr. 33, Januar 1993, S. 1–5

Ortmanns, B. (Direktinvestitionen): Ausländische Direktinvestitionen in Entwicklungsländern. Mit dem Beispiel Volksrepublik China, Frankfurt am Main 1992

Perry, E. J. (Experiment): China in 1992. An Experiment in Neo-Authorianism, in: Asian Survey, Vol. 33, Nr. 1, Berkeley, Januar 1993, S. 12–21

Poole, R.; Wiercks, F. (Business): Best Business Locations. The Where's Where of Business and Investment Opportunities 1992–1993, Lausanne 1992

Rugman A. M.; Lecraw, D.; Booth L. D. (business): International business. Firm and environment, New York 1985

Scholz C. (Effizienz): Effektivität und Effizienz, organisatorische, in: Frese, E. (Hrsg.) et al.: Handwörterbuch der Organisation, 3. Aufl., Stuttgart 1992, Sp. 533–552

Steinmann, H.; Kumar, B. N.; Wasner, A. (Internationalisierungsprozeß): Der Internationalisierungsprozeß von Mittelbetrieben – Überlegungen zum Entwurf eines Forschungskonzepts –, in: Pausenberger, E. (Hrsg.): Internationales Management, Stuttgart 1981, S. 107–127

Tesch, P. (Bestimmungsgründe): Die Bestimmungsgründe des internationalen Handels und der Direktinvestition, Berlin 1980

Wiedemann, A. (Markt): Millionen Chinesen beginnen den Konsum zu entdecken. Ein gigantischer Markt, in: Frankfurter Allgemeine Zeitung Nr. 198, 27. und 28. August, Frankfurt 1994, S. 9

Unternehmensbewertung im Rahmen von Akquisitionen mittel- und osteuropäischer Unternehmen

Dr. Bernd Rödl, WP, StB, RA und
Dr. Peter Bömelburg, StB, Dr. Bernd Rödl & Partner, Nürnberg

A. Einführung

Der Standort Deutschland darf nicht allein innerhalb der Landesgrenzen gesehen werden. In Zeiten der Öffnung von Grenzen, der Erschließung neuer Märkte, des immer leichter werdenden Waren- und Devisenverkehrs darf sich der Blick nicht allein aufs Inland richten. Nach übereinstimmender Auffassung von Wirtschaftsfachleuten dient die Globalisierung und Internationalisierung, die Schaffung eines „Standbeines“ in anderen Ländern, der Stärkung des Standortes Deutschland. Durch die politischen Veränderungen der letzten Jahre muß dieses Standbein nicht mehr in fernen Ländern gesucht werden, vielmehr bieten sich in Mittel- und Osteuropa zahlreiche Möglichkeiten. Darüber hinaus erwarten viele Länder auch, daß Deutschland seiner Rolle gerecht wird und Wirtschaftskraft transferiert. Mit dieser Aufgabenstellung sehen sich nicht nur Unternehmen aus Industrie und Handel konfrontiert. Auch in der Dienstleistungsbranche, insb. im Beratungsbereich im weitesten Sinne, muß ein entsprechendes know-how vorhanden sein. Der Berater oder Prüfer muß am besten schon vor dem potentiellen Mandanten im jeweiligen Land vertreten sein, um sein know-how qualifiziert anbieten zu können. Dabei wird nicht zuletzt das im Standort Deutschland vorhandene know-how in den Reformstaaten um die jeweils landesspezifischen Besonderheiten zu ergänzen sein.[1] Erfahrungen zeigen, daß das Risiko einer Fehlbeurteilung bei ausländischen Akquisitionen durch unerfahrene Käufer besonders hoch ist; Folgen sind überhöhte Kaufpreiszahlungen oder unerwartete Folgekosten, weshalb der Erwerb schnell zum Mißerfolg wird.[2]

Im Schnittpunkt dieser Aspekte steht die Unternehmensbewertung. Unternehmensbewertung wird dabei verstanden als das Finden potentieller Preise für die Übernahme von Unternehmen (share-deal) oder Unternehmensteilen (asset-deal).

Unternehmensbewertung ist bereits in Deutschland ein heftig diskutiertes Thema. Gegenwärtig steht die Ertragswertmethode als richtiger Ansatz zur Bewertung von Unternehmen im Zentrum, wobei die moderne Auffassung der Ertragswertermittlung cash-flow-orientiert ist.[3] Dieser Ertragswert spiegelt den zukünftigen Nutzen für den Erwerber wieder und ist damit investitionstheoretisch der richtige Ansatz. In traditionell orientierten Kulturen bzw. Gesellschaftskreisen sowie vor dem Hintergrund eines Systemwechsels in Mittel- und Osteuropa ist jedoch eine starke Substanzorientierung zu beobachten. Der Berater bringt in der Regel das moderne Instrument der Ertragswertermittlung mit, die Verantwortlichen in Betrieben und wirtschaftlichen Verwaltungsstellen sind häufig substanzwertverhaftet.[4]

Im folgenden sollen die Rahmenbedingungen sowie mögliche Ansatzpunkte der Unternehmensbewertung diskutiert werden.

1 Ähnlich: Weber (Bewertung) S. 1270.

2 Vgl. Stöckli (Bewertung) S. 563.

3 Zu den Methoden der Unternehmensbewertung vgl. Ballwieser (Methoden) S. 152 ff. Zu den Ergebissen einer empirischen Untersuchung vgl. Peemöller; Bömelburg; Denkmann (Deutschland) S. 741 ff.

4 Vgl. Aigner; Barisitz; Fink (Unternehmensbewertung) S. 19.

B. Einflussfaktoren der Unternehmensbewertung

I. Erfahrungswerte aus den neuen Bundesländern

Aus den Erfahrungen bei Unternehmensbewertungen in den neuen Bundesländern der Bundesrepublik Deutschland lassen sich folgende Aspekte ableiten:[5]

- Die Vergangenheitsanalyse liefert keine repräsentative Basis für die Prognose zukünftiger Einnahmen-Überschüsse.
- Ökonomische Grunddaten erfahren beim Übergang zur Marktwirtschaft Veränderungen; die Konzequenzen für das jeweilige Unternehmen sind schwer vorhersehbar.
- Das bestehende Unternehmenskonzept wird in Zukunft nicht unverändert fortgeführt.
- Die Anlagen sind häufig technologisch veraltet und nicht organisch aufeinander abgestimmt.
- Produkte sind z. T. nicht wettbewerbsfähig.
- Es liegen Standortprobleme vor (fehlende Infrastruktur, ungünstige Verkehrsanbindung usw.)

Darüber hinaus zeigt sich, daß für die Mehrzahl der potentiellen Akquisitionsobjekte aufgrund plötzlichen Wegfalls der Abnehmer und des Eindringens starker Konkurrenten Ertragsschwäche vorliegt.[6]

Aufgabe des Beraters ist es, einen Entscheidungswert zu ermitteln. Daher wird er sowohl im Auftrag des Käufers, als auch bei Beauftragung durch die Treuhandanstalt in seiner Beratungsfunktion tätig, auch wenn in Angeboten gerne darauf hingewiesen wird, daß gem. HFA 2/1983, HFA 2/1990 die Ermittlung eines objektivierten Wertes erfolgt.

II. Normen zur Unternehmensbewertung

1. Regelungen in Deutschland

Leitlinien der Unternehmensbewertung finden sich in berufsständischen Regelungen des Instituts der Wirtschaftsprüfer in Deutschland e. V. (IDW). Der Ertragswert wird als der richtige Wert zur Bewertung von Unternehmen dargestellt. Dieser ist nicht als eine pauschale Transformation der Vergangenheitswerte in die Zukunft zu verstehen, sondern als Prognose der auf Vergangenheitswerten basierenden zukünftigen Erfolgsüberschüsse, die auf den Bewertungszeitpunkt abzuzinsen sind.[7] Der Gesetzgeber hat bisher keine Normen vorgegeben.

Für die Bewertung von Betrieben in den neuen Bundesländern wurde eine entsprechende Ergänzung zum Fachgutachten HFA 2/1983 im HFA 2/1990 vorgenommen.[8] Das IDW empfiehlt auch unter dieser spezifischen Fragestellung eine

---

5 Vgl. IDW (Anwendung) Abschnitt B, vgl. auch Dörner (Anwendung) S. 6.

6 Vgl. Sieben (Wertfindung) S. 2042. Generell läßt sich jedoch nicht von chronischer Ertragsschwäche sprechen.

7 Vgl. IDW (Grundsätze) Abschnitt B.

8 Vgl. IDW (Anwendung).

prognoseorientierte Ertragswertermittlung auf der Basis einer Einnahmen/Ausgaben-Rechnung. Die Bewertung kann nicht allein auf Basis eines Substanzwertes im Sinne eines Teilrekonstruktionszeitwertes erfolgen.[9]

Die Grundsätze der Unternehmensbewertung sind folglich analog anzuwenden. Das Instrumentarium ist jedoch entsprechend den Rahmenbedingungen des jeweiligen Landes anzupassen.

2. Regelungen in Mittel- und Osteuropa

In den meisten Ländern sind sowohl gesetzliche als auch berufsständische Normen zur Unternehmensbewertung unbekannt. Häufig ergibt sich der Konflikt hinsichtlich der Methodenwahl, wie er oben angesprochen wurde. Eine Festlegung der Methode ist daher vertraglich vorzunehmen. In Verhandlungen muß teilweise grundlegende Aufklärung und Überzeugungsarbeit hinsichtlich der Bewertungsmethoden erfolgen; dabei steht in den meisten Bewertungsfällen derzeit die Privatisierung im Vordergrund.

Relativ gefestigte Regelungen zur Unternehmensbewertung liegen in *Slowenien* vor. Für Investitionen in Slowenien bestehen dabei grundsätzlich 2 Möglichkeiten:

(1) Ein „Betrieb im gesellschaftlichen Eigentum" gründet mit einem ausländischen Investor ein Joint-venture, in das Teile des Vermögens des Betriebs im gesellschaftlichen Eigentum als Sacheinlage erbracht werden.

(2) Der ausländische Investor kauft eine Beteiligung und/oder beteiligt sich durch Kapitalerhöhungen an einem „Betrieb im gesellschaftlichen Eigentum", welcher zuvor in eine Kapitalgesellschaft (ähnlich unserer AG bzw. GmbH) umgewandelt wird.

Bei der Umwandlung akzeptiert die slowenische Privatisierungsagentur zwei Bewertungsmethoden:

(a) Methode der Eröffnungsbilanz

(b) Unternehmensbewertung (Ertrags- und Substanzwertmethode), meist nach US-Standards

zu (a) Die Methode der Eröffnungsbilanz schreibt spezielle Wertansätze für die einzelnen Bilanzposten vor, die nicht immer westlichen Standards entsprechen. Die Vorräte beispielsweise müssen mit den Preisen Stand Dezember 1992 angesetzt werden und nicht etwa mit der in Slowenien üblichen Durchschnittsmethode oder einem Verbrauchsfolgeverfahren, wie z. B. Lifo. Eine Pflicht zur Übernahme dieser speziellen Wertansätze in Folgeabschlüsse nach dem Bewertungsstichtag besteht jedoch nicht.

zu (b) Bei dieser Alternative erfolgt eine Bewertung des Investitionsobjektes durch einen – von ca. 60 durch die Privatisierungsagentur zugelassenen – Experten. Ein Teil davon ermittelt lediglich die Werte von Grundstücken

9 Vgl. IDW (Anwendung) Abschnitt C3.

sowie Betriebs- und Geschäftsausstattungen nach standardisierten Verfahren. Unter diesen zugelassenen Experten sind auch andere Bewerter, die auf dieser Grundlage den Unternehmenswert mit Hilfe weitgehend westlicher Bewertungsgrundsätze, wie Substanz- und/oder Ertragswert, ermitteln. Beim Ertragswert wird in der Regel der zukünftige Netto-cash-flow auf den gegenwärtigen Zeitpunkt diskontiert; der in Deutschland noch teilweise übliche (reine) Ertragsansatz wird dagegen nicht praktiziert. Verbreitet ist auch das in den USA entwickelte CAPM-Modell (Capital-Asset-Pricing-Model). Die Privatisierungsagentur verlangt zusätzlich die Ermittlung des Substanzwertes, wobei der Nettovermögenswert nach Abzug der Schulden ermittelt wird. Maßgebend sollen die realen Marktwerte sein und nicht die Buchwerte der Vermögensgegenstände und Schulden.

Eine von ausländischen Experten durchgeführte Bewertung kann, wenn sie zu keinen Beanstandungen Anlaß gibt, anerkannt werden. Das Ergebnis der Bewertung ist für die Privatisierungsagentur nicht zwingend, sondern nur als Anhaltspunkt gedacht, entsprechend unserem Verständnis der Ermittlung potentieller Preise. Beklagt wird, daß die Privatisierungsagentur allerdings mehr auf den zu erzielenden Preis achtet, als auf die Qualifikation des ausländischen Investors sowie seine Bereitschaft, Arbeitsplätze zu erhalten oder neu zu schaffen. Das Angebot an die privaten Investoren erfolgt i. d. R. durch eine öffentliche Ausschreibung. Es gibt aber auch zahlreiche Fälle, in denen wegen der erfolgreichen und fortgeschrittenen Verhandlungen unter den Partnern auf das Ausschreibungsverfahren verzichtet wurde.

Derartige Privatisierungsagenturen, die in etwa die Aufgaben unserer in Deutschland von 1990 bis 1994 installierten Treuhandanstalt wahrnehmen, sind auch in anderen Ländern bekannt, so etwa als Privatisierungsfond in *Kroatien.* Die *Slowakei* hat einen sog. Investitions-Privatisierungs-Fond eingerichtet. *Estland* läßt die Privatisierung in der Phase III seit etwa August 1993 ebenfalls durch eine Privatisierungsagentur durchführen. In *Lettland* steckt die Privatisierung noch in den Anfängen; hier gab es zunächst einen Ausschuß für Privatisierung. Seit Inkrafttreten des Privatisierungsgesetzes vom 23. 02. 1994 existiert eine Privatisierungsagentur, die ähnlich der Treuhandanstalt ausgestaltet ist. Daneben gibt es im Bereich der örtlichen Organe für den dortigen Unternehmensbestand Privatisierungskommissionen.

In *Kroatien* wird über ein spezifisches Gesetz zur Unternehmensbewertung nachgedacht; zu dessen Konzeption sollen internationale Berater hinzugezogen werden. In Polen finden sich Regelungen zur Unternehmensbewertung im Dekret des Privatisierungsministeriums vom 20. November 1990. Hiernach sollen aus den Verfahren Discounted cash-flow, Wiederbeschaffungswert, Netto-Substanzwert, Liquidationswert sowie Multiplikatorenmethode zwei ausgewählt werden. Aus dem Vergleich dieser beiden soll ein neutraler Gutachter den Unternehmenswert ermitteln. Welche Methoden am häufigsten zur Anwendung kommen, ist nicht bekannt; Zukunftserfolgswerte werden aufgrund mangelnder Profitabilität selten herangezogen. Bei kleinen Gesellschaften erfolgt die Bewertung regelmäßig mit dem Nettosubstanzwert.

III. Ausgewählte Determinanten

1. Funktionsabhängigkeit des Unternehmenswertes

Der Wert eines Unternehmens besteht für den tatsächlichen Inhaber wie für einen potentiellen Erwerber darin, entnahmefähige Erträge aus den zu erwartenden Erfolgen zu erzielen. Dies bedeutet, daß jeder tatsächliche Unternehmenswert letztendlich subjektiv, personenbezogen und situationsabhängig sein muß.[10]

Für den Gutachter ergibt sich daraus die Notwendigkeit, den festzustellenden Wert funktionsabhängig zu definieren. Dabei kann die Wertermittlung zweistufig erfolgen. Zunächst wird der Wert des Unternehmens ermittelt „wie es steht und liegt", also in der bestehenden Form mit dem derzeit verfolgten Unternehmenskonzept. Überwiegend wird dabei auf die tatsächliche Entwicklung in den vorangegangenen Geschäftsjahren bezug genommen.

Die Vergangenheitsdaten müssen vielfach durch die vollzogenen volkswirtschaftlichen und politischen Veränderungen, wie z. B. neue Wirtschaftsstrukturen, Kriegsauswirkungen, Inflation und Neubewertung des Anlagevermögens sowie mangelnde Vergleichbarkeit relativiert werden. In einem zweiten Schritt wird dieser Wert entsprechend den Planungen, Erwartungen und Urteilen der jeweiligen Entscheidungsträger zum tatsächlichen Unternehmenswert weiterentwickelt. Der Berater ermittelt in beiden Stufen Entscheidungswerte.

2. Relevante Wertgrößen

a) Substanzwert

Alle Vermögensgegenstände und Schulden werden hierbei mit ihren Wiederbeschaffungswerten (Zeitwerten) angesetzt. Die Funktion des Substanzwertes liegt darin, die Grundlagen für die Finanzbedarfsrechnung, die Kreditfähigkeit u. ä. zu liefern; er dient darüber hinaus als Kontrollwert für den ermittelten Ertragswert. Die Unternehmenssubstanz ist Maßstab für die Rentabilität des Unternehmens und Ausgangsgröße für die Ermittlung entscheidungsrelevanter (gegenwärtiger) Aufwandsgrößen, wie Abschreibungen und Zinsen. Aufgrund seiner Datenbasis kann der Substanzwert kein (alleiniger) Entscheidungswert sein.

b) Ertragswert

Es besteht weitgehender Konsens, daß der Ertragswert regelmäßig den gültigen und allein aussagefähigen Wert des Unternehmens repräsentiert. Theoretisch ist von den Überschüssen der Einnahmen über die Ausgaben auszugehen, da diese dem Eigentümer des Unternehmens tatsächlich zur Verfügung stehen können. In

---

10 Zu den Funktionen der Unternehmensbewerters vgl. IDW (WP-Handbuch 1992 II) S. 2ff.

der Praxis wird jedoch häufig vom Überschuß der Erträge über die Aufwendungen ausgegangen, da dafür als Grundlage das betriebliche Rechnungswesen zur Verfügung steht. Darauf aufbauend läßt sich jedoch nach Korrektur um Abschreibungen, Rückstellungen u. a. der freie Cash-flow als Ausdruck des Einnahmen-Ausgaben-Stromes ermitteln.

c) Liquidationswert

Der Liquidationswert wird regelmäßig dann anzusetzen sein, wenn der Ertrag aus der Beendigung und Abwicklung des Unternehmens größer ist als der Ertrag aus seiner Fortführung. Es handelt sich daher um einen Unterfall des Ertragswertes bei Aufgabe des going-concern-Prinzips. Das Liquidationsergebnis gibt den Wert aus dem Verkauf der einzelnen Vermögensgegenstände nach Abzug der Verbindlichkeiten des Unternehmens und der Liquidationskosten (Sozialplan, Abwicklungskosten, Altlasten etc.) an.

Die Ansätze erfolgen i.d.R. zu Verkehrswerten i.S.v. Einzelveräußerungspreisen; wo sie nicht erhältlich sind, können Schätzungen vorgenommen werden. Wenn eine Verwertung, z. B. technischer Anlagen und Maschinen, nicht möglich ist, muß der Schrottwert angesetzt werden. Die Höhe des Verwertungsergebnisses hängt von der Zerschlagungsgeschwindigkeit sowie der Zerschlagungsintensität ab.

3. Ertragsschwäche der Unternehmen

Die bei Unternehmen in Mittel- und Osteuropa häufig vorzufindende Ertragsschwäche oder Unrentabilität ist dadurch gekennzeichnet, daß sich die Unternehmensinvestition, also das eingesetzte Kapital, geringer verzinst, als eine mögliche Alternative.[11]

Ertragsschwäche liegt vor, wenn der Gesamtertrag unter den Normalertrag sinkt, wobei dies verkäufer- bzw. käuferspezifisch definiert werden muß. Bei Ertragsschwäche ist dabei der Liquidationswert die Preisuntergrenze des Verkäufers, der Ertragswert die Obergrenze des Käufers.[12] Die Verzinsung der Unternehmensinvestition muß dabei dem internationalen Vergleich standhalten. Neben Finanzanlagen werden auch Unternehmensinvestitionen in verschiedenen Ländern bzw. Landesteilen untersucht.

Damit kommt auch bei ertragsschwachen Unternehmen kein besonderes Verfahren der Bewertung in Frage.[13] Verluste müssen zum Vorliegen von Ertragsschwäche nicht notwendigerweise gegeben sein; jedoch sind sie bei realer Betrachtung der Verhältnisse in mittel- und osteuropäischen Staaten häufig gegeben. Es gibt daher auch keine spezielle Bewertungstheorie für die Bewertung ertragsschwacher Unternehmen. Allerdings muß das Instrumentarium auf die Besonderheiten ausgerichtet werden.

---

11 Vgl. Peemöller; Bömelburg (Unternehmensbewertung) S. 73 m.w.N.

12 Vgl. Coenenberg (Unternehmensbewertung) S. 502.

13 Vgl. Coenenberg (Unternehmensbewertung) S. 496; vgl. zu diesem Themenkomplex auch IDW (WP-Handbuch 1992 II) S. 114ff.

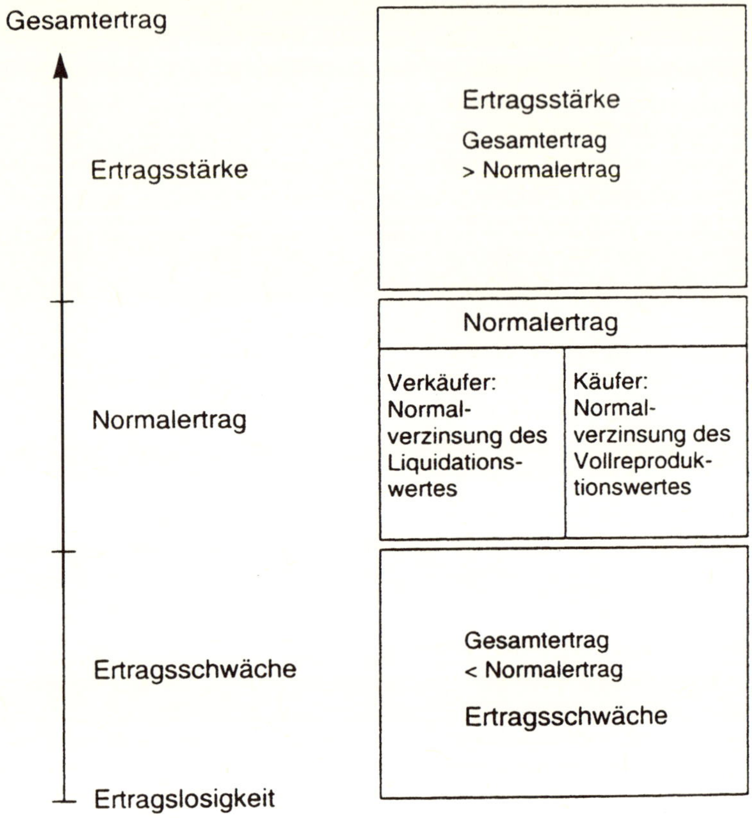

Abbildung 1: Abgrenzung der Ertragsschwäche

4. Anwendung der Ansätze in der Praxis

a) Datenunsicherheit

Die zukünftig zu erwartenden Überschüsse werden aus den Jahresabschlüssen dem Bewertungsstichtag vorangehender Geschäftsjahre abgeleitet. Die Werte sollen nicht pauschal in die Zukunft projeziert, sondern nach entsprechenden Modifikationen weiterentwickelt werden. Dabei wird zunächst Kontinuität der wirtschaftlichen Verhältnisse des Unternehmens unterstellt. Die Ermittlung des Unternehmenswertes erfährt in diesem Punkt eine tiefgreifende Einschränkung der sonst üblichen Vorgehensweise. Das Unternehmen arbeitet in Mittel- und Osteuropa in einem Umfeld wirtschaftlicher und politischer Veränderungen und Umbrüche, die auch weiterhin ihre Wirkung zeigen.

Die Umstellung des zentral gesteuerten Wirtschaftssystems auf marktwirtschaftliche Bedingungen sowie die politische Situation, in der sich viele mittel-

und osteuropäische Staaten befinden, veränderten nachhaltig die Grundlage für alle Unternehmen. Die Aussagefähigkeit der Unternehmensdaten ist wegen der Sondereinflüsse der Vergangenheit stark eingeschränkt. Die planwirtschaftliche Preisbildung auf den Beschaffungs- und Absatzmärkten und die ökonomischen Veränderungen der Grunddaten im Zuge des Übergangs zu marktwirtschaftlichen Formen wirken sich dabei nachhaltig aus. Die Unternehmensdaten werden auch in den ersten Jahren der Prognoserechnung dadurch beeinflußt sein.

Eine auf dieser Basis durchzuführende Unternehmensplanung würde keinen gesicherten Aufschluß über die Ertragsentwicklung und Überlebenschancen des Unternehmens geben. Die wirtschaftlichen Umstellungen und nachhaltigen Folgen der Kriegsereignisse in einigen Reformstaaten zeigen nach wie vor empfindliche Auswirkungen, z. B. höhere abzuschließende Versicherungsprämien durch Sicherheitsrisiken sowie höhere Materialeinstandspreise – bedingt durch z. B. Lieferungen nur bis zu einer bestimmten Staatsgrenze – und Transportkosten-Mehraufwendungen. Auf dieser Basis können zukünftige Einnahmen- und Ausgabenströme nur schwerlich mit hinreichender Sicherheit abgeschätzt werden. Die Vergangenheitsdaten sind daher für die Zukunftsprognose nur eingeschränkt verwertbar.

b) Vermögensabgrenzung

Im Rahmen der Unternehmensbewertung ist nur eine selbständig übertragbare Einheit bewertbar. Maßgebend ist der Ertrag einer in sich abgegrenzten Unternehmenseinheit. Die Bewertung erfordert eine klare Abgrenzung des Bewertungsobjektes, wobei verläßliche Rechtsgrundlagen hinsichtlich Personal und Vermögen sowie Abgrenzungen des Unternehmens vorliegen müssen. Eine Unterscheidung in betriebsnotwendiges bzw. nicht betriebsnotwendiges Vermögen ist dabei vorzunehmen.

Aus der ehemaligen Wirtschaftsstruktur ergibt sich häufig auch nach Rechtsformwechsel in eine Kapitalgesellschaft ein Konglomerat von Aktivitäten (Produktionsbetrieb, Hotel, Restaurant, Reiseagentur mit Busbetrieb, Wohnungen, Bildungsinstitut etc.) unter einem Dach. Bei bereits erfolgter Rechtsform-Privatisierung (Umwandlung in eine Kapitalgesellschaft bei Anteilmehrheit des Staates) findet sich teilweise eine Aufgliederung in Kapitalgesellschaften, die sich im Produktionsablauf gegenseitig bedingen und betriebswirtschaftlich daher als Einheit gesehen werden müssen.

Gerade in diesem Punkt ist ohne Detailangaben eine Aufteilung des Unternehmens in verschiedene selbständige Betriebsteile, und damit verbunden die Zuordnung der Vermögens- und Schuldenwerte in angemessener Zeit, mit differenzierter Bewertung nicht durchführbar. Maßgebend sind hier auch evtl. Sanierungsabsichten seitens des Erwerbers oder Abgrenzungen seitens des Privatisierungsfonds, welche Teile in welcher Kombination überhaupt angeboten werden. Eine Ausgliederung von Unternehmensteilen erschwert darüber hinaus zusätzlich die Vergleichbarkeit der Zukunftsbetrachtung mit der Vergangenheitsanalyse. Sowohl positive Effekte durch sinnvolle Neustrukturierungen als auch negative durch das evtl. Fehlen eines Betriebsteils lassen sich schwerlich ausmachen. Die Abspaltung unrentabler Unternehmensteile kann die Überlebenschance eines Rumpfunternehmens deutlich erhöhen, allerdings muß dies durch qualifizierte Analysedaten untermauert werden.

Im Zuge der Privatisierung steigt die Veräußerbarkeit des Unternehmens durch die Ausgliederung von wirtschaftlich selbständigen Betriebsteilen. Letztendlich würden nur die unwirtschaftlichen Bereiche beim Privatisierungsfond verbleiben; somit ist es natürlich nicht dessen Bestreben, nur die „Perlen" zu veräußern. Ohne Unternehmens- bzw. fundierte Sanierungskonzepte erscheint dabei die Ausgliederung von Betriebsteilen und eine evtl. Neuausrichtung nicht möglich.

c) Fortführung versus Zerschlagung

Die Ermittlung des Unternehmenswertes setzt die Bestimmbarkeit des Ertragswertes voraus. Diese grundsätzliche Bedingung wird unter den Zwängen mangelnder, nicht geordneter Rahmenbedingungen und nicht vorhandener Rechtsgrundlagen (z. B. Vermögenszuordnungen) erschwert. Zunächst kann der nachhaltige Zukunftserfolg auf der Basis der Ist-Werte ermittelt werden. Entscheidenden Einfluß auf die Wahl Fortführung oder zeitnahe Zerschlagung besitzt die Prognose der wirtschaftlichen Situation. Ein potentieller Erwerber wird Maßnahmen ergreifen, um die suboptimale Verzinsung des eingesetzten Kapitals künftig zu beseitigen. Mit einem dementsprechenden Sanierungskonzept kann ein darauf basierender spezifischer Unternehmenswert ermittelt werden.

Unternehmen, die wegen des Fehlens eines Erfolgsbeitrages derzeit oder in absehbarer Zeit keinen nachweisbaren objektivierten Ertragswert vorweisen können, sind für den potentiellen Investor möglicherweise dennoch von Interesse. Denkbar ist hier wieder eine Substanzorientierung im Sinne des Ersatzes für ersparte Ausgaben bei den bereits investierten Mitteln. Dies wird aber nur dann sinnvoll sein, soweit diese wirtschaftlich bewertbar und verwertbar sind. Erfahrungen bei der Treuhandanstalt zeigen, daß dem Substanzwert in Fällen fehlender Ertragswerte mehr Bedeutung zugewiesen wird, als die Empfehlungen des IDW/HFA dies widerspiegeln. Bei fehlenden positiven Ertragswerten und share-deal-Verkäufen fand der Substanzwert Anwendung bzw. bei asset-deal-Verkäufen der Liquidationswert.

C. Ermittlung des Zukunftserfolgswertes

I. Zukunftserfolg auf Basis der Ist-Situation

Der nachhaltige Zukunftserfolg auf Basis der Ist-Werte führt häufig zur Ermittlung des Liquidationswertes als relevanten Wert, der für die Alternative Zerschlagung anzusetzen ist. Liquidationswert wird hierbei – wie bereits weiter oben erläutert – verstanden als Unterfall des Ertragswertes bei (u. U. kurzem) begrenztem Prognosezeitraum. Grundsätzlich sollte – auch bei voraussichtlich begrenzter Lebensdauer des Unternehmens – auf die nachfolgenden Besonderheiten, die die Höhe des Wertes maßgeblich beeinflussen können, geachtet werden.

1. Management

Eine Neuorientierung hin zur Marktwirtschaft ist nicht überall erfolgt. Auf der anderen Seite muß jedoch auch berücksichtigt werden, daß zum Teil bei exportorientierten Unternehmen bereits frühzeitig ein Umdenken stattgefunden hat, und daß auch eine ganze Reihe von Kunden- und Lieferantenkontakten bestehen, die wichtig für die Zukunft des Unternehmens sein können. Insoweit ist eine detaillierte Analyse anhand eines Stärken-Schwächen-Profils notwendig.

2. Produktpalette

Teilweise werden im Sortiment Produkte geführt und auf Lager produziert, für die es keinen Markt gibt. Eine Ausrichtung auf Kernfähigkeiten oder Stärken des Betriebes ist in der Regel nicht erfolgt. Auch hier muß unter Berücksichtigung der Entwicklung der relevanten (Welt-)Märkte eine Einordnung erfolgen. Die Veräußerung dieser „Produkte ohne Markt" führt zu sehr geringen oder gar keinen Einnahmen.

3. Daten des Rechnungswesens

Grundlage der Wertermittlung ist das Mengengerüst aus dem Jahresabschluß nach Landesrecht. Die Bilanzwerte entsprechen allerdings häufig nicht den realistisch anzusetzenden Werten, da der teilweise erheblichen Inflation mit staatlich verordneten Preisindices begegnet wurde. Diese Preisindices erweisen sich häufig als zu hoch, beispielsweise der Preisindex des Jahres 1993 in Kroatien in Höhe von 10,576. Nimmt man vor und nach Ende des Geschäftsjahres eine exemplarische Umrechnung auf Hartwährung (z. B. DM oder $) vor, liegt dieser Index um gut 30 % darüber.

Immaterielle Vermögensgegenstände sind meistens nicht vorhanden bzw. wertlos.

Grundstücke können häufig nicht in Ansatz gebracht werden, da ungeklärt ist, ob sie im Eigentum stehen bzw. an ihnen gar kein Eigentum erworben werden kann.

Problematisch erweist sich auch der Besitz von *Werkswohnungen*. Der Nachweis des Eigentums läßt sich nur in beschränktem Umfang führen; ihr aktueller Wert ist aufgrund eingeschränkter Vergleichbarkeit schwierig zu bestimmen. Teilweise bestehen Verpflichtungen zum Verkauf an Arbeitnehmer – abgestuft nach Betriebszugehörigkeit – und letztlich steht der Verkaufserlös dem Unternehmen nicht vollständig zu. Ähnliches gilt auch für Betriebsgebäude hinsichtlich der Vergleichswerte.

Technische Anlagen, Maschinen sowie Betriebs- und Geschäftsausstattung bedürfen einer detaillierten Bewertung. Anläßlich einer Stichprobenbetrachtung der werthaltigsten Anlagengegenstände können Rückschlüsse auf den Gesamtwert des

Anlagevermögens gezogen werden. Dabei läßt sich feststellen, daß 20 % der zu untersuchenden werthaltigsten Positionen häufig 80 % des zu untersuchenden Gesamtwertes darstellen. Dies ergibt sich zunächst daraus, daß der Maschinenbestand in der Regel überaltert ist. Führt man Preistests durch und berücksichtigt auch noch die Kosten, die durch den Abbau der Maschinen anfallen, lassen sich Abschläge von 80 % auf den Buchwert als nicht zu vorsichtig vertreten. Die Maschinen sind neben der Überalterung oftmals technisch und moralisch verschlissen sowie aufgrund nicht durchgeführter Instandhaltungsmaßnahmen in ihrer Nutzung eingeschränkt; Fehlanordnung führt teilweise zu mangelnder Einsatzfähigkeit.

Bei *Roh-, Hilfs- und Betriebsstoffen* sind Abschläge für überaltertes und nicht verwertbares Material vorzunehmen. Materialüberreichweiten können wegen der unzureichenden Finanzmittelausstattung kaum auftreten, so daß davon auszugehen ist, daß Materialbestände lediglich für die laufende Produktion vorrätig gehalten werden. Für *fertige und unfertige Erzeugnisse* muß aufgrund vorsichtiger Bewertung wegen ungeklärter Veräußerbarkeit u. U. ein erheblicher Abschlag erfolgen.

Forderungen weisen ebenfalls einige Problembereiche auf. Neben dem relativ hohen Ausfallrisiko (soweit nicht relativ teuer versichert) müssen auch Mahn- und Zinsrisiken abgesetzt werden. Bei Nachfolgestaaten, wie beispielsweise im Falle des früheren Jugoslawiens, sind teilweise Ansprüche gegenüber ehemals staatlichen Institutionen bzw. früheren Banken ungeklärt, weshalb diese im Zweifel als nicht werthaltig angesehen werden müssen.

Ein ähnliches Problem ergibt sich auch bei den *Verbindlichkeiten.* Aufgrund der erforderlichen Vorsicht müssen unsichere Verbindlichkeiten in Ansatz gebracht werden. Darüber hinaus können in diesem Zusammenhang auch noch relativ hohe Zinsverbindlichkeiten anfallen, da z. T. jahrelange Zahlungsrückstände vorliegen.

Außerdem ist zu beachten, daß jedes Land spezifische Steueraspekte zur Anwendung bringt.

II. Zukunftserfolg auf Basis eines Umstrukturierungskonzeptes

Hier müssen sanierungsspezifische Zukunftserfolgswerte ermittelt werden. Über die zu I. angeführten Aspekte hinaus sind Umstrukturierungsmaßnahmen in die Unternehmenswertermittlung einzubeziehen. Die – im Rahmen dieses Beitrages nicht näher erläuterbare – Vorgehensweise gemäß Abbildung 2 bietet sich an.[14]

Vor allem der Produktionsbereich ist einer detaillierten Ablaufuntersuchung zu unterziehen. Ähnliches muß natürlich auch für die anderen Einflußbereiche, wie etwa Absatzmarkt oder Finanzierungsbereich, vorgenommen werden. Die nachfolgenden Aspekte lassen sich exemplarisch ableiten.

---

14 Vgl. Peemöller; Bömelburg (Unternehmen) S. 1041. Vgl. auch die in dem Beitrag enthaltenen Erläuterungen zu den Einzelaspekten.

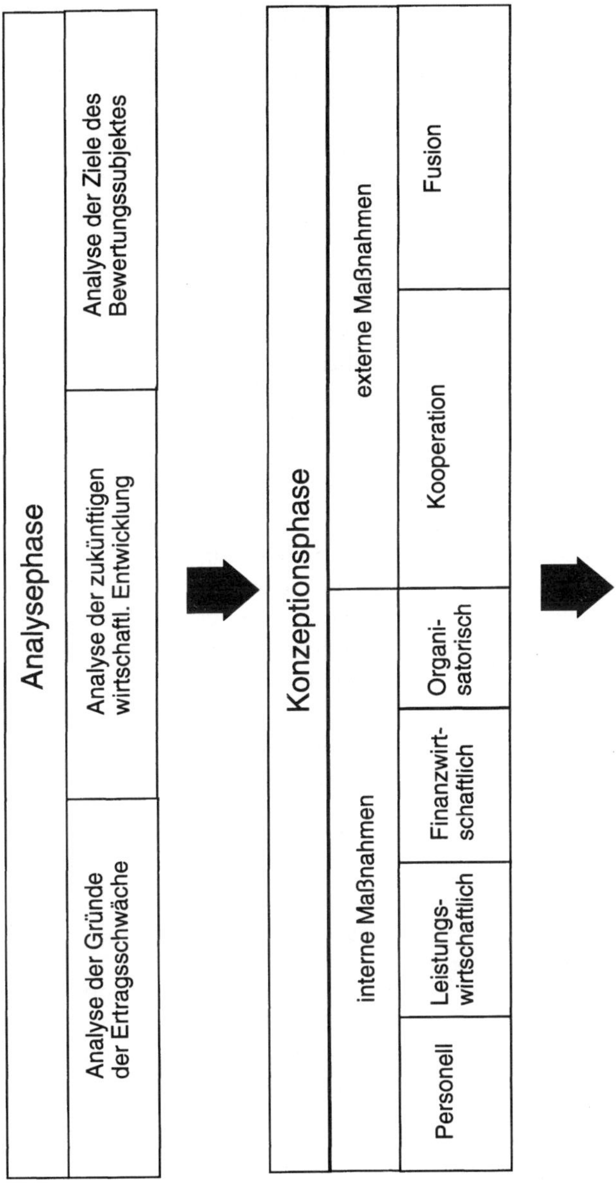

Abbildung 2: Vorgehensweise bei der Wertermittlung auf Basis eines Umstrukturierungskonzeptes

Liegen internationale *Lizenzen* beispielsweise für Aggregate vor, so entspricht der Qualitätsstand der produzierten Aggregate in der Regel den Qualitätsanforderungen des Lizenzgebers und damit dem internationalen Standard. Auf der anderen Seite bestehen natürlich Verkaufsmarktbeschränkungen durch die bestehende Lizenz. Problematisch ist dabei die zum Teil sehr geringe Kapazitätsauslastung. Die Fertigungstiefe ist regelmäßig sehr hoch. Kritisch zu hinterfragen ist die regionale Möglichkeit der Zulieferung von Bauteilen bzw. entsprechende Lieferbeschränkungen.

Im *Konstruktionsbereich* sind in der Regel höhere Investitionskosten erforderlich, um auf EDV-Systeme um- oder aufzurüsten. CAD-Systeme sind sehr effizient, da die Daten von einer Konstruktion auf nachfolgende übernommen werden können und Optimierungs- und Anpassungsprozesse relativ schnell realisiert sind. Der Modernisierungsaufwand der EDV ist i.d.R. hoch; hier muß eine genaue Abstimmung mit den durchzuführenden Investitionen durchgeführt werden.

Im *Einkaufsbereich* sollten u. U. Rahmenverträge des Investors übernommen werden. Im Großanlagenbau ist es darüber hinaus üblich, daß sowohl Leistungsfähigkeit als auch Bezugsquellen von Einzelteilen vorgegeben werden.

Durch zum Teil veraltete *Produktionsmaschinen* entspricht der Fertigungsstandard teilweise westeuropäischem Stand der 60-iger Jahre. Auf der anderen Seite gibt es teilweise auch Maschinen und Techniken, die dem heutigen Stand entsprechen, je nach Zeitraum der Investition. Automatisierte Fertigungslinien liegen jedoch häufig noch nicht vor (Vorteile wären größere Produktivität, geringerer Energieverbrauch, weniger Ausschuß).

Sowohl *Lagerhallen* als auch *Produktionsgebäude* sind zum Teil unorganisatorisch auf dem Fabrikgelände verteilt. Hier ergibt sich häufig hoher Investitionsbedarf. Dieser muß zeitlich mit den anderen Maßnahmen (z. B. Qualifikation der Mitarbeiter, Erschließung neuer Märkte) abgestimmt werden, da moderne Maschinen alleine nicht automatisch zum Erfolg führen.

Der *Personalbereich* wird die Ausgaben in Grenzen halten, da das Lohnniveau häufig sehr niedrig ist. Auf der anderen Seite ist es sehr schwierig, erfahrene Mitarbeiter zu bekommen, zu halten bzw. Fachkräfte aus dem Ausland ohne erhebliche Verschiebungen des Lohnniveaus zu akquirieren. Bei der Zukunftsprognose im Rahmen der Ertragswertermittlung müssen Lohnerhöhungen realistisch antizipiert werden. Hinsichtlich der *Qualitätssicherung* ist an die Einführung der ISO-Norm 9000 ff zu denken, da potentielle Kunden einen entsprechenden Anhaltspunkt erhalten.

Diese Besonderheiten müssen im Rahmen des Ertragswertmodelles berücksichtigt werden. Auch hier läßt sich die vom IDW empfohlene Phasenmethode[15] anwenden.

In der ersten Phase (z. B. drei Jahre) werden die Einnahmen und Ausgaben auf Basis des Umstrukturierungskonzeptes getrennt nach Produkten, Standorten sowie Kategorien prognostiziert. Auf die unter Umständen höhere Unsicherheit im

15 Vgl. IDW (Grundsätze) Abschnitt B2.b21.

Vergleich zu z. B. deutschen Unternehmen mit „gefestigter Vergangenheit“ ist hinzuweisen. Prämissen sind zu dokumentieren und zu erläutern. Schätzkriterien müssen angegeben werden. Geplante Investitionen sind ebenso zu integrieren, wie zu erwartende Subventionen.

Darauf aufbauend muß in der zweiten Phase (z. B. fünf Jahre) eine Fortführung der nach Gruppen zusammengefaßten Einnahmen und Ausgaben erfolgen. Der Trend wird in Phase drei bis zum Betrachtungshorizont fortgeführt. Nach erfolgter Abzinsung ergibt sich der Ertragswert, der die Obergrenze des Kaufpreises darstellt. Die Länge der einzelnen Phasen muß den landes- und unternehmensspezifischen Faktoren angepaßt werden (Inflation, Produktzyklus, Dauer der Anfangsinvestitionen). Der Prognosezeitraum ist aufgrund des Sanierungsbedarfs unter Umständen zu verlängern, um verläßliche Aussagen über die Substanzerhaltung und damit die Unternehmensfortführung treffen zu können.[16]

III. Unternehmensbewertung unter Mehrfachzielsetzung

Gerade der Erwerb mittel- und osteuropäischer Unternehmen ist weitgehend mit Mehrfachzielsetzung verbunden. Nutzenmaximierung im Sinne einer Maximierung von Entnahmeströmen ist keinesfalls die alleinige Zielsetzung. Andere Ziele sind bei diesen häufig ertragsschwachen Unternehmen wohl noch stärker als sonst entscheidungserheblich. Zu denken ist an strategische Überlegungen wie Einfluß des Kaufobjekts auf das Gesamtunternehmensprofil, Einfluß auf das Produkt-Portfolio, Einfluß auf die Erfahrungskurve, Überwindung von Markteintrittsbarrieren, Neutralisierung von Wettbewerbern.[17] Seitens der Privatisierungsfonds lassen sich neben dem max. Verkaufserlös mit unterschiedlich starker Gewichtung ebenfalls als Mehrfachzielsetzung analog der deutschen Treuhandanstalt rasche Veräußerung, Herstellen der Wettbewerbsfähigkeit, Sicherung bestehender bzw. Schaffung neuer Arbeitsplätze, Bereitstellung von Grund und Boden für wirtschaftliche Zwecke sowie Schaffung von Anteilsrechten nennen.[18] Die Gewichtung, aber auch das Zielsystem sind unterschiedlich. Für die Tschechische Republik werden die künftigen Investitionen, die geplante Aus- und Weiterbildung des Managements sowie der Facharbeiter, der geplante know-how-Transfer, die Lösung bestehender ökologischer Probleme sowie die Übernahme der Verbindlichkeiten des Betriebs als Ziele genannt.[19] Nicht monetäre Ergebnisse dürfen nicht in monetäre Größen umgerechnet und zum Ertragswert hinzu- oder abgerechnet werden, da diese Prognose, soweit überhaupt realisierbar und sinnvoll, einen wirtschaftlich unvertretbaren Aufwand erfordern würde.[20]

16 Vgl. IDW (Anwendung) Abschnitt C3.
17 Vgl. Hafner (Unternehmensbewertung) S. 485.
18 Vgl. Präambel des Treuhandgesetzes vom 17. 06. 1990.
19 Vgl. Jerman (Unternehmenskauf) S. 37.
20 Analog Sieben (Wertfindung) S. 2042.

Es bleiben letztlich nur die Möglichkeiten, entweder weite Bandbreiten für die zu erwartenden Ergebnisse zu schätzen[21] und dem Auftraggeber eine entsprechende Interpretation vorzugeben, oder die nicht in dem Ertragswert erfaßten Ziele außerhalb der modellhaften Wertberechnung zu berücksichtigen.[22] Hier zeigt sich auch wieder deutlich der häufig vergessene Unterschied zwischen Wert und Preis; nicht monetäre Faktoren können im Rahmen von Kaufpreisverhandlungen der Parteien als Argumentationshilfen herangezogen werden. Erst diese Verhandlungen führen zum Preis, der vom Käufer zu bezahlen ist. Preisgrenze bildet dabei derjenige Zu- oder Abfluß finanzieller Mittel, bei dem die Veräußerung bzw. der Erwerb unter Beachtung aller sonstigen Ziele gerade noch so vorteilhaft ist, wie die bestmögliche Handlungsalternative.[23] Dies erfordert eine präzise Offenlegung der Gründe der besonderen Situation des relevanten Unternehmens. Wichtig ist dabei auch, Annahmen, Vereinfachungen und sonstige Prämissen aufzuzeigen und nicht zu verschweigen.

Bei Abschluß des Kaufvertrages sollte den Risiken des Unternehmenskaufs mittels Bewertungsvertrag bzw. eigenkapitalgarantierter (geprüfter) Abrechnungsbilanz begegnet werden.[24]

D. Fazit

Es zeigt sich, daß die Unternehmensbewertung von Unternehmen in Mittel- und Osteuropa eine Reihe spezifischer Probleme birgt. Hier sind kompetente Berater, die sich intensiv mit den Problemen beschäftigen, ebenso gefordert, wie kreative dynamische Investoren.

Das Instrumentarium zur Bewertung solcher häufig ertragsschwacher Unternehmen ist jedoch bekannt und hat sich am Standort Deutschland – entwickelt für die alten Bundesländer, verfeinert und bestätigt in den neuen Bundesländern – bewährt. Insoweit ist die Unternehmensbewertung in Mittel- und Osteuropa kein unlösbares Problem, sondern ein interessantes Betätigungsfeld (auch) für deutsche Berater.

Literaturverzeichnis

Aigner, Helmut; Barisitz, Stephan; Fink, Gerhard (Unternehmensbewertung): Unternehmensbewertung in Osteuropa: Methoden und Fallstudien, Wiesbaden 1993.

Ballwieser, Wolfgang (Methoden): Methoden der Unternehmensbewertung; in: Gebhardt, Günther; Gerke, Wolfgang; Steiner, Manfred (Hrsg.), Handbuch des Finanzmanagements. Instrumente und Märkte der Unternehmensfinanzierung, München 1993, S. 151–176.

Coenenberg, Adolf G. (Unternehmensbewertung): Entscheidungsorientierte Unternehmensbewertung und „Ertragsschwäche“, in: BFuP 1984, S. 496–507.

21 Vgl. Sieben (Wertfindung) S. 2049.
22 Vgl. Coenenberg (Unternehmensbewertung) S. 506; Weber (Bewertung) S. 1275.
23 Vgl. Sieben (Wertfindung) S. 2051.
24 Vgl. Peemöller; Bömelburg (Unternehmensbewertung) S. 79 m. w. N.

Dörner, Wolfgang (Anwendung): Zur Anwendung der Grundsätze zur Durchführung von Unternehmensbewertungen bei Bewertungen in der „DDR“ nach den Stellungnahmen des Hauptfachausschusses des Instituts der Wirtschaftsprüfer 2/1983 und 2/1990, in: BFuP 1991, S. 1–10.

Hafner, Ralf (Unternehmensbewertung): Unternehmensbewertung bei mehrfacher Zielsetzung, in: BFuP 1988, S. 485–504.

IDW (Anwendung): HFA 2/1990, Anwendung der Grundsätze zur Durchführung von Unternehmensbewertungen bei Bewertungen in der DDR.

IDW (Grundsätze): HFA 2/1983, Grundsätze zur Durchführung von Unternehmensbewertungen.

IDW (WP-Handbuch 1992 II): Wirtschaftsprüfer-Handbuch 1992. Handbuch für Rechnungslegung, Prüfung und Beratung Band II, 10. Aufl., Düsseldorf 1992.

Jerman, Václav (Unternehmenskauf): Unternehmenskauf in der Tschechischen Republik, in: WiRO 1994, S. 37–39.

Peemöller, Volker H.; Bömelburg, Peter (Unternehmensbewertung): Unternehmensbewertung ertragsschwacher Unternehmen in den neuen Bundesländern und in Osteuropa, in: Betrieb und Wirtschaft 1994, S. 73–80.

Peemöller, Volker H.; Bömelburg, Peter (Unternehmen): Unternehmensbewertung ertragsschwacher Unternehmen, in: DStR 1993, S. 1036–1043.

Peemöller Volker H.; Bömelburg, Peter; Denkmann, Andreas (Deutschland): Unternehmensbewertung in Deutschland – Eine empirische Erhebung, in: WPg 1994, S. 741–749.

Ruhnke, Klaus (Unternehmensbewertung): Unternehmensbewertung: Ermittlung der Preisobergrenze bei strategisch motivierten Akquisitionen, in: DB 1991, S. 1889–1894.

Sieben, Günter (Wertfindung): Zur Wertfindung bei der Privatisierung von Unternehmen in den neuen Bundesländern durch die Treuhandanstalt, in: DB 1992, S. 2041–2051.

Stöckli, Erich (Bewertung): Die Bewertung ausländischer Unternehmungen, in: Der Schweizer Treuhänder 1990, S.–563–566.

Weber, Eberhard (Bewertung): Die Bewertung von ausländischen Unternehmen, in: DStR 1993, S. 1270–1276.

Restriktionen der Einnahmen-Ausgaben-Rechnung bei der Bewertung von Kapitalgesellschaften

Dipl.-Kfm. Roland John, WP, StB, Mitglied der Geschäftsleitung,
C & L Deutsche Revision AG, München

A. Problemstellung

Bei der Prüfung von Jahresabschlüssen deutscher Unternehmen begegnet man nur noch selten solchen Unternehmen, die nicht ihrerseits an anderen Unternehmen beteiligt sind. Der Abschlußprüfer hat sich daher in aller Regel pflichtgemäß ein Urteil darüber zu bilden, ob die bilanzierten Werte für Anteile an verbundenen Unternehmen, Gemeinschaftsunternehmen, assoziierten Unternehmen oder sonstigen Beteiligungsunternehmen am jeweiligen Bilanzstichtag noch werthaltig sind bzw. ob und in welchem Umfang handelsrechtlich Abschreibungen auf die ggf. niedrigeren beizulegenden Werte entweder nur zulässig (§ 253 Abs. 2 Satz 3, 1. Halbsatz HGB) oder aber zwingend geboten (§ 253 Abs. 2 Satz 3, 2. Halbsatz HGB) sind.

Zum Nachweis der Werthaltigkeit des Beteiligungsansatzes werden dem Abschlußprüfer in zunehmendem Maße Prognosen über die Ertragsaussichten eines zu bewertenden Unternehmens vorgelegt, die nach den Grundsätzen einer Einnahmen-Ausgaben-Rechnung (bzw. einer Cash Flow-Betrachtung) aufgebaut sind.[1] Der Barwert der jährlichen Mehreinnahmen (finanzielle Überschüsse) und Mehrausgaben (finanzielle Fehlbeträge) des Unternehmens für einen auf relativ

1 Vgl. hierzu auch die empirische Erhebung von Peemöller/Bömelburg/Denkmann (Unternehmensbewertung) S. 743 f.

wenige Jahre begrenzten Einzelprognosehorizont (in der Regel drei bis selten fünf Jahre) und der Barwert einer uniformen Rente in Höhe des Einnahmen-Überschusses des letzten Einzelprognosejahres für den „restlichen“ Pauschalprognosehorizont (bis zur Unendlichkeit) wird danach als Ertragswert ermittelt und als maßgeblicher Unternehmenswert betrachtet.

Die Ertragswertberechnung erfolgt somit in diesen Fällen häufig ohne jegliche weiteren Modifikationen nach der Formel:[2]

$$EW = \sum_{t=1}^{n} v^{t} + Et \cdot \frac{v^{n}}{i}$$

Zur theoretischen Begründung dieser Berechnungsmethodik wird häufig auf die 1983 verabschiedeten „Grundsätze zur Durchführung von Unternehmensbewertungen“ des Hauptfachausschusses (HFA) des Instituts der Wirtschaftsprüfer in Deutschland (IdW) verwiesen, in denen ausgeführt wird:

„Der Barwert der zukünftigen Überschüsse der Einnahmen über die Ausgaben bildet den theoretisch richtigen Wert eines Unternehmens."[3]

Diese Kernaussage wird im allgemeinen so interpretiert, daß der Ertragswertberechnung nicht etwa die Ertrag-Aufwand-Überschüsse und -Fehlbeträge des Unternehmens (im Sinne einer ggf. modifizierten handelsrechtlichen Gewinn- und Verlustrechnung) oder nicht etwa die Zahlungsströme zwischen den Anteilseignern und der Unternehmung (z.B. Dividendenauszahlungen des Unternehmens an die Anteilseigner, Kapitaleinzahlungen der Anteilseigner an das Unternehmen) zugrunde zu legen sind, sondern vielmehr die Zahlungsströme (Einnahmen und Ausgaben) zwischen dem Unternehmen und seiner Umwelt (z.B. Lieferanten, Kunden, Personal, Fiskus etc.).

Die drei Jahre früher veröffentlichte, im Duktus ähnlich wie die Stellungnahme des Hauptfachausschusses des Instituts der Wirtschaftsprüfer in Deutschland aufgebaute „Empfehlung zur Vorgehensweise von Wirtschaftsprüfern bei der Bewertung ganzer Unternehmen“ der Kommission für Fachfragen und Forschung (KFF) der Union Européenne des Experts Comptables Economiques et Financiers (UEC)[4] meint zwar, daß der Saldo der Zahlungsströme zwischen dem Unternehmen und seiner Umwelt in der Regel mit dem Saldo der Zahlungsströme zwischen dem Unternehmen und seinen Anteilseignern identisch sei, steht aber eigentlich auf dem Standpunkt, daß es auf die Zahlungsströme zwischen dem Unternehmen und seinen Anteilseignern ankomme; sie erläutert hierzu:

„Der theoretisch richtige Unternehmenswert entspricht dem Barwert aller dem Investor zufließenden Netto-Einnahmen ... Die Zahlungen zwischen dem Inve-

---

2 Die Abkürzungen und Symbole bedeuten:
EW = Ertragswert; E_t = Einnahmen-Ausgaben-Saldo pro Periode t (1 bis n); v^t = Abzinsungsfaktor je Periode; i = Zinssatz.

3 IdW, HFA 2/1983 (Grundsätze) S. 469.

4 Die UEC-Empfehlung aus dem Jahre 1980 ersetzte die frühere UEC-Verlautbarung aus dem Jahre 1961, zu der Heigl kritisch Stellung genommen hat; vgl. Heigl (Bewertung) S. 513–528.

stor und seiner Investition können in der Regel (über die gesamte Investitionsdauer bezogen) mit jenen zwischen dem Unternehmen und dessen Umwelt gleichgesetzt werden (sog. Cash Flow-Methode). Der theoretisch richtige Wert eines Unternehmens läßt sich somit grundsätzlich allein aus den nachhaltig entziehbaren Geldüberschüssen (Entnahmemöglichkeit einschließlich Liquidationswert) ableiten. Der Wert entspricht damit dem Barwert aller zukünftigen Überschüsse des Unternehmens, die bei Erhaltung der ertragsbringenden Substanz dem Unternehmen auf Dauer entzogen werden können zuzüglich des Barwertes der Substanz bei Liquidation."[5]

Möglicherweise wird die Aussage des Hauptfachausschusses des Instituts der Wirtschaftsprüfer in Deutschland zur Maßgeblichkeit der Einnahmen-Ausgaben-Rechnung (zwischen der Unternehmung und seiner Umwelt) für die Ermittlung des Ertragswertes einer Unternehmung simplifiziert oder fehlinterpretiert. An der wirklichen Maßgeblichkeit der Einzahlungs-Auszahlungs-Überschüsse zwischen der Unternehmung und seinen Anteilseignern für die Ertragswertermittlung eines Unternehmens sollte heute aber kein Zweifel mehr bestehen.

Moxter formuliert dies unmißverständlich so:

„Nur was beim Eigner als ‚Zufluß' auftritt, ist relevanter Ertrag ... Dieses Prinzip, das den ‚Ertrag' auf den ‚zufließenden' Ertrag begrenzt, folgt unmittelbar aus der Grundthese, daß Unternehmen für ihre Eigner nur ‚Wert' haben nach Maßgabe der durch den Unternehmensbesitz ermöglichten Bedürfnisbefriedigung."[6]

Auch Großfeld[7] und Piltz[8] betonen in ihren Büchern zur Unternehmensbewertung im Gesellschaftsrecht bzw. der Rechtsprechung dieses Zuflußprinzip beim Anteilseigner. Die dabei vorzunehmenden wichtigsten praxisorientierten Bewertungsschritte einer solchen Unternehmensbewertung auf der Basis von Nettoausschüttungen hat Maul[9] dargestellt.

Anliegen dieses Beitrags ist es, an einigen konkreten Beispielen darzustellen, unter welchen einschränkenden Prämissen die Anwendung der Einnahmen-Ausgaben-Rechnung und die Anwendung der Ertrag-Aufwand-Rechnung zu gleichen Unternehmenswerten (Ertragswerten) führt bzw. bei welchen Konstellationen sowohl die unmodifizierte Anwendung der Einnahmen-Ausgaben-Rechnung als auch die unmodifizierte Anwendung der Ertrag-Aufwand-Rechnung zu Ertragswerten führt, die nicht mehr als Barwerte des Saldos der Einzahlungen und Auszahlungen zwischen den Anteilseignern und dem Unternehmen interpretierbar und damit auch nicht mehr als maßgebliche Unternehmenswerte qualifizierbar sind.

Die Ausführungen beschränken sich auf die Bewertung von Kapitalgesellschaften, weil die diesen von ihren Anteilseignern „nachhaltig entziehbaren Geldüber-

5 UEC, KFF, TRC 1/1980 (Empfehlung) S. 3.
6 Moxter (Grundsätze) S. 79.
7 Vgl. Großfeld (Unternehmensbewertung) S. 37–39.
8 Vgl. Piltz (Unternehmensbewertung) S. 17 und 162.
9 Vgl. Maul (Unternehmensbewertung) S. 57–63.

schüsse" nicht nur wirtschaftlichen, sondern auch rechtlichen Beschränkungen unterliegen, die bei Einzelunternehmen und Personengesellschaften (bei letzteren allerdings in starker Abhängigkeit vom Gesellschaftsvertrag) zumindest nicht so ausgeprägt sind.

B. Konstellationsbezogene Restriktionen

I. Investitionen und Abschreibungen

1. Einnahmen-Ausgaben-Rechnung versus Ertrag-Aufwand-Rechnung

Für einen Investitionszyklus eines Unternehmens und dessen Finanzierung sind im Rahmen der Ergebniskalkulation der Einnahmen-Ausgaben-Rechnung

- Ausgaben für die Investition (zu Beginn),
- Einnahmen aus Kreditaufnahme (Fremdfinanzierungsanteil),
- Ausgaben für Kreditzinsen (periodisch) und
- Ausgaben für Kredittilgungen (periodisch oder einmalig)

sowie im Rahmen der Ergebniskalkulation der Ertrag-Aufwand-Rechnung

- Abschreibungen auf die Investition (periodisch),
- Aufwendungen für Kreditzinsen (periodisch) und
- Zinserträge aus der Geldanlage der Abschreibungen bzw. Zinsaufwandsminderungen aufgrund von Kredittilgungen in Höhe der Abschreibungen (periodisch)

zu berücksichtigen.

Die Gesellschafter einer Kapitalgesellschaft können dieser als Periodenerfolg nur den Betrag entziehen, der als Dividende handelsrechtlich maximal ausschüttbar ist,[10] wenn man von den darüber hinaus denkbaren Sonderfällen einer Ausschüttung aus eventuell vorhandenen offenen (freien) Rücklagen oder einer Kapitalherabsetzung zunächst einmal absieht. Ein Ergebnis ohne Abzug von Abschreibungen, wie es sich für die Folgejahre nach der Anfangsinvestition bei der Einnahmen-Ausgaben-Rechnung ergibt, steht zwar bei einer Kapitalgesellschaft in der Regel nicht ausschüttungsfähig zur Verfügung, muß aber technisch folgerichtig bei Anwendung der unmodifizierten Einnahmen-Ausgaben-Rechnung einer Zukunftserfolgsprognose zugrunde gelegt werden.

Vor diesem Hintergrund wird bisweilen von Praktikern die These vertreten, daß der Ertragswert einer Unternehmung unmittelbar nach einer (Groß-)Investition höher sei als unmittelbar vorher. Dies deshalb, weil unmittelbar nach der Investition die (Groß-)Investition bereits bezahlt ist, demzufolge die Investitionsausgabe nicht mehr oder erst sehr viel später als Ersatzinvestition in die Zukunftsprognose nach der Einnahmen-Ausgaben-Rechnung einzubeziehen ist und weil das Rechnen mit Abschreibungen für Zwecke der Unternehmensbewer-

10 Vgl. für die Aktiengesellschaft: §§ 58, 150, 174 AktG, § 272 Abs. 4 HGB; für die Gesellschaft mit beschränkter Haftung: §§ 29, 30 GmbHG, § 272 Abs. 4 HGB.

tung einfach schon deshalb falsch sei, weil Nichtausgaben eines Unternehmens nicht abgezinst werden dürfen.

2. Ertragswertberechnung bei Eigenfinanzierung (Beispiel)

Folgendes, stark vereinfachtes Beispiel soll die Zusammenhänge verdeutlichen:

Prämissen:

Bilanz

– Grundkapital	500 GE[11]
– flüssige Mittel (unmittelbar vor Investition)	500 GE

Investitionen

– zu Beginn des 1., 6., 11., etc. Jahres je	500 GE
– Abschreibungen (Gesamtnutzungsdauer: 5 Jahre) linear p. a.	100 GE

Ertrags- bzw. Einnahmenüberschuß vor Abschreibungen und Zinsen:

– laufende Einnahmen minus Ausgaben p. a.	150 GE

sonstige Prämissen

– Eigenfinanzierungsquote der Investitionen	100 %
– Kapitalisierungszinssatz = Zinssatz für Geldanlagen im Unternehmen	10 %
– Inflationsrate p. a.	0 %

Ertragswertberechnungstechnik:[12]

- Berechnung des Barwertes (B) der Ertrags- bzw. Einnahmenüberschüsse für den ersten Investitionszyklus (1. bis 5. Jahr), der sich in den Folgejahren gleichartig immer wiederholt.
- Berechnung des Ertragswertes (EW) für eine unendliche Anzahl von Investitionszyklen durch Umrechnung des Barwertes der Ertrags- bzw. Einnahmenüberschüsse für die ersten fünf Jahre in eine uniforme Rente (R) und Division dieser Rente durch den Kapitalisierungszinssatz (i).
- uniforme Rente des ersten Investitionszyklus:

$$\mathrm{R} = \frac{B\ (1\ bis\ 5)}{a_5} = \frac{B\ (1\ bis\ 5)}{3{,}7908}$$

- Ertragswert des Unternehmens:

$$\mathrm{EW} = \frac{R}{i} = \frac{R}{0{,}10}$$

Bei Anwendung der Ertrag-Aufwand-Rechnung, d. h. des Ansatzes von Ab-

11 GE = Geldeinheiten.

12 Zu den in den Beispielen verwendeten Symbolen und angegebenen Werten der Einzelabzinsungsfaktoren (v^t) und der Rentenbarwertfaktoren (a_t) bei einem Zinssatz (i) von 10 % vgl. Spitzer-Foerster (Tabellen) II und IV.

schreibungen anstelle von Investitionsausgaben, berechnet sich der Ertragswert der Unternehmung aus folgenden Einzelkalkulationsdaten, ohne daß sich berechnungstechnisch ein Unterschied ergibt, ob der maßgebliche Bewertungsstichtag unmittelbar vor oder nach der Großinvestition liegt.

Ertragswert bei Ansatz von Abschreibungen
– Barwert der Gewinne des ersten Investitionszyklus:

	Gewinnbestandteile	Abzinsungsfaktoren	Barwert
	GE	10 %	GE
jährlicher Gewinn vor Zinsen 1.-5. Jahr	50	3,7908	**189,6**
Zinserträge aus der Geldanlage der „thesaurierten" Abschreibung			
1. Jahr	0	0,9091	0,0
2. Jahr	10	0,8264	8,3
3. Jahr	20	0,7513	15,0
4. Jahr	30	0,6831	20,5
5. Jahr	40	0,6209	24,8
		3,7908	**68,6**
B (1 bis 5)			**258,2**

– uniforme Rente des ersten Investitionszyklus:

$$R = \frac{258{,}2\,GE}{3{,}7908} = 68{,}1 \text{ GE}$$

– Ertragswert des Unternehmens:

$$EW = \frac{68{,}1\,GE}{0{,}10} = \mathbf{681\ GE}$$

Demgegenüber berechnet sich bei Anwendung der Einnahmen-Ausgaben-Rechnung, d.h. des Ansatzes von Investitionsausgaben anstelle von Abschreibungen, der Ertragswert der Unternehmung für einen Bewertungsstichtag unmittelbar nach der Großinvestition im Rahmen der sonst gleichen Prämissen aus folgenden Determinanten.

Ertragswert bei Ansatz von Investitionsausgaben zum Stichtag unmittelbar nach der Großinvestition
– Barwert der Einnahmenüberschüsse des ersten Investitionszyklus:

	Einnahmen Ausgaben	Abzinsungs-faktoren	Barwert
	GE	10 %	GE
jährlicher Einnahmenüberschuß 1.-5. Jahr	150	3,7908	**189,0**
Investition zu Beginn des 6. Jahres (= Ende des 5. Jahres)	- 500	0,6209	- 310,4
B (1 bis 5)			**258,2**

– uniforme Rente des ersten Investitionszyklus:

$$R = \frac{258{,}2\,GE}{3{,}7908} = 68{,}1 \text{ GE}$$

– Ertragswert des Unternehmens:

$$EW = \frac{68{,}1\,GE}{0{,}10} = \mathbf{681\ GE}$$

Der nach der Einnahmen-Ausgaben-Rechnung ermittelte Ertragswert zum Zeitpunkt unmittelbar nach der Großinvestition ist also bei den gesetzten Prämissen mit dem nach der Ertrag-Aufwand-Rechnung ermittelten Ertragswert identisch (jeweils 681 GE).

Für den Zeitpunkt unmittelbar vor der Großinvestition könnte nach der Einnahmen-Ausgaben-Rechnung (fälschlicherweise) folgende Ertragswertberechnung angestellt werden.

Ertragswert bei Ansatz von Investitionsausgaben zum Stichtag unmittelbar vor der Großinvestition (falsche Berechnung)

– Barwert der Einnahmenüberschüsse des ersten Investitionszyklus:

	Einnahmen Ausgaben	Abzinsungs-faktoren	Barwert
	GE	10 %	GE
Investition zu Beginn des 1. Jahres	- 500	1,0000	- 500,0
jährlicher Einnahmenüberschuß 1.-5. Jahr	150	3,7908	568,6
B (1 bis 5)			**68,6**

– uniforme Rente des ersten Investitionszyklus:

$$R = \frac{68{,}6\,GE}{3{,}7908} = 18{,}1 \text{ GE}$$

– Ertragswert des Unternehmens:

$$EW = \frac{18{,}1\,GE}{0{,}10} = \mathbf{181\ GE}$$

Der nach dieser Einnahmen-Ausgaben-Rechnung ermittelte Ertragswert für den Zeitpunkt unmittelbar vor der Großinvestition (von 181 GE) unterschreitet deutlich den analog berechneten Ertragswert für den Zeitpunkt unmittelbar nach der Großinvestition (von 681 GE), wodurch die These, daß der Ertragswert einer Unternehmung unmittelbar nach einer Investition höher sei als unmittelbar vorher, scheinbar bestätigt ist.

Allerdings ist der vorstehende Ertragswert (von 181 GE) für den Bewertungsstichtag unmittelbar vor der Investition falsch berechnet, weil die Auswirkungen der zu den unterschiedlichen Bewertungsstichtagen in der Bilanz ausgewiesenen Aktiv- und Passivposten (vor bzw. nach der Investition) nicht beachtet wurden:

– Zum Zeitpunkt unmittelbar nach der Investition besteht die Bilanz aus Sachanlagen (500 GE) und Grundkapital (500 GE); die Finanzierung der Investition erfolgte aus den flüssigen Mitteln, die zum Zeitpunkt unmittelbar vor Investition in der Bilanz ausgewiesen wurden. Da in dem fünfjährigen Investitionszyklus bei der Einnahmen-Ausgaben-Methode neben dem Gewinn (50 GE p.a.) auch die verdienten Abschreibungen (100 GE p.a.) rechnerisch „ausgeschüttet" wurden (was hinsichtlich der Abschreibungen rechtlich nur durch eine Kapitalherabsetzung durchführbar wäre), muß folgerichtig zu Beginn des 6. Jahres (Zeitpunkt der Reinvestition) eine Kapitalerhöhung in Höhe der Investitionsausgabe (Eigenfinanzierungsquote lt. Prämisse: 100 %) unterstellt werden. Die nach der Einnahmen-Ausgaben-Rechnung durchgeführte Ertragswertermittlung auf den Stichtag unmittelbar nach der Investition ist somit in diesem Fall in sich schlüssig, auch wenn die hierzu notwendigen Unterstellungen von periodischen Kapitalherabsetzungen (in Höhe der Abschreibungen) und Kapitalerhöhungen (zum jeweiligen Reinvestitionszeitpunkt in Höhe der Investitionsausgabe) wirklichkeitsfremd sind.
– Zum Zeitpunkt unmittelbar vor Investition besteht die Bilanz dagegen aus flüssigen Mitteln (500 GE) und Grundkapital (500 GE). Obwohl zu diesem Zeitpunkt ausreichend flüssige Mittel zur Finanzierung der Investition zur Verfügung stehen, wird rechnerisch trotzdem zu Beginn der ersten Periode eine Kapitalerhöhung in Höhe der Investitionsausgabe unterstellt. Die ursprünglich ausgewiesenen flüssigen Mittel werden durch die Investitionsausgabe also nicht „angetastet", d.h. bewertungsmäßig sind sie entweder als nichtbetriebsnotwendiges Vermögen zu berücksichtigen (Wert: 500 GE) oder es sind laufende Zinserträge aus der Geldanlage im Unternehmen (Zinssatz lt. Prämisse: 10 %) anzusetzen.

Unter Berücksichtigung der Zinserträge aus der Geldanlage der für die Investition nicht eingesetzten flüssigen Mittel ergibt sich nach der Einnahmen-Ausgaben-Rechnung somit folgende (richtige) Ertragswertberechnung für den Zeitpunkt unmittelbar vor der Großinvestition.

Ertragswert bei Ansatz von Investitionsausgaben zum Stichtag unmittelbar vor der Großinvestition (richtige Berechnung)

– Barwert der Einnahmenüberschüsse des ersten Investitionszyklus:

	Einnahmen Ausgaben	Abzinsungs-faktoren	Barwert
	GE	10 %	GE
Investition zu Beginn des 1. Jahres	- 500	1,000	- 500,0
Jährlicher Einnahmenüberschuß 1.-5. Jahr	150	3,7908	568,6
jährliche Zinserträge aus Geldanlage 1.-5. Jahr	50	3,7908	189,6
B (1 bis 5)			**258,2**

– uniforme Rente des ersten Investitionszyklus:

$$R = \frac{258{,}2\,GE}{3{,}7908} = 68{,}1 \text{ GE}$$

– Ertragswert des Unternehmens:

$$EW = \frac{68{,}1\,GE}{0{,}10} = \mathbf{681\ GE}$$

Wie nicht anders zu erwarten, ergibt sich bei richtiger Anwendung der Einnahmen-Ausgaben-Rechnung sowohl für den Zeitpunkt unmittelbar vor als auch unmittelbar nach der Großinvestition im Rahmen der gesetzten Prämissen jeweils der gleiche Ertragswert (von 681 GE).

3. Ertragswertberechnung bei Mischfinanzierung (Beispiel)

Für die beispielhafte Darstellung der Auswirkungen einer Mischfinanzierung der Großinvestition mit Eigen- und Fremdkapital anstelle einer ausschließlichen Eigenkapitalfinanzierung sollen die gleichen Prämissen gelten, wie im vorangegangenen Abschnitt, mit Ausnahme der folgenden Ergänzungen bzw. Änderungen:

– Eigenfinanzierungsquote der Investition	40 %
– Fremdfinanzierungsquote der Investition	60 %
– Darlehenstilgung (Laufzeit: 5 Jahre) linear p.a.	60 GE
– Fremdkapitalzinssatz (= Kapitalisierungszinssatz = Zinssatz für Geldanlagen im Unternehmen)	10 %

Nach der Ertrag-Aufwand-Rechnung ergibt sich in diesem Fall folgende Ertragswertberechnung.

Ertragswert bei Ansatz von Abschreibungen

– Barwert der Gewinne des ersten Investitionszyklus:

			Gewinnbestandteile	Abzinsungsfaktoren	Barwert
			GE	10 %	GE
jährlicher Gewinn vor Zinsen 1.-5. Jahr			50	3,7908	**189,6**
Zinssaldo[13]	Ertrag	Aufwand			
1. Jahr	30	- 30	0	0,9091	0,0
2. Jahr	34	- 24	10	0,8264	8,3
3. Jahr	38	- 18	20	0,7513	15,0
4. Jahr	42	- 12	30	0,6831	20,5
5. Jahr	46	- 6	40	0,6209	24,8
				3,7908	**68,6**
B (1 bis 5)					**258,2**

– uniforme Rente des ersten Investitionszyklus:

$$R = \frac{258{,}2\,GE}{3{,}7908} = 68{,}1 \text{ GE}$$

– Ertragswert des Unternehmens:

$$EW = \frac{68{,}1\,GE}{0{,}10} = \mathbf{681\ GE}$$

Der Ertragswert bei Mischfinanzierung (von 681 GE) ist im Beispiel nur deshalb mit dem Ertragswert bei Eigenfinanzierung (von ebenfalls 681 GE) identisch, weil die Zinssätze für das Fremdkapital, die Geldanlagen in Unternehmen und die Kapitalisierung der Periodenerfolge einheitlich mit 10 % (lt. Prämissen) angesetzt wurden.

Bei Anwendung der Einnahmen-Ausgaben-Rechnung für einen Bewertungsstichtag unmittelbar nach der Großinvestition berechnet sich der Ertragswert im Rahmen der sonst gleichen Prämissen aus folgenden Determinanten.

13 Entwicklung oder Finanzkonten:

		flüssige Mittel	Darlehen	Saldo
1. Jahr		GE	GE	GE
vor Investition		500	0	500
Investition		- 200	- 300	- 500
	Zinsbasis 1	300	- 300	0
2. Jahr		100	0	100
Abschreibung		- 60	60	0
Tilgung	Zinsbasis 2	340	- 240	100

3. Jahr bis 5. Jahr
Abschreibung und Tilgung wie 2. Jahr

Ertragswert bei Ansatz von Investitionsausgaben zum Stichtag unmittelbar nach der Großinvestition

- Barwerte der Einnahmenüberschüsse des ersten und zweiten Investitionszyklus:

	Einnahmen Ausgaben	Abzinsungs-faktoren	Barwert
	GE	10 %	GE
erster Zyklus			
jährlicher Einnahmenüberschuß 1.-5. Jahr	150	3,7908	568,6
B (1 bis 5)			**568,6**
zweiter Zyklus			
Investition zu Beginn des 6. Jahres (= Ende des 5. Jahres)	- 500	0,6209	- 310,4
Darlehensaufnahme zu Beginn des 6. Jahres (= Ende des 5. Jahres)	300	0,6209	186,3
Jährlicher Einnahmenüberschuß 6.-10. Jahr	150	2,3538	353,1
Zwischensumme			**229,0**
Zins und Tilgung Darlehen			
6. Jahr	- 90	0,5645	- 50,8
7. Jahr	- 84	0,5132	- 43,1
8. Jahr	- 78	0,4665	- 36,4
9. Jahr	- 72	0,4241	- 30,5
10. Jahr	- 66	0,3855	- 25,5
Zwischensumme		2,3538	**- 186,3**
B (6 bis 10)			**42,7**

- Ertragswert des Unternehmens:

$$\text{EW} = B\ (1\ bis\ 5) + \frac{B\ (6\ bis\ 10)}{a_5 \cdot i}$$

$$= 568{,}6\ \text{GE} + \frac{42{,}7\ GE}{3{,}7908 \cdot 0{,}10}$$

$$= \mathbf{681\ \ GE}$$

- Ertragswertberechnungstechnik:

Da in diesem Modellfall unterschiedliche Finanzierungsweisen eingehen, berechnet sich der Ertragswert für eine unendliche Anzahl von Investitionszyklen

- aus dem Barwert B (1 bis 5) des ersten Investitionszyklus (Innenfinanzierung aus flüssigen Mitteln); das ist hier der Zeitraum der ersten fünf Jahre bis

unmittelbar vor der Ersatzinvestition (diese Form der Finanzierung wiederholt sich nicht mehr)
- und dem Barwert B (6 bis 10) des andersartigen zweiten Investitionszyklus (Innenfinanzierung aus flüssigen Mitteln: 40 %, Außenfinanzierung durch Kreditaufnahme: 60 %); das ist hier der Zeitraum, der mit der Investitionsausgabe am Anfang des 6. Jahres beginnt und bis zum Ende des 10. Jahres unmittelbar vor Ersatzinvestition läuft (dieser Investitionszyklus in dieser Finanzierungsweise wiederholt sich in den Folgejahren immer gleichartig),
- aus letzterem sich nach Umrechnung in eine uniforme Rente und Verknüpfung mit dem entsprechenden Rentenbarwertfaktor der Barwert aller übrigen Investitionszyklen (B 6 bis ∞) für den Zeitraum ab dem 6. Jahr bis unendlich ermittelt.

Bei richtiger (in diesem Beispiel schon etwas komplizierterer) Anwendung der Einnahmen-Ausgaben-Rechnung für den Bewertungsstichtag unmittelbar nach der Großinvestition errechnet sich auch hier im Rahmen der gesetzten Prämissen der gleiche Ertragswert (von 681 GE) wie bei der Ertrag-Aufwand-Rechnung. Dasselbe gilt für die Anwendung der Einnahmen-Ausgaben-Rechnung auf den Bewertungsstichtag unmittelbar vor der Großinvestition, auf deren Determinantenwiedergabe hier verzichtet wird.

4. Folgerungen

Die in den Beispielen dargestellten Ertragswertberechnungen führen im Rahmen der hierfür angesetzten Prämissen
- sowohl bei Ansatz von Erträgen und Aufwendungen (u.a. für Abschreibungen)
- als auch bei Ansatz von Einnahmen (u.a. aus Kreditaufnahmen) und Ausgaben (u.a. für Investitionen und Kredittilgungen)

ceteris paribus zum gleichen Bewertungsergebnis, soweit innerhalb des gewählten Berechnungssystems insbesondere die Auswirkungen auf die jeweils anzusetzenden Finanzierungspositionen folgerichtig berücksichtigt werden.

Diese berechnungssystemunabhängige Gleichheit der Bewertungsergebnisse gilt allerdings generell nur unter folgenden einschränkenden Prämissen:
- Kapitalisierungszinssatz = Zinssatz für Geldanlagen im Unternehmen = Fremdkapitalzinssatz;
- trotz unterschiedlicher Finanzierungsannahmen, insbesondere einer Eigenfinanzierung von außen durch die Anteilseigner (Kapitalerhöhung) bei der Einnahmen-Ausgaben-Rechnung bzw. einer Eigenfinanzierung von innen durch das Unternehmen (Abschreibungen auf Anschaffungskosten, zuzüglich betriebswirtschaftliche Mehrabschreibungen auf Wiederbeschaffungskosten bzw. handelsrechtliche Rücklagenbildungen für inflationsinduzierte Substanzerhaltungsmaßnahmen[14]) bei der Ertrag-Aufwand-Rechnung, ergeben sich keine un-

---

14 Vgl. hierzu IdW, HFA 2/1983 (Grundsätze) S. 477f.

terschiedlichen Steuerbelastungen und sonstige Folgekostenunterschiede (auch nicht bei Inflation);
- zu jedem beliebigen Bilanzstichtag sind für den Saldo aus den Investitionsausgaben (bei Mischfinanzierung in Höhe des Eigenfinanzierungsanteils der Investitionsausgaben) und den jährlichen Abschreibungen entsprechende Kapitalerhöhungen bzw. Kapitalherabsetzungen (oder ggf. vorhandene Rücklagenausschüttungen) rechtlich und faktisch möglich, wie dies bei der Einnahmen-Ausgaben-Rechnung unterstellt wird.

Diese Prämissen sind natürlich wirklichkeitsfremd. Da sich aber bei Ansatz von realitätsnäheren Prämissen (z.B. nur Kapitalisierungszinssatz ungleich Zinssatz für Geldanlagen im Unternehmen) bei Anwendung der Einnahmen-Ausgaben-Rechnung und alternativ bei Anwendung der Ertrag-Aufwand-Rechnung zwangsläufig und systemimmanent unterschiedliche Ertragswerte ergeben, stellt sich die Frage, welcher der unterschiedlichen Ertragswerte den maßgeblichen Unternehmenswert darstellen soll.

Wie einführend erläutert, kann diese Frage meines Erachtens nur dahingehend beantwortet werden, daß – gleichgültig, ob mit Einnahmen und Ausgaben oder mit Erträgen und Aufwendungen gerechnet – die ermittelten Periodenerfolge nur dann bewertbare „Erträge“ darstellen, wenn sie auch wirtschaftlich und rechtlich an die Anteilseigner auskehrbar sind.

Bei der Bewertung von Kapitalgesellschaften müssen die Überschüsse rechtlich und faktisch an die Gesellschafter ausschüttbar oder im Wege von Kapitalherabsetzungen auszahlbar sein, während Fehlbeträge nur dann mit negativem Vorzeichen in die Barwertermittlung eingehen dürfen, wenn seitens der Gesellschafter tatsächlich eine Nachschußpflicht[15] besteht oder eine wünschenswerte Kapitalerhöhung voraussichtlich auch von den Gesellschaftern gezeichnet wird bzw. bei Publikumsgesellschaften „in die Landschaft paßt“. Bei Einzelunternehmen und Personengesellschaften mögen darüber hinaus noch sonstige Entnahmen oder Einlagen möglich sein, bei Kapitalgesellschaften bestehen solche sonstigen Möglichkeiten dagegen nicht.[16]

Bezogen auf die Bewertung von Unternehmen mit größeren Investitionsschüben (z.B. Unternehmen der Energieversorgung oder der Papierherstellung), bei denen typischerweise die unregelmäßigen Investitionsausgaben und die darauf regelmäßig verrechneten Abschreibungen zeit- und betragsmäßig auseinanderfallen, ist es daher meines Erachtens unerläßlich, die ermittelten Cash Flow-Überschüsse oder -Fehlbeträge kritisch daraufhin zu untersuchen, ob sie unter Beachtung der rechtlichen und faktischen Restriktionen auch wirklich den voraussichtlichen

15 Vgl. für die Gesellschaft mit beschränkter Haftung: §§ 26 bis 28 GmbHG.

16 Allenfalls sind bei Kapitalgesellschaften mit typischerweise kleinerem Gesellschafterkreis noch Darlehensströme nach dem „Schütt aus – Hol zurück-Verfahren“ denkbar, deren Rückführungen jedoch bei schlechter Ertragslage durch die Restriktionen für sog. kapitalersetzende Darlehen (vgl. § 32a GmbHG) begrenzt sind.

Zahlungsströmen zwischen der Unternehmung und den Gesellschaftern entsprechen können.

Selbst wenn es altmodisch klingt, die Ertrag-Aufwand-Rechnung stellt meines Erachtens in diesen Fällen die zu bevorzugende Rechenmethodik dar, weil sie die rechtlichen Ausschüttungsrestriktionen besser abzubilden vermag als die Einnahmen-Ausgaben-Rechnung.[17] Aber auch die Bilanz leistet für die Abschätzung der denkbaren Zahlungsströme zwischen der Unternehmung und den Gesellschaftern nicht zu vernachlässigende Dienste, da erst durch eine prognoseorientierte Beurteilung der am Bewertungsstichtag ausgewiesenen Eigenkapitalpositionen Anhaltspunkte dafür gewonnen werden können, ob rechtlich nichtausschüttbare finanzielle Überschüsse ggf. auch durch Kapitalherabsetzungen auskehrbar oder ob für finanzielle Fehlbeträge ggf. auch entsprechende Kapitalerhöhungen erwartbar sind.

II. Bestehende Verlustvorträge und künftige Jahresfehlbeträge

Unternehmen in der Aufbauphase sind häufig durch schon bestehende Verlustvorträge und/oder noch zu erwartende künftige Jahresfehlbeträge gekennzeichnet. Die prognostizierten Einnahmen- und Ertragsüberschußreihen müssen in diesen Fällen erst durch eine Nebenrechnung in ausschüttungsfähige Zahlungsreihen umgeformt werden, bevor sie der Barwertermittlung zugrundegelegt werden können.

Der (Mehr-)Wert bestehender Verlustvorträge wird vor allem in ihrem Steuerreduzierungspotential gesehen,[18] ihr (Minder-)Wert aufgrund der handelsrechtlichen Ausschüttungssperre aber manchmal übersehen.

Folgendes einfaches Beispiel mag diesen Zusammenhang verdeutlichen:

Prämissen:	
bestehende Verlustvorträge	
– handelsrechtlich	800 GE
– gewerbeertragsteuerrechtlich	1.000 GE
– körperschaftsteuerrechtlich	1.500 GE
Ertrag- bzw. Einnahmenüberschüsse	
– Ergebnis vor Ertragsteuern und sonstigen Auswirkungen der Verlustvorträge p.a.	1.000 GE
– kalk. Gewerbeertragsteuer (Hebesatz: 400 %)	16,67 %
– kalk. Körperschaftsteuer für Ausschüttungen	30 %

17 Anderer Ansicht: Gmelin (Bewertung) S. 40, der prinzipiell den Ansatz von Investitionsausgaben anstelle von Abschreibungen befürwortet.

18 Vgl. Bundesgerichtshof, Urteil vom 13. 3. 1978 – II ZR 142/76 –, in: Die Wirtschaftsprüfung 1978, S. 302 ff und Piltz (Unternehmensbewertung) S. 160 f.

sonstige Prämissen

- Kapitalisierungszinssatz 10 %
- Zinssatz für Geldanlagen im Unternehmen = Fremdkapitalzinssatz 8 %

Würden keine Verlustvorträge bestehen, so ergäbe sich ein uniformer, der Ertragswertberechnung zugrundezulegender Zukunftsertrag vor Körperschaftsteuerausschüttungsbelastung[19] von 833 GE p.a. (1.000 GE vor Ertragsteuern abzüglich 167 GE Gewerbeertragsteuer) und bei dem gewählten Kapitalisierungszinssatz ein Ertragswert von 8.330 GE.

Unter Berücksichtigung der steuer- und handelsrechtlichen Auswirkungen der Verlustvorträge einschließlich der Folgewirkungen auf das Zinsergebnis läßt sich die ausschüttungsfähige Zukunftsertragsreihe wie folgt ableiten:

	Perioden		
	1	2	3 ff
	GE	GE	GE
Ergebnis vor Ertragsteuern	1.000	1.000	1.000
Zinsersparnis auf vermiedene Ertragsteuern aufgrund der steuerrechtlichen Verlustvorschläge			
auf Gewerbeertragsteuer	0	13	13
auf Körperschaftsteuer	0	24	36
Zwischensumme	1.000	1.037	1.049
Gewerbeertragsteuer	0	- 173	- 175
kalk. Periodenerfolg nach zu berücksichtigenden Ertragsteuern	1.000	864	874
handelsrechtlicher Verlustvortrag	- 800	0	0
ausschüttungsfähiger Zukunftsertrag	**200**	**864**	**874**

Der gewerbesteuerrechtliche Verlustvortrag von 1.000 GE wirkt sich durch die volle Verlustverrechnung in der Periode 1 in einer Gewerbeertragsteuerersparnis von 167 GE (16,67 % aus 1.000 GE) und in den Folgeperioden in einer Zinsergebnisverbesserung von 13 GE p.a. (8 % aus 167 GE) aus.

Der körperschaftsteuerrechtliche Verlustvortrag von 1.500 GE kann in der Periode 1 mit 1.000 GE und in der Periode 2 mit 500 GE verrechnet werden. Da jedoch die Körperschaftsteuer auf Ausschüttungen wegen ihrer regelmäßigen Anrechenbarkeit auf die Einkommensteuerschuld des Gesellschafters (die hier unterstellt ist) keinen Abzugsposten für den der Ertragswertermittlung zugrundezulegenden Zukunftsertrag darstellt, wirken sich bei der Zukunftsergebniskalkulation nur die Zinsergebnisverbesserungen auf die durch die körperschaftsteuerrechtlichen Verlustverrechnungen vom Unternehmen vermiedenen Steuerzahlungen aus; sie betragen im Beispiel 24 GE in der Periode 1 (8 % aus 30 % von 1.000 GE) und 36 GE p.a. in den Folgeperioden (8 % aus 30 % von 1.500 GE).

19 Vgl. IdW, HFA 2/1983 (Grundsätze) S. 477.

Der handelsrechtliche Verlustvortrag von 800 GE mindert schließlich aufgrund seiner handelsrechtlichen Ausschüttungssperre den bewertbaren Zukunftsertrag der Periode 1 unmittelbar in gleicher Höhe.

Die unterschiedlichen Erfolgsreihen für die Konstellationen mit bzw. ohne Verlustvorträge führen somit auch zu folgenden unterschiedlichen Ertragswerten:

	ausschüttbare Erträge			Barwerte	
	ohne Verlust-vorträge	mit Verlust-vorträgen	Abzinsungs-faktoren	ohne Verlust-vorträge	mit Verlust-vorträgen
	GE	GE	(10 %)	GE	GE
Perioide 1	833	200	0,9091	757	182
Periode 2	833	864	0,8264	689	714
Periode 3 - ∞	833	874	8,2645	6.884	7.223
Ertragswert			**10,0000**	**8.330**	**8.119**

Dabei setzt sich der Ertragswert mit Verlustvorträgen im Vergleich zum Ertragswert ohne Verlustvorträge aus folgenden Komponenten zusammen:

	GE
Ertragswert ohne Verlustvorträge	8.330
Mehrwert aufgrund der bestehenden steuerrechtlichen Verlustvorträge (Barwert)[20]	516
	8.846
Minderwert aufgrund des bestehenden handelsrechtlichen Verlustvortrages (Barwert)	- 727
Ertragwert mit Verlustvorträgen	8.119

Die Berücksichtigung der handels- und steuerrechtlichen Auswirkungen künftiger Jahresfehlbeträge auf die für die Ertragswertberechnung maßgeblichen ausschüttungsfähigen Zukunftsertragsreihen hat nach den gleichen Grundsätzen zu erfolgen wie bei den hier beispielhaft dargestellten bestehenden Verlustvorträgen. Insbesondere ist bei der Anwendung der Einnahmen-Ausgaben-Rechnung zu beachten, daß finanzielle Fehlbeträge nicht ohne weiteres im Entstehungsjahr in die Ertragswertberechnung mit negativem Vorzeichen einbezogen werden dürfen, wenn seitens der Gesellschafter hierfür keine sofortige Kapitaleinzahlungspflicht besteht.

Abgesehen von den Ausschüttungsrestriktionen bestehender Verlustvorträge

20 Dieser umfaßt den Barwert der Gewerbeertragsteuerersparnis einschließlich der darauf entfallenden Zinsergebnisverbesserung mit 251.GE und den Barwert der Zinsergebnisverbesserung auf die vermiedenen Körperschaftsteuerzahlungen des Unternehmens mit 265 GE.

oder künftiger Jahresfehlbeträge können – vor allem bei Kapitalgesellschaften in der Aufbauphase – weitere Ausschüttungseinschränkungen zu beachten sein, die auf der gesetzlichen oder der satzungsmäßigen Dotierungspflicht von offenen Gewinnrücklagen beruhen.

III. Auskehrung von Buchwerten des nichtbetriebsnotwendigen Vermögens

Bei Unternehmensbewertungen ist entsprechend dem Grundsatz der gesonderten Bewertung des nichtbetriebsnotwendigen Vermögens[21] der daraus resultierende Wert dem Ertragswert im engeren Sinne (für das betriebsnotwendige Vermögen) hinzuzurechnen.

Soweit bei der zu unterstellenden fiktiven Veräußerung des nichtbetriebsnotwendigen Vermögens ein handelsrechtlich ausschüttbarer Gewinn entsteht, ergeben sich für diesen keine bewertungsrelevanten Restriktionen. Ob aber bzw. mit welchem Wert ein im Gesamtwert des nichtbetriebsnotwendigen Vermögens enthaltener, in der Bilanz hierfür ausgewiesener Buchwert an die Gesellschafter ausgekehrt werden kann, bedarf ergänzender Überlegungen.

Folgendes Beispiel sei hierfür gebildet:

Prämissen:

nichtbetriebsnotwendiges Grundstück	
– erzielbarer Veräußerungserlös (nach Abzug von Verkaufskosten)	250 GE
– Buchwert (Bilanzwert)	150 GE
– Verwertungsdauer	1 Jahr
offene (freie) Gewinnrücklagen der Handelsbilanz	
– gleichzeitig körperschaftsteuerrechtliches EK 50[22]	200 GE
sonstige Prämissen	
– kalk. Gewerbeertragsteuer (Hebesatz: 400 %)	16,67 %
– kalk. Körperschaftsteuer für Thesaurierungen	50 %
– Kapitalisierungszinssatz	10 %

Der Wert des nichtbetriebsnotwendigen Vermögens darf im Rahmen der Unternehmensbewertung nicht schlicht dem Verkaufspreis des Grundstücks (250 GE) gleichgesetzt werden, sondern muß folgerichtig dem Barwert der aus der

21 Vgl. IdW, HFA 2/1983 (Grundsätze) S. 474.

22 EK 50 = steuerrechtlich für Ausschüttungen verwendbares Eigenkapital, das der Körperschaftsteuer ungemildert mit 50 % unterlegen hat; vgl. §§ 29, 30 Abs. 1 Nr. 1 KStG. Ab dem Veranlagungszeitraum 1994 wurde der Steuersatz von 50 % auf 45 % reduziert; vgl. § 23 Abs. 1 KStG.

fiktiven Grundstücksveräußerung möglichen maximalen zusätzlichen Gewinnausschüttung entsprechen, die erforderlichenfalls auch durch die Verwendung ggf. vorhandener freier Gewinnrücklagen[23] hergestellt werden kann.

Im Beispielsfall berechnet sich der Wert des nichtbetriebsnotwendigen Vermögens wie folgt:

	GE
Ausschüttung des Veräußerungsgewinns	
Veräußerungserlös Grundstück	250
Buchwert Grundstück	-150
Veräußerungsgewinn vor Ertragsteuern	100
Gewerbeertragsteuer	- 17
Zwischensumme 1	**83**
Auskehrung des Buchwerts	
Teilauflösung freier Gewinnrücklagen in Höhe des Buchwerts des Grundstücks zur Herstellung der handelsrechtlichen Ausschüttungsfähigkeit	150
Realisierung des in den ausgeschütteten Gewinnrücklagen enthaltenen Körperschaftsteuerguthabens (50/50-stel aus 150 GE)	150
Zwischensumme 2	**300**
ausschüttungsfähiger Gesamtbetrag	**383**
Abzinsung	- 35
Ertragswert aus der Veräußerung des nichtbetriebsnotwendigen Vermögens (Barwert der maximalen Ausschüttung)	**348**

Der ausschüttungsfähige Barwert des nichtbetriebsnotwendigen Grundstücks (348 GE) übersteigt somit im Beispielsfall dessen Veräußerungserlös (250 GE), weil gleichzeitig mit der Auskehrung des Grundstücksbuchwertes an die Gesellschafter im Wege einer Rücklagenausschüttung auch das in den Rücklagen „eingefrorene“ Körperschaftsteuerguthaben mitausgeschüttet wird.

Würde im Beispielsfall das Unternehmen am Bewertungsstichtag keine für Ausschüttungen verwendbaren offenen Rücklagen besitzen, so müßte weiter überlegt werden, ob nicht auch eine Auskehrung des Grundstücksbuchwertes an die Gesellschafter im Wege einer Kapitalherabsetzung möglich ist. Soweit in einem solchen Fall nach Abzug der fiktiven Kapitalherabsetzung in Höhe des Grundstücksbuchwerts nur noch eine unzureichende Eigenkapitalausstattung des Unternehmens verbliebe, wäre zu folgern, daß das zunächst als nichtbetriebsnotwendig be-

23 Bei der Aktiengesellschaft ergeben sich Rücklagenverwendungsrestriktionen insbesondere durch § 150 Abs. 2 und 3 AktG, können aber zusätzlich auch durch satzungsmäßige Vorschriften definiert sein; letzteres gilt für die Gesellschaft mit beschränkter Haftung analog.

trachtete Grundstück diese Eigenschaft in Wirklichkeit nicht oder nicht voll besitzt.

C. Zusammenfassung

Bei der Unternehmensbewertung von Kapitalgesellschaften müssen die nach der Einnahmen-Ausgaben-Rechnung oder nach der Ertrag-Aufwand-Rechnung abgeleiteten künftigen finanziellen Überschüsse entweder als an die Gesellschafter ausschüttungsfähige Beträge oder als an die Gesellschafter im Wege von Kapitalherabsetzungen auszahlbare Beträge unter Beachtung der hierfür bestehenden rechtlichen, wirtschaftlichen und faktischen Restriktionen interpretierbar sein. Umgekehrt dürfen künftige Fehlbeträge nur dann mit negativem Vorzeichen in die Ertragswertberechnung einbezogen werden, wenn periodengleich seitens der Gesellschafter eine Kapitaleinzahlungspflicht besteht oder wenn für die rechnerisch erforderliche Kapitalerhöhung eine ausreichende Zeichnungsbereitschaft zeitgleich erwartbar ist.

Insbesondere die nach der Methodik der Einnahmen-Ausgaben-Rechnung abgeleiteten künftigen finanziellen Überschüsse oder Fehlbeträge von Unternehmen mit schwankenden Investitionszyklen, bestehenden Verlustvorträgen, erwarteten Jahresfehlbeträgen oder noch nicht voll dotierten Pflichtrücklagen bedürfen meist noch ergänzender Umformungen, bevor sie dem Grundprinzip der Unternehmensbewertung entsprechen, nach dem der Ertragswert durch die den Anteilseignern zufließenden Netto-Zahlungsströme begrenzt ist.

Literaturverzeichnis

Gmelin, Hans Jörg (Bewertung): Die Bewertung von Unternehmungen und Unternehmungsanteilen im Rahmen von Verschmelzungen, in: Die Verschmelzung von Unternehmungen, hrsg. v.d. Deutschen Gesellschaft für Betriebswirtschaft, Berlin 1970, S. 33–53.

Großfeld, Bernhard (Unternehmensbewertung): Unternehmens- und Anteilsbewertung im Gesellschaftsrecht – Zur Barabfindung ausscheidender Gesellschafter –, 3. Aufl., Köln 1994.

Heigl, Anton (Bewertung): Die Bewertung von Unternehmungen und Unternehmungsanteilen – Zugleich ein weiterer Diskussionsbeitrag zu der gleichnamigen Veröffentlichung der Union Européenne des Experts Comptables Economiques et Financiers (UEC) –, in: Zeitschrift für Betriebswirtschaft 1962, S. 513–528.

Institut der Wirtschaftsprüfer in Deutschland e.V. (IdW), Hauptfachausschuß (HFA), Stellungnahme HFA 2/1983 (Grundsätze): Grundsätze zur Durchführung von Unternehmensbewertungen, in: Die Wirtschaftsprüfung 1983, S. 468–480.

Maul, Karl-Heinz (Unternehmensbewertung): Unternehmensbewertung auf der Basis von Nettoausschüttungen, in: Die Wirtschaftsprüfung 1973, S. 57–63.

Moxter, Adolf (Grundsätze): Grundsätze ordnungsmäßiger Unternehmensbewertung, 2. Aufl., Wiesbaden 1983.

Peemöller, Volker H.; Bömelburg, Peter; Denkmann, Andreas (Unternehmensbewertung):

Unternehmensbewertung in Deutschland – Eine empirische Erhebung –, in: Die Wirtschaftsprüfung 1994, S. 741–749.

Piltz, Detlev J. (Unternehmensbewertung): Die Unternehmensbewertung in der Rechtsprechung, 3. Aufl., Düsseldorf 1994.

Spitzer-Foerster (Tabellen): Tabellen für die Zinseszinsen- und Rentenrechnung, Wien 1933.

Union Européenne des Experts Comptables Economiques et Financiers (UEC), Kommission für Fachfragen und Forschung (KFF), TRC 1 (Empfehlung): Empfehlung zur Vorgehensweise von Wirtschaftsprüfern bei der Bewertung ganzer Unternehmen, in: Veröffentlichungen der Kommission KFF, München 1980, S. 1–11.

Accounting in Mittel- und Osteuropa

Dipl.-Kfm. Eberhard Freiherr v. dem Bussche-Hünnefeld, Direktor Ausland,
Dr. Bernd Rödl & Partner, Nürnberg

A. Einführung

Die mittel- und osteuropäischen Staaten (MOE) als Begriff umfassen alle Staaten des früheren „Ostblocks" und werden auch sehr oft als „former socialistic states" bezeichnet. Letztere Bezeichnung ist nicht geographisch begrenzt, so daß darunter auch Staaten aus Südamerika oder Asien, die ihr Wirtschaftssystem verändert haben, fallen. Der Begriff MOE ist dafür dahingehend ungenau, als die Nachfolgestaaten der Sowjetunion in Zentralasien damit sicher nicht mehr gedeckt sein dürften.

Gleichwohl ist MOE ein sowohl politisch als im allgemeinen Sprachgebrauch zutreffend belegter Begriff, daß wir ihn hier auch verwenden wollen.

Die MOE-Staaten weisen sowohl in ihrer Rechtsgeschichte als auch dem sozioökonomischen Kontext, der oftmals unterschätzte Wechselwirkungen mit den Rechnungslegungsvorschriften aufweist, eine sehr unterschiedliche Entwicklung auf. Es ist daher problematisch, Rechnungslegungsvorschriften in den MOE-Staaten vergleichen zu wollen, ohne auf das Umsystem und seine wechselseitigen Beziehungen eingehen zu können.

Gleichzeitig sprengt es den zur Verfügung stehenden Rahmen, wenn alle MOE-

Staaten hier behandelt werden sollen. Wir müssen daher eine Auswahl treffen. Wenn die MOE-Staaten fragmentiert werden sollen, bietet es sich an, die Gruppe der sogenannten Visegrad-Staaten als erstes abzusondern. Darunter fallen die Länder Polen, Tschechische Republik, Slowakei und Ungarn. Aus dieser Ländergruppe soll Polen betrachtet werden, weil es nicht nur von der Fläche und Bevölkerungszahl her das relativ größte Land ist, sondern auch von den ökonomischen Indikatoren her sich auf den ersten Platz vorgearbeitet hat.[1]

Das Baltikum, als die verbale Zusammenfassung der Länder Estland, Lettland und Litauen, ist eine weitere Gruppierung, die sich – obwohl aus der Sowjetunion wieder hervorgegangen – gut davon unterscheiden läßt. Die baltischen Länder haben eine eigene rechtliche sowie sozioökonomische Historie, die sich auch während der Besetzung durch die Sowjetunion in geringen Freiheitsgraden aufrechterhalten hatte. Wir wollen sie daher als eigene Gruppe betrachten und aus ihnen eine Fokussierung auf ein Land vornehmen. Estland hat als erstes sehr mutige Reformen in der Umstellung auf marktwirtschaftliche Rahmenbedingungen sowie bei der Privatisierung vorgenommen, Lettland wäre hierbei mit Mittellage einzuordnen und Litauen als zögerlich. Im Bereich der Rechnungslegung hat sich jedoch Lettland sehr frühzeitig zu der Vierten EG-Richtlinie und ihrer Umsetzung bekannt, weswegen wir Lettland in den Vergleich mit einbeziehen wollen.

Bei der Sowjetunion und ihren Nachfolgestaaten, die als GUS zusammengefaßt werden, bietet es sich aufgrund der Größe und Dominanz an, Rußland selbst einzubeziehen; wir können sicher auch davon ausgehen, daß dort vorgenommene Änderungen und Weiterentwicklungen auch von den anderen GUS nicht unbeachtet bleiben.

Im südosteuropäischen Raum sind aus dem zerfallenen Jugoslawien einige Länder hervorgegangen, von denen bisher Slowenien sicher am ehesten in der Lage war, sich um die Weiterentwicklung der Rechnungslegungsvorschriften zu kümmern. Daher wollen wir als viertes Land Slowenien in die Übersicht mit einbeziehen.

Bei der Frage der Standortwahl oder dem Vergleich der Faktoren, die die Attraktivität von Standorten beschreiben können, wird man zweifelsohne nicht sofort auf die Vorschriften zur Rechnungslegung kommen – und bei aller Wertschätzung für dieses Thema – zu Recht. Gleichwohl dient das Accounting verschiedenen Ziel- und Zwecksetzungen, unstreitig ist aber die Informationsfunktion eine sehr wichtige. Z.B. um Informationen über ein Unternehmen zu erhalten, mit dem man Geschäftsbeziehungen einzugehen überlegt oder um ersten Informationen in einer pre-target-identification Phase zu erhalten. Es verschafft zumindest ein bißchen mehr Klarheit.

Wir wollen daher unsere oben ausgewählten Länder hinsichtlich ihrer Rechnungslegungsvorschriften bzw. der Jahresberichterstattung vergleichend darstel-

---

1 Vgl. dazu z.B. Transition Report, European Bank for Reconstruction and Development, London October 1994 oder auch die Country Indicators in Business Central Europe, December 1994/January 1995, S. 73.

len, neben den deutschen Vorschriften, auch wenn dies an dieser Stelle nur überblicksartig geschehen kann.

B. Gesetzliche Grundlagen der externen Rechnungslegung

Polen

Die Änderungen im Bereich der Buchführung und der Rechnungslegung beim Übergang zur Marktwirtschaft wurden in der Verordnung des Finanzministers über das Rechnungswesen vom 15. Januar 1991[2] erlassen. Das polnische Buchführungssystem wird unter Berücksichtigung des polnischen Handelsgesetzbuches an den EU-Standard angeglichen und erfüllt großteils die 4. EG-Richtlinie. Ein weiterer Schritt in diese Richtung ist die Buchführungsverordnung vom 29. September 1994, die mit Wirkung zum 1. Januar 1995[3] u.a. eine neue Bilanzgliederung vorschreibt.

Buchführungspflicht besteht unter anderem für alle juristischen Personen und Vertretungen ausländischer Unternehmungen, die als Betriebsstätte gemäß anderer Gesetze anzusehen sind.

Die polnischen Gesetze hinsichtlich einer ordnungsgemäßen Buchführung unterscheiden sich nicht wesentlich von den in den westeuropäischen Ländern üblichen Vorschriften.

Slowenien

Die Rechnungslegung in Slowenien ist derzeit in einer Reformphase. Bisher richteten sich die Rechnungslegung und die Jahresabschlüsse der Unternehmen nach den entsprechenden Bundesgesetzen des ehemaligen Jugoslawien, die Slowenien übernommen hatte. Darunter fallen vor allem

- das Gesetz über das Rechnungswesen von 1989 und
- die Grundsätze der Rechnungslegung (GdR), die im ehemaligen Jugoslawien in den 70er Jahren in Kraft traten und mehrmals geändert wurden, zuletzt 1989, gleichzeitig mit der Einführung des Gesetzes über das Rechnungswesen.

Im April 1993 wurden die neuen slowenischen „Rechnungswesenstandards" (SRS) vom Verband der Buchhalter, Finanzbeamten und Wirtschaftsprüfer Sloweniens veröffentlicht. Sie stellen kein Gesetz dar, sondern sollten ursprünglich als fachliche Grundlage und Richtlinie aller Tätigkeiten auf dem Gebiet des Rechnungswesens dienen. Zwischenzeitlich haben die SRS aber Gesetzeskraft bekommen, da wichtige Gesetze wie das im Juli 1993 in Kraft getretene neue slowenische „Gesetz über Wirtschaftsgesellschaften" (GüW) allen in diesem Gesetz geregelten Rechtsformen die Anwendung der SRS bei der Erstellung der Jahresabschlüsse

---

2 Verordnung des Finanzministers über das Rechnungswesen vom 15. Januar 1981, Gesetzblatt von 1981, Nr. 10, Pos. 35 und Nr. 124, Pos. 554 sowie im Gesetzblatt von 1982, Nr. 96, Pos. 476 und von 1983, Nr. 46, Pos. 46.

3 Buchführungsverordnung vom 29. September 1994, Gesetzblatt von 1994, Nr. 121, Pos. 591.

und der Führung der Geschäftsbücher vorschreibt. Da in dem Gesetz alle wichtigen Rechtsformen (d.h. die AG, GmbH, KG, OHG, KGaA, stille Gesellschaft und verbundene Unternehmen) ihre rechtliche Grundlage haben, werden die SRS in Zukunft eine große Rolle für das Rechnungswesen in Slowenien spielen. Auch das „Gesetz über öffentliche Wirtschaftsdienste" schreibt die Anwendung der SRS vor.

Rußland

Die gesetzliche Grundlage für die externe Rechnungslegung ist vor allem in folgenden Gesetzen der RF verankert:

Das Gesetz „Über Unternehmen und Unternehmertätigkeit" vom 25. Dezember 1990 formuliert die allgemeinen rechtlichen, wirtschaftlichen und sozialen Grundlagen für die Gründung und Tätigkeit in Rußland.

Das Gesetz „Über die Gewinnsteuer von Unternehmen und Organisationen" vom 27. Dezember 1991 definiert den Gegenstand der Besteuerung und das Prinzip der Ermittlung des steuerpflichtigen Gewinns, die Steuersätze, die Steuervergünstigungen, das System der Steuerberechnung und die Steuerzahlungstermine.

Diese Gesetze unterscheiden zwischen Unternehmen mit ausländischem Kapitalanteil einerseits, die auf der Grundlage der Gesetze der RF geschaffen wurden und damit als russische juristische Personen gelten, und ausländischen Firmen andererseits, die gemäß den Gesetzen anderer Länder gegründet wurden und als ausländische juristische Personen zählen.

Jede Woche werden in Rußland ca. 80 neue Durchführungsverordnungen bzw. Instruktionen vom Finanzministerium und der Steuerverwaltung erlassen, die die Möglichkeiten der Unternehmen unter dem steuerlichen Aspekt reglementieren und damit den steuerlichen Gestaltungsspielraum stark einschränken.

Zu beachten ist bei der Rechnungslegung in den Städten Moskau und St. Petersburg, daß die dortigen Regierungen eigene Steuern, ergänzend zu den vorgegebenen staatlichen, und die sich daraus ergebenden Ergänzungen bei der Rechnungslegung, erlassen können.

Alle Unternehmen in der RF unterliegen der Pflicht zur Rechnungs- und Buchführung. Entgegenkommend für ausländische Investoren ist die in Art. 30, Satz 1 des Gesetzes über die ausländischen Investitionen geregelte Möglichkeit, daß die Buchhaltung und Rechnungsführung der Unternehmen mit ausländischen Investitionen zusätzlich auch nach den gesetzlichen Regeln des Herkunftslandes des ausländischen Investors vorgenommen werden können. Zur Bilanzbewertung sind Devisen in Rubel umzurechnen.

Grundlage des Rechnungswesens der RF ist ein gemeinsam vom Finanzministerium der ehemaligen UdSSR und GOSKOMSTAT (Staatliches Institut für Statistik) herausgegebener Kontenrahmen. An diesen Kontenrahmen sind alle Industrieunternehmen gebunden. Daneben wurden für spezielle Wirtschaftszweige, wie z.B. Banken und Versicherungen, eigene Kontenrahmen entwickelt.

Änderungen des Kontenrahmens auf der Ebene der Hauptkonten sowie der festgelegten Unterkonten sind grundsätzlich möglich, bedürfen aber der Genehmigung durch das Finanzministerium der RF. Der Kontenrahmen des westlichen Partners kann unterhalb der Unterkontenebene installiert werden, soweit eine Zuordnung innerhalb des russischen Kontenrahmens möglich ist.

Das Wirtschaftsjahr in der RF entspricht grundsätzlich dem Kalenderjahr. Die Erstellung von unterjährigen Abschlüssen für Konsolidierungszwecke bei einem abweichenden Wirtschaftsjahr ist möglich.

Die wesentlichen Ursprungsdokumente (Formblätter) des Rechnungswesens sind weitgehend einheitlich und standardisiert. Das GOSKOMSTAT hat ein System von Standards in bezug auf Dokumente, deren Verwendung sowie Ablage entwickelt. Die Einhaltung dieser Standards wird von der Kommission für Statistik überwacht.

Aufzeichnungen innerhalb des Rechnungswesens sind für alle Unternehmen in russischer Sprache vorzunehmen. Dokumente in fremden Sprachen sind für Zwecke des Rechnungwesens wortgetreu zu übersetzen. Daneben ist es aber gestattet, daß interne betriebliche Berichte neben russisch auch in einer Fremdsprache erstellt werden.

Die Bücher sind in Rubel zu führen. Fremdwährungstransaktionen sind umzurechnen.

Lettland

Die gesetzlichen Grundlagen bilden das Gesetz über die Buchführung und das Gesetz über Jahresberichte der Unternehmen vom 14. Oktober 1992.

Alle Unternehmen in Lettland unterliegen hierin der Pflicht zur Rechnungs- und Buchführung. Unternehmen, deren jährlicher Gewinn 2.000 Mindestlöhne überschreitet, sind zur doppelten Buchführung verpflichtet. Generell müssen die Bücher in der lettischen Währung und der lettischen Sprache geführt werden. Ist ein ausländischer Partner beteiligt, können zusätzlich andere Sprachen verwendet werden.

Der Jahresabschluß muß die Bilanz, die Gewinn- und Verlustrechnung, einen Lagebericht und einen Erläuterungsteil, der erklärt, wie die Bewertung der einzelnen Posten vollzogen wurde, enthalten, sowie die Berechnung der Abschreibung und Amortisation. Die Struktur und der Inhalt des Jahresabschlusses wird im „Gesetz über Buchführung" und im Gesetz „Über Jahresberichte der Unternehmen" vorgeschrieben.

Ein neu gegründetes Unternehmen hat eine Eröffnungsbilanz zu erstellen, in der es sein Vermögen auf der Grundlage einer Inventur auflistet und bewertet.

Das Wirtschaftsjahr sollte 12 Monate betragen und mit dem Kalenderjahr übereinstimmen. Das erste Wirtschaftsjahr kann kürzer oder länger sein, jedoch 18 Monate nicht überschreiten.

In Lettland wird ausschließlich die lineare Abschreibungsmethode angewandt. Für geringwertige Wirtschaftsgüter existiert keine abweichende Regelung.

C. Formalien der externen Rechnungslegung

I. Teile der externen Rechnungslegung

Teile	D	LV	PL	SLO	RF
Bilanz	ja	ja	ja	ja	ja
GuV	ja	ja	ja	ja	ja
Anhang	ja	ja	–	ja	–
Lagebericht	ja	ja	–	ja	–
schriftlicher Bericht	–	–	ja	–	ja
cash-flow Rechnung	–	–	–	ja	–

Der sogenannte schriftliche Bericht in Polen ist gleichsam als Zusammenfassung des deutschen Anhanges und Lageberichtes zu verstehen, auch wenn er nicht so umfangreiche Pflichtangaben erfordert. Vergleichbare Vorschriften gelten für Rußland.

Die cash-flow Rechnung muß nach den slowenischen Vorschriften nur von prüfungspflichtigen Unternehmen aufgestellt werden, d.h. also von großen und mittelgroßen Aktiengesellschaften, großen GmbHs, verbundenen Unternehmen und börsennotierten Unternehmen.

Eine Gewinn- und Verlustrechnung im Sinne der deutschen Rechnungslegungsvorschriften gibt es in Rußland nicht. Die russische Steuerverwaltung verlangt im Detail einen Nachweis der Aufwandsarten, da diese durch Instruktionen stark in der steuerlichen Anerkennung eingeschränkt sind. Alle über einem Limit liegenden Kosten unterliegen der 38 %-igen Gewinnsteuer. Die GuV ist im weitesten Sinne mit dem Umsatzkostenverfahren zu vergleichen. Der Kontenrahmen der Finanzbuchhaltung bildet gleichzeitig die Kostenrechnung ab. Dabei erfolgt eine Trennung zwischen direkten, einzelnen Produkten zurechenbaren, und indirekten Kosten innerhalb des Kontenrahmens.

II. Gliederung von Bilanz und Gewinn- und Verlustrechnung

1. Gliederung der Bilanz

Lettland

Die Gliederung stimmt weitgehend mit der deutschen überein. Die Bilanz ist folgendermaßen gegliedert (dabei sind die fett gedruckten Bilanzposten zusätzliche Posten, die in der deutschen Bilanz nicht vorkommen bzw. anders zugeordnet werden):

AKTIVA	PASSIVA
A. Anlagevermögen I. Immaterielle Vermögensgegenstände **1. Forschungs- und Entwicklungskosten** 2. Konzessionen, Patente, Lizenzen, gewerbliche Schutzrechte und ähnliche Rechte 3. Geschäftswert 4. geleistete Anzahlungen II. Sachanlagen 1. Grundstücke, Bauten und langfristige Anlagen 2. technische Anlagen und Maschinen 3. andere Anlagen, Betriebs- und Geschäftsausstattung 4. geleistete Anzahlungen und Anlagen im Bau	*A. Eigenkapital* 1. Gezeichnetes Kapital 2. Agio 3. Neubewertungsrücklagen 4. Rücklagen a) Gesetzliche Rücklagen b) Rücklage für eigene Aktien oder Anteile c) Satzungsabhängige Rücklagen d) Sonstige Rücklagen 5. Ergebnisvortrag a) Vortrag aus früheren Jahren b) Vortrag aus dem Ergebnis des laufenden Jahres
III. Langfristige Finanzanlagen 1. Anteile an Tochterunternehmen 2. Ausleihungen an Tochterunternehmen 3. Beteiligungen an sonstigen verbundenen Unternehmen 4. Ausleihungen an verbundene Unternehmen 5. sonstige Wertpapiere 6. sonstige Ausleihungen **7. eigene Aktien oder Anteile** **8. Darlehen an Gesellschafter und Geschäftsleitung**	*B. Rückstellungen* 1. Rückstellungen für Altersversorgung und ähnliche Verpflichtungen 2. Rückstellungen für Steuern und Patente 3. Sonstige Rückstellungen
B. Umlaufvermögen I. Vorräte 1. Roh-, Hilfs- und Betriebsstoffe 2. unfertige Erzeugnisse 3. fertige Erzeugnisse und Waren **4. in Arbeit befindliche Aufträge**	*C. Verbindlichkeiten (kurz- und langfristig)* 1. Schuldverschreibungsanleihen 2. Wandelschuldverschreibungen in Aktien 3. Verbindlichkeiten gegenüber Kreditinstituten

5. geleistete Anzahlungen
6. Arbeits- und produktive Tiere

II. Forderungen
1. Forderungen aus Lieferungen und Leistungen
2. Forderungen gegen Tochterunternehmen
3. Forderungen gegen sonstige verbundene Unternehmen
4. sonstige Forderungen
5. Forderungen auf Einzahlung von Gesellschaftskapital
6. kurzfristige Darlehen an Gesellschafter und Geschäftsleitung
7. Ausgaben für zukünftige Handlungen

III. Wertpapiere und Kapitalanteile
1. Anteile an Tochterunternehmen
2. eigene Anteile
3. sonstige Wertpapiere und Kapitalanteile

IV. Flüssige Mittel

4. Erhaltene Anzahlungen auf Bestellungen
5. Verbindlichkeiten aus Lieferungen und Leistungen
6. Wechselverbindlichkeiten
7. Verbindlichkeiten gegenüber Tochterunternehmen
8. Verbindlichkeiten gegenüber assoziierten Unternehmen
9. Körperschaftsteuer
10. Sonstige Verbindlichkeiten darunter Steuern und Sozialbeiträge
11. Rechnungsabgrenzungsposten
12. Dividende für das Geschäftsjahr
13. Nicht ausbezahlte Dividende aus früheren Jahren

Im Passivposten „Agio“ ist die positive oder negative Differenz zum Nominalwert auszuweisen, die sich aus dem Verkauf von Anteilen oder Aktien ergibt.

Für Wertberichtigungen für das Anlagevermögen, die sich eventuell durch eine Inflation am Ende eines Wirtschaftsjahres ergeben, müssen im Eigenkapital Neubewertungsrücklagen gebildet werden. Diese Rücklagen dürfen nicht ausgeschüttet werden. Im Anhang sind die Umbewertungen in folgenden Punkten zu erläutern:
- Umbewertungsreserve am Jahresanfang
- Vergrößerung der Umbewertungsreserve im Geschäftsjahr
- von der Reserve entnommene Summen (z. B. durch Verkäufe)
- Summe der Umbewertungsreserve am Jahresende

Weiterhin sind im Anhang Informationen über die Bewertungsmethoden der verschiedenen Posten im Jahresbericht sowie die Wertminderungs- und Wertabschreibungsmethoden zu erläutern.

Polen

Die Gliederung der polnischen Bilanz muß gemäß der Buchführungsverordnung vom 29. September 1994 nach folgendem Muster erfolgen:

AKTIVA	PASSIVA
A. Anlagevermögen	*A. Kapital*
I. Immaterielle Vermögensgegenstände	I. Grundkapital
1. Aufwendungen für die Ingangsetzung des Geschäftsbetriebs oder die Kapitalerhöhung in einer AG	II. Eingefordertes aber noch nicht eingezahltes Kapital
2. Entwicklungskosten	III. Zusätzliches Kapital
3. Geschäfts- und Firmenwert	1. Agio
4. Sonstige Immaterielle Vermögensgegenstände	2. Satzungsmäßiges Kapital
5. Geleistete Anzahlungen auf immaterielle Vermögensgegenstände	3. Bereitgestelltes Kapital aus den Artikeln oder dem Vertrag
	4. Kapital aus Zuzahlungen der Gesellschafter
II. Sachanlagen	5. Sonstiges Kapital
1. Grundstücke	
2. Gebäude und Bauten	IV. Neubewertungsrücklage
3. Technische Anlagen und Maschinen	V. Sonstige Rücklagen
4. Transportmittel	
5. Sonstige	VI. Gewinn-/Verlustvortrag
6. Anlagen im Bau	
7. geleistete Anzahlungen auf Anlagen im Bau	VII. Gewinn/Verlust nach Steuern für das Geschäftsjahr
	1. Gewinn nach Steuern
III. Finanzanlagen	2. Verlust nach Steuern
1. Beteiligungen	3. Gewinn-/Verlustverwendung
2. Wertpapiere des Anlagevermögens	
3. Langfristige Ausleihungen	
4. Sonstige Finanzanlagen	*B. Rückstellungen*
	1. CIT oder PIT
IV. Langfristige Schuldner	2. Sonstige Rückstellungen
B. Umlaufvermögen	*C. Langfristige Verbindlichkeiten*
I. Vorräte	1. Langfristige Darlehen, Anleihen und andere Wertpapiere
1. Materialien	
2. Halbfertige Erzeugnisse und unfertige Leistungen	2. Langfristige Bankkredite
	3. Sonstige langfristige Kredite

3. Fertige Erzeugnisse
4. Waren
5. Geleistete Anzahlungen

II. Forderungen
1. Forderungen aus Lieferungen und Leistungen
2. Forderungen aus Steuern, Zuschüssen und Sozialversicherung
3. Innerbetriebliche Forderungen
4. Sonstige Forderungen
5. Strittige Forderungen

III. Wertpapiere
1. Eigene Anteile
2. Sonstige Wertpapiere

IV. Geldmittel
1. Kassenbestand
2. Guthaben bei Banken
3. Sonstige Geldmittel

C. Rechnungsabgrenzungsposten
1. Vorausbezahlte Aufwendungen
2. Sonstige

D. Kurzfristige Verbindlichkeiten und Sonderfonds
I. Kurzfristige Kredite
1. Darlehen, Ausleihungen und Wertpapiere
2. Bankkredite
3. Erhaltene Anzahlungen
4. Verbindlichkeiten aus Lieferungen und Leistungen
5. Wechselverbindlichkeiten
6. Steuern, Zölle und Sozialabgaben
7. Personalverbindlichkeiten
8. Verbindlichkeiten gegenüber verbundenen Unternehmen
9. Sonstige kurzfristige Verbindlichkeiten

II. Sonderfonds

E. Rechnungsabgrenzungsposten
1. Passive Rechnungsabgrenzung
2. Vereinnahmte, aber noch nicht verdiente Erträge

Rußland

Für Rußland gilt folgende Bilanzgliederung:

AKTIVA	PASSIVA
1. Sachanlagevermögen und andere langfristige Aktiva	**1. Quellen der Eigenmittel**
immaterielle Wirtschaftsgüter:	Statutenfonds (gezeichnetes Kapital)
Anschaffungs- und Herstellungskosten	Reservefonds
kumulierte Abschreibungen	gezielte Sonderfonds
Restwert	spezielle Finanzierung und Einkünfte
Sachanlagevermögen:	Miet- und Pachtforderungen
Anschaffungs- und Herstellungskosten	Zahlungsverkehr mit Gründern
kumulierte Abschreibungen	Gewinnvortrag
	Gewinn:
	Gewinn des laufenden Wirtschaftsjahres

Restwert unbenutzte Maschinen und BGA
sonstige Sachanlagen
langfristige Finanzanlagen
Zahlungsverkehr mit Gründern (Aktionären)
bzgl. Sacheinlagen
sonstige langfristige Aktiva

Zwischensumme 1

2. Vorräte und Ausgaben

Vorräte
Mastvieh
geringwertige Wirtschaftsgüter:
Anschaffungs- und Herstellungskosten
kumulierte Abschreibungen
Restwert
unfertige Erzeugnisse
Ausgaben der künftigen Perioden
Fertigerzeugnisse
Waren:
Verkaufspreis
Gewinnmarge
Einkaufspreis
Vertriebskosten

Zwischensumme 2

3. Geldmittel, Zahlungsverkehr und sonstige Aktiva

Zahlungsverkehr mit Debitoren:
für Waren, Arbeiten und Dienstleistungen
bzgl. erhaltener Wechsel
mit Tochtergesellschaften
Verbindlichkeiten gegenüber Finanzbehörden
mit Arbeitnehmern
mit sonstigen Debitoren
geleistete Vorauszahlungen
kurzfristige Finanzanlagen

Gewinnverwendung nicht verteilter Gewinn des laufenden Wirtschaftsjahres

Zwischensumme 1

2. Langfristige Passiva

langfristige Bankkredite
langfristige Darlehen

Zwischensumme 2

3. Verbindlichkeiten und sonstige Passiva

kurzfristige Bankkredite
Bankkredite für Arbeitnehmer
kurzfristige Darlehen
Zahlungsverkehr mit Kreditoren:
für Waren, Arbeiten und Dienstleistungen
bzgl. erhaltener Wechsel
Löhne und Gehälter
Sozialversicherungsabgaben
Lebens- und Sachversicherung
mit Tochtergesellschaften
außerordentliche Zahlungen
Verbindlichkeiten gegenüber Finanzbehörden
mit sonstigen Kreditoren
erhaltene Vorauszahlungen
Einkünfte der künftigen Perioden
Reserven für bevorstehende Ausgaben
Reserven für zweifelhafte Forderungen
sonstige kurzfristige Passiva

Zwischensumme 3

Geldmittel:	
Kasse	
Bank	
Devisenguthaben	
sonstige Geldmittel	
sonstige Aktiva	
Zwischensumme 3	
Verluste:	
Verlustvortrag	
Verlust des laufenden Wirtschaftsjahres	
Bilanzsumme	**Bilanzsumme**

Slowenien

Die Gliederung der Bilanz gemäß dem slowenischen Rechnungswesenstandard 24 hat nach folgendem Muster zu erfolgen.

Bei kleinen Gesellschaften, die nicht in den Konsolidierungskreis einbezogen werden, kann eine verkürzte Bilanz unter Anwendung der Posten, die mit Buchstaben und römischen Ziffern versehen sind, aufgestellt werden.

Bei mittleren Gesellschaften, kann als Größenerleichterung eine verkürzte Bilanz unter Anwendung der Bilanzposten, die mit Buchstaben und römischen Ziffern und beim Anlagevermögen und den Vorräten auch mit arabischen Ziffern versehen sind, ausgewiesen werden.

Das nachfolgende Schema ist für die großen Gesellschaften anzuwenden.

AKTIVA	PASSIVA
A. Anlagevermögen	*A. Eigenkapital*
I. Immaterielle Vermögensgegenstände	I. Gezeichnetes Kapital
1. Langfristige Organisationskosten	II. Eingezahlter Überschuß über das gezeichnete Kapital (Agio oder Aufgeld)
2. Langfristige Entwicklungskosten	
3. Konzessionen, Patente, Lizenzen, Warenzeichen und ähnliche Rechte	III. Rücklagen
4. Geschäfts- oder Firmenwert	1. Gesetzliche Rücklagen
5. Andere langfristig abgegrenzte Posten	2. Satzungsmäßige Rücklagen
	3. Andere Rücklagen
6. Geleistete Anzahlungen auf immaterielle Vermögensgegenstände	IV. Gewinn- oder Verlustvortrag
II. Sachanlagen	V. Kapitalberichtigung aufgrund von

1. Grund und Boden
2. Gebäude
3. Maschinen
4. Betriebs- und Geschäftsausstattung
5. Arbeits- und produktive Tiere
6. Mehrjährige Anpflanzungen
7. Anlagen in Bau
8. geleistete Anzahlungen auf Sachanlagen

III. Langfristige Finanzanlagen
1. Anteile an verbundenen Unternehmen
2. Beteiligungen
3. Andere Aktien und Anteile
4. Langfristige Ausleihungen an verbundene Unternehmen
5. Langfristige Ausleihungen an Unternehmen, mit denen ein Beteiligungsverhältnis besteht
6. Andere langfristige Darlehen
7. Langfristige Depositen

IV. Kapitalberichtigungsposten
1. Eigene Anteile
2. Ausstehende Einlagen

B. Umlaufvermögen
I. Vorräte
1. Material
2. Unfertige Erzeugnisse
3. Fertige Erzeugnisse
4. Handelswaren
5. Anzahlungen auf Vorräte

II. Langfristige Forderungen aus der Geschäftstätigkeit
1. Langfristige Forderungen gegen verbundene Unternehmen
2. Langfristige Forderungen gegenüber Unternehmen, mit denen ein Beteiligungsverhältnis besteht
3. Andere langfristige Forderungen aus Lieferungen und Leistungen

Inflationsaufwertung (Revalorisierung)
1. Berichtigung des gezeichneten Kapitals aufgrund von Inflationsaufwertung
2. Berichtigung des Agios aufgrund von Inflationsaufwertung
3. Berichtigung der Rücklagen aufgrund von Inflationsaufwertung
4. Berichtigung des Gewinn- oder Verlustvortrages aufgrund von Inflationsaufwertung

VI. Unverteilter Reingewinn oder -verlust des Geschäftsjahrs

B. Langfristige Rückstellungen
1. Langfristige Rückstellungen für große Reparaturen
2. Langfristige Gewährleistungsrückstellungen
3. Langfristige Rückstellungen für drohende Verluste
4. Langfristige Pensionsrückstellungen
5. Langfristige Rückstellungen für erhaltene Subventionen in Verbindung mit Sachanlagen
6. Andere langfristige Rückstellungen

C. Langfristige Verbindlichkeiten aus Finanzgeschäften
1. Langfristige Darlehen von verbundenen Unternehmen
2. Langfristige Darlehen von Unternehmen, mit denen ein Beteiligungsverhältnis besteht
3. Langfristige Darlehen von Kreditinstituten
4. Andere langfristige Darlehen

D. Langfristige Verbindlichkeiten aus der Geschäftstätigkeit
1. Langfristige Kredite von verbundenen Unternehmen

4. Langfristige Kautionen

III. Kurzfristige Forderungen aus der Geschäftstätigkeit
1. Kurzfristige Forderungen gegenüber verbundenen Unternehmen
2. Kurzfristige Forderungen gegenüber Unternehmen, mit denen ein Beteiligungsverhältnis besteht
3. Andere kurzfristige Forderungen aus Lieferungen und Leistungen
4. Kurzfristige Forderungen aus ausstehenden Einlagen
5. Andere kurzfristige Forderungen
6. Kurzfristige Kautionen

IV. Kurzfristige Finanzanlagen
1. Zur Veräußerung angekaufte Aktien und Anteile an verbundenen Unternehmen
2. Zur Veräußerung angekaufte Aktien und Anteile an Unternehmen, mit denen ein Beteiligungsverhältnis besteht
3. Zur Veräußerung angekaufte andere Aktien und Anteile
4. Kurzfristige gewährte Kredite an verbundene Unternehmen
5. Kurzfristig gewährte Kredite an Unternehmen, mit denen ein Beteiligungsverhältnis besteht
6. Andere kurzfristig gewährte Kredite
7. Zur Veräußerung gekaufte Wertpapiere

V. Flüssige Mittel
1. Kassenbestand und Schecks
2. Guthaben bei Kreditinstituten

VI. Aktive Rechnungsabgrenzungsposten
1. Kurzfristig abgegrenzte Kosten und Aufwendungen
2. Im voraus verrechnete Erträge

2. Langfristige Kredite von Unternehmen, mit denen ein Beteiligungsverhältnis besteht
3. Langfristige Kredite von Kreditinstituten
4. Andere langfristige Kredite
5. Andere langfristige Verbindlichkeiten

E. Kurzfristige Verbindlichkeiten aus der Finanzierung
1. Kurzfristige Darlehen von verbundenen Unternehmen
2. Kurzfristige Darlehen von Unternehmen, mit denen ein Beteiligungsverhältnis besteht
3. Kurzfristige Darlehen von Kreditinstituten
4. Andere kurzfristige Darlehen
5. Kurzfristig ausgegebene Wertpapiere

F. Kurzfristige Verbindlichkeiten aus der Geschäftstätigkeit
1. Kurzfristige Verbindlichkeiten gegenüber verbundenen Unternehmen aus Lieferungen und Leistungen
2. Kurzfristige Verbindlichkeiten gegenüber Unternehmen, mit denen ein Beteiligungsverhältnis besteht
3. Kurzfristige Verbindlichkeiten aus anderen Lieferungen und Leistungen
4. Kurzfristige Verbindlichkeiten gegenüber Beschäftigten
5. Kurzfristige Verbindlichkeiten gegenüber dem Staat
6. Kurzfristige Verbindlichkeiten aus erhaltenen Anzahlungen
7. Andere kurzfristige Verbindlichkeiten

G. Passive Rechnungsabgrenzungsposten
1. Kurzfristig abgegrenzte Erträge
2. Kurzfristig im voraus verrechnete Kosten und Aufwendungen

2. Gliederung der Gewinn- und Verlustrechnung

Lettland

Die Gewinn- und Verlustrechnung ist in Staffelform nach dem Gesamtkostenverfahren oder dem Umsatzkostenverfahren aufzustellen.

A) Gesamtkostenverfahren

1. Nettoumsatz
2. Erhöhung oder Verminderung des Bestandes an fertigen und unfertigen Erzeugnissen
3. Andere aktivierte Eigenleistungen
4. Sonstige betriebliche Erträge
5. Materialaufwand
   a) Aufwendungen für Roh-, Hilfs- und Betriebsstoffe
   b) Aufwendungen für bezogene Leistungen
6. Personalaufwand
   a) Löhne und Gehälter
   b) Aufwendungen für Altersversorgung
   c) sonstige soziale Aufwendungen
7. Abschreibungen
   a) auf immaterielle Vermögensgegenstände des Anlagevermögens und Sachanlagen
   b) auf Vermögensgegenstände des Umlaufvermögens, soweit diese die in der Kapitalgesellschaft üblichen Abschreibungen überschreiten
8. Sonstige betriebliche Aufwendungen
9. Erträge aus Beteiligungen an Tochterunternehmen und assoziierten Unternehmen
10. Erträge aus Wertpapieren und Ausleihungen des Finanzanlagevermögens
11. Sonstige Zinsen und ähnliche Erträge
12. Abschreibungen auf Finanzanlagen und auf Wertpapiere des Umlaufvermögens
13. Zinsen und ähnliche Aufwendungen
14. Ergebnis der gewöhnlichen Geschäftstätigkeit
15. Außerordentliche Erträge
16. Außerordentliche Aufwendungen
17. Außerordentliches Ergebnis
18. Steuern auf das Jahresergebnis

19. Sonstige Steuern
20. Jahresüberschuß/Jahresfehlbetrag

B) Umsatzkostenverfahren

1. Nettoumsatz
2. Herstellungskosten der zur Erzielung des Umsatzes erbrachten Leistungen
3. Bruttoergebnis vom Umsatz
4. Vertriebskosten
5. Verwaltungskosten
6. Sonstige betriebliche Erträge
7. Erträge aus Beteiligungen an Tochterunternehmen und assoziierten Unternehmen
8. Erträge aus Wertpapieren und Ausleihungen des Finanzanlagevermögens
9. Sonstige Zinsen und ähnliche Erträge
10. Abschreibungen auf Finanzanlagen und auf Wertpapiere des Umlaufvermögens
11. Zinsen und ähnliche Aufwendungen
12. Ergebnis der gewöhnlichen Geschäftstätigkeit
13. Außerordentliche Erträge
14. Außerordentliche Aufwendungen
15. Außerordentliches Ergebnis
16. Steuern auf das Ergebnis des Jahres
17. Sonstige Steuern
18. Jahresüberschuß/Jahresfehlbetrag

Die Gewinn- und Verlustrechnung nach dem Gesamtkosten- und nach dem Umsatzkostenverfahren entsprechen vollständig der deutschen Form. Bei den Unternehmen, die zwei der folgenden Kriterien nicht überschreiten, können folgende Posten zusammengezogen werden:

Bruttoertrag/Bruttoverlust	Posten 1 bis 5	Gesamtkostenverfahren
	Posten 1 bis 3 und 6	Umsatzkostenverfahren
Kriterien:	1. Bilanzsumme: 1,5 Mio ECU	
	2. Umsatzerlöse: 3,5 Mio ECU	
	3. Im Jahresdurchschnitt 250 Arbeitnehmer.	

Polen

Die Gliederung der polnischen Gewinn- und Verlustrechnung ist gemäß der Buchführungsverordnung vom 29. September 1994 nach folgendem Muster vorgeschrieben. Dabei kann zwischen dem Gesamtkosten- und dem Umsatzkostenverfahren gewählt werden.

A) Gesamtkostenverfahren

A. Umsatzerlöse und gleichwertige Erlöse
  I. Umsatzerlöse aus Fertigprodukten
  II. Erhöhung oder Verminderung des Bestands an fertigen und unfertigen Erzeugnissen
  III. Erlöse aus Warenverkauf und Rohstoffen
B. Betriebsaufwendungen
  I. Aufwendungen für verkaufte Waren und Rohstoffe
  II. Material und Betriebsstoffe
  III. Bezogene Leistungen
  IV. Steuern und Abgaben
  V. Personalaufwendungen
  VI. Personalzuwendungen
  VII. Abschreibungen
  VIII. Sonstige
C. Bruttogewinn/-verlust (A–B)
D. Sonstige betriebliche Erträge
  I. Erträge aus dem Abgang von Gegenständen des Anlagevermögens
  II. Zuschüsse
  III. Sonstige
E. Sonstige betriebliche Aufwendungen
  I. Verlust aus dem Abgang von Gegenständen des Anlagevermögens
  II. Sonstige
F. Betriebsergebnis (C+D–E)
G. Finanzerträge
  I. Erhaltene Dividenden
  II. Zinserträge
  III. Sonstige
H. Finanzaufwendungen
  I. Wertberichtigungen auf Finanzanlagen und kurzfristige Wertpapiere
  II. Zinsaufwendungen
  III. Sonstige
I. Gewinn/Verlust aus gewöhnlicher Tätigkeit vor Steuern (F+G–H)
J. Außerordentliche Erträge
K. Außerordentliche Aufwendungen
L. Gewinn vor Steuern (I+J–K)
M. Pflichtmäßige Gewinnverringerung

I. Körperschaft- oder Einkommensteuer
II. Sonstige obligatorische Aufwendungen
N. Gewinn/Verlust nach Steuern (L–M)

B) Umsatzkostenverfahren
A. Umsatzerlöse aus Warenverkauf und fertigen Erzeugnissen
I. Erlöse aus Warenverkauf und Rohstoffen
II. Umsatzerlöse aus fertigen Erzeugnissen
B. Aufwendungen für verkaufte Waren und fertige Erzeugnisse
I. Aufwendungen für verkaufte Waren und Rohstoffe
II. Aufwendungen für verkaufte Fertigprodukte
C. Bruttogewinn/-verlust (A–B)
D. Vertriebskosten
E. Allgemeine Verwaltungskosten
F. Betriebsergebnis (C–D–E)
G. Sonstige betriebliche Erträge
I. Erträge aus dem Abgang von Gegenständen des Anlagevermögens
II. Zuschüsse
III. Sonstige
H. Sonstige betriebliche Aufwendungen
I. Verlust aus dem Abgang von Gegenständen des Anlagevermögens
II. Sonstige
I. Gewinn/Verlust aus gewöhnlicher Tätigkeit vor Steuern (F+G–H)
J. Finanzerträge
I. Erhaltene Dividenden
II. Zinserträge
III. Sonstige
K. Finanzaufwendungen
I. Wertberichtigungen auf Finanzanlagen und kurzfristige Wertpapiere
II. Zinsaufwendungen
III. Sonstige
L. Gewinn vor Steuern (I+J–K)
M. Außerordentliche Erträge
N. Außerordentliche Aufwendungen
O. Gewinn vor Steuern
P. Pflichtmäßige Gewinnverringerung
I. Körperschaft- oder Einkommensteuer
II. Sonstige obligatorische Aufwendungen
R. Gewinn/Verlust nach Steuern (L–M)

Rußland

Gemäß den oben ausgeführten Anmerkungen kann in Rußland nicht direkt von einer Gewinn- und Verlustrechnung gesprochen werden. Das Residuum weist folgende Form auf:

	Einnahmen	**Ausgaben**
Bruttoeinnahmen		
Umsatzsteuer		
Verbrauchsteuer		
Aufwendungen für verkaufte Fertigprodukte, Waren und Dienstleistungen		
Ergebnis des Verkaufs		
Außerordentliche Einnahmen und Ausgaben		
Bilanzgewinn/-verlust		

Slowenien

Die Gliederung der Gewinn- und Verlustrechnung gemäß dem slowenischen Rechnungswesenstandard 25 hat nach folgendem Muster zu erfolgen. Die Unternehmen können dabei zwischen den folgenden drei Gliederungsschemata wählen:

Gliederung 1: Umsatzkostenverfahren

A. Umsatzerlöse
./. B. Anschaffungs- bzw. Herstellungskosten der verkauften Mengen
= C. Bruttogewinn aus dem Umsatz
./. D. Vertriebskosten
./. E. Verwaltungskosten
\+ F. andere Erträge aus der Geschäftstätigkeit
= G. Gewinn oder Verlust aus der Geschäftstätigkeit
\+ H. Erträge aus Anteilen an verbundenen Unternehmen
\+ I. Erträge aus Anteilen an Unternehmen, mit denen ein Beteiligungsverhältnis besteht
\+ J. Erträge aus anderen Gewinnbeteiligungen
\+ K. Erträge aus Zinsen und andere Erträge aus Finanzgeschäften
./. L. Abschreibungen auf lang- und kurzfristige Finanzanlagen
./. M. Zinsaufwendungen und andere Aufwendungen aus Finanzgeschäften
= N. Gewinn oder Verlust aus der gewöhnlichen Geschäftstätigkeit
\+ O. Außerordentliche Erträge (auch Erträge zur Deckung des Verlustvortrags aus früheren Geschäftsjahren)
./. P. Außerordentliche Aufwendungen (auch für den Ausgleich des Verlustvortrags aus früheren Geschäftsjahren)

= Q. Gesamtgewinn oder -verlust
./. R. Ertragsteuern
./. S. andere Steuern
= T. Reingewinn oder -verlust des Geschäftsjahrs

Gliederung 2: Gesamtkostenverfahren

A. Umsatzerlöse
+/- B. Wertänderungen der Vorräte an fertigen und unfertigen Erzeugnissen
\+ C. Wert der aktivierten Eigenleistungen
\+ D. Andere Erträge aus der Geschäftstätigkeit
./. E. Verbrauch an Gütern, Material und Dienstleistungen
1. Anschaffungskosten der verkauften Güter
2. Materialverbrauch
3. Dienstleistungsverbrauch

./. F. Arbeitskosten
1. Löhne und Gehälter
2. Aufwendungen für die soziale und Altersabsicherung

./. G. Abschreibungen auf immaterielle Vermögensgegenstände und Sachanlagen
./. H. Abschreibungen auf das Umlaufvermögen
./. I. Andere Aufwendungen aus der Geschäftstätigkeit
= J. Gewinn aus der Geschäftstätigkeit
\+ K. Erträge aus Anteilen an verbundenen Unternehmen
\+ L. Erträge aus Anteilen an Unternehmen, mit denen ein Beteiligungsverhältnis besteht
\+ M. Erträge aus anderen Gewinnbeteiligungen
\+ N. Zinserträge und andere Erträge aus Finanzgeschäften
./. O. Abschreibungen auf lang- und kurzfristige Finanzanlagen
./. P. Zinsaufwendungen und andere Aufwendungen aus der Geschäftstätigkeit
= Q. Gewinn aus der gewöhnlichen Geschäftstätigkeit
\+ R. Außerordentliche Erträge
./. S. Außerordentliche Aufwendungen
= T. Gesamtgewinn oder -verlust
./. U. Ertragsteuern
./. V. Andere Steuern
= W. Reingewinn oder -verlust aus dem Geschäftsjahr

Gliederung 3:
Kosten

A. Wertminderung der Vorräte an fertigen und unfertigen Erzeugnissen
B. Verbrauch an Gütern, Material und Dienstleistungen
1. Anschaffungskosten der verkauften Waren

2. Materialverbrauch
3. Verbrauch an Dienstleistungen

C. Arbeitskosten
1. Löhne und Gehälter
2. Aufwendungen für die soziale und Altersabsicherung

D. Abschreibungen auf immaterielle Vermögensgegenstände und Sachanlagen
E. Abschreibungen auf das Umlaufvermögen
F. Andere Aufwendungen aus der Geschäftstätigkeit
G. Zinsaufwendungen und andere Aufwendungen aus Finanzgeschäften
H. Außerordentliche Aufwendungen
I. Ertragsteuern
J. Andere Steuern
K. Reingewinn des Geschäftsjahrs

Erträge

L. Umsatzerlöse
M. Erhöhung des Werts der Vorräte an fertigen und unfertigen Erzeugnissen
N. Wert der aktivierten Eigenleistungen
O. Andere Erträge aus der Geschäftstätigkeit
P. Erträge aus Anteilen an verbundenen Unternehmen
Q. Erträge aus Unternehmen, mit denen ein Beteiligungsverhältnis besteht
R. Erträge aus anderen Gewinnbeteiligungen
S. Zinserträge und andere Erträge aus Finanzgeschäften
T. Außerordentliche Erträge
U. Reinverlust im Geschäftsjahr

III. Übrige Teile der Jahresberichterstattung

Polen

Der wirtschaftliche Bericht kann als Zusammenfassung des Anhangs und Lageberichts gesehen werden, obgleich sehr viel weniger Pflichtangaben gefordert sind. Auf jeden Fall aber müssen die Abschreibungen kumuliert angegeben werden, die kurzfristigen Forderungen und Verbindlichkeiten mit einer Restlaufzeit von unter einem Jahr sowie mögliche Verbindlichkeiten und andere außerbilanzielle finanzielle Verpflichtungen, wie z.B. abgegebene Garantien, diskontierte Wechsel.

Rußland

Jedes Unternehmen in Rußland ist verpflichtet, sowohl quartalweise als auch jährlich einen Abschluß zu erstellen. Für die Aufstellung von Abschlüssen wurden spezielle Formblätter entwickelt und vom Finanzministerium und GOSKOMSTAT genehmigt.

Der Jahresabschluß muß folgende Bestandteile enthalten:

– Bilanz (Form Nr. 1)

- Gewinn- und Verlustrechnung (Form Nr. 20)
- Bericht über Investitionen und Mittelherkunft der Fonds (Anlage zur Bilanz Nr. 1)
- Bericht über Gewinnverteilung (Anlage zur Bilanz Nr. 2)
- Eigenkapitalentwicklung (Form Nr. 3)
- Bericht über Unzulänglichkeiten wie Diebstahl oder Beschädigung von Beständen und anderen materiellen Werten (Form Nr. 4)
- Entwicklung der Fonds (Form Nr. 10)
- Entwicklung der Umsatzerlöse (Form Nr. 12)

Neben der Bilanz und den Einlagen zur Bilanz sind weitere zusätzliche Unterlagen für statistische Zwecke zu erstellen, die folgende Formblätter umfassen:
- Jährlicher Bericht über den Ausstoß (Form Nr. 1-n)
- Produktionskostenübersicht (Form Nr. 1-c)
- Übersicht über die Entwicklung der Arbeiterschaft (Form Nr. 2-t)

Für Joint-Ventures wird ein zusätzlicher Berichtssatz verlangt, der vierteljährlich bis zum jeweils 15. des Folgemonats bei den lokalen staatlichen Behörden einzureichen ist. Der Berichtssatz besteht aus folgenden Bestandteilen:
- Übersicht über die Produktion (Menge/Art)
- Übersicht über die Mitarbeiter (Anzahl/Gruppen/Löhne und Gehälter)
- Statistik über Umsatz und Einkauf spezifiziert nach Ländern und Produktgruppen

Slowenien

Im Anhang müssen die Bilanzierungs- und Bewertungsgrundsätze erläutert werden, die jeweiligen Bilanzposten erläutert werden sowie Informationen über die Geschäftstätigkeit von Auslandseinheiten des Unternehmens gegeben werden.

Der Lagebericht muß eine Einschätzung der Vermögens- und Finanzlage, Informationen über eigene Anteile des Unternehmens sowie über die zukünftige Entwicklung des Unternehmens enthalten.

Die Darstellung der Finanzflüsse erfolgt in Form einer cash-flow-Rechnung.

IV. Aufstellung, Prüfung, Feststellung und Offenlegung

Lettland

Im „Gesetz über die Buchführung" sind im Kapitel 10, § 62 die Bestimmungen über Wirtschaftsprüfung enthalten, die ihrem Inhalt nach mit den deutschen Bestimmungen im wesentlichen übereinstimmen. Alle Jahresabschlüsse unterliegen der Prüfungspflicht durch einen Wirtschaftsprüfer, wobei bei kleinen Unternehmen (Bilanzsumme 0,15 Mio ECU; Umsatzerlöse 0,3 Mio ECU und 25 Arbeitnehmer im Jahresdurchschnitt) diese Prüfung durch ein Prüfungskommitee durchgeführt werden kann. Spätestens einen Monat nach dem Bestätigungsvermerk und vier Monate nach Abschluß des Wirtschaftsjahres ist der geprüfte Jahresabschluß, der Lagebericht und der Prüfungsbericht bei einer staatlichen Finanzbehörde einzureichen.

Polen

Der Jahresabschluß muß innerhalb von drei Monaten nach Ende des Geschäftsjahres aufgestellt werden und ist durch alle Geschäftsführer bzw. Vorstände zu unterzeichnen.

Die Prüfungspflicht besteht für alle Aktiengesellschaften, GmbHs mit ausländischer Beteiligung, wenn Gewinne ins Ausland transferiert werden sollen, sowie alle übrigen GmbHs, soweit im vorhergehenden Geschäftsjahr zwei von drei Größenmerkmalen überschritten worden sind: Mitarbeiter >50 Personen, Bilanzsumme >1 Mio. ECU, Umsatz >3 Mio. ECU.

Die Feststellung muß durch die Gesellschafterversammlung bzw. Hauptversammlung erfolgen, innerhalb von fünf Monaten bei AGs und sechs Monaten bei GmbHs nach Ende des Geschäftsjahres.

Die Offenlegung beim Handelsregister muß dann innerhalb von zwei Wochen nach Feststellung erfolgen.

Slowenien

Nach dem Gesetz über die Wirtschaftsgesellschaften sind alle in diesem Gesetz aufgeführten Rechtsformen buchführungspflichtig, unabhängig von ihrer Größe, d.h. AG, GmbH, KG, KGaA, OHG, Einzelfirmen, verbundene Gesellschaften, Genossenschaften und stille Gesellschaften. Alle müssen auch einen Jahresabschluß erstellen.

Was die Abschlußprüfung betrifft, so müssen die folgenden Gesellschaften binnen sechs Monaten nach Ende des Geschäftsjahres ihre Abschlüsse von einer unabhängigen Wirtschaftsprüfungsgesellschaft prüfen lassen:
- große und mittlere Aktiengesellschaften,
- große Gesellschaften mit beschränkter Haftung,
- verbundene Gesellschaften und
- Gesellschaften, deren Wertpapiere an der Börse notiert werden.

Eine Publikationspflicht für Jahresabschlüsse wird durch das Gesetz über Wirtschaftsgesellschaften eingeführt. Alle Unternehmen, die ihre Jahresabschlüsse nach den neuen SRS erstellen, müssen diese der SDK zwei Monate nach Ablauf des Geschäftsjahrs vorlegen und sind dort für jedermann zugänglich (bei konsolidierten Abschlüssen 3 Monate, bei prüfungspflichtigen Unternehmen einen Monat nach Erhalt des Prüfungsberichts, spätestens jedoch 8 Monate nach Ablauf des Geschäftsjahres).

Rußland

Der Jahresabschluß ist bis zum 15. März des Folgejahres aufzustellen und unterliegt der Prüfungspflicht durch eine russische Wirtschaftsprüfungsgesellschaft.

Der Jahresabschluß und der Prüfungsbericht sind der Finanzbehörde einzureichen. Eine eigene „steuerliche Außenprüfung“ erfolgt nicht.

In der RF sind alle Unternehmen mit ausländischer Beteiligung prüfungspflichtig. In der DUMA gibt es jetzt erste Überlegungen, diese Prüfungspflicht schrittweise ab 1995 auf alle Unternehmen auszudehnen.

Rückwirkend für den Jahresabschluß 1994 werden alle Aktionärsgesellschaften offenen Typs (AG) mit mehr als 100 Aktionären prüfungspflichtig sowie Banken und Kreditinstitute, Versicherungsgesellschaften und Investitionsfonds. Ab 1995 werden alle wirtschaftlichen Subjekte mit einer Umsatzgröße von mehr als 500.000 mal dem staatlich festgelegtem Mindestlohn der Prüfungspflicht unterworfen, sowie alle Firmen, deren Aktiva zum 31. 12. 1995 größer als 200.000 mal dem Mindestlohn ist (Mindestlohn z.Z. 20.500 Rubel = 10 DM).

Der Jahresabschluß ist durch die Gesellschafterversammlung bis zur Abgabe an die entsprechende Finanzverwaltung festzustellen. Mit der Anerkennung des Jahresabschlusses durch die Steuerbehörde gilt das Geschäftsjahr als abgeschlossen. Eine Offenlegungspflicht gibt es noch nicht.

V. Verhältnis zu Steuerbilanz – Maßgeblichkeit

Lettland

Es gibt nach lettischem Recht keine Maßgeblichkeit der Handelsbilanz für die Steuerbilanz. Daraus resultiert, es gibt ebenfalls keine umgekehrte Maßgeblichkeit.

Polen

Es gilt in Polen das Maßgeblichkeitsprinzip, das jedoch von einigen Ausnahmen durchbrochen wird. So werden nur realisierte Kursdifferenzen sowie tatsächlich gezahlte Zinsen steuerlich anerkannt. Zinsaufwand, der zu einer Verbindlichkeitspostenbildung führte, darf nicht als Betriebsausgabe angesetzt werden. Die Bildung von Rückstellungen ist i.d.R. steuerlich nicht anerkennbar. Darüber hinaus gibt es noch einige Betriebsausgaben, die steuerlich nicht anerkannt werden, jedoch keiner Systematik folgen.

Slowenien

Die Steuerbilanz ist unabhängig von der Handelsbilanz und entfaltet daher auch keinen rückwärts gerichteten Einfluß.

Rußland

Eine Unterscheidung zwischen Handels- und Steuerbilanz gibt es im russischen Recht nicht. Der Jahresabschluß wird entsprechend der strengen Steuergesetzgebung erstellt.

D. Materieller Vergleich der externen Rechnungslegung

I. Bilanzierung dem Grund nach

Lettland

Die Bilanzierung entspricht vollständig der 4. EG-Richtlinie, obgleich dennoch Unterschiede zur deutschen Bilanzierung auftreten können, da die Richtlinie bei der Umsetzung und Interpretierung ins jeweilige Landesrecht Spielräume offenläßt.

Polen

Die Bilanzierung erfolgt gemäß den IAS und der 4. EG-Richtlinie. Durch den Umsetzungsspielraum treten teilweise wesentliche Unterschiede zur deutschen Bilanzierung auf. Hinzu kommt in diesen Ländern eine noch stark vorhandene Interpretationsunsicherheit bei der Anwendung der Richtlinien, da diese nicht detailliert genug umgesetzt wurden und auch Ausführungsbestimmungen fehlen.

Rußland

Auch die russische Rechnungslegungspraxis beruht auf kodifizierten Grundlagen. Bilanzkontinuität ist ausdrücklich gefordert. Vorschriften des Gläubigerschutzes waren in der Vergangenheit in der Sowjetunion entbehrlich und deswegen sind auch das Imparitätsprinzip und das Niederwertprinzip nicht bekannt bzw. nicht zulässig. Diese Bewertungsprinzipien werden aber zunehmend diskutiert und eine baldige Veränderung ist möglich.

Die Bildung von Rückstellungen ist auch unzulässig. Für später durchzuführende Gewährleistungsarbeiten wird ein Reservefonds aus dem Umsatz gebildet. Aufgrund der Anforderungen einer zentralen Planwirtschaft wurde in der russischen Buchhaltung ein Fonds-Management entwickelt, das im Westen völlig unbekannt ist. Es basiert auf dem Grundgedanken, daß einerseits nur Mittel verwendet werden können, die in einem Fonds angesammelt wurden und andererseits die Mittelherkunft bei der Verwendung von Mitteln genau dokumentiert werden muß.

Die Umsatzrealisierung erfolgt zum Zeitpunkt des Zahlungseingangs. Aufwendungen hingegen werden schon zum Zeitpunkt des Rechnungseingangs erfaßt. Damit ist eine periodengerechte Erfolgsermittlung nicht möglich.

II. Bilanzierung der Höhe nach

1. Wertbegriff

Lettland

Die Wertbegriffe werden entsprechend der deutschen Interpretation und gemäß § 255 HGB für die lettische Rechnungslegung ausgelegt.

Polen

Die Bewertung erfolgt grundsätzlich nach der 4. EG-Richtlinie. Bei der Umsetzung in das nationale Recht läßt jedoch ein Gestaltungsspielraum Unterschiede zum deutschen Wertansatz in einigen Fällen auftreten.

Slowenien

Die Herstellungskosten entsprechen den Einzelkosten zuzüglich des Teils der Gemeinkosten, welcher der Herstellung zugeordnet werden kann. Ein Aktivierungswahlrecht besteht für Fremdkapitalzinsen (für bspw. Fertigungsanlagen), die im Zusammenhang mit der Herstellung stehen. Eine jährliche Inflationsaufwertung mit dem Einzelhandelspreisindex ist Pflicht. Es gilt das strenge Niederstwertprinzip auch beim Anlagevermögen.

Rußland

Es gibt in den jeweiligen Verordnungen des Finanzministeriums Vorschriften zur Bewertung des Anlagevermögens. Das Umlaufvermögen wird grundsätzlich zu Herstellung- und Anschaffungskosten bewertet. Die Zusammensetzung der Kosten ist eindeutig und verbindlich vorgeschrieben und läßt kaum Bewertungsspielräume zu.

2. Bewertungsprinzipien

Lettland

Die Bewertungsprinzipien wurden entsprechend § 252 HGB vollständig übernommen.

Möglichkeiten von Wertberichtigungen auf das Umlaufvermögen:

Pauschalwertberichtigungen auf Forderungen sind grundsätzlich nur bei Konkurs des Schuldners möglich, wenn das Gericht eine Zahlungsunfähigkeit bescheinigt. Sie sind nicht als Betriebsausgaben steuerlich verwertbar. Nachträgliche Zahlungseingänge sind hingegen als neuer Ertrag zusätzlich zu versteuern.

Wertberichtigungen auf Vorräte sind zulässig, soweit sie nachweisbar sind. Wie die Nachweiserbringung zu erfolgen hat, ist jedoch nicht eindeutig geregelt. Die Wertberichtigung ist aus dem unversteuertem Gewinn zu bilden.

Möglichkeit der Bildung von Rückstellungen:

Rückstellungen werden nur für sogenannte „Kosten" des vergangenen Wirtschaftsjahres anerkannt und sind aus dem unversteuerten Ergebnis zu bilden.

Polen

Das Anlagevermögen, einschließlich immaterieller Vermögensgegenstände, ist in der Bilanz mit den Anschaffungs- bzw. Herstellungskosten abzüglich Abschreibungen anzusetzen. Die Abschreibung für Abnutzung des Anlagevermögens erfolgt grundsätzlich linear. Wegen der Inflation werden die Buchwerte des Sachvermögens zum ersten Tag des neuen Wirtschaftsjahres aufgestockt. Die Aufstokkungssätze werden vom Finanzministerium vorgegeben. Vorräte sind nach dem Niederstwertprinzip zu bewerten. Verwaltungs- und Vertriebskosten dürfen nicht aktiviert werden. Eine Rückstellungsbildung ist handelsrechtlich sehr erschwert und steuerlich nicht anerkannt.

Slowenien

Für die Rechnungslegung schreiben die SRS als Grundsätze das Going-Concern-Prinzip, die Stetigkeit, das Realisationsprinzip, das Vorsichtsprinzip, den Grundsatz der Einzelbewertung, den Grundsatz „Inhalt geht vor Form“, den Grundsatz der Wesentlichkeit und den Grundsatz der doppelten Buchführung vor.

Rußland

Bewertungsprinzipien nach westlicher Auffassung sind aufgrund des Fehlens einer Handelsbilanz im Landesrecht nicht kodifiziert.

E. Ausgewählte Aspekte der externen Rechnungslegung

Lettland

Forschungs- und Entwicklungskosten dürfen in Lettland im Gegensatz zur deutschen Rechnungslegung grundsätzlich aktiviert werden.

Es erfolgt ein gesonderter Ausweis kurzfristiger und langfristiger sowie strittiger und zweifelhafter Forderungen. Pauschal- und Einzelwertberichtigungen sind zulässig.

Eine getrennt definierte Konzernrechnungslegung gibt es in Lettland nicht. Es handelt sich um ein sogenanntes Tochterunternehmen, wenn der Anteil der Muttergesellschaft die 50 %-Grenze überschreitet und das Mutterunternehmen gleichzeitig die Mehrheit der Stimmrechte hält. In Deutschland würde es sich um ein verbundenes Unternehmen handeln. Ein verbundenes Unternehmen nach lettischem Recht hingegen liegt vor, wenn der Anteil 25–50 % beträgt und keine Stimmenmehrheit besteht. In Deutschland würden wir in diesem Fall von einem (wesentlichen) Beteiligungsverhältnis sprechen.

Polen

Die Möglichkeiten der Rückstellungsbildung oder Wertberichtigung auf Forderungen sind, wie oben schon ausgeführt, sehr begrenzt.

Die Bewirtungs- und Werbungskosten (außer Reklame in öffentlichen Medien) werden nur bis zur Höhe von 0,25 % des Umsatzes als steuerlich abzugsfähige Ausgaben anerkannt.

Die handelsrechtlichen und steuerlichen Werte bei den betrieblich genutzten Personenkraftwagen klaffen i.d.R. auseinander, da für die Berechnung der Abschreibungen maximal ein Anschaffungswert von 10.000 ECU steuerlich anerkannt wird. Die Restriktion gilt auch für die Nebenkosten, wie z.B. die Versicherungsprämie.

Slowenien

Es erfolgt ein gesonderter Ausweis kurzfristiger und langfristiger, strittiger und zweifelhafter Forderungen. Pauschal- und Einzelwertberichtigungen sind zulässig.

Es erfolgt ein gesonderter Ausweis der Inflationsaufwertungsrücklagen. Außerdem ist bei jedem Bilanzposten die Inflationsaufwertung gesondert auszuweisen.

Rußland

Aus den damaligen Anforderungen der zentralen Planwirtschaft hat sich in der Buchhaltung ein Fond-Management entwickelt, das im Westen völlig unbekannt ist. Es basiert darauf, daß nur Mittel verwendet werden können, die in einem Fond angesammelt wurden und die Mittelherkunft bei der Verwendung von Mitteln genau dokumentiert werden muß. Es existieren dabei folgenden Fonds:

Statutenfond:

Bildung durch Einlagen der Partner in Gemeinschaftsunternehmen,
Erhöhung durch Gesellschaftereinlagen oder Umgliederung von nicht ausgeschütteten Gewinnen

Sozialfond:

Vorsorgen für Prämien für Arbeitnehmer,
kulturelle Zwecke,
Pensionsrückstellungen

Reservefond für bevorstehenden Ausgaben:

Rückstellungscharakter,
Vorsorge für bevorstehenden Reparaturen, zukünftige Zahlungen und Garantiefälle

Amortisationsfond:

Bildung aus der laufenden Abschreibung (Abschreibungen dürfen auch über die ursprünglichen Anschaffungskosten vorgenommen werden.),
Fond für Ersatzbeschaffungen

Reservefond:

Bildung aus unversteuertem Gewinn,
Abdeckung zukünftiger Verluste mind. 25 % des Satzungskapitals

Wirtschaftsförderungsfond:

fakultative Bildung,
Bildung aus unversteuertem Gewinn,
Finanzierung von Erweiterungsinvestitionen

Controlling von Forschung und Entwicklung unter Berücksichtigung des Standortes Deutschland

Univ.-Prof. Dr. Volker H. Peemöller, Friedrich-Alexander-Universität Erlangen-Nürnberg

A. Einführung

I. Problemstellung

Die Bedeutung von FuE für die wirtschaftlichen Erfolge von morgen ist unbestritten. So stellt Heigl fest, daß „Forschung und Entwicklung für viele Unternehmen ein herausragendes entwicklungs-, ja existenzbestimmendes Gewicht erlangt"[1] hat. Dem wird auch – so scheint es – sowohl staatlicher als auch privatwirtschaftlicherseits Rechnung getragen, wenn man die Entwicklung der Aufwendungen für FuE betrachtet. Das Gesamtbudget der Bundesrepublik Deutschland für FuE erreichte 1992 die bisherige Rekordhöhe von 80,65 Mrd. DM. Damit haben sich die Aufwendungen in diesem Bereich seit 1981 mehr als verdoppelt.[2] Der Anteil der bun-

1 Heigl (Geleitwort).
2 Vgl. BMFT (Bundesbericht) S. 547.

desdeutsch finanzierten FuE-Aufwendungen betrug seit dem Anfang der 80er Jahre nie weniger als 2,5 % des Brutto-Sozialproduktes.[3] Der Anteil der Privatwirtschaft als durchführender Sektor bundesdeutscher FuE-Aufwendungen ist mit 2/3 seit Jahren konstant geblieben. In den Jahren 1991 und 1992 wurden wiederum mehr als 85 % von der deutschen Wirtschaft selbst finanziert. International wird dieser Anteil nur noch von Japan übertroffen. Insofern können die gewerblichen Unternehmen als „die mit Abstand wichtigsten Akteure in der deutschen Forschungslandschaft“ bezeichnet werden.[4]

Vor diesem Hintergrund wird es verständlich, daß versucht wird, Instrumente zur Effizienzsteigerung in diesem Bereich verstärkt einzusetzen. Diese Instrumente kommen aus der Kostenrechnung bzw. dem Kostenmanagement mit der Prozeßkostenrechnung und dem Target Costing oder aus dem Bereich der strategischen Planung mit der Konzentration auf die Kernkompetenz. Eine sehr umfassende Behandlung der Effizienzsteigerung und -sicherung im FuE-Bereich wird über die Entwicklung der betriebswirtschaftlichen Planungs-, Steuerungs- und Kontrollinstrumente im Sinne des Controlling möglich. Die folgenden Gründe sprechen für den Einsatz dieses Instrumententools im FuE-Bereich.

- FuE gewinnt als Erfolgsfaktor der Unternehmen an Bedeutung.
- Die finanziellen Aufwendungen für FuE steigen laufend an.
- Die Kosten der Fertigung sind bereits zu 70 % durch die vorgelagerten Tätigkeiten, wie Forschung und Entwicklung und Konstruktion, festgelegt.
- FuE-Aktivitäten müssen zum Teil mit den Vorlieferanten gemeinsam betrieben werden, was einen höheren Koordinationsaufwand erfordert.
- Es fehlen heute noch weitgehend Instrumente zur Sicherung der Effizienz der FuE-Tätigkeiten.
- Hauptziel des FuE-Controlling ist die Erhöhung der Effizienz und der Effektivität bei den Produktentwicklungen.[5]

II. Begriffliche Abgrenzungen

Bei der Begriffsbestimmung von FuE wird üblicherweise auf das sogenannte „Frascati-Handbuch“[6] zurückgegriffen. Forschung und Entwicklung wird danach als eine systematische, schöpferische Arbeit zur Erweiterung des Kenntnisstandes ... mit dem Ziel, neue Anwendungsmöglichkeiten zu finden,[7] gekennzeichnet. Hinzu tritt die Begrenzung auf den Bereich der naturwissenschaftlich-technischen Erkenntnisgewinnung und -verwertung.[8] Bei FuE handelt es sich damit um einen mehrstufigen sukzessiven Informationsgewinnungs- und -verarbeitungsprozeß, für den Daten und Methoden aus unternehmensinternen und -externen Bereichen

3 Vgl. BMFT (Bundesbericht) S. 547.
4 Vgl. BMFT (Bundesbericht) S. 18.
5 Vgl. Schmelzer (Entwicklungscontrolling) S. 181.
6 Vgl. BMFT (Frascati-Handbuch) 1982.
7 BMFT (Frascati-Handbuch) S. 29.
8 Vgl. Hegenloh (Forschung) S. 6f.

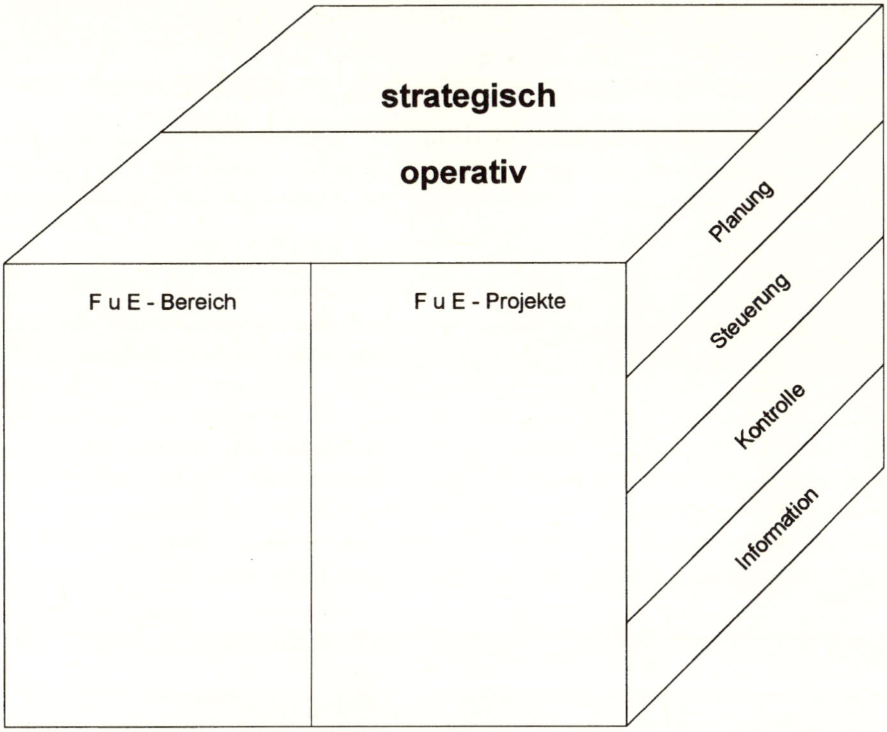

Abbildung 1: Teilbereiche des FuE-Controlling

gewonnen und verarbeitet werden. Unter FuE-Controlling wird ein System zur Unterstützung des FuE-Managements bei Planung, Steuerung, Kontrolle und Information von FuE-Aktivitäten verstanden.[9] Die Bestandteile des FuE-Controlling lassen sich nach Objekten, Aufgaben und Zielrichtung unterscheiden (Abb. 1).

Die wesentliche Controlling-Aufgabe für den FuE-Bereich besteht in der Schaffung von Rahmenbedingungen für eine effiziente Durchführung von Produktentwicklungen, das heißt z. B. bedarfs- und zeitgerechte Disposition der Personalkapazitäten und der Sachmittel.[10] FuE-Projekt-Controlling bezieht sich auf die Umsetzung der Projektziele in technisch und wirtschaftlich vertretbaren Lösungen.[11] Die Unterscheidung nach strategischem und operativem FuE-Controlling bezieht sich auf die zeitliche Reichweite der Controlling-Aktivitäten.

9 Vgl. Peemöller (Controlling) S. 287 ff.
10 Vgl. Schmelzer (Entwicklungscontrolling) S. 181.
11 Vgl. Schmelzer (Entwicklungscontrolling) S. 181.

B. Ansätze des strategischen und operativen Controlling im FuE-Bereich

I. Strategisches Controlling von FuE

1. Ziele des strategischen FuE-Controlling

Konkrete Zielsetzungen aus der Forderung nach Abstimmung zwischen Umwelt und Unternehmen bestehen in der Planung und Kontrolle von Erfolgsfaktoren und Leistungspotentialen. Als mögliche Ziele kommen in Frage:
- Konzentration aller Bereiche auf die Stärken des Unternehmens,
- Vermeiden von Ressourcenverzettelung,
- Stärkung der Kernkompetenz,
- Vermeidung von Umweltbelastungen,
- Marktnähe und Zugang zum technischen Know-how anderer Nationen.

Voraussetzung für die Umsetzung dieser Ziele ist eine enge Koordination zwischen Unternehmens-, Geschäftsbereichs- und FuE-Controlling als einer funktionalen Controlling-Konzeption auf der einen Seite und einer Koordination zwischen strategischem und operativem Controlling auf der anderen Seite. Hinzu kommt als dritte Voraussetzung die Abstimmung der verschiedenen funktionalen Strategien.

Die Fixierung der Mittel für FuE ist mit einer Reihe von Problemen verbunden.[12]
- Zwischen den Forschungsaktivitäten und dem Sachziel des Unternehmens bestehen keine unmittelbaren Beziehungen. Das FuE-Budget ist damit nicht aus den operativen Plänen – auch nicht denen der Zukunft – abzuleiten.
- Die Beziehung zwischen strategischer und operativer Planung ist besonders eng, da die strategische Vorgabe die operativen Pläne bestimmt. Zum anderen können FuE-Ergebnisse die strategischen Zielpläne erheblich verändern.
- Ein direkter Zusammenhang zwischen Einsatz und Ergebnis besteht im FuE-Bereich nicht. Ein hoher Anteil von erfolglosen Projekten und die lange Zeitdauer von der Forschung bis zur Einführung der Produkte erschweren die strategische Planung erheblich.

2. Entwicklung von FuE-Strategien

Zu den Hauptaufgaben des strategischen Controlling gehört die Schaffung und laufende Betreuung von strategischen Planungs- und Kontrollsystemen.[13] Die damit verbundenen Aufgaben können den drei Bereichen
- Unterstützung der strategischen Planung,
- Umsetzung der strategischen in die operative Planung,
- Aufbau und Durchführung der strategischen Kontrolle

zugeordnet werden.

---

12 Vgl. Hahn (PuK) S. 437f.

13 Vgl. Horváth (Controlling) S. 238.

Für die Umsetzung der angesprochenen Ziele in Strategien sind folgende Überlegungen anzustellen bzw. Instrumente einzusetzen:

Um eine Konzentration auf die Stärken des Unternehmens zu erreichen, eignen sich die Technologie-Portfolios[14] mit den beiden Achsen Technologie-Attraktivität und Ressourcen-Stärke. Während die Technologie-Attraktivität an den strategischen Weiterentwicklungsmöglichkeiten in einem Technologiegebiet ansetzt und als gewichtigster Indikator das Weiterentwicklungspotential enthält, basiert die Ressourcenstärke auf Größen, die vom Unternehmen selbst gesteuert werden können. Die daraus abgeleiteten Globalempfehlungen können verfeinert werden durch Betrachtungen der Technologieposition auf Basis des Gesamtproduktes und auf Basis der Einzeltechnologien sowie hinsichtlich der Entscheidung über Eigenfertigung oder Fremdbezug.

Die Stärkung der Kernkompetenz des Unternehmens über FuE-Aktivitäten geht in die gleiche Richtung. Ausgangspunkt ist hier die Abgrenzung der Schlüsselkompetenzen im Unternehmen.[15] „Kernkompetenzen haben mit der Harmonisierung von Technologien zu tun.“[16] Damit werden auch die Zusammenhänge zum Technologie-Portfolio und zur Ressourcen-Stärke deutlich. Beim Ansatz der Sicherung der Kernkompetenz geht es nun um strategische, geschäftseinheitenüberschreitende Strukturen, die eine Entwicklung und Fertigung von Kernprodukten für interne und externe Kunden erlauben. Schlüsselkompetenzen entstehen aus der Harmonisierung von Einzeltechnologien. Die Mittelzuweisung für FuE-Projekte – die in den Veröffentlichungen dazu nicht angesprochen werden – muß weiterhin für einzelne Technologien erfolgen, aber unter Berücksichtigung der Abstimmung mit den anderen Technologie-Entwicklungen. Das Denken ist damit mehr zielgerichtet als technologieorientiert.

Die Weichen zur Vermeidung von Umweltbelastungen werden bei FuE-Aktivitäten im Unternehmen gestellt. Hierbei geht es einmal um die Festlegung des Risikopotentials und des Risikorahmens von Unternehmen bestimmter Branchen, wie z. B. der Kernkraftenergie, der Pharmaindustrie und der Gentechnologie. Für alle Unternehmen gilt, daß ein großer Prozentsatz der Herstellungsmaterialien und -verfahren und damit die sich daraus ergebenden Umweltbelastungen, Risiken und nachträglichen Schutzmaßnahmen hier festgelegt werden. Deshalb ist es wichtig, von den verschiedenen Eigenschaften, die Stoffe haben können, der Umweltverträglichkeit einen hohen Stellenwert einzuräumen. Dies wäre möglich durch eine ABC-Analyse, die durch eine XYZ-Analyse angereichert wird, welche auf ökologische Aspekte abhebt.[17] Anforderungen an den Entwicklungsprozeß können umfassen:[18]

---

14 Pfeiffer/Dögl (Technologie) S. 149 ff.
15 Vgl. Prahalad/Hamel (Kernkompetenzen) S. 66 ff.
16 Vgl. Prahalad/Hamel (Kernkompetenzen) S. 69.
17 Vgl. Peemöller (Aufgaben) S. 243 ff.
18 Vgl. Peemöller (Prüfung) S. 7.

- Sicherheit der Verfahren,
- Vermeidung von Umweltrisiken,
- Einsatz alternativer Stoffe,
- Festlegung der Rangfolge der Qualitätsmerkmale,
- Berücksichtigung des Umweltschutzes im Entwicklungsbereich selber.

Ein weiteres Anliegen bei der Entwicklung von FuE-Strategien besteht in der Marktnähe und dem Zugang zum technischen Know-how anderer Länder. Dies wird möglich durch die Zentralisierung der FuE-Aktivitäten.[19] Aus den geographisch-konzentrierten Zentrallabors sind weitgehend selbständig agierende, vorrangig anwendungsorientiert arbeitende FuE-Abteilungen geworden, die in die Profitcenter der strategischen Geschäftseinheiten integriert sind, verbunden mit der schwierigen Harmonisierung zu Kernkompetenzen eines internationalen Konzerns. Standorte für die FuE-Einrichtungen multinationaler Konzerne werden nicht mehr allein nach betriebswirtschaftlichen Gesichtspunkten wie Kosten, Verwendungsmöglichkeiten, Subventionen, qualifiziertes Personal, festgelegt, sondern verstärkt unter Berücksichtigung der nationalen, gesetzlichen und gesellschaftspolitischen Rahmenbedingungen.[20] Dabei reicht die Skala der Wertvorstellungen z.B. von der Innovationseuphorie bis zur Technikfeindlichkeit. Lebensqualität wird unterschiedlich definiert. Die Diskussion um Standortvorteile und Wettbewerbsnachteile sollte nicht dahin ausufern, daß in Industrienationen bedenkenlos alle Beschränkungen und Schutzvorschriften über Bord geworfen werden. In Deutschland läßt sich eine starke Verlagerung in das Ausland feststellen. Jede sechste in FuE investierte DM deutscher Firmen in den Jahren 1982 bis 1987 floß in ausländische Aktivitäten und die FuE-Aufwendungen einzelner deutscher Unternehmen außerhalb Deutschlands haben 40 % ihres gesamten FuE-Budgets erreicht.[21]

In einer empirischen Untersuchung von 1982[22] wurden als wichtigste Gründe für eine räumliche Dezentralisierung der FuE-Aktivitäten genannt:
- Verfahrens- und Produktanpassungen vor Ort,
- Aufnahme neuen technologischen Wissens im Ausland,
- Autarkie- und Autonomiestreben großer Produktionsgesellschaften.

Bei international gestreuten FuE-Aktivitäten ist eine Strategie der internationalen Arbeitsteilung zu entwickeln, in der die Stärken und Schwächen der einzelnen Standorte für die Gesamtkonzeption genutzt werden.[23] Für einzelne Projekte bestehen dann zwei Möglichkeiten: Sie werden an einem Standort durchgeführt und an den anderen Standorten genutzt, oder sie werden arbeitsteilig auf verschiedene

19 Vgl. Brockhoff (Stärken) S. 61 ff.
20 Vgl. Staudt/Horst (Innovation) S. 61 ff.
21 Vgl. Brockhoff (Stärken) S. 91 ff.
22 Vgl. Pausenberger u. a. (Technologiepolitik) S. 1033.
23 Vgl. Bürgel (Controlling) S. 131.

Standorte nach den Standortunterschieden aufgeteilt, so daß ein Multiprojektmanagement erforderlich wird.
Standortunterschiede können sich ergeben aus:
- den Märkten, die unterschiedliche technische Lösungen verlangen,
- den Personalressourcen in den einzelnen Ländern, die nach Menge, Qualifikation und Spezialkenntnissen Unterschiede aufweisen,
- den Bezugsmöglichkeiten von Vorleistungen hinsichtlich Prüfgeräten, Material und Investitionsgütern, die in den Ländern rechtlich und steuerlich unterschiedlich geregelt sind,
- den Bezugsmöglichkeiten von externen Leistungen in Form von Patenten, Lizenzen, Kooperationen, Beteiligungen und Firmenkäufen, die eine schnellere Umsetzung ermöglichen.

Heute hat sich die Problematik verschärft und es werden weitere Argumente für ein Ausweichen auf andere Länder genannt:
- kurze Arbeitszeiten und hohe Arbeitskosten,
- hohe steuerliche Belastungen der Sonderzuwendungen ausländischer Führungskräfte in Deutschland,
- hohe Umweltauflagen und -kosten,
- Büokratismus bei der Anmeldung für FuE-Ergebnisse,
- keine Möglichkeit der Aktivierung von FuE-Aufwendungen in der Bilanz
- Widerstände gegen technische Entwicklungen (Gentechnologie, Atomstrom),
- keine steuerlichen Anreize oder Entlastungen.

Die Parteien haben den Erhalt des Forschungsplatzes Deutschland auf ihre Fahnen geschrieben.[24] Neben der Verkürzung von Genehmigungsverfahren und steuerlichen Sonderbehandlungen werden spezielle Förderschwerpunkte genannt. Ob damit ein investitions- und innovationsfreundliches Klima erzeugt wird, bleibt abzuwarten. Bereits 1985 hat Heigl bezüglich der handels- und steuerrechtlichen Bilanzierung von FuE ausgeführt:

„Die Behandlung von Forschung und Entwicklung hat seit jeher ... nicht nur für die Fragen des Ausweises von Forschungs- und Entwicklungsaufwendungen überhaupt, sondern auch für die Frage ihrer bilanziellen Bewertung besondere Schwierigkeiten, um nicht zu sagen Ratlosigkeit, verursacht.“[25]

Das Aktivierungsverbot des § 248 Abs. 2 HGB bezüglich der FuE-Aufwendungen wird als ein Standortnachteil deutscher Unternehmen gesehen.[26]

Für eine Aktivierung sprechen folgende Gründe:
- Vollständigkeitsgebot: Die Aufwendungen für FuE werden in einem eigenständigen Posten ausgewiesen.
- Periodengerechte Erfolgsabgrenzung: Der Einblick in die Ertragslage wird ver-

24 Vgl. Informationsdienst des Instituts der deutschen Wirtschaft (FuE-Politik) S. 6f.
25 Heigl (Geleitwort)
26 Brockhoff (Überwachung) Sp. 571.

bessert, da sich nun die Aufwendungen und Erträge der FuE-Aktivitäten in den gleichen Perioden gegenüberstehen.
- Beurteilung der Entwicklung der Unternehmen: Für die Beurteilung der zukünftigen Entwicklung wird den FuE-Aufwendungen ein hoher Informationswert beigemessen.
- Gleichbehandlung in der EU: Derzeit ist Deutschland das einzige EU-Land, das eine Aktivierung ausschließt.[27]
- Anreiz zu verstärkter Forschung: Insbesondere mittelständische Betriebe können nun in dem Umfang forschen und entwickeln, wie sie diese Aufwendungen im Hinblick auf den gewünschten Jahreserfolg verkraften können. Bei einem Aktivierungsverbot besteht die Gefahr, daß diese Aufwendungen reduziert werden, um ein besseres Ergebnis auszuweisen.

Allerdings sind auch die Gründe für die deutsche eher konservative, vorsichtsorientierte Bilanzierung zu betrachten:
- Die mangelnde Sicherheit der Abschätzung der Nutzungspotentiale verbietet eine Aktivierung. FuE-Tätigkeiten lassen häufig jahrelang nicht erkennen, ob, wann und welche betriebliche Ausnutzung der Ergebnisse möglich sind und ob die Aufwendungen später einmal durch die Erträge gedeckt werden.
- Der Anteil erfolgreicher FuE-Projekte am Gesamtvolumen von FuE ist sehr niedrig. Wenn feststeht, daß die Projekte wegen Erfolglosigkeit abgebrochen werden müssen, wären sie im Falle einer Aktivierung voll abzuschreiben.
- Ein direkter Zusammenhang zwischen FuE-Aufwand und marktfähiger Innovation besteht nicht, so daß der Bilanzleser aus einer Aktivierung hoher Aufwendungen falsche Schlüsse ziehen könnte.

Die Frage der Aktivierung von FuE-Aufwendungen wird deshalb eher eine untergeordnete Rolle bei der Diskussion um den Forschungsstandort Deutschland spielen.

Zum heutigen Stand der Entwicklung von Strategien für FuE lassen sich folgende Aussagen machen:

(1) Hohe Aufwendungen für FuE sind kein Garant für Erfolge oder für Effizienz bei FuE. Die ständig gestiegenen Investitionen im FuE-Bereich haben nicht zu vergleichbaren Leistungssteigerungen geführt.[28]

(2) Eine starke Kunden- und Konkurrenzorientierung führt zu einer situativen Bestimmung des FuE-Budgets und nicht zu einer funktionalen Vorgabe. Damit werden die FuE-Strategien kurzfristiger. Es ist deshalb eine gute Mischung zwischen produktorientierten und technologieorientierten Forschungsprojekten anzustreben.

(3) Die Elastizität von FuE soll erhöht werden, um schneller und kostengünsti-

27 Vgl. Kloos (Transformation) S. 221, wobei England und Irland nur eine Aktivierung von Entwicklungskosten gestatten.

28 Vgl. Pfeiffer/Weiß (Management) S. 27.

ger auf Änderungen reagieren zu können. Damit ist das Unternehmen in der Lage, mehr Varianten seiner Leistungen im Markt einzuführen, wodurch Kundenbedürfnissen besser entsprochen wird und das Risiko von Neueinführung gesenkt wird.

(4) Der Gedanke des just in time ist auf FuE zu übertragen. Es sind Instrumente zur Beschleunigung der Umsetzung von neuen Technologien zu installieren und zu integrierten Systemen zu verknüpfen.[29] Die Parallelisierung von Aktivitäten der an der Entwicklung beteiligten Funktionalbereiche FuE, Marketing und Produktion zu einem produktionsintegrierten Entwicklungsprozeß kann zu einer erheblichen Verkürzung der Entwicklungszeiten beitragen. Zeitaufwendige Anpassungen am Ende eines Projektes werden durch eine frühzeitige Integration von Informationen und Aktivitäten, der am Entwicklungsprozeß beteiligten Institutionen verhindert.[30] Target Costing und kostenorientierte Konstruktionen sind dafür Beispiele.

3. Strategische Kontrolle von FuE-Aktivitäten

Eine strategische Kontrolle als begleitende Kontrolle des gesamten Planungs- und Realisierungsprozesses wird erforderlich, weil sonst die Informationen zu spät kämen und eine Planrevision nicht mehr möglich wäre.[31] Diese Feedforward-Kontrolle hat sich im Rahmen der Prämissenkontrolle mit den Annahmen zu den betrieblichen Ressourcen, zur Technologieentwicklung und den ökologischen Erfordernissen zu beschäftigen.

Die Durchführungskontrolle bezieht sich auf Kosten, Leistungen und vorgegebene Meilensteine bei der Umsetzung von FuE-Strategien. Meilensteine für Forschungsvorhaben sind z. B. Analyse, Entwurf, Optimierung, Muster, Technologieauswahl und Spezifikation für Entwicklungsprojekte bestehen sie im Design, Coding, Integration von Hard- und Software sowie Test.[32]

Als Gesamtkontrolle überwindet die strategische Überwachung den selektiven Charakter von Prämissen- und Durchführungskontrolle. Sie sichert die einzelnen FuE-Strategien ab, indem sie die Veränderungen allgemeiner Größen erfaßt, wie z.B. Verbraucherverhalten, Konkurrentenverhalten und die Entwicklung von Substitutionsprodukten.

Die strategische und operative Planung kann durch Früherkennungssysteme unterstützt werden. Sie sind Instrumente zur Früherkennung FuE-relevanter Veränderungen im Hinblick auf spezifische Chancen und Risiken.[33]

Zu den strategischen Indikatoren zählen die FuE-Aufwendungen, Patentanmeldungen, Veröffentlichungen und Investitionsaufwendungen, die in unterschiedli-

---

29 Vgl. Pfeiffer/Weiß (Management) S. 26ff.
30 Vgl. Staudt (Forschung) Sp. 1194.
31 Vgl. Schreyögg/Steinmann (Strategische Kontrolle) S. 392f.
32 Vgl. Bürgel (Controlling), S. 133.
33 Vgl. auch zu den nachfolgenden Ausführungen Krystek (FuE) S. 285ff.

cher Detaillierung für Unternehmens-, Branchen- und Ländervergleiche herangezogen werden können.

Dem operativen Bereich werden die Angaben zugerechnet, die auch im Lagebericht der Kapitalgesellschaften aufzuführen sind:
- FuE-Programme,
- Anzahl der Mitarbeiter,
- Höhe des Budgets.[34]

Für die strategische Kontrolle gilt, was bereits bei der Planung angesprochen wurde. Die hohe Unsicherheit von Entwicklungsprojekten erschwert die Planung und die Kontrolle, weil eindeutige Kriterien zur Leistungsmessung fehlen. So überrascht es nicht, daß in Deutschland an erfolglosen Projekten im Durchschnitt ebenso lange gearbeitet wird wie an erfolgreichen Projekten, allerdings mit weniger Personal.[35] Durch eine Beschleunigung der Umsetzung von neuen Technologien wird auch eine Verbesserung der Kontrolle möglich.

II. Operatives Controlling von FuE

1. Ziele, Aufgaben und Grenzen des operativen Controlling von FuE

Die neueren Ansätze zum operativen Controlling von FuE beziehen sich in Deutschland auf drei Schwerpunkte:

(1) Bewertung von Forschungsprojekten,

(2) Beschleunigung der Forschungsprojekte,

(3) Kontrolle der Forschungsprojekte.

Die Übertragung der strategischen Planung in die periodische, funktionsbezogene Ziel- und Maßnahmenplanung ist das Hauptproblem der operativen Planung.[36]

Im wesentlichen resultieren daraus die Aufgaben:[37]

(1) Bewertung von konkurrierenden Forschungsprojekten.
Die Aufgabe des Controllers besteht in der Entwicklung und Vorgabe geeigneter Instrumente der Projektauswahl. Diskutiert werden Kriterien-Checklisten, FuE-Portfolios, Wirtschaftlichtkeitsberechnungen, Partialanalysen und der Einsatz von Entscheidungsgremien.

(2) Effiziente Nutzung der FuE-Kapazitäten.
Hier geht es um die Koordination der Projekt- und Fachbereichsbudgets und ihre Abstimmung mit der strategischen Planung. Als Instrumentarium bieten

34 Eine weitere Unterteilung und ausgewählte Kennzahlen finden sich bei Krystek (FuE) S. 295 ff.

35 Vgl. Balachandra (Bestimmungsfaktoren) S. 451.

36 Vgl. Arbeitskreis (Entwicklungsplanung) S. 648.

37 Vgl. Gentner (Innovationscontrolling) S. 46.

sich Budgetierungsverfahren sowie Multiprojektplanung und -steuerungsmethoden an.[38]

(3) Versorgung des FuE-Managements mit relevanten Informationen.
Diese Informationen beziehen sich auf den Projektfortschritt, die Abweichung gegenüber Planwerten, Veränderung von Umweltgrößen, Warnsignale für den Projektabbruch, die über das Berichtswesen, Kennzahlen und Erfahrungsdatenbanken erfaßt und zur Verfügung gestellt werden. Es sollen nicht nur Kostenabweichungen, sondern auch Zeit-, Leistungs- und Qualitätsabweichungen gemeldet werden.

Die bestehenden FuE-Kapazitäten sind mit den aus den Einzelprojekten entstehenden Personal- und Sachmittelanforderungen abzugleichen. Entscheidend ist dafür die Vorgehensweise im Rahmen der Budgetierung. Hier kann der top down- oder bottom up-Ansatz und der integrierte Ansatz unterschieden werden. Durch diese Vorgehensweise soll die Abstimmungsproblematik im FuE-Bereich zwischen den verschiedenen Projekten gelöst werden. Erst anschließend kann die Maßnahmenplanung mit den Möglichkeiten der Verkürzung der Entwicklungsdauer usw. erfolgen.

Während für viele Bereiche akzeptierte Controlling-Instrumente zur Verfügung stehen, bereitet ihr Einsatz im FuE-Bereich Probleme. Hier bestehen erhebliche Defizite bei der Umsetzung in die Praxis. Als Gründe werden genannt:[39]

- Es bestehen keine festen Relationen zu Aufwand und Ertrag von Forschungsprojekten.
  - Die Zuordnung der Leistungserstellung auf ein Projekt bereitet Schwierigkeiten.
  - Die Erfassung und Quantifizierung des Forschungsergebnisses erscheint nicht möglich.
  - Eine isolierte Kosten- und Zeitbetrachtung besitzt kaum Aussagekraft.
- Zwischen den Forschungsprojekten bestehen eine Fülle von Beziehungen, die erst in neuerer Zeit intensiver betrachtet werden können.
  - Durch Parallelisierung können Entwicklungszeiten und -kosten reduziert werden.[40]
  - Bei Fortführung oder Abbruch eines Forschungsprojektes ist auch der Zusammenhang zu den anderen Projekten zu sehen hinsichtlich Verwertbarkeit der Ergebnisse usw.[41]
- Die Erfassung der Basisdaten bezüglich Zeiten, Qualität, Leistung und Kosten für die einzelnen Forschungsprojekte ist mit großen Unsicherheiten versehen mit der Folge, daß Steuerung und Kontrolle schwierig werden.

38 Vgl. Schmelzer (Entwicklungscontrolling) S. 184.
39 Vgl. Gentner (Innovationscontrolling) S. 47.
40 Vgl. Schröder (Parallelisierung) S. 289 ff.
41 Vgl. Möhrle (FuE-Programm) S. 227 ff.

2. FuE-Budgetierung

a) Bottom up-Ansatz

In diesem Fall wird der Bedarf an finanziellen Mitteln aus dem FuE-Programm abgeleitet, das durch die FuE-Ziele und durch die strategische Planung determiniert ist, zum Teil wohl aber auch lediglich aus den Vergangenheitszahlen abgeleitet wurde.[42]

Voraussetzung für die Budgetierung ist die Festlegung des Forschungsprogramms für die nächste Periode. Zunächst sind die Entscheidungen für die laufenden, aus dem Vorjahr übernommenen Projekte zu treffen. Es ist die Frage nach der Priorität der Forschungsvorhaben zu beantworten. Welche Projekte werden voraussichtlich abgeschlossen werden, welche sollen fortgesetzt und welche nicht fortgeführt sondern abgebrochen werden. Für diese Fragestellung sind eine Reihe von Instrumenten entwickelt worden:

(1) Periodenbezogene FuE-Programmplanung auf der Grundlage einer Prioritätenmatrix.[43]

Hier wird mit Hilfe von FuE-Portfolios in einem zweistufigen Verfahren die Entscheidung unterstützt. Im ersten Schritt wird eine Standortbestimmung der FuE-Projekte in einem strategischen FuE-Portfolio vorgenommen, das die zwei Achsen technische Realisationsmöglichkeiten und Marktchancen enthält. Im zweiten Schritt erfolgt eine Zuordnung nach der strategischen Bedeutung und dem erforderlichen Aufwand. Damit kann eine Verbindung zwischen der Zukunftsträchtigkeit aus dem ersten Schritt und der zukünftigen finanziellen Belastung im zweiten Schritt hergestellt werden. Eine sinkende strategische Bedeutung wird ebenfalls wie eine umfassende Bindung finanzieller Mittel bei dieser Entscheidung berücksichtigt.

(2) FuE-Programmplanung über FuE-Programm-Portfolio und FuE-Prozeßverflechtungsgraph.[44]

Dieser Ansatz ist dreistufig aufgebaut. In der ersten Stufe erfolgt eine Standortbestimmung der FuE-Projekte nach Technologiedruck und Marktsog in Form eines Portfolios. Im zweiten Schritt werden zwischen allen Paaren von FuE-Projekten die lang- und mittelfristige Verflechtung aufgezeigt. Im dritten Schritt wird aus dem Projektverflechtungsgraph ein revidiertes FuE-Programm-Portfolio abgeleitet. Für den Projektverflechtungsgraph sollen ingesamt sieben Beziehungen berücksichtigt werden, die nach output-orientierten Werten und input-orientierten Verflechtungen strukturiert werden.[45]

In der dritten Stufe werden die Projektbündel – nach den verschiedenen Verflechtungen zusammengestellt – in das FuE-Portfolio eingetragen, so daß eine neue Bewertung hinsichtlich Marktsog und Technologiedruck zutage tritt. Dieses Verfahren berücksichtigt die Beziehungen zwischen den Forschungsprojekten, die

---

42 Vgl. Stockbauer (FuE-Budgetierung) S. 137.

43 Vgl. Beckurts (Entwicklungsmanagement) S. 29; Little (Innovation) S. 112.

44 Vgl. Möhrle (FuE-Programm) S. 228.

45 Vgl. Möhrle (FuE-Programm) S. 235 ff.

bislang isoliert betrachtet wurden. Insbesondere Ergebnis-, Nutzungs- und Ressourcenverflechtung machen deutlich, wie unterschiedlich sich der Abbruch eines Forschungsprojektes auf das Gesamtvorhaben auswirken kann. Allerdings dürfte es erhebliche praktische Probleme bereiten, alle Beziehungen zwischen den Projekten zu erfassen und zu bewerten.

(3) Diskriminanzanalyse zur Abgrenzung von erfolgreichen und nicht erfolgreichen Projekten.[46]

Mit Hilfe der Diskriminanzanalyse soll eine Entscheidung über Abbruch oder Fortsetzung der Projekte möglich sein. Die Variablen, durch die ein möglicher Projektmißerfolg möglichst früh erkannt werden kann, lassen sich sieben Kategorien zuordnen:[47]

- Strategische Indikatoren,
- finanzwirtschaftliche Indikatoren
- situative Indikatoren,
- technologische Indikatoren,
- Indikatoren der Verfügbarkeit von Produktionsmöglichkeiten,
- Indikatoren für das Führungsverhalten,
- Indikatoren der Aufbauorganisation.

Es handelt sich dabei um vier kritische Merkmale, die jeweils den Projektabbruch rechtfertigen und dreizehn Warnsignale. Mit einer Zutreffenswahrscheinlichkeit von 90 % soll die Identifizierung nach erfolgreich und nicht erfolgreich möglich sein.

Es wird an dieser Stelle von der grundsätzlichen Kritik an der Diskriminanzanalyse abgesehen. Interessant ist der Vergleich zwischen den USA und Deutschland, der durch die empirische Untersuchung möglich wurde, bei denen die Kriterien deutlich werden, die von den betreffenden Führungskräften als wichtig für die Entscheidung über die Fortführung eines Forschungsprojektes angesehen werden. So gibt es eine Reihe von Variablen in der amerikanischen Untersuchung, die in der Diskriminanzfunktion der deutschen Untersuchung überraschenderweise nicht auftauchen, so zum Beispiel „Abweichungen bei den Kostenplänen“ und „Veränderungen bei der wirtschaftlichen Erfolgswahrscheinlichkeit“. Unterschiedliche Vorzeichen haben die Variablen „Zeitpunkte des erwarteten Markteintritts von Wettbewerbern“, „Veränderungen in der Nutzungsmöglichkeit des Projektes" und „Veränderungen in der Verfügbarkeit von Spezialisten". Andere Untersuchungen haben gezeigt, daß die Manager der beiden Länder den Faktoren Entwicklungsdauer, Entwicklungsaufwand und Entwicklungsziele unterschiedliche Beachtung schenken.[48] Bei den deutschen Managern steht die niedrige Entwicklungsdauer, bei den amerikanischen der niedrige Entwicklungsaufwand im Vordergrund.

---

46 Vgl. Balachandra (Bestimmungsfaktoren) S. 449 ff.

47 Vgl. Balachandra (Bestimmungsfaktoren) S. 452.

48 Vgl. Rosenau (Schedule) S. 282 ff.; Gupta/Brockhoff/Weisenfeld (Making) S. 11 ff.

Neben der Abbruchentscheidung ist die Entscheidung über die Aufnahme neuer Produkte in das Forschungsprogramm zu treffen. Als Kriterien für die Entscheidung werden Dringlichkeit, zum Beispiel für die Wettbewerbsfähigkeit, die Beurteilung der Marktchancen bei Gelingen, die Dauer der Projektdurchführung und die Beurteilung der Erfolgsaussichten genannt. Im wesentlichen müßte die strategische Stoßrichtung die Grundlage für die Beantwortung dieser Frage liefern.

Ein bedeutendes Problem der Festlegung des FuE-Programms besteht in der Orientierung an den FuE-Kapazitäten, deren Auslastung üblicherweise angestrebt wird. Damit bestimmt die Vergangenheitsentscheidung über die Kapazitäten, den Umfang über die zukünftigen Aktivitäten. Die Anpassung der FuE-Kapazitäten ist schwierig, darf aber nicht außer acht gelassen werden. Für die Grundlagenforschung sollte ein fester Etat zur Verfügung stehen, für die Zweckforschung und Entwicklung die Ausrichtung an den Zielen, Strategien und finanziellen Möglichkeiten erfolgen.

Die Kosten der Forschungsprojekte sind zunächst hinsichtlich der Einzelkosten zu bestimmen. Dabei sollten auch die Möglichkeiten der Realisierung von FuE-Projekten berücksichtigt werden. Die Gesamtheit aller Projekte ergibt das Gesamtbudget, wenn die variablen und fixen Gemeinkosten und die Investitionsaufwendungen hinzugerechnet werden.

b) Top down-Ansatz

In diesem Fall werden die Mittel für FuE von der Unternehmensführung in Form eines Etats autonom vorgegeben. Zur Planung dieser Größe kann die Kennzahl FuE-Intensität herangezogen werden. Es handelt sich dabei um den Anteil für FuE am Umsatz. Die Kennzahl kann sich am Branchendurchschnitt, am stärksten Wettbewerber oder auch an den Vergangenheitswerten des eigenen Unternehmens orientieren. Die Kritik an diesem fixen Budget resultiert aus der mangelnden Zukunftsbezogenheit, der mangelnden Erfolgsorientierung und der mangelnden Wirtschaftlichkeitskontrolle. Der Vorteil besteht in der Abschätzung der Finanzierbarkeit und der Beschränkung bestimmter Aufwandsarten auf einen vorgegebenen Betrag. Empirische Untersuchungen haben einen – zumindest tendenziellen – Zusammenhang zwischen FuE-Intensität und zukünftigem Unternehmenserfolg bestätigt.[49]

Probleme bereitet dieses Vorgehen Unternehmen mit heterogenem Produktionsprogramm und in Märkten mit raschem Wandel des technischen Fortschritts, da dann Orientierungsgrößen fehlen. Eine Ausrichtung an den strategischen Geschäftseinheiten, um wieder mit Vorgabewerten arbeiten zu können, verhindert unter Umständen eine übergeordnete Hinwendung zu den Kernkompetenzen des Gesamtunternehmens. Ungelöst ist auch die Zuordnung der Mittel auf die einzelnen Projekte. Um Detailwissen auf der einen und Zukunftsträchtigkeit auf der an-

49 Vgl. Luchs/Müller (PIMS) S. 83; Stockbauer (FuE-Controlling) S. 64ff.

deren Seite in das FuE-Programm zu integrieren, kann eine Zuordnung von Entscheidungsschritten auf die verschiedenen Entscheidungsgremien erfolgen, wie es die nachfolgende Abbildung 2 zeigt.[50]

c) Integration des FuE-Budgets

Die endgültige Verabschiedung des FuE-Budgets ist erst nach Abstimmungsprozessen zwischen allen Teilbudgets möglich. Die FuE-Aktivitäten fließen in das Finanz- und das Investitionsbudget ein und haben Auswirkungen auf das Ergebnisbudget. An dieser Stelle ist zu untersuchen, ob die Aufwendungen insgesamt finanzierbar sind und eine ausreichende Rentabilität vermuten lassen. Dieser Abstimmungsprozeß zwischen den Teilbudgets ist Aufgabe des Controlling. Dabei erscheint es zweckmäßig, sowohl den Bottom-up wie den Top-down-Ansatz heranzuziehen, um eine Vorstellung von der Größenordnung dieser Aufwendung in der Branche berücksichtigen zu können, aber auch um die Projekte zu sehen, die vom FuE-Management für erforderlich gehalten werden.

3. Operative Kontrolle des FuE-Bereichs

Die operative Kontrolle von FuE bezieht sich auf die projektbegleitende, die projektnachgeschaltete und die bereichsbezogene Kontrolle. Das grundlegende Problem der Abweichungsanalyse bei den FuE-Projekten besteht im fehlenden System von Maßgrößen zur Leistungsmessung.[51] Eine Ermittlung der Gesamtkostenabweichung eines Forschungsprojektes anhand der Budgetvorgaben liefert nur sehr begrenzte Aussagen, da eine Abweichungsaufspaltung nicht möglich erscheint. Lediglich aufgrund von Preissteigerungen eingetretene Abweichungen – insbesondere bei den Lohnkosten – könnten herausgerechnet werden.

Änderungen der Kostenhöhe kommen aber nicht nur durch Preissteigerungen zustande, sondern auch durch Leistungsänderungen, die zu einer Verfälschung der Vorgabekosten führen und eine Kontrolle verhindern, da sich die Leistungen und damit auch die Kosten nicht mehr vergleichen lassen. Auch die Nichterfassung einzelner Kostenarten kann zu erheblichen Verlagerungen der Sollkosten führen. Um eine weitergehende Kontrolle zu ermöglichen, ist eine Aufspaltung in die Wertkomponente und die Mengenkomponente vorzunehmen.[52] Damit wird die Trennung zwischen dem Realisations- und dem Planungsfehler möglich. Verbunden ist damit allerdings das Problem der Messung des Projektfortschrittes.

Üblicherweise kommen zwei Ansätze zur Messung des Projektfortschrittes in Frage:[53]

- Schätzung des Fertigstellungsgrades prozentual von der Endleistung,
- Schätzung der Restdauer der Tätigkeit.

50 Vgl. Herold (Planung) S. 9.
51 Vgl. Coenenberg u. a. (Abweichungsanalyse) S. 767f.
52 Vgl.Coenenberg u. a. (Abweichungsanalyse) S. 770ff.
53 Vgl. Ebert u. a. (Controlling) S. 91.

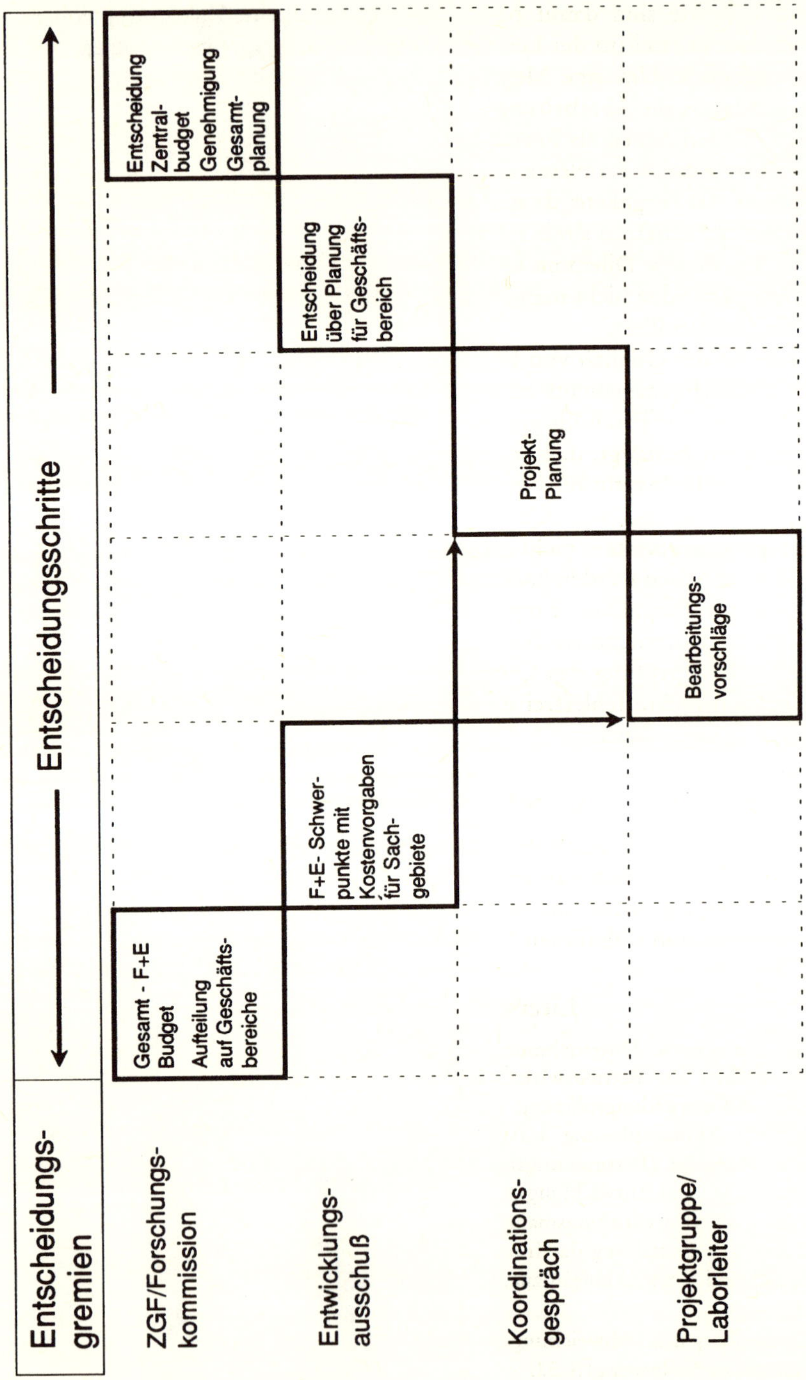

Abbildung 2: Ablaufschema F+E-Planung bei Henkel

Für FuE-Projekte sind damit besondere Schwierigkeiten verbunden: Da ein Maßstab für den Fortschritt der Leistungserstellung fehlt, ist eine direkte Messung auch nicht möglich. Um eine Messung des Projektfortschritts zu ermöglichen, wird vorgeschlagen, die Abarbeitung von Arbeitspaketen beziehungsweise das Erreichen von Meilensteinen als Projektfortschritt zu definieren, für die Budgetkosten ermittelt wurden.[54] Probleme entstehen dann für begonnene, aber noch nicht abgeschlossene Arbeitspakete, da nun für diese Arbeitspakete die Restdauer bzw. die Restkosten zu schätzen sind.

Ein Weg aus diesem Dilemma könnte die Hinwendung zu einem Zeitcontrolling sein. Damit werden nicht mehr Projekte sondern Entwicklungszeiten geplant, gesteuert und kontrolliert.[55]

Die Kontrolle der Qualität von Forschungsprojekten kann über eine Zertifizierung des Qualitätsmanagements erfolgen. Gegenstand der Zertifizierung ist nicht ein Produkt oder eine Produktionsweise, sondern das System des Qualitätsmanagements. Es wird bestätigt, daß ein geeignetes Qualitätsmanagementsystem existiert. Das Deutsche Institut für Normung hat in internationaler Einbindung Normen zur Zertifizierung von Qualitätsmanagementsystemen erlassen. Da ein Qualitätsmanagementsystem nicht genormt, also nicht für alle Unternehmen einheitlich vorgeschrieben werden kann, enthalten die Normen lediglich Empfehlungen zum Systemaufbau. Diese Empfehlungen müssen für ein spezielles Qualitätsmanagement des Unternehmens für die Forschung und Entwicklung konkretisiert werden. Eine Überprüfung des Qualitätsmanagements bedeutet auch nicht, daß die Forschungsprojekte fehlerfrei durchgeführt werden. Sie besagt nur, daß ein Qualitätsmanagement besteht.

C. Schlußbemerkung

Im Controlling von FuE zeichnen sich Veränderungen ab. Die Zeitorientierung gewinnt gegenüber der Budgetorientierung an Bedeutung. Die Instrumente stehen dafür zur Verfügung, wenn an die Just in time-Techniken gedacht wird. Das Rechnungswesen muß sich diesen Veränderungen allerdings erst noch anpassen.

Literaturverzeichnis

Arbeitskreis „Integrierte Unternehmungsplanung" der Schmalenbach-Gesellschaft/Deutsche Gesellschaft für Betriebswirtschaft e.V. (Entwicklungplanung): Integrierte Forschungs- und Entwicklungsplanung, in: Hahn, Dietger; Taylor, Bernhard (Hrsg.), Strategische Unternehmensplanung, 4. Aufl., Heidelberg/Wien1986, S. 633–659.

Balachandra, Ramaiya (Bestimmungsfaktoren): Bestimmungsfaktoren für den Abbruch von Forschungs- und Entwicklungsprojekten, in: DBW 1994, S. 449–461.

Beckurts, Karl H. (Entwicklungsmanagement): Forschungs- und Entwicklungsmanagement. Mittel zur Gestaltung der Innovation, in: Blohm, Hans; Danert, Günter (Hrsg.), Forschungs- und Entwicklungsmanagement, Stuttgart 1983, S. 15–39.

54 Vgl. Coenenberg u.a. (Abweichungsanalyse) S. 771.

55 Vgl. Schmelzer (Steigerung) S. 52.

BMFT (Bundesbericht): Bundesbericht Forschung, Bonn 1993.

BMFT (Frascati-Handbuch): Die Messung wissenschaftlicher und technischer Fähigkeiten. Allgemeine Richtlinien für statistische Übersichten in Forschung und experimenteller Entwicklung, „Frascati-Handbuch" 1980, Bonn 1982.

Brockhoff, Klaus (Stärken): Stärken und Schwächen industrieller Forschung und Entwicklung: Umfrageergebnisse aus der Bundesrepublik Deutschland, Stuttgart 1990.

Brockhoff, Klaus (Überwachung): Forschung und Entwicklung, Überwachung der, in: Coenenberg, Adolf, G.; Wysocki, Klaus v. (Hrsg.), Handwörterbuch der Revision, 2. Aufl., Stuttgart 1992, Sp. 567–583.

Bürgel, Dietmar (Controlling): Internationales Controlling von Forschung und Entwicklung bei Alcatel, in: Controlling 1991, S. 130–135.

Coenenberg, Adolf Gerhard; Fischer, Thomas; Raffel, Andreas (Abweichungsanalyse): Abweichungsanalyse bei Projekten im F&E-Bereich, in: Männel, Wolfgang (Hrsg.), Handbuch Kostenrechnung, Wiesbaden 1992, S. 767–781.

Ebert, Günter; Koinecke, Jürgen; Peemöller, Volker H. (Controlling): Intensivkurs Controlling, 5. Aufl., München 1993.

Gentner, Andreas (Innovationscontrolling): Vom F&E- zum Innovationscontrolling. Warum die Beschränkung auf F&E-Probleme und -lösungsansätze zu wenig ist, in: Controlling 1993, S. 46–47

Gupta, A. K.; Brockhoff, K.; Weisenfeld, U. (Making): Making Trade-offs in the New Product Development Process: A German/U.S. Comparison, in: Journal of Product Innovation Management, vol. 9, 1992, S. 11–18.

Hahn, Dietger (PuK): PuK-Controllingkonzepte, 4. Aufl., Wiesbaden 1994.

Hegenloh, Gerd Uwe (Forschung): Die steuerbilanzielle Behandlung von Forschung und Entwicklung, Berlin 1985.

Heigl, Anton (Geleitwort): Geleitwort zu Hegenloh: Die steuerbilanzielle Behandlung von Forschung und Entwicklung, Berlin 1985.

Herold, Claus-Peter (Planung): Planung der Forschung und Entwicklung bei Henkel, in: agplan Informationsdienst 1983, S. 7–10.

Horváth, Peter (Controlling): Controlling, 5. Aufl., München 1994

Informationsdienst des Instituts der deutschen Wirtschaft (FuE-Politik): Forschungs- und Entwicklungs-Politik: Die Programme der Parteien, Nr. 38, 22. Sept. 1994, S. 6–7

Kloos, Gerhard (Transformation): Die Transformation der 4. EG-Richtlinie in den Mitgliedstaaten der Europäischen Gemeinschaft, Diss., Mannheim 1992.

Krystek, Ulrich (FuE): FuE und Frühwarnsysteme, in: Hahn, Dietger/Taylor, Bernhard (Hrsg.), Strategische Unternehmensplanung, 4. Aufl., Heidelberg/Wien 1986, S. 281–305.

Little, Arthur D. (Hrsg.) (Innovation): Innovation als Führungsaufgabe, Frankfurt a.M./New York 1988.

Luchs, R. H.; Müller, R. (PIMS): Das PIMS-Programm – Strategien empirisch fundieren, in: Strategische Planung 1985, Nr. 2, S. 79–98.

Möhrle, Martin G. (FuE-Programm): Instrumentelles FuE-Programm-Management. Das Zusammenspiel von FuE-Programm-Portfolio und FuE-Projektverflechtgungsgraph, in: Zahn, Ewald (Hrsg.), Technologiemanagement und Technologien für das Management, Stuttgart 1994, S. 227–249.

Pausenberger, Ehrenfried unter Mitarbeit von Franz Giesel und Bernhard Volkmann (Technologiepolitik): Technologiepolitik internationaler Unternehmen, in: Zfbf 1982, S. 1025–1054.

Peemöller, Volker H. (Aufgaben): Aufgaben eines umweltorientierten Controlling in der

Ausgewählte Veröffentlichungen von Univ.-Prof. Dr. Anton Heigl

Die Typisierung im Steuerrecht, Diss., München 1958.

Zur Bilanzierung von Garantieverpflichtungen, in: Der Betrieb 1958, S. 875.

Steuerliche Sonderabschreibungen in der Handelsbilanz, in: Der Betrieb 1959, S. 1175–1176.

Die Veräußerung von Wertpapieren aus einem Bestand von zu verschiedenen Anschaffungskosten beschafften Wertpapieren gleicher Art, in: Der Betrieb 1960, S. 706–708.

Zur Gewinnfreigrenze bei Spekulationsgeschäften im Falle der Zusammenveranlagung von Ehegatten, in: Der Betrieb 1961, S. 1304–1305.

Die Bewertung von Unternehmungen und Unternehmensanteilen, in: Zeitschrift für Betriebswirtschaft 1962, S. 513–528.

Die ausländische GmbH als Komplementär einer inländischen GmbH & Co. in gesellschaftsteuerlicher Sicht, in: GmbH-Rundschau 1964, S. 165–167.

Nichtlineare Abschreibungen bei abnutzungsfähigen immateriellen Wirtschaftsgütern, in: Der Betriebs-Berater 1965, S. 665–667.

Finanzstruktur und Besitzsteuerbelastung, Habilitationsschrift, München 1966.

Der Ertragswert der Unternehmung bei Geldwertänderung, in: Die Wirtschaftsprüfung 1967, S. 34–39.

Überlegungen zu Cash-flow-Ziffern als Mittel externer Unternehmensbeurteilung, in: Österreichisches Bank-Archiv 1967, S. 138–156.

Vergleichende Betrachtung von Kreditgenossenschaften und Sparkassen und Folgerungen zu ihrer besitzsteuerlichen Behandlung, in: Steuer und Wirtschaft 1967, Sp. 491–524.

Der aktienrechtliche Prüfungsauftrag beim Abhängigkeitsbericht und die Prämissen für die Auftragserfüllung, in: Zeitschrift für das gesamte Rechnungswesen 1968, S. 1–4 und S. 27–32.

Die Schachtelbeteiligung als Objekt betriebswirtschaftlicher Steuerpolitik im Finanzanlagevermögen, in: Hintner, O.; Linhardt, H. (Hrsg.): Zur Besteuerung der Unternehmung, Festschrift für P. Scherpf, Berlin 1968, S. 251–283.

Brauchen wir den Teilwert noch?, in: Steuer und Wirtschaft 1969, Sp. 461–490.

Die direkte Prüfung der persönlichen Kreditwürdigkeit, in: Linhardt, H.; Penzkofer, P.; Scherpf, P. (Hrsg.): Dienstleistungen in Theorie und Praxis, Festschrift für O. Hintner, Stuttgart 1970, S. 60–80.

Die aktienrechtliche Prüfung, Stuttgart 1970 (mit P. Uecker).

Zur betriebswirtschaftspolitischen Planung der Besitzsteuerbelastung, in: Finanz-Rundschau 1970, S. 53–60, S. 87–91, S. 113–120.

Zielvorgaben und Aufgabenstellung der aktienrechtlichen Prüfung, in: Der Betrieb 1970, S. 1037–1040.

Betriebswirtschaftliche Effekte der Aussetzung degressiver Abschreibung, in: Der Betrieb 1970, S. 1601–1603 (mit G.-H. Melcher).

Zum Entscheidungsproblem. Fremde oder eigene Unternehmensberatung, in: Zeitschrift Interne Revision 1971, S. 1–13.

Bedingungen der unternehmerischen Steuerplanung, in: Steuer und Wirtschaft 1971, S. 127–138.

Ausgewählte Veröffentlichungen von Univ.-Prof. Dr. Anton Heigl

Systemfehler im Reformkonzept zur Körperschaftsbesteuerung, in: Steuer und Wirtschaft 1972, S. 315–326.

Ertragsbesteuerung unter Inflationsbedingungen, in: Wirtschaftswissenschaftliches Studium 1973, S. 388–393.

Fördern Steuervergünstigungen den Umweltschutz?, in: UMWELT 1974, S. 58–60.

Betriebliche Ertragsteuer – Kennzahlen, Köln 1974.

Betriebliche Steuerpolitik – Ertragsteuerplanung, Köln 1974 (mit G.-H. Melcher).

Steuerliche Unternehmenspolitik in der Inflation, in: GfK – Gesellschaft für Konsum-, Markt- und Absatzforschung (Hrsg.): Jahrbuch der Absatz- und Verbrauchsforschung, Berlin 1974, S. 110–127.

Konzepte betrieblicher Umweltrechnungslegung, in: Der Betrieb 1974, S. 2265–2270.

Steuerplanung in der Unternehmung, in: Höhn, E.; Lutz, B.; Zünd, A. (Hrsg.): Vortragssammlung, Bern/Stuttgart 1975, S. 19–37.

Abschreibungsvergünstigungen für Umweltschutzinvestitionen, München 1975.

Organschaft, in: Wittmann, W. et al. (Hrsg.): Handwörterbuch der Betriebswirtschaft, Stuttgart 1975, Band I/2, Sp. 2920–2924.

Steuerplanung, Betriebliche, in: Wittmann, W. et al. (Hrsg.): Handwörterbuch der Betriebswirtschaft, Stuttgart 1976, Band I/3, Sp. 3768–3775.

Umwandlung, in: Wittmann, W. et al. (Hrsg.): Handwörterbuch der Betriebswirtschaft, Stuttgart 1976, Band I/3, Sp. 4017–4026 (mit A. Woltmann).

Social Accounting in der sozialen Marktwirtschaft, in: Baetge, J.; Moxter, A.; Schneider, D. (Hrsg.): Bilanzfragen, Festschrift für U. Leffson, Düsseldorf 1976, S. 296–308.

Abschreibungen bei Investitionen für den Umweltschutz, in: Steuer und Wirtschaft 1976, S. 240–245.

Handbuch des Umweltschutzes, Einleitung, Teil: Betriebswirtschaftliches Umweltschutzmanagement, München 1977 – laufend fortgeführt – (mit J. Vogl, K. Schäfer, Hrsg.).

Controlling – Interne Revision, Stuttgart/New York 1978 , 2. Aufl. 1989.

Betriebswirtschaftslehre und Recht, Wiesbaden 1979 (mit P. Uecker, Hrsg.).

Die fachgutachtliche Berufsauffassung und die Berufspraxis zur Erteilung des aktienrechtlichen Bestätigungsvermerks, in: Zeitschrift für betriebswirtschaftliche Forschung 1979, S. 263–282.

Sozialversicherungen als Steuern?, in: GfK – Gesellschaft für Konsum-, Markt- und Absatzforschung (Hrsg.): Jahrbuch der Absatz- und Verbrauchsforschung, Berlin 1979, S. 304–319.

Stand und Entwicklung der akademischen Ausbildung im Bereich des Prüfungswesens, dargestellt am Beispiel der Universität Erlangen-Nürnberg, in: Zeitschrift Interne Revision 1980, S. 66–83.

La Fiscalità Industriale, in: Grassini, F. A.; Neumann, M.; Scognamiglio, C. (Hrsg.): Stato e industria in Europa: la Germania, Bologna 1980, S. 171–191.

Standortwirkungen von Steueranreizen, in: Amatucci, A. (Hrsg.): Strumenti creditizi e fiscali nelle politiche di sviluppo regionale, Quaderni Isveimer, Neapel 1980, S. 367–380.

Betriebswirtschaftliche Wirkungen von steuerlichen und Subventionsinstrumenten der regionalen Wirtschaftsförderung, in: Amatucci, A.; Hemmer, A.-R. (Hrsg.): Wirtschaftliche Entwicklung und Investitionspolitik, Saarbrücken/Fort Lauderdale 1981, S. 219–226.

Abrechnung der Umweltschutzkosten, in: Chmielewicz, K.; Schweitzer, M. (Hrsg.): Handwörterbuch des Rechnungswesens, 2. Aufl., Stuttgart 1981, Sp. 1591–1598.

Controlling im Mittelbetrieb, in: Zeitschrift für Organisation 1981, S. 425–430.

Controlling – Interne Revision, Arbeitsbuch, Stuttgart/New York 1981 (mit G. Haas).

Betriebswirtschaftliche Bedingungen für fiskalische Standortanreize bei grenzüberschreitender Unternehmenstätigkeit, in: Fischer, L. (Hrsg.): Unternehmung und Steuer, Festschrift für P. Scherpf, Wiesbaden 1982, S. 363–374.

Vergleich zur Internen Revision in der Bundesrepublik Deutschland und Japan, in: Zeitschrift Interne Revision 1982, S. 201–219.

Interne Revision im Mittelbetrieb, in: Kostenrechnungspraxis 1984, S. 55–59.

Analysen betriebswirtschaftlicher Auswirkungen finanzieller Rahmenbedingungen, insbesondere staatlicher Fördermaßnahmen auf die Innovationstätigkeit, in: Franke, J. (Hrsg.): Betriebliche Innovation als interdisziplinäres Problem, Stuttgart 1985, S. 77–92.

Kabushiki Kaisha – Die japanische AG, in: Handelsblatt v. 26. 11. 1985, Japanbeilage, S. 16.

Die Pflichtprüfung des Jahresabschlusses der AG im Vergleich der Bundesrepublik Deutschland mit den USA und Japan, in: Wirtschaftswissenschaftliches Studium 1986, S. 333–339.

Der Gesellschaftsrevisor im Prüfungssystem der japanischen AG – Der Kansayaku –, Berlin/Bielefeld/München 1986.

Geringwertige Wirtschaftsgüter heute, in: Deutsches Steuerrecht 1986, S. 627–633.

Gebietsbezogene Investitionsbegünstigungen bei Mobilien- Leasingverhältnissen, in: Deutsches Steuerrecht 1987, S. 358–361.

Prüfung und Publizität, in: Kuroda, M. et al. (Hrsg.): Neue Rechnungslegung der Unternehmen in der Bundesrepublik – Regelung und Praxis, Tokyo 1987, S. 173–184.

Interne Revision und Wirtschaftsprüfer, in: Haberland, G. et al. (Hrsg.): Handbuch Revision – Controlling – Consulting, Landsberg a. L. 1989, Teil 1.16, S. 1–24.

Ertragsteuerliche Anreize für Investitionen in den Umweltschutz, in: Betriebswirtschaftliche Forschung und Praxis 1989, S. 66–81.

Die Interne Revision in der Bundesrepublik Deutschland und in den USA – Ein Vergleich, in: Sonnemann, E. (Hrsg.): Rechnungslegung, Prüfung, Wirtschaftsrecht und Steuern in den USA, Wiesbaden 1989, S. 143–166.

Conversion, in: Grochla, E.; Büschgen, H. E. (Hrsg.): Handbook of German Business Management, Stuttgart 1989, S. 541–548.

Organisation: Controlling und Interne Revision, in: Controlling 1990, S. 192–198.

Ökosteuern, in: Datenverarbeitung, Steuer, Wirtschaft und Recht 1990, S. 97–101.

Die Pflichtprüfung der Rechnungslegung und die Interne Revision im Vergleich der Industrienationen USA, Japan und der Bundesrepublik Deutschland, Krakau 1990.

Kriterien für eine Umweltsteuer aus betriebswirtschaftlicher Sicht, Arbeitspapier, Nürnberg 1992 (mit E. v. d. Bussche).

Abhängigkeitsbericht, Prüfung, in: Coenenberg, A. G.; Wysocki, K. v. (Hrsg.): Handwörterbuch der Revision, 2. Aufl., Stuttgart 1992, Sp. 1–11.

Einkommens- und Gewinnbegriffe, in: Wittmann, W. et al. (Hrsg.): Handwörterbuch der Betriebswirtschaft, 5. Aufl., Stuttgart 1993, Sp. 870–877.

Interne Revision, in: Chmielewicz, K.; Schweitzer, M. (Hrsg.): Handwörterbuch des Rechnungswesens, 3. Aufl., Stuttgart 1993, Sp. 947–955.

Umweltschutz, in: Chmielewicz, K.; Schweitzer, M. (Hrsg.): Handwörterbuch des Rechnungswesens, 3. Aufl., Stuttgart 1993, Sp. 1960–1969.

Standortsicherungsgesetz = Sicherung des Standorts?, in: Federmann, R. (Hrsg.): Betriebswirtschaftslehre, Unternehmenspolitik und Unternehmensbesteuerung, Festschrift für G. Mann, Berlin 1993, S. 335–356 (mit P. Uecker).

Unternehmensbesteuerung. Grundriß, München 1993.

Ausgewählte Veröffentlichungen von Univ.-Prof. Dr. Anton Heigl

Umweltaufgaben im Unternehmen, in: Klaus, J. (Hrsg.): Neuorientierungen in der Umweltökonomie, Beiträge wirtschafts- und sozialwissenschaftlicher Disziplinen, Dettelbach 1994, S. 27–48.

Prüfung des Abhängigkeitsberichts, in: Das Wirtschaftsstudium 1994, S. 444–451.

Interne Revision in einer Rezessionsphase, in: Zeitschrift Interne Revision 1995, S. 1–20 (mit V. H. Peemöller).

Stichwortverzeichnis

E

F

M

N

O

P